ECONOMIA INTERNACIONAL

10ª edição

ECONOMIA INTERNACIONAL

10ª edição

Paul R. Krugman
Princeton University

Maurice Obstfeld
University of California, Berkeley

Marc J. Melitz
Harvard University

Revisão técnica
Prof. Dr. Rogério Mori
Professor da Escola de Economia de São
Paulo da Fundação Getulio Vargas (FGV/EESP)
Coordenador acadêmico dos cursos de
pós-graduação *Lato Sensu* e de Educação
Continuada da FGV/EESP

Tradução
Ana Julia Perrotti-Garcia

© 2015 by Pearson Education do Brasil Ltda.

Todos os direitos reservados. Nenhuma parte desta publicação poderá ser reproduzida ou transmitida de qualquer modo ou por qualquer outro meio, eletrônico ou mecânico, incluindo fotocópia, gravação ou qualquer outro tipo de sistema de armazenamento e transmissão de informação, sem prévia autorização, por escrito, da Pearson Education do Brasil.

Supervisora de produção editorial Silvana Afonso
Coordenador de produção editorial Sérgio Nascimento
Editor de aquisições Vinícius Souza
Editora de texto Daniela Braz
Editor assistente Marcos Guimarães
Preparação Christiane Colas
Revisão Luiz Salla
Capa Rita Ralha
Projeto gráfico e diagramação Figurattiva

Dados Internacionais de Catalogação na Publicação (CIP)
(Câmara Brasileira do Livro, SP, Brasil)

Krugman, Paul R.
 Economia internacional / Paul R. Krugman, Maurice Obstfeld, Marc J. Melitz; [tradução Ana Julia Perrotti-Garcia]. – São Paulo: Pearson Education do Brasil, 2015.

 Título original: *International economics: theory and policy*
 Bibliografia.
 10. ed. norte-americana.
 ISBN 978-85-430-0452-5

 1. Comércio internacional 2. Economia mundial 3. Finanças internacionais 4. Relações econômicas internacionais I. Obstfeld, Maurice. II. Melitz, Marc J.. III. Título.

14-11067   CDD-337

Índice para catálogo sistemático:
1. Economia internacional 337

Direitos exclusivos cedidos à
Pearson Education do Brasil Ltda.,
uma empresa do grupo Pearson Education
Avenida Francisco Matarazzo, 1400
Torre Milano – 7o andar
CEP: 05033-070 -São Paulo-SP-Brasil
Telefone 19 3743-2155
pearsonuniversidades@pearson.com

Distribuição
Grupo A Educação
www.grupoa.com.br
Fone: 0800 703 3444

Sumário

Prefácio XIII

Capítulo 1
Introdução 1

Do que trata a economia internacional? 3
    Os ganhos da negociação 3
    O padrão do comércio 4
    Quanto comércio? 4
    Balanço de pagamentos 5
    Determinação da taxa de câmbio 5
    Coordenação da política internacional 6
    Mercado de capitais internacional 6
Economia internacional: comércio
    e moedas 7

PARTE 1
Teoria de comércio internacional 9

Capítulo 2
Comércio mundial: uma visão geral 9

Quem negocia com quem? 9
    O tamanho é importante: o modelo
        de gravidade 9
    Usando o modelo de gravidade à
        procura de anomalias 11
    Impedimentos ao comércio: distância,
        barreiras e fronteiras 12
O padrão de mudança
    do comércio mundial 14
    O mundo ficou menor? 14
    O que comercializamos? 15
    Offshoring de serviços 17
Regras antigas ainda se aplicam? 18
Resumo 19

Capítulo 3
produtividade da mão de obra e a vantagem comparativa: o modelo ricardiano 21

O conceito de vantagem comparativa 21
Economia de fator único 23
    Oferta e preços relativos 24

Comércio em um mundo de um fator 24
    Determinação do preço relativo após
        comércio 26
    Ganhos do comércio 28
    Uma nota sobre os salários relativos 29
Equívocos sobre
    a vantagem comparativa 31
    Produtividade e competitividade 31
    Argumento da mão de obra pobre 32
    Exploração 32
Vantagem comparativa com
    muitos bens 32
    Configurando o modelo 34
    Salários relativos e especialização 34
    Determinação do salário relativo no
        modelo multimercadorias 35
Adicionando os custos de transporte e as
    mercadorias não comercializáveis 36
Evidências empíricas sobre
    o modelo ricardiano 37
Resumo 39

Capítulo 4
Fatores específicos e distribuição de renda 51

Modelo de fatores específicos 43
    Pressupostos do modelo 44
    Possibilidades de produção 44
    Preços, salários e alocação de mão
        de obra 47
    Preços relativos e a distribuição de
        renda 50
Comércio internacional no modelo de fatores
    específicos 51
Distribuição de renda e os ganhos
    do comércio 52
A economia política do comércio: uma
    visão preliminar 54
    Distribuição de renda e
        as políticas comerciais 55
Mobilidade internacional da mão de obra 57
Resumo 61
Apêndice: mais detalhes sobre os fatores
    específicos 65
    Produto marginal e total 65
    Preços relativos e a distribuição
        de renda 65

Capítulo 5
Recursos e comércio: o modelo de Heckscher-Ohlin 84

Modelo de uma economia de dois fatores 68
    Preços e produção 68
    Escolhendo o mix de fatores 70
    Preços dos fatores e preços das mercadorias 72
    Recursos e produção 73

Efeitos do comércio internacional entre as economias de dois fatores 74
    Preços relativos e o padrão de comércio 75
    Comércio e distribuição de renda 76
    Equalização dos preços dos fatores 81

Evidências empíricas sobre o modelo de Heckscher-Ohlin 82
    Comércio de mercadorias como um substituto para o comércio de fatores: conteúdo dos fatores do comércio 83
    Padrões de exportações entre países desenvolvidos e em desenvolvimento 85
    Implicações dos testes 87

Resumo 87

Apêndice: preços dos fatores, preços de mercadorias e decisões de produção 90
    Escolha da técnica 90
    Preços de mercadorias e preços dos fatores 90
    Mais sobre os recursos e produção 91

Capítulo 6
Modelo padrão de comércio 93

Um modelo padrão de uma economia comercial 94
    Possibilidades de produção e oferta relativa 94
    Preços relativos e demanda 95
    O efeito de bem-estar das alterações nos termos de comércio 96
    Determinação dos preços relativos 97
    Crescimento econômico: um deslocamento da curva RS 99
    Crescimento e a fronteira de possibilidade de produção 99
    Oferta mundial relativa e os termos de comércio 99
    Efeitos internacionais de crescimento 101

Tarifas aduaneiras e subsídios à exportação: desvios simultâneos em RS e RD *104*
    Demanda relativa e efeitos de fornecimento de uma tarifa aduaneira 104
    Efeitos de um subsídio à exportação 105
    Implicações dos efeitos dos termos de comércio: quem ganha e quem perde? 105

Empréstimos internacionais 106
    Possibilidades de produção intertemporais e comercialização 106
    A taxa de juros real 107
    Vantagem comparativa internacional 108

Resumo 108

Apêndice: Mais sobre o comércio intertemporal 111

Capítulo 7
Economias externas de escala e localização internacional da produção 113

Economias de escala e o comércio internacional: uma visão geral 113

Economias de escala e estrutura de mercado 114

A teoria das economias externas 115
    Fornecedores especializados 116
    Agrupamento do mercado de mão de obra 116
    Transbordamentos de conhecimento 117
    Economias externas e equilíbrio de mercado 117

Economias externas e comércio internacional 118
    Economias externas, produção e preços 118
    Economias externas e os padrões comerciais 120
    Comércio e bem-estar com economias externas 122
    Retornos crescentes dinâmicos 122

Comércio inter-regional e geografia econômica 123

Resumo 126

Capítulo 8
Empresas na economia global: decisões de exportação, terceirização e as empresas multinacionais 128

A teoria da concorrência imperfeita 129
    Monopólio: uma breve revisão 129
    Concorrência monopolística 131

Concorrência monopolística e comércio 134
    Os efeitos do aumento de tamanho do mercado 135
    Ganhos de mercado integrado: um exemplo numérico 136
    A importância do comércio intraindústria 138

Respostas concretas para o comércio: vencedores, perdedores e desempenho da indústria 139
    Diferenças de desempenho entre produtores 141
    Os efeitos do aumento de tamanho de mercado 143

Os custos do comércio e decisões de exportação 144

Dumping 146

Multinacionais e terceirização 147

Decisões da empresa em matéria de investimento estrangeiro direto 151
    Terceirização 152

Consequências de multinacionais e
  terceirização estrangeira 153
Resumo **156**
Apêndice: Determinando a receita marginal **159**

PARTE 2
Política de comércio internacional 161

Capítulo 9
Os instrumentos da política comercial 161

Análise da tarifa aduaneira básica **161**
  Oferta, demanda e comércio
    de indústria única 162
  Efeito da tarifa aduaneira 164
  Medindo a quantidade de proteção 165
Custos e benefícios de uma tarifa aduaneira **166**
  Excedentes do consumidor e do produtor 166
  Medindo os custos e benefícios 167
Outros instrumentos da política comercial **169**
  Subsídio de exportação: teoria 170
  Quotas de importação: teoria 172
  Restrição voluntária das exportações 175
  Requisitos de conteúdo legal 176
  Outros instrumentos de política comercial 177
Os efeitos da política comercial: um resumo **178**
Resumo **178**
Apêndice: Tarifas aduaneiras e quotas de
  importação na presença de monopólio **181**
  O modelo com o livre comércio 181
  O modelo com uma tarifa aduaneira 182
  O modelo com uma quota de importação 182
  Comparando uma tarifa aduaneira e uma
    quota 183

Capítulo 10
A economia política da política comercial 184

O caso para o livre comércio **184**
  Livre comércio e eficiência 185
  Ganhos adicionais do livre comércio 185
  Buscando por renda 186
  Argumento político para o livre comércio 186
Argumentos de bem-estar nacional contra o livre
  comércio **188**
  Termos do argumento de comércio para uma
    tarifa aduaneira 188
  O argumento de falha de mercado interno
    contra o livre comércio 189
  Quão convincente é o argumento
    de falha de mercado? 190

Distribuição de renda e as políticas de comércio **192**
  Concorrência eleitoral 192
  Ação coletiva 193
  Modelagem do processo político 195
  Quem fica protegido? 195
Negociações internacionais e política de comércio **196**
  As vantagens da negociação 197
  Acordos comerciais internacionais:
    uma breve história 198
  A Rodada Uruguai 200
  Liberalização do comércio 200
  Reformas administrativas: do GATT à OMC ... 200
  Benefícios e custos 201
A decepção de Doha **204**
  Acordos de comércio preferencial 205
Resumo **209**
Apêndice: Provando que a melhor tarifa é positiva **212**
  Oferta e procura 212
  As tarifas e os preços 212
  A tarifa aduaneira e o bem-estar nacional 213

Capítulo 11
Política comercial nos países em desenvolvimento 215

Industrialização de substituição de importação **215**
  O argumento da indústria nascente 215
  Promover a fabricação mediante proteção 216
Resultados de favorecimento da fabricação:
  problemas da industrialização de substituição
  de importação **218**
Liberalização do comércio desde 1985 .... **220**
Comércio e crescimento: decolagem na Ásia **221**
Resumo **224**

Capítulo 12
Controvérsias na política comercial 226

Argumentos sofisticados para a política comercial
  ativista **226**
  Tecnologia e externalidades 227
  Concorrência imperfeita e a política
    comercial estratégica 228
Globalização e mão de obra de baixo salário **233**
  Movimento antiglobalização 233
  Comércio e salários revistos 234
  Normas de trabalho e negociações comerciais .. 235
  Questões ambientais e culturais 236
  A OMC e a independência nacional 237
Globalização e meio ambiente **238**
  Globalização, crescimento e poluição 238
  O problema dos "refúgios da poluição" 239
  A disputa das taxas de carbono 241
Resumo **241**

PARTE 3
Taxas de câmbio e macroeconomia da economia aberta 245

Capítulo 13
contabilidade de renda nacional e a balança de pagamentos 245

As contas de renda nacional 246
    Produto nacional e renda nacional 247
    Depreciação de capital e as transferências internacionais 248
    Produto interno bruto 248
Contabilidade de renda nacional para uma economia aberta 249
    Consumo 249
    Investimento 249
    Compras de governo 249
    A identidade da renda nacional para uma economia aberta 250
    Uma economia aberta imaginária 250
    A conta-corrente e o endividamento externo 251
    Poupança e conta-corrente 252
    Poupanças privada e do governo 253
O balanço das contas de pagamento 255
    Exemplos de transações emparelhadas 256
    O equilíbrio fundamental da identidade de pagamentos 257
    A conta-corrente, mais uma vez 257
    A conta de capital 258
    A conta financeira 259
    Erros líquidos e omissões 259
    Transações de reserva oficial 260
Resumo 266

Capítulo 14
Taxas de câmbio e mercado de câmbio estrangeiro: uma abordagem de ativos 269

Taxas de câmbio e transações internacionais 270
    Preços nacionais e estrangeiros 272
    Taxas de câmbio e preços relativos 273
O mercado cambial estrangeiro 273
    Os atores 273
    Características do mercado 275
    Taxas *spot* (à vista) e taxas futuras 276
    Swaps cambiais estrangeiros 277
    Futuros e opções 278
A demanda por ativos em moeda estrangeira 278
    Ativos e retornos de ativos 278
    Risco e liquidez 281
    Taxas de juros 281
    Taxas de câmbio e retornos de ativos 282
    Uma regra simples 283
    Retorno, risco e liquidez no mercado de câmbio estrangeiro 284
Equilíbrio no mercado de câmbio estrangeiro 285
    Paridade de juros: a condição de equilíbrio básico 285
    Como as mudanças na taxa de câmbio atual afetam os retornos esperados 286
    A taxa de câmbio de equilíbrio 287
Taxas de juros, expectativas e equilíbrio 289
    O efeito da alteração de taxas de juros na taxa de câmbio atual 289
    O efeito da alteração de expectativas na taxa de câmbio atual 290
Resumo 292
Apêndice: Taxas de câmbio a prazo e paridade de juros coberta 296

Capítulo 15
Moeda, taxas de juros e taxas de câmbio 299

Moeda definida: uma breve revisão 299
    Moeda como um meio de troca 299
    Moeda como unidade de conta 299
    Moeda como reserva de valor 299
    O que é dinheiro? 299
    Como a oferta de moeda é determinada 300
A demanda por dinheiro por indivíduos 300
    Retornos esperados 300
    Risco 301
    Liquidez 301
Demanda agregada por moeda 301
Taxa de juros de equilíbrio: a interação entre a oferta e a demanda de moeda 302
    Equilíbrio no mercado monetário 302
    As taxas de juros e a oferta de moeda 304
    Saída e taxa de juros 304
A oferta de moeda e a taxa de câmbio no curto prazo 305
    Vinculando o dinheiro, a taxa de juros e a taxa de câmbio 305
    Oferta monetária dos Estados Unidos e a taxa de câmbio dólar/euro 307
    Oferta monetária da Europa e a taxa de câmbio dólar/euro 308
Moeda, o nível de preço e a taxa de câmbio no longo prazo 309
    Moeda e preços da moeda 310
    Os efeitos de longo prazo de alterações de oferta de moeda 310
    Evidência empírica sobre fontes de dinheiro e níveis de preços 311
    Moeda e taxa de câmbio no longo prazo 311

Dinâmica da inflação e taxa de câmbio 312
    Rigidez de preços de curto prazo *versus*
       flexibilidade de preços de longo prazo 312
    Alterações permanentes de oferta de moeda
       e a taxa de câmbio 316
    Superação da taxa de câmbio 317
Resumo 320

Capítulo 16
Níveis de preços e taxa de câmbio em longo prazo 324

A lei de preço único 325
Paridade de poder de compra 325
    A relação entre a PPC e a lei de preço único 326
    PPC absoluta e PPC relativa 326
**Um modelo de taxa de câmbio de longo prazo
baseado em PPC** 327
    A equação fundamental da abordagem
       monetária 327
    Inflação em curso, paridade de juros e PPC 328
    O efeito Fisher 329
**Evidência empírica sobre PPC e a lei de
preço único** 331
Explicando os problemas com a PPC 333
    Barreiras comerciais e bens não
       comercializáveis 333
    Produção a partir de livre concorrência 334
    Diferenças nos padrões de consumo e
       medição de nível de preço 334
    PPC no curto e no longo prazos 337
**Além da paridade de poder de compra: um modelo
geral de taxas de câmbio de longo prazo** 339
    A taxa de câmbio real 339
    Demanda, oferta e a taxa de câmbio real
       de longo prazo 341
    Taxas de câmbio nominais e reais em
       equilíbrio de longo prazo 343
**Diferenças internacionais das taxas de juros e a
taxa de câmbio real** 345
Paridade de juros reais 346
Resumo 347
**Apêndice: O efeito de Fisher, a taxa de juros e a
taxa de câmbio sob a abordagem monetária
de preço flexível** 351

Capítulo 17
produção e a taxa de câmbio no curto prazo 353

**Determinantes da demanda agregada em uma
economia aberta** 354
    Determinantes da demanda de consumo 354
    Determinantes da conta-corrente 354
    Como as variações cambiais afetam
       a conta-corrente 355
    Como as mudanças da renda disponível
       afetam a conta-corrente 356
A equação da demanda agregada 356
    A taxa de câmbio real e a demanda
       agregada 356
    Renda real e demanda agregada 356
**Como a produção é determinada em curto
prazo** 357
**Equilíbrio de mercado de produção em curto prazo:
a relação *DD*** 358
    Produção, a taxa de câmbio e o equilíbrio
       do mercado de produção 358
    Derivando a relação *DD* 359
    Fatores que mudam a relação *DD* 360
**Equilíbrio de mercado de produção em curto prazo:
a relação *AA*** 362
    Produção, a taxa de câmbio e o equilíbrio
       do mercado de ativos 362
    Derivando a relação *AA* 364
    Fatores que mudam a relação *AA* 364
**Equilíbrio de curto prazo para uma economia
aberta: juntando as relações *DD* e *AA*** 365
**Alterações temporárias nas políticas monetária
e fiscal** 366
    Política monetária 366
    Política fiscal 367
    Políticas para manter o emprego pleno 367
**Viés de inflação e outros problemas de formulação
de políticas** 369
**Alterações permanentes nas políticas monetária
e fiscal** 369
    Um aumento permanente da oferta
       de moeda 370
    Ajuste para um aumento permanente da
       oferta de moeda 370
    Uma expansão fiscal permanente 371
**As políticas macroeconômicas e a
conta-corrente** 373
**Ajuste do fluxo de comércio gradual e
conta-corrente dinâmica** 374
    A curva J 374
    Passagem de taxa de câmbio e inflação 375
    A conta-corrente, a riqueza e a dinâmica
       da taxa de câmbio 376
A armadilha da liquidez 376
Resumo 379
**Apêndice 1: Comércio intertemporal e demanda
de consumo** 383
**Apêndice 2: A condição de Marshall-Lerner
e estimativas empíricas de elasticidades
de comércio** 385

Capítulo 18
Taxas de câmbio fixas e intervenção cambial 388

Por que estudar as taxas de câmbio fixas? 388
Intervenção do banco central e a oferta de moeda 389
    O balanço do banco central e a oferta de moeda 389
    Intervenção cambial e a oferta de moeda 391
    Esterilização 391
    O balanço de pagamentos e a oferta de moeda 392
Como o banco central fixa a taxa de câmbio 392
    Equilíbrio do mercado cambial sob uma taxa de câmbio fixa 393
    Equilíbrio do mercado monetário sob uma taxa de câmbio fixa 393
    Uma análise diagramática 394
Políticas de estabilização com uma taxa de câmbio fixa 395
    Política monetária 395
    Política fiscal 396
    Alterações na taxa de câmbio 397
    Ajuste da política fiscal e variações cambiais 398
Crises do balanço de pagamentos e a fuga de capitais 398
Flutuação administrada e intervenção esterilizada 400
    Substitutibilidade perfeita de ativos e a ineficácia da intervenção esterilizada 401
    Equilíbrio no mercado de câmbio estrangeiro com substitutibilidade imperfeita de ativos 403
    Os efeitos da intervenção esterilizada com substitutibilidade imperfeita de ativos 403
    Evidências sobre os efeitos da intervenção esterilizada 404
Moedas de reserva no sistema monetário mundial 405
    A mecânica de um padrão de moeda de reserva 405
    A posição assimétrica do centro de reserva 406
O padrão-ouro 406
    A mecânica de um padrão-ouro 407
    Correção monetária simétrica sob um padrão-ouro 407
    Vantagens e desvantagens do padrão-ouro 408
    O padrão bimetálico 408
Resumo 412
Apêndice 1: equilíbrio no mercado de câmbio com substitutibilidade imperfeita de ativos 416
Demanda 532
Oferta 533
Equilíbrio 533
Apêndice 2: A cronologia das crises do balanço de pagamentos 418

PARTE 4
Política macroeconômica internacional 421

Capítulo 19
Sistemas monetários internacionais: uma visão histórica 421

Metas de política macroeconômica na economia aberta 422
    Equilíbrio interno: pleno emprego e estabilidade do nível de preço 422
    Equilíbrio externo: o nível ideal de conta-corrente 423
Classificação dos sistemas monetários: o trilema monetário da economia aberta 428
Política macroeconômica internacional sob o padrão-ouro, 1870-1914 429
    Origens do padrão-ouro 429
    Saldo externo sob o padrão-ouro 430
    Mecanismo de fluxo de preço espécie 430
    "Regras do jogo" do padrão-ouro: mito e realidade 431
    Saldo interno sob o padrão-ouro 431
Os anos entreguerras, 1918-1939 433
    O retorno fugaz para o ouro 433
    Desintegração econômica internacional 434
O sistema de Bretton Woods e o Fundo Monetário Internacional 435
    Objetivos e estrutura do FMI 436
    Conversibilidade e a expansão dos fluxos financeiros privados 436
    As crises e os fluxos de capitais especulativos.... 437
Analisar opções políticas para alcançar o equilíbrio interno e externo 438
    Manutenção do equilíbrio interno 438
    Manutenção do equilíbrio externo 439
    Políticas de mudança nas despesas e troca das despesas 440
O problema do equilíbrio externo dos Estados Unidos sob Bretton Woods 441
    A mecânica da inflação importada 443
    Avaliação 444
O caso das taxas de câmbio flutuantes 444
    Autonomia da política monetária 445
    Simetria 446
    Taxas de câmbio como estabilizadores automáticos 446
    Taxas de câmbio e equilíbrio externo 448
Interdependência macroeconômica sob uma taxa flutuante 451
O que foi aprendido desde 1973? 457
    Autonomia da política monetária 457
    Simetria 457

Taxas de câmbio como estabilizadores automáticos 458
Balança externa 459
O problema da coordenação política 459
As taxas de câmbio fixas chegam a ser uma opção para a maioria dos países? 460
Resumo 460
Apêndice: Falhas da coordenação política internacional 465

Capítulo 20
Globalização financeira: oportunidade e crise 467

Mercado internacional de capitais e os ganhos do comércio 468
Três tipos de ganho do comércio 468
Aversão ao risco 469
Diversificação de portfólio como motivo para o comércio internacional de ativos 469
O cardápio dos ativos internacionais: dívida *versus* equidade 470
Sistema bancário internacional e mercado internacional de capitais 471
A estrutura do mercado internacional de capitais 471
Sistema bancário *offshore* e negociação de moeda *offshore* 472
O sistema bancário sombra (paralelo) 473
Fragilidade financeira e o sistema bancário 473
O problema da falência de um banco 473
Salvaguardas de governo contra a instabilidade financeira 475
Risco moral e o problema do "grande demais para falir" 477
O desafio da regulação bancária internacional 479
O trilema financeiro 479
Cooperação regulamentar internacional em 2007 480
Iniciativas reguladoras internacionais após a crise financeira global 485
Quão bem os mercados financeiros internacionais têm alocado capital e risco? 487
O grau de diversificação da carteira internacional 487
A extensão do comércio intertemporal 488
Diferenciais de juros *onshore-offshore* 489
A eficiência do mercado cambial estrangeiro 490
Resumo 492

Capítulo 21
Áreas de moeda ideal e o euro 496

Como evoluiu a moeda única europeia 497

O que impulsionou a cooperação monetária europeia? 497
O sistema monetário europeu, 1979-1998 498
Dominância monetária alemã e a teoria da credibilidade do SME 499
Iniciativas de integração do mercado 499
União Econômica e Monetária Europeia 500
O euro e a política econômica na zona do euro 501
Os critérios de convergência de Maastricht e o Pacto de Estabilidade e Crescimento 501
Banco Central Europeu e o Eurossistema 502
O mecanismo de taxas de câmbio revisadas 503
A teoria das zonas de moeda ideal 503
Integração econômica e os benefícios de uma área de taxa de câmbio fixa: a curva *GG* 503
Integração econômica e os custos de uma área de taxa de câmbio fixa: a curva *LL* 505
A decisão de se entrar para uma área de moeda: juntando as curvas *GG* e *LL* 506
O que é uma área de moeda ideal? 508
Outras considerações importantes 508
A crise do euro e o futuro da UEM 511
Origens da crise 511
A inadimplência autorrealizável do governo e o "*doom loop*" (literalmente, "ciclo fatal") 515
Uma crise mais ampla e respostas políticas....... 517
Transações monetárias completas do BCE 518
O futuro da UEM 518
Resumo 519

Capítulo 22
Países em desenvolvimento: crescimento, crise e reforma 523

Renda, bem-estar e crescimento na economia mundial 523
A distância entre rico e pobre 524
A distância da renda mundial tem diminuído com o passar do tempo? 524
Características estruturais dos países em desenvolvimento 526
Empréstimo e dívida de países em desenvolvimento 528
A economia de influxos financeiros para países em desenvolvimento 529
O problema da inadimplência 530
Formas alternativas de Influxo financeiro 531
O problema do "pecado original" 533
A crise da dívida da década de 1980 534
Reformas, afluxos de capital e o retorno da crise 534
Leste Asiático: sucesso e crise 537
O milagre econômico do leste asiático 537
Pontos fracos asiáticos 540
A crise financeira asiática 541

Lições das crises de países em desenvolvimento.......... **542**
Reforma da "arquitetura" financeira do mundo **544**
    Mobilidade de capitais e o trilema
       do regime da taxa de câmbio 544
    Medidas "profiláticas"...................................... 546
    Lidar com a crise 547
Compreensão dos fluxos de capital global e a
   distribuição global de renda: é o destino
   da geografia?... **549**
Resumo **554**

Pós-escritos ao Capítulo 5

O modelo de proporção dos fatores **558**
    Custos e preços dos fatores 558
    Preços de mercadorias e preços de fatores......... 560
    Suprimentos e saídas de fatores 560

Pós-escritos ao capítulo 6:

Economia mundial de comércio **561**
    Oferta, demanda e equilíbrio 561
    Oferta, demanda e a estabilidade do equilíbrio . 562
    Efeitos das mudanças na oferta
       e na demanda 564
    Crescimento econômico.................................. 564
    Uma transferência de renda............................. 565
    Uma tarifa 565

Pós-escritos ao capítulo 8:

O modelo de concorrência monopolística................... **567**

Pós-escritos ao capítulo 20:

Aversão ao risco e diversificação de portfólio
   internacional **568**
    Uma derivação analítica
       do portfólio ideal... 568
    Uma derivação diagramática
       do portfólio ideal... 569
    Os efeitos das variações das
       taxas de retorno... 571

Índice remissivo...................................... **576**

Créditos **596**

Prefácio

Anos após a crise financeira global que eclodiu em 2007-2008, as economias industriais do mundo ainda estão crescendo muito devagar para restaurar o pleno emprego. Os mercados emergentes, apesar de ganhos de rendimento impressionantes, em muitos casos, permanecem vulneráveis ao fluxo e refluxo de capital global. E, por fim, uma crise econômica aguda na zona euro dura desde 2009, pondo o futuro da moeda única da Europa em questão.

Esta décima edição, portanto, sai em um momento quando estamos mais conscientes do que antes de como os eventos na economia global influenciam as fortunas econômicas, políticas e os debates políticos de cada país. O mundo que emergiu da Segunda Guerra Mundial foi um mundo em que as relações comerciais, financeiras e até mesmo de comunicação entre países eram limitadas. Em mais de uma década do século XXI, no entanto, o quadro é muito diferente.

A globalização chegou, em grande momento. O comércio internacional de bens e serviços tem se expandido constantemente ao longo de seis décadas, graças aos declínios nos custos de transporte e comunicação, reduções negociadas globalmente nas barreiras comerciais do governo, à terceirização generalizada das atividades de produção e a uma maior consciência dos produtos e culturas estrangeiras. Tecnologias de comunicação novas e melhores, notavelmente a Internet, revolucionaram a forma como as pessoas em todos os países obtêm e trocam informações. O comércio internacional em ativos financeiros, como moedas, ações e títulos, expandiu-se em um ritmo muito mais rápido até mesmo do que o comércio internacional de produtos.

Este processo traz benefícios para os proprietários de riqueza, mas também cria riscos de instabilidade financeira contagiosa. Esses riscos foram sentidos durante a recente crise financeira global, que se espalhou rapidamente pelas fronteiras nacionais e tem representado um custo enorme para a economia mundial. De todas as mudanças no cenário internacional nas últimas décadas, no entanto, talvez a maior delas continue a ser a emergência da China — um desenvolvimento que já está redefinindo o equilíbrio internacional de poder econômico e político no próximo século.

Imagine o espanto da geração que viveu a depressão da década de 1930 como adultos, se seus membros fossem capazes de prever a forma da economia do mundo de hoje! No entanto, as preocupações econômicas que continuam a causar debate internacional não diferem tanto das que dominaram a década de 1930, nem na verdade desde que elas foram analisadas primeiro pelos economistas há mais de dois séculos. Quais são os méritos do livre comércio entre as nações em comparação com o protecionismo? O que faz os países comercializarem excedentes comerciais ou déficits com os seus parceiros comerciais, e como tais desequilíbrios são resolvidos ao longo do tempo? O que causa as crises bancárias e monetárias em economias abertas, o que produz o contágio financeiro entre as economias, e como os governos devem lidar com a instabilidade financeira internacional? Como os governos podem evitar o desemprego e a inflação, qual é o papel que as taxas de câmbio desempenham nos seus esforços, e como os países podem cooperar melhor para alcançar seus objetivos econômicos? Como sempre na economia internacional, a interação de eventos e ideias levou a novos modos de análise. Por sua vez, esses avanços analíticos, por mais estranhos que possam parecer a princípio, em última análise, acabam tendo um papel importante nas políticas governamentais, nas negociações internacionais e na vida cotidiana das pessoas. A globalização fez com que os cidadãos de todos os países sejam muito mais conscientes do que nunca das forças econômicas mundiais que influenciam seus destinos, e a globalização está aqui para ficar.

Novo para a décima edição

Para esta edição, estamos oferecendo um volume sobre economia, bem como as divisões de comércio e finanças. O objetivo com esses volumes distintos é permitir que os professores usem o livro que melhor se adapte às suas necessidades, com base nos tópicos que eles cobrem em seu curso de Economia Internacional. Do volume de economia para um curso de dois semestres, seguimos a prática habitual de dividir o livro em duas metades, dedicadas ao comércio e às questões monetárias. Embora as sessões de comércio e política monetária da economia internacional sejam frequentemente tratadas como disciplinas independentes, mesmo dentro de um único livro, temas e métodos similares são comuns a ambas as subáreas. Nós deixaremos claras as conexões entre as zonas de comércio e monetárias quando elas surgirem. Ao mesmo tempo, garantimos que as duas metades do livro serão completamente independentes. Assim, um curso de um semestre na teoria de comércio pode ser baseado nos capítulos 2 a 12, e um curso de um semestre sobre economia monetária internacional pode basear-se nos capítulos 13 a 22. Para conveniência de professores e alunos, no entanto, eles podem agora optar por usar o volume de comércio ou de finanças, dependendo do tamanho e do escopo do seu curso.

O conteúdo foi completamente atualizado e vários capítulos foram extensivamente revisados. Essas revisões respondem às sugestões dos usuários e de alguns desenvolvimentos importantes do lado teórico e prático da economia internacional. As mudanças mais profundas são as seguintes:

Capítulo 5 – Recursos e comércio: o modelo de Heckscher-Ohlin

Esta edição oferece cobertura expandida dos efeitos sobre a desigualdade salarial do comércio Norte-Sul, mudança tecnológica e terceirização. A seção que descreve as evidências empíricas sobre o modelo de Heckscher-Ohlin foi reescrita, enfatizando novas pesquisas. Essa seção também incorpora alguns novos dados mostrando como o padrão das exportações da China mudou ao longo do tempo, de uma forma que é consistente com as previsões do modelo de Heckscher-Ohlin.

Capítulo 6 – Modelo padrão de comércio

Este capítulo foi atualizado com alguns novos dados que documentam como os termos de comércio para as economias norte-americanas e chinesas têm evoluído ao longo do tempo.

Capítulo 8 – Empresas na economia global: decisões de exportação, terceirização e as empresas multinacionais

A cobertura, enfatizando o papel das empresas no comércio internacional, foi revisada. Há também um novo estudo de caso, analisando o impacto do offshoring nos Estados Unidos sobre o desemprego nesse país.

Capítulo 9 – Os instrumentos da política comercial

Este capítulo apresenta um tratamento atualizado dos efeitos das restrições comerciais às empresas dos Estados Unidos. Nele descrevemos agora a recente disputa política comercial entre a União Europeia e a China sobre os painéis solares e os efeitos das restrições "Buy American" que foram escritos para a Lei de Recuperação e Reinvestimento de 2009.

Capítulo 12 – Controvérsias na política comercial

Um novo estudo de caso aborda o recente colapso da indústria de vestuário em Bangladesh (em abril de 2013) e a tensão entre os custos e benefícios do crescimento rápido desse país como um exportador de vestuário.

Capítulo 17 – Saída e a taxa de câmbio no curto prazo

Em resposta à crise econômica mundial de 2007-2009, países em todo o mundo adotaram respostas fiscais contracíclicas. A pesquisa acadêmica renovada sobre o tamanho do multiplicador fiscal veio logo em seguida, embora a maior parte dela seja definida na economia fechada e, portanto, ignorou os efeitos da taxa de câmbio enfatizados no modelo do capítulo. Para esta edição, adicionamos um novo Estudo de Caso sobre o tamanho do multiplicador fiscal na economia aberta. Em consonância com a literatura acadêmica recente, que se centra na política fiscal, no limite da menor taxa de juro zero, integramos a discussão com o nosso modelo de armadilha da liquidez.

Capítulo 18 – Taxas de câmbio fixas e intervenção cambial estrangeira

O capítulo agora inclui uma discussão adicional de "ataques de afluência" nas taxas de câmbio, sendo mantidas em níveis apreciados através de intervenção cambial e outras medidas, um fenômeno visto na China e em outros países. Um novo Estudo de Caso centra-se na política do Swiss National Bank, de orientar o nível do franco suíço perante o euro.

Capítulo 19 – Sistemas monetários internacionais: uma visão histórica

Uma derivação detalhada da restrição de orçamento intertemporal multiperíodo da economia aberta complementa agora a discussão do equilíbrio externo. (Os professores que não querem abordar este material relativamente mais técnico podem ignorá-lo sem perda de continuidade.)

A análise intertemporal é aplicada para analisar a sustentabilidade dos empréstimos estrangeiros persistente da Nova Zelândia. Além disso, foi atualizada a discussão do capítulo sobre os acontecimentos recentes na economia global.

Capítulo 20 – Globalização financeira: oportunidade e crise

Para esta nova edição, mudamos a ordem anterior dos capítulos 20 e 21 para que o livro agora abranja o mercado internacional de capitais antes de cobrir as áreas de moeda ideal e a crise do euro. Nosso raciocínio é que a crise do euro é, em grande parte, uma crise dos bancos, que os estudantes não conseguem compreender sem uma boa compreensão prévia dos sistemas bancários internacionais e seus problemas. Consistente com essa abordagem, o novo Capítulo 20 abrange em detalhes os balanços dos bancos e a sua fragilidade, com ênfase no capital do banco e má regulação do capital. Desde a primeira edição deste livro realçamos o contexto global da regulamentação do sistema bancário. Nesta edição, vamos explicar o "trilema financeiro", que força os legisladores nacionais a escolher no máximo dois dentre os potenciais objetivos de transparência financeira, estabilidade financeira e controle nacional sobre a política financeira.

Capítulo 21 – Áreas de moeda ideal e o euro

A crise na zona euro aumentou drasticamente depois que a última edição deste livro foi lançada. Para esta nova edição, trouxemos nossa cobertura atualizada da crise do euro, com novos materiais sobre as iniciativas de coordenação mais estreita das políticas dos países do euro, como a união do sistema bancário. Nossa discussão teórica das áreas de moeda ideal também reflete as lições da crise do euro.

Capítulo 22 – Países em desenvolvimento: crescimento, crise e reforma

Nossa cobertura de fluxos de capitais para países em desenvolvimento agora inclui pesquisas recentes sobre o pequeno tamanho desses fluxos, bem como sua tendência paradoxal para favorecer o baixo sobre o alto crescimento das economias em desenvolvimento. Destacamos a relação estreita entre as teorias de alocação de capital para os países em desenvolvimento e as teorias de distribuição de renda interna.

Além dessas alterações estruturais, atualizamos o livro em outras maneiras, para manter a relevância atual. Assim, analisamos o perfil educacional dos trabalhadores estrangeiros nos Estados Unidos e como ele difere do da população geral (Capítulo 4); revimos as recentes disputas antidumping envolvendo a China (Capítulo 8); discutimos as causas do grande excedente de conta-corrente global (Capítulo 13); descrevemos o surto e a resolução da hiperinflação do Zimbábue (Capítulo 15); e descrevemos a infraestrutura em evolução da regulamentação bancária internacional, incluindo Basileia III e o Conselho de Estabilidade Financeira (Capítulo 20).

Sobre o livro

A ideia de escrever este livro saiu de nossa experiência no ensino de economia internacional para estudantes universitários e alunos de negócios desde a década de 1970. Percebemos dois desafios principais no ensino. O primeiro era comunicar aos alunos os avanços intelectuais emocionantes neste campo dinâmico. O segundo era mostrar como o desenvolvimento da teoria econômica internacional tradicionalmente tem sido moldado pela necessidade de entender a economia mundial mutável e analisar os problemas atuais da política econômica internacional.

Achamos que os livros didáticos publicados não atendiam adequadamente a esses desafios. Muitas vezes, os livros didáticos de economia internacional confrontam os alunos com uma desconcertante panóplia de modelos especiais e suposições dos quais é difícil extrair as lições básicas. Porque muitos desses modelos especiais são ultrapassados, os alunos ficam intrigados sobre a relevância da análise no mundo real. Como resultado, muitos livros geralmente deixam uma lacuna entre o material um pouco antiquado a ser coberto em classe e as questões palpitantes que dominam os debates de política e pesquisa atuais. Essa lacuna aumentou drasticamente conforme têm crescido a importância dos problemas econômicos internacionais — e as matrículas nos cursos de economia internacional.

Este livro é a primeira tentativa de fornecer um quadro analítico atualizado e compreensível para iluminar os acontecimentos atuais e trazer a emoção da economia internacional para a sala de aula. Na análise de ambos os lados monetários e reais do assunto, nossa abordagem tem sido construir, passo a passo, um quadro simples e unificado para comunicar as grandes ideias tradicionais, bem como os achados e abordagens mais recentes. Para ajudar o aluno a captar e reter a lógica subjacente à economia internacional motivamos o desenvolvimento teórico em cada fase por dados pertinentes e questões políticas.

O lugar deste livro no currículo de Economia

Os alunos assimilam a economia internacional mais prontamente quando ela é apresentada como um método de análise vitalmente ligado aos acontecimentos na economia mundial, em vez de um corpo abstrato de teoremas sobre modelos abstratos. Nosso objetivo tem sido, portanto, salientar conceitos e sua aplicação em vez de ficarmos voltados para o formalismo teórico. Nesse sentido, o livro não pressupõe uma extensa experiência em economia. Os alunos que tiveram um curso em princípios econômicos acharão o livro acessível, mas aqueles que levaram adiante os cursos em microeconomia ou em macroeconomia encontrarão uma oferta abundante de material novo. Apêndices especializados e pós-escritos matemáticos foram incluídos para desafiar os alunos mais avançados.

Algumas características distintivas

Este livro cobre os desenvolvimentos recentes mais importantes na economia internacional, sem esquecer os insights teóricos e históricos duradouros que costumam formar o núcleo dessa disciplina. Conseguimos esta abrangência ao enfatizarmos como as teorias recentes evoluíram de achados anteriores, em resposta a uma economia mundial em evolução. Tanto a parte real do comércio (capítulos 2 a 12) quanto a parte monetária (capítulos 13 a 22) subdividem-se em um núcleo de capítulos focado na teoria, seguido por outros que aplicam a teoria às questões políticas importantes, passadas e atuais.

No Capítulo 1 descrevemos em detalhes como este livro aborda os principais temas da economia internacional. Aqui destacamos alguns dos tópicos que autores anteriores não foram capazes de tratar de forma sistemática.

Retornos crescentes e estrutura de mercado

Mesmo antes de discutir o papel da vantagem comparativa na promoção do intercâmbio internacional e os ganhos de bem-estar associados, revisitamos a vanguarda da pesquisa teórica e empírica, definindo o modelo da gravidade do comércio (Capítulo 2). Voltamos para a fronteira das pesquisas (nos capítulos 7 e 8) explicando como os crescentes retornos e a diferenciação do produto afetam o comércio e o bem-estar. Os modelos explorados nesta discussão capturam aspectos significativos da realidade, como o comércio intraindustrial e as mudanças nos padrões de comércio devidas às economias de escala dinâmicas. Os modelos mostram, também, que o comércio mutuamente benéfico não precisa ser baseado em vantagem comparativa.

Empresas no comércio internacional

O Capítulo 8 também resume as novas pesquisas estimulantes que enfocam o papel das empresas no comércio internacional. O capítulo enfatiza que diferentes empresas podem negociar de maneira diversa em face da globalização. A expansão de alguns e a contração dos outros deslocam a produção global em direção a produtores mais eficientes dentro de setores industriais, aumentando a produtividade global e gerando ganhos do comércio. Essas empresas que se expandem em um ambiente de livre comércio podem ter incentivos para terceirizar algumas de suas atividades de produção no exterior ou retomar a produção multinacional, como descrevemos no capítulo.

Política e teoria da política comercial

Começando no Capítulo 4, salientamos o efeito do comércio na distribuição de renda como o principal fator político por detrás de restrições ao livre comércio. Esta ênfase torna claro para os alunos por que as receitas da análise de bem-estar padrão da política comercial raramente prevalecem na prática. O Capítulo 12 explora a noção popular de que os governos devem adotar políticas de comércio ativista destinadas a estimular setores da economia vistos como cruciais. O capítulo inclui uma discussão teórica de tal política de comércio baseada em ideias simples da Teoria dos Jogos.

Abordagem de mercado ativo para a determinação da taxa de câmbio

O mercado de câmbio estrangeiro moderno e a determinação das taxas de câmbio pelas taxas de juro e expectativas nacionais estão no centro da nossa abordagem da macroeconomia das economias abertas. O principal ingrediente do modelo macroeconômico que desenvolvemos é a relação de paridade de juros, posteriormente aumentada por prêmios de risco (Capítulo 14). Entre os tópicos que abordamos usando o modelo estão a "superação" da taxa de câmbio; as metas de inflação; o comportamento das taxas de câmbio reais; crises de balanço de pagamentos sob taxas de câmbio fixas; e as causas e efeitos da intervenção do banco central no mercado cambial (capítulos 15 a 18).

Coordenação da política macroeconômica internacional

Nossa discussão da experiência monetária internacional (capítulos 19 a 22) enfatiza o tema de que diferentes sistemas de taxa de câmbio levaram a diferentes problemas de coordenação política para seus membros. Tal como a movimentação do ouro competitivo dos anos entreguerras mostrou como as políticas beggar-thy-neighbor podem ser autodestrutivas, o float atual desafia os legisladores nacionais a reconhecerem sua interdependência e a formularem políticas cooperativamente.

O mercado de capitais mundial e os países em desenvolvimento

Uma ampla discussão do mercado de capitais mundial é dada no Capítulo 20, que retoma as implicações de bem-estar da diversificação da carteira internacional, bem como problemas de supervisão prudencial dos bancos internacionalmente ativos e outras instituições financeiras. O Capítulo 22 é dedicado às perspectivas de crescimento em longo prazo e para a estabilização macroeconômica específica e problemas de liberalização de industrialização e países recém-industrializados. O capítulo revisa as crises nos mercados emergentes e coloca em perspectiva histórica as interações entre os devedores de países em desenvolvimento, os credores de países desenvolvidos e as instituições financeiras oficiais, como o Fundo Monetário Internacional. O Capítulo 22 também revisa as políticas de taxas de câmbio da China e as pesquisas recentes sobre a persistência da pobreza no mundo em desenvolvimento.

Recursos de aprendizagem

O livro incorpora uma série de características especiais de aprendizagem que vão manter o interesse dos alunos na apresentação e ajudá-los a dominar suas lições.

Estudos de caso

Estudos de caso que têm o papel triplo de reforçar o material abordado anteriormente, ilustrando a sua aplicabilidade no mundo real e fornecendo importantes informações históricas, muitas vezes acompanhados de discussões teóricas.

Quadros especiais

Temas menos centrais que, no entanto, oferecem ilustrações particularmente vívidas de pontos abordados no texto são tratados nos quadros. Entre eles temos o embargo comercial do presidente norte-americano Thomas Jefferson de 1807–1809 (Capítulo 3); a surpreendente capacidade de disputas sobre o comércio de bananas para gerar animosidade entre países muito frios para cultivar suas próprias bananas (Capítulo 10); mercados de câmbio a prazo sem entrega (Capítulo 14); e a rápida acumulação de reservas de divisas pelos países em desenvolvimento (Capítulo 22).

Diagramas legendados

Mais de 200 diagramas são acompanhados de legendas descritivas que reforçam a discussão no texto e ajudam o aluno na revisão do material.

Objetivos de aprendizagem

Uma lista de conceitos essenciais prepara o ambiente para introduzir cada capítulo do livro. Esses objetivos de aprendizagem ajudam o aluno a avaliar seu domínio da matéria.

Resumo e termos-chave

Cada capítulo se encerra com um resumo sintetizando os pontos principais. Frases e termos-chave aparecem em negrito quando são introduzidos no capítulo e são listados no final de cada capítulo. Para ajudar ainda mais a revisão dos materiais, os termos-chave estão em itálico quando aparecem no resumo do capítulo.

Problemas

Cada capítulo é seguido de problemas destinados a testar e solidificar a compreensão dos alunos. Os problemas vão desde exercícios computacionais de rotina até perguntas "amplas" apropriadas para discussão em sala de aula. Em muitos problemas, pedimos que os alunos apliquem o que aprenderam aos dados de mundo real ou às questões políticas.

Leituras adicionais

Para os instrutores que preferem complementar o livro didático com leituras adicionais e para alunos que desejam investigar mais profundamente por conta própria, cada capítulo tem uma bibliografia comentada que inclui clássicos estabelecidos, bem como análises atualizadas de edições recentes.

Material de apoio do livro

No site www.grupoa.com.br professores e alunos podem acessar os seguintes materiais adicionais:

Para o professor:
- Manual do professor com manual de soluções (em inglês);
- Apresentações em PowerPoint;
- Banco de exercícios (em inglês);
- Galeria de imagens.

Para estudantes:
- Exercícios de múltipla escolha autocorrigíveis.

Agradecimentos

Nossa dívida principal é com Christina Masturzo, editora de aquisições responsável pelo projeto. Agradecemos também à gerente do programa, Carolyn Philips e à gerente de projeto, Carla Thompson. Os esforços de Heather Johnson como gerente de projetos com Integra-Chicago foram essenciais e eficientes. Gostaríamos também de agradecer à equipe de mídia na Pearson — Denise Clinton, Noel Lotz, Courtney Kamauf e Melissa Honig — por todo seu trabalho duro no curso MyEconLab para a décima edição. Por último, agradecemos os outros os editores que ajudaram a tornar tão boas as nove primeiras edições deste livro.

Gostaríamos também de reconhecer a assistência de pesquisa primorosa de Tatjana Kleineberg e Sandile Hlatshwayo. Camille Fernandez forneceu apoio logístico soberbo, como de costume. Pelas sugestões úteis e pelo apoio moral, agradecemos a Jennifer Cobb, Gita Gopinath, Vladimir Hlasny e Phillip Swagel.

Agradecemos os seguintes revisores, passados e presentes, por suas ideias e recomendações:

Jaleel Ahmad, *Concordia University*
Lian An, *University of North Florida*
Anthony Paul Andrews, *Governors State University*
Myrvin Anthony, *University of Strathclyde, Reino Unido.*
Michael Arghyrou, *Cardiff University*
Richard Ault, *Auburn University*
Amitrajeet Batabyal, *Rochester Institute of Technology*
Tibor Besedes, *Georgia Tech*
George H. Borts, *Brown University*
Robert F. Brooker, *Gannon University*
Francisco Carrada-Bravo, *W.P. Carey School of Business, ASU*
Debajyoti Chakrabarty, *University of Sydney*
Adhip Chaudhuri, *Georgetown University*
Jay Pil Choi, *Michigan State University*
Jaiho Chung, *National University of Singapore*
Jonathan Conning, *Hunter College and The Graduate Center, The City University of New York*
Brian Copeland, *University of British Columbia*
Kevin Cotter, *Wayne State University*
Barbara Craig, *Oberlin College*
Susan Dadres, *University of North Texas*
Ronald B. Davies, *University College Dublin*
Ann Davis, *Marist College*
Gopal C. Dorai, *William Paterson University*
Robert Driskill, *Vanderbilt University*
Gerald Epstein, *University of Massachusetts em Amherst*
Jo Anne Feeney, *State University of New York em Albany*
Robert Foster, *American Graduate School of International Management*
Patrice Franko, *Colby College*
Diana Fuguitt, *Eckerd College*
Byron Gangnes, *University of Hawaii at Manoa*
Ranjeeta Ghiara, *California State University, San Marcos*
Neil Gilfedder, *Stanford University*
Amy Glass, *Texas A&M University*
Patrick Gormely, *Kansas State University*
Thomas Grennes, *North Carolina State University*
Bodil Olai Hansen, *Copenhagen Business School*
Michael Hoffman, *U.S. Government Accountability Office*
Henk Jager, *University of Amsterdam*
Arvind Jaggi, *Franklin & Marshall College*
Mark Jelavich, *Northwest Missouri State University*
Philip R. Jones, *University of Bathand University of Bristol, Reino Unido.*
Tsvetanka Karagyozova, *Lawrence University*
Hugh Kelley, *Indiana University*
Michael Kevane, *Santa Clara University*
Maureen Kilkenny, *University of Nevada*
Hyeongwoo Kim, *Auburn University*
Stephen A. King, *San Diego State University, Imperial Valley*
Faik Koray, *Louisiana State University*
Corinne Krupp, *Duke University*
Bun Song Lee, *University of Nebraska, Omaha*
Daniel Lee, *Shippensburg University*

Francis A. Lees, *St. Johns University*
Jamus Jerome Lim, *World Bank Group*
Rodney Ludema, *Georgetown University*
Stephen V. Marks, *Pomona College*
Michael L. McPherson, *University of North Texas*
Marcel Mérette, *University of Ottawa*
Shannon Mitchell, *Virginia Commonwealth University*
Kaz Miyagiwa, *Emory University*
Shannon Mudd, *Ursinus College*
Marc-Andreas Muendler, *University of California, San Diego*
Ton M. Mulder, *Erasmus University, Rotterdam*
Robert G. Murphy, *Boston College*
E. Wayne Nafziger, *Kansas State University*
Steen Nielsen, *University of Aarhus*
Dmitri Nizovtsev, *Washburn University*
Terutomo Ozawa, *Colorado State University*
Arvind Panagariya, *Columbia University*
Nina Pavcnik, *Dartmouth College*
Iordanis Petsas, *University of Scranton*
Thitima Puttitanun, *San Diego State University*
Peter Rangazas, *Indiana University-Purdue University Indianapolis*
James E. Rauch, *University of California, San Diego*
Michael Ryan, *Western Michigan University*
Donald Schilling, *University of Missouri, Columbia*
Patricia Higino Schneider, *Mount Holyoke College*
Ronald M. Schramm, *Columbia University*
Craig Schulman, *Texas A&M University*
Yochanan Shachmurove, *University of Pennsylvania*

Margaret Simpson, *The College of William and Mary*
Enrico Spolaore, *Tufts University*
Robert Staiger, *University of Wisconsin-Madison*
Jeffrey Steagall, *University of North Florida*
Robert M. Stern, *University of Michigan*
Abdulhamid Sukar, *Cameron University*
Rebecca Taylor, *University of Portsmouth, Reino Unido*
Scott Taylor, *University of British Columbia*
Aileen Thompson, *Carleton University*
Sarah Tinkler, *Portland State University*
Arja H. Turunen-Red, *University of New Orleans*
Dick van der Wal, *Free University of Amsterdam*
Gerald Willmann, *University of Kiel*
Rossitza Wooster, *California State University, Sacramento*
Bruce Wydick, *University of San Francisco*
Jiawen Yang, *The George Washington University*
Kevin H. Zhang, *Illinois State University*

Embora não tenhamos sido capazes de fazer todas as alterações sugeridas, achamos as observações dos revisores inestimáveis na revisão do livro. Obviamente, temos responsabilidade exclusiva pelas deficiências remanescentes na obra.

Paul R. Krugman
Maurice Obstfeld
Marc J. Melitz

Outubro de 2013

CAPÍTULO 1

Introdução

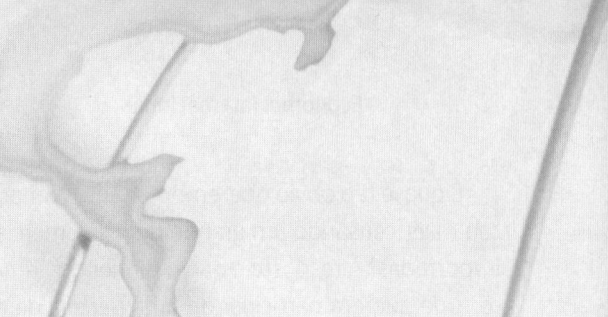

Podemos dizer que o estudo do comércio e das finanças internacionais é onde começa a economia como nós a conhecemos. Os historiadores do pensamento econômico frequentemente descrevem o ensaio *Do equilíbrio das negociações*, do filósofo escocês David Hume, como a primeira exposição real de um modelo econômico. Hume publicou seu ensaio em 1758, quase vinte anos antes de seu amigo, Adam Smith, publicar *A riqueza das nações*. Os debates sobre a política mercantil britânica no começo do século XIX tiveram grande contribuição para converter a economia de um campo informal e discursivo para uma disciplina orientada por modelos, como se tornou desde então.

Contudo, o estudo da economia internacional nunca foi tão importante quanto agora. No começo do século XXI as nações estão mais próximas do que nunca por causa da comercialização de mercadorias e serviços, dos fluxos de dinheiro e dos investimentos nas economias estrangeiras. A economia global criada por essas relações é uma área turbulenta: tanto os legisladores quanto os líderes administrativos em todos os países, inclusive nos Estados Unidos, devem agora prestar atenção naquilo que algumas vezes tem modificado rapidamente fortunas econômicas ao redor do mundo.

Observe algumas tendências básicas que a estatística nos traz com um sentido de importância sem precedentes nas relações econômicas internacionais. A Figura 1.1 mostra o nível de exportações e importações dos EUA como parcelas do produto interno bruto de 1960 a 2012. A característica mais evidente da figura é a tendência ascendente prolongada em ambas as parcelas: o comércio internacional praticamente triplicou em importância comparado com a economia como um todo.

FIGURA 1.1 Exportações e importações como porcentagens da renda nacional dos EUA

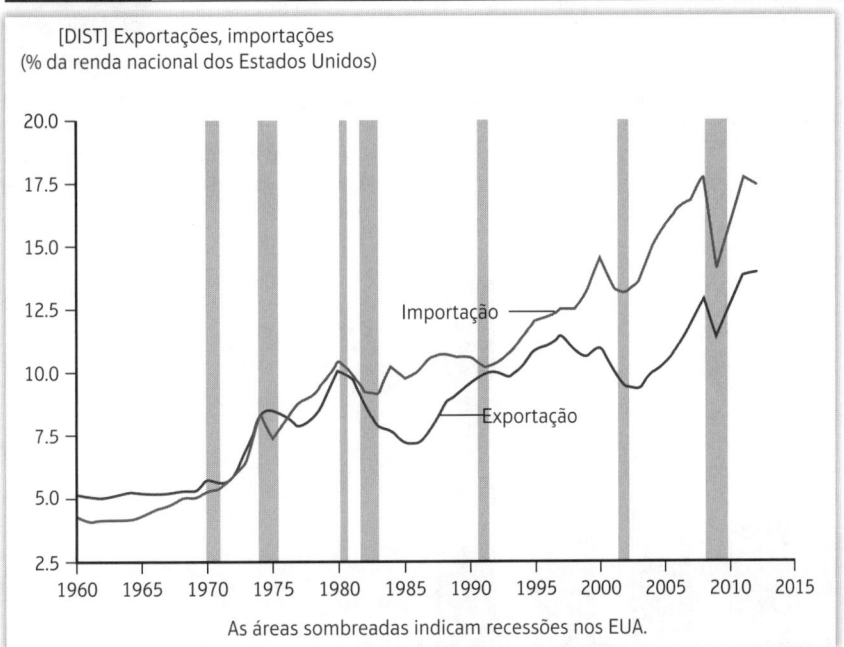

As áreas sombreadas indicam recessões nos EUA.

Tanto as importações quanto as exportações subiram como uma parcela da economia dos EUA, mas as importações aumentaram mais.

Fonte: Departamento de Análise Econômica dos EUA. 2013 research. stlouisfed.org.

É quase tão óbvio que, embora tanto a importação quanto a exportação tenham aumentado, a importação aumentou mais, causando um grande déficit comercial. Como os Estados Unidos conseguem pagar todas essas mercadorias importadas? A resposta é que o dinheiro é fornecido por grandes fluxos de capital — dinheiro investido por estrangeiros que querem participar de uma parcela da economia dos EUA. Fluxos de capital dessa magnitude seriam inconcebíveis no passado. Agora eles são normais. Então a diferença entre importação e exportação é um indicador de outro aspecto das crescentes relações internacionais — nesse caso, as crescentes relações entre os mercados financeiros.

Por fim, observe que tanto as importações quanto as exportações foram reduzidas em 2009. Esse declínio refletiu a crise econômica global que começou em 2008 e nos lembra das relações próximas entre as negociações mundiais e o estado global da economia do mundo.

Se as relações econômicas internacionais tornaram-se cruciais para os Estados Unidos, elas são ainda mais cruciais para outras nações. A Figura 1.2 mostra a média das importações e exportações como uma porcentagem do PIB para uma série de países. Os Estados Unidos, por seu tamanho e diversidade de recursos, dependem menos do comércio internacional do que quase todas as outras nações.

Este texto introduz os principais conceitos e métodos da economia internacional e os ilustra com aplicações originadas no mundo real. Boa parte dele é dedicada a antigas ideias que continuam sendo válidas: a teoria do comércio do século XIX de David Ricardo e mesmo a análise monetária do século XVIII de David Hume continuam sendo altamente relevantes para a economia mundial do século XXI. Ao mesmo tempo, fizemos um esforço especial para atualizar essa análise. Em particular, a crise econômica que começou em 2007 trouxe consigo novos desafios importantes para a economia global. Os economistas eram capazes de aplicar as análises existentes a alguns desses desafios, mas eles também foram forçados a repensar alguns conceitos importantes. Além disso, surgiram novas abordagens para velhas perguntas, como os impactos das mudanças na política monetária e fiscal. Tentamos transmitir as principais ideias que surgiram nas pesquisas recentes e também enfatizamos a continuidade da importância das ideias antigas.

OBJETIVOS DE APRENDIZAGEM

Após a leitura deste capítulo, você será capaz de:

- Distinguir problemas econômicos domésticos e internacionais.
- Explicar por que existem sete temas recorrentes na economia internacional e discutir seu significado.
- Diferenciar entre os aspectos monetários e administrativos da economia internacional.

FIGURA 1.2 Média das exportações e importações em porcentagem da renda nacional em 2011

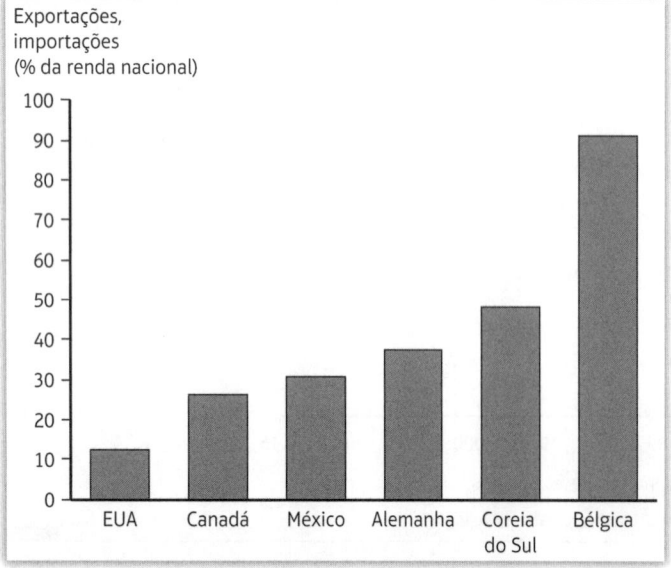

O comércio internacional é ainda mais importante para a maioria dos outros países do que é para os Estados Unidos.

Fonte: Organização para a Cooperação e Desenvolvimento Econômico.

Do que trata a economia internacional?

A economia internacional usa os mesmos métodos fundamentais de análise que outros ramos da economia, porque os motivos e o comportamento dos indivíduos são os mesmos nos negócios internacionais e nas transações domésticas. As casas que vendem comida gourmet na Flórida oferecem grãos de café do México e do Havaí; a sequência de eventos que levou esses grãos até a loja não é muito diferente, e o café importado percorreu uma distância muito mais curta do que os grãos enviados de dentro dos Estados Unidos! Contudo, a economia internacional envolve preocupações novas e diferentes, porque os investimentos e os negócios internacionais ocorrem entre nações independentes. Os Estados Unidos e o México são estados soberanos; a Flórida e o Havaí não são. O fornecimento de café do México para a Flórida poderia ser afetado se o governo dos EUA impusesse uma quota limitando as importações; o café do México poderia tornar-se subitamente mais barato para os compradores dos EUA caso o peso passasse a valer menos em relação ao dólar. Por outro lado, nenhum desses eventos pode acontecer no comércio interno dos EUA, porque sua constituição proíbe que haja restrições ao comércio interestadual, e em todo o território dos EUA é utilizada a mesma unidade monetária.

O assunto central da economia internacional, portanto, consiste de aspectos levantados pelos problemas especiais da interação econômica entre estados soberanos. Sete temas são recorrentes durante o estudo da economia internacional: (1) ganhos decorrentes do comércio, (2) padrão de comércio, (3) protecionismo, (4) equilíbrio dos pagamentos, (5) determinação da taxa de câmbio, (6) coordenação da política internacional e (7) mercado de capitais internacional.

Os ganhos da negociação

Todo mundo sabe que um pouco de comércio internacional é benéfico — por exemplo, ninguém acha que a Noruega deveria cultivar suas próprias laranjas. Entretanto, muitas pessoas são céticas quanto aos benefícios do comércio de mercadorias que um país pode produzir por si mesmo. Os norte-americanos deveriam comprar produtos fabricados no país, sempre que possível, para ajudar a criar empregos nos Estados Unidos?

Provavelmente, a única reflexão mais importante em toda a economia internacional é que existem *ganhos com a negociação* — ou seja, quando os países vendem mercadorias e serviços uns para os outros, essa troca é quase sempre benéfica para ambos os lados. A variedade de circunstâncias sob as quais o comércio internacional é benéfico é muito mais ampla do que a maioria das pessoas imagina. Por exemplo, é uma concepção errônea muito comum pensar que o comércio é prejudicial se houver grandes disparidades entre os países em termos de produtividade ou salários. Por um lado, os gestores em países menos avançados tecnologicamente, como a Índia, frequentemente se preocupam que a abertura de suas economias para o comércio internacional provocará desastres, porque suas indústrias não serão capazes de competir. Por outro lado, as pessoas em nações tecnologicamente avançadas, onde os trabalhadores ganham altos salários, frequentemente têm medo de que a negociação com países menos avançados e com salários menores puxe o seu padrão de vida para baixo — um candidato à presidência dos Estados Unidos memoravelmente vaticinou sobre o surgimento de um "som de sucção gigante" se os Estados Unidos concluíssem um acordo de livre comércio com o México.

Contudo, o primeiro modelo apresentado por este texto das causas do comércio (Capítulo 3) demonstra que dois países podem negociar para seu benefício mútuo, mesmo quando um deles é mais eficiente do que o outro na produção de tudo e quando os produtores no país menos eficiente podem competir somente por estarem pagando salários mais baixos. Também observamos que o comércio fornece benefícios ao permitir que os países exportem mercadorias cuja produção faz uso relativamente intenso de recursos que são abundantes no local, ao mesmo tempo em que importa mercadorias cuja produção exige recursos que são escassos (Capítulo 5). O comércio internacional também permite que os países se especializem na produção de faixas mais estreitas de alimentos, dando a eles maior eficiência na produção em larga escala.

Os benefícios do comércio internacional não estão limitados apenas ao comércio de bens tangíveis. A migração internacional e os empréstimos internacionais também são formas de negociação mutuamente benéficas — a primeira delas é uma negociação de trabalho em troca de mercadorias e serviços (Capítulo 4), a segunda é uma negociação de mercadorias presentes em troca da promessa de mercadorias futuras (Capítulo 6). Por fim, as trocas internacionais de bens de risco, como títulos e ações, podem beneficiar todos os países ao permitir que cada nação diversifique sua riqueza e reduza a variabilidade da sua renda (Capítulo 20). Essas formas invisíveis de comércio produzem ganhos tão reais quanto o comércio que coloca frutas frescas da América Latina nos mercados de Toronto em fevereiro.

Embora as nações geralmente ganhem com o comércio internacional, é bem possível que o comércio internacional possa prejudicar grupos específicos *dentro* das nações — em outras palavras, esse comércio internacional terá fortes efeitos sobre a distribuição de renda. Os efeitos do comércio sobre a distribuição de renda são há muito tempo uma preocupação dos teóricos de comércio internacional, que enfatizam que:

- O comércio internacional pode afetar adversamente os proprietários de recursos que são "específicos" de indústrias que competem com importações, ou seja, não podem encontrar emprego alternativo em outras indústrias. Os exemplos incluem os maquinários especializados, como os teares manuais que se tornaram menos valiosos por causa das importações de tecidos, e os trabalhadores com habilidades especializadas, como os pescadores que têm o valor de sua pesca reduzido pelos frutos do mar importados.
- O comércio também pode alterar a distribuição de renda entre grupos amplos, como os trabalhadores e os donos do capital.

Essas preocupações se deslocaram da sala de aula para o centro do debate político do mundo real, à medida que se torna cada vez mais claro que os salários reais de trabalhadores menos capacitados nos Estados Unidos estão diminuindo — muito embora o país como um todo continue a ficar mais rico. Muitos comentaristas atribuem esse desenvolvimento ao comércio internacional crescente, principalmente das exportações em rápido crescimento de mercadorias fabricadas em países de baixos salários. Avaliar essa demanda torna-se uma tarefa importante para os economistas internacionais e é um tema prevalente nos capítulos 4 a 6.

O padrão do comércio

Os economistas não podem discutir os efeitos do comércio internacional ou recomendar mudanças nas políticas governamentais dirigidas ao comércio com alguma confiança, a menos que eles saibam que sua teoria é boa o suficiente para explicar o comércio internacional que é observado na realidade. Como resultado, tentativas para explicar o padrão de comércio internacional — quem vende o que para quem — têm sido uma preocupação maior dos economistas internacionais.

Alguns aspectos do padrão do comércio são fáceis de serem entendidos. Clima e recursos explicam com clareza por que o Brasil exporta café e a Arábia Saudita exporta petróleo. Contudo, a maior parte do padrão do comércio é muito sutil. Por que o Japão exporta automóveis, enquanto os Estados Unidos exportam aviões? No início do século XIX, o economista inglês David Ricardo deu uma explicação do comércio em termos de diferenças internacionais na produtividade do trabalho, uma explicação que continua sendo uma poderosa reflexão (Capítulo 3). No século XX, contudo, explicações alternativas também foram propostas. Uma das explicações mais influentes liga padrões comerciais a uma interação entre os suprimentos relativos das fontes nacionais, como capital, mão de obra e terra, de um lado, e o uso relativo desses fatores na produção de mercadorias, do outro. Apresentamos essa teoria no Capítulo 5. Nós, então, discutimos o quanto esse modelo básico deve ser estendido, a fim de gerar previsões empíricas precisas do volume e do padrão do comércio. Do mesmo modo, alguns economistas internacionais propuseram teorias que sugerem um componente aleatório substancial, junto com economias de escala, no padrão de comércio internacional, teorias que são desenvolvidas nos capítulos 7 e 8.

Quanto comércio?

Se a ideia de ganhos do comércio é o conceito teórico mais importante em economia internacional, o aparente eterno debate sobre quanto comércio deve ser permitido é seu tema político mais importante. Desde o surgimento dos modernos Estados-nações no século XVI, os governos têm se preocupado com o efeito da competição internacional sobre a prosperidade das indústrias domésticas e têm tentado proteger as indústrias da competição estrangeira colocando limites nas importações ou tentando ajudá-las na competição global, subsidiando as exportações. A única missão mais consistente da economia internacional tem sido analisar os efeitos dessas, assim chamadas, políticas protecionistas — e, geralmente, embora nem sempre, criticar o protecionismo e mostrar as vantagens do comércio internacional mais livre.

O debate sobre quanto comércio deve ser permitido levou a uma nova orientação nos anos 1990. Após a Segunda Guerra Mundial, as democracias avançadas, conduzidas pelos Estados Unidos, adotaram uma ampla política de remover barreiras para o comércio internacional; essa política refletia a visão de que o livre comércio era uma força não apenas para a prosperidade, mas também para promover a paz mundial. Na primeira metade dos anos 1990, foram negociados vários acordos importantes de livre comércio. O mais notável foi o Acordo de Livre Comércio Norte-Americano (NAFTA, do termo em inglês North American Free Trade Agreement) entre Estados Unidos, Canadá e México, aprovado em 1993, e o acordo chamado de Rodada do Uruguai, que estabeleceu a Organização Mundial de Comércio, em 1994.

Desde aquela época, contudo, um movimento político internacional opondo-se à "globalização" obteve muitas adesões. O movimento ganhou notoriedade em 1999, quando expositores representando uma mistura de protecionistas tradicionais e novas ideologias perturbaram um importante encontro internacional de comércio em Seattle. Se não por mais nada, o movimento antiglobalização forçou os defensores do livre comércio a procurarem novos caminhos para explicar seus pontos de vista.

Como adequado tanto à importância histórica quanto à relevância atual da questão protecionista, cerca de um quarto deste texto é dedicado ao assunto. No decorrer dos anos, os economistas internacionais desenvolveram um quadro analítico simples, mas poderoso, para determinar os efeitos das políticas governamentais que afetam o comércio internacional. Esse quadro ajuda a predizer os efeitos das políticas de comércio — embora também permita a análise custo-benefício e critérios definitórios — para determinar quando a intervenção do governo é boa para a economia. Apresentamos esse quadro nos capítulos 9 e 10 e o utilizamos para discutir diversas questões políticas nesses capítulos e nos dois seguintes.

No mundo real, contudo, os governos não necessariamente fazem o que a análise custo-benefício dos economistas diz que eles deveriam fazer. Isso não significa que a análise é inútil. A análise econômica pode ajudar a dar sentido às regras da política de comércio internacional, mostrando quem se beneficia e quem perde com tais ações governamentais, como quotas sobre as importações e subsídios às exportações. A principal reflexão dessa análise é que os conflitos de interesse *dentro* das nações são geralmente mais importantes na determinação da política de comércio do que os conflitos de interesse *entre* as nações. Os capítulos 4 e 5 mostram que o comércio geralmente tem efeitos muito fortes sobre a distribuição de renda dentro dos países, enquanto os capítulos 10 a 12 revelam que a força relativa de diferentes grupos de interesse dentro dos países, mais do que alguma medida de interesse nacional global, frequentemente é o principal fator determinante nas políticas governamentais para o comércio internacional.

Balanço de pagamentos

Em 1998, tanto a China quanto a Coreia do Sul tinham grandes superávits comerciais, de cerca de 40 bilhões de dólares cada. No caso da China, o excedente comercial não fugia do usual — o país vinha registrando grandes excedentes por vários anos, gerando queixas dos outros países, incluindo dos Estados Unidos, de que a China não estava obedecendo às regras do jogo. Então é bom registrar um excedente comercial e ruim apresentar um déficit comercial? Não, de acordo com os sul-coreanos: seu excedente comercial os forçou a uma crise econômica e financeira, e eles se ressentiram muito da necessidade de possuir aquele excedente.

Essa comparação realça o fato de que o *balanço de pagamentos* do país deve ser colocado no contexto de uma análise econômica para compreendermos o que ele significa. Ele surge em uma variedade de contextos específicos: ao discutir investimento direto externo pelas corporações multinacionais (Capítulo 8), ao relatar transações internacionais para uma contabilidade de renda nacional (Capítulo 13) e ao discutir virtualmente cada aspecto da política monetária internacional (capítulos 17 a 22). Como o problema do protecionismo, a balança de pagamentos tornou-se uma questão central para os Estados Unidos, porque a nação tem apresentado déficits comerciais enormes a cada ano, desde 1982.

Determinação da taxa de câmbio

Em setembro de 2010, o então ministro da fazenda do Brasil, Guido Mantega, ganhou as manchetes dos jornais ao declarar que o mundo estava "no meio de uma guerra cambial internacional". A ocasião para seus comentários foi um forte aumento no valor da moeda do Brasil, o *real*, que valia menos de 45 centavos de dólar no início de 2009, mas tinha aumentado para quase 60 centavos quando ele fez essa declaração (e aumentaria para 65 centavos durante os próximos meses). Mantega acusou os países ricos — os Estados Unidos em particular — de engendrar esse aumento, que foi devastador aos exportadores brasileiros. Contudo, o aumento de valor do *real* mostrou vida curta, a moeda começou a cair no meio de 2011, e até o verão de 2013 ela tinha voltado a somente 45 centavos de dólar.

Uma diferença fundamental entre a economia internacional e outras áreas da economia é que os países geralmente têm suas próprias moedas — o euro, que é compartilhado por diversos países europeus, é a exceção que confirma a regra. E como o exemplo do *real* ilustra, os valores relativos das moedas podem mudar com o tempo, algumas vezes de maneira drástica.

Por razões históricas, o estudo da determinação da taxa de câmbio é uma parte relativamente nova da economia internacional. Para a maior parte da história econômica moderna, as taxas de câmbio eram fixadas mais por ação governamental do que por determinação do mercado. Antes da Primeira Guerra Mundial, os valores das principais moedas do mundo eram fixados com base no ouro. Para uma geração após a Segunda Guerra Mundial, os valores das principais moedas eram fixados em termos de dólar americano. A análise dos sistemas monetários internacionais, que fixa as taxas de câmbio, continua sendo um assunto importante. O Capítulo 18 é dedicado ao estudo dos sistemas de taxa fixa; o Capítulo 19 ao desempenho histórico dos sistemas de taxas de câmbio alternativas; e o Capítulo 21 à economia das áreas monetárias, como a união monetária europeia. Atualmente, contudo, algumas das taxas de câmbio mais importantes do mundo flutuam de minuto a minuto, e o papel dessa mudança continua sendo o centro da história econômica internacional. Os capítulos 14 a 17 enfocam a teoria das taxas de câmbio flutuantes.

Coordenação da política internacional

A economia internacional abrange as nações soberanas, cada qual livre para escolher suas próprias políticas econômicas. Infelizmente, em uma economia mundial integrada, as políticas econômicas de um país costumam afetar igualmente outros países. Por exemplo, quando o Banco Central alemão aumentou as taxas de juros em 1990 — um passo que ele tomou para controlar o possível impacto inflacionário da reunificação das Alemanhas Oriental e Ocidental — ajudou a precipitar uma recessão no restante da Europa Ocidental. Diferenças nas metas entre países frequentemente levam a conflitos de interesse. Mesmo quando os países têm metas similares, eles podem sofrer perdas se falharem em coordenar suas políticas. Um problema fundamental na economia internacional é determinar como produzir um grau aceitável de harmonia entre o comércio internacional e as políticas monetárias dos diferentes países, na ausência de um governo mundial que diga aos países o que eles devem fazer.

Por quase 70 anos, as políticas comerciais internacionais tinham sido governadas por um acordo internacional conhecido como Acordo Geral sobre Tarifas Aduaneiras e Comércio (GATT, do termo em inglês General Agreement on Tariffs and Trade). Desde 1994, as regras comerciais têm sido aprovadas por uma organização internacional, a Organização Mundial do Comércio, que pode dizer aos países, incluindo os Estados Unidos, que suas políticas violam acordos prévios. Nós discutiremos a justificativa para esse sistema no Capítulo 9 e apuraremos se as regras do jogo para o comércio internacional na economia mundial podem ou devem sobreviver.

Embora a cooperação nas políticas comerciais internacionais seja uma tradição bem estabelecida, a coordenação das políticas macroeconômicas internacionais é um tópico mais novo e mais incerto. Tentativas para formular princípios para a coordenação macroeconômica internacional datam de 1980 e 1990, e permanecem controversas até o momento. Entretanto, tentativas de coordenação macroeconômica internacional estão ocorrendo com frequência crescente no mundo real. Tanto a teoria da coordenação macroeconômica internacional quanto uma experiência em desenvolvimento são revisadas no Capítulo 19.

Mercado de capitais internacional

Em 2007, os investidores que haviam comprado seguros lastreados por hipotecas, pensando nas rendas dos grandes investimentos em hipotecas residenciais, receberam um choque enorme: conforme os preços das residências começaram a cair o valor das hipotecas entrou em colapso e os investimentos que elas asseguravam passaram a ser de alto risco. Uma vez que muitas das apólices pertenciam a instituições financeiras, o problema com os imóveis rapidamente tornou-se uma crise bancária. E note o seguinte: não foi apenas uma crise bancária nos Estados Unidos, porque os bancos de outros países, especialmente na Europa, também haviam comprado muitos desses seguros.

A história não termina aí: a Europa rapidamente também teve problemas no mercado imobiliário. E embora esses problemas tenham ocorrido no sul, logo tornou-se aparente que muitos bancos europeus do norte — como os bancos da Alemanha que haviam emprestado dinheiro para os da Espanha — também ficaram expostos às consequências financeiras.

Em qualquer economia sofisticada, existe um extenso mercado de capitais: um conjunto de rearranjos pelos quais indivíduos e empresas trocam dinheiro por promessas de pagamento futuro. A crescente importância do comércio internacional, desde 1960, foi acompanhada por um crescimento no mercado de capitais *internacional*, que conecta os mercados de capital de diferentes países. Assim, nos anos 1970, as nações do Oriente Médio ricas em petróleo colocaram os seus lucros advindos dessa fonte de recurso nos bancos de Londres e Nova York, os quais por sua vez emprestavam dinheiro para governos e corporações na Ásia e América Latina. Durante os anos 1980, o Japão converteu muito do dinheiro que ganhou com suas exportações em investimentos nos Estados Unidos, incluindo o estabelecimento de um número crescente de subsidiárias norte-americanas de empresas japonesas. Hoje, a China está direcionando seus ganhos em exportação para um leque de ativos estrangeiros, incluindo dólares que seu governo guarda como reserva internacional.

Os mercados de capitais internacionais diferem de maneiras importantes dos mercados de capitais domésticos. Eles devem seguir regulamentações especiais que muitos países impõem ao investimento estrangeiro; eles também oferecem algumas vezes oportunidades para a liberação de regulamentações impostas aos mercados internos. Desde 1960, surgiram mercados de capitais internacionais enormes, mais notadamente o mercado de eurodólar de Londres, no qual bilhões de dólares são trocados diariamente sem sequer chegarem aos Estados Unidos.

Alguns riscos especiais estão associados com os mercados de capitais internacionais. Um risco é a flutuação do câmbio: se o euro cai abaixo do dólar, os investidores dos EUA que compraram ações em euro sofrem uma perda de capital. Outro risco é o não pagamento ("calote") nacional: uma nação pode simplesmente recusar-se a pagar suas dívidas (talvez porque não tenha condições) e pode não existir uma maneira efetiva para os credores processarem essa nação. O medo de "calote" por países europeus altamente endividados tem sido uma preocupação importante nos últimos anos.

A crescente importância dos mercados de capitais internacionais e seus novos problemas demandam mais atenção do que nunca. Este livro dedica dois capítulos aos problemas oriundos dos mercados de capitais internacionais: um sobre o funcionamento dos mercados de ativos globais (Capítulo 20) e um sobre empréstimos estrangeiros por países em desenvolvimento (Capítulo 22).

Economia internacional: comércio e moedas

A ciência econômica da economia internacional pode ser subdividida em dois subcampos amplos: o estudo do *comércio internacional* e o estudo *monetário internacional*. A análise do comércio internacional enfoca primariamente as transações *reais* na economia internacional, ou seja, as transações envolvendo o movimento físico de mercadorias ou um compromisso tangível de recursos econômicos. A análise monetária internacional enfoca a face *monetária* da economia internacional, ou seja, transações financeiras como compras estrangeiras de dólares americanos. Um exemplo de um problema de comércio internacional é o conflito entre os Estados Unidos e a Europa sobre as exportações subsidiadas de produtos agrícolas da Europa; um exemplo de um problema monetário internacional é a disputa entre a opinião de que se deve deixar que o valor do câmbio estrangeiro do dólar flutue livremente ou de que ele seja estabilizado por ação governamental.

No mundo real, não existe uma linha divisória simples entre os problemas comerciais e monetários. A maioria do comércio internacional envolve transações monetárias embora, como os exemplos deste capítulo já sugeriram, muitos eventos monetários têm consequências importantes para o comércio. Contudo, a distinção entre comércio internacional e dinheiro internacional é útil. A primeira metade deste livro aborda os problemas de comércio internacional. A Parte Um (capítulos 2 a 8) desenvolve a teoria analítica do comércio internacional, e a Parte Dois (capítulos 9 a 12) aplica a teoria do comércio para a análise das políticas governamentais de comércio. A segunda metade do livro dedica-se aos problemas monetários internacionais. A Parte Três (capítulos 13 a 18) desenvolve a teoria monetária internacional e a Parte Quatro (capítulos 19 a 22) aplica essa análise à política monetária internacional.

CAPÍTULO 2

Comércio mundial: uma visão geral

Em 2013, o mundo todo produziu bens e serviços valendo cerca de US$ 74 trilhões a preços correntes. Desse total, mais de 30% foram vendidos cruzando fronteiras nacionais: o comércio mundial de bens e serviços excedeu os US$ 23 trilhões. Isso é uma quantidade enorme de exportações e importações.

Em capítulos posteriores, vamos analisar por que os países vendem muito do que produzem para outros países e por que compram muito do que consomem de outros países. Também examinaremos os benefícios e os custos do comércio internacional e as motivações e efeitos das políticas governamentais que restringem ou incentivam o comércio.

Antes de chegarmos a isso, no entanto, vamos começar por descrever quem negocia com quem. Uma relação empírica, conhecida como *modelo de gravidade*, ajuda a entender o valor das trocas comerciais entre qualquer par de países e lança luz sobre os obstáculos que continuam a limitar o comércio internacional, mesmo na economia globalizada de hoje.

Vamos então analisar a estrutura mutante do comércio mundial. Como veremos, as últimas décadas foram marcadas por um grande aumento da parcela da produção mundial, vendida internacionalmente por uma mudança do centro de gravidade do mundo econômico em direção à Ásia, e por grandes mudanças nos tipos de bens que compõem esse comércio.

OBJETIVOS DE APRENDIZAGEM

Após a leitura deste capítulo, você será capaz de:
- Descrever como o valor do comércio entre dois países depende do tamanho de suas economias e explicar as razões para essa relação.
- Discutir como a distância e as fronteiras reduzem o comércio.
- Descrever como a parcela da produção internacional que é negociada tem flutuado ao longo do tempo e por que há duas eras da globalização.
- Explicar como o mix de produtos e serviços que são comercializados internacionalmente mudou ao longo do tempo.

Quem negocia com quem?

A Figura 2.1 mostra o valor total do comércio de mercadorias — exportações mais importações — entre os Estados Unidos e seu 15 parceiros comerciais principais em 2012. (Dados sobre o comércio de serviços são menos bem discriminados por parceiro comercial; vamos falar sobre a crescente importância do comércio de serviços e as questões levantadas por esse comércio mais adiante neste capítulo.) Tomados em conjunto, esses 15 países representaram 69% do valor do comércio dos Estados Unidos naquele ano.

Por que os Estados Unidos negociam tanto com esses países? Vamos examinar os fatores que, na prática, determinam quem negocia com quem.

O tamanho é importante: o modelo de gravidade

Três dos 15 principais parceiros comerciais dos EUA são nações europeias: Alemanha, Reino Unido e França. Por que os Estados Unidos negociam mais intensamente com esses três países europeus do que com os outros? A resposta é que essas são as três maiores economias europeias. Ou seja, eles têm os maiores valores do **produto interno bruto (PIB)**, que mede o valor total de todos os bens e serviços

FIGURA 2.1 Comércio total dos EUA com os principais parceiros em 2012

Comércio dos EUA — medido como a soma das importações e exportações — com os 15 principais parceiros.

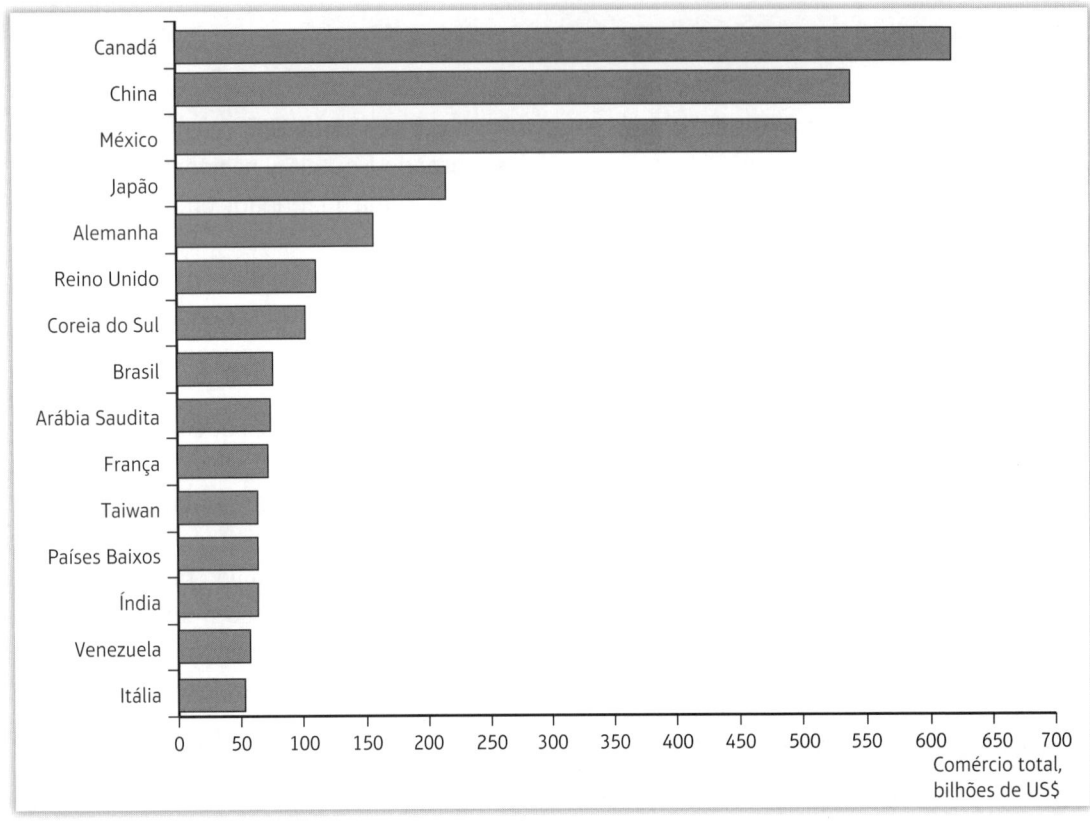

Fonte: Departamento de Comércio dos EUA.

produzidos em uma economia. Existe uma forte relação empírica entre o tamanho da economia de um país e o volume de suas importações e exportações.

A Figura 2.2 ilustra essa relação, mostrando a correspondência entre o tamanho das diferentes economias europeias — especificamente, 15 parceiros comerciais da Europa Ocidental mais importantes dos EUA em 2012 — e o comércio desses países com os Estados Unidos naquele ano. No eixo horizontal é o PIB de cada país, expresso em porcentagem do PIB total da União Europeia; no eixo vertical temos a quota de cada país do comércio total dos EUA com a UE. Como você pode ver, a dispersão dos pontos é agrupada em torno da linha traçada a 45 graus — ou seja, a quota de comércio de cada país da Europa com os EUA foi mais ou menos igual à quota do país no PIB Europeu Ocidental. A Alemanha tem uma grande economia, respondendo por 20% do PIB europeu ocidental; é também responsável por 24% do comércio dos EUA com a região. A Suécia tem uma economia muito menor, representando apenas 3,2% do PIB europeu. Correspondentemente, é responsável por apenas 2,3% do comércio EUA–Europa.

Olhando para o comércio mundial como um todo, os economistas descobriram que uma equação prevê com bastante precisão o volume do comércio entre dois países da seguinte forma:

$$T_{ij} = A \times Y_i \times Y_j / D_{ij}, \qquad (2.1)$$

em que A é um termo constante, T_{ij} é o valor do comércio entre o país i e o país j, Y_i é o PIB do país i, Y_j é o PIB do país j e D_{ij} é a distância entre os dois países. Ou seja, o valor do comércio entre dois países é proporcional, se tudo o mais for igual, ao *produto* do PIB dos dois países e diminui com a distância entre eles.

Uma equação como (2.1) é conhecida como um **modelo de gravidade** do comércio mundial. A razão para o nome é a analogia à lei de Newton da gravidade: assim como a atração gravitacional entre dois objetos é proporcional ao produto das suas massas e diminui com a distância, o comércio entre dois países é, sendo as outras variáveis iguais, proporcional ao produto de seu PIB e diminui com a distância.

Os economistas frequentemente estimam um modelo de gravidade um pouco mais geral da seguinte forma:

FIGURA 2.2 O tamanho das economias europeias e o valor de suas trocas comerciais com os Estados Unidos

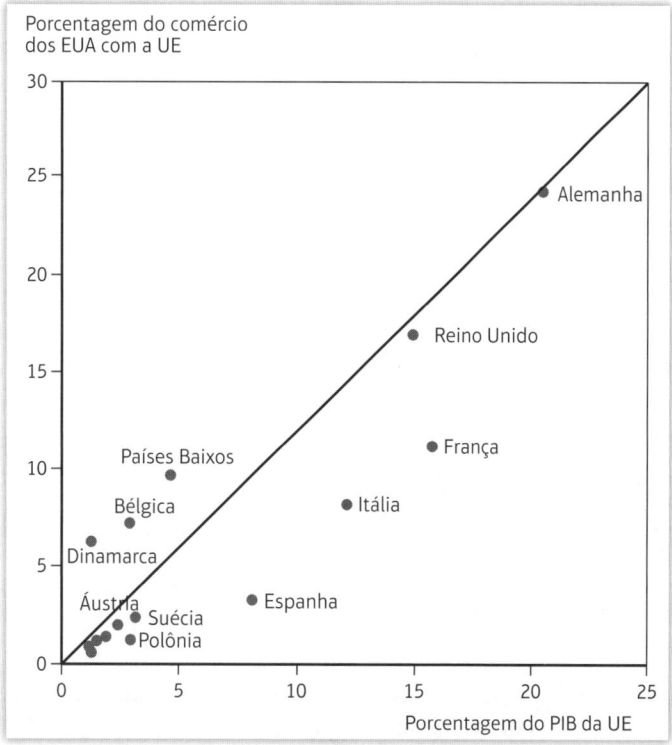

Fonte: Departamento de comércio dos EUA; Comissão Europeia.

$$T_{ij} = A \times Y_i^a \times Y_j^b / D_{ij}^c. \qquad (2.2)$$

Esta equação diz que os três parâmetros que determinam o volume do comércio entre dois países são o tamanho do PIB dos dois países e a distância entre eles, sem assumir especificamente que o comércio seja proporcional ao produto dos dois PIBs e inversamente proporcional à distância. Em vez disso, a, b, e c são escolhidos para se encaixarem o mais próximo possível nos dados reais. Se a, b e c forem todos iguais a 1, a Equação (2.2) seria igual à Equação (2.1). Na verdade, as estimativas em geral apontam que (2.1) é uma aproximação razoável.

Por que o modelo de gravidade funciona? Em termos gerais, as grandes economias tendem a gastar grandes quantias com importações, porque elas têm grandes rendimentos. Também tendem a atrair grandes fatias dos gastos de outros países, porque elas produzem uma vasta gama de produtos. Então, sendo as outras variáveis iguais, o comércio entre quaisquer duas economias é maior — quanto maior forem ambas as economias.

Que outras variáveis *não são* iguais? Como já observamos, na prática, os países gastam muito ou a maior parte de sua renda internamente. Os Estados Unidos e a União Europeia estão gastando cada um cerca de 25% do PIB mundial, mas cada um atrai apenas cerca de 2% dos gastos do outro. Para compreender os fluxos comerciais reais, precisamos considerar os fatores que limitam o comércio internacional. Antes de chegarmos lá, no entanto, vamos analisar uma razão importante pela qual o modelo de gravidade é útil.

Usando o modelo de gravidade à procura de anomalias

É claro pela Figura 2.2 que um modelo de gravidade se aplica bem aos dados sobre o comércio dos EUA com países europeus — mas não perfeitamente. Na verdade, um dos principais usos dos modelos de gravidade é para nos ajudar a identificar anomalias no comércio. Com efeito, quando o comércio entre dois países é muito maior ou menor do que um modelo de gravidade prevê, os economistas procuram a explicação.

Olhando novamente a Figura 2.2, vemos que o comércio dos Países Baixos, Bélgica e Irlanda com os Estados Unidos é consideravelmente maior do que um modelo de gravidade poderia ter previsto. Por que isso ocorre?

Para a Irlanda, a resposta encontra-se em parte na afinidade cultural: não só a Irlanda compartilha a mesma língua com os Estados Unidos, mas dezenas de milhões de americanos são descendentes de imigrantes irlandeses. Além dessa consideração, a Irlanda desempenha um papel especial como hospedeira de muitas empresas dos EUA. Discutiremos o papel dessas corporações multinacionais no Capítulo 8.

No caso dos Países Baixos e da Bélgica, os custos de transporte e a geografia explicam seu grande comércio com os Estados Unidos. Ambos os países estão localizados perto da foz do rio Reno, maior rio da Europa Ocidental, que passa junto do Ruhr, o coração industrial da Alemanha. Então, os Países Baixos e a Bélgica têm sido tradicionalmente os pontos de entrada de grande parte do noroeste da Europa. Rotterdam, na Holanda, é o porto mais importante na Europa, como medido pela tonelagem; e Antuérpia, na Bélgica, o segundo. O grande comércio da Bélgica e da Holanda sugere, em outras palavras, o papel importante dos custos de transporte e da geografia em determinar o volume do comércio. A importância desses fatores é clara quando nos voltamos para um exemplo mais amplo de dados comerciais.

Impedimentos ao comércio: distância, barreiras e fronteiras

A Figura 2.3 mostra os mesmos dados que a Figura 2.2 — comércio dos EUA como uma porcentagem do comércio total com a Europa Ocidental em 2012 *versus* PIB em porcentagem do PIB total da região —, mas acrescenta mais dois países: Canadá e México. Como você pode ver, os dois vizinhos dos Estados Unidos fazem muito mais comércio com os EUA do que as economias europeias de igual tamanho. Na verdade, o Canadá, cuja economia é mais ou menos do mesmo tamanho que a da Espanha, tem transações comerciais com os Estados Unidos na mesma intensidade que toda a Europa junta.

Por que os Estados Unidos têm muito mais comércio com seus vizinhos norte-americanos do que com os seus parceiros europeus? Uma das principais razões é o simples fato de que o Canadá e o México estão muito mais próximos.

Todos os modelos de gravidade estimados mostram um forte efeito negativo da distância no comércio internacional; estimativas típicas relatam que um aumento de 1% na distância entre dois países está associado com uma queda de 0,7 a 1% no comércio entre esses países. Essa queda em parte reflete o aumento dos custos do transporte de mercadorias e serviços. Os economistas também acreditam que fatores menos tangíveis desempenham um papel crucial: o comércio tende a ser intenso quando os países têm contato pessoal,

FIGURA 2.3 Dimensão econômica e o comércio com os Estados Unidos

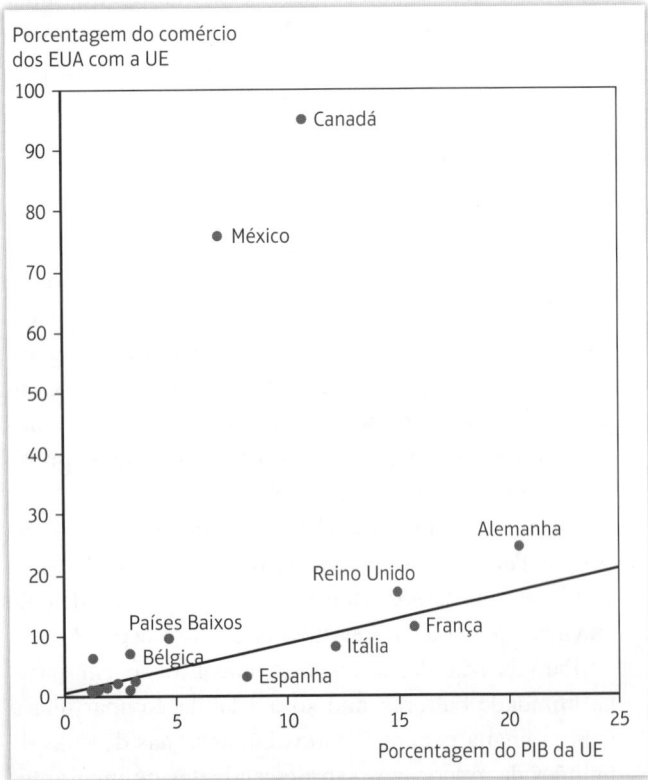

Os Estados Unidos têm marcadamente mais comércio com seus vizinhos do que com as economias europeias de mesmo tamanho.

Fonte: Departamento de comércio dos EUA; Comissão Europeia.

e este contato tende a diminuir quando as distâncias são grandes. Por exemplo, é fácil para um representante de vendas dos Estados Unidos fazer uma visita rápida a Toronto, mas é um esforço muito maior para esse representante ir a Paris. A menos que a empresa esteja situada na costa oeste, é um esforço ainda maior visitar Tóquio.

Além de serem vizinhos dos Estados Unidos, Canadá e México são parte de um **acordo de comércio** com os Estados Unidos, o Acordo de Livre Comércio Norte-Americano, ou NAFTA, que garante que a maioria dos bens enviados entre os três países não seja sujeita a tarifas ou outras barreiras ao comércio internacional. Vamos analisar os efeitos das barreiras ao comércio internacional nos capítulos 8 e 9, e o papel dos acordos comerciais, como o NAFTA, no Capítulo 10. Por enquanto, vamos observar que os economistas usam modelos de gravidade como uma forma de avaliar o impacto dos acordos comerciais sobre o comércio internacional real: se um acordo de comércio é eficaz, deve estimular significativamente o comércio entre seus parceiros do que iriam prever por seus PIBs e as distâncias um do outro.

É importante observar, no entanto, que apesar de os acordos comerciais muitas vezes acabarem com todas as barreiras formais ao comércio entre os países, eles raramente tornam as fronteiras nacionais irrelevantes. Mesmo quando a maioria dos bens e serviços fornecidos através de uma fronteira nacional não paga tarifas aduaneiras e enfrenta poucas restrições legais, há muito mais comércio entre regiões do mesmo país do que entre regiões equivalentemente situadas em diferentes países. A fronteira Canadá–Estados Unidos é um caso. Os dois países fazem parte de um acordo de livre comércio (na verdade, havia um acordo de livre comércio entre Canadá–EUA mesmo antes do NAFTA); a maioria dos canadenses fala inglês; e os cidadãos desses países são livres para cruzar a fronteira com um mínimo de formalidades. Contudo, dados sobre o comércio das províncias canadenses individuais entre si e com estados dos EUA mostram que, se todo o resto for igual, há muito mais comércio entre as províncias do que entre as províncias e os estados dos Estados Unidos.

A Tabela 2.1 ilustra a extensão da diferença. Ela mostra o comércio total (exportações mais importações) da província canadense da Colúmbia Britânica, ao norte do estado de Washington, com outras províncias canadenses e com os estados dos EUA, medidos como uma porcentagem do PIB de cada província ou estado. A Figura 2.4 mostra a localização dessas províncias e estados. Cada província canadense é pareada com um estado dos EUA que esteja mais ou menos a mesma distância da Colúmbia Britânica: o estado de Washington e Alberta fazem ambos fronteira com a Colômbia Britânica; Ontário e Ohio estão ambos no centro-oeste; e assim por diante. Com exceção do comércio com o extremo leste da província canadense de Nova Brunswick, o comércio intracanadense cai constantemente com o aumento da distância. Mas em todos os casos, o comércio entre a Colúmbia Britânica e uma província do Canadá é muito maior do que o comércio com um estado dos EUA igualmente distante.

Os economistas usaram dados como os mostrados na Tabela 2.1, junto com as estimativas do efeito da distância em modelos de gravidade, para calcular que a fronteira Canadá–EUA, apesar de ser uma das mais abertas do mundo, tem tanto efeito em dissuadir o comércio quanto se os países estivessem entre 1.500 e 2.500 quilômetros de distância.

Por que as fronteiras têm um grande efeito negativo sobre o comércio? Esse é um tópico de pesquisa em andamento. O Capítulo 21 descreve um recente foco dessa pesquisa: um esforço para determinar quanto efeito a existência de diferentes moedas nacionais tem sobre o comércio internacional de bens e serviços.

TABELA 2.1 Comércio com a Colúmbia Britânica, como porcentagem do PIB em 2009

Província canadense	Comércio como % do PIB	Comércio como % do PIB	Estados dos EUA com distância Similar à Colúmbia Britânica
Alberta	6,9	2,6	Washington
Saskatchewan	2,4	1,0	Montana
Manitoba	2,0	0,3	Califórnia
Ontário	1,9	0,2	Ohio
Quebec	1,4	0,1	Nova York
New Brunswick	2,3	0,2	Maine

Fonte: Estatísticas Canadá; Departamento de comércio dos EUA.

FIGURA 2.4 Províncias do Canadá e estados dos EUA que fazem comércio com a Colúmbia Britânica

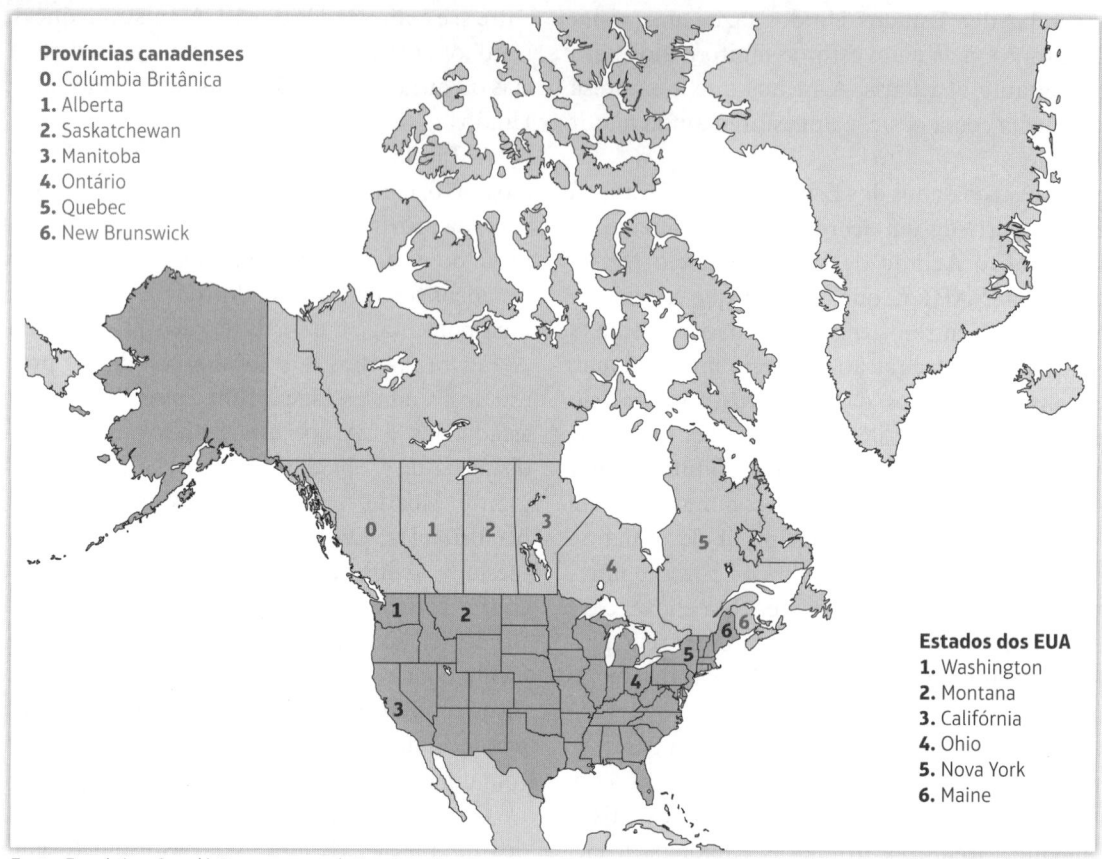

Fonte: Estatísticas Canadá; Departamento de Comércio dos EUA.

O padrão de mudança do comércio mundial

O comércio mundial é um alvo em movimento. A direção e a composição do comércio mundial é muito diferente hoje do que era há uma geração atrás e ainda mais diferente do que era há um século. Vejamos algumas das principais tendências.

O mundo ficou menor?

Em discussões populares da economia mundial, muitas vezes encontramos demonstrações de que o transporte moderno e as comunicações aboliram a distância, então o mundo se tornou um lugar pequeno. Há claramente um pouco de verdade nessas declarações: a Internet possibilita a comunicação instantânea e quase livre entre pessoas que estão a milhares de quilômetros de distância, enquanto o transporte por aviões a jato permite rápido acesso físico para todas as partes do globo. Por outro lado, os modelos de gravidade continuam a mostrar uma forte relação negativa entre a distância e o comércio internacional. Mas tais efeitos ficaram mais fracos ao longo do tempo? O progresso dos transportes e das comunicações tornou o mundo menor?

A resposta é "sim" — mas a história também mostra que as forças políticas podem compensar os efeitos da tecnologia. O mundo ficou menor entre 1840 e 1914, mas novamente ficou maior em grande parte do século XX.

Historiadores econômicos nos dizem que uma economia global, com fortes ligações econômicas entre nações mesmo distantes, não é uma coisa nova. Na verdade, houve duas grandes ondas de globalização, a primeira se baseando não nos aviões a jato e na Internet, mas sim em ferrovias, navios a vapor e no telégrafo. Em 1919, o grande economista John Maynard Keynes descreveu os resultados daquela onda de globalização:

Um episódio extraordinário no progresso econômico do homem foi a era que chegou ao fim em agosto de 1914!... O habitante de Londres podia encomendar por telefone, bebericando seu chá da manhã na cama, os diversos produtos de toda a terra, nas quantidades que achasse melhor e esperar

razoavelmente sua entrega bater em sua porta na manhã seguinte.

Observe, no entanto, que a declaração de Keynes, que a era "chegou ao fim" em 1914. Na verdade, duas guerras mundiais subsequentes, a Grande Depressão dos anos 1930 e o protecionismo generalizado fizeram muito para deprimir o comércio mundial. A Figura 2.5 mostra uma medida de comércio internacional: a relação entre um índice das exportações mundiais de bens manufaturados e um índice de produção industrial mundial. O comércio mundial cresceu rapidamente nas décadas anteriores à Primeira Guerra Mundial, mas depois caiu significativamente. Como você pode ver, na figura, a globalização não retorna aos níveis pré-guerra mundial até a década de 1970.

Desde então, no entanto, o comércio mundial, como uma parte da produção mundial, aumentou para níveis sem precedentes. Grande parte desse aumento no valor do comércio mundial reflete a chamada "desintegração vertical" da produção: antes que um produto chegue às mãos dos consumidores, passa muitas vezes por vários estágios de produção em diferentes países. Por exemplo, os produtos eletrônicos de consumo — telefones celulares, iPods entre outros — frequentemente são montados nas nações com baixos salários como a China, a partir de componentes produzidos em países que são mais bem remunerados, como o Japão. Por causa da extensa movimentação dos componentes, um produto de US$ 100 pode dar origem a um valor de US$ 200 ou US$ 300 nos fluxos de comércio internacional.

O que comercializamos?

Quando os países fazem comércio, o que eles comercializam? Para o mundo, em geral, a principal resposta é que eles enviam produtos manufaturados, como automóveis, computadores e roupas, uns para os outros. No entanto, o comércio de produtos minerais — uma categoria que inclui tudo, desde o minério de cobre até o carvão, mas cujo componente principal no mundo moderno é o petróleo — continua a ser uma parte importante do comércio mundial. Produtos agrícolas, como trigo, soja e algodão, são outra peça-chave do quadro atual, e serviços de vários tipos desempenham um papel importante e espera-se muito que se tornem mais importantes no futuro.

A Figura 2.6 apresenta a distribuição percentual das exportações mundiais em 2011. Os produtos manufaturados de todos os tipos compõem a maior parte do comércio mundial. A maior parte do valor dos bens de mineração consiste de petróleo e outros combustíveis. O comércio de produtos agrícolas, embora crucial na alimentação de muitos países, representa apenas uma pequena fração do valor do comércio do mundo moderno.

Enquanto isso, as exportações de serviços incluem as taxas de transporte tradicional cobradas por companhias aéreas e empresas de transporte marítimo, taxas de seguro recebidas de estrangeiros e os gastos por turistas

FIGURA 2.5 A ascensão e a queda do comércio mundial

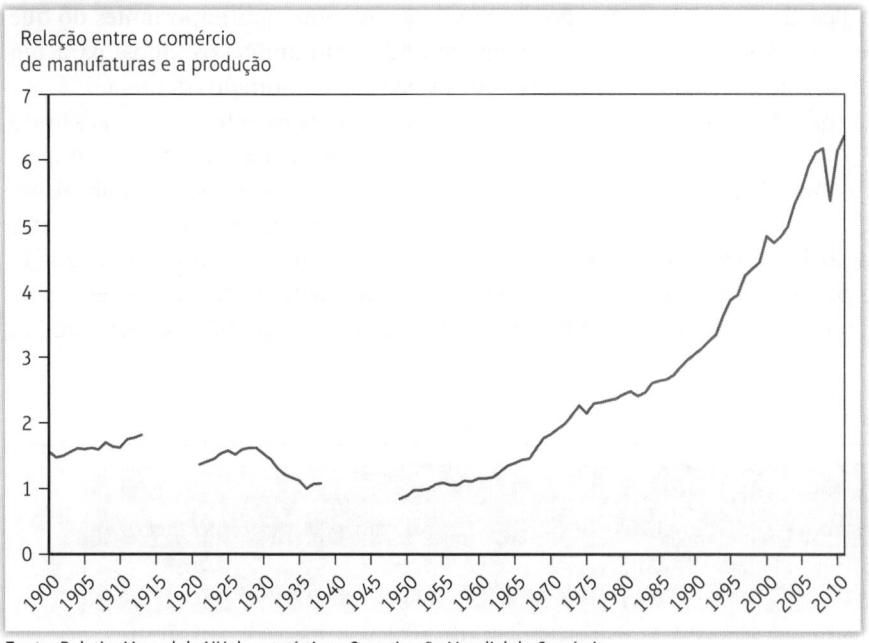

A proporção mundial entre as exportações de bens manufaturados e a produção industrial do mundo — mostrada aqui como um índice com 1953=1 — elevou-se nas décadas antes da Primeira Guerra Mundial, mas caiu drasticamente em face das guerras e do protecionismo. E não retornou aos níveis de 1913 até a década de 1970, mas desde então atingiu novos picos.

Fonte: Boletim Mensal da NU de estatísticas; Organização Mundial do Comércio.

| FIGURA 2.6 | A composição do comércio mundial, 2011 |

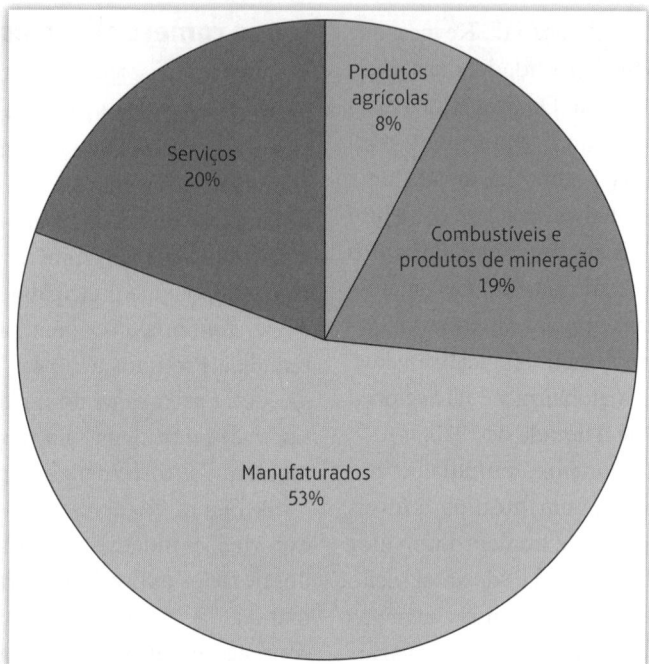

A maioria do comércio mundial é de bens manufaturados, mas os minerais — principalmente o pretróleo — continuam a ser importantes.

Fonte: Organização Mundial do Comércio.

estrangeiros. Nos últimos anos, novos tipos de comércio de serviços, tornados possíveis pelas telecomunicações modernas, têm atraído muito a atenção da mídia. O exemplo mais famoso é o surgimento de centros de atendimento telefônico e de assistência remota no exterior: se você telefonar para um número 0800 para obter informações ou ajuda técnica, a pessoa do outro lado da linha pode muito bem estar em um país distante (a cidade indiana de Bangalore é um local particularmente popular). Até agora, essas novas formas exóticas de comércio ainda são uma parte relativamente pequena do quadro geral de comércio, mas, como explicado a seguir, isso pode mudar nos próximos anos.

O quadro atual, em que produtos manufaturados dominam o comércio mundial, é relativamente novo. No passado, os produtos primários — bens agrícolas e de mineração — desempenhavam um papel muito mais importante no comércio mundial. A Tabela 2.2 mostra o compartilhamento de bens manufaturados nas exportações e importações do Reino Unido e dos Estados Unidos em 1910 e 2011. No início do século XX, a Grã-Bretanha, embora exportasse intensamente bens manufaturados (fábricas), importava principalmente produtos primários. Hoje, os produtos manufaturados dominam ambos os lados de seu comércio. Enquanto isso, os Estados Unidos passaram de um padrão de comércio em que produtos primários eram mais importantes do que os bens manufaturados, em ambos os lados, para um padrão em que os bens manufaturados dominam.

Uma transformação mais recente foi a ascensão do terceiro mundo nas exportações de bens manufaturados. Os termos **terceiro mundo** e **países em desenvolvimento** são aplicados às nações mais pobres do mundo, muitas das quais foram colônias europeias antes da Segunda Guerra Mundial. Na década de 1970, esses países exportavam principalmente produtos primários. Desde então,

| TABELA 2.2 | Produtos manufaturados como porcentagem do comércio de mercadorias |

	Reino Unido		Estados Unidos	
	Exportação	Importação	Exportação	Importação
1910	75,4	24,5	47,5	40,7
2011	72,1	69,1	65,3	67,2

Fonte: Dados de 1910 de Simon Kuznets, *Modern Economic Growth: Rate, Structure and Speed*. New Haven: Yale Univ. Press, 1966. Dados de 2011 da Organização Mundial do Comércio.

no entanto, eles mudaram rapidamente para as exportações de bens manufaturados. A Figura 2.7 mostra as parcelas de produtos agrícolas e mercadorias manufaturadas nas exportações de países em desenvolvimento desde 1960. Houve uma inversão quase completa de sua importância relativa. Por exemplo, mais de 90% das exportações da China, a maior economia em desenvolvimento e uma força crescente no comércio mundial, são compostos de bens manufaturados.

Offshoring de serviços

Atualmente, uma das questões mais quentes em economia internacional é se a moderna tecnologia da informação, que torna possível executar algumas funções econômicas a longa distância, conduzirá a um aumento drástico nas novas formas de comércio internacional. Nós já mencionamos o exemplo dos *call centers*, onde a pessoa que atende seu pedido para obter informações pode estar a 16.000 quilômetros de distância. Muitos outros serviços também podem ser feitos em um local remoto. Quando um serviço antes feito em um país é deslocado para um local externo, a alteração é conhecida como *offshoring de serviço* (às vezes conhecido como **terceirização de serviço**). Além disso, os produtores devem decidir se devem configurar uma subsidiária estrangeira para fornecer os serviços (e operar como uma empresa multinacional) ou terceirizar os serviços de outra companhia. No Capítulo 8, descreveremos mais detalhadamente como as empresas tomam essas decisões importantes.

Em um artigo famoso, publicado em 2006 na revista *Foreign Affairs*, Alan Blinder, economista da Universidade de Princeton, argumentou que:

> [...] *no futuro, e em grande medida já no presente, a principal distinção para o comércio internacional não será entre coisas que podem e que não podem ser colocadas em uma caixa. Em vez disso, será entre os serviços que podem ser entregues por via eletrônica em longas distâncias, com pouca ou nenhuma degradação de qualidade, e aqueles que não podem.*

Por exemplo, o trabalhador que reestoca as prateleiras em sua mercearia tem que ir ao local, mas o contador que faz a contabilidade do mercado pode estar em outro país, mantendo contato pela Internet. A enfermeira que mede seu pulso tem que estar próxima de você, mas o radiologista que analisa a radiografia pode receber as imagens eletronicamente em qualquer lugar que tenha uma conexão de alta velocidade.

Nesse ponto, a terceirização de serviços chama muito a atenção precisamente porque ainda é bastante rara. A questão é quão grande pode se tornar, e quantos

FIGURA 2.7 A mudança de composição das exportações de países em desenvolvimento

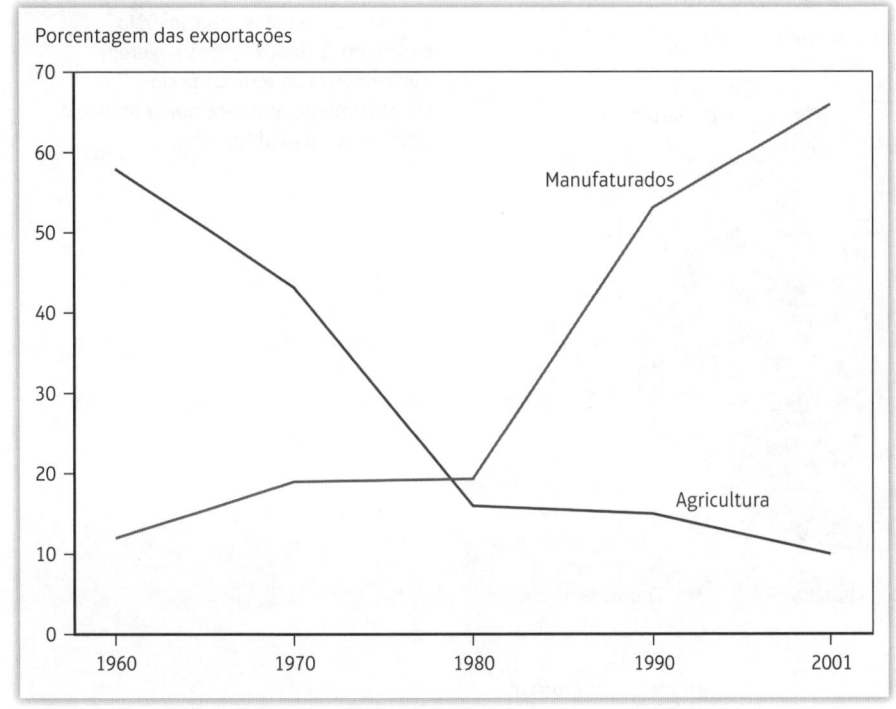

Nos últimos 50 anos, as exportações dos países em desenvolvimento têm se deslocado na direção dos manufaturados.

Fonte: Conselho das Nações Unidas sobre Comércio e Desenvolvimento.

trabalhadores que não enfrentam hoje nenhuma competição internacional poderão ver essa mudança no futuro. Uma maneira pela qual os economistas tentaram responder a essa pergunta foi olhando quais serviços são negociados em longas distâncias *dentro* dos Estados Unidos. Por exemplo, muitos serviços financeiros são fornecidos a partir de Nova York, a capital financeira do país; grande parte dos lançamentos de software do país ocorre em Seattle, lugar da sede da Microsoft; grande parte dos serviços de pesquisa por Internet dos EUA (e do mundo) provém do Googleplex em Mountain View, Califórnia, e assim por diante.

A Figura 2.8 mostra os resultados de um estudo que utilizou sistematicamente dados sobre a localização das indústrias dentro dos Estados Unidos para determinar quais serviços são e quais não são negociáveis em longas distâncias. Como mostra a figura, o estudo concluiu que cerca de 60% do total de empregos dos EUA consiste de postos de trabalho que devem ser feitos perto do cliente, tornando-os não comercializáveis. Mas os 40% dos empregos, que representam atividades comercializáveis, incluem mais serviços do que trabalhos de fabricação. Isso sugere que o atual domínio do comércio mundial de manufaturas, mostrado na Figura 2.6, pode ser apenas temporário. No longo prazo, o comércio de serviços entregues por via eletrônica pode tornar-se o componente mais importante do comércio mundial. Discutiremos a implicação dessas tendências para o emprego dos EUA no Capítulo 8.

Regras antigas ainda se aplicam?

Vamos começar nossa discussão sobre as causas do comércio mundial no Capítulo 3, com uma análise de um modelo originalmente apresentado pelo economista britânico David Ricardo, em 1819. Tendo em conta todas as mudanças no comércio mundial desde o tempo de Ricardo, velhas ideias ainda podem ser relevantes?

A resposta é um retumbante "sim". Mesmo que muito tenha mudado sobre o comércio internacional, os princípios fundamentais, descobertos por economistas no alvorecer de uma economia global, ainda se aplicam.

É verdade que o comércio mundial tornou-se mais difícil de se caracterizar em termos simples. Há um século, as exportações de cada país obviamente eram moldadas em grande parte por seu clima e seus recursos naturais. Países tropicais exportavam produtos tropicais como café e algodão; países com terra rica como os Estados Unidos e a Austrália exportavam alimentos para as nações densamente povoadas da Europa. Disputas sobre o comércio também eram fáceis de explicar: as batalhas políticas clássicas sobre o livre comércio *versus*

FIGURA 2.8 Parcela das produções comercializáveis do emprego

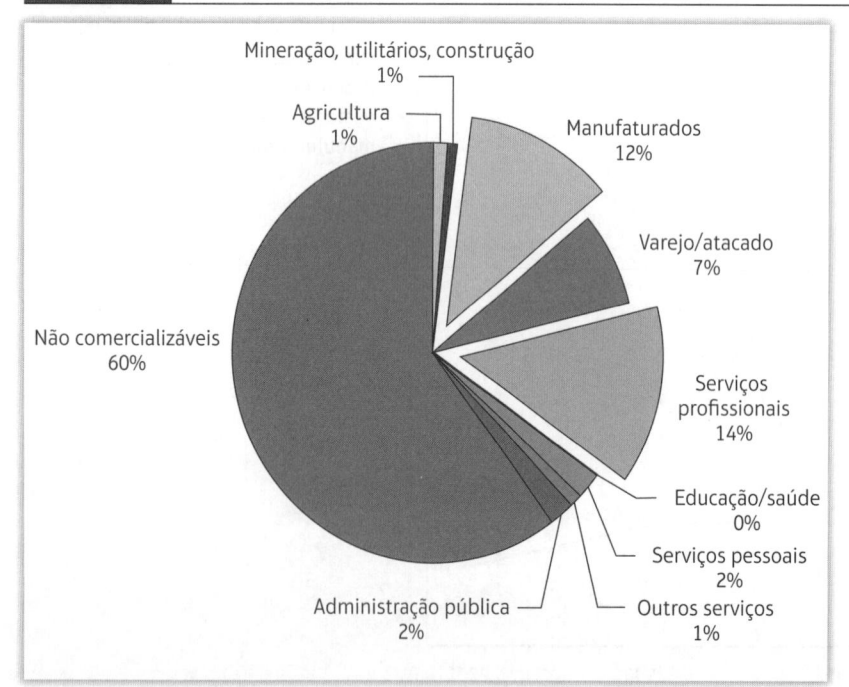

Estimativas com base no comércio dentro dos Estados Unidos sugerem que comércio de serviços pode eventualmente tornar-se maior do que o comércio de manufaturados.

- Mineração, utilitários, construção 1%
- Agricultura 1%
- Manufaturados 12%
- Varejo/atacado 7%
- Serviços profissionais 14%
- Educação/saúde 0%
- Serviços pessoais 2%
- Outros serviços 1%
- Administração pública 2%
- Não comercializáveis 60%

Fonte: J. Bradford Jensen e Lori. G. Kletzer, "Tradable Services: Understanding the Scope and Impact of Services Outsourcing", Peterson Institute of Economics Working Paper 5–09, Maio 2005.

o protecionismo eram travadas entre proprietários ingleses, que queriam a proteção contra as importações de alimentos baratos, e os fabricantes ingleses, que exportavam grande parte da sua produção.

As fontes do comércio moderno são mais sutis. Os recursos humanos e os recursos criados pelos humanos (na forma de maquinarias), dentre outros tipos de capital, são mais importantes do que os recursos naturais. As batalhas políticas sobre o comércio normalmente envolvem trabalhadores cujas habilidades são tornadas menos valiosas pelas importações — trabalhadores da indústria de vestuário que enfrentam a concorrência dos vestuários importados e atendentes técnicos que agora enfrentam a concorrência de Bangalore.

Como veremos em capítulos posteriores, no entanto, a lógica subjacente ao comércio internacional permanece a mesma. Modelos econômicos desenvolvidos muito antes da invenção dos aviões a jato ou da Internet continuam sendo importantes para compreendermos os fundamentos do comércio internacional do século XXI.

RESUMO

1. O *modelo de gravidade* relaciona o comércio entre dois países aos tamanhos de suas economias. Usando o modelo de gravidade também revelamos os fortes efeitos da distância e das fronteiras internacionais — mesmo as fronteiras amigáveis como aquelas entre os Estados Unidos e o Canadá — em desencorajar o comércio.

2. O comércio internacional está em níveis recordes em relação ao tamanho da economia mundial, graças à queda dos custos de transporte e de comunicações. No entanto, o comércio não tem crescido em linha reta: o mundo era extensamente integrado em 1914, mas o comércio foi muito reduzido pela guerra, pelo protecionismo e pela depressão econômica, e levou décadas para se recuperar.

3. Bens manufaturados dominam o comércio moderno de hoje. No passado, entretanto, os produtos primários eram muito mais importantes do que são agora; recentemente, comércio de serviços tornou-se cada vez mais importante.

4. Os países em desenvolvimento, em particular, deixaram de ser principalmente exportadores de produtos primários para se tornarem majoritariamente exportadores de produtos manufaturados.

TERMOS-CHAVE

acordo de comércio, p. 13
modelo de gravidade, p. 9
offshoring de serviços (terceirização de serviços), p. 17

países em desenvolvimento, p. 16
produto interno bruto (PIB), p. 9
terceiro mundo, p. 16

PROBLEMAS

1. Canadá e Austrália são (principalmente) países de língua inglesa com populações que não são muito diferentes em tamanho (Canadá é 60% maior). Mas o comércio canadense é duas vezes maior, em relação ao PIB, do que na Austrália. Por que isso ocorre?

2. México e Brasil têm padrões muito diferentes de negociação. Enquanto o México negocia principalmente com os Estados Unidos, o Brasil comercializa em nívies quase iguais com os Estados Unidos e a União Europeia. Além disso, o México faz muito mais comércio em relação ao seu PIB. Explique essas diferenças usando o modelo de gravidade.

3. A Equação (2.1) diz que o comércio entre os dois países é proporcional ao produto de seu PIB. Isso significa que, se o PIB de cada país no mundo duplicasse, o comércio mundial quadruplicaria?

4. Ao longo das últimas décadas, as economias do leste asiático aumentaram a sua quota do PIB mundial. Da mesma forma, o comércio intraleste asiático — ou seja, o comércio entre as nações do leste asiático — tem crescido como uma parte do comércio mundial. Mais do que isso, os países do leste asiático têm uma quota crescente das suas trocas comerciais entre si. Explique o porquê, usando o modelo de gravidade.

5. Um século atrás, a maioria das importações britânicas vinha de locais relativamente distantes: América do Norte, América Latina e Ásia. Hoje, a maioria das importações britânicas é proveniente de outros países europeus. Como isso se encaixa com os tipos de mudanças de bens que compõem o comércio mundial?

LEITURAS ADICIONAIS

BAIROCH, P. *Economics and World History*. Londres: Harvester, 1993. Um grande levantamento da economia mundial em função do tempo transcorrido.

BANCO Mundial. *Relatório de desenvolvimento mundial 1995*. A cada ano o Banco Mundial enfoca uma importante questão global; O relatório de 1995 focou sobre os efeitos do crescimento do comércio mundial.

BLINDER, A. S. "Offshoring: The Next Industrial Revolution?" *Foreign Affairs*, mar./abr. 2006. Um artigo influente, escrito por um conhecido economista, alerta que o crescimento do comércio de serviços pode expor dezenas de milhões de postos de trabalho anteriormente "seguros" à concorrência internacional. O artigo criou uma celeuma enorme quando foi publicado.

CAIRNCROSS, F. *The Death of Distance*. London: Orion, 1997. Um olhar sobre como a tecnologia tornou o mundo menor.

HEAD, K. "Gravity for Beginners." Um guia útil sobre o modelo da gravidade. Disponível em: <http://pacific.commerce.ubc.ca/keith/gravity.pdf>.

JAMES, H. *The End of Globalization: Lessons from the Great Depression*. Cambridge: Harvard University Press, 2001. Um levantamento de como terminou a primeira grande onda de globalização.

JENSEN, J. B. e KLETZER, L. G. "Tradable Services: Understanding the Scope and Impact of Services Outsourcing." Peterson Institute Working Paper 5–09, maio 2005. Um olhar sistemático para quais serviços são negociados dentro dos Estados Unidos, com implicações sobre o futuro do comércio internacional de serviços.

ORGANIZAÇÃO Mundial do Comércio. *Relatório do Comércio Mundial*. Um relatório anual sobre o estado do comércio mundial. O relatório de cada ano tem um tema diferente. Por exemplo, o de 2004 se centrou nos efeitos das políticas internas sobre o comércio mundial, como os gastos em infraestrutura.

CAPÍTULO 3

Produtividade da mão de obra e a vantagem comparativa: o modelo ricardiano

Os países se engajam no comércio internacional por dois motivos básicos, e cada um deles contribui para os ganhos de comércio. Primeiro, os países fazem comércio porque são diferentes uns dos outros. As nações, como os indivíduos, podem se beneficiar de suas diferenças, por chegar a um acordo em que cada um faz as coisas que fazem relativamente bem. Segundo, para obter economias de escala na produção. Ou seja, se cada país produz apenas uma gama limitada de bens, pode produzir cada um desses bens em maior escala e, portanto, mais eficientemente do que se tentasse produzir tudo. No mundo real, os padrões de comércio internacional refletem a interação desses dois motivos. Em um primeiro passo para a compreensão das causas e efeitos de comércio, no entanto, é útil olhar para modelos simplificados, em que apenas um desses motivos esteja presente.

Os próximos quatro capítulos desenvolvem ferramentas para nos ajudar a entender como as diferenças entre os países dão origem ao comércio entre eles e por que tal comércio é mutuamente benéfico. O conceito essencial nessa análise é o da vantagem comparativa.

Embora a vantagem comparativa seja um conceito simples, a experiência mostra que é um conceito surpreendentemente difícil para muitas pessoas entenderem (ou aceitarem). Com efeito, o falecido Paul Samuelson — o economista laureado com o Nobel, que fez muito para desenvolver os modelos de comércio internacional, discutidos nos Capítulos 4 e 5 — uma vez descreveu a vantagem comparativa como o melhor exemplo que ele conhecia de um princípio econômico que é inegavelmente verdadeiro, embora não seja evidente para as pessoas inteligentes.

Neste capítulo, vamos começar com uma introdução geral ao conceito de vantagem comparativa, então prosseguiremos para desenvolver um modelo específico de como a vantagem comparativa determina o padrão do comércio internacional.

OBJETIVOS DE APRENDIZAGEM

Após a leitura deste capítulo, você será capaz de:
- Explicar como funciona o modelo ricardiano, o modelo mais básico do comércio internacional, e como ele ilustra o princípio da vantagem comparativa.
- Demonstrar os ganhos do comércio e refutar falácias comuns sobre comércio internacional.
- Descrever a evidência empírica de que os salários refletem produtividade e que padrões de comércio refletem produtividade relativa.

O conceito de vantagem comparativa

No dia de São Valentim (NT: Comemoração correspondente ao dia dos namorados no Brasil que ocorre no dia 14 de fevereiro) de 1996, que calhou de ser menos de uma semana antes das cruciais eleições primárias em New Hampshire (que aconteceram no dia 20 de fevereiro), o candidato presidencial republicano Patrick Buchanan parou em uma loja para comprar uma dúzia de camélias para sua mulher. Ele aproveitou a ocasião para fazer um discurso denunciando as importações crescentes de flores para os Estados Unidos, que ele alegou estarem colocando os plantadores do país fora do negócio. E é verdade que uma parcela crescente do mercado de camélias nos Estados Unidos é fornecida pelas importações trazidas de países sul-americanos, pela Colômbia em particular. Mas isso é uma coisa ruim?

O caso das camélias oferece um excelente exemplo das razões pelas quais o comércio internacional pode ser benéfico. Considere primeiro como é difícil fornecer camélias frescas aos enamorados americanos em fevereiro. As flores devem ser cultivadas em estufas aquecidas, com um grande custo em termos de energia, investimento de capital e outros recursos escassos. Esses recursos poderiam ser utilizados para produzir outros bens. Inevitavelmente, há uma troca. A fim de produzir camélias, a economia dos EUA deve produzir menos de outras coisas, como computadores. Os economistas usam o termo **custo de oportunidade** para descrever tais *trade-offs*: o custo de oportunidade das camélias em termos de computadores é o número de computadores que poderiam ter sido produzidos com os recursos utilizados para produzir um determinado número de camélias.

Suponha, por exemplo, que os Estados Unidos cultivem atualmente 10 milhões de camélias para venda no dia de São Valentim e que os recursos utilizados para plantar as camélias poderiam ter produzido 100 mil computadores em vez disso. Então, o custo de oportunidade desses 10 milhões de camélias é 100 mil computadores. (Por outro lado, se os computadores forem produzidos em vez disso, o custo de oportunidade desses 100 mil computadores seria 10 milhões de flores.)

Os 10 milhões de camélias do dia de São Valentim poderiam, em vez disso, ter sido cultivados na Colômbia. Parece extremamente provável que o custo de oportunidade dessas camélias em termos de computadores seria menor do que nos Estados Unidos. Por um lado, é muito mais fácil cultivar camélias em fevereiro no hemisfério sul, onde é verão nessa época do ano. Além disso, os trabalhadores colombianos são menos eficientes do que seus correspondentes dos EUA na fabricação de bens sofisticados como computadores, o que significa que uma determinada quantidade de recursos usados na produção de computadores produziria menos computadores na Colômbia do que nos Estados Unidos. Assim, o *trade-off* na Colômbia pode ser algo como 10 milhões de camélias por apenas 30 mil computadores.

Esta diferença de custos de oportunidade oferece a possibilidade de um rearranjo mutuamente benéfico da produção mundial. Deixe os Estados Unidos pararem de cultivar camélias e dedicarem os recursos que isso libera para produzirem computadores. Enquanto isso, deixe a Colômbia cultivar as camélias, liberando os recursos necessários da sua indústria de computadores. As alterações resultantes da produção estão representadas na Tabela 3.1.

Veja o que aconteceu: o mundo está produzindo o mesmo número de camélias que antes, mas agora está produzindo mais computadores. Então, esse rearranjo de produção, com os Estados Unidos concentrando-se em computadores e a Colômbia concentrando-se em camélias, aumenta o tamanho do bolo econômico do mundo. Porque o mundo como um todo está produzindo mais, é possível, em princípio, elevar a qualidade de vida.

A razão pela qual o comércio internacional produz esse aumento da produção mundial é que ele permite que cada país especialize-se em produzir a mercadoria em que tem uma vantagem comparativa. Um país tem uma **vantagem comparativa** na produção de um bem se o custo de oportunidade de produzir esse bem, em termos de outros bens, for menor nesse país do que é em outros países.

Neste exemplo, a Colômbia tem uma vantagem comparativa em camélias e os Estados Unidos têm uma vantagem comparativa em computadores. O padrão de vida pode ser aumentado em ambos os locais se a Colômbia produzir camélias para o mercado dos EUA enquanto os Estados Unidos produzirem computadores para o mercado colombiano. Portanto, temos uma visão essencial sobre a vantagem comparativa e o comércio internacional: *o comércio entre os dois países pode beneficiar ambos, se cada um exportar mercadorias nas quais tem uma vantagem comparativa.*

Esta é uma afirmação sobre possibilidades — não sobre o que realmente vai acontecer. No mundo real, não há nenhuma autoridade central que decida que país deve produzir camélias e qual deve produzir computadores. Nem há alguém distribuindo camélias e computadores para os consumidores em ambos os lugares. Em vez disso, comércio e produção internacional são determinados no mercado, onde quem manda é a lei da oferta e da procura. Há alguma razão para supor que o potencial de ganhos mútuos de comércio será realizado? Os Estados Unidos e a Colômbia acabarão mesmo produzindo os bens em que cada um tem uma vantagem comparativa? O comércio entre eles realmente fará ambos os países melhor?

Para responder a essas perguntas, devemos ser muito mais explícitos em nossa análise. Neste capítulo, desenvolveremos um modelo originalmente proposto pelo economista britânico David Ricardo, que introduziu o con-

TABELA 3.1 Mudanças hipotéticas na produção

	Milhões de rosas	Mil computadores
Estados Unidos	−10	+100
Colômbia	+10	−30
Total	0	+70

ceito de vantagem comparativa no início do século XIX.[1] Esta abordagem, em que o comércio internacional é unicamente decorrente das diferenças internacionais na produtividade da mão de obra, é conhecida como o **modelo ricardiano** de comércio internacional.

Economia de fator único

Para introduzir o papel da vantagem comparativa na determinação dos fluxos comerciais internacionais, começamos por imaginar que estamos lidando com uma economia — que chamamos Doméstica — que tem apenas um fator de produção. (No Capítulo 4 estenderemos a análise aos modelos em que existem vários fatores.) Vamos imaginar que somente dois bens, vinhos e queijos, sejam produzidos. A tecnologia da economia Doméstica pode ser resumida pela produtividade da mão de obra em cada setor, expressa em termos de **requisitos de mão de obra unitária**, o número de horas de trabalho necessário para produzir um quilo de queijo ou um galão de vinho. Por exemplo, pode ser preciso uma hora de trabalho para produzir um quilo de queijo e duas horas para produzir um galão de vinho. Note, a propósito, que estamos definindo os requisitos de mão de obra unitária como o *inverso* da produtividade — quanto mais queijo ou vinho um trabalhador puder produzir em uma hora, *menores* os requisitos de mão de obra unitária. Para referência futura, definimos a_{LW} e a_{LC} como requisitos de mão de obra unitária na produção de vinho (*wine*) e queijo (*cheese*), respectivamente. Os recursos totais da economia são definidos como L (*labor*), o suprimento de mão de obra total.

Possibilidades de produção Como qualquer economia tem recursos limitados, há limites sobre o que se pode produzir, e sempre há *trade-offs* básicos. Para produzir mais de um bem, a economia deve sacrificar a produção de algum outro bem. Esses *trade-offs* são ilustrados graficamente por uma **fronteira de possibilidade de produção** (linha *PF* na Figura 3.1), que mostra a quantidade máxima de vinho que pode ser produzido, uma vez que a decisão foi tomada para produzir determinada quantidade de queijo, e vice-versa.

Quando há apenas um fator de produção, a fronteira de possibilidade de produção de uma economia é simplesmente uma linha reta. Podemos derivar esta linha como segue: se Q_W for a economia da produção de vinho e Q_C sua produção de queijo, então, a mão de obra utilizada na produção de vinho será $a_{LW}Q_W$, e a mão de obra utilizada na produção de queijo será $a_{LC}Q_C$. A fronteira de possibilidade de produção é determinada pelos limites sobre os recursos da economia — neste caso, a mão de obra. Como o fornecimento total de mão de obra da economia é L, os limites de produção são definidos pela inequação:

$$a_{LC}Q_C + a_{LW}Q_W \le L. \qquad (3.1)$$

Suponha, por exemplo, que o fornecimento de mão de obra total da economia seja 1.000 horas, e que leve uma hora de trabalho para produzir um quilo de queijo e duas horas de trabalho para produzir um galão de vinho. Então, a mão de obra total utilizada na produção é (1 × quilos de queijo produzido) + (2 × galões de vinho produzido), e esse total não deve ser superior às 1.000 horas de trabalho disponível. Se a economia dedicou toda a sua mão de obra para a produção de queijo, ela poderia, como mostrado na Figura 3.1, produzir L/a_{LC} quilos de queijo (1.000 kg). Se ela dedicou toda sua mão de obra para a produção de vinho em vez disso, poderia produzir L/a_{LW} galões — 1.000/2 = 500 galões — de vinho. E pode produzir qualquer proporção de vinho e queijo que se encontre em linha reta conectando os dois extremos.

Quando a fronteira de possibilidade de produção é uma linha reta, o *custo de oportunidade* de um quilo de queijo em termos de vinho é constante. Como vimos na seção anterior, esse custo de oportunidade é definido pelo número de galões de vinho que a economia teria

FIGURA 3.1 Fronteira de possibilidade de produção de Doméstica

A linha PF mostra a quantidade máxima de queijo que Doméstica pode produzir dada qualquer produção de vinho, e vice-versa.

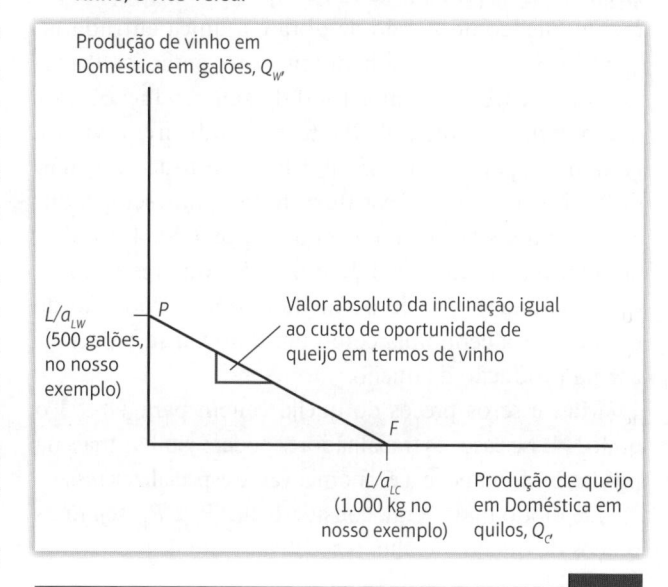

---

[1] A referência clássica é David Ricardo, *The Principles of Political Economy and Taxation*, publicado pela primeira vez em 1817.

que desistir de fazer para produzir um quilo extra de queijo. Neste caso, produzir mais um quilo exigiria a_{LC} de homens-hora. Cada um desses homens-hora por sua vez poderia ter sido utilizado para produzir $1/a_{LW}$ galões de vinho. Assim, o custo de oportunidade do queijo em termos de vinho é a_{LC}/a_{LW}. Por exemplo, se precisamos de um homem-hora para fazer um quilo de queijo e duas horas para produzir um galão de vinho, o custo de oportunidade de cada quilo de queijo é meio galão de vinho. Como mostra a Figura 3.1, este custo de oportunidade é igual ao valor absoluto da inclinação da fronteira de possibilidade de produção.

Oferta e preços relativos

A fronteira de possibilidade de produção ilustra as diferentes proporções de bens que a economia *pode* produzir. Para determinar o que a economia de fato vai produzir, no entanto, precisamos analisar os preços. Especificamente, precisamos saber o preço relativo de dois bens da economia, ou seja, o preço de um bem em termos do outro.

Em uma economia competitiva, as decisões de fornecimento são determinadas pelas tentativas de os indivíduos maximizarem seus ganhos. Em nossa economia simplificada, uma vez que a mão de obra é o único fator de produção, o fornecimento de queijo e vinho será determinado pelo movimento de mão de obra para qualquer que seja o setor que pagar o salário mais alto.

Suponha novamente que leve uma hora de trabalho para produzir um quilo de queijo e duas horas para produzir um galão de vinho. Agora, vamos imaginar ainda que o queijo é vendido por US$ 4 o quilo, enquanto o vinho é vendido por US$ 7 por galão. O que os trabalhadores produzirão? Bem, se eles produzirem queijo, podem ganhar $4 por hora. (Tenha em mente que, como a mão de obra é a única entrada na produção aqui, não há nenhum lucro, então os trabalhadores recebem o valor total da sua produção). Por outro lado, se os trabalhadores produzirem vinho, ganharão apenas US$ 3,50 por hora, porque um galão de vinho de US$ 7 leva duas horas para ser produzido. Então, se o queijo é vendido por US$ 4 o quilo, enquanto o vinho é vendido por US$ 7 dólares o galão, os trabalhadores se darão melhor com a produção de queijo — e a economia como um todo vai se especializar na produção de queijo.

Mas, e se os preços do queijo caírem para US$ 3 o quilo? Nesse caso, os trabalhadores podem ganhar mais na produção de vinho, e a economia vai se especializar nisso.

De modo mais geral, considere que P_C e P_W sejam os preços de queijo e vinho, respectivamente. É preciso a_{LC} de homens-hora para produzir um quilo de queijo; uma vez que não há nenhum lucro no nosso modelo de um fator, o salário por hora no setor de queijo será igual ao valor que um trabalhador pode produzir em uma hora, P_C/a_{LC}. Uma vez que leva a_{LW} homens-hora para produzir um galão de vinho, a taxa horária de salários no setor do vinho será P_W/a_{LW}. Os salários no setor de queijo serão maiores se $P_C/P_W > a_{LC}/a_{LW}$; os salários no setor do vinho serão maiores se $P_C/P_W < a_{LC}/a_{LW}$. Como todo mundo vai querer trabalhar na indústria que oferecer o salário mais alto, a economia se especializará na produção de queijo se $P_C/P_W > a_{LC}/a_{LW}$. Por outro lado, ela vai especializar-se na produção de vinho se $P_C/P_W < a_{LC}/a_{LW}$. Só quando P_C/P_W for igual a a_{LC}/a_{LW} os dois bens serão produzidos.

Qual é o significado do número a_{LC}/a_{LW}? Vimos na seção anterior que ele é o custo de oportunidade do queijo em termos de vinho. Nós apenas, portanto, derivamos de uma proposição fundamental sobre a relação entre preços e produção: *a economia vai se especializar na produção de queijo, se o preço relativo do queijo exceder o seu custo de oportunidade em termos de vinho; vai se especializar na produção de vinho, se o preço relativo do queijo for menor do que seu custo de oportunidade em termos de vinho.*

Na ausência do comércio internacional, a economia Doméstica teria que produzir ambos os bens por si mesma. Mas ela produzirá os dois bens somente se o preço relativo do queijo for apenas igual ao seu custo de oportunidade. Uma vez que o custo de oportunidade é igual à relação entre os requisitos de mão de obra unitária no queijo e vinho, podemos resumir a determinação dos preços, na ausência do comércio internacional, com uma simples teoria do valor da mão de obra: *na ausência do comércio internacional, os preços relativos das mercadorias são iguais aos seus requisitos relativos de mão de obra unitária.*

Comércio em um mundo de um fator

Descrever o padrão e os efeitos do comércio entre dois países quando cada país tem apenas um fator de produção é simples. No entanto, as implicações dessa análise podem ser surpreendentes. Na verdade, para aqueles que não pensaram sobre o comércio internacional, muitas dessas implicações parecem entrar em conflito com o senso comum. Mesmo estes modelos mais simples do comércio podem oferecer algumas orientações importantes sobre questões reais, como o que constitui a concorrência internacional justa e o intercâmbio internacional justo.

Antes de chegarmos a essas questões, porém, vamos determinar o modelo. Suponha que há dois países. Um deles novamente chamamos de economia Doméstica e o outro chamamos de Estrangeira. Cada um destes países tem um fator de produção (mão de obra) e pode produzir dois bens, vinho e queijo. Como antes, chamamos a força de trabalho de Doméstica de L e os requisitos de mão de obra unitária de Doméstica na produção de vinho e queijo de a_{LW} e a_{LC}, respectivamente. Para Estrangeira, usaremos uma notação conveniente ao longo deste texto: quando nos referimos a algum aspecto de Estrangeira, usaremos o mesmo símbolo que usamos para Doméstica, mas com um asterisco. Assim, a força de trabalho de Estrangeira vai ser denotada por L^*, os requisitos de mão de obra unitária de Estrangeira em vinho e queijo vão ser indicados por a^*_{LW} e a^*_{LC}, respectivamente, e assim por diante.

Em geral, os requisitos de mão de obra unitária podem acompanhar qualquer padrão. Por exemplo, Doméstica poderia ser menos produtiva do que Estrangeira em vinho, porém mais produtiva em queijo, ou vice-versa. No momento, faremos apenas uma suposição arbitrária, que:

$$a_{LC} / a_{LW} < a_{LC}^* / a_{LW}^* \quad (3.2)$$

ou, equivalentemente, que:

$$a_{LC} / a_{LC}^* < a_{LW} / a_{LW}^*. \quad (3.3)$$

Em palavras, estamos supondo que a relação entre a mão de obra necessária para produzir um quilo de queijo e a exigida para produzir um galão de vinho é menor em Doméstica do que em Estrangeira. Ainda de forma mais resumida, estamos dizendo que a produtividade relativa de queijo em Doméstica é maior do que de vinho.

Mas lembre-se que a relação entre os requisitos de mão de obra unitária é igual ao custo de oportunidade de queijo em termos de vinho; e lembre-se também que definimos a vantagem comparativa precisamente em termos de tais custos de oportunidade. Então, de acordo com a suposição sobre as produtividades relativas incorporadas nas Equações (3.2) e (3.3) equivale a dizer que *Doméstica tem uma vantagem comparativa no queijo*.

Um ponto deve ser notado imediatamente: a condição sob a qual Doméstica tem essa vantagem comparativa envolve todos os quatro requisitos de mão de obra unitária, não apenas dois. Você pode pensar que, para determinar quem produzirá queijo, tudo o que você precisa fazer é comparar os requisitos de mão de obra unitária dos dois países na produção de queijo, a_{LC} e a^*_{LC}. Se $a_{LC} < a^*_{LC}$, a mão de obra de Doméstica é mais eficiente do que a de Estrangeira na produção de queijo. Quando um país pode produzir uma unidade de um bem com menos trabalho do que outro país, podemos dizer que o primeiro tem uma **vantagem absoluta** em produzir aquele bem. Em nosso exemplo, Doméstica tem uma vantagem absoluta na produção de queijo.

O que veremos em um momento, no entanto, é que não podemos determinar o padrão de comércio apenas a partir da vantagem absoluta. Uma das mais importantes fontes de erro em discutir o comércio internacional é confundir a vantagem comparativa com a vantagem absoluta.

Tendo em conta as forças de trabalho e os requisitos de mão de obra unitária nos dois países, podemos traçar a fronteira de possibilidade de produção de cada país. Já fizemos isso para Doméstica, desenhando PF na Figura 3.1. A fronteira de possibilidade de produção para Estrangeira é mostrada como P^*F^* na Figura 3.2. Desde que a inclinação da fronteira de possibilidade de produção é igual ao custo de oportunidade de queijo em termos de vinho, a fronteira de Estrangeira é mais acentuada do que a de Doméstica.

FIGURA 3.2 Fronteira de possibilidade de produção de Estrangeira

Como os requisitos de mão de obra unitária de Estrangeira em queijo são superiores aos de Doméstica (é preciso desistir de muito mais unidades de vinho para produzir uma unidade de queijo), sua fronteira de possibilidade de produção é mais acentuada.

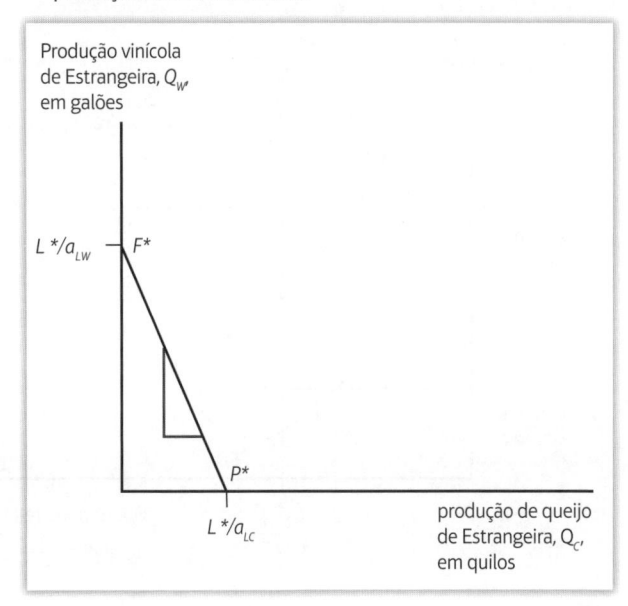

Na ausência de comércio, os preços relativos de queijo e vinho em cada país seriam determinados pelos requisitos relativos de mão de obra unitária. Assim, em Doméstica, o preço relativo do queijo seria a_{LC}/a_{LW}; em Estrangeira seria a^*_{LC}/a^*_{LW}.

Uma vez que permitimos a possibilidade de comércio internacional, no entanto, os preços já não serão determinados puramente por considerações de ordem doméstica. Se o preço relativo do queijo é maior em Estrangeira do que em Doméstica, vai ser rentável despachar queijo de Doméstica para Estrangeira e despachar vinho de Estrangeira para Doméstica. No entanto, isso não pode continuar indefinidamente. Em algum momento, Doméstica exportará bastante queijo e Estrangeira vinho o suficiente para igualar o preço relativo. Mas o que determina o nível no qual o preço é estabelecido?

Determinação do preço relativo após comércio

Preços de mercadorias negociadas, como outros preços, são determinados pela oferta e demanda. Ao discutir a vantagem comparativa, no entanto, temos de aplicar a análise de oferta e demanda com cuidado. Em alguns contextos, como algumas das análises de política de comércio nos capítulos 9 a 12, é aceitável se concentrar apenas na oferta e na demanda em um mercado único. Na avaliação dos efeitos dos EUA importarem quotas de açúcar, por exemplo, é razoável usar a **análise de equilíbrio parcial**, ou seja, estudar um mercado único, o mercado de açúcar. Quando estudamos a vantagem comparativa, no entanto, é crucial controlar as relações entre os mercados (em nosso exemplo, os mercados de vinho e queijo). Uma vez que Doméstica exporta queijo apenas em troca de importações de vinho, e Estrangeira exporta vinho em troca de queijo, pode ser enganoso olhar para os mercados de queijo e vinho isoladamente. O que é necessário é a **análise de equilíbrio geral**, que leva em conta os vínculos entre os dois mercados.

Uma maneira útil para manter o controle de dois mercados ao mesmo tempo é focar não apenas em quantidades de queijo e vinho ofertados e demandados, mas também na oferta e demanda *relativa*, isto é, no número de quilos de queijo ofertado ou demandado dividido pelo número de galões de vinho ofertado ou demandado.

A Figura 3.3 mostra oferta e demanda mundial de queijo em relação ao vinho como funções do preço do queijo em relação ao do vinho. A **curva da demanda relativa** é indicada por *RD*; a **curva de oferta relativa** é indicada pelo *RS*. O equilíbrio geral mundial exige que a oferta relativa seja igual à demanda relativa e, portanto, o preço relativo no mundo é determinado pela interseção de *RD* e *RS*.

A característica marcante da Figura 3.3 é a forma estranha da curva de oferta relativa *RS*: é um "degrau" com seções planas ligadas por uma seção vertical. Uma vez que entendemos a derivação da curva *RS*, estaremos quase a um passo de entender todo o modelo.

Primeiro, como traçado, a curva *RS* mostra que não haveria *nenhuma* oferta de queijo se o preço mundial

FIGURA 3.3 Demanda e oferta relativa mundial

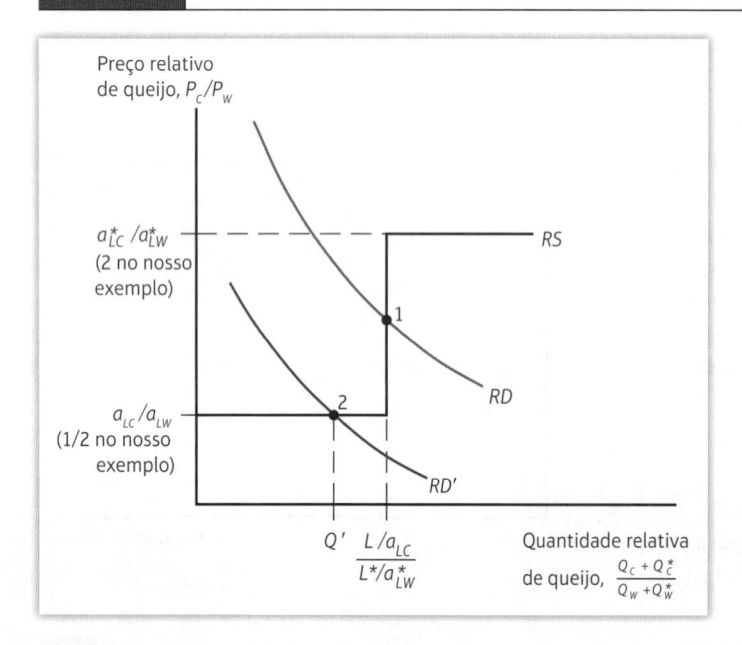

A curvas *RD* e *RD′* mostram que a demanda de queijo em relação ao vinho é uma função decrescente do preço do queijo em relação ao do vinho, enquanto a curva *RS* mostra que a oferta de queijo em relação ao vinho é uma função crescente do mesmo preço relativo.

caísse abaixo de a_{LC}/a_{LW}. Para entender por quê, lembre-se que mostramos que Doméstica se especializará na produção de vinho sempre que $P_C/P_W < a_{LC}/a_{LW}$. Da mesma forma, Estrangeira se especializará na produção de vinho sempre que $P_C/P_W < a^*_{LC}/a^*_{LW}$. No início de nossa discussão da Equação (3.2), fizemos a suposição que $a_{LC}/a_{LW} < a^*_{LC}/a^*_{LW}$. Assim, em preços relativos de queijo abaixo de a_{LC}/a_{LW}, não haveria nenhuma produção de queijo no mundo.

Em seguida, quando o preço relativo P_C/P_W do queijo for exatamente a_{LC}/a_{LW}, sabemos que os trabalhadores em Doméstica podem ganhar exatamente a mesma quantidade ao fazer vinho ou queijo. Então, Doméstica estará disposta a fornecer qualquer quantidade relativa das duas mercadorias, produzindo uma seção plana para a curva de oferta.

Já vimos que, se P_C/P_W estiver acima de a_{LC}/a_{LW}, Doméstica se especializará na produção de queijo. No entanto, desde que $P_C/P_W < a^*_{LC}/a^*_{LW}$, Estrangeira continuará a se especializar na produção de vinho. Quando Doméstica se especializa na produção de queijo, ela produz L/a_{LC} quilos. Da mesma forma, quando Estrangeira se especializa em vinhos, ela produz L^*/a^*_{LW} galões. Assim, para qualquer preço relativo de queijo entre a_{LC}/a_{LW} e a^*_{LC}/a^*_{LW}, a oferta relativa de queijo é:

$$\left(L/a_{LC}\right)/\left(L^*/a^*_{LW}\right). \tag{3.4}$$

Em $P_C/P_W = a^*_{LC}/a^*_{LW}$, sabemos que os trabalhadores de Estrangeira são indiferentes quanto a produzir queijo ou vinho. Assim, aqui temos uma seção plana da curva de oferta.

Por fim, para $P_C/P_W > a^*_{LC}/a^*_{LW}$, Doméstica e Estrangeira se especializarão na produção de queijo. Não haverá nenhuma produção de vinho, de modo que a oferta relativa de queijo se tornará infinita.

Um exemplo numérico pode ajudar neste ponto. Vamos assumir, como fizemos antes, que em Doméstica uma hora de trabalho seja necessária para produzir um quilo de queijo e duas horas para produzir um galão de vinho. Enquanto isso, suponhamos que Estrangeira leve seis horas para produzir um quilo de queijo — os trabalhadores de Estrangeira são muito menos produtivos do que os de Doméstica quando se trata da produção de queijos —, mas apenas três horas para produzir um galão de vinho.

Neste caso, o custo de oportunidade da produção de queijo em termos de vinho é 1/2 em Doméstica — ou seja, a mão de obra usada para produzir um quilo de queijo poderia ter produzido dois galões de vinho. Então, a seção inferior plana do RS corresponde a um preço relativo de 1/2.

Enquanto isso, em Estrangeira o custo de oportunidade de queijo em termos de vinho é 2: as seis horas de mão de obra necessárias para produzir um quilo de queijo poderiam ter produzido dois galões de vinho. Então, a seção superior plana do RS corresponde a um preço relativo de 2.

A curva de demanda relativa RD não exige tal análise exaustiva. A inclinação descendente de RD reflete os efeitos da substituição. Conforme o preço relativo do queijo aumenta, os consumidores tendem a comprar menos queijo e mais vinho, então a demanda relativa por queijo cai.

O preço relativo de equilíbrio do queijo é determinado pela interseção das curvas de oferta relativa e de demanda relativa. A Figura 3.3 mostra uma curva de demanda relativa RD que intercepta a curva RS no ponto 1, onde o preço relativo do queijo fica entre os preços de pré-comercialização dos dois países — ou seja, a um preço relativo de 1, entre os preços pré-comercialização de 1/2 e 2. Neste caso, cada país se especializa na produção da mercadoria em que tem uma vantagem comparativa: Doméstica produz apenas queijo, enquanto Estrangeira produz apenas vinho.

Esse não é, no entanto, o único resultado possível. Se a curva de RD relevante fosse RD', por exemplo, a oferta relativa e a demanda relativa se cruzariam em uma das seções horizontais de RS. No ponto 2, o preço relativo mundial do queijo depois da comercialização é a_{LC}/a_{LW}, o mesmo que o custo de oportunidade do queijo em termos de vinho em Doméstica.

Qual é a importância desse resultado? Se o preço relativo do queijo for igual ao seu custo de oportunidade em Doméstica, a economia de Doméstica não precisa se especializar na produção de queijo ou vinho. Na verdade, no ponto 2, Doméstica deve estar produzindo tanto um pouco de vinho quanto de queijo; podemos inferir isso do fato de que a oferta relativa de queijo (ponto Q' no eixo horizontal) é menor do que seria se Doméstica fosse de fato completamente especializada. No entanto, uma vez que P_C/P_W está abaixo do custo de oportunidade de queijo em termos de vinho em Estrangeira, ela se especializa completamente na produção de vinho. Portanto, continua a ser verdade que, se um país especializar-se, ele o fará no bem em que tem uma vantagem comparativa.

Por enquanto, vamos deixar de lado a possibilidade de um dos dois países não ser totalmente especializado. Só que neste caso, o resultado normal do comércio é que o preço de um bem negociado (por exemplo, queijo) em relação ao de outro bem (vinho) acaba em algum lugar entre seus níveis pré-comercialização nos dois países.

VANTAGEM COMPARATIVA NA PRÁTICA: O CASO DE BABE RUTH

Todo mundo sabe que Babe Ruth foi o maior campeão da história do beisebol. Somente os verdadeiros fãs do esporte sabem, no entanto, que Ruth também foi um dos maiores *lançadores* de todos os tempos. Como Ruth parou de lançar após 1918 e jogou no campo exterior durante todo o tempo em que conquistou suas famosas rebatidas recordistas, a maioria das pessoas não sabe que ele podia ser lançador. O que explica a reputação desigual de Ruth como um batedor? A resposta é fornecida pelo princípio da vantagem comparativa.

Como um jogador do Boston Red Sox no início da carreira, Ruth tinha certamente uma vantagem absoluta nos lançamentos. De acordo com o historiador Geoffrey C. Ward e o cineasta Ken Burns:

> Nos melhores anos do Red Sox, ele foi seu maior jogador, o melhor lançador canhoto na liga americana, ganhando 89 jogos em seis temporadas. Em 1916, ele tem sua primeira oportunidade de lançar na World Series e aproveitou ao máximo. Depois de desistir de uma corrida na primeira, ele decidiu fazer a jogada ele mesmo, depois deixou o Brooklyn Dodgers sem marcar por onze entradas, até seus companheiros conseguirem marcar o ponto decisivo. (...) Na série de 1918, ele mostraria que ainda poderia dominar a situação, aumentando seu recorde da série de 29 2/3 entradas, sem marcar, uma marca que perdurou por 43 anos.[2]

O recorde de lançamentos de Babe na World Series foi quebrado pelo jogador do New York Yankees Whitey Ford em 1961, no mesmo ano em que seu companheiro Roger Maris quebrou o recorde de 1927 de Ruth de 60 home runs em uma única temporada.

Embora Ruth tivesse uma vantagem absoluta em lançamentos, sua habilidade como um batedor em relação às habilidades dos seus companheiros era ainda maior: sua vantagem comparativa foi decisiva. Como um lançador, no entanto, Ruth precisava descansar o braço entre as jogadas e, portanto, não poderia bater em todos os jogos. Para explorar a vantagem comparativa de Ruth, o Red Sox movimentou-o para o centro do campo em 1919 para que ele pudesse rebater mais frequentemente.

O resultado de ter Ruth se especializando em rebatidas era enorme. Em 1919, ele fez 29 *home runs*, "mais do que qualquer jogador tinha feito em uma única temporada," de acordo com Ward e Burns. Os Yankees mantiveram Ruth no campo exterior (e na base) depois que eles compraram seu passe em 1920. Eles sabiam o que era bom quando viam. Naquele ano, Ruth fez 54 *home runs*, estabeleceu um recorde (bases divididas por tacadas) que permanece imbatível até hoje e transformou os Yankees na franquia mais renomada do beisebol.

[2] Veja: Geoffrey C. Ward e Ken Burns, *Baseball:* An Illustrated History. *Nova York*: Knopf, 1994. p. 155. A carreira de Ruth precedeu a regra do batedor designado, então os lançadores da American League, como os lançadores da National League da atualidade, revezavam-se no bastão. Para uma discussão mais ampla da relação de Babe Ruth com o princípio da vantagem comparativa, leia Edward Scahill, "Did Babe Ruth Have a Comparative Advantage as a Pitcher?" *Journal of Economic Education* v. 21, n. 4, p.402–410, outono 1990.

O efeito dessa convergência dos preços relativos é que cada país se especializa na produção daquele bem que tem a exigência de requisitos de mão de obra unitária relativamente mais baixa. O aumento no preço relativo de queijo em Doméstica levará Doméstica a se especializar na produção de queijo, produzindo no ponto F na Figura 3.4a. A queda no preço relativo de queijo em Estrangeira vai levar Estrangeira a se especializar na produção de vinho, produzindo o ponto F^* na Figura 3.4b.

Ganhos do comércio

Agora vimos que países cujas produtividades relativas da mão de obra diferem de um produto para outro se especializarão na produção de bens diferentes. Em seguida, mostramos que ambos os países derivam **ganhos de comércio** a partir desta especialização. Esse ganho mútuo pode ser demonstrado de duas formas alternativas.

A primeira maneira de mostrar que a especialização e o comércio são benéficos é pensar no comércio como um método indireto de produção. Doméstica poderia produzir vinho diretamente, mas o comércio com Estrangeira permite que ela "produza" vinho produzindo queijo e comercializando em seguida o queijo em troca de vinho. Este método indireto de "produzir" um galão de vinho é um método mais eficiente do que a produção direta.

Considere novamente o nosso exemplo numérico: em Doméstica, assumimos que pode levar uma hora de trabalho para produzir um quilo de queijo e duas horas para produzir um galão de vinho. Isso significa que o custo de oportunidade de queijo em termos de vinho é 1/2. Mas sabemos que o preço relativo do queijo depois de comercializado será superior a isso, digamos 1. Então, temos aqui uma maneira de ver os ganhos do comércio para Doméstica: em vez de usar duas horas de trabalho para produ-

FIGURA 3.4 Comércio expande as possibilidades de consumo

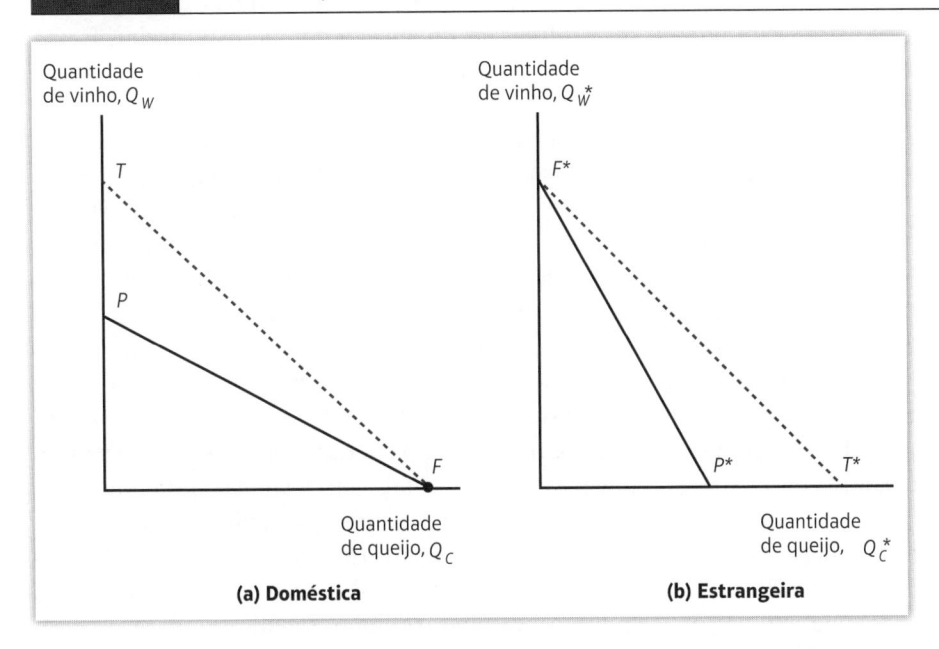

(a) Domética — Quantidade de vinho, Q_W no eixo vertical; Quantidade de queijo, Q_C no eixo horizontal. Pontos T, P, F.

(b) Estrangeira — Quantidade de vinho, Q_W^* no eixo vertical; Quantidade de queijo, Q_C^* no eixo horizontal. Pontos F^*, P^*, T^*.

O comércio internacional permite que Doméstica e Estrangeira consumam em qualquer lugar dentro das linhas coloridas, que se encontram fora das fronteiras de produção dos países.

---

zir um galão de vinho, pode usar essa mão de obra para produzir um quilo de queijo e trocar esse queijo por dois galões de vinho.

De modo mais geral, considere duas formas alternativas de usar uma hora de trabalho. De um lado, Doméstica poderia usar a hora diretamente para produzir $1/a_{LW}$ galões de vinho. Alternativamente, Doméstica pode usar a hora para produzir $1/a_{LC}$ quilos de queijo. Esse queijo pode então ser trocado por vinho, com cada quilo comercializado por P_C/P_W galões, então nossa hora original de trabalho rende $(1/a_{LC})(P_C/P_W)$ galões de vinho. Teremos mais vinho do que a hora poderia ter produzido diretamente, enquanto:

$$(1/a_{LC})(P_C/P_W) > 1/a_{LW} \qquad (3.5)$$

ou

$$P_C/P_W > a_{LC}/a_{LW}.$$

Mas vimos que, no equilíbrio internacional, se nenhum país produz ambas as mercadorias, teremos $P_C/P_W > a_{LC}/a_{LW}$. Isso mostra que Doméstica pode "produzir" vinho mais eficientemente ao fazer queijo e negociá-lo do que mediante a produção de vinho diretamente por si mesma. Da mesma forma, Estrangeira pode "produzir" queijo mais eficientemente ao fazer vinho e negociá-lo. Essa é uma maneira de ver que ambos os países ganham.

Outra maneira de ver os ganhos mútuos do comércio é examinar como o comércio afeta as possibilidades de consumo de cada país. Na ausência de comércio, as possibilidades de consumo são as mesmas possibilidades de produção (as linhas contínuas PF e P^*F^* na Figura 3.4). No entanto, uma vez que o comércio é permitido, cada economia pode consumir uma mistura diferente de queijo e vinho da mistura que produz. As possibilidades de consumo de Doméstica são indicadas pela linha colorida TF na Figura 3.4a, enquanto as possibilidades de consumo de Estrangeira são indicadas por T^*F^* na Figura 3.4b. Em cada caso, o comércio ampliou o leque de opções, e, portanto, deve fazer com que os moradores de cada país prosperem.

Uma nota sobre os salários relativos

Discussões políticas do comércio internacional frequentemente enfocam comparações de salários em diferentes países. Por exemplo, adversários do comércio entre os Estados Unidos e o México muitas vezes enfatizam o ponto de que os trabalhadores no México são pagos apenas cerca de US$ 6,50 por hora, em comparação com o salário de mais de US$ 35 por hora para o trabalhador médio nos Estados Unidos. Nossa discussão sobre o comércio internacional até este ponto não tem comparado explicitamente os salários nos dois países, mas é possível, no contexto de nosso exemplo numérico, determinar como se comparam as taxas de salário nos dois países.

No nosso exemplo, uma vez que os países se especializaram, todos os trabalhadores de Doméstica são empregados produzindo queijo. Considerando que se leva uma hora de trabalho para produzir um quilo de queijo, os trabalhadores em Doméstica ganham o valor de um quilo de queijo por hora do seu trabalho. Da mesma forma, os trabalhadores de Estrangeira produzem vinho; como leva três horas para produzir cada galão, eles ganham o valor de 1/3 de um galão de vinho por hora.

Para converter esses números em dólares, precisamos saber os preços do queijo e do vinho. Suponha que um quilo de queijo e um galão de vinho sejam vendidos ambos por US$ 12. Então, os trabalhadores de Doméstica vão ganhar US$ 12 por hora, enquanto os trabalhadores de Estrangeira ganharão US$ 4 por hora. O **salário relativo** dos trabalhadores de um país é a quantidade que recebem por hora, em comparação com a quantidade que os trabalhadores em outro país recebem por hora. O salário relativo dos trabalhadores de Doméstica, portanto, será 3.

Claramente, esse salário relativo não depende de o preço de um quilo de queijo ser US$ 12 ou US$ 20, desde que um galão de vinho seja vendido pelo mesmo preço. Contanto que o preço relativo do queijo — o preço de um quilo de queijo dividido pelo preço de um galão de vinho — seja 1, o salário dos trabalhadores de Doméstica será três vezes o dos trabalhadores de Estrangeira.

Observe que essa taxa salarial situa-se entre as proporções de produtividade dos dois países nas duas produções. Doméstica é seis vezes mais produtiva que Estrangeira no queijo, mas somente uma e meia vez mais produtiva em vinho, e ela termina com uma taxa salarial três vezes mais alta do que Estrangeira. É precisamente porque o salário relativo fica entre as produtividades relativas que cada país acaba com uma vantagem de custo em uma mercadoria. Por causa de sua baixa taxa salarial, Estrangeira tem uma vantagem de custo em vinho, mesmo que tenha menor produtividade. Doméstica tem uma vantagem de custo em queijo, apesar de sua maior taxa salarial, porque o salário mais alto é mais do que compensado por sua maior produtividade.

Agora, desenvolvemos o mais simples de todos os modelos de comércio internacional. Mesmo que o modelo ricardiano de um fator seja simples demais para ser uma análise completa das causas ou dos efeitos do comércio internacional, um foco nas produtividades relativas da mão de obra pode ser muito útil para pensar em questões comerciais. Em particular, o modelo simples de um fator é uma boa maneira de lidar com vários equívocos comuns sobre o significado da vantagem comparativa e a natureza dos ganhos do livre comércio. Esses equívocos aparecem tão frequentemente no debate público sobre a política econômica internacional e até mesmo nas demonstrações por aqueles que se consideram especialistas, que na próxima seção dedicaremos um tempo para discutir alguns dos equívocos mais comuns sobre a vantagem comparativa à luz de nosso modelo.

AS PERDAS DE NÃO COMERCIALIZAÇÃO

Nossa discussão sobre os ganhos do comércio tomou a forma de uma "experiência de pensamento" que comparou duas situações: uma em que os países não comercializariam nada e outra em que eles têm o livre comércio. É um caso hipotético que nos ajuda a compreender os princípios da economia internacional, mas não tem muito que ver com eventos reais. Afinal, países não vão partir de repente de nenhum comércio ao comércio livre, ou vice-versa. Ou vão?

Como o historiador econômico Douglas Irwin[3] apontou, no início da história dos Estados Unidos o país viveu de fato algo muito próximo de mover-se filosoficamente do livre comércio para nenhum comércio. O contexto histórico era o seguinte: no início do século XIX a Grã-Bretanha e a França estavam engajadas em uma luta militar maciça, as guerras napoleônicas. Ambos os países se esforçaram para fazer e suportar as pressões econômicas: a França tentou impedir os países europeus de negociarem com a Grã-Bretanha, enquanto a Grã-Bretanha impôs um bloqueio à França. Os jovens Estados Unidos eram neutros no conflito, mas sofreram consideravelmente. Em particular, a marinha britânica frequentemente apreendia navios mercantes dos Estados Unidos e, às vezes, recrutava à força suas tripulações a seu serviço.

Em um esforço para pressionar a Grã-Bretanha para cessar essas práticas, o presidente Thomas Jefferson declarou uma proibição completa ao transporte ultramarino. Esse embargo privaria os Estados Unidos e a Grã-Bretanha dos ganhos do comércio, mas Jefferson esperava que a Grã-Bretanha fosse mais prejudicada e concordaria em parar suas depredações.

Irwin apresenta evidências sugerindo que o embargo foi bastante eficaz: embora algum contrabando tenha ocorrido, o comércio entre os Estados Unidos e o resto do mundo foi drasticamente reduzido.

---

[3] Douglas Irwin, "The Welfare Cost of Autarky: Evidence from the Jeffersonian Trade Embargo, 1807–1809," *Review of International Economics* 13 (set. 2005), p. 631–645.

> Com efeito, os Estados Unidos desistiram do comércio internacional por um tempo.
>
> Os custos foram substanciais. Embora muitas conjecturas estejam envolvidas, Irwin sugere que a renda real nos Estados Unidos pode ter caído em cerca de 8% em consequência do embargo. Quando você tem em mente que, no início do século XIX apenas uma fração da produção poderia ser negociada — os custos de transporte ainda estavam muito altos, por exemplo, para permitir que as remessas em larga escala de *commodities*, como o trigo, pelo Atlântico — esse é um valor bastante substancial.
>
> Infelizmente para o plano de Jefferson, a Grã-Bretanha não pareceu sentir prejuízo igual e não mostrou nenhuma inclinação para ceder às exigências dos EUA. Catorze meses depois que o embargo foi imposto, ele foi revogado. A Grã-Bretanha continuou suas práticas de apreender navios e marinheiros americanos; três anos mais tarde, os dois países entraram em guerra.

Equívocos sobre a vantagem comparativa

Não há escassez de ideias confusas em economia. Políticos, empresários e até mesmo os economistas fazem com frequência declarações que não resistem à análise econômica. Por alguma razão, isso parece ser especialmente verdadeiro em economia internacional. Abra a seção de negócios de qualquer jornal de domingo ou revista semanal de notícias e você provavelmente vai encontrar pelo menos um artigo que faz afirmações tolas sobre o comércio internacional. Três equívocos em particular revelaram-se altamente persistentes. Nesta seção, usaremos nosso modelo simples de vantagem comparativa para ver por que eles estão incorretos.

Produtividade e competitividade

Mito 1: o livre comércio é benéfico somente se seu país for forte o suficiente para enfrentar a concorrência estrangeira. Esse argumento parece extremamente plausível para muitas pessoas. Por exemplo, um historiador conhecido uma vez criticou o livre comércio afirmando que ele pode não ser capaz de se sustentar na realidade: "O que acontecerá se não houver nada que você possa produzir mais barato ou de modo mais eficiente do que qualquer outro país, exceto por constantemente fazer um corte nos custos trabalhistas?", ele disse preocupado.[4]

O problema com o ponto de vista desse analista é que ele não conseguiu entender o ponto essencial do modelo ricardiano — que os ganhos do comércio dependem de vantagem *comparativa*, ao invés de vantagem *absoluta*. Ele está preocupado que seu país possa acabar não tendo nada para produzir mais eficientemente do que qualquer outro — ou seja, que você pode não ter vantagem absoluta em nada. Mesmo assim, por que isso seria uma coisa tão terrível? Em nosso exemplo numérico simples de comércio, Doméstica tem menores requisitos de mão de obra unitária e, portanto, maior produtividade nos setores do queijo e do vinho. Contudo, como vimos, ambos os países ganham com o comércio.

É sempre tentador supor que a capacidade de exportar um bem depende de o seu país ter uma vantagem absoluta em produtividade. Mas a vantagem de produtividade absoluta sobre outros países em produzir uma mercadoria não é uma condição necessária nem suficiente para se ter uma vantagem *comparativa* nessa mercadoria. Em nosso modelo de um fator, a razão pela qual uma vantagem absoluta de produtividade em uma indústria não é necessária nem suficiente para gerar vantagem competitiva é clara: *a vantagem competitiva de uma indústria depende não só da sua produtividade em relação à indústria estrangeira, mas também da taxa salarial doméstica em relação à taxa salarial estrangeira.* A taxa salarial de um país, por sua vez, depende da produtividade relativa em suas outras indústrias. Em nosso exemplo numérico, Estrangeira é menos eficiente do que Doméstica na fabricação de vinho, mas está em desvantagem de produtividade relativa ainda maior no queijo. Por causa de sua menor produtividade total, Estrangeira deve pagar salários mais baixos do que Doméstica, suficientemente mais baixos para que termine com menores custos na produção de vinho. Da mesma forma, no mundo real, Portugal tem baixa produtividade em produzir, por exemplo, vestuário, em comparação com os Estados Unidos, mas como a desvantagem de produtividade de Portugal é ainda maior em outras indústrias, o país paga salários baixos o bastante para ter uma vantagem comparativa na indústria de roupas sobre os Estados Unidos.

Mas uma vantagem competitiva baseada em baixos salários não é de alguma forma injusta? Muitas pessoas pensam assim; suas crenças são resumidas por nosso segundo equívoco.

---

[4] Paul Kennedy, "The Threat of Modernization", *New Perspectives Quarterly*, p.31–33, inverno 1995. Usado com permissão de John Wiley & Sons, Ltd.

Argumento da mão de obra pobre

Mito 2: a concorrência estrangeira é injusta e fere outros países quando é baseada em baixos salários. Esse argumento, por vezes referido como o **argumento da mão de obra pobre**, é um argumento particular favorito dos sindicatos, buscando proteção contra a concorrência estrangeira. As pessoas que aderem a essa crença argumentam que as indústrias não devem lidar com indústrias estrangeiras que sejam menos eficientes, mas pagam salários mais baixos. Essa opinião é generalizada e adquiriu considerável influência política. Em 1993, Ross Perot, um *self-made* bilionário e ex-candidato presidencial, afirmou que o livre comércio entre os Estados Unidos e o México, com os salários muito mais baixos do último, conduziriam a um "som de sucção gigante" conforme a indústria dos EUA se mudasse para o sul. No mesmo ano, outro bilionário, Sir James Goldsmith, que era um influente membro do Parlamento Europeu, deu uma opinião semelhante, embora expressa menos pitorescamente, em seu livro *The Trap*, que se tornou um *best-seller* na França.

Outra vez, nosso exemplo simples revela a falácia desse argumento. No exemplo, Doméstica é mais produtiva do que Estrangeira em ambas as indústrias, e a redução do custo de Estrangeira na produção de vinho é inteiramente decorrente de sua taxa salarial muito menor. A menor taxa salarial de Estrangeira, no entanto, é irrelevante para a questão de Doméstica ganhar com o comércio. Não importa se o menor custo do vinho produzido em Estrangeira for pela alta produtividade ou pelos salários baixos. Tudo o que importa para Doméstica é que seja mais barato *em termos de sua própria mão de obra* para Doméstica produzir queijo e trocá-lo por vinho do que para produzir vinho por si só.

Isso é bom para Doméstica, mas e para Estrangeira? Há algo de errado em basear as exportações em baixos salários? Certamente não é uma posição atrativa para se estar, mas a ideia de que o comércio é bom apenas se você receber altos salários é nossa última falácia.

Exploração

Mito 3: o comércio explora um país e o torna pior se os seus colaboradores receberem salários muito mais baixos do que os trabalhadores em outras nações. Esse argumento é frequentemente expresso em termos emocionais. Por exemplo, um colunista contrastou a renda de milhões de dólares do diretor executivo da cadeia de vestuário Gap com os baixos salários — muitas vezes menos de US$ 1 por hora — pagos aos trabalhadores da América Central que produzem algumas das suas mercadorias.[5]

Pode parecer insensível tentar justificar os salários terrivelmente baixos pagos aos trabalhadores do mundo.

Se estamos perguntando sobre a conveniência do livre comércio, no entanto, o ponto não é perguntar se os trabalhadores de baixos salários merecem ganhar mais, mas perguntar se eles e seu país são piores ao exportar bens com base em salários baixos do que seriam se se recusassem a entrar em tal comércio degradante. E ao fazer esta pergunta, também devemos perguntar, *qual é a alternativa*?

Por mais abstrato que seja, nosso exemplo numérico defende que não podemos declarar que um salário baixo representa exploração, a menos que se saiba qual é a alternativa. Neste exemplo, os trabalhadores de Estrangeira recebem muito menos do que os de Doméstica, e poderíamos facilmente imaginar uma colunista escrevendo furioso sobre a exploração deles. Contudo, se Estrangeira se recusasse a deixar-se ser "explorada" por se recusar a negociar com Doméstica (ou insistindo em receber salários muito mais altos em seu setor de exportação, que teria o mesmo efeito), os salários reais seriam ainda menores: o poder aquisitivo do salário por hora do trabalhador cairia de 1/3 para 1/6 de quilo de queijo.

A colunista que apontou o contraste dos rendimentos entre o executivo da Gap e os trabalhadores que produzem suas roupas estava zangada com a pobreza dos trabalhadores centro-americanos. Mas negar-lhes a oportunidade de exportação e comércio pode ser condená-los à pobreza ainda mais profunda.

Vantagem comparativa com muitos bens

Em nossa discussão até agora, podemos ter invocado um modelo em que somente dois bens são produzidos e consumidos. Essa análise simplificada permite capturar muitos pontos essenciais sobre a vantagem comparativa e o comércio e, como vimos na última seção, nos dá uma quantidade surpreendente de espaço para discutirmos questões políticas. Para se aproximar da realidade, no entanto, é necessário compreender as funções da vantagem comparativa em um modelo com um número maior de mercadorias.

---

[5] Bob Herbert, "Sweatshop Beneficiaries: How to Get Rich on 56 Cents an Hour", *New York Times*, p. A13, 24 jul. 1995.

OS SALÁRIOS REFLETEM A PRODUTIVIDADE?

No exemplo numérico que usamos para abordar os equívocos comuns sobre a vantagem comparativa, assumimos que o salário relativo dos dois países reflete sua produtividade relativa — especificamente, que a relação dos salários de Doméstica para Estrangeira é em um intervalo que dá a cada país uma vantagem de custo em um dos dois bens. Essa é uma implicação necessária de nosso modelo teórico. Mas muitas pessoas não são convencidas por esse modelo. Em particular, rápidos aumentos de produtividade nas economias "emergentes" como a China têm preocupado alguns observadores ocidentais, que argumentam que esses países continuarão a pagar salários baixos, mesmo à medida que sua produtividade aumentar — colocando países com salários elevados em uma desvantagem de custo — e descartam as previsões contrárias dos economistas ortodoxos como especulação teórica irreal. Deixando de lado a lógica dessa posição, qual é a evidência?

A resposta é que no mundo real as taxas salariais nacionais, na verdade, refletem as diferenças na produtividade. A Figura 3.5 compara as estimativas de produtividade com as estimativas das taxas salariais para uma seleção de países em 2011 (com exceção da China, em que os dados são de 2009). Ambas as medidas são expressas como porcentagens dos níveis dos EUA. Nossa estimativa de produtividade é PIB por trabalhador, medida em dólares americanos. Como veremos na segunda parte deste texto, essa base deve indicar a produtividade na produção de mercadorias comercializadas. Os salários são medidos por salários na fabricação.

Se os salários forem exatamente proporcionais à produtividade, todos os pontos neste gráfico recairiam ao longo da linha de 45 graus indicada. Na realidade, o ajuste não é ruim. Em particular, os baixos salários na China e na Índia refletem sua baixa produtividade.

A baixa estimativa da produtividade global chinesa pode parecer surpreendente, tendo em conta todas as histórias que se ouvem sobre os americanos que estão competindo com as exportações chinesas. Os trabalhadores chineses produzindo essas exportações não parecem ter produtividade extremamente baixa. Mas lembre-se do que a teoria da vantagem comparativa diz: os países exportam as mercadorias em que eles têm produtividade relativamente alta. Então, é de se esperar que a produtividade global relativa da China esteja muito abaixo do nível das suas indústrias de exportação.

A figura que se segue nos diz que a visão dos economistas ortodoxos de que as taxas de salário nacional refletem a produtividade nacional é, na verdade, verificada pelos dados em um ponto no tempo. Também é verdade que, no passado, o aumento da produtividade relativa levou ao aumento de salários. Considere, por exemplo, o caso da Coreia do Sul. Em 2011, a produtividade do trabalho da Coreia do Sul foi um pouco menos da metade do nível dos EUA, e sua taxa salarial era na verdade um pouco maior que isso. Mas nem sempre foi assim: no passado não muito distante, a Coreia do Sul era uma economia de baixa produtividade e baixos salários. Recentemente, em 1975, os salários sul-coreanos eram apenas 5% dos salários dos Estados Unidos. Mas quando a produtividade da Coreia do Sul aumentou, sua taxa salarial também cresceu.

Em suma, as evidências apoiam firmemente essa visão, com base em modelos econômicos, que os aumentos de produtividade são refletidos em aumentos salariais.

FIGURA 3.5 Produtividade e salários

Taxa de salário de um país é aproximadamente proporcional à produtividade do país.

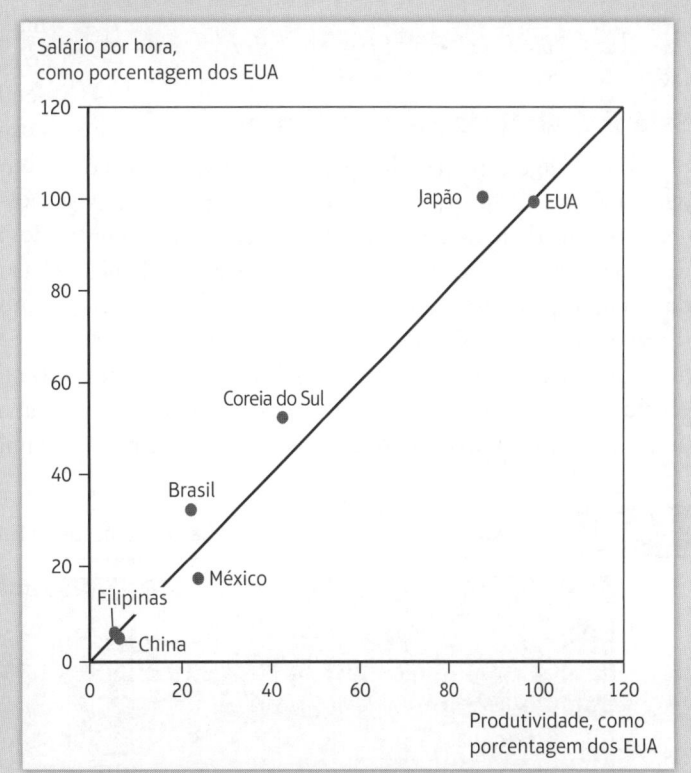

Fonte: Fundo Monetário Internacional; Departamento de Estatística do Trabalho dos Estados Unidos; e The Conference Board.

Configurando o modelo

De novo, imagine um mundo de dois países, Doméstica e Estrangeira. Como antes, cada país tem apenas um fator de produção, a mão de obra. No entanto, vamos supor que cada um desses países consuma e seja capaz de produzir um grande número de bens — digamos, N mercadorias completamente diferentes. Vamos atribuir a cada uma delas um número de 1 a N.

A tecnologia de cada país pode ser descrita por seus requisitos de mão de obra unitária de cada bem, ou seja, o número de horas de trabalho necessário para produzir uma unidade de cada bem. Nós rotulamos os requisitos de mão de obra unitária de Doméstica para uma determinada mercadoria como a_{Li}, onde i é o número atribuído àquela mercadoria. Se o número 7 for atribuído ao queijo, a_{L7} significa os requisitos de mão de obra unitária na produção de queijo. Seguindo nossa regra usual, rotulamos os requisitos de mão de obra unitária correspondentes à Estrangeira como a^*_{Li}.

Para analisar o comércio, podemos em seguida usar mais um recurso. Para qualquer mercadoria, podemos calcular a_{Li}/a^*_{Li}, a relação de requisitos de mão de obra unitária de Doméstica para Estrangeira. O recurso é reclassificar os bens para que, quanto menor o número, menor essa relação. Ou seja, vamos reorganizar a ordem em que numeramos as mercadorias de tal forma que

$$a_{L1}/a^*_{L1} < a_{L2}/a^*_{L2} < a_{L3}/a^*_{L13} < ... < a_{LN}/a^*_{LN}. \quad (3.6)$$

Salários relativos e especialização

Estamos agora preparados para olhar para o padrão de comércio. Esse padrão depende apenas de uma coisa: a relação dos salários de Doméstica para Estrangeira. Uma vez que conhecemos essa relação, podemos determinar quem produz o quê.

Se w for a taxa salarial por hora em Doméstica e w^* for a taxa salarial em Estrangeira. A relação de salários é então w/w^*. A regra de atribuição de produção do mundo, então, é simplesmente isto: os bens serão sempre produzidos onde é mais barato fazê-los. O custo de fazer alguma mercadoria, digamos a mercadoria i, é os requisitos de mão de obra unitária vezes a taxa salarial. Produzir a mercadoria i em Doméstica vai custar wa_{Li}. Para produzir a mesma mercadoria em Estrangeira custará $w^*a^*_{Li}$. Vai ser mais barato produzir o bem em Doméstica, se:

$$wa_{Li} < w^*a^*_{Li},$$

que podem ser rearranjadas para produzir:

$$a^*_{Li}/a_{Li} > w/w^*.$$

Por outro lado, será mais barato produzir o bem em Estrangeira se:

$$wa_{Li} > w^*a^*_{Li},$$

que podem ser rearranjadas para produzir:

$$a^*_{Li}/a_{Li} < w/w^*.$$

Assim, podemos reafirmar a regra de alocação: qualquer mercadoria para a qual $a^*_{Li}/a_{Li} > w/w^*$ será produzida em Doméstica, enquanto qualquer mercadoria para a qual $a^*_{Li}/a_{Li} < w/w^*$ será produzida em Estrangeira.

Já alinhamos as mercadorias em ordem crescente de a_{Li}/a^*_{Li} [Equação (3-6)]. Esse critério para especialização nos mostra que há um "corte" na linha determinado pela proporção das taxas salariais dos dois países, w/w^*. Todos os bens à esquerda desse ponto acabam sendo produzidos em Doméstica; todos os bens à direita acabam sendo produzidos em Estrangeira. (É possível, como veremos em um momento, que a relação de salários seja exatamente igual à relação entre os requisitos de mão de obra unitária para uma mercadoria. Nesse caso, essa mercadoria limite pode ser produzida em ambos os países.)

A Tabela 3.2 oferece um exemplo numérico no qual tanto Doméstica quanto Estrangeira consomem e são capazes de produzir *cinco* bens: maçãs, bananas, caviar, tâmaras e enchiladas.

TABELA 3.2 Requisitos de mão de obra unitária em Doméstica e Estrangeira

Mercadoria	Requisito de mão de obra unitária em Doméstica a_{Li}	Requisitos de mão de obra unitária em Estrangeira (a^*_{Li})	Vantagem relativa da produtividade de Doméstica (a^*_{Li}, a_{Li})
Maçãs	1	10	10
Bananas	5	40	8
Caviar	3	12	4
Tâmaras	6	12	2
Enchiladas	12	9	0,75

As duas primeiras colunas da tabela são autoexplicativas. A terceira é a relação entre os requisitos de mão de obra unitária de Estrangeira e de Doméstica para cada mercadoria — ou, dito de forma diferente, a vantagem de produtividade relativa de Doméstica em cada produto. Nós rotulamos as mercadorias por ordem de vantagem de produtividade em Doméstica, sendo a vantagem de Doméstica maior para maçãs e menor para enchiladas.

Que país produz quais mercadorias depende da relação das taxas salariais entre Doméstica e Estrangeira. Doméstica terá uma vantagem de custo em qualquer produto para o qual sua produtividade relativa for maior que seu salário relativo, e Estrangeira terá a vantagem nos outros. Se, por exemplo, a taxa salarial de Doméstica for cinco vezes a de Estrangeira (uma relação de salário de Doméstica para salário de Estrangeira de cinco para um), maçãs e bananas serão produzidas em Doméstica e caviar, tâmaras e enchiladas em Estrangeira. Se a taxa salarial de Doméstica for apenas três vezes a de Estrangeira, Doméstica produzirá maçãs, bananas e caviar, enquanto Estrangeira produzirá apenas tâmaras e enchiladas.

Tal padrão de especialização é benéfico para ambos os países? Podemos ver que sim, usando o mesmo método já utilizado: comparando o custo da mão de obra para produzir um bem diretamente em um país com o de "produzir" indiretamente, produzindo outro bem e comercializando-o pelo bem desejado. Se a taxa salarial de Doméstica for três vezes o salário de Estrangeira (dito de outra forma, a taxa salarial de Estrangeira for um terço da de Doméstica), Doméstica importará tâmaras e enchiladas. Uma unidade de tâmaras requer 12 unidades de mão de obra de Estrangeira para ser produzida, mas seu custo em termos de mão de obra de Doméstica, dada a proporção de salários de três para um, é de apenas 4 horas (12/4 = 3). Esse custo de 4 homens-hora é inferior às 6 horas que seriam necessárias para produzir a unidade de tâmaras em Doméstica. Para as enchiladas, Estrangeira tem maior produtividade junto com salários mais baixos; vai custar para Doméstica apenas 3 homens-hora para adquirir uma unidade de enchiladas pelo comércio, em comparação com 12 homens-hora que seriam necessárias para produzi-la internamente. Um cálculo semelhante mostrará que Estrangeira também ganha; para todas as importações de mercadorias de Estrangeira, parece ser mais barato em termos de mão de obra de Doméstica comercializar a mercadoria, em vez de produzir o bem. Por exemplo, levaria 10 horas de mão de obra de Estrangeira para produzir uma unidade de maçãs; mesmo com uma taxa salarial de apenas um terço que dos trabalhadores de Doméstica, serão necessárias apenas 3 horas de mão de obra para ganhar o suficiente para comprar aquela unidade de maçãs de Doméstica.

Ao fazer esses cálculos, no entanto, apenas assumimos que a taxa salarial relativa é 3. Como é que essa taxa salarial relativa efetivamente pode ser determinada?

Determinação do salário relativo no modelo multimercadorias

No modelo de duas mercadorias, determinamos os salários relativos calculando primeiro o salário de Doméstica em termos de queijo e os salários de Estrangeira em termos de vinho. Então, usamos o preço do queijo em relação ao do vinho para deduzir a relação dos salários dos dois países. Pudemos fazer isso porque sabíamos que Doméstica produziria queijo e Estrangeira vinho. No caso de muitos bens, quem produz o quê pode ser determinado somente depois que sabemos a taxa salarial relativa, então precisamos de um novo procedimento. Para determinar os salários relativos em uma economia multimercadorias, devemos olhar por trás da demanda relativa por bens, para a demanda implícita relativa para a mão de obra. Essa não é uma demanda direta por parte dos consumidores. Pelo contrário, é uma **demanda derivada** que resulta da demanda por bens produzidos com mão de obra de cada país.

A demanda derivada relativa para a mão de obra de Doméstica vai cair quando a proporção de salários de Doméstica para Estrangeira subir, por duas razões. Primeiro, conforme a mão de obra de Doméstica fica mais cara em relação à de Estrangeira, os bens produzidos em Doméstica também se tornam relativamente mais caros e a demanda mundial por esses produtos cai. Segundo, à medida que aumentam os salários de Doméstica, menos bens serão produzidos ali e muitos mais em Estrangeira, reduzindo ainda mais a demanda para a mão de obra de Doméstica.

Podemos ilustrar esses dois efeitos usando nosso exemplo numérico, conforme ilustrado na Tabela 3.2. Talvez devêssemos começar com a seguinte situação: o salário de Doméstica é inicialmente 3,5 vezes o salário de Estrangeira. Nesse nível, Doméstica produziria maçãs, bananas e caviar, enquanto Estrangeira produziria tâmaras e enchiladas. Se o salário relativo de Doméstica aumentasse de 3,5 para 3,99, o padrão de especialização não mudaria. No entanto, como os bens produzidos em Doméstica ficariam relativamente mais caros, a demanda relativa por esses bens cairia e a demanda relativa pela mão de obra de Doméstica cairia junto.

Suponha agora que o salário relativo aumentou ligeiramente de 3,99 para 4.01. Esse pequeno crescimento no salário relativo de Doméstica traria uma mudança no padrão de especialização. Como agora é mais barato produzir caviar em Estrangeira do que em Doméstica, a produção de caviar se desloca de Doméstica para Estrangeira. O que isso implica para a demanda relativa por mão de obra em Doméstica? Claramente, isso implica que, como o salário relativo sobe de pouco menos de 4 para pouco mais de 4, há uma queda brusca na demanda relativa, conforme a produção de caviar de Doméstica cai para zero e Estrangeira adquire uma nova indústria. Se o salário relativo continuar a aumentar, a demanda relativa para a mão de obra de Doméstica vai aos poucos declinar, então cairá abruptamente em um salário relativo de 8, ponto em que a produção de bananas se desloca para Estrangeira.

Podemos ilustrar a determinação de salários relativos com um diagrama como o da Figura 3.6. Ao contrário da Figura 3.3, este diagrama não tem quantidades relativas das mercadorias ou dos preços relativos das mercadorias em seus eixos. Em vez disso, ele mostra a quantidade relativa de mão de obra e a taxa salarial relativa. A demanda mundial para mão de obra de Doméstica em relação à demanda por mão de obra de Estrangeira é mostrada pela curva RD. A oferta mundial de mão de obra de Doméstica em relação à de Estrangeira é mostrada pela linha RS.

A oferta relativa de mão de obra é determinada pelos tamanhos relativos das forças de trabalho de Doméstica e Estrangeira. Supondo que o número de homens-hora disponíveis não varie com o salário, o salário relativo não tem efeito sobre o fornecimento de mão de obra relativa e RS é uma linha vertical.

Nossa discussão sobre a demanda relativa de mão de obra explica a forma "escalonada" de RD. Sempre que podemos aumentar a taxa salarial dos trabalhadores de Doméstica em relação aos trabalhadores de Estrangeira, diminuirá a demanda relativa por bens produzidos em Doméstica e a demanda de mão de obra de Doméstica vai diminuir. Além disso, a demanda relativa para mão de obra de Doméstica cai abruptamente sempre que um aumento no salário relativo de Doméstica torna um bem mais barato de se produzir em Estrangeira. Então, a curva alterna entre seções suavemente inclinadas para baixo, onde não há alteração do padrão de especialização e "planas", onde a demanda relativa muda abruptamente pelas mudanças no padrão de especialização. Como mostrado na figura, esses "planos" correspondem aos salários relativos que igualam a proporção da produtividade de Doméstica para Estrangeira para cada um dos cinco produtos.

O salário relativo de equilíbrio é determinado pela interseção de RD e RS. Como traçado, o salário relativo de equilíbrio é 3. Com esse salário, Doméstica produz maçãs, bananas e caviar, enquanto Estrangeira produz tâmaras e enchiladas. O resultado depende do tamanho relativo dos países (que determina a posição do RS) e da demanda relativa pelos bens (que determina a forma e a posição de RD).

Se a interseção de RD e RS recair em um dos planos, os dois países produzem o bem ao qual se aplica o plano.

Adicionando os custos de transporte e as mercadorias não comercializáveis

Agora estendemos nosso modelo um passo adiante para a realidade, considerando os efeitos dos custos de transporte. Esses custos não alteram os princípios fundamentais de vantagem comparativa ou os ganhos do comércio. No entanto, como os custos de transporte representam entraves à circulação de mercadorias e serviços, eles têm importantes implicações sobre a forma

FIGURA 3.6 Determinação de salários relativos

Em um modelo ricardiano de muitas mercadorias, os salários relativos são determinados pela interseção da curva de demanda relativa derivada de mão de obra, RD, com a oferta relativa, RS.

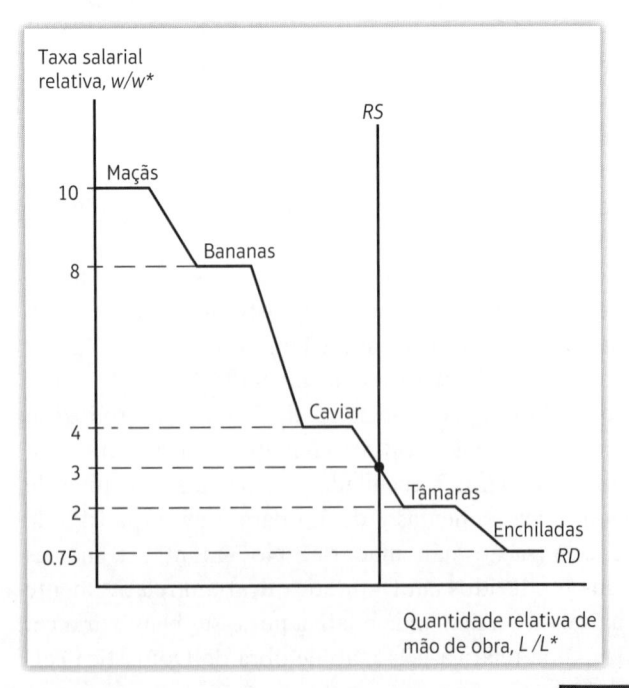

como uma economia de comércio mundial é afetada por uma variedade de fatores, como problemas de balança de pagamentos, investimentos internacionais e ajuda externa. Embora ainda não lidemos com os efeitos desses fatores, o modelo de um fator e multimercadorias é um bom ponto para introduzirmos os efeitos dos custos de transporte.

Primeiro, observe que a economia mundial, descrita pelo modelo da última seção, é marcada por especialização internacional muito extrema. No máximo, há uma mercadoria que ambos os países produzem; todos os outros bens são produzidos em Doméstica ou em Estrangeira, mas não em ambos.

Existem três razões principais por que a especialização em economia internacional real não é assim extrema:
1. A existência de mais de um fator de produção reduz a tendência para a especialização (como veremos nos próximos dois capítulos).
2. Os países, às vezes, protegem as indústrias da concorrência estrangeira (discutido longamente nos capítulos 9 a 12).
3. É caro transportar mercadorias e serviços. Em alguns casos, o custo de transporte é suficiente para levar países à autossuficiência em certos setores.

No exemplo multimercadorias da última seção, encontramos que com um salário relativo de 3 em Doméstica, ela poderia produzir maçãs, bananas e caviar mais baratos do que Estrangeira, enquanto Estrangeira poderia produzir tâmaras e enchiladas mais baratas do que Doméstica. *Na ausência de custos de transporte, então,* Doméstica *exportará as três primeiras mercadorias e importará as duas últimas.*

Agora suponha que haja um custo para o transporte de mercadorias e que este seja uma fração uniforme do custo de produção, digamos 100%. Tal custo de transporte desencorajará o comércio. Considere as tâmaras, por exemplo. Uma unidade dessa mercadoria requer 6 horas de trabalho de Doméstica ou 12 horas de Estrangeira para produzi-la. Em um salário relativo de 3, 12 horas de mão de obra de Estrangeira custam tanto quanto 4 horas de trabalho de Doméstica. Então, na ausência de custos de transporte, Doméstica importa tâmaras. Com um custo de transporte de 100%, no entanto, importar tâmaras custaria o equivalente a 8 horas de mão de obra de Doméstica (4 horas de mão de obra, mais o equivalente a 4 horas para as despesas de transporte), então Doméstica produzirá o bem para si mesma.

Uma comparação de custo semelhante mostra que Estrangeira vai achar mais barato produzir seu próprio caviar do que importá-lo. Uma unidade de caviar requer 3 horas de trabalho de Doméstica para ser produzida.

Mesmo com um salário relativo de Doméstica de 3, o que o torna equivalente a 9 horas de mão de obra de Estrangeira, o custo é mais barato do que as 12 horas que seriam necessárias para Estrangeira produzir caviar para o mercado interno. Na ausência de custos de transporte, então, Estrangeira acharia mais barato importar o caviar do que produzi-lo internamente. Com um custo de 100% de transporte, no entanto, o caviar importado custaria o equivalente a 18 horas de mão de obra de Estrangeira e seria, portanto, produzido localmente.

O resultado da introdução dos custos de transporte neste exemplo, então, é que Doméstica ainda exportará maçãs e bananas e importará enchiladas, mas tâmaras e caviar se tornarão **bens não comercializáveis**, que cada país produzirá por si próprio.

Neste exemplo, partimos do princípio de que os custos de transporte são a mesma fração do custo de produção em todos os setores. Na prática, há uma grande variação de custos de transporte. Em alguns casos, o transporte é praticamente impossível: serviços como cortes de cabelo e conserto de carros não podem ser negociados internacionalmente (exceto onde há uma área metropolitana que atravessa uma fronteira, como Detroit, Michigan–Windsor, Ontário). Também há pouco comércio internacional de mercadorias com altas proporções de peso-valor, como o cimento. (Simplesmente não vale a pena o custo de transporte da importação de cimento, mesmo se ele puder ser produzido muito mais barato no exterior.) Muitos bens acabam sendo não comercializáveis por causa da ausência de fortes vantagens de custo nacional ou pelos custos elevados de transporte.

O ponto importante é que as nações gastam uma grande parte de sua renda em bens não comercializáveis. Essa observação é de importância surpreendente em nossa discussão posterior sobre economia monetária internacional.

Evidências empíricas sobre o modelo ricardiano

O modelo ricardiano de comércio internacional é uma ferramenta extremamente útil para pensar sobre as razões pelas quais o comércio pode acontecer e sobre os efeitos do comércio internacional no bem-estar nacional. Mas será que é um modelo que se ajusta bem ao mundo real? O modelo ricardiano faz previsões precisas sobre os fluxos reais de comércio internacional?

A resposta é um "sim" altamente qualificado. Claro, há diversas maneiras pelas quais o modelo ricardiano faz previsões enganosas. Primeiro, como mencionado em nossa discussão de bens não comercializáveis, o modelo ricardiano simples prevê um extremo grau de especialização que não observamos no mundo real. Segundo, assume efeitos fora do comércio internacional na distribuição de renda *dentro* dos países e, portanto, prevê que os países como um todo irão sempre ganhar com o comércio. Na prática, o comércio internacional tem fortes efeitos na distribuição de renda. Terceiro, o modelo ricardiano não permite nenhum espaço para as diferenças de recursos entre os países como causa de comércio, perdendo, assim, um aspecto importante do sistema de comércio (foco dos capítulos 4 e 5). Por fim, negligencia o possível papel das economias de escala como causa de comércio, que o torna incapaz de explicar os grandes fluxos de comércio entre nações aparentemente similares — uma questão discutida nos capítulos 7 e 8.

Apesar dessas falhas, no entanto, a previsão básica do modelo ricardiano — que países deveriam tender a exportar aqueles bens em que sua produtividade é relativamente elevada — foi fortemente confirmada por vários estudos ao longo dos anos.

Vários testes clássicos do modelo ricardiano, realizados utilizando dados do período inicial após a Segunda Guerra Mundial, compararam o comércio e a produtividade britânica com a americana.[6]

Esta foi uma comparação extraordinariamente esclarecedora, porque revelou que a produtividade do trabalho britânico era inferior à americana em quase todos os setores. Como resultado, os Estados Unidos tinham uma vantagem absoluta em tudo. No entanto, o montante das exportações britânicas em geral era tão grande quanto a quantidade de exportações americanas da época. Apesar de sua baixa produtividade absoluta, devia haver alguns setores em que a Grã-Bretanha tinha uma vantagem comparativa. O modelo ricardiano preveria que esses seriam os setores em que a vantagem de produtividade dos Estados Unidos era menor.

A Figura 3.7 ilustra a evidência a favor do modelo ricardiano, usando os dados apresentados em um artigo do economista húngaro Bela Balassa em 1963. A figura compara a proporção das exportações dos EUA e britânicas, em 1951, com a proporção da produtividade da mão de obra dos EUA e britânica para 26 indústrias manufatureiras. A proporção de produtividade é medida no eixo horizontal; a relação de exportação no eixo vertical. Ambos os eixos são dados em uma escala logarítmica, o que acaba por produzir uma imagem mais clara.

Em geral, a teoria ricardiana nos levaria a esperar que quanto maior a produtividade relativa na indústria dos EUA, mais os EUA seriam propensos, ao contrário das empresas do Reino Unido, a exportar para essa indústria. E é isso o que mostra a Figura 3.7. Na verdade, o gráfico de dispersão encontra-se muito perto de uma linha inclinada para cima, também mostrada na figura. Tendo em conta que os dados utilizados para essa comparação são, como todos os dados econômicos, sujeitos a erros de medição substancial, o encaixe é muito próximo.

Como esperado, as evidências na Figura 3.7 confirmam o pensamento básico de que o comércio depende da vantagem *comparativa*, não da *absoluta*. Na época a que os dados se referem, a indústria dos EUA tinha produtividade muito maior da mão de obra do que a indústria britânica — em média cerca de duas vezes mais alta. O equívoco comumente cometido de que um país só pode ser competitivo se conseguir igualar-se à produtividade dos outros países, que discutimos no início deste capítulo, teria nos levado a prever uma vantagem de exportação dos Estados Unidos para o estrangeiro. O modelo ricardiano nos diz, no entanto, que ter alta produtividade em uma indústria em comparação com a de um país estrangeiro não é suficiente para garantir que um país exportará produtos dessa indústria; a produtividade relativa deve

FIGURA 3.7 — Produtividade e as exportações

Um estudo comparativo mostrou que as exportações dos EUA eram altas em relação às exportações britânicas nas indústrias em que os Estados Unidos tinham alta produtividade relativa da mão de obra. Cada ponto representa um setor diferente.

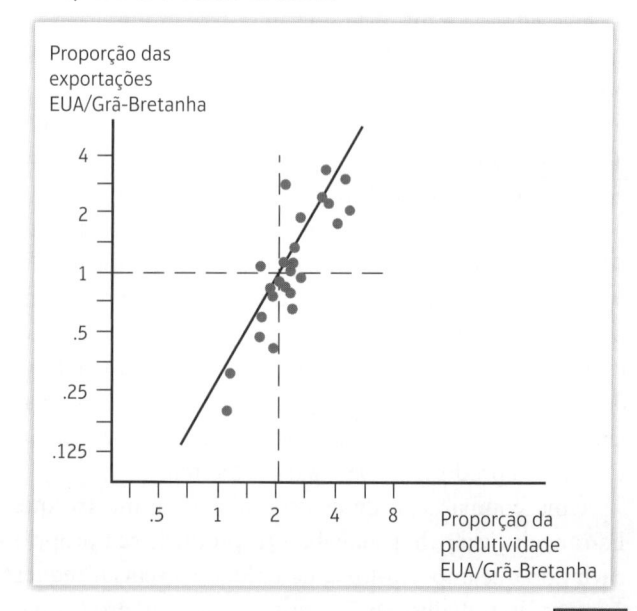

---

[6] O estudo pioneiro por G. D. A. MacDougall está listado em Leituras Adicionais no final do capítulo. Um estudo de acompanhamento bem conhecido, no qual nos baseamos aqui, foi Bela Balassa, "An Empirical Demonstration of Classical Comparative Cost Theory", *Review of Economics and Statistics*, p. 231–238, ago. 1963; usamos os números de Balassa como uma ilustração.

ser alta em comparação com a produtividade relativa em outros setores. Como isso acontecia, a produtividade dos EUA excedia a britânica em todos os 26 setores (indicado por pontos), como mostrado na Figura 3.7, com margens que variam de 11% a 366%. Em 12 dos setores, no entanto, a Grã-Bretanha na verdade tinha exportações maiores do que a dos Estados Unidos. Um olhar sobre a figura mostra que, em geral, as exportações dos EUA eram maiores do que as do Reino Unido somente em indústrias em que a vantagem de produtividade dos EUA era um pouco mais de dois para um.

Evidências mais recentes sobre o modelo ricardiano têm sido menos definitivas. Em parte, isso ocorre porque o crescimento do comércio mundial e a resultante especialização das economias nacionais significam que não temos a oportunidade de ver o que os países fazem mal! Na economia mundial do século XXI, os países muitas vezes não produzem mercadorias as quais eles têm desvantagem comparativa, então não há nenhuma maneira de medir a sua produtividade nesses setores. Por exemplo, a maioria dos países não produz aviões; por isso, não existem dados sobre seus requisitos de mão de obra unitária para essa fabricação. Todavia, várias evidências sugerem que as diferenças na produtividade do trabalho continuam a desempenhar um papel importante na determinação do comércio mundial.

Talvez a demonstração mais impressionante da utilidade contínua da teoria ricardiana da vantagem comparativa seja a maneira como ela explica o surgimento de países de produtividade global muito baixa como potências de exportação em algumas indústrias. Considere, por exemplo, o caso das exportações de vestuário de Bangladesh. A indústria de vestuário desse país recebeu o pior tipo de publicidade em abril de 2013, quando um edifício que abriga cinco fábricas de vestuário desabou, matando mais de mil pessoas. Nos bastidores da tragédia, no entanto, estava o crescimento das exportações de vestuário de Bangladesh, que foram rapidamente ganhando das da China, antes o fornecedor dominante. Esse rápido crescimento ocorreu apesar de Bangladesh ser um país muito pobre, com baixíssima produtividade geral, mesmo em comparação com a China, que, como já vimos, é ainda de baixa produtividade em comparação com os EUA.

Qual era o segredo do sucesso de Bangladesh? O país tem produtividade bastante baixa, mesmo na produção de vestuário — mas sua desvantagem de produtividade é muito menor do que em outras indústrias, então a nação tem uma vantagem comparativa na indústria de vestuário. A Tabela 3.3 ilustra este ponto com algumas estimativas com base em dados de 2011.

Em comparação com a China, Bangladesh ainda tem uma desvantagem *absoluta* na produção de vestuário, com produtividade significativamente menor. Mas como sua produtividade relativa em vestuário é muito maior do que em outras indústrias, Bangladesh tem uma forte vantagem comparativa em vestuário — e sua indústria de vestuário está levando a China a uma corrida pelo dinheiro.

Em suma, embora alguns economistas acreditem que o modelo ricardiano seja uma descrição totalmente adequada das causas e consequências do comércio mundial, suas duas implicações principais — que as diferenças de produtividade desempenham um papel importante no comércio internacional e que é a vantagem comparativa ao invés da absoluta que importa — parecem ser suportadas pelas evidências.

TABELA 3.3 Bangladesh *versus* China, 2011

	Produção de Bangladesh por trabalhador como % da China	Exportações de Bangladesh como % da China
Todas as indústrias	28,5	1,0
Vestuário	77	15,5

Fonte: Mc Kinsey and Company, "Bangladesh's ready-made garments industry: The challenge of growth", 2012; Boletim Mensal de Estatística das Nações Unidas.

RESUMO

1. Nós examinamos o modelo ricardiano, o modelo mais simples que mostra como as diferenças entre países dão origem ao comércio e aos ganhos de comércio. Nesse modelo, a mão de obra é o único fator de produção, e os países diferem apenas na produtividade do trabalho em diferentes indústrias.

2. No modelo ricardiano, os países exportarão mercadorias que sua mão de obra produz de modo relativamente eficiente e importarão as que sua mão de obra produz de modo relativamente ineficiente. Em outras palavras, o padrão de produção de um país é determinado pela vantagem comparativa.

3. Podemos mostrar que o comércio beneficia um país de duas maneiras. Primeiro, podemos pensar no comércio como um método indireto de produção. Em vez de produzir um bem por si só, um país pode produzir outro bem e trocá-lo pelo bem

desejado. O modelo simples mostra que sempre que um bem é importado, deve ser verdade que essa "produção" indireta requer menos trabalho do que a direta. Segundo, podemos demonstrar que o comércio amplia as possibilidades de consumo do país, o que implica ganhos a partir do comércio.

4. A distribuição dos ganhos do comércio depende dos preços relativos das mercadorias que os países produzem. Para determinar esses preços relativos, é necessário olhar para a oferta mundial relativa e a demanda de mercadorias. O preço relativo implica também uma taxa salarial relativa.

5. A proposição de que o comércio é benéfico é desqualificada. Ou seja, não há nenhuma exigência de que um país seja "competitivo" ou que o comércio seja "justo". Em particular, podemos demonstrar que três crenças comumente presentes sobre o comércio estão erradas. Primeiro, um país ganha com o comércio, mesmo que tenha menor produtividade do que seu parceiro comercial em todas as indústrias. Segundo, o comércio é benéfico, mesmo que as indústrias estrangeiras sejam competitivas apenas por causa de baixos salários. Terceiro, o comércio é benéfico, mesmo que as exportações de um país exijam mais mão de obra do que suas importações.

6. Estender o modelo de um fator, duas mercadorias para um mundo de muitas *commodities* não altera essas conclusões. A única diferença é que se torna necessário focar diretamente da demanda relativa por mão de obra para determinar os salários relativos em vez de trabalhar por meio de demanda relativa por bens. Além disso, um modelo de muitas *commodities* pode ser usado para ilustrar o ponto importante que os custos de transporte podem dar origem a uma situação em que alguns bens são não comercializáveis.

7. Embora algumas das previsões do modelo ricardiano sejam claramente irrealistas, sua previsão básica — os países tendem a exportar bens nos quais eles têm produtividade relativamente alta — foi confirmada por vários estudos.

TERMOS-CHAVE

análise de equilíbrio geral, p. 26
análise de equilíbrio parcial, p. 26
argumento da mão de obra pobre, p. 32
bens não comercializáveis, p. 37
curva de demanda relativa, p. 27
curva de oferta relativa, p. 26
custo de oportunidade, p. 22
demanda derivada, p. 35

fronteira de possibilidade de produção, p. 23
ganhos do comércio, p. 28
modelo ricardiano, p. 23
requisitos de mão de obra unitária, p. 23
salários relativos, p. 29
vantagem absoluta, p. 25
vantagem comparativa, p. 22

PROBLEMAS

1. Doméstica possui 1.200 unidades de mão de obra disponíveis. Pode produzir dois bens, maçãs e bananas. Os requisitos de mão de obra unitária na produção de maçã são 3, enquanto na de banana são 2.
   a. Faça o gráfico da fronteira de possibilidade de produção de Doméstica.
   b. Qual é o custo de oportunidade de maçãs em termos de bananas?
   c. Na ausência de comércio, qual seria o preço das maçãs em termos de bananas? Por quê?

2. Considere Doméstica conforme descrita no problema 1. Há também outro país, Estrangeira, com uma força de trabalho de 800 mãos de obra. Os requisitos de mão de obra unitária de Estrangeira na produção de maçã são 5, enquanto na produção de banana são 1.
   a. Faça o gráfico da fronteira de possibilidade de produção de Estrangeira.
   b. Construa a curva de oferta relativa mundial.

3. Agora suponha que a demanda mundial relativa assume a seguinte forma: Demanda por maçãs/demanda por bananas = preço das bananas/preço das maçãs.
   a. Faça o gráfico da curva de demanda relativa junto com a curva de oferta relativa.
   b. Qual é o preço de equilíbrio relativo das maçãs?
   c. Descreva o padrão de comércio.
   d. Demonstre que Doméstica e Estrangeira ganham com o comércio.

4. Suponha que, em vez de 1.200 trabalhadores, Doméstica tem 2.400. Encontre o preço de equilíbrio relativo. O que você pode dizer sobre a eficiência da produção mundial e a divisão dos ganhos do comércio entre Doméstica e Estrangeira neste caso?

5. Suponha que Doméstica tenha 2.400 trabalhadores, mas que eles sejam apenas 50% tão produtivos em ambas as indústrias em relação aos valores supostos anteriormente. Construa a curva de oferta relativa mundial e determine o preço de equilíbrio relativo. Como os ganhos do comércio se comparam com aqueles do caso descrito no Problema 4?

6. "Os trabalhadores chineses ganham apenas US$ 0,75 por hora. Se permitirmos que a China exporte livremente, nossos trabalhadores serão forçados a baixar para o mesmo nível. Você não pode importar uma camisa de US$ 10 sem importar o salário de US$ 0,75 que vem com ela." Discuta essas afirmações.

7. A produtividade da mão de obra japonesa é aproximadamente a mesma que a dos Estados Unidos no setor industrial (maior em algumas indústrias, menos em outras),

mas os Estados Unidos ainda são consideravelmente mais produtivos no setor de serviços. Embora a maioria dos serviços não seja comercializável. Alguns analistas têm argumentado que isso cria um problema para os Estados Unidos, porque nossa vantagem comparativa encontra-se em coisas que não podemos vender nos mercados mundiais. O que há de errado com esse argumento?

8. Quem visitou o Japão sabe que é um lugar incrivelmente caro. Embora os trabalhadores japoneses ganhem quase o mesmo que seus colegas dos EUA, o poder de compra de seus rendimentos é cerca de um terço menor. Estenda sua discussão da Questão 7 para explicar essa observação. (Dica: pense sobre os salários e os preços implícitos de bens não comercializáveis.)

9. De que maneira o fato de que muitos bens são não comercializáveis afeta a extensão dos possíveis ganhos do comércio?

10. Focamos o caso do comércio envolvendo apenas dois países. Suponha que existam muitos países capazes de produzir dois bens, e que cada país tem apenas um fator de produção, a mão de obra. O que podemos dizer sobre o padrão de produção e comércio neste caso?(Dica: construa a curva de oferta mundial relativa.)

LEITURAS ADICIONAIS

DAVIS, D. "Intraindustry Trade: A Heckscher-Ohlin-Ricardo Approach". *Journal of International Economics*, v. 39, p. 201–226, nov. 1995. Uma revisão recente da abordagem ricardiana para explicar o comércio entre os países com recursos semelhantes.

DORNBUSCH, R.; FISCHER, S. e SAMUELSON, P. "Comparative Advantage, Trade and Payments in a Ricardian Model with a Continuum of Goods". *American Economic Review*, v. 67, p. 823–839, dez. 1977. Modelagem teórica mais recente no modelo ricardiano de muitos bens desenvolvendo a ideia de simplificar o modelo ricardiano, supondo que o número de bens é tão grande que pode formar um *continuum* suave.

DOSI, G.; PAVITT, K. e SOETE, L. *The Economics of Technical Change and International Trade*. Brighton: Wheatsheaf, 1988. Um exame empírico que sugere que o comércio internacional de bens manufaturados é guiado principalmente pelas diferenças nas competências tecnológicas nacionais.

GOLUB, S.; HSIEH, C. "Classical Ricardian Theory of Comparative Advantage Revisited". *Review of International Economics*, v. 8, n. 2, p. 221–234, 2000. Uma análise estatística moderna da relação entre produtividade relativa e padrões de comércio, que encontra correlações razoavelmente fortes.

MacDOUGALL, G. D. A. "British and American Exports: A Study Suggested by the Theory of Comparative Costs". *Economic Journal*, v. 61, p. 697–724, dez. 1951; v. 62, p. 487–521, set. 1952. Neste estudo famoso, MacDougall usou dados comparativos sobre a produtividade dos EUA e Reino Unido para testar as previsões do modelo ricardiano.

MILL, J. S. *Principles of Political Economy*. London: Longmans, Green, 1917. O tratado de Mill de 1848 ampliou o trabalho de Ricardo para um modelo completo de comércio internacional.

RICARDO, D. *The Principles of Political Economy and Taxation*. Homewood, IL: Irwin, 1963. A fonte básica para o modelo ricardiano é Ricardo, por ele mesmo, neste livro, publicado pela primeira vez em 1817.

CAPÍTULO 4

Fatores específicos e distribuição de renda

Como vimos no Capítulo 3, o comércio internacional pode ser benéfico para as nações que o praticam. Mesmo assim, ao longo da história, os governos têm protegido certos setores da economia da concorrência das importações. Por exemplo, apesar de seu compromisso com o livre comércio, em princípio, os Estados Unidos limitam as importações de vestuário, têxteis, açúcar, etanol e produtos lácteos, entre muitos outros itens. Durante os ciclos de reeleição presidencial, tarifas punitivas são muitas vezes impostas na importação de mercadorias produzidas nos principais estados que têm peso político.[1] Se o comércio é uma coisa boa para a economia, por que há oposição aos seus efeitos? Para entender a política comercial, é necessário olhar para os efeitos do comércio não só em um país como um todo, mas em sua distribuição de renda.

O modelo ricardiano de comércio internacional, desenvolvido no Capítulo 3 ilustra os benefícios potenciais do comércio. Nesse modelo, o comércio leva à especialização internacional, com cada país mudando sua força de trabalho de indústrias em que a mão de obra é relativamente ineficiente para indústrias em que ela é relativamente mais eficiente. Como a mão de obra é o único fator de produção naquele modelo, e presume-se que ela possa mover livremente de uma indústria para outra, não há nenhuma possibilidade de que os indivíduos serão prejudicados com o comércio. O modelo ricardiano, assim, não sugere só que todos os *países* ganham com o comércio, mas também que cada *indivíduo* vive melhor como resultado do comércio internacional, uma vez que este não afeta a distribuição de renda. No entanto, no mundo real, o comércio tem efeitos substanciais sobre a distribuição de renda dentro de cada nação que comercializa, então na prática os benefícios do comércio são muitas vezes distribuídos de forma muito desigual.

Existem duas razões principais pelas quais o comércio internacional tem fortes efeitos sobre a distribuição de renda. Primeiro, os recursos não podem mover-se imediatamente ou sem custo de uma indústria para outra — uma consequência de curto prazo do comércio. Segundo, as indústrias diferem nos fatores de produção que demandam. Uma mudança no mix de mercadorias que um país produz normalmente reduzirá a demanda por alguns fatores de produção, enquanto elevará a demanda por outros — uma consequência de longo prazo do comércio. Por ambas as razões, o comércio internacional não é tão inequivocamente benéfico como parecia ser no Capítulo 3. Embora o comércio possa beneficiar uma nação como um todo, muitas vezes ele prejudica grupos significativos dentro do país em curto prazo e, potencialmente, mas em menor grau, também no longo prazo.

Considere os efeitos da política de arroz do Japão. O Japão permite que muito pouco arroz seja importado, mesmo que a escassez de terra signifique que o produto seja muito mais caro de se produzir no Japão do que em outros países (inclusive nos Estados Unidos). Há poucas dúvidas de que o Japão como um todo teria um padrão de vida melhor se a livre importação de arroz fosse permitida. Os agricultores japoneses, no entanto, seriam prejudicados pelo livre comércio. Embora os agricultores deslocados pelas importações provavelmente pudessem encontrar empregos em manufatura ou serviços, eles achariam caro e inconveniente mudar de emprego: as habilidades especiais que eles desenvolveram para o cultivo de arroz seriam inúteis nesses

---

1 Os exemplos mais recentes são a tarifa de 35% imposta aos pneus (importados da China) durante o primeiro mandato de Barack Obama e uma tarifa de 30% sobre as importações de aço durante o primeiro mandato de George W. Bush. A produção de aço e pneus está concentrada em Ohio, estado chave de definição de várias eleições presidenciais dos Estados Unidos no passado.

outros trabalhos. Além disso, o valor das terras que os agricultores possuem cairia junto com o preço do arroz. Não surpreende que os agricultores que produzem arroz japonês são veementemente contra o livre comércio de arroz, e sua oposição política organizada tem pesado mais do que os ganhos potenciais do comércio para a nação como um todo.

Uma análise realista do comércio deve ir além do modelo ricardiano, chegando a modelos em que o comércio pode afetar a distribuição de renda. Neste capítulo, focalizamos as consequências de curto prazo do comércio sobre a distribuição de renda, quando fatores de produção não podem se mover sem custo entre os setores. Para simplificar o nosso modelo, suporemos que o custo de troca de setor para alguns fatores é alto o suficiente para que essa mudança seja impossível no curto prazo. Esses fatores são *específicos* para um determinado setor.

OBJETIVOS DE APRENDIZAGEM

Após a leitura deste capítulo, você será capaz de:

- Entender como um fator móvel vai responder às mudanças de preços, movendo-se de um setor para outro.
- Explicar por que o comércio irá gerar tanto vencedores quanto perdedores no curto prazo.
- Compreender o significado dos ganhos do comércio quando existem perdedores.
- Discutir por que o comércio é uma questão politicamente controversa.
- Explicar os argumentos a favor do livre comércio, apesar da existência de perdedores.

Modelo de fatores específicos

O **modelo de fatores específicos** foi desenvolvido por Paul Samuelson e Ronald Jones.[2] Como o modelo ricardiano simples, ele pressupõe uma economia que produz dois bens e que pode alocar seu fornecimento de mão de obra entre os dois setores. Entretanto, ao contrário do ricardiano, o modelo de fatores específicos permite a existência de fatores de produção além da mão de obra. Considerando que a mão de obra seja um **fator móvel** que pode se mover entre os setores, esses outros fatores são considerados **específicos**. Ou seja, eles podem ser usados somente na produção de determinados bens.

O QUE É UM FATOR ESPECÍFICO?

No modelo desenvolvido neste capítulo, assumimos que dois fatores de produção — terra e capital — estão permanentemente ligados a determinados setores da economia. No entanto, nas economias desenvolvidas as terras agrícolas recebem apenas uma parte pequena da renda nacional. Quando os economistas aplicam o modelo de fatores específicos para economias como as dos Estados Unidos ou da França, geralmente não abordam a especificidade de fator como uma condição permanente, mas como uma questão de tempo. Por exemplo, as cubas usadas para fermentar cerveja e as prensas de estampagem usadas para construir a lataria de veículos não podem ser substituídas uma pela outra, e então esses tipos de equipamentos diferentes são específicos de suas indústrias. Porém, com o tempo, seria possível redirecionar o investimento das fábricas de automóveis para as cervejarias ou vice-versa. Como resultado, no longo prazo, tanto as cubas quanto as prensas de estampagem podem ser consideradas duas manifestações de um fator único e móvel, chamado de capital.

Então na prática a distinção entre fatores específicos e móveis não é uma linha definida. Pelo contrário, trata-se da velocidade de ajustamento, com alguns fatores sendo mais específicos, à medida que se demora mais tempo para reimplantá-los entre as indústrias. Então quão específicos são os fatores de produção na economia real?

A mobilidade dos trabalhadores varia de acordo com as características do trabalhador (como a idade) e a ocupação da mão de obra (se ela necessita de habilidades gerais ou específicas). No entanto, podemos medir uma taxa média de mobilidade ao olhar para a duração do desemprego após a demissão do trabalhador. Depois de quatro anos, um trabalhador demitido nos Estados Unidos tem a mesma probabilidade de ser empregado que um trabalhador semelhante que não

---

[2] Veja: Paul Samuelson. "Ohlin was right". Swedish Journal of Economics, v. 73, p. 365-384, 1971; e Ronald W. Jones. "A Three-Factor Model in Theory, Trade, and History". In: Jagdish Bhagwati et al. (Eds.). Trade, Balance of Payments, and Growth. Amsterdam:North-Holland, 1971, p. 3-21.

foi demitido.[3] Esse intervalo de tempo de quatro anos se compara com um tempo de vida de 15 ou 20 anos para uma máquina especializada típica e de 30 a 50 anos para estruturas (um shopping center, um prédio de escritórios ou uma planta de produção). Portanto a mão de obra é certamente um fator menos específico do que a maioria dos tipos de capital. No entanto, mesmo que a maioria dos trabalhadores possa encontrar novo emprego em outros setores dentro de um intervalo de tempo de quatro anos, a comutação das ocupações implica custos adicionais: um trabalhador deslocado que é reempregado em uma ocupação diferente sofre uma queda permanente de 18% dos salários (em média). Isso se compara com uma queda de 6%, se o trabalhador não mudar de ocupações.[4] Assim, a mão de obra é verdadeiramente flexível somente antes de um trabalhador ter investido em qualquer habilidade específica de ocupação.

3 Veja: Bruce Fallick. "The Industrial Mobility of Displaced Workers". *Journal of Labor Economics*, v. 11, p. 302–323, abr. 1993.
4 Veja: Magno Kambourov e Iourii Manovskii. "Occupational Specificity of Human Capital". *International Economic Review*, v. 50, p. 63–115, fev. 2009.

Pressupostos do modelo

Imagine uma economia que pode produzir dois bens, tecido e alimentos. Porém, em vez de um fator de produção, o país tem *três*: mão de obra (L), capital (K) e solo (T de *terra*). Tecido é produzido usando capital e mão de obra (mas sem terra), enquanto o alimento é produzido usando terra e mão de obra (mas não capital). A mão de obra é, portanto, um fator *móvel* que pode ser usado em qualquer setor, enquanto a terra e o capital são os dois fatores *específicos* que podem ser usados somente na produção de uma das mercadorias. A terra também pode ser pensada como um tipo diferente de capital, que é específico para o setor de alimentos (veja o quadro anterior).

Quanto de cada bem a economia vai produzir? A produção de tecido da economia depende de quanto capital e mão de obra são usados nesse setor. Essa relação é resumida por uma **função de produção** que nos diz a quantidade de tecido que pode ser produzido dada qualquer entrada de capital e mão de obra. A função de produção para o tecido pode ser resumida algebricamente como:

$$Q_T = Q_T(K, L_T), \qquad (4.1)$$

sendo Q_T a produção de tecido da economia, K o estoque de capital da economia, e L_T a força de trabalho empregada no tecido. Da mesma forma, para os alimentos podemos escrever a função de produção

$$Q_A = Q_A(S, L_A), \qquad (4.2)$$

sendo Q_A a produção de alimentos da economia, S a fonte de terra da economia, e L_A a força de mão de obra dedicada à produção de alimentos. Para a economia como um todo, a mão de obra empregada deve ser igual à oferta de mão de obra total L:

$$L_T + L_A = L. \qquad (4.3)$$

Possibilidades de produção

O modelo de fatores específicos pressupõe que cada um dos fatores específicos, capital ou terra, possa ser usado em apenas um setor, tecidos ou alimentos, respectivamente. Apenas a mão de obra pode ser usada nos dois setores. Assim, para analisar as possibilidades de produção da economia, precisamos apenas perguntar como o mix de produção da economia muda conforme a mão de obra é deslocada de um setor para outro. Isso pode ser feito graficamente, primeiro representando as funções de produção pelas equações (4.1) e (4.2) e, em seguida, colocando-as juntas para derivar a **fronteira de possibilidade de produção**.

A Figura 4.1 ilustra a relação entre a entrada de mão de obra e a produção de tecido. Quanto maior a entrada de mão de obra para uma determinada oferta de capital, maior será a produção. Na Figura 4.1, a inclinação de $Q_T(K, L_T)$ representa o **produto marginal da mão de obra**, ou seja, a adição à produção gerada pela inclusão de mais um homem-hora. No entanto, se a entrada de mão de obra for aumentada, sem aumentar o capital, geralmente haverá **rendimentos decrescentes**: uma vez que adicionar um trabalhador significa que cada trabalhador tem menos capital para trabalhar, cada incremento sucessivo de mão de obra adicionará menos à produção do que o anterior. Os rendimentos decrescentes são refletidos na forma da função de produção: $Q_T(K, L_T)$ fica mais plana à medida que avançamos para a direita, indicando que o produto marginal da mão de obra diminui conforme mais mão de obra é usada.[5] A Figura 4.2 mostra as mesmas informações de outra maneira. Nela, traçamos diretamente o produto marginal da mão de obra em função da mão de obra

5 Os rendimentos descrescentes para um único fator não implicam rendimentos decrescentes para a escala, quando todos os fatores de produção são ajustados. Assim, os rendimentos decrescentes para a mão de obra são inteiramente consistentes com os rendimentos constantes na escala de mão de obra e capital.

FIGURA 4.1 A função de produção para tecido

Quanto mais mão de obra é empregada na produção de tecido, maior a produção. Entretanto, como resultado dos rendimentos decrescentes, cada homem-hora sucessivo aumenta menos a produção do que o anterior. Isso é demonstrado pelo fato de que a curva que relaciona entrada de mão de obra e produção fica mais plana em níveis mais elevados de emprego.

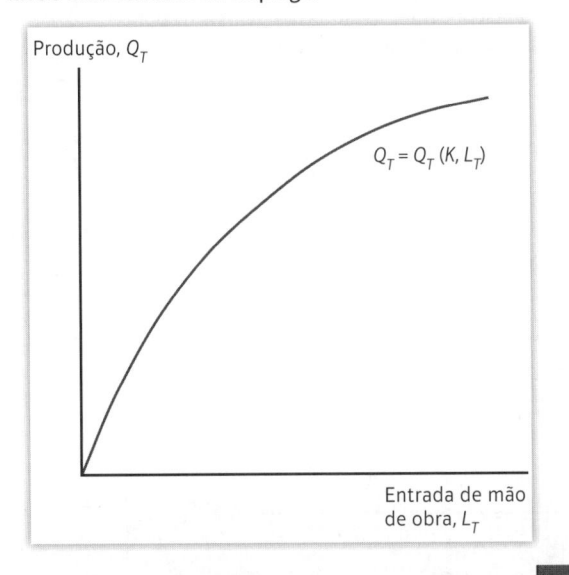

Produção, Q_T

$Q_T = Q_T(K, L_T)$

Entrada de mão de obra, L_T

FIGURA 4.2 O produto marginal da mão de obra

O produto marginal da mão de obra no setor de tecidos, igual à inclinação da função de produção, mostrada na Figura 4.1, é mais baixo quanto mais mão de obra o setor empregar.

Produto marginal de mão de obra, MPL_T

MPL_T

Entrada de mão de obra, L_T

---

empregada. (No Apêndice deste capítulo, mostramos que a área sob a curva de produto marginal representa a produção total de tecido).

Um par semelhante de diagramas pode representar a função de produção de alimentos. Esses diagramas podem então ser combinados, para derivar a fronteira de possibilidade de produção para a economia, conforme ilustrado na Figura 4.3. Como vimos no Capítulo 3, a fronteira de possibilidade de produção mostra o que a economia é capaz de produzir. Neste caso, ele mostra quanto alimento ela pode produzir para qualquer produção determinada de tecido e vice-versa.

A Figura 4.3 é um diagrama de quatro quadrantes. No quadrante inferior direito, mostramos a função de produção para o tecido, ilustrada na Figura 4.1. Desta vez, no entanto, podemos rodar a figura de lado: um movimento para baixo ao longo do eixo vertical representa um aumento na entrada de mão de obra para o setor de tecidos, enquanto um movimento para a direita ao longo do eixo horizontal representa um aumento na produção de tecido. No quadrante superior esquerdo, mostramos a função correspondente à produção de alimentos. Essa parte da figura também é invertida, de modo que um movimento para a esquerda ao longo do eixo horizontal indica um aumento na entrada de mão de obra para o setor de alimentos, enquanto um movimento ascendente ao longo do eixo vertical indica um aumento da produção de alimentos.

O quadrante inferior esquerdo representa a alocação de mão de obra da economia. Ambas as quantidades são medidas ao inverso do sentido habitual. Um movimento descendente ao longo do eixo vertical indica um aumento na mão de obra empregada em tecido; um movimento para a esquerda ao longo do eixo horizontal indica um aumento da mão de obra empregada em alimentos. Uma vez que o aumento da mão de obra em um setor significa que menos mão de obra está disponível para o outro, as possíveis alocações são indicadas por uma linha inclinada para baixo. Essa linha, rotulada AA, inclina para baixo em um ângulo de 45 graus, ou seja, ela tem uma inclinação de -1.

Para ver por que essa linha representa as alocações de mão de obra possíveis, observe que, se toda a mão de obra fosse empregada na produção de alimentos, L_A se igualaria a L, enquanto L_T seria igual a 0. Se fôssemos então mover a mão de obra gradualmente para o setor de tecidos, cada homem-hora movido aumentaria L_T em uma unidade, ao mesmo tempo em que reduziria L_A em uma unidade, traçando uma linha com uma inclinação de -1, até a oferta de toda mão de obra L ser empregada no setor de tecidos. Portanto, qualquer alocação específica de mão de obra entre os dois setores pode ser representada por um ponto sobre AA, tal como o ponto 2.

Agora veremos como determinar a produção dada qualquer alocação específica de mão de obra entre os

FIGURA 4.3 A fronteira de possibilidade de produção no modelo de fatores específicos

A produção de tecidos e alimentos é determinada pela alocação de mão de obra. No quadrante inferior esquerdo, a alocação de mão de obra entre os setores pode ser ilustrada por um ponto na linha *AA*, que representa todas as combinações de entrada de mão de obra para tecidos e alimentos que se somam ao fornecimento de mão de obra total correspondente a *L*. Para qualquer ponto particular na *AA*, como o ponto 2, existe uma entrada de mão de obra para tecidos (L_T^2) e uma entrada de mão de obra para alimentos (L_A^2). As curvas nos quadrantes inferior direito e superior esquerdo representam as funções de produção para tecidos e alimentos, respectivamente. Elas permitem a determinação da produção (Q_T^2, Q_A^2) dada a entrada de mão de obra. Em seguida, no quadrante superior direito, a curva *PP* mostra como a produção das duas mercadorias varia conforme a alocação de mão de obra é deslocada de alimentos para tecidos, com os pontos de produção 1' 2', 3' correspondentes às alocações de mão de obra, 1, 2, 3. Por causa dos rendimentos decrescentes, *PP* é uma curva arqueada para fora, em vez de ser uma linha reta.

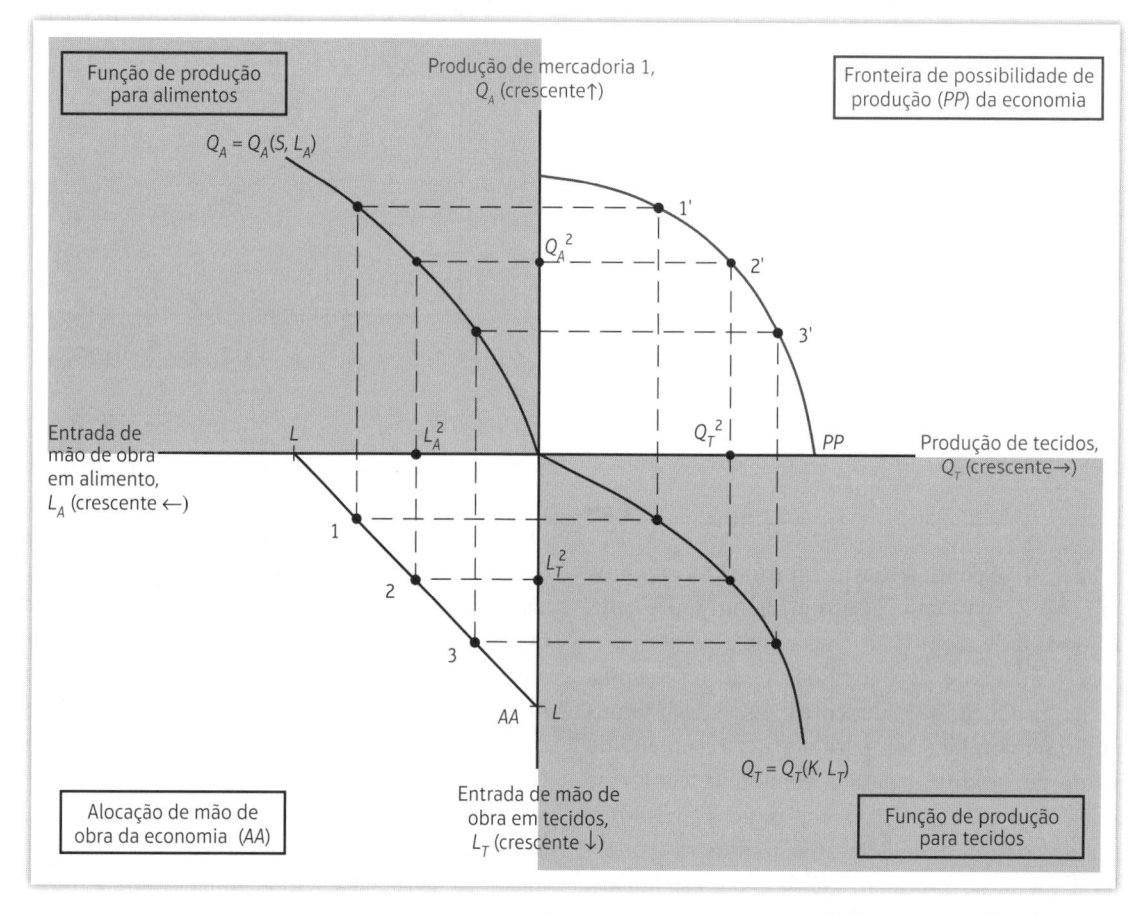

dois setores. Suponha que a alocação de mão de obra seja representada pelo ponto 2 no quadrante inferior esquerdo, ou seja, com L_T^2 horas em tecido e L_A^2 horas em alimentos. Então, podemos usar a função de produção para cada setor para determinar a produção: Q_T^2 unidades de tecido, Q_A^2 unidades de alimentos. Usando as coordenadas $Q_T^2 Q_A^2$, o ponto 2' no quadrante superior direito da Figura 4.3 mostra as produções resultantes de tecido e de alimentos.

Para traçar toda a fronteira de possibilidade de produção, imaginamos simplesmente repetir esse exercício para muitas alocações alternativas de mão de obra. Podemos começar com a maioria da mão de obra alocada para a produção de alimentos, como no ponto 1 no quadrante inferior esquerdo, então gradualmente aumentar a quantidade de mão de obra utilizada no tecido, até que muito poucos trabalhadores estejam empregados em alimentos, como no ponto 3; os pontos correspondentes no quadrante superior direito traçarão a curva que vai de 1' para 3'. Assim, o PP no quadrante superior direito mostra as possibilidades de produção da economia para dados suprimentos de terra, mão de obra e capital.

No modelo ricardiano, em que a mão de obra é o único fator de produção, a fronteira de possibilidade de produção é uma linha reta, porque o custo de oportunidade de tecido em termos de alimento é constante. Entretanto, no modelo de fatores específicos, a adição de outros fatores de produção altera a forma da fronteira de possibilidade de produção *PP* para uma curva. A curvatura de *PP* reflete os rendimentos decrescentes para a mão de obra em cada setor. Estes rendimentos decrescentes são a diferença crucial entre o modelo de fatores específicos e o modelo ricardiano.

Observe que, quando traçamos *PP*, podemos desviar a mão de obra do alimento para o setor de tecidos. Se desviamos um homem-hora de mão de obra de alimentos para tecido, no entanto, essa entrada extra aumentará a produção no setor pelo produto marginal da mão de obra no tecido, MPL_T. Portanto, para aumentar a produção de tecido em uma unidade, temos de aumentar a entrada $1/MPL_T$ horas. Entretanto, cada entrada de unidade de mão de obra deslocada da produção de alimentos reduzirá a produção no setor pelo produto marginal da mão de obra em alimento, MPL_A. Então, para aumentar a produção de tecido em uma unidade, a economia deve reduzir a produção de alimentos em MPL_A/MPL_T unidades. A inclinação de *PP*, que mede o custo de oportunidade de tecido em termos de alimentos — ou seja, o número de unidades de alimento produzida que deve ser sacrificado para aumentar a produção de tecido em uma unidade — é, portanto:

inclinação da curva de possibilidades de produção = $-MPL_A/MPL_T$.

Nós podemos agora entender por que *PP* tem o formato arqueado característico. Conforme passamos de 1' para 3', L_T sobe e L_A cai. Vimos na Figura 4.2, no entanto, que conforme L_T aumenta, o produto marginal da mão de obra em tecido cai. Correspondentemente, conforme L_A cai, aumenta o produto marginal da mão de obra para alimentos. Como cada vez mais mão de obra é movida para o setor de tecidos, cada unidade adicional de mão de obra torna-se menos valiosa no setor de tecidos e mais valiosa do setor alimentício: o custo de oportunidade (produção inevitável de alimentos) de cada unidade adicional de tecido aumenta, e *PP*, assim, fica mais acentuada à medida que avançamos muito para a direita.

Mostramos como a produção é determinada levando em conta a alocação de mão de obra. O próximo passo é perguntar como uma economia de mercado determina como deve ser a alocação de mão de obra.

Preços, salários e alocação de mão de obra

Quanta mão de obra será empregada em cada setor? Para responder, precisamos olhar para a oferta e a demanda no mercado de mão de obra. A demanda de mão de obra em cada setor depende do preço de produção e da taxa salarial. Por sua vez, a taxa salarial depende da demanda combinada para a mão de obra pelos produtores de alimentos e tecido. Tendo em conta os preços de tecido e de alimentos junto com a taxa salarial, podemos determinar o emprego e a produção de cada setor.

Primeiro, vamos nos concentrar na demanda de mão de obra. Em cada setor, empregadores de maximização do lucro vão demandar mão de obra até o ponto em que o valor produzido por um homem-hora adicional seja igual ao custo de empregar aquela hora. No setor de tecidos, por exemplo, o valor de um homem-hora adicional é o produto marginal da mão de obra em tecido multiplicado pelo preço de uma unidade de tecido: $MPL_T \times P_T$. Se *w* é a taxa salarial da mão de obra, os empregadores, portanto, vão contratar trabalhadores até o ponto em que

$$MPL_T \times P_T = w. \quad (4.4)$$

Mas o produto marginal da mão de obra em tecido, já ilustrado na Figura 4.2, se inclina para baixo por causa de rendimentos decrescentes. Então, para qualquer preço dado de tecido, P_T, o valor do produto marginal, $MPL_T \times P_T$, também se inclinará para baixo. Podemos, portanto, pensar na Equação (4.4) como definitória da curva de demanda de mão de obra no setor de tecidos: se a taxa salarial cai, ficando as outras variáveis iguais, os empregadores do setor de tecidos vão querer contratar mais trabalhadores.

Da mesma forma, o valor de um homem-hora adicional em alimentos é $MPL_A \times P_A$. Portanto, a curva da demanda de mão de obra no setor de alimentos pode ser escrita como:

$$MPL_A \times P_A = w. \quad (4.5)$$

A taxa salarial *w* deve ser a mesma em ambos os setores, dada a suposição de que a mão de obra é livremente móvel entre os setores. Ou seja, como a mão de obra é um fator móvel, ela se moverá do setor de salários baixos para o de salários elevados, até que os salários sejam equalizados. A taxa salarial, por sua vez, é determinada pela exigência que a demanda de mão de obra total (emprego total) seja igual à oferta de mão de obra total. Essa condição de equilíbrio é representada na Equação (4.3).

Ao representar essas duas curvas de demanda de mão de obra em um diagrama (Figura 4.4), podemos ver como as taxas salarial e de emprego em cada setor são determinadas levando-se em conta os preços dos alimentos e do tecido. Ao longo do eixo horizontal da Figura 4.4, mostramos o fornecimento de mão de obra total *L*. Medindo-se do lado esquerdo do diagrama, mostramos

FIGURA 4.4 A alocação de mão de obra

A mão de obra é alocada para que o valor de seu produto marginal ($P \times MPL$) seja o mesmo nos setores de tecidos e alimentos. Em equilíbrio, a taxa salarial é igual ao valor do produto marginal de mão de obra.

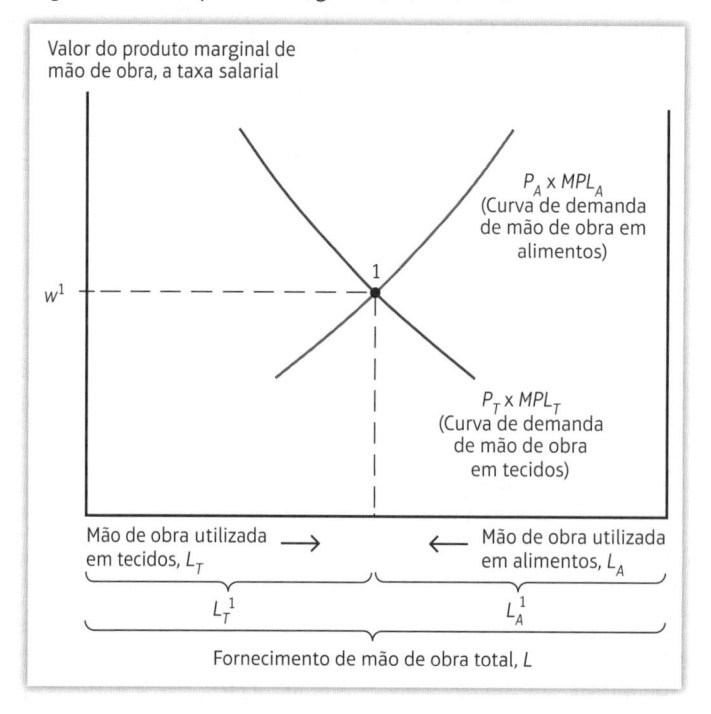

o valor do produto marginal da mão de obra em tecidos, que é apenas a curva MPL_T da Figura 4.2 multiplicada por P_T. Essa é a curva da demanda de mão de obra no setor de tecidos. Medindo-se da direita, mostramos o valor do produto marginal da mão de obra em alimentos, que é a demanda de mão de obra em alimentos. A taxa salarial de equilíbrio e a alocação de mão de obra entre os dois setores é representada pelo ponto 1. Na taxa salarial w^1, a soma da mão de obra demandada nos setores de alimentos (L_A^1) e tecidos (L_T^1) é apenas igual à oferta de mão de obra total L.

Uma relação útil entre preços relativos e produção emerge claramente dessa análise da alocação de mão de obra. A relação se aplica a situações mais gerais do que as descritas pelo modelo de fatores específicos. As equações (4.4) e (4.5) implicam que

$$MPL_T \times P_T = MPL_A \times P_A = w.$$

ou, rearranjando, que

$$-MPL_A/MPL_T = -P_T/P_A. \qquad (4.6)$$

Do lado esquerdo da Equação (4.6) temos a inclinação da fronteira de possibilidade de produção no ponto de produção efetiva; o lado direito é a subtração do preço relativo de tecido. Esse resultado nos diz que, no ponto de produção, a fronteira de possibilidade de produção deve ser tangente a uma linha cuja inclinação é a subtração do preço do tecido dividida pelo preço de alimentos. Como veremos nos capítulos seguintes, isso é um resultado muito geral que caracteriza as respostas de produção às mudanças de preços relativos, ao longo de uma fronteira de possibilidade de produção. Está ilustrado na Figura 4.5: se o preço relativo do tecido é $(P_T/P_A)^1$, a economia produz no ponto 1.

O que acontece com a alocação de mão de obra e a distribuição de renda quando os preços dos alimentos e do tecido mudam? Observe que qualquer alteração de preço pode ser dividida em duas partes: uma mudança proporcionalmente igual em P_T e P_A e uma mudança em apenas um dos preços. Por exemplo, suponha que o preço do tecido suba 17% e o dos alimentos 10%. Podemos analisar os efeitos dessa situação perguntando primeiro o que acontece se os preços dos alimentos e do tecido subirem 10% e, em seguida, por descobrirmos o que acontece se apenas o preço do tecido subir 7%. Isso permite-nos separar o efeito das mudanças de preços relativos do efeito das alterações no nível geral de preços.

Uma alteração proporcionalmente igual nos preços A Figura 4.6 mostra o efeito de um aumento proporcional

FIGURA 4.5 Produção no modelo de fatores específicos

A economia produz no ponto em sua fronteira de possibilidade de produção (*PP*), onde a inclinação da fronteira é igual a menos o preço relativo do tecido.

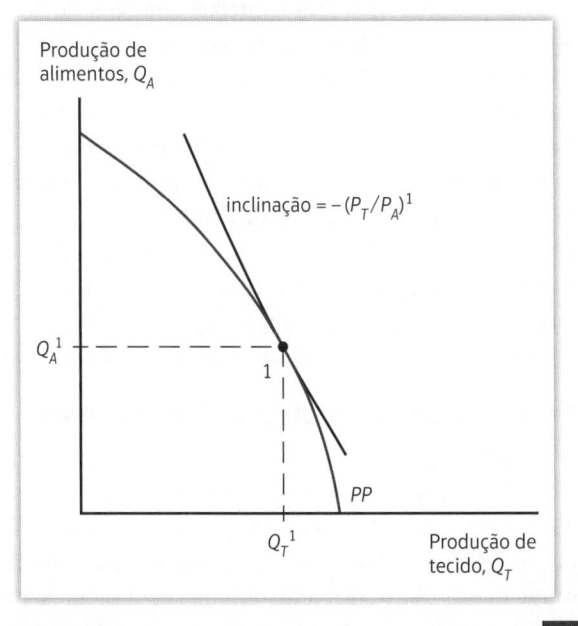

igual no P_T e no P_A. P_T aumenta de P_T^1 para P_T^2. P_A aumenta de P_A^1 para P_A^2. Se os preços de ambos os bens aumentarem 10%, as curvas de demanda de mão de obra mudarão também 10%. Como você pode ver no diagrama, essas mudanças levam a um aumento de 10% na taxa salarial de w^1 (ponto 1) para w^2 (ponto 2). No entanto, não alteram a alocação de mão de obra entre os setores e as produções dos dois bens.

Na verdade, quando P_T e P_A mudam na mesma proporção, não ocorrem mudanças reais. O salário aumenta na mesma proporção que os preços, então as taxas dos salários reais, as proporções da taxa salarial para os preços dos bens, não são afetadas. *Com a mesma quantidade de mão de obra empregada em cada setor, recebendo a mesma taxa salarial real, os rendimentos reais dos proprietários de capital e donos de terras também permanecem os mesmos. Então, todo mundo está exatamente na mesma posição de antes.* Isso ilustra um princípio geral: as alterações no nível geral de preços não têm efeitos reais, ou seja, não mudam as quantidades físicas na economia. Apenas mudanças de preços relativos — o que neste caso significa o preço do tecido em relação ao preço dos alimentos, P_T/P_A — afetam o bem-estar ou a alocação de recursos.

FIGURA 4.6 Um aumento de igualdade proporcional dos preços de tecido e alimentos

As curvas de demanda de mão de obra em tecido e alimentos se deslocam ambas proporcionalmente ao aumento de P_T a partir de P_T^1 para P_T^2 e o aumento de P_A de P_A^1 1 para P_A^2. O salário aumenta na mesma proporção, de w^1 para w^2, mas não altera a alocação de mão de obra entre os dois setores.

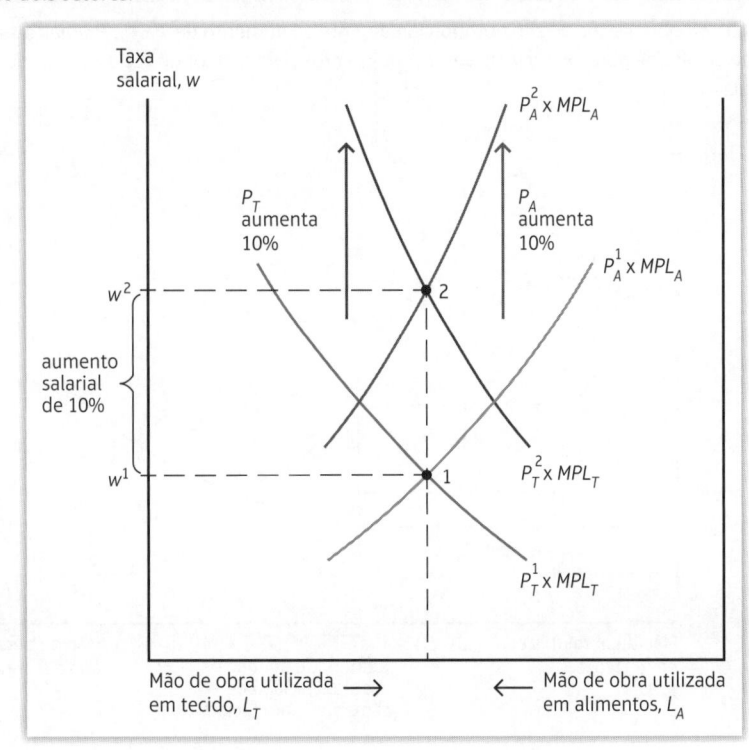

Uma mudança de preços relativos Considere o efeito de uma mudança de preços que afeta os preços relativos. A Figura 4.7 mostra o efeito de uma alteração de preços de apenas um bem, nesse caso um aumento de 7% no P_T de P_T^1 para P_T^2. O aumento de P_T desloca a curva de demanda de mão de obra de tecido na mesma proporção do aumento de preço e desloca o equilíbrio do ponto 1 para o ponto 2. Observe dois fatos importantes sobre os resultados dessa mudança. Primeiro, embora o salário aumente, ele sobe *menos* do que o aumento do preço do tecido. Se os salários tivessem subido na mesma proporção que o preço do tecido (aumento de 7%), então, os salários teriam subido de w^1 para $w^{2'}$. Em vez disso, os salários subiram uma proporção menor, de w^1 para w^2.

Segundo, quando apenas P_T sobe, em contraste com um aumento simultâneo em P_T e P_A, a mão de obra desloca-se do setor de alimentos para o de tecidos e a produção de tecido aumenta, enquanto a de alimentos cai. (Eis porque w não sobe tanto quanto P_T: como o número de empregos em tecidos sobe, o produto marginal da mão de obra nesse setor cai.)

O efeito de um aumento no preço relativo do tecido também pode ser visto diretamente, olhando para a curva de possibilidade de produção. Na Figura 4.8, mostramos os efeitos da subida do preço do tecido, que eleva o preço *relativo* do produto de $(P_T/P_A)^1$ para $(P_T/P_A)^2$. O ponto de produção, que sempre está localizado onde o declive da *PP* é igual à subtração do preço relativo, muda de 1 para 2. A produção de alimentos cai e a de tecido aumenta, como resultado do aumento no preço relativo do tecido.

Uma vez que os maiores preços relativos do tecido conduzem a uma maior produção de tecido em relação à de alimentos, podemos traçar uma curva de oferta relativa mostrando Q_T/Q_A como uma função de P_T/P_A. Essa curva de oferta relativa é mostrada como *RS* na Figura 4.9. Como mostramos no Capítulo 3, podemos também desenhar uma curva de demanda relativa, que é ilustrada por uma linha *RD* descendente inclinada. Na ausência do comércio internacional, o preço relativo de equilíbrio $(P_T/P_A)^1$ e a produção $(Q_T/Q_A)^1$ são determinados pela interseção da oferta e da demanda relativas.

Preços relativos e a distribuição de renda

Até aqui, analisamos os seguintes aspectos do modelo de fatores específicos: (1) a determinação das possibilidades de produção, dada a tecnologia e os recursos de uma economia; e (2) a determinação dos preços relativos, produção e alocação de recursos numa economia de mercado. Antes de nos voltarmos para os efeitos do comércio internacional, devemos considerar o efeito das alterações dos preços relativos na distribuição de renda.

FIGURA 4.7 Um aumento no preço do tecido

A curva de demanda de mão de obra de tecido sobe proporcionalmente ao aumento de 7% no P_T, mas o salário aumenta menos do que proporcionalmente. A mão de obra se move do setor de alimentos para o setor de tecidos. A produção de tecido sobe; a produção de alimentos cai.

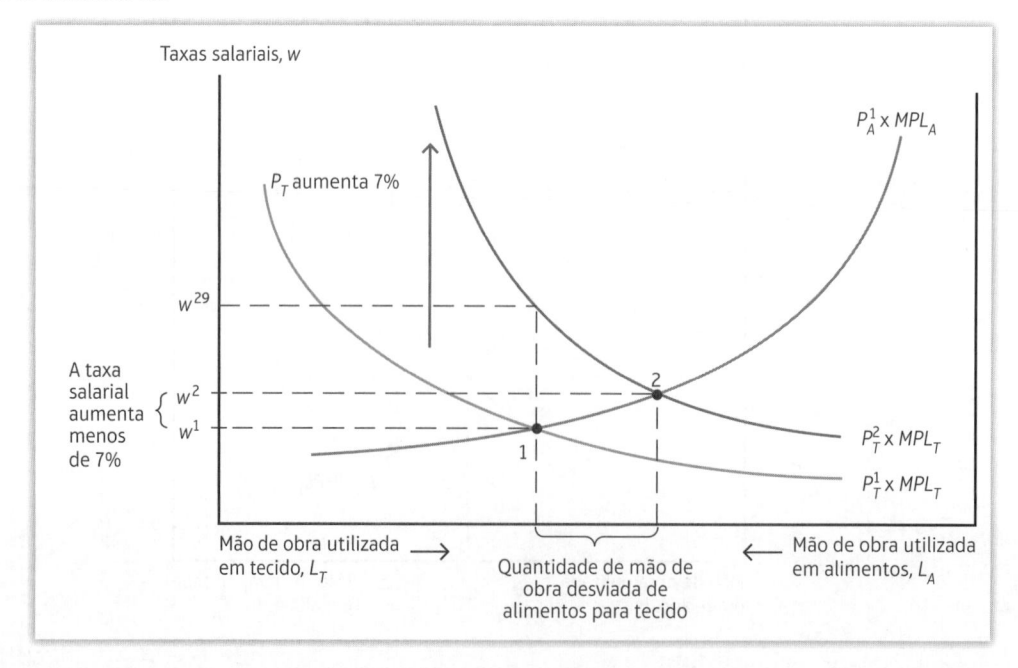

FIGURA 4.8 A resposta de produção para uma mudança no preço relativo de tecido

A economia produz no ponto em sua fronteira de possibilidade de produção (PP) onde a inclinação da fronteira que é igual a menos o preço relativo dos tecidos. Assim, um aumento no P_T/P_A faz com que a produção mova-se para baixo e para a direita ao longo da fronteira de possibilidade de produção correspondente à maior produção de tecido e menor produção de alimentos.

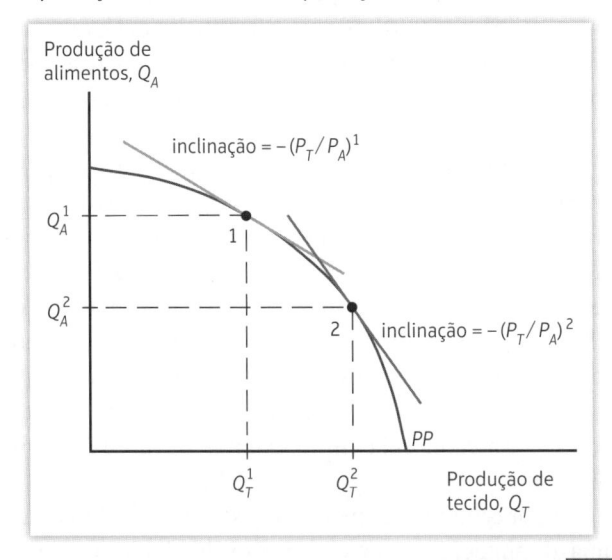

Olhe novamente a Figura 4.7, que mostra o efeito de um aumento do preço do tecido. Já observamos que a curva da demanda de mão de obra no setor será deslocada para cima na proporção do aumento no P_T, de modo que se P_T cresce 7%, a curva definida por $P_T \times MPL_T$ também aumenta 7%. Vimos também que, a não ser que o preço dos alimentos também se eleve em pelo menos 7%, w aumentará *menos* do que P_T. Assim, se só os preços de tecidos subirem 7%, esperamos que a taxa salarial suba apenas, digamos, 3%.

Vamos ver o que esse resultado implica para os rendimentos dos três grupos: trabalhadores, proprietários de capital e proprietários de terra. Os trabalhadores acham que sua taxa salarial aumentou, mas menos do que em proporção ao aumento de P_T. Assim, seu salário real em termos de tecido (a quantidade de tecido que podem comprar com seus rendimentos salariais), w/P_T, cai, enquanto seu salário real em termos de alimentos, w/P_A, sobe. Dada essa informação, não podemos dizer se os trabalhadores vão melhor ou pior. Isso depende da importância relativa do tecido e dos alimentos no consumo dos trabalhadores (determinado por suas preferências), uma questão em que não nos aprofundaremos mais.

Os proprietários do capital, no entanto, vão definitivamente melhor. A taxa salarial real em termos de tecido caiu, então seus lucros em termos do que eles produzem (tecido) aumentou. Ou seja, a renda dos proprietários do capital subirá mais do que proporcionalmente com o aumento de P_T. Uma vez que P_T sobe em relação a P_A, a renda dos capitalistas claramente sobe em termos de ambos os bens. Por outro lado, os proprietários de terras estão definitivamente pior. Eles perdem por dois motivos: o salário real em termos de alimentos (o bem que eles produzem) sobe, reduzindo sua renda, e o aumento do preço do tecido reduz o poder de compra de qualquer renda determinada. (O apêndice deste capítulo descreve em mais detalhes as alterações de bem-estar dos capitalistas e proprietários de terras.)

Se o preço relativo mudasse para o lado oposto e o preço relativo do tecido tivesse *diminuído*, então as previsões poderiam ser revertidas: proprietários de capital ficariam pior, e os proprietários de terra, melhor. A mudança no bem-estar dos trabalhadores novamente seria ambígua, porque seu salário real em termos de tecido subiria, mas seu salário real em termos de alimentos cairia. O efeito de uma mudança do preço relativo sobre a distribuição de renda pode ser resumido como segue:

- O fator específico para o setor cujo preço relativo aumenta é definitivamente melhor.
- O fator específico para o setor cujo preço relativo diminui é definitivamente pior.
- A mudança no bem-estar para o fator móvel é ambígua.

Comércio internacional no modelo de fatores específicos

Vimos como as mudanças de preços relativos têm fortes repercussões para a distribuição de renda, criando tanto ganhadores quanto perdedores. Agora iremos vincular essa mudança de preço relativo com o comércio internacional e combinar as previsões para os ganhadores e os perdedores com a orientação de comércio de um setor.

Para o comércio ocorrer, um país deve enfrentar um preço relativo mundial que seja diferente do preço relativo que prevaleceria na ausência de comércio. A Figura 4.9 mostra como esse preço relativo foi determinado para a nossa economia de fatores específicos. Na Figura 4.10, acrescentamos também uma curva de oferta relativa para o mundo.

Por que a curva de oferta relativa para o mundo seria diferente do que para a nossa economia de fatores específicos? Os outros países do mundo poderiam ter tecnologias

FIGURA 4.9 Determinação de salários relativos

No modelo de fatores específicos, um preço relativo maior de tecido conduzirá a um aumento na produção de tecido em relação à de alimentos. Assim, a curva de oferta relativa RS é inclinada para cima. Preços e quantidades relativas de equilíbrio são determinados pela interseção de RS com a curva da demanda relativa RD.

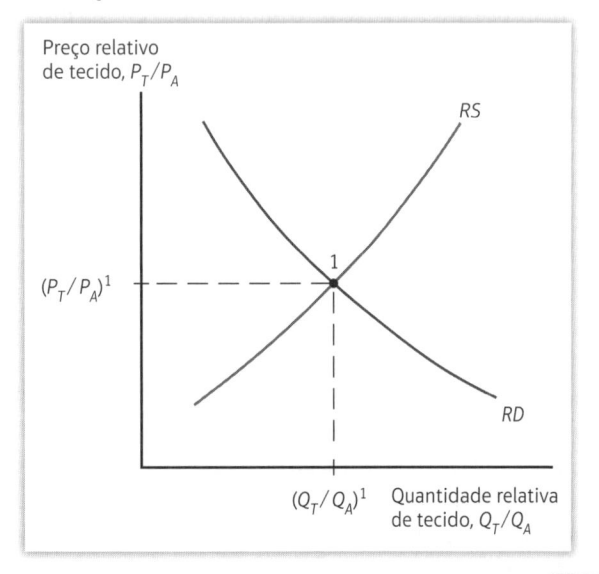

FIGURA 4.10 Comércio e preços relativos

A figura mostra a curva de oferta relativa para a economia de fatores específicos, junto com a curva de oferta relativa do mundo. As diferenças entre as duas curvas de oferta relativa podem ser decorrentes de diferenças de tecnologia ou recursos entre os países. Não há nenhuma diferença na demanda relativa entre os países. A abertura para o comércio induz um aumento no preço relativo de $(P_T/P_A)^1$ para $(P_T/P_A)^2$.

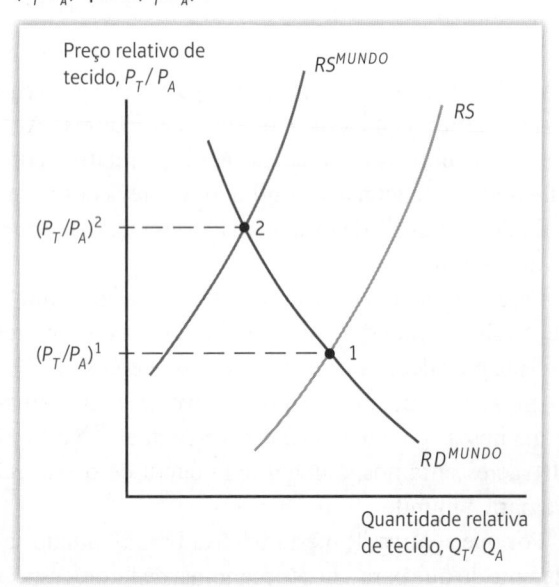

diferentes, como no modelo ricardiano. Entretanto, agora que nosso modelo tem mais de um fator de produção, os outros países também podem diferir em seus recursos: as quantidades totais de terra, capital e mão de obra disponíveis. O importante aqui é que a economia enfrenta um preço relativo diferente quando está aberta ao comércio internacional.

A variação no preço relativo é mostrada na Figura 4.10. Quando a economia está aberta ao comércio, o preço relativo do tecido é determinado pela oferta e pela demanda relativa para o mundo. Isso corresponde ao preço relativo $(P_T/P_A)^2$. Se a economia não fizesse comércio, então o preço relativo seria inferior, em $(P_T/P_A)^1$.[6] O aumento no preço relativo de $(P_T/P_A)^1$ para $(P_T/P_A)^2$ induz a economia a produzir relativamente mais tecido. (Isso também é mostrado como o movimento do ponto 1 ao ponto 2, ao longo da fronteira de possibilidade de produção da economia na Figura 4.8.) Ao mesmo tempo, os consumidores respondem ao preço relativo maior de tecido exigindo relativamente mais alimentos. No preço relativo mais elevado $(P_T/P_A)^2$, a economia então exporta tecido e importa alimentos.

Se a abertura ao comércio tivesse sido associada com uma diminuição no preço relativo de tecido, então as mudanças na relação oferta e demanda poderiam ser revertidas, e a economia se tornaria uma exportadora de alimentos e uma importadora de tecido. Podemos resumir os dois casos com previsão intuitiva que — quando ocorre a abertura ao comércio — uma economia exporta o bem cujo preço relativo aumentou e importa o bem cujo preço relativo diminuiu.[7]

Distribuição de renda e os ganhos do comércio

Já vimos como as possibilidades de produção são determinadas pelos recursos e pela tecnologia; como a escolha do que produzir é determinada pelo preço relativo do tecido; como as mudanças no preço relativo do tecido afetam o rendimento real dos diferentes fatores de produção; e como o comércio afeta tanto os preços relativos quanto a resposta da economia para essas alterações de preço. Agora podemos fazer a pergunta crucial: quem ganha e quem perde com o comércio internacional? Começamos por perguntar

---

[6] Na figura, presumimos que não houve diferenças nas preferências em todos os países, então temos uma curva de demanda relativa única para cada país e para o mundo como um todo.

[7] Descrevemos mais detalhadamente como as mudanças dos preços relativos afetam o padrão de comércio de um país no Capítulo 6.

como o bem-estar dos grupos particulares é afetado e, em seguida, como o comércio afeta o bem-estar do país como um todo.

Para avaliar os efeitos do comércio sobre grupos particulares, o ponto-chave é que o comércio internacional desloca o preço relativo dos bens negociados. Vimos na seção anterior que a abertura ao comércio aumentará o preço relativo do bem no novo setor de exportação. Podemos vincular essa previsão com nossos resultados em matéria de como as alterações do preço relativo se traduzem em mudanças na distribuição de renda. Mais precisamente, vimos que o fator específico do setor cujo preço relativo aumenta vai ganhar e que o fator específico no outro setor (cujo preço relativo diminui) vai perder. Vimos também que as mudanças de bem-estar para o fator móvel são ambíguas.

O resultado geral, então, é simples: *o comércio beneficia o fator específico para o setor de exportação de cada país, mas prejudica o fator específico para os setores que concorrem com a importação, com efeitos ambíguos sobre os fatores móveis.*

Os ganhos de comércio superam as perdas? Uma maneira de tentar responder a essa pergunta seria resumir os ganhos dos ganhadores e as perdas dos perdedores e compará-los. O problema com tal procedimento é que estamos comparando bem-estar, que é inerentemente subjetivo. A melhor maneira de avaliar os ganhos totais do comércio é fazer uma pergunta diferente: aqueles que ganham com o comércio poderiam compensar os que perdem e ainda ficarem melhor? Se assim for, então o comércio é potencialmente uma fonte de ganhos para todos.

A fim de mostrar os ganhos agregados do comércio, precisamos de algumas relações básicas entre os preços, produção e consumo. Em um país que não pode fazer comércio, a produção de uma mercadoria deve ser igual a seu consumo. Se D_T for o consumo de tecido e D_A o consumo de alimentos, então, em uma economia fechada, $D_T = Q_T$ e $D_A = Q_A$. O comércio internacional torna possível que o mix de tecidos e alimentos consumidos seja diferente do produzido. No entanto, enquanto as quantidades de cada bem que um país consome e produz podem diferir, um país não pode gastar mais do que ele ganha: o *valor* do consumo deve ser igual ao valor da produção. Isto é

$$P_T \times D_T \times P_A \times D_A = P_T \times Q_T + P_A \times Q_A. \quad (4.7)$$

A Equação (4.7) pode ser rearranjada para produzir o seguinte:

$$D_A - Q_A = (P_T/P_A) \times (Q_T - D_T). \quad (4.8)$$

$D_A - Q_A$ é a *importação* de alimentos da economia, o montante pelo qual o consumo de alimentos excede a sua produção. Do lado direito da equação temos o produto do preço relativo do tecido e o montante pelo qual a produção de tecido excede o consumo, ou seja, a *exportação* de tecido da economia. A equação, então, afirma que as importações de alimentos são iguais às exportações de tecido vezes o preço relativo do tecido. Embora isso não nos diga quanto a economia vai importar ou exportar, a equação mostra que a quantidade que a economia pode importar é limitada ou restrita pelo montante que ela exporta. Portanto, a Equação (4.8) é conhecida como uma **restrição orçamentária**.[8]

A Figura 4.11 ilustra duas características importantes da restrição orçamentária para uma economia comercial. Primeiro, a inclinação da restrição orçamentária é menos P_T/P_A, o preço relativo do tecido. A razão é que consumir uma unidade a menos de tecido economiza P_T para a economia. Isso é suficiente para comprar P_T/P_A unidades extras de alimentos. Em outras palavras, uma unidade de tecido pode ser trocada nos mercados mundiais por P_T/P_A unidades de alimentos. Segundo, a restrição orçamentária é tangente à fronteira de possibilidade de produção no ponto de produção escolhido (mostrado como ponto 1 na Figura 4.11, assim como na Figura 4.5). Então, a economia sempre pode consumir o que produz.

Para ilustrar que o comércio é uma fonte potencial de ganho para todos, vamos proceder em três etapas:

1. Primeiro, notamos que, na ausência de comércio, a economia teria de produzir o que consumiu e vice-versa. Assim, o consumo da economia na ausência de comércio teria de ser um ponto na fronteira de possibilidade de produção. Na Figura 4.11, um ponto de consumo pré-comércio típico é mostrado como ponto 2.

2. Em seguida, percebemos que é possível para uma economia comercial consumir mais de *ambos* os bens do que poderia na ausência de comércio. A restrição orçamentária na Figura 4.11 representa todas as combinações possíveis de alimentos e tecido que o país poderia consumir, dado o preço relativo mundial do tecido. Parte dessa restrição orçamentária — a parte na região preenchida — representa as situações em que a economia consome mais tecido e alimentos do que poderia

---

[8] A restrição de que o valor do consumo é igual ao de produção (ou, equivalentemente, que as importações são iguais às exportações em valor) não se mantém quando os países podem tomar emprestado de outros países ou emprestar a eles. Por enquanto, supomos que essas possibilidades não estejam disponíveis e que, portanto, a restrição orçamentária (Equação 4.8) se mantém. A contração internacional de empréstimos é examinada no Capítulo 6, que mostra que o consumo de uma economia ao longo do tempo ainda é restrito pela necessidade de pagar suas dívidas aos credores estrangeiros.

FIGURA 4.11 Restrição orçamentária para uma economia comercial e ganhos do comércio

O Ponto 1 representa a produção da economia. A economia pode escolher seu ponto de consumo ao longo de sua restrição orçamentária (uma linha que passa pelo ponto 1 e tem uma inclinação igual a menos o preço relativo do tecido). Antes do comércio, a economia deve consumir o que produz, tal como o ponto 2 na fronteira de possibilidade de produção (*PP*). A porção da restrição orçamentária na região preenchida consiste de escolhas de consumo de pós-negociação viáveis, com consumo de ambas as mercadorias mais elevado do que no ponto 2 pré-comércio.

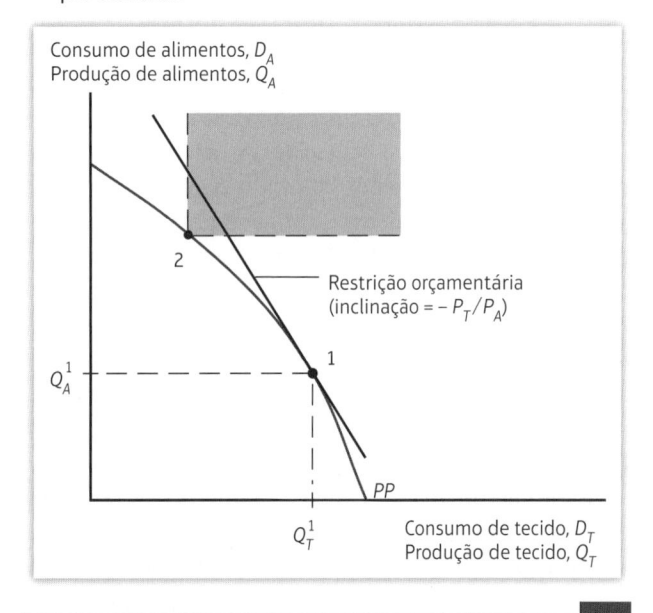

[Gráfico: Consumo de alimentos, D_A / Produção de alimentos, Q_A no eixo vertical; Consumo de tecido, D_T / Produção de tecido, Q_T no eixo horizontal. Ponto 2 e Ponto 1 sobre a curva PP. Restrição orçamentária (inclinação = $-P_T/P_A$). Q_A^1 e Q_T^1 indicados.]

na ausência de comércio. Observe que esse resultado não depende da suposição de que a produção pré-comércio e consumo esteja no ponto 2; a menos que a produção pré-comércio esteja no ponto 1, fazendo com que o comércio não tenha efeito sobre a produção, há sempre uma parte da restrição orçamentária que permite o consumo de mais de ambos os bens.

3. Por fim, observe que se a economia como um todo consome mais de ambos os bens, então é possível em princípio dar a cada *indivíduo* mais de ambos os bens. Isso seria melhor para todos. Isso mostra, então, que é possível garantir que todas as pessoas fiquem melhor como resultado do comércio. Claro, todo mundo pode ficar ainda melhor se tivesse menos de uma mercadoria e mais da outra, mas isso só reforça a conclusão de que todo mundo tem o potencial de ganhar com o comércio.

A razão fundamental pela qual o comércio potencialmente beneficia um país é que ele *expande as escolhas da economia*. Essa expansão de escolhas significa que é sempre possível redistribuir renda, de tal forma que todos ganhem com o comércio.[9]

Dizer que todos *poderiam* ganhar com o comércio infelizmente não significa dizer que todos realmente vão ganhar. No mundo real, a presença de perdedores, bem como de ganhadores do comércio é uma das razões mais importantes pelas quais o comércio não é livre.

A economia política do comércio: uma visão preliminar

O comércio muitas vezes produz perdedores, bem como ganhadores. Essa percepção é crucial para a compreensão das considerações que determinam realmente a política comercial da economia do mundo moderno. Nosso modelo de fatores específicos nos informa que aqueles que perdem mais com o comércio (pelo menos no curto prazo) são os fatores imóveis no setor que concorre com a importação. No mundo real, isso inclui não só os donos do capital, mas também uma parte da força de trabalho nos setores que concorrem com a importação. Alguns desses trabalhadores (especialmente os menos qualificados) têm dificuldade em fazer a transição dos setores que concorrem com a importação (em que o comércio induz reduções no emprego) para setores de exportação (em que o comércio induz o aumento do emprego). Como resultado, alguns são assombrados pelo fantasma do desemprego. Nos Estados Unidos, os trabalhadores nos setores que concorrem com a importação ganham salários substancialmente abaixo do salário médio, e aqueles que ganham o salário mais baixo enfrentam o maior risco de afastamento de seu emprego atual por causa da concorrência das importações. (Por exemplo, o salário médio dos trabalhadores de produção no setor de vestuário em 2012 foi 35% menor que o salário médio para todos os trabalhadores da produção.) Um resultado dessa disparidade salarial é a solidariedade generalizada pela situação dos trabalhadores e, consequentemente, as restrições à importação de vestuário. Os ganhos que os consumidores mais ricos perceberiam se mais importações fossem autorizadas e os aumentos associados do emprego no setor de exportação (que contrata, em média, os trabalhadores relativamente mais qualificados) não fazem tanta diferença.

---

[9] O argumento de que o comércio é benéfico porque aumenta as escolhas de uma economia é muito mais geral do que esse exemplo específico. Para uma discussão detalhada, veja: Paul Samuelson. "The Gains from International Trade Once Again". *Economic Journal*, v. 72, p. 820–829, 1962.

Isso significa que o comércio deve ser permitido apenas se não prejudicar as pessoas de baixa renda? Alguns economistas internacionais concordariam. Apesar da importância real da distribuição de renda, a maioria dos economistas permanece fortemente a favor do comércio mais ou menos livre. Existem três razões principais pelas quais os economistas geralmente *não* enfatizam os efeitos de distribuição de renda do comércio:

1. Os efeitos de distribuição de renda não são uma especificidade do comércio internacional. Todas as mudanças na economia de uma nação — incluindo o progresso tecnológico (deslocando as preferências dos consumidores), a exaustão dos recursos antigos e a descoberta de novos, e assim por diante — afetam a distribuição de renda. Por que um trabalhador de vestuário, que sofre com o fantasma do desemprego pela concorrência das importações crescentes, deveria ser tratado de forma diferente de um operador de impressoras desempregado (cujo jornal empregador fechou por causa da concorrência de fornecedores de notícias via Internet) ou de um operário desempregado dispensado pela queda do setor imobiliário?
2. É sempre melhor permitir o comércio e compensar aqueles que estão prejudicados por ele do que proibi-lo. Todos os países industriais modernos fornecem algum tipo de "rede de segurança" de programas de apoio à renda (como subsídios de desemprego e programas de reciclagem e realocação subsidiados) que pode amortecer as perdas dos grupos prejudicados pelo comércio. Os economistas argumentam que, se essa proteção é considerada inadequada, a resposta é dar mais apoio, em vez de reduzir o comércio. (Esse apoio também pode ser estendido a todos os necessitados, em vez de ajudar indiretamente apenas aqueles trabalhadores afetados pelo comércio).[10]
3. Aqueles que podem perder por causa do aumento das trocas comerciais são em geral mais bem organizados do que os que têm a ganhar (porque os primeiros são mais concentrados dentro das regiões e indústrias). Esse desequilíbrio cria um viés no processo político que requer um contrapeso, especialmente levando em conta os ganhos agregados do comércio. Muitas restrições comerciais tendem a favorecer os grupos mais organizados, que com frequência não são os que mais necessitam de apoio à renda (em muitos casos, ao contrário).

A maioria dos economistas, reconhecendo os efeitos do comércio internacional na distribuição de renda, acreditam que é mais importante salientar os ganhos potenciais globais do comércio do que as possíveis perdas de alguns grupos em um país. Os economistas, no entanto, muitas vezes não têm voz decisiva na política econômica, especialmente quando interesses conflitantes estão em jogo. Qualquer compreensão realista de como a política comercial é determinada deve analisar as reais motivações dessa política.

Distribuição de renda e as políticas comerciais

É fácil ver por que grupos que perdem com o comércio pressionam seus governos a restringi-lo e a proteger os seus rendimentos. É de esperar que quem ganha com o comércio faça *lobby* tão intenso quanto aqueles que perdem com ele, mas esse raramente é o caso. Nos Estados Unidos e na maioria dos outros países, aqueles que querem comércio limitado são politicamente mais eficazes do que aqueles que querem sua liberação. Em geral, quem ganha com o comércio de qualquer produto em particular forma um grupo muito menos concentrado, informado e organizado do que aqueles que perdem.

Um bom exemplo desse contraste entre os dois lados é a indústria de açúcar norte-americana. Os Estados Unidos limitaram as importações de açúcar por muitos anos; nos últimos 25 anos, o preço médio do produto no mercado estadunidense tem sido cerca de duas vezes o do mercado mundial. Um estudo de 2000 feito pelo General Accounting Office dos Estados Unidos estima que aquelas restrições à importação e os preços maiores associados ao açúcar geraram perdas anuais de 2 bilhões de dólares para os consumidores dos EUA. O estudo foi atualizado recentemente em 2013, e esse custo subiu acima de 3 bilhões de dólares, representando US$ 10 por ano para cada homem, mulher e criança. Os ganhos para os produtores são substancialmente menores, porque as restrições de importação também geram distorções no mercado de açúcar e os produtores estrangeiros exigiram os direitos de vender açúcar para os Estados Unidos para manter o diferencial entre o preço mais elevado dos Estados Unidos e o preço inferior do mundo.

Se os produtores e os consumidores fossem igualmente capazes de ter seus interesses representados, essa política nunca teria sido decretada. Porém, em termos absolutos, cada consumidor sofre muito pouco. US$ 10 por ano não é muito. Além disso, a maior parte do custo é oculta, porque mais açúcar é consumido como ingrediente de outros alimentos em vez de comprado diretamente. Como resultado, a maioria dos consumidores desconhece que a quota de importação sequer existe, ainda mais que reduz seu nível de vida. Mesmo que eles estivessem cientes,

---
[10] Um artigo argumenta esse ponto: Robert Z. Lawrence e Matthew J. Slaughter. "More Trade and More Aid". *New York Times*, 8 jun. 2011.

COMÉRCIO E DESEMPREGO

A abertura ao comércio desloca os empregos dos setores concorrentes de importação para os setores de exportação. Como já discutimos, esse processo não é instantâneo e impõe alguns custos muito reais: alguns trabalhadores nos setores concorrentes de importação ficaram desempregados e têm dificuldade em encontrar novos postos de trabalho nos setores de exportação crescente. Defendemos neste capítulo que a melhor resposta política a essa preocupação importante é fornecer uma rede de segurança adequada aos trabalhadores desempregados, sem discriminar com base na força econômica que induziu sua situação de desemprego involuntária (se pelo comércio ou, digamos, pelas mudanças tecnológicas). Aqui, podemos quantificar a extensão do desemprego, que pode ser rastreada ao comércio. O fechamento de fábricas por causa da concorrência das importações ou realocações de fábricas ao exterior são ocorrências altamente divulgadas, mas elas representam uma parte muito pequena dos deslocamentos involuntários do trabalhador. O Bureau of Labor Statistics dos Estados Unidos controla a causa primária de todas as demissões em massa estendidas, definidas como uma onda de desemprego que dure mais de 30 dias e afete mais de 50 trabalhadores do mesmo empregador. Durante 2001 a 2010, as ondas de desemprego causadas pela concorrência das importações ou realocações ao exterior representaram menos de 2% dos deslocamentos involuntários totais associados com demissões em massa estendidas.

A Figura 4.12 mostra que, nos últimos 50 anos nos Estados Unidos, não houve nenhuma evidência de uma correlação positiva entre a taxa de desemprego e as importações (em relação ao PIB norte-americano). (Na verdade, a correlação entre as mudanças no desemprego e as importações é significativamente negativa.) Por outro lado, a figura mostra claramente como o desemprego é um fenômeno macroeconômico que responde às condições econômicas globais: os picos de desemprego durante os anos de recessão são realçados. Assim, os economistas recomendam o uso de políticas macroeconômicas, em vez de políticas comerciais, para preocupações relacionadas a desemprego.

FIGURA 4.12 Desemprego e penetração de importações nos Estados Unidos

Os anos destacados são de recessão, conforme determinado pelo órgão de pesquisas econômicas dos Estados Unidos.

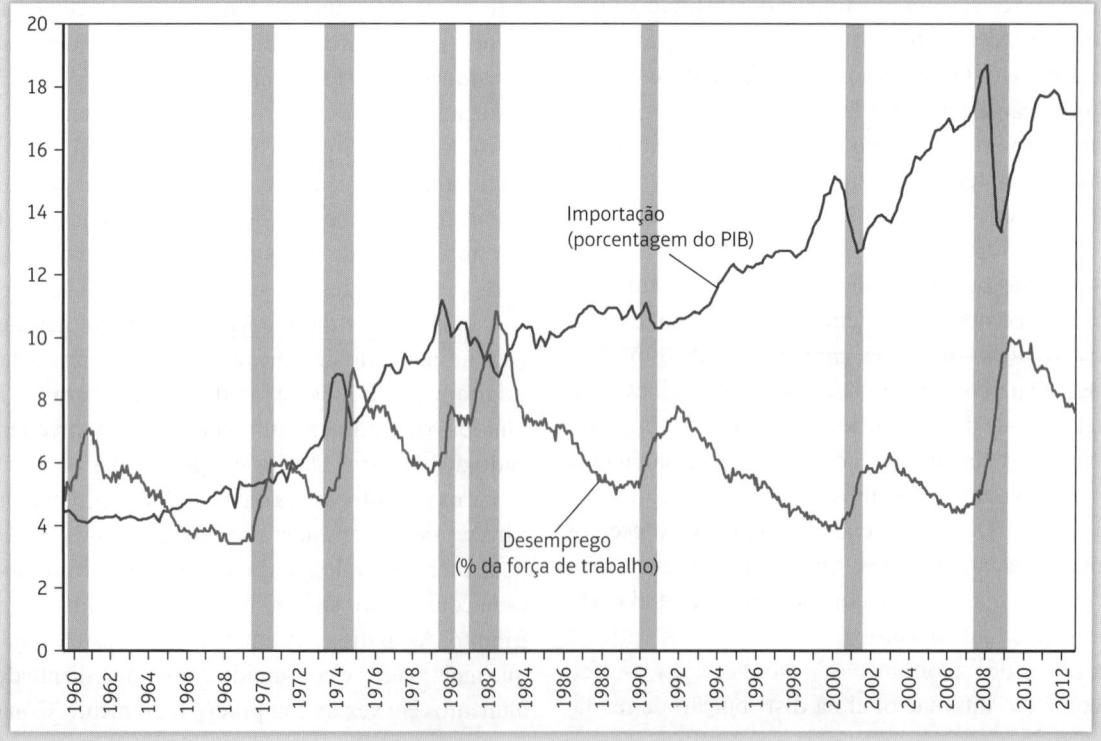

Fonte: U.S. Bureau of Economic Analysis for imports and U.S. Bureau of Labor Studies for unemployment.

> Mesmo assim, como as alterações em regimes de comércio — ao contrário de outras forças que afetam a distribuição de renda — são conduzidas por decisões políticas, há também uma pressão significativa para agrupar essas decisões com programas especiais que beneficiam as pessoas afetadas negativamente pelo comércio. O programa de **Assistência de Ajuste de Comércio dos Estados Unidos** fornece cobertura por desemprego prolongado (por mais de um ano) para os trabalhadores que são demitidos por um fechamento de fábrica causado pela concorrência de importações ou por uma realocação no exterior para um país que recebe acesso preferencial para os Estados Unidos. Embora esse programa seja importante, na medida em que pode influenciar as decisões políticas em matéria de comércio, discrimina injustamente os trabalhadores que são demitidos em razão de forças econômicas que não sejam o comércio.[11]
>
> 11 Veja: Lori G. Kletzer. "Trade-related Job Loss and Wage Insurance: A Synthetic Review". *Review of International Economics*, v. 12, p. 724-748, nov. 2004; e Grant D. Aldonas, Robert Z. Lawrence e Matthew J. Slaughter. *Succeeding in the Global Economy:* A New Policy Agenda for the American Worker. Washington, D.C.: Financial Services Forum, 2007, para obter detalhes adicionais sobre o Programa TAA dos Estados Unidos e propostas para estender o mesmo tipo de cobertura de seguro para todos os trabalhadores.

US$ 10 não é uma soma grande o suficiente para levar as pessoas a organizarem protestos e escreverem cartas aos seus representantes no Congresso.

A situação dos produtores de açúcar (aqueles que perderiam com o aumento do comércio) é bastante diferente. Os lucros mais elevados da quota de importação são altamente concentrados em um pequeno número de produtores. (Dezessete fazendas de cana-de-açúcar geram mais da metade dos lucros para todo o setor.) Os produtores estão organizados em associações comerciais que ativamente fazem *lobby* em nome de seus membros e grandes contribuições de campanha. (A Aliança do Açúcar Americano gastou quase 3 milhões de dólares em despesas de *lobby* em um único período de 12 meses que antecederam a votação do Congresso dos Estados Unidos de 2013 da Farm Bill, que reautoriza as restrições sobre as importações de açúcar).

Como seria de esperar, a maioria dos benefícios resultantes das restrições da importação do açúcar vai para aquele pequeno grupo de proprietários de fazendas de cana-de-açúcar, e não para seus empregados. Claro, as restrições do comércio de fato impedem as perdas de emprego para os trabalhadores, mas o custo ao consumidor por trabalho economizado é astronomicamente alto: mais de 3 milhões de dólares por posto de trabalho poupado. Além disso, as restrições de importação também reduzem o emprego em outros setores que dependem de grandes quantidades de açúcar em seus processos de produção. Em resposta aos preços elevados do produto nos Estados Unidos, por exemplo, as empresas de fabricação de doces mudaram seus sítios de produção para o Canadá, onde os preços do açúcar são substancialmente mais baixos. (Não há fazendeiros de açúcar no Canadá, portanto não há pressão política para restrições às importações.) Assim, em termos líquidos, as restrições ao açúcar geram *perdas* de emprego para os trabalhadores dos Estados Unidos.

Como veremos nos capítulos 9 a 12, a política de restrição de importação da indústria de açúcar é um exemplo extremo de um tipo de processo político que é comum no comércio internacional. O fato de o comércio mundial em geral ter se tornado cada vez mais livre de 1945 a 1980 dependeu, como veremos no Capítulo 10, de um conjunto especial de circunstâncias que controlava o que provavelmente é um viés político inerente contra o comércio internacional.

Mobilidade internacional da mão de obra

Nesta seção, mostraremos como o modelo de fatores específicos pode ser adaptado para analisar os efeitos da mobilidade da mão de obra. No mundo moderno, as restrições sobre o fluxo de mão de obra são regionais — quase todos os países impõem restrições à imigração. Assim, a mobilidade da mão de obra é menos prevalente na prática do que a mobilidade do capital. No entanto, a análise física dos movimentos de capitais é mais complexa, já que ela é incorporada com outros fatores na decisão de uma multinacional para investir no estrangeiro (ver Capítulo 8). Ainda assim, é importante entender as forças econômicas internacionais que guiam a imigração *desejada* dos trabalhadores através das fronteiras e as consequências de curto prazo desses fluxos imigratórios sempre que são realizados. Também exploraremos as consequências de longo prazo das alterações na mão de obra do país e as doações de capital no próximo capítulo.

Nas seções anteriores, vimos como os trabalhadores se movem entre os setores de tecidos e alimentos dentro de um país até que os salários nos dois setores sejam equalizados. Sempre que a imigração internacional for possível, os trabalhadores também vão querer mover-se de um país de baixos salários para um de salários elevados.[12] Para facilitar e para nos concentrarmos na imigração internacional, vamos supor que dois países produzem um único bem com mão de obra e um fator imóvel, terra. Desde que haja somente um único bem, não há nenhuma razão para trocá-lo. No entanto, haverá "comércio" em serviços de mão de obra quando os trabalhadores se movem em busca de salários mais elevados. Na ausência de imigração, as diferenças salariais entre os países podem ser conduzidas por diferenças de tecnologia ou, alternativamente, por diferenças na disponibilidade de terra em relação à mão de obra.

A Figura 4.13 ilustra as causas e os efeitos da mobilidade internacional da mão de obra. É muito semelhante à Figura 4.4, exceto que o eixo horizontal representa a força de trabalho total do mundo (em vez de ser a força de trabalho em um determinado país). As duas curvas de produto marginal agora representam a produção do mesmo bem em diferentes países (em vez da produção de duas mercadorias diferentes no mesmo país). Nós não multiplicamos as curvas pelos preços do bem; em vez disso, assumimos que o salário medido no eixo vertical representa os salários reais (o salário dividido pelo preço do bem exclusivo de cada país). Inicialmente, supomos que haja OL^1 trabalhadores em Doméstica e L^1O^* trabalhadores em Estrangeira. Tendo em conta que os níveis de emprego e as diferenças de dotação de tecnologia e terra são tais que os salários reais são mais elevados em Estrangeira (ponto B) do que em Doméstica (ponto C).

Agora, suponha que os trabalhadores sejam capazes de mover-se entre os dois países. Eles passarão de Doméstica para Estrangeira. Esse movimento reduzirá a força de trabalho e, assim, aumentará o salário real em Doméstica ao aumentar a força de trabalho e reduzir o salário real em Estrangeira. Se não existissem obstáculos para o movimento da mão de obra, esse processo continuaria até que as taxas dos salários reais fossem equalizadas. A eventual distribuição da força de trabalho do mundo será com OL^2 trabalhadores em Doméstica e L^2O^* trabalhadores em Estrangeira (ponto A).

Três pontos devem ser observados sobre a redistribuição da força de mão de obra do mundo.

1. Isso leva a uma convergência das taxas de salário real. Os salários reais sobem em Doméstica e caem em Estrangeira.
2. Aumenta a produção mundial como um todo. A produção em Estrangeira sobe pela área sob a curva do produto marginal de L^1 para L^2, enquanto cai em Doméstica pela área sob a curva correspondente ao produto marginal. (Consulte o apêndice para obter detalhes). Vemos pela Figura 4.13 que o ganho de Estrangeira é maior do que a perda de Doméstica, de um montante igual à área colorida ABC na figura.
3. Apesar desse ganho, algumas pessoas são prejudicadas pela mudança. Aqueles que originalmente teriam trabalhado em Doméstica recebem salários reais mais elevados, mas aqueles que originalmente teriam trabalhado em Estrangeira recebem salários reais mais baixos. Os proprietários de terras de Estrangeira se beneficiam da maior oferta de mão de obra, mas os proprietários em Doméstica são mais prejudicados.

Portanto, como é o caso dos ganhos do comércio internacional, a mobilidade internacional da mão de obra, ao permitir em princípio que todos possam ficar melhor, na prática deixa alguns grupos pior. Esse resultado principal não mudaria em um modelo mais complexo em que os países produzissem e comercializassem

FIGURA 4.13 Causas e efeitos da mobilidade internacional de mão de obra

Inicialmente, OL^1 trabalhadores são empregados em Doméstica, enquanto L^1O^* trabalhadores estão empregados em Estrangeira. A mão de obra migra de Doméstica para Estrangeira até que OL^2 trabalhadores estejam empregados em Doméstica, L^2O^* em Estrangeira, e os salários sejam equalizados.

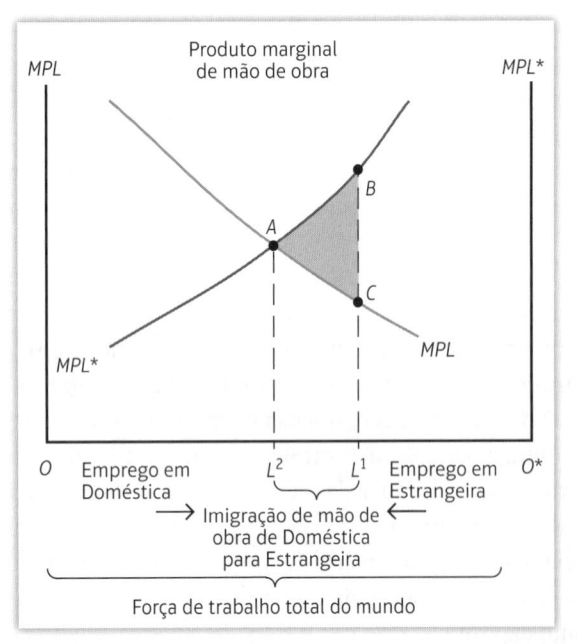

---

[12] Assumimos que os gostos dos trabalhadores são semelhantes, para que as decisões de localização sejam baseadas nos diferenciais de salário. Os diferenciais de salário reais em todos os países são muito grandes — grandes o suficiente para que, para muitos trabalhadores, eles sejam superiores aos gostos pessoais por determinados países.

mercadorias diferentes, desde que alguns fatores de produção sejam imóveis em curto prazo. No entanto, veremos no capítulo seguinte que esse resultado não precisa se manter no longo prazo quando todos os fatores são móveis em todos os setores. As mudanças na dotação de mão de obra do país, desde que o país esteja integrado nos mercados mundiais por meio do comércio, podem manter o bem-estar de todos os fatores inalterado. Isso tem implicações muito importantes para a imigração em longo prazo e tem demonstrado ser empiricamente relevante em casos em que os países experimentam grandes aumentos da imigração.

CONVERGÊNCIA DE SALÁRIO NA ERA DE IMIGRAÇÃO EM MASSA

Embora haja movimentos substanciais de pessoas entre os países no mundo moderno, a era verdadeiramente homérica de mobilidade da mão de obra — quando a imigração foi uma importante fonte de crescimento da população em alguns países, enquanto a emigração fez a população em outros países declinar — foi no final do século XIX e início do XX. Em uma economia global recentemente integrada por ferrovias, navios a vapor e cabos telegráficos, e ainda não sujeita a muitas restrições legais em matéria de imigração, dezenas de milhões de pessoas moveram-se por longas distâncias em busca de uma vida melhor. Os chineses mudaram-se para o Sudeste Asiático e a Califórnia, enquanto indígenas mudaram-se para a África e o Caribe. Além disso, um número substancial de japoneses mudou-se para o Brasil. No entanto, a maior imigração envolveu pessoas da periferia da Europa — da Escandinávia, Irlanda, Itália e Europa Oriental — que se mudaram para lugares onde a terra era abundante e os salários eram elevados: Estados Unidos, Canadá, Argentina e Austrália.

Esse processo causou o tipo de convergência dos salários reais que nosso modelo prevê? Na verdade, sim. A Tabela 4.1 mostra os salários reais em 1870 e sua mudança até a véspera da Primeira Guerra Mundial para quatro países "destino" principais e quatro países de "origem" importantes. Como mostra a tabela, no início do período, os salários reais eram muito mais elevados no destino do que nos países de origem. Durante as quatro décadas seguintes os salários reais aumentaram em todos os países, mas (com exceção de um aumento surpreendente no Canadá) cresceram muito mais depressa na origem do que nos países de destino, sugerindo que a imigração na verdade levou o mundo em direção à (embora de modo algum até a) equalização dos salários.

Conforme documentado no estudo de caso sobre a economia dos Estados Unidos, as restrições legais puseram um fim à era da imigração em massa após a Primeira Guerra Mundial. Por isso e por outras razões (nomeadamente um declínio no comércio mundial e os efeitos diretos das duas Guerras Mundiais), a convergência nos salários reais chegou a um impasse e até mesmo se reverteu por várias décadas, para continuar somente nos anos do pós-guerra.

TABELA 4.1

	Salário real, 1870 (EUA = 100)	Percentual de aumento dos salários reais, 1870-1913
Países de destino		
Argentina	53	51
Austrália	110	1
Canadá	86	121
Estados Unidos	100	47
Países de origem		
Irlanda	43	84
Itália	23	112
Noruega	24	193
Suécia	24	250

Fonte: Jeffrey G. Williamson. "The Evolution of Global Labor Markets Since 1830: Background Evidence and Hypotheses". *Explorations in Economic History*, v. 32, p. 141–196, 1995.

IMIGRAÇÃO E A ECONOMIA DOS ESTADOS UNIDOS

Como mostra a Figura 4.14, a quota de imigrantes na população dos Estados Unidos tem variado bastante nos últimos dois séculos. Na virada do século XX, o número de residentes estrangeiros nos Estados Unidos aumentou drasticamente em razão da grande imigração da Europa Oriental e meridional. Fortes restrições sobre a imigração impostas na década de 1920 trouxeram um fim a essa época, e na década de 1960, os imigrantes foram um fator menor na cena norte-americana. Uma nova onda de imigração começou em 1970, dessa vez com a maioria dos imigrantes provenientes da América Latina e Ásia. Embora a porcentagem de imigrantes tenha aumentado continuamente desde então, é ainda abaixo dos níveis alcançados durante a primeira onda de imigração.

Como a nova onda de imigração afetou a economia dos Estados Unidos? O efeito mais direto é que a imigração tem expandido a força de trabalho. A partir de 2012, os trabalhadores nascidos no exterior compõem 16,1% da força de trabalho dos Estados Unidos — ou seja, sem os imigrantes os Estados Unidos teriam 16% menos trabalhadores.

Mantendo tudo igual, esperaríamos que esse aumento na força de trabalho reduzisse os salários. Uma estimativa amplamente citada é que o salário médio nos Estados Unidos é 3% mais baixo do que seria na ausência da imigração.[13] No entanto, as comparações de salário médio podem ser enganosas, porque os imigrantes para os Estados Unidos têm um perfil de instrução muito diferente em relação ao total da população norte-americana. Essas diferenças são salientadas na Figura 4.15, que tabula tanto a população de pessoas nascidas no exterior quanto a população total dos Estados Unidos acima de 25 anos, por nível de instrução, até 2010 (escala da esquerda). A linha representa a relação entre as duas (a fração de estrangeiros nascidos dentro de um grupo educacional na escala da direita). Essa proporção mostra como os trabalhadores estrangeiros concentram-se tanto nos grupos educacionais mais baixos quanto mais altos — em relação aos trabalhadores nativos. Em uma extremidade da escala educacional, os trabalhadores nascidos no exterior, com formação profissional e doutorado, fornecem à economia dos Estados Unidos competências muito necessárias, especialmente nas áreas de ciências, tecnologia, engenharia e matemática (STEM). Entre os trabalhadores com doutorado nesses campos STEM, 60% são nascidos no estrangeiro.

Os trabalhadores nascidos no exterior também estão concentrados nos grupos educacionais mais baixos: em 2012, 28% da força de trabalho imigrante não tinha concluído o ensino médio ou equivalente, em comparação com apenas 5% dos nativos. Como os trabalhadores com níveis diferentes de educação representam entradas diferentes na produção (e não podem ser facilmente substituídos um pelo outro), a maioria das estimativas sugere que a imigração realmente aumenta o salário da maioria dos nativos norte-americanos. Quaisquer efeitos negativos sobre os salários recaem sobre os estadunidenses de menor nível de instrução. Há, no entanto, uma disputa considerável entre os economistas sobre qual a dimensão desses efeitos negativos dos

FIGURA 4.14 População nascida no estrangeiro em porcentagem sobre a população norte-americana

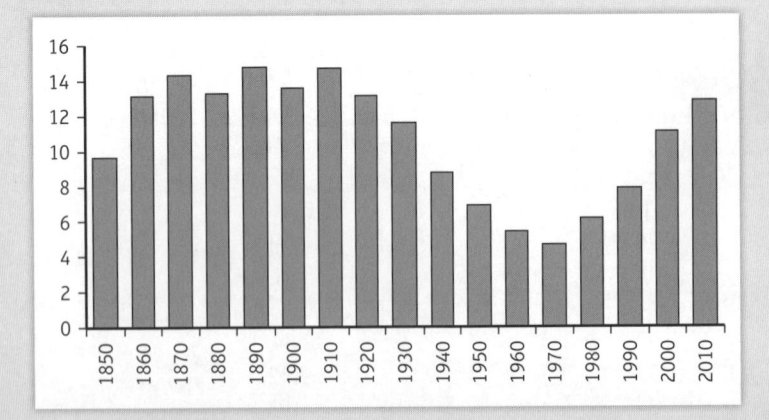

Restrições sobre a imigração na década de 1920 levaram a um declínio acentuado na população nascida no estrangeiro em meados do século XX, mas a imigração aumentou de forma acentuada novamente em décadas recentes.

Fonte: U.S. Census Bureau.

---

[13] George Borjas. "The Labor Demand Curve Is Downward Sloping: Reexamining the Impact of Immigration on the Labor Market". *Quarterly Journal of Economics*, v. 118, p. 1335–1374, nov. 2003.

FIGURA 4.15 População de nascidos no exterior e total dos norte-americanos com mais de 25 anos de idade pelo aproveitamento escolar

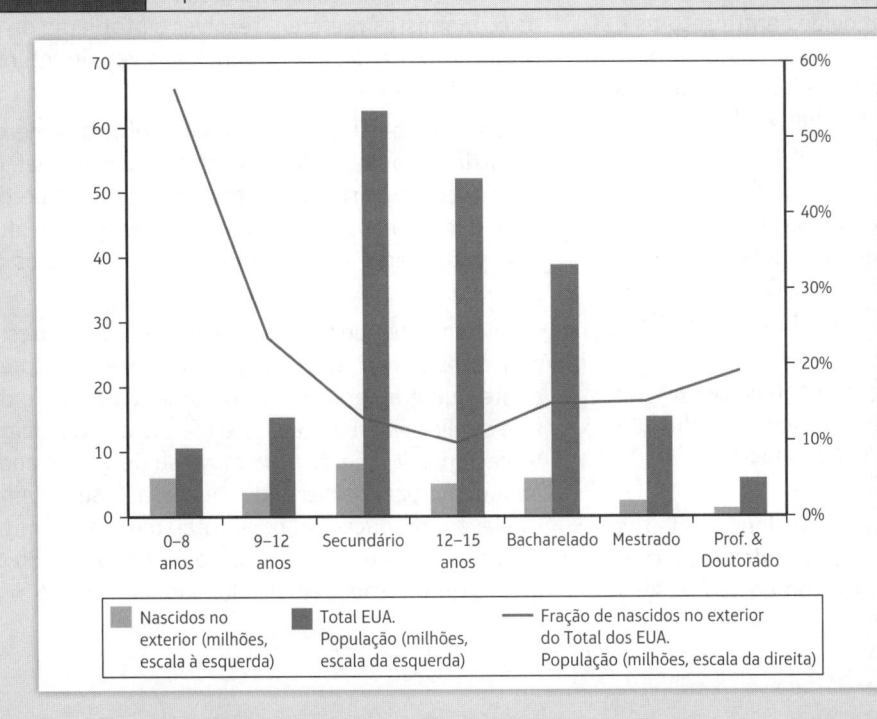

Em relação aos trabalhadores nativos, os trabalhadores estrangeiros concentram-se nos grupos educacionais mais altos e mais baixos.

Nascidos no exterior (milhões, escala à esquerda)
Total EUA. População (milhões, escala da esquerda)
Fração de nascidos no exterior do Total dos EUA. População (milhões, escala da direita)

Fonte: U.S. Census Bureau.

salários, com as estimativas variando de um declínio de 8% a números muito menores.

E quanto aos efeitos globais sobre a renda dos Estados Unidos? O produto interno bruto norte-americano — o valor total de todos os bens e serviços produzidos naquele país — é claramente maior por causa de trabalhadores imigrantes. No entanto, grande parte desse aumento no valor da produção é usada para pagar salários aos próprios imigrantes. As estimativas do "excedente de imigração" — a diferença entre o ganho no PIB e o custo dos salários pagos aos imigrantes — são geralmente pequenas, da ordem de 0,1% do PIB.[14]

Há mais uma complicação em avaliar os efeitos econômicos da imigração: os efeitos sobre as receitas fiscais e os gastos do governo. De um lado, os imigrantes pagam impostos, ajudando a cobrir o custo do governo. Do outro lado, eles impõem custos ao governo, porque seus carros precisam de estradas para trafegar, seus filhos precisam de escolas para estudar e assim por diante. Como muitos imigrantes ganham salários baixos e, portanto, pagam impostos baixos, algumas estimativas sugerem que eles custem mais em gastos adicionais do que trazem de receita. No entanto, as estimativas do custo fiscal líquido, como as estimativas dos efeitos econômicos líquidos, são pequenas, novamente na ordem de 0,1% do PIB.

A imigração é, naturalmente, uma questão política extremamente controversa. A economia da imigração, no entanto, provavelmente não explica essa controvérsia. Em vez disso, pode ser útil lembrar o autor suíço Max Frisch, quando falou sobre os efeitos da imigração em seu próprio país, que em um ponto dependiam fortemente dos trabalhadores de outros países: "Pedimos mão de obra, mas vieram as pessoas." E é o fato de que os imigrantes são pessoas que dificulta muito a questão da imigração.

---
14 Veja: Gordon Hanson. "Challenges for Immigration Policy". In: C. Fred Bergsten (Ed.). *The United States and the World Economy: Foreign Economic Policy for the Next Decade*. Washington, D.C.: Institute for International Economics, 2005, p. 343–372.

RESUMO

1. O comércio internacional muitas vezes tem fortes efeitos sobre a distribuição de renda dentro dos países, de modo que frequentemente produz perdedores, bem como ganhadores. Os efeitos da distribuição de renda surgem por dois motivos: os fatores de produção não podem mover-se instantaneamente e sem custo de uma indústria para outra, e as mudanças no mix de produção de uma economia têm efeitos diferenciais sobre a demanda por diferentes fatores de produção.

2. Um modelo útil de efeitos de distribuição de renda do comércio internacional é o modelo dos *fatores específicos*, que permite uma distinção entre os fatores de uso geral que podem ser movidos entre setores e fatores específicos para fins específicos. Nesse modelo, as diferenças de recursos podem fazer com que os países tenham curvas de oferta relativa diferentes e assim promovam o comércio internacional.

3. No modelo de fatores específicos, os fatores específicos para os setores em cada país de exportação ganham com o comércio, enquanto os fatores específicos para os setores que concorrem com a importação perdem. Os fatores móveis que podem atuar em qualquer setor podem ganhar ou perder.

4. O comércio, no entanto, produz ganhos globais no sentido limitado de que os que ganham em princípio podem compensar quem perde, permanecendo ainda melhor do que antes.

5. A maioria dos economistas não considera os efeitos do comércio internacional na distribuição de renda uma boa razão para limitar o comércio. Em seus efeitos distributivos, o comércio não é diferente de muitas outras formas de mudança econômica, que não são normalmente regulamentadas. Além disso, os economistas preferem resolver o problema da distribuição de renda diretamente, em vez de interferir com os fluxos de comércio.

6. No entanto, na atual legislação da política comercial, a distribuição de renda é de importância crucial. Isso é verdade em particular porque aqueles que perdem com o comércio são geralmente um grupo muito mais informado, coeso e organizado do que os que ganham.

7. Os movimentos de fatores internacionais às vezes podem substituir o comércio, portanto, não é surpreendente que a imigração internacional da mão de obra seja similar em suas causas e efeitos ao comércio internacional. A mão de obra move-se de países onde é abundante para países onde é escassa. Esse movimento eleva a produção mundial total, mas também gera fortes efeitos de distribuição de renda, de modo que alguns grupos são prejudicados como resultado.

TERMOS-CHAVE

fator específico, p. 43
fator móvel, p. 43
fronteira de possibilidade de produção, p. 44
função de produção, p. 44
modelo de fatores específicos, p. 43

produto marginal da mão de obra, p. 44
Assistência de Ajuste de Comércio dos Estados Unidos, p. 57
rendimentos decrescentes, p. 44
restrição orçamentária, p. 53

PROBLEMAS

1. Em 1986, o preço do petróleo nos mercados mundiais caiu drasticamente. Uma vez que os Estados Unidos são um país de importação de petróleo, isso foi amplamente considerado bom para sua economia. Contudo, no Texas e na Louisiana, 1986 foi um ano de declínio econômico. Por quê?

2. Uma economia pode produzir a mercadoria 1 usando mão de obra e capital e a mercadoria 2 usando mão de obra e terra. A oferta total de mão de obra é de 100 unidades. Dada a oferta de capital, as saídas das duas mercadorias dependem da mão de obra ofertada, como segue:

Oferta de mão de obra para a Mercadoria 1	Produção da Mercadoria 1	Oferta de mão de obra para a Mercadoria 2	Produção da Mercadoria 2
0	0,0	0	0,0
10	25,1	10	39,8
20	38,1	20	52,5
30	48,6	30	61,8
40	57,7	40	69,3
50	66,0	50	75,8
60	73,6	60	81,5
70	80,7	70	86,7
80	87,4	80	91,4
90	93,9	90	95,9
100	100	100	100

a. Faça um gráfico das funções de produção para a mercadoria 1 e a mercadoria 2.
b. Faça um gráfico da fronteira de possibilidade de produção. Por que ele é curvo?

3. O produto marginal das curvas de mão de obra correspondentes às funções de produção no Problema 2 são as seguintes:

Trabalhadores empregados	MPL no Setor 1	MPL no Setor 2
10	1,51	1,59
20	1,14	1,05
30	1,00	0,82
40	0,87	0,69
50	0,78	0,60
60	0,74	0,54
70	0,69	0,50
80	0,66	0,46
90	0,63	0,43
100	0,60	0,40

a. Suponha que o preço da mercadoria 2 em relação ao da mercadoria 1 é 2. Determine graficamente a taxa salarial e a alocação de mão de obra entre os dois setores.
b. Usando o gráfico desenhado para o Problema 2, determine a produção de cada setor. Então, confirme graficamente que a inclinação da fronteira de possibilidade de produção nesse ponto é igual ao preço relativo.
c. Suponha que o preço relativo da mercadoria 2 caia para 1,3. Repita (a) e (b).
d. Calcule os efeitos da mudança de preço de 2 para 1,3 sobre os rendimentos dos fatores específicos nos setores 1 e 2.

4. Considere dois países (Doméstica e Estrangeira) que produzem as mercadorias 1 (com mão de obra e capital) e 2 (com mão de obra e terra), de acordo com as funções de produção descritas nos Problemas 2 e 3. Inicialmente, os dois países têm o mesmo fornecimento de mão de obra (100 unidades de cada), capital e terra. O estoque de capital em Doméstica então cresce. Essa mudança desloca-se para fora da curva de produção para a mercadoria 1 em função da mão de obra empregada (descrito no Problema 2) e o produto marginal associado da curva de mão de obra (descrito no Problema 3). Nada acontece com a produção e as curvas de produto marginal para a mercadoria 2.
a. Mostre como o aumento da oferta de capital para Doméstica afeta sua fronteira de possibilidade de produção.
b. No mesmo gráfico, trace a curva de fornecimento relativo para a economia de Doméstica e de Estrangeira.

c. Se essas duas economias se abrem ao comércio, o que acontecerá com os padrões de comércio (ou seja, qual país exportará que mercadoria)?
d. Descreva como a abertura ao comércio afeta todos os três fatores (mão de obra, capital, terra) em ambos os países.

5. Em Doméstica e Estrangeira, existem dois fatores de produção, terra e mão de obra, usados para produzir apenas uma mercadoria. O fornecimento de terra em cada país e a tecnologia de produção são exatamente os mesmos. O produto marginal da mão de obra em cada país varia de acordo com o emprego da seguinte forma:

Número de trabalhadores empregados	Produto marginal do último trabalhador
1	20
2	19
3	18
4	17
5	16
6	15
7	14
8	13
9	12
10	11
11	10

Inicialmente, existem 11 trabalhadores empregados em Doméstica, mas apenas 3 em Estrangeira. Determine o efeito da livre circulação de mão de obra de Doméstica para Estrangeira na produção, emprego, salários reais e a renda dos proprietários de terras em cada país.

6. Usando o exemplo numérico no Problema 5, suponha agora que Estrangeira limita a imigração para que apenas 2 dos trabalhadores possam mudar de Doméstica para lá. Calcule como o movimento desses dois trabalhadores afeta o rendimento dos cinco grupos diferentes:
a. Os trabalhadores que estavam originalmente em Estrangeira.
b. Os proprietários de terra de Estrangeira.
c. Os trabalhadores que ficam em Doméstica.
d. Os proprietários de terra de Doméstica.
e. Os trabalhadores que se deslocam.

7. Estudos dos efeitos da imigração do México para os Estados Unidos tendem a achar que os grandes ganhadores são os próprios imigrantes. Explique esse resultado com base no exemplo na pergunta anterior. Como as coisas podem mudar se a fronteira for aberta sem restrições na imigração?

LEITURAS ADICIONAIS

DIXIT, A.; NORMAN, V. *Theory of International Trade*. Cambridge: Cambridge University Press, 1980. O problema de estabelecer ganhos do comércio quando algumas pessoas podem ficar pior tem sido objeto de um longo debate. Dixit e Norman mostram que, em princípio, sempre é possível para o governo de um país utilizar impostos e subsídios para redistribuir a renda, de tal forma que todo mundo fique melhor com o livre comércio do que sem nenhum comércio.

EDWARDS, L.; LAWRENCE, R. Z. *Rising Tide:* Is Growth in Emerging Economies Good for the United States? Peterson Institute for International Economics, 2013. Um livro acessível, que examina como o aumento do comércio com economias emergentes (como China e Índia) afetou os Estados Unidos e seus trabalhadores.

HANSON, G. H. "The Economic Consequences of the International Migration ofLabor". *Annual Review of Economics*, v. 1, n. 1, p. 179–208, 2009. Um trabalho de pesquisa que analisa como o aumento da migração tem afetado países de partida e chegada de migrantes.

IRWIN, D. A. *Free Trade under Fire*. 3. ed. Princeton, NJ: Princeton University Press, 2009. Um livro acessível que fornece inúmeros detalhes e dados de suporte para o argumento de que o comércio mais livre gera ganhos de bem-estar geral. O Capítulo 4 discute em detalhes a ligação entre o comércio e o desemprego (uma questão que foi brevemente discutida neste capítulo).

KINDLEBERGUER, C. P. *Europe's Postwar Growth:* The Role of Labor Supply. Cambridge: Harvard University Press, 1967. Uma boa reflexão do papel da migração de mão de obra durante seu auge na Europa.

MUNDELL, R. A. "International Trade and Factor Mobility". *American Economic Review*, v. 47, p. 321–335, 1957. O primeiro artigo que divulgou o argumento de que o comércio e o fator movimento podem substituir um ao outro.

MUSSA, M. "Tariffs and the Distribution of Income: The Importance of Factor Specificity, Substitutability, and Intensity in the Short and Long Run". *Journal of Political Economy*, v. 82, p. 1191–1204, 1974. Uma extensão do modelo de fatores específicos que relaciona o modelo às proporções de fatores do Capítulo 5.

NEARY, J. P. "Short-Run Capital Specificity and the Pure Theory of International Trade". *Economic Journal*, v. 88, p. 488–510, 1978. Um tratamento adicional do modelo de fatores específicos que salienta como diferentes suposições sobre a mobilidade dos fatores entre os setores afetam as conclusões do modelo.

OLSON, M. *The Logic of Collective Action*. Cambridge: Harvard University Press, 1965. Um livro altamente influente que argumenta sobre a proposição de que, na prática, as políticas governamentais favorecem pequenos grupos concentrados em detrimento dos grandes grupos.

RICARDO, D; *The Principles of Political Economy and Taxation*. Homewood, IL: Irwin, 1963. Embora os princípios ricardianos enfatizem os ganhos nacionais do comércio em um ponto, em outro lugar em seu livro o conflito de interesses entre os proprietários e os capitalistas é uma questão central.

APÊNDICE DO CAPÍTULO 4

Mais detalhes sobre os fatores específicos

O modelo de fatores específicos desenvolvido neste capítulo é uma ferramenta de análise tão conveniente que investiremos um tempo aqui para explicitar alguns de seus detalhes mais plenamente. Daremos um tratamento mais completo a duas questões relacionadas: (1) a relação entre o produto marginal e total dentro de cada setor e (2) os efeitos de distribuição de renda das mudanças de preços relativos.

Produto marginal e total

No texto, ilustramos a função de produção de tecido de duas formas diferentes. Na Figura 4.1, mostramos a produção total em função da entrada de mão de obra, mantendo o capital constante. Observamos então que a inclinação da curva é o produto marginal da mão de obra, ilustrando-o na Figura 4.2. Agora queremos demonstrar que a produção total é medida pela área sob a curva do produto marginal. (Estudantes familiarizados com cálculo acharão isto óbvio: o produto marginal é a derivada do total, então o total é a integral do marginal. Mesmo para esses alunos, no entanto, uma abordagem intuitiva pode ser útil.)

Na Figura 4A.1, mostramos mais uma vez a curva do produto marginal na produção de tecido. Suponha que nós empregamos L_T homens-hora. Como podemos mostrar a produção total de tecido? Vamos aproximar isso usando a curva do produto marginal. Primeiro, vamos perguntar o que acontecerá se usarmos um pouco menos de homens-hora, digamos dL_T menos. Então, a produção seria menor. A queda na produção seria aproximadamente

$$dL_T \times MPL_T,$$

ou seja, a redução na força de trabalho vezes o produto marginal da mão de obra no nível inicial de emprego. Essa redução na produção é representada pela área do retângulo colorido na Figura 4A.1. Subtraia agora outros poucos homens-hora; a perda de produção será outro retângulo. Dessa vez o retângulo será mais alto, porque o produto marginal da mão de obra aumenta conforme a quantidade de mão de obra cai. Se continuarmos esse processo até que toda a mão de obra se vá, nossa aproximação da perda total da produção será a soma de todos os retângulos mostrados na figura. Quando nenhuma mão de obra é empregada, no entanto, a produção vai cair a zero. Então, podemos aproximar a produção total

FIGURA 4A.1 Mostrando que a produção é igual à área sob a curva do produto marginal

Pela aproximação da curva de produto marginal com uma série de retângulos finos, pode-se mostrar que a produção total de tecido é igual à área sob a curva.

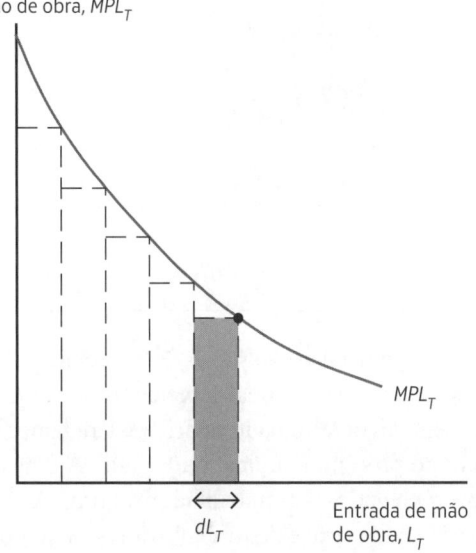

do setor de tecidos pela soma das áreas de todos os retângulos abaixo da curva do produto marginal.

Isto é, no entanto, apenas uma aproximação, porque usamos o produto marginal apenas do primeiro homem-hora em cada lote de mão de obra removido. Podemos obter uma aproximação melhor se tomamos grupos menores — quanto menor, melhor. Conforme os grupos de mão de obra removidos ficarem infinitamente pequenos, no entanto, os retângulos ficarão cada vez mais finos e nos aproximaremos cada vez mais estreitamente da área total sob a curva do produto marginal. No final, então, encontramos a produção total do tecido produzido com a mão de obra L_T. Q_T é igual à área sob a curva do produto marginal da mão de obra MPL_T até L_T.

Preços relativos e a distribuição de renda

A Figura 4A.2 usa o resultado que encontramos para mostrar a distribuição de renda no setor de tecidos. Vimos que os empregadores de tecidos contratam mão de obra L_T até o valor do produto marginal dos trabalhadores,

FIGURA 4A.2 A distribuição de renda no setor de tecidos

A renda da mão de obra é igual ao salário real vezes o emprego. O resto da produção é gerado como rendimento para os proprietários de capital.

[Gráfico: Produto marginal da mão de obra, MPL_T vs Entrada de mão de obra, L_T; mostra $(w/P_T)^1$, Renda dos capitalistas, Salários, L_T^1, curva MPL_T]

FIGURA 4A.3 Um aumento em P_T beneficia os donos do capital

O salário real em termos de tecido cai, levando a um aumento na renda dos donos do capital.

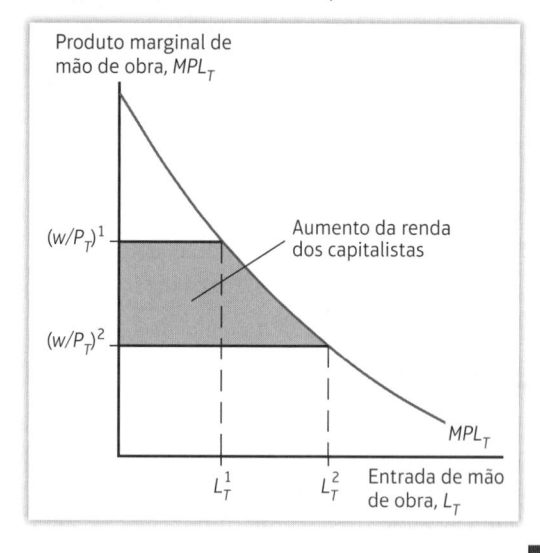

[Gráfico: Produto marginal de mão de obra, MPL_T; $(w/P_T)^1$, $(w/P_T)^2$, Aumento da renda dos capitalistas, L_T^1, L_T^2, curva MPL_T]

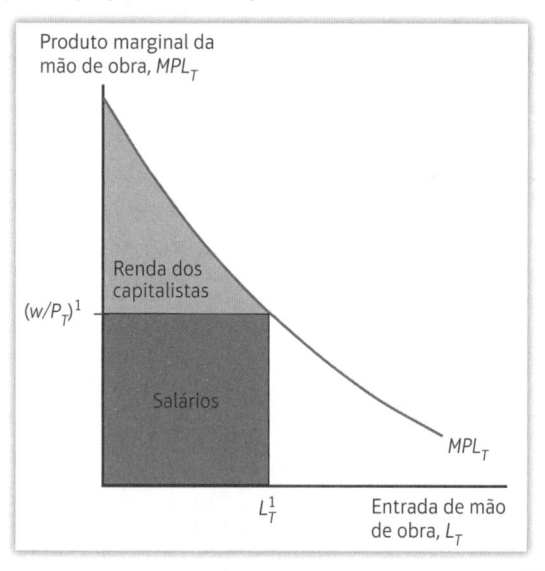

$P_T \times MPL_T$ é igual ao salário w. Nós podemos reescrever isso em termos de salário real de tecido como $MPL_T = w/P_T$. Assim, em um determinado salário real, digamos $(w/P_T)^1$, a curva do produto marginal na Figura 4A.2 nos diz que serão empregados L_T^1 trabalhadores-hora. A produção total produzida com esses trabalhadores é dada pela área sob a curva do produto marginal até L_T^1. Essa produção é dividida pela renda real (em termos de tecido) dos trabalhadores e proprietários de capital. A parte da remuneração paga aos trabalhadores é o salário real $(w/P_T)^1$ vezes o nível de emprego L_T^1, que é a área do retângulo mostrado. O restante é a renda real dos proprietários de capital. Podemos determinar a distribuição da produção de alimentos entre a mão de obra e os proprietários de terra da mesma forma, em função do salário real em termos de alimentos, w/P_A.

Suponha que o preço relativo dos tecidos suba agora. Vimos na Figura 4.7 que uma ascensão no P_T/P_A reduz o salário real em termos de tecido (porque o salário sobe menos que P_T) ao mesmo tempo em que aumenta em termos de alimentos. Os efeitos disso sobre os rendimentos dos capitalistas e proprietários de terra podem ser vistos nas figuras 4A.3 e 4A.4. No setor de tecidos, o salário real cai de $(w/P_T)^1$ para $(w/P_T)^2$; como resultado, os capitalistas recebem aumento de renda real em termos de tecido. No setor de alimentos, o salário real sobe de $(w/P_A)^1$ para $(w/P_A)^2$, e os proprietários recebem renda real menor em termos de alimentos.

FIGURA 4A.4 Um aumento no P_T prejudica os proprietários de terras

O salário real em termos de alimentos sobe, reduzindo a renda da terra.

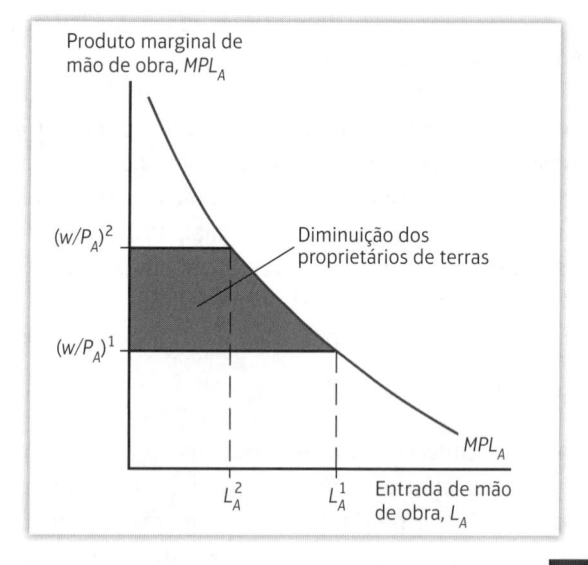

[Gráfico: Produto marginal de mão de obra, MPL_A; $(w/P_A)^2$, $(w/P_A)^1$, Diminuição dos proprietários de terras, L_A^2, L_A^1, curva MPL_A]

Esse efeito sobre a renda real é reforçado pela mudança na própria relação P_T/P_A. A renda real dos proprietários de capital em termos de alimentos sobe mais do que sua renda real em termos de tecido — porque os alimentos agora são relativamente mais baratos que o tecido. Por outro lado, a renda real dos proprietários em termos de tecido cai mais do que sua renda em termos de alimentos — porque o tecido agora é relativamente mais caro.

CAPÍTULO 5

Recursos e comércio: o modelo de Heckscher-Ohlin

Se a mão de obra fosse o único fator de produção, como o modelo ricardiano supõe, a vantagem comparativa poderia surgir apenas por causa de diferenças internacionais na produtividade da mão de obra. No mundo real, no entanto, embora o comércio seja em parte explicado pelas diferenças na produtividade da mão de obra, também reflete diferenças nos recursos dos países. O Canadá exporta produtos florestais para os Estados Unidos não porque seus lenhadores são mais produtivos em relação a seus colegas dos EUA, mas porque o Canadá, pouco povoado, tem mais terra arborizada por habitante que os Estados Unidos. Assim, uma visão realista do comércio deve observar a importância não só da mão de obra, mas também de outros fatores de produção, como terra, capital e recursos minerais.

Para explicar o papel das diferenças dos recursos no comércio, neste capítulo examinaremos um modelo no qual as diferenças de recursos são a *única* fonte de comércio. Esse modelo mostra que a vantagem comparativa é influenciada pela interação entre os recursos das nações (a **abundância relativa dos fatores** de produção) e a tecnologia de produção (que influencia a **intensidade relativa** com que os diferentes **fatores** de produção são usados na produção de mercadorias diferentes). Algumas dessas ideias foram apresentadas no modelo de fatores específicos do Capítulo 4, mas o modelo que estudamos neste capítulo salienta a interação entre abundância e intensidade ao olhar para os resultados de longo prazo, quando todos os fatores de produção são móveis em todos os setores.

Uma das teorias mais influentes na economia internacional é que o comércio internacional é em grande parte impulsionado pelas diferenças de recursos dos países. Desenvolvida por dois economistas suecos, Eli Heckscher e Bertil Ohlin (Ohlin recebeu o prêmio Nobel de economia em 1977), a teoria é muitas vezes referida como a **teoria de Heckscher-Ohlin**. Como a teoria enfatiza a interação entre as proporções em que diferentes fatores de produção estão disponíveis em diferentes países e as proporções em que eles são usados para produzir mercadorias diferentes, é também referida como a **teoria das proporções dos fatores**.

Para desenvolver a teoria das proporções dos fatores, começamos por descrever uma economia que não tem comércio e depois nos perguntamos o que acontece quando duas dessas economias estabelecem comércio entre si. Vamos ver que, ao contrário do modelo ricardiano com um único fator de produção, o comércio pode afetar a distribuição de renda por meio dos fatores, até mesmo em longo prazo. Podemos discutir a extensão com que o comércio pode estar contribuindo para aumentos na desigualdade de salários nos países desenvolvidos. Então concluímos com uma revisão adicional das evidências empíricas a favor (e contra) as previsões da teoria das proporções dos fatores do comércio.

> **OBJETIVOS DE APRENDIZAGEM**
> Após a leitura deste capítulo, você será capaz de:
> - Explicar como as diferenças de recursos geram um padrão específico de comércio.
> - Discutir por que os ganhos do comércio não se estendem igualmente em longo prazo e identificar os prováveis ganhadores e perdedores.
> - Compreender as possíveis ligações entre o aumento das trocas comerciais e a crescente desigualdade de salários no mundo desenvolvido.
> - Ver como os padrões de comércio empíricos e os preços dos fatores apoiam algumas (mas não todas) predições da teoria das proporções dos fatores.

Modelo de uma economia de dois fatores

Neste capítulo, nos concentraremos na versão mais simples do modelo das proporções dos fatores, por vezes referido como "2 × 2 × 2": dois países, duas mercadorias, dois fatores de produção. No nosso exemplo, vamos chamar os dois países de Doméstica e Estrangeira. Vamos ficar com as mesmas duas mercadorias, tecido (medido em jardas) e alimentos (medidos em calorias), que usamos no modelo dos fatores específicos do Capítulo 4. A principal diferença é que, neste capítulo, presumimos que os fatores imóveis que eram específicos para cada setor (capital em tecido e terra em alimentos) agora são móveis em longo prazo. Assim, as terras utilizadas para a agricultura podem ser usadas para construir uma fábrica de têxteis; por outro lado, o capital utilizado para pagar um tear mecânico pode ser usado para pagar um trator. Para manter as coisas simples, usamos modelos de fator único adicional que chamamos de capital, que é usado em conjunto com a mão de obra para produzir alimentos ou tecidos. No longo prazo, tanto o capital quanto a mão de obra podem mover-se em todos os setores, assim igualando seus rendimentos (taxa de aluguel e salário) em ambos os setores.

Preços e produção

Tanto tecidos quanto alimentos são produzidos usando o capital e a mão de obra. A quantidade de cada bem produzido, tendo em conta quanto capital e mão de obra são empregados em cada setor, é determinada por uma função da produção de cada mercadoria:

$$Q_T = Q_T(K_T, L_T),$$
$$Q_A = Q_A(K_A, L_A),$$

onde Q_T e Q_A são os níveis de produção de tecido e alimentos; K_T e L_T são as quantidades de capital e mão de obra empregados na produção de tecidos; e K_A e L_A são as quantidades de capital e mão de obra empregados na produção de alimentos. Em geral, a economia tem um suprimento fixo de capital K e mão de obra L que é dividido entre os empregos dos dois setores.

Definimos as seguintes expressões que estão relacionadas com as duas tecnologias de produção:

a_{KT} = capital usado para produzir uma jarda de tecido;

a_{LT} = mão de obra usada para produzir uma jarda de tecido;

a_{KA} = capital usado para produzir uma caloria de alimento;

a_{LA} = mão de obra usada para produzir uma caloria de alimento.

Esses requisitos de entrada unitários são muito parecidos com os definidos no modelo ricardiano (para mão de obra apenas). No entanto, há uma diferença crucial: nestas definições, podemos falar da quantidade de capital ou de mão de obra *utilizada* para produzir uma determinada quantidade de tecido ou de alimentos, em vez da quantidade *necessária* para produzir essa quantidade. A razão para essa mudança do modelo ricardiano é que quando há dois fatores de produção, pode haver espaço para a escolha no uso de insumos.

Em geral, essas escolhas dependem dos preços dos fatores para mão de obra e capital. No entanto, vamos primeiro examinar um caso especial em que há apenas uma maneira de produzir cada mercadoria. Considere o seguinte exemplo numérico: a produção de uma jarda do tecido requer uma combinação de duas trabalho-horas e duas máquina-horas. A produção de alimentos é mais automatizada. Como resultado, a produção de uma caloria de alimento requer apenas uma trabalho-hora junto com três máquina-horas. Assim, todos os requisitos de entrada unitários são fixos no $a_{KT} = 2$; $a_{LT} = 2$; $a_{KA} = 3$; $a_{LA} = 1$; e não há nenhuma possibilidade de substituição da mão de obra pelo capital, ou vice-versa. Suponha que uma economia seja dotada de 3.000 unidades de máquina-horas junto com 2.000 unidades de trabalho-horas. Neste caso especial, sem substituição dos fatores de produção, a fronteira de possibilidade de produção da economia pode ser derivada usando essas contenções de dois recursos para o capital e a mão de obra. A produção de Q_T jardas de tecido requer $2Q_T = a_{KT} \times Q_T$ máquina-horas e $2Q_T = a_{LT} \times Q_T$ trabalho-horas. Da mesma forma, a produção de Q_A calorias de alimentos requer $3Q_A = a_{KA} \times Q_A$ máquina-horas e $1Q_A = a_{LA} \times Q_A$ trabalho-horas. O total de máquina-horas utilizadas para a produção de tecido e alimentos não pode exceder a oferta total de capital:

$$a_{KT} \times Q_T + a_{KA} \times Q_A \leq K \text{ ou } 2Q_T + 3Q_A \leq 3.000 \quad (5.1)$$

Essa é a restrição de recursos para o capital. Da mesma forma, a restrição de recursos para a mão de obra afirma que as trabalho-horas totais utilizadas na produção não podem exceder a oferta total de mão de obra:

$$a_{LT} \times Q_T + a_{LA} \times Q_A \leq L \text{ ou } 2Q_T + Q_A \leq 2.000 \quad (5.2)$$

A Figura 5.1 mostra as implicações das equações (5.1) e (5.2) para as possibilidades de produção em nosso exemplo numérico. Cada restrição de recurso é desenhada da mesma forma que traçamos a linha de possibilidade de produção para o caso ricardiano da Figura 3.1. Neste caso, no entanto, a economia deve produzir *ambos* os fatores restritivos, então a fronteira

FIGURA 5.1 A fronteira de possibilidade de produção sem substituição dos fatores: exemplo numérico

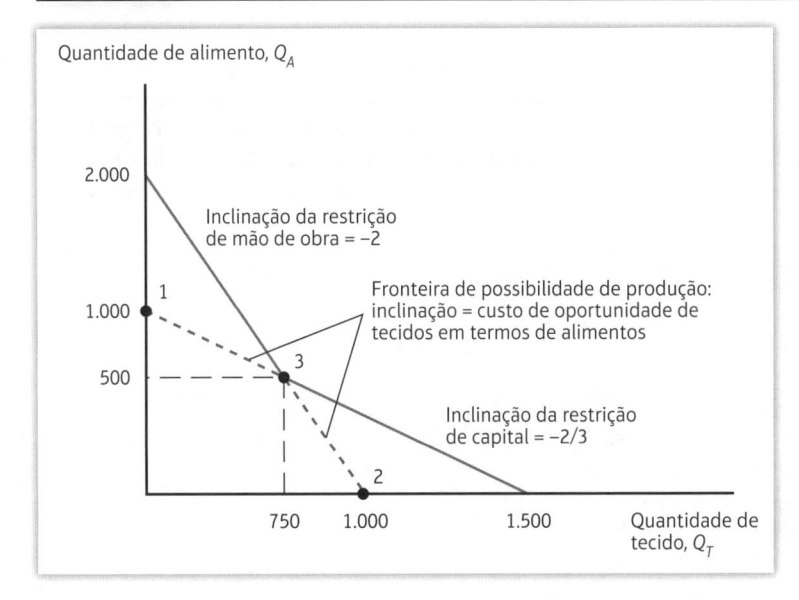

Se o capital não pode ser substituído pela mão de obra, ou vice-versa, a fronteira de possibilidade de produção no modelo fator-proporções seria definida por duas restrições de recursos: a economia não pode usar mais do que a oferta de mão de obra (2.000 horas de mão de obra) ou capital (3.000 máquinas horas) disponíveis. Então, a fronteira de possibilidade de produção é definida pela linha pontilhada nesta figura. No ponto 1, a economia é especializada na produção de alimentos, e nem todas as horas de mão de obra disponíveis são empregadas. No ponto 2, a economia é especializada na produção de tecidos, e nem todas as horas de mão de obra disponíveis são empregadas. No ponto 3 de produção, a economia emprega toda a sua mão de obra e recursos de capital. A característica importante nesta fronteira de possibilidade de produção é que o custo de oportunidade de tecidos em termos de alimentos não é constante. Ele sobe de 2/3 para 2 quando o mix de produção da economia desloca-se em direção ao tecido.

de possibilidade de produção é a linha irregular mostrada em pontilhado. Se a economia se especializar na produção de alimentos (ponto 1), então pode produzir 1.000 calorias de alimentos. Naquele ponto da produção, não há capacidade de reposição da mão de obra: apenas 1.000 horas de mão de obra das 2.000 são empregadas. Por outro lado, se a economia se especializar na produção de tecidos (ponto 2), então poderá produzir 1.000 jardas de tecido. Naquele ponto de produção, não há capacidade de reposição da mão de obra: apenas 2.000 máquina-horas das 3.000 são empregadas. No ponto 3 de produção, a economia está empregando todos os seus recursos próprios de mão de obra e capital (1.500 máquina-horas e 1.500 trabalho-horas na produção de tecido; e 1.500 máquina-horas junto com 500 trabalho-horas na produção de alimentos).[1]

A característica importante nessa fronteira de possibilidade de produção é que o custo de oportunidade de produzir uma jarda extra de tecido, em termos de alimentos, não é constante. Quando a economia está produzindo principalmente alimentos (à esquerda do ponto 3), então não há capacidade de mão de obra ociosa. Produzir duas unidades a menos de alimentos libera seis máquina-horas que podem ser usadas para produzir três jardas de tecido: o custo de oportunidade do tecido é 2/3. Quando a economia está produzindo principalmente tecido (à direita do ponto 3), então há capacidade de capital disponível. Produzir duas unidades a menos de alimentos libera dois trabalho-horas que podem ser usados para produzir uma jarda de tecido: o custo de oportunidade do tecido é 2. Assim, o custo de oportunidade do tecido é maior quando mais unidades de tecido estão sendo produzidas.

Agora vamos tornar o modelo mais realista e permitir a possibilidade de substituição de capital por mão de obra, e vice-versa, na produção. Essa substituição remove a irregularidade na fronteira de possibilidade de produção. Em vez disso, a fronteira PP tem a forma curva mostrada na Figura 5.2. A forma curva nos diz que o custo de oportunidade em termos de alimentos para produzir mais uma unidade de tecido aumenta conforme a economia produz mais tecido e menos alimentos. Ou seja, nossa visão básica sobre como os custos de oportunidade mudam com o mix de produção permanece válida.

Onde é que a economia produz na fronteira de possibilidade de produção? Depende dos preços. Especificamente, a economia produz no ponto em que se maxi-

---

[1] O caso de nenhuma substituição dos fatores é especial, em que há apenas o ponto único de produção que emprega totalmente ambos os fatores; alguns fatores deixam desempregados os outros pontos de produção na fronteira de possibilidades de produção. No caso mais geral, a seguir, com a substituição dos fatores, essa peculiaridade desaparece e ambos os fatores são totalmente empregados ao longo de toda a fronteira de possibilidade de produção.

FIGURA 5.2 A fronteira de possibilidade de produção com substituição dos fatores

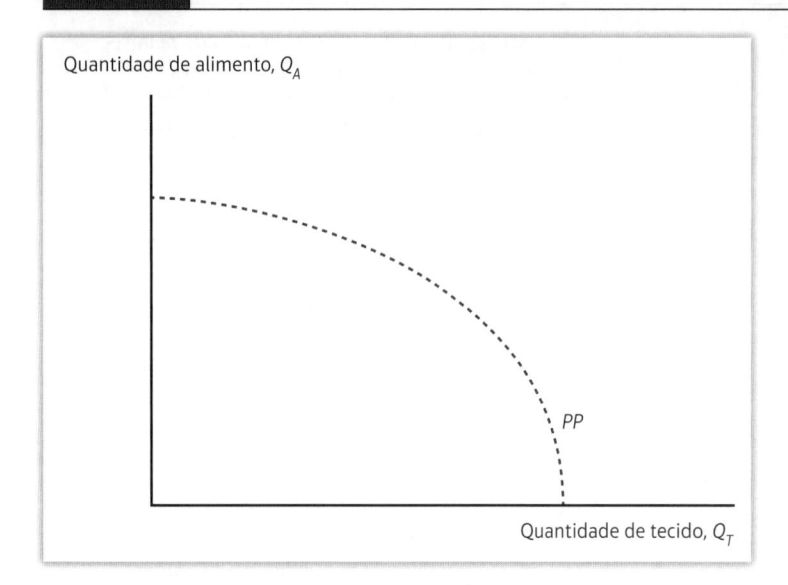

Se o capital pode ser substituído pela mão de obra, e vice-versa, a fronteira de possibilidade de produção já não tem uma torção. Mas continua a ser verdade que o custo de oportunidade de tecido em termos de alimentos aumenta conforme o mix de produção da economia se desvia em direção ao tecido e afasta-se de alimentos.

miza o valor da produção. A Figura 5.3 mostra o que isso implica. O valor da produção da economia é:

$$V = P_T \times Q_T + P_A \times Q_A,$$

onde P_T e P_A são os preços do tecido e dos alimentos, respectivamente. Uma linha de isocusto — linha ao longo da qual o custo de produção é constante — tem uma inclinação de $-P_T/P_A$. A economia produz no ponto Q, o ponto na fronteira de possibilidade de produção que toca a maior linha de isocusto possível. Nesse ponto, a inclinação da fronteira de possibilidade de produção é igual a $-P_T/P_A$. Então o custo de oportunidade em termos de alimentos de produzir outra unidade de tecido é igual ao preço relativo do tecido.

Escolhendo o mix de fatores

Como já observamos, em um modelo de dois fatores, os produtores podem ter espaço para escolher o uso de fatores. Um fazendeiro, por exemplo, pode escolher entre usar relativamente mais equipamentos mecanizados (capital) e menos trabalhadores, ou vice-versa. Assim, o agricultor pode escolher quanta mão de obra e capital vai usar por unidade de produção produzida. Em cada setor, então, os produtores enfrentarão requisitos

FIGURA 5.3 Preços e produção

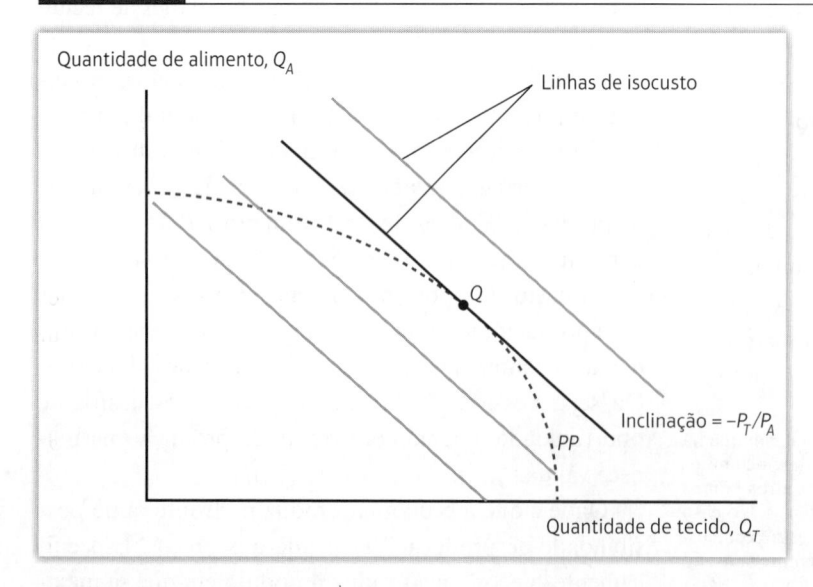

A economia produz no ponto em que maximiza o valor da produção, dados os preços que enfrenta. Esse é o ponto mais alto possível na linha isocusto. Nesse ponto, o custo de oportunidade de tecido em termos de alimentos é igual ao preço relativo de tecido, P_T/P_A.

de entrada não fixos (como no modelo ricardiano), mas encontrarão os *trade-offs* básicos — como o ilustrado pela curva II na Figura 5.4, que mostra combinações de entrada alternativas que podem ser usadas para produzir uma caloria de alimentos.

Qual opção de entrada os produtores realmente fazem? Depende dos custos relativos do capital e da mão de obra. Se as taxas de aluguel de capital forem altas e os salários forem baixos, os agricultores escolherão produzir usando relativamente pouco capital e muita mão de obra; por outro lado, se as taxas de aluguel forem baixas e os salários forem altos, eles economizarão em mão de obra e usarão muito mais capital. Se w é a taxa salarial e r o custo do aluguel do capital, então, a escolha da entrada dependerá da proporção destes dois **preços dos fatores**: w/r.[2] A proporção entre os preços dos fatores e a proporção de mão de obra para capital usada na produção de alimentos é mostrada na Figura 5.5 pela curva AA.

Há uma relação correspondente entre w/r e a proporção capital-mão de obra na produção de tecido. Essa relação é mostrada na Figura 5.5 pela curva do TT. Como traçado, TT é deslocada para fora em relação à AA, indicando que para quaisquer preços dos fatores determinados, a produção de tecido sempre usará mais mão de obra em relação ao capital do que a produção de alimentos. Quando isso é verdade, dizemos que a produção de tecido é *mão de obra-intensiva*, enquanto a de

FIGURA 5.4 Possibilidades de entrada na produção de alimentos

Um agricultor pode produzir uma caloria de alimento com menos capital se ele usar mais mão de obra, e vice-versa.

[Gráfico: eixo vertical "Entrada de capitais por caloria, a_{KA}"; eixo horizontal "Entrada da mão de obra por caloria, a_{LA}"; curva tracejada rotulada "II" com legenda "Combinações de entradas que produzem uma caloria de alimentos"]

---

[2] A escolha ótima da proporção mão de obra-capital é explorada em maior profundidade no apêndice deste capítulo.

FIGURA 5.5 Preços dos fatores e opções de entrada

Em cada setor, a proporção de mão de obra para capital utilizado na produção depende do custo da mão de obra em relação ao custo do capital, w/r. A curva AA mostra as opções de proporção mão de obra-capital na produção de alimentos, enquanto a curva TT mostra as escolhas correspondentes na produção de tecido. Em qualquer proporção de salário-aluguel determinada, a produção de tecido usa uma maior taxa de mão de obra-capital. Quando este for o caso, dizemos que a produção de tecido é mão de obra-intensiva e que a produção de alimentos é capital-intensiva.

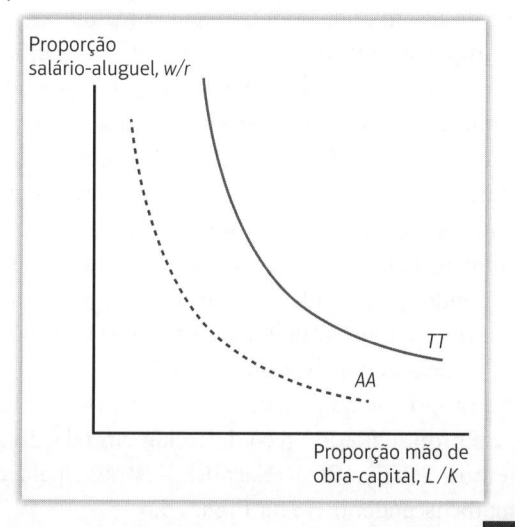

[Gráfico: eixo vertical "Proporção salário-aluguel, w/r"; eixo horizontal "Proporção mão de obra-capital, L/K"; curva sólida rotulada TT à direita e curva tracejada rotulada AA à esquerda]

alimentos é *capital-intensiva*. Observe que a definição de intensidade depende da proporção de mão de obra para capital utilizado na produção, não da proporção de mão de obra ou capital para a produção. Assim, uma mercadoria não pode ser tanto capital intensiva quanto mão de obra intensiva.

As curvas TT e AA na Figura 5.5 são chamadas de curvas de demanda dos fatores relativos. Elas são muito semelhantes à curva de demanda relativa para mercadorias. Sua inclinação descendente caracteriza o efeito de substituição da demanda de fatores dos produtores. Conforme o salário w sobe em relação à taxa de locação r, os produtores substituem capital por mão de obra nas suas decisões de produção. O caso anterior, considerado sem substituição de fator, foi um caso limitante, em que a curva de demanda relativa é uma linha vertical: a proporção de mão de obra para o capital exigido é fixa e não varia com as mudanças na proporção de salário-aluguel w/r. No restante deste capítulo, consideraremos o caso mais geral, com substituição dos fatores, em que as curvas de demanda relativa dos fatores são inclinadas para baixo.

Preços dos fatores e preços das mercadorias

Suponha por um momento que a economia produza tanto tecido quanto alimentos. (Isso não precisa ser desse modo se a economia se engajar no comércio internacional, porque ela pode especializar-se completamente na produção de um bem ou outro; mas vamos ignorar essa possibilidade por enquanto.) Então, a concorrência entre os produtores em cada setor irá garantir que o preço de cada bem seja igual a seus custos de produção. O custo de produzir uma mercadoria depende dos preços dos fatores: se os salários subirem — ficando as outras coisas iguais — o preço de qualquer bem cuja produção usa mão de obra também aumentará.

A importância do preço de um fator específico em relação ao custo de produzir uma mercadoria depende, no entanto, de quanto daquele fator envolve a produção da mercadoria. Se a produção de alimentos faz uso de muito pouca mão de obra, por exemplo, então um aumento no salário não terá muito efeito sobre o preço dos alimentos, enquanto se a produção de tecido utilizar uma grande quantidade de mão de obra, um aumento no salário terá um grande efeito sobre seu preço. Portanto, podemos concluir que existe uma relação linear entre a proporção da taxa de salários e a taxa de aluguel, w/r, e a proporção do preço do tecido em relação ao de alimentos, P_T/P_A. Essa relação é ilustrada pela curva inclinada ascendente SS na Figura 5.6.[3]

Vamos analisar as figuras 5.5 e 5.6 juntas. Na Figura 5.7, o painel da esquerda é a Figura 5.6 (da curva SS) virado 90 graus em sentido anti-horário, enquanto o painel da direita reproduz a Figura 5.5. Juntando esses dois diagramas, vemos o que pode parecer a princípio uma ligação surpreendente entre os preços das mercadorias e a proporção de mão de obra para o capital utilizado na produção de cada bem. Suponha que o preço relativo do tecido seja $(P_T/P_A)^1$ (painel à esquerda da Figura 5.7); se a economia produz dois produtos, a proporção entre a taxa salarial e a taxa de aluguel de capital deve ser igual a $(w/r)^1$. Esta proporção implica, então, que as relações de mão de obra para o capital empregado na produção de tecido e alimentos devem ser $(L_T/K_T)^1$ e $(L_A/K_A)^1$, respectivamente (painel à direita da Figura 5.7). Se o preço relativo do tecido subir para o nível indicado pelo $(P_T/P_A)^2$, a proporção entre a taxa salarial e a taxa de aluguel de capital subiria para $(w/r)^2$. Porque a mão de obra

FIGURA 5.6 Preços dos fatores e preços de mercadorias

Como a produção de tecidos é mão de obra-intensiva, enquanto a produção de alimentos é capital-intensiva, há uma proporção de um para um entre a proporção fator preço, w/r, e o preço relativo do tecido, P_T/P_A. Quanto maior o custo relativo da mão de obra, maior deve ser o preço relativo da mercadoria mão de obra-intensiva. A proporção é ilustrada pela curva SS.

[Gráfico: eixo vertical "Preço relativo de tecidos, P_C/P_F"; eixo horizontal "Proporção salário-aluguel, w/r"; curva ascendente rotulada SS]

é agora relativamente mais cara, as relações de mão de obra para o capital empregado na produção de tecidos e alimentos, portanto, cairiam para $(L_T/K_T)^2$ e $(L_A/K_A)^2$.

Podemos aprender mais uma lição importante a partir desse diagrama. O painel da esquerda já nos diz que um aumento no preço do tecido em relação ao de alimentos aumentará o rendimento dos trabalhadores em relação ao de proprietários de capital. Mas é possível fazer uma declaração mais forte: essa mudança de preços relativos inequivocamente aumentará o poder de compra dos trabalhadores e diminuirá o poder aquisitivo dos proprietários de capital ao elevar os salários reais e baixar as rendas reais em termos de *ambas* as mercadorias.

Como sabemos disso? Quando o P_T/P_A aumenta, a proporção de mão de obra para capital cai na produção de alimentos e de tecido. Mas em uma economia competitiva, os fatores de produção são pagos com seu produto marginal — o salário real dos trabalhadores em termos de tecido é igual à produtividade marginal da mão de obra de produção de tecido e assim por diante. Quando a proporção da mão de obra para o capital cai na produção de qualquer bem, o produto marginal da mão de obra em termos daquela mercadoria aumenta — então os trabalhadores sentem seu salário real mais alto em termos de ambos os bens. Por outro lado, se o produto marginal do capital cai em ambas as indústrias,

---

[3] Essa proporção mantém-se apenas quando a economia produz tanto tecido quanto alimentos, o que está associado com um determinado intervalo para o preço relativo do tecido. Se o preço relativo se elevar além de um determinado nível de limite superior, então a economia se especializa na produção de tecido. Inversamente, se o preço relativo cair abaixo de um nível de limite inferior, então, a economia se especializa na produção de alimentos.

| FIGURA 5.7 | De preços de mercadorias para opções de entrada |

Dado o preço relativo do tecido $(P_T/P_A)^1$, a proporção entre a taxa salarial e a taxa de aluguel de capital deve ser igual $(w/r)^1$. Essa proporção de salário-aluguel então implica que as relações de mão de obra para o capital empregado na produção de tecido e alimentos devem ser, respectivamente, $(L_T/K_T)^1$ e $(L_A/K_A)^1$. Se o preço relativo do tecido sobe para $(P_T/P_A)^2$, a proporção de salário-aluguel deve crescer para $(w/r)^2$. Isso fará com que a proporção mão de obra-capital utilizada na produção de ambas as mercadorias caia.

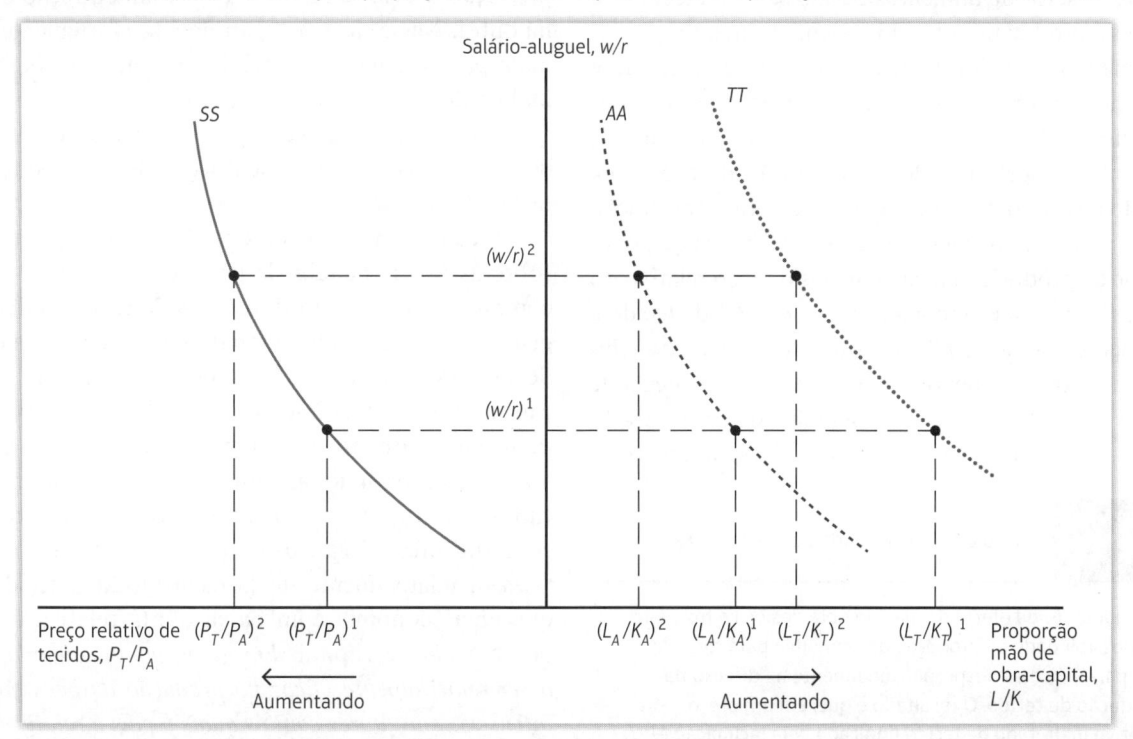

então os proprietários de capital sentem seus rendimentos reais mais baixos em termos de ambos os bens.

Nesse modelo, então, como no de fatores específicos, as alterações dos preços relativos têm fortes efeitos na distribuição de renda. Uma mudança nos preços das mercadorias não muda só a distribuição de renda. Ele sempre muda tanto que os proprietários de um fator de produção ganham, enquanto os proprietários do outro ficam pior.[4]

Recursos e produção

Agora completamos a descrição de uma economia de dois fatores, descrevendo a relação entre os preços de mercadorias, oferta de fatores e produção. Em particular, investigamos como as mudanças nos recursos (oferta total de um fator) afetam a alocação dos fatores entre os setores e as mudanças associadas que ocorrem na produção.

Suponha que temos o preço relativo dos tecidos como dado. Sabemos da Figura 5.7 que um determinado preço relativo de tecido, digamos $(P_T/P_A)^1$, está associado com uma proporção fixa salário/aluguel $(w/r)^1$ (desde que tanto tecidos quanto alimentos sejam produzidos). Essa proporção, por sua vez, determina as relações de mão de obra para o capital empregado nos setores de tecidos e de alimentos: $(L_T/K_T)^1$ e $(L_A/K_A)^1$, respectivamente. Agora, vamos supor que a força de trabalho da economia cresça, o que implica que a relação de mão de obra agregada para capital da economia, L/K, aumenta. A um determinado preço relativo de tecido $(P_T/P_A)^1$, vimos que as relações de mão de obra para o capital investido em ambos os setores permanecem constantes. Como a economia pode acomodar o aumento na relativa oferta de mão de obra agregada L/K se a mão de obra relativa demandada em cada setor permanece constante em $(L_T/K_T)^1$ e $(L_A/K_A)^1$? Em outras palavras, como a economia emprega as horas de mão de obra adicionais? A resposta reside na atribuição da mão de obra e capital em todos os setores: a proporção capital-mão de obra no setor de tecido é maior do que no setor de alimentos, então a

---

[4] Essa proporção entre os preços de mercadorias e os preços dos fatores (e os efeitos de bem-estar associados) foi esclarecida em um artigo clássico de Wolfgang Stolper e Paul Samuelson, "Protection and Real Wages", *Review of Economic Studies*, v. 9, p. 58-73, nov. 1941; e, portanto, é conhecido como o efeito de Stolper-Samuelson.

economia pode aumentar o emprego da mão de obra em relação ao capital (mantendo fixa a relação mão de obra-capital em cada setor) alocando mais mão de obra e capital para a produção de tecido (que é mão de obra-intensivo).[5] Conforme a mão de obra e o capital se movem do setor de alimentos para o setor de tecidos, a economia produz mais tecido e menos alimentos.

A melhor maneira de pensar sobre esse resultado é em termos de como os recursos afetam as possibilidades de produção da economia. Na Figura 5.8, a curva TT^1 representa as possibilidades de produção da economia antes do aumento da oferta de mão de obra. A produção está no ponto 1, onde a inclinação da fronteira de possibilidade de produção é igual a menos o preço relativo do tecido, P_T/P_A, e a economia produz Q_T^1 e Q_A^1 de tecido e de alimentos. A curva TT^2 mostra a fronteira de possibilidade de produção depois de um aumento da oferta de mão de obra. A fronteira de possibilidade de produção desloca-se para fora, para TT^2. Após esse aumento, a economia pode produzir mais tecido e alimentos do que antes. O desvio para fora da fronteira é, contudo, muito maior na direção do tecido do que dos alimentos — ou seja, **expansão tendenciosa das possibilidades de produção**, que ocorre quando a fronteira de possibilidade de produção desvia-se muito mais em uma direção do que na outra. Nesse caso, a expansão é tão fortemente inclinada para produção de tecido que, em preços relativos inalterados, a produção move-se do ponto 1 ao ponto 2, que envolve uma queda real na produção de alimentos de Q_A^1 para Q_A^2 e um aumento grande na produção de tecido de Q_T^1 para Q_T^2.

O efeito tendencioso dos aumentos de recursos sobre as possibilidades de produção é a chave para a compreensão de como diferenças de recursos dão origem ao comércio internacional.[6] Um aumento da oferta de mão de obra expande as possibilidades de produção desproporcionalmente na direção da produção de tecido, enquanto um aumento na oferta de capital amplia desproporcionalmente as possibilidades na direção da produção de alimentos. Assim, uma economia com alta oferta relativa de mão de obra para o capital será relativamente melhor em produzir tecidos do que uma economia com baixa oferta relativa de mão de obra para o capital. *Em geral, uma economia tende a ser relativamente eficaz na produção de bens que são intensivos em fatores com os quais o país é relativamente bem dotado.*

Veremos mais adiante algumas evidências empíricas confirmando que as alterações nos recursos de um país levam ao crescimento que está inclinado para os setores que usam intensivamente o fator cuja oferta aumentou. Documentamos isso para a economia chinesa, que recentemente passou por um crescimento substancial na oferta de mão de obra qualificada.

Efeitos do comércio internacional entre as economias de dois fatores

Tendo delineado a estrutura de produção de uma economia de dois fatores, podemos agora olhar para o que acontece quando duas dessas economias, Doméstica e Estrangeira fazem comércio. Como sempre, Doméstica e Estrangeira são semelhantes ao longo de muitas dimensões. Elas têm os mesmos gostos e,

FIGURA 5.8 Recursos e possibilidades de produção

Um aumento da oferta de mão de obra desloca a fronteira de possibilidade de produção da economia para fora, de TT^1 para TT^2, mas desproporcionalmente na direção da produção de tecido. O resultado é que, em um preço relativo inalterado de tecido (indicado pela inclinação $-P_T/P_A$), a produção de alimentos na verdade declina de Q_A^1 para Q_A^2.

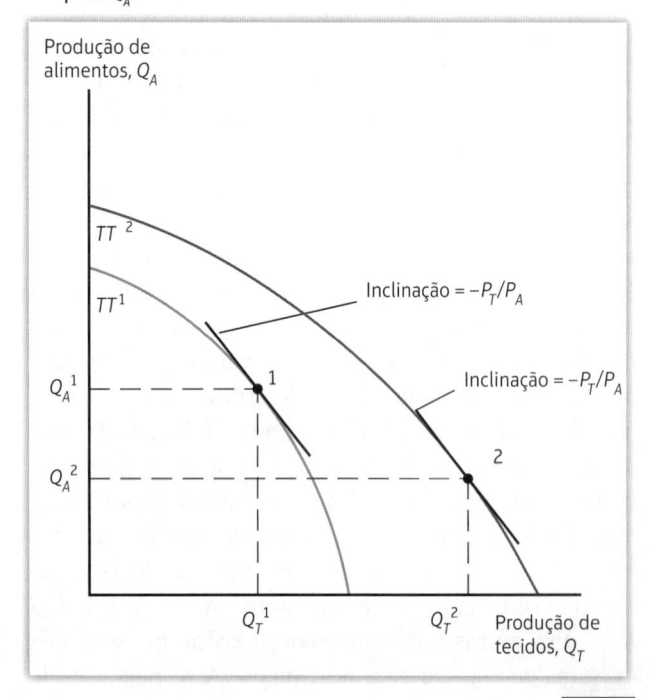

---

5 Veja o apêndice para uma derivação mais formal desse resultado e detalhes adicionais.

6 O efeito tendencioso das alterações de recursos na produção foi apontado em um artigo do economista polonês T. M. Rybczynski, "Factor Endowments and relative of commodity prices", *Economica*, v. 22, p. 336-341, nov. 1955. Portanto, é conhecido como o efeito de Rybczynski.

portanto, têm idênticas demandas relativas para alimentos e tecidos, quando confrontadas com os mesmos preços relativos dos dois bens. Elas também têm a mesma tecnologia: uma determinada quantidade de mão de obra e de capital produz a mesma quantidade de tecido ou de alimentos nos dois países. A única diferença entre os países está em seus recursos: em Doméstica há uma proporção maior de mão de obra para capital do que em Estrangeira.

Preços relativos e o padrão de comércio

Uma vez que Doméstica tem maior proporção de mão de obra para o capital que Estrangeira, Doméstica é *abundante em mão de obra* e Estrangeira *abundante em capital*. Observe que a abundância é definida em termos de proporção e não em quantidades absolutas. Por exemplo, o número total de trabalhadores nos Estados Unidos é aproximadamente três vezes maior do que no México, mas o México seria ainda considerado abundante em mão de obra em relação aos Estados Unidos, uma vez que o estoque de capital dos EUA é mais de três vezes maior que o estoque de capital do México. "Abundância" é sempre definida em termos relativos, comparando a proporção de mão de obra para o capital dos dois países; assim, nenhum país é abundante em tudo.

Sabendo que o tecido é uma mercadoria mão de obra-intensiva, a fronteira de possibilidade de produção de Doméstica em relação a Estrangeira é deslocada mais na direção de tecido do que na direção de alimentos. Assim, sendo o resto igual, Doméstica tende a produzir uma proporção maior de tecido do que de alimentos.

Como o comércio leva a uma convergência dos preços relativos, uma das outras coisas que vai ser igual é o preço do tecido em relação ao de alimentos. No entanto, como os países diferem em suas abundâncias dos fatores para qualquer proporção determinada do preço do tecido para o de alimentos, Doméstica produzirá uma proporção maior de tecido em relação a alimentos do que Estrangeira: Doméstica terá uma *oferta relativa* maior de tecido. A curva de oferta relativa de Doméstica, então, encontra-se à direita da de Estrangeira.

As curvas de oferta relativa de Doméstica (RS) e Estrangeira (RS^*) são ilustradas na Figura 5.9. A curva da demanda relativa, que assumimos ser a mesma para ambos os países, é mostrada como RD. Se não houvesse nenhum comércio internacional, o equilíbrio para Doméstica seria no ponto 1, e o preço relativo do tecido seria $(P_T/P_A)^1$. O equilíbrio para Estrangeira seria no ponto 3, com um preço relativo de tecidos dado por

FIGURA 5.9 O comércio leva a uma convergência dos preços relativos

Na ausência de comércio, o equilíbrio de Doméstica seria no ponto 1, onde a oferta relativa interna RS intercepta a curva da demanda relativa RD. Da mesma forma, o equilíbrio de Estrangeira seria no ponto 3. O comércio leva a um preço relativo mundial que se encontra entre os preços pré-comércio $(P_T/P_A)^1$ e $(P_T/P_A)^3$, como $(P_T/P_A)^2$ no ponto 2.

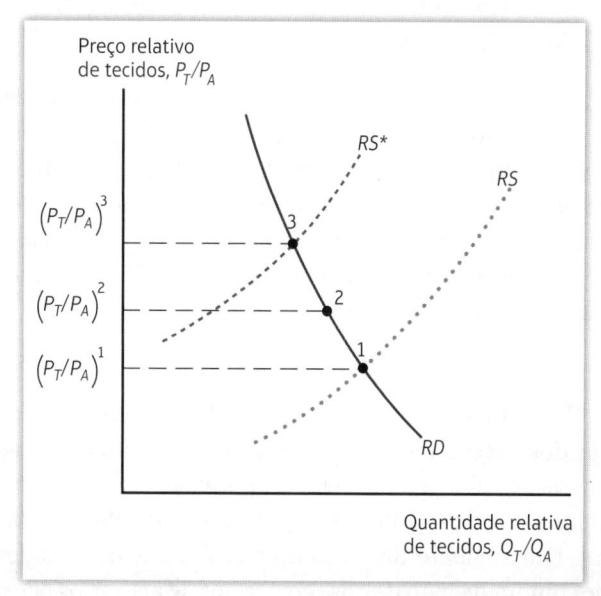

$(P_T/P_A)^3$. Assim, na ausência de comércio, o preço relativo do tecido seria menor em Doméstica do que em Estrangeira.

Quando Doméstica e Estrangeira fazem comércio entre si, seus preços relativos convergem. O preço relativo do tecido sobe em Doméstica e cai em Estrangeira, e um novo preço relativo mundial do tecido é estabelecido em um ponto em algum lugar entre os preços relativos pré-comércio, digamos em $(P_T/P_A)^2$. No Capítulo 4, discutimos como uma economia responde ao comércio com base na direção da mudança do preço relativo dos bens: a economia exporta o bem cujo preço relativo aumenta. Assim, Doméstica irá exportar tecido (o preço relativo do tecido sobe em Doméstica), enquanto Estrangeira exportará alimentos (o preço relativo dos tecidos cai em Estrangeira, o que significa que o preço relativo dos alimentos sobe nesse país).

Doméstica torna-se um exportador de tecido, porque a mão de obra é abundante (em relação à Estrangeira) e porque a produção de tecido é mão de obra-intensiva (em relação à produção de alimentos). Da mesma forma, Estrangeira torna-se um exportador de alimentos, porque é abundante em capital e a produção de alimentos é capital-intensiva. Essas previsões para o padrão de comércio (na versão duas-mercadorias, dois-fatores, dois-países que estudamos) podem ser generalizadas com o seguinte teorema, que recebeu seu nome dos desenvolvedores originais deste modelo de comércio:

Teorema de Hecksher-Ohlin: *o país que é abundante em um fator exporta o bem cuja produção é intensiva nesse fator.*

Em um caso mais realista (com vários países, fatores de produção e números de bens) podemos generalizar esse resultado como uma correlação entre a abundância de um fator de um país e suas exportações de mercadorias que usam esse fator intensamente: *os países tendem a exportar mercadorias cuja produção seja intensiva nos fatores com os quais os países são dotados abundantemente.*[7]

Comércio e distribuição de renda

Discutimos como o comércio induz uma convergência dos preços relativos. Anteriormente, vimos que as alterações dos preços relativos, por sua vez, têm fortes efeitos sobre os ganhos relativos de mão de obra e capital. Um aumento do preço do tecido aumenta o poder de compra da mão de obra em termos de ambos os bens, reduzindo o poder aquisitivo do capital em termos dos dois bens. Um aumento no preço dos alimentos tem o efeito inverso. Assim, o comércio internacional pode ter um efeito poderoso sobre a distribuição de renda, até mesmo em longo prazo. Em Doméstica, onde o preço relativo dos tecidos sobe, as pessoas que recebem seus rendimentos da mão de obra ganham com o comércio, mas aquelas que derivam dos seus rendimentos do capital ficam pior. Em Estrangeira, onde o preço relativo do tecido cai, o oposto acontece: os trabalhadores são prejudicados e donos de capital são beneficiados.

O recurso do qual um país tem uma oferta relativamente grande (mão de obra em Doméstica, capital em Estrangeira) é o **fator abundante** naquele país, e o recurso do qual tem uma oferta relativamente pequena (capital em Doméstica, mão de obra em Estrangeira) é o **fator escasso**. A conclusão geral sobre os efeitos do comércio internacional sobre a distribuição de renda em longo prazo é: *os proprietários de fatores abundantes de um país ganham com o comércio, mas os proprietários de fatores escassos de um país perdem.*

Na nossa análise do caso de fatores específicos, notamos que os fatores de produção que estão "presos" em uma indústria que compete com a importação perdem com a abertura do comércio. Aqui, notamos que os fatores de produção que são usados intensamente pela indústria que compete com a importação são prejudicados pela abertura do comércio — independentemente da indústria em que trabalham. Além disso, o argumento teórico sobre os ganhos agregados do comércio é idêntico ao caso dos fatores específicos: a abertura ao comércio expande as possibilidades de consumo de uma economia (veja a Figura 4.11), então não há uma maneira de beneficiar a todos. No entanto, existe uma diferença crucial relativa aos efeitos de distribuição de renda nesses dois modelos. A especificidade de fatores para indústrias específicas muitas vezes é apenas um problema temporário: fabricantes de vestuário não podem se tornar fabricantes de computadores da noite para o dia, mas com o tempo a economia dos EUA pode deslocar seu emprego de fabricação dos setores em queda para os que estão em expansão. Assim, os efeitos de distribuição de renda, que surgem porque a mão de obra e outros fatores de produção são imóveis, representam um problema temporário, transitório (o que não quer dizer que tais efeitos não sejam dolorosos para aqueles que perdem). Em contraste, os efeitos do comércio sobre a distribuição de renda entre terra, mão de obra e capital são mais ou menos permanentes.

Comparados ao resto do mundo, os Estados Unidos são abundantemente dotados com mão de obra altamente qualificada, enquanto a mão de obra pouco qualificada é correspondentemente escassa. Isso significa que o comércio internacional tem o potencial de prejudicar os trabalhadores pouco qualificados dos Estados Unidos — não apenas temporariamente, mas em uma base sustentada. O efeito negativo do comércio sobre os trabalhadores pouco qualificados constitui um problema político persistente, que não pode ser remediado por políticas que proporcionam alívio temporário (como o seguro-desemprego). Consequentemente, o efeito potencial de aumento das trocas comerciais na desigualdade de renda nas economias avançadas como os Estados Unidos tem sido objeto de uma grande quantidade de pesquisas empíricas. Vamos rever algumas dessas evidências nos estudos de casos que se seguem e concluir que o comércio tem sido, no máximo, um fator que contribui para os aumentos registrados da desigualdade de renda nos Estados Unidos.

---

[7] Veja: Alan Deardorff, "The General Validity of the Heckscher-Ohlin Theorem", *American Economic Review*, v. 72, p. 683–694, set.1982; para uma derivação formal dessa extensão de várias mercadorias, fatores e países.

COMÉRCIO NORTE-SUL E DESIGUALDADE DE RENDA

A distribuição dos salários nos Estados Unidos tornou-se consideravelmente mais desigual desde a década de 1970. Naquela época, um trabalhador do sexo masculino com um salário no percentil 90 da distribuição salarial (ganhando mais do que os 90% abaixo dele, mas menos que os 10% mais bem assalariados) ganhava 3,2 vezes o salário de um trabalhador do 10º percentil inferior da distribuição. Em 2010, aquele trabalhador no percentil 90 ganhava mais de 5,2 vezes o salário do trabalhador do 10º percentil inferior. A desigualdade salarial para trabalhadores do sexo feminino tem aumentado a um ritmo semelhante sobre esse mesmo período de tempo. Grande parte desse aumento na desigualdade salarial foi associado com um aumento do prêmio ligado à instrução, especialmente desde a década de 1980. Em 1980, um trabalhador com diploma universitário ganhava 40% a mais do que um trabalhador com apenas nível médio. Esse prêmio da instrução aumentou constantemente através da década de 1980 e de 1990 para 80%. Desde então, tem sido mais ou menos plana (embora as disparidades salariais entre os graduados de nível superior tenham continuado subindo).

Por que a desigualdade salarial tem aumentado? Muitos observadores atribuem a mudança ao crescimento do comércio mundial e, em particular, à crescente intensificação nas exportações de bens manufaturados das economias recém-industrializadas (NIEs), como a Coreia do Sul e a China. Até a década de 1970, o comércio entre as nações industriais avançadas e as economias menos desenvolvidas — muitas vezes referido como comércio "Norte-Sul", porque as nações mais avançadas ainda estão na zona temperada do hemisfério norte — consistia esmagadoramente de um intercâmbio entre produtos fabricados no Norte e matérias-primas e produtos agrícolas, como petróleo e café vindos do Sul. A partir de 1970 em diante, no entanto, antigos exportadores de matéria-prima começaram a vender cada vez mais produtos manufaturados para os países com salários elevados como os Estados Unidos. Como aprendemos no Capítulo 2, os países em desenvolvimento mudaram drasticamente os tipos de mercadorias que exportam, se afastando de sua tradicional dependência de produtos agrícolas e minerais para um foco em produtos manufaturados. Embora as NIEs também representem um mercado de rápido crescimento para as exportações das nações de salários elevados, as exportações das economias recém-industrializadas obviamente diferem em muito na intensidade do fator de suas importações. Em grande maioria, as exportações das NIEs para as nações avançadas consistiam em roupas, sapatos e outros produtos relativamente simples ("mercadorias de baixa tecnologia"), cuja produção é intensiva em mão de obra pouco qualificada, enquanto as exportações dos países avançados para as NIEs consistiam em bens capital-intensivos ou qualificação-intensivos como os produtos químicos e as aeronaves ("mercadorias de alta tecnologia").

Para muitos observadores, a conclusão parecia simples: o que estava acontecendo era um movimento em direção à igualdade fator-preço. O comércio entre os países avançados, que são abundantes em capital e qualificação, e as NIEs, com sua abundante oferta de mão de obra não qualificada, estava aumentando os salários dos trabalhadores altamente qualificados e reduzindo os salários dos trabalhadores menos qualificados nos países abundantes em qualificação e capital, tal como prevê o modelo de fatores-proporções.

Esse é um argumento com um significado muito mais do que puramente acadêmico. Se entendermos a crescente desigualdade de renda em nações avançadas como um problema grave, como muitas pessoas consideram, e se também acreditarmos que o crescimento do comércio mundial é a principal causa desse problema, torna-se difícil manter o tradicional apoio dos economistas ao livre comércio. (Como já discutimos anteriormente, em princípio, os impostos e os pagamentos do governo podem compensar o efeito do comércio na distribuição de renda, mas alguém pode argumentar que isso é improvável de acontecer na prática.) Alguns analistas influentes têm argumentado que as nações avançadas terão de restringir seu comércio com os países de baixos salários, se quiserem manter-se basicamente como sociedades de classe média.

Enquanto alguns economistas acreditam que o crescente comércio com os países de baixos salários tem sido a principal causa da crescente desigualdade de renda nos Estados Unidos, a maioria dos pesquisadores empíricos acreditava no momento da redação deste texto que o comércio internacional tem sido, no máximo, um fator contribuinte para tal crescimento, e que as principais causas encontram-se em outro lugar.[8] Esse ceticismo repousa sobre três observações principais.

Primeiro, o modelo das proporções de fator diz que o comércio internacional afeta a distribuição de renda mediante uma mudança dos preços relativos das mercadorias. Então, se o comércio internacional foi a principal força motriz por trás da crescente desigualdade de renda, deveria haver uma evidência clara de aumento dos preços dos produtos qualificação-intensivos em comparação com os preços dos produtos mão de obra não qualificada-intensivos. Estudos de dados relativos aos preços internacionais, no entanto, não conseguiram encontrar uma evidência clara de tal mudança dos preços relativos.

Segundo, o modelo prevê que os fatores preços relativos devem convergir: se os salários dos trabalhadores qualificados estão subindo e os dos trabalhadores não qualificados estão caindo no país abundante em qualificação, o inverso devia acontecer no país abundante em mão de obra. Estudos de distribuição de renda nos países em desenvolvimento que se abriram ao comércio têm mostrado que, pelo menos em alguns casos, o inverso é verdadeiro. No México, em particular, estudos cuidadosos têm mostrado que a transformação do comércio do país na década de 1980 — quando o México abriu-se às importações e tornou-se um grande exportador de produtos manufaturados — foi acompanhada por aumento de salários para trabalhadores qualificados e crescente desigualdade salarial global, bastante próximo dos desenvolvimentos nos Estados Unidos.

Terceiro, embora o comércio entre os países avançados e as NIEs tenha crescido rapidamente, ainda constitui apenas uma pequena porcentagem do total de gastos nas nações avançadas. Como resultado, as estimativas do "conteúdo de fator" desse comércio — a mão de obra qualificada exportada consequentemente por países avançados incorporados nas exportações de qualificação-intensiva, e a mão de obra não qualificada consequentemente importada em importações mão de obra-intensivas — são ainda apenas uma pequena fração das ofertas totais de mão de obra qualificada e não qualificada. Isso sugere que esses fluxos de comércio não possam ter tido um impacto muito grande na distribuição de renda.

O que, então, é responsável pelo distanciamento crescente entre trabalhadores qualificados e não qualificados nos Estados Unidos? A opinião da maioria é que o vilão não é o comércio, mas sim as novas tecnologias de produção que põem uma grande ênfase na qualificação de mão de obra (como a introdução generalizada de computadores e outras tecnologias avançadas no ambiente de trabalho). Isso é muitas vezes referido como uma complementaridade de qualificação de tecnologia ou **mudança tecnológica viesada pela qualificação**.[9]

Discutiremos as ligações entre esse tipo de mudança tecnológica e a crescente desigualdade de salários no estudo de caso a seguir.

---

8 Entre as informações importantes na discussão sobre o impacto do comércio na distribuição de renda temos Robert Lawrence e Matthew Slaughter, "Trade and US Wages: Giant Sucking Sound or Small Hiccup?" *Brookings Papers on Economic Activity: Microeconomic*, v. 2, p. 161–226, 1993; Jeffrey D. Sachs e Howard Shatz, "Trade and Jobs in U.S. Manufacturing", *Brookings Papers on Economic Activity*, v. 1, p. 1–84, 1994; e Adrian Wood, *North-South Trade, Employment, and Income Inequality*. Oxford: Oxford University Press, 1994. Para uma pesquisa com esse debate e assuntos relacionados, consulte o Capítulo 9 em Lawrence Edwards e Robert Z. Lawrence, *Rising Tide:* Is Growth in Emerging Economies Good for the United States? Peterson Institute for International Economics, 2013.

9 Veja: Claudia Goldine Lawrence F. Katz, "The Origins of Technology-Skill Complementarity", *The Quarterly Journal of Economics*, p. 693–732, 1998.

MUDANÇA TECNOLÓGICA ENVIESADA PELA QUALIFICAÇÃO E DESIGUALDADE DE RENDA

Neste estudo de caso, estendemos o nosso modelo de dois fatores de produção para incorporar a mudança tecnológica que é enviesada pela qualificação. Vamos discutir como isso promove um melhor ajuste para os padrões empíricos associados à crescente desigualdade salarial nos Estados Unidos. Também descrevemos algumas novas pesquisas que relacionam parte dessa mudança tecnológica ao comércio e à terceirização.

Considere a variante do nosso modelo de duas mercadorias, dois fatores em que mãos de obra qualificada e não qualificada são usadas para produzir bens de "baixa tecnologia" e "alta tecnologia". A Figura 5.10 mostra as demandas de fator relativas aos produtores em ambos os setores: a proporção de trabalhadores qualificados-não qualificados em função da proporção salarial qualificada-não qualificada (curva LL de baixa tecnologia e HH para alta tecnologia).

FIGURA 5.10 — Desigualdade de aumento salarial: mudança tecnológica enviesada pela habilidade ou pelo comércio?

As curvas LL e HH mostram a proporção de emprego qualificado-não qualificado, S/U, em função da proporção salarial de qualificado-não qualificado, w_S/w_U, nos setores de baixa tecnologia e alta tecnologia. O setor de alta tecnologia é mais qualificação-intensiva que o setor de baixa tecnologia, então a curva HH é deslocada para fora em relação à curva LL. O painel (a) mostra o caso onde o aumento das trocas comerciais com os países em desenvolvimento leva a uma maior proporção de salários qualificados-não qualificados. Os produtores em ambos os setores respondem, *diminuindo* seu emprego relativo para trabalhadores qualificados: ambos S_L/U_L e S_H/U_H diminuem. O painel (b) mostra o caso em que a mudança tecnológica enviesada pela habilidade leva a uma maior taxa de salários qualificados-não qualificados. A curvas LL e HH desviam para fora (aumento relativo da demanda por trabalhadores qualificados em ambos os setores). Contudo, neste caso, os produtores em ambos os setores respondem, *aumentando* seu emprego relativo de trabalhadores qualificados: ambos S_L/U_L e S_H/U_H aumentam.

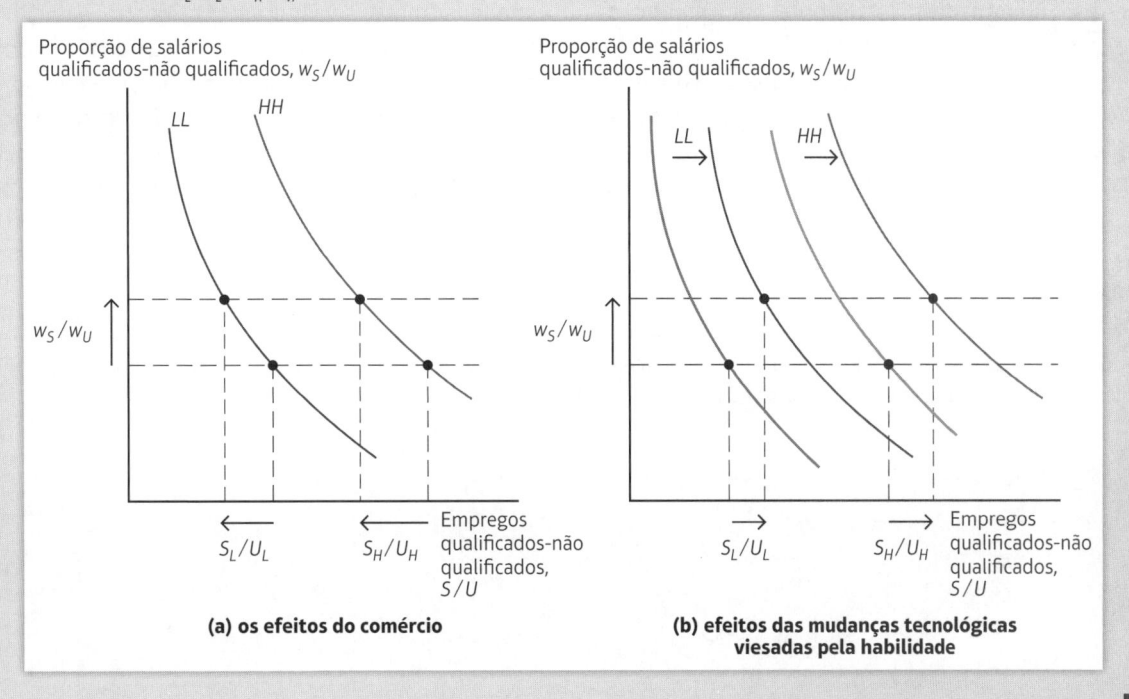

(a) os efeitos do comércio

(b) efeitos das mudanças tecnológicas viesadas pela habilidade

Partimos do princípio que a produção de bens de alta tecnologia é intensiva de mão de obra qualificada, então a curva HH é deslocada para fora em relação à curva LL. No fundo, uma curva SS (ver figuras 5.6 e 5.7) determina a proporção de salário de qualificados-não qualificados como uma função crescente do preço relativo dos bens de alta tecnologia (em relação às mercadorias de baixa tecnologia).

No painel (a), mostramos o caso em que o aumento das trocas comerciais com os países em desenvolvimento gera um aumento na desigualdade salarial (a taxa de salários de qualificados-não qualificados) nesses países (por um aumento no preço relativo dos bens de alta tecnologia). O aumento do custo relativo de trabalhadores qualificados induz produtores em ambos os setores a *reduzir* o número de empregos de trabalhadores qualificados em relação a trabalhadores não qualificados.

No painel (b), mostramos o caso em que a mudança tecnológica em ambos os setores gera um aumento na desigualdade salarial. Essa mudança de tecnologia é classificada como "enviesada pela qualificação", porque desloca para fora a demanda relativa de trabalhadores qualificados em ambos os setores (tanto as curvas LL quanto HH se deslocam para fora). Também induz maiores ganhos de produtividade no setor de alta tecnologia, por sua complementaridade com os trabalhadores qualificados. Assim, para qualquer preço relativo determinado dos bens de alta tecnologia, a mudança de tecnologia é associada com uma maior proporção de salários de qualificados-não qualificados (a curva de SS se desloca). Apesar de a mão de obra qualificada ser relativamente mais cara, os produtores em ambos os setores respondem à mudança tecnológica com o *aumento* do emprego de trabalhadores qualificados em relação a trabalhadores não qualificados. (Note que a explicação de comércio no painel (a) prediz uma resposta oposta para o emprego em ambos os setores.)

Podemos agora examinar os méritos relativos das explicações do comércio *versus* mudança tecnológica enviesada pela qualificação para o aumento da desigualdade salarial, analisando as mudanças na proporção de empregos qualificados-não qualificados dentro de setores nos Estados Unidos. Um aumento generalizado nessas relações de emprego para diferentes tipos de setores (setores tanto de mão de obra qualificada-intensiva quanto de mão de obra não qualificada-intensiva) na economia dos Estados Unidos aponta para a explicação tecnológica enviesada pela qualificação. Isso é exatamente o que tem sido observado nos Estados Unidos durante o último meio século.

Na Figura 5.11, os setores são separados em quatro grupos com base na sua intensidade de habilidade.

As empresas dos EUA não relatam seus empregos em termos de habilidade, mas usam uma categorização relacionada de trabalhadores de produção e de não produção. Com poucas exceções, os cargos de não produção exigem níveis mais elevados de instrução — e, portanto, podemos medir a proporção de empregos qualificados-não qualificados em um setor como a proporção de emprego não produção para empregos de produção.[10] Os setores com as mais altas proporções de empregos de não produção para de produção são classificados como os mais habilidade-intensivos. Cada quadrante da Figura 5.11 mostra a evolução dessa proporção de empregos ao longo do tempo, para cada grupo de setores (a taxa média de emprego em todos os setores do grupo). Apesar de existirem grandes diferenças na intensidade de habilidade média entre os grupos, podemos ver claramente que as proporções de emprego estão aumentando ao longo do

FIGURA 5.11 Evolução das relações de emprego não produção-produção nos EUA em quatro grupos de setores

Os setores são agrupados com base na sua intensidade de habilidade. A proporção de emprego não produção-produção aumentou ao longo do tempo em todos os quatro grupos setoriais.

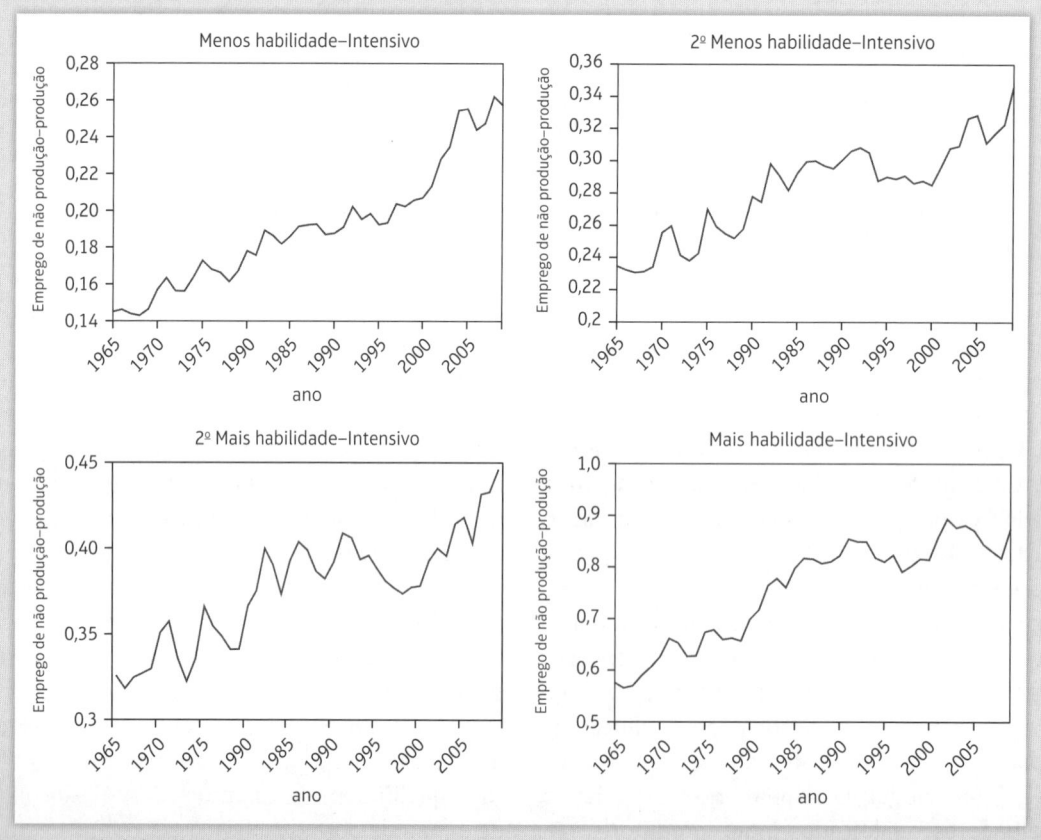

Fonte: NBER-CES Banco de dados de produtividade de fabricação.

[10] Em média, o salário de um trabalhador de não produção é 60% maior do que o de um trabalhador de produção.

tempo para todos os quatro grupos. Esse aumento generalizado na maior parte dos setores da economia dos EUA é uma das principais evidências que apontam a tecnologia como explicação para os aumentos na desigualdade salarial dos Estados Unidos.

No entanto, mesmo que a maioria dos economistas concorde que ocorreu uma mudança tecnológica viesada pela qualificação, uma pesquisa recente revelou algumas novas maneiras pelas quais o comércio tem sido um contribuinte indireto no aumento associado da desigualdade salarial, acelerando esse processo de mudança tecnológica. Essas explicações são baseadas no princípio de que as empresas têm uma série de métodos de produção que é influenciada pela abertura ao comércio e ao investimento estrangeiro. Por exemplo, alguns estudos mostram que as empresas que começam a exportar também evoluem para tecnologias de produção mais qualificação-intensivas. A liberalização do comércio, então, pode gerar mudanças tecnológicas generalizadas ao induzir uma grande parte das empresas a fazer tais escolhas de atualização da tecnologia.

Outro exemplo está relacionado com a terceirização estrangeira e a liberalização do comércio e do investimento estrangeiro. Em particular, o Tratado do NAFTA (ver Capítulo 2), entre os Estados Unidos, Canadá e México, tornou substancialmente mais fácil para as empresas moverem diferentes partes de seus processos de produção (pesquisa e desenvolvimento, produção de componentes, montagem, comercialização etc.) para diferentes locais na América do Norte. Como o salário do trabalhador de produção é substancialmente inferior no México, as empresas dos EUA têm um incentivo para mudar para o México os processos que usam os trabalhadores de produção mais intensa (como a produção de componentes e sua montagem). Os processos que dependem mais intensamente dos trabalhadores mais qualificados, de não produção (como pesquisa, desenvolvimento e comercialização) tendem a permanecer nos Estados Unidos (ou no Canadá). Na perspectiva dos Estados Unidos, esse rompimento do processo de produção aumenta a demanda relativa por trabalhadores qualificados, e é muito semelhante à mudança tecnológica enviesada pela qualificação. Um estudo constatou que esse processo de terceirização dos Estados Unidos para o México pode explicar 21% a 27% do aumento do desequilíbrio salarial entre trabalhadores de não produção e de produção.[11]

Assim, algumas das mudanças tecnológicas enviesadas pela qualificação observadas, e seus efeitos sobre a desigualdade de aumento salarial, podem ser rastreadas até a maior abertura ao comércio e ao investimento estrangeiro. E, como já mencionado, os aumentos na desigualdade salarial nas economias avançadas são uma preocupação genuína. No entanto, o uso de restrições comerciais visando limitar as inovações tecnológicas — porque essas inovações favorecem os trabalhadores relativamente mais qualificados — é particularmente problemático: essas inovações também trazem ganhos agregados substanciais (junto com os ganhos padrão do comércio) que depois podem ser relevados. Como consequência, os economistas defendem as políticas de longo prazo que facilitam o processo de aquisição de qualificação para todos os trabalhadores, de modo que os ganhos com as inovações tecnológicas possam ser disseminadas tão amplamente quanto possível.

---

[11] Veja: Robert Feenstra e Gordon Hanson, "The Impact of Outsourcing and High-Technology Capital on Wages: Estimates for the United States, 1979–1990", *Quarterly Journal of Economics*, v. 144, p. 907–940, ago. 1999.

Equalização dos preços dos fatores

Na ausência de comércio, a mão de obra ganharia menos em Doméstica do que em Estrangeira, e o capital seria mais rentável. Sem o comércio, Doméstica, abundante em mão de obra, teria um preço relativo inferior de tecido do que Estrangeira, abundante em capital, e a diferença dos preços relativos das *mercadorias* implica uma diferença ainda maior dos preços relativos dos *fatores*.

Quando Doméstica e Estrangeira fazem comércio, os preços relativos das mercadorias convergem. Essa convergência, por sua vez, faz com que haja convergência dos preços relativos de capital e mão de obra. Assim, há claramente uma tendência à **equalização dos preços dos fatores**. Até onde vai essa tendência?

A resposta surpreendente é que, no modelo, a tendência segue indefinidamente. O comércio internacional leva à completa equalização dos preços dos fatores. Embora Doméstica tenha uma proporção maior de mão de obra para o capital do que Estrangeira, uma vez que elas fazem comércio entre si, a proporção salarial e a taxa de aluguel de capital são as mesmas em ambos os países. Para ver isto, consulte novamente a Figura 5.6, que mostra que dados os preços de tecido e alimentos podemos determinar a taxa salarial e a taxa de aluguel sem referência às ofertas de capital e mão de obra. Se Doméstica e Estrangeira enfrentam os mesmos preços relativos de tecido e alimentos, elas também terão os mesmos preços de fatores.

Para compreender como ocorre esta equalização, temos que perceber que quando Doméstica e Estrangeira fazem comércio uma com a outra, está acontecendo algo mais do que uma simples troca de mercadorias. De uma maneira indireta, os dois países estão na verdade comercializando fatores de produção. Doméstica permite que Estrangeira use um pouco da sua mão de obra abundante, não vendendo a mão de obra diretamente, mas negociando mercadorias produzidas com uma proporção elevada da mão de obra para o capital, trocando por bens produzidos com uma baixa proporção capital-mão de obra. As mercadorias que Doméstica vende exigem mais mão de obra para serem produzidas do que as que ela recebe em troca; ou seja, mais mão de obra é *incorporada* nas exportações de Doméstica do que em suas importações. Assim, Doméstica exporta sua mão de obra, incorporada nas exportações de mão de obra intensivas. Por outro lado, uma vez que as exportações de Estrangeira incorporam mais capital do que suas importações, Estrangeira está indiretamente exportando seu capital. Quando visto dessa forma, não é de se estranhar que o comércio leva à equalização dos preços dos fatores dos dois países.

Embora essa visão de comércio seja simples e atraente, há um grande problema com ela: no mundo real, os preços dos fatores *não* são equalizados. Por exemplo, existe um vastíssimo leque de taxas salariais em todos os países (Tabela 5.1). Embora algumas dessas diferenças possam refletir diferenças na qualidade da mão de obra, elas são muito grandes para serem explicadas somente pensando nisso.

Para entender por que o modelo não nos dá uma previsão precisa, precisamos olhar para seus pressupostos. Três pressupostos fundamentais para a previsão da igualização dos preços dos fatores são na realidade certamente falsos. São as premissas de que (1) as tecnologias são as mesmas; (2) o livre comércio equaliza os preços das mercadorias nos dois países; e (3) os dois países produzem ambas as mercadorias.

1. A proposição de que o comércio equaliza os preços dos fatores não se sustentará se os países tiverem diferentes tecnologias de produção. Por exemplo, um país com tecnologia superior pode ter tanto uma maior taxa salarial e uma maior taxa de aluguel do que um país com menos tecnologia.
2. A equalização completa dos preços dos fatores também depende da completa convergência dos preços das mercadorias. No mundo real, os preços das mercadorias não são totalmente equalizados pelo comércio internacional. Esta falta de convergência decorre das barreiras naturais (como os custos de transporte) e barreiras ao comércio, como tarifas, quotas de importação e outras restrições.
3. Ainda que todos os países usassem as mesmas tecnologias e enfrentassem os mesmos preços de bens, a equalização dos preços dos fatores dependeria ainda da suposição de que os países produzissem o mesmo conjunto de bens. Assumimos isso quando derivamos as taxas de aluguel e salário dos preços de tecido e alimentos na Figura 5.6. No entanto, os países podem ser induzidos a se especializar na produção de bens diferentes. Um país com uma proporção muito elevada de mão de obra em relação ao capital pode produzir apenas tecido, enquanto um país com uma proporção muito alta de capital em relação à mão de obra pode produzir apenas alimentos. Isso implica que a equalização dos preços dos fatores ocorre somente se os países envolvidos forem suficientemente semelhantes em suas dotações de fatores relativos. (Uma discussão mais completa sobre este ponto é dada no Apêndice deste capítulo). Assim, os preços dos fatores não precisam ser equalizados entre os países com proporções radicalmente diferentes de capital para mão de obra ou de mão de obra qualificada para a não qualificada.

TABELA 5.1	Taxas salariais comparativas internacionais (Estados Unidos = 100)
País	Remuneração horária dos trabalhadores de produção, 2011
Estados Unidos	100
Alemanha	133
Japão	101
Espanha	80
Coreia do Sul	53
Brasil	33
México	18
China*	4

*2008

Fonte: Bureau of Labor Statistics, Foreign Labor Statistics Home Page.

Evidências empíricas sobre o modelo de Heckscher-Ohlin

A essência do modelo de Heckscher-Ohlin é que o comércio é impulsionado por diferenças na abundância dos fatores entre os países. Vimos como isso leva à previsão natural de que o comércio de mercadorias está substituindo o de fatores, e, portanto, o comércio de mercadorias entre os países deveria *incorporar* essas diferenças de fatores. Essa previsão, com base no **conteúdo de fatores do comércio**, é muito poderosa e pode ser testada empiricamente. No entanto, veremos que o sucesso empírico desse teste rigoroso é muito limitado — principalmente pelas mesmas razões que minam a previsão para a equalização dos preços dos fatores. Isso significa que as diferenças na abundância dos fatores *não* ajudam a explicar os padrões de comércio observados entre os países? De modo algum. Primeiro, vamos mostrar que flexibilizar os pressupostos, gerando a equalização dos preços dos fatores, melhora muito a capacidade preditiva para o conteúdo dos fatores do comércio. Segundo, vamos olhar diretamente para o padrão das mercadorias comercializadas entre os países desenvolvidos e em desenvolvimento — e ver como eles se encaixam com as previsões do modelo de Heckscher-Ohlin.

Comércio de mercadorias como um substituto para o comércio de fatores: conteúdo dos fatores do comércio

Testes em dados dos Estados Unidos Até recentemente, e em certa medida até agora, os Estados Unidos têm sido um caso especial entre os países. Até poucos anos atrás, os Estados Unidos eram muito mais ricos do que os outros países e os trabalhadores dos EUA visivelmente trabalhavam com mais capital por pessoa do que seus colegas de outros países. Até agora, apesar de alguns países da Europa Ocidental e Japão estarem chegando perto, os Estados Unidos continuam a ocupar um degrau mais alto na escala de países quando classificados pelas proporções capital-mão de obra.

Então seria de se esperar que os Estados Unidos fossem um exportador de mercadorias capital-intensivas e um importador de mercadorias mão de obra-intensivas. Surpreendentemente, no entanto, esse não foi o caso nos 25 anos após a Segunda Guerra Mundial. Em um famoso estudo publicado em 1953, o economista Wassily Leontief (vencedor do Prêmio Nobel em 1973) detectou que as exportações dos EUA eram menos intensivas do que suas importações.[12] Esse resultado é conhecido como o **paradoxo de Leontief**.

A Tabela 5.2 ilustra o paradoxo de Leontief, bem como outras informações sobre os padrões de comércio dos EUA. Comparamos os fatores de produção utilizados para produzir um milhão em exportações dos EUA de 1962 com aqueles usados para produzir o mesmo valor de importações dos EUA de 1962. Como mostram as duas primeiras linhas da tabela, o paradoxo de Leontief estava ainda presente naquele ano: as exportações dos EUA foram produzidas com uma menor proporção capital/mão de obra do que as importações dos EUA. Como o resto da tabela mostra, no entanto, outras comparações entre importações e exportações têm mais sintonia do que se poderia esperar. Os Estados Unidos exportaram produtos que eram mais intensivos em *mão de obra* qualificada do que suas importações, conforme medido pela média de anos de instrução. Também mostraram tendência em exportar produtos que eram "tecnologia-intensivos", exigindo mais cientistas e engenheiros por unidade de vendas. Essas observações são consistentes com a posição dos Estados Unidos como um país altamente qualificado, com uma vantagem comparativa em produtos sofisticados. Por que então observamos o paradoxo de Leontief? Ele é limitado aos Estados Unidos e/ou aos tipos de fatores considerados? A resposta é não.

Testes de dados globais Um estudo realizado por Harry P. Bowen, Edward E. Leamer e Leo Sveikauskas[13] estendeu as previsões de Leontief para o conteúdo dos fatores do comércio de 27 países e 12 fatores de produção. Com base no conteúdo dos fatores das exportações e importações do país, eles verificaram se um país era um exportador líquido de um fator de produção, sempre que ele era relativamente abundante nesse fator (e por outro lado, se o país era um importador líquido dos outros fatores). Eles avaliaram a abundância do fator comparando a dotação de um fator no país (como uma parcela da oferta mundial daquele fator) com a parcela do país no PIB mundial. Por exemplo, os Estados Unidos tinham cerca de

TABELA 5.2 Fator conteúdo das exportações e importações dos EUA para 1962

	Importações	Exportações
Capital por milhões de dólares	US$ 2.132.000	US$ 1.876.000
Mão de obra (homem-ano) por US$ 1 milhão	119	131
Proporção capital-mão de obra (dólares por trabalhador)	US$ 17.916	US$ 14.321
Média de anos de educação por trabalhador	9,9	10,1
Proporção de engenheiros e cientistas na força de trabalho	0,0189	0,0255

Fonte: Robert Baldwin, "Determinants of the Commodity Structure of U.S. Trade", *American Economic Review* 61 (mar. 1971), p. 126–145.

---

[12] Veja: Wassily Leontief, "Domestic Production and Foreign Trade: The American Capital Position Re-Examined", *Proceedings of the American Philosophical Society*, v. 7, p. 331–349, set. 1953.

[13] Veja: Harry P. Bowen, Edward E. Leamer, e Leo Sveikauskas, "Multicountry, Multifactor Tests of the Factor Abundance Theory", *American Economic Review*, v. 77, p. 791–809, dez.1987.

25% da renda do mundo em 2011, mas apenas cerca de 5% dos trabalhadores do mundo. Isso resulta na previsão original de Leontief, de que o conteúdo dos fatores do comércio dos EUA deve mostrar importações líquidas de mão de obra. Bowen et al. registraram em seu estudo o sucesso/fracasso desse teste sinalizador em 27 países e 12 fatores. Eles acabaram com uma taxa de sucesso de apenas 61% — não é muito melhor do que se poderia obter ao jogar aleatoriamente um "cara ou coroa"! Em outras palavras, o conteúdo dos fatores do comércio corre na direção oposta à previsão da teoria de proporções dos fatores em 39% dos casos.

Esses resultados confirmaram que o paradoxo de Leontief não era um caso isolado. No entanto, esse desempenho negativo empírico talvez não seja surpreendente, dado que representa um teste exigente de uma teoria que prevê também a equalização dos preços dos fatores (que está claramente em desacordo com as evidências empíricas sobre as diferenças salariais entre os diferentes estados do país). Como discutimos, a suposição de uma tecnologia comum em todos os países desempenha um papel crucial para aceitarmos essa previsão.

O caso do comércio faltante Outra indicação de grandes diferenças na tecnologia entre os países vem das discrepâncias entre os volumes de comércio observados e aqueles previstos pelo modelo de Heckscher-Ohlin. Em um artigo influente, Daniel Trefler,[14] da Universidade de Toronto, salientou que o modelo de Heckscher-Ohlin também pode ser usado para derivar as previsões para o volume de comércio de um país com base nas diferenças na abundância dos fatores do país em relação ao resto do mundo (desde que, nesse modelo, o comércio de mercadorias esteja substituindo o comércio de fatores). Na verdade, o comércio de fatores acaba por ser substancialmente menor do que o modelo de Heckscher-Ohlin prevê.

Uma grande parte da razão para essa disparidade vem de uma falsa previsão das trocas de mão de obra em larga escala entre nações ricas e pobres. Considere o nosso exemplo para os Estados Unidos em 2011, com 25% da renda mundial, mas apenas 5% dos trabalhadores do mundo. Nossa teoria simples das proporções dos fatores deve prever não apenas que o comércio americano deve incorporar as importações líquidas de mão de obra — mas que o *volume* desses serviços de mão de obra importados deve ser enorme, porque eles precisam dar conta da pouca abundância de mão de obra dos Estados Unidos em relação ao restante do mundo. Na verdade, o volume do conteúdo dos fatores do comércio entre os países abundantes em mão de obra e capital é várias ordens de magnitude menor do que o volume previsto pela teoria das proporções de fatores (baseada nas diferenças observadas na abundância dos fatores nos diferentes países).

Trefler mostrou que, ao permitir as diferenças de tecnologia entre os países, isso ajudou a resolver o sucesso preditivo do teste sinalizador para a direção do conteúdo dos fatores do comércio, bem como o comércio faltante (embora houvesse ainda muita falta de comércio excedente). A maneira como essa resolução funciona é mais ou menos como se segue: se os trabalhadores nos Estados Unidos são muito mais eficientes do que a média mundial, então a oferta de mão de obra "eficaz" nos Estados Unidos é correspondentemente maior — e, portanto, o volume esperado de serviços de mão de obra importados para os Estados Unidos é correspondentemente menor.

Se fizermos o trabalho de pressupor que as diferenças tecnológicas entre os países assumem uma forma multiplicativa simples — isto é, um determinado conjunto de entradas em qualquer país produz um múltiplo ou fração da produção nos Estados Unidos — é possível usar dados sobre o comércio de fatores para estimar a eficiência relativa da produção em diferentes países. A Tabela 5.3 mostra as estimativas de Trefler para uma amostra de países (a constante multiplicativa em relação aos Estados Unidos). Elas sugerem que as diferenças tecnológicas sejam na verdade muito grandes.

Um melhor ajuste empírico para o conteúdo dos fatores do comércio Posteriormente, um importante estudo de Donald Davis e David Weinstein da Universidade de Columbia mostrou que, se flexibilizarmos essa suposição sobre tecnologias comuns, junto com os dois pressupostos restantes subjacentes à equalização dos preços dos fatores (os países produzem o mesmo conjunto de mercadorias, e o comércio sem custos equaliza os preços das mercadorias), então as previsões para a direção e o volume do conteúdo dos fatores do comércio se alinham substancialmente melhor com as evidências empí-

TABELA 5.3 Estimativa da eficiência tecnológica, 1983 (Estados Unidos = 1)

País	
Bangladesh	0,03
Tailândia	0,17
Hong Kong	0,40
Japão	0,70
Alemanha Ocidental	0,78

Fonte: Daniel Trefler, "The Case of the Missing Trade and Other Mysteries", *American Economic Review*, v. 85, p. 1029–1046, dez. 1995.

---

14 Daniel Trefler, "The Case of the Missing Trade and Other Mysteries", *American Economic Review*, v. 85, p. 1029–1046, dez. 1995.

ricas — em última análise, gerando um bom ajuste. A Tabela 5.4 mostra a melhoria no ajuste empírico, medido tanto pelo sucesso preditivo para o teste de sinalização (a direção do conteúdo dos fatores de comércio) quanto pela proporção de comércio faltante: a proporção entre o volume real de comércio de conteúdo de fator para o volume previsto (se um, então não há nenhum comércio faltante; conforme a proporção diminui abaixo de um, uma proporção crescente de comércio previsto está faltando). Para esse estudo, os dados necessários (que incluíram informações detalhadas sobre as tecnologias utilizadas por cada país) estavam disponíveis apenas para dois fatores (mão de obra e capital) e 10 países.

Na coluna da Tabela 5.4, todas as três suposições por trás da igualação do preço dos fatores são impostas (mesmas tecnologias nos países, os países produzem o mesmo conjunto de mercadorias e o comércio sem custo iguala os preços das mercadorias). Esse teste é bem similar ao feito por Bowen et al., embora o sucesso preditivo para o teste de sinal seja substancialmente pior (32% de sucesso *versus* 61% relatado por Bowen et al.). Isso acontece por causa da amostra diferente de países e fatores considerados e procedimentos de limpeza de dados baseados em informações recém-disponíveis em técnicas de produção. Também vemos a extensão do comércio faltante: virtualmente, todo o volume predito do fator de comércio está faltando. Esses resultados confirmam mais uma vez que o rigoroso teste para o modelo de Heckscher-Ohlin funciona muito mal.

Os resultados na segunda coluna foram obtidos uma vez que a suposição de tecnologias comuns foi deixada de lado, como no estudo de Trefler. Existe uma melhora substancial em ambos os testes empíricos, embora o sucesso preditivo geral deles ainda esteja muito fraco. Na terceira coluna as suposições de que os países produzem o mesmo conjunto de mercadorias também foi deixada de lado. Vemos como isso induz uma melhora massiva para o sucesso preditivo do teste de sinal para a direção do conteúdo dos fatores de comércio (até 86% de sucesso).

A extensão do comércio faltante também é imensamente reduzida, entretanto o volume de comércio observado ainda representa somente 19% do comércio previsto. Na quarta e última coluna a suposição de igualação do preço de mercadorias por meio do comércio sem custo também é deixada de lado. O sucesso preditivo para a direção do comércio aumenta até 91%. Neste ponto, podemos dizer que o paradoxo de Leontief é relegado como uma anomolia estatística. A quarta coluna também mostra uma enorme melhora na extensão do comércio faltante: o comércio faltante representa agora 69% do comércio previsto.

No geral, a Tabela 5.4 ressalta grandes diferenças no sucesso preditivo da teoria dos fatores de produção para a direção e volume do conteúdo dos fatores de comércio. De um lado (coluna um), encontramos praticamente nenhum apoio para as previsões do modelo de Heckscher-Ohlin. Entretanto, também vemos como essa falha é conduzida por suposições particulares incorporadas ao nosso modelo "puro" de Heckscher-Ohlin. Quando essas suposições são deixadas de lado, podemos reformular um modelo de comércio baseado nas diferenças em proporções de fatores, que se encaixam muito bem no padrão observado de conteúdo dos fatores de comércio (coluna quatro).

Padrões de exportações entre países desenvolvidos e em desenvolvimento

Outra forma de vermos como as diferenças nas proporções dos fatores moldam padrões de comércio empíricos é destacar as exportações de nações com mão de obra abundante e com qualificação escassa, no mundo em desenvolvimento, com as exportações de nações com qualificação em abundância e com mão de obra escassa. Em nosso modelo teórico "2 × 2 × 2" (2 mercadorias, 2 países, 2 fatores), obtivemos o teorema de Heckscher-Ohlin mostrando que o país abundante em um fator exporta o bem cuja produção é intensiva naquele fator. Um trabalho de John Romalis na Universidade de Sydney[15] mostrou

TABELA 5.4 Um ajuste empírico melhor para o conteúdo do fator do comércio

	Pressupostos eliminados*			
	Nenhum	Eliminação (1)	Eliminação (1)–(2)	Eliminação (1)–(3)
Sucesso preditivo (teste do sinal)	0,32	0,50	0,86	0,91
Falta de comércio (observado/previsto)	0,0005	0,008	0,19	0,69

* Pressupostos: (1) tecnologias comuns em todos os países; (2) os países produzem o mesmo conjunto de mercadorias; e (3) comércio sem custos iguala os preços das mercadorias.

Fonte: Don R. Davis and David Weinstein, "An Account of Global Factor Trade", *American Economic Review*, p. 1423–1453, 2001.

15 John Romalis, "Factor Proportions and the Structure of Commodity Trade", *American Economic Review*, v. 94, p. 67–97, mar. 2004.

que essa previsão para o padrão de exportações pode ser estendida para múltiplos países produzindo múltiplas mercadorias: enquanto a abundância em qualificação de um país aumenta, suas exportações são cada vez mais concentradas em setores com maior intensidade de qualificação. Vemos agora como essa previsão sustenta-se quando comparamos as exportações de países em extremidades opostas do espectro de abundância de qualificação, bem como quando comparamos como as exportações mudam quando um país, tal como a China, cresce e torna-se relativamente mais abundante em qualificação.

A Figura 5.12 contrasta as exportações de três países em desenvolvimento (Bangladesh, Camboja e Haiti), na extremidade inferior do espectro de abundância de qualificação, com as três maiores economias europeias (Alemanha, França e Reino Unido), na extremidade superior do espectro de abundância de qualificação. As exportações dos países por setor para os Estados Unidos são particionadas em quatro grupos em ordem crescente de intensidade de qualificação. Esses são os mesmos quatro grupos de setores utilizados na Figura 5.11.[16] A Figura 5.12 mostra com clareza como as exportações dos três países em desenvolvimento para os Estados Unidos estão esmagadoramente concentradas em setores com a menor intensidade de qualificação. Suas exportações em setores de alta intensidade de qualificação são virtualmente zero. O contraste com o padrão de exportação para os três países europeus é aparente: as exportações para os Estados Unidos, para aqueles países abundantes em qualificação, são concentradas em setores com maior intensidade de qualificação.

Mudanças ao longo do tempo também seguem as previsões do modelo de Heckscher-Ohlin. Considere a experiência da China durante as últimas três décadas, em que o alto crescimento (especialmente na última década e meia) tem sido associado com aumentos substanciais em abundância de qualificação. A Figura 5.13 mostra como o padrão de exportações chinesas para os Estados Unidos, por setor, mudou ao longo do tempo. As exportações são particionadas nos mesmos quatro grupos da Figura 5.12, classificados pela intensidade em qualificação do setor. Vemos com clareza como o padrão de exportações chinesas mudou fundamentalmente: como previsto pela mudança chinesa em proporções de fatores, a concentração das exportações em setores de alta qualificação aumenta de forma constante ao longo do tempo. Nos anos mais recentes, vimos como a maior parte das exportações é realizada nos setores de

FIGURA 5.12 Padrões de exportação para alguns países desenvolvidos e em desenvolvimento (2008-2012)

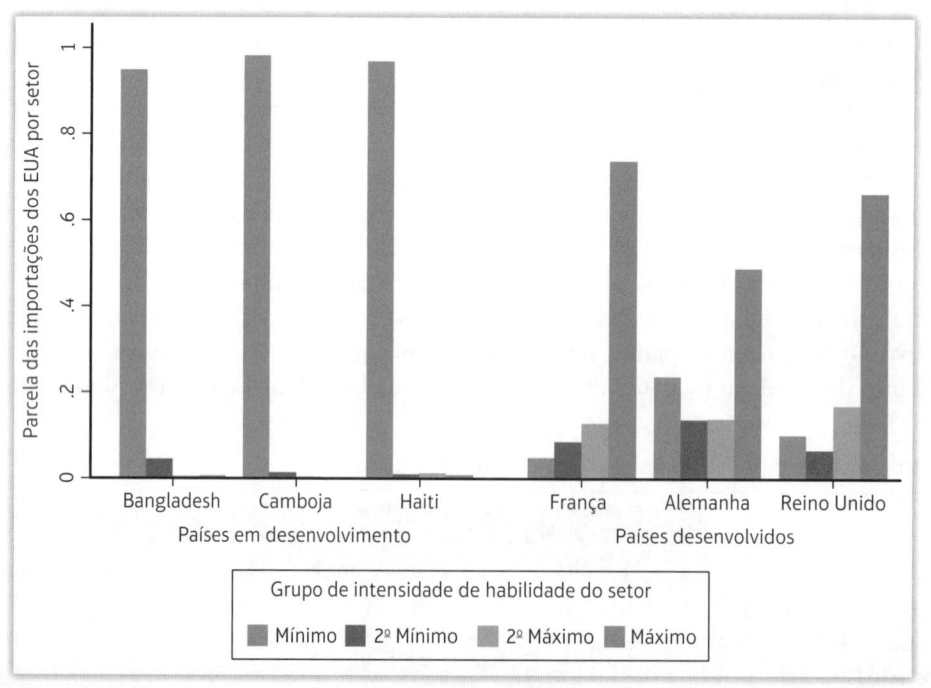

Fonte: Testes em dados dos Estados Unidos Manufacturing Productivity Database; U.S. Census Bureau; e Peter K. Schott, "The Relative Sophistication of Chinese Exports", *Economic Policy* (2008), p. 5–49.

---

[16] Conforme discutido anteriormente, a intensidade de habilidade de um setor é medida pela proporção dos trabalhadores de não produção para os de produção nesse setor.

FIGURA 5.13 Alteração do padrão das exportações chinesas ao longo do tempo

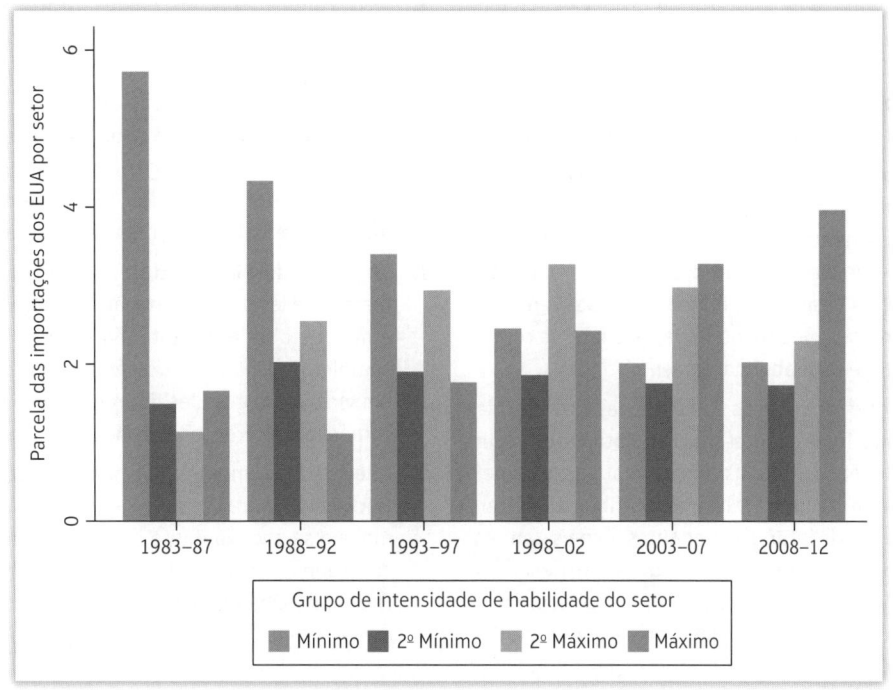

Fonte: Testes em dados dos Estados Unidos Manufacturing Productivity Database; U.S. Census Bureau; e Peter K. Schott, "The Relative Sophistication of Chinese Exports", *Economic Policy* (2008), p. 5–49.

maior intensidade em qualificação, considerando que as exportações eram concentradas nos setores de menor intensidade de qualificação nos primeiros anos.[17]

Implicações dos testes

Não observamos a igualação do preço dos fatores em todos os países. Quando testamos a versão "pura" do modelo de Heckscher-Ohlin, que sustenta todas as suposições por trás da igualação de preço dos fatores, descobrimos que o conteúdo do fator de comércio de um país possui pouca semelhança com as previsões teóricas baseadas na abundância de fatores do país. Entretanto, uma versão menos restritiva do modelo de proporções de fatores encaixa-se nos padrões previstos para o conteúdo dos fatores de comércio. O padrão das mercadorias comercializadas entre os países desenvolvidos e em desenvolvimento também se encaixa muito bem nas previsões do modelo.

Por fim, o modelo de Heckscher-Ohlin permanece vital para enterdemos os *efeitos* do comércio, especialmente na distribuição de renda. De fato, o crescimento do comércio Norte-Sul em mercadorias manufaturadas, um comércio no qual o fator de intensidade das importações do Norte é muito diferente do de suas exportações, trouxe a abordagem das proporções dos fatores para o centro de debates práticos sobre política de comércio internacional.

RESUMO

1. Para entender o papel dos recursos no comércio, desenvolvemos um modelo em que dois bens são produzidos usando dois fatores de produção. Os dois bens diferem em sua intensidade de fatores, ou seja, em qualquer proporção determinada de salário-aluguel, a produção de uma das mercadorias utilizará uma proporção maior de capital para mão de obra do que a produção da outra.

2. Enquanto um país produz ambas as mercadorias, há uma proporção um para um entre os preços relativos das *mercadorias* e os preços relativos dos *fatores* usados para produzi-las. Um aumento no preço relativo da mão de obra intensiva de uma mercadoria mudará extremamente a distribuição de renda em favor da mão de obra: o salário real da mão de obra subirá em termos de ambas as mercadorias, enquanto

---

[17] Comparando as figuras 5.12 e 5.13 (últimos anos), vemos que o padrão das exportações chinesas para os EUA não é (ainda) tão concentrado em setores de alta intensidade-habilidade como as três economias europeias. No entanto, as exportações chinesas ainda estão notavelmente concentradas em setores altamente especializados, considerando o atual PIB da China *per capita*. Veja Peter K. Schott, "The Relative Sophistication of Chinese Exports", *Economic Policy*, p. 5–49, 2008.

a renda real dos proprietários de capital cairá em termos de ambas as mercadorias.

3. Um aumento da oferta de um fator de produção expande as possibilidades de produção, mas de uma forma bastante *tendenciosa*: em preços relativos de mercadorias inalterados, a produção da mercadoria intensiva naquele fator aumenta, enquanto a produção da outra mercadoria cai.

4. Um país com grande oferta de um recurso em relação à oferta de outros é *abundante* naquele recurso. Um país tenderá a produzir relativamente mais mercadorias que usam intensamente seus recursos abundantes. O resultado é a teoria de Heckscher-Ohlin básica do comércio: os países tendem a exportar mercadorias que são intensivas nos fatores com os quais eles são fornecidos abundantemente.

5. Como as alterações dos preços relativos das mercadorias têm efeitos muito fortes sobre o lucro relativo dos recursos, e como o comércio altera os preços relativos, o comércio internacional tem fortes efeitos de distribuição de renda. Os proprietários de fatores abundantes do país ganham com o comércio, mas os proprietários de fatores escassos do país perdem. Em teoria, no entanto, ainda existem os ganhos do comércio, no sentido limitado de que os ganhadores *poderiam* compensar os perdedores e todo mundo estaria melhor.

6. A crescente integração comercial entre países desenvolvidos e em desenvolvimento conseguiria *potencialmente* explicar a crescente desigualdade de salários nos países desenvolvidos. No entanto, poucas evidências empíricas suportam essa relação direta. Pelo contrário, as evidências empíricas sugerem que as mudanças tecnológicas, recompensando a habilidade do trabalhador, têm desempenhado um papel muito maior na condução da desigualdade salarial.

7. Em um modelo idealizado, o comércio internacional poderia realmente levar à equalização dos preços dos fatores, como a mão de obra e o capital entre os países. Na realidade, a completa *equalização dos fatores-preços* não é observada em virtude de grandes diferenças de recursos, barreiras ao comércio e diferenças internacionais em tecnologia.

8. As evidências empíricas são heterogêneas sobre o modelo de Heckscher-Ohlin. Contudo, uma versão menos restritiva do modelo se encaixa muito bem nos padrões previstos para o conteúdo dos fatores do comércio. Além disso, o modelo de Heckscher-Ohlin faz um bom trabalho ao prever o padrão de comércio entre países desenvolvidos e em desenvolvimento.

TERMOS-CHAVE

abundância relativa dos fatores, p. 67
conteúdo de fatores do comércio, p. 82
equalização dos preços dos fatores, p. 81
expansão tendenciosa das possibilidades de produção, p. 74
fator abundante, p. 76
fator escasso, p. 76

intensidade dos fatores, p. 77
mudança tecnológica enviesada pela habilidade, p. 79
paradoxo de Leontief, p. 83
preços dos fatores, p. 71
teoria das proporções dos fatores, p. 67
teoria de Heckscher-Ohlin, p. 67

PROBLEMAS

1. Volte para o exemplo numérico sem substituição dos fatores que resulta na fronteira de possibilidade de produção na Figura 5.1.
   a. Qual é o intervalo para o preço relativo do tecido para que a economia produza tanto tecido quanto alimentos? Que mercadoria é produzida se o preço relativo estiver fora desse intervalo? Para as partes (b) até (f), considere que a variação do preço é tal que ambas as mercadorias são produzidas.
   b. Escreva o custo unitário de produção de uma jarda de tecido e uma caloria de alimento como uma função do preço de uma máquina-hora, r, e um trabalho-hora, w. Em um mercado competitivo, esses custos serão iguais aos preços de tecido e de alimentos. Resolva para os preços dos fatores r e w.
   c. O que acontece com esses preços de fatores quando se eleva o preço do tecido? Quem ganha e quem perde com essa alteração no preço do tecido? Por quê? Essas alterações estão em conformidade com as alterações descritas para o caso de substituição dos fatores?
   d. Agora considere que a oferta da economia de máquina-horas aumenta de 3.000 para 4.000. Derive a nova fronteira de possibilidade de produção.
   e. Quanto tecido e alimentos a economia produzirá após esse aumento em sua oferta de capital?
   f. Descreva como a alocação de máquina-horas e trabalho-horas entre os setores de tecido e alimentos muda. Essas alterações estão em conformidade com as alterações descritas para o caso de substituição dos fatores?

2. Nos Estados Unidos, onde a terra é barata, a proporção de terra para mão de obra utilizada na pecuária é maior do que a terra usada no cultivo de trigo. Mas em países mais povoados, onde a terra é cara e a mão de obra é barata, é comum criar vacas usando menos terra e mais mão de obra do que os americanos usam para plantar trigo. Podemos ainda dizer que criar gado é terra-intensivo em comparação com o cultivo de trigo? Por que sim ou por que não?

3. "Os países mais pobres do mundo não conseguem encontrar nada para exportar. Não há nenhum recurso que seja abundante — certamente não capital ou terra, e em pequenas nações pobres nem a mão de obra é abundante." Discuta essa afirmação.

4. O movimento da mão de obra nos Estados Unidos — que representa principalmente trabalhadores operacionais em vez de profissionais e trabalhadores altamente instruídos — tradicionalmente favoreceu as limitações às importações provenientes de países menos ricos. Essa é uma política míope ou racional, tendo em conta os interesses dos membros dos sindicatos? Como a resposta depende do modelo de comércio?

5. Recentemente, programadores de computador em países em desenvolvimento, como a Índia, começaram a fazer o trabalho antes feito nos Estados Unidos. Essa mudança causou, sem dúvida, cortes de salário substanciais para alguns programadores nos Estados Unidos. Responda às duas perguntas seguintes: como isso é possível, uma vez que os salários dos trabalhadores qualificados estão subindo nos Estados Unidos como um todo? Que argumento os economistas comerciais usariam contra esses cortes de salários como uma razão para bloquear a terceirização da programação de computadores?

6. Explique por que o paradoxo de Leontief e os resultados mais recentes de Bowen, Leamer e Sveikauskas relatados no texto contradizem a teoria das proporções dos fatores.

7. Na discussão dos resultados empíricos sobre o modelo de Heckscher-Ohlin, observamos que trabalhos recentes sugerem que a eficiência dos fatores de produção parece diferir internacionalmente. Explique como isso afetaria o conceito da igualação dos fatores-preços.

LEITURAS ADICIONAIS

DAVIS, D. R.; WEINSTEIN, D. E. "An Account of Global Factor Trade". *American Economic Review*, v. 91, p. 1423–1453, dez. 2001. Esse texto confirma os resultados de estudos anteriores, de que o desempenho empírico de um modelo de Heckscher-Ohlin "puro" é muito pobre. Em seguida, mostra como o sucesso empírico de uma versão modificada do modelo é muito melhor.

DEARDORFF, A. "Testing Trade Theories and Predicting Trade Flows". In JONES, R. W.; KENEN, P. B. (Eds.). *Handbook of International Economics*. v. 1. Amsterdam: North-Holland, 1984. Uma pesquisa de evidências empíricas em teorias de comércio, especialmente a teoria das proporções dos fatores.

EDWARDS, L.; LAWRENCE, R. Z. *Rising Tide:* Is Growth in Emerging Economies Good for the United States? Peterson Institute for International Economics, 2013. Um novo livro que discute o impacto para os Estados Unidos da maior integração com os países de rápido crescimento no mundo em desenvolvimento.

HANSON, G.; HARRISON, A. "Trade and Wage Inequality in Mexico". *Industrial and Labor Relations Review*, v. 52, p. 271–288, 1999. Um estudo cuidadoso dos efeitos do comércio sobre as desigualdades de renda no nosso vizinho mais próximo, mostrando que os preços dos fatores se moveram na direção oposta da qual poderíamos esperar de um modelo simples de proporções de fatores. Os autores também propõem hipóteses sobre por que isso pode ter acontecido.

JONES, R. W. "Factor Proportions and the Heckscher-Ohlin Theorem". *Review of Economic Studies*, v. 24, p. 1-10, 1956. Estende-se a análise de Samuelson de 1948–1949 (citada adiante), que enfoca principalmente a proporção entre comércio e distribuição de renda, em um modelo geral de comércio internacional.

JONES, R, W. "The Structure of Simple General Equilibrium Models". *Journal of Political Economy*, v. 73, p. 557–572, dez. 1965. Uma reformulação do modelo de Heckscher-Ohlin-Samuelson, em termos de álgebra elegante.

JONES, R. W.; NEARY, J. P. "The Positive Theory of International Trade". In JONES, R. W.; KENEN, P. B. (Eds.) *Handbook of International Economics*. v. 1. Amsterdam: North-Holland, 1984. Um levantamento atualizado de muitas teorias de comércio, incluindo a teoria das proporções dos fatores.

OHLIN, B. *Interregional and International Trade*. Cambridge: Harvard University Press, 1933. O livro original de Ohlin apresentando a visão das proporções do fator do comércio continua sendo interessante — sua rica e complexa exibição do comércio contrasta com os modelos matemáticos mais rigorosos e simplificados que se seguiram.

REENEN, J. Van. "Wage Inequality, Technology and Trade: 21st Century Evidence". *Labour Economics*, p. 30–741, dez. 2011. Uma pesquisa recente, discutindo como o comércio e as novas tecnologias estão ligadas a um aumento da desigualdade de salários nos Estados Unidos e no Reino Unido.

ROMALIS, J. "Factor Proportions and the Structure of Commodity Trade". *The American Economic Review*, v. 94, p. 67–97, mar. 2004. Um artigo que mostra uma versão modificada do modelo de Heckscher-Ohlin que tem muito poder explicativo.

SAMUELSON, P. "International Trade and the Equalisation of Factor Prices". *Economic Journal*, v. 58, p. 163–184, 1948; e "International Factor Price Equalisation Once Again". *Economic Journal*, v. 59, p. 181–196, 1949. O mais influente formalizador das ideias de Ohlin é Paul Samuelson, cujos dois artigos do *Economic Journal* sobre o assunto são clássicos.

APÊNDICE DO CAPÍTULO 5
Preços dos fatores, preços de mercadorias e decisões de produção

No corpo principal deste capítulo, fizemos três afirmações que são verdadeiras, mas não cuidadosamente derivadas. Primeiro foi a afirmação, ilustrada na Figura 5.5, de que a proporção de mão de obra e capital investida em cada indústria depende da proporção salário-aluguel, w/r. Segundo, a afirmação, ilustrada na Figura 5.6, de que existe uma proporção um para um entre os preços relativos das mercadorias, P_T/P_A, e a proporção salário-aluguel. Terceiro, foi a afirmação de que um aumento na oferta de mão de obra de um país (a um determinado preço relativo de mercadorias, P_T/P_A) levará aos movimentos de mão de obra e capital do setor de alimentos para o de tecidos (setor de mão de obra intensiva). Este apêndice demonstra brevemente essas três proposições.

Escolha da técnica

A Figura 5A.1 ilustra novamente o *trade-off* entre a mão de obra e a entrada de capital na produção de uma unidade de alimentos — a *unidade isoquanta* para a produção de alimentos, mostrada na curva *II*. Também, no entanto, ilustra uma série de *linhas de isocusto*: combinações de entrada de capital e de mão de obra que custam o mesmo montante.

Uma linha de isocusto pode ser construída da seguinte forma: o custo de aquisição de uma determinada quantidade de mão de obra L é wL; o custo de alugar uma determinada quantidade de capital K é rK. Então, se formos capazes de produzir uma unidade de alimentos usando unidades de mão de obra e de capital, o custo total de produção dessa unidade, c, é:

$$c = wa_{LA} + ra_{KA}.$$

Uma linha que mostra todas as combinações de a_{LA} e a_{KA} com o mesmo custo tem a equação:

$$a_{KA} = (c/r) - (w/r)\, a_{LA}.$$

Ou seja, é uma linha reta com uma inclinação de $-w/r$.

A figura mostra um conjunto de tais linhas, cada uma correspondendo a um nível diferente de custos; linhas mais distantes da origem indicam custos totais mais elevados. Um produtor vai escolher o menor custo possível, tendo em conta a compensação tecnológica delineada pela curva *II*. Aqui, isso ocorre no ponto 1, onde *II* é *tangente* à linha de isocusto e a inclinação de *II* é igual a $-w/r$. (Se esses resultados parecem uma remi-

FIGURA 5A.1 Escolhendo a proporção capital-mão de obra ideal

Para minimizar custos, um produtor deve chegar à linha de isocusto menor possível. Isso significa escolher o ponto sobre a unidade isoquanta (curva *II*) onde a inclinação é igual a menos a proporção de salário-aluguel, w/r.

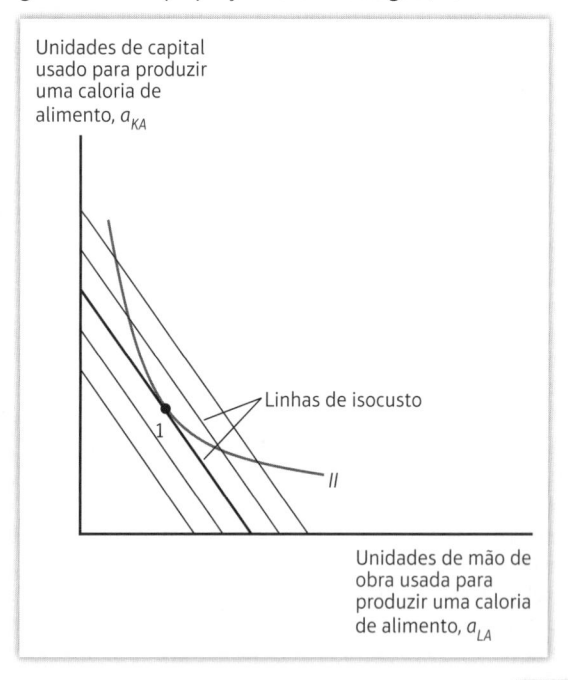

niscência da proposição na Figura 4.5 que a economia produz em um ponto na fronteira de possibilidade de produção, cuja inclinação é igual a menos P_T/P_A, você está certo: o mesmo princípio está envolvido.)

Agora, compare a escolha da proporção mão de obra-capital para duas relações de fator-preço diferentes. Na Figura 5A.2, mostramos as opções de entrada dadas a um baixo preço relativo da mão de obra, $(w/r)^1$ e um alto preço relativo da mão de obra $(w/r)^2$. No primeiro caso, a escolha de entrada está em 1. Neste segundo caso, em 2. Ou seja, o preço relativo maior da mão de obra leva à escolha de uma menor proporção de mão de obra-capital, como considerado na Figura 5.5.

Preços de mercadorias e preços dos fatores

Voltamo-nos agora para a proporção entre os preços de mercadorias e preços dos fatores. Existem várias maneiras equivalentes de abordar esse problema; aqui,

FIGURA 5A.2 Mudando a proporção de salário-aluguel

Um aumento de w/r desloca a escolha de entrada de menor custo do ponto 1 para o ponto 2; ou seja, leva à escolha de uma menor proporção de mão de obra-capital.

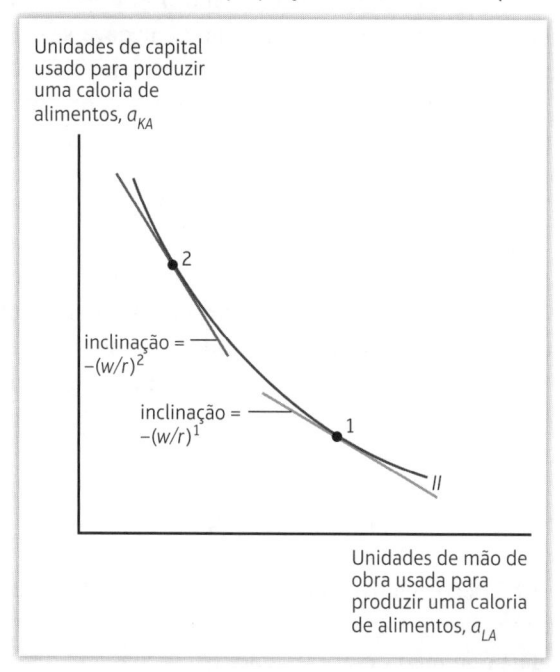

Unidades de capital usado para produzir uma caloria de alimentos, a_{KA}

inclinação = $-(w/r)^2$

inclinação = $-(w/r)^1$

Unidades de mão de obra usada para produzir uma caloria de alimentos, a_{LA}

FIGURA 5A.3 Determinando a proporção de salário-aluguel

As duas isoquantas TT e AA mostram as entradas necessárias para produzir o valor de um dólar de tecido e de alimentos, respectivamente. Uma vez que o preço deve ser igual ao custo de produção, as entradas em cada mercadoria devem também custar um dólar. Isso significa que a proporção de salário-aluguel deve ser igual a menos a inclinação da linha tangente a ambas as isoquantas.

Influxo de capital

AA

Inclinação = $-(w/r)$

TT

Entrada de mão de obra

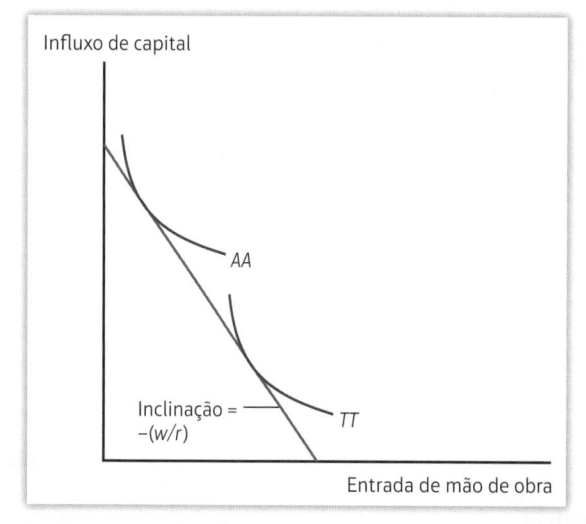

seguimos a análise introduzida por Abba Lerner na década de 1930.

A Figura 5A.3 mostra as entradas de capital e mão de obra na produção de alimentos e tecido. Nas figuras anteriores, mostramos as entradas necessárias para produzir uma unidade de uma mercadoria. Nesta figura, no entanto, mostramos as entradas necessárias para produzir o *valor de um dólar* de cada mercadoria. (Na verdade, qualquer quantidade de dólar vai servir, desde que seja a mesma para ambas as mercadorias.) Assim, a isoquanta para tecido, TT, mostra as combinações possíveis de entrada para a produção de $1/P_T$ unidades de tecido. A isoquanta para alimentos, AA, mostra as combinações possíveis para a produção de $1/P_A$ unidades de alimentos. Observe que, como desenhado, a produção de tecido é mão de obra-intensiva (e a produção de alimentos é capital-intensiva): para qualquer w/r dado, a produção de tecido sempre usará uma proporção maior de mão de obra-capital do que a produção de alimentos.

Se a economia produz duas mercadorias, então deve ser o caso em que o custo de produzir o valor de um dólar de cada mercadoria seja, de fato, um dólar. Os dois custos de produção vão ser iguais um ao outro apenas se os pontos de custo mínimo de produção para as duas mercadorias situarem-se na *mesma* linha de isocusto. Assim, a inclinação da linha mostrada, que é apenas tangente a ambas as isoquantas, deve ser igual a (menos) a proporção de salário-aluguel w/r.

Por fim, agora, considere os efeitos de um aumento dos preços do tecido sobre a proporção salário-aluguel. Se o preço do tecido sobe, é necessário produzir menos jardas de tecido para poder ter um dólar. Assim, a isoquanta correspondente ao valor de um dólar de tecido volta-se para dentro. Na Figura 5A.4, a isoquanta original é mostrada como TT^1 e a nova isoquanta como TT^2.

Mais uma vez, devemos desenhar uma linha tangente às duas isoquantas; a inclinação da linha é menos a proporção salário-aluguel. Fica imediatamente claro pela maior inclinação da linha de isocusto (inclinação = $-(w/r)^2$) que a nova w/r é maior do que a anterior: um preço relativo maior de tecido implica uma proporção maior de salário-aluguel.

Mais sobre os recursos e produção

Vamos agora examinar mais rigorosamente como uma mudança nos recursos — mantendo os preços dos tecidos e alimentos constantes — afeta a alocação desses fatores de produção em setores, e como isso afeta as respostas de produção. O emprego agregado de mão de obra para capital, L/K, pode ser escrito como uma

FIGURA 5A.4 Um aumento no preço dos tecidos

Se o preço do tecido sobe, uma produção menor agora vale um dólar. Então, TT^1 é substituído por TT^2. A proporção de salário-aluguel implícita, portanto, deve subir de $(w/r)^1$ para $(w/r)^2$.

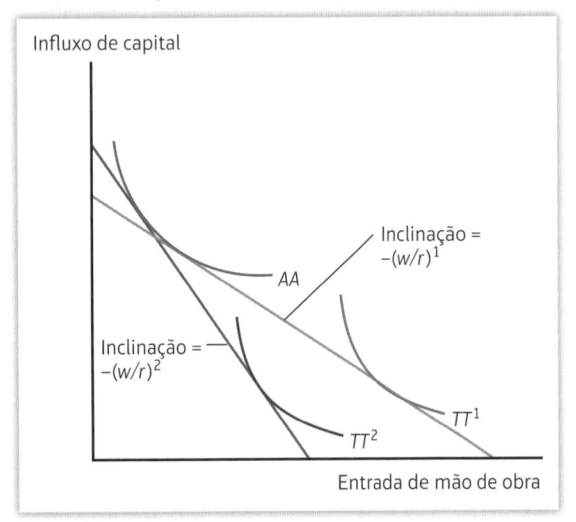

[Gráfico: Influxo de capital no eixo vertical; Entrada de mão de obra no eixo horizontal. Curvas TT^1 e TT^2, reta AA, Inclinação = $-(w/r)^1$, Inclinação = $-(w/r)^2$]

média ponderada da mão de obra-capital empregada no setor de tecidos (L_T/K_T) e no setor de alimentos (L_A/K_A):

$$\frac{L}{K} = \frac{K_T}{K}\frac{L_T}{K_T} + \frac{K_A}{K}\frac{L_A}{K_A}. \qquad (5A.1)$$

Observe que os pesos nesta média, K_T/K e K_A/K, somam 1 e são as proporções do capital empregado nos setores de tecido e alimentos. Já vimos que um determinado preço relativo do tecido está associado com uma determinada proporção salário-aluguel (desde que a economia produza tanto tecido quanto alimentos), que por sua vez está associada com níveis dados de emprego da mão de obra-capital em ambos os setores (L_T/K_T e L_A/K_A). Agora considere os efeitos de um aumento na oferta de mão de obra, L, na economia em um determinado preço relativo de tecido: L/K aumenta enquanto ambos L_T/K_T e L_A/K_A permanecem constantes. Para a Equação (5A.1) se manter, o peso sobre a maior proporção mão de obra-capital, L_T/K_T, deve aumentar. Isso implica um aumento do peso de K_T/K e uma diminuição correspondente do peso de K_A/K. Assim, o capital se move do setor de alimentos para o setor de tecidos (uma vez que a oferta de capital total K permanece constante neste exemplo). Além disso, como L_A/K_A permanece constante, a diminuição de K_A também deve ser associada com uma diminuição no emprego de mão de obra, L_A, no setor de alimentos. Isso mostra que o aumento da oferta de mão de obra, em um determinado preço relativo de tecido, deve ser associado com os movimentos de *ambos,* mão de obra e capital, do setor de alimentos para o setor de tecidos. A expansão da fronteira de possibilidade de produção da economia é tão inclinada em direção ao tecido que — a um preço relativo constante de tecido — a economia produz menos alimentos.

Conforme a oferta de mão de obra da economia aumenta, a economia concentra cada vez mais dos dois fatores no setor de tecido, de mão de obra-intensivo. Se for adicionada mão de obra suficiente, a economia se especializa na produção de tecido e já não produz mais alimentos. Nesse ponto, a proporção um para um entre o preço relativo das mercadorias P_T/P_A e a proporção salário-aluguel w/r é rompida; novos aumentos da oferta de mão de obra L são, então, associados com a diminuição da proporção salário-aluguel ao longo da curva TT na Figura 5.7.

Um processo similar poderia ocorrer se a oferta de capital da economia aumentasse — novamente mantendo fixo o preço relativo das mercadorias, P_T/P_A. Enquanto a economia produz tanto tecido quanto alimentos, a economia responde ao aumento da oferta de capital, concentrando a produção no setor de alimentos (que é capital intensivo): mão de obra e capital movem-se para o setor de alimentos. A economia experimenta crescimento que é fortemente inclinado para alimentos. A certa altura, a economia se especializa totalmente no setor de alimentos, e o relacionamento um para um entre o preço relativo de mercadorias, P_T/P_A, e a proporção do salário-aluguel w/r é rompida mais uma vez. Novos aumentos na oferta de capital K são, então, associados com o aumento da proporção salário-aluguel ao longo da curva AA na Figura 5.7.

CAPÍTULO 6
Modelo padrão de comércio

Os capítulos anteriores desenvolveram inúmeros modelos diferentes de comércio internacional, cada um deles faz diferentes suposições sobre os determinantes das possibilidades de produção. Para mostrar pontos importantes, cada um desses modelos deixa de fora aspectos da realidade que os outros realçam. Esses modelos são:

- *O modelo ricardiano.* As possibilidades de produção são determinadas pela alocação de um único recurso, mão de obra, entre setores. Este modelo transmite a ideia essencial da vantagem comparativa, mas não nos permite falar sobre a distribuição de renda.
- *O modelo de fatores específicos.* Este modelo inclui múltiplos fatores de produção, mas alguns são específicos dos setores nos quais são utilizados. O modelo também apresenta as consequências em curto prazo do comércio na distribuição renda.
- *O modelo de Heckscher-Ohlin.* Os múltiplos fatores de produção neste modelo podem mover-se através de setores. As diferenças em recursos (a disponibilidade desses fatores em nível de país) guiam os padrões de comércio. O modelo também apresenta as consequências em longo prazo do comércio na distribuição de renda.

Quando analisamos os problemas reais, queremos basear nossa compreensão em uma mescla desses modelos. Por exemplo, nas últimas duas décadas uma das mudanças centrais no comércio mundial foi o rápido crescimento nas exportações de economias recentemente industrializadas. Esses países vivenciaram rápido crescimento de produtividade; para discutir as implicações desse crescimento de produtividade, podemos querer aplicar o modelo ricardiano do Capítulo 3. O padrão variável do comércio tem efeitos diferenciais em grupos diversos nos Estados Unidos; para entender os efeitos do aumento no comércio na distribuição de renda nos EUA podemos querer aplicar os fatores específicos (para os efeitos de curto prazo) ou os modelos de Heckscher-Ohlin (para os efeitos de longo prazo) dos capítulos 4 e 5.

Apesar das diferenças em seus detalhes, nossos modelos compartilham uma série de características:

1. A capacidade produtiva de uma economia pode ser resumida por sua fronteira de possibilidade de produção e as diferenças nessas fronteiras dão origem ao comércio.
2. As possibilidades de produção determinam o planejamento de oferta relativa de um país.
3. O equilíbrio do mundo é determinado pela demanda relativa do mundo e um planejamento de oferta *mundial* relativa que se situa entre os planejamentos nacionais de oferta relativa.

Por causa dessas características em comum, os modelos que estudamos podem ser vistos como casos especiais de um modelo mais geral de economia comercial mundial. Existem muitas questões importantes em economia internacional cujas análises podem ser conduzidas nas condições desse modelo geral, com os detalhes dependendo somente de qual modelo especial você escolher. Essas questões incluem os efeitos das mudanças na oferta mundial, resultantes de um crescimento econômico, e mudanças simultâneas na oferta e demanda, resultantes das tarifas aduaneiras e subsídios à exportação.

Este capítulo realça esses entendimentos da teoria do comércio internacional que não dependem fortemente dos detalhes da economia de oferta. Nós desenvolvemos um modelo padrão de uma economia de negociação mundial, do qual os modelos dos capítulos 3 e 5 podem ser considerados casos especiais, e usamos esse modelo para perguntar como uma variedade de mudanças em parâmetros subjacentes afetam a economia mundial.

OBJETIVOS DE APRENDIZAGEM

Após a leitura deste capítulo, você será capaz de:

- Entender como os componentes do modelo padrão de comércio, fronteiras de possibilidade de produção, linhas de isovalor e curvas de indiferença se ajustam para ilustrar como padrões de comércio são estabelecidos por uma combinação de fatores do lado da oferta e do lado da demanda.
- Reconhecer como mudanças em termos de comércio e crescimento econômico afetam o bem-estar de nações comprometidas com o comércio internacional.
- Entender os efeitos das tarifas aduaneiras e subsídios nos padrões de comércio e no bem-estar de nações que negociam e na distribuição de renda dentro dos países.
- Relacionar empréstimos internacionais com o modelo padrão de comércio, no qual bens são trocados ao longo do tempo.

Um modelo padrão de uma economia comercial

O **modelo padrão de comércio** é construído sob quatro relações chave: (1) a relação entre a fronteira de possibilidade de produção e a curva de oferta relativa; (2) a relação entre preços relativos e demanda relativa; (3) a determinação do equilíbrio do mundo pela oferta mundial relativa e a demanda mundial relativa; e (4) o efeito dos **termos de comércio** — o preço da exportação de um país dividido pelo preço de suas importações — no bem-estar de uma nação.

Possibilidades de produção e oferta relativa

Para os propósitos do nosso modelo padrão, assumimos que cada país produz dois bens, alimento (A) e tecido (T), e que a fronteira de possibilidade de produção de cada país é uma curva suave, como a que está ilustrada por TT na Figura 6.1.[1] O ponto em sua fronteira de possibilidade de produção no qual uma economia efetivamente produz depende do preço do tecido em relação ao do alimento, P_T/P_A. Em dados preços de mercado, uma economia de mercado escolherá níveis de produção que maximizem o valor de saída $P_T Q_T + P_A Q_A$, onde Q_T é quantidade de tecido produzido e Q_A é a quantidade de alimento produzido.

Podemos indicar o valor de mercado de saída ao desenhar uma série de **linhas de isovalor** — isto é, linhas ao longo das quais o valor de saída é constante. Cada uma dessas linhas é definida por uma equação da forma $P_T Q_T + P_A Q_A = V$, ou, reorganizando, $Q_A = V/P_A - (P_T/P_A)Q_T$, onde V é o valor de saída. Quanto mais alto é o V, mais distante encontra-se a linha de isovalor; portanto, as linhas de isovalor mais distantes da origem correspondem aos maiores valores de saída. O declive de uma linha de isovalor é $-P_T/P_A$. Na Figura 6.1, o maior

FIGURA 6.1 Os preços relativos determinam o produto da economia

Uma economia cuja fronteira de possibilidade de produção é TT produzirá em Q, que é a linha de isovalor mais alta possível.

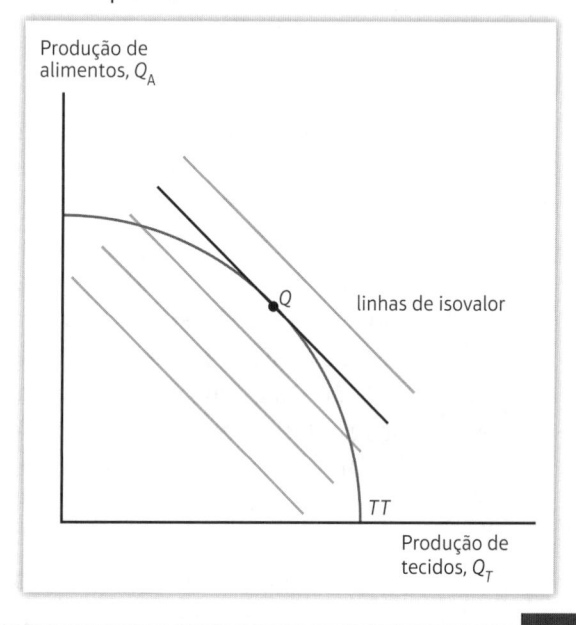

valor de saída é alcançado produzindo no ponto Q, onde TT é só tangente a uma linha de isovalor.

Agora, suponha que P_T/P_A aumentasse (tecido torna-se mais valioso em relação ao alimento). Então as linhas de isovalor seriam mais inclinadas do que antes. Na Figura 6.2, a maior linha de isovalor que a economia poderia alcançar antes da mudança em P_T/P_A é indicada por VV^1; a linha mais alta após a mudança de preço é VV^2, o ponto no qual a produção econômica muda de Q^1 para Q^2. Portanto, como deveríamos esperar, um aumento no preço relativo do tecido leva a economia a produzir mais tecido e menos alimentos. A oferta relativa de tecido irá, portanto, aumentar quando o preço relativo do tecido aumentar. Essa relação entre preços

---

[1] Vimos que quando só existe um fator de produção, como no Capítulo 3, a fronteira de possibilidade de produção é uma linha reta. Para a maioria dos modelos será uma curva suave e o resultado ricardiano pode ser visto como um caso extremo.

FIGURA 6.2 Como um aumento no preço relativo do tecido afeta a oferta relativa

No painel (a), as linhas de isovalor tornam-se mais inclinadas quando o preço relativo do tecido aumenta de $(P_T/P_A)^1$ para $(P_T/P_A)^2$ (mostrado pela rotação de VV^1 para VV^2). Como resultado, a economia produz mais tecido e menos alimentos e o equilíbrio de saída move-se de Q^1 para Q^2. O painel (b) mostra a curva de oferta relativa associada com a fronteira de possibilidade de produção TT. O aumento de $(P_T/P_A)^1$ para $(P_T/P_A)^2$ leva a um aumento na produção relativa de tecido de Q_T^1/Q_A^1 para Q_T^2/Q_A^2.

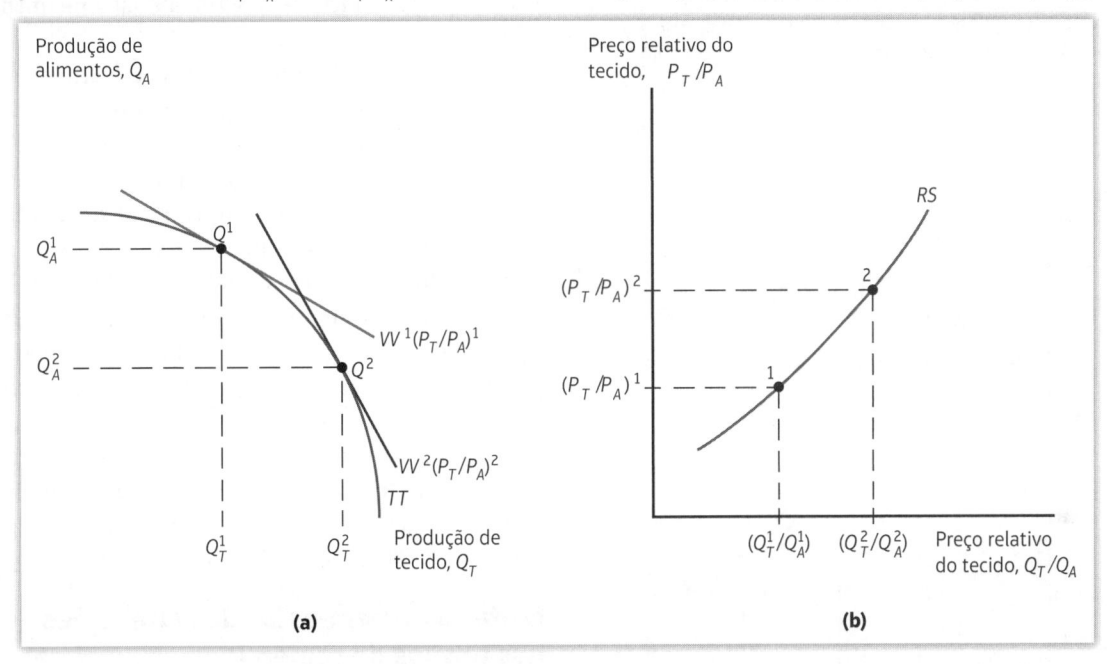

relativos e produção relativa é refletida na curva de oferta relativa da economia, indicada na Figura 6.2b.

Preços relativos e demanda

A Figura 6.3 mostra a relação entre produção, consumo e comércio no modelo padrão. Como mostramos no Capítulo 5, o valor do consumo de uma economia se iguala ao valor de sua produção:

$$P_C Q_C + P_F Q_F = P_C D_C + P_F D_F = V,$$

onde D_T e D_A são o consumo de tecido e alimentos, respectivamente. A equação anterior diz que produção e consumo devem situar-se na mesma linha de isovalor.

A escolha da economia de um ponto na linha de isovalor depende dos gostos de seus consumidores. Para o nosso modelo padrão, assumimos que as decisões de consumo da economia podem ser representadas como se fossem baseadas nos gostos de um único indivíduo representativo.[2]

[2] Vários conjuntos de circunstâncias podem justificar essa suposição. Um deles é o de que todos os indivíduos têm os mesmos gostos e a mesma parcela de todos os recursos. Outro é o de que o governo redistribui a renda de forma a maximizar seu ponto de vista do bem-estar social geral. Essencialmente, essa suposição requer que efeitos da mudança de distribuição de renda na demanda não sejam tão importantes.

Os gostos de um indivíduo podem ser representados graficamente por uma série de **curvas de indiferença**. Uma curva de indiferença traça um conjunto de combinações de consumo de tecido (T) e alimentos (A) que deixa o indivíduo igualmente em boas condições. Como ilustrado na Figura 6.3, as curvas de indiferença tem três propriedades:

1. São inclinadas para baixo: se um indivíduo recebe menos alimentos (A), então para ficar igualmente em boas condições, ela deve receber mais tecido (T).
2. Quanto mais longa e mais para a direita uma curva de indiferença se situa, maior o nível de bem-estar ao qual corresponde: um indivíduo vai preferir ter mais de ambos os bens do que menos.
3. Cada curva de indiferença fica mais achatada conforme nos movemos para a direita (elas curvam-se para a origem): quanto mais T e menos A um indivíduo consome, mais valiosa é a unidade de A na margem em comparação com a unidade de T, então mais T deverá ser fornecido para compensar por qualquer redução adicional em A.

Como você pode ver na Figura 6.3, a economia vai escolher consumir no ponto da linha de isovalor que produz o maior bem-estar possível. Esse ponto é onde a linha de isovalor é tangente à maior curva de indiferença atingível, indicada aqui como ponto D. Note que nesse ponto a

FIGURA 6.3 — Produção, consumo e comércio no modelo padrão

A economia produz no ponto Q, onde a fronteira de possibilidade de produção é tangente à linha de isovalor mais alta possível. E consome no ponto D, onde linha de isovalor é tangente à curva de indiferença mais alta possível. A economia produz mais tecido do que consome e, portanto, exporta tecido. Correspondentemente, ela consome mais alimentos do que produz e, portanto, importa alimentos.

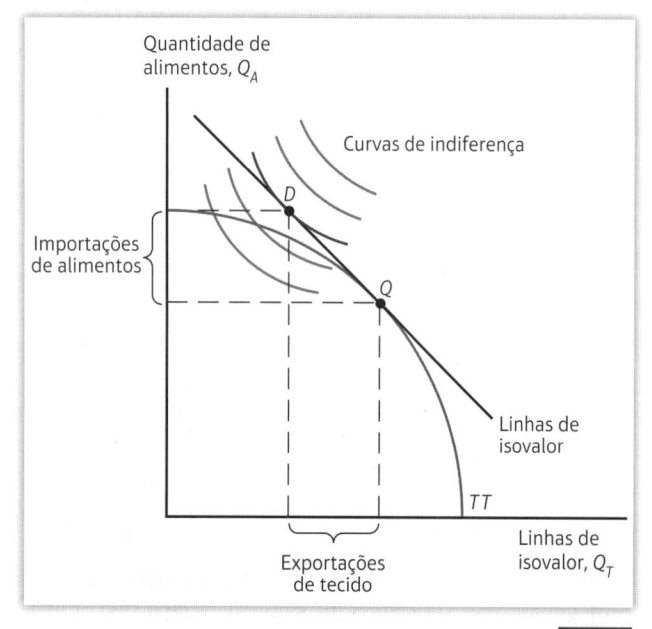

[Gráfico: eixo vertical "Quantidade de alimentos, Q_A"; ponto D sobre curvas de indiferença; ponto Q sobre a fronteira TT; "Importações de alimentos" no eixo vertical; "Exportações de tecido" no eixo horizontal; "Linhas de isovalor, Q_T"]

economia exporta tecido (a quantidade de tecido produzida excede a quantidade consumida) e importa alimentos.

Agora considere o que acontece quando P_T/P_A aumenta. O painel (a) na Figura 6.4 mostra os efeitos. Primeiro, a economia produz mais T e menos A, mudando a produção de Q^1 para Q^2. Isso muda, de VV^1 para VV^2, a linha de isovalor na qual o consumo deve situar-se. A opção de consumo da economia, portanto, também muda de D^1 para D^2.

A mudança de D^1 para D^2 reflete dois efeitos do aumento em P_T/P_A. Primeiro, a economia moveu-se para uma curva de indiferença mais alta, o que significa que está em melhor situação. A razão é que essa economia é uma exportadora de tecido. Quando o preço relativo do tecido aumenta, a economia pode negociar uma dada quantia de tecido por uma quantia maior de importação de alimentos. Portanto, o maior preço relativo de sua exportação de bens representa uma vantagem. Segundo, a mudança nos preços relativos leva a uma alteração ao longo da curva de indiferença em direção aos alimentos e para longe do tecido (uma vez que o tecido agora é relativamente mais caro).

Esses dois efeitos são familiares da teoria de economia básica. O aumento no bem-estar é um *efeito renda*; a mudança no consumo em qualquer nível de bem-estar é um *efeito substituição*. O *efeito renda* tende a aumentar o consumo de ambos os bens, enquanto o *efeito substituição* age para fazer a economia consumir menos T e mais A.

O painel (b) na Figura 6.4 mostra a oferta relativa e as curvas de demanda associadas com a fronteira de possibilidade de produção e as curvas de indiferença.[3] O gráfico mostra como o aumento no preço relativo do tecido induz um aumento na produção relativa de tecido (vai do ponto 1 para o 2), bem como uma redução no consumo relativo de tecido (vai do ponto 1' para o 2'). Essa mudança no consumo relativo pega o efeito substituição da mudança de preço. Se o efeito renda da mudança de preço for grande o bastante, então os níveis de consumo de ambos os bens poderia aumentar (D_T e D_A aumentam); mas o efeito substituição de demanda dita que o consumo *relativo* de tecido, D_T e D_A, diminui. Se a economia não pode negociar, então ela consome e produz no ponto 3 (associado com o preço relativo $(P_T/P_A)^3$).

O efeito de bem-estar das alterações nos termos de comércio

Quando P_T/P_A aumenta, um país que inicialmente exporta tecido está em melhor situação, como ilustrado pelo movimento de D^1 para D^2 no painel (a) da Figura 6.4. Contrariamente, se P_T/P_A diminui, o país ficaria em uma condição pior; por exemplo, o consumo poderia voltar de D^2 para D^1.

Se o país fosse, inicialmente, um exportador de alimentos em vez de tecido, a direção desse efeito seria revertida. Um aumento P_T/P_A significaria uma queda em P_A/P_T e o país ficaria em situação pior: o preço relativo do bem que ele exporta (alimentos) cairia. Englobamos todos esses casos ao definir os termos do comércio como: o preço do bem que o país exporta inicialmente dividido pelo preço do bem que o país importa inicialmente. A afirmação geral, então, é a de que *um crescimento nos termos do comércio aumenta o bem-estar de um país, enquanto um declínio nos termos do comércio reduz seu bem-estar*.

Note, entretanto, que mudanças nos termos do comércio de um país nunca diminuem o bem-estar abaixo de seu nível de bem-estar em caso de ausência de comércio (representado pelo consumo em D^3). Os ganhos de comércio mencionados nos capítulos 3, 4 e 5 ainda são

---

[3] Para preferências gerais, a curva de demanda relativa dependerá da renda total do país. Supomos que por todo este capítulo a curva de demanda relativa é independente da renda. Este é o caso para um tipo amplamente utilizado de preferências chamado de preferências homotéticas.

FIGURA 6.4 Efeitos de um aumento no preço relativo do tecido e ganhos com o comércio

No painel (a), o declive das linhas de isovalor é igual a menos o preço relativo do tecido, P_T/P_A. Como resultado, quando o preço relativo aumenta, todas as linhas de isovalor tornam-se mais inclinadas. Em particular, o valor máximo de linha gira de VV^1 para VV^2. A produção move-se de Q^1 para Q^2 e o consumo move-se de D^1 para D^2. Se a economia não pode negociar, então produz e consome no ponto D^3. O painel (b) mostra os efeitos do aumento no preço relativo do tecido na produção relativa (move-se de 1 para 2) e na demanda relativa (move-se de 1' para 2'). Se a economia não pode negociar, então ela consome e produz no ponto 3.

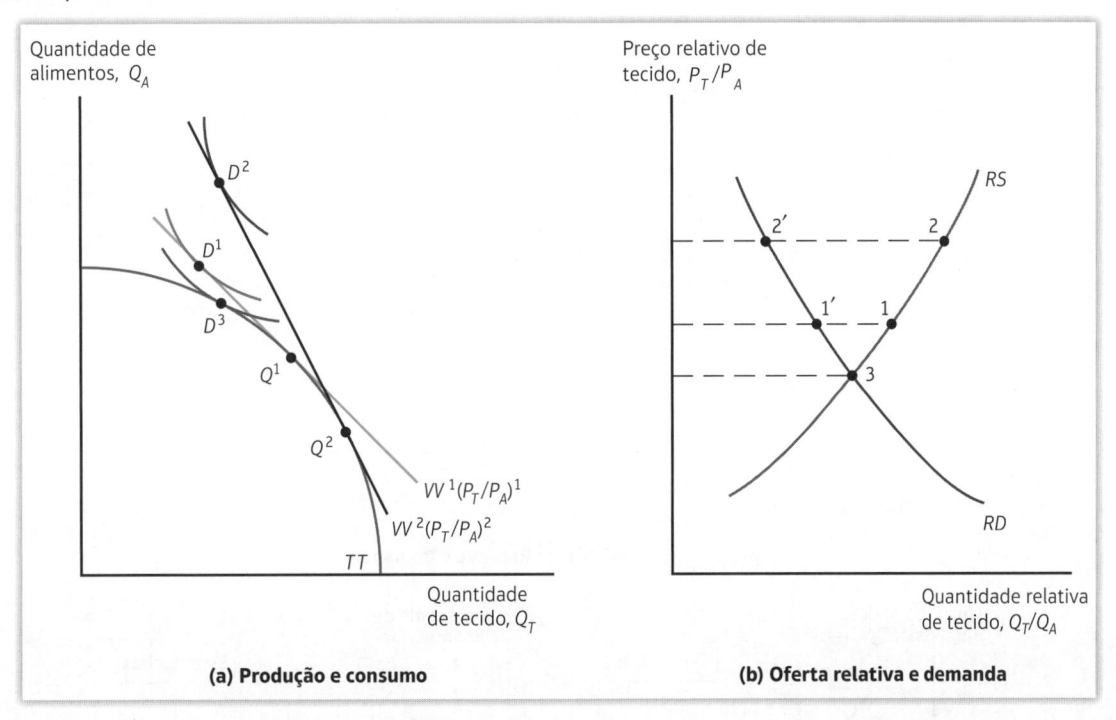

(a) Produção e consumo

(b) Oferta relativa e demanda

aplicados a essa abordagem mais geral. As mesmas referências anteriormente discutidas também são aplicadas: ganhos agregados raramente são distribuídos de modo uniforme, o que leva tanto a ganhos como perdas para os consumidores individuais.

Determinação dos preços relativos

Agora vamos supor que a economia mundial consista de dois países novamente chamados Doméstica (que exporta tecido) e Estrangeira (que exporta alimentos). Os termos de comércio de Doméstica são mensurados por P_T/P_A, enquanto os de Estrangeira são mensurados por P_T/P_A. Assumimos que esses padrões de comércio são induzidos por diferenças na capacidade de produção de Doméstica e Estrangeira, como representado pelas curvas de oferta relativa associadas no painel (a) da Figura 6.5. Consideramos também que os dois países compartilham das mesmas preferências e, por isso, têm a mesma curva de demanda relativa. Em qualquer preço relativo dado, P_T/P_A, Doméstica vai produzir respectivamente quantidade de tecido e alimentos Q_T e Q_A, enquanto Estrangeira produz quantidades Q_T^* e Q_A^*, onde $Q_T/Q_A > Q_T^*/Q_A^*$. A oferta relativa para o mundo é então obtida somando esses níveis de produção para ambos tecido e alimentos e fazendo a relação: $(Q_T + Q_T^*)/(Q_A + Q_A^*)$. Por construção, essa curva de oferta relativa para o mundo deve situar-se entre as curvas de oferta relativa para ambos os países.[4] A demanda relativa para o mundo também agrega a demanda para tecido e alimentos pelos dois países: $(D_T + D_T^*)/(D_A + D_A^*)$. Já que não existem diferenças nas preferências dos dois países, a curva de demanda relativa para o mundo sobrepõe-se à mesma curva de demanda relativa para cada país.

O preço relativo de equilíbrio para o mundo (quando Doméstica e Estrangeira negociam) é então dado pela interseção da oferta relativa mundial e demanda no ponto 1. O preço relativo determina quantas unidades de tecido de exportação de Doméstica são trocadas pelas de alimentos de exportação de Estrangeira. No preço relativo de equilíbrio, as exportações de

---

[4] Para qualquer número positivo X_1, X_2, Y_1, Y_2, se $X_1/Y_1 < X_2/Y_2$, então $X_1/Y_1 < (X_1 + X_2)/(Y_1 + Y_2) < X_2/Y_2$.

FIGURA 6.5   Preço relativo de equilíbrio com comércio e fluxos associados de comércio

O painel (a) mostra que a oferta relativa de tecido em Doméstica (*RS*), em Estrangeira (*RS**) e para o mundo. Doméstica e Estrangeira têm a mesma demanda relativa, que é também a demanda relativa do mundo. O preço relativo de equilíbrio $(P_T/P_A)^1$ é determinado pela interseção da oferta relativa do mundo e das curvas de demanda. O painel (b) mostra o equilíbrio associado dos fluxos de comércio entre Doméstica e Estrangeira. No preço relativo de equilíbrio, $(P_T/P_A)^1$, as exportações de tecidos de Doméstica se igualam às importações de tecido de Estrangeira e as importações de alimentos de Doméstica se igualam às exportações de alimentos de Estrangeira.

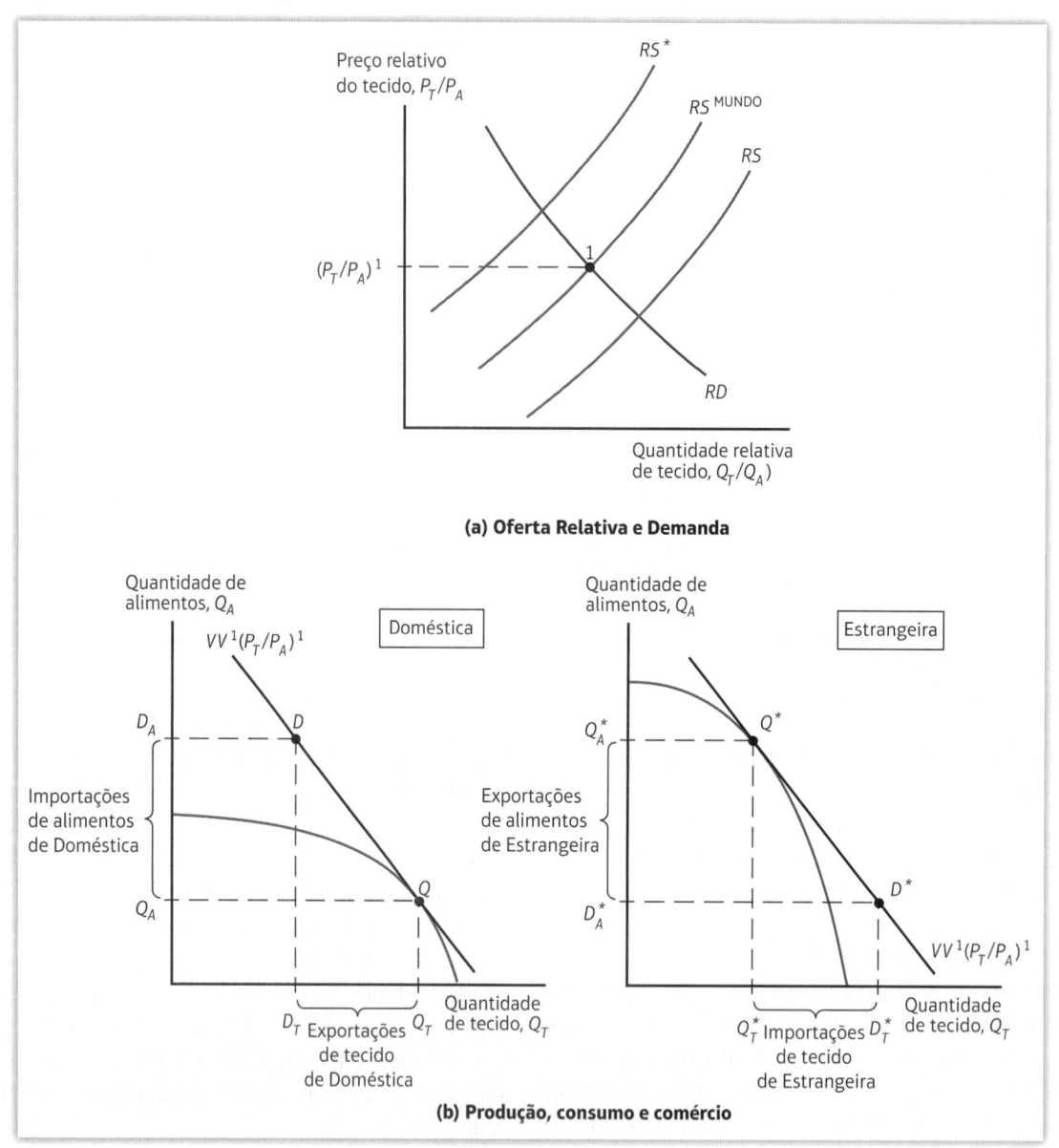

(a) Oferta Relativa e Demanda

(b) Produção, consumo e comércio

tecido desejadas por Doméstica, $Q_T - D_T$, igualam-se às importações de tecido desejadas por Estrangeira, $D_T^* - Q_T^*$. O mercado de alimentos também está em equilíbrio de modo que as importações de alimentos desejadas por Doméstica, $D_A - Q_A$, igualem-se com as exportações de alimentos desejadas por Estrangeira, $Q_A^* - D_A^*$. As fronteiras de possibilidade de produção para Doméstica e Estrangeira, junto com as restrições de orçamento e associadas com as escolhas de produção e consumo no preço relativo de equilíbrio $(P_T/P_A)^1$, são ilustradas no painel (b).

Agora que sabemos como a oferta relativa, a demanda relativa, os termos de comércio e o bem-estar são determinados no modelo padrão, podemos utilizá-los para entender uma série de questões em economia internacional.

Crescimento econômico: um deslocamento da curva *RS*

Os efeitos do crescimento econômico em uma economia mundial de negociação são uma fonte permanente de preocupação e controvérsia. O debate gira em torno de duas questões. A primeira é: o crescimento econômico em outros países é bom ou ruim para a nossa nação? E a segunda: o crescimento em um país é mais ou menos valioso quando essa nação é parte de uma economia mundial rigorosamente integrada?

Ao avaliar os efeitos do crescimento em outros países, argumentos de senso comum podem ser feitos para ambas as partes. De um lado, o crescimento econômico no resto do mundo pode ser bom para nossa economia, porque significa mercados maiores para nossas exportações e preços mais baixos para nossas importações. Por outro lado, o crescimento em outros países pode significar aumento da competição para nossos exportadores e produtores domésticos, que precisam concorrer com exportadores estrangeiros.

Podemos encontrar ambiguidades similares quando olhamos para os efeitos do crescimento em Doméstica. Por um lado, crescimento na capacidade de produção de uma economia deveria ser mais valioso quando aquele país pode vender uma parte de seu aumento na produção para o mercado mundial. Por outro lado, os benefícios do crescimento podem ser passados para os estrangeiros na forma de preços mais baixos para as exportações do país em vez de serem mantidos no próprio país.

O modelo padrão de comércio, desenvolvido na última seção, fornece uma estrutura que pode acabar com essas contradições aparentes e esclarecer os efeitos do crescimento econômico em um mundo de negociação.

Crescimento e a fronteira de possibilidade de produção

Crescimento econômico significa uma mudança externa da fronteira de possibilidade de produção de um país. Esse crescimento pode resultar tanto de aumentos nos recursos ou de melhorias na eficiência com que esses recursos são utilizados.

Os efeitos de crescimento do comércio internacional resultam do fato de que tal crescimento tipicamente tem um *viés*. O **crescimento tendencioso** acontece quando a fronteira de possibilidade de produção move-se mais em uma direção do que na outra. O painel (a) da Figura 6.6 ilustra o crescimento enviesado para o tecido (move-se de TT^1 para TT^2), enquanto o painel (b) mostra o crescimento enviesado para os alimentos (move-se de TT^1 to TT^3).

O crescimento pode ser tendencioso por duas razões principais:

1. O modelo ricardiano do Capítulo 3 mostrou que o progresso tecnológico em um setor da economia expandirá as possibilidades de produção da economia na direção de saída daquele setor.
2. O modelo de Heckscher-Ohlin do Capítulo 5 mostrou que o aumento de um fator de oferta de produção em um país — digamos, um aumento nas ações de capital resultante de economia e investimento — produzirá expansão enviesada das possibilidades de produção. O viés será na direção do bem para o qual o fator é específico ou na do bem cuja produção é intensiva no fator em que oferta aumentou. Portanto, as mesmas considerações que aumentam o comércio internacional também conduzirão o crescimento enviesado em uma economia de negociação.

As tendências de crescimento nos painéis (a) e (b) são fortes. Em cada caso a economia é capaz de produzir mais de ambos os bens. Entretanto, em um preço relativo inalterado de tecido, a saída de alimentos cai efetivamente no painel (a), enquanto a saída de tecido cai efetivamente no painel (b). Embora o crescimento não seja sempre fortemente enviesado, como é nesses exemplos, mesmo o crescimento que é enviesado de forma mais branda para o tecido conduzirá, *em qualquer preço relativo dado de tecido*, a um aumento na saída de tecido *em relação* à saída de alimentos. Em outras palavras, a curva de oferta relativa do país move-se para a direita. Essa mudança é representada no painel (c) pela transição de RS^1 para RS^2. Quando o crescimento está enviesado para os alimentos, a curva de oferta relativa move-se para a esquerda, como mostrado pela transição de RS^1 para RS^3.

Oferta mundial relativa e os termos de comércio

Supomos agora que Doméstica vivencie um crescimento fortemente enviesado para o tecido, de modo que sua saída de tecido aumenta em qualquer preço relativo dado, enquanto sua saída de alimentos diminui como mostrado no painel (a) da Figura 6.6. Então a saída de tecido em relação aos alimentos vai aumentar em qualquer preço dado para o mundo todo, e a curva de oferta relativa mundial irá mover-se para a direita, assim como a curva de oferta relativa para Doméstica. Esse movimento na oferta relativa mundial é mostrado no painel (a) da Figura 6.7 pelo movimento de RS^1 para RS^2. Isso resulta em uma diminuição do preço relativo do tecido de $(P_T/P_A)^1$ para $(P_T/P_A)^2$, uma piora nos termos de comércio de Doméstica e uma melhora nos termos de comércio de Estrangeira.

FIGURA 6.6 Crescimento tendencioso

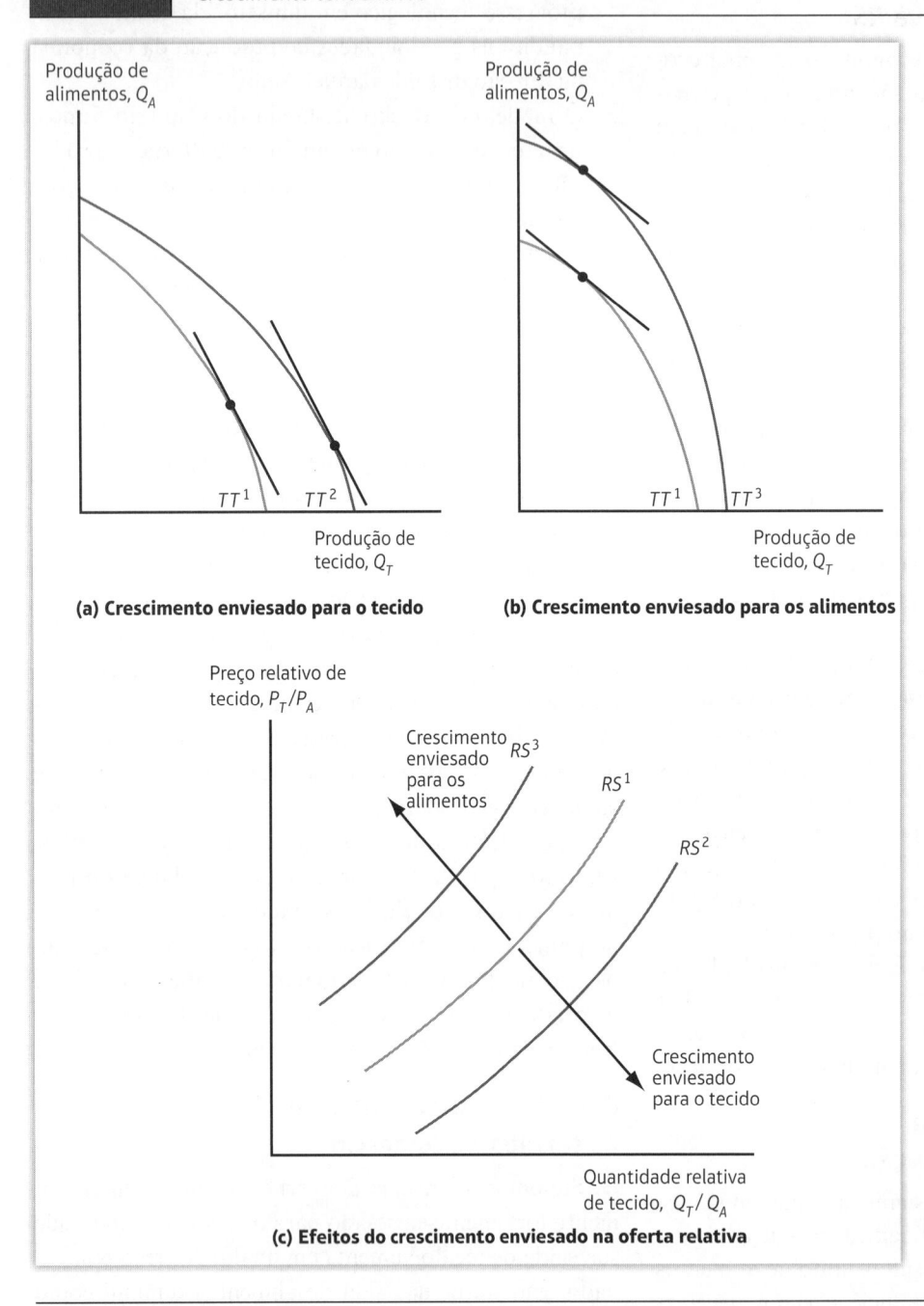

(a) Crescimento enviesado para o tecido

Produção de alimentos, Q_A / Produção de tecido, Q_T — TT^1, TT^2

(b) Crescimento enviesado para os alimentos

Produção de alimentos, Q_A / Produção de tecido, Q_T — TT^1, TT^3

(c) Efeitos do crescimento enviesado na oferta relativa

Preço relativo de tecido, P_T/P_A / Quantidade relativa de tecido, Q_T/Q_A — RS^1, RS^2, RS^3; Crescimento enviesado para os alimentos; Crescimento enviesado para o tecido

O crescimento é tendencioso quando move as possibilidades de produção mais para a direção de um bem do que de outro. No caso (a) o crescimento é enviesado para o tecido (move-se de TT^1 para TT^2), enquanto no caso (b) o crescimento é enviesado para os alimentos (move-se de TT^1 para TT^3). Os movimentos associados na curva de oferta relativa são mostrados no painel (c): move-se para a direita (de RS^1 para RS^2) quando o crescimento é enviesado para o tecido e move-se para a esquerda (de RS^1 para RS^3) quando o crescimento é enviesado para os alimentos.

Perceba que a consideração importante aqui não é *qual* economia cresce, mas sim o viés desse crescimento. Se Estrangeira tiver vivenciado um crescimento fortemente enviesado para o tecido, o efeito na curva de oferta relativa mundial e, portanto, nos termos de comércio teriam sido similares. Por outro lado, o crescimento de Doméstica ou Estrangeira fortemente enviesado para os alimentos levará a uma movimentação da curva *RS para a esquerda* (RS^1 para RS^3) para o *mundo* e, portanto, a um aumento no preço relativo do tecido de $(P_T/P_A)^1$ para $(P_T/P_A)^3$ (como mostrado no painel (b)). O aumento do preço relativo é uma melhora nos termos de comércio de Doméstica, mas uma piora nos de Estrangeira.

O crescimento que expande desproporcionalmente as possibilidades de produção de um país na direção do bem que ele exporta (tecido para Doméstica, alimentos para Estrangeira) é um **crescimento enviesado pela exportação**. De modo similar, o crescimento enviesado para o bem que o país importa é um **crescimento enviesado pela importação**. Nossa análise leva ao seguinte princípio

FIGURA 6.7 — Crescimento e oferta relativa mundial

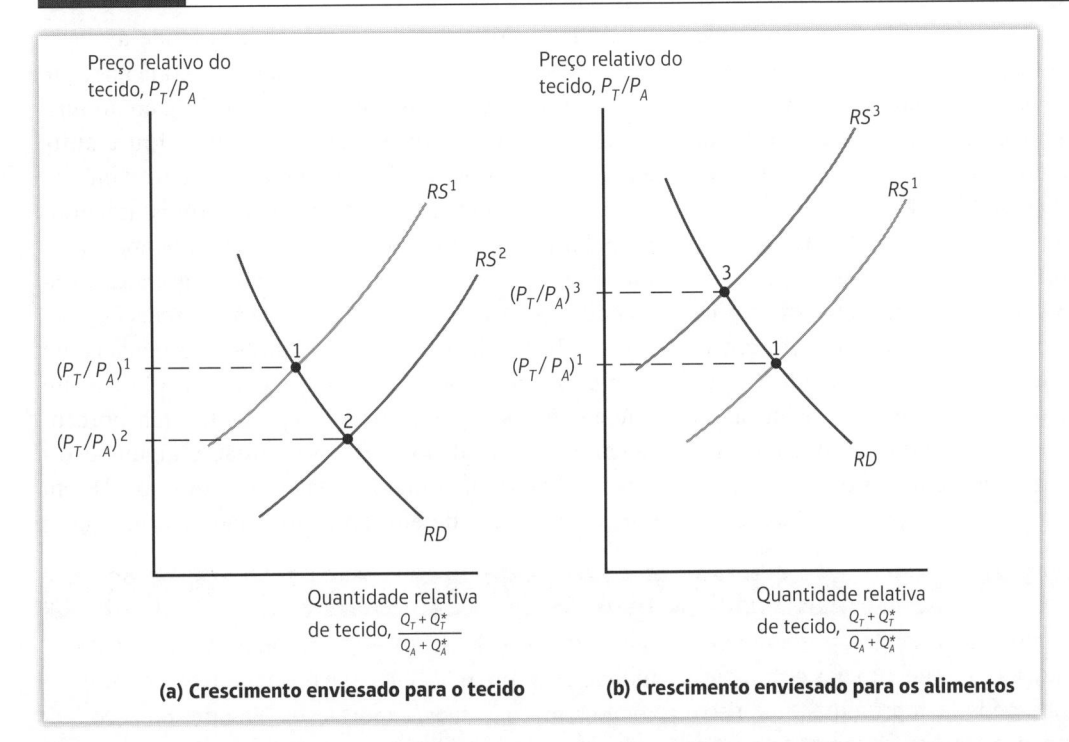

(a) Crescimento enviesado para o tecido

(b) Crescimento enviesado para os alimentos

O crescimento enviesado para o tecido move a curva RS para o mundo à direita (a), enquanto o crescimento enviesado para os alimentos move-a para a esquerda (b).

---

geral: *crescimento enviesado pela exportação tende a piorar os termos de comércio de um país em crescimento em benefício do resto do mundo; crescimento enviesado pela importação tende a melhorar os termos de comércio de um país em crescimento à custa do resto do mundo.*

Efeitos internacionais de crescimento

Agora, utilizando esse princípio, estamos aptos a resolver nossas questões sobre os efeitos internacionais de crescimento. O crescimento no resto do mundo é bom ou ruim para nosso país? O fato de nosso país fazer parte de uma economia de negociação mundial aumenta ou diminui os benefícios do crescimento? Em cada caso a resposta depende do *viés* do crescimento. Crescimento enviesado pela exportação no resto do mundo é bom para nós, melhora nossos termos de comércio, enquanto crescimento enviesado pela importação no exterior piora nossos termos de comércio. Crescimento enviesado pela exportação em nosso próprio país piora nossos termos de comércio, reduzindo os benefícios diretos do crescimento, enquanto crescimento enviesado pela importação leva a uma melhoria em nossos termos de comércio, um benefício secundário.

Durante os anos 1950, muitos economistas de países mais pobres acreditavam que suas nações, que exportavam principalmente matérias-primas, estavam suscetíveis a vivenciar um firme declínio nos termos de comércio ao longo do tempo. Eles acreditavam que o crescimento no mundo industrial seria marcado por um desenvolvimento crescente de substitutos sintéticos para matérias-primas, enquanto o crescimento nas nações mais pobres tomaria a forma adicional de extensão de sua capacidade de produzir o que eles já exportavam, em vez de moverem-se em direção à industrialização. Isto é, o crescimento no mundo industrial seria enviesado pela importação, enquanto no mundo menos desenvolvido seria enviesado pela exportação.

Alguns analistas até mesmo sugeriram que com o crescimento nas nações mais pobres elas realmente se autoderrotariam. Eles argumentaram que o crescimento enviesado pela exportação pelas nações mais pobres pioraria tanto seus termos de comércio que eles ficariam em pior situação do que se não tivessem crescido nada. Essa situação é conhecida pelos economistas como o caso de **crescimento empobrecedor**.

Em um famoso trabalho publicado em 1958, o economista Jagdish Bhagwati, da Universidade de Columbia, mostrou que tais efeitos ruins de crescimento podem, de fato, surgir dentro de um modelo econômico rigorosamente especificado.[5] Entretanto, as condições sob as quais o crescimento empobrecedor pode ocorrer são

---

[5] Immiserizing Growth: A Geometrical Note, *Review of Economic Studies*, v. 25, p. 201-205, jun. 1958.

extremas: o forte crescimento enviesado pela exportação deve ser combinado com curvas de *RS* e *RD* mais inclinadas, para que a mudança nos termos de comércio seja grande o suficiente para equilibrar os efeitos favoráveis diretos de um aumento na capacidade produtiva de um país. Agora, a maioria dos economistas vê o conceito de crescimento empobrecedor como um ponto mais teórico do que um problema do mundo real.

Enquanto o crescimento nacional normalmente aumenta nosso próprio bem-estar, mesmo em um mundo de negociação, isso não garante, de forma alguma, crescimento no exterior. O crescimento enviesado pela importação não é uma possibilidade improvável e toda vez que o resto do mundo vivencia tal crescimento isso piora nossos termos de comércio. De fato, como apontamos a seguir, é possível que os Estados Unidos tenham sofrido alguma perda real de renda por causa do crescimento estrangeiro durante o período pós-guerra.

A maioria dos países desenvolvidos tende a vivenciar oscilações leves em seus termos de comércio, em torno de 1% ou menos por ano (em média), como ilustra a Figura 6.8 para os Estados Unidos. Entretanto, algumas exportações dos países em desenvolvimento estão fortemente concentradas em setores minerais e de agricultura. Os preços desses bens nos mercados mundiais são muito voláteis e levam a grandes oscilações nos termos de comércio. Essas oscilações em turno são traduzidas em mudanças substanciais no bem-estar (por que o comércio é concentrado em um número pequeno de setores e representa uma porcentagem substancial do PIB). Na verdade, alguns estudos mostram que a maioria das flutuações no PIB em vários países em desenvolvimento (onde as flutuações

O CRESCIMENTO DOS PAÍSES RECÉM-INDUSTRIALIZADOS PREJUDICOU AS NAÇÕES DESENVOLVIDAS?

No começo dos anos 1990, muitos observadores começaram a alertar que o crescimento das economias recém-industrializadas poderia representar um risco para a prosperidade das nações desenvolvidas. No estudo de caso no Capítulo 5 sobre o comércio Norte-Sul, abordamos uma forma na qual o crescimento poderia provar ser um problema: isso pode agravar a crescente discrepância de renda entre os trabalhadores altamente especializados e pouco especializados nas nações desenvolvidas. Alguns alarmistas, entretanto, acreditaram que a ameaça era ainda mais ampla — que a renda real global das nações desenvolvidas, em oposição à sua distribuição, tinha sido, ou seria, reduzida pelo surgimento de novos competidores. Essa visão também foi compartilhada pela maioria dos participantes de uma pesquisa da CBS em 2008, quando foi perguntado: "Você acha que a expansão econômica recente em países como a China e a Índia tem sido, em geral, boa, má ou não teve efeito na economia dos EUA?", 62% disseram ter sido ruim.

Essas preocupações pareceram ganhar algum suporte intelectual de um trabalho de 2004 de Paul Samuelson, que criou muito da teoria moderna de comércio internacional. Nesse trabalho, Samuelson, utilizando um modelo ricardiano, oferece um exemplo de como o progresso tecnológico em países em desenvolvimento prejudica países desenvolvidos.[6] Seu estudo foi simplesmente um caso especial da análise que acabamos de descrever: o crescimento no resto do mundo pode prejudicar você se ocorrer em setores que competem com suas exportações. Samuelson levou isso à sua conclusão lógica: se a China tornar-se boa o bastante em produzir bens que atualmente importa, a vantagem comparativa desaparece — e os Estados Unidos perdem os ganhos com o comércio.

A imprensa popular agarrou-se a esse resultado, tratando-o como se fosse, de alguma forma, revolucionário. "A questão central que Samuelson e outros levantaram é se comércio irrestrito é sempre tão bom para os Estados Unidos quanto eles têm acreditado há tanto tempo", escreveu a *BusinessWeek*, que foi em frente e sugeriu que tais resultados poderiam "tirar dos trilhos completamente a teoria da vantagem comparativa".[7] Os políticos ponderaram sobre isso, utilizando o trabalho de Samuelson e sua imponente estatura dentro da profissão de economista para apoiar argumentos em favor de políticas mais protecionistas.[8]

Mas a proposta de que o crescimento exterior pode prejudicar sua economia não é uma ideia nova e não diz nada sobre se o livre comércio é melhor do que proteção. Também, é uma questão empírica se o crescimento de países recém-industrializados, como a China, podem de fato prejudicar países desenvolvidos. E os fatos não suportam a afirmação.

---

6 Paul Samuelson, Where Ricardo and Mill Rebut and Confirm Arguments of Mainstream Economists Supporting Globalization. *Journal of Economic Perspective*, v. 18, p. 135-146, verão 2004.
7 Shaking up Trade Theory. *Business Week*, 6 dez. 2004.
8 Veja, por exemplo: Clinton doubts benefits of Doha, *Financial Times*, 3 dez. 2007.

Tenha em mente que o canal pelo qual o crescimento exterior poder prejudicar um país é pelos termos de comércio. Então se a afirmação de que a competição de países recém-industrializados prejudica economias desenvolvidas for verdadeira, nós deveríamos ver números negativos alarmantes para os termos de comércio de países desenvolvidos e números positivos significativos para os termos de comércio de novos competidores. No Pós-escrito Matemático deste capítulo, mostramos que a porcentagem real de efeito renda de uma mudança nos termos de comércio é mais ou menos igual à mudança porcentual nos termos de comércio multiplicada pela participação das importações na renda. Uma vez que países desenvolvidos gastam em média 25% de sua renda em importações (a participação de importação no PIB dos Estados Unidos é menor do que essa média), uma diminuição de 1% nos termos de comércio reduziria a renda real em apenar 0,25%. Então os termos de comércio deveriam diminuir vários percentuais por ano para ser um problema notável no crescimento econômico.

A Figura 6.8 mostra a evolução dos termos de comércio tanto para os Estados Unidos quanto para a China nos últimos 30 anos (normalizados em 100 em 2000). Vemos que a magnitude das flutuações anuais nos termos de comércio para os Estados Unidos é pequena, com uma tendência não clara ao longo do tempo. Os termos de comércio dos Estados Unidos em 2011 estão praticamente iguais aos de 1980. Portanto, não existe evidência de que os Estados Unidos tenham sofrido qualquer tipo de perda contínua por uma deterioração em longo prazo em seus termos de comércio. Adicionalmente, não existe evidência de que os termos de comércio da China tenham encarecido de forma firme enquanto têm se tornado cada vez mais integrados à economia mundial. Se algo aconteceu, foi que os termos de comércio chineses deterioraram-se ao longo da última década. Esse feito foi confirmado em um trabalho recente utilizando muito mais detalhes da produção industrial chinesa.[9] Os autores isolaram os efeitos do crescimento da produtividade de fabricação chinesa (de 1995 a 2007) nos termos de comércio de seus parceiros comerciais e descobriram que esse efeito foi positivo, apesar de pequeno, em 0,7%.

FIGURA 6.8 A evolução dos termos de comércio para os Estados Unidos e China (1980–2011, 2000 = 100)

Um ponto final: No exemplo de Samuelson, o progresso tecnológico chinês deixa os Estados Unidos em pior situação ao eliminar o comércio entre os dois países! Já que o que efetivamente vemos é um rápido crescimento no comércio China--Estados Unidos, é difícil de encontrar muito de uma relação entre o modelo e realidade atual.

Fonte: Indicadores de Desenvolvimento Mundial, Banco Mundial.

---

9 Veja: "A Global View of Productivity Growth in China", *National Bureau of Economic Research Working Paper* 16778, 2011.

do PIB são bem grandes em relação às flutuações do PIB em países desenvolvidos) podem ser atribuídas às flutuações em seus termos de comércio.[10] Por exemplo, a Argentina sofreu uma deterioração de 6% em seus termos de comércio em 1999 (por um declínio nos preços da agricultura), o que provocou uma queda de 1,4% no PIB. (A perda real do PIB foi maior, mas outros fatores contribuíram para essa deterioração). Por outro lado, o Equador desfrutou de um aumento de 18% em seus termos de comércio em 2000 (pelo aumento nos preços do petróleo), o que adicionou 1,6% à taxa de crescimento do PIB para aquele ano.[11]

Tarifas aduaneiras e subsídios à exportação: desvios simultâneos em *RS* e *RD*

Tarifas de importação (impostos cobrados em importações) e **subsídios à exportação** (pagamentos feitos aos produtores domésticos que vendem um bem ao exterior) não costumam ser colocados em posição de afetar os termos de comércio de um país. Essas intervenções governamentais no comércio geralmente acontecem para a distribuição de renda, para a promoção do que a indústria pensa ser crucial para a economia ou para o balanço de pagamentos. (Nota: examinaremos essas motivações nos capítulos 10, 11 e 12). Entretanto, qualquer que seja o motivo para as tarifas aduaneiras e para os subsídios, eles *têm* efeitos nos termos de comércio que podem ser compreendidos utilizando o modelo padrão de comércio.

A característica distintiva das tarifas aduaneiras e dos subsídios à exportação é a de que eles criam uma diferença entre os preços nos quais os bens são comercializados no mercado mundial e os preços nos quais os bens podem ser comprados dentro de um país. O efeito direto de uma tarifa aduaneira é fazer bens importados serem mais caros dentro de um país do que eles são fora dele. Um subsídio de exportação dá aos produtores um incentivo para exportar. Portanto, será mais rentável vender para o exterior do que nacionalmente, a não ser que o preço interno seja maior, então tal subsídio aumenta o preço dos bens exportados dentro de um país. Note que isso é muito diferente dos efeitos de um subsídio de produção, que também baixa o preço nacional para os bens afetados (desde que tal subsídio não os discrimine com base no destino da venda dos bens).

Quando os países são grandes exportadores ou importadores de um bem (relativo ao tamanho do mercado mundial), as mudanças de preço causadas pelas tarifas aduaneiras e pelos subsídios alteram tanto a oferta quanto a demanda relativas nos mercados mundiais. O resultado é uma mudança nos termos de comércio, tanto do país que impõe a política de mudança quanto do resto do mundo.

Demanda relativa e efeitos de fornecimento de uma tarifa aduaneira

Tarifas aduaneiras e subsídios causam um atrito entre os preços sob quais os bens são comercializados internacionalmente (**preços externos**) e os preços sob os quais eles são trocados dentro de um país (**preços internos**). Isso significa que temos de ter cuidado ao definir os termos de comércio que pretendem medir a relação na qual os países trocam os bens. Por exemplo, quantas unidades de alimento Doméstica pode importar para cada unidade de tecido que exportar? Isso significa que os termos de comércio correspondem aos preços externos em vez dos internos. Quando analisamos os efeitos de uma tarifa aduaneira ou de um subsídio de exportação, portanto, queremos saber como essa tarifa aduaneira ou esse subsídio afeta a oferta relativa e a demanda *como uma função dos preços externos*.

Se Doméstica impõe uma tarifa aduaneira de 20% no valor de importação de alimentos, por exemplo, o preço interno do alimento em relação ao do tecido, encarado pelos produtores e consumidores de Doméstica, será 20% mais alto do que o preço relativo externo de alimentos no mercado mundial. De forma equivalente, o preço relativo interno do tecido no qual os residentes de Doméstica baseiam suas decisões estará menor do que o preço relativo do mercado externo.

Em qualquer preço relativo mundial dado do tecido, então, os produtores de Doméstica enfrentarão um preço mais baixo em relação ao tecido e, portanto, produzirão menos tecido e mais alimentos. Ao mesmo tempo, os consumidores de Doméstica mudarão seu consumo em direção ao tecido e se distanciarão dos alimentos. Do ponto de vista do mundo como um todo, a oferta relativa de tecido vai cair (de RS^1 para RS^2, na Figura 6.9), enquanto a demanda relativa por tecido vai aumentar (de RD^1 para RD^2). Claramente, o preço relativo mundial do tecido aumenta de $(P_T/P_A)^1$ para $(P_T/P_A)^2$, e por conseguinte os termos de comércio de Doméstica melhoram à custa de Estrangeira.

---

[10] Veja: M. Ayhan Kose, "Explaining Business Cycles in Small Open Economies: How Much Do World Prices Matter?", *Journal of International Economics*, v. 56, p. 299-327, mar. 2002.

[11] Veja: Christian Broda e Cédric Tille, "Coping with Terms-of-Trade Shocks in Developing Countries", *Current Issues in Economics and Finance*, v. 9, p. 1-7, nov. 2003.

A extensão desse efeito dos termos de comércio depende de o quão grande é a tarifa aduaneira imposta pelo país em relação ao resto do mundo. Se o país é somente uma pequena parte do mundo, não pode ter muito efeito na oferta e demanda relativas mundiais e, portanto, não pode ter muito efeito nos preços relativos. Algumas estimativas sugerem que se os Estados Unidos, um país bem grande, impusessem 20% de tarifa aduaneira, seus termos de comércio poderiam aumentar em 15%. Isto é, o preço das importações americanas em relação às exportações podem cair até 15% no mercado mundial, enquanto o preço relativo das importações subiria somente 5% dentro dos Estados Unidos. Por outro lado, se Luxemburgo ou Paraguai impusessem uma tarifa aduaneira de 20%, o efeito dos termos de comércio provavelmente seriam pequenos demais para medir.

Efeitos de um subsídio à exportação

Tarifas aduaneiras e subsídios à exportação são frequentemente tratados como políticas similares, já que ambos parecem apoiar os produtores nacionais, mas eles têm efeitos opostos nos termos de comércio. Suponha que Doméstica ofereça um subsídio de 20% no valor de qualquer roupa exportada. Para quaisquer preços mundiais dados esse subsídio vai aumentar o preço interno do tecido de Doméstica em relação ao preço dos alimentos em 20%. O aumento no preço relativo do tecido vai levar os produtores de Doméstica a produzir mais tecido e menos alimentos, e os consumidores a substituir alimentos por tecido. Como ilustrado na Figura 6.10, o subsídio vai aumentar a oferta relativa mundial de tecido (de RS^1 para RS^2) e diminuir a demanda relativa mundial por tecido (de RD^1 para RD^2), movendo o equilíbrio do ponto 1 para o ponto 2. Um subsídio à exportação de Doméstica piora os termos de comércio de Doméstica e melhora os de Estrangeira.

Implicações dos efeitos dos termos de comércio: quem ganha e quem perde?

Se Doméstica impuser uma tarifa aduaneira, isso melhora seus termos de comércio à custa de Estrangeira. Portanto, tarifas aduaneiras prejudicam o resto do mundo. O efeito no bem-estar de Doméstica não tem um contorno nítido. A melhora nos termos de comércio beneficia Doméstica; entretanto, a tarifa aduaneira também impõe custos distorcendo os incentivos de produção e de consumo dentro de sua economia (veja o Capítulo 9). Os ganhos dos termos de comércio prevalecerão sobre as perdas de distorção somente enquanto a tarifa

FIGURA 6.9 Efeitos de uma tarifa aduaneira de alimentos nos termos de comércio

Uma tarifa de importação de alimentos imposta por Doméstica reduz a oferta relativa de tecido (de RS^1 para RS^2) e aumenta a demanda relativa (de RD^1 para RD^2) para o mundo como um todo. Como resultado, o preço relativo do tecido deve aumentar de $(P_T/P_A)^1$ para $(P_T/P_A)^2$.

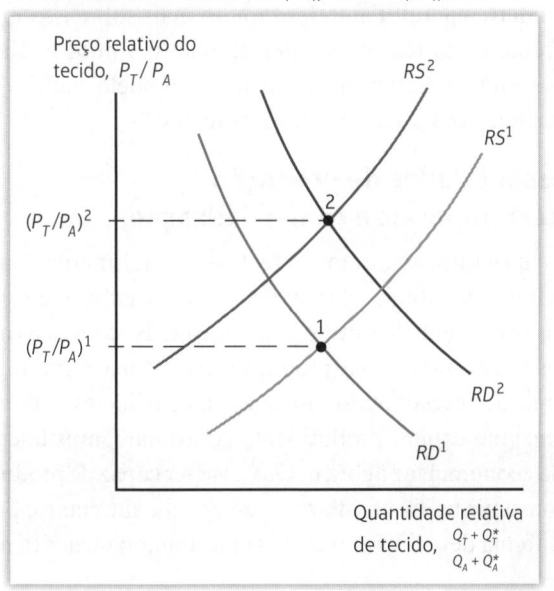

FIGURA 6.10 Efeitos de subsídio de tecido nos termos de comércio

Um subsídio à exportação de tecido tem os efeitos opostos na oferta e na demanda relativas do que a tarifa aduaneira nos alimentos. A oferta relativa de tecido para o mundo aumenta enquanto a demanda relativa para o mundo diminui. Os termos de comércio de Doméstica diminuem conforme o preço relativo do tecido diminui de $(P_T/P_A)^1$ para $(P_T/P_A)^2$.

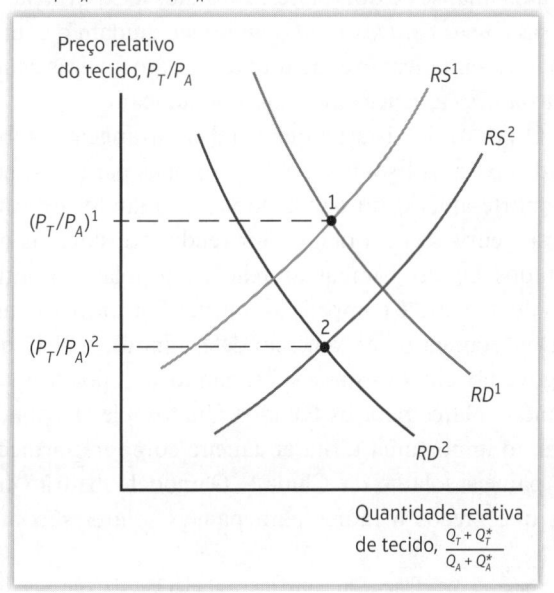

aduaneira não for muito grande. Veremos mais tarde como definir uma tarifa ótima que maximiza o benefício líquido. (Para países pequenos que não podem ter muito impacto em seus termos de comércio, a tarifa ótima é próxima de zero).

Os efeitos de um subsídio à exportação são bem claros. Os termos de comércio de Estrangeira melhoram à custa de Doméstica, deixando-a claramente em melhor situação. Ao mesmo tempo, Doméstica perde com a deterioração dos termos de comércio *e* com os efeitos de distorção de sua política.

Essa análise parece mostrar que os subsídios à exportação nunca fazem sentido. Na verdade, é difícil criar situações nas quais os subsídios à exportação serviriam ao interesse nacional. O uso de subsídios à exportação como uma ferramenta política geralmente tem mais a ver com as peculiaridades das políticas de comércio do que com a lógica econômica.

Tarifas aduaneiras estrangeiras são sempre ruins para um país e subsídios à exportação são sempre benéficos? Não necessariamente. Nosso modelo é de um mundo de dois países, no qual o outro país exporta o bem que importamos e vice-versa. No mundo real, de múltiplas nações, um governo estrangeiro pode subsidiar a exportação de um bem que compete com as exportações dos Estados Unidos. Esse subsídio estrangeiro, obviamente, prejudicará os termos de comércio norte-americano. Um bom exemplo para esse efeito são os subsídios europeus às exportações agrícolas (veja o Capítulo 9). Alternativamente, um país pode impor uma tarifa aduaneira em algo que os Estados Unidos também importem, baixando seu preço e beneficiando os Estados Unidos. Portanto, temos de qualificar nossas conclusões a partir de uma análise de dois países: subsídios à exportação de coisas *que os Estados Unidos importam* ajudam o comércio norte-americano, enquanto tarifas aduaneiras *contra as exportações norte-americanas* prejudicam.

O ponto de vista de que vendas estrangeiras subsidiadas para os Estados Unidos são boas para o comércio norte-americano não é popular. Quando governos estrangeiros são cobrados com vendas subsidiadas nos Estados Unidos, ambas as reações popular e política são de que isso é competição injusta. Portanto, quando o Departamento de Comércio determinou em 2012 que o governo chinês estava subsidiando a exportação de painéis solares para os Estados Unidos, eles responderam ao impor uma tarifa aduaneira sobre importações de painéis solares da China.[12] O modelo padrão nos diz que preços menores para painéis solares são uma coisa boa para a economia norte-americana (que é uma importadora líquida de painéis solares). Por outro lado, alguns modelos baseados na competição imperfeita e em retornos crescentes à escala de produção apontam para algumas perdas potenciais de bem-estar do subsídio chinês. Ainda assim, o maior impacto do subsídio recai sobre a distribuição de renda dentro dos Estados Unidos. Se a China subsidia exportações de painéis solares para os Estados Unidos a maioria dos residentes norte-americanos ganha com energia solar mais barata. Entretanto, trabalhadores e investidores da indústria norte-americana de painel solar são prejudicados pelos baixos preços de importação.

Empréstimos internacionais

Até aqui, todas as relações de comércio que descrevemos não foram referenciadas por uma dimensão de tempo: um bem, por exemplo tecido, é trocado por um bem diferente, digamos alimentos. Nesta seção, mostramos como o modelo padrão de comércio que desenvolvemos também pode ser utilizado para analisar outro tipo muito importante de comércio entre países que ocorre ao longo do tempo: empréstimos internacionais. Qualquer transação internacional que ocorra ao longo do tempo tem um aspecto financeiro e esse aspecto é um dos principais tópicos que abordamos na segunda metade deste livro. Entretanto, também podemos abstrair daqueles aspectos financeiros e pensar em empréstimos internacionais como outro tipo de comércio: em vez de comercializar um bem por outro em um ponto do tempo, trocamos bens hoje em troca de alguns bens no futuro. Esse tipo de comércio é conhecido como **comércio intertemporal**. Falaremos muito mais sobre isso mais à frente neste texto, mas por enquanto vamos analisá-lo usando uma variação do nosso modelo padrão de comércio com uma dimensão de tempo[13].

Possibilidades de produção intertemporais e comercialização

Mesmo na ausência de movimento de capital internacional, qualquer economia enfrenta uma troca entre consumo agora e consumo no futuro. Geralmente, as economias não consomem toda a sua produção atual, uma parte toma forma de investimento em máquinas, edifícios e outras formas de capital produtivo. Quanto mais investimento uma economia faz agora mais ela vai ser capaz de produzir e consumir no futuro. Para investir mais, entretanto, uma economia deve liberar recursos consumindo menos (a não

---

12 Veja: U.S. Will Place Tariffs on Chinese Solar Panels, *The New York Times*, 10 out. 2012.

13 Veja: o Apêndice para detalhes e derivações adicionais.

ser que sejam recursos não aplicados, uma possibilidade que descartamos temporariamente). Portanto, existe uma troca entre consumo atual e futuro.

Imaginemos uma economia que consome somente um bem e existirá somente por dois períodos, os quais chamaremos de atual e futuro. Então existirá uma troca entre produção atual e futura do consumo do bem, o que pode ser resumido ao desenhar uma **fronteira de possibilidade de produção intertemporal**. Tal fronteira é ilustrada na Figura 6.11. Ela se parece exatamente com as fronteiras de possibilidade de produção entre dois bens em um ponto do tempo que estivemos desenhando.

A forma da fronteira de possibilidade de produção intertemporal vai diferir entre países. Alguns terão possibilidades de produção enviesadas à saída atual, enquanto outras serão enviesadas à saída futura. Perguntaremos em um momento a que diferenças reais esses vieses correspondem, mas primeiro vamos apenas supor que existem dois países, Doméstica e Estrangeira, com diferentes possibilidades de produção intertemporal. As possibilidades de Doméstica são enviesadas ao consumo atual, enquanto as de Estrangeira são enviesadas ao consumo futuro.

Raciocinando por analogia, já sabemos o que esperar. Na ausência de empréstimos internacionais esperaríamos que o preço relativo do consumo futuro fosse mais alto em Doméstica do que em Estrangeira e, portanto, se abríssemos a possibilidade de comércio ao longo do tempo, esperaríamos que Doméstica exportasse o consumo atual e importasse o consumo futuro.

Entretanto, isso pode parecer um pouco confuso. O que é preço relativo do consumo futuro e como um país comercializa ao longo do tempo?

A taxa de juros real

Como um país negocia ao longo do tempo? Como um indivíduo, um país pode comercializar ao longo do tempo por meio de empréstimos. Considere o que acontece com alguém que toma um empréstimo: inicialmente ele poderá ser capaz de gastar acima de sua renda ou, em outras palavras, consumir acima de sua produção. Entretanto, mais tarde ele deve pagar o empréstimo com juros e, portanto, no futuro ele vai consumir menos do que produz. Ao pegar o empréstimo, então, ele efetivamente trocou consumo futuro por consumo atual. O mesmo é verdade para um país que pega um empréstimo.

Claro está que o preço do consumo futuro em termos de consumo atual tem algo a ver com a taxa de juros. Como veremos na segunda metade deste livro, no mundo real a interpretação das taxas de juros é complicada pela possibilidade de mudanças no nível geral de preço. Por enquanto, ignoraremos esse problema supondo que os contratos de empréstimo são especificados em termos "reais": quando um país pega um empréstimo ele tem o direito de comprar uma quantidade de consumo agora em troca do pagamento de uma quantia maior no futuro. Especificamente, a quantidade do pagamento no futuro será $(1 + r)$ vezes a quantidade emprestada no presente, onde r é a **taxa de juros real** do empréstimo. Já que a troca é uma unidade de consumo atual por $(1 + r)$ unidades no futuro, o preço relativo do consumo futuro é $1/(1 + r)$.

Quando esse preço relativo do consumo futuro aumenta (isto é, a taxa de juros real r cai), um país responde investindo mais. Isso aumenta a oferta do consumo futuro relativo para o consumo atual (um movimento para a esquerda ao longo da fronteira de possibilidade de produção intertemporal na Figura 6.11) e implica uma curva de oferta relativa com inclinação ascendente para o consumo futuro. Anteriormente vimos como as preferências de um consumidor por tecido e alimentos poderiam ser representadas por uma curva de demanda relativa relacionando consumo relativo aos preços relativos desses bens. Similarmente, um consumidor também terá preferências ao longo do tempo para capturar a extensão do que ele está disposto a substituir entre consumo atual e futuro. Esses efeitos substituição também são capturados por uma curva de demanda intertemporal relativa, que relaciona a demanda relativa por consumo futuro (a

FIGURA 6.11 A fronteira de possibilidade de produção intertemporal

Um país pode negociar o consumo atual pelo consumo futuro da mesma forma que pode produzir mais de um bem ao produzir menos de outro.

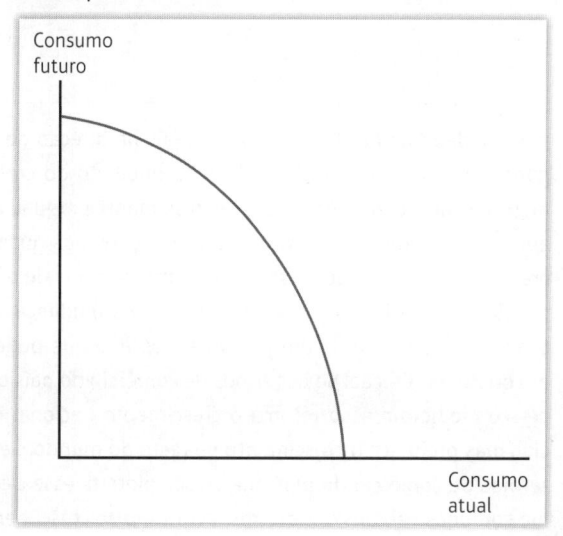

FIGURA 6.12 A taxa de juros de equilíbrio com empréstimos internacionais

A oferta de consumo futuro de Doméstica, Estrangeira e do mundo em relação ao consumo atual. Doméstica e Estrangeira têm a mesma demanda relativa, para consumo futuro, que é também a demanda relativa para o mundo. A taxa de juros de equilíbrio $1/(1 + r^1)$ é determinada pela interseção da oferta e da demanda relativas do mundo.

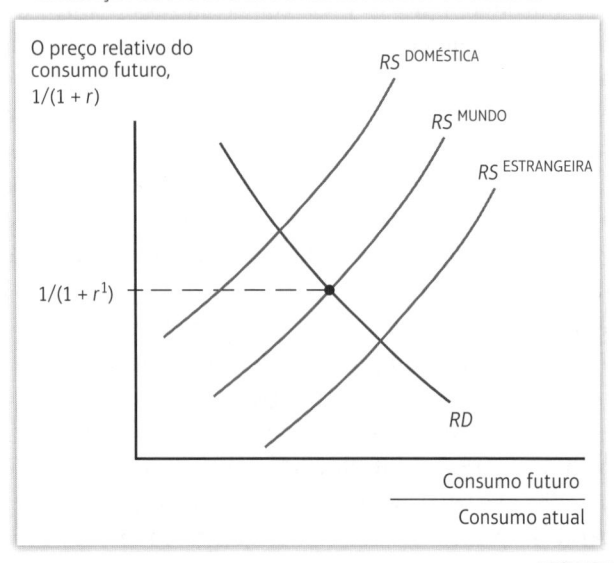

relação de consumo futuro para consumo atual) ao seu preço relativo $1/(1 + r)$.

O paralelo com o nosso modelo padrão de comércio está completo agora. Se empréstimos internacionais são permitidos, o preço relativo do consumo futuro e, portanto, a taxa de juros real mundial, serão determinados pela oferta relativa mundial e demanda pelo consumo futuro. A determinação do preço relativo de equilíbrio $1/(1 + r^1)$ é mostrada na Figura 6.12 (note o paralelo com troca em bens e o painel (a) da Figura 6.5). As curvas de oferta relativa intertemporal para Doméstica e Estrangeira refletem como as possibilidades de produção de Doméstica estão enviesadas ao consumo atual enquanto as possibilidades de produção de Estrangeira estão enviesadas ao consumo futuro. Em outras palavras, a oferta relativa de Estrangeira para o consumo futuro move-se para fora em relação à oferta relativa de Doméstica. Na taxa de juros real de equilíbrio Doméstica vai exportar o consumo atual em troca de importações do consumo futuro. Isto é, Doméstica vai emprestar para Estrangeira no presente e receber o pagamento no futuro.

Vantagem comparativa internacional

Assumimos que as possibilidades de produção intertemporal de Doméstica estão enviesadas para a produção atual. Mas o que isso significa? As origens da vantagem comparativa intertemporal são um pouco diferentes daquelas que promovem o comércio comum.

Um país que tem uma vantagem comparativa na produção futuro do consumo de bens é um país que na ausência de empréstimos internacionais teria um preço relativo baixo de consumo futuro, isto é, uma alta taxa de juros real. Essa taxa de juros real corresponde a um alto retorno em investimento, ou seja, um alto retorno para desviar recursos da produção atual de consumo de bens para a produção de bens capitais, construção e outras atividades que aumentam a habilidade futura de produzir da economia. Então, países que tomam empréstimo no mercado internacional serão aqueles nos quais altas oportunidades de investimento produtivo estão disponíveis relacionadas à capacidade produtiva atual, enquanto países que emprestam serão aqueles nos quais tais oportunidades não estão disponíveis internamente.

RESUMO

1. O modelo padrão de comércio obtém uma curva de oferta relativa mundial das possibilidades de produção e uma curva de demanda relativa das preferências. O preço das exportações em relação às importações, ou melhor, os termos de comércio de um país, são determinados pela interseção da oferta relativa mundial e das curvas de demanda. Se tudo o mais permanecer igual, um aumento nos termos de comércio de um país aumenta seu bem-estar. Contrariamente, um declínio nos termos de comércio de um país leva-o a uma situação pior.

2. Crescimento econômico significa uma mudança no exterior da fronteira de possibilidade de produção de um país. Tal crescimento é geralmente enviesado, isto é, a fronteira de possibilidade de produção move-se mais na direção de alguns bens do que de outros. O efeito imediato do crescimento enviesado é causar, se o resto se mantiver igual, um aumento na oferta relativa mundial dos bens aos quais o crescimento é enviesado. Esse movimento na curva de oferta relativa mundial, por sua vez, leva a uma mudança nos termos de comércio de um país que cresce, o que pode ir em qualquer direção. Se os termos de comércio do país que cresce melhoram, isso reforça o crescimento nacional inicial, mas prejudica o crescimento no resto do mundo. Se os termos de comércio do país que cresce pioram, esse declínio compensa alguns dos efeitos favoráveis do crescimento nacional, mas beneficia o resto do mundo.

3. A direção dos efeitos dos termos de comércio depende da natureza do crescimento. O crescimento que é enviesado pela exportação (crescimento que expande a habilidade de uma economia em produzir bens que exportava inicialmente mais do que expande a habilidade da economia em produzir bens que competem com as importações) piora os termos de comércio. Contrariamente, o crescimento que é enviesado pela importação, que aumenta desproporcionalmente a habilidade de produzir bens que competem com a importação, melhora os termos de comércio do país. É possível para o crescimento enviesado pela importação no exterior prejudicar um país.

4. Tarifas de importação e subsídios à exportação afetam tanto a oferta relativa e quanto a demanda relativa. Uma tarifa aduaneira aumenta a oferta relativa do bem importado por um país ao mesmo tempo em que reduz a demanda relativa. Uma tarifa aduaneira inequivocamente melhora os termos de comércio de um país à custa do resto do mundo. Um subsídio à exportação tem o efeito reverso, aumentando a oferta relativa e reduzindo a demanda relativa para o bem de exportação do país e, portanto, piorando seus termos de comércio. Os efeitos dos termos de comércio de um subsídio à exportação prejudicam o país subsidiário e beneficiam o resto do mundo, enquanto os efeitos da tarifa aduaneira fazem o contrário. Isso sugere que os subsídios à exportação não fazem sentido de um ponto de vista nacional e que os subsídios à exportação estrangeiros deveriam ser bem-vindos em vez de contestados. Tanto as tarifas aduaneiras quanto os subsídios, entretanto, têm fortes efeitos na distribuição de renda dentro dos países, e esses efeitos frequentemente pesam mais em políticas do que em preocupações com os termos de comércio.

5. Empréstimos internacionais podem ser vistos como um tipo de comércio internacional, mas um que envolve negociações de consumo atual por consumo futuro em vez de comércio de um bem por outro. O preço relativo no qual esse comércio intertemporal situa-se é 1 mais a taxa de juros real.

TERMOS-CHAVE

comércio intertemporal, p. 106
crescimento empobrecedor, p. 101
crescimento enviesado, p. 99
crescimento enviesado pela exportação, p. 100
crescimento enviesado pela importação, p. 100
curvas de indiferença, p. 95
fronteira de possibilidade de produção intertemporal, p. 107
linhas de isovalor, p. 94

modelo padrão de comércio, p. 94
preços externos, p. 104
preços internos, p. 104
subsídio à exportação, p. 105
tarifas de importação, p. 104
taxa de juros real, p. 107
termos de comércio, p. 94

PROBLEMAS

1. Suponha que a Noruega e a Suécia comercializem entre si, com a Noruega exportando peixe para a Suécia e esta exportando Volvos (automóveis) para a Noruega. Ilustre os ganhos da troca entre os dois países utilizando o modelo padrão de comércio, supondo primeiro que gostos por bens são os mesmos em ambos os países, mas que as fronteiras de possibilidade de produção diferem: a Noruega tem uma costa longa que faz fronteira com o Atlântico Norte, o que a torna relativamente mais produtiva na pesca. A Suécia tem uma grande doação de capital, o que a faz mais produtiva em automóveis.

2. No cenário de comércio no Problema 1, por causa da sobrepesca, a Noruega ficou impossibilitada de coletar a quantidade de peixes que pegava em anos anteriores. Essa mudança causa tanto uma redução no potencial de quantidade de peixe que pode ser produzido na Noruega quanto um aumento em relação ao preço mundial para o peixe, P_f/P_a.
   a. Mostre como o problema de sobrepesca pode resultar em um declínio do bem-estar para a Noruega.
   b. Também mostre como é possível que o problema da sobrepesca possa resultar em um *aumento* do bem-estar para a Noruega.

3. Em algumas economias a oferta relativa pode não corresponder a mudanças nos preços. Por exemplo, se fatores de produção fossem completamente fixos entre os setores, a fronteira de possibilidade de produção seria em ângulo reto e a saída dos dois bens não dependeria de seus preços relativos. Ainda é verdade que nesse caso um aumento nos termos de comércio aumenta o bem-estar? Analise graficamente.

4. A contrapartida para fatores fixos do lado da oferta seria a falta de substituição do lado da demanda. Imagine uma economia na qual os consumidores sempre comprem bens em proporções rígidas. Por exemplo, uma peça de roupa para cada quilo de alimento, independentemente do preço dos dois bens. Mostre também como uma melhora nos termos de comércio beneficia essa economia.

5. O Japão exporta principalmente bens manufaturados, enquanto importa matérias-primas, como alimentos e petróleo. Analise o impacto dos seguintes eventos no termos de comércio do Japão:
   a. Uma guerra no Oriente Médio interrompe o fornecimento de petróleo.

b. A Coreia do Sul desenvolve a habilidade de produzir automóveis que podem ser vendidos no Canadá e nos Estados Unidos.
c. Engenheiros americanos desenvolvem um reator de fusão que substitui fábricas de eletricidade de combustível fóssil.
d. Uma quebra na safra da Rússia.
e. Uma redução nas tarifas aduaneiras do Japão para carne e frutas cítricas importadas.

6. A Internet permitiu o aumento de comércio de serviços como suporte de programação e técnico, um desenvolvimento que baixou os preços de tais serviços em relação aos de bens manufaturados. A Índia, em particular, tem sido vista recentemente como uma "exportadora" de serviços baseados em tecnologia, uma área na qual os Estados Unidos têm sido o maior exportador. Utilizando a indústria e os serviços como bens negociáveis, crie um modelo padrão de comércio para as economias americana e indiana, que mostre como o preço relativo declina em serviços exportáveis que levam à "terceirização" de serviços e podem reduzir o bem-estar nos Estados Unidos e aumentar o bem-estar na Índia.

7. Os países A e B têm dois fatores de produção, capital e trabalho, com os quais produzem dois bens, X e Y. A tecnologia é a mesma em ambos. X é capital-intensivo; A é abundante em capital. Analise os efeitos nos termos de comércio e no bem-estar dos dois países nas situações a seguir:
    a. Um aumento nas ações de capital de A.
    b. Um aumento na oferta de trabalho de A.
    c. Um aumento nas ações de capital de B.
    d. Um aumento na oferta de trabalho de B.

8. O crescimento econômico é tão suscetível a piorar os termos de comércio de um país quanto de melhorá-los. Então por que a maioria dos economistas considera o crescimento empobrecedor, em que o crescimento prejudica o país que está crescendo, como improvável na prática?

9. De um ponto de vista econômico a Índia e a China são um pouco similares: ambos são países enormes e de baixos salários, provavelmente com padrões similares de vantagem comparativa, e que até pouco tempo atrás eram relativamente próximos do comércio internacional. A China foi a primeira a tornar-se acessível. Agora que a Índia também está tornando-se acessível para o comércio mundial, como você esperaria que isso afetasse o bem-estar da China? E dos Estados Unidos? (Dica: Pense em adicionar uma nova economia idêntica à da China na economia mundial).

10. Suponha que o país X subsidia suas exportações e o país Y impõe uma tarifa aduaneira de "compensação" que equilibra o efeito do subsídio para que, no final, os preços relativos no país Y permaneçam inalterados. O que acontece com os termos de comércio? E quanto ao bem-estar nos dois países? Suponha que, por outro lado, o país Y retalie com um subsídio à exportação próprio. Destaque o resultado.

11. Explique a analogia entre empréstimos internacionais e um comércio internacional comum.

12. Quais dos seguintes países você esperaria que tivessem as possibilidades de produção intertemporal enviesadas ao consumo de bens atual ou enviesadas para o consumo de bens futuros?
    a. Um país como a Argentina ou o Canadá no último século, que só abriu-se recentemente para uma colonização de longa escala e está recebendo grande afluxo de imigrantes.
    b. Um país como o Reino Unido no fim do século XIX ou os Estados Unidos atuais, que lideram o mundo tecnologicamente, mas têm visto essa liderança ruir à medida que os outros países os alcançam.
    c. Um país como a Arábia Saudita, que descobriu grandes reservas de petróleo que podem ser exploradas com pouco investimento novo.
    d. Um país que descobriu grandes reservas de petróleo que podem ser exploradas com investimento massivo, como a Noruega, cujo petróleo situa-se abaixo do Mar do Norte.
    e. Um país como a Coreia do Sul, que descobriu a habilidade de produzir bens industriais e está ganhando rapidamente de países desenvolvidos.

LEITURAS ADICIONAIS

DORNBUSCH, R.; FISCHER, S.; SAMUELSON, P. "Comparative Advantage, Trade, and Payments in a Ricardian Model with a Continuum of Goods", *American Economic Review*, v. 67, 1977. Esse trabalho, citado no Capítulo 3, também dá uma clara exposição do papel de bens não comerciáveis em estabelecer a presunção de que a transferência melhora os beneficiários dos termos de comércio.

EDWARDS, L.; LAWRENCE, R. Z. *Rising Tide:* Is Growth in Emerging Economies Good for the United States? Peterson Institute for International Economics, 2013, Cap. 5. Esse capítulo fornece uma análise detalhada da questão levantada no estudo de caso sobre os efeitos do crescimento em países em desenvolvimento sobre o bem-estar geral dos Estados Unidos.

FISHER, I. *The theory of interest*. Nova York: Macmillan, 1930. A abordagem "intertemporal" descrita neste capítulo deve sua origem a Fisher.

HICKS, J. R. "The Long Run Dollar Problem", *Trabalhos Econômicos de Oxford*, v. 2, p. 117-135, 1953. A moderna análise de crescimento e comércio tem suas origens baseadas no receio dos europeus, nos primeiros anos após a Segunda Guerra Mundial, de que os Estados Unidos tivessem uma liderança econômica que não poderia ser ultrapassada. (Isso soa ultrapassado hoje, mas muitos dos mesmos argumentos ressurgiram agora sobre o Japão). O trabalho de Hicks é a mais famosa exposição.

JOHNSON, H. G. "Economic Expansion and International Trade", *Manchester School of Social and Economic Studies*, v. 23, p. 95-112, 1955. O trabalho que explicou a distinção crucial entre crescimento enviesado pela exportação e pela importação.

KRUGMAN, P. "Does Third World Growth Hurt First World Prosperity?" *Harvard Business Review*, v. 72, p. 113-121, jul./ago. 1994. Uma análise que tenta explicar por que o crescimento em países em desenvolvimento não precisa prejudicar os países desenvolvidos por princípio e provavelmente não deve fazê-lo na prática.

SACHS, J. "The Current Account and Macroeconomic Adjustment in the 1970s", *Brookings Papers on Economic Activity*, 1981. Um estudo em fluxo de capital internacional de um ponto de vista que mostra tais fluxos como comércio intertemporal.

APÊNDICE DO CAPÍTULO 6
Mais sobre o comércio intertemporal

Este apêndice contém um exame mais detalhado do modelo de comércio intertemporal de dois períodos descrito no capítulo. Primeiro, considere Doméstica, cuja fronteira de possibilidade de produção intertemporal é mostrada na Figura 6A.1. Lembre-se de que as quantidades de bens de consumo atuais e futuros produzidos por Doméstica dependem da quantidade de bens de consumo atuais investidos para produzir bens futuros. Como recursos atualmente disponíveis são desviados do consumo atual para investimento, a produção de consumo atual, Q_P, cai e a produção de consumo futuro, Q_F, aumenta. Portanto, o aumento do investimento move a economia para cima e para a esquerda ao longo da fronteira de possibilidade de produção intertemporal.

O capítulo mostrou que o preço do consumo futuro em termos de consumo atual é $1/(1 + r)$, onde r é taxa de juros real. Mensurado em termos de consumo atual, o valor da produção total da economia ao longo dos dois períodos de sua existência é, portanto:

$$V = Q_P + Q_F / (1+r).$$

A Figura 6A.1 mostra as linhas de isovalor correspondentes ao preço relativo $1/(1 + r)$ para diferentes valores de V. Essas são linhas retas com declive $-(1 + r)$ (porque o consumo futuro está no eixo vertical). Como no modelo padrão de comércio, decisões firmes levam a um padrão de produção que maximiza o valor da produção nos preços de mercado $Q_P + Q_F/(1 + r)$. Portanto, a produção ocorre no ponto Q. A economia investe a quantidade mostrada, deixando Q_P disponível para consumo atual e produzindo uma quantidade de Q_F de consumo futuro quando o primeiro período de investimento é compensado. (Repare o paralelo com a Figura 6.1 onde os níveis de produção de tecidos e alimentos são escolhidos para um único período a fim de maximizar o valor de produção.)

No ponto de produção escolhido, Q, o consumo futuro extra, que resultaria de investimento em unidade adicional de consumo atual, se iguala a $(1 + r)$. Seria ineficiente impulsionar o investimento além do ponto Q, porque a economia poderia ir melhor ao emprestar consumo atual adicional para estrangeiros como alternativa. A Figura 6A.1 sugere que um aumento na taxa de juros real mundial r, que aumenta as linhas de isovalor, causa queda nos investimentos.

FIGURA 6A.1 Determinando o padrão de produção intertemporal de doméstica

Em uma taxa de juros r no mundo real, o nível de investimento de Doméstica maximiza o valor de produção durante os dois períodos em que a economia existe.

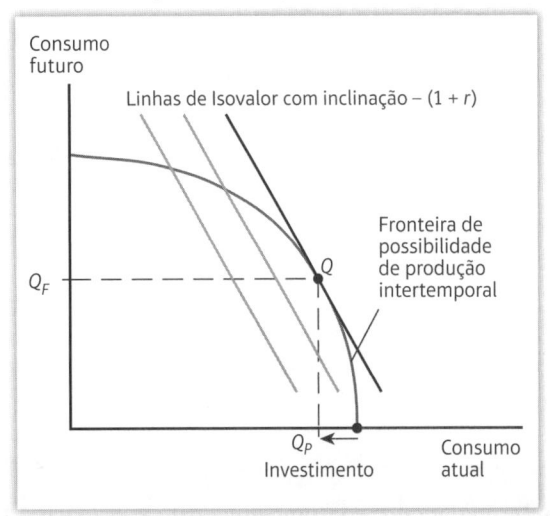

A Figura 6A.2 mostra que o padrão de consumo de Doméstica é determinado por uma dada taxa de juros mundial. D_P e D_F representam as demandas atuais e futuras do consumo de bens, respectivamente. Já que a produção está no ponto Q, as possibilidades de consumo da economia ao longo desses dois períodos são limitadas pela *restrição de orçamento intertemporal*:

$$D_P + D_F / (1+r) = Q_P + Q_F / (1+r).$$

Essa restrição afirma que o valor do consumo de Doméstica sobre os dois períodos (mensurado em termos de consumo atual) se iguala ao valor de consumo de bens produzidos nos dois períodos (também mensurado em unidades de consumo atual). Colocando de outra forma, produção e consumo devem situar-se na mesma linha de isovalor.

O ponto D, no qual a restrição de orçamento de Doméstica toca a mais alta curva de indiferença atingível, mostra os níveis de consumo atual e futuro escolhidos pela economia. A demanda de Doméstica por consumo atual, D_P, é menor do que sua produção de consumo atual, Q_P, então ela importa (isto é, empresta)

FIGURA 6A.2 — Determinando o padrão de consumo intertemporal de Doméstica

O consumo de Doméstica coloca-a na curva de indiferença mais alta tocando sua restrição de orçamento intertemporal. A economia exporta $Q_P - D_P$ unidades de consumo atual e importa $D_F - Q_F = (1 + r) * (Q_P - D_P)$ unidades de consumo futuro.

Eixos: Consumo futuro (vertical), Consumo atual (horizontal). Curvas de indiferença. Ponto D no topo com D_F; ponto Q abaixo com Q_F. Importações = $D_F - Q_F$. Exportações = $Q_P - D_P$. Restrição de orçamento intertemporal, $D_P + D_F/(1 + r) = Q_P + Q_F/(1 + r)$.

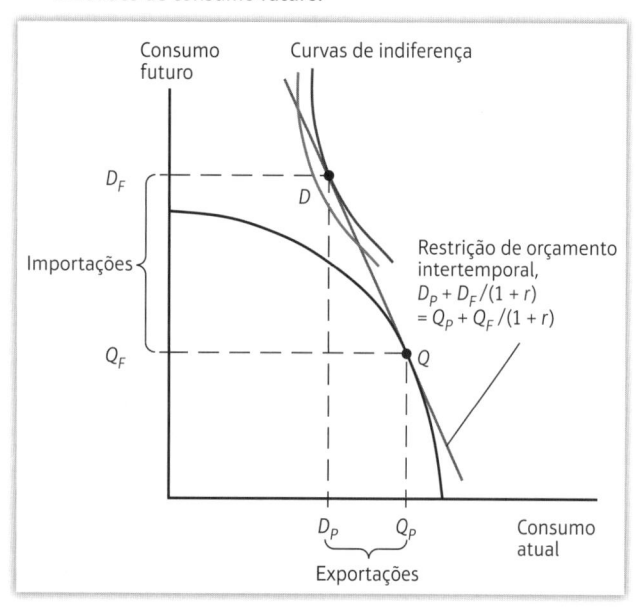

FIGURA 6A.3 — Determinando os padrões de produção e consumo intertemporais de Estrangeira

Estrangeira produz no ponto Q^* e consome no ponto D^*, importando $D_P^* - Q_P^*$ unidades de consumo atual e exportando $Q_F^* - D_F^* = (1 + r) * (D_P^* - Q_P^*)$ unidades de consumo futuro.

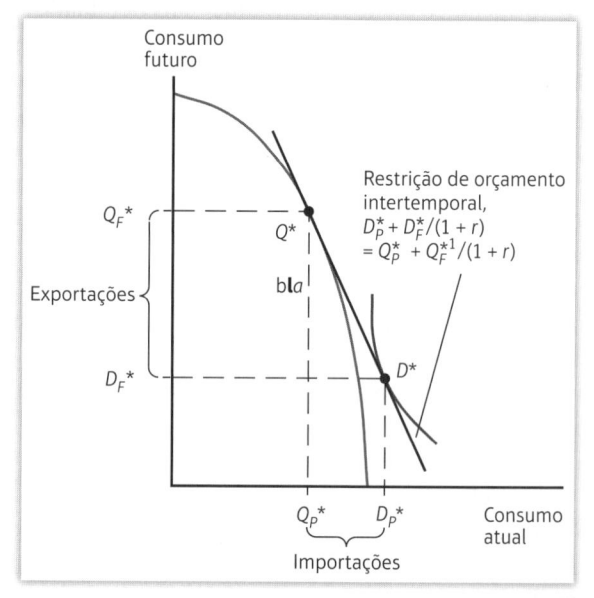

Eixos: Consumo futuro (vertical), Consumo atual (horizontal). Ponto Q^* com Q_F^*; ponto D^* com D_F^*. Exportações = $Q_F^* - D_F^*$. Importações = $D_P^* - Q_P^*$. Restrição de orçamento intertemporal, $D_P^* + D_F^*/(1 + r) = Q_P^* + Q_F^{*1}/(1 + r)$.

$Q_P - D_P$ unidades de consumo atual para Estrangeira. De modo correspondente, Doméstica importa $D_F - Q_F$ unidades de consumo futuro do exterior quando o primeiro período de empréstimos é pago a ela com juros. A restrição de orçamento intertemporal sugere que $D_F - Q_F = (1 + r) * (Q_P - D_P)$, então o comércio é *intertemporariamente* balanceado. (Mais uma vez, note o paralelo com a Figura 6.3, onde a economia exporta tecido em troca de importações de alimentos.)

A Figura 6A.3 mostra como o investimento e o consumo são determinados em Estrangeira. Supõe-se que Estrangeira tem uma vantagem comparativa em produzir bens de consumo *futuros*. O diagrama mostra que a uma taxa de juros real de r, Estrangeira toma emprestados bens de consumo no primeiro período e paga o empréstimo utilizando bens de consumo produzidos no segundo período. Por causa dessas oportunidades de investimento interno relativamente rico e de sua preferência relativa por consumo atual, Estrangeira é um importador de consumo atual e um exportador de consumo futuro.

As diferenças entre as fronteiras de possibilidade de produção de Doméstica e Estrangeira levam às diferenças nas curvas de oferta relativa representadas na Figura 6.11. Na taxa de juro de equilíbrio $1/(1 + r^1)$ a exportação de consumo atual desejada por Doméstica se iguala às importações de consumo atual desejadas por Estrangeira. Colocando de outra forma, nessa taxa de juros o empréstimo de primeiro período desejado por Doméstica se iguala ao empréstimo de primeiro período desejado por Estrangeira. Oferta e demanda são, portanto, iguais em ambos os períodos.

CAPÍTULO 7

Economias externas de escala e localização internacional da produção

No Capítulo 3, mostramos que existem dois motivos para os países se especializarem e negociarem. Primeiro, eles diferem em seus recursos ou em sua tecnologia e especializam-se em coisas que fazem relativamente bem. Segundo, economias de escala (ou aumento de retorno) fazem com que seja vantajoso para cada país especializar-se na produção de uma variedade limitada de mercadorias e serviços. Os quatro capítulos anteriores consideraram modelos nos quais todo o comércio é baseado na vantagem comparativa, isto é, as diferenças entre países são a única razão para o comércio. Este capítulo introduz o papel das economias de escala.

A análise do comércio baseada nas economias de escala apresenta certos problemas que temos evitado até o momento. Até agora, supusemos que os mercados sejam perfeitamente competitivos, de modo que todos os lucros de monopólio sempre façam concorrência. Entretanto, quando existe aumento dos retornos, grandes empresas podem ter uma vantagem sobre as pequenas, de modo que os mercados tendem a ser dominados por uma empresa (monopólio) ou, com mais frequência, por algumas poucas empresas (oligopólio). Se isso acontecer, nossa análise de comércio terá de levar em conta os efeitos da concorrência imperfeita.

Contudo, as economias de escala não precisam levar à concorrência imperfeita se tomarem a forma de *economias externas*, que são aplicadas no nível da indústria em vez de no nível da empresa individual. Neste capítulo, focaremos no papel de tais economias externas de escala no comércio, deixando a discussão sobre as economias internas para o próximo capítulo.

> **OBJETIVOS DE APRENDIZAGEM**
>
> Após a leitura deste capítulo, você será capaz de:
> - Identificar por que o comércio internacional ocorre frequentemente a partir do aumento de retorno para escala.
> - Entender as diferenças entre economias de escala internas e externas.
> - Discutir as origens das economias externas.
> - Discutir os papéis das economias externas e o transbordamento de conhecimento na moldagem da vantagem comparativa e dos padrões internacionais de comércio.

Economias de escala e o comércio internacional: uma visão geral

Os modelos de vantagem comparativa já apresentados foram baseados supondo-se retornos constantes para escala. Isto é, supusemos que, se as entradas para uma indústria forem dobradas, as saídas também serão dobradas. Na prática, entretanto, muitas indústrias são caracterizadas por **economias de escala** (também chamadas de aumento dos retornos), de modo que a produção é mais eficiente quanto maior for a escala na qual se situa. Onde existem economias de escala, dobrar as entradas para uma indústria vai mais do que dobrar sua produção.

Um simples exemplo pode ajudar a transmitir o significado das economias de escala para o comércio internacional. A Tabela 7.1 mostra a relação entre entrada e saída de uma indústria hipotética. Widgets são produzidos utilizando somente uma entrada, mão de obra. A tabela mostra como a quantidade de mão de obra necessária depende do número de widgets produzidos. Para fabricar 10 widgets, por exemplo, são necessárias 15 horas de mão de obra, enquanto para

TABELA 7.1 Relação de entrada para produção em uma indústria hipotética

Saída	Total de mão de obra	Média de mão de obra
5	10	2
10	15	1,5
15	20	1,333333
20	25	1,25
25	30	1,2
30	35	1,166667

produzir 25 widgets são necessárias 30 horas. A presença de economias de escala pode ser confirmada pelo fato de que dobrar a entrada de mão de obra de 15 para 30 resulta em mais do que o dobro da produção da indústria. Na verdade, a produção aumenta por um fator de 2,5. De forma equivalente, a existência de economias de escala pode ser vista ao olharmos a quantidade média de mão de obra utilizada para produzir cada unidade de saída: se a saída é só de 5 widgets, a entrada média de mão de obra por widget é de duas horas, enquanto se a produção for 25 unidades, a entrada média de mão de obra cairá para 1,2 horas.

Podemos utilizar esse exemplo para ver por que as economias de escala fornecem um incentivo para o comércio internacional. Imagine um mundo que consiste de dois países, os Estados Unidos e a Grã-Bretanha, que possuem a mesma tecnologia para produzir widgets. Suponha que cada país produza, inicialmente, 10 widgets. De acordo com a tabela, isso requer 15 horas de mão de obra em cada país, então no mundo todo, 30 horas de mão de obra produzem 20 widgets. Mas agora suponha que concentremos a produção de widgets em um país, digamos nos Estados Unidos, e deixemos que ele empregue 30 horas de mão de obra nessa indústria. Em um único país, essas 30 horas de mão de obra produzem 25 widgets. Então ao concentrar a produção de widgets nos Estados Unidos a economia mundial pode utilizar a mesma quantidade de mão de obra para produzir 25% a mais.

Mas onde os Estados Unidos encontram mão de obra extra para produzir widgets, e o que acontece com a mão de obra que foi empregada nessa indústria da Grã-Bretanha? Para fazer com que a mão de obra expanda sua produção de algumas mercadorias, os Estados Unidos devem diminuir ou abandonar a produção de outras mercadorias. Elas serão então produzidas na Grã-Bretanha, utilizando a mão de obra anteriormente empregada nas indústrias cuja produção expandiu nos Estados Unidos. Imagine que há muitas mercadorias sujeitas às economias de escala em produção e numere-as 1, 2, 3 etc. Para aproveitar as economias de escala, cada país deve concentrar-se em produzir somente um número limitado de mercadorias. Portanto, por exemplo, os Estados Unidos podem produzir mercadorias 1, 3, 5, e assim por diante, enquanto a Grã-Bretanha produz 2, 4, 6, e assim por diante. Se cada país produz somente algumas das mercadorias, então cada mercadoria pode ser produzida em maior escala do que se cada país tentasse produzir tudo. Como resultado, a economia mundial pode produzir mais de cada mercadoria.

Como o comércio internacional entra nessa história? Os consumidores em cada país ainda vão querer consumir uma variedade de mercadorias. Suponha que a indústria 1 fique nos Estados Unidos e a indústria 2 na Grã-Bretanha. Então os consumidores norte-americanos da mercadoria 2 terão de comprar mercadorias importadas da Grã-Bretanha, enquanto os consumidores britânicos da mercadoria 1 terão de importá-la dos Estados Unidos. O comércio internacional desempenha um papel crucial: ele torna possível para cada país produzir uma variedade restrita de mercadorias e tirar proveito de economias de escala, sem sacrificar a variedade no consumo. De fato, como veremos no Capítulo 8, o comércio internacional geralmente promove um aumento na variedade de mercadorias disponíveis.

Nosso exemplo, então, sugere como o comércio mutuamente benéfico pode surgir como um resultado de economias de escala. Cada país especializa-se em produzir uma variedade limitada de produtos, o que lhe permite produzir essas mercadorias de forma mais eficiente do que se ele tentasse produzir tudo para si próprio. Então, essas economias especializadas negociam entre si para serem capazes de consumir toda a gama de mercadorias.

Infelizmente, sair dessa história sugerida, indo para um modelo explícito de comércio baseado em economias de escala, não é tão simples. A razão é que as economias de escala podem levar a uma estrutura de mercado diferente daquela da concorrência perfeita, e precisamos ter cuidado ao analisar essa estrutura de mercado.

Economias de escala e estrutura de mercado

No exemplo da Tabela 7.1, representamos as economias de escala supondo que a entrada de mão de obra por unidade de produção é menor quanto mais unidades forem produzidas. Isso sugere que a uma determinada taxa salarial por hora o custo médio de produção cai, ao passo que a produção aumenta. Não dissemos como esse aumento de produção foi alcançado — se as empresas existentes simplesmente produziram mais ou se, em vez disso, houve um aumento no número de empresas. No entanto, para analisar os efeitos das economias de escala na estrutura do mercado, é preciso saber claramente que tipo de aumento de produção é necessário para reduzir o custo médio. **Economias externas de escala** acontecem quando o custo por unidade depende do tamanho do setor, mas não necessariamente do tamanho de alguma empresa. **Economias internas de escala** acontecem quando o custo por unidade depende do tamanho de uma empresa individual, mas não necessariamente do tamanho do setor.

A distinção entre economias externas e internas pode ser ilustrada com um exemplo hipotético. Imagine uma indústria que consiste, inicialmente, de 10 empresas, cada uma produzindo 100 widgets para uma produção industrial total de 1.000 widgets. Agora considere dois casos. Primeiro, suponha que a indústria dobrasse em tamanho, de modo que agora ela consistiria de 20 empresas, cada uma ainda produzindo 100 widgets. É possível que os custos de cada uma das empresas caísse como resultado do aumento no tamanho da indústria. Por exemplo, uma indústria maior pode permitir oferta mais eficiente de serviços especializados ou maquinário. Se esse for o caso, o setor apresenta economias externas de escala. Isto é, a eficiência das empresas aumenta por ter uma indústria maior, mesmo que cada empresa tenha o mesmo tamanho de antes.

Segundo, suponha que a produção da indústria seja mantida constante em 1.000 widgets, mas que o número de empresas será cortado pela metade, de modo que as cinco que sobrarem produzirão 200 widgets. Se nesse caso, os custos de produção caírem, então existem economias internas de escala. Uma empresa é mais eficiente se a produção for maior.

Economias externas e internas de escala têm diferentes implicações para a estrutura das indústrias. Um setor no qual as economias de escala são puramente externas (isto é, onde não existem vantagens para empresas grandes) geralmente consistirá de muitas empresas pequenas, e pode ser perfeitamente competitivo. Economias internas de escala, por contraste, dão às grandes empresas uma vantagem de custo sobre as pequenas e criam estruturas de mercado imperfeitamente competitivas.

Tanto as economias de escala internas quanto externas são importantes causas do comércio internacional. Contudo, por terem diferentes implicações para a estrutura do mercado, é difícil discutir os dois tipos de comércio baseados em economia de escala no mesmo modelo. Vamos, portanto, lidar com eles um de cada vez. Neste capítulo, focamos nas economias externas, no próximo focaremos nas economias internas.

A teoria das economias externas

Como já mostramos, nem todas as economias de escala são aplicadas no nível da empresa individual. Por uma variedade de razões, é frequente o caso em que concentrar a produção de uma indústria em um ou poucos locais reduz os custos da indústria, mesmo que as empresas da indústria permaneçam pequenas. Quando as economias de escala são aplicadas no nível da indústria, em vez de no nível da empresa individual, elas são chamadas de *economias externas*. A análise das economias externas remonta a mais de um século pelo economista Alfred Marshall, que ficou impressionado com o fenômeno dos "distritos industriais": concentrações geográficas de indústria que não podem ser facilmente explicadas por recursos naturais. Na época de Marshall, os exemplos mais famosos incluíam tais concentrações de indústria como o conjunto de fabricantes de talheres de Sheffield e o conjunto de empresas de meias em Northampton.

Existem muitos exemplos modernos de indústrias nos quais parecem existir poderosas economias externas. Nos Estados Unidos, esses exemplos incluem a indústria de semicondutores, concentrada no famoso Vale do Silício, na Califórnia, a indústria de investimentos bancários, concentrada em Nova York, e a indústria do entretenimento, concentrada em Hollywood. Na crescente indústria manufatureira de países em desenvolvimento, como a China, as economias externas são penetrantes. Por exemplo, uma cidade na China é responsável por uma grande parcela da produção mundial de roupa íntima, outra cidade produz quase todos os isqueiros do mundo, e outra produz um terço de cabeças de leitura de fitas magnéticas e assim por diante. As economias externas também desempenharam papel-chave na emergência da Índia como um grande exportador de serviços de informação, com grande parte dessa indústria ainda agrupada em volta da cidade de Bangalore.

Marshall argumentou que existem três razões principais para que um conjunto de empresas seja mais eficiente do que uma empresa individual isoladamente: a habilidade de um aglomerado em dar apoio a **fornecedores especializados**; a maneira que uma indústria geograficamente concentrada permite um **agrupamento do mercado de mão de obra**; e a maneira como as indústrias geograficamente concentradas ajudam a promover o **transbordamento de conhecimento**. Esses mesmos fatores continuam a ser válidos atualmente.

Fornecedores especializados

Em muitas indústrias, a produção de mercadorias e serviços (e em uma maior extensão, o desenvolvimento de novos produtos) requer a utilização de equipamento especializado ou serviços de apoio. Além disso, uma companhia não fornece individualmente um mercado grande o suficiente para esses serviços para manter os fornecedores no negócio. Um conjunto de indústrias localizadas pode resolver esse problema ao juntar várias empresas que fornecem coletivamente um mercado grande o suficiente para apoiar uma grande variedade de fornecedores especializados. Esse fenômeno foi extensivamente documentado no Vale do Silício: um estudo de 1994 reconta como, ao passo que a indústria cresceu, "engenheiros deixaram companhias semicondutoras estabelecidas para começarem empresas que produziam mercadorias importantes, como fornos de difusão, câmeras de repetir, materiais e componentes como fotomáscaras, dispositivos de testes para máquinas e produtos químicos especializados etc. Esse setor de equipamentos independente promoveu a formação contínua de empresas semicondutoras ao libertar produtores individuais da despesa de desenvolver equipamento importantes internamente e ao distribuir os custos do desenvolvimento. Isso também reforçou a tendência em direção à localização industrial, já que a maioria dessas entradas especializadas não estava disponível em nenhum outro lugar no país".

Como a citação sugere, a disponibilidade dessa densa rede de fornecedores especializados deu às empresas de alta tecnologia no Vale do Silício algumas vantagens consideráveis sobre as empresas de outros lugares. Entradas-chave são mais baratas e mais facilmente disponíveis, porque existem muitas empresas competindo para fornecê-las e elas podem concentrar-se no que fazem de melhor, terceirizando outros aspectos de seus negócios. Por exemplo, algumas empresas do Vale do Silício, que se especializaram em fornecer chips de computador altamente sofisticados para consumidores especiais, escolheram se tornar "*fabless*", isto é, elas não têm nenhuma fábrica onde o chip possa ser fabricado. Em vez disso, elas concentram-se em criar os chips e então contratam outra empresa para, de fato, fabricá-los.

Uma companhia que tentasse entrar na indústria em outro lugar, por exemplo, em um país que não tivesse um conjunto de indústrias comparável, estaria em desvantagem imediata, porque não teria fácil acesso aos fornecedores do Vale do Silício e teria de fornecê-los para si mesmo ou enfrentar a tarefa de tentar fazer negócio com os fornecedores baseados no Vale do Silício à distância.

Agrupamento do mercado de mão de obra

Uma segunda fonte de economias externas é a forma pela qual um conjunto de empresas pode criar um mercado agrupado para trabalhadores com habilidades altamente especializadas. Um mercado tão agrupado é vantagem tanto para produtores quanto para trabalhadores, já que os produtores correm menos risco de escassez de mão de obra e os trabalhadores correm menos risco de ficarem desempregados.

Isso pode ser mais bem entendido com um exemplo simplificado. Imagine que existam duas companhias que usam o mesmo tipo de mão de obra especializada, digamos, dois estúdios de cinema que fazem uso de *experts* em animação computadorizada. Entretanto, os dois empregadores não têm certeza sobre quantos trabalhadores eles terão de contratar: se a demanda pelo seu produto for alta, as duas companhias terão de contratar 150 trabalhadores, mas se for baixa, eles terão de contratar somente 50. Suponha também que existam 200 trabalhadores com essa habilidade específica. Agora compare duas situações: uma na qual as duas empresas e todos os 200 trabalhadores estão na mesma cidade, e outra em que as empresas, cada uma com 100 trabalhadores, situam-se em duas cidades diferentes. É evidente que tanto os trabalhadores quanto seus empregadores estão em melhor situação se todos estiverem no mesmo lugar.

Primeiro, considere a situação do ponto de vista das companhias. Se elas estão em locais diferentes, sempre que uma das companhias estiver indo bem, ela enfrentará escassez de mão de obra: vai querer contratar 150 trabalhadores, mas somente 100 estarão disponíveis. Entretanto, se as empresas estiverem perto uma da outra, é ao menos possível que uma delas esteja indo bem enquanto a outra estiver indo mal, então ambas podem ser capazes de contratar quantos trabalhadores quiserem. Ao ficarem próximas, as companhias aumentam a possibilidade de poder tirar vantagem das oportunidades de negócio.

Do ponto de vista dos trabalhadores, ter a indústria concentrada em uma localidade também é uma vantagem. Se a indústria é dividida entre duas cidades, então sempre que uma das empresas tiver uma baixa demanda por trabalhadores o resultado será o desemprego: a empresa estará disposta a contratar só 50 dos 100 trabalhadores que vivem perto. Mas se a indústria estiver concentrada em uma única cidade, a baixa demanda de mão de obra em uma empresa será, ao menos algumas vezes, compensada pela alta demanda de outra empresa. Como resultado, os trabalhadores terão um menor risco de desemprego.

Novamente, essas vantagens foram documentadas para o Vale do Silício, onde é comum tanto as empresas expandirem rapidamente quanto os trabalhadores trocarem de empregador. O mesmo estudo do Vale do Silício que foi citado anteriormente observa que a concentração de empresas em uma única localidade facilita a troca de emprego. Um engenheiro é citado dizendo que "não era uma grande catástrofe pedir demissão de seu emprego na sexta-feira e ter um trabalho novo na segunda-feira (...). Você nem precisa contar para sua esposa. Você só pega seu carro e vai para um lado diferente na segunda-feira de manhã".[1] Essa flexibilidade faz do Vale do Silício uma localidade atrativa tanto para trabalhadores altamente qualificados quanto para as companhias que os empregam.

Transbordamentos de conhecimento

Já é um clichê dizer que na economia moderna o conhecimento é, ao menos, uma entrada tão importante quanto os fatores de produção, como a mão de obra, o capital e as matérias-primas. Isso é verdade, sobretudo em indústrias altamente inovadoras, em que mesmo estando alguns poucos meses atrás das técnicas de ponta da produção ou em design de produto pode colocar uma companhia em enorme desvantagem.

Mas, de onde vem esse conhecimento especializado que é crucial para o sucesso nas indústrias inovadoras? As companhias podem adquirir tecnologia por meio de pesquisa própria e esforços de desenvolvimento. Elas também podem tentar aprender com os competidores ao estudar seus produtos e, em alguns casos, ao desmontá-los e usar "engenharia reversa" no design e na fabricação. Uma fonte importante de *know-how* técnico, entretanto, é a troca informal de conhecimentos e ideias, que acontece no nível pessoal. E esse tipo de difusão de informações com frequência parece acontecer mais efetivamente quando a indústria é concentrada em uma pequena área, de modo que os empregados de diferentes companhias misturam-se socialmente e falam com liberdade sobre questões técnicas.

Marshall descreveu esse processo memoravelmente quando escreveu que, em um distrito com muitas empresas da mesma indústria "Os mistérios do comércio deixam de existir, mas estão, assim por dizer, no ar (...). O bom trabalho é apreciado, invenções e melhorias no maquinário, no processo e na organização geral do negócio têm seus méritos prontamente discutidos: se um homem começa uma nova ideia, ela é retomada por outros e combinada com sugestões próprias e, portanto, torna-se a fonte de outras novas ideias".

Um jornalista descreve como esses transbordamentos de conhecimento funcionaram durante o surgimento do Vale do Silício (e também deu uma excelente ideia da quantidade de conhecimento especializado envolvido na indústria) como se segue: "Todo ano tinha algum lugar (no Wagon Wheel, no Chez Yvonne, no Rickey's, no Roundohuse) no qual os membros dessa fraternidade esotérica, os jovens homens e mulheres da indústria de semicondutores, iam após o trabalho para tomar uma bebida, fofocar, e trocar histórias sobre *jitters* de fase, circuitos fantasma, memórias de bolhas, trens de pulsos, contato sem pulso, modelos de explosão, provas do salto de rã, junções p-n, aumento gradual das correntes inversas, perda gradual das características, memórias RAM, protocolos NAK, transistores MOSFET, PCMs, queimadores de PROM e semicondutores".[2] Esse tipo de fluxo de informação informal significa que é mais fácil para as companhias na área do Vale do Silício ficarem próximas da fronteira tecnológica do que é para as companhias de outros lugares. De fato, muitas empresas multinacionais estabeleceram centros de pesquisa e até mesmo fábricas no Vale do Silício apenas para manterem-se atualizadas com a tecnologia mais recente.

Economias externas e equilíbrio de mercado

Como acabamos de ver, uma indústria geograficamente concentrada é capaz de dar apoio a fornecedores especializados, fornecer um mercado de mão de obra agrupado e facilitar os transbordamentos de conhecimento de forma que uma indústria geograficamente dispersa não pode fazer. Mas a força dessas economias provavelmente depende do tamanho da indústria: se todo o resto for igual, uma indústria maior vai gerar economias externas mais fortes. O que isso diz sobre a determinação da produção e dos preços?

Embora os detalhes das economias externas na prática sejam frequentemente bem sutis e complexos (como o exemplo do Vale do Silício mostra), pode ser útil abstrair detalhes e representar as economias externas simplesmente assumindo que quanto maior a indústria, menos ela custa. Se ignorarmos o comércio internacional por um momento, então o equilíbrio do mercado pode ser representado por um diagrama oferta-e-demanda, como o da Figura 7.1, que ilustra o mercado para widgets. Em uma imagem comum do equilíbrio de mercado, a curva de demanda está inclinada para baixo, enquanto a curva de oferta está incli-

---

[1] Saxenian, p. 35.

[2] Tom Wolfe, citado em Saxenian, p. 33.

FIGURA 7.1 — Economias externas e equilíbrio de mercado

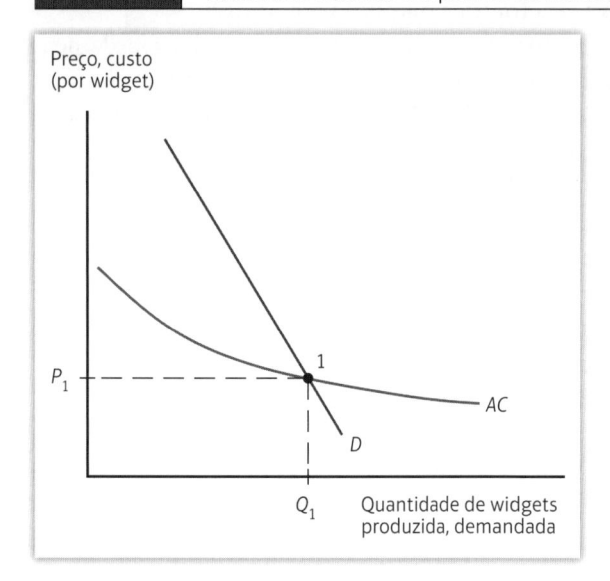

Quando existem as economias externas de escala, o custo médio para produzir uma mercadoria cai conforme a quantidade produzida aumenta. Dada a competição entre tantos produtores, a curva de custo com inclinação descendente AC pode ser interpretada como uma *curva de oferta em queda futura*. Como na análise comum de oferta-e-demanda, o equilíbrio de mercado está no ponto 1, onde a curva de oferta faz interseção com a curva de demanda, D. O nível de equilíbrio de produção é Q_1, e o equilíbrio de preço é P_1.

---

nada para cima. Contudo, na presença de economias externas de escala, existe uma **curva de oferta em queda futura**: quanto maior for a produção da indústria, menor vai ser o preço pelo qual as empresas vão querer vender, porque seu **custo médio de produção** cai ao passo que a produção da indústria aumenta.

Na ausência de comércio internacional, a inclinação não usual da curva na Figura 7.1 não parece importar muito. Como em uma análise convencional de oferta-e-demanda, o preço de equilíbrio, P_1, e a produção, Q_1, são determinados pela interseção da curva de demanda e da curva de oferta. Entretanto, como veremos a seguir, as economias externas de escala fazem uma grande diferença em nossa visão sobre as causas e os efeitos do comércio internacional.

Economias externas e comércio internacional

As economias externas conduzem vários comércios, tanto dentro de países quanto entre eles. Por exemplo, a cidade de Nova York exporta serviços financeiros para o resto dos Estados Unidos, em grande parte porque as economias externas no setor de investimento levaram a uma concentração de empresas financeiras em Manhattan. De forma similar, a Grã-Bretanha exporta serviços financeiros para o resto da Europa, em grande parte porque aquelas mesmas economias externas levaram a uma concentração de empresas financeiras em Londres. Mas quais são as implicações desse tipo de comércio? Primeiro, veremos os efeitos do comércio na produção e nos preços, depois veremos as determinantes do padrão de comércio e, finalmente, veremos os efeitos do comércio sobre o bem-estar.

Economias externas, produção e preços

Imagine, por um momento, que vivemos em um mundo no qual é impossível negociar botões para fora das fronteiras nacionais. Suponha também que só existam dois países nesse mundo: China e Estados Unidos. E, por último, imagine que a produção de botões esteja sujeita a economias externas de escala, o que resulta em uma curva de oferta em queda futura para botões em cada país. (Como mostra o estudo de caso "Segurando o mundo juntos", isso é realmente verdade na indústria de botões).

Neste caso, o equilíbrio na indústria mundial de botões deveria parecer-se com a situação mostrada na Figura 7.2.[3] Tanto na China quanto nos Estados Unidos, preços de equilíbrio e produção estariam no ponto onde a curva de oferta nacional faz interseção com a curva de demanda nacional. No caso mostrado na Figura 7.2, os preços dos botões chineses na ausência de comércio seriam menores do que os preços dos botões norte-americanos.

Agora suponha que abrimos o potencial para o comércio de botões. O que acontecerá? Parece claro que a indústria de botões chinesa vai expandir, enquanto a norte-americana vai encolher. E esse processo vai alimentar a si próprio: ao passo que a produção da indústria

---

[3] Nessa exposição, focamos na simplicidade do equilíbrio parcial no mercado para botões, em vez de no equilíbrio geral na economia como um todo. É possível, mas muito mais complicado, fazer a mesma análise em termos de equilíbrio geral.

chinesa aumenta, seus custos cairão ainda mais. Conforme a produção da indústria norte-americana cai, seus custos aumentarão. No fim, podemos esperar que toda a produção de botões esteja concentrada na China.

Os efeitos dessa concentração são ilustrados na Figura 7.3. Antes da abertura do comércio, a China abastecia somente seu mercado nacional de botões. Depois do comércio, ela fornece para o mercado mundial, produzindo botões para consumidores tanto chineses quanto norte-americanos.

Perceba os efeitos dessa concentração de produção nos preços. Porque a curva de oferta da China está em queda futura, o aumento de produção, como resultado do comércio, leva a um preço de botão que é menor do que aquele anterior ao comércio. E tenha em mente que os preços dos botões chineses eram menores que os preços dos botões norte-americanos antes do comércio. O que isso nos mostra é que o comércio resulta em preços menores de botão do que os preços em qualquer país antes do comércio.

Isso é muito diferente das implicações dos modelos sem aumento dos retornos. No modelo padrão de comércio, como desenvolvido no Capítulo 6, os preços relativos convergem como resultado do comércio. Se o tecido for relativamente barato em Doméstica e relativamente caro em Estrangeira antes de abrirem-se para o comércio, o efeito do comércio será de aumentar os preços do tecido em Doméstica e diminuí-los em Estrangeira. Em nosso exemplo do botão, por outro lado, o efeito do comércio é

FIGURA 7.2 Economias externas antes do comércio

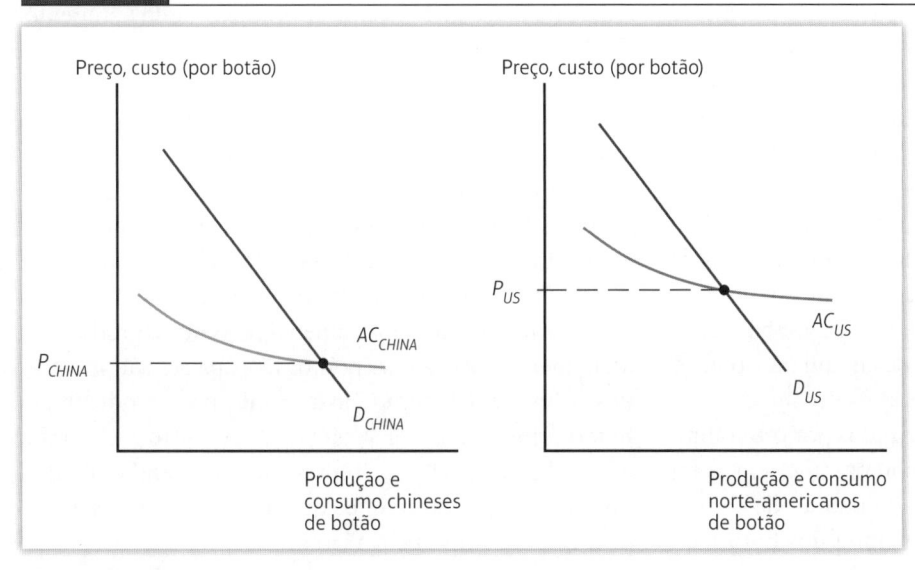

Na ausência de comércio, o preço dos botões na China, P_{CHINA}, é menor do que o preço dos botões nos Estados Unidos, P_{US}.

FIGURA 7.3 Comércio e preços

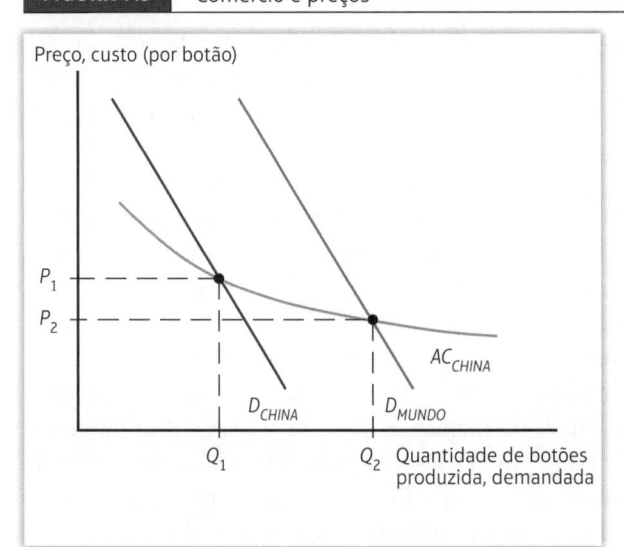

Quando o comércio é aberto, a China acaba produzindo botões para o mercado mundial, o que consiste no mercado nacional e no mercado norte-americano. A saída aumenta de Q_1 para Q_2, levando a uma queda no preço dos botões de P_1 para P_2, o que é menor do que o preço dos botões em qualquer um dos países antes do comércio.

reduzir os preços em todos os lugares. A razão para essa diferença é que, quando existem economias externas de escala, o comércio internacional possibilita concentrar a produção mundial em uma única localidade e, portanto, reduzir os custos por colher os benefícios de gerar economias externas ainda mais fortes.

Economias externas e os padrões comerciais

Em nosso exemplo de comércio mundial em botão, simplesmente supusemos que a indústria chinesa começou com custos de produção mais baixos do que a indústria norte-americana. O que pode levar a tal vantagem inicial?

Uma possibilidade é a vantagem comparativa. Diferenças subjacentes em tecnologia e recursos. Por exemplo, existe uma boa razão para o Vale do Silício ser na Califórnia e não no México. As indústrias de alta tecnologia necessitam de uma força de trabalho altamente qualificada e tal força de trabalho é muito mais fácil de encontrar nos Estados Unidos, onde 40% da população ativa tem curso superior, do que no México, onde esse número está abaixo de 16%. De forma similar, existe uma boa razão para a produção de botão do mundo estar concentrada na China em vez de estar na Alemanha. A produção de botão é uma indústria mão de obra-intensiva, o que é mais bem conduzido em um país onde a média dos trabalhadores de fábrica ganha menos do que um dólar por hora em vez de em um país onde o salário por hora está entre os mais altos do mundo.

Entretanto, em setores caracterizados por economias externas de escala, a vantagem comparativa em geral fornece só uma explicação parcial do padrão de comércio. Talvez fosse inevitável que a maioria dos botões do mundo fosse feita em um país de salários relativamente baixos, mas não está claro que esse país teria de ser necessariamente a China. E decerto não era necessário que a produção fosse concentrada em qualquer lugar particular na China.

Então, o que determina o padrão de especialização e comércio nas indústrias com economias externas de escala? A resposta, frequentemente, é contingência histórica: alguma coisa dá a uma localidade específica uma vantagem inicial em um setor específico, e essa vantagem fica "travada" pelas economias externas de escala mesmo depois de as circunstâncias que criaram essa vantagem inicial não serem mais relevantes. Os centros financeiros em Londres e em Nova York são exemplos claros. Londres tornou-se o centro financeiro dominante da Europa no século XIX, quando a Grã-Bretanha era a economia líder mundial e o centro de um império espalhado pelo mundo. Ela manteve esse papel apesar de o império ter acabado faz tempo e a Grã-Bretanha moderna ser um poder econômico de médio porte. Nova York tornou-se o centro financeiro da América graças ao canal de Erie, que o fez o principal porto da nação. Ela manteve esse papel apesar de o canal ser utilizado hoje em dia, principalmente, por barcos de recreação.

Muitas vezes o puro acaso desempenha um papel-chave na criação de uma concentração industrial. Os geógrafos gostam de contar a história sobre como uma colcha, feita como presente de aniversário por uma adolescente do século XX, deu origem a um conjunto de fabricantes de tapete ao redor de Dalton, na Geórgia. A existência do Vale do Silício deve muito ao fato de que dois graduados de Stanford chamados Hewlett e Packard decidiram começar um negócio em uma garagem naquela área. Bangalore poderia não ser o que é hoje se os caprichos dos políticos locais não tivessem levado a Texas Instruments a escolhê-la para um projeto de investimento, em 1984, em vez de outra cidade indiana.

Uma consequência do papel da história em determinar a localização industrial é que as indústrias não são sempre localizadas no lugar "certo": uma vez que um país estabelece uma vantagem em uma indústria, pode manter essa vantagem mesmo que outro país consiga potencialmente produzir as mercadorias de forma mais barata.

A Figura 7.4, que mostra o custo de produzir botões como uma função do número de botões produzidos anualmente, ilustra esse ponto. Dois países são mostrados: China e Vietnã. O custo chinês para produzir um botão é mostrado como AC_{CHINA} e o custo vietnamita como $AC_{VIETNÃ}$. D_{MUNDO} representa a demanda mundial por botões, que assumimos que pode ser satisfeita tanto pela China quanto pelo Vietnã.

Suponha que as economias externas de escala em produção de botão são totalmente externas às empresas. Uma vez que não existem economias de escala no nível da empresa, a indústria de botões em cada país consiste de muitas empresas pequenas e perfeitamente competitivas. Portanto, a competição baixo o preço dos botões para seu custo médio.

Supomos que a curva de custo vietnamita situa-se abaixo da curva chinesa porque, digamos, os salários vietnamitas são menores do que os chineses. Isso significa que em qualquer nível dado de produção, o Vietnã poderia produzir botões de forma mais barata que a China. Alguém poderia esperar que isso sempre implicasse que o Vietnã iria, de fato, abastecer o mercado mundial. Infelizmente, esse não é o caso. Suponha que a China, por razões históricas, estabeleça sua indústria de botões primeiro. Então, inicialmente, o equilíbrio de botão mundial será estabelecido no ponto 1 da Figura 7.4, com a produção chinesa de Q_1 unidades por ano e

FIGURA 7.4 A importância da vantagem estabelecida

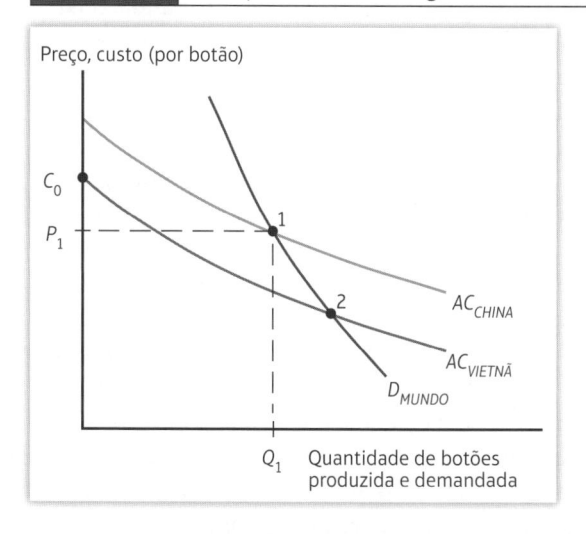

A curva de custo médio para o Vietnã, $AC_{VIETNÃ}$, situa-se abaixo da curva de custo médio para a China, AC_{CHINA}. Portanto, o Vietnã conseguiria potencialmente abastecer o mercado mundial de forma mais barata que a China. No entanto, se a indústria Chinesa for estabelecida primeiro, pode ser capaz de vender botões a um preço P_1, que é abaixo do custo C_0 que uma empresa vietnamita enfrentaria para começar sua própria produção. Então um padrão de especialização estabelecido por um acidente histórico pode persistir mesmo quando novos produtores potencialmente tenham custos menores.

o preço de P_1. Agora, introduza a possibilidade da produção vietnamita. Se o Vietnã pudesse dominar o mercado mundial, o equilíbrio iria mover-se para o ponto 2. Entretanto, se não existe uma produção vietnamita inicial ($Q = 0$), qualquer empresa vietnamita individual que esteja considerando produzir botões vai enfrentar um custo de produção C_0. Como desenhamos, esse custo está acima do preço no qual a indústria chinesa estabelecida pode produzir botões. Então, embora a indústria vietnamita possa potencialmente produzir botões de forma mais barata que a indústria chinesa, a vantagem da China permite que ela segure a indústria.

Como esse exemplo mostra, as economias externas, potencialmente, dão um papel forte para o acidente histórico ao determinar quem produz o quê, e pode permitir que padrões estabelecidos de especialização persistam mesmo quando eles correm contra a vantagem comparativa.

SEGURANDO O MUNDO JUNTOS

Se você está lendo isso enquanto está vestido, as possibilidades são de que partes cruciais da sua roupa (especificamente as partes que o protegem de um problema no vestuário) tenham vindo da cidade chinesa de Qiaotou, que produz 60% dos botões do mundo e uma grande proporção dos zíperes.

A indústria de fixação de Qiaotou encaixa-se perfeitamente no padrão de concentração geográfica impulsionado pelas economias externas de escala. A origem da indústria encontra-se em um acidente histórico: em 1980, três irmãos viram alguns botões jogados na rua, restauraram-nos e venderam-nos, então se deram conta de que poderiam fazer dinheiro no ramo dos botões. Fica claro que não há economias internas de escala fortes: a produção de botão e zíper da cidade é feita por centenas de pequenas empresas familiares. Ainda assim, existem vantagens claras para cada um desses pequenos produtores por operarem próximos uns aos outros.

Qiaotou não é única. Como um artigo fascinante sobre a indústria da cidade afirmou,[4] na China "muitas cidades pequenas, daquelas que nem valem um pontinho na maioria dos mapas, também se tornaram superiores a outras, focando nos nichos mão de obra-intensivos (...). Começou na cidade da escova de dente, Hang Ji, passou pela meca das gravatas, Sheng-Zou, foi em direção ao leste para a casa dos isqueiros baratos em, Zhang Qi, desceu pela costa para as gigantes fábricas de sapatos de Wen Ling, e então voltou para o interior em Yiwu, que não apenas faz mais meias do que em qualquer lugar na Terra, mas também vende quase tudo o que há no mundo".

Em nível mais amplo, o papel da China como um enorme exportador de produtos de mão de obra intensiva reflete vantagem comparativa: a China é claramente abundante em mão de obra comparada com as economias desenvolvidas. Muitas das mercadorias mão de obra-intensivas, entretanto, são produzidas por indústrias muito bem localizadas, que beneficiam-se fortemente das economias externas de escala.

[4] "The Tiger's Teeth", *The Guardian*, 25 maio 2005.

Comércio e bem-estar com economias externas

Em geral, podemos presumir que as economias externas de escala levam a ganhos de comércio acima daqueles referentes à vantagem comparativa. O mundo é mais eficiente e, portanto, mais rico porque o comércio internacional permite que as nações especializem-se em diferentes indústrias e, assim, colham os frutos das economias externas bem como os da vantagem comparativa.

Entretanto, existem algumas poucas qualificações possíveis para essa presunção. Como vimos na Figura 7.4, a importância da vantagem estabelecida significa que não existe garantia de que o país certo produzirá uma mercadoria sujeita às economias externas. Na verdade, é possível que o comércio baseado nas economias externas possa realmente deixar o país em pior situação do que ele ficaria na ausência de comércio.

Um exemplo de como um país pode de fato ficar pior com o comércio do que sem ele é mostrado na Figura 7.5. Nesse exemplo, imaginamos que tanto a Tailândia quanto a Suíça podem produzir relógios, que a Tailândia pode produzi-los de forma mais barata, mas que a Suíça começou a produzir primeiro. D_{MUNDO} é a demanda mundial por relógios e, dado que a Suíça produz os relógios, o equilíbrio está no ponto 1. Entretanto, adicionamos agora à figura a demanda tailandesa por relógios, D_{TAI}. Se nenhum comércio de relógios fosse permitido e a Tailândia fosse forçada a ser autossuficiente, então o equilíbrio tailandês estaria no ponto 2. Por causa de sua curva de custo médio menor, o preço do relógio feito na Tailândia no ponto 2, P_2, é, na realidade, menor que o preço dos relógios feitos na Suíça no ponto 1, P_1.

Apresentamos uma situação na qual o preço de uma mercadoria que a Tailândia importa seria, na realidade, menor se não existisse nenhum comércio e o país fosse forçado a produzir a mercadoria para si próprio. Claramente, nesse caso o comércio deixa o país em pior situação do que ele estaria na ausência de comércio.

Existe um incentivo nesse caso para a Tailândia proteger sua indústria de relógio em potencial da competição estrangeira. Porém, antes de concluir que isso justifica protecionismo, devemos notar que, na prática, identificar casos como o mostrado na Figura 7.5 está longe de ser fácil. Na verdade, como enfatizaremos nos capítulos 10 e 11, a dificuldade de identificar as economias externas na prática é um dos principais argumentos contra as políticas ativistas de governo em direção ao comércio.

Também é importante ressaltar que enquanto as economias externas podem, às vezes, levar a padrões de especialização e comércio desvantajosos, é virtualmente certo de que ainda é para o benefício da economia *mundial* tirar vantagem dos ganhos das indústrias concentradas. O Canadá poderia estar em melhor situação se o Vale do Silício ficasse perto de Toronto em vez de São Francisco. A Alemanha poderia estar em melhor situação se a City (o distrito financeiro de Londres, que junto com Wall Street dominam os mercados financeiros mundiais) pudesse ser levado para Frankfurt. Mas no geral, é melhor para o mundo que cada uma dessas indústrias esteja concentrada em *algum lugar*.

Retornos crescentes dinâmicos

Algumas das mais importantes economias externas provavelmente surgiram do acúmulo de conhecimento. Quando uma empresa individual melhora seus produtos ou técnicas de produção por meio de experiência, outras empresas provavelmente imitarão a empresa e irão beneficiar-se de seu conhecimento. O transbordamento do conhecimento dá origem a uma situação na qual a produção de empresas individuais cai ao passo que a indústria como um todo acumula experiência.

Repare que as economias externas que surgem a partir do acúmulo de conhecimento diferem um pouco das economias externas consideradas até agora, nas quais os

FIGURA 7.5 Economias externas e perdas com comércio

Quando existem economias externas, o comércio tem como, potencialmente, deixar um país em pior situação do que ele estaria na ausência de comércio. Neste exemplo, a Tailândia importa relógios da Suíça, que é capaz de abastecer o mercado mundial, (D_{MUNDO}), a um preço, (P_1), baixo o bastante para bloquear a entrada de produtores tailandeses, que devem produzir inicialmente relógios a custo C_0. Ainda, se a Tailândia bloqueasse todo o comércio de relógios, seria capaz de abastecer seu mercado nacional, (D_{TAI}), a um preço menor, P_2.

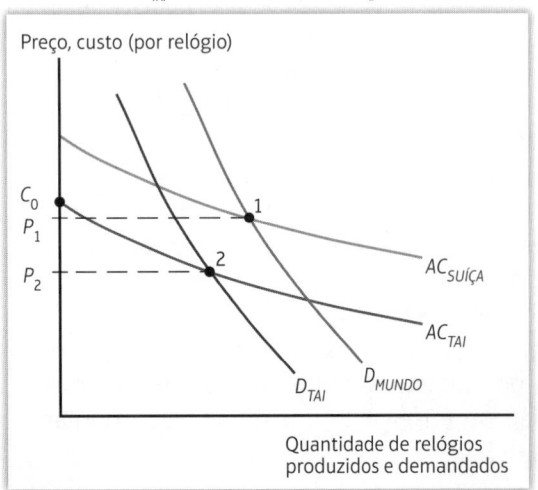

custos da indústria dependem da produção atual. Nessa situação alternativa, os custos da indústria dependem de experiência, medida normalmente pela produção cumulativa da indústria até o momento atual. Por exemplo, o custo de produzir uma tonelada de aço pode depender negativamente do número total de toneladas de aço produzido por um país desde que a indústria começou. Esse tipo de relação é frequentemente resumido por uma **curva de aprendizado** que relaciona custo da unidade com produção cumulativa. Tais curvas de aprendizado são ilustradas na Figura 7.6. Elas têm inclinação descendente por causa do efeito nos custos da experiência adquirida por meio da produção. Quando os custos caem com a produção cumulativa ao longo do tempo em vez de cair com a taxa atual de produção, chamamos isso de caso dos **retornos crescentes dinâmicos**.

Como as economias externas comuns, as economias externas dinâmicas podem seguir uma vantagem ou dianteira iniciais em uma indústria. Na Figura 7.6, a curva de aprendizado L é a do país que foi pioneiro na indústria, enquanto L^* é a do país que tem baixo custo de entrada, digamos salários baixos, mas menos experiência de produção. Já que o primeiro país tem uma vantagem de produção grande o suficiente, os custos baixos potenciais do segundo país podem não permitir que ele entre no mercado. Por exemplo, suponha que o primeiro país tem uma produção cumulativa de unidades Q_L, dando à unidade o custo de C_1, enquanto o segundo país nunca produziu a mercadoria. Então o segundo país terá um custo *startup* inicial, C_0^*, que é maior do que a unidade de custo atual, C_1, da indústria estabelecida.

Economias de escala dinâmica, como as economias externas em um ponto do tempo, potencialmente justificam protecionismo. Suponha que um país possa ter um custo baixo o suficiente para produzir uma mercadoria para exportação se tivesse mais experiência de produção, mas dada a atual falta de experiência, a mercadoria não pode ser produzida competitivamente. Tal país pode aumentar seu bem-estar em longo prazo tanto encorajando a produção da mercadoria por um subsídio quanto protegendo-a da competição estrangeira até que a indústria possa andar com suas próprias pernas. O argumento para proteção temporária das indústrias para permitir que elas ganhem experiência é conhecido como **argumento da indústria nascente**. Esse argumento tem desempenhado um papel importante em debates sobre o papel da política de comércio no desenvolvimento econômico. Discutiremos o argumento da indústria nascente mais extensamente no Capítulo 10, mas por enquanto apenas percebemos que situações como as ilustradas na Figura 7.6 são tão difíceis de identificar na prática quanto aquelas que envolvem aumento dos retornos não dinâmicos.

Comércio inter-regional e geografia econômica

As economias externas desempenham um papel importante na modelagem do padrão do comércio internacional, mas eles são ainda mais decisivos na modelagem do padrão de **comércio inter-regional** — o comércio que situa-se entre regiões *dentro* dos países.

Para entender o papel das economias externas no comércio inter-regional, primeiro precisamos discutir a natureza das economias regionais, isto é, como as economias das regiões dentro de uma nação encaixam-se na

FIGURA 7.6 A curva de aprendizado

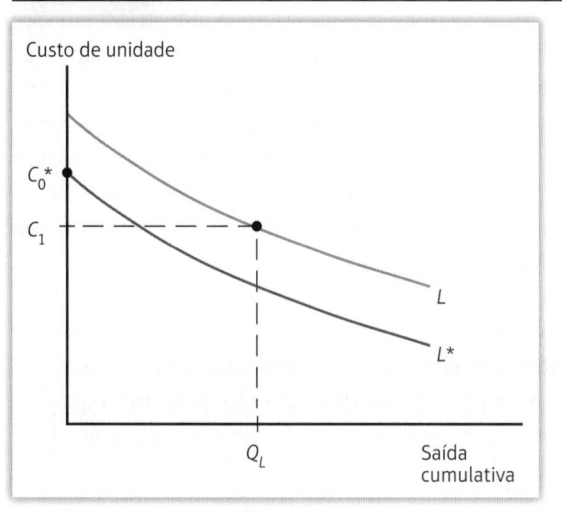

A curva de aprendizado mostra que o custo da unidade é menor quanto maior for a saída cumulativa da indústria de um país até hoje. Um país que tem extensa experiência em uma indústria (*L*) pode ter menor custo de unidade do que um país com pouca ou nenhuma experiência, mesmo que a curva de aprendizado do segundo país (*L**) seja menor, por exemplo, por causa de salários menores.

economia nacional. Estudos da localização das indústrias norte-americanas sugerem que mais de 60% dos trabalhadores norte-americanos são empregados pelas indústrias cujas produções são não comercializáveis mesmo dentro dos Estados Unidos — isto é, devem ser fornecidas internamente. A Tabela 7.2 mostra alguns exemplos de indústria de mercadorias comercializáveis e não comercializáveis. Portanto, os filmes feitos em Hollywood são mostrados em todo o país e mesmo ao redor do mundo, mas jornais são lidos principalmente em suas cidades de origem. Wall Street negocia ações e faz negócios com clientes nos Estados Unidos, mas bancos de poupança servem principalmente depositantes locais. Os cientistas do *National Institutes of Health* desenvolvem conhecimento médico que é aplicado pelo país todo, mas o veterinário que descobre por que seu bicho de estimação está doente tem de estar perto de sua casa.

Como você deve esperar, a quantidade de indústrias de mercadorias não comercializáveis que emprega é praticamente a mesma ao redor dos Estados Unidos. Por exemplo, restaurantes empregam por volta de 5% da força de trabalho em toda grande cidade norte-americana. Por outro lado, as indústrias de mercadorias comercializáveis variam muito em importância nas regiões. Manhattan representa apensa 2% do total de empregos nos Estados Unidos, mas representa um quarto daqueles que estão empregados no mercado de ações e títulos e por volta de um sétimo dos empregos na indústria de publicidade.

Mas o que determina a localização das indústrias de mercadorias comercializáveis? Em alguns casos, os recursos naturais desempenham papel-chave, por exemplo, Houston é o centro para a indústria de petróleo porque o petróleo está no leste do Texas. Entretanto, fatores de produção, como mão de obra e capital, desempenham um papel menos decisivo no comércio inter-regional do que no comércio internacional, pela simples razão de que tais fatores são altamente móveis dentro dos países. Como resultado, fatores tendem a mover-se para onde as indústrias estão, em vez do contrário. Por exemplo, o Vale do Silício, na Califórnia, perto de São Francisco, tem uma força de trabalho altamente instruída, com alta concentração de engenheiros e *experts* em computador. Isso não acontece porque a Califórnia treina muitos engenheiros, mas sim porque os engenheiros vão para o Vale do Silício para conseguir empregos na indústria de alta tecnologia da região.

Então, os recursos desempenham um papel secundário no comércio inter-regional. O que conduz em grande parte a especialização e o comércio, em vez disso, são as economias externas. Por exemplo, por que tantas agências de publicidade estão localizadas em Nova York? A resposta é: porque *outras* tantas agências de publicidade estão localizadas em Nova York. Um estudo colocou da seguinte forma: "Compartilhar e difundir informações é crítico para o sucesso de uma equipe e de uma agência (...). Em cidades como Nova York, as agências juntam-se em aglomerados vizinhos. Agrupamentos promovem rede de mão de obra localizada para melhorar a criatividade. Agências trocam informação e ideias e ter esse contato cara a cara é crítico".[5] Na verdade, a evidência sugere que as economias externas que apoiam o negócio de publicidade são *bem* localizadas: para colher benefícios dos transbordamentos de informação, as agências de publicidade precisam estar localizadas a mais ou menos 300 metros umas das outras!

Mas se as economias externas são a principal razão para a especialização regional e o comércio inter-regional, o que explica como uma região em particular desenvolve economias externas que apoiam uma indústria? A resposta, no geral, é que acidentes da história desempenham um papel crucial. Como observado antes, há um século e meio, Nova York era a cidade portuária mais importante da América porque tinha acesso aos Grandes Lagos através do canal de Erie.

Isso levou Nova York a tornar-se o centro financeiro da América. E ela permanece como centro financeiro ainda hoje graças às economias externas que a indústria financeira criou para si mesma. Los Angeles tornou-se o centro da indústria cinematográfica em seu começo, quando os filmes eram gravados ao ar livre e precisavam de boas condições meteorológicas. E permanece como o centro da indústria cinematográfica ainda hoje, apesar de muitos filmes serem gravados em locais fechados ou em locações, por causa das externalidades descritas no estudo de caso adiante.

A questão que você pode perguntar é se as forças que impulsionam o comércio inter-regional são realmente diferentes daquelas que impulsionam o comércio internacional. A resposta é que elas não são, sobretudo quando olhamos o comércio entre economias intimamente inte-

TABELA 7.2 Alguns exemplos de Indústrias de mercadorias comercializáveis e não comercializáveis

Indústria de mercadorias comercializáveis	Indústria de mercadorias não comercializáveis
Filmes	Editoras de jornais
Valores mobiliários, *commodities* etc.	Bancos de investimento
Pesquisa científica	Serviços veterinários

Fonte: J. Bradford Jensen e Lori. G. Kletzer, "Tradable Services: Understanding the Scope and Impact of Services Outsourcing". In: BRAINARD, L.; COLLINS, S. M. (Eds.), *Brookings Trade Forum 2005*: Offshoring White Collar Work. Washington, D.C.: Brookings Institution, 2005, p. 75–116.

---

[5] J. Vernon Henderson, "What Makes Big Cities Tick? A Look at New York", cópia, Brown University, 2004.

gradas, como aquelas do Leste Europeu. De fato, Londres desempenha o papel de capital financeira da Europa similar ao papel desempenhado por Nova York como capital financeira da América. Nos últimos anos, houve um movimento crescente entre economistas para modelar o comércio inter-regional e internacional, e identificar fenômenos como o surgimento de cidades como diferentes aspectos do mesmo fenômeno — interação econômica através do espaço. Tal abordagem é frequentemente chamada de **geografia econômica**.

ECONOMIA DE TINSELTOWN

Qual é o setor de exportação mais importante dos Estados Unidos? A resposta depende em certa medida de definições. Algumas pessoas dirão que é o setor agrícola, outros dirão que é o de aviação. No entanto, por qualquer medida, um dos setores de maior exportação dos Estados Unidos é o de entretenimento, filmes em particular. Em 2011, taxas de aluguel geradas pela exportação de filmes e fita foram de 14,3 bilhões de dólares em comparação com somente 10,2 bilhões de dólares em receitas de bilheteria nacional. Os filmes norte-americanos dominaram as vendas de ingressos em grande parte do mundo. Por exemplo, eles representaram em torno de dois terços das receitas de bilheteria na Europa.

Por que os Estados Unidos são o exportador dominante do entretenimento? Existem importantes vantagens decorrentes da dimensão do mercado norte-americano. Um filme que visa principalmente aos mercados francês e italiano, muito menores do que o dos Estados Unidos, não pode justificar os enormes orçamentos de muitos dos filmes norte-americanos. Portanto, os filmes desses países são tipicamente dramas ou comédias cujo apelo não consegue sobreviver à dublagem ou a legendas. Enquanto isso, os filmes americanos podem transcender a barreira da linguagem com grandes produções e efeitos especiais espetaculares.

Mas uma importante parte da dominância americana na indústria também vem das economias externas criadas pela imensa concentração de empresas de entretenimento em Hollywood. Hollywood claramente gera dois tipos das economias externas de Marshall: fornecedores especializados e agrupamento do mercado de mão de obra. Enquanto o produto final é fornecido pelos estúdios de cinema e redes de televisão, estes, por sua vez, dependem de uma complexa rede de produtores independentes, agências de *casting* e de talentos, escritórios de advocacia, *experts* em efeitos especiais e assim por diante. E a necessidade de agrupamento do mercado de mão de obra é óbvia para qualquer um que já viu os créditos ao fim de um filme: cada produção requer um exército enorme, mas temporário, que inclui não só cinegrafistas e maquiadores, mas músicos, dublês e ocupações misteriosas como eletricista de cena e apertadores (e, é claro, atores e atrizes). Se isso também gera o terceiro tipo de economias externas — transbordamentos de conhecimento — é menos certo. Afinal, como o autor Nathaniel West observou uma vez, a chave para entender o negócio do cinema é perceber que "ninguém sabe nada". Ainda, se existe qualquer conhecimento para transbordar, com certeza funciona melhor no intenso meio-ambiente social de Hollywood do que poderia funcionar em qualquer outro lugar.

Um indício da força das economias externas de Hollywood tem sido a persistente habilidade em atrair talentos de fora dos Estados Unidos. De Garbo e Von Sternberg a Russell Crowe e Guillermo del Toro, os filmes "norte-americanos" têm sido feitos frequentemente por estrangeiros ambiciosos que mudaram-se para Hollywood e, no final, alcançaram um público maior mesmo em suas nações de origem do que se tivessem ficado em seus países.

Hollywood é única? Não, forças similares levaram ao surgimento de vários outros complexos de entretenimento. Na Índia, cujo mercado cinematográfico tem sido protegido da dominação norte-americana, parte por política de governo e parte pelas diferenças culturais, um agrupamento de produção de filmes conhecido como "Bollywood" surgiu em Bombay. Nos anos recentes, os filmes de Bollywood desenvolveram um público grande fora da Índia e o cinema está rapidamente se tornando uma indústria exportadora indiana significativa. Uma indústria cinematográfica substancial atendendo a falantes do chinês surgiu em Hong Kong. Além disso, muitos filmes de ação norte-americanos são fortemente influenciados pelo estilo de Hong Kong. Uma indústria de especialidade que está produzindo programas de televisão de língua espanhola para toda a América Latina, com foco nas chamadas *telenovelas*, surgiu em Caracas, na Venezuela. E em anos recentes um complexo cinematográfico nigeriano, "Nollywood", surgiu, utilizando técnicas digitais para produzir filmes de orçamento relativamente baixo que são exportados como entretenimento diretamente em vídeo, mas não totalmente, para outras nações africanas.

RESUMO

1. O comércio não precisa ser o resultado da vantagem comparativa. Em vez disso, pode resultar do aumento dos retornos ou das economias de escala, isto é, de uma tendência de os custos de unidade serem menores com maiores produções. Economias de escala dão aos países um incentivo para especializarem-se e negociarem mesmo na ausência de diferenças nos recursos ou tecnologia entre países. As economias de escala podem ser internas (dependendo do tamanho da empresa) ou externas (dependendo do tamanho da indústria).

2. As economias de escala podem levar a um colapso de competição perfeita, a não ser que tomem a forma de economias externas, o que ocorre no nível da indústria em vez de no nível da empresa.

3. As economias externas dão um papel importante à história e aos acidentes ao determinar o padrão do comércio internacional. Quando as economias externas são importantes, um país que começa com uma grande vantagem pode reter essa vantagem mesmo que outro país possa potencialmente produzir as mesmas mercadorias de forma mais barata. Quando as economias externas são importantes, os países podem possivelmente perder com o comércio.

TERMOS-CHAVE

agrupamento do mercado de mão de obra, p. 115
argumento da indústria nascente, p. 123
comércio inter-regional, p. 123
curva de aprendizado, p. 123
curva de oferta em queda futura, p. 118
custo médio de produção, p. 118
economias de escala, p. 113

economias externas de escala, p. 115
economias internas de escala, p. 115
fornecedores especializados, p. 115
geografia econômica, p. 125
retornos crescentes dinâmicos, p. 123
transbordamento de conhecimento, p. 115

PROBLEMAS

1. Para cada um dos exemplos seguintes, explique se é um caso de economias externas ou internas de escala:
   a. Uma quantidade de empresas fazendo contrato de pesquisa para a indústria farmacêutica está concentrada no sudeste da Carolina do Norte.
   b. Todos os Hondas produzidos nos Estados Unidos vêm das fábricas de Ohio, Indiana ou do Alabama.
   c. Todas as fuselagens do Airbus, único produtor de aviões grandes da Europa, são montadas em Toulouse, na França.
   d. Cranbury, em Nova Jersey, é a capital do sabor artificial dos Estados Unidos.

2. Costuma-se argumentar que a existência de aumento dos retornos é uma fonte de conflito entre países, já que cada país fica em melhor situação se puder aumentar sua produção nas indústrias caracterizadas pelas economias de escala. Avalie esse ponto de vista em termos de modelo de economia externa.

3. Dê dois exemplos de produtos que são negociados nos mercados internacionais para o quais existem retornos crescentes dinâmicos. Em cada um de seus exemplos, mostre como a inovação e o aprendizado na prática são importantes para os retornos crescentes dinâmicos na indústria.

4. Avalie a importância relativa das economias de escala e da vantagem comparativa em causar o seguinte:
   a. A maioria do alumínio do mundo é derretida na Noruega ou no Canadá.
   b. Metade dos aviões a jato do mundo é montada em Seattle.
   c. A maioria dos semicondutores é produzida tanto nos Estados Unidos como no Japão.
   d. A maioria do uísque escocês vem da Escócia.
   e. A maioria do melhor vinho do mundo vem da França.

5. Considere uma situação similar à da Figura 7.3, na qual dois países que podem produzir uma mercadoria estão sujeitos às curvas de oferta em queda futura. Entretanto, neste caso, suponha que os dois países têm os mesmos custos, de forma que as duas curvas de oferta são idênticas.
   a. Qual padrão de especialização e comércio internacional você esperaria? O que determinaria quem vai produzir a mercadoria?
   b. Quais são os *benefícios* do comércio internacional neste caso? Eles serão obtidos somente pelo país que recebe a indústria?

6. É bastante comum para um agrupamento industrial separar-se e para a produção mover-se para localidades com salários menores quando a tecnologia da indústria não melhora mais de maneira rápida — quando não é mais essencial ter o maquinário absolutamente mais moderno, quando a necessidade por trabalhadores altamente qualificados diminui e quando estar na vanguarda da inovação traz somente uma pequena vantagem. Explique essa tendência dos agrupamentos industriais em separarem-se em termos da teoria das economias externas.

7. Recentemente, uma crescente escassez de mão de obra tem feito com que os salário chineses aumentem. Se essa

tendência continuar, o que você espera que aconteça com as indústrias de economia externa dominadas pela China hoje? Considere, em especial, a situação ilustrada na Figura 7.4. Como a mudança ocorreria?

8. Em nossa discussão sobre agrupamento do mercado de mão de obra, enfatizamos as vantagens de ter duas empresas na mesma localidade: se uma empresa está aumentando enquanto a outra está diminuindo, é vantagem tanto para os trabalhadores quanto para as empresas que eles sejam capazes juntar-se em um único agrupamento de mão de obra. Mas pode acontecer de as duas empresas quererem expandir ou diminuir ao mesmo tempo. Isso constitui um argumento contra a concentração geográfica? (Pense utilizando o exemplo numérico cuidadosamente).

9. Qual das mercadorias ou serviços a seguir teriam mais propensão de estarem sujeitos a (1) economias externas de escala e (2) retornos crescentes dinâmicos? Explique suas respostas.
   a. Serviços de suporte técnico a softwares.
   b. Produção de asfalto ou concreto.
   c. Filmes.
   d. Pesquisa sobre câncer.
   e. Colheita de madeira.

LEITURAS ADICIONAIS

BANCO Mundial. *Relatório do Desenvolvimento Mundial de 2009*. Uma enorme pesquisa de evidência em geografia econômica, com extensa discussão sobre os agrupamentos industriais na China e em outras economias emergentes.

GRAHAM, F. "Some Aspects of Protection Further Considered". *Quarterly Journal of Economics*, v. 37, p. 199-227, 1923. Um aviso prévio de que o comércio internacional poderia ser prejudicial na presença de economias externas de escala.

LI & Fung Research Centre. *Industrial Cluster Series*, 2006–2010. Li and Fung, um grupo de comércio baseado em Hong Kong, publicou uma série de relatórios sobre o surgimento de concentrações industriais na produção chinesa.

LINDER, S. B. *An Essay on Trade and Transformation*. Nova York: John Wiley and Sons, 1961. Uma afirmação inicial e influente na visão de que o comércio de fabricantes entre países desenvolvidos reflete principalmente forças em vez de vantagem comparativa.

PORTER, M. *The Competitive Advantage of Nations*. Nova York: Free Press, 1990. Um *best-seller* que explica o sucesso da exportação nacional como resultado do autorreforço de agrupamentos industriais, isto é, economias externas.

SAXENIAN, A. *Regional Advantage*. Cambridge: Harvard University Press, 1994. Uma comparação fascinante de dois distritos industriais de alta tecnologia: o Vale do Silício, na Califórnia, e a Rota 128, de Boston.

CAPÍTULO 8

Empresas na economia global: decisões de exportação, terceirização e as empresas multinacionais

Neste capítulo, continuaremos a explorar como as economias de escala geram incentivos para a especialização internacional e o comércio. Agora focaremos nas economias de escala que são internas à empresa. Como mencionado no capítulo anterior, essa forma de aumento nos retornos pode levar a uma estrutura de mercado que apresenta concorrência imperfeita. As **economias internas de escala** implicam que o custo médio de produção de uma empresa diminui quanto mais ela produz. A concorrência perfeita que baixa o preço de uma mercadoria para o custo marginal deveria implicar perdas para essas empresas, porque elas não seriam capazes de recuperar os altos custos incorridos da produção das unidades iniciais.[1] Como resultado, a concorrência perfeita forçaria essas empresas para fora do mercado e esse processo continuaria até que um equilíbrio com a concorrência imperfeita fosse atingido.

Modelar a concorrência imperfeita significa que consideraremos explicitamente o comportamento de empresas individuais. Isso nos permite introduzir duas características adicionais das empresas que são predominantes no mundo real: (1) Na maioria dos setores, as empresas produzem mercadorias que são diferenciadas umas das outras. No caso de certas mercadorias (como água engarrafada, grampos etc.) as diferenças entre os produtos podem ser pequenas, enquanto em outras (como carros, celulares etc.) as diferenças são muito mais significativas. (2) Medidas de desempenho (como tamanho e lucros) variam amplamente entre as empresas. Vamos incorporar essa primeira característica (diferenciação de produto) em nossa análise ao longo deste capítulo. Para facilitar a exposição e estimular a intuição, vamos, inicialmente, considerar o caso no qual não existem diferenças de desempenho entre as empresas. Veremos, portanto, como as economias internas de escala e a diferenciação do produto combinam-se para gerar novas fontes de ganhos de comércio por meio de integração econômica.

Introduziremos diferenças entre as empresas para que possamos analisar como elas respondem diferentemente às forças internacionais. Veremos como a integração econômica gera tanto vencedores como perdedores entre diferentes tipos de empresas. As organizações de melhor desempenho prosperam e expandem, enquanto as de pior desempenho encolhem-se. Isso gera uma fonte adicional de ganho com o comércio: como a produção é concentrada em direção às empresas de melhor desempenho, a eficiência global da indústria melhora. Por último, estudaremos o motivo pelo qual essas empresas de melhor desempenho têm um maior incentivo para envolverem-se na economia global, seja por meio da exportação, da terceirização de alguns dos processos de produção imediatos para fora ou ao tornarem-se multinacionais e operarem em vários países.

OBJETIVOS DE APRENDIZAGEM

Após a leitura deste capítulo, você será capaz de:
- Entender como as economias internas de escala e a diferenciação de produto levam ao comércio internacional e ao comércio intraindústria.
- Reconhecer novos tipos de ganhos de bem-estar do comércio de intraindústria.
- Descrever como a integração econômica pode levar tanto a vencedores como perdedores entre empresas do mesmo setor.

---

1 Sempre que o custo médio estiver diminuindo, o custo de produzir uma unidade extra (custo marginal) é menor do que o custo médio de produção (já que aquela média inclui o custo dessas unidades iniciais que foram produzidas a custos unitários maiores).

- Explicar como os economistas acreditam que o "*dumping*" não deve ser destacado como uma prática de comércio injusta e por que a aplicação de leis *antidumping* leva ao protecionismo.
- Explicar por que as empresas que se envolvem na economia global (exportadores, terceirizados, multinacionais) são substancialmente maiores e têm melhor desempenho do que empresas que não interagem com os mercados estrangeiros.
- Entender as teorias que explicam a existência de multinacionais e a motivação para investimento estrangeiro direto entre economias.

A teoria da concorrência imperfeita

Em um mercado perfeitamente competitivo — no qual existem muitos compradores e vendedores, nenhum dos quais representa uma grande parte do mercado — as empresas são *tomadoras de preços*. Isto é, são vendedoras de produtos que acreditam que podem vender tanto quanto gostariam no preço atual, mas não podem influenciar o preço que recebem pelo produto. Por exemplo, um produtor de trigo pode vender tanto trigo quanto ele quiser sem preocupar-se que, ao tentar vender mais, vai diminuir o preço de mercado. A razão pela qual ele não precisa preocupar-se com o efeito de suas vendas nos preços é que qualquer produtor individual de trigo representa somente uma minúscula fração do mercado mundial.

Entretanto, quando somente algumas empresas produzem uma mercadoria, a situação é diferente. Para utilizar talvez o exemplo mais dramático, a gigante produtora de aeronaves, Boeing, divide o mercado de aeronaves grandes com somente um grande rival, a empresa europeia Airbus. Como resultado, a Boeing sabe que se produzir mais aeronaves, vai ter um efeito significativo no fornecimento total de aviões no mundo e, portanto, diminuirá significativamente o preço dos aviões. Ou, colocando de outra forma, a Boeing sabe que se quer vender mais aviões só vai conseguir isso ao reduzir seu preço significativamente. Então, na **concorrência imperfeita**, as empresas têm consciência de que podem influenciar os preços de seus produtos e que só podem vender mais ao reduzirem seu preço. Essa situação ocorre de uma das duas formas: quando existem somente alguns grandes produtores de uma mercadoria em especial, ou quando cada empresa produz uma mercadoria que é diferenciada (aos olhos do consumidor) daquela que a empresa rival produz. Como mencionamos na introdução, esse tipo de competição é um resultado inevitável quando existem economias de escala no nível da empresa: o número de empresas sobreviventes é forçado a diminuir para um número pequeno e/ou as empresas devem desenvolver produtos que são claramente diferenciados daqueles produzidos pelos seus rivais. Nessas condições, cada empresa vê a si mesma como uma *ditadora de preço*, ao escolher o preço de seus produtos, em vez de ser uma tomadora de preço.

Quando as empresas não são tomadoras de preço, é necessário desenvolver ferramentas adicionais para descrever como os preços e a produção são determinados. A estrutura de mercado imperfeitamente competitivo mais simples para examinarmos é a do **monopólio puro**, um mercado no qual a empresa não enfrenta nenhuma competição. As ferramentas que desenvolvemos para essa estrutura podem então se utilizadas para examinar estruturas de mercado mais complexas.

Monopólio: uma breve revisão

A Figura 8.1 mostra a posição de uma única empresa monopolista. A empresa enfrenta uma curva de demanda com inclinação decrescente, representada na figura como D. Essa inclinação decrescente de D indica que a empresa pode vender mais unidades de produção somente se o preço da produção cair. Como você deve se lembrar do básico da microeconomia, a curva de **receita marginal** corresponde à curva de demanda. A receita marginal é a receita extra ou adicional que a empresa ganha por vender uma unidade adicional. A receita marginal para uma empresa monopolista é sempre menor do que o preço, porque para vender uma unidade adicional, ela deve baixar o preço de *todas* as unidades (e não só da unidade marginal). Portanto, para uma empresa monopolista, a curva de receita marginal, MR, sempre vai estar abaixo da curva de demanda.

Receita marginal e preço Para nossa análise do modelo da concorrência monopolística, que vem adiante nesta seção, é importante determinar a relação entre o preço que a empresa monopolista recebe por unidade e a receita marginal. A receita marginal é sempre menor do que o preço, mas quanto menor? A relação entre a receita marginal e o preço depende de duas coisas. Primeiro, de quanta produção a empresa já está vendendo: uma firma que não está vendendo muitas unidades não perderá muito ao diminuir o preço que recebe por essas unidades. Segundo, a diferença entre preço e receita marginal depende da inclinação da curva de demanda, o que nos diz o quanto a empresa monopolista tem de cortar seu

FIGURA 8.1 — Preços monopolísticos e decisões de produção

Uma empresa monopolista escolhe uma produção na qual a receita marginal (o aumento na receita por vender uma unidade adicional) se iguala ao custo marginal (o custo de produzir uma unidade adicional). Essa produção que maximiza o lucro é mostrada como Q_M. O preço no qual essa produção é demandada é P_M. A curva de receita marginal MR situa-se abaixo da curva de demanda D, porque, para um monopólio, a receita marginal é sempre menor do que o preço. Os lucros do monopólio são iguais aos da área do retângulo sombreado, a diferença entre preço e custo médio vezes a quantidade de produção vendida.

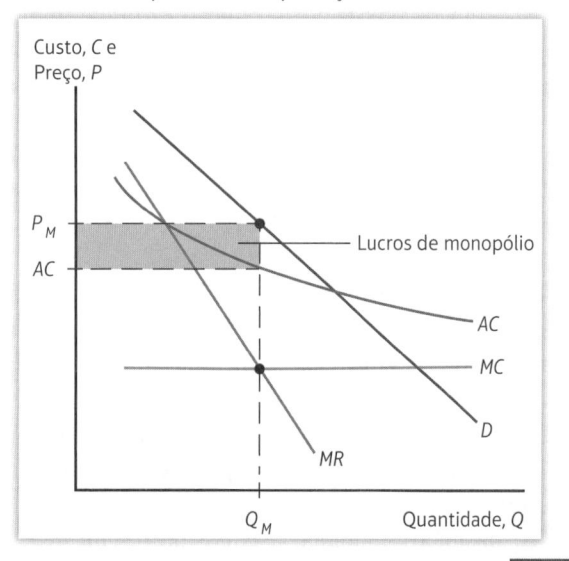

preço para vender mais uma unidade de produção. Se a curva for mais achatada, então a empresa monopolista pode vender uma unidade adicional com um pequeno corte no preço. Como resultado, ela não terá de baixar muito o preço nas unidades que venderia de qualquer forma, então a receita marginal será próxima ao preço por unidade. Por outro lado, se a curva de demanda for muito inclinada, vender uma unidade adicional vai requerer um grande corte no preço, o que implica que a receita marginal será bem menor do que o preço.

Podemos ser mais específicos sobre a relação entre preço e receita marginal se supusermos que a curva de demanda que a empresa enfrenta é uma linha reta. Quando esse é o caso, a dependência do total de vendas da empresa monopolista sob o preço que ela cobra pode ser representada por uma equação da seguinte forma:

$$Q = A - B \times P, \qquad (8.1)$$

onde Q é o número de unidades que a empresa vende, P é o preço que ela cobra por unidade e A e B são constantes.

Mostraremos no apêndice deste capítulo que nesse caso a receita marginal é:

$$MR = P - Q/B, \qquad (8.2)$$

o que implica:

$$P - MR = Q/B.$$

A Equação (8.2) revela que a diferença entre preço e receita marginal depende das vendas iniciais, Q, da empresa e o parâmetro de inclinação, B, depende da curva de demanda. Se a quantidade de vendas, Q, é maior, a receita marginal é menor, porque a diminuição necessária no preço para vender uma maior quantidade custa mais para a empresa. Em outras palavras, quanto maior for B, mais as vendas caem para qualquer aumento no preço e a receita marginal fica mais próxima do preço da mercadoria. A Equação (8.2) é crucial para a nossa análise do modelo de comércio da concorrência monopolística na seção a seguir.

Custos médios e marginais Voltando à Figura 8.1, AC representa o **custo médio** de produção da empresa, isto é, o custo total dividido por sua produção. A inclinação para baixo reflete nossa suposição de que existem economias de escala, então quanto maior a produção da empresa, menor seu custo por unidade. MC representa o **custo marginal** da empresa (o quanto custa para a empresa produzir uma unidade extra). Na figura, supusemos que o custo marginal da empresa é constante (a curva de custo marginal é achatada). Então, as economias de escala devem vir de um custo fixo (sem relação com a escala de produção). O custo fixo impulsiona o custo médio acima do custo marginal constante de produção, embora a diferença ente os dois torne-se cada vez menor à medida que o custo fixo é espalhado sobre um número crescente de unidades de produção.

Se considerarmos c como o custo marginal da empresa e F como o custo fixo, então podemos escrever o custo total da empresa (C) como:

$$C = F + c \times Q, \qquad (8.3)$$

onde Q é novamente a produção da empresa. Dada essa função linear de custo, o custo médio da empresa é:

$$AC = C/Q = (F/Q) + c. \qquad (8.4)$$

Como discutimos, esse custo médio é sempre maior que o custo marginal c, e diminui com o produto produzido Q.

Se, por exemplo, $F = 5$ e $c = 1$, o custo médio para produzir 10 unidades é $(5/10) + 1 = 1,5$, e o custo médio para produzir 25 unidades é (5/25) + 1 = 1,2. Esses números podem parecer familiares, porque foram utilizados para construir a Tabela 7.1 no capítulo anterior. (Entretanto, neste caso, supomos uma unidade de custo de salário para a entrada de mão de obra e que a tecnologia agora é aplicada a uma empresa em vez de uma indústria.) As curvas de custo médio e marginal para esse exemplo numérico específico estão traçados na Figura 8.2. O custo médio aproxima-se do infinito na produção zero e aproxima-se do custo marginal em grande produção.

A maximização do lucro de produção de uma empresa monopolista é aquela na qual a receita marginal (a receita obtida por vender uma unidade extra) se iguala ao custo marginal (o custo de produzir uma unidade extra), isto é, na interseção das curvas MC e MR. Na Figura 8.1, podemos ver que o preço no qual a maximização do lucro de produção, Q_M, demandada é P_M, que é maior do que o custo médio. Quando $P > AC$, a empresa monopolista está ganhando alguns lucros de monopólio, como indicado pela caixa sombreada.[2]

Concorrência monopolística

Os lucros de monopólio raramente são incontestados. A empresa que tem lucros altos normalmente atrai concorrência. Portanto, as situações de monopólio puro são raras na prática. Na maioria dos casos, a concorrência não vende os mesmo produtos — seja porque não pode (por razões legais ou tecnológicas) ou porque prefere abrir seu próprio nicho de produto. Isso leva a um mercado no qual os concorrentes vendem **produtos diferenciados**. Portanto, mesmo quando existem muitos concorrentes, a diferenciação do produto permite que as empresas continuem a ditar o preço para sua própria "variedade" de produto individual ou marca. Entretanto, mais concorrência implica menos vendas para qualquer empresa em qualquer preço escolhido: a curva de demanda de cada empresa muda quando existem mais concorrentes (modelaremos isso de forma mais explícita nas seções seguintes). Baixa demanda, por sua vez, é traduzida em lucros reduzidos.

O incentivo para novos concorrentes adicionais persiste há tanto tempo que tal entrada é lucrativa. Uma vez que a competição alcança certo nível, entradas adicionais não seriam mais lucrativas e um equilíbrio de longo prazo

---

[2] A definição econômica de *lucros* não é mesma que a utilizada em contabilidade convencional, em que qualquer receita acima e abaixo da mão de obra e custos de material é chamada de lucro. Uma empresa que ganha uma taxa de retorno em seu próprio capital menor do que esse capital poderia ter ganhado em outras indústrias não está tendo lucros. De um ponto de vista econômico, a taxa de retorno normal de capital representa parte dos custos da empresa e somente retornos melhores do que aquela taxa de retorno normal representam lucros.

FIGURA 8.2 Média *versus* custo marginal

Esta figura ilustra a média e os custos marginais correspondentes à função de custo total $C = 5 + x$.

O custo marginal é sempre 1, o custo médio diminui conforme a produção aumenta.

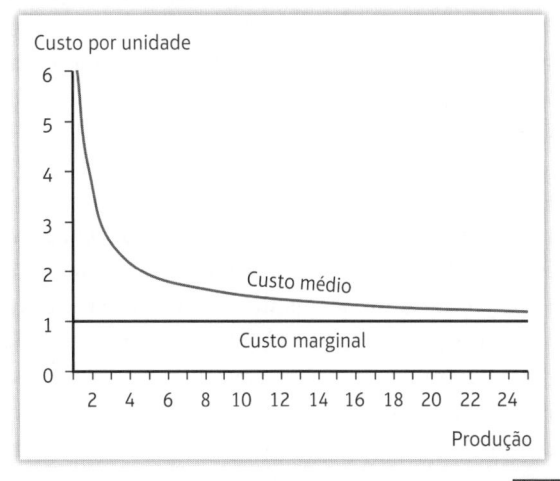

é atingido. Em alguns casos, isso ocorre quando só existe um pequeno número de empresas que concorrem no mercado (tal como no mercado de grandes jatos). Isso leva a uma estrutura de mercado chamada de **oligopólio**. Nessa situação, uma única empresa tem uma parte suficiente do mercado para influenciar agregados de mercado, como o total da produção da indústria e seu preço médio.[3] Isso, por sua vez, afeta as condições da demanda para outras empresas. Elas terão, portanto, um incentivo para ajustar seus preços em resposta à decisão de preço da empresa maior, e vice-versa, quando as outras empresas também são grandes. Portanto, as decisões de preço das companhias são *interdependentes* em uma estrutura de mercado oligopólico: cada empresa em um oligopólio vai considerar as respostas esperadas dos concorrentes na hora de estabelecer o preço. Essas repostas, entretanto, dependem, por sua vez, das expectativas dos concorrentes sobre o comportamento da empresa — e, portanto, estamos em um jogo complexo no qual as empresas tentam adivinhar as estratégias umas das outras. Discutiremos brevemente um exemplo de um modelo de oligopólio com duas empresas no Capítulo 12.

Por enquanto, vamos focar em um caso muito mais simples de concorrência imperfeita, conhecido como **concorrência monopolística**. Essa estrutura de mercado surge quando o número de equilíbrio de empresas concorrentes

---

[3] Isso ocorre tipicamente quando o custo fixo F é alto em relação às condições de demanda: cada empresa deve operar em grande escala a fim de diminuir o custo médio e ser lucrativa e o mercado não é grande o suficiente para suportar tantas empresas grandes.

é grande e nenhuma atinge uma parcela substancial de mercado. Então, a decisão de preço de qualquer uma das empresas não vai afetar os agregados de mercado e as condições de demanda para as outras, assim as decisões de preço não são mais inter-relacionadas. Cada empresa define seu preço de acordo com aqueles agregados de mercado, sabendo que a resposta de qualquer outra empresa individual seria sem importância. A seguir desenvolvemos tal modelo de concorrência monopolística e, na seção seguinte, introduzimos o comércio sob essa estrutura de mercado.

Suposições do modelo Começamos descrevendo a demanda voltada para uma empresa de concorrência monopolística típica. Em geral, esperaríamos que a empresa vendesse mais quanto maior fosse a demanda total para o produto de sua indústria, e maiores fossem os preços cobrados por seus rivais. Por outro lado, esperaríamos que a empresa vendesse menos quanto maior o número de empresas na indústria e maior o seu próprio preço. Uma equação especial para a demanda voltada a uma empresa que tem essas propriedades é:[4]

$$Q = S \times \left[1/n - b \times \left(P - \overline{P}\right)\right], \qquad (8.5)$$

onde Q é a quantidade de produção demandada; S é o total de produção da indústria; n é o número de empresas na indústria; b é o termo constante positivo que representa a capacidade de reposta das vendas de uma empresa para o seu preço; P é o preço cobrado pela própria empresa; e $\overline{P}$ é o preço médio cobrado por seus concorrentes. À Equação (8.5) pode ser dada a seguinte justificativa intuitiva: se todas as empresas cobram o mesmo preço, cada uma terá uma parcela de mercado $1/n$. Uma empresa que cobra mais do que a média das outras empresas vai ter uma parcela de mercado similar, considerando que a empresa que cobra menos terá uma parcela maior.[5]

É de grande ajuda supor que a produção total da indústria S não é afetada pelo preço médio $\overline{P}$ cobrado pela empresas da indústria. Isto é, supomos que as empresas podem ganhar clientes somente à custa umas das outras. Essa é uma suposição não realista, mas simplifica a análise e ajuda-nos a focar na concorrência entre as empresas. Em especial, isso significa que S é a medida do tamanho do mercado e que se todas as empresas cobrarem o mesmo preço, cada uma vende S/n unidades.[6]

A seguir, voltamos aos custos de uma empresa típica. Aqui, simplesmente assumimos que o custo total e médio de uma empresa típica são descritos pelas equações (8.3) e (8.4). Note que nesse modelo inicial supomos que todas as empresas são *simétricas*, mesmo que elas produzam produtos diferenciados: todas elas enfrentam a mesma curva de demanda, Equação (8.5), e têm a mesma função de custo, Equação (8.3). Abrandaremos essa suposição na próxima seção.

Equilíbrio de mercado Quando empresas individuais são simétricas, o estado da indústria pode ser descrito sem descrever nenhuma das características das empresas individuais: tudo o que realmente precisamos saber para descrever a indústria é quantas empresas existem e que preço a empresa típica cobra. Para analisar a indústria — por exemplo, para avaliar os efeitos do comércio internacional — precisamos determinar o número de empresas n e o preço médio que elas cobram $\overline{P}$. Uma vez que temos o método para determinar n e $\overline{P}$, podemos perguntar como elas são afetadas pelo comércio internacional.

Nosso método para determinar n e $\overline{P}$ envolve três passos. (1) Primeiro, obtemos uma relação entre o número de empresas e o *custo médio* de uma empresa típica. Mostramos que essa relação tem uma inclinação ascendente, isto é, quanto mais empresas existem, menor é a produção de cada uma. E, portanto, maior é o custo por unidade de produção de cada empresa. (2) A seguir mostramos a relação entre o número de empresas e o preço que cada uma cobra, que deve se igualar a $\overline{P}$ em equilíbrio. Mostramos que essa relação tem uma inclinação descendente: quanto mais empresas existem, mais intensa é a concorrência entre elas e, como resultado, menores são os preços que elas cobram. (3) Por fim, introduzimos decisões de entrada e saída das empresas com base nos lucros que cada uma aufere. Quando o preço excede o custo médio, as empresas obtêm lucro positivo e empresas adicionais entrarão na indústria. De forma contrária, quando o preço é menor que o custo médio, os lucros são negativos e essas perdas induzem à saída de algumas empresas. Em longo prazo, esse processo de entrada e saída leva os lucros a zero. Então o preço $\overline{P}$ que cada empresa estabelece deve se igualar ao custo médio do passo (1).

1. *O número de empresas e custo médio*. Como primeiro passo para determinar n e $\overline{P}$, perguntamos como o custo médio de uma empresa típica depende do

---

[4] A Equação (8.5) pode ser derivada de um modelo no qual os consumidores têm diferentes preferências e as empresas produzem variedades adaptadas para segmentos particulares do mercado. Veja: Stephen Salop, "Monopolistic Competition with Outside Goods," *Bell Journal of Economics*, v. 10, p.141-156, 1979, para um desenvolvimento dessa abordagem.

[5] A Equação (8.5) pode ser reescrita como $Q = (S/n) - S \times b \times (P - \overline{P})$. Se $P = \overline{P}$, essa equação é reduzida para $Q = S/n$. Se $P > \overline{P}$, $Q < S/n$, enquanto se $P < \overline{P}$, $Q > S/n$.

[6] Mesmo que as empresas definam preços diferentes, a equação de demanda (8.5) garante que a soma de Q sobre as empresas seja sempre igual à produção total S (porque o resultado de $P - \overline{P}$ sobre as empresas deve ser zero).

número de empresas na indústria. Já que todas as empresas são simétricas nesse modelo, no equilíbrio todas cobrarão o mesmo preço. Mas quando todas as empresas cobram o mesmo preço, de forma que $P = \overline{P}$, a Equação (8.5) mostra-nos que $Q = S/n$; isto é, a produção Q de cada empresa é uma parcela $1/n$ do total de vendas S da indústria. Mas nós vimos na Equação (8.4) que o custo médio depende inversamente da produção de uma empresa. Portanto, concluímos que o custo médio depende do tamanho do mercado e do número de empresas na indústria:

$$AC = F/Q + c = \left(n \times F/S\right) + c. \qquad (8.6)$$

A Equação (8.6) nos mostra que, com todo o resto igual, *quanto mais empresas existirem em uma indústria, mais alto é o custo médio*. A razão para isso é que quanto mais empresas existem, menos cada uma produz. Por exemplo, imagine uma indústria com um total de vendas de 1 milhão de widgets por ano. Se existem cinco empresas na indústria, cada uma venderá 200 mil anualmente. Se existem dez empresas, cada uma irá vender somente 100 mil e, portanto, cada empresa terá um custo médio maior. A relação de inclinação ascendente entre n e o custo médio é mostrada como CC na Figura 8.3.

2. *O número de empresas e o custo médio.* Entretanto, o preço que a empresa típica cobra também depende do número de empresas na indústria. Em geral, seria de se esperar que quanto mais empresas existam, mais intensa seja a concorrência entre elas e, consequentemente, menor o preço. Isso acaba por ser verdade nesse modelo, mas para provar que é preciso um momento. O truque básico é mostrar que cada empresa enfrenta uma curva de demanda de linha reta, como mostramos na Equação (8.1), e então utilizar a Equação (8.2) para determinar os preços.

Primeiro, lembre-se que no modelo de concorrência monopolística supõe-se que as empresas aceitam os preços das outras como eles são dados, isto é, cada empresa ignora a possibilidade de que, caso mudem seu preço, outras empresas também mudarão o delas. Se cada empresa trata $\overline{P}$ como dado, podemos reescrever a curva de demanda da Equação (8.5) na forma:

$$Q = \left[(S/n) + S \times b \times \overline{P}\right] - S \times b \times P, \qquad (8.7)$$

onde b é o parâmetro na Equação (8.5) que mediu a sensibilidade de cada parcela de mercado das empresas para o preço que ela cobra. Agora, esta equação está na mesma forma da Equação (8.1), com $(S/n) + S \times b \times \overline{P}$ no lugar do termo constante A e $S \times b$ no lugar do coeficiente de inclinação B. Se colocarmos esses valores de volta na fórmula para a receita marginal, Equação (8.2), temos a receita marginal para uma empresa típica de:

$$MR = P - Q/(S \times b). \qquad (8.8)$$

FIGURA 8.3 Equilíbrio em um mercado monopolístico competitivo

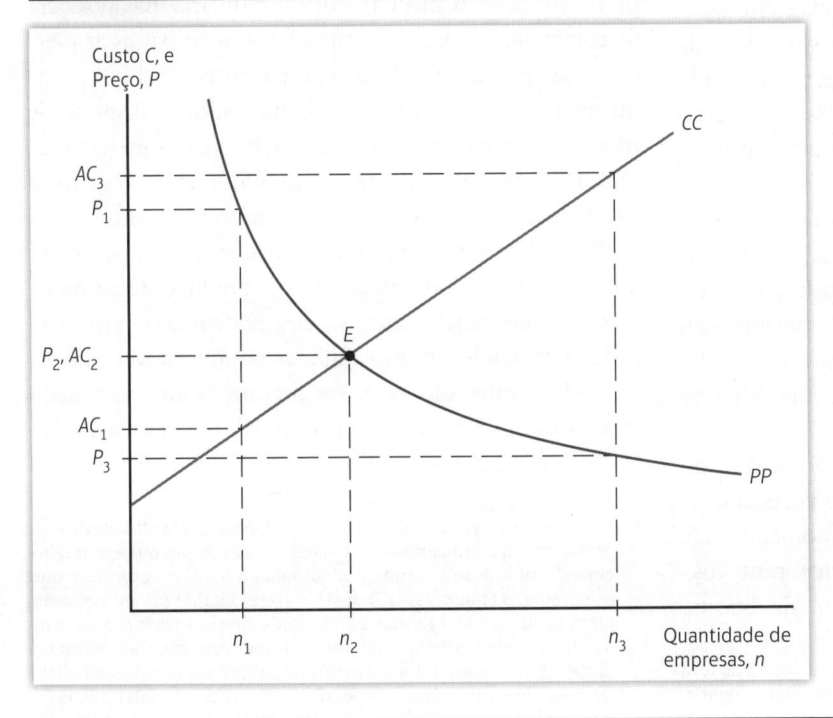

A quantidade de empresas em um mercado monopolisticamente competitivo e os preços que elas cobram são determinados por duas relações. De um lado, quanto mais empresas existem, mais intensamente elas competem, e, por consequência, menor é o preço da indústria. Essa relação é representada por *PP*. Do outro lado, quanto mais empresas existem, menos cada uma vende e, portanto, maior é o custo médio da indústria. Essa relação é representada por *CC*. Se o preço ultrapassa o custo médio (isto é, se a curva *PP* está acima da curva *CC*), a indústria terá lucros e empresas adicionais entrarão nela. Se o preço for menor do que o custo médio, a indústria sofrerá perdas e empresas a deixarão. O preço de equilíbrio e a quantidade de empresas ocorrem quando o preço iguala o custo médio, na interseção entre *PP* e *CC*.

Empresas que maximizam os lucros vão definir a receita marginal igual ao custo marginal, *c*, de modo que:

$$MR = P - Q/(S \times b) = c,$$

o que pode ser rearrumado para dar a seguinte equação para o preço cobrada por uma empresa típica:

$$P = c + Q/(S \times b). \quad (8.9)$$

Já percebemos, entretanto, que se todas as empresas cobram o mesmo preço, cada uma venderá uma quantidade $Q = S/n$. Colocar isso de volta na Equação (8.9) nos dá a relação entre o número de empresas e o preço que cada uma cobra:

$$P = c + 1/(b \times n). \quad (8.10)$$

A Equação (8.10) nos mostra algebricamente que *quanto mais empresas existirem em uma indústria, menor é o preço que cada empresa vai cobrar*. Isso acontece porque cada **marcação sobre o custo marginal**, $P - c = 1/(b \times n)$, diminui com o número de empresas concorrentes. A Equação (8.10) é representada na Figura 8.3 como a curva de inclinação descendente *PP*.

3. *O número de equilíbrio de empresas*. Perguntemo-nos o que a Figura 8.3 significa. Nós resumimos uma indústria em duas curvas. A curva com inclinação descendente *PP* mostra que quanto mais empresas existirem em uma indústria, menor é o preço que cada empresa vai cobrar: quanto mais empresas existem, mais competição cada empresa enfrenta. A curva com inclinação ascendente nos mostra que quanto mais empresas existirem na indústria, mais alto é o custo médio de cada uma: se o número de empresas aumenta, cada uma vai vender menos, então as empresas não serão capazes de mover-se para baixo de sua curva de custo médio.

Os dois esquemas fazem interseção no ponto *E*, que corresponde ao número de empresas n_2. O significado de n_2 é que ele é o número *lucro-zero* de empresas na indústria. Quando existem n_2 empresas na indústria, seu preço de maximização de lucro é P_2, o que é exatamente igual ao seu custo médio AC_2. Isso é o equilíbrio de concorrência monopolística de longo prazo que descrevemos anteriormente.

Para entender o porquê, suponha que *n* era menos do que n_2, digamos n_1. Então o preço cobrado pelas empresas seria P_1, enquanto seu custo médio seria somente AC_1. Deste modo, as empresas ganhariam lucros positivos.[7] Contrariamente, suponha que *n* fosse maior do que n_2, digamos n_3. Então as empresas cobrariam somente o preço P_3, enquanto seu custo médio seria AC_3. As empresas sofreriam perdas (lucros no negativo). Ao longo do tempo, empresas entrarão em uma indústria que é lucrativa e sairão da indústria na qual perdem dinheiro. O número de empresas aumentará com o tempo se for menor do que n_2, se for maior, o número diminui, levando ao preço de equilíbrio P_2 com n_2 empresas.[8]

Acabamos de desenvolver um modelo de uma indústria monopolisticamente competitiva, na qual podemos determinar o número de equilíbrio de empresas e o preço médio que cada empresa cobra. Agora utilizaremos esse modelo para obter algumas conclusões importantes sobre o papel das economias de escala no comércio internacional.

Concorrência monopolística e comércio

Fundamentando a aplicação do modelo de concorrência monopolística para o comércio, existe a ideia de que o comércio aumenta o tamanho do mercado. Em indústrias nas quais existem economias de escala, tanto a variedade de mercadorias que um país pode produzir quanto a escala de sua produção são limitadas pelo tamanho do mercado. Ao negociarem entre si e, portanto, formar um mercado mundial integrado que é maior do que qualquer mercado nacional individual, as nações tornam-se capazes de afrouxar essas limitações. Cada país pode, portanto, especializar-se em produzir uma variedade de produtos mais restrita do que produziria na ausência de comércio. Ainda, ao comprar de outros países as mercadorias que não produz, cada nação pode simultaneamente aumentar a variedade de mercadorias disponíveis para seus consumidores. Como resultado, o comércio oferece uma oportunidade de ganho mútuo mesmo quando os países não diferem em recursos ou tecnologias.

Suponha, por exemplo, que existam dois países, cada um com um mercado anual para um milhão de automóveis. Ao negociarem entre si, eles podem criar um mercado combinado de dois milhões de automóveis. Nesse mercado combinado, pode ser produzida uma variedade maior de automóveis, com custos médios menores do que em cada mercado sozinho.

---

[7] Lembre-se que isso representa lucro *econômico*, o que deixa de fora todos os custos fixos e capitais — em oposição ao lucro *contábil* (que não exclui nada).

[8] Essa análise passa por um pequeno problema: a quantidade de empresas em uma indústria deve ser, naturalmente, um número inteiro como 5 ou 8. E se n_2 acaba por ser igual a 6,37? A resposta é que existirão seis empresas na indústria, todas ganhando um pequeno lucro positivo. O lucro não é contestado por novas empresas, porque todo mundo sabe que uma indústria de sete empresas perderia dinheiro. Na maioria dos exemplos de concorrência monopolística, esse problema de número inteiro ou "restrição de inteiro" acaba não sendo muito importante, por isso, iremos ignorá-lo aqui.

O modelo de concorrência monopolística pode ser usado para mostrar como o comércio melhora o *trade-off* entre escala e variedade que as nações individuais enfrentam. Começaremos mostrando como um mercado maior resulta tanto em um preço médio menor, quanto na disponibilidade de uma variedade maior de mercadorias no modelo de concorrência monopolística. Ao aplicar esse resultado no comércio internacional, observamos que o comércio cria um mercado mundial maior do que qualquer um dos mercados nacionais que o compõem. Integrar mercados por meio do comércio internacional, portanto, tem os mesmos efeitos do crescimento de um mercado dentro de um único país.

Os efeitos do aumento de tamanho do mercado

O número de empresas em uma indústria monopolisticamente competitiva e os preços que ela cobra são afetados pelo tamanho do mercado. Nos mercados maiores, haverá geralmente mais empresas e mais vendas por empresa. Os consumidores de um mercado maior terão preços menores e uma variedade maior de produtos do que os de mercados menores.

Para enxergar isso no contexto do nosso modelo, olhe novamente para a curva CC na Figura 8.3, que mostrou que os custos médios por empresa são maiores quanto mais empresas existem na indústria. A definição da curva CC é dada pela Equação (8.6):

$$AC = F/Q + c = n \times F/S + c.$$

Ao examinar essa equação, vemos que um aumento na produção total da indústria S reduzirá os custos médios para qualquer número dado de empresas n. A razão é que se o mercado cresce enquanto o número de empresas mantém-se constante, a produção por empresa vai aumentar e o custo médio de cada empresa vai, portanto, diminuir. Desse modo, se compararmos dois mercados, um com S maior do que o outro, a curva CC do mercado maior estará abaixo da do mercado menor.

Ao mesmo tempo, a curva PP na Figura 8.3, que relaciona o preço cobrado pelas empresas ao número de empresas, não é alterada. A definição dessa curva foi dada pela Equação (8.10):

$$P = c + 1/(b \times n).$$

O tamanho do mercado não entra nessa equação, então um aumento de S não altera a curva PP.

A Figura 8.4 utiliza essa informação para mostrar o efeito de um aumento no tamanho do mercado em equilíbrio de longo prazo. Inicialmente, o equilíbrio está no ponto 1, com um preço P_1 e um número de empresas n_1. Um aumento no tamanho do mercado, medido pelas vendas S da indústria, move a curva CC para baixo, de CC_1 para CC_2, ao passo que não tem efeito nenhum na curva PP. O novo equilíbrio está no ponto 2: o número de

FIGURA 8.4 Os efeitos de um mercado maior

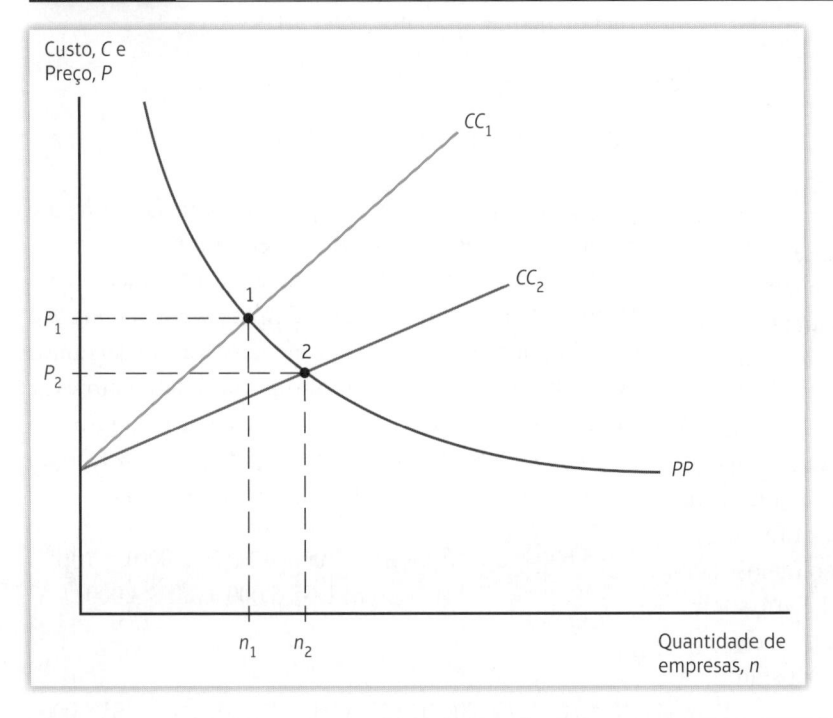

Um aumento no tamanho do mercado permite que cada empresa, com tudo estando igual, produza mais e, portanto, tenha um custo médio menor. Isso é representado por uma mudança descendente de CC_1 para CC_2. O resultado é um aumento simultâneo na quantidade de empresas (e, por consequência, na variedade de mercadorias disponíveis) e uma queda no preço de cada uma.

empresas aumenta de n_1 para n_2, enquanto o preço cai de P_1 para P_2.

Claramente, os consumidores preferem fazer parte de um mercado maior em vez de um mercado menor. No ponto 2, uma maior variedade de produtos está disponível por um preço menor do que no ponto 1.

Ganhos de mercado integrado: um exemplo numérico

O comércio internacional é capaz de criar um mercado maior. Podemos ilustrar os efeitos do comércio nos preços, na escala e na variedade de mercadorias disponíveis com um exemplo numérico específico.

Suponha que automóveis sejam produzidos por uma indústria monopolisticamente competitiva. A curva de demanda voltada para qualquer produtor de automóveis é descrita pela Equação (8.5), com $b = 1/30.000$ (esse valor não tem significado especial, foi escolhido para fazer o exemplo sair limpo). Portanto, a demanda voltada para qualquer produtor é:

$$Q = S \times \left[(1/n) - (1/30.000) \times (P - \overline{P}) \right],$$

onde Q é o número de automóveis vendidos por empresa; S é o número total de vendas para a indústria; n é o número de empresas; P é o preço que uma empresa cobra; e $\overline{P}$ é o preço médio de outras empresas. Também supomos que a função custo para produzir automóveis é descrita pela Equação (8.3), com um custo fixo $F = US\$ 750.000.000$ e um custo marginal $c = US\$ 5.000$ por automóvel (novamente, esses valores foram escolhido para termos bons resultados). O custo total é:

$$C = 750.000.000 + (5.000 \times Q).$$

Portanto, a curva de custo médio é:

$$AC = (750.000.000 / Q) + 5.000.$$

Agora, suponha que existam dois países, Doméstica e Estrangeira. Doméstica tem vendas anuais de 900 mil automóveis e Estrangeira tem vendas anuais de 1,6 milhão. Supomos que os dois países, para este momento, tenham os mesmos custos de produção.

A Figura 8.5a mostra as curvas PP e CC para a indústria automotiva de Doméstica. Observamos que na ausência de comércio, Doméstica teria seis empresas de automóveis, vendendo-os a US\$ 10.000 cada. (Também é possível resolver n e P algebricamente, como é mostrado no pós-escrito matemático deste capítulo.) Para confirmar que esse é o equilíbrio de longo prazo, precisamos mostrar que a Equação (8.10) de preços é satisfatória e que o preço se iguala ao custo médio.

Ao substituir os valores reais do custo marginal c, do parâmetro de demanda b e do número de empresas n em Doméstica na Equação (8.10), chegamos a:

$P = US\$ 10.000 = c + 1/(b \times n) = US\$ 5.000 + 1/[(1/30.000) \times 6] = US\$ 5.000 + US\$ 5.000,$

então a condição para maximização de lucro — receita marginal igual a custo marginal — é satisfeita. Cada empresa vende 900.000 unidades/6 empresas = 150.000 unidades/empresa. Seu custo médio é, portanto:

$AC = (US\$ 750.000.000/150.000) + US\$ 5.000$
$\quad\, = US\$ 10.000.$

Já que o custo médio de US\$ 10.000 por unidade é o mesmo que o preço, todos os lucros de monopólio foram perdidos por meio da concorrência. Desse modo, seis empresas vendendo cada unidade ao preço de US\$ 10.000, com cada empresa produzindo 150 mil carros, é o equilíbrio de longo prazo no mercado de Doméstica.

E o que acontece em Estrangeira? Ao desenhar as curvas PP e CC (painel (b) da Figura 8.5), observamos que quando o mercado está em 1,6 milhão de automóveis, as curvas fazem interseção em $n = 8$, $P = 8.750$. Isto é, na ausência de comércio, o mercado de Estrangeira suportaria oito empresas, cada uma produzindo 200 mil automóveis e vendendo-os pelo preço de US\$ 8.750. Podemos novamente confirmar que essa solução satisfaz as condições de equilíbrio:

$P = US\$ 8.750 = c + 1/(1b \times n) = US\$ 5.000 + 1/[(1/30.000) \times 8] = US\$ 5.000 + US\$ 3.750$

e

$AC = (750.000.000/200.000) + 5.000 = 8.750.$

Agora suponha que seja possível para Doméstica e Estrangeira negociarem automóveis entre si sem custo. Isso cria um novo mercado integrado (painel (c) na Figura 8.5) com um total de 2,5 milhões em vendas. Ao desenhar as curvas PP e CC mais uma vez, observamos que esse mercado integrado suportará dez empresas, cada uma produzindo 250 mil carros e vendendo-os ao preço de US\$ 8.000. As condições para maximização do lucro e lucro zero são, mais uma vez, satisfeitas:

$P = 8.000 = c + 1/(b \times n) = 5.000 + 1/[(1/30.000) \times 10]$
$\qquad\qquad\qquad\qquad\qquad = US\$ 5.000 + US\$ 3.000,$

e

$AC = (US\$ 750.000.000/250.000) + US\$ 5.000 = US\$ 8.000.$

FIGURA 8.5 Equilíbrio no mercado de automóveis

(a) O mercado de Doméstica: com um tamanho de mercado de 900 mil automóveis, seu equilíbrio, determinado pela interseção das curvas *PP* e *CC*, ocorre com seis empresas e um preço de indústria de US$ 10.000 por automóvel. (b) O mercado de Estrangeira: com um tamanho de mercado de 1,6 milhão de automóveis, seu equilíbrio ocorre com oito empresas e um preço de indústria de US$ 8.750 por automóvel. (c) O mercado combinado: a integração dos dois mercados cria um mercado de 2,5 milhões de automóveis. Esse mercado suporta dez empresas e o preço do automóvel é US$ 8.000.

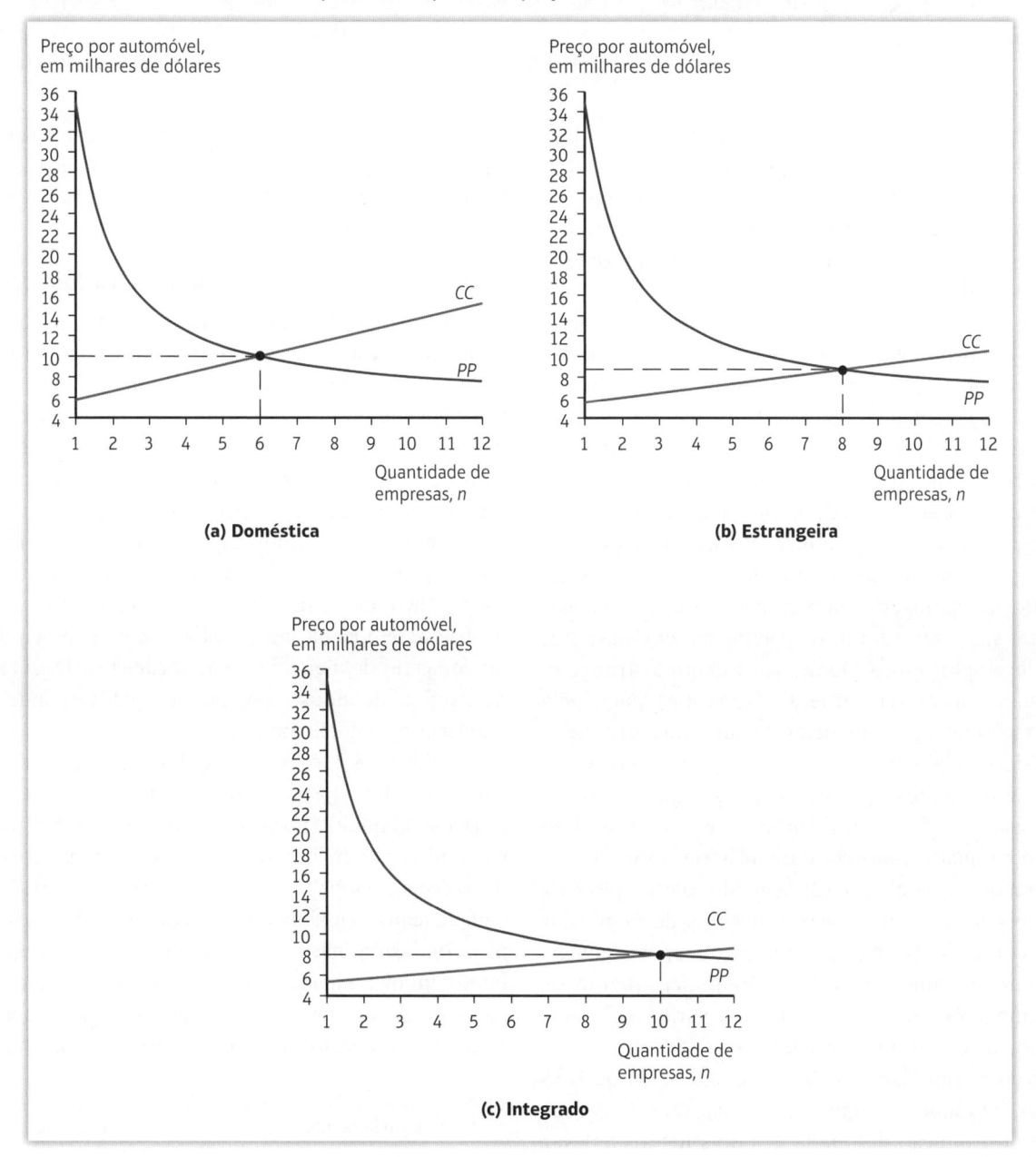

Na Tabela 8.1 resumimos os resultados da criação de um mercado integrado. A tabela compara cada mercado individual com o mercado integrado. O mercado integrado suporta mais empresas, cada uma produzindo em maior escala e vendendo a um preço menor do que os mercados nacionais vendem por si próprios.

Claro, todos estão em melhor situação como resultado da integração. No mercado maior, os consumidores têm uma variedade maior de escolhas, já que cada empresa produz mais e é, portanto, capaz de oferecer seu produto a um preço menor. Para concretizar esses ganhos da integração, os países devem se envolver no

TABELA 8.1	Fator conteúdo das exportações e importações dos EUA para 1962		
	Mercado de Doméstica antes do comércio	Mercado de Estrangeira, antes do comércio	Mercado integrado, depois do comércio
Produção da indústria (número de automóveis)	900.000	1.600.000	2.500.000
Quantidade de empresas	6	8	10
Produção por empresa (número de automóveis)	150.000	200.000	250.000
Custo médio	US$ 10.000	US$ 8.750	US$ 8.000
Preço	US$ 10.000	US$ 8.750	US$ 8.000

comércio internacional. Para chegar nas economias de escala, cada empresa deve concentrar sua produção em um país — Doméstica ou Estrangeira. Contudo, a empresa deve vender sua produção para consumidores dos dois mercados. Então cada produto será produzido em um só país e exportado para o outro.

Esse exemplo numérico destaca duas novas características importantes sobre o comércio com concorrência monopolística em relação aos modelos de comércio baseados na vantagem comparativa, que vimos entre os capítulos 3 e 6: (1) Primeiro, o exemplo mostra como diferenciação de produto e economias internas de escala levam a um comércio entre países similares sem diferenças de vantagem comparativa entre eles. Esse é um tipo muito diferente de comércio do que aquele baseado na vantagem comparativa, em que cada país exporta sua mercadoria de vantagem comparativa. Neste exemplo, tanto Doméstica quanto Estrangeira exportam automóveis entre si. Doméstica paga pela importação de alguns modelos de automóveis (aqueles produzidos pelas empresas em Estrangeira) com exportação de diferentes tipos de modelos (aqueles produzidos pelas empresas em Doméstica) e vice-versa. Isso leva ao chamado **comércio intraindústria**: troca mútua de mercadorias similares. (2) Segundo, o exemplo destaca dois novos canais para benefícios de bem-estar com o comércio. No mercado integrado, após o comércio, tanto os consumidores de Doméstica quanto os de Estrangeira beneficiam-se de uma variedade maior de modelos de automóveis (dez *versus* seis ou oito), a um preço menor (US$ 8.000 *versus* US$ 8.750 ou US$ 10.000), enquanto as empresas são capazes de consolidar sua produção destinada aos dois lugares e levar vantagem das economias de escala.[9]

Empiricamente, o comércio intraindústria é relevante e percebemos ganhos de comércio na forma de variedade maior de produtos e produção consolidada em menor custo médio? A resposta é sim.

A importância do comércio intraindústria

A proporção do comércio intraindústria no comércio mundial cresceu de forma constante ao logo da última metade de século. A medida do comércio intraindústria depende de um sistema de classificação industrial que categoriza as mercadorias em diferentes indústrias. Dependendo da aspereza da classificação industrial utilizada (centenas de classificações industriais diferentes *versus* milhares), o comércio intraindústria é responsável por um quarto de aproximadamente metade de todo o fluxo do comércio mundial. O comércio intraindústria desempenha um papel ainda mais proeminente no comércio de mercadorias fabricadas entre as nações desenvolvidas industrialmente, o que responde pela maioria do comércio mundial.

A Tabela 8.2 mostra medidas da importância do comércio intraindústria para uma quantidade de indústrias manufatureiras norte-americanas em 2009. A medida mostrada é comércio intraindústria como uma proporção do comércio global.[10] A medida varia desde 0,97 para equipamentos metalúrgicos e produtos químicos inorgânicos (indústrias nas quais os Estados Unidos exportam e importam quase igualmente) até 0,10 para calçados, uma indústria na qual os Estados Unidos têm grandes importações mas praticamente nenhuma exportação. A medida

---

9 Também notamos que os consumidores de Doméstica ganham mais do que os consumidores de Estrangeira com o comércio de integração. Isso é uma característica padrão dos modelos de comércio com aumento nos retornos e diferenciação de produto: um país menor tem mais a ganhar da integração do que um país maior. Isso acontece porque os ganhos da integração são guiados pelo aumento associado ao tamanho do mercado. O país que é inicialmente menor beneficia-se de um maior aumento no tamanho do mercado sobre a integração.

10 Para ser mais preciso, a fórmula padrão para calcular a importância do comércio intraindústria dentro de uma determinada indústria é:

$$I = \frac{min\{\text{exportações, importações}\}}{(\text{exportações} + \text{importações})/2},$$

onde min. {exportações, importações} refere-se ao menor valor entre as exportações e as importações. Essa é a quantidade de troca mútua de mercadorias refletida tanto nas exportações quanto nas importações. Esse número é medido como uma proporção do fluxo médio de comércio (média de exportações e importações). Se o comércio em uma indústria flui em uma só direção, então $I = 0$, já que o menor fluxo de comércio é zero: não existe comércio intraindústria. Por outro lado, se as exportações e importações de um país dentro de uma indústria são iguais, temos o oposto extremo de $I = 1$.

TABELA 8.2 Índices do comércio intraindústria para as indústrias norte-americanas, 2009

Equipamentos metalúrgicos	0,97
Produtos químicos inorgânicos	0,97
Máquinas de geração de energia	0,86
Produtos médicos e farmacêuticos	0,85
Equipamento científico	0,84
Produtos químicos orgânicos	0,79
Ferro e aço	0,76
Veículos de estrada	0,70
Máquinas de escritório	0,58
Equipamentos de telecomunicações	0,46
Mobiliários	0,30
Vestuário e tecidos	0,11
Calçados	0,10

seria 0 para uma indústria na qual os Estados Unidos são somente exportadores ou somente importadores, mas não ambos. A medida seria 1 para uma indústria na qual os Estados Unidos exportam exatamente o mesmo que importam.

A Tabela 8.2 mostra que o comércio intraindústria é um importante componente do comércio para os Estados Unidos em várias indústrias diferentes. Tais indústrias tendem a ser aquelas que produzem mercadorias sofisticadas, como produtos químicos, farmacêuticos e maquinário especializado. Essas mercadorias são exportadas principalmente por nações desenvolvidas e estão, provavelmente, sujeitas a importantes economias de escala na produção. Na outra ponta da escala estão as indústrias com pouco comércio intraindústria, que produzem em geral produtos trabalho-intensivos, como calçados e vestuário. Essas são mercadorias que os Estados Unidos importam principalmente de países menos desenvolvidos, e a vantagem comparativa é o principal determinante do comércio norte-americano com esses países.

E o que acontece com os novos tipos de ganhos de bem-estar por meio do aumento na variedade de produtos e das economias de escala? Um trabalho recente de Christian Broda na Duquesne Capital Management e de David Weinstein na Universidade de Columbia, estima que o número de produtos disponíveis nas importações americanas triplicou no último período de trinta anos, de 1972 a 2001. Em seguida, eles estimam que o aumento da variedade de produtos para os consumidores norte-americanos representa um ganho de bem-estar igual a 2,6% do PIB dos Estados Unidos![11]

---

[11] Veja: Christian Broda e David E. Weinstein, "Globalization and the Gains from Variety", *Quarterly Journal of Economics*, v. 121, p. 541–585, abr. 2006.

A Tabela 8.1 do nosso exemplo numérico mostrou que os ganhos de integração gerados pelas economias de escala foram bastante acentuados para a menor economia: antes da integração, a produção era particularmente ineficiente, já que a economia não podia tirar vantagem das economias de escala na produção por causa do tamanho pequeno do país. Isso foi exatamente o que aconteceu quando os Estados Unidos e o Canadá seguiram um caminho de aumento da integração econômica, que iniciou-se com o *Auto Pact* norte-americano em 1964 (que não incluiu o México) e culminou no Acordo de Livre Comércio da América do Norte (NAFTA, que também não inclui o México). O estudo de caso a seguir descreve como essa integração levou à consolidação e ganhos de eficiência no setor de automóveis, especialmente do lado canadense (cuja economia tem um décimo do tamanho da economia dos Estados Unidos).

Ganhos similares com o comércio também foram medidos para outros exemplos do mundo real de maior integração econômica. Um dos exemplos mais proeminentes aconteceu na Europa, ao longo da última metade do século XX. Em 1957, a maioria dos países do Leste Europeu estabeleceu uma área de livre comércio de mercadorias manufaturadas chamada de Mercado Comum ou Comunidade Econômica Europeia (EEC). (O Reino Unido entrou para a EEC mais tarde, em 1973.) O resultado foi um rápido crescimento do comércio que foi dominado pelo comércio intraindústria. O comércio dentro da EEC cresceu duas vezes mais rápido do que o mundial durante os anos de 1960. Essa integração expandiu lentamente para o que se tornou a União Europeia. Quando um subconjunto desses países (em sua maior parte aqueles que tinham formado a EEC) adotou a moeda comum, o euro, em 1999, o comércio intraindústria entre eles aumentou ainda mais (mesmo em relação ao comércio de outros países da União Europeia). Estudos recentes também descobriram que a adoção do euro levou a um aumento substancial no número de produtos diferentes que são negociados dentro da zona do euro.

Respostas concretas para o comércio: vencedores, perdedores e desempenho da indústria

Em nosso exemplo numérico da indústria de automóveis com dois países, vimos como a integração econômica leva a um aumento na competição entre as empresas. Das 14 empresas que produziam automóveis antes do comércio (seis em Doméstica e oito em Estrangeira),

COMÉRCIO INTRAINDÚSTRIA EM AÇÃO: O AUTO PACT NORTE-AMERICANO DE 1964 E O ACORDO DE LIVRE COMÉRCIO DA AMÉRICA DO NORTE (NAFTA)

A ponte Ambassador liga Detroit, nos Estados Unidos, à Windsor, no Canadá. Em um dia normal, 250 milhões de dólares em carros e partes de carros cruzam essa ponte.

Um exemplo claríssimo e incomum do papel das economias de escala em gerar comércio internacional benéfico é fornecido pelo crescimento no comércio automotivo entre os Estados Unidos e o Canadá durante a segunda metade dos anos de 1960. Enquanto o caso não se encaixa no nosso modelo exatamente por envolver empresas multinacionais, ele mostra que os conceitos básicos que desenvolvemos são úteis no mundo real.

Antes de 1965, a proteção de tarifas aduaneiras pelo Canadá e pelos Estados Unidos produziu uma indústria canadense de automóveis que era altamente autossuficiente, não importava nem exportava muito. A indústria canadense era controlada pelas mesmas empresas que a indústria estadunidense — uma característica da qual falaremos mais tarde neste capítulo — mas essas empresas acharam mais barato ter dois grandes sistemas de produção separados do que pagar as tarifas aduaneiras. Desse modo, a indústria canadense era, de fato, uma versão miniatura da indústria estadunidense, em cerca de 1/10 da escala.

As subsidiárias canadenses das empresas dos Estados Unidos descobriram que essa pequena escala era uma desvantagem substancial. Isso foi em parte porque as fábricas canadenses tinham de ser menores do que as empresas estadunidense. Talvez o mais importante, as fábricas dos Estados Unidos podiam frequentemente "dedicar-se" — à produção de um único modelo ou componente — enquanto as fábricas canadenses tinham de produzir várias coisas diferentes, o que fazia que fosse necessário parar de funcionar periodicamente para mudar de da produção de um item para a de outro, para fazer enormes inventários, para utilizar maquinário especializado e assim por diante. A indústria canadense de automóveis, portanto, tinha uma produtividade de trabalho por volta de 30% menor que a indústria estadunidense.

A ponte Ambassador liga Detroit, nos Estados Unidos, a Windsor, no Canadá. Em um dia normal, 250 milhões de dólares em carros e partes de carros cruzam essa ponte.

Em um esforço para afastar esses problemas, os Estados Unidos e o Canadá entraram em acordo em 1964 para estabelecer uma área de livre comércio de automóveis (sujeita a certas restrições). Isso permitiu que as companhias de automóveis reorganizassem sua produção. As subsidiárias canadenses das empresas de automóveis cortaram drasticamente o número de produtos feitos no Canadá. Por exemplo, a General Motors cortou pela metade o número de modelos montados no Canadá, entretanto, o nível global de produção e de empregos canadenses foi mantido. Os níveis de produção para os modelos produzidos no Canadá aumentaram consideravelmente, conforme aquelas fábricas tornaram-se uma das principais (e muitas vezes as únicas) fornecedoras daquele modelo para todo o mercado da América do Norte. Contrariamente, o Canadá então importou dos Estados Unidos os modelos que não produzia mais. Em 1962, o Canadá exportou 16 milhões de dólares em produtos automotivos para os Estados Unidos, enquanto importou 519 milhões de dólares. Em 1968, os números eram 2,4 e 2,9 milhões, respectivamente. Em outras palavras, tanto as exportações quanto as importações aumentaram significativamente: comércio intraindústria em ação.

Os ganhos parecem ter sido substanciais. No começo dos anos 1970, a indústria canadense era comparável à estadunidense em produtividade. Mais tarde, essa transformação da indústria automotiva foi estendida para incluir o México. Em 1989, a Volkswagen consolidou sua operação norte-americana no México, fechando a fábrica da Pensilvânia. Esse processo continuou com a implementação do NAFTA (o Acordo de Livre Comércio da América do Norte entre Estados Unidos, Canadá e México). Em 1994, a Volkswagen começou a produzir o novo Beetle em Puebla, no México. Essa fábrica produz agora todas as novas versões dos modelos Golf, Jetta e Beetle para todo o mercado da América do Norte. Em 2011, a Volkswagen entrou novamente no mercado estadunidense com uma fábrica de montagem em Chattanooga, no Tennessee, onde todos os modelos do Passat para o mercado da América do Norte são produzidos (antes eles eram importados da Europa). Discutiremos os efeitos do NAFTA com mais detalhes posteriormente neste capítulo.

somente dez empresas "sobreviveram" após a integração econômica. Entretanto, cada uma dessas empresas agora produz em escala maior (250 mil automóveis produzidos por empresa *versus* 150 mil para as empresas de Doméstica e 200 mil para as empresas de Estrangeira antes do comércio). Nesse exemplo, as empresas foram consideradas simétricas, então exatamente quais saíram e quais sobreviveram e expandiram era sem importância. Entretanto, no mundo real, o desempenho varia amplamente entre as empresas, então os efeitos de aumento de concorrência pelo comércio estão longe de ser sem importância. Como é de se esperar, o aumento da concorrência tende a prejudicar mais as empresas com pior desempenho, porque são aquelas forçadas a retirarem-se do mercado. Se o aumento da concorrência vem do comércio (ou da integração econômica), então também está associado às oportunidades de venda em novos mercados para as empresas sobreviventes. De novo, como é de se esperar, são as empresas de melhor desempenho que tiram grande vantagem dessas novas oportunidades de vendas e se expandem mais.

Essas mudanças de composição têm uma consequência crucial no nível da indústria: quando as empresas de melhor desempenho expandem e as de pior desempenho diminuem ou se retiram do mercado, então o desempenho global da indústria melhora. Isso significa que o comércio e a integração econômica podem ter impacto direto no desempenho da indústria: é como se houvesse um crescimento tecnológico no nível da indústria. Empiricamente, essas mudanças de composição geram melhoras substanciais na produtividade da indústria.

Pegue o exemplo da integração econômica do Canadá mais próximo aos Estados Unidos (veja o estudo de caso anterior e as discussões no Capítulo 2). Discutimos como essa integração levou os produtores de automóveis a consolidar a produção em um número menor de fábricas canadenses, cujos níveis de produção aumentaram consideravelmente. O Acordo de Livre Comércio entre Canadá e Estados Unidos, que passou a vigorar em 1989, estendeu o Auto Pact para a maioria dos setores de produção. Um processo similar de consolidação ocorreu por todos os setores de produção canadenses. Entretanto, isso também foi associado a um processo de seleção: os produtores de pior desempenho fecharam as portas, enquanto os de melhor performance expandiram por meio de grandes aumentos nas exportações para o mercado estadunidense. Daniel Trefler, na Universidade de Toronto, estudou os efeitos desse acordo de comércio em detalhe, examinando as respostas variadas das empresas canadenses.[12] Ele descobriu que a produtividade nas indústrias canadenses mais afetadas teve um aumento dramático de 14% a 15% (replicado por toda a economia, um aumento de 1% na produtividade é traduzido em um aumento de 1% no PIB, mantendo os empregos constantes). Por si sós, a diminuição e a saída das empresas de pior desempenho em resposta ao aumento de concorrência das empresas estadunidense foram responsáveis por metade dos 15% de aumento nesses setores.

Diferenças de desempenho entre produtores

Agora nós afrouxaremos a suposição de simetria, que impusemos em nosso desenvolvimento anterior do modelo da concorrência monopolística, para podermos examinar como a concorrência do aumento do tamanho de mercado afeta as empresas de forma diferente.[13] A suposição da simetria significava que todas as empresas tinham a mesma curva de custo, Equação (8.3), e a mesma curva de demanda, Equação (8.5). Suponha agora que as empresas tenham curvas de custo diferentes, porque elas produzem com níveis de custos marginais, c_i, diferentes. Presumamos que todas as empresas ainda enfrentem a mesma curva de demanda. As diferenças de qualidade de produto entre as empresas levarão a previsões muito similares para o desempenho da empresa, já que as que conhecemos derivam de diferenças de custo.

A Figura 8.6 ilustra as diferenças de desempenho entre as empresa 1 e 2 quando c_1/c_2. No painel (a), desenhamos a curva comum de demanda, Equação (8.5), bem como sua curva de receita marginal, Equação (8.8). Perceba que as duas curvas têm a mesma interseção no eixo vertical (coloque $Q = 0$ dentro da Equação (8.8) para obter $MR = P$). Essa interseção é dada pelo preço P da Equação (8.5), quando $Q = 0$, cuja inclinação da curva de demanda é $1/(S \times b)$. Como já discutimos, a curva da receita marginal é mais inclinada do que a curva de demanda. As empresas 1 e 2 escolheram níveis de produção Q_1 e Q_2, respectivamente, para maximizar seus lucros. Isso ocorre onde suas respectivas curvas de custo marginal fazem interseção com a curva comum de receita marginal. Elas definiram preços P_1 e P_2, que correspondem aos níveis de produção na curva comum de demanda. Vemos imediatamente que a empresa 1 definirá um preço menor e produzirá um nível de produção maior do que a empresa 2. Já que a curva de receita marginal é mais inclinada do que a curva de demanda, também vemos que a empresa 1 definirá

---

12 Veja: Daniel Trefler, "The Long and Short of the Canada-U.S. Free Trade Agreement", *American Economic Review*, v. 94, p. 870-895, set. 2004, e o resumo desse trabalho em Virginia Postel, *New York Times*: "What Happened When Two Countries Liberalized Trade? Pain, Then Gain", 27 jan. 2005; e Marc J. Melitz e Daniel Trefler, "Gains from Trade When Firms Matter", *Journal of Economic Perspectives*, v. 26, p. 91-118, 2012.

13 Uma exposição mais detalhada desse modelo é apresentada em Marc J. Melitz e Daniel Trefler, "Gains from Trade When Firms Matter," *Journal of Economic Perspectives*, v. 26, p. 91-118, 2012.

FIGURA 8.6 Diferenças de desempenho entre as empresas

(a) As curvas de demanda e custo para as empresas 1 e 2. A empresa 1 tem um custo marginal menor do que a empresa 2: $c_1 < c_2$. Ambas enfrentam a mesma curva de demanda e de receita marginal. Em relação à empresa 2, a empresa 1 define um preço menor e produz mais. As áreas sombreadas representam os lucros operacionais para as duas empresas (antes de o custo fixo ser deduzido). A empresa 1 obtém lucros operacionais mais altos do que a empresa 2. (b) Lucros operacionais como uma função do custo marginal c_i da empresa. Os lucros operacionais diminuem ao passo que o custo marginal aumenta. Qualquer empresa com custo marginal acima de c^* não pode operar lucrativamente e retira-se do mercado.

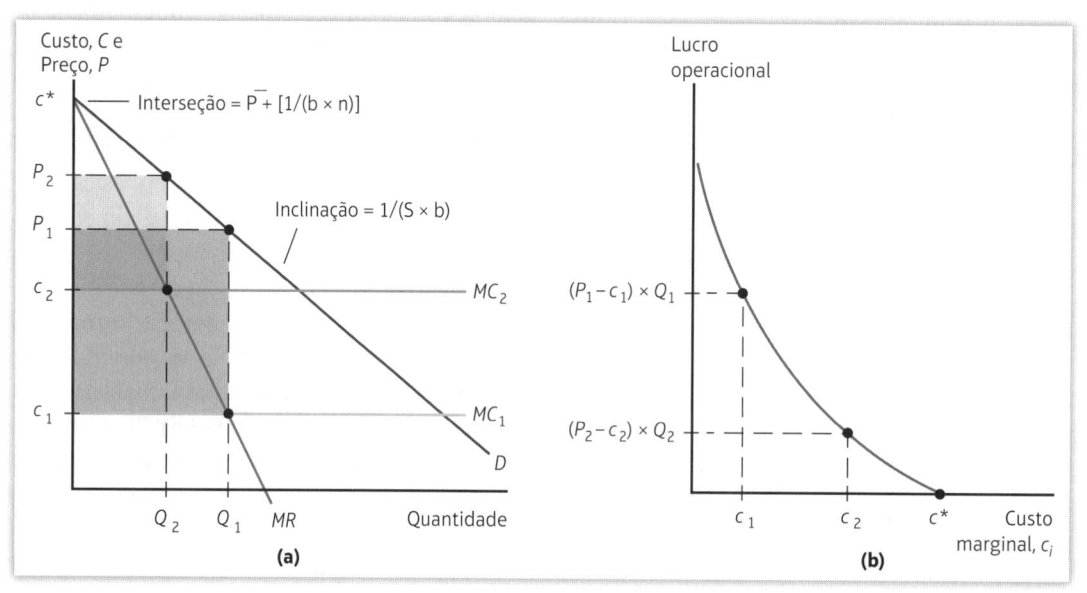

uma margem de lucro maior sobre o custo marginal do que a empresa 2: $P_1 - c_1 > P_2 - c_2$.

As áreas sombreadas representam lucros operacionais para as duas empresas, iguais à receita $P_i \times Q_i$ menos os custos operacionais $c_i \times Q_i$ (para as duas empresas, $i = 1$ e $i = 2$). Aqui, supomos que o custo fixo F (suposto como sendo o mesmo para todas as empresas) não pode ser recuperado e não entra nos lucros operacionais (isto é, é um custo irrecuperável). Já que os lucros operacionais podem ser reescritos como o produto da margem de lucro vezes o número de unidades de produção vendidas, $(P_i - c_i) \times Q_i$, podemos determinar que a empresa 1 lucrará mais do que a empresa 2 (lembre-se que a empresa 1 definiu uma margem de lucro maior e produz mais do que a empresa 2). Podemos, portanto, resumir todas as diferenças de desempenho relevantes com base nas diferenças de custo marginal entre as empresas. Em comparação com uma empresa com um custo marginal maior, a empresa com o custo marginal menor vai (1) definir um preço menor, mas uma margem de lucro maior sobre o custo marginal; (2) produzir mais; e (3) lucrar mais.[14]

O painel (b) na Figura 8.6 mostra como os lucros operacionais da empresa variam com o custo marginal, c_i. Como acabamos de dizer, isso será uma função decrescente do custo marginal. Voltando ao painel (a), vemos que a empresa pode ter um lucro operacional positivo, contanto que seu custo marginal esteja abaixo da interseção da curva de demanda no eixo vertical em $\overline{P} + [1/(b \times n)]$. Considere que c^* denota o corte de custo. Uma empresa com um custo marginal, c_i, acima desse corte está efetivamente "alijada" do mercado, e teria lucros operacionais negativos se produzisse qualquer coisa. Tal empresa escolheria fechar as portas e não produzir (expondo-se a uma perda global de lucro igual ao custo fixo F). Para começar, por que tal empresa entraria no mercado? É claro que ela não entraria se soubesse sobre seu custo alto c_i antes de entrar e pagar o custo fixo F.

Supomos que esses estreantes enfrentam algumas aleatoriedades sobre seu custo de produção futura c_i. Essa aleatoriedade desaparece somente *após F* estar pago e perdido. Portanto, algumas empresas arrependem-se de sua decisão de entrada se o lucro global (lucros operacionais menos o custo fixo F) é negativo. Por outro lado, algumas empresas vão descobrir que seu custo de produção c_i é muito baixo e que eles conseguem ter nível de lucro positivo global alto. A entrada é condu-

---

[14] Lembre-se que supusemos que todas as empresas enfrentam o mesmo custo fixo F não recuperável. Se uma empresa ganha lucros operacionais altos, então também ganha lucros globais altos (isso deduzido o custo fixo F).

zida por um processo similar ao que descrevemos para o caso de empresas simétricas. Naquele caso anterior, as empresas entraram até que os lucros para todas fossem levados a zero. Aqui existem diferenças de lucro entre as empresas, e a entrada ocorre até que os lucros *esperados* através de todos os níveis de custo potenciais c_i sejam levados a zero.

Os efeitos do aumento de tamanho de mercado

O painel (b) da Figura 8.6 resume o equilíbrio da indústria dado um tamanho de mercado S. Ela nos mostra qual variedade de empresas sobreviveu e produziu (com o custo c_i abaixo do c^*) e como seus lucros irão variar com os níveis de custo c_i. O que acontece quando as economias integram-se em um mercado único maior? Como foi o caso com as empresas simétricas, um mercado maior pode suportar um número maior de empresas do que um mercado menor. Isso leva a mais concorrência em adição ao efeito direto do aumento do tamanho de mercado S. Como veremos, essas mudanças terão diferentes repercussões nas empresas com diferentes custos de produção.

A Figura 8.7 resume essas repercussões induzidas pela integração de mercado. No painel (a), começamos com a curva de demanda D enfrentada por cada empresa. Com todo o resto igual, esperamos aumento de concorrência para mover a demanda para dentro em cada empresa. Por outro lado, também esperamos um maior tamanho de mercado S, por si só, para mover a demanda para fora. Essa intuição está correta e leva a uma mudança global na demanda de D para D', mostrada no painel (a). Note como a curva de demanda gira, induzindo uma mudança interior para as empresas menores (com menor quantidade de produção), bem como uma mudança para o exterior para as empresas maiores. Por essência, os efeitos do aumento da concorrência dominam essas empresas menores, ao passo que os efeitos do aumento de tamanho de mercado são dominantes para as empresas maiores.

Analiticamente, também podemos caracterizar os efeitos do aumento da concorrência e do tamanho do mercado na curva de demanda D. Lembre-se que a interseção vertical dessa curva de demanda é $\overline{P} + [1/(b \times n)]$, enquanto sua inclinação é $1/(S \times b)$. O aumento da concorrência (um maior número de empresas n) segurando o tamanho do mercado em S, diminui a interseção vertical para a demanda, deixando sua inclinação inalterada: essa é a mudança interior induzida por mais concorrência.[15] O efeito direto do aumento do tamanho do mercado S achata a curva de demanda (menor inclinação), deixando a interseção inalterada: isso gera uma rotação para o exterior da demanda. Ao combinar esses dois efeitos, obtemos a nova curva de demanda D', que tem uma interseção vertical menor e mais achatada do que a curva de demanda original D.

FIGURA 8.7 Vencedores e perdedores da integração econômica

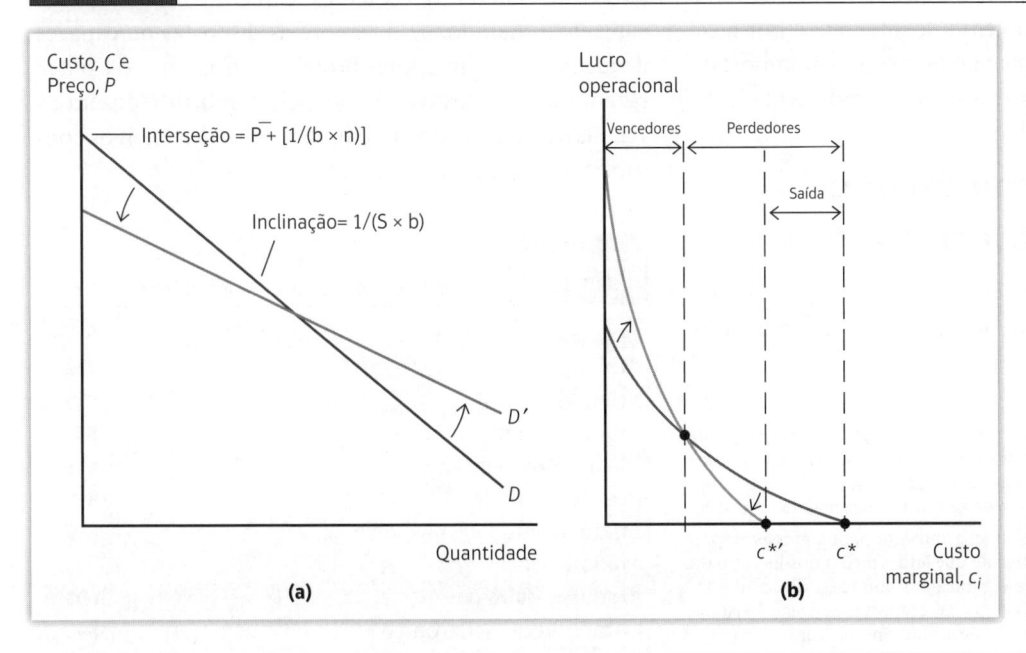

(a) A curva de demanda para todas as empresas muda de D para D'. Ela é mais achatada e tem maior interseção vertical. (b) Os efeitos da mudança na demanda nos lucros operacionais das empresas com custo marginal c_i diferente. As empresas com custo marginal entre o antigo corte, c^*, e o novo corte, $c^{*\prime}$, são forçadas a sair do mercado. Algumas empresas com os menores níveis de custo marginal ganham com a integração e seus lucros aumentam.

---

[15] No equilíbrio, o aumento de concorrência também leva a um preço médio menor $\overline{P}$, o que mais para frente diminuirá a linha de interseção.

O painel (b) da Figura 8.7 mostra as consequências dessa mudança de demanda para os lucros operacionais de empresas com diferentes níveis de custo c_i. A diminuição na demanda para as empresas pequenas é traduzida em um novo corte de baixo custo, $c^{*'}$: algumas empresas com níveis de custo maiores acima de $c^{*'}$ não conseguem sobreviver a essa diminuição da demanda e são forçadas a retirarem-se do mercado. Por outro lado, a curva de demanda mais achatada é vantajosa para algumas empresas com níveis de custo baixos: elas podem adaptar-se ao aumento da concorrência baixando sua margem de lucro (e, consequentemente, seu preço) e ganhar alguma parcela adicional de mercado.[16] Isso é traduzido em aumento dos lucros para algumas das empresas de melhor desempenho com os menores níveis de custo c_i.[17]

A Figura 8.7 ilustra como o aumento do tamanho de mercado gera tanto ganhadores quanto perdedores entre empresas de uma indústria. As empresas de custo baixo prosperam e aumentam seus lucros e parcelas de mercado, enquanto as empresas de custo alto contraem-se e as empresas com o maior custo de todos retiram-se do mercado. Essas mudanças de composição implicam que a produtividade global na indústria está crescendo quando a produção é concentrada entre as empresas mais produtivas (custo baixo). Isso repete os resultados dos produtores canadenses na sequência da integração íntima com os produtores estadunidenses, como descrevemos anteriormente. Os efeitos tendem a ser mais acentuados para países menores que se integram a países maiores, mas isso não está limitado a esses países pequenos. Mesmo para uma grande economia como a dos Estados Unidos, o aumento de integração por meio de custos de comércio mais baixos resulta em importantes efeitos de composição e ganhos de produtividade.[18]

Os custos do comércio e decisões de exportação

Até agora, nós modelamos a integração econômica como um aumento no tamanho de mercado. Isso pressupõe, implicitamente, que a integração ocorre a tal extensão que um único mercado combinado é formado. Na realidade, a integração raramente vai tão longe: os custos do comércio entre países são reduzidos, mas eles não desaparecem. No Capítulo 2, discutimos como esses custos de comércio são manifestados mesmo para o caso das duas economias intimamente integradas dos Estados Unidos e do Canadá. Vimos como a fronteira Estados Unidos–Canadá diminuiu substancialmente os volumes de comércio entre as províncias canadenses e os estados estadunidenses.

Os custos de comércio associados com essa passagem de fronteira também são uma característica notável dos padrões de comércio no nível de empresa: pouquíssimas empresas nos Estados Unidos alcançam os consumidores canadenses. Na verdade, a maioria das empresas estadunidenses não relata *nenhuma* atividade de exportação (porque elas vendem somente para consumidores dos Estados Unidos). Em 2002, somente 18% das empresas manufatureiras estadunidenses relataram realizarem algumas vendas de exportação. A Tabela 8.3 mostra a proporção de empresas que relatam algumas vendas de exportação em vários setores manufatureiros diferentes nos Estados Unidos. Mesmo em indústrias nas quais as exportações representam uma proporção substancial da produção total, como produtos químicos, maquinário, eletrônicos e transportes, menos de 40% das empresas exportam. Na verdade, uma das principais razões dos custos de comércio associados com as fronteiras nacionais reduzirem tanto o comércio é que eles cortam drasticamente a quantidade de empresas dispostas ou capazes de alcançar consumidores através da fronteira. (A outra razão é que os custos do comércio também reduzem as vendas de exportação das empresas que alcançam os consumidores através da fronteira.)

TABELA 8.3	Proporção de empresas que relatam vendas por exportação por indústria, 2002
Impressão	5%
Mobiliários	7%
Vestuário	8%
Produtos de madeira	8%
Metais fabricados	14%
Petróleo e carvão	18%
Equipamento de transporte	28%
Maquinário	33%
Produtos químicos	36%
Computador e eletrônicos	38%
Equipamentos e aparelhos elétricos	38%

Fonte: A. B. Bernard et. al. "Firms in International Trade". *Journal of Economic Perspectives*, v. 21, p. 105–130, verão 2007.

---

[16] Lembre-se que quanto menor o custo marginal c_i da empresa, maior sua margem de lucro sobre o custo marginal $P_i - c_i$. Empresas de custo alto já estão definindo margens de lucro baixas e não podem diminuir seus preços para induzir demanda positiva, já que isso significaria colocar o preço abaixo de seu custo marginal de produção.

[17] Outra forma de concluir que o lucro aumenta para algumas empresas é utilizar a condição de entrada que leva a média dos lucros para zero: se o lucro diminui para algumas das empresas de custo alto, então deve aumentar para algumas das empresas de custo baixo, já que a média através das empresas deve permanecer igual a zero.

[18] Veja: A. B. Bernard; J. B. Jensen; P. K. Schott, "Trade Costs, Firms and Productivity", *Journal of Monetary Economics*, v. 53, p. 917–937, jul. 2006.

Em nossa economia integrada sem custos de comércio, as empresas estavam indiferentes em relação à localização de seus consumidores. Agora introduzimos os custos de comércio para explicar por que elas realmente ligam para a localização de seus consumidores e por que muitas delas escolhem não chegar a consumidores em outro país. Como veremos brevemente, isso também nos permitirá explicar importantes diferenças entre as empresas que escolhem sujeitar-se aos custos do comércio e exportar e aquelas que não se sujeitam. Por que algumas empresas escolhem não exportar? Colocando de forma simples, os custos do comércio reduzem a rentabilidade das exportações para todas as empresas. Para algumas, essa redução em rentabilidade faz com que a exportação não seja rentável. Agora formalizemos esse argumento.

Para manter as coisas simples, consideraremos a resposta de empresas em um mundo com dois países idênticos (Doméstica e Estrangeira). Agora deixemos o parâmetro de tamanho de mercado S refletir o tamanho de cada mercado, de forma que $2 \times S$ reflete o tamanho do mercado mundial. Não podemos analisá-lo como um único mercado de tamanho $2 \times S$ porque esse mercado não é mais perfeitamente integrado por causa dos custos de comércio.

Especificamente, supomos que a empresa deve sujeitar-se a um custo adicional t para cada unidade de produção que vender para os consumidores através da fronteira. Agora temos de acompanhar o comportamento das empresas em cada mercado. Por causa do custo de comércio t, as firmas definirão preços diferentes em seu mercado de exportação em relação ao seu mercado nacional. Isso levará a diferentes quantidades vendidas em cada mercado e, por fim, a diferentes níveis de lucro ganhados em cada mercado. Como o custo marginal de cada empresa é constante (não varia com os níveis de produção), essas decisões em relação ao preço e à quantidade vendida em cada mercado podem ser separadas: uma decisão em relação ao mercado nacional não terá impacto na lucratividade de diferentes decisões para o mercado exportador.

Considere o caso das empresas localizadas em Doméstica. A situação delas em relação ao mercado nacional (Doméstica) é exatamente como foi ilustrado na Figura 8.6, exceto que todos os resultados, como preço, produção e lucro, são relacionados ao mercado nacional.[19] Agora considere as decisões das empresas 1 e 2 (com custos marginais c_1 e c_2) em relação ao mercado exportador (Estrangeira). Eles enfrentam a mesma curva de demanda em Estrangeira e em Doméstica (lembre-se que supusemos que os dois países são idênticos). A única diferença é que o custo marginal das empresas no mercado exportador é movido pelo custo de comércio t. A Figura 8.8 mostra a situação para duas empresas nos dois mercados.

Quais são os efeitos do custo de comércio nas decisões das empresas em relação ao mercado exportador? Sabemos da nossa análise anterior que um custo marginal maior induz a empresa a aumentar seu preço, o que leva a uma quantidade menor de produção vendida e lucros menores. Também sabemos que se o custo marginal é aumentado acima do nível limiar c^*, então a empresa não pode operar lucrativamente naquele mercado. Isso é o que acontece com a empresa 2 na Figura 8.8. A empresa 2 pode operar lucrativamente no seu mercado nacional porque seu custo ali está abaixo do limiar: $c_2 \leq c^*$. Entretanto, ela não pode operar com lucro no mercado exportador porque seu custo ali está acima do limiar: $c_2 + t > c^*$. A empresa 1, por outro lado, tem um custo baixo o bastante que permite operar lucrativamente tanto no mercado nacional quanto nos mercados de exportação: $c_1 + t \leq c^*$. Podemos estender essa previsão para todas as empresas com base em seu custo marginal c_i. As empresas de custo baixo com $c_i \leq c^* - t$ exportam; as de custo alto com $c^* - t < c_i \leq c^*$ ainda produzem para seu mercado nacional, mas não exportam; e as empresas de custo altíssimo com $c_i > c^*$ não podem operar com lucro em nenhum mercado e, portanto, retiram-se deles.

Acabamos de ver como a modelagem dos custos de comércio adiciona duas previsões importantes para o nosso modelo de concorrência e comércio monopolísticos: esses custos explicam por que um subconjunto de empresas exporta e também por que esse subconjunto consistirá de empresas relativamente maiores e mais produtivas (aquelas com menor custo marginal c_i). Análises empíricas das decisões de exportação das empresas de inúmeros países forneceram apoio esmagador para essa previsão de que as companhias exportadoras são maiores e mais produtivas do que as de uma mesma indústria que não exportam. Nos Estados Unidos, em uma típica indústria manufatureira, uma empresa exportadora é, na média, mais do que duas vezes maior do que a que não exporta. A empresa exportadora média também produz 11% a mais de valor adicionado (produção menos entradas intermediárias) por trabalhador do que a empresa não exportadora média. Essas diferenças entre exportadores e não exportadores são ainda maiores em muitos países europeus.[20]

---

[19] A quantidade de empresas n é a quantidade total de empresas vendendo no mercado de Doméstica. (Isso inclui tanto as empresas localizadas em Doméstica quanto as empresas localizadas em Estrangeira e que exportam para Doméstica). *$\overline{P}$ é o preço médio entre todas aquelas empresas vendendo em Doméstica.*

[20] Veja: A. B. Bernard et. al. "Firms in International Trade". *Journal of Economic Perspectives*, v. 21, p.105–130, verão 2007; e Thierry Mayer; Gianmarco I. P. Ottaviano, "The Happy Few: The Internationalisation of European Firms: New Facts Based on Firm-Level Evidence", *Intereconomics*, v. 43, p. 135–148, maio/jun. 2008.

FIGURA 8.8 Decisões de exportação com custos de comércio

(a) As empresas 1 e 2 operam em seus mercados nacionais (Doméstica). (b) Somente a empresa 1 exporta para o mercado de Estrangeira. Não é lucrativo para a empresa 2 exportar dado o custo de comércio t.

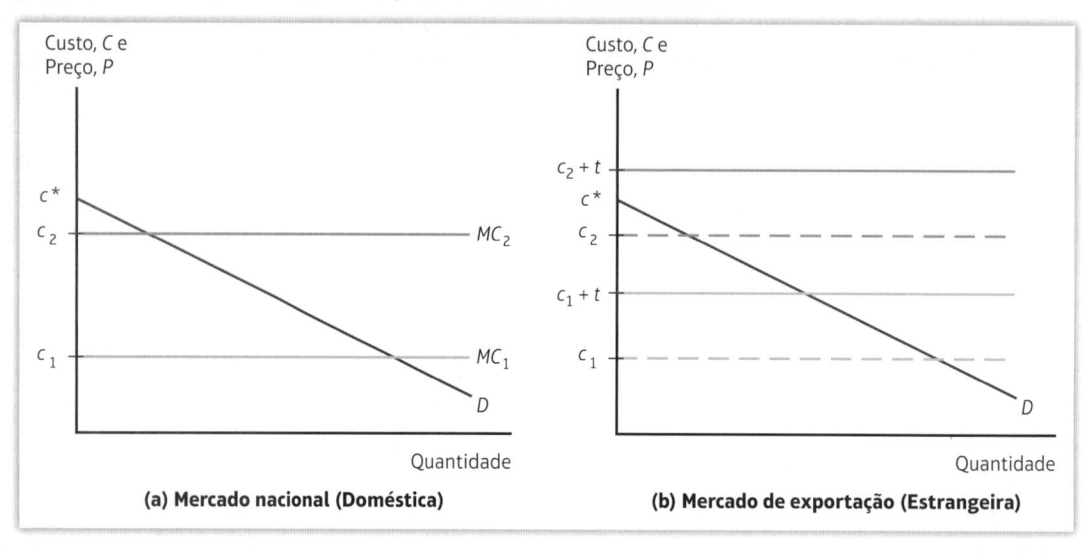

(a) Mercado nacional (Doméstica)

(b) Mercado de exportação (Estrangeira)

Dumping

A adição dos custos de comércio em nosso modelo de concorrência monopolística também acrescentou outra dimensão de realismo: como os mercados não são mais perfeitamente integrados por meio de comércio sem custo, as empresas podem escolher definir preços diferentes em diferentes mercados. Os custos do comércio também afetam como uma empresa responde à concorrência em um mercado. Lembre-se que uma empresa com custo marginal maior escolherá definir uma margem de lucro baixa sobre o custo marginal (ela enfrenta concorrência mais intensa por sua pequena parcela de mercado). Isso significa que uma empresa exportadora vai responder ao custo de comércio baixando sua margem de lucro para o mercado exportador.

Considere o caso da empresa 1 na Figura 8.8. Ela enfrenta um maior custo marginal $c_1 + t$ no mercado exportador de Estrangeira. Deixemos P_1^D e P_1^X denotarem os preços que a empresa 1 define em seu mercado nacional (Doméstica) e de exportação (Estrangeira), respectivamente. A empresa 1 define uma margem de lucro baixa $P_1^X - (c_1 + t)$ no mercado de exportação em relação à sua margem de lucro $P_1^D - c_1$ no mercado nacional. Isso, por sua vez, implica que $P_1^X - t < P_1^D$ e que a empresa 1 define um preço de exportação (líquido dos custos do comércio) menor do que seu preço nacional.

Isso é considerado *dumping* pela empresa 1 e é visto pela maioria dos países como uma prática de comércio "injusta". Qualquer empresa de Estrangeira pode recorrer às autoridades locais (nos Estados Unidos, o Departamento de Comércio e a Comissão de Comércio Internacional são as autoridades relevantes) e procurar indenização por perdas e danos contra a empresa 1. Isso normalmente toma a forma de **dever *antidumping*** imposto na empresa 1 e, normalmente, seria dimensionado para a diferença de preço entre P_1^D e $P_1^X - t$.[21]

Dumping é uma questão controversa em política do comércio. Discutimos disputas de políticas envolvendo *dumping* no Capítulo 10. No momento, só percebemos que a empresa 1 não está se comportando diferente das empresas estrangeiras com as quais compete no mercado de Estrangeira. Nesse mercado, a empresa 1 define exatamente a mesma margem sobre o custo marginal que a empresa 2 de Estrangeira, com o custo marginal $c_2 = c_1 + t$. O comportamento de preços da empresa 2 é perfeitamente legal, então por que a decisão de preço de exportação da empresa 1 é considerada como uma prática de comércio "injusta"? Essa é uma das principais razões de os economistas acreditarem que a aplicação dessas reclamações é mal orientada (veja o estudo de caso a seguir para uma discussão mais aprofundada) e que não existe nenhuma boa justificativa econômica para o *dumping* ser considerado particularmente prejudicial.

---

[21] $P_1^X - t$ é chamado de ex preço de fábrica da empresa 1 para o mercado de exportação (o preço no "portão da fábrica" antes que os custos do comércio incorram). Se a empresa 1 efetuou alguns custos de transportes ou de entrega em seu mercado nacional, então esses custos serão deduzidos de seu preço nacional para obter um preço *ex-preço de fábrica* para o mercado nacional. Os deveres de *antidumping* são baseados nas diferenças entre os ex-preços de fábrica de uma empresa no mercado nacional e de exportação.

Nosso modelo de concorrência monopolística ressaltou como os custos do comércio têm uma tendência natural de induzir empresas a baixar suas margens de lucro em mercados de exportação, onde eles enfrentam uma competição mais intensa por causa de sua parcela reduzida de mercado. Isso faz com que seja relativamente fácil para empresas nacionais apresentarem uma queixa de *dumping* contra exportadores em seus mercados. Na prática, aquelas leis *antidumping* podem então ser utilizadas para levantar barreiras ao comércio por discriminação aos exportadores em um mercado.

Multinacionais e terceirização

Quando uma corporação é multinacional? Nas estatísticas norte-americanas, uma empresa estadunidense é considerada de controle estrangeiro, sendo portanto uma subsidiária de uma multinacional sediada no exterior, se 10% ou mais de suas ações pertencem a uma empresa estrangeira. A ideia é que 10% bastam para transmitir controle efetivo. Similarmente, uma companhia baseada

---

ANTIDUMPING COMO PROTECIONISMO

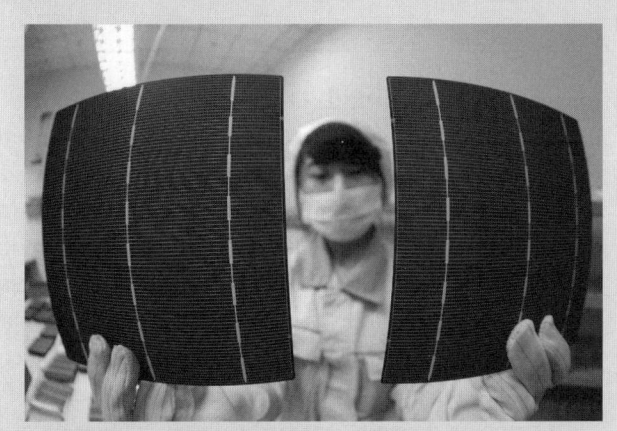

Nos Estados Unidos e em uma quantidade de outros países, o *dumping* é considerado uma prática de concorrência injusta. As empresas norte-americanas que alegam ter sido prejudicadas por empresas estrangeiras que descarregam seus produtos no mercado nacional a preços baixos podem apelar, por meio de um procedimento quase judicial, para o Departamento de Comércio para aliviarem-se. Se a queixa for julgada válida, um "dever *antidumping*" é imposto, igual à diferença calculada entre o preço atual e o preço "justo" das importações. Na prática, o Departamento de Comércio aceita a maioria das queixas feitas por empresas estadunidenses sobre preço estrangeiro injusto. A determinação de que esse preço injusto realmente causou prejuízo, entretanto, está nas mãos de uma agência diferente, a Comissão de Comércio Internacional, que rejeita em torno da metade dos casos.

Os economistas nunca ficaram felizes com a ideia de considerar o *dumping* uma prática proibida. Por um lado, definir preços diferentes para consumidores diferentes é uma estratégia de negócios perfeitamente legítima — como os descontos que as empresas aéreas oferecem a estudantes, a cidadãos idosos e a viajantes dispostos a passar o fim de semana todo em seu destino de viagem. Do mesmo modo, a definição de *dumping* afasta-se substancialmente da definição econômica. Já que é muitas vezes difícil provar que as empresas estrangeiras cobram preços maiores nacionalmente do que para consumidores de exportação, os Estados Unidos e outras nações muitas vezes tentam calcular um preço supostamente justo baseado nas estimativas dos custos da produção estrangeira. Essa regra do "preço justo" interfere com práticas de negócios perfeitamente normais: uma empresa pode estar disposta a vender um produto por uma perda enquanto baixa seus custos por meio de experiência ou ao entrar em um novo mercado. Mesmo ausente de tais considerações dinâmicas, nosso modelo ressaltou como as empresas monopolisticamente concorrentes têm um incentivo para baixar suas margens de lucro nos mercados de exportação pelos efeitos da concorrência associados com os custos de comércio.

No entanto, apesar das avaliações quase que universalmente negativas de economistas, reclamações formais sobre *dumping* foram arquivadas com crescente frequência desde 1970. No começo dos anos 1990, o volume de queixas de *antidumping* era direcionado a países desenvolvidos. Mas desde 1995, os países em desenvolvimento representam a maioria das queixas de *antidumping*. E entre esses países a China tem atraído um número particularmente grande de reclamações.

Existem duas razões principais por trás dessa tendência. A primeira, e acima de tudo, tem sido o crescimento massivo da China. Nenhuma empresa gosta de enfrentar duros aumentos na concorrência e as leis de *antidumping* permitem que as empresas isolem-se dessa competição aumentando os custos dos seus concorrentes. E a segunda, provar o preço injusto de uma empresa chinesa é relativamente mais fácil do que de exportadores de outros países.

> A maioria dos países desenvolvidos (incluindo os Estados Unidos) que enfrenta esse aumento nas exportações chinesas rotulou a China como economia "não mercantil". Uma história da *Business Week* descreve a diferença que esse relato faz quando uma empresa apresenta uma queixa *antidumping* contra um exportador chinês: "Isso significa que os Estados Unidos podem simplesmente ignorar os dados chineses sobre custos na suposição de que eles são distorcidos por empréstimos subsidiados, mercados fraudados e yuan controlado. Em vez disso, o governo utiliza dados de outras nações em desenvolvimento em relação às economias de mercado. Nos casos de TV e mobiliário, os Estados Unidos utilizaram os dados da Índia, mesmo que ela não seja uma grande exportadora dessas mercadorias. Já que os custos de produção indianos eram maiores, a China foi julgada culpada de *dumping*".[22]
>
> Como a citação sugere, a China tem sido sujeita a deveres *antidumping* em TVs e mobiliários, juntamente com uma quantidade de outros produtos que incluem papel crepom, carrinhos de mão, camarão, tábuas de passar, sacolas de compra plástica, postes de aço, acessórios para tubos de ferro, sacarina e, mais recentemente, painéis solares. Esses deveres são altos: 78% nas TVs coloridas e 330% para a sacarina.
>
> [22] "Wielding a Heavy Weapon against China", *BusinessWeek*, 21 jun. 2004.

nos Estados Unidos é considerada multinacional se possui mais do que 10% de uma empresa estrangeira. A empresa que controla (dona) é chamada de matriz multinacional, enquanto as empresas "controladas" são chamadas de multinacionais afiliadas.

Quando uma empresa norte-americana compra mais do que 10% de uma empresa estrangeira, ou quando uma empresa norte-americana constrói uma nova instalação de produção no exterior, esse investimento é considerado uma saída de **investimento estrangeiro direto (IED)** dos Estados Unidos. Este último é chamado de IED *greenfield*, enquanto primeiro é chamado de IED *brownfield* (ou aquisições e fusões além da fronteira). Contrariamente, investimentos por parte de empresas estrangeiras em instalações de produção nos Estados Unidos são considerados entradas de IED norte-americanas. Descrevemos os padrões mundiais de entradas de IED no estudo de caso a seguir. Nesse momento, focamos na decisão de uma empresa em tornar-se uma matriz multinacional. Por que uma empresa escolheria operar uma afiliada em uma localidade estrangeira?

A resposta depende, em parte, das atividades de produção que o afiliado executa. Essas atividades caem em

OS PADRÕES DE INVESTIMENTO ESTRANGEIRO DIRETO FLUEM AO REDOR DO MUNDO

A Figura 8.9 mostra como a magnitude das entradas de IED ao redor do mundo evoluiu nos últimos 40 anos. Primeiro examinaremos os padrões para o mundo, em que as entradas de IED devem ser balanceadas: os influxos mundiais são iguais às saídas mundiais. Vemos que existe um aumento massivo na atividade mundial do meio para o fim dos anos 1990, quando os fluxos mundiais de IED mais do que quintuplicaram, e, novamente, no começo dos anos 2000. Também vemos que a taxa de crescimento do IED é muito desigual, com altos picos e depressões. Esses picos e depressões correlacionam-se com a rotação dos mercados de ações mundiais (fortemente dominados pela flutuação no mercado de ações dos Estados Unidos). O colapso financeiro em 2000 (o estouro da bolha das empresas pontocom) e mais recentemente a crise financeira de 2007-2009 também induziram grandes quebras nos fluxos de IED ao redor do mundo. Mais recente, os fluxos globais de IED caíram drasticamente em 2012, mesmo com o aumento do PIB mundial e os mercados de ações maiores tendo ganhos significativos. (A incerteza relacionada à fragilidade da recuperação econômica e a estabilidade política desempenharam um papel significativo, assim como a repatriação de lucros pelas multinacionais.) A maior parte desse fluxo de IED era relacionada com aquisições e fusões além da fronteira, ao passo que o IED *greenfield* permaneceu relativamente estável.

Ao olhar para a distribuição de influxos de IED através dos grupos de países, vemos que historicamente os países da OCDE têm sido os maiores recebedores de IED estrangeiro. Entretanto, também vimos que esses influxos são muito mais voláteis (é aqui que o IED relacionado com aquisições e fusões está concentrado) do que o IED que vai para os países remanescentes com rendas baixas. Por último, vemos também que existe uma expansão constante na parcela do IED que flui para esses países fora da OCDE. Isso representou mais do que metade dos fluxos de IED ao redor do mundo desde 2009. Os países do BRICS

Capítulo 8   Empresas na economia global: decisões de exportação, terceirização e as empresas multinacionais   ■   149

FIGURA 8.9   Influxos de investimento estrangeiro direto, 1970-2012

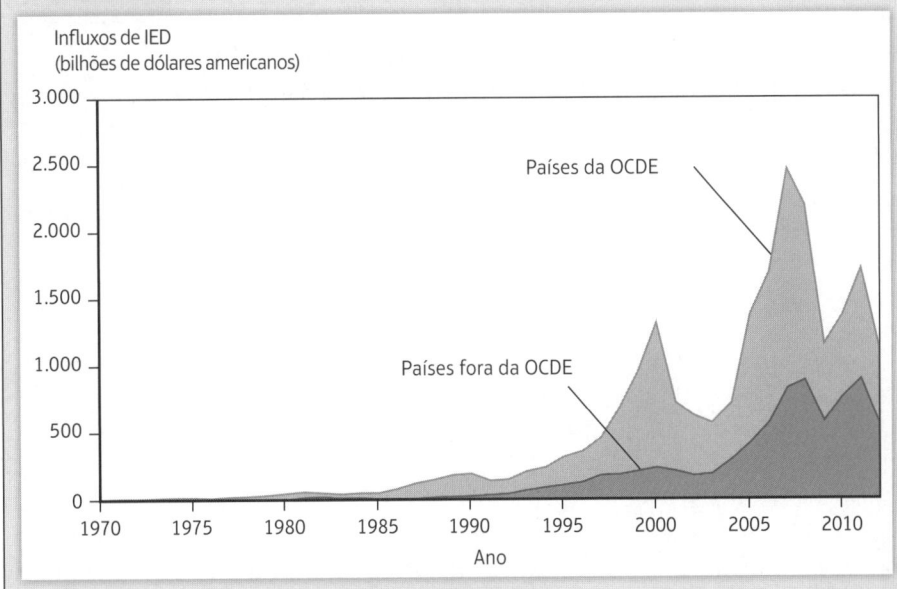

Os fluxos de IED ao redor do mundo têm aumentado de forma significativa desde meados dos anos 1990, embora as taxas de aumento tenham sido desiguais. Historicamente, a maioria dos influxos de IED foi para países desenvolvidos na Organização para a Cooperação e Desenvolvimento Econômico. Entretanto, a proporção de influxos de IED indo para economias em desenvolvimento e de transição aumentou constantemente ao longo do tempo, e representa mais da metade dos fluxos de IED no mundo desde 2009.

Fonte: Banco Mundial, *Indicadores de Desenvolvimento Mundial*.

(Brasil, Rússia, Índia, China e África do Sul) representaram uma porção substancial desse aumento. Os fluxos de IED para esses países aumentaram 20 vezes na última década.

A Figura 8.10 mostra a lista dos 25 principais países cujas empresas envolveram-se em saídas de IED. Por serem tão voláteis, especialmente com a crise recente, esses fluxos foram colocados na média nos últimos três anos. Vemos que as saídas de IED ainda são dominadas pelas economias desenvolvidas, mas também vemos que grandes países em desenvolvimento, mais notavelmente a China (incluindo Hong Kong), desempenham um papel importante e que vem crescendo. Na verdade, um dos segmentos de IED de crescimento mais rápido é o de fluxos *partindo de* países em desenvolvimento *para* outros países em desenvolvimento. Multinacionais tanto na China quanto na Índia desempenham um papel proeminente nesse relativamente novo tipo de IED. Nós também vemos que as políticas de impostos internacionais podem moldar a localidade do IED. Por exemplo, as Ilhas Virgens Britânicas não figurariam na lista dos 25 principais países se não fosse sua condição de paraíso fiscal internacional.[23] As empresas daquela localidade que se envolvem no IED são principalmente companhias terceirizadas: elas são incorporadas pelas Ilhas Virgens Britânicas, mas suas atividades produtivas são localizadas em outro lugar do mundo.

Os fluxos de IED não são o único caminho para medir a presença de multinacionais na economia mundial. Outras medidas são baseadas em atividades econômicas, como vendas, valor adicionado (vendas menos mercadorias intermediárias compradas) e emprego. As vendas dos afiliados do IED são frequentemente utilizadas como referência da atividade multinacional. Isso fornece a referência relevante quando comparam-se as atividades de multinacionais com os volumes de exportação. Entretanto, as vendas das multinacionais também são muitas vezes comparadas com o PIB do país, mostrando, por exemplo, que as grandes multinacionais têm volumes de venda mais altos do que os PIBs de muitos países. Para o mundo todo, em 2000, o total de vendas das maiores multinacionais (top 200) somou mais de 27% do PIB mundial.

Embora marcante, essa comparação pode induzir ao erro e exagera a influência das multinacionais, porque o PIB do país é medido em termos de valor adicionado: mercadorias intermediárias utilizadas na produção final não são contadas duas vezes na medição do PIB. Por outro lado, as mercadorias intermediárias que uma multinacional vende para outra são contadas duas vezes nas vendas totais da multinacional (uma vez nas vendas do produtor da mercadoria intermediária

---
[23] As Ilhas Virgens Britânicas são um recebedor ainda maior de IED: em 2012, foi o quinto maior recebedor no mundo.

FIGURA 8.10 — Investimento estrangeiro direto externo para os 25 principais países, média anual para 2009-2011

Os países desenvolvidos dominaram o topo da lista de países cujas empresas envolvem-se em IED externo. Mais recentemente, as empresas de alguns grandes países em desenvolvimento, como a China e a Índia, têm realizado significativamente mais IED.

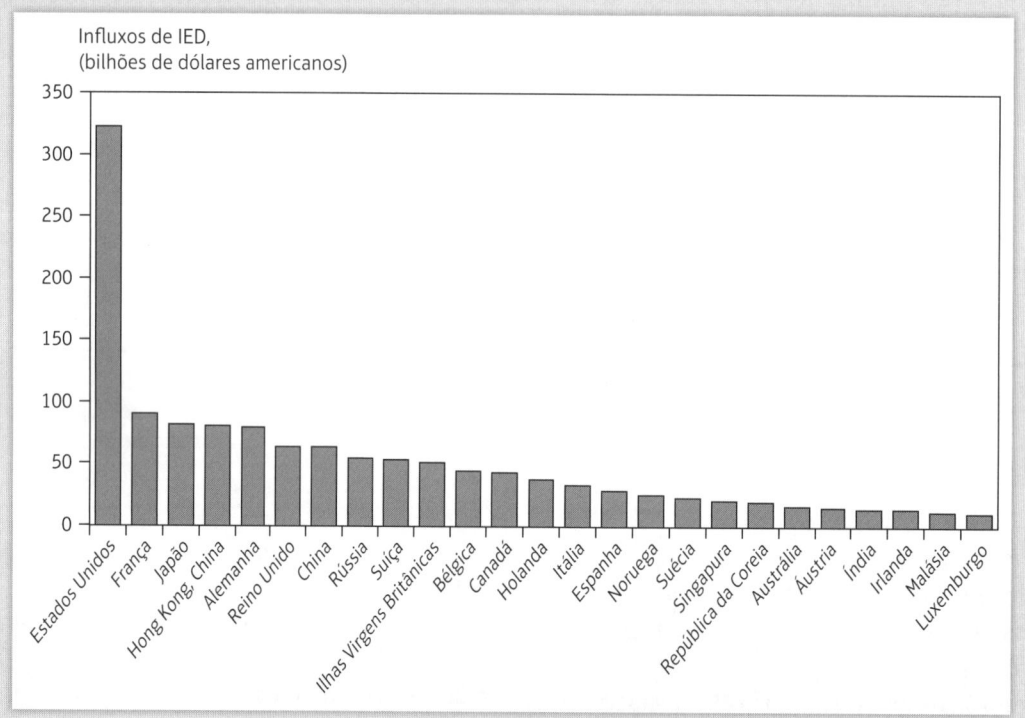

Fonte: UNCTAD, Relatório de investimento mundial, 2012.

e outra vez como parte do valor final das mercadorias vendidas pelo usuário da mercadoria intermediária). Como resultado, a comparação apropriada entre multinacionais e PIBs deveria ser baseada no valor adicionado. Por essa métrica, o valor agregado produzido pelas maiores multinacionais representa 4,3% do PIB mundial em 2000. Essa ainda é uma grande porcentagem, mas não tão atraente quanto 27%.

duas categorias principais: (1) o afiliado repete o processo de produção (aquele que a matriz utiliza em suas instalações nacionais) em outro lugar do mundo; e (2) a cadeia de produção é quebrada e partes do processo são transferidas para a localidade afiliada. Investir em afiliados que fazem o primeiro tipo de atividades é categorizado como **IED horizontal**. Investir em afiliados que fazem o segundo tipo de atividades é categorizado como **IED vertical**.[24]

O IED vertical é guiado principalmente pelas diferenças do custo de produção entre países (para aquelas partes do processo de produção que podem ser feitas em outra localidade). O que conduz essas diferenças de custo entre países? Esse é só o resultado da teoria da vantagem comparativa que desenvolvemos entre os capítulos 3 e 7. Por exemplo, a Intel (a maior produtora de chips de computadores do mundo) quebrou a produção de chips em fabricação de wafer, montagem e teste. A fabricação de wafer e a pesquisa e desenvolvimento associados requerem habilidade intensiva, então a Intel ainda desempenha a maioria das atividades nos Estados Unidos, assim como na Irlanda e em Israel (onde a mão de obra habilidosa ainda é relativamente abundante).[25] Por outro lado, a montagem e teste de chips são mão de obra-intensivas e a Intel transferiu esses processos

---

[24] Na realidade, as distinções entre IED horizontal e vertical podem não ser claras. Algumas matrizes de grandes multinacionais operam largas redes de afiliadas que repetem partes do processo de produção, mas também são verticalmente conectadas a outras afiliadas na rede da matriz. Isso é chamado de IED "complexo".

[25] Em 2010, a Intel abriu uma nova instalação de fabricação de wafer em Dalian, na China, onde modelos de chip mais antigos são produzidos.

de produção para países onde a mão de obra é relativamente abundante, como a Malásia, as Filipinas, a Costa Rica e a China. Esse tipo de IED vertical é um dos que crescem mais rápido e está por trás do grande aumento de influxos de IED para países em desenvolvimento (veja a Figura 8.9).

Em contraste com a IED vertical, a IED horizontal é dominada pelos fluxos entre países desenvolvidos, isto é, tanto a matriz multinacional como os afiliados estão localizados em países desenvolvidos. A razão principal para esse tipo de IED é locar a produção próxima da maior base de consumidores da empresa. Por consequência, os custos do comércio e do transporte desempenham um papel muito mais importante do que as diferenças de custo de produção para essas decisões de IED. Considere o exemplo da Toyota, que é a maior produtora de veículos motorizados (ao menos na época em que escrevo, apesar de a Volkswagen estar bem próxima, no segundo lugar). No começo dos anos 1980, a Toyota produzia quase todos os carros e caminhões no Japão e exportava-os pelo mundo, mas principalmente para a América do Norte e Europa. Altos custos de comércio para esses mercados (em grande parte devido às restrições do comércio, veja o Capítulo 9) e níveis de demanda que surgiram ali induziram a montadora a expandir lentamente sua produção para o exterior. Em 2009, a Toyota produziu metade de seus veículos em fábricas de montagem no exterior. A empresa repetiu o processo de produção para seu modelo de carro mais popular, o Corolla, em fábricas de montagem no Brasil, Canadá, China, Índia, Japão, Paquistão, África do Sul, Taiwan, Tailândia, Turquia, Estados Unidos, Reino Unido, Vietnã e Venezuela: isso é o IED horizontal em ação.

Decisões da empresa em matéria de investimento estrangeiro direto

Agora examinaremos com mais detalhes a decisão da empresa em relação ao IED horizontal. Mencionamos que um dos principais condutores eram os custos altos de comércio associados com a exportação, o que incentiva a alocação da produção próxima aos consumidores. Por outro lado, também existe aumento nos retornos para a escala de produção. Como resultado disso, não é eficaz, em termos de custo, repetir o processo de produção por muitas vezes e operar instalações que produzem pouco para tirar vantagem desse aumento nos retornos. Isso é chamado de perdas e ganhos de *proximidade de concentração* para o IED. Evidência empírica na extensão do IED através dos setores confirma fortemente a relevância dessas perdas e ganhos: a atividade do IED é concentrada nos setores onde os custos do comércio são altos (como a indústria de automóveis). Entretanto, quando aumentos de retornos para escala são importantes e o tamanho médio das fábricas é grande, observa-se maior volume de exportação para IED.

A evidência empírica também mostra que existe até mesmo uma forte triagem padrão para o IED no nível da empresa *dentro* das indústrias: as multinacionais tendem a ser substancialmente maiores e mais produtivas do que as não multinacionais no mesmo país. Mesmo quando se comparam multinacionais a subconjuntos de empresas exportadoras em um país, ainda se encontra um tamanho maior e diferencial de produtividade em favor das multinacionais. Voltamos para o nosso modelo de concorrência monopolística de comércio para analisar como as empresas respondem às perdas e ganhos da proximidade de concentração envolvida com a decisão do IED.

A decisão do IED horizontal Como as perdas e ganhos da proximidade encaixam-se em nosso modelo de decisão de exportação das empresas, capturado na Figura 8.8? Lá, se a empresa quer alcançar consumidores em Estrangeira, só tem uma possibilidade: exportar e expor-se ao custo de comércio t por unidade exportada. Agora vamos introduzir a escolha de tornar-se uma multinacional por meio de IED horizontal: uma empresa poderia evitar o custo de comércio t ao construir uma instalação de produção em Estrangeira. Naturalmente, construir essa instalação de produção é custoso e implica expor-se novamente ao custo fixo F para o afiliado estrangeiro. (Note, entretanto, que esse custo fixo adicional não precisa ser igual ao custo fixo de construção da instalação de produção original da empresa em Doméstica; as características específicas individualmente para o país afetarão esse custo.) Para simplificar, continue a supor que Doméstica e Estrangeira são países similares, de forma que essa empresa poderia fazer a unidade de uma mercadoria com o mesmo custo marginal nessa instalação estrangeira. (Lembre-se que o IED horizontal envolve principalmente países desenvolvidos com fatores de preço similares.)

A exportação da empresa *versus* a escolha de IED vai, então, envolver perdas e ganhos entre o custo de exportação por unidade t e o custo fixo F de criação de uma instalação de produção adicional. Quaisquer perdas e ganhos por unidade e custo fixo resumem-se à escala. Se a empresa vende Q unidades no mercado estrangeiro, então se expõe a um custo relacionado de comércio $Q \times t$ para exportar. Isso pesa contra a alternativa de custo fixo F. Se $Q > F/t$, então exportar é mais caro e o IED é a escolha de maximização de lucro.

Isso leva a um corte de escala para o IED. Esse corte resume as perdas e ganhos da proximidade de concentração: custos altos de comércio de um lado e custos fixos baixos de produção do outro, tanto um quanto o outro diminuem o corte no IED. A escala da empresa, entretanto, depende da medida de seu desempenho. Uma empresa com custo c_i baixo o suficiente vai querer vender mais do que Q unidades para consumidores estrangeiros. O jeito de fazer isso com o custo mais efetivo é construir uma afiliada em Estrangeira e tornar-se uma multinacional. Algumas empresas com níveis de custo intermediário ainda vão querer fornecer para os consumidores em Estrangeira, mas suas vendas pretendidas Q são bastante baixas, de forma que as exportações, em vez do IED, serão a forma com o custo mais efetivo de alcançar esses consumidores.

A decisão de IED vertical A decisão de uma empresa de quebrar sua cadeia de produção e mover partes dessa cadeia para uma afiliada estrangeira também vai envolver perdas e ganhos entre custos por unidade e fixos. Então a escala da atividade da empresa ganhará, novamente, um elemento crucial determinando seu resultado. Quando se trata do IED vertical, a economia de custo chave não está relacionada com o envio de mercadorias além das fronteiras. Em vez disso, envolve diferenças no custo de produção para as partes da cadeia de produção que estão sendo movidas. Como já discutimos, essas diferenças de custo derivam principalmente das forças de vantagem comparativa.

Não discutiremos essas diferenças de custo além daqui, mas em vez disso perguntaremos por que (dadas essas diferenças de custo) todas as empresas não escolhem operar afiliadas em países de baixo salário, para desempenhar atividades que são majoritariamente mão de obra-intensivas e que podem ser desempenhadas em uma localidade diferente. A razão é que, como no caso do IED horizontal, o IED vertical requer um investimento substancial de custo fixo em uma afiliada estrangeira em um país com as características apropriadas.[26] Novamente, como no caso do IED horizontal, existirá um corte de escala para o IED vertical que depende dos diferenciais de custo da produção, de um lado, e do custo fixo de operar uma afiliada estrangeira, do outro. Somente as empresas que operam em uma escala acima daquele corte escolherão efetuar o IED vertical.

---

[26] Claramente, fatores de preços, como salários, são componentes cruciais, mas outras características do país, como sua infraestrutura pública e de transporte, a qualidade de suas instituições legais e suas políticas de impostos e de regulamentações voltadas para multinacionais também podem ser críticas.

Terceirização

Até este ponto, nossa discussão sobre multinacionais negligenciou um motivo importante. Discutimos o **motivo de locação** para fábricas de produção que leva à formação de multinacionais. Entretanto, não discutimos o porquê de as empresas matrizes escolherem *possuir* a afiliada naquela localidade e operá-la como uma empresa multinacional única. Isso é conhecido como **motivo de internalização**.

Como um substituto para o IED horizontal, uma matriz poderia licenciar uma empresa independente para produzir e vender seus produtos em uma localidade estrangeira. Como um substituto para o IED vertical, uma matriz poderia contratar uma empresa independente para executar partes específicas do processo de produção na localidade estrangeira com uma melhor vantagem de custo. Esse substituto para o IED vertical é conhecido como **terceirização estrangeira** (algumas vezes é chamado só de terceirização, quando a localidade estrangeira está implicada).

Offshoring representa a realocação de partes da cadeia de produção no exterior e agrupa tanto a terceirização estrangeira quanto o IED vertical. O *offshoring* aumentou consideravelmente na última década e é um dos principais motores do aumento do comércio mundial em serviços (como negócios e serviços de telecomunicações). Na produção, o comércio em mercadorias intermediárias representou mais de 40% do comércio mundial em 2008. Quando as mercadorias intermediárias são produzidas dentro de uma rede de afiliadas, seu envio é classificado como comércio intraempresa. Esse comércio representa, grosseiramente, um terço do comércio mundial e mais de 40% do comércio norte-americano.

Quais são os elementos-chave que determinam essa escolha de internalização? O controle sobre a propriedade tecnológica de uma empresa oferece uma clara vantagem para a internalização. Licenciar outra empresa para executar todo o processo de produção em outra localidade (como substituta para o IED horizontal) frequentemente envolve um risco substancial de perder alguma propriedade tecnológica. Por outro lado, não existem razões claras de por que uma empresa independente deveria ser capaz de repetir aquele processo de produção a um custo menor do que a matriz. Isso dá à internalização uma forte vantagem, dessa forma o IED horizontal é amplamente favorecido sobre a alternativa de licenciamento de tecnologia para repetir o processo de produção.

As perdas e ganhos entre terceirização e IED vertical têm contornos bem menos nítidos. Existem muitas razões de por que uma empresa independente poderia produzir algumas partes do processo de produção a um custo menor do que a matriz (na mesma localidade).

Primeiro, e acima de tudo, uma empresa independente pode especializar-se na parte mais limitada do processo de produção. Como resultado, ela também pode beneficiar-se das economias de escala se executar esses processos para diferentes empresas matrizes.[27] Outras razões salientam as vantagens de domínio local no alinhamento e monitoração de incentivos administrativos na fábrica de produção.

Mas a internalização também fornece seus próprios benefícios quando se trata da integração vertical entre a empresa e seu fornecedor de um insumo crítico para a produção: isso evita (ou ao menos reduz) o potencial de um conflito de renegociação custoso após chegarem a um acordo inicial. Tais conflitos podem surgir em relação a muitos atributos de produção que não podem ser especificados (ou impostos) por um contrato legal no momento do acordo inicial. Isso pode levar a uma contenção da produção por qualquer uma das partes. Por exemplo, a empresa que compra pode alegar que a qualidade da parte não é exatamente como especificada e solicitar um preço menor. A empresa fornecedora pode alegar que algumas mudanças solicitadas pela compradora resultam em um aumento dos custos e pedir um preço maior na hora da entrega.

Muito progresso foi feito em pesquisas recentes formalizando essas perdas e ganhos. A pesquisa explica como essa escolha importante de internalização é feita ao descrever quando uma empresa escolhe integrar-se com seu fornecedor por meio de IED vertical e quando escolhe uma relação contratual independente com fornecedores no exterior. Desenvolver essas teorias está além do âmbito deste texto. Por fim, muitas outras teorias resumem diferentes perdas e ganhos entre economia no custo de produção e no custo fixo de levar partes do processo de produção para o exterior.

Descrever quais tipos de empresas escolhem uma opção de *offshoring versus* a outra opção depende dos detalhes das premissas de modelagem. No entanto, existe uma previsão que surge de quase todos os modelos a respeito da opção de *offshoring*. Em relação a não *offshoring* (não quebrar a cadeia de produção e mover suas partes para o exterior), tanto o IED vertical quanto a terceirização estrangeira envolvem custo baixo de produção combinado com custo fixo alto. Como vimos, isso implica um corte de escala para a empresa que escolher qualquer opção de *offshoring*. Desse modo, somente as grandes empresas escolherão qualquer opção de *offshoring* e importarão algumas de suas produções intermediárias.

Esse esquema de classificação para empresas que importam mercadorias intermediárias é similar ao que descrevemos para a escolha de exportação da empresa: somente um subconjunto de empresas relativamente mais produtivas (custo baixo) escolherá terceirizar (importar mercadorias intermediárias) e exportar (alcançar os consumidores estrangeiros), porque essas são as empresas que operam em escala suficientemente grande para favorecer as perdas e ganhos que envolvem os custos fixos e os custos baixos por unidade (relacionados à produção ou ao comércio).

Empiricamente, as empresas que terceirizam e importam mercadorias intermediárias são o mesmo conjunto de empresas que também exporta? A resposta é um sonoro sim. Em 2000, para os Estados Unidos, 92% das empresas (influenciadas pelo emprego) que importaram mercadorias intermediárias também exportaram. Essas importadoras, portanto, também dividem as mesmas características das exportadoras norte-americanas: elas eram substancialmente grandes e mais produtivas do que as empresas estadunidenses que não se envolveram no comércio internacional.

Consequências de multinacionais e terceirização estrangeira

Mais cedo neste capítulo, mencionamos que as economias internas de escala, a diferenciação de produto e as diferenças de desempenho através das empresas combinavam-se para proporcionar novos canais de ganhos com o comércio: aumento da variedade de produtos e maior desempenho industrial ao passo que as empresas diminuem sua curva de custo médio e a produção é concentrada nas empresas maiores e mais produtivas. Quais são as consequências da expansão da produção multinacional e da terceirização para o bem-estar?

Acabamos de ver como as multinacionais e as empresas que terceirizam levam vantagem de diferenciais de custo que favorecem mover a produção (ou partes dela) para outras localidades. Em sua essência, isso é muito similar à realocação de produção que ocorreu *através* dos setores quando o comércio foi aberto. Como vimos nos capítulos 3 a 6, a localização da produção então muda para tirar vantagem das diferenças de custo geradas pela vantagem comparativa.

Podemos, portanto, prever consequências similares para o caso de multinacionais e terceirização: realocar a produção para tirar vantagem das diferenças de custos leva a ganhos globais com o comércio, mas também é provável que induza efeitos de distribuição de renda que deixa algumas pessoas em pior situação. Discutimos uma potencial consequência de longo prazo da terceirização para desigualdade de renda em países desenvolvidos no Capítulo 5.

---

[27] Companhias que fornecem mercadorias e serviços terceirizados ampliaram sua lista de clientes para tal extensão que agora elas tornaram-se grandes multinacionais. Elas especializaram-se em fornecer um conjunto limitado de serviços (ou partes do processo de produção), mas repetem isso muitas vezes para companhias clientes através do globo.

ENVIO DE EMPREGOS PARA O EXTERIOR? *OFFSHORING* E DESEMPREGO NOS ESTADOS UNIDOS

"Nós os criamos aqui, mas a mão de obra é mais barata no Inferno".

Quando uma companhia terceiriza parte de sua cadeia de produção no exterior ela está, então, importando uma mercadoria ou serviço intermediário. Por exemplo, uma empresa pode importar uma parte, um componente ou até mesmo um produto inteiro montado, ou importar serviços de negócios utilizando contadores e/ou *call centers* localizados no exterior. Como discutiremos na próxima seção, os efeitos globais do comércio em tais intermediários são muito similares ao comércio nas mercadorias finais nas quais temos nos concentrado até agora. Ainda, quando se trata dos efeitos de *offshoring* no emprego, existe uma dimensão adicional: o menor preço dos intermediários importados não beneficia somente os donos de uma empresa e seus consumidores, mas também o restante dos trabalhadores da empresa — porque o menor preço induz as empresas a aumentar suas compras de intermediários, o que melhora a produtividade do restante dos trabalhadores.[28]

Esse efeito de produtividade também induz a empresa de *offshoring* a contratar trabalhadores adicionais dedicados às partes remanescentes do processo de produção. Em muitos casos, o efeito global sobre o emprego para a empresa de *offshoring* é positivo: vários estudos de multinacionais norte-americanas descobriram que quando elas expandem seus empregos no exterior, simultaneamente, eles também expandem seus empregos nos Estados Unidos.[29] E o que acontece com terceirizadores estrangeiros que não são mais donos de seus fornecedores estrangeiros? Um estudo recente cobrindo todo o setor manufatureiro norte-americano descobriu que, em geral, os aumentos de *offshoring* de 2001 a 2007 tiveram um impacto negativo no emprego manufatureiro estadunidense.[30] Entretanto, essas perdas ligadas a *offshoring* só representaram uma minúscula fração (2,3%) do total de perdas em emprego durante esse período. Essas perdas totais de emprego foram, de fato, substanciais: a diminuição no emprego manufatureiro norte-americano totalizou 2 milhões (o emprego manufatureiro tem diminuído constantemente nos últimos 30 anos), mas o *offshoring* desempenhou um papel bem pequeno nessa tendência. Esse estudo também descobriu que o efeito de produtividade para o restante dos trabalhadores desempenhou um papel importante: o custo beneficia-se do *offshoring*, levando as empresas a expandir substancialmente suas operações nos Estados Unidos e contratar trabalhadores adicionais. Trabalhadores da não produção, principalmente, beneficiaram-se desse aumento de emprego, porque, para começar, era muito menos provável que eles sofressem diretamente o efeito de deslocação de *offshoring*. Entretanto, os trabalhadores de produção também se beneficiaram desse efeito de expansão ligado ao *offshoring*: o deslocamento inicial de desemprego para aqueles trabalhadores de produção foi cortado pela metade por esse aumento da resposta de emprego.

Outro canal atenuando os efeitos de deslocamento do trabalhador de *offshoring* é que (assim como no comércio final de mercadorias) mercadorias e serviços são comercializados para os dois lados. Nos Estados Unidos, a imprensa popular e muitos políticos destacaram as perdas de emprego associadas com o *offshoring*.[31] Particularmente preocupante são as perdas empregos de serviço para *offshoring*, dadas as tendências tecnológicas recentes que têm expandido vastamente o alcance de serviços de negócios "terceirizáveis" (veja a discussão no Capítulo 2). Isso tem levado a manchetes como "Mais empregos de serviços norte-americanos

---

[28] Essa dimensão adicional de *offshoring* e seus efeitos para trabalhadores com menos habilidade é enfatizada como um novo trabalho influente. Veja: Gene M. Grossman; Esteban Rossi-Hansberg. "The Rise of Offshoring: It's Not Wine for Cloth Anymore". *The New Economic Geography: Effects and Policy Implications*, p. 59–102, 2006.

[29] Veja: Mihir Desai; C. Fritz Foley; James R Hines. "Domestic Effects of the Foreign Activities of US Multinationals". *American Economic Journal: Economic Policy*, jan. 2009.

[30] Veja: Greg C. Wright. "Revisiting the Employment Impact of Offshoring". *University of Essex*, mimeo, 2013.

[31] A *Public Citizen* relatou um aumento drástico nos anúncios políticos condenando o *offshoring* nas eleições do Congresso em 2012 (eles rastrearam 90 anúncios condenando o *offshoring* em campanhas abrangendo 30 estados).

vão para o exterior: espera-se que o *offshoring* cresça" no *USA Today*.³² Ainda, o *offshoring* em um país é o *inshoring* em outro: isto é, para cada transação de importação de um serviço ou mercadoria intermediária, existe uma transação de exportação correspondente para o país que recebe a parte do processo de produção terceirizada. E isso significa que para os Estados Unidos, esse *inshoring* de empregos de serviços (exportações de serviços intermediários) está crescendo até mais rápido do que os empregos de serviços de *offshoring* fora do país (importações de serviços intermediários), o que leva a um superávit que tem crescido ao longo do tempo. A Figura 8.11 junta todo o comércio norte-americano através de suas fronteiras em categorias de serviço relacionadas ao *offshoring* (financeira, seguros, telecomunicações e serviços empresariais, isto é, todos os serviços comercializados, exceto turismo, transporte e *royalties*).³³ Claro, não existe nada ameaçador na tendência temporal do comércio em serviços empresariais para o emprego global norte-americano.

Dados todos os fatos do impacto do *offshoring* para o emprego nos Estados Unidos, o ponto de vista de que ele apenas significa "enviar trabalho para o exterior" é ilusório. É verdade que quando uma empresa baseada nos Estados Unidos transfere seu *call center* para a Índia, ou a montagem de seus produtos para a China, então alguns trabalhos específicos que costumavam ser feitos nos Estados Unidos agora serão realizados na Índia ou na China. Entretanto, a evidência mostra que em termos de emprego global, esses trabalhos são substituídos por outros nos Estados Unidos: alguns relacionados ao efeito de expansão nas empresas de *offshoring* e outros por empresas que fornecem mercadorias e serviços intermediários para empresas localizadas no exterior (*inshoring*).

Ainda, assim como outras formas de comércio, o comércio de intermediários tem consequências substanciais para a distribuição de renda. O *call center* ou os trabalhadores de produção deslocados pelo *offshoring* não são, normalmente, aqueles que são contratados pelas empresas em expansão. Sua condição não é facilitada pelos ganhos que são revertidos para outros trabalhadores. Discutiremos essas consequências globais de bem-estar na próxima seção.

FIGURA 8.11 Comércio internacional norte-americano em serviços de negócios (todos os serviços comercializados, excluindo o turismo, o transporte, *royalties* e taxas de licença), 1982-2011

Embora o *offshoring* de serviços tenha aumentado consideravelmente ao longo da década passada, o *inshoring* norte-americano (exportação de serviços de negócios) cresceu ainda mais rápido. O balanço líquido é positivo e também aumentou substancialmente ao longo da década passada.

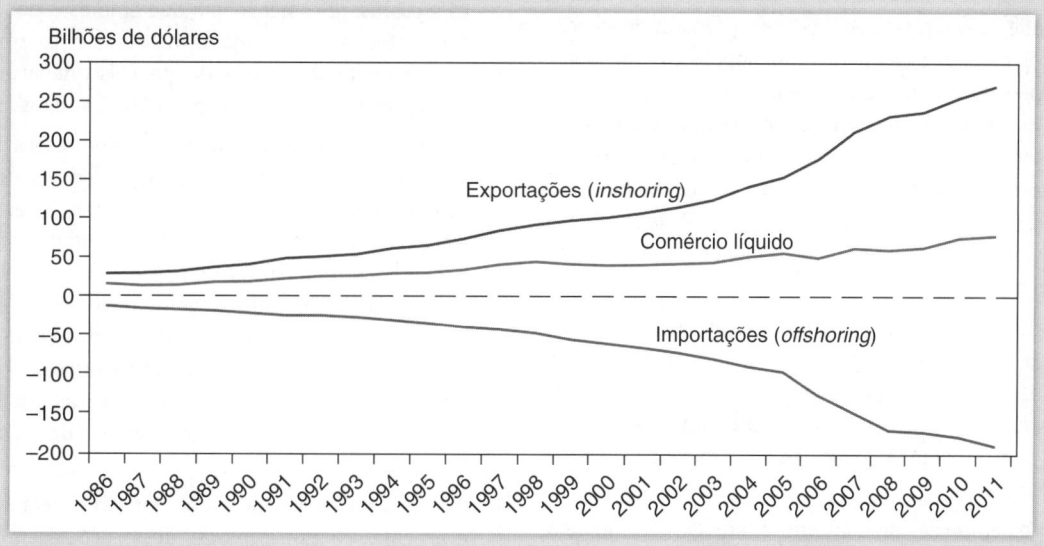

Fonte: U.S.Bureau of Economic Analysis.

---

32 *USA Today*, 7 dez. 2012.

33 Esses fluxos de comércio também incluem as transações das multinacionais com suas afiliadas no exterior. O próximo balanço líquido de exportações sobre importações é positivo para os Estados Unidos, tanto entre as transações multinacionais quanto para as transações entre partes não afiliadas.

Ainda assim, alguns dos efeitos mais visíveis das multinacionais e do *offshoring* ocorrem, geralmente, no curto prazo, enquanto algumas empresas expandem o emprego ao passo que outras reduzem-no em resposta ao aumento da globalização. No Capítulo 4, descrevemos os custos substanciais associados com deslocamentos involuntários de trabalhadores ligados ao comércio intraindústria (especialmente para trabalhadores pouco habilidosos). Os custos associados com o deslocamento ligados ao *offshoring* são tão graves quanto os outros para os trabalhadores com características similares. Como argumentamos no Capítulo 4, a melhor política de resposta para essa séria preocupação ainda é fornecer uma rede de segurança adequada para trabalhadores desempregados sem discriminá-los com base na força econômica que induziu seu desemprego involuntário. Políticas que dificultam as habilidades da empresa em realocar a produção e tirar vantagem dessas diferenças de custo podem prevenir esses custos de curto prazo para alguns, mas eles também evitam o acúmulo de ganhos de longo prazo por toda a economia.

RESUMO

1. O comércio não precisa ser o resultado da vantagem comparativa. Em vez disso, ele pode resultar do aumento nos retornos ou das economias de escala, isto é, de uma tendência de custos unitários menores com produção maior. As economias de escala dão aos países um incentivo para especializarem-se e negociarem mesmo na ausência de diferenças entre seus recursos ou tecnologias. As economias de escala podem ser internas (dependendo do tamanho da empresa) ou externas (dependendo do tamanho da indústria).

2. A economia de escala interna às empresas resulta em uma quebra na concorrência perfeita. Os modelos de concorrência imperfeita devem ser utilizados para analisar as consequências do aumento nos retornos no nível da empresa. Um importante modelo desse tipo é o modelo de concorrência monopolística, amplamente utilizado para analisar modelos de empresas e comércio.

3. Na concorrência monopolística, uma indústria contém uma quantidade de empresas que produzem produtos diferenciados. Essas empresas agem como monopolistas individuais, mas empresas adicionais entram em uma indústria lucrativa até que os lucros do monopólio sejam perdidos por meio da concorrência. O equilíbrio é afetado pelo tamanho do mercado: um mercado maior suportará uma quantidade maior de empresas, cada uma produzindo em grande escala e, por consequência, por um custo médio menor do que em um mercado menor.

4. O comércio internacional permite a criação de um mercado integrado que é maior do que o mercado de qualquer país. Como resultado, é possível oferecer simultaneamente ao consumidor uma variedade maior de produtos e preços menores. O tipo de comércio gerado por esse modelo é o comércio intraindústria.

5. Quando as empresas diferem em termos de desempenho, a integração econômica gera ganhadores e perdedores. As empresas produtivas (custo baixo) prosperam e expandem, enquanto as empresas menos produtivas (custo alto) contraem-se. As empresas menos produtivas são forçadas a se retirar do mercado.

6. Na presença de custos de comércio, os mercados não são mais perfeitamente integrados por meio do comércio. As empresas podem diferenciar os preços pelos mercados. Esses preços refletem tanto os custos do comércio quanto o nível de concorrência notados pela empresa. Quando existem custos de comércio, somente um subconjunto de empresas mais produtivas escolhe exportar. O restante das empresas serve somente o mercado nacional.

7. O *dumping* ocorre quando uma empresa define um preço menor (rede de custos de comércio) nas exportações do que cobra nacionalmente. A consequência dos custos de comércio é que essas empresas sentirão a concorrência mais intensamente em mercados de exportação, porque elas têm menores parcelas naqueles mercados de exportação. Isso leva as empresas a reduzirem a margem de lucro para as vendas de exportação em relação às vendas nacionais. Esse comportamento é caracterizado como *dumping*. O *dumping* é visto como uma prática injusta de comércio, mas surge naturalmente em um modelo de concorrência monopolística e custos de comércio, em que empresas dos dois países comportam-se da mesma forma. Políticas contra o *dumping* são frequentemente utilizadas para discriminar empresas estrangeiras em um mercado e levantar barreiras ao comércio.

8. Algumas multinacionais utilizam seus processos de produção em instalações estrangeiras próximas de grandes bases de consumidores. Isso é categorizado como investimento estrangeiro direto (IED) horizontal. Uma alternativa é exportar para um mercado em vez de operar com um afiliado estrangeiro naquele mercado. O perde-ganha entre exportações e IED envolve um baixo custo por unidade para o IED (sem custo de comércio), mas um custo fixo adicional associado à instalação estrangeira. Somente empresas que operam em escala grande o suficiente vão escolher a opção de IED sobre as exportações.

9. Algumas multinacionais separam sua cadeia de produção e executam algumas partes dessa cadeia em instalações estrangeiras. Isso é categorizado como investimento estrangeiro direto (IED) vertical. Uma alternativa é terceirizar essas partes da cadeia produção em uma empresa estrangeira independente. Tanto um quanto o outro modo de operação são caracterizados como terceirização. Em relação à opção de não terceirizar, a terceirização envolve baixos custos de produção, mas um custo fixo adicional.

Capítulo 8 Empresas na economia global: decisões de exportação, terceirização e as empresas multinacionais • 157

Somente empresas que operam em escala grande o suficiente vão escolher terceirizar.

10. Empresas multinacionais e nacionais que terceirizam partes de sua produção para países estrangeiros levam vantagem nas diferenças de custo através dos locais de produção. Isso é similar aos modelos de vantagem comparativa, em que a produção no nível da indústria é determinada pelas diferenças em custos relativos pelos países. As consequências de bem-estar também são similares: existem ganhos agregados do aumento da produção multinacional e terceirização, mas também mudanças na distribuição de renda que deixam algumas pessoas em pior condição.

TERMOS-CHAVE

comércio intraindústria, p. 138
concorrência imperfeita, p. 129
concorrência monopolística, p. 131
custo marginal, p. 130
custo médio, p. 130
dever *antidumping*, p. 146
diferenciação de produto, p. 128
dumping, p. 146
economias internas de escala, p. 128
IED horizontal, p. 150

IED vertical, p. 150
investimento estrangeiro direto (IED), p. 148
margem de lucro sobre custo marginal, p. 144
monopólio puro, p. 129
motivo de internalização, p. 152
motivo de locação, p. 152
oligopólio, p. 131
receita marginal, p. 129
terceirização, p. 152
terceirização estrangeira, p. 152

PROBLEMAS

1. Na concorrência perfeita, as empresas definem o preço igual ao custo marginal. Por que elas fazem isso quando existem economias internas de escala?

2. Suponha que os dois países que consideramos no exemplo numérico nas páginas 174 a 178 fossem integrar seus mercados de automóveis com um terceiro país que tem um mercado anual de 3,75 milhões de automóveis. Encontre a quantidade de empresas, a produção por empresa e o preço por automóvel no novo mercado integrado após o comércio.

3. Suponha que os custos fixos para uma empresa na indústria de automóveis (custos *startup* de fábricas, equipamento essencial e assim por diante) são de 5 bilhões de dólares e que os custos variáveis são iguais a 17 mil dólares por automóvel finalizado. Como a existência de mais empresas aumenta a concorrência no mercado, o preço de mercado de automóveis cai quanto mais empresas entram nele, ou especificamente, $P = 17.000 + (150/n)$, onde n representa a quantidade de empresas em um mercado. Suponha que o tamanho inicial dos mercados norte-americano e europeu de automóveis seja de 300 milhões e 533 milhões de pessoas, respectivamente.
   a. Calcule o número de equilíbrio de empresas nos mercados norte-americano e europeu *sem* comércio.
   b. Qual é o preço de equilíbrio de automóveis nos Estados Unidos e na Europa se a indústria de automóveis está fechada para comércio com o exterior?
   c. Agora suponha que os Estados Unidos decidam pelo livre comércio de automóveis com a Europa. O acordo de comércio com os europeus adiciona 533 milhões de consumidores ao mercado de automóveis, além dos 300 milhões nos Estados Unidos. Quantas empresas automotivas existirão, ao todo, nos Estados Unidos e na Europa? Qual será o novo preço de equilíbrio dos automóveis?
   d. Por que os preços nos Estados Unidos são diferentes em (c) e em (b)? Os consumidores estão em melhor situação com o livre comércio? De que formas?

4. Volte ao modelo com diferenças de desempenho de empresa em um único mercado integrado (páginas 182-183). Agora suponha que uma nova tecnologia torna-se disponível. Qualquer empresa pode adotar a nova tecnologia, mas sua utilização requer um investimento de custo fixo adicional. O benefício da nova tecnologia é que reduz o custo marginal de produção da empresa por uma dada quantidade.
   a. Adotar a nova tecnologia poderia maximizar o lucro para algumas empresas, mas não para outras que adotarem a mesma tecnologia? Quais empresas escolheriam adotar a nova tecnologia? Como elas poderiam ser diferentes das empresas que escolhessem não adotá-la?
   b. Agora suponha que também existam custos de comércio. No novo equilíbrio, tanto com os custos de comércio quanto com a adoção da tecnologia, as empresas decidem se exportam e também se adotam a nova tecnologia. As empresas que exportam seriam mais ou menos suscetíveis a adotar a nova tecnologia em relação aos não exportadores? Por quê?

5. Neste capítulo, descrevemos a situação na qual o *dumping* ocorre entre dois países simétricos. Descreva brevemente como as coisas mudariam se os dois países tivessem tamanhos diferentes.
   a. Como a quantidade de empresas que competem em um mercado particular afeta a possibilidade de quem exporta para esse mercado ser acusado de *dumping*? (Suponha que a possibilidade de acusação de *dumping* esteja relacionada à diferença de preço da empresa entre seu preço nacional e o preço de exportação: quanto maior a diferença de preço, mais provável é a acusação de *dumping*).

b. Uma empresa de um país pequeno seria mais ou menos provável de ser acusada de *dumping* quando exporta para um país maior (em relação a uma empresa do país maior exportando para a do país menor)?

6. Quais das opções seguintes são investimentos estrangeiros diretos?
   a. Um empresário saudita compra 10 milhões de dólares em ações da IBM.
   b. O mesmo empresário compra um prédio de apartamentos em Nova York.
   c. Uma companhia francesa funde-se com uma companhia norte-americana. Acionistas da companhia americana trocam suas ações por participação na empresa francesa.
   d. Uma empresa italiana constrói uma fábrica na Rússia e administra-a como um contratante do governo russo.

7. Para cada uma das opções seguintes, especifique se o investimento estrangeiro direto é horizontal ou vertical. Além disso, descreva se ele representa uma entrada ou saída de IED dos países mencionados.
   a. O McDonald's (multinacional norte-americana) abre e opera novos restaurantes na Europa.
   b. A Total (multinacional petroleira francesa) compra direitos de propriedade e exploração em campos de petróleo em Camarões.
   c. A Volkswagen (multinacional alemã produtora de automóveis) abre algumas concessionárias novas nos Estados Unidos. (Note que, neste ponto, a Volkswagen não produz nenhum de seus carros nos Estados Unidos).
   d. A Nestlé (multinacional suíça produtora de alimentos e bebidas) constrói uma nova fábrica de produção na Bulgária para produzir barras do chocolate Kit Kat. (As barras de Kit Kat são produzidas pela Nestlé em 17 países).

8. Se existem economias internas de escala, por que faria sentido para uma empresa produzir a mesma mercadoria em mais de uma fábrica de produção?

9. A maioria das empresas nas indústrias de vestuário e calçados encolheu terceirizar sua produção em países onde a mão de obra é abundante (principalmente no sudeste da Ásia e no Caribe), mas não se integram com seus fornecedores nesses locais. Por outro lado, as empresas em muitas indústrias de capital intensivo escolhem integrar-se com seus fornecedores. Quais poderiam ser algumas diferenças entre as indústrias de vestuário e calçados de mão de obra-intensiva, de um lado, e as indústrias de capital intensivo, de outro, que poderiam explicar essas escolhas?

10. Considere o exemplo das indústrias no problema anterior. Em que essas escolhas implicariam para a extensão do comércio *intraempresa* pelas indústrias? Isto é, em quais indústrias uma maior proporção de comércio ocorreria dentro das empresas?

LEITURAS ADICIONAIS

BERNARD, A. B. et. al. "Firms in International Trade". *Journal of Economic Perspectives*, v. 21, p. 105-130, verão 2007. Uma descrição não técnica de padrões empíricos de comércio no nível da empresa que foca nas empresas norte-americanas.

_____ "Importers, Exporters, and Multinationals: A Portrait of Firms in the US that Trade Goods". In: DUNNE, T.; JENSEN, J. B.; ROBERTS, M. J. (Eds.). *Producer Dynamics: New Evidence from Micro Data.* Chicago: University of Chicago Press, 2009. Uma descrição não técnica de padrões empíricos de comércio no nível da empresa que foca nas empresas norte-americanas e em multinacionais que operam nos Estados Unidos.

FEENSTRA, R. "Integration of Trade and Disintegration of Production in the Global Economy". *Journal of Economic Perspectives*, v. 12, p. 32-50, outono 1998. Uma descrição de como a cadeia de fornecimento foi dividida em vários processos que são feitos em diferentes localidades.

HANSON, G.; MATALONI, R.; SLAUGHTER, M. "Vertical Production Networks in Multinational Firms". *Review of Economics and Statistics*, v. 87, p. 664-678, mar. 2005. Uma descrição empírica dos padrões verticais do IED em multinacionais que operam nos Estados Unidos.

HEAD, K. *Elements of Multinational Strategy.* Nova York: Springer, 2007. Um compêndio recente com foco em multinacionais.

HELPMAN, E. "Trade, FDI, and the Organization of Firms". *Journal of Economic Perspectives*, v. 44, p. 589-630, set. 2006. Um levantamento técnico de pesquisa recente sobre modelos que incorporam diferenças de desempenho de empresas e sobre multinacionais e terceirização.

HELPMAN, E. *Understanding Global Trade.* Cambridge, MA: Harvard University Press, 2011. Um livro não técnico que cobre tanto as teorias do comércio de vantagem comparativa quanto as teorias recentes de comércio baseadas na empresa.

HELPMAN, E.; KRUGMAN, P. R. *Market Structure and Foreign Trade.* Cambridge: MIT Press, 1985. Uma apresentação técnica da concorrência monopolística e de outros modelos de comércio com economias de escala.

JENSEN, J. B. *Global Trade in Services: Fear, Facts, and Offshoring.* Washington, DC: Peterson Institute for International Economics, 2011. Um livro não técnico com foco nos efeitos do aumento do comércio em serviços para a economia norte-americana.

MARKUSEN, J. "The Boundaries of Multinational Enterprises and the Theory of International Trade". *Journal of Economic Perspectives*, v. 9, p. 169-189, primavera 1995. Um levantamento não técnico dos modelos de comércio e multinacionais.

MAYER, T.; OTTAVIANO, G. I. P. "The Happy Few: The Internationalisation of European Firms: New Facts Based on Firm-Level Evidence". *Intereconomics*, v. 43, p. 135–148, maio/jun. 2008.

MELITZ, M. J.; TREFLER, D. "Gains from Trade When Firms Matter", *Journal of Economic Perspectives*, v. 26, p. 91-118, 2012. Uma pesquisa não técnica que desenvolve o modelo de concorrência monopolística com diferenças de desempenho pelas empresas em maior detalhe do que neste capítulo. O trabalho também contém uma descrição detalhada da evidência associada para as empresas canadenses após a implementação do Acordo de Livre Comércio Canadá-Estados Unidos.

APÊNDICE DO CAPÍTULO 8

Determinando a receita marginal

Em nossa exposição do monopólio e da concorrência monopolística, achamos útil ter uma confirmação algébrica da receita marginal enfrentada por uma empresa dada a curva de demanda que ela enfrentou. Especificamente, afirmamos que se a empresa enfrenta uma curva de demanda

$$Q = A - B \times P, \tag{8A.1}$$

sua receita marginal é:

$$MR = P - (1/B) \times Q. \tag{8A.2}$$

Neste apêndice, demonstraremos por que isso é verdade.

Primeiro, repare que a curva de demanda pode ser rearranjada para declarar o preço como uma função das vendas da empresa em vez do contrário. Ao rearranjar a Equação (8A.1), ficamos com:

$$P = (A/B) - (1/B) \times Q. \tag{8A.3}$$

A receita de uma empresa é simplesmente o preço que ela recebe por unidade multiplicado pelo número de unidades que ela vende. Ao deixar R denotar a receita da empresa, temos:

$$R = P \times Q = \left[(A/B) - (1/B) \times Q\right] \times Q. \tag{8A.4}$$

Perguntemo-nos a seguir como a receita de uma empresa muda se suas vendas mudam. Suponha que a empresa decida aumentar suas vendas em uma pequena quantidade, dX, para que o novo nível de vendas seja $Q' = Q + dQ$. Então a receita da empresa após o aumento nas vendas, R', será:

$$R' = P' \times Q' = \left[(A/B) - (1/B) \times (Q + dQ)\right] \tag{8A.5}$$

$$\times (Q + dQ) = \left[(A/B) - (1/B) \times Q\right] \times Q + \left[(A/B) - (1/B) \times Q\right] \times dQ - (1/B) \times Q \times dQ - (1/B) \times (dQ)^2.$$

A Equação (8A.5) pode ser simplificada ao substituir as equações (8A.1) e (8A.4) para ter

$$R' = R + P \times dQ - (1/B) \times Q \times dQ - (1/B) \times (dQ)^2. \tag{8A.6}$$

Entretanto, quando a mudança nas vendas dQ é menor, seu quadrado $(dQ)^2$ é muito pequeno (por exemplo, o quadrado de 1 é 1, mas o quadrado de 1/10 é 1/100). Então para uma pequena mudança em Q, o último termo na Equação (8A.6) pode ser ignorado. Isso nos dá o resultado de que a *mudança* na receita por uma pequena mudança nas vendas é:

$$R' - R = \left[(P - (1/B) \times Q)\right] \times dQ. \tag{8A.7}$$

Então o aumento na receita *por unidade de vendas adicionais*, que é a definição de receita marginal, é:

$$MR = (R' - R)/dQ = P - (1/B) \times Q,$$

o que é exatamente o que afirmamos na Equação (8A.2).

CAPÍTULO 9
Os instrumentos da política de comércio

Os capítulos anteriores responderam à pergunta: "por que as nações negociam?" *descrevendo* as causas e os efeitos do comércio internacional e o funcionamento de uma economia mundial de comércio. Embora essa questão seja interessante por si própria, sua resposta é ainda mais interessante se também ajudar a responder à questão: "qual deveria ser a política de comércio de uma nação?". Por exemplo, os Estados Unidos deveriam utilizar uma tarifa ou uma quota de importação para proteger sua indústria automotiva contra a concorrência do Japão e da Coreia do Sul? Quem vai beneficiar-se e quem vai perder com uma quota de importação? Os benefícios prevalecerão sobre os custos?

Este capítulo examina as políticas que os governos adotam em direção ao comércio internacional, políticas que envolvem uma quantidade de ações diferentes. Essas ações incluem impostos sobre algumas transações internacionais, subsídios para outras transações, limites legais sobre o valor ou volume de importações em particular e muitas outras medidas. Este capítulo, portanto, fornece um quadro para a compreensão dos efeitos dos mais importantes instrumentos da política de comércio.

OBJETIVOS DE APRENDIZAGEM
Após a leitura deste capítulo, você será capaz de:
- Estimar os custos e os benefícios, os efeitos de bem-estar e os ganhadores e perdedores das políticas de tarifa aduaneira.
- Discutir o que são subsídios à exportação e subsídios agrícolas e explicar como eles afetam o comércio agrícola nos Estados Unidos e na União Europeia.
- Reconhecer o efeito das restrições voluntárias das exportações (RVEs) tanto nos países importadores quanto nos exportadores e descrever como os efeitos de bem-estar dessas RVEs são comparados com a tarifa aduaneira e as políticas de quota.

Análise da tarifa aduaneira básica

Uma tarifa aduaneira, a mais simples das políticas de comércio, é um imposto cobrado quando uma mercadoria é importada. As **tarifas aduaneiras específicas** são cobradas como uma taxa fixa para cada unidade de mercadorias importadas (por exemplo, três dólares por barril de petróleo). As **tarifas aduaneiras *ad valorem*** são impostos cobrados como uma fração do valor das mercadorias importadas (por exemplo, 25% de tarifa aduaneira nos Estados Unidos para caminhões importados — veja o estudo de caso mais adiante). Nos dois casos, o efeito da tarifa aduaneira é de aumentar o custo do envio de mercadorias para um país.

As tarifas aduaneiras são a forma de política de comércio mais antiga e têm sido tradicionalmente utilizadas como fonte de renda do governo. Até a introdução do imposto de renda, por exemplo, o governo norte-americano levantava a maior parte de sua receita das tarifas aduaneiras. Seu verdadeiro propósito, entretanto, tem sido geralmente duplo: fornecer receita e proteger determinados setores nacionais. No começo do século XIX, por exemplo, o Reino Unido utilizou tarifas aduaneiras (as famosas Leis dos Grãos) para proteger sua agricultura da concorrência de importação. No fim do século XIX, tanto a Alemanha quanto os Estados Unidos protegiam novos setores industriais impondo tarifas aduaneiras às importações de mercadorias manufaturadas. A importância das tarifas aduaneiras diminuiu nos tempos atuais porque os governos modernos, geralmente, preferem proteger as indústrias nacionais por meio de uma variedade de barreiras não tarifárias, como as **quotas de importação** (limitações na quantidade de importações) e as **restrições de exportação** (limitações na quantidade de exportações geralmente impostas pelo país exportador a pedido do país importador). Ainda assim, a compreensão dos efeitos de uma tarifa aduaneira permanece vital para a compreensão de outras políticas de comércio.

Ao desenvolvermos a teoria do comércio dos capítulos 3 ao 8, adotamos uma perspectiva de *equilíbrio geral*. Isto é, estávamos profundamente conscientes de que os eventos em uma parte da economia têm repercussões em outra parte. Entretanto, em muitos casos — embora não em todos —, as políticas de comércio em direção a um setor podem ser razoavelmente bem compreendidas sem entrar em detalhes sobre as repercussões dessas políticas no resto da economia. Para a maior parte, então, a política de comércio pode ser examinada em um quadro de *equilíbrio parcial*. Quando os efeitos na economia como um todo se tornam cruciais, vamos nos referir novamente à análise de equilíbrio geral.

Oferta, demanda e comércio de indústria única

Vamos supor que existem dois países, Doméstica e Estrangeira, que consomem e produzem trigo, o qual pode ser transportado entre eles sem custo. Em cada país, o trigo é uma indústria competitiva simples, na qual as curvas de oferta e de demanda são funções do preço do mercado. Normalmente, a oferta e a demanda de Doméstica vão depender do preço em termos da moeda de Doméstica, e a oferta e demanda de Estrangeira vão depender do preço em termos da moeda de Estrangeira. Entretanto, vamos supor que a taxa de câmbio entre as moedas não seja afetada por qualquer que seja a política de comércio realizada nesse mercado. Portanto, indicamos os preços nos dois mercados em termos da moeda de Doméstica.

O comércio surgirá em tal mercado se os preços forem diferentes na ausência de comércio. Suponha que na ausência de comércio o preço do trigo seja maior em Doméstica do que é em Estrangeira. Agora, vamos permitir que haja o comércio exterior. Já que o preço do trigo em Doméstica ultrapassa o preço em Estrangeira, os transportadores começam a levar trigo de Estrangeira para Doméstica. A exportação de trigo aumenta seu preço em Estrangeira e abaixa seu preço em Doméstica, até que a diferença de preços tenha sido eliminada.

Para determinar o preço mundial e a quantidade comercializada, é útil definir duas novas curvas: a **curva de demanda de importação** de Doméstica e a **curva de oferta de exportação** de Estrangeira, que são derivadas das curvas de oferta e demanda nacionais subjacentes. A demanda de importação de Doméstica é o excesso do que os consumidores de Doméstica demandam sobre o que os produtores de Doméstica fornecem. A oferta de exportação de Estrangeira é o excesso que os produtores de Estrangeira fornecem sobre o que os consumidores de Estrangeira demandam.

A Figura 9.1 mostra como a curva de demanda de importação de doméstica é obtida. No preço P^1, os consumidores de Doméstica demandam D^1, enquanto os produtores de Doméstica fornecem somente S^1. Como resultado, a demanda de importação de Doméstica é $D^1 - S^1$. Se aumentarmos o preço para P^2, os consumidores de Doméstica demandam somente D^2, enquanto os produtores de Doméstica aumentam a quantidade

FIGURA 9.1 Obtendo a curva de demanda de importação de Doméstica

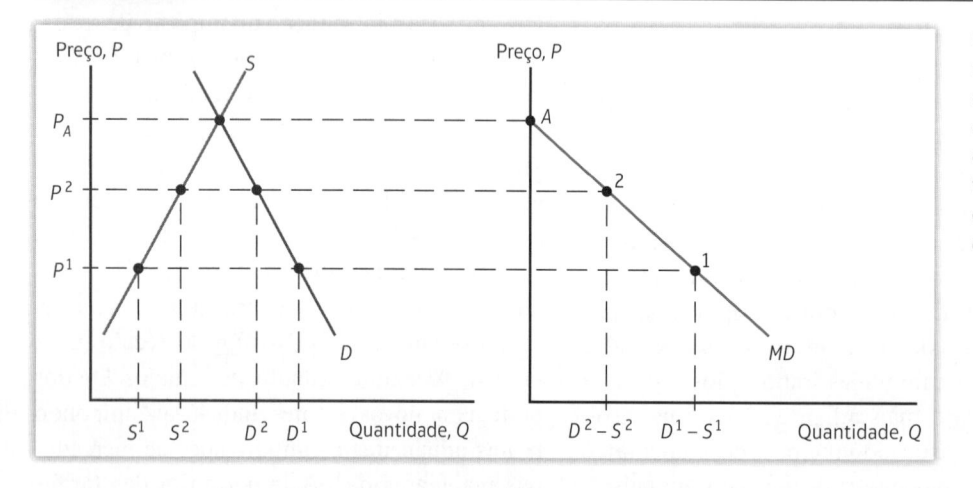

Conforme o preço da mercadoria aumenta, os consumidores de Doméstica demandam menos enquanto os produtores de Doméstica fornecem mais, assim a demanda por importações diminui.

que fornecem pra S^2, então a demada de importação cai para $D^2 - S^2$. Essas combinações de preço-quantidade são traçadas como pontos 1 e 2 do lado direito do painel da Figura 9.1. A curva de importação MD tem inclinação para baixo, porque conforme os preços aumentam a quantidade de importações demandada diminui. Em P_A, a oferta e a demanda de Doméstica são iguais na ausência de comércio, de forma que a curva de demanda de importação intercepta o eixo do preço em P_A (demanda de importação = zero em P_A).

A Figura 9.2 mostra como a curva de demanda de exportação de Estrangeira XS é obtida. Em P^1, os produtores de Estrangeira fornecem S^{*1}, enquanto os consumidores de Estrangeira demandam somente D^{*1}, então a quantidade total de oferta disponível para exportação é $S^{*1} - D^{*1}$. Em P^2, os produtores aumentam a quantidade que fornecem para S^{*2} e os consumidores de Estrangeira diminuem a quantidade que demandam para D^{*2}, então a quantidade total de oferta disponível para exportação sobe para $S^{*2} - D^{*2}$. Como a oferta de mercadorias disponíveis para exportação aumenta conforme o preço aumenta, a curva de oferta de exportação de Estrangeira tem inclinação para cima. Em P_A^*, a oferta e a demanda seriam iguais na ausência de comércio, de forma que a curva de oferta de exportação de Estrangeira faz interseção com o eixo do preço em P_A^* (oferta de exportação = zero em P_A^*).

O equilíbrio mundial ocorre quando a demanda de importação de Doméstica se iguala à oferta de exportação de Estrangeira (Figura 9.3). No preço P_W, onde as duas curvas cruzam, a oferta mundial se iguala à demanda mundial. No ponto de equilíbrio 1 na Figura 9.3,

demanda de Doméstica − oferta de Doméstica
= oferta de Estrangeira − demanda de Estrangeira.

FIGURA 9.2 Obtendo a curva de oferta de exportação de Estrangeira

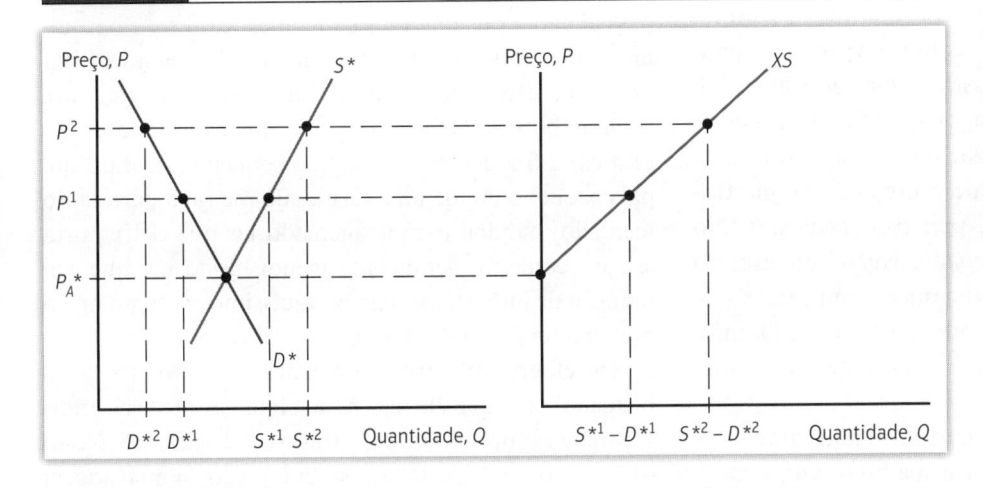

Conforme o preço da mercadoria aumenta, os consumidores de Estrangeira demandam mais enquanto os produtores de Estrangeira demandam menos, de forma que a oferta disponível para exportação aumenta.

FIGURA 9.3 Equilíbrio mundial

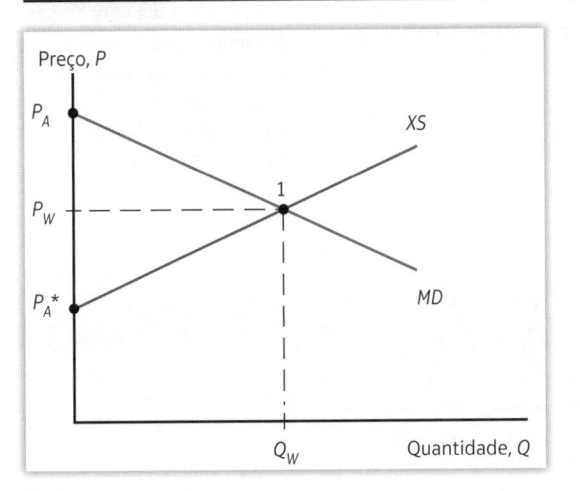

O preço mundial de equilíbrio é onde a demanda de importação de Doméstica (curva MD) se iguala à oferta de exportação de Estrangeira (curva XS).

Ao adicionar e subtrair dos dois lados, essa equação pode ser rearranjada para dizer que:

demanda de Doméstica + demanda de Estrangeira = oferta de Doméstica + oferta de Estrangeira.

Ou, em outras palavras,

demanda mundial = oferta mundial.

Efeito da tarifa aduaneira

Do ponto de vista de alguém que envia mercadorias, a tarifa aduaneira é como um custo de transporte. Se Doméstica impõe uma taxa de US$ 2 em cada alqueire de trigo importado, quem envia a mercadoria ficará relutante em fazê-la, a não ser que a diferença de preço entre os dois mercados seja de ao menos US$ 2.

A Figura 9.4 ilustra os efeitos de uma tarifa aduaneira específica de t por unidade de trigo (mostrada como t na figura). Na ausência da tarifa aduaneira, o preço do trigo seria igualado em P_W tanto em Doméstica quanto em Estrangeira, como é visto no ponto 1 no meio do painel, que ilustra o mercado mundial. Com a tarifa aduaneira em vigor, quem envia a mercadoria fica relutante em mandar o trigo de Estrangeira para Doméstica a não ser que o preço de Doméstica ultrapasse o de Estrangeira por, pelo menos, t. No entanto, se o trigo não for enviado, existirá um excesso de demanda por trigo em Doméstica e um excesso de oferta em Estrangeira. Portanto, o preço em Doméstica aumentará e em Estrangeira cairá até que a diferença no preço seja t.

Introduzir uma tarifa aduaneira, então, abre uma brecha entre os preços dos dois mercados. A tarifa aduaneira aumenta o preço em Doméstica para P_T e baixa o preço em Estrangeira para $P_T^* = P_T - t$. Em Doméstica, os produtores ofertam mais no preço maior, enquanto os consumidores demandam menos, de forma que poucas importações são demandadas (como você pode ver na movimentação do ponto 1 para o ponto 2 na curva MD). Em Estrangeira, os preços mais baixos resultam na oferta reduzida e no aumento de demanda e, portanto, em uma oferta de exportação menor (como vemos na movimentação do ponto 1 para o ponto 3 na curva XS). Portanto, o volume de trigo comercializado diminui de Q_W, o volume de livre comércio, para Q_T, o volume com a tarifa aduaneira. No volume de comércio Q_T, a demanda de importação de Doméstica se iguala à oferta de exportação de Estrangeira quando $P_T - P_T^* = t$.

O aumento no preço em Doméstica, de P_W para P_T, é menor do que o valor da tarifa aduaneira, porque parte dela é refletida em uma diminuição no preço de exportação de Estrangeira e, por consequência, não é passada aos consumidores de Doméstica. Esse é o resultado normal de uma tarifa aduaneira de qualquer política de comércio que limita as importações. Entretanto, o tamanho desse efeito no preço dos exportadores, na prática, é frequentemente muito pequeno. Quando um país pequeno impõe uma tarifa aduaneira, a parcela do mercado mundial para as mercadorias que ele importa é, para começar, geralmente menor, de forma que sua redução de importação tem pouquíssimo efeito no preço mundial (exportação estrangeira).

Os efeitos da tarifa aduaneira no caso do "país pequeno", em que ele não pode afetar os preços estrangeiros de exportação, são ilustrados na Figura 9.5. Nesse caso, a tarifa aduaneira aumenta o preço da mercadoria

FIGURA 9.4 Os efeitos de uma tarifa aduaneira

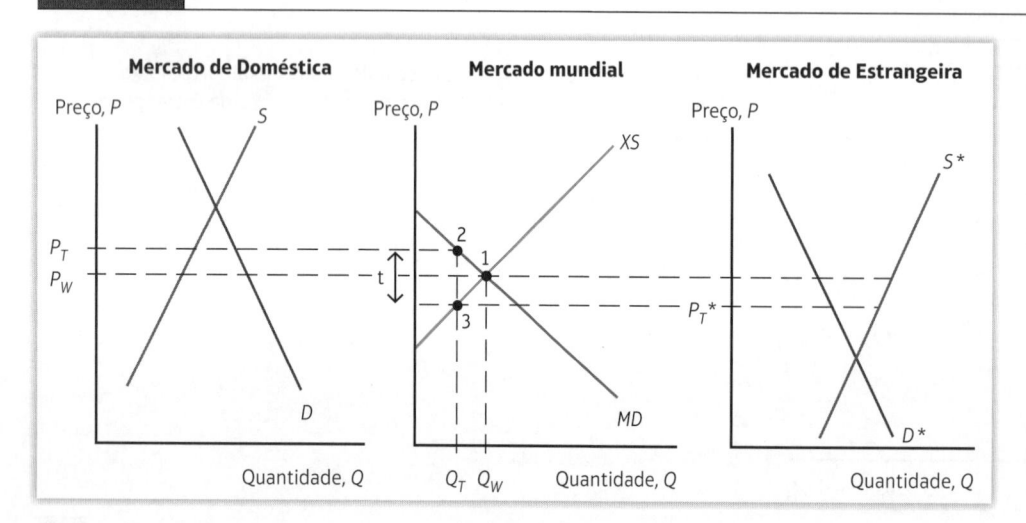

Uma tarifa aduaneira aumenta o preço em Doméstica enquanto baixa o preço em Estrangeira. Portanto, o volume comercializado diminui.

FIGURA 9.5 Uma tarifa aduaneira em um país pequeno

Quando um país é pequeno, uma tarifa aduaneira que é imposta não pode baixar o preço estrangeiro da mercadoria que é importada. Como resultado, o preço da importação aumenta de P_W para $P_W + t$ e a quantidade de importações demandada cai de $D^1 - S^1$ para $D^2 - S^2$.

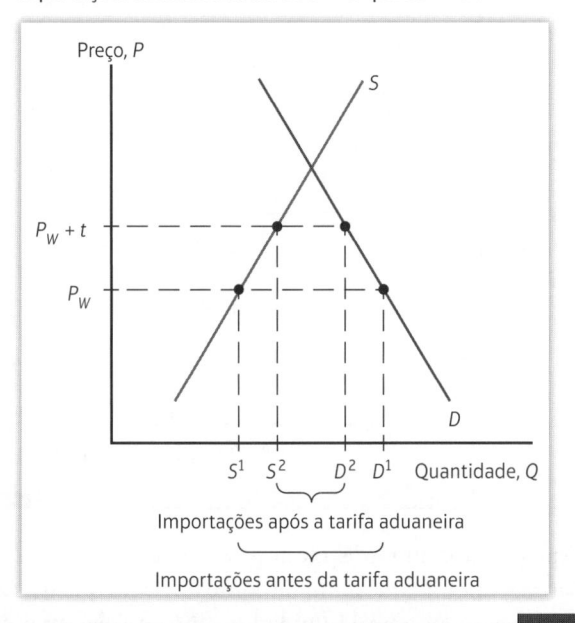

importada no país que a impõe pela quantidade total da tarifa, de P_W a $P_W + t$. A produção da mercadoria importada aumenta de S^1 para S^2, enquanto o consumo da mercadoria cai de D^1 para D^2. Então, como resultado da tarifa aduaneira, as importações caem no país que a impõe.

Medindo a quantidade de proteção

Uma tarifa aduaneira em uma mercadoria importada aumenta o preço recebido pelos produtores nacionais daquela mercadoria. Esse efeito muitas vezes é o principal objetivo da tarifa aduaneira: *proteger* os produtores nacionais de preços baixos que resultariam em concorrência de importação. Ao analisar a política de comércio na prática, é importante nos perguntarmos quanta proteção uma tarifa aduaneira ou outra política de comércio pode realmente fornecer. A resposta geralmente é expressa como uma porcentagem do preço que prevaleceria sob livre comércio. Uma quota de importação sobre o açúcar poderia, por exemplo, aumentar o preço recebido pelos produtores de açúcar norte-americanos em 35%.

Medir a proteção pareceria simples no caso de uma tarifa aduaneira: se ela for um imposto *ad valorem* proporcional ao valor das importações, a taxa da tarifa em si deveria medir a quantidade de proteção. Se a tarifa for específica, dividi-la pelo seu preço líquido nos daria o *ad valorem* equivalente.

Entretanto, existem dois problemas em tentar calcular a taxa de proteção de forma tão simples. Primeiro, se a suposição do país pequeno não for uma boa aproximação, parte do efeito da tarifa aduaneira será de baixar os preços da exportação estrangeira em vez de aumentar os preços nacionais. Esse efeito das políticas de comércio em preços de exportação estrangeira é, às vezes, significativo.

O segundo problema é que as tarifas aduaneiras podem ter diferentes efeitos em diferentes estágios da produção de uma mercadoria. Um exemplo simples ilustra esse ponto.

Suponha que um automóvel seja vendido no mercado mundial por US$ 8.000 e as peças das quais ele é feito sejam vendidas por US$ 6.000. Vamos comparar dois países: um que quer desenvolver uma indústria de montagem de automóveis e outro que já tem uma indústria de montagem e quer desenvolver uma indústria de peças de automóvel.

Para encorajar uma indústria nacional de automóveis, o primeiro país coloca uma tarifa aduaneira de 25% sobre carros importados, permitindo que as montadoras nacionais cobrem US$ 10.000 em vez de US$ 8.000. Nesse caso, seria errado dizer que as montadoras recebem somente 25% de proteção. Antes da tarifa, a montagem em solo nacional aconteceria somente se pudesse ser feita por US$ 2.000 (a diferença entre o preço de um automóvel completo, US$ 8.000, e o custo das partes, US$ 6.000) ou menos. Agora ela vai acontecer mesmo que custe até US$ 4.000 (a diferença entre o preço de US$ 10.000 e o custo das partes). Isto é, a taxa de tarifa aduaneira de 25% fornece às montadoras uma **taxa eficaz de proteção** de 100%.

Agora, suponha que o segundo país, para encorajar a produção nacional de partes, imponha uma tarifa aduaneira de 10% sobre as peças importadas, aumentando o custo das peças das montadoras nacionais de US$ 6.000 para US$ 6.600. Mesmo que não exista mudança na tarifa de automóveis já montados, essa política fará com que seja menos vantajoso montá-los nacionalmente. Antes da tarifa aduaneira, teria valido a pena montar o carro localmente se pudesse ser feito por US$ 2.000 (US$ 8.000 − US$ 6.000). Após a tarifa aduaneira, a montagem local só acontece se puder ser feita por US$ 1.400 (US$ 8.000 − US$ 6.600). A tarifa aduaneira sobre as peças, então, ao mesmo tempo em que fornece proteção positiva para produtores de peças, fornece proteção eficaz negativa para as montadoras, a uma taxa de −30% (−600/2.000).

Um raciocínio similar ao visto nesse exemplo levou economistas a elaborar cálculos para medir o grau de proteção eficaz efetivamente fornecido para indústrias específicas pelas tarifas aduaneiras e outras políticas de comércio. As políticas de comércio que visam promover o desenvolvimento econômico, por exemplo, (Capítulo 11), frequentemente produzem taxas de proteção eficaz muito maiores do que as próprias taxas de tarifa aduaneira.[1]

Custos e benefícios de uma tarifa aduaneira

Uma tarifa aduaneira aumenta o preço de uma mercadoria no país importador e diminui o preço no país exportador. Como resultado dessas mudanças de preço, os consumidores perdem no país importador e ganham no exportador. Os produtores ganham no país importador e perdem no exportador. Além disso, o governo ganha receita impondo a tarifa aduaneira. Para comparar esses custos e benefícios, é necessário quantificá-los. O método para medir custos e benefícios de uma tarifa aduaneira depende de dois conceitos comuns a muitas análises microeconômicas: excedentes do consumidor e do produtor.

Excedentes do consumidor e do produtor

O **excedente do consumidor** mede a quantidade que um consumidor ganha em uma compra ao computar a diferença entre o preço que ele realmente paga e o preço que ele estaria disposto a pagar. Se, por exemplo, um consumidor estivesse disposto a pagar US$ 8 por um alqueire de trigo, mas o preço é somente US$ 3, o excedente do consumidor ganho com a compra é US$ 5.

O excedente do consumidor pode derivar da curva de demanda do mercado (Figura 9.6). Por exemplo, suponha que o preço máximo no qual os consumidores comprarão dez unidades de uma mercadoria seja US$ 10. Então, a décima unidade da mercadoria comprada deve valer US$ 10 para os consumidores. Se valesse menos, eles não comprariam, se valesse mais, eles estariam

---

[1] A taxa de proteção efetiva para um setor é formalmente definida como $(V_T - V_W)/V_W$, onde V_W é o valor adicionado no setor em preços mundiais e V_T é o valor adicionado na presença de políticas de comércio. Nos termos do nosso exemplo, deixemos P_A ser o preço mundial de um automóvel montado, P_C o preço mundial de seus componentes, t_A a taxa de tarifa aduaneira *ad valorem* na importação de automóveis e t_C a taxa de tarifa aduaneira *ad valorem* nos componentes. Você pode verificar que se a tarifa aduaneira não afeta os preços mundiais, elas fornecem aos montadores uma taxa de proteção efetiva de:

$$\frac{V_T - V_W}{V_W} = t_A + P_C\left(\frac{t_A - t_C}{P_A - P_C}\right).$$

FIGURA 9.6 Obtendo o excedente do consumidor para a curva de demanda

O excedente do consumidor em cada unidade vendida é a diferença entre o preço real e o que os consumidores estariam dispostos a pagar.

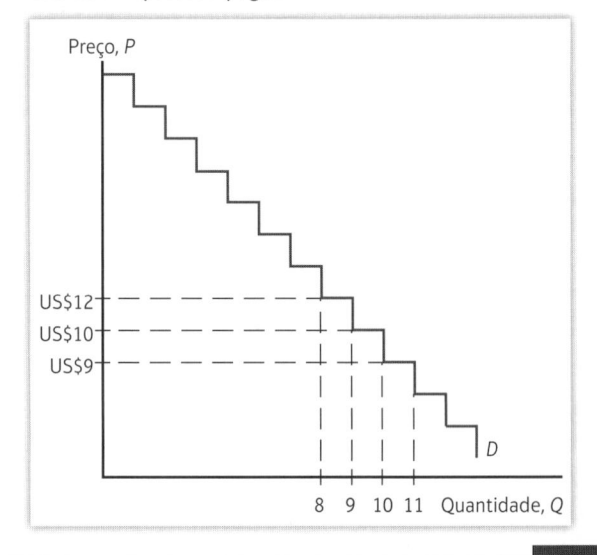

dispostos a comprá-la mesmo se o preço fosse maior. Agora, suponha que a fim de conseguir com que os consumidores comprem 11 unidades, o preço deva ser diminuído para US$ 9. Então, a décima primeira unidade deve valer apenas US$ 9 para os consumidores.

Suponha que o preço seja US$ 9. Então, os consumidores estarão dispostos a comprar somente a décima primeira unidade da mercadoria e, portanto, não receber o excedente do consumidor de sua compra daquela unidade. Entretanto, eles estariam dispostos a pagar US$ 10 pela décima unidade, e, portanto receber US$ 1 de excedente do consumidor dessa unidade. Eles também estariam dispostos a pagar US$ 12 pela nona unidade. Nesse caso, eles teriam recebido US$ 3 de excedente do consumidor nessa unidade e assim por diante.

Generalizando a partir desse exemplo, se P é o preço de uma mercadoria e Q é a quantidade de demanda nesse preço, então o excedente do consumidor é calculado subtraindo P vezes Q da área sob a curva de demanda até Q (Figura 9.7). Se o preço é P^1, a quantidade demandada é D^1 e o excedente do consumidor é medido pelas áreas denominadas a mais b. Se o preço aumenta para P^2, a quantidade demandada cai para D^2 e o excedente do consumidor cai por b para igualar somente a.

O **excedente do produtor** é um conceito análogo. Um produtor disposto a vender uma mercadoria por US$ 2, mas que recebe o preço de US$ 5, ganha um

FIGURA 9.7 A geometria do excedente do consumidor

O excedente do consumidor é igual à área abaixo da curva de demanda e acima do preço.

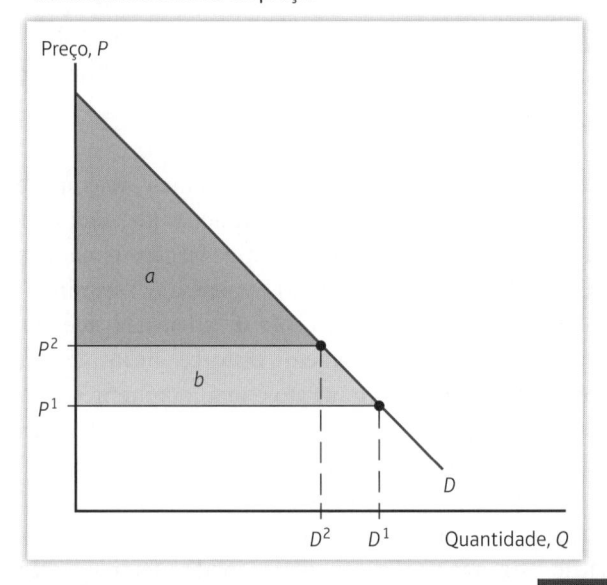

FIGURA 9.8 A geometria do excedente do produtor

O excedente do produtor é igual à área acima da curva de oferta e abaixo do preço.

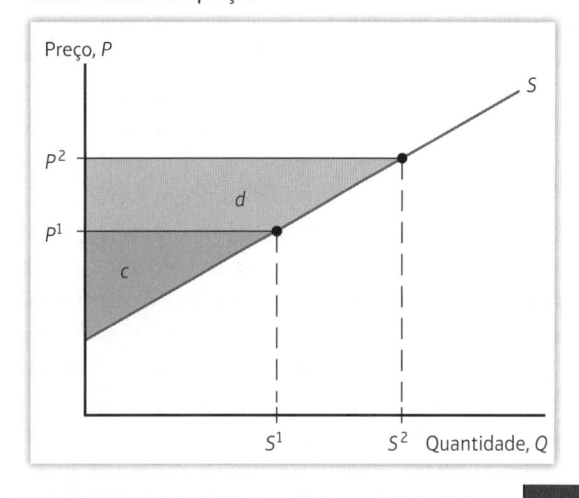

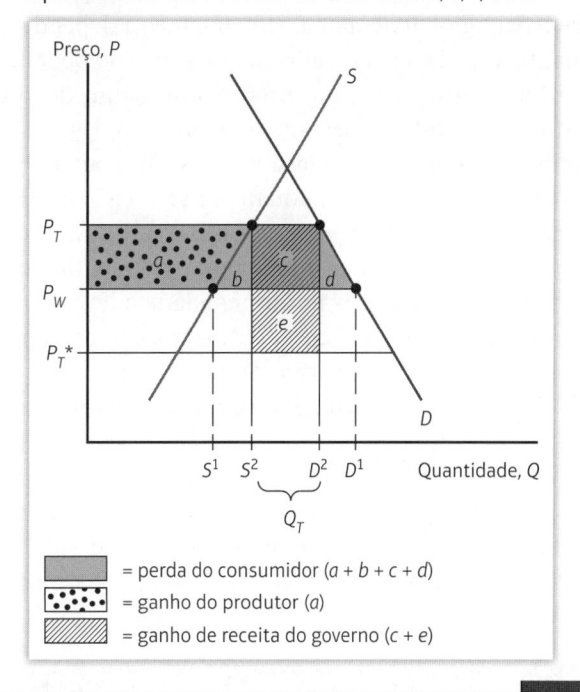

excedente do produtor de US$ 3. O mesmo procedimento utilizado para obter o excedente do consumidor da curva de demanda pode ser utilizado para obter a curva de oferta do excedente do produtor. Se P é o preço e Q é a quantidade fornecida àquele preço, então o excedente do produtor é P vezes Q menos a área sob a curva de oferta até Q (Figura 9.8). Se o preço é P^1, a quantidade fornecida será S^1 e o excedente do produtor é medido pela área c. Se o preço aumentar para P^2, a quantidade fornecida aumenta para S^2 e o excedente do produtor aumenta para se igualar a c mais a área adicional d.

Algumas das dificuldades relacionadas a esses conceitos de excedentes de consumidor e produtor são problemas técnicos de cálculo que seguramente podemos desconsiderar. Mais importante é a questão de que se os ganhos diretos para produtores e consumidores em um dado mercado realmente medem com precisão os *ganhos sociais*. Os benefícios e custos adicionais não capturados pelos excedentes do consumidor e do produtor estão no centro do caso para o ativismo da política de comércio que discutiremos no Capítulo 10. Agora, entretanto, focaremos nos custos e nos benefícios medidos pelos excedentes do consumidor e do produtor.

Medindo os custos e benefícios

A Figura 9.9 ilustra os custos e benefícios de uma tarifa aduaneira para o país importador. A tarifa aumenta o preço nacional de P_W para P_T, mas abaixa o preço estrangeiro de exportação de P_W para P_T^* (veja a Figura 9.4). A produção nacional aumenta de S^1 para S^2, enquanto o consumo cai de D^1 para D^2. Os custos e benefícios para diferentes grupos podem ser expressos como a soma das áreas de cinco regiões, denominadas a, b, c, d, e.

FIGURA 9.9 Custos e benefícios de uma tarifa aduaneira para o país importador

Os custos e benefícios para diferentes grupos podem ser representados como a soma das cinco áreas a, b, c, d e e.

☐ = perda do consumidor ($a + b + c + d$)
▦ = ganho do produtor (a)
▨ = ganho de receita do governo ($c + e$)

Primeiro, considere o ganho dos produtores nacionais. Eles recebem um preço maior e, portanto, têm um maior excedente do produtor. Como vimos na Figura 9.8, o excedente do produtor é igual à área abaixo do preço, mas acima da curva de oferta. Antes da tarifa aduaneira, o excedente do produtor era igual ao da área abaixo de P_W, mas acima da curva de oferta. Com o aumento do preço para P_T, esse excedente aumenta pela área denominada a. Isto é, o ganho dos produtores a partir da tarifa aduaneira.

Os consumidores nacionais também enfrentam um preço maior, o que os deixa em pior situação. Como vimos na Figura 9.7, o excedente do consumidor é igual à área acima do preço, mas sob a curva de demanda. Já que o preço que os consumidores enfrentam aumenta de P_W para P_T, o excedente do consumidor cai pela área indicada por $a + b + c + d$. Então os consumidores são prejudicados pela tarifa aduaneira.

Aqui também existe uma terceira parte: o governo. O governo ganha coletando receita da tarifa aduaneira. Isso é igual à taxa da tarifa aduaneira t vezes o volume de importações $Q_T = D^2 - S^2$. Já que $t = P_T - P_T^*$, a receita do governo é igual à soma das duas áreas c e e.

Uma vez que esses ganhos e perdas são revertidos para diferentes pessoas, a estimativa do custo-benefício global de uma tarifa aduaneira depende do quanto valorizamos o valor de um dólar de benefício para cada grupo. Se, por exemplo, o ganho do produtor é revertido principalmente para donos ricos de recursos, enquanto os consumidores são mais pobres do que a média, a tarifa aduaneira será vista diferentemente do que se a mercadoria for um luxo comprado por um rico, mas produzido por trabalhadores com baixos salários. Mais ambiguidade é introduzida pelo papel do governo: ele vai utilizar sua receita para financiar serviços públicos de necessidade vital ou vai desperdiçar a receita em assentos de banheiro de US$ 1.000? Apesar desses problemas, é comum que os analistas de política de comércio tentem computar o efeito líquido de uma tarifa aduaneira no bem-estar nacional supondo que, na margem, o valor de um dólar de ganho ou perda para cada grupo tenha o mesmo valor social.

Vamos olhar, então, para o efeito líquido de uma tarifa aduaneira no bem-estar. O custo líquido de uma tarifa aduaneira é:

perda do consumidor − ganho do produtor
− receita do governo, (9.1)

ou, substituindo esses conceitos pelas áreas na Figura 9.9,

$(a + b + c + d) - a - (c + e) = b + d - e.$ (9.2)

Isto é, existem dois "triângulos" cujas áreas medem a perda para a nação, como um todo, e um "retângulo" cuja área mede um ganho de compensação. Uma forma útil de interpretar esses ganhos e perdas é a seguinte: os triângulos representam a **perda de eficiência** que surge porque uma tarifa aduaneira distorce incentivos para consumir e produzir, enquanto o retângulo representa os **termos de ganho do comércio** que surgem porque a tarifa aduaneira diminui os preços de exportação estrangeira.

O ganho depende da capacidade da imposição de tarifa aduaneira do país para diminuir os preços da exportação estrangeira. Se o país não pode afetar os preços mundiais (o caso do "país pequeno" ilustrado na Figura 9.5), a região e, que representa os termos de ganho do comércio, desaparece e fica claro que a tarifa aduaneira reduz o bem-estar. A tarifa aduaneira distorce os incentivos tanto para os produtores quanto para os consumidores induzindo-os a agir como se as importações fossem mais caras do que elas realmente são. O custo de uma unidade adicional de consumo para a economia é o preço de uma unidade adicional de importação, ainda porque a tarifa aduaneira aumenta o preço nacional acima do preço mundial, os consumidores reduzem seu consumo ao ponto no qual a unidade marginal rende-lhes bem-estar igual ao preço nacional da tarifa incluída. Isso significa que o valor de uma unidade de produção adicional para a economia é o preço da unidade de importação que ele economiza, ainda que os produtores nacionais expandam a produção até o ponto no qual o custo marginal seja igual ao preço da tarifa incluída. Portanto, a economia produz nacionalmente unidades adicionais da mercadoria que poderia comprar de forma mais barata no exterior.

TARIFAS ADUANEIRAS PARA O LONGO PRAZO

Acabamos de ver como uma tarifa aduaneira pode ser utilizada para aumentar o excedente do produtor à custa de uma perda no excedente do consumidor. Existem também muitos outros custos indiretos das tarifas aduaneiras: elas podem levar parceiros de comércio a retaliar com suas próprias tarifas aduaneiras (por consequência, prejudicando produtores que exportam no país que impôs a tarifa aduaneira primeiro); elas também podem ser duramente difíceis de serem removidas depois mesmo que as condições econômicas tenham mudado completamente, porque ajudam a organizar politicamente o pequeno grupo de produtores que é protegido da concorrência estrangeira. (Discutiremos mais à frente no Capítulo 10.) Finalmente, maiores tarifas aduaneiras podem induzir os produtores a comportarem-se de formas criativas (embora totalmente desnecessárias) a fim de evitá-las.

No caso da tarifa aduaneira conhecida como "Imposto do Frango", ela durou tanto (mais de 47 anos) que terminou por prejudicar os mesmos produtores que, para começar, fizeram *lobby* intensivo para manter a tarifa![2] Essa tarifa ganhou esse nome porque foi uma retaliação dos Estados Unidos à administração do presidente Lyndon Johnson contra uma tarifa aduaneira nas exportações de frango norte-americano imposta pela Europa Ocidental no começo dos anos 1960. A retaliação norte-americana, focada na Alemanha (uma das principais forças políticas por trás da tarifa do frango original), impôs uma tarifa aduaneira de 25% em importações de caminhões comerciais leves. Nessa época, a Volkswagen era uma grande produtora desses veículos e exportava muitos deles para os Estados Unidos. Conforme o tempo passou, muitas das tarifas aduaneiras originais foram retiradas, exceto pelas tarifas em frangos e em caminhões comerciais leves. A Volkswagen parou de produzir esses veículos, mas os "três grandes" produtores de automóveis e caminhões estavam preocupados com a competição de caminhões japoneses, então fizeram *lobby* para manter a tarifa aduaneira vigente. Os produtores japoneses, por sua vez, responderam ao passarem a construir esses caminhões leves nos Estados Unidos (veja o Capítulo 8).

Como resultado, a última companhia a ser atingida pelas consequências da tarifa aduaneira foi a Ford, uma daquelas "três grandes" produtoras norte-americanas! A Ford produz uma pequena perua comercial na Europa, a "Transit Connect", que é projetada (com menor capacidade e com habilidade para andar por ruas antigas e estreitas) para as cidades europeias. O recente aumento nos preços do combustível aumentou drasticamente a demanda por esse caminhão em algumas cidades norte-americanas. Em 2009, a Ford começou a vender esses veículos para os Estados Unidos. Para chegar próximo da tarifa aduaneira de 25%, a Ford instala janelas e bancos traseiros e cintos de segurança antes de enviar os veículos para os Estados Unidos. Esses veículos não são mais classificados como caminhões comerciais, mas sim como veículos de passageiro, que estão sujeitos a uma tarifa bem menor, de 2,5%. Após chegarem a Baltimore, Maryland, os bancos traseiros são imediatamente retirados e as janelas traseiras são substituídas por painéis de metal. Isso acontece antes da entrega às concessionárias da Ford.

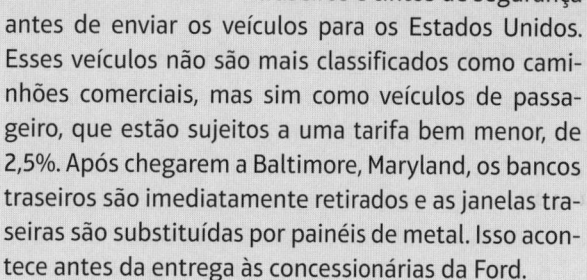

Antes de abrir fábricas de produção nos Estados Unidos, a Subaru deu uma volta na tarifa aduaneira de caminhões leves comerciais parafusando dois assentos de plástico na área de carga traseira da sua caminhonete (Subaru BRAT) exportada para os Estados Unidos. Portanto, a BRAT foi classificada como veículo de passageiro, conseguindo evitar a tarifa aduaneira.

[2] Veja: Matthew Dolan. "To Outfox the Chicken Tax, Ford Strips Its Own Vans", *Wall Street Journal*, 23 set. 2009.

Os efeitos líquidos de bem-estar de uma tarifa aduaneira são resumidos na Figura 9.10. Os efeitos negativos consistem em dois triângulos *b* e *d*. O primeiro triângulo é a **perda por distorção de produção**, que resulta do fato de que a tarifa aduaneira leva os produtores nacionais a produzirem muito dessa mercadoria. O segundo triângulo é a **perda de distorção de consumo** nacional, que resulta do fato que a tarifa aduaneira leva os consumidores a consumirem pouquíssimo da mercadoria. Contra essas perdas devem-se definir os termos de ganho do comércio, medidos pelo retângulo *e*, que resulta da diminuição no preço de exportação estrangeiro causado pela tarifa aduaneira. No importante caso do pequeno país que não pode afetar os preços estrangeiros de forma significativa, esse último efeito deixa de existir. Portanto, os custos de uma tarifa aduaneira sem ambiguidade ultrapassam seus benefícios.

Outros instrumentos da política comercial

As tarifas aduaneiras são as políticas de comércio mais simples, mas no mundo moderno a maioria das intervenções governamentais no comércio internacional toma outras formas, como subsídios à exportação, quotas de

FIGURA 9.10 Os efeitos líquidos de bem-estar de uma tarifa aduaneira

Os triângulos preenchidos representam perdas de eficiência, enquanto o retângulo representa ganhos dos termos de comércio.

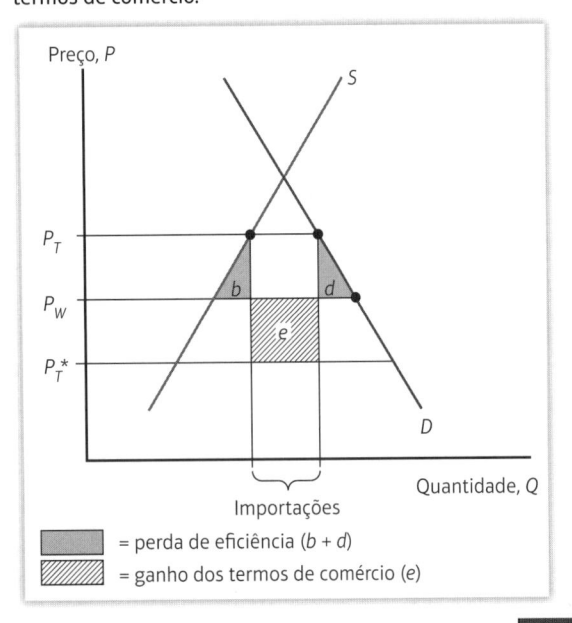

= perda de eficiência ($b + d$)
= ganho dos termos de comércio (e)

FIGURA 9.11 Efeitos de um subsídio à exportação

Um subsídio à exportação aumenta os preços no país exportador, enquanto baixa-os no país importador.

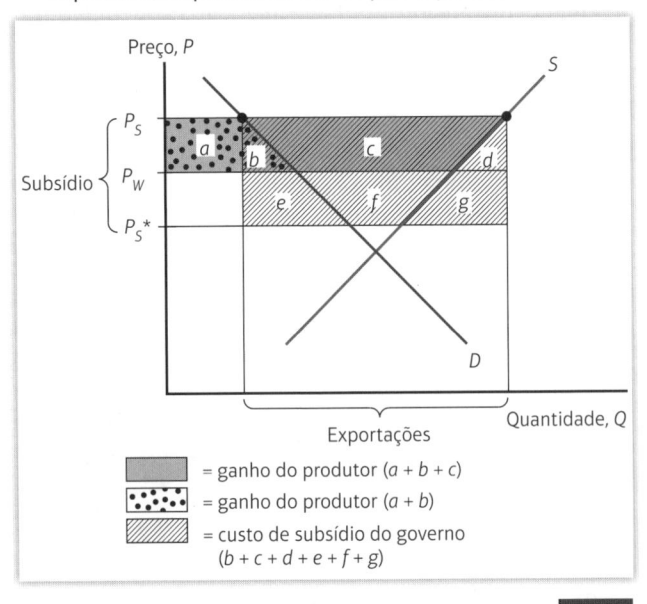

= ganho do produtor ($a + b + c$)
= ganho do produtor ($a + b$)
= custo de subsídio do governo ($b + c + d + e + f + g$)

importação, restrições voluntárias da exportação e requisitos de conteúdo local. Felizmente, uma vez que tenhamos compreendido as tarifas aduaneiras, não é muito difícil compreender esses outros instrumentos de comércio.

Subsídio de exportação: teoria

Um **subsídio à exportação** é um pagamento a uma empresa ou indivíduo que envia a mercadoria para o exterior. Como a tarifa aduaneira, um subsídio à exportação pode ser tanto específico (um montante fixo por unidade) ou *ad valorem* (uma proporção do valor exportado). Quando o governo oferece um subsídio à exportação, os fornecedores exportarão a mercadoria até o ponto em que o preço nacional ultrapasse o preço estrangeiro pelo valor do subsídio.

Esses efeitos de um subsídio à exportação nos preços são exatamente o inverso daqueles de uma tarifa aduaneira (Figura 9.11). O preço no país exportador aumenta de P_W para P_S, mas porque o preço no país importador cai de P_W para P_S^*, o aumento de preço é menor do que o subsídio. No país exportador, os consumidores são prejudicados, os produtores ganham e o governo perde, porque deve gastar dinheiro no subsídio. A perda do consumidor é a área $a + b$, o ganho dos produtos é a área $a + b + c$, o subsídio do governo (o valor das exportações vezes o valor do subsídio) é a área $b + c + d + e + f + g$. A perda de bem-estar líquido é, portanto, a soma das áreas $b + d + e + f + g$. Dessas, b e d representam as perdas de distorção de consumo e produção do mesmo tipo que a tarifa aduaneira produz. Além disso, e em contraste com a tarifa aduaneira, o subsídio à exportação *piora* os termos de comércio porque diminui o preço da exportação no mercado estrangeiro de P_W para P_S^*. Isso leva à perda adicional de termos de comércio $e + f + g$, que é igual a $P_W - P_S^*$ vezes a quantidade exportada com o subsídio. Então, um subsídio à exportação, de forma inequívoca, leva a custos que ultrapassam seus benefícios.

POLÍTICA AGRÍCOLA COMUM DA EUROPA

Em 1957, seis nações da Europa Ocidental (Alemanha, França, Itália, Bélgica, Holanda e Luxemburgo) formaram a Comunidade Econômica Europeia, que desde então cresceu para incluir a maior parte da Europa. Agora chamada de União Europeia (UE), seus dois maiores efeitos estão na política de comércio. Primeiro, os países-membros retiraram todas as tarifas aduaneiras em relação uns aos outros, criando assim uma união aduaneira (será discutida no próximo capítulo). Segundo, a política agrícola da União Europeia tornou-se um programa massivo de subsídio à exportação.

A Política Agrícola Comum (PAC) da União Europeia começou não como um subsídio à exportação, mas como um esforço para garantir preços elevados para os agricultores europeus ao ter a União Europeia comprando produtos agrícolas sempre que os preços ficassem abaixo de níveis de suporte especificados. Para prevenir essa política de perder-se em grandes quantidades de importações, ela foi inicialmente apoiada por tarifas aduaneiras que compensam a diferença entre os preços agrícolas europeus e mundiais.

Desde os anos 1970, entretanto, o preços de apoio definidos pela União Europeia acabaram sendo tão altos que a Europa (que, com livre comércio, seria uma importadora da maioria dos produtos agrícolas) estava produzindo mais do que os consumidores estavam dispostos a comprar. Como resultado, a União Europeia viu-se obrigada a comprar e armazenar enormes quantidades de alimentos. No fim de 1985, por exemplo, as nações europeias tinham armazenado 780 mil toneladas de carne, 1,2 milhão de toneladas de manteiga e 12 milhões de toneladas de trigo. Para evitar crescimento ilimitado nesses estoques, a União Europeia voltou-se para uma política de subsidiar exportações para repassar a produção excedente.

A Figura 9.12 mostra como o PAC funciona. Funciona, é claro, exatamente como o subsídio à exportação mostrado na Figura 9.11, exceto que a Europa seria realmente um importador com livre comércio. O preço de apoio é definido não só acima do preço mundial que prevaleceria em sua ausência, mas também acima do preço que igualaria a demanda e a oferta mesmo sem importações. Para exportar o excedente resultante, é pago um subsídio à exportação que compensa a diferença entre os preços europeu e mundial. As próprias exportações subsidiadas tendem a desvalorizar o preço mundial, aumentando o subsídio necessário. Um estudo recente estimou que o custo de bem-estar para os consumidores europeus ultrapassou os benefícios dos produtores agrícolas por quase 30 bilhões de dólares (21,5 bilhões de euros) em 2007.[3]

Apesar dos custos líquidos consideráveis do PAC para os consumidores e contribuintes europeus, a força política dos agricultores na UE tem sido tão intensa que tem sido difícil controlar o programa. Uma fonte de pressão veio dos Estados Unidos e de outras nações exportadoras de alimentos, que reclamam que os subsídios à exportação da Europa baixam o preço de suas exportações. As consequências orçamentárias do PAC também levantaram preocupações: em 2013, o PAC custou aos contribuintes europeus 78 bilhões de dólares (58 bilhões de euros) e este número não inclui os custos indiretos para os consumidores de alimentos. Os subsídios do governo para os agricultores europeus são iguais a cerca de 22% do valor da produção agrícola, mais do que duas vezes o valor norte-americano de 8,6%. (Os subsídios agrícolas norte-americanos são mais restritos a um subconjunto de culturas.)

Reformas recentes na política agrícola da Europa representam um esforço em reduzir as distorções de incentivos causadas pelo apoio ao preço, enquanto continua a fornecer ajuda aos agricultores. Se os políticos forem em frente com seus planos, os agricultores receberão cada vez mais pagamentos diretos que não estão relacionados ao quanto eles produzem. Isso deve diminuir os preços e reduzir a produção.

FIGURA 9.12 Política Agrícola Comum da Europa

Os preços agrícolas são fixados não só acima dos níveis de mercado mundial, mas também acima do preço que abriria o mercado europeu. Um subsídio à exportação é utilizado para eliminar o excedente resultante.

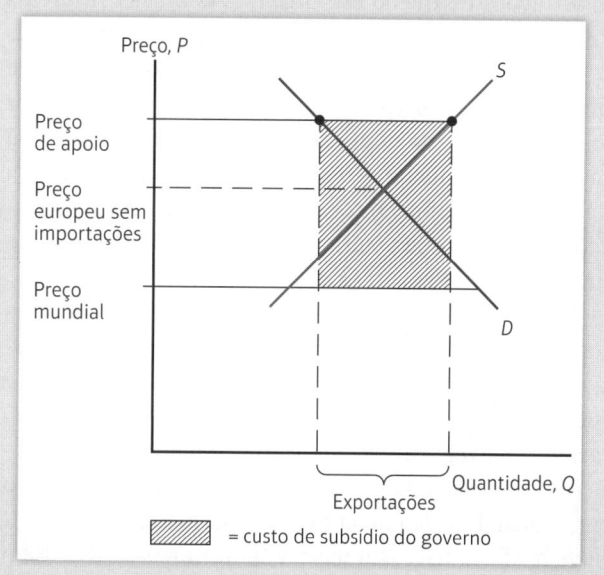

= custo de subsídio do governo

---

[3] Veja: Pierre Boulanger; Patrick Jomini. "Of the Benefits to the EU of Removing the Common Agricultural Policy", *Sciences Politique Policy Brief*, 2010.

Quotas de importação: teoria

Uma quota de importação é uma restrição direta na quantidade que pode ser importada de alguma mercadoria. A restrição é normalmente aplicada com a emissão de licenças para alguns grupos de empresas individuais. Por exemplo, os Estados Unidos têm uma quota em importações de queijo estrangeiro. As únicas empresas autorizadas a importar queijo são certas companhias de comércio, a cada uma delas é atribuído o direito de importar um número máximo de quilos de queijo por ano. O tamanho da quota de cada empresa é baseado na quantidade de queijo que ela importou no passado. Em alguns casos importantes, especialmente açúcar e vestuário, o direito de vender nos Estados Unidos é dado diretamente aos governos dos países exportadores.

É importante evitar o equívoco de que as quotas de importação, de alguma maneira, limitam as importações sem aumentar os preços nacionais. A verdade é que *uma quota de importação sempre aumenta o preço nacional da mercadoria importada*. Quando as importações são limitadas, o resultado imediato é que, no preço inicial, a demanda por aquela mercadoria ultrapasse a oferta nacional mais as importações. Isso faz o preço subir até que o mercado esteja limpo. No fim, uma quota de importação aumentará o preço nacional pelo mesmo valor que uma tarifa aduaneira que limita as importações ao mesmo nível (exceto no caso de monopólio nacional, no qual a quota aumenta os preços mais do que isso. Veja o Apêndice deste capítulo).

A diferença entre a quota e a tarifa aduaneira é que com a quota o governo não recebe nenhuma receita. Quando a quota, em vez da tarifa aduaneira, é utilizada para restringir as importações, a soma de dinheiro que teria aparecido com a tarifa como receita do governo é recolhida por quem quer que receba as licenças de importação. Os donos de licenças são, portanto, capazes de comprar importações e revendê-las a um preço maior no mercado nacional. Os lucros recebidos pelos donos das licenças de importação são conhecidos como **rendas de contingenciamento**. Ao avaliar os custos e benefícios de uma quota de importação, é crucial determinar quem recebe as rendas. Quando os direitos de vender no mercado nacional são atribuídos aos governos de países exportadores, como acontece frequentemente, a transferência de rendas para o exterior faz o custo de uma quota ser substancialmente maior do que o da tarifa aduaneira equivalente.

UMA QUOTA DE IMPORTAÇÃO NA PRÁTICA: AÇÚCAR DOS ESTADOS UNIDOS

O problema do açúcar dos Estados Unidos é similar, em sua origem, ao problema agrícola europeu: um preço nacional garantido pelo governo federal elevou os preços norte-americanos acima dos níveis do mercado mundial. Entretanto, diferentemente da União Europeia, a oferta nacional nos Estados Unidos não ultrapassa a demanda nacional. Portanto, os Estados Unidos foram capazes de manter os preços nacionais no nível alvo com uma quota de importação sobre o açúcar.

Uma característica particular da quota de importação é que os direitos de vender açúcar nos Estados Unidos são atribuídos para governos estrangeiros, que então atribuem esses direitos aos seus próprios residentes. Como resultado, as rendas geradas pela quota de açúcar são revertidas para os estrangeiros. As quotas restringem as importações tanto do açúcar bruto (quase que exclusivamente cana-de-açúcar) quanto do refinado. A Figura 9.13 mostra o efeito das restrições de importação norte-americanas no preço do açúcar bruto nos Estados Unidos em relação ao preço mundial. Como podemos ver, essas restrições de importação têm sido muito bem-sucedidas no aumento do preço nacional norte-americano acima do preço mundial. Quando o preço mundial do açúcar aumentou drasticamente em 2010 a 2011, as restrições de importação foram aliviadas, mas não o suficiente para limitar o aumento acentuado no preço norte-americano, que ainda permaneceu bem acima do preço mundial.

Agora descrevemos a mais recente previsão para os efeitos dessas restrições de importação e dos altos preços de açúcar associados.[4] A Figura 9.14 mostra o equilíbrio do mercado de açúcar bruto com e sem a restrição da quota. Atualmente, a quota limita as importações de açúcar bruto em 3,4 milhões de toneladas, enquanto a produção americana total é de 8,4 milhões de toneladas. Isso resulta em um preço do açúcar norte-americano que está 34% acima do preço mundial. Com a ausência das restrições de importação, o preço norte-americano cairia para o nível do preço mundial. A figura é desenhada supondo que os Estados Unidos sejam "pequenos" no mercado mundial de açúcar bruto, isto é, remover a quota não teria um efeito significativo no preço mundial. De acordo com essa estimativa, o livre comércio aumentaria

---

[4] Essas estimativas são para 2014, supondo que as restrições de importação sejam eliminadas em 2013. Para mais detalhes, veja: Beghin; John Christopher; Amani Elobeid. "The Impact of the U.S. Sugar Program Redux". *Food and Agricultural Policy Research Institute (FAPRI) Publications*, 2013.

FIGURA 9.13 Preços norte-americano e mundial de açúcar bruto em dólares por tonelada (tonelada curta, valor bruto), 1989-2011

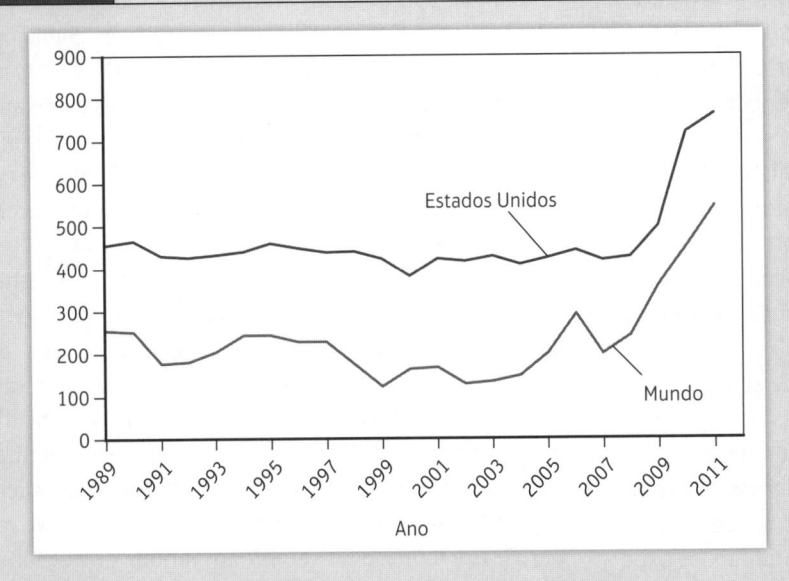

Fonte: Departamento de Agricultura dos EUA.

FIGURA 9.14 Efeitos da quota de importação norte-americana sobre o açúcar

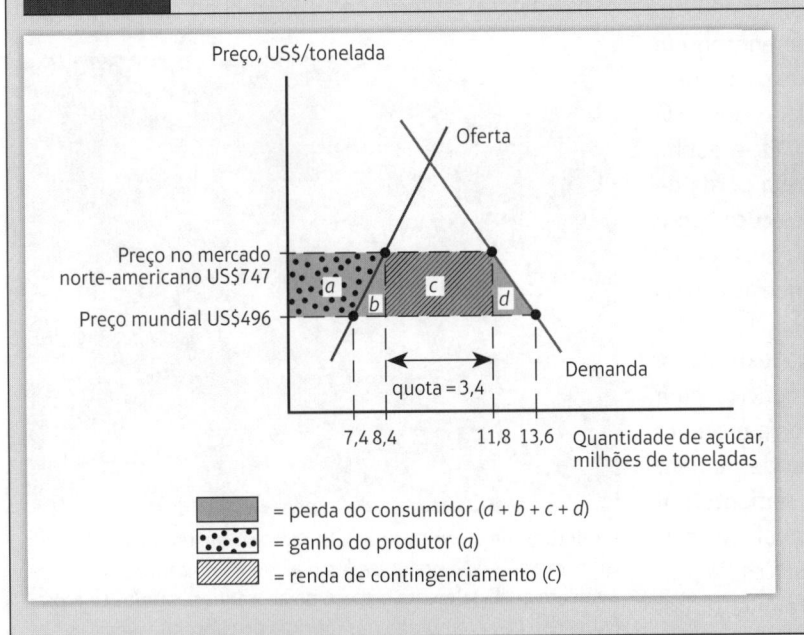

A quota limita as importações de açúcar bruto em 3,4 milhões de toneladas. Sem a quota, tais importações seriam 84% maiores, ou 6,4 milhões de toneladas. O resultado da quota é que o preço do açúcar é de US$ 747 por tonelada *versus* o preço de US$ 496 nos mercados mundiais. Isso gera um ganho para os produtores de açúcar norte-americanos, mas uma perda muito maior para os consumidores estadunidenses. Não existe nenhum ganho de compensação em receita porque as rendas de contingenciamento são captadas pelos governos estrangeiros.

as importações de açúcar em 84% e uma contração associada de 11% na produção nacional.

Os efeitos de bem-estar da quota de importação são indicados pelas áreas *a*, *b*, *c*, e *d*. Os consumidores perdem pelo excedente *a* + *b* + *c* + *d* associado com o maior preço. Parte dessa perda do consumidor representa uma transferência para os produtores norte--americanos de açúcar, que ganham o excedente do produtor *a*. Parte da perda representa a distorção de produção *b* e a distorção de consumo *d*. As rendas para os governos estrangeiros que recebem direitos de importação são resumidas pela área *c*.

A fim de colocar valores em dólar nesses efeitos de bem-estar, deve-se levar em conta como um preço maior de açúcar bruto leva a um preço maior de açúcar refinado, o que então se transforma em maiores preços para todos os produtos que contêm açúcar. Apesar de os últimos aumentos no preço dos alimentos pagos pelos consumidores norte-americanos serem modestos, na ordem de 0 a 2%, as perdas totais do excedente do consumidor são massivas, porque esses aumentos de preço são aplicados a uma enorme quantidade de mercadorias amplamente consumidas. A perda do consumidor estimada para 2014 (em relação ao resultado hipotético no qual a quota do açúcar é eliminada em 2013) é de 3,5 milhões de dólares! Além disso, os altos preços para o açúcar refinado também geram perdas de excedente do produtor para a indústria de alimentos (todos os produtores de alimentos que utilizam açúcar refinado como ingrediente). Isso adiciona outros 909 milhões de dólares às perdas do consumidor, para um custo total estimado de 4,4 bilhões associados à quota norte-americana do açúcar.

Os produtores norte-americanos de açúcar ganham com os preços altos, é claro. O ganho estimado dos produtores para 2014 totaliza 3,9 bilhões de dólares. (A maioria desses ganhos vai para as processadoras/refinarias de açúcar, com "somente" 486 milhões de dólares ficando na mão dos agricultores). Por fim, os exportadores de açúcar aos quais foi atribuído o direito de vender o produto para os Estados Unidos também se beneficiam desses direitos de quotas, pois embolsam a diferença entre o maior preço norte-americano em relação ao preço mundial. (Muitos desses exportadores estrangeiros de açúcar são de propriedade dos processadores norte-americanos de açúcar). Esse ganho torna-se a maior parte da diferença entre a perda de 4,4 bilhões de dólares para quem utiliza o açúcar (consumidores e produtores de alimentos) e o ganho de 3,9 bilhões de dólares para os produtores, já que as perdas de peso morto são relativamente menores.

A quota do açúcar ilustra de forma extrema a tendência da proteção em fornecer benefícios para um pequeno grupo de produtores, os quais recebem um grande benefício, à custa de um grande número de consumidores, os quais arcam com somente um pequeno custo. Nesse caso, a perda anual do consumidor soma para "somente" US$ 11 *per capita*, ou um pouco abaixo de US$ 30 para uma família típica. Não surpreendentemente, o eleitor médio norte-americano desconhece a existência da quota de açúcar e por isso existe pouca oposição efetiva.

Do ponto de vista dos produtores do açúcar bruto (agricultores e processadores), entretanto, a quota é uma questão de vida ou morte. Esses produtores empregam somente por volta de 20 mil trabalhadores, então os ganhos do produtor advindos da quota representam um subsídio implícito em torno de 200 mil dólares por trabalhador. Não deveria ser surpresa nenhuma que esses produtores de açúcar estão efetivamente mobilizados em defender sua proteção. Eles doaram mais de 4,5 milhões de dólares na corrida pelo Congresso em 2012 e a American Sugar Alliance gastou outros três milhões de dólares em despesas de *lobby* nos 12 meses que antecederam a votação da lei agrícola norte-americana no Congresso em 2013 (essa lei reautoriza as restrições nas importações norte-americanas de açúcar).[5]

Os oponentes da proteção tentam frequentemente enquadrar suas críticas não em termos do excedente do consumidor e do produtor, mas em termos do custo de cada emprego "economizado" por uma restrição de importação. Claramente, a perda do subsídio de 200 mil dólares por empregado fornecido indiretamente pela quota forçaria os produtores de açúcar a encolher e reduzir seus empregados. As estimativas para essa redução de emprego variam entre 500 e 2.000 trabalhadores. Mesmo tendo essa grande perda nos empregos, a quota de açúcar ainda custaria aos consumidores americanos 1,74 milhão por emprego

Produtores de alimentos que utilizam açúcar, junto com os consumidores, são prejudicados pela quota do açúcar, que aumenta artificialmente o preço do açúcar nos Estados Unidos. Estima-se que o emprego nas fábricas de chocolate e de produtos de confeitaria aumentaria em até 34% se a quota de açúcar fosse retirada. Os pirulitos Dum Dums ainda são produzidos em Ohio, apesar de seu produtor, a Spangler Inc., ter levado a produção de seus bastões de doce para o México. Uma porção substancial da indústria de confeitaria norte-americana foi para o Canadá ou para o México, onde os preços do açúcar são substancialmente menores. O CEO da Spangler, Kirk Vashawm, estima que poderia economizar US$ 15.000 por dia ao levar sua fábrica de produção de Ohio para o Canadá.[6]

---

5 Uma emenda para acabar com as restrições de importação de açúcar foi introduzida ao projeto de Lei agrícola de 2013 (2013 Farm Bill – Sugar Reform Act of 2013). Foi quase derrotada por 45 a 54 votos no Senado e por 206 a 221 votos na Câmara dos Representantes.
6 Veja: "Farm Bill's Subsidy for Sugar under Pressure". *Columbia Dispatch*, 20 jun. 2013.

economizado. E esse custo não leva em consideração todas as perdas de emprego que os preços altos do açúcar impõem sobre a indústria de alimentos.

Se as restrições ao açúcar fossem retiradas, a queda no preço do produto refinado induziria uma expansão substancial na indústria de alimentos que utiliza açúcar. Já mencionamos o aumento associado de 909 milhões no excedente do produtor para esses setores, mas essa expansão também geraria de 17.000 a 20.000 novos empregos. Na verdade, a expansão seria grande o suficiente para transformar os Estados Unidos de importador líquido para exportador líquido de alimentos que contêm açúcar. Comparando as figuras para empregos salvos pelos produtores de açúcar (500 a 2.000) com as figuras para empregos perdidos no setor de alimentos (17.000 a 20.000), vemos que a dimensão de proteção de emprego não é mais longa do que o custo do consumidor por emprego salvo, é astronomicamente alta. Em vez disso, é claro que os empregos estão sendo *perdidos* e não salvos, pela quota do açúcar.

Restrição voluntária das exportações

Uma variante na quota de importação é a **restrição voluntária da exportação (RVE)**, também conhecida como acordo de restrição voluntária (ARV). (Bem-vindo ao mundo burocrático da política de comércio, onde tudo tem um símbolo de três letras!) A RVE é uma quota no comércio imposta pelo país exportador, em vez do importador. O exemplo mais famoso é a limitação nas exportações de automóveis para os Estados Unidos imposta pelo Japão depois de 1981.

As restrições voluntárias das exportações são comumente impostas a pedido do importador e aceitas pelo exportador para prevenir outras restrições de comércio. Como veremos no Capítulo 10, certas vantagens políticas e legais fizeram das RVEs os instrumentos preferidos de política de comércio em alguns casos. No entanto, de um ponto de vista econômico, uma restrição voluntária da exportação é exatamente como uma quota de importação, em que as licenças são atribuídas para governos estrangeiros e é, portanto, muito dispendiosa para o país importador.

Uma RVE é sempre mais dispendiosa para o país importador do que uma tarifa aduaneira que limita as importações pelo mesmo valor. A diferença é que o que teria sido receita sob uma tarifa aduaneira torna-se renda ganha pelos estrangeiros sob a RVE, então a RVE claramente produz uma perda para o país importador.

Um estudo dos efeitos das três principais restrições voluntárias das exportações norte-americanas nos anos 1980 (em tecido e vestuário, aço e automóveis) descobriu que dois terços do custo dessas restrições para os consumidores foram contabilizados pelas rendas ganhas pelos estrangeiros.[7] Em outras palavras, a maior parte dos custos representa uma transferência de renda em vez de uma perda de eficiência. Esse cálculo também enfatiza que, de um ponto de vista nacional, as RVEs são muito mais dispendiosas do que as tarifas aduaneiras. Dado esse fato, a preferência generalizada dos governos pelas RVEs em vez de outras medidas de política de comércio necessita de uma análise cuidadosa.

Alguns acordos voluntários de exportação cobrem mais de um país. O acordo multilateral mais famoso é o Acordo Multifibras, que limitou as exportações têxteis em 22 países até o começo de 2005. Tais acordos voluntários de restrição multilateral são conhecidos por outra abreviação de três letras: OMA, por "acordo de marketing metódico".

UMA RESTRIÇÃO VOLUNTÁRIA NA PRÁTICA

Automóveis japoneses

Por muito tempo nos anos 1960 e 1970, a indústria norte-americana de automóveis foi isolada da concorrência das importações pela diferença nos tipos de carros comprados pelos Estados Unidos e pelos consumidores estrangeiros. Os compradores norte-americanos, que vivem em um país grande com baixos impostos de gasolina, prefeririam carros muito maiores do que os europeus e os japoneses e, em geral, as empresas estrangeiras escolheram não desafiar os Estados Unidos no mercado de carros grandes.

Entretanto, em 1979, fortes aumentos no preço do petróleo e a escassez temporária de gasolina fizeram com que o mercado estadunidense mudasse abruptamente para carros menores. Os produtores japoneses, cujos custos estavam diminuindo em relação àqueles de seus concorrentes norte-americanos, entraram no mercado para preencher a nova demanda. Ao passo que a parcela japonesa do mercado subiu e a produção estadunidense caiu, sólidas forças políticas nos Estados Unidos exigiram proteção para a indústria norte-americana. Em vez de agir unilateralmente e arriscar criar uma nova guerra de

---

[7] Veja: David G. Tarr, *A General Equilibrium Analysis of the Welfare and Employment Effects of U.S. Quotas in Textiles, Autos, and Steel*. Washington, D.C.: Federal Trade Commission, 1989.

comércio, o governo norte-americano pediu ao governo japonês para limitar suas exportações. Os japoneses, com medo de medidas de protecionismo unilaterais caso não cumprissem o pedido, concordaram em limitar suas vendas. O primeiro acordo, em 1981, limitou as exportações japonesas para os Estados Unidos em 1,68 milhões de automóveis. Uma revisão aumentou o total para 1,85 milhões em 1984. Em 1985, o acordo caducou.

Os efeitos dessa restrição de exportação voluntária foram complicados por vários fatores. Primeiro, carros japoneses e norte-americanos claramente não eram perfeitos substitutos. Segundo, a indústria japonesa, até certo ponto, respondeu à quota aumentando a qualidade e vendendo automóveis maiores com mais recursos. Terceiro, está claro que a indústria de automóveis não é perfeitamente competitiva. Ainda assim, os resultados básicos foram os que a discussão das restrições voluntárias das exportações anterior teria previsto: o preço dos carros japoneses nos Estados Unidos aumentou, com a renda indo para as empresas japonesas. O governo norte-americano estima que os custos totais para os Estados Unidos sejam de 3,2 milhões em 1984, primeiro em transferências para o Japão em vez de perdas de eficiência.

Painéis solares chineses

Embora as restrições voluntárias das exportações não sejam mais permitidas sob as leis da OMC, isso só se aplica a um acordo negociado por governos e imposto aos exportadores. Recentemente, uma disputa comercial entre União Europeia e China sobre um aumento nas exportações chinesas de painéis solares foi resolvida com a "aceitação" dos produtores chineses em limitar suas exportações para países da UE abaixo do valor de sete gigawatts de painéis solares por ano (junto com um piso de preço mínimo para essas unidades). Os fabricantes de painéis solares da UE ficaram desapontados, já que esse acordo previu a imposição de 47% de deveres de *antidumping* em todas as importações de painel solar chinês (a ameaça que gerou essas concessões pelos produtores chineses de painel solar). Entretanto, a imposição de deveres *antidumping* teria desencadeado uma retaliação significativa da China, cujos governantes já elaboraram uma lista de produtos europeus (incluindo mercadorias de moda de luxo e vinhos) que estariam sujeitos a duros deveres de importação para a China. Os produtores chineses foram persuadidos a concordar com o limite de exportação e piso de preço como alternativa, já que isso permitiria que eles mantivessem os preços altos cobrados na União Europeia. Os principais perdedores são os consumidores europeus, que pagarão substancialmente mais por energia solar (e o meio ambiente).

Requisitos de conteúdo legal

Um **requisito de conteúdo legal** é uma regulamentação que exige uma fração especificada de uma mercadoria final que será produzida nacionalmente. Em alguns casos, essa fração é especificada em unidades físicas, como a quota de importação norte-americana nos anos 1960. Em outros casos, a exigência é especificada em termos de valores, ao requerer que uma parcela mínima do preço da mercadoria represente valor nacional acrescentado. Leis de conteúdo locais têm sido amplamente utilizadas por países em desenvolvimento que tentam mudar sua base de produção de montagem de volta para mercadorias intermediárias. Nos Estados Unidos, uma lei de conteúdo local para automóveis foi proposta em 1982, mas nunca foi atendida.

Do ponto de vista dos produtores nacionais de partes, uma regulamentação de conteúdo local fornece proteção da mesma forma que uma quota de importação oferece. Entretanto, do ponto de vista das empresas que devem comprar localmente, os efeitos são um pouco diferentes. O conteúdo local não coloca um limite rigoroso nas importações. Em vez disso, permite que as empresas importem mais, contanto que também comprem mais nacionalmente.

Isso significa que o preço efetivo dos insumos para a empresa é uma média do preço dos insumos importados e produzidos nacionalmente.

FECHANDO O ESPAÇO

No Capítulo 8, discutimos como o comércio de mercadorias intermediárias (assim como o comércio de mercadorias finais) gera ganhos agregados de bem-estar (apesar de os ganhos estarem longe de ser distribuídos igualmente). Além disso, o acesso a mercadorias importadas mais baratas gera ganhos privados para empresas enquanto elas expandem sua escala de produção. Pode, então, parecer surpreendente que as agências do governo norte-americano (em nível local, estadual e federal) estejam expressamente proibidas de levar vantagem sobre tais oportunidades. A Lei Americana de Compras, originalmente aprovada em 1933, exige que essas agências do governo comprem muitos insumos específicos de empresas norte-americanas, a não ser que a oferta estrangeira para esse insumo esteja mais do que 25% abaixo da menor oferta de uma empresa estadunidense. Esta disposição foi escrita dentro da Lei de Recuperação e Reinvestimento de 2009 (ARRA), o pacote de estímulo de 831 bilhões de dólares que foi aprovado na esteira da grave recessão econômica. Qualquer projeto de trabalho público financiado pela ARRA deve utilizar ferro, aço e mercadorias produzidas nos Estados Unidos (sujeitas ao mesmo diferencial de 25%).

Em geral, a diferença entre as ofertas norte-americanas e estrangeiras está substancialmente abaixo dos 25%, de forma que a provisão da Lei Americana de Compras resulta em um aumento de custo bem abaixo do máximo de 25%. Entretanto, a China está desenvolvendo capacidades únicas na produção de alguns produtos de aço altamente específicos, dedicados a projetos de infraestrutura de alta escala (em grande parte graças à experiência gerada pela alta demanda de tais projetos na China). Para esses produtos de aço específicos, a diferença de custo entre os produtores chineses e o pequeno punhado de empresas estadunidenses com a capacidade de produção necessária está aproximando-se do máximo de 25%, um diferencial muito grande, especialmente dada a escala massiva de vários projetos de infraestrutura.

Para a construção da nova Bay Bridge que liga São Francisco a Oakland, os 23% de diferença entre a proposta chinesa e a solitária proposta norte-americana para alguns componentes-chave do aço totalizaram uma diferença de custo de 400 milhões de dólares, que foi tão grande que o estado da Califórnia foi forçado a renunciar aos recursos federais advindos da ARRA e, em vez disso, confiar em títulos financiados por pedágios futuros. Essa opção de financiamento não está disponível para muitos outros projetos de infraestrutura, o que deve então suportar os custos altos associados com as provisões da Lei Americana de Compras.

Essas provisões não só aumentam o custo para os contribuintes estadunidenses; elas também induzem atrasos substanciais em alguns projetos essenciais, enquanto os administradores mexem na papelada requerida para mostrar que alguns componentes-chave estão completamente indisponíveis nos Estados Unidos. Isso aconteceu com o Departamento de Segurança Interna, que se encontrava incapaz de operar seus sistemas eletrônicos de triagem de bagagem até que fosse permitido que seu contratante comprasse alguns componentes estrangeiros necessários para a integração com os sistemas de segurança dos aeroportos. Por fim, as provisões da Lei Americana de Compras também desencadearam causas protecionistas similares de outros governos estrangeiros, deixando as empresas norte-americanas de fora dessas oportunidades de negócio.

Considere, por exemplo, o exemplo dado anteriormente sobre os automóveis, no qual o custo das partes importadas é de US$ 6.000. Suponha que comprar as mesmas partes nacionalmente custaria US$ 10.000, mas fosse exigido que as montadoras utilizassem 50% de partes nacionais. Então, elas enfrentariam um custo médio de partes de US$ 8.000 (0,5 × 6.000 + 0,5 × 10.000), o que refletirá no preço final do carro.

O ponto importante é que o requisito de conteúdo local não produz nem receita para o governo e nem rendas de contingenciamento. Em vez disso, a diferença entre os preços das mercadorias importadas e nacionais na realidade fica na média no preço final e é passada para os consumidores.

Uma inovação interessante nas regulamentações do conteúdo local tem sido permitir que as empresas satisfaçam seu requisito de conteúdo local ao exportar em vez de utilizar partes nacionalmente. Isso é importante às vezes. Por exemplo, as empresas de automóveis norte-americanas que operam no México escolheram exportar alguns componentes do México para os Estados Unidos, mesmo que esses componentes pudessem ser produzidos nos Estados Unidos de forma mais barata, porque fazer isso lhes permite utilizar menos conteúdo mexicano na produção de carros no México para o mercado do México.

Outros instrumentos de política comercial

Os governos influenciam o comércio de várias outras formas. Listaremos algumas delas brevemente.

1. *Subsídios de crédito à exportação.* É como um subsídio à exportação, exceto que ele toma a forma de um empréstimo subsidiado ao comprador. Os Estados Unidos, como a maioria dos outros países, têm uma instituição governamental, o Banco de Exportação e Importação, dedicado a fornecer, ao menos, empréstimos ligeiramente subsidiados para ajudar as exportações.

2. *Procura nacional.* Compras feitas pelo governo ou por empresas fortemente regulamentadas podem ser direcionadas para produzir mercadorias nacionalmente, mesmo quando essas mercadorias são mais caras do que as importações. O exemplo clássico é a indústria de telecomunicações europeia. As nações da União Europeia, em princípio, têm livre comércio entre elas. No entanto, os principais compradores de equipamento de telecomunicações são as empresas de telefone — e, na Europa, essas companhias foram, até recentemente, de propriedade do governo. Essas companhias telefônicas que são propriedade do governo compram de fornecedores nacionais, mesmo quando os fornecedores cobram preços maiores do que os fornecedores de outros países. O resultado é que existe muito pouco comércio de equipamentos de telecomunicações dentro da Europa.

3. *Barreiras burocráticas.* De vez em quando um governo quer restringir as importações de uma maneira não tão formal. Felizmente ou infelizmente, é fácil distorcer a saúde normal, a segurança e procedimentos comuns a fim de substituir obstáculos substanciais no caminho do comércio. O exemplo clássico é o do decreto francês, em 1982, em que todos os gravadores videocassetes japoneses teriam de passar pela alfândega de Poitiers (uma cidade do interior que não está nem perto de ser um grande porto), o que limitou efetivamente as importações reais para um punhado.

Os efeitos da política comercial: um resumo

Os efeitos dos principais instrumentos da política de comércio são utilmente resumidos pela Tabela 9.1, que compara o efeito dos quatro principais tipos de política de comércio no bem-estar dos consumidores.

Essa tabela certamente não parece uma propaganda para política de comércio intervencionista. Todas as quatro políticas de comércio beneficiam os produtores e prejudicam os consumidores. Os efeitos das políticas no bem-estar econômico são, na melhor das possibilidades, ambíguos. Duas das políticas definitivamente prejudicam a nação como um todo, enquanto as tarifas aduaneiras e as quotas de importação são potencialmente benéficas somente para países grandes que podem diminuir os preços mundiais.

Por que, então, os governos agem tão frequentemente para limitar as importações ou promover as exportações? Voltamo-nos para essa questão no Capítulo 10.

TABELA 9.1 Os efeitos de políticas de comércio alternativas

Política	Tarifa aduaneira	Subsídio à exportação	Quota de importação	Restrição de Exportação Voluntária
Excedente do produtor	Aumenta	Aumenta	Aumenta	Aumenta
Excedente do consumidor	Diminui	Diminui	Diminui	Diminui
Receita do Governo	Aumenta	Diminui (gastos do governo aumentam)	Nenhuma mudança (aluga para proprietários de licença)	Nenhuma mudança (aluga para estrangeiros)
Bem-estar geral nacional	Ambíguo (diminui para país pequeno)	Diminui	Ambíguo (diminui para país pequeno)	Diminui

RESUMO

1. Em contraste com nossa análise anterior, que ressaltou o equilíbrio global de interação de mercados, para análises de política de comércio costuma ser suficiente utilizar uma abordagem de equilíbrio parcial.

2. Uma tarifa aduaneira cria um espaço entre preço nacional e estrangeiro, aumentando o preço nacional, mas por menos do que a taxa da tarifa aduaneira. Contudo, um caso especial que é importante e relevante, é o de um país "pequeno", que não pode ter nenhuma influência substancial nos preços estrangeiros. No caso do país pequeno, uma tarifa aduaneira é completamente refletida em seus preços nacionais.

3. Os custos e benefícios de uma tarifa aduaneira ou de outra política de comércio podem ser medidos com a utilização de conceitos de excedente do consumidor e excedente do produtor. Utilizando esses conceitos conseguimos mostrar que os produtores nacionais de uma mercadoria ganham porque a tarifa aduaneira aumenta o preço que eles recebem. Os consumidores nacionais perdem pela mesma razão. Também existe um ganho em receita do governo.

4. Se juntarmos os ganhos e perdas advindos de uma tarifa aduaneira, encontramos que o efeito líquido no bem-estar nacional pode ser dividido em duas partes: de um lado está uma perda de eficiência, que resulta da distorção

nos incentivos voltados aos produtores e consumidores nacionais. E de outro lado estão os termos de ganho no comércio, refletindo a tendência da tarifa aduaneira em baixar os preços de exportação estrangeiros. No caso de um país pequeno não poder afetar os preços estrangeiros, o segundo efeito é zero, de forma que exista uma perda não ambígua.

5. A análise de uma tarifa aduaneira pode ser facilmente adaptada para analisar as medidas de política do comércio, como subsídios à exportação, quotas de importação e restrições voluntárias das exportações. Um subsídio à exportação causa perdas de eficiência similares àquelas da tarifa aduaneira, mas combina essas perdas ao causar uma deterioração dos termos de comércio. As quotas de importação e as restrições voluntárias das exportações diferem das tarifas aduaneiras, pois o governo não recebe nenhuma receita. Em vez disso, o que teria sido receita do governo resulta em renda para os destinatários de licenças de importação (no caso de uma quota) e para os estrangeiros (no caso das restrições voluntárias das exportações).

TERMOS-CHAVE

barreiras não tarifárias, p. 162
curva de demanda de importação, p. 162
curva de oferta de exportação, p. 162
excedente do consumidor, p. 166
excedente do produtor, p. 166
perda de distorção de consumo, p. 169
perda de eficiência, p. 168
perda por distorção de produção, p. 169
quota de importação, p. 165

renda de contingenciamento, p. 172
requisito de conteúdo legal, p. 176
restrição de exportação voluntária (REV), p. 176
subsídio à exportação, p. 170
tarifa aduaneira *ad valorem*, p. 166
tarifa aduaneira específica, p. 164
taxa eficaz de proteção, p. 165
termos de ganho do comércio, p. 168

PROBLEMAS

1. A curva de demanda de Doméstica para trigo é:

   $D = 100 - 20P$.

   Sua curva de oferta é:

   $S = 20 + 20P$.

   Obtenha e coloque em forma de gráfico o esquema de demanda de *importação* de Doméstica. Qual seria o preço do trigo na ausência de comércio?

2. Agora adicione Estrangeira, que tem uma curva de demanda

   $D^* = 80 - 20P$

   e uma curva de oferta

   $S^* = 40 + 20P$.

   a. Obtenha e coloque em forma de gráfico a curva de exportação de Estrangeira e encontre o preço do trigo que prevaleceria em Estrangeira na ausência de comércio.
   b. Agora permita que Estrangeira e Doméstica comercializem entre si, com custo zero de transporte. Encontre e coloque em forma de gráfico o equilíbrio sob livre comércio. Qual seria o preço mundial? Qual é o volume de comércio?

3. Doméstica impõe uma tarifa aduaneira específica de 0,5 em importações de trigo.
   a. Determine e coloque em forma de gráfico os efeitos da tarifa aduaneira no seguinte: (1) o preço do trigo em cada país; (2) a quantidade de trigo fornecida e demandada em cada país; (3) o volume de comércio.
   b. Determine o efeito da tarifa aduaneira no bem-estar de cada um dos seguintes grupos: (1) produtores concorrentes de importação de Doméstica; (2) consumidores de Doméstica; (3) governo de Doméstica.
   c. Mostre graficamente e calcule os termos de ganho no comércio, a perda de eficiência e o efeito total no bem-estar da tarifa aduaneira.

4. Suponha que Estrangeira seja um país muito maior, com uma demanda nacional

   $D^* = 800 - 200P$, $S^* = 400 + 200P$.

   (Note que isso implica que o preço de trigo de Estrangeira na ausência de comércio teria sido o mesmo que no Problema 2).

   Recalcule o equilíbrio do livre comércio e os efeitos de uma tarifa aduaneira específica de 0,5 por Doméstica. Relacione a diferença nos resultados com a discussão do caso do país pequeno no texto.

5. Qual seria a taxa eficaz de proteção em bicicletas na China se a China colocasse uma tarifa aduaneira de 50% em bicicletas, que têm um preço mundial de US$ 200, e nenhuma tarifa aduaneira para componentes de bicicleta, que juntos têm um preço mundial de US$ 100?

6. Os Estados Unidos simultaneamente limitam as importações de etanol para fins de combustível e fornecem incentivos para a utilização do etanol na gasolina, o que aumenta o preço do etanol em torno de 15% em relação ao que seria em caso contrário. Nós temos, entretanto, livre comércio de milho, que é fermentado e destilado para fazer etanol e representa aproxi-

madamente 55% de seu custo. Qual é a taxa eficaz de proteção no processo de transformar milho em etanol?

7. Volte ao exemplo do Problema 2. Começando com o livre comércio, suponha que Estrangeira oferece aos exportadores um subsídio de 0,5 por unidade. Calcule os efeitos no preço de cada país e no bem-estar, tanto dos grupos individuais quanto da economia, como um todo, nos dois países.

8. Utilize seu conhecimento sobre política de comércio para avaliar cada uma das afirmações a seguir:
   a. Uma forma excelente de reduzir o desemprego é decretar tarifas aduaneiras em mercadorias importadas.
   b. Tarifas aduaneiras têm um efeito mais negativo no bem-estar em paises maiores do que em paises menores.
   c. Os empregos da produção de automóveis estão indo para o México porque os salários lá são muito menores do que nos Estados Unidos. Como resultado, deveríamos implementar tarifas aduaneiras em automóveis para igualar a diferença entre as taxas de salário entre Estados Unidos e México.

9. A nação de Acirema é "pequena" e não tem capacidade de afetar os preços mundiais. Ela importa amendoins ao preço de US$ 10 o saco. A curva de demanda é:

$D = 400 - 10P$.

A curva de oferta é:

$S = 50 + 5P$.

Determine o equilíbrio do livre comércio. Então calcule e coloque em forma de gráfico os seguintes efeitos de uma quota de importação que limita as importações para 50 sacos.
   a. O aumento no preço nacional.
   b. A quota de contingenciamento.
   c. A perda por distorção de consumo.
   d. A perda por distorção de produção.

10. Se as tarifas aduaneiras, as quotas e os subsídios causam perdas de bem-estar, por que eles são tão comuns, especialmente na agricultura, entre os países industrializados como os Estados Unidos e os membros da União Europeia?

11. Suponha que os trabalhadores envolvidos na produção ganhem menos do que todos os outros trabalhadores da economia. Qual seria o efeito na *ditribuição* real de renda dentro da economia se houvesse uma tarifa aduaneira substancial cobrada em mercadorias manufaturadas?

LEITURAS ADICIONAIS

BHAGWATI, J. "On the Equivalence of Tariffs and Quotes". In: BALDWIN, R. E. et al. (Eds.). *Trade, Growth, and the Balance of Payments*. Chicago: Rand McNally, 1965. A clássica comparação de tarifas aduaneiras e quotas sob monopólio.

CORDEN, W. M. *The Theory of Protection*. Oxford: Clarendon Press, 1971. Um levantamento geral dos efeitos das tarifas aduaneiras, quotas e outras políticas de comércio.

CRANDALL, R. W. *Regulating the Automobile*. Washington, D.C.: Brookings Institution, 1986. Contém uma análise da mais famosa de todas as restrições voluntárias das exportações.

FEENSTRA, R. C. "How Costly Is Protectionism?" *Journal of Economic Perspectives*, v. 6, p. 159-178, 1992. Um artigo de pesquisa resumindo o trabalho empírico de medir custos associados com políticas protecionistas.

HUFBAUER, G. C.; ELLIOT, K. A. *Measuring the Costs of Protection in the United States*. Washington, D.C.: Institute for International Economics, 1994. Uma avaliação das políticas de comércio norte-americanas em 21 setores diferentes.

KRISHNA, K. "Trade Restrictions as Facilitating Practices." *Journal of International Economics*, v. 26, p. 251-270, maio 1989. Uma análise pioneira dos efeitos das quotas de importação quando produtores, tanto estrangeiros quanto nacionais, têm o poder de monopólio, mostrando que o resultado habitual é um aumento nos lucros de ambos os grupos — à custa dos consumidores.

MESSERLIN, P. *Measuring the Costs of Protection in Europe: European Commercial Policy in the 2000s*. Washington, D.C.: Institute for International Economics, 2001. Um levantamento das políticas de comércio europeias e seus efeitos, similar ao trabalho de Hufbauer e Elliot sobre os Estados Unidos.

ROUSSLANG, D.; SUOMELA, A. "Calculating the Consumer and Net Welfare Costs of Import Relief." *U.S. International Trade Commission Staff Research Study 15*. Washington, D.C.: International Trade Commission, 1985. Uma exposição da estrutura utilizada neste capítulo, com a descrição de como ela é aplicada na prática em indústrias reais.

U.S. International Trade Commission. *The Economic Effects of Significant U.S. Import Restraints*. Washington, D.C., 2009. Uma análise econômica regularmente atualizada dos efeitos de proteção na economia norte-americana.

APÊNDICE DO CAPÍTULO 9

Tarifas aduaneiras e quotas de importação na presença de monopólio

A análise da política de comércio neste capítulo supõe que os mercados sejam perfeitamente competitivos, de forma que todas as empresas aceitem os preços dados. Como argumentamos no Capítulo 8, entretanto, muitos mercados para itens comercializados internacionalmente são de concorrência imperfeita. Os efeitos das políticas de comércio internacional podem ser afetados pela natureza da competição em um mercado.

Quando analisamos os efeitos da política de comércio em mercados de concorrência imperfeita, uma nova consideração surge: o comércio internacional limita o poder do monopólio e as políticas que limitam o comércio podem, por consequência, aumentar o poder do monopólio. Mesmo que a empresa seja a única produtora de uma mercadoria em um país, ela terá pouca capacidade para aumentar os preços se existirem muitos fornecedores estrangeiros e livre comércio. Entretanto, se as importações forem limitadas por uma quota, a mesma empresa será livre para aumentar os preços sem medo de concorrência.

A ligação entre política de comércio e poder de monopólio pode ser entendida ao examinar um modelo no qual um país importa uma mercadoria e sua produção que compete com a importação é controlada somente por uma empresa. O país é pequeno em mercados mundiais, de forma que o preço da importação não é afetado por sua política de comércio. Para esse modelo, examinamos e comparamos os efeitos do livre comércio, de uma tarifa aduaneira e de uma quota de importação.

O modelo com o livre comércio

A Figura 9A.1 mostra o livre comércio em um mercado onde a empresa monopolista nacional enfrenta concorrência das importações. D é a curva de demanda nacional: demanda pelo produto pelos residentes nacionais. P_W é o preço mundial da mercadoria. As mercadorias importadas estão disponíveis em quantidades ilimitadas a esse preço. Supõe-se que a indústria nacional consiste de uma única empresa, cuja curva de custo marginal é MC.

Se não existisse comércio nesse mercado, a empresa nacional se comportaria como uma monopolista comum, que maximiza o lucro. Correspondente a D é a curva de receita marginal MR, e a empresa escolheria o nível de produção monopolista que maximiza lucro Q_M e o preço P_M.

Com o livre comércio, entretanto, esse comportamento de monopólio não é possível. Se a empresa tentasse cobrar P_M, ou qualquer outro preço acima de P_W, ninguém compraria seu produto, porque importações mais baratas estariam disponíveis. Portanto, o comércio internacional coloca um limite no preço monopolista em P_W.

FIGURA 9A.1 Uma indústria monopolística sob livre comércio

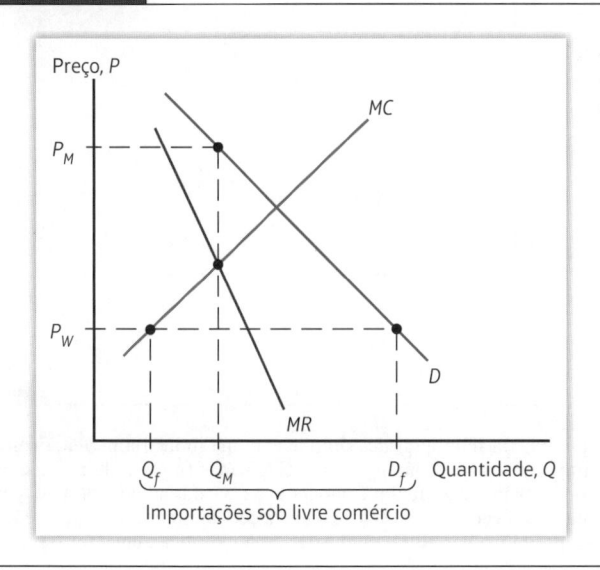

A ameaça da concorrência de importação força a indústria monopolística a comportar-se como uma indústria perfeitamente competitiva.

Dado esse limite em seu preço, o melhor que a empresa monopolista pode fazer é produzir até o ponto em que o custo marginal é igual ao preço mundial, em Q_f. No preço P_W, os consumidores nacionais demandarão D_f unidades da mercadoria, de forma que as importações serão $D_f - Q_f$. Esse resultado, entretanto, é extamente o que teria acontecido se a indústria nacional tivesse sido perfeitamente competitiva. Então, com o livre comércio, o fato de que a indústria nacional é um monopólio não faz diferença nenhuma no resultado.

O modelo com uma tarifa aduaneira

O efeito de uma tarifa aduaneira é de aumentar o preço máximo que a indústria nacional pode cobrar. Se uma tarifa aduaneira específica t é cobrada nas importações, a indústria nacional agora pode cobrar $P_W + t$ (Figura 9A.2). Porém, a indústria ainda não está livre para aumentar seu preço até o preço do monopólio, porque os consumidores ainda se voltarão para as importações se o preço subir acima do preço mundial mais a tarifa aduaneira. Portanto, o melhor que o monopolista pode fazer é definir o preço igual ao custo marginal, em Q_t. A tarifa aduaneira aumenta o preço nacional assim como a produção da indústria nacional, enquanto a demanda cai para D_t e, portanto, as importações caem. Entretanto, a indústria nacional ainda produz a mesma quantidade, como se fosse perfeitamente competitiva.[8]

O modelo com uma quota de importação

Suponha que o governo imponha um limite nas importaçõs, restringindo sua quantidade a um nível fixo $\overline{Q}$. Então o monopolista sabe que quando ele cobra um preço acima de P_W não perderá todas as suas vendas. Em vez disso, venderá qualquer que seja a demanda nacional a esse preço, menos as importações permitidas $\overline{Q}$. Dessa forma, a demanda enfrentada pelo monopolista será a demanda nacional menos as importações permitidas. Definimos a curva de demanda de pós-quota como D_q. Ela está paralela à curva de demanda nacional D, mas moveu-se $\overline{Q}$ unidades para a esquerda (contanto que a quota seja obrigatória e o preço nacional esteja acima do preço mundial P_W, veja a Figura 9A.3).

Correspondente a D_q é a nova curva de receita marginal MR_q. A empresa protegida por uma quota de importação maximiza o lucro ao definir o custo marginal igual a essa nova receita marginal, produzindo Q_q e cobrando o preço P_q. (A licença para importar uma unidade de uma mercadoria irá, portanto, produzir uma renda de $P_q - P_W$).

FIGURA 9A.2 Uma indústria monopolística protegida por uma tarifa aduaneira

A tarifa aduaneira permite que a indústria monopolística aumente seu preço, mas o preço ainda é limitado pela ameaça de importações.

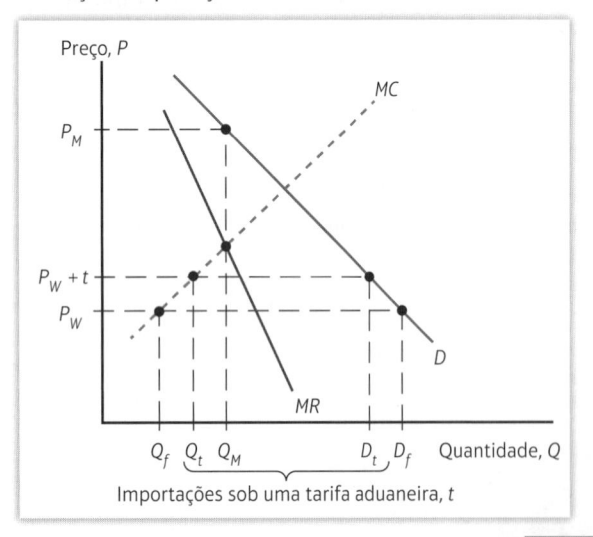

FIGURA 9A.3 Uma indústria monopolística protegida por uma quota de importação

A indústria monopolística agora é livre para aumentar seus preços, sabendo que o preço nacional das importações também vai subir.

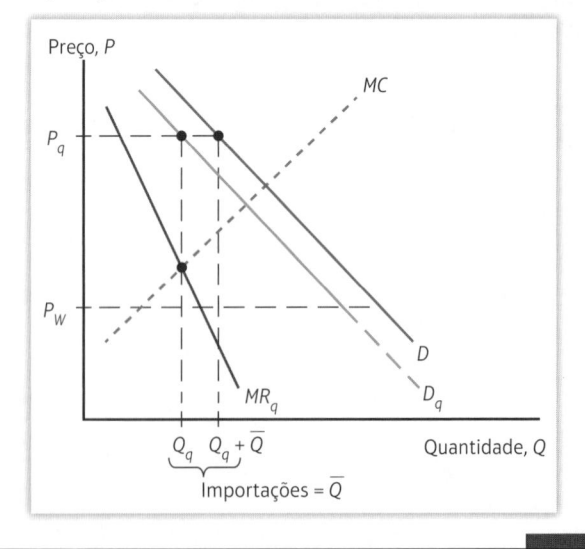

---

[8] Existe um caso no qual a tarifa aduaneira terá diferentes efeitos em uma indústria monopolística do que em uma indústria perfeitamente competitiva. Esse é o caso no qual a tarifa aduaneira é tão alta que as importações são completamente eliminadas (uma tarifa aduaneira proibitiva). Para uma indústria competitiva, uma vez que as importações foram eliminadas, qualquer aumento nas tarifas aduaneiras não tem efeito nenhum. Uma indústria monopolista, entretanto, será forçada a limitar seu preço pela *ameaça* de importações mesmo se as importações atuais sejam iguais a zero. Portanto, um aumento em uma tarifa aduaneira proibitiva permitirá à indústria monopolística aumentar o preço próximo ao preço de maximização de lucro P_M.

Comparando uma tarifa aduaneira e uma quota

Agora perguntamos como os efeitos de uma tarifa aduaneira e uma quota podem ser comparados. Para fazer isso, comparamos a tarifa aduaneira e a quota que resultam no *mesmo nível de importações* (Figura 9A.4). O nível da tarifa aduaneira t leva a um nível de importações $\overline{Q}$.

FIGURA 9A.4 Comparação entre tarifa aduaneira e quota

Uma quota leva a uma produção nacional menor e a um preço maior do que a tarifa aduaneira produz em um mesmo nível de importações.

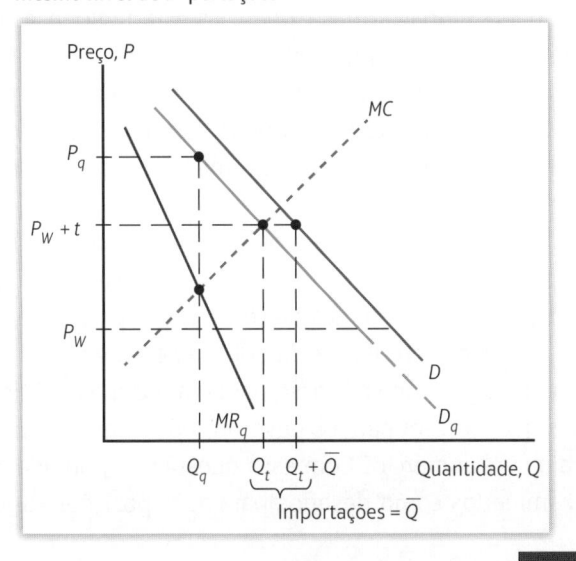

Perguntamos, portanto, o que aconteceria se em vez de uma tarifa aduaneira o governo simplesmente limitasse as importações para $\overline{Q}$.

Vemos pela figura que os resultados não são os mesmos. A tarifa aduaneira resulta na produção nacional Q_t e no preço nacional $P_W + t$. A quota leva a um nível menor de produção nacional, Q_q, e a um preço maior, P_q. Quando protegida por uma tarifa aduaneira, a indústria nacional monopolista comporta-se como se fosse perfeitamente competitiva; quando protegida por uma quota, fica claro que não se comporta assim.

A razão para essa diferença é que uma quota de importação cria mais poder de monopólio do que uma tarifa aduaneira. Quando as indústrias monopolistas são protegidas por tarifas aduaneiras, as empresas nacionais sabem que se aumentarem demais os seus preços serão prejudicados pelas importações. Uma quota de importação, por outro lado, fornece proteção absoluta: não importa o quão alto seja o preço nacional, as importações não podem exceder o nível da quota.

Essa comparação parece dizer que se os governos estão preocupados com o poder de monopólio nacional eles deveriam preferir as tarifas aduaneiras às quotas como instrumentos de política de comércio. Porém, na verdade, a proteção tem se distanciado cada vez mais das tarifas aduaneiras em direção às barreiras não tarifárias, incluindo as quotas de importação. Para explicar isso, precisamos olhar para outras considerações além da eficiência econômica que motiva os governos.

CAPÍTULO 10

A economia política da política de comércio

Em 8 de novembro de 2005, os governos dos EUA e da China assinaram um memorando de entendimento pelo qual a China concordava, sob pressão estadunidense, em estabelecer quotas em suas exportações de vários tipos de vestuário e têxteis para os Estados Unidos. Por exemplo, a China concordou que em 2006 não mandaria mais do que 772,8 milhões de pares de meias para os EUA. Esse acordo aumentou significativamente o preço das meias e de outras mercadorias para os consumidores norte-americanos. Contudo, embora a China estivesse disposta a entrar em harmonia com os Estados Unidos nesse ponto, ela empacou nas exigências estadunidenses de reduzir suas próprias tarifas aduaneiras em mercadorias manufaturadas e agrícolas.

Tanto o governo chinês quanto o norte-americano, então, estavam determinados a perseguir políticas que, de acordo com a análise de custo-benefício desenvolvida no Capítulo 9, produzissem mais custos do que benefícios. Claramente, as políticas de governo refletem objetivos que vão além das simples medidas de custo e benefício.

Neste capítulo, examinaremos algumas das razões pelas quais os governos não deveriam basear ou, de maneira alguma, baseiam sua política de comércio em cálculos de custo-benefício de economistas. Essa verificação das forças que motivam a política de comércio na prática continua nos capítulos 11 e 12, que discutem as questões características da política perante países em desenvolvimento e desenvolvidos, respectivamente. O primeiro passo para entender as políticas de comércio reais é perguntar quais as razões que existem para os governos *não* interferirem no comércio, isto é, qual é o caso para que haja o livre comércio? Com essa questão respondida, os argumentos para intervenção podem ser examinados como desafios para as suposições subjacentes ao caso de livre comércio.

OBJETIVOS DE APRENDIZAGEM

Após a leitura deste capítulo, você será capaz de:

- Articular argumentos para o livre comércio que vão além dos ganhos convencionais com o comércio.
- Avaliar argumentos de bem-estar nacional contra o livre comércio.
- Relacionar a teoria e a evidência por trás de visões de "economia política" da política de comércio.
- Explicar como as negociações internacionais e os acordos promoveram o comércio mundial.
- Discutir as questões especiais levantadas pelos acordos de comércio preferencial.

O caso para o livre comércio

Poucos países têm algo que se aproxime de um livre comércio por completo. A cidade de Hong Kong, que é legalmente parte da China, mas mantém uma política econômica separada, deve ser a única economia moderna sem tarifas aduaneiras ou quotas de importação. No entanto, desde o tempo de Adam Smith, os economistas têm defendido o livre comércio como um ideal cuja direção a política de comércio deveria ambicionar. As razões para essa defesa não são tão simples como a ideia em si. Em um nível, modelos teóricos sugerem que o livre comércio evitará perdas de eficiência associadas à proteção. Talvez os economistas acreditem que o livre comércio produza ganhos adicionais além da eliminação das distorções de produção e de consumo. Por fim, mesmo entre os economistas que acreditam que o livre comércio é uma política muito menos perfeita, muitos creem que o livre comércio é normalmente melhor do que qualquer outra política que um governo pode seguir.

Livre comércio e eficiência

O **caso de eficiência para o livre comércio** é simplesmente o inverso da análise de custo-benefício de uma tarifa aduaneira. A Figura 10.1 mostra novamente o ponto básico para o caso de um país pequeno que não pode influenciar os preços de exportação estrangeiros. Uma tarifa aduaneira causa uma perda líquida para a economia, medida pela área dos dois triângulos. Ela causa isso ao distorcer os incentivos econômicos tanto dos produtores quanto dos consumidores. Contrariamente, uma mudança para o livre comércio elimina essas distorções e aumenta o bem-estar nacional.

No mundo moderno, por razões que explicaremos mais tarde neste capítulo, taxas de tarifa aduaneira são em geral baixas e as quotas de importação são relativamente raras. Como resultado, estimativas dos custos totais das distorções decorrentes de tarifas aduaneiras e quotas de importação tendem a ser modestas em tamanho. A Tabela 10.1 mostra uma estimativa bem recente dos ganhos de mudança para o livre comércio ao redor do mundo, medida como uma porcentagem do PIB. Para o mundo como um todo, de acordo com essas estimativas, os custos de proteção custam menos de 1% do PIB. Os ganhos com o livre comércio são um pouco menores para economias desenvolvidas, como as dos Estados Unidos e Europa, e um pouco maior para países pobres e em "desenvolvimento".

Ganhos adicionais do livre comércio[1]

Existe uma crença generalizada entre os economistas de que tais cálculos, mesmo reportando ganhos substanciais com o livre comércio em alguns casos, não representam a história completa. No caso de países pequenos, em geral, e de países em desenvolvimento, em particular, muitos economistas argumentariam que existem ganhos importantes com o livre comércio não representados na análise de custo-benefício convencional.

Um tipo de ganho adicional envolve as economias de escala, que foram o tema dos capítulos 7 e 8. Mercados protegidos limitam os ganhos de economias de escala externas ao inibir a concentração de indústrias. Quando as economias de escala são internas, elas não só fragmentam a produção internacionalmente, mas reduzindo a competição e aumentado os lucros elas também levam à entrada de muitas empresas na indústria protegida. Com o rápido aumento de empresas em mercados nacionais restritos, a escala de produção de cada empresa torna-se ineficiente. Um bom exemplo de como a proteção leva à escala de ineficiência é o caso da indústria de automóveis da Argentina, que surgiu por causa das restrições de importações. Uma fábrica montadora de escala eficiente deveria montar de 80 a 200 mil automóveis por ano. Contudo, em 1964 a indústria Argentina, que produzia somente 166 mil carros, tinha nada menos do que 13 empresas! Alguns economistas argumentam que a necessidade de impedir entrada excessiva, e a escala ineficiente de produção resultante disso, é uma razão para o livre comércio que vai além dos cálculos padrão de custo-benefício.

Outro argumento é que, ao fornecer aos empreendedores um incentivo buscar novas formas de exportar ou competir com as importações, o livre comércio oferece mais oportunidades para aprender e inovar do que são fornecidas por um sistema de comércio "dirigido", no qual o governo dita em grande parte o padrão de importações e exportações. O Capítulo 11 discute as experiências de países menos desenvolvidos que descobriram oportunidades

FIGURA 10.1 O caso de eficiência para o livre comércio

Uma restrição de comércio, tal como uma tarifa aduaneira, resulta em distorções de produção e consumo.

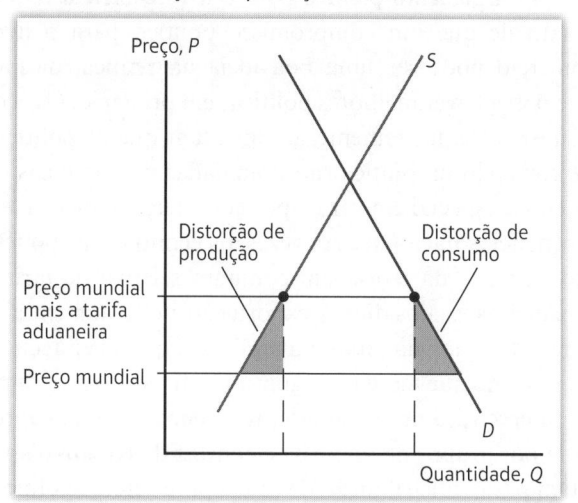

TABELA 10.1 Benefícios de uma mudança para o livre comércio ao redor do mundo (porcentagem do PIB)

Estados Unidos	0,57
União Europeia	0,61
Japão	0,85
Países em desenvolvimento	1,4
Mundo	0,93

Fonte: William Cline, *Trade Policy and Global Poverty*. Washington, D.C.: Institute for International Economics, 2004, p. 180.

---

[1] Os ganhos adicionais do livre comércio discutidos aqui são, de vez em quando, chamados de ganhos "dinâmicos", porque o aumento da concorrência e da inovação precisa de mais tempo para fazer efeito do que a eliminação da produção e as distorções de consumo.

de exportações inesperadas quando mudaram dos sistemas de quotas de importação e tarifas aduaneiras para políticas de comércio mais abertas.

Uma forma relacionada de ganhos com o livre comércio envolve a tendência, documentada no Capítulo 8, de empresas mais produtivas envolverem-se com as exportações, enquanto as menos produtivas ficam com o mercado nacional. Isso sugere que uma mudança para o livre comércio faz a economia, como um todo, mais eficiente ao mudar a mistura industrial em direção às empresas com maior produtividade.

Esses argumentos adicionais para o livre comércio são difíceis de serem quantificados, apesar de alguns economistas terem tentado fazer isso. No geral, os modelos que tentam levar em conta as economias de escala e a concorrência imperfeita rendem números maiores do que aqueles relatados na Tabela 10.1. Entretanto, não existe consenso sobre o quanto maiores os ganhos com o livre comércio realmente são. Se os ganhos adicionais com o livre comércio são tão grandes quanto alguns economistas acreditam, os custos de distorcer o comércio com tarifas aduaneiras, quotas, subsídios à exportação e assim por diante, são correspondentemente maiores do que a análise de custo-benefício convencional mede.

Buscando por renda

Quando as importações são restringidas com uma quota em vez de uma tarifa aduaneira, o custo é, às vezes, ampliado por um processo conhecido como **busca por renda**. Lembre-se que, como visto no Capítulo 9, para fazer valer uma quota de importação, um governo tem de emitir licenças de importação e as rendas são coletadas por quem quer que seja que receba essas licenças. Em alguns casos, indivíduos e companhias expõem-se a custos substanciais (na verdade, desperdiçando alguns recursos produtivos da economia) em um esforço para obter licenças de importação.

Um exemplo famoso envolveu a Índia nos anos 1950 e 1960. Naquela época, as companhias indianas recebiam o direito de comprar produções importadas na proporção de sua capacidade instalada. Isso criou um incentivo para sobreinvestir. Por exemplo, uma companhia de aço poderia construir mais altos-fornos do que poderia precisar simplesmente porque isso lhe daria um número maior de licenças de importação. Os recursos utilizados para construir essa capacidade inútil representavam um custo de proteção muito acima dos mostrados na Figura 10.1.

Um exemplo mais moderno e menos comum de busca de renda envolve as importações norte-americanas de conservas de atum. O atum é protegido por uma "quota das tarifas aduaneiras": uma pequena quantidade de atum (4,8% do consumo norte-americano) pode ser importada a uma taxa de tarifa aduaneira baixa, 6%, mas quaisquer importações além desse nível enfrentam uma tarifa aduaneira de 12,5%. Por alguma razão, não existem licenças de importação. A cada ano, o direito de importar atum nessa taxa de tarifa aduaneira baixa é atribuído na base do "quem chegar primeiro leva". O resultado é uma corrida dispendiosa para trazer o atum para os Estados Unidos o mais rápido possível. Veja como a Comissão de Comércio Internacional dos Estados Unidos descreve o processo de busca de renda:

> Os importadores tentam qualificar-se para a maior parcela possível da QTA [quota das tarifas aduaneiras] armazenando grandes quantidades de atum em conserva em armazéns de alfândega personalizados no final de dezembro e liberando o produto armazenado assim que o ano começa.

O dinheiro que os importadores gastam em armazenar grandes quantidades de atum em dezembro representa uma perda para a economia norte-americana muito acima dos custos padrão de proteção.

Argumento político para o livre comércio

Um **argumento político para o livre comércio** reflete o fato de que um compromisso político para o livre comércio pode ser uma boa ideia na prática, mesmo que possa haver melhores políticas em princípio. Os economistas frequentemente argumentam que as políticas de comércio na prática são dominadas por políticas de interesse especial em vez de por consideração dos custos e benefícios nacionais. Às vezes, os economistas podem mostrar que na teoria um conjunto seletivo de tarifas aduaneiras e subsídios à exportação pode aumentar o bem-estar nacional, mas, na realidade, qualquer agência do governo que tente perseguir um sofisticado programa de intervenção no comércio provavelmente seria capturada por grupos de interesse e convertida em um dispositivo para redistribuição de renda para setores politicamente influentes. Se o argumento está correto, pode ser melhor defender o livre comércio sem exceções, apesar de que em áreas puramente econômicas, o livre comércio pode não ser sempre a melhor política imaginável.

Os três argumentos esboçados na seção anterior provavelmente representam a visão padrão da maioria dos economistas internacionais, ao menos aqueles nos Estados Unidos:

1. Os custos de desviar do livre comércio medidos de forma convencional são grandes.
2. Existem outros benefícios do livre comércio que contribuem para os custos de políticas protecionistas.

3. Qualquer tentativa de buscar desvios sofisticados do livre comércio será subvertida pelo processo político.

Apesar disso, existem argumentos intelectualmente respeitáveis para desviar do livre comércio e esses argumentos merecem ser ouvidos.

GANHOS DESDE 1992

Em 1987, as nações da Comunidade Europeia (atualmente conhecida como União Europeia) concordaram no que foi formalmente chamado de Ato Único Europeu, com a intenção de criar um mercado europeu verdadeiramente unificado. Como era para o ato tornar-se efetivo dentro de cinco anos, as medidas que ele incorporava ficaram conhecidas comumente como "1992".

O incomum sobre 1992 era que a Comunidade Europeia já era uma união aduaneira, isto é, não existiam tarifas aduaneiras ou quotas de importação no comércio intraeuropeu. Então, o que sobrava para liberar? Os defensores do 1992 argumentaram que ainda existiam barreiras substanciais para o comércio internacional dentro da Europa. Algumas dessas barreiras envolviam os custos de atravessar fronteiras. Por exemplo, o simples fato de caminhões levando mercadorias entre a França e a Alemanha terem de ser parados para formalidades legais frequentemente resultava em longas esperas que dispendiam tempo e combustível. Custos similares eram impostos para empresários que viajavam, pois voava-se de Londres a Paris em uma hora, mas esperava-se mais uma hora para passar pela imigração e pela alfândega. As diferenças nas regras também tinham o efeito de limitar a integração dos mercados. Por exemplo, por causa de as regras de saúde sobre comida diferirem entre as nações europeias, uma pessoa não poderia simplesmente encher um caminhão com mercadorias britânicas e levá-las para a França, ou vice-versa.

Eliminar esses obstáculos sutis para o comércio foi um processo político muito difícil. Suponha que a França decidisse permitir que mercadorias da Alemanha entrassem no país sem serem conferidas. O que impediria a população francesa de ser abastecida com mercadorias manufaturadas que não atendessem aos padrões de segurança franceses, alimentos que não atendessem aos padrões de saúde franceses ou remédios que não fossem aprovados pelos médicos franceses? Portanto, a única forma de os países terem fronteiras realmente abertas é se eles forem capazes de concordar em padrões comuns, de forma que uma mercadoria que preencha os requisitos franceses seja aceitável na Alemanha e vice-versa. A maior tarefa das negociações de 1992 era, portanto, a de harmonizar as regras em centenas de áreas, negociações que foram frequentemente contrariadas por causa das diferenças nas culturas nacionais.

Os exemplos mais emocionais envolveram alimentos. Todos os países desenvolvidos regulam coisas como corantes artificiais para garantir que os consumidores não comam, sem saber, substâncias químicas que são carcinogênicas ou prejudiciais de outro modo. As regras inicialmente propostas sobre corantes artificiais teriam, entretanto, destruído a aparência de inúmeros alimentos britânicos tradicionais: as salsichas rosa (salsichas de café da manhã) teriam de ficar brancas, o peixe dourado ficaria cinza e as ervilhas ficariam castanho-claras em vez de verde brilhante. Os consumidores continentais não se importaram. De fato, eles não poderiam entender como os britânicos podiam comer tais coisas para começar o dia. Mas na Grã-Bretanha a questão passou a andar com o medo de perda da identidade nacional, e afrouxar as regras propostas virou a principal prioridade para o governo britânico, que conseguiu as isenções necessárias. Por outro lado, a Alemanha foi forçada a aceitar importações de cerveja que não atendiam a suas centenárias leis de pureza e a Itália teve de aceitar massa feita com o tipo errado de trigo (o horror do horrores!).

Mas porque eles envolveram-se nessa difícil negociação? Quais são os ganhos potenciais de 1992? Tentativas de estimar os ganhos diretos sempre sugeriram que eles são bem modestos. Os custos associados com cruzar as fronteiras representam não mais do que uma pequena porcentagem do valor das mercadorias enviadas. Remover esses custos acrescenta, na melhor hipótese, uma fração de 1% para a renda real da Europa como um todo. Ainda assim os economistas da Comissão Europeia (o braço administrativo da União Europeia) argumentaram que os verdadeiros ganhos seriam muito maiores.

O raciocínio deles apoiou-se em grande parte na visão de que a unificação do mercado europeu levaria a uma melhor concorrência entre as empresas e a uma escala de produção mais eficiente. Muito foi feito a partir da comparação com os Estados Unidos, um país cujo poder de compra e a população são similares àqueles da União Europeia, mas que é um mercado sem fronteira, totalmente integrado. Economistas da comissão apontaram que, em numerosos setores, a Europa parecia ter mercados que eram segmentados: em vez de ameaçar todo o continente como um mercado único, as empresas parecem ter entrado em zonas locais, abastecidas por produtores nacionais de escala relativamente pequena. Os economistas argumentaram que com as barreiras de comércio removidas, existiria uma consolidação desses produtores, com ganhos substanciais em produtividade. Esses supostos ganhos aumentaram os benefícios globais estimados de 1992 em uma grande porcentagem da renda inicial das nações europeias. Os economistas da Comissão argumentam ainda que existiriam benefícios indiretos, porque a eficiência melhorada da economia europeia melhoraria o perde-ganha entre inflação de desemprego. Ao fim de uma série de cálculos, a Comissão estimou um ganho em 1992 de 7% da renda europeia.[2]

Enquanto ninguém envolvido nessa discussão considerou 7% um número particularmente confiável, muitos economistas compartilhavam da convicção da Comissão de que os ganhos seriam grandes. Havia, entretanto, céticos que sugeriram que a segmentação dos mercados tinha mais a ver com cultura do que com política de comércio. Por exemplo, os consumidores italianos queriam máquinas de lavar bem diferentes daquelas preferidas na Alemanha. Os italianos tendem a comprar relativamente poucas roupas, mas as que eles compram são elegantes e caras, então eles preferem máquinas de lavar lentas, suaves, que conservam o investimento feito nas roupas.

Agora que certo número de anos passou desde 1992, fica claro que tanto os apoiadores quanto os céticos tinham pontos válidos. Em alguns casos, houve consolidações notáveis da indústria; por exemplo, a Hoover fechou sua fábrica de aspiradores de pó na França e concentrou toda a produção em uma fábrica mais eficiente na Grã-Bretanha. Em outros casos, segmentações antigas de mercado claramente mudaram e, algumas vezes, de forma surpreendente, com o surgimento do pão fatiado britânico como um item popular na França. Mas ainda em outros casos, os mercados mostraram pouco sinal de divisão: os alemães quase não mostraram gosto por cerveja importada e os italianos não gostaram nada da massa feita com trigo leve.

Quão grandes eram os ganhos econômicos de 1992? Em 2003, quando a Comissão Europeia decidiu revisar os efeitos do Ato Único Europeu, deram estimativas bem mais modestas do que tinham antes de 1992: os ganhos foram definidos em quase 1,8% do PIB. Se esse número estiver correto, ele representa um leve desapontamento, mas dificilmente um fracasso.

2 Veja: Michael Emerson et. al. "The Economics of 1992," *European Economy*, v. 35, mar. 1988.

Argumentos de bem-estar nacional contra o livre comércio

A maioria das tarifas aduaneiras, quotas de importação e outras medidas de política de comércio são empreendidas primeiro para proteger a renda de grupos de interesse particulares. No entanto, os políticos com frequência afirmam, que as políticas estão sendo realizadas para o interesse da nação como um todo e, algumas vezes, eles até estão dizendo a verdade. Embora os economistas argumentem muitas vezes que desvios do livre comércio reduzem o bem-estar nacional, existem alguns fundamentos teóricos para acreditar que políticas ativistas de comércio podem, em alguns casos, aumentar o bem-estar nacional como um todo.

Termos do argumento de comércio para uma tarifa aduaneira

Um argumento para desviar do livre comércio vem diretamente da análise de custo-benefício: Para um país grande que é capaz de afetar os preços de exportadores estrangeiros, uma tarifa aduaneira diminui o preço das importações e, portanto, gera benefícios dos termos de comércio. Esse benefício deve ser definido contra os custos da tarifa aduaneira, que surgem porque a tarifa distorce os incentivos de produção e consumo. Entretanto, é possível que, em alguns casos, os benefícios dos termos de comércio de uma tarifa aduaneira prevaleçam sobre seus custos, de forma que existem **termos do argumento de comércio para uma tarifa aduaneira**.

O Apêndice deste capítulo mostra que para uma tarifa aduaneira suficientemente pequena, os benefícios dos termos de comércio devem prevalecer sobre os custos. Portanto, com taxas de tarifa baixas, o bem-estar de um país grande é maior do que com o livre comércio (Figura 10.2). Contudo, enquanto a tarifa aduaneira aumenta, os custos eventualmente começam a subir de forma mais rápida que seus benefícios e a curva que relaciona o bem-estar nacional à taxa da tarifa aduaneira volta-se para baixo. A taxa da tarifa aduaneira que proíbe completamente o comércio (t_p na Figura 10.2) deixa o país em pior situação do que com o livre comércio. Novos aumentos na taxa da tarifa além de t_p não têm efeito, de forma que a curva é achatada.

No ponto 1 na curva da Figura 10.2, correspondente à taxa da tarifa t_o, o bem-estar nacional é maximizado. A taxa da tarifa t_o que maximiza o bem-estar nacional é a **melhor tarifa**. (Por convenção, o termo *melhor tarifa* é normalmente utilizado para referir-se à tarifa aduaneira justificada pelos termos do argumento de comércio, em vez da melhor tarifa dadas todas as considerações possíveis). A taxa da melhor tarifa é sempre positiva, mas menos do que a taxa proibitiva (t_p), que eliminaria todas as importações.

Qual política os termos do argumento de comércio ditariam para os setores de *exportação*? Já que um subsídio à exportação *piora* os termos de comércio e, portanto, inequivocamente reduz o bem-estar nacional, a política ideal em setores de exportação deve ser um subsídio negativo, isto é, um *imposto* em exportações que aumenta o preço de exportação para os estrangeiros. Como a melhor tarifa, o melhor imposto de exportação é sempre positivo, mas menor do que o imposto proibitivo que eliminaria as exportações por completo.

A política da Arábia Saudita e de outros exportadores de petróleo tem sido a de taxar suas exportações de petróleo, aumentando o preço para o resto do mundo. Apesar de os preços do petróleo terem flutuado ao longo dos anos, é difícil argumentar que a Arábia Saudita estaria em melhor situação sob o livre comércio.

FIGURA 10.2 A melhor tarifa aduaneira

Para um país grande, existe uma melhor tarifa t_o, na qual o ganho marginal de termos de comércio melhorados se iguala à perda de eficiência marginal da distorção da produção e do consumo.

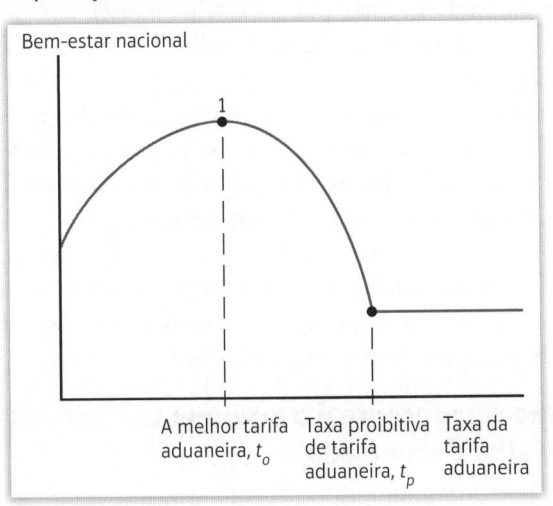

Entretanto, os termos do argumento de comércio contra o livre comércio têm algumas limitações importantes. A maioria dos países tem pouquíssima capacidade de afetar os preços mundiais, tanto de suas importações quanto de suas exportações, e, portanto, os termos do argumento de comércio são de pouca importância prática para eles. Para países grandes, como os Estados Unidos, o problema é que os termos do argumento de comércio equivalem a um argumento para utilizar o poder de monopólio nacional para extrair ganhos à custa de outros países. Os Estados Unidos poderiam certamente fazer isso até certo ponto, mas tal política predatória provavelmente atrairia retaliações de outros países grandes. Um ciclo de comércio retaliativo, por sua vez, minaria as tentativas de coordenação internacional de política de comércio descritas mais adiante neste capítulo.

Então os termos do argumento de comércio contra o livre comércio são intelectualmente impecáveis, mas duvidosos em utilidade. Na prática, são mais frequentemente enfatizados pelos economistas como uma proposição teórica do que de fato utilizados por governos como uma justificativa para a política de comércio.

O argumento de falha de mercado interno contra o livre comércio

Deixando de lado a questão dos termos de comércio, o caso teórico básico para o livre comércio apoiava-se sobre a análise de custo-benefício utilizando os conceitos de excedente do consumidor e do produtor. Muitas economias fizeram caso contra o livre comércio baseadas no contra-argumento de que esses conceitos, do excedente do produtor, em particular, não medem de forma correta os custos e benefícios.

Por que o excedente do produtor pode não medir de forma correta os benefícios da produção de uma mercadoria? Nós consideraremos uma variedade de razões nos próximos dois capítulos: incluindo a possibilidade de que a mão de obra utilizada em um setor seria de alguma forma desempregada ou subempregada; a existência de defeitos no capital ou nos mercados de mão de obra que impedem os recursos de serem transferidos rapidamente como eles deveriam para os setores que rendem retornos elevados; e a possibilidade de transbordamentos tecnológicos de indústrias que são novas ou particularmente inovadoras. Todas essas razões podem ser classificadas sob o título geral de **falhas de mercado interno**. Isto é, em cada um desses exemplos, algum mercado no país não está fazendo seu trabalho direito, o mercado de mão de obra não está funcionando, o mercado de capital não está alocando os recursos de forma eficiente e assim por diante.

Suponha, por exemplo, que a produção de algumas mercadorias forneça experiência que vai melhorar a tecnologia da economia como um todo, mas que as empresas no setor não podem apropriar-se desse benefício e, portanto, não podem levá-lo em conta na decisão do quanto produzir. Então existe um **benefício social marginal** para a produção adicional que não é capturado pela medida do excedente do produtor. Esse benefício social marginal pode servir como justificativa para tarifas aduaneiras ou outras políticas de comércio.

A Figura 10.3 ilustra o argumento de falha de mercado interno contra o livre comércio.

A Figura 10.3a mostra a análise convencional de custo-benefício de uma tarifa aduaneira para um país pequeno (o que exclui os efeitos dos termos de comércio). A Figura 10.3b mostra o benefício marginal para a produção que não é levado em conta pela medida do excedente do produtor. A figura mostra os efeitos de uma tarifa aduaneira que aumenta o preço nacional de P_W para $P_W + t$. A produção aumenta de S^1 para S^2, com uma distorção de produção resultante indicada pela área denominada a. O consumo cai de D^1 para D^2, com a distorção de consumo resultante indicada pela área b. Se considerássemos somente o excedente do consumidor e do produtor, encontraríamos que os custos da tarifa aduaneira ultrapassam seus benefícios. A Figura 10.3b mostra, entretanto, que esse cálculo deixa passar um benefício adicional que pode fazer a tarifa aduaneira preferível ao livre comércio. O aumento na produção rende um benefício social que pode ser medido pela área abaixo da curva de benefício social marginal de S^1 para S^2, indicada por c. Na verdade, com um argumento similar a esse no caso dos termos de comércio, podemos mostrar que se a tarifa aduaneira é pequena o suficiente, a área c pode sempre ultrapassar a área $a + b$ e que existe uma tarifa aduaneira maximizadora de bem-estar que rende um nível social de bem-estar maior do que o livre comércio.

O argumento de falha de mercado interno contra o livre comércio é um caso particular de um conceito mais geral, conhecido na economia como **teoria do segundo melhor**. Essa teoria afirma que uma política de não intervenção é desejável em qualquer mercado somente se todos os outros mercados estiverem funcionando corretamente. Se eles não estiverem, uma intervenção do governo que aparenta distorcer os incentivos em um mercado pode, na verdade, aumentar o bem-estar ao compensar as consequências das falhas de mercado em outro lugar. Por exemplo, se o mercado de mão de obra não está funcionando bem e falha em entregar um emprego pleno, a política de subsidiar indústrias de mão de obra intensiva, que seriam indesejáveis em uma economia de emprego pleno, pode vir a ser uma boa ideia. Seria melhor arrumar o mercado de mão de obra ao, por exemplo, fazer os salários mais flexíveis, mas se por alguma razão isso não puder ser feito, intervir em outros mercados pode ser a "segunda melhor" maneira de suavizar o problema.

Quando os economistas aplicam a teoria do segundo melhor para a política de comércio, eles argumentam que as imperfeições no funcionamento *interno* de uma economia podem justificar a interferência em suas relações econômicas externas. Esse argumento aceita que o comércio internacional não é a fonte do problema, mas sugere, no entanto, que a política de comércio pode fornecer ao menos uma solução parcial.

Quão convincente é o argumento de falha de mercado?

Quando foram propostos pela primeira vez, os argumentos de falha de mercado para proteção pareceram

FIGURA 10.3 O argumento de fracasso do mercado nacional para uma tarifa aduaneira

Se a produção de uma mercadoria rende benefícios sociais extras (medidos no painel (b) pela área c) não capturados como excedente do produtor, uma tarifa aduaneira pode aumentar o bem-estar.

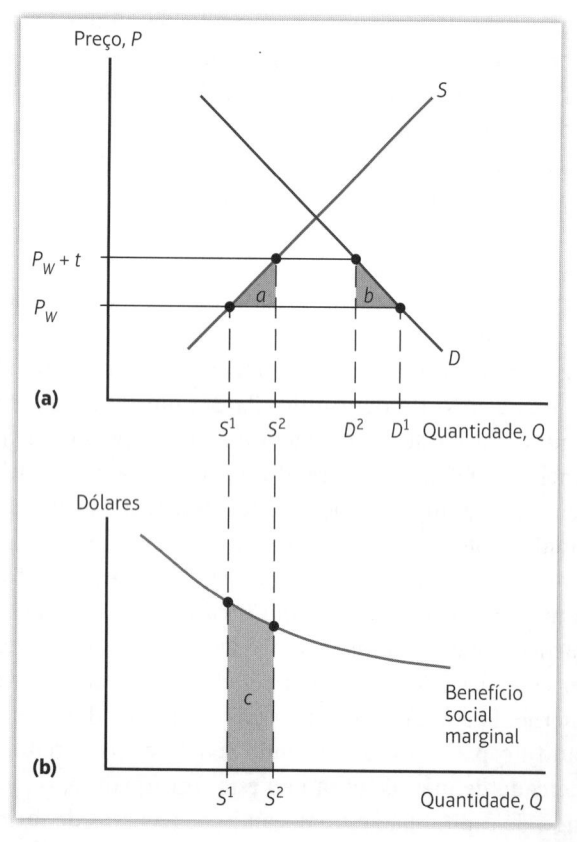

minar grande parte da defesa para o livre comércio. Afinal de contas, quem alegaria que as economias reais em que vivemos são livres de falhas de mercado? Em nações mais pobres, em especial, as imperfeições de mercado parecem ser inúmeras. Por exemplo, desemprego e diferenças massivas entre salários urbanos e rurais estão presentes em muitos países menos desenvolvidos (Capítulo 11). A evidência de que mercados funcionam mal é menos gritante em países desenvolvidos, mas é fácil desenvolver hipóteses sugerindo grandes falhas de mercado lá também — por exemplo, incapacidade de empresas inovadoras em colherem as recompensas completas de suas inovações. Como podemos defender o livre comércio dada a probabilidade de intervenções que poderiam aumentar o bem-estar nacional?

Existem duas linhas de defesa para o livre comércio: a primeira argumenta que as falhas de mercado interno deveriam ser corrigidas pelas políticas nacionais voltadas diretamente para as fontes dos problemas. A segunda defende que os economistas não podem diagnosticar falhas de mercado bem o bastante para prescrever a política.

O ponto que as falhas de mercado interno chamam mudanças de política nacional, e não políticas de comércio internacional, pode ser feito pela análise de custo-benefício modificada para levar em conta quaisquer benefícios sociais marginais não medidos. A Figura 10.3 mostrou que a tarifa aduaneira pode aumentar o bem-estar, independentemente das distorções de produção e consumo que causa, porque ela leva à produção adicional que rende benefícios sociais. Porém, se o mesmo aumento da produção fosse alcançado por meio de subsídio de produção em vez de uma tarifa aduaneira, o preço para os consumidores não aumentaria e a perda de consumo b seria evitada. Em outras palavras, visando diretamente a atividade em particular que queremos encorajar, um subsídio à produção evitaria alguns dos custos indiretos associados com a tarifa aduaneira.

Esse exemplo ilustra um princípio geral quando lida com falhas de mercado: é sempre preferível lidar com as falhas de mercado da forma mais direta possível, porque respostas de políticas indiretas levam a distorções de incentivos não intencionais em outra parte da economia. Portanto, políticas de comércio justificadas por falha de mercado interno nunca são a resposta mais eficiente. Elas sempre serão as "segundas melhores" políticas em vez de serem as "primeiras melhores".

Essa compreensão tem implicações importantes para aqueles que formulam a política de comércio: qualquer política de comércio proposta deveria sempre ser comparada com uma política puramente nacional voltada para corrigir o mesmo problema. Se a política nacional parece muito dispendiosa ou tem efeitos colaterais indesejáveis, a política de comércio é quase que certamente menos desejável, mesmo que os custos sejam menos aparentes.

Nos Estados Unidos, por exemplo, uma quota de importação sobre carros tem se apoiado no fundamento de que é necessário salvar o emprego dos trabalhadores da indústria de automóveis. Os defensores da quota de importação argumentam que os mercados de mão de obra norte-americanos são muito inflexíveis para esses trabalhadores permanecerem empregados, tanto ao diminuir seus salários quanto ao tentar encontrar emprego em outros setores. Agora considere uma política puramente nacional voltada para o mesmo problema: um subsídio para empresas que empregam esses trabalhadores. Tal prática encontraria oposição política massiva. Por um lado, para preservar os níveis atuais de emprego sem proteção seriam necessários grandes pagamentos de subsídio, o que aumentaria o déficit orçamentário do governo federal ou necessitaria de um aumento de imposto. Além disso, os trabalhadores da indústria de automóveis estão entre os mais bem pagos no setor manufatureiro. O público em geral com certeza se oporia a subsidiá-los. É difícil de acreditar que um subsídio para emprego desses trabalhadores passasse no Congresso. Ademais, uma quota de importação *seria ainda mais cara* porque enquanto traria mais ou menos o mesmo aumento no emprego, também distorceria a escolha do consumidor. A única diferença é que os custos seriam menos visíveis, tomando a forma de preços de automóveis mais caros em vez de gastos diretos de governo.

Os críticos da justificativa de falhas de mercado interno para proteção argumentam que esse caso é comum: a maioria dos desvios do livre comércio é adotada não porque seus benefícios ultrapassam seus custos, mas porque o público não consegue entender seus verdadeiros custos. Comparar os custos da política de comércio com políticas nacionais alternativas é, portanto, uma forma útil de focar a atenção em o quão grandes são esses custos.

A segunda defesa do livre comércio é que porque as falhas de mercado costumam ser difíceis de identificar precisamente, é complicado ter certeza de qual deve ser a resposta política apropriada. Por exemplo, suponha que exista um desemprego urbano em um país menos desenvolvido. Qual é a política apropriada? Uma hipótese (examinada mais de perto no Capítulo 11) diz que a tarifa aduaneira para proteger os setores urbanos industriais chamará os desempregados para o trabalho produtivo e assim gerar benefícios sociais que mais do que compensariam os custos da tarifa. Entretanto, outra hipótese diz que a política encorajará tanta migração para as áreas urbanas que o desemprego irá, na verdade, aumentar. É difícil dizer qual dessas hipóteses está certa. Enquanto a teoria econômica fala muito sobre os mercados de trabalho que funcionam corretamente, ela fornece muito menos orientação sobre os mercados que não funcionam; existem muitas maneiras pelas quais os mercados podem ter mau funcionamento, e a escolha da segunda melhor política depende dos detalhes da falha do mercado.

A dificuldade de determinar a segunda melhor política de comércio a ser seguida reforça o argumento político para o livre comércio mencionado anteriormente. Se os *experts* em política de comércio não têm certeza sobre como a política deveria desviar o livre comércio e divergem entre eles mesmos, fica muito fácil para a política de comércio ignorar o bem-estar nacional por completo e ser dominada pelos políticos de interesse especial. Para começar, se as falhas do mercado não são muito ruins, um compromisso com o livre comércio pode, no fim, ser uma política melhor do que abrir a caixa de Pandora de uma abordagem mais flexível.

Isso, entretanto, é um julgamento sobre políticas em vez de economia. Precisamos entender que a teoria econômica *não* fornece uma defesa dogmática do livre comércio, mesmo que seja constantemente acusada de fazer isso.

Distribuição de renda e as políticas de comércio

Até agora, a discussão focou nos argumentos de bem-estar nacional a favor e contra a política de tarifa aduaneira. É apropriado começar por isso, porque a distinção entre o bem-estar nacional e o bem-estar de grupos em particular ajuda a esclarecer as questões, e porque os defensores das políticas de comércio normalmente afirmam que elas vão beneficiar a nação como um todo. No entanto, quando olhamos para as práticas atuais da política de comércio, torna-se necessário lidar com a realidade de que não existe algo como o bem-estar nacional. Existem somente os desejos de indivíduos, que são mais ou menos imperfeitamente refletidos nos objetivos do governo.

Como as preferências individuais se juntam para produzir a política de comércio que vemos de fato? Não existe uma resposta única e geral aceitável, mas existe um crescente corpo de análise econômica que explora modelos nos quais se supõe que os governos tentam maximizar o sucesso político em vez de abstrair uma medida do bem-estar nacional.

Concorrência eleitoral

Os cientistas políticos utilizam há muito tempo um modelo simples de concorrência entre partidos políticos que mostra como as preferências dos eleitores podem ser refletidas em orientações atuais.[3] Suponha que dois partidos concorrentes estejam dispostos a prometer qualquer coisa que os permita ganhar a próxima eleição e suponha que a orientação política possa ser descrita por meio de uma única dimensão, digamos, o nível de taxa da tarifa aduaneira. E, por fim, suponha que os eleitores difiram nas políticas que preferem. Por exemplo, imagine um país que exporta mercadorias de habilidade intensiva e importa mercadorias de mão de obra intensiva. Então os eleitores com alto nível de habilidade favorecerão as taxas de tarifa baixas, mas os eleitores com baixo nível de habilidade estarão em melhor situação se o país impuser uma tarifa alta (por causa do efeito de Stolper-Samuelson discutido no Capítulo 5). Podemos, portanto, pensar em alinhar os eleitores por ordem de preferência de taxa de tarifa, com os que estão a favor da menor taxa à esquerda e os que estão a favor da maior taxa à direita.

Então, quais políticas os dois partidos prometerão seguir? A resposta é que eles tentarão encontrar um meio termo, especificamente, os dois partidos tenderão a convergir em uma taxa de tarifa preferida pelo **eleitor mediano**, o eleitor que está exatamente no meio do alinhamento. Para ver como, considere a Figura 10.4. Nela, os eleitores estão alinhados por preferência de taxa de tarifa, que é mostrada pela curva hipotética com inclinação para cima; t_M é a taxa de preferência do eleitor mediano. Agora suponha que um dos partidos tenha proposto uma taxa de tarifa t_A, que é consideravelmente acima daquela preferida pelo eleitor mediano. Então o outro partido poderia propor uma taxa um pouco mais baixa, t_B, e seu programa seria preferido por quase todos os eleitores que querem uma tarifa menor, isto é, pela maioria. Em outras palavras, estaria sempre no interesse político de um partido diminuir qualquer proposta de tarifa que seja maior que a desejada pelo eleitor mediano.

Um raciocínio similar mostra que políticos com interesses particulares vão sempre querer prometer uma tarifa maior se seus oponentes propuserem uma tarifa que é menor do que a preferida dos eleitores medianos. Então os dois partidos acabam propondo uma tarifa próxima àquela que os eleitores medianos querem.

Os cientistas políticos modificaram esse modelo simples de variadas formas. Por exemplo, alguns ana-

---

[3] Veja: Anthony Downs, *An Economic Theory of Democracy*. Washington, D.C.: Brookings Institution, 1957.

FIGURA 10.4 Concorrência política

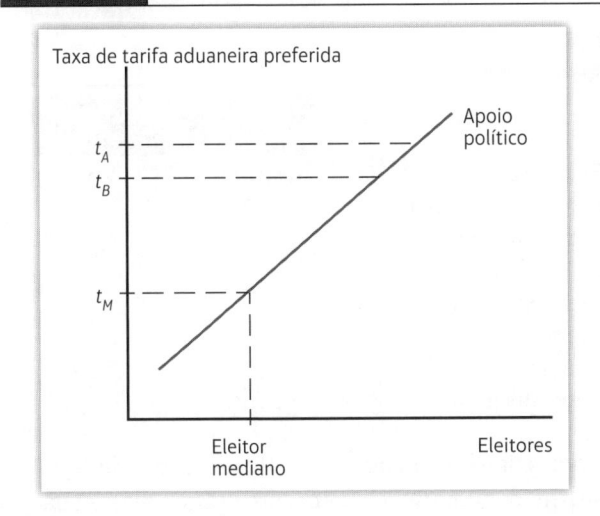

Os eleitores são alinhados na ordem da taxa de tarifa aduaneira que preferem. Se uma parte propõe uma tarifa aduaneira alta, t_A, a outra parte pode obter mais eleitores ao oferecer uma tarifa aduaneira um pouco menor, t_B. Essa concorrência política leva as duas partes a proporem tarifas aduaneiras próximas a t_M, a tarifa aduaneira preferida pelo eleitor mediano.

listas enfatizam a importância de ativistas de partidos para conseguir o voto. Já que esses ativistas são frequentemente motivados por ideologia, a necessidade desse apoio pode impedir os partidos de serem tão cínicos ou de adotar plataformas tão indistinguíveis como esse modelo sugere. No entanto, o modelo do eleitor mediano de concorrência eleitoral tem sido útil como uma forma de pensar sobre como decisões políticas são tomadas no mundo real, onde os efeitos da política na distribuição de renda podem ser mais importantes do que os efeitos na eficiência.

Entretanto, uma área na qual o modelo do eleitor mediano não parece funcionar bem é na política de comércio! Na verdade, ele faz uma previsão quase sempre errada. De acordo com esse modelo, a prática deveria ser escolhida com base em quantos eleitores ela agrada: uma política que impõe grandes perdas para poucas pessoas, mas beneficia um grande número de pessoas deveria ser a vencedora. Uma política que impõe perdas generalizadas, mas ajuda um pequeno grupo deveria ser a perdedora. Porém, na verdade, políticas protecionistas estão mais propensas a ajustarem-se à segunda descrição do que à primeira. Por exemplo, a indústria norte-americana de laticínio é protegida da concorrência estrangeira por um elaborado sistema de tarifas aduaneiras e quotas. Essas restrições impõem perdas a quase todas as famílias dos EUA, enquanto fornecem benefícios muito menores para uma indústria de laticínios que emprega em torno de 0,1% da mão de obra da nação. Como tal coisa pode acontecer politicamente?

Ação coletiva

Em um livro agora famoso, o economista Mancur Olson apontou que a atividade política em favor de um grupo é um bem público, isto é, os benefícios de tal atividade são revertidos para todos os membros do grupo, não só para o indivíduo que desempenha a atividade.[4] Suponha que um consumidor escreva uma carta para o seu congressista exigindo uma taxa de tarifa menor em sua mercadoria importada favorita e essa carta ajude a mudar o voto do parlamentar de forma que a diminuição da tarifa seja aprovada. Então todos os consumidores que comprarem essa mercadoria beneficiam-se dos preços mais baixos, mesmo que eles não tenham se importado em escrever cartas.

Esse bom caráter público da política significa que práticas que impõem grandes perdas no total — mas pequenas perdas em qualquer indivíduo — podem não enfrentar qualquer oposição efetiva. Mais uma vez, pegue o exemplo do protecionismo dos laticínios. Essa política impõe um custo a uma família típica norte-americana de cerca de US$ 3 por ano. Um consumidor deveria fazer *lobby* com seu congressista para suprimir essa prática? Do ponto de vista do interesse próprio individual, certamente não. Já que uma carta tem somente um efeito marginal sobre essa prática, o pagamento individual de tal carta provavelmente não vale o papel no qual ela foi escrita, ainda mais o selo. (Na verdade, certamente não vale nem a pena saber da existência dessa política a não ser que você esteja interessado nessas coisas para o próprio bem delas). E ainda assim, se milhares de eleitores escrevessem exigindo um fim à proteção dos laticínios, ela seria certamente revogada, trazendo benefícios para os consumidores ao ultrapassar significativamente os custos de envio das cartas. Na frase de Olson existe um

---

[4] Mancur Olson, *The Logic of Collective Action*. Cambridge: Harvard University Press, 1965.

POLÍTICOS À VENDA: PROVAS DESDE A DÉCADA DE 1990

Como explicamos no texto, é difícil dar sentido à política de comércio atual se você presume que os governos estão genuinamente tentando maximizar o bem-estar nacional. Por outro lado, a política de comércio atual faz sentido se você presume que grupos de interesse especial podem comprar influência. Mas existe qualquer evidência direta de que políticos realmente estão à venda?

A votação do Congresso norte-americano em algumas questões cruciais na década de 1990 oferece casos de teste úteis. A razão é que as leis norte-americanas de financiamento de campanha exigem que os políticos revelem as quantias e as fontes de contribuição da campanha. Essa divulgação permite que economistas e cientistas políticos procurem qualquer relação entre esses contribuintes e os votos.

Um estudo de 1998, de Robert Baldwin e Christopher Magee[5] focou em duas votações cruciais: a votação de 1993 do Acordo de Livre Comércio da América do Norte (normalmente conhecido como NAFTA e descrito melhor logo a seguir) e, em 1994, a votação ratificando o acordo sob o Acordo Geral sobre Tarifas Aduaneiras e Comércio (normalmente conhecido como GATT, também descrito a seguir). As duas votações foram duramente combatidas, amplamente sobre negócios *versus* linhas de mão de obra, isto é, grupos de negócio eram totalmente a favor e os sindicatos trabalhistas eram totalmente contra. Nos dois casos, a posição de livre comércio apoiada pelos grupos de negócio ganhou. Na votação do NAFTA, o resultado era incerto até o último minuto e a margem de vitória, 34 votos na Câmara dos Deputados, não foi muito grande.

Baldwin e Magee estimaram um modelo econométrico de votos do Congresso que controla fatores como as características econômicas dos distritos dos membros assim como os negócios e as contribuições da mão de obra para o representante do Congresso. Eles encontraram um grande impacto de dinheiro no padrão de votação. Uma forma de avaliar esse impacto é aplicar uma série de fatos contrários: o quão diferente seria a votação geral se não existissem contribuições empresariais, contribuições trabalhistas ou contribuições de nenhum tipo?

A Tabela 10.2 resume os resultados. A primeira linha mostra como vários membros votaram a favor de cada projeto de lei. Tenha em mente que a apro-

TABELA 10.2

	Voto para o NAFTA	Voto para o GATT
Real	229	283
Previsto pelo modelo	229	290
Sem contribuições trabalhistas	291	346
Sem contribuições empresariais	195	257
Sem nenhuma contribuição	256	323

vação exigia ao menos 214 votos. A segunda linha mostra o número de votos previstos pelas equações de Baldwin e Magee: o modelo deles acerta no caso do NAFTA, mas superestima por alguns votos no caso do GATT. A terceira linha mostra quantos votos cada projeto de lei teria recebido, de acordo com o modelo, na ausência de contribuições trabalhistas. A próxima linha mostra quantos membros teriam votado a favor na ausência de contribuições empresariais. A última linha mostra quantos teriam votado a favor tanto se as contribuições empresariais quanto as trabalhistas não existissem.

Se essas estimativas estão corretas, as contribuições não tiveram impacto no total de votos. No caso do NAFTA, as contribuições trabalhistas induziram 62 membros, que se não fosse pela contribuição teriam apoiado o projeto, a votarem contra. As contribuições empresariais levaram 34 membros na direção oposta. Se não existissem contribuições empresariais, de acordo com essa estimativa, o NAFTA teria recebido somente 195 votos, que não seriam suficientes para a aprovação.

Por outro lado, dado que os dois lados contribuíram, seus efeitos tendem a cancelar um ao outro. As estimativas de Baldwin e Magee sugerem que no caso de ausência de contribuições, tanto trabalhista quanto empresarial, o NAFTA e o GATT teriam sido aprovados de qualquer forma.

É provavelmente errado enfatizar o fato de que nesses casos, em especial, as contribuições dos dois lados não mudaram o resultado final. O resultado realmente importante é que os políticos estão, de fato, à venda. O que significa que as teorias de política de comércio que enfatizam os interesses especiais estão na direção certa.

---

[5] Robert E. Baldwin; Christopher S. Magee. "*Is Trade Policy for Sale? Congressional Voting on Recent Trade Bills*", Working Paper 6376, National Bureau of Economic Research, jan. 1998.

problema de **ação coletiva**: embora seja do interesse do grupo como um todo pressionar por políticas favoráveis, não é do interesse de qualquer indivíduo fazê-lo.

O problema da ação coletiva pode ser mais bem superado quando um grupo é pequeno (de forma que cada indivíduo colhe uma parcela significativa dos benefícios de políticas favoráveis) e/ou bem organizado (de forma que os membros do grupo podem ser mobilizados a agir em interesse coletivo). A razão pela qual uma política como a proteção dos laticínios pode acontecer é que os produtores de laticínios formam um grupo relativamente pequeno e bem organizado, que tem consciência do tamanho do subsídio implícito que seus membros recebem, enquanto os consumidores de laticínios são uma população enorme que nem consegue perceber-se como um grupo de interesse. O problema da ação coletiva, então, pode explicar por que as práticas que parecem produzir não só mais custos do que benefícios, mas também parecem prejudicar muito mais eleitores do que ajudá-los pode ser adotada.

Modelagem do processo político

Enquanto a lógica da ação coletiva tem sido invocada há tempos pelos economistas para explicar políticas de comércio aparentemente irracionais, a teoria é um pouco vaga sobre as maneiras pelas quais grupos de interesse organizados realmente conseguem influenciar a política. Um órgão crescente de análise tenta preencher essa lacuna com modelos simplificados do processo político.[6]

O ponto inicial dessa análise é óbvio: enquanto os políticos vencem eleições parcialmente por defenderem políticas populares, uma campanha de sucesso exige dinheiro para publicidade, votação e assim por diante. Portanto, pode ser de interesse de um político adotar posições contra o interesse do eleitor comum se ele receber uma contribuição financeira suficientemente grande para mudar de posição. O dinheiro extra pode valer mais do que os votos que ele vai perder por tomar uma posição não popular.

Os modelos modernos da economia política da política de comércio, portanto, vislumbram um tipo de leilão no qual grupos de interesse "compram" políticas ao oferecer contribuições de contingência nas políticas seguidas pelo governo. Os políticos não irão ignorar o bem-estar geral, mas eles estarão dispostos a trocar alguma redução no bem-estar dos eleitores em troca de um fundo de campanha maior. Como resultado disso, grupos bem organizados, isto é, grupos que são capazes de superar o problema da ação coletiva, serão capazes de conseguir políticas a favor de seus interesses, à custa do público como um todo.

Quem fica protegido?

Como uma questão prática, quais indústrias realmente ficam protegidas da concorrência de importação? Muitos países em desenvolvimento tradicionalmente protegeram uma vasta gama de fábricas, em uma política conhecida como industrialização de substituição de importação. Discutiremos essa política e as razões pelas quais ela tornou-se bem menos popular recentemente no Capítulo 11. A variedade de protecionismo em países avançados é muito mais restrita. De fato, muito protecionismo está concentrado em somente dois setores: agrícola e têxtil.

Agricultura Não existem muitos agricultores nas economias modernas. Nos Estados Unidos, a agricultura emprega mais ou menos dois milhões de trabalhadores de um total de mão de obra de mais de 130 milhões. Os agricultores, entretanto, em geral um grupo bem organizado e politicamente poderoso, têm sido capazes, em muitos casos, de alcançar altas taxas de proteção efetiva. Discutimos a Política Agrícola Comum da Europa no Capítulo 9, os subsídios à exportação naquele programa significam um número de produtos agrícolas vendidos a duas ou três vezes os preços mundiais. No Japão, o governo tradicionalmente baniu as importações de arroz, fazendo que os preços internos do alimento básico do país aumentassem mais do que cinco vezes acima do preço mundial. Essa proibição foi levemente relaxada diante das péssimas colheitas no meio da década de 1990, mas no fim de 1998 (sob protestos de outras nações, incluindo os Estados Unidos) o Japão impôs uma tarifa aduaneira de 1.000% nas importações de arroz.

Os Estados Unidos são, normalmente, um exportador de alimentos, o que significa que as tarifas aduaneiras e as quotas de importação não podem aumentar os preços. (Produtos com açúcar e laticínios são exceções). Enquanto os agricultores receberam subsídios consideráveis do governo federal, a relutância do governo em pagar dinheiro diretamente (ao contrário de impor mais ou menos custos ocultos aos consumidores) limitou o tamanho desses subsídios. Como resultado da relutância do governo, muito da proteção nos Estados Unidos está concentrada no principal setor protegido: a indústria de tecidos.

Tecidos A indústria de tecidos consiste de duas partes: têxteis (fiação e tecelagem de pano) e vestuário (montagem do tecido em roupa). As duas indústrias, mas em especial a de vestuário, historicamente foram protegi-

---

[6] Veja, em particular: Gene Grossman; Elhanan Helpman. "Protection for Sale", *American Economic Review*, v. 89, p. 833-850, set. 1994.

das de forma massiva por meio de tarifas aduaneiras e quotas de importação. Até 2005, elas estavam sujeitas ao Acordo Multifibras (AMF), que define tanto as quotas de exportação quanto de importação para um grande número de países.

A produção de vestuário tem duas características-chave. É de trabalho intensivo: um trabalhador precisa relativamente de pouco capital, em alguns casos nada além de uma máquina de costura, e pode fazer o trabalho sem uma educação formal extensiva. E a tecnologia é relativamente simples: não existe uma grande dificuldade em transferir a tecnologia mesmo para países muito pobres. Como resultado, as nações de baixo salário têm uma grande vantagem comparativa e os países de alto salário têm uma forte desvantagem comparativa na indústria de vestuário. Esse também é um setor tradicionalmente bem organizado em países desenvolvidos. Por exemplo, muitos trabalhadores norte-americanos de vestuário têm sido representados pelo Sindicato Internacional dos Trabalhadores do Vestuário Feminino.

Mais para frente neste capítulo, descreveremos como as negociações de comércio funcionam. Uma das mais importantes disposições dos acordos comerciais da Rodada Uruguai, assinados em 1994, foi a eliminação da AMF, que aconteceu no fim de 2004. Apesar das quotas de importação terem sido restabelecidas para a China em 2005, essas quotas, desde então, já foram eliminadas. Agora, o comércio de vestuário não enfrenta muitas restrições.

A Tabela 10.3 mostra o quão importante o vestuário costumava ser no protecionismo norte-americano e quanta diferença o fim das restrições sobre vestuário faz. Em 2002, com o AMF ainda em vigência, as restrições de vestuário eram responsáveis por mais de 80% dos custos gerais de bem-estar do protecionismo estadunidense. Como a AMF atribuiu licenças de importação para países exportadores, a maior parte do custo de bem-estar para os Estados Unidos não vinha da distorção da produção e do consumo, mas da transferência de rendas de contingenciamento para estrangeiros.

Com o fim da AMF, os custos da proteção ao vestuário assim como os custos gerais de proteção norte-americana caíram drasticamente.

TABELA 10.3	Custos de bem-estar de proteção dos Estados Unidos (bilhão de dólar)	
	2002 Estimado	2015 Projetado
Total	14,1	2,6
Têxteis e vestuário	11,8	0,5

Fonte: Comissão de Comércio Internacional dos EUA.

Negociações internacionais e política de comércio

Nossa discussão sobre as políticas da prática de comércio não tem sido muito encorajadora. Argumentamos que é difícil inventar políticas de comércio que aumentem o bem-estar nacional e que elas são frequentemente dominadas por grupos de interesse políticos. "Histórias de terror" sobre políticas de comércio que produzem custos que excedem em muito quaisquer benefícios concebíveis são abundantes. Portanto, é fácil ser bastante cínico sobre o lado prático da teoria de comércio.

Ademais, na verdade, do meio da década de 1930 até por volta de 1980, os Estados Unidos e outros países desenvolvidos gradualmente retiraram tarifas aduaneiras e algumas outras barreiras de comércio e, ao fazer isso, promoveram um rápido crescimento na integração internacional. A Figura 10.5 mostra a taxa média da tarifa aduaneira estadunidense em importações tributáveis de 1891 a 2010. Após um aumento drástico no começo da década de 1930, a taxa tem diminuído constantemente.[7] A maioria dos economistas acredita que essa liberalização progressiva do comércio foi bastante benéfica. Entretanto, dado o que dissemos sobre as políticas da prática de comércio, como foi politicamente possível essa remoção de tarifas?

Ao menos parte dessa resposta é que uma grande liberalização do comércio pós-guerra foi alcançada por meio de **negociação internacional**. Isto é, governos concordaram em envolverem-se em redução mútua da tarifa aduaneira. Esses acordos vincularam a proteção reduzida para as indústrias de concorrência de importação em cada país à proteção reduzida de outros países contra as indústrias de exportação daquele país. Tal vinculação, que discutiremos agora, ajuda a compensar algumas das dificuldades políticas que de outro modo impediriam os países de adotarem boas políticas de comércio.

---

[7] Medidas de mudanças na taxa média de proteção podem ser problemáticas porque a composição das importações muda (em parte porque as tarifas aduaneiras classificam a si próprias). Imagine, por exemplo, um país que impõe uma tarifa aduaneira tão alta em algumas mercadorias que acaba com todas as importações dessas mercadorias. Então, a taxa média da tarifa aduaneira em mercadorias de fato importadas será zero! Para tentar corrigir isso, a medida que utilizamos na Figura 10.5 mostra a taxa só nas importações "tributáveis", isto é, exclui as importações que por alguma razão foram isentas das tarifas aduaneiras. Em seu pico, as taxas das tarifas aduaneiras norte-americanas eram tão altas que mercadorias sujeitas às tarifas representavam somente um terço das importações; em 1975, essa parcela tinha aumentado para dois terços. Como resultado, a taxa média da tarifa aduaneira em todas as mercadorias caiu muito menos do que a taxa em mercadorias tributáveis. Os números mostrados na Figura 10.5, entretanto, mostram uma imagem mais precisa da maior liberalização do comércio que foi de fato vivenciada pelos Estados Unidos.

FIGURA 10.5 A taxa da tarifa aduaneira dos Estados Unidos

Após aumentar drasticamente no começo dos anos 1930, a taxa média da tarifa aduaneira dos Estados Unidos tem diminuído constantemente.

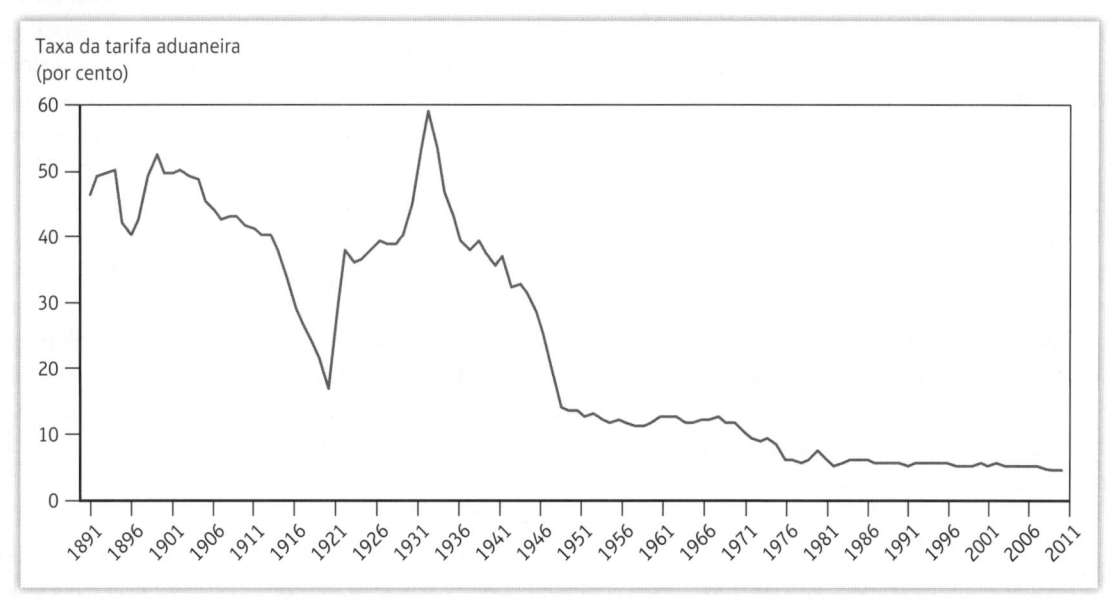

As vantagens da negociação

Existem ao menos duas razões pelas quais é mais fácil baixar as tarifas aduaneiras como parte de um acordo mútuo do que como uma política unilateral. Primeiro, o acordo mútuo ajuda a mobilizar apoio para o comércio mais livre. Segundo, acordos negociados de comércio ajudam os governos a evitarem entrar em guerras comerciais destrutivas.

O efeito das negociações internacionais no apoio ao comércio mais livre é simples. Já percebemos que os produtores de concorrência de importação geralmente são mais bem informados e organizados do que os consumidores. As negociações internacionais podem trazer exportadores nacionais como contrapeso. Por exemplo, os Estados Unidos e o Japão poderiam chegar a um acordo no qual os Estados Unidos privam-se de impor quotas de importação para proteger alguns de seus fabricantes da concorrência japonesa, em troca de uma retirada de barreiras japonesas contra exportadores norte-americanos agrícolas ou de produtos de alta tecnologia para o Japão. Os consumidores estadunidenses podem não ser politicamente efetivos em opor-se a essas quotas de importação em mercadorias estrangeiras, mesmo que essas quotas possam ser dispendiosas para eles, mas os exportadores que querem acessar o mercado estrangeiro podem, por meio de *lobby* para a eliminação mútua de quotas de importação, proteger os interesses dos consumidores.

A negociação internacional também pode ajudar a evitar uma **guerra comercial**. O conceito de guerra comercial pode ser mais bem ilustrado como um exemplo estilizado.

Imagine que só existam dois países no mundo, os Estados Unidos e o Japão, e que esses dois países tenham somente duas escolhas de política: livre comércio ou proteção. Suponha que esses governos sejam governos inusitadamente lúcidos que podem atribuir valores numéricos precisos para sua satisfação com qualquer resultado político (Tabela 10.4).

Os valores específicos dos pagamentos dados na tabela representam duas suposições. Primeiro, supomos que o governo de cada país escolheria a proteção se pudesse levar a política do outro país como dada. Isto é, seja qual for a política que o Japão escolher, o governo norte-americano estará em melhor situação com a proteção. Essa suposição não é, de forma alguma, necessariamente verdade. Muitos economistas argumentariam

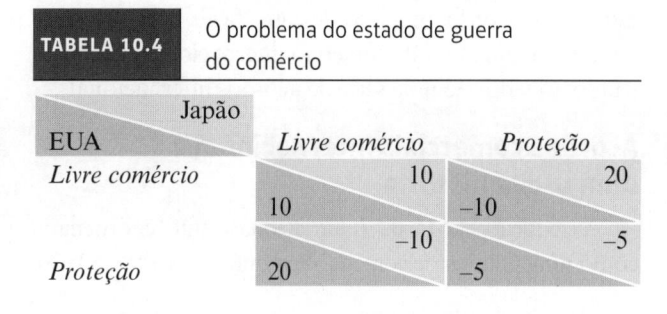

TABELA 10.4 O problema do estado de guerra do comércio

EUA \ Japão	Livre comércio	Proteção
Livre comércio	10 / 10	20 / −10
Proteção	−10 / 20	−5 / −5

que o livre comércio é a melhor política para a nação, independentemente do que os outros governos fazem. Entretanto, os governos não devem agir somente pelo interesse público, mas também pelos seus próprios interesses políticos. Pelas razões discutidas na seção anterior, os governos com frequência acham politicamente difícil evitar dar proteção para algumas indústrias.

A segunda suposição incorporada à Tabela 10.4 é a de que mesmo que cada governo agindo individualmente estivesse em melhor situação com a proteção, os dois estariam em melhor situação se escolhessem o livre comércio. Isto é, o governo norte-americano tem mais a ganhar com uma abertura dos mercados japoneses do que tem a perder com a abertura de seus mercados, e o mesmo é verdade para o Japão. Podemos justificar essa suposição simplesmente apelando para os ganhos advindos do comércio.

Para aqueles que estudaram teoria de jogo, essa situação é conhecida como **dilema do prisioneiro**. Cada governo, tomando a melhor decisão para si, vai escolher proteger. Essas escolhas levam ao resultado na caixa inferior direita da tabela. Ainda, os dois governos estariam em melhor situação se nenhum deles se protegesse: a caixa do lado esquerdo superior rende um pagamento que é maior para os dois países. Ao agirem unilateralmente no que parece ser seus melhores interesses, os governos fracassam em alcançar o melhor resultado possível. Se os países agem unilateralmente para protegerem-se, existe uma guerra comercial que deixa os dois em pior situação. As guerras comerciais não são tão sérias quanto as guerras que têm tiros, mas evitá-las é similar ao problema de evitar conflito armado ou corridas armamentistas.

É óbvio que o Japão e os Estados Unidos precisam estabelecer um acordo (como um tratado) para absterem-se da proteção. Cada governo ficará em melhor situação se limitar sua própria ação de liberdade, dado que o outro país também limite sua ação de liberdade. Um tratado pode fazer com que todos fiquem em melhor situação.

Esse é um exemplo bastante simplificado. No mundo real existem tanto muitos países quanto muitas gradações de política de comércio entre o livre comércio e a proteção total contra importações. Apesar disso, o exemplo sugere aos dois países que existe a necessidade de coordenar as políticas de comércio por meio de acordos internacionais, e que tais acordos podem, de fato, fazer diferença. De fato, o sistema atual de comércio internacional está construído ao redor de uma série de acordos internacionais.

Acordos comerciais internacionais: uma breve história

A redução de tarifa internacionalmente coordenada como uma política de comércio remonta à década de 1930.

Em 1930, os Estados Unidos aprovaram uma lei de tarifa aduaneira extraordinariamente irresponsável, o Ato de Smoot-Hawley. Sob esse ato, as taxas de tarifa aumentaram de modo vertiginoso e o comércio norte-americano caiu drasticamente. Alguns economistas argumentam que o Ato de Smoot-Hawley ajudou a aprofundar a Grande Depressão. Dentro de poucos anos após a aprovação do ato, a administração estadunidense concluiu que as tarifas precisavam ser reduzidas, mas isso representou sérios problemas de construção de coalizão política. Qualquer redução de tarifa seria oposta pelos membros do Congresso cujos distritos tivessem empresas produzindo mercadorias competitivas, enquanto os benefícios seriam tão amplamente difundidos que poucos no Congresso poderiam ser mobilizados no outro lado. Para reduzir as taxas de tarifa, a redução precisava ser acoplada a alguns benefícios concretos para os exportadores. A solução inicial para esse problema político foi a de negociações bilaterais da tarifa. Os Estados Unidos abordariam algum país que fosse um grande exportador de uma mercadoria (digamos, de açúcar) e ofereceria tarifas menores sobre o açúcar se aquele país baixasse suas tarifas em algumas exportações norte-americanas. A atratividade do acordo para os exportadores estadunidenses ajudou a combater o peso político do interesse do açúcar. No país estrangeiro, a atratividade do acordo para os exportadores estrangeiros de açúcar balancearia a influência política dos interesses de concorrência de importação. Tais negociações bilaterais ajudaram a reduzir a média tributável nas importações norte-americanas de 59%, em 1932, para 25% logo após a Segunda Guerra Mundial.

Entretanto, as negociações bilaterais não tiram vantagem máxima da coordenação internacional. Uma razão é que os benefícios advindos da negociação bilateral podem se "transbordar" para partes que não fizeram quaisquer concessões. Por exemplo, se os Estados Unidos reduzem as tarifas sobre o café como resultado de um acordo com o Brasil, a Colômbia também vai ganhar com um preço mundial maior do café. Além disso, alguns acordos vantajosos podem envolver intrinsecamente mais de dois parceiros: os Estados Unidos vendem mais para a Europa, a Europa vende mais para a Arábia Saudita, a Arábia Saudita vende mais para o Japão e o Japão vende mais para os Estados Unidos. Portanto, o próximo passo na liberalização do comércio internacional foi prosseguir para negociações multilaterais, envolvendo uma grande quantidade de países.

As negociações multilaterais começaram logo após o fim da Segunda Guerra Mundial. Originalmente, os diplomatas dos aliados vitoriosos imaginaram que tais negociações aconteceriam sob as condições favoráveis de um órgão proposto, chamado Organização de Comércio

Internacional, paralelo ao Fundo Monetário Internacional e ao Banco Mundial (descrito na segunda metade deste livro). Em 1974, relutantes em esperar até que a OCI estivesse montada, um grupo de 23 países começou as negociações comerciais sob um conjunto de regras provisórias que ficou conhecido como **Acordo Geral sobre Tarifas Aduaneiras e Comércio** ou **GATT**. Como se viu, a OCI nunca foi estabelecida porque encontrou severa oposição política, especialmente nos Estados Unidos. Então o acordo provisório acabou governando o comércio mundial pelos 48 anos seguintes.

Oficialmente, o GATT era um acordo e não uma organização. Os países participantes do acordo eram oficialmente designados como "parte contratante" e não membros. Na prática, o GATT mantinha um "secretariado" permanente em Genebra, ao qual todos se referiam como "o GATT". Em 1995, a **Organização Mundial do Comércio**, ou **OMC**, foi estabelecida, finalmente criando a organização formal vislumbrada 50 anos antes. Entretanto, as regras do GATT permanecem em vigência e a lógica básica do sistema permanece a mesma.

Uma forma de pensar sobre a abordagem GATT-OMC ao comércio é utilizar uma analogia mecânica: é como um dispositivo criado para empurrar um objeto pesado, a economia mundial, gradualmente até uma inclinação (o caminho para o livre comércio). Chegar lá exige tanto "alavancas", para empurrar o objeto na direção certa, quanto "roquetes", que impedem o retrocesso.

O principal roquete no sistema é o processo de **vinculação**. Quando uma tarifa é "vinculada", o país que a impõe concorda em não aumentar a taxa no futuro. Atualmente, quase todas as taxas de tarifa nos países desenvolvidos estão vinculadas, assim como três quartos das taxas em países em desenvolvimento. Existe, porém, alguma margem de manobra nas tarifas vinculadas: um país pode aumentar uma tarifa se conseguir o consentimento de outros países, o que normalmente significa fornecer compensação reduzindo outras tarifas. Na prática, a vinculação tem sido altamente efetiva, com pouco retrocesso nas tarifas ao longo dos últimos 50 anos.

Além de vincular as tarifas, o sistema GATT-OMC geralmente tenta impedir intervenções não tarifárias no comércio. Os subsídios à exportação não são permitidos, com uma importante exceção: na criação do GATT, os Estados Unidos insistiram em uma brecha para as exportações agrícolas, que tem sido explorada desde então em grande escala pela União Europeia.

Como apontamos anteriormente neste capítulo, a maioria do custo atual de proteção nos Estados Unidos vem de quotas de importação. O sistema GATT-OMC vigente "permite" as quotas de importação existentes, embora exista um contínuo e frequentemente bem-sucedido esforço para remover tais quotas ou convertê-las em tarifas. As novas quotas de importação geralmente são proibidas, exceto como medidas temporárias para lidar com "ruptura de mercado", um termo indefinido e normalmente interpretado como surtos de importações que ameaçam colocar fora da economia um setor nacional de forma repentina.

A alavanca utilizada para fazer progressos é um processo um pouco estilizado, conhecido como **rodada de negociação**, na qual um grupo grande de países junta-se pra negociar um conjunto de reduções de tarifa e outras medidas para liberalizar o comércio. Oito rodadas de negociação já foram completadas dede 1947, a última delas — a Rodada Uruguai, terminada em 1994 — estabeleceu a OMC. Em 2001, uma reunião na cidade de Doha, no Golfo Pérsico, inaugurou a nona rodada, que em 2014 pareceu ter fracassado em chegar a um acordo. Discutiremos as razões para o aparente fracasso da Rodada Doha mais à frente neste capítulo.

As cinco primeiras rodadas de negociação sob o GATT tomaram a forma de negociações bilaterais "paralelas", em que cada país negocia em pares com uma quantidade de países de uma vez só. Por exemplo, se a Alemanha oferecesse uma redução de tarifa que beneficiasse tanto a França quanto a Itália, ela poderia pedir aos dois países concessões recíprocas. A capacidade de fazer acordos mais extensos, junto com a recuperação econômica mundial da guerra, ajudou a permitir reduções substanciais de tarifa aduaneira,

O sexto acordo comercial multilateral, conhecido como Rodada Kennedy, foi finalizado em 1967. Esse acordo envolveu uma redução geral de 50% nas tarifas dos principais países industriais, exceto para indústrias específicas cujas tarifas não foram modificadas. As negociações preocupavam-se com quais indústrias isentar em vez do tamanho do corte para as indústrias que não receberiam o tratamento especial. No geral, a Rodada Kennedy reduziu as tarifas médias em torno de 35%.

A chamada Rodada Tóquio de negociações comerciais (finalizada em 1979) reduziu as tarifas por uma fórmula mais complexa que aquela da Rodada Kennedy. Além disso, novos códigos foram estabelecidos em um esforço para controlar a proliferação de barreiras não tarifárias, como as restrições voluntárias das exportações e acordos ordenados pelo mercado. Por fim, em 1994, uma oitava rodada de negociações, a chamada Rodada Uruguai, foi finalizada. As disposições daquela rodada foram aprovadas pelo Congresso norte-americano após um debate acirrado. Descrevemos os resultados dessas negociações a seguir.

A Rodada Uruguai

Grandes negociações de comércio internacional invariavelmente começam com uma cerimônia em algum local exótico e terminam com um cerimonial de assinaturas em outro. A oitava rodada das negociações comerciais globais realizada sob o GATT começou em 1986, com uma reunião no resort litoral de Punta del Este, no Uruguai (por isso o nome Rodada Uruguai). Os participantes, então, dirigiram-se para Genebra, onde se envolveram em anos de ofertas e contraofertas, ameaças e contra-ameaças e, acima de tudo, dezenas de milhares de horas de reuniões tão chatas que até o diplomata mais experiente teve dificuldade em ficar acordado. A rodada tinha sido agendada para terminar em 1990, mas encontrou sérias dificuldades políticas. No fim de 1993, as negociações finalmente produziram um documento básico que consistia em 400 páginas de acordos, junto com documentos suplementares detalhando os compromissos específicos das nações-membro no que diz respeito a determinados mercados e produtos, em torno de 22 mil páginas no total. Esse acordo foi assinado em Marrakesh, no Marrocos, em abril de 1994 e ratificado pelas principais nações (após controvérsias políticas amargas em alguns casos, incluindo os Estados Unidos) no final daquele ano.

Como a extensão do documento sugere, os resultados finais da Rodada Uruguai não são fáceis de serem resumidos. Os resultados mais importantes, entretanto, podem ser agrupados em dois títulos: liberalização do comércio e reformas administrativas.

Liberalização do comércio

A Rodada Uruguai, assim como as negociações anteriores do GATT, cortou taxas de tarifas ao redor do mundo. Os números podem parecer impressionantes: a tarifa média imposta por países desenvolvidos caiu quase 40% como resultado da rodada. Entretanto, as taxas de tarifa já estavam bem baixas. Na verdade, a taxa média de tarifa caiu de 6,3% para 3,9%, o suficiente para produzir somente um pequeno aumento no comércio mundial. Porém, mais importante do que essa redução geral da tarifa foram os movimentos para liberalizar o comércio em dois setores fundamentais: agrícola e de tecidos.

O comércio mundial de produtos agrícolas tem sido altamente distorcido. O Japão é notório por restrições às importações que levam os preços internos do arroz, da carne e de outros alimentos a serem muitas vezes mais altos que os preços do mercado mundial. Os subsídios massivos à exportação da Europa sob a Política Agrícola Comum foram descritos no Capítulo 9. No começo da Rodada Uruguai, os Estados Unidos tinham uma meta ambiciosa: o livre comércio de produtos agrícolas no ano 2000. O sucesso real foi muito mais modesto, mas ainda assim significativo. O acordo exigiu que os exportadores agrícolas reduzissem o valor dos subsídios em 36% e o volume de exportações subsidiadas em 21% em um período de seis anos. Países como o Japão, que protegem seus agricultores com quotas de importação, foram solicitados a substituir as quotas por tarifas que não poderiam ser aumentadas no futuro.

O comércio mundial de têxteis e vestuário também foi altamente distorcido pelo Acordo Multifibras, igualmente descrito no Capítulo 9. A Rodada Uruguai acabou com o AMF em um período de dez anos, eliminando todas as restrições quantitativas no comércio de têxteis e vestuário. (Algumas tarifas altas permaneceram inalteradas.) Essa foi uma liberalização bem dramática — lembre-se, a maioria das estimativas sugeriam que a proteção de vestuário impôs um maior custo aos consumidores norte-americanos do que todas as outras medidas protecionistas combinadas. Vale a pena notar, entretanto, que a fórmula utilizada para eliminar o AMF foi bastante demorada: muito da liberalização foi adiada até 2003 e 2004, com o final real das quotas não acontecendo até 1º de janeiro de 2005.

Com certeza, o fim do AMF trouxe um surto em exportação de vestuário da China. Por exemplo, em janeiro de 2005, a China enviou 27 milhões de pares de calças de algodão para os Estados Unidos, comparados com 1,9 milhão no ano anterior. E existia uma reação política feroz vinda dos produtores de vestuário nos Estados Unidos e na Europa. Embora novas restrições fossem impostas sobre as exportações chinesas de vestuário, essas restrições eram eliminadas com o tempo; o comércio mundial de vestuário foi, de fato, amplamente liberalizado. Uma ação comercial final importante sob a Rodada Uruguai foi um novo conjunto de regras relacionadas às aquisições governamentais, compras que são feitas não por empresas privadas ou consumidores, mas por agências do governo. Tais aquisições forneceram mais mercados protegidos para vários tipos de mercadorias, dos equipamentos de construção aos veículos. (Lembre-se do estudo de caso sobre ônibus húngaros no Capítulo 9.) A Rodada Uruguai definiu novas regras que deveriam abrir uma ampla gama de contratos governamentais para produtos importados.

Reformas administrativas: do GATT à OMC

Muito da publicidade que cercava a Rodada Uruguai e muito da controvérsia que girava em torno do sistema de comércio mundial desde então tem focado na criação de uma nova instituição de rodada, a Organização

Mundial do Comércio. Em 1995, essa organização substituiu o secretariado *ad hoc* que administrava o GATT. Como veremos no Capítulo 12, a OMC tornou-se a organização que os oponentes da globalização amam odiar. Ela já foi acusada tanto pela direita quanto pela esquerda de agir como um governo mundial, minando a soberania nacional.

O quão diferente é a OMC do GATT? De um ponto de vista legal, o GATT era um acordo provisório, ao passo que a OMC é uma organização internacional completamente estabelecida. Entretanto, a burocracia continua pequena (uma equipe de 500 pessoas). Uma versão atualizada do texto original da GATT foi incorporada às regras da OMC. O GATT, no entanto, era aplicado somente para o comércio de mercadorias; já o comércio mundial em serviços — isto é, coisas intangíveis como seguro, consultoria e comércio bancário — não estava sujeito a qualquer conjunto de regras acordadas. Como resultado, muitos países aplicaram regulamentos que discriminavam abertamente fornecedores estrangeiros. A negligência do GATT em comércio de serviços tornou-se uma omissão cada vez mais evidente, porque as economias modernas focaram cada vez mais na produção de serviços em vez da produção de mercadorias físicas. Por isso o acordo da OMC inclui regras no comércio de serviços (o Acordo Geral sobre Comércio de Serviço, ou GATS). Na prática, essas regras ainda não tiveram muito impacto no comércio de serviços. Seu principal propósito é servir como base para negociar rodadas de comércio futuras.

Além de uma ampla mudança de produzir mercadorias para produzir serviços, os países desenvolvidos também vivenciaram uma mudança advinda de depender de capital físico para depender de "propriedade intelectual", que é protegida por patentes e direitos autorais. (Há trinta anos, a General Motors era a quintessência da corporação moderna, agora é a Apple ou o Google.) Portanto, definir a aplicação internacional de direitos de propriedade internacional também se tornou uma grande preocupação. A OMC tenta assumir essa missão com o Acordo sobre os Aspectos Comerciais da Propriedade Intelectual (TRIPS). A aplicação do TRIPS na indústria farmacêutica tornou-se objeto de debate acalorado.

Contudo, o mais importante novo aspecto da OMC é geralmente reconhecido como seu processo de "resolução de disputas". Um problema básico surge quando um país acusa outro de violar as regras do sistema de comércio. Suponha, por exemplo, que o Canadá acuse os Estados Unidos de limitar de forma desleal as importações de madeira e os Estados Unidos neguem a acusação. O que acontece então?

Antes da OMC, existiam tribunais internacionais nos quais o Canadá podia apresentar seu caso, mas o procedimento tendia a arrastar-se por anos, até décadas. E mesmo quando uma decisão era publicada, não existia nenhuma forma de fazê-la valer. Isso não significava que as regras do GATT não tivessem efetividade: nem os Estados Unidos, nem os outros países queriam adquirir a reputação de país que zomba das leis, então eles faziam esforços consideráveis para manter suas ações "legais sob o GATT". Mas os casos de área intermediária tendem a ficar sem solução.

A OMC tem um procedimento muito mais formal e efetivo. Painéis de *experts* são selecionados para ouvir os casos, normalmente chegando a uma conclusão final em menos de um ano. Mesmo com apelações, o procedimento não deve levar mais do que 15 meses.

Suponha que a OMC conclua que a nação, de fato, violou as regras, mas o país recusa-se a mudar sua política. Então o que acontece? A OMC por si própria não tem poderes para fazer com que isso se cumpra. O que ela pode fazer é conceder ao país que prestou queixa o direito de retaliar. Para utilizar nosso exemplo Canadá-Estados Unidos, o governo canadense pode receber o direito de impor restrições nas exportações estadunidenses sem que isso seja considerado violação das regras da OMC. No caso da disputa da banana descrita no estudo de caso "As preferências comerciais têm apelo?" mais adiante, a decisão da OMC disse que a União Europeia cometeu violação. Quando a Europa insistiu na indisciplina, os Estados Unidos impuseram temporariamente tarifas aduaneiras em itens como bolsas de grife.

A esperança e a expectativa é que poucas disputas cheguem tão longe. Em muitos casos, a ameaça de levar a disputa à OMC deveria levar a uma resolução, na grande maioria dos casos, os países aceitam a decisão da OMC e mudam suas políticas.

O estudo de caso a seguir descreve um exemplo do procedimento de resolução de disputas da OMC em funcionamento: a disputa Estados Unidos-Venezuela sobre gasolina importada. Como os quadros explicam, esse caso também se tornou um excelente exemplo para aqueles que acusam a OMC de minar a soberania nacional.

Benefícios e custos

É difícil estimar o impacto econômico da Rodada Uruguai. Se nada der certo, pense na logística: para fazer uma estimativa, uma pessoa deve traduzir um documento imenso de um jargão impenetrável (juridiquês) para outro (economês), atribuir números para a tradução, então colocar tudo isso em um modelo de computador da economia mundial.

SOLUCIONANDO UMA DISPUTA — E CRIANDO UMA

A primeira aplicação do procedimento de resolução de disputa da OMC também foi uma das mais controversas. Para os apoiadores da OMC, ela ilustra a efetividade do novo sistema. Para os oponentes, mostra que a organização fica no caminho de importantes metas sociais, tal como proteger o meio ambiente.

O caso surgiu após os novos padrões sobre poluição de ar dos Estados Unidos. Esses padrões definiram regras para a composição química da gasolina vendida nos Estados Unidos. Um padrão uniforme claramente seria legal sob as regras da OMC. Entretanto, os novos padrões incluíram algumas brechas: as refinarias nos Estados Unidos, ou aquelas vendendo 75% ou mais de sua produção nos Estados Unidos, receberam "linhas de base" que dependiam de seus níveis de poluentes de 1990. Essa disposição geralmente define um padrão menos rigoroso do que foi definido para a gasolina importada e, portanto, ao entrar em vigência introduziu a preferência pela gasolina das refinarias nacionais.

A Venezuela, que envia quantidades consideráveis de gasolina para os Estados Unidos, apresentou uma queixa contra as novas regras de poluição no começo de 1995. A Venezuela argumentou que as regras violavam o princípio do "tratamento nacional", que diz que as mercadorias importadas deveriam estar sujeitas às mesmas regras que as mercadorias nacionais (de forma que as regras não sejam utilizadas como uma forma indireta de protecionismo). Um ano depois, o painel apontado pela OMC decidiu em favor da Venezuela. Os Estados Unidos apelaram, mas o recurso foi rejeitado. Os Estados Unidos e a Venezuela então negociaram um conjunto de regras revistas.

Em um nível, esse resultado foi uma demonstração da OMC fazendo exatamente o que ela deve fazer. Os Estados Unidos introduziram medidas que violavam claramente a letra de seus acordos; quando um país menor e menos influente apelou contra essas medidas, conseguiu resultados rápidos.

Por outro lado, os ambientalistas estavam compreensivelmente aborrecidos: a decisão da OMC, em essência, bloqueia uma medida que teria deixado o ar mais limpo. Além disso, havia pouca dúvida de que as regras para um ar mais limpo tivessem sido promulgadas de boa fé — isto é, se elas realmente tinham a intenção de reduzir a poluição do ar e não a de excluir exportações.

Os defensores da OMC apontaram que os Estados Unidos claramente poderiam ter escrito uma regra que não discriminasse as importações. O fato de não terem feito isso foi uma concessão política para a indústria de refinação, o que, de fato, *constituiu* um tipo de protecionismo. O máximo que se pode dizer é que as regras da OMC tornaram mais difícil para os ambientalistas norte-americanos chegarem a um acordo com a indústria.

Na mitologia do movimento de antiglobalização, que discutiremos no Capítulo 12, a intervenção da OMC contra os padrões de ar limpo assumiu *status* de ícone: o caso é visto como um excelente exemplo de como a organização priva as nações de sua soberania, impedindo-as de seguir políticas social e ambientalmente responsáveis. A realidade do caso, entretanto, não está nem perto disso: se os Estados Unidos tivessem imposto uma regra "limpa" de ar limpo que não discriminasse as fontes, a OMC não teria recebido nenhuma queixa.

As estimativas mais amplamente citadas são aquelas do próprio GATT e da Organização para a Cooperação e Desenvolvimento Econômico, outra organização internacional (que consistia somente de países ricos e era baseada em Paris). As duas estimativas sugerem um ganho para a economia mundial como um todo de mais de 200 bilhões de dólares anuais, aumentando a renda mundial em torno de 1%. Como sempre, há estimativas dissidentes dos dois lados. Alguns economistas afirmam que os ganhos estimados são exagerados, em especial porque as estimativas presumem que as exportações e importações responderam fortemente às novas mudanças de liberalização. Uma provável minoria de críticos argumenta que essas estimativas são consideravelmente baixas, por causa das razões "dinâmicas" discutidas anteriormente neste capítulo.

Em qualquer caso, é claro que a lógica pouco usual da liberalização do comércio aplica que: os custos da Rodada Uruguai foram sentidos por grupos concentrados e bem organizados, enquanto os benefícios foram revertidos para amplas e difusas populações. O progresso na agricultura prejudicou as pequenas — mas influentes — populações de agricultores na Europa, no Japão e em outros países onde os preços da agricultura estavam muito acima dos níveis mundiais. Essas perdas foram muito mais do que compensadas pelos ganhos para os consumidores e contribuintes nesses países, mas porque esses benefícios foram amplamente espalhados, ficaram quase que imperceptíveis. Similarmente, a liberalização do comércio em têxteis e vestuário produziu um pouco de dor concentrada para os trabalhadores e companhias nessas indústrias, compensada por ganhos consideravelmente grandes do consumidor, mas bem menos visíveis.

Dados esses fortes impactos distribucionais da Rodada Uruguai, é realmente extraordinário que eles tenham chegado a um acordo. Na verdade, depois do fracasso de não chegar nem perto de um acordo em 1990, muitos comentadores começaram a dizer que o processo de negociação como um todo estava morto. No fim, o acordo alcançado, mesmo que em uma escala mais modesta do que originalmente esperado, pode ser atribuído a um conjunto interligado de cálculos políticos. Nos Estados Unidos, os ganhos para os exportadores agrícolas e os ganhos em perspectiva para os exportadores de serviços se o GATT abrisse a porta para a liberalização substancial ajudariam a compensar as reclamações da indústria de vestuário. Muitos países em desenvolvimento apoiaram a rodada por causa das novas oportunidades que ofereceriam às suas próprias exportações de têxteis e vestuário. Também, algumas das "concessões" negociadas sob o acordo eram desculpa para fazer mudanças políticas que aconteceriam eventualmente de qualquer forma. Por exemplo, a despesa pura da Política Agrícola Comum da Europa em tempos de déficit no orçamento tornou-a madura para o corte em qualquer caso.

No entanto, como um fato importante no sucesso final da rodada estava o medo de algo acontecer se houvesse falha. Em 1993, correntes protecionistas estavam em evidente execução nos Estados Unidos e em outros lugares. Os negociadores do comércio em países que poderiam de outra forma recusar-se a ir em frente com o acordo — como França, Japão e Coreia do Sul, nos quais poderosos *lobbies* agrícolas raivosamente opõem-se à liberalização do comércio — temiam, portanto, que o fracasso em concordar fosse perigoso. Isto é, eles temiam que uma rodada fracassada não significasse meramente uma falta de progresso, mas o retrocesso substancial no progresso feito em direção ao livre comércio durante as quatro décadas anteriores.

TESTE DE METAL DA OMC

Em março de 2002, o governo norte-americano impôs tarifas aduaneiras de 30% em uma variedade de produtos importados de metal. A razão oficial para essa ação foi que a indústria estadunidense enfrentou um surto nas importações e precisava de tempo para reestruturar-se. Mas a razão real, quase todo mundo concordou, era política: esperava-se que West Virginia, Ohio e Pensilvânia, onde a indústria do aço estava concentrada, fossem os "estados de balanço" cruciais na eleição de 2004.

A Europa, o Japão, a China e a Coreia do Sul moveram uma ação contra a tarifa de aço norte-americana na OMC, afirmando que a ação estadunidense era ilegal. Em julho de 2003, o painel da OMC concordou, decidindo que a ação norte-americana não tinha justificativa. Muitos observadores consideraram a resposta dos Estados Unidos a essa decisão um teste crucial para a credibilidade da OMC: o governo da nação mais poderosa do mundo realmente permitiria que uma organização internacional lhe dissesse para retirar uma tarifa importante politicamente? Existia até uma conversa de uma iminente guerra comercial.

Na verdade, os Estados Unidos obedeceram à decisão, retirando as tarifas sobre o aço em dezembro de 2003. A explicação oficial para a decisão foi de que as tarifas tinham servido a seu propósito. Apesar disso, muitos observadores acreditaram que a motivação principal foi uma ameaça da União Europeia, que naquele momento tinha recebido a liberação para uma ação retaliadora e estava pronta para impor tarifas aduaneiras em mais de dois bilhões de dólares em exportações norte-americanas. (Os europeus, que entendem de política tanto quanto os Estados Unidos, miraram suas tarifas em mercadorias produzidas — adivinhe onde — nos estados do balanço político.)

Então a OMC passou por um grande teste. Ainda assim, uma coisa é os Estados Unidos se submeter a uma queixa da União Europeia, que é uma superpotência econômica com uma economia com o tamanho aproximado da dos Estados Unidos. A próxima questão é o que acontecerá quando a OMC decidir em favor de economias menores contra poderes econômicos como os Estados Unidos ou a UE.

Em março de 2005, em uma decisão histórica, a OMC concordou com a queixa brasileira de que os subsídios norte-americanos para os produtores de algodão eram ilegais. Os Estados Unidos disseram que cumpririam a decisão e eliminariam os subsídios, mas em 2009 tinham somente feito mudanças parciais para cumprir a decisão. Nesse ponto, a OMC autorizou o Brasil que retaliasse com substanciais sanções às exportações norte-americanas. Em 2010, os Estados Unidos alcançaram um acordo provisório com o Brasil, oferecendo uma série de concessões, que evitaram ação imediata. Entretanto, a partir de 2013, insatisfeitos com os resultados até o momento, o Brasil ainda ameaçava prosseguir com as sanções.

A decepção de Doha

A nona maior rodada de negociações de comércio mundial começou em 2001 com uma cerimônia na cidade de Doha, no Golfo Pérsico. Como as rodadas anteriores, ela foi marcada por negociações difíceis. Mas a partir do verão de 2010 parecia que algo novo tinha acontecido: pela primeira vez desde a criação do GATT, a rodada de negociações parecia ter terminado com nenhum acordo em vista.

É importante entender que o aparente fracasso da Rodada Doha não desfaz o progresso alcançado nas negociações comerciais anteriores. Lembre-se de que o sistema de comércio mundial é uma combinação de "alavancas", negociações internacionais de comércio que impulsionam a liberalização do comércio para frente, e "roquetes", principalmente a prática de tarifas obrigatórias, que previnem as más práticas. As alavancas parecem ter falhado na última rodada de negociação, mas os roquetes ainda estão no lugar: as reduções nas taxas de tarifa que tiveram lugar nas últimas oito rodadas ainda permanecem em vigor. Como resultado, o comércio mundial permanece muito mais livre do que em qualquer outro ponto da história moderna.

Na verdade, o aparente fracasso de Doha deve muito ao sucesso das negociações comerciais anteriores. Como as negociações anteriores foram tão bem-sucedidas em reduzir as barreiras de comércio, as barreiras remanescentes são bem baixas, de modo que os ganhos com novas liberalizações do comércio são modestos. De fato, as barreiras para o comércio na maioria das mercadorias manufaturadas, que não sejam vestuário e produtos têxteis, são mais ou menos insignificantes. A maioria dos ganhos potenciais advindos das mudanças para um comércio mais livre viria da redução de tarifas aduaneiras e dos subsídios à exportação na agricultura, que foi o último setor a ser liberalizado, pois é o mais sensível politicamente.

A Tabela 10.5 ilustra esse ponto. Ela mostra uma estimativa do Banco Mundial de onde vêm os ganhos de bem-estar da "liberalização completa", isto é, a eliminação de todas as barreiras remanescentes para o comércio e subsídios à exportação e como eles seriam distribuídos através dos países. No mundo moderno, as mercadorias agrícolas representam menos de 10% do total do comércio internacional. No entanto, de acordo com a estimativa do Banco Mundial, a liberalização do comércio agrícola produziria 63% do total de ganhos mundiais advindos do livre comércio para o mundo como um todo. E esses ganhos são muito difíceis de serem obtidos. Como já descrevemos, os agricultores nos países ricos são extremamente eficazes em conseguir favores do processo político.

As propostas que chegaram mais próximas de serem aceitas na Rodada Doha, na verdade, ficaram muito aquém da liberalização completa. Como resultado, os ganhos possíveis mesmo de uma rodada bem-sucedida teriam sido relativamente pequenos. A Tabela 10.6 mostra as estimativas do Banco Mundial dos ganhos de bem-estar, como uma porcentagem da renda, sob dois cenários de como Doha poderia ter atuado: um cenário "ambicioso", que seria muito difícil de ser alcançado, e um cenário "menos ambicioso", no qual os setores "sensíveis" teriam sido poupados da maior liberalização. Os ganhos para o mundo como um todo, mesmo no cenário ambicioso, teriam sido de somente 0,18% do PIB. No cenário mais plausível, os ganhos teriam sido menos de um terço maiores. Para países de rendas média e pequena, os ganhos teriam sido ainda menores. (Por que a China teria realmente perdido? Porque, como veremos no estudo de caso a seguir, eles acabariam pagando preços altos por mercadorias agrícolas importadas).

A pequenez do tamanho dos números na Tabela 10.6 ajuda a explicar por que a rodada falhou. Os países pobres viram pouco nas propostas voltadas a eles e pressionaram por concessões muito maiores dos países ricos. Os governos dos países ricos, por sua vez, recusaram-se a assumir o risco político de cruzar grupos de interesse poderosos, especialmente os agricultores, sem algo em troca — e os países pobres não estavam dispostos a oferecer grandes cortes em suas tarifas remanescentes, o que poderia ter sido suficiente.

Existiu uma tentativa mais ou menos desesperada de reavivar a Rodada Doha em junho de 2007, por causa do

TABELA 10.5 Distribuição de porcentagem dos possíveis ganhos com o livre comércio

Economia	Liberalização completa de:			
	Agricultura e alimentos	Têxteis e vestuário	Outras mercadorias	Todas as mercadorias
Desenvolvida	46%	6%	3%	55%
Em desenvolvimento	17%	8%	20%	45%
Todas	63%	14%	23%	100%

Fonte: Kym Anderson; Will Martin. "Agricultural Trade Reform and the Doha Agenda", *The World Economy*, v. 28, p. 1301–1327, set. 2005.

OS SUBSÍDIOS AGRÍCOLAS PREJUDICAM O TERCEIRO MUNDO?

Uma das maiores reclamações dos países em desenvolvimento durante a rodada de negociações de Doha foi sobre a existência contínua de grandes subsídios agrícolas à exportação e importação nos países ricos. O subsídio norte-americano ao algodão, que desvaloriza os preços mundiais do algodão e, portanto, prejudica os produtores de algodão da África Ocidental, é o exemplo mais citado. Mas aprendemos no Capítulo 9 que um subsídio à exportação normalmente aumenta o bem-estar do país importador, que pode comprar mercadorias de forma mais barata. Então os subsídios à exportação pelos países ricos não deveriam de fato ajudar os países mais pobres?

A resposta é que em muitos casos eles ajudam. As estimativas mostradas na Tabela 10.6 indicam que uma Rodada Doha bem-sucedida prejudicaria, de fato, a China. Por quê? Porque a China, que exporta mercadorias manufaturadas e importa alimentos e outros produtos agrícolas, seria prejudicada com a remoção dos subsídios agrícolas.

E não é só a China que pode realmente beneficiar-se dos subsídios à exportação dos países ricos. Alguns agricultores do Terceiro Mundo são prejudicados com os baixos preços das exportações de alimentos subsidiadas da Europa e dos Estados Unidos, mas os residentes urbanos do Terceiro Mundo beneficiam-se, e também os agricultores que produzem mercadorias, como o café, já que não competem com produtos subsidiados.

A África é o caso em questão. Um levantamento de estimativas dos possíveis efeitos da Rodada Doha sobre a baixa renda das nações africanas descobriu que, na maioria dos casos, os países africanos ficariam, de fato, em pior situação, porque os efeitos negativos de preços altos de alimentos mais do que compensariam os ganhos de preços altos para culturas como o algodão.

TABELA 10.6	Porcentagem de ganhos em renda sob dois cenários de Doha	
	Ambiciosa	**Menos ambiciosa**
Renda alta	0,20%	0,05%
Renda média	0,10%	0,00%
China	–0,02%	–0,05%
Renda baixa	0,05%	0,01%
Mundo	0,18%	0,04%

Fonte: Veja a Tabela 10.5.

calendário político norte-americano. Em geral, o Congresso dá aos presidentes estadunidense um privilégio especial chamado de autoridade de promoção, também conhecido informalmente como via rápida. Quando a autoridade de promoção de comércio está em vigor, o presidente pode enviar ao Congresso um acordo de comércio e exigir uma votação contra ou a favor. Os membros do Congresso não podem introduzir emendas que, digamos, deem proteção especial para indústrias em seus distritos de origem. Sem essa autoridade, os acordos de comércio tendem a ser deformados e ficarem irreconhecíveis.

Mas a autoridade de promoção de comércio do presidente Bush estava agendada para expirar no fim de julho de 2007 e o Congresso democrático não ia dar uma nova autoridade para um presidente republicano que era carta fora do baralho. Todos entenderam, então, que um fracasso em chegar a um acordo no fim do verão de 2007 garantiria que nenhum acordo seria feito antes da próxima administração presidencial. Então uma reunião foi realizada na cidade alemã de Potsdam entre os quatro principais jogadores: os Estados Unidos, a União Europeia, o Brasil e a Índia (a China ficou à margem). O resultado foi um impasse. Os Estados Unidos e a União Europeia culparam o Brasil e a Índia por não estarem dispostos a abrir seus mercados para mercadorias manufaturadas, enquanto o Brasil e a Índia acusaram os Estados Unidos e a União Europeia de fazerem muito pouco na agricultura.

Houve mais uma tentativa de reviver a rodada, em julho de 2008. Mas as conversas ruíram após oito dias somente, por causa das discordâncias sobre o comércio agrícola entre os Estados Unidos, a Índia e a China. No momento da escrita deste livro, a rodada inteira pareceu estar em um estado de suspensão, em que ninguém admitia o fracasso, mas não existiam negociações ativas.

Acordos de comércio preferencial

Todos os acordos de comércio internacional que descrevemos até agora envolveram uma redução "não discriminatória" nas taxas da tarifa. Por exemplo, quando os Estados Unidos concordam com a Alemanha em baixar sua tarifa aduaneira sobre maquinário importado, a nova taxa de tarifa é aplicada ao maquinário de qualquer nação em vez de somente às importações da Alemanha. Tal não discriminação é normal na maioria das tarifas aduaneiras. De fato, os Estados Unidos concedem a muitos países o *status* formalmente conhecido como "nação mais favorecida" (NMF), uma garantia de que suas exportações pagarão tarifas aduaneiras que não são mais altas do que a nação que paga a menor tarifa. Todos os países que recebem *status* de NMF, portanto, pagam as mesmas taxas. As reduções da tarifa aduaneira sob o GATT sempre (só com uma importante exceção) são feitas na base da NMF.

Contudo, existem alguns casos importantes nos quais as nações estabelecem **acordos de comércio preferencial**, pelos quais as tarifas que eles aplicam entre seus produtos são menores do que as taxas dos mesmos produtos que vêm de outros países. O GATT proíbe em geral tais acordos, mas faz uma exceção um tanto estranha: é contra as regras o país A ter tarifas aduaneiras menores nas importações do país B do que nas importações do país C, mas é aceitável se os países B e C concordarem em ter zero tarifas entre seus produtos. Isto é, o GATT proíbe os acordos de comércio preferencial no geral, como uma violação do princípio NMF, mas permite-os se eles resultarem no livre comércio entre os países que os acordam.[8]

No geral, dois ou mais países que concordam em estabelecer o livre comércio podem fazê-lo de uma das duas formas. Eles podem estabelecer uma **zona de livre comércio** na qual as mercadorias de cada país podem ser enviadas para o outro sem tarifas aduaneiras, mas na qual eles definem tarifas aduaneiras contra o mundo exterior de forma independente. Ou podem estabelecer uma união aduaneira na qual eles devem concordar com as taxas da tarifa. O Acordo de Livre Comércio da América do Norte, que estabelece o livre comércio entre Canadá, Estados Unidos e México, cria uma zona de livre comércio: não existe nenhuma exigência no acordo de que, por exemplo, o Canadá e o México tenham a mesma taxa de tarifa aduaneira em produtos têxteis da China. A União Europeia, por outro lado, é uma união aduaneira completa. Todos os países devem concordar em cobrar a mesma taxa de tarifa em cada mercadoria importada. Cada sistema tem tanto vantagens quanto desvantagens. Elas são discutidas no estudo de caso a seguir.

Sujeita às qualificações mencionadas anteriormente neste capítulo, a redução de tarifa aduaneira é uma coisa boa que aumenta a eficiência econômica. À primeira vista, pode parecer que reduções preferenciais de tarifa aduaneira também são boas, se é que não são melhores do que a redução de tarifas no todo. Afinal, não é melhor um pedaço de pão do que nenhum pedaço?

Talvez, surpreendentemente, essa conclusão seja muito otimista. É possível que um país se coloque em pior situação ao entrar para uma união aduaneira. A razão pode ser ilustrada por um exemplo hipotético utilizando a Grã-Bretanha, a França e os Estados Unidos. Os Estados Unidos são um produtor de trigo de custo baixo (US$ 4 por alqueire), a França é um produtor de custo médio (US$ 6 por alqueire) e a Grã-Bretanha é um produtor de custo alto (US$ 8 por alqueire). Tanto a Grã-Bretanha quanto a França mantêm tarifas aduaneiras contra todas as importações de trigo. Se a Grã-Bretanha forma uma união aduaneira com a França, a tarifa contra o trigo francês, mas não contra o norte-americano, será abolida. Isso é bom ou ruim para a Grã-Bretanha? Para responder a essa pergunta, considere dois casos.

Primeiro, suponha que a tarifa inicial britânica seja alta o suficiente para excluir importações de trigo tanto da França quanto dos Estados Unidos. Por exemplo, com uma tarifa aduaneira de US$ 5 por alqueire, custaria US$ 9 importar o trigo norte-americano e US$ 11 impor-

---

ZONA DE LIVRE COMÉRCIO *VERSUS* UNIÃO ADUANEIRA

A diferença entre uma zona de livre comércio e uma união aduaneira é, em resumo, que a primeira é politicamente simples, apesar de ser uma dor de cabeça administrativa, enquanto a segunda é o oposto.

Primeiro, considere o caso de uma união aduaneira. Uma vez que tal união é estabelecida, a administração das tarifas é relativamente fácil: as mercadorias devem pagar tarifas aduaneiras quando cruzam a fronteira da união, mas daí em diante elas podem ser enviadas livremente entre os países. Uma carga que é descarregada em Marselha ou Roterdã deve pagar os deveres fiscais lá, mas não terá cobranças adicionais se for de caminhão para Munique. Entretanto, para fazer esse simples sistema funcionar, os países devem concordar com as taxas da tarifa: a obrigação fiscal deve ser a mesma independentemente de a carga ser descarregada em Marselha, Roterdã ou até mesmo em Hamburgo, porque, senão, os importadores escolherão o ponto de entrada que minimiza suas taxas. Então uma união aduaneira requer que a Alemanha,

---

[8] A lógica aqui parece ser legal em vez de econômica. É permitido que as nações tenham livre comércio dentro de suas fronteiras: ninguém insiste em que o vinho californiano pague a mesma tarifa aduaneira que o vinho francês quando ele é mandado para Nova York. Isto é, o princípio do MFN não é aplicado dentro de unidades políticas. Mas o que é uma unidade política? O GATT evita essa questão potencialmente espinhosa ao permitir que qualquer grupo de economias faça o que os países fazem e estabeleça o livre comércio dentro de algumas fronteiras definidas.

a França, a Holanda e todos os outros países concordem em cobrar as mesmas tarifas aduaneiras. Isso não é feito de forma fácil: os países, na verdade, estão cedendo parte de sua soberania para uma entidade supranacional, a União Europeia.

Isso vem sendo possível na Europa por inúmeras razões, incluindo a crença de que a união da economia vai ajudar a consolidar a aliança política pós-guerra entre as democracias europeias. (Um dos fundadores da União Europeia brincou uma vez que iria erguer uma estátua de Joseph Stalin, sem cuja ameaça a União nunca teria sido criada.) Mas em outros lugares faltam essas condições. As três nações que formaram o NAFTA teriam muita dificuldade em ceder controle sobre tarifas aduaneiras para qualquer órgão supranacional. E seja como for, seria difícil imaginar qualquer acordo que daria a devida importância para os interesses norte-americanos sem permitir efetivamente que eles ditem a política de comércio para o Canadá e o México. O NAFTA, portanto, enquanto permite que as mercadorias mexicanas entrem nos Estados Unidos sem tarifas e vice-versa, não pede que México e Estados Unidos adotem uma tarifa externa comum em mercadorias que importam de outros países.

Isso, entretanto, levanta um problema diferente. Sob o NAFTA, uma camiseta feita por trabalhadores mexicanos pode ser levada para os Estados Unidos livremente. Mas suponha que os Estados Unidos queiram manter tarifas aduaneiras altas em camisetas importadas de outros países, enquanto o México não impõe tarifas similares. O que impede alguém de enviar uma camiseta, digamos de Bangladesh para o México, depois colocá-la em um caminhão com destino a Chicago?

A resposta é que embora os Estados Unidos e o México tenham livre comércio, as mercadorias enviadas do México para os Estados Unidos devem passar por inspeções alfandegárias. E elas podem entrar nos Estados Unidos sem deveres fiscais somente se tiverem documentos provando que são de fato mercadorias mexicanas e não importações vindas de países terceiros.

Mas o que é uma camiseta mexicana? Se uma camiseta vem de Bangladesh, mas os mexicanos costuram os botões, isso faz dela uma camiseta mexicana? Provavelmente não. Mas se tudo, exceto os botões, foi feito no México, então provavelmente ela deve ser considerada mexicana. A questão é que administrar a zona de livre comércio que não é uma união aduaneira requer não só que os países continuem a verificar as mercadorias na fronteira, mas que especifiquem um conjunto elaborado de "regras de origem" que determinem se uma mercadoria é aceitável ou não para passar a fronteira sem pagar a tarifa.

Como resultado, os acordos de livre comércio como o NAFTA impõem uma grande carga de papelada, o que pode ser um obstáculo significativo para o comércio, mesmo quando tal comércio é, em princípio, livre.

AS PREFERÊNCIAS COMERCIAIS TÊM APELO?

A União Europeia cai repetidamente em inúmeros problemas por causa da questão de preferências comerciais por bananas.

A maioria das exportações de banana do mundo vem de várias pequenas nações da América Central — as "Banana Republics" originais. No entanto, inúmeras nações europeias, têm tradicionalmente comprado bananas de suas antigas ou atuais colônias da Índia Ocidental no Caribe. Para proteger os produtores das ilhas, a França e o Reino Unido impuseram historicamente quotas de importação contra as "bananas dólar" da América Central, que são normalmente 40% mais baratas do que o produto da Índia Ocidental. A Alemanha, entretanto, que nunca teve colônias na Índia Ocidental, permitiu a livre entrada das bananas dólar.

Com a integração dos mercados europeus após 1992, o regime de banana existente tornou-se impossível de ser mantido, porque era fácil importar as bananas dólar mais baratas para a Alemanha e depois enviá-las para outro lugar na Europa. Para prevenir esse resultado, a Comissão Europeia anunciou, em 1993, planos para impor uma nova quota de importação europeia comum contra as bananas dólar. A Alemanha protestou furiosamente o movimento e até negou sua legalidade: os alemães apontaram que o Tratado de Roma, que estabelece a Comunidade Europeia, contém garantias explícitas (o "protocolo das bananas") de que a Alemanha poderia importar bananas livremente.

Por que os alemães ficaram tão bravos sobre a questão das bananas? Durante os anos de comando comunista na Alemanha Oriental, as bananas eram um luxo raro. A disponibilidade repentina de bananas baratas depois da queda do Muro de Berlim transformou-as em símbolo de liberdade. Então o governo alemão estava pouco disposto a introduzir uma política que aumentaria drasticamente os preços das bananas.

No fim, a Alemanha, de má vontade, aceitou o novo e unificado sistema europeu de preferências comerciais sobre as bananas. Mas isso não acabou com a controvérsia: Em 1995, os Estados Unidos entraram na briga, alegando que ao se intrometerem com o sistema de preferências já existente, os europeus estavam prejudicando os interesses não só das nações da América Central, mas também os de uma poderosa corporação norte-americana, a Chiquita Banana Company, cujo CEO havia doado grandes quantias tanto para políticos democratas como para republicanos.

Em 1997, a Organização Mundial do Comércio descobriu que o regime europeu de importação de banana violava as regras do comércio internacional. Então a Europa impôs um regime meio revisto, mas essa tentativa pouco entusiasta de resolver o problema da banana provou-se inútil. A disputa intensificou-se, com os Estados Unidos eventualmente retaliando ao impor tarifas aduaneiras altas em uma variedade de mercadorias europeias, incluindo bolsas de grife e queijo pecorino.

Em 2001, a Europa e os Estados Unidos concordaram com um plano para acabar com as quotas de importação da banana ao longo do tempo. O plano criou muita dificuldade e alarmou as nações caribenhas, que temeram terríveis consequências com sua perda de acesso privilegiado para o mercado europeu. Mas mesmo assim a história não estava acabada. Em janeiro de 2005, a União Europeia anunciou que eliminaria as quotas de importação das bananas, mas que iria *triplicar* a tarifa aduaneira nas bananas que não viessem dos chamados países ACP (africanas, caribenhas e do Pacífico, essencialmente ex-colônias europeias). Os países da América Latina imediatamente mexeram-se para desafiar a nova tarifa aduaneira e, em dezembro de 2007, a OMC determinou que o regime europeu das bananas mais recente, como seu predecessor, era ilegal. (O preço das ações da Chiquita deu um salto com a notícia.)

Por fim, em dezembro de 2009, a União Europeia chegou a um acordo com os produtores de banana da América Latina. Isso não eliminaria completamente as preferências comerciais, mas cortaria as tarifas aduaneiras sobre as bananas em um terço durante um período de sete anos.

---

tar o trigo francês, então os consumidores britânicos comprariam o trigo britânico por US$ 8 como alternativa. Quando a tarifa aduaneira sobre o trigo francês é eliminada, as importações da França substituirão a produção britânica. Do ponto de vista britânico isso é um ganho, porque custa US$ 8 para produzir um alqueire de trigo nacionalmente, enquanto a Grã-Bretanha só precisa produzir US$ 6 em valor de mercadorias de exportação para pagar um alqueire de trigo francês.

Por outro lado, suponha que a tarifa aduaneira fosse menor, por exemplo, US$ 3 por alqueire, de forma que antes de entrar na união aduaneira a Grã-Bretanha comprou seu trigo dos Estados Unidos (a um custo de US$ 7 por alqueire para o consumidor) em vez de produzir seu próprio trigo. Quando a união aduaneira é formada, os consumidores comprarão trigo francês por US$ 6 em vez de trigo norte-americano por US$ 7. Então as importações de trigo dos Estados Unidos cessarão. Entretanto, o trigo norte-americano é realmente mais barato do que o trigo francês. Os US$ 3 de imposto que os consumidores britânicos devem pagar no trigo norte-americano retornam para o governo britânico em forma de receita e, portanto, não são um custo líquido para a economia britânica. A Grã-Bretanha terá de dedicar mais recursos às exportações para pagar pelo trigo que importa e ficará em pior situação em vez de em melhor situação.

Essa possibilidade de perda é outro exemplo da teoria do segundo melhor. Pense na Grã-Bretanha tendo inicialmente duas políticas que distorcem incentivos: uma tarifa aduaneira contra o trigo norte-americano e uma tarifa aduaneira contra o trigo francês. Apesar da tarifa aduaneira contra o trigo francês parecer distorcer os incentivos, ela pode, na verdade, ajudar a compensar a distorção de incentivos resultantes da tarifa aduaneira contra os Estados Unidos encorajando o consumo do trigo estadunidense que é mais barato. Portanto, retirar a tarifa aduaneira do trigo francês pode, de fato, reduzir o bem-estar.

Voltando aos nossos dois casos, repare que a Grã-Bretanha ganha se a formação de uma união aduaneira resulta em novo comércio (o trigo francês substituindo a produção nacional), enquanto perde se o comércio dentro da união aduaneira simplesmente substitui o comércio com países de fora da união. Na análise dos acordos de comércio preferenciais, o primeiro caso é chamado de **criação de comércio**, enquanto o segundo é chamado de **desvio de comércio**. Se uma união aduaneira é desejável ou não, depende se leva principalmente à criação de comércio ou ao desvio de comércio.

DESVIO DOS FLUXOS COMERCIAIS NA AMÉRICA DO SUL

Em 1991, quatro nações sul-americanas, Argentina, Brasil, Paraguai e Uruguai, formaram uma área de livre comércio conhecida como Mercosul. O pacto teve efeito imediato e dramático no comércio: em quatro anos, o valor do comércio entre as nações triplicou. Os líderes da região orgulhosamente proclamaram o Mercosul como um grande sucesso, parte de um pacote de reforma econômica ainda mais amplo.

Mas enquanto o Mercosul claramente foi bem-sucedido em aumentar o comércio intrarregional, a teoria das áreas de comércio preferencial nos diz que isso pode não ser uma coisa boa: se um novo comércio veio à custa do comércio que, de outra maneira, aconteceria com o resto do mundo — isto é, se o pacto desviou o fluxo do comércio em vez de criá-lo — isso pode ter, na verdade, reduzido o bem-estar. E como esperado, em 1996, um estudo preparado pelo economista de comércio chefe do Banco Mundial concluiu que apesar do sucesso do Mercosul em aumentar o comércio regional (quer dizer, porque esse sucesso veio à custa de outros comércios), o efeito líquido nas economias envolvidas foi provavelmente negativo.

Em essência, o relatório argumentou que como resultado do Mercosul, os consumidores nos países membros estavam sendo induzidos a comprar mercadorias produzidas de forma mais cara pelos países vizinhos do que mercadorias mais baratas, mas fortemente tarifadas, de outros países. Em especial, por causa do Mercosul, a indústria de automóveis brasileira altamente protegida e um tanto ineficiente adquiriu, de fato, um mercado cativo na Argentina, deslocando, portanto, as importações de outro lugar, assim como o nosso texto exemplo no qual o trigo francês tirou o lugar do trigo norte-americano no mercado britânico. "Essas descobertas", conclui o rascunho inicial do relatório, "parecem constituir a evidência mais convincente e perturbadora até agora em relação aos potenciais efeitos adversos dos acordos de comércio regional".

Mas isso não é o que o relatório final e publicado diz. O rascunho inicial vazou para a imprensa e gerou uma chuva de protestos dos governos do Mercosul, principalmente do Brasil. Sob pressão, primeiro o Banco Mundial atrasou a publicação do relatório, então, eventualmente, lançou a versão que incluía uma série de ressalvas. Ainda assim, mesmo na versão publicada, o relatório fez bastante caso dizendo que o Mercosul, se não é contraprodutivo por completo, ao menos produziu uma quantidade considerável de desvio dos fluxos comerciais.

RESUMO

1. Apesar de poucos países praticarem o livre comércio, a maioria dos economistas continua a tratar o livre comércio como uma política desejável. Essa defesa baseia-se em três linhas de argumento. Primeiro, é um caso formal para os ganhos de eficiência do livre comércio, que é simplesmente a análise do custo-benefício da política de comércio lida ao contrário. Segundo, muitos economistas acreditam que o livre comércio produz ganhos adicionais que vão além dessa análise formal. E por último, dada a dificuldade em traduzir análises econômicas complexas em políticas reais, mesmo aqueles que não enxergam o livre comércio como a melhor política imaginável veem-na como uma regra útil.

2. Existe um caso intelectualmente respeitável para desviar do livre comércio. Um argumento que é claramente válido em princípio é o de que os países podem melhorar seus termos de comércio por meio de tarifas aduaneiras e taxas de exportação melhores. Entretanto, na prática esse argumento não é muito importante. Os países pequenos não têm muita influência em seus preços de importação e exportação, então eles não podem utilizar tarifas aduaneiras ou outras políticas para aumentar seus termos de comércio. Os países maiores, por outro lado, podem influenciar seus termos de comércio, mas ao imporem tarifas aduaneiras eles correm o risco de romper acordos comerciais e provocar retaliação.

3. O outro argumento para desviar do livre comércio apoia-se nas falhas de mercado interno. Se algum mercado nacional, como o mercado de mão de obra, falha em funcionar da forma correta, desviar do livre comércio pode, às vezes, ajudar a reduzir as consequências desse mau funcionamento. A teoria do segundo melhor afirma que se um mercado falha em trabalhar corretamente, já não é melhor para o governo abster-se de intervenção em outros mercados. A tarifa aduaneira pode aumentar o bem-estar se existe um benefício social marginal para a produção de uma mercadoria que não é capturada pelas medidas do excedente do produtor.

4. Apesar de falhas de mercado serem provavelmente comuns, o argumento de falha de mercado interno não deveria ser aplicado livremente. Primeiro, é um argumento para políticas nacionais em vez de políticas de comércio. As tarifas aduaneiras são sempre uma "segunda melhor" forma, inferior, de compensar a falha de mercado interno, que é sempre mais bem tratada em sua fonte. Segundo, é difícil analisar bem o suficiente a falha de mercado para ter certeza da recomendação da política apropriada.

5. Na prática, a política de comércio é dominada pelas considerações de distribuição de renda. Não existe uma forma única de modelar as políticas da prática de comércio, mas várias ideias úteis foram propostas. Os cientistas políticos frequentemente argumentam que as práticas são determinadas pela concorrência entre partidos políticos, que tentam atrair o máximo de eleitores possível. No caso mais simples, isso leva à adoção de políticas que servem aos interesses do eleitor mediano. Entretanto, enquanto útil para pensar sobre muitas questões, essa abordagem parece render predições não realistas para as políticas de comércio, o que normalmente favorece os interesses de grupos pequenos e concentrados em vez do público geral. Os economistas e cientistas políticos geralmente explicam isso apelando para o problema da ação coletiva. Como os indivíduos podem ter pouco incentivo para agir politicamente em nome de grupos para os quais eles pertencem, esses grupos que são bem organizados (normalmente pequenos grupos com muita coisa em jogo) são capazes de conseguir políticas que servem aos seus interesses à custa da maioria.

6. Se a política de comércio fosse feita numa base puramente nacional, o progresso em direção a um comércio mais livre seria muito difícil de ser alcançado. Contudo, na verdade, os países industriais têm atingido reduções substanciais em tarifas aduaneiras por meio de um processo de negociação internacional. A negociação internacional ajuda a causa da redução de tarifa aduaneira de duas formas: ela ajuda a ampliar o eleitorado para o comércio mais livre, dando aos exportadores uma participação direta, e ajuda os governos a evitar as guerras comerciais mutuamente desvantajosas, que políticas internacionalmente descoordenadas podem causar.

7. Apesar de poucos progressos terem sido feitos nos anos 1930 em direção à liberalização por meio de acordo bilateral, desde a Segunda Guerra Mundial a coordenação internacional tem ocorrido principalmente por meio de acordos multilaterais sob as circunstâncias favoráveis do Acordo Geral sobre Tarifas Aduaneiras e Comércio. O GATT, que compreende uma burocracia e um conjunto de regras de conduta, é a instituição central do sistema de comércio internacional. O mais recente acordo mundial do GATT também definiu uma nova organização, a Organização Mundial do Comércio (OMC), para monitorar e fazer cumprir os acordos.

8. Além da redução global em tarifas aduaneiras que tem acontecido por meio de negociação multilateral, alguns grupos de países negociaram acordos de comércio preferencial pelos quais eles diminuem as tarifas aduaneiras em relação uns aos outros, mas não em relação ao resto do mundo. São permitidos dois tipos de acordos de comércio preferencial sob o GATT: uniões aduaneiras, nas quais os membros do acordo definem tarifas aduaneiras externas comuns; e as áreas de livre comércio, nas quais os membros não cobram tarifas aduaneiras entre seus produtos, mas definem suas próprias taxas de tarifa aduaneira contra o resto do mundo. Os dois tipos de acordos têm efeitos ambíguos no bem-estar econômico. Se juntar-se a tal acordo resulta na substituição do alto custo nacional de produção ao importar de outros membros do acordo (o caso da criação de comércio), o país ganha. Mas se juntar-se ao acordo resulta na substituição de importações de baixo custo de fora da zona por mercadorias de alto custo das nações-membro (o caso do desvio de comércio), o país perde.

TERMOS-CHAVE

ação coletiva, p. 193
Acordo Geral sobre Tarifas Aduaneiras e Comércio (GATT), p. 199
acordos de comércio preferencial, p. 206
argumento político para o livre comércio, p. 186
benefício social marginal, p. 190
busca por renda, p. 186
caso de eficiência para o livre comércio, p. 185
criação de comércio, p. 208
desvio de comércio, p. 208
dilema do prisioneiro, p. 198
eleitor mediano, p. 192

falhas de mercado interno, p. 189
guerra comercial, p. 197
melhor tarifa, p. 189
negociação internacional, p. 196
Organização Mundial do Comércio (OMC), p. 199
rodada de negociação, p. 199
teoria do segundo melhor, p. 190
termos do argumento de comércio para uma tarifa aduaneira, p. 188
união aduaneira, p. 208
vinculação, p. 199
zona de livre comércio, p. 206

PROBLEMAS

1. "Para um país pequeno como as Filipinas, uma mudança para o livre comércio teria enormes vantagens. Permitiria que consumidores e produtores fizessem suas escolhas baseadas nos custos reais das mercadorias e não em preços artificiais determinados pela política do governo. Permitiria escapar dos confins de um mercado nacional limitado. Abriria novos horizontes para o empreendedorismo e, mais importante, ajudaria a limpar as políticas nacionais". Separe e identifique os argumentos para o livre comércio nessa declaração.

2. Quais dos seguintes argumentos são potencialmente válidos para tarifas aduaneiras ou subsídios à exportação, e quais não são? Explique suas respostas.
   a. "Quanto mais petróleo os Estados Unidos importam, mais o preço do petróleo vai subir na próxima escassez mundial".
   b. "As crescentes exportações de fruta fora de época do Chile, que agora representam 80% da oferta norte-americana de tal fruta produzida, como uvas de inverno, estão contribuindo para a queda acentuada dos preços dessas ex-mercadorias de luxo".
   c. "As exportações agrícolas norte-americanas não significam somente maiores rendas para os agricultores, elas significam maior receita para todos os que vendem mercadorias e serviços para o setor agrícola estadunidense".
   d. "Os semicondutores são o petróleo bruto da tecnologia. Se não produzimos nossos próprios chips, o fluxo de informação que é crucial para toda indústria que utiliza microeletrônicos será comprometido".
   e. "O preço real da madeira caiu 40% e milhares de madeireiros foram forçados a procurar outros trabalhos".

3. Um país pequeno pode importar uma mercadoria a um preço mundial de 10 por unidade. A curva de oferta nacional dessa mercadoria é

   $S = 20 + 10P$

   A curva de demanda é

   $D = 400 - 5P$

   Além disso, cada unidade produzida rende um benefício social marginal de 10.
   a. Calcule o efeito total no bem-estar de uma tarifa aduaneira de 5 por unidade cobrado em importações.
   b. Calcule o efeito total de um subsídio de produção de 5 por unidade.
   c. Por que o subsídio de produção produz um ganho maior no bem-estar do que uma tarifa aduaneira?
   d. Qual seria o melhor subsídio de produção?

4. Suponha que demanda e oferta sejam exatamente como as descritas no Problema 3, mas não exista benefício social marginal para a produção. Entretanto, por razões políticas, o governo estima o valor de dólares em ganho para produtores como US$ 3 tanto de ganho do consumidor ou receita do governo. Calcule os efeitos *no objetivo do governo* de uma tarifa aduaneira de 5 por unidade.

5. Após a entrada da Polônia na União Europeia, suponha que seja descoberto que o custo da produção de automóveis na Polônia é €20.000, enquanto na Alemanha é €30.000. Suponha que a UE, que tem uma união aduaneira, tenha uma tarifa aduaneira X por cento em automóveis e os custos da produção sejam iguais a Y (avaliado em euros) no Japão. Comente se a entrada da Polônia na União Europeia resultará em *criação* de comércio ou em *desvio* de comércio sob os seguintes cenários:
   a. $X = 50\%$ e $Y = €18.000$
   b. $X = 100\%$ e $Y = €18.000$
   c. $X = 100\%$ e $Y = €12.000$

6. "Não existe motivo para a reclamação dos Estados Unidos sobre as políticas de comércio no Japão e na Europa. Cada país tem direito a fazer o que quer que seja para seu melhor interesse. Em vez de reclamar sobre as políticas de comércio estrangeiras, os Estados Unidos deveriam deixar outros países seguirem seu rumo e largar mão de nossos próprios preconceitos sobre o livre comércio e seguir o exemplo deles". Discuta tanto a economia e a política econômica desse ponto de vista.

7. Dê uma explicação intuitiva para o argumento da melhor tarifa aduaneira.

8. Se os governos fazem as políticas de comércio com base no bem-estar econômico nacional, o problema do estado de guerra do comércio ainda é representado pelo jogo do dilema do prisioneiro, como na Tabela 10.4? Qual é a solução de equilíbrio para o jogo se os governos formulam suas políticas dessa forma? Será que eles escolheriam a estratégia de protecionismo?

9. Os Estados Unidos tomaram medidas para restringir importações de certas mercadorias chinesas, como brinquedos que contêm chumbo e frutos do mar que não cumprem os padrões de saúde, a fim de proteger os consumidores norte-americanos. Algumas pessoas disseram que isso mostra um padrão duplo: se estamos dispostos a restringir mercadorias nesses termos, por que não deveríamos restringir importações de mercadorias que são produzidas com mão de obra mal paga? Por que esse argumento é válido, ou por que não?

LEITURAS ADICIONAIS

CORDEN, W. M. *Trade Policy and Economic Welfare*. Oxford: Clarendon Press, 1974. A clássica pesquisa dos argumentos econômicos a favor e contra a proteção.

DESTLER, I. M. *American Trade Politics*, 4. ed. Washington, D.C.: Peterson Institute for International Economics, 2005. Um retrato compreensivo dos processos reais de formulação de política de comércio e sua evolução ao longo do tempo.

GROSSMAN, G. M.; HELPMAN, E. *Interest Groups and Trade Policy*. Princeton: Princeton University Press, 2002. Um acervo de trabalhos e estudos de caso sobre modelos de política econômica moderna de política de comércio.

SCHOTT, J. *The Uruguay Round: An Assessment*. Washington, D.C.: Institute for International Economics, 1994. Uma pesquisa felizmente breve e de leitura agradável das questões e realizações da mais recente rodada do GATT, junto com um levantamento com muitas informações da relevante pesquisa.

BOSSCHE, P. *The Law and Policy of the World Trade Organization*. Cambridge: Cambridge University Press, 2008. Um levantamento compreensivo, com textos e outros materiais, do quadro jurídico do comércio internacional.

ORGANIZAÇÃO do Comércio Mundial, *Entendendo a OMC*. Genebra: Organização Mundial do Comércio, 2007. Um autolevantamento útil sobre o papel da história da instituição.

APÊNDICE DO CAPÍTULO 10

Provando que a melhor tarifa é positiva

Uma tarifa aduaneira sempre melhora os termos de comércio de um país grande, mas ao mesmo tempo distorce a produção e o consumo. Este Apêndice mostra que para uma tarifa aduaneira suficientemente pequena, os ganhos de termos de comércio são sempre maiores do que a perda por distorção. Portanto, existe sempre uma melhor tarifa que é positiva. Para provar esse ponto, focamos no caso no qual todas curvas de demanda e oferta são *lineares*, isto é, são linhas retas.

Oferta e procura

Supomos que Doméstica, o país importador, tem uma curva de demanda cuja equação é:

$$D = a - b\tilde{P}, \tag{10A.1}$$

onde $\tilde{P}$ é o preço interno da mercadoria; e uma curva de oferta cuja equação é:

$$Q = e + f\tilde{P}. \tag{10A.2}$$

A demanda de importação de Doméstica é igual à diferença entre demanda e oferta nacional,

$$D - Q = (a - e) - (b + f)\tilde{P}. \tag{10A.3}$$

A oferta de exportação de Estrangeira também é uma linha reta,

$$(Q^* - D^*) = g + hP_W, \tag{10A.4}$$

onde P_W é o preço mundial. O preço interno em Doméstica vai ultrapassar o preço mundial pela tarifa aduaneira:

$$\tilde{P} = P_W + t. \tag{10A.5}$$

As tarifas e os preços

Uma tarifa aduaneira deixa uma brecha entre preços internos e mundiais, levando o preço interno de Doméstica para cima e o preço mundial para baixo (Figura 10A.1).

No equilíbrio do mundo, a demanda de importação de Doméstica se iguala à oferta de exportação de Estrangeira:

$$(a - e) - (b + f) \times (P_W + t) = g + hP_W. \tag{10A.6}$$

Suponha que P_F seja o preço mundial que prevaleceria se não existisse tarifa aduaneira. Então uma tarifa aduaneira, t, aumentará o preço interno para

$$\tilde{P} = P_F + th/(b + f + h), \tag{10A.7}$$

ao mesmo tempo em que diminui o preço mundial para

$$P_W = P_F - t(b + f)/(b + f + h). \tag{10A.8}$$

(Para um país pequeno, a oferta estrangeira é altamente elástica, isto é, h é muito grande. Então, para um país pequeno, a tarifa aduaneira terá pouco efeito no

FIGURA 10A.1 Os efeitos de uma tarifa aduaneira nos preços

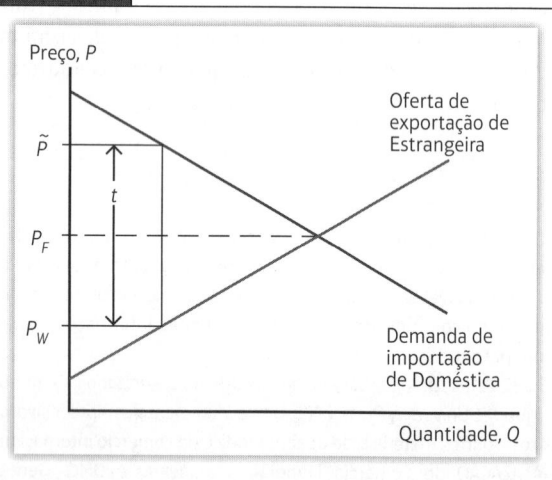

Em um modelo linear, podemos calcular o efeito exato de uma tarifa aduaneira nos preços.

preço mundial, enquanto aumenta o preço nacional em quase um-para-um.)

A tarifa aduaneira e o bem-estar nacional

Agora utilizaremos o que aprendemos para obter os efeitos de uma tarifa aduaneira no bem-estar de Doméstica (Figura 10A.2). Q^1 e D^1 representam os níveis de livre comércio do consumo e da produção. Com uma tarifa aduaneira, o preço interno aumenta, com o resultado de que Q aumenta para Q^2 e D cai para D^2, onde

$$Q^2 = Q^1 + tfh/(b + f + h) \qquad (10A.9)$$

e

$$D_2 = D_1 - tbh/(b + f + h). \qquad (10A.10)$$

O ganho a partir de um preço mundial menor é a área do retângulo na Figura 10A.2, a queda no preço multiplicada pelo nível de importações após a tarifa aduaneira:

$$\begin{aligned}\text{Ganho} &= (D^2 - Q^2) \times t(b + f)/(b + f + h) \\ &= t \times (D^1 - Q^1) \times (b + f)/(b + f + h) - (t)^2 \times h(b + f)^2 \\ &\quad /(b + f + h)^2.\end{aligned} \qquad (10A.11)$$

A perda do consumo distorcido é a soma das áreas dos dois triângulos na Figura 10A.2:

$$\begin{aligned}\text{Perda} &= (1/2) \times (Q^2 - Q^1) \times (\tilde{P} - P_F) + (1/2) \\ &\quad \times (D^1 - D^2) \times (\tilde{P} - P_F) \\ &= (t)^2 \times (b + f) \times (h)^2/2(b + f + h)^2.\end{aligned} \qquad (10A.12)$$

O efeito líquido de bem-estar é, portanto,

$$\text{Ganho} - \text{perda} = t \times U - (t)^2 \times V, \qquad (10A.13)$$

onde U e V são expressões complicadas que são, entretanto, independentes do nível da tarifa aduaneira e positivas. Isto é, o efeito líquido é a soma de um número positivo vezes a taxa da tarifa aduaneira e um número negativo vezes o *quadrado* da taxa da tarifa aduaneira.

Agora podemos ver que quando uma tarifa aduaneira é pequena o suficiente, o efeito líquido deve ser positivo. A razão é que quando fazemos um número menor, o quadrado desse número diminui mais rápido do que o próprio número. Suponha que uma tarifa aduaneira de 20% acabe por produzir uma perda líquida. Então tente uma tarifa aduaneira de 10%. O termo positivo no efeito dessa tarifa será somente metade do tamanho como com uma tarifa de 20%, mas a parte negativa será somente um quarto do tamanho. Se o efeito líquido ainda for negativo, tente uma tarifa aduaneira de 5%. Isso produzirá novamente o efeito negativo duas vezes maior que o efeito positivo. A uma tarifa aduaneira suficientemente baixa, o efeito negativo terá de ser superado pelo efeito positivo.

FIGURA 10A.2 Os efeitos de bem-estar de uma tarifa aduaneira

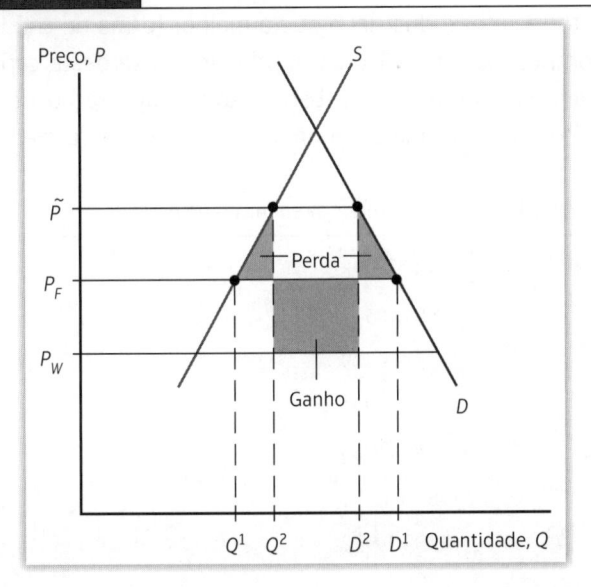

O benefício líquido de uma tarifa aduaneira é igual a área do retângulo preenchido menos a área dos dois triângulos sombreados.

CAPÍTULO 11
Política comercial nos países em desenvolvimento

Até agora, analisamos os instrumentos de política de comércio e seus objetivos sem especificar o contexto, isto é, sem dizer muito sobre o país que realiza essas políticas. Cada país tem sua própria história e questões, mas ao discutir política econômica uma diferença entre eles torna-se óbvia: seus níveis de renda. Como a Tabela 11.1 sugere, as nações diferem extremamente em suas rendas *per capita*. De um lado do espectro estão as nações desenvolvidas, um clube cujos membros incluem Europa Ocidental, vários países em grande parte colonizados por europeus (incluindo os Estados Unidos) e o Japão. Esses países têm rendas *per capita* que, em alguns casos, chegam a US$ 40.000 por ano. A maior parte da população mundial, entretanto, vive em nações que são substancialmente mais pobres. A faixa de renda entre esses **países em desenvolvimento**[1] é muito ampla. Alguns deles, como a Coreia do Sul, agora são considerados membros de um grupo de nações "recém-industrializadas" com o *status* de país desenvolvido, tanto em termos de estatísticas oficiais quanto na forma com a qual eles pensam sobre si mesmos. Outros, como Bangladesh, permanecem desesperadamente pobres. No entanto, para praticamente todos os países em desenvolvimento, a tentativa de fechar a diferença na renda com nações mais desenvolvidas tem sido a preocupação central da política econômica.

Por que alguns países são tão mais pobres do que outros? Por que alguns países que eram pobres há uma geração conseguiram ter um progresso drástico enquanto outros não conseguiram? Essas são perguntas profundamente controversas, e tentar respondê-las, ou até mesmo descrever longamente as respostas que os economistas propuseram ao longo dos anos, nos afastaria do escopo deste livro. O que podemos dizer, entretanto, é que a mudança das visões sobre o desenvolvimento econômico teve um papel importante em determinar a política de comércio.

Por cerca de 30 anos após a Segunda Guerra Mundial, as políticas de comércio em muitos países em desenvolvimento eram fortemente influenciadas pela crença de que a chave para o desenvolvimento econômico era a criação de um forte setor industrial e que a melhor forma de criá-lo era proteger os produtores nacionais da competição internacional. A primeira parte deste capítulo descreve a razão para essa estratégia de industrialização de substituição de importação, bem como as críticas a essa estratégia, que se tornou cada vez mais comum após 1970, e o surgimento

TABELA 11.1 Produto interno bruto *per capita*, 2009 (ajustado para diferenças em níveis de preço)

Estados Unidos	US$ 49.428
Alemanha	US$ 40.511
Japão	US$ 37.449
Coreia do Sul	US$ 32.954
México	US$ 14.943
China	US$ 10.371
Bangladesh	US$ 1.929

Fonte: Conference Board Total Economy Database.

---

1. *País em desenvolvimento* é um termo utilizado pelas organizações internacionais que se tornou padrão, embora alguns países "em desenvolvimento" tenham passado por longos períodos de declínio dos padrões de vida. Um termo mais descritivo, mas menos educado é *países menos desenvolvidos* (PMD).

de uma nova prudência convencional no fim da década de 1980, que enfatizou as virtudes do livre comércio. A segunda parte do capítulo descreve a mudança notável na política de comércio dos países em desenvolvimento que aconteceu desde a década de 1980.

Por fim, embora os economistas tenham debatido as razões para as grandes diferenças de renda entre as nações, desde o meio da década de 1960 um crescente grupo de nações asiáticas surpreendeu o mundo ao alcançar taxas espetaculares de crescimento econômico. A terceira parte deste capítulo é voltada para a interpretação do "milagre asiático" e suas implicações (muito controversas) para a política do comércio internacional.

OBJETIVOS DE APRENDIZAGEM

Após a leitura deste capítulo, você será capaz de:
- Recapitular o caso para o protecionismo da forma como tem sido historicamente praticado em países em desenvolvimento e discutir a substituição de importação que leva à industrialização e o argumento da "indústria nascente".
- Resumir as ideias básicas por trás do "dualismo econômico" e sua relação com o comércio internacional.
- Discutir a história econômica recente dos países asiáticos, como a China e a Índia, e detalhar a relação entre seu rápido crescimento econômico e sua participação no comércio internacional.

Industrialização de substituição de importação

Da Segunda Guerra Mundial até a década de 1970, muitos países em desenvolvimento tentaram acelerar seu crescimento limitando as importações de mercadorias manufaturadas, a fim de nutrir um setor manufatureiro que servisse ao mercado nacional. Essa estratégia tornou-se popular por uma série de razões, mas argumentos econômicos teóricos para a substituição de importação desempenharam um papel importante para seu crescimento. Provavelmente, o mais importante desses argumentos foi o *argumento da indústria nascente*, que mencionamos no Capítulo 7.

O argumento da indústria nascente

De acordo com o argumento da indústria nascente, os países em desenvolvimento têm uma vantagem comparativa *potencial* na manufatura, mas novas indústrias manufatureiras em países em desenvolvimento não podem competir inicialmente com indústrias bem estabelecidas em países desenvolvidos. Então, para permitir que a indústria tenha um ponto de apoio, os governos devem apoiar as novas indústrias temporariamente até que elas tenham ficado fortes para enfrentar a concorrência internacional. Portanto, faz sentido, de acordo com esse argumento, utilizar tarifas aduaneiras e quotas de importação como medidas temporárias para começar a industrialização. É um fato histórico que algumas das maiores economias de mercado do mundo tenham começado sua industrialização atrás de barreiras de comércio: os Estados Unidos tinham altas taxas de tarifa em manufaturas no século XIX, enquanto o Japão tinha controles extensos de importação até a década de 1970.

Problemas com o argumento da indústria nascente O argumento da indústria nascente parece altamente plausível e na realidade tem sido persuasivo para muitos governos. Ainda assim, os economistas apontaram muitas armadilhas no argumento, sugerindo que ele deva ser utilizado cautelosamente.

Primeiro, não é sempre uma boa ideia tentar entrar hoje nas indústrias que terão vantagem comparativa no futuro. Suponha que um país que atualmente é abundante em mão de obra esteja em processo de acumulação de capital. Quando ele acumular capital suficiente, terá uma vantagem comparativa nas indústrias de capital intensivo. Entretanto, isso não significa que ele deveria tentar desenvolver essas indústrias imediatamente. Na década de 1980, por exemplo, a Coreia do Sul tornou-se exportadora de automóveis. Provavelmente não teria sido uma boa para a Coreia do Sul tentar desenvolver sua indústria na década de 1960, quando o capital e o trabalho qualificado ainda eram bem escassos.

Segundo, proteger a fabricação não faz nenhum bem, a não ser que a proteção em si ajude a tornar a indústria competitiva. Por exemplo, o Paquistão e a Índia protegeram seus setores manufatureiros por décadas e, recentemente, começaram a desenvolver exportações significativas de mercadorias manufaturadas. Esses artigos que eles exportam, entretanto, são mercadorias leves, como as têxteis, e não os produtos manufaturados pesados que eles protegeram; uma boa conjetura é que eles teriam desenvolvido suas exportações manufatureiras mesmo se nunca tivessem protegido a indústria. Alguns economistas avisaram sobre o argumento da "indústria pseudonascente", no qual uma indústria começa protegida, então se torna competitiva por razões que não têm nada a ver com a proteção. Nesse caso, a proteção da indústria nascente acaba parecendo um sucesso, mas pode ter sido na verdade um custo líquido para a economia.

De modo mais geral, o fato de que é dispendioso e demorado construir uma indústria não é argumento para intervenção do governo, a não ser que exista alguma falha de mercado interno. Se uma indústria é presumidamente capaz de ganhar retornos altos o suficiente para capital, mão de obra e outros fatores de produção que façam o desenvolvimento valer a pena, então por que os investidores privados não a desenvolvem sem a ajuda do governo? Algumas vezes, argumenta-se que os investidores privados levam em conta somente os retornos atuais em uma indústria e deixam de levar em contra a prospecção futura, mas esse argumento não é consistente com o comportamento do mercado. Em países desenvolvidos, ao menos, os investidores frequentemente apoiam projetos cujos retornos são incertos e repousam no futuro. (Considere, por exemplo, a indústria de biotecnologia norte-americana, que atraiu centenas de milhões de dólares de capital anos antes de fazer uma única venda comercial.)

Justificativas de falha de mercado para a proteção da indústria nascente Para justificar o argumento da indústria nascente é necessário ir além da visão plausível, mas questionável, de que as indústrias sempre precisam ser protegidas quando são novas. Se a proteção da indústria nascente é justificável, isso depende do tipo de análise sobre o qual discutimos no Capítulo 10. Isto é, o argumento para proteção de uma indústria em seu crescimento inicial deve estar relacionado a algum conjunto particular de falhas no mercado que impede os mercados privados de desenvolverem a indústria tão rápido quanto eles poderiam fazer. Proponentes sofisticados do argumento da indústria nascente identificaram duas falhas de mercado como as razões de por que a proteção da indústria nascente pode ser uma boa ideia: **mercados de capitais imperfeitos** e o problema da **apropriabilidade**.

A *justificativa dos mercados de capitais imperfeitos* para a proteção da indústria nascente é a seguinte: se um país em desenvolvimento não tem um conjunto de instituições financeiras (como um mercado de ações eficiente e bancos) que permitiriam que as poupanças dos setores tradicionais (como a agricultura) fossem utilizadas para financiar investimentos em novos setores (como a manufatura), então o crescimento de novas indústrias ficaria restrito pela capacidade de as empresas nessas indústrias ganharem lucros atuais. Portanto, baixos lucros iniciais serão um obstáculo para investir, mesmo se os retornos de longo prazo sobre o investimento forem altos. A primeira melhor política é criar um mercado de capital melhor, mas a proteção das novas indústrias, que aumentaria os lucros e, portanto, permitiria um crescimento mais rápido, pode ser justificada como uma segunda opção de melhor política.

O *argumento de apropriabilidade* para a proteção da indústria nascente pode tomar várias formas, mas todas terão em comum a ideia de que as empresas em uma nova indústria geram benefícios pelos quais elas não são compensadas. Por exemplo, as empresas que entrarem primeiro na indústria podem ficar sujeitas aos custos de *startup* de adaptar a tecnologia às circunstâncias locais ou de abertura de novos mercados. Se as outras empresas são capazes de seguir seus caminhos sem se sujeitarem a esses custos de *startup*, os pioneiros serão impedidos de colher quaisquer retornos desses gastos. Dessa forma, as empresas pioneiras, além de produzirem produtos físicos, criam benefícios intangíveis (como conhecimento ou novos mercados), sobre os quais eles não podem estabelecer direitos de propriedade. Em alguns casos, os benefícios sociais advindos da criação de uma nova indústria ultrapassarão os custos, porém, por causa do problema da apropriabilidade, nenhum empresário privado vai estar disposto a entrar na indústria. A primeira melhor resposta é compensar as empresas pelas suas contribuições intangíveis. No entanto, quando isso não é possível, existe um segundo melhor caso para encorajar a entrada em uma nova indústria utilizando tarifas aduaneiras ou outras políticas de comércio.

Tanto o argumento para os mercados de capitais imperfeitos quanto o caso da apropriabilidade para proteção da indústria nascente são claramente casos especiais da justificativa de *falha de mercado* para interferência no livre comércio. A diferença é que nesse caso os argumentos aplicam-se especificamente a *novas* indústrias em vez de *qualquer* indústria. Entretanto, os problemas gerais com a abordagem da falha de mercado permanecem. Na prática, é difícil avaliar quais indústrias realmente justificam o tratamento especial, e há risco de que a política destinada a promover o desenvolvimento acabe sendo capturada por interesses especiais. Existem muitas histórias de indústrias nascentes que nunca cresceram e continuam dependentes da proteção.

Promover a fabricação mediante proteção

Embora existam dúvidas sobre o argumento da indústria nascente, muitos países em desenvolvimento têm visto esse argumento como uma razão convincente para fornecer apoio especial para o desenvolvimento de indústrias manufatureiras. Em princípio, tal apoio pode ser fornecido em uma variedade de formas. Por exemplo, os países poderiam fornecer subsídios para a produção manufatureira em geral, ou focar seus esforços em subsídios para a exportação de algumas mercadorias manufaturadas em que eles acreditem que possam desenvolver uma vantagem comparativa. Na maioria dos países em desenvolvimento, entretanto, a estratégia básica da industrialização tem sido desenvolver indústrias orientadas ao mercado nacional por meio da utilização de restrições de comércio, como as tarifas e quotas que encorajam a substituição das mercadorias importadas pelos produtos nacionais. A estratégia de encorajar a indústria nacional limitando as importações de mercadorias manufaturadas é conhecida como a estratégia da **industrialização de substituição de importação**.

Alguém pode se perguntar por que é necessário fazer uma escolha. Por que não encorajar tanto a substituição de importação quanto as exportações? Essa resposta remete à análise do equilíbrio geral das tarifas no Capítulo 6: uma tarifa aduaneira que reduz as importações também reduz necessariamente as exportações. Ao proteger as indústrias de substituição de importação, os países tiram recursos dos setores de exportação reais ou potenciais. Então a escolha de um país em buscar substituição para importações também é a escolha de desencorajar o crescimento da exportação.

As razões pelas quais a substituição de importação em vez do crescimento da exportação tem sido escolhida como uma estratégia de industrialização é uma mistura de economia e política. Primeiro, até a década de 1970 muitos países em desenvolvimento eram céticos em relação à possibilidade de exportar mercadorias manufaturadas (apesar de tal ceticismo também ser colocado em questão no argumento da indústria nascente para a proteção da produção). Eles acreditavam que a industrialização era necessariamente baseada em uma substituição da indústria nacional por importações, em vez de um crescimento nas exportações de manufatura. Segundo, em muitos casos as políticas de industrialização de substituição de importação encaixaram-se naturalmente com as tendências políticas existentes. Já observamos o caso das nações da América Latina que eram compelidas a desenvolver substitutos para as importações durante a década de 1930 por causa da Grande Depressão e durante a primeira metade da década de 1940, por causa da interrupção do comércio na época da guerra (Capítulo 10). Nesses países, a substituição de importação beneficiou diretamente grupos de interesse poderosos e estabelecidos, enquanto a promoção da exportação não teve apoio natural.

Também vale a pena apontar que alguns defensores da política de substituição de importação acreditavam que a economia mundial era guarnecida contra novos estreantes — que as vantagens de indústrias nacionais estabelecidas eram simplesmente grandes demais para serem superadas por economias recém-industrializadas. Oponentes extremados desse ponto de vista chamavam por uma política geral de desligamento dos países em desenvolvimento das nações desenvolvidas. Mas mesmo entre defensores mais moderados das estratégias de desenvolvimento protecionista, a visão de que o sistema econômico internacional trabalha sistematicamente contra os interesses dos países em desenvolvimento permaneceu comum até a década de 1980.

As décadas de 1950 e 1960 viram a maré alta da industrialização de substituição de importação. Os países em desenvolvimento geralmente começaram protegendo os estágios finais da indústria, como processamento de alimentos e montagem de automóveis. Nos maiores países em desenvolvimento, os produtos nacionais quase que completamente substituíram mercadorias de consumo importadas (embora a produção tenha sido frequentemente feita pelas empresas multinacionais estrangeiras). Uma vez que as possibilidades para substituir as mercadorias de consumo importadas esgotaram-se, esses países viraram-se para a proteção das mercadorias intermediárias, como partes dos automóveis, aço e petroquímicos.

Na maioria das economias em desenvolvimento, a rota da substituição de importação chegou ao seu limite lógico: mercadorias manufaturadas sofisticadas, como computadores, ferramentas de precisão e assim por diante, continuaram a ser importadas. No entanto, os países maiores que perseguiam a industrialização de substituição de importação reduziram suas importações para níveis notavelmente baixos. O caso mais extremo foi o da Índia: no começo da década de 1970, as importações de produtos diferentes de petróleo eram em torno de 3% do PIB.

Como uma estratégia para encorajar o crescimento da manufatura, a industrialização de substituição de importação claramente funcionou. As economias da América Latina começaram a gerar uma parcela quase tão grande de sua produção de manufatura quanto as nações desenvolvidas. (A Índia gerou menos, mas somente porque sua população pobre continuou a gastar uma grande proporção de sua renda em alimentos.) Contudo, para esses países, o encorajamento da manufatura não era um objetivo em si mesmo; em vez disso, era um meio para o objetivo final de desenvolvimento econômico.

O MÉXICO ABANDONA A INDUSTRIALIZAÇÃO DE SUBSTITUIÇÃO DE IMPORTAÇÃO

Em 1994, o México, junto com o Canadá e os Estados Unidos, assinou o Acordo de Livre Comércio da América do Norte (NAFTA). Um acordo que, como explicaremos no Capítulo 12, tornou-se altamente controverso. Mas a transformação do México da industrialização de substituição de importação para o relativo livre comércio começou, na verdade, quase uma década antes de o país entrar para o NAFTA.

A transformação do México em direção ao livre comércio reverteu meio século de história. Como muitos países em desenvolvimento, o México virou protecionista durante a Grande Depressão da década de 1930. Após a Segunda Guerra Mundial, a política de industrialização para servir a um mercado nacional protegido tornou-se explícita. Por todas as décadas de 1950 e 1960, barreiras de comércio foram bem levantadas, ao mesmo tempo em que a indústria mexicana tornava-se cada vez mais autossuficiente. Pela década de 1970, o México tinha restringido amplamente as importações de mercadorias manufaturadas para itens como maquinário sofisticado, que não poderiam ser produzidos nacionalmente, exceto a um custo proibitivo.

A indústria mexicana produziu muito pouco para exportação. Os ganhos estrangeiros do país vieram amplamente de petróleo e turismo, com as únicas exportações significativas de manufatura vindo das *maquiladoras*, fábricas especiais localizadas próximas à fronteira norte-americana, que eram isentas de algumas restrições de comércio.

Por volta do fim da década de 1970, o México vivenciava dificuldades econômicas, incluindo o aumento da inflação e a crescente dívida externa. Os problemas vieram à tona em 1982, quando o país encontrou-se incapaz de fazer pagamentos inteiros de sua dívida externa. Isso levou a uma prolongada crise econômica e a uma mudança radical na política.

Entre 1985 e 1988, o México reduziu drasticamente suas tarifas aduaneiras e retirou a maior parte de suas quotas de importação, que anteriormente protegiam sua indústria. A nova meta da política era transformar o país em um grande exportador de mercadorias manufaturadas, intimamente integrado com a economia norte-americana. A chegada do NAFTA, em 1990, fez pouco para reduzir as barreiras de comércio, porque o México já tinha feito o trabalho duro da liberalização do comércio na década de 1980. O NAFTA, entretanto, reassegurou aos investidores que a mudança na política não seria revertida.

Então como a mudança de política funcionou? As exportações, de fato, explodiram. Em 1980, as exportações mexicanas eram somente 10,7% do PIB, e muito disso era do petróleo. Em 2012, estavam em 34% do PIB, principalmente manufaturas. Atualmente, a manufatura mexicana, em vez de ser voltada a servir o pequeno mercado nacional, é parte de um sistema manufatureiro norte-americano integrado.

No entanto, os resultados para a economia mexicana em geral foram um pouco decepcionantes. A renda *per capita* aumentou ao longo dos últimos 25 anos, mas a taxa de crescimento foi realmente menor do que a alcançada quando o México perseguia a política de industrialização de substituição de importação.

Isso significa que a liberalização do comércio foi um erro? Não necessariamente. A maioria (mas não todos) dos economistas que olham para o desempenho mexicano culpa o relativo baixo crescimento em fatores como a educação deficiente. Mas o fato é que o afastamento do México da substituição de importação, embora altamente bem-sucedida em torná-lo uma nação exportadora, não trouxe o quanto era esperado em termos de um progresso econômico mais amplo.

A industrialização de substituição de importação promoveu o desenvolvimento econômico? Aqui surgem sérias dúvidas. Embora muitos economistas aprovassem medidas de substituição de importação na década de 1950 e no começo de 1960, desde a década de 1960 a industrialização de substituição de importação tem sido alvo de crescentes críticas duras. De fato, muito do foco dos analistas econômicos e dos políticos tomadores de decisão mudou de tentar encorajar a substituição de importação para tentar corrigir o dano feito por políticas ruins de substituição de importação.

Resultados de favorecimento da fabricação: problemas da industrialização de substituição de importação

A industrialização de substituição de importação começou a perder a proteção quando ficou claro que os países que a perseguiam não estavam alcançando os países desenvolvidos. Na verdade, alguns países em desenvolvimento ficaram mais para trás ainda, mesmo quando desenvolveram uma base manufatureira nacional. A Índia era mais pobre em relação aos Estados Unidos em 1980 do que em 1950, o primeiro ano após alcançar sua independência.

Por que a industrialização de substituição de importação não funcionou da forma que deveria? A razão mais importante parece ser a de que o argumento da indústria nascente não é universalmente válido como muitas pessoas supunham. Um período de proteção não vai criar um setor manufatureiro competitivo se existem razões fundamentais pelas quais um país não tem uma vantagem comparativa em manufatura. A experiência mostrou que as razões para o fracasso no desenvolvimento frequentemente são mais profundas do que uma simples falta de experiência com a manufatura. Os países pobres não têm mão de obra qualificada, empresários e competência administrativa, e têm problemas de organização social que tornam difícil para esses países manter suprimentos confiáveis de quaisquer coisas, de peças de reposição à eletricidade. Esses problemas podem não estar fora do alcance da política econômica, mas não podem ser resolvidos pela política de *comércio*: uma quota de importação pode permitir que um setor manufatureiro ineficiente sobreviva, mas não pode tornar o setor mais eficiente diretamente. O argumento da indústria nascente é que, dada a proteção temporária de tarifas aduaneiras e quotas, as indústrias manufatureiras das nações menos desenvolvidas aprenderão a ser eficientes. Na prática, isso não é sempre, ou mesmo geralmente, verdade.

Com a substituição de importação falhando na entrega dos benefícios prometidos, a atenção virou-se para os custos das políticas utilizadas para promover a indústria. Sobre essa questão, evidências crescentes mostraram que as políticas protecionistas de muitos países menos desenvolvidos distorceram de forma ruim os incentivos. Parte do problema era que muitos países utilizavam métodos excessivamente complexos para promover suas indústrias nascentes. Isto é, eles utilizavam quotas de importação elaboradas e frequentemente sobrepostas, controles de câmbio e regras de conteúdo nacional em vez de simples tarifas aduaneiras. É muito difícil determinar quanta proteção uma regra administrativa pode de fato fornecer, e estudos mostram que o grau de proteção é geralmente alto e mais variável nas indústrias do que o governo pretendia. Como a Tabela 11.2 mostra, algumas indústrias na América Latina e no sul da Ásia foram protegidas por regras que eram equivalentes a taxas de tarifa de 200% ou mais. Essas taxas altas de proteção efetiva permitiram que as indústrias existissem mesmo quando

TABELA 11.2 Proteção industrial efetiva em alguns países em desenvolvimento

México (1960)	26%
Filipinas (1965)	61%
Brasil (1966)	113%
Chile (1961)	182%
Paquistão (1963)	271%

Fonte: Bela Balassa, *The Structure of Protection in Developing Countries*. Baltimore: Johns Hopkins Press, 1971, p. 82.

o custo de produção delas era três ou quatro vezes o preço das importações que elas substituíam. Mesmo os maiores entusiastas e defensores dos argumentos de falha de mercado para proteção achariam difícil defender taxas de proteção efetiva tão altas.

Um custo adicional que recebeu atenção considerável é a tendência das restrições de importação para promover a produção em uma escala pequena ineficiente. Os mercados nacionais até mesmo dos maiores países em desenvolvimento são somente uma pequena fração do tamanho do mercado dos Estados Unidos ou da União Europeia. Com frequência, o mercado nacional inteiro não é grande o suficiente para permitir uma fábrica de escala de produção eficiente. Ainda, quando esse pequeno mercado é protegido, digamos, por uma cota de importação, se somente uma empresa entrar nele, ela poderia ganhar os lucros de monopólio. A concorrência por esses lucros normalmente leva várias empresas a entrar em um mercado que não tem espaço nem mesmo para uma delas, e a produção é feita em uma escala altamente ineficiente. A resposta para o problema de escala para países pequenos é, como observado no Capítulo 8, especializar-se na produção e exportação de uma variedade limitada de produtos e importar outras mercadorias. A industrialização de substituição de importação elimina essa opção focando a produção industrial no mercado nacional.

Aqueles que criticam a industrialização de substituição de importação também argumentam que ela agravou outros problemas, como a desigualdade de renda e o desemprego.

No fim da década de 1980 a industrialização de substituição de importação tinha sido aceita amplamente, não só pelos economistas, mas também pelas organizações internacionais, como o Banco Mundial, e até mesmo pelos políticos tomadores de decisão nos próprios países em desenvolvimento. A evidência estatística pareceu sugerir que os países em desenvolvimento que seguiram políticas de comércio relativamente livres tinham, em média, crescido mais rápido do que aqueles que seguiram políticas protecionistas (embora essa evidência estatística tenha sido desafiada por alguns economistas).[2] Essa mudança intelectual radical levou a uma considerável alteração nas políticas atuais, de forma que muitos países em desenvolvimento retiraram as quotas de importação e diminuíram as taxas de tarifa aduaneira.

Liberalização do comércio desde 1985

Com início no meio da década de 1980, diversos países em desenvolvimento passaram para taxas de tarifa menores, suprimiram quotas de importação, entre outras restrições no comércio. Essa mudança dos países em desenvolvimento em direção a um comércio mais livre é a grande história da política de comércio das últimas duas décadas e meia.

Após 1985, muitos países em desenvolvimento reduziram tarifas aduaneiras, retiraram as quotas de importação e, no geral, abriram suas economias para concorrência da importação. A Figura 11.1 mostra as tendências nas taxas de tarifa aduaneira para uma média de todos os países em desenvolvimento e para dois importantes entre eles, a Índia e o Brasil, que costumavam apoiar-se fortemente na substituição de importação como estratégia de desenvolvimento. Como se pode ver, existe uma queda dramática nas taxas de tarifa nesses dois países. Mudanças similares na política comercial, porém menos drásticas, aconteceram em outros países em desenvolvimento.

A liberalização em países em desenvolvimento teve dois efeitos claros. Um foi o aumento dramático no volume do comércio. A Figura 11.2 traça as exportações e importações de países em desenvolvimento, medidas como porcentagens do PIB, desde 1970. Como se pode ver, a parcela do comércio no PIB triplicou sobre esse período, com a maior parte do crescimento acontecendo após 1985.

O outro efeito foi uma mudança na natureza do comércio. Antes da mudança na política de comércio, os países em desenvolvimento exportavam, principalmente, produtos agrícolas e de mineração. Mas como vimos na Figura 2.6, isso mudou após 1980: a parcela de mercadorias manufaturadas nas exportações de países em desenvolvimento subiu, chegando a dominar as exportações das maiores economias em desenvolvimento.

FIGURA 11.1 Taxas de tarifa aduaneira em países em desenvolvimento

Uma medida do distanciamento da industrialização de substituição de importação é a drástica queda nas taxas de tarifa aduaneira em países em desenvolvimento, que caíram de uma média de mais de 30% no começo da década de 1980 para cerca de 10% hoje. Os países que algum dia tiveram políticas de substituição de importação especialmente fortes, com a Índia e o Brasil, também viram declínios exagerados nas taxas de tarifa aduaneira.

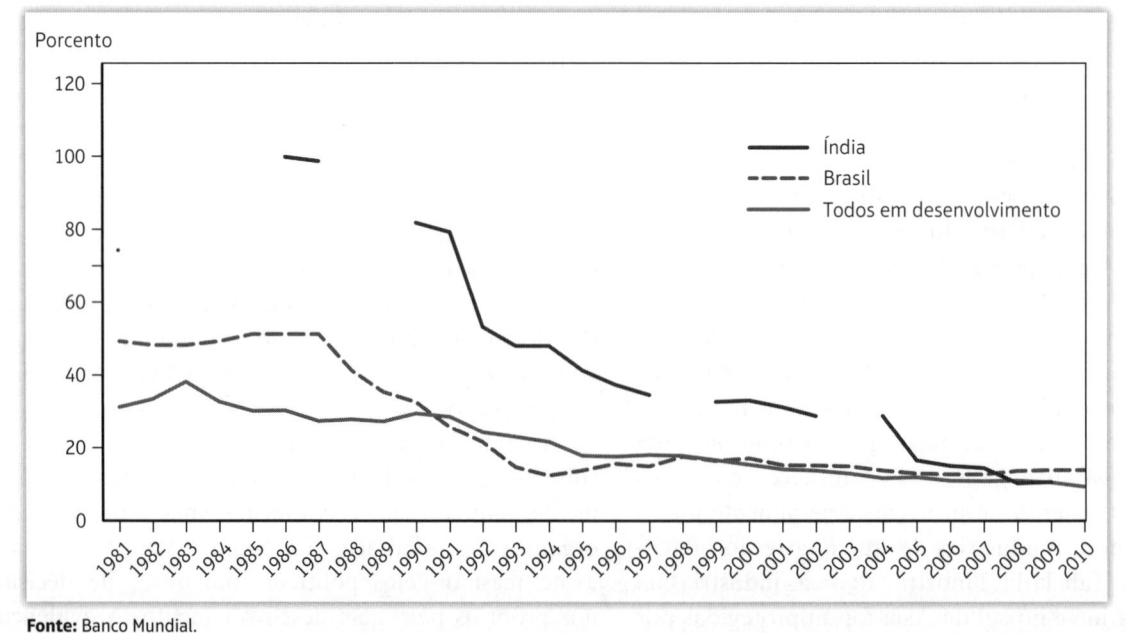

Fonte: Banco Mundial.

---

[2] Veja: Francisco Rodriguez; Dani Rodrik. "Trade Policy and Economic Growth: A Skeptic's Guide to the Cross-National Evidence". In: Ben Bernanke; Kenneth S. Rogoff (Eds.). *NBER Macroeconomics Annual 2000*. Cambridge, MA: MIT Press for NBER, 2001.

FIGURA 11.2 — O crescimento do comércio nos países em desenvolvimento

Com o início da década de 1980, muitos países passaram a distanciar-se das políticas de substituição de importação. Um dos resultados foi o grande aumento tanto nas exportações e importações quanto na porcentagem do PIB.

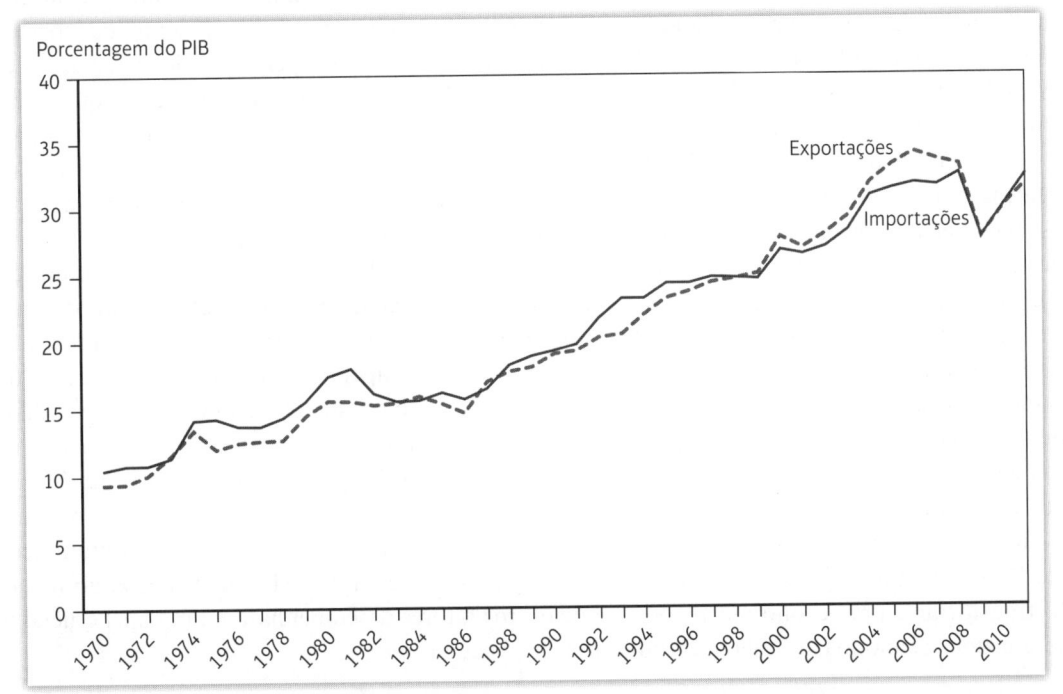

Fontes: <http://data.worldbank.org/indicator/NE.EXP.GNFS.ZS>, <http://data.worldbank.org/indicator/NE.IMP.GNFS.ZS>. Acesso em: 13 nov. 2014.

Mas a liberalização do comércio, com a substituição de importação, era planejada como um meio para um fim, em vez de um fim por si mesmo. Como vimos, a substituição de importação caiu em desuso quando se tornou claro que não entregava aqui a promessa de rápido desenvolvimento econômico. Será que a mudança para um comércio mais aberto trouxe melhores resultados?

A resposta é que o cenário é misturado. As taxas de crescimento no Brasil e em outros países latino-americanos têm, na verdade, sido mais lentas, desde a liberalização do comércio no fim da década de 1980 do que eram durante a industrialização de substituição de importação. A Índia, por outro lado, tem vivenciado uma aceleração impressionante de crescimento — mas como veremos bem na próxima seção deste capítulo, existe uma intensa disputa sobre quanto dessa aceleração pode ser atribuído à liberalização do comércio.

Além disso, existe uma crescente preocupação sobre o aumento da desigualdade em países em desenvolvimento. Na América Latina, pelo menos, o distanciamento da industrialização de substituição de importação parece ter sido associado ao declínio dos salários reais dos trabalhadores, mesmo que os ganhos dos trabalhadores qualificados tenham aumentado.

Entretanto, uma coisa é clara: a antiga visão de que a substituição de importação é o único caminho para o desenvolvimento provou estar errada, já que uma série de países em desenvolvimento alcançou crescimento extraordinário ao passo que se tornaram mais, e não menos, abertos ao comércio.

Comércio e crescimento: decolagem na Ásia

Como vimos, na década de 1970 existia uma desilusão generalizada em relação à industrialização de substituição de importação como estratégia de desenvolvimento. Mas o que poderia substituí-la?

Uma possível resposta começou a surgir quando economistas e políticos tomadores de decisão perceberam algumas histórias de sucesso surpreendentes no mundo em desenvolvimento — casos de economias que vivenciaram uma dramática aceleração em seu crescimento e começaram a convergir sobre os rendimentos das nações desenvolvidas. Em princípio, essas histórias de sucesso envolviam um grupo relativamente pequeno de economias do leste asiático: Coreia do Sul, Taiwan, Hong

Kong e Singapura. No entanto, ao longo do tempo, esses sucessos começaram a se espalhar. Atualmente, a lista de países que já vivenciaram decolagens econômicas surpreendentes inclui os dois países mais populosos do mundo: China e Índia.

A Figura 11.3 ilustra a decolagem asiática mostrando as experiências dos três países: a Coreia do Sul, o maior país do grupo original dos "tigres" asiáticos; a China; e a Índia. Em cada caso, mostramos o PIB *per capita* como uma porcentagem do nível norte-americano, um indicador que destaca a extensão do "alcance" econômico dessas nações. Como se pode ver, a Coreia do Sul iniciou sua ascensão econômica na década de 1960, a China no fim da década de 1970 e a Índia por volta de 1990.

O que fez com que essas economias decolassem? Cada um dos países mostrados na Figura 11.3 vivenciou grandes mudanças em sua política econômica por volta da época de sua decolagem. Essa nova política envolvia regulamentação reduzida do governo em uma série de áreas, incluindo uma mudança em direção a um comércio mais livre. A mudança mais espetacular foi na China, onde Deng Xiaoping, que tinha tomado o poder em 1978, transformou uma economia planejada centralmente em uma economia de mercado na qual a motivação do lucro tinha a rédea relativamente livre. Mas como explicado no estudo de caso "*Boom indiano*", a seguir, as mudanças de política na Índia também foram dramáticas.

Em cada caso, tais mudanças de política econômica foram seguidas por um amplo aumento na abertura econômica, como medido pela fatia de exportações em PIB (Figura 11.4). Então parece justo dizer que as histórias de sucesso na Ásia demonstram que os defensores da industrialização de substituição estavam errados: é possível alcançar desenvolvimento mediante um crescimento orientado para a exportação.

O que é menos claro é até que ponto a liberalização do comércio explica tais casos de sucesso. Como apontamos, redução de taxas e suspensão de outras restrições à importação foram apenas parte das reformas econômicas que essas nações empreenderam, o que torna difícil estimar a importância da liberalização do comércio em si. Além disso, nações latino-americanas como México e Brasil, que também liberalizaram fortemente o comércio e se moveram para a exportação, não tiveram decolagem econômica comparável, o que sugere, ao menos, que outros fatores desempenharam um papel crucial no milagre asiático.

FIGURA 11.3 A decolagem asiática

Com início na década de 1960, uma série de economias começou a convergir em níveis de renda de países desenvolvidos. Aqui mostramos o PIB *per capita* como uma porcentagem de seu nível nos Estados Unidos, utilizando uma escala proporcional para destacar as mudanças. A Coreia do Sul iniciou sua ascensão na década de 1960, a China no fim da década de 1970 e a Índia mais ou menos uma década depois.

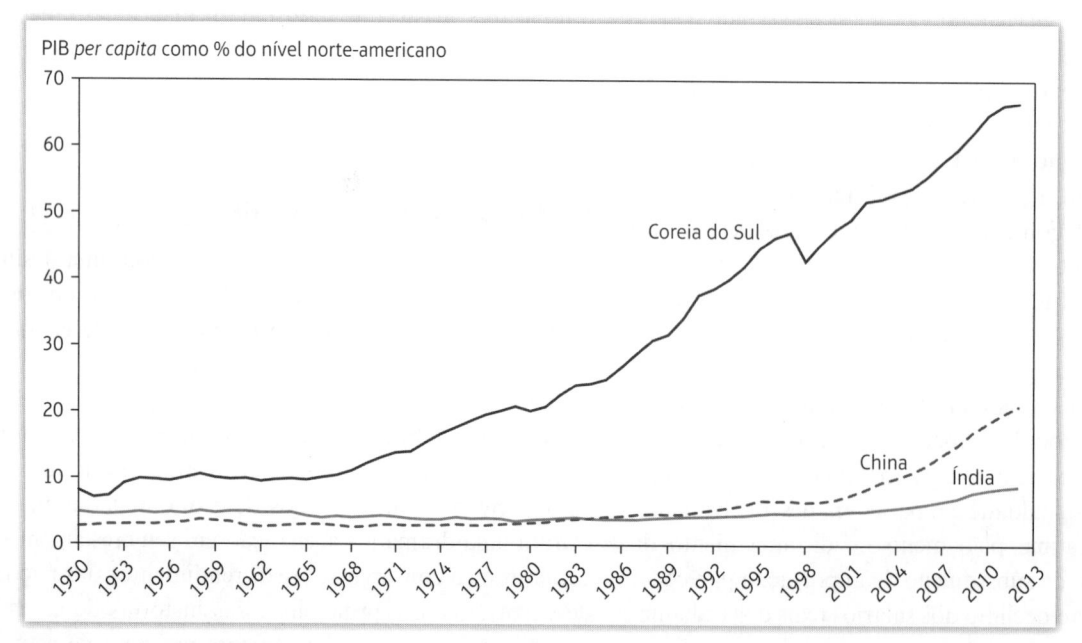

Fonte: Total Economy Database.

FIGURA 11.4 O crescente comércio da Ásia

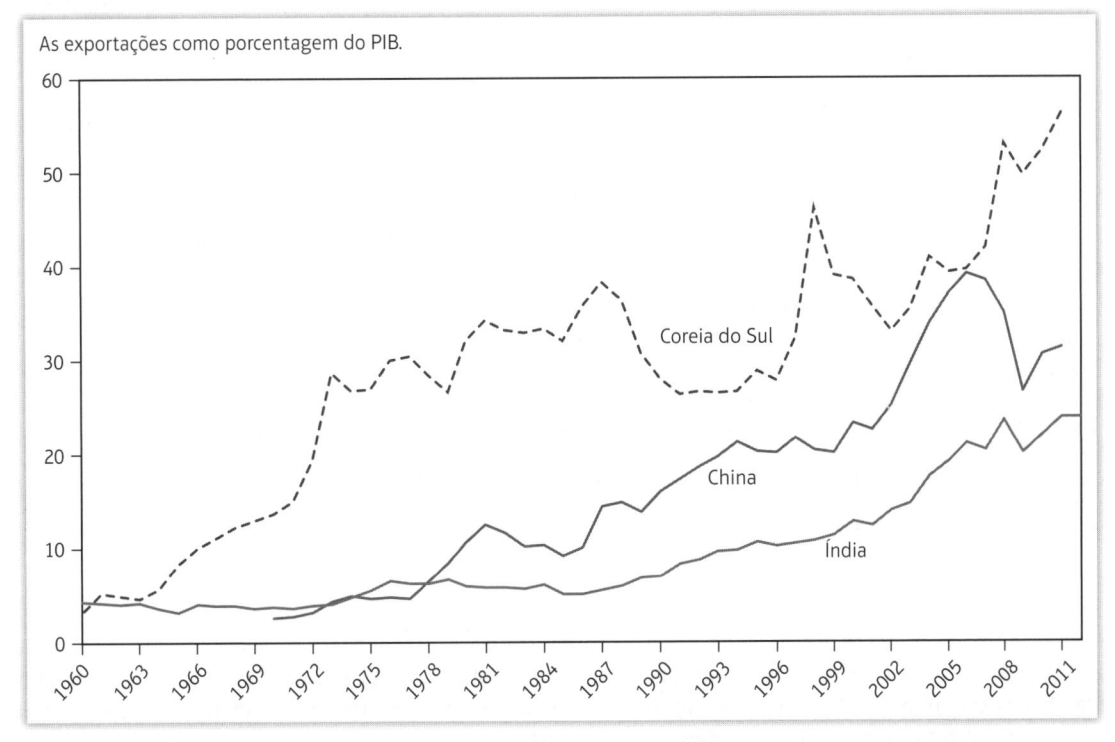

As exportações como porcentagem do PIB.

(Gráfico mostrando exportações como porcentagem do PIB de 1960 a 2011 para Coreia do Sul, China e Índia.)

Fonte: Banco Mundial.

Portanto, as implicações da decolagem da economia asiática permanecem um tanto controversas. Uma coisa é clara, porém: a visão antiquada de que o mundo econômico é tendencioso em relação a novos entrantes e que países pobres não podem se tornar ricos provou-se errada de modo espetacular. Nunca antes na história humana tanta gente vivenciou um progresso tão rápido em seu padrão de vida.

BOOM INDIANO

A Índia, com uma população de mais de 1,1 bilhão de pessoas, é o segundo país mais populoso do mundo. É também uma força crescente no comércio mundial, especialmente em novas formas de comércio, que envolvem informação em vez de mercadorias físicas. A cidade indiana de Bangalore tornou-se famosa por seu crescente papel na indústria global de tecnologia da informação.

Ainda há uma geração, a Índia era um jogador pequenino no comércio mundial. Em parte porque, em geral, a economia do país tinha desempenho fraco: até por volta de 1980, tinha uma taxa de crescimento econômico (algumas vezes ridicularizada como "taxa de crescimento hindu") que era em torno de 1 ponto percentual mais alto do que o crescimento da população.

Esse crescimento lento era amplamente atribuído ao efeito sufocante das restrições burocráticas. Os observadores falavam de uma "licença Raj": praticamente qualquer tipo de iniciativa de negócios precisava de permissões governamentais difíceis de conseguir, o que abafou investimentos e inovações; e a lenta economia indiana pouco participava do comércio mundial. Depois de o país ter alcançado sua independência em 1948, seus líderes adotaram uma forma particularmente extrema de industrialização de substituição de importação como estratégia de desenvolvimento: a Índia não importava quase nada que pudesse produzir nacionalmente, mesmo se o produto nacional fosse bem mais caro e de qualidade inferior ao que poderia ser comprado no exterior. Por sua vez, os altos custos limitaram as exportações. Portanto a Índia era uma economia bem "fechada". Na década de 1970, as importações e exportações eram em média apenas 5% do PIB, próximo aos menores níveis de qualquer grande nação.

Então tudo mudou. O crescimento indiano acelerou dramaticamente: o PIB *per capita*, que aumentara a uma taxa anual de somente 1,3% de 1960 a 1980, cresceu próximo de 4% anualmente desde 1980. E a participação da Índia no comércio mundial subiu ao mesmo tempo em que as tarifas aduaneiras foram diminuídas e as quotas de importação retiradas. Resumindo, a Índia tornou-se uma economia de alto desempenho. A Índia ainda é um país muito pobre, mas está enriquecendo rapidamente e começou a rivalizar com a China como o foco da atenção mundial.

A grande questão, claro, é por que a taxa de crescimento da Índia aumentou de forma tão dramática.

A questão é objeto de debate acalorado entre os economistas. Alguns argumentaram que a liberalização do comércio, que permitiu à Índia participar da economia global, foi crucial.[3] Outros apontam que o crescimento indiano começou a acelerar por volta de 1980, considerando que as grandes mudanças na política de comércio não ocorreram até o começo de 1990.[4] O que quer que tenha causado a mudança, a transição indiana tem sido um desenvolvimento bem-vindo. Agora, mais de um bilhão de pessoas têm muito mais esperança de ter um padrão de vida decente.

---

3. Veja: Arvind Panagariya. "The Triumph of India's Market Reforms: The Record of the 1980s and 1990s". *Policy Analysis*, v. 554, Cato Institute, nov. 2005.
4. Veja: Dani Rodrik; Arvind Subramanian. "From 'Hindu Growth' to Productivity Surge: The Mystery of the Indian Growth Transition", *IMF Staff Papers*, v. 55, p. 193–228, fev. 2005.

RESUMO

1. A política de comércio em países menos desenvolvidos pode ser analisada utilizando-se as mesmas ferramentas analíticas empregadas para discutir os países desenvolvidos. Entretanto, as questões particulares características dos *países em desenvolvimento* são diferentes daquelas dos países desenvolvidos. Em particular, a política de comércio nesses países refere-se a dois objetivos: promover a industrialização e lidar com o desenvolvimento desigual da economia nacional.

2. A política de governo para promover a industrialização tem frequentemente sido justificada pelo argumento da indústria nascente, que diz que novas indústrias precisam de um período temporário de proteção contra a concorrência de indústrias já estabelecidas em outros países. Entretanto, o argumento da indústria nascente é válido somente se puder ser usado como um argumento de falha de mercado para intervenção. As duas justificativas comuns são a existência de *mercados de capitais imperfeitos* e o problema da *apropriabilidade* de conhecimento gerado pelas empresas pioneiras.

3. Utilizando o argumento da indústria nascente como justificativa, muitos países menos desenvolvidos perseguiram políticas de *industrialização de substituição de importação* nas quais as indústrias nacionais são criadas sob a proteção de tarifas aduaneiras e quotas de importação. Embora essas políticas tenham sido bem-sucedidas em promover a indústria, nem de longe elas trouxeram os ganhos esperados em crescimento econômico e padrão de vida. Agora, muitos economistas são críticos duros dos resultados da substituição de importação, argumentando que ela incentiva a produção de custo alto e ineficiente.

4. Com início em torno de 1985, muitos países em desenvolvimento, não satisfeitos com os resultados das políticas de substituição de importação, reduziram altamente as taxas de proteção para a indústria. Como resultado, o comércio de países em desenvolvimento cresceu rapidamente, assim como a parcela de mercadorias manufaturadas em exportações. Os resultados dessa política mudam em termos de desenvolvimento econômico, contudo, na melhor hipótese eles têm sido mistos.

5. A visão de que o desenvolvimento econômico deve acontecer por meio de substituição de importação e pelo pessimismo sobre o desenvolvimento econômico, que foi espalhado ao passo que a industrialização de substituição de importação pareceu fracassar, foi confundida pelo rápido crescimento econômico de uma série de economias asiáticas. As economias asiáticas cresceram não por meio de substituição de importação, mas por meio de exportações. Os dois crescimentos são caracterizados por altos índices de comércio na renda nacional e por taxas de crescimento extremamente altas. As razões para o sucesso dessas economias são muito discutidas, havendo controvérsia sobre o papel desempenhado pela liberalização do comércio.

TERMOS-CHAVE

apropriabilidade, p. 216
industrialização de substituição de importação, p. 217

mercados de capitais imperfeitos, p. 216
países em desenvolvimento, p. 214

PROBLEMAS

1. Quais países parecem ter sido mais beneficiados com o comércio internacional durante as últimas décadas? Quais políticas esses países parecem ter em comum? As experiências desses países dão apoio ao argumento da indústria nascente ou ajudam a argumentar contra?[5]

2. "A experiência do Japão faz o caso da indústria nascente para proteção melhor do que qualquer teoria. No começo da década de 1950, o Japão era uma nação pobre que sobrevivia com a exportação de produtos têxteis e brinquedos. O governo japonês protegeu o que, de início, eram indústrias de aço e automóveis ineficientes e de custo alto, e essas indústrias passaram a dominar os mercados mundiais". Discuta de forma crítica.

3. Atualmente, um país importa automóveis a US$ 8.000 cada. Seu governo acredita que, com o tempo, os produtores nacionais podem produzir automóveis por US$ 6.000, mas que isso causaria um período de mudança radical durante o qual os automóveis custariam US$ 10.000 para serem produzidos nacionalmente.

   a. Suponha que cada empresa que tente produzir os automóveis deva passar sozinha pelo período de mudança radical de custos altos. Sob quais circunstâncias a existência desses custos altos iniciais justifica a proteção da indústria nascente?

   b. Agora suponha, pelo contrário, que uma vez que essa empresa tenha suportado os custos de aprender a produzir automóveis de US$ 6.000 cada, outras empresas podem imitá-la e fazer o mesmo. Explique como isso pode impedir o desenvolvimento de uma indústria nacional e como a proteção da indústria nascente pode ajudar.

4. Tanto a Índia quanto o México perseguiram políticas de substituição de importação após a Segunda Guerra Mundial. Entretanto, a Índia foi muito mais longe, produzindo quase tudo para si, enquanto o México continuou a depender das importações de mercadorias capitais. Por que você acha que essa diferença pode ter surgido?

5. Quais são algumas das razões para o declínio na estratégia da industrialização de substituição de importação em favor da estratégia que promove o comércio aberto?

LEITURAS ADICIONAIS

LEWIS, W. A. *The Theory of Economic Development*. Homewood, IL: Irwin, 1995. Um bom exemplo da visão otimista tirada das políticas de comércio para desenvolvimento econômico durante a maré alta de substituição de importação nas décadas de 1950 e 1960.

LITTLE, I. M. D.; SCITOVSKY, T.; SCOTT, M. *Industry and Trade in Some Developing Countries*. Nova York: Oxford University Press, 1970. Um trabalho sobre o surgimento de uma visão pessimista da substituição de importação nas décadas de 1970 e 1980.

NAUGHTON, B. *The Chinese Economy: Transitions and Growth*. Cambridge: MIT Press, 2007. Uma boa visão geral das mudanças radicais na política chinesa ao longo do tempo.

RODRIK, D. *One Economics, Many Recipes*. Princeton: Princeton University Press, 2007. Visões sobre comércio e desenvolvimento a partir de um líder cético de ortodoxias predominantes.

SRINIVASAN, T. N.; TENDULKAR, S. D. *Reintegrating India with the World Economy*. Washington: Instituto de Economias Internacionais, 2003. Como a Índia afastou-se da substituição de importação e o que aconteceu como resultado.

---

[5] Essa questão destina-se a desafiar os estudantes e ampliar a teoria apresentada neste capítulo.

CAPÍTULO 12

Controvérsias na política comercial

Como vimos, a teoria da política de comércio internacional, como a teoria do comércio internacional em si, têm uma longa tradição intelectual. Economistas internacionais experientes tendem a ter uma atitude cínica em relação às pessoas que vêm junto com "novas" questões no comércio, o sentimento geral tende a ser que supostas novas preocupações são simples velhas ilusões em novas garrafas.

No entanto, de vez em quando, questões verdadeiramente novas aparecem. Este capítulo descreve três controvérsias sobre o comércio internacional que surgiram durante o último quarto de século, cada uma delas levantando questões que antes não tinham sido seriamente analisadas pelos economistas internacionais.

Primeiro, na década de 1980, um novo conjunto de argumentos sofisticados para a intervenção do governo no comércio surgiram nos países desenvolvidos. Esses argumentos focavam nas indústrias de "alta tecnologia" que ganharam destaque como resultado do surgimento do chip de silício. Embora alguns desses argumentos fossem intimamente relacionados à análise de falha de mercado, vista no Capítulo 10, a nova teoria da **política comercial estratégica** foi baseada em ideias diferentes, e criou um grande rebuliço. A disputa sobre as indústrias de alta tecnologia e o comércio diminuiu por um tempo na década de 1990, mas voltou recentemente, ao passo que novas preocupações sobre a inovação norte-americana surgiram.

Segundo, na década de 1990, uma disputa acalorada surgiu sobre os efeitos do crescente comércio internacional sobre os trabalhadores dos países em desenvolvimento e se os argumentos do comércio deveriam incluir padrões para taxas de salário e condições de trabalho. Essa disputa muitas vezes aumentou para um debate mais amplo sobre os efeitos da globalização. Um debate que aconteceu não só nas revistas acadêmicas, mas também, em alguns casos, nas ruas.

Mais recentemente, houve uma preocupação crescente sobre a interseção entre as questões ambientais, que transcendem cada vez mais as barreiras nacionais, e a política de comércio, com uma séria disputa econômica e legal sobre se políticas como as "tarifas de carbono" são apropriadas.

OBJETIVOS DE APRENDIZAGEM

Após a leitura deste capítulo, você será capaz de:
- Resumir os argumentos mais sofisticados para política de comércio intervencionista, especialmente aqueles relacionados às externalidades e às economias de escala.
- Avaliar as reivindicações do movimento antiglobalização relacionadas aos efeitos do comércio sobre os trabalhadores, aos padrões de trabalho e ao meio ambiente à luz dos contra-argumentos.
- Discutir o papel da Organização Mundial do Comércio (OMC) como um fórum para a resolução de disputas de comércio e a tensão entre as regras da OMC e os interesses nacionais individuais.
- Discutir as questões-chave no debate sobre política de comércio e meio ambiente.

Argumentos sofisticados para a política comercial ativista

Nada no quadro analítico desenvolvido nos capítulos 9 e 10 exclui o desejo de uma intervenção do governo no comércio. Aquele quadro *mostra* que a política comercial ativista precisa de um tipo específico de justificativa, isto é, deve compensar uma falha de mercado nacional preexistente. O problema com muitos argumentos para a política comercial ativista é precisamente que eles não vinculam o caso para a intervenção do governo com nenhuma falha específica dos pressupostos nos quais o caso de *laissez-faire* repousa.

A dificuldade com os argumentos de falha de mercado para intervenção é serem capazes de reconhecer uma falha de mercado quando se vê uma. Os economistas que estudam os países industriais identificaram dois tipos de falhas de mercado que parecem ser presentes e relevantes para as políticas de comércio de países desenvolvidos: (1) a incapacidade das empresas das indústrias de alta tecnologia em capturar os benefícios daquela parte de sua contribuição para os transbordamentos de conhecimento para as outras empresas; e (2) a presença de lucros de monopólio em indústrias oligopolistas altamente concentradas.

Tecnologia e externalidades

A discussão do argumento da indústria nascente no Capítulo 11 observou que existe uma falha potencial de mercado surgindo das dificuldades de apropriar-se do conhecimento. Se as empresas em uma indústria geram conhecimento que outras empresas podem utilizar sem pagar por ele, a indústria está, na verdade, produzindo algum produto extra — o benefício social marginal do conhecimento — que não é refletido nos incentivos das empresas. Onde tais **externalidades** (benefícios que são revertidos para partes diferentes das empresas que os produziram) podem mostrar-se importantes é o indício de um bom caso para subsidiar a indústria.

Em um nível abstrato, esse argumento é o mesmo para as indústrias nascentes de países menos desenvolvidos como para as indústrias estabelecidas dos países desenvolvidos. Em países desenvolvidos, entretanto, o argumento tem uma vantagem especial, porque nesses países existem indústrias importantes de alta tecnologia, nas quais a geração de conhecimento é, de várias formas, o aspecto central da empresa. Nas indústrias de alta tecnologia, as empresas dedicam grande parte de seus recursos para melhorar a tecnologia, tanto ao gastar explicitamente em pesquisa e desenvolvimento quanto ao estar dispostas a aceitar as perdas iniciais em novos produtos e processos para ganhar experiência. Porque tais atividades situam-se próximas a todas as indústrias, não existe uma linha nítida entre a alta tecnologia e o resto da economia. Contudo, existem diferenças claras em graus, portanto faz sentido falar em um setor de alta tecnologia, no qual o investimento em conhecimento é a parte chave do negócio.

O ponto para a política comercial ativista é que enquanto as empresas podem apropriar-se de alguns benefícios do seu próprio investimento em conhecimento (caso contrário eles não investiriam!), normalmente eles não podem apropriar-se deles plenamente. Alguns dos benefícios são revertidos para outras empresas que podem imitar as ideias e as técnicas dos líderes. Em eletrônica, por exemplo, não é raro para as empresas utilizarem "engenharia reversa" nos produtos de seus rivais, comprando seus produtos para descobrir como eles funcionam e como foram feitos. Por causa das leis de patente que fornecem somente uma fraca proteção para os inovadores, pode-se resumir sensatamente que sob o *laissez-faire*, as empresas de alta tecnologia não recebem um incentivo para inovar de maneira tão intensa quanto elas deveriam.

O caso do apoio governamental para as indústrias de alta tecnologia O governo norte-americano deveria subsidiar indústrias de alta tecnologia? Embora exista um ótimo argumento para esse subsídio, devemos ter certa cautela. Duas questões, em particular, surgem: (1) o governo pode direcioná-lo as indústrias ou atividades corretas? E (2) o quão importante, quantitativamente, seriam os ganhos de tal direcionamento?

Embora as indústrias de alta tecnologia provavelmente produzam benefícios sociais extras por causa do conhecimento que elas geram, muito do que ocorre, mesmo nessas indústrias, não tem nada a ver com geração de conhecimento. Não existe razão para subsidiar o emprego de capital ou de trabalhadores não técnicos nas indústrias de alta tecnologia. Por outro lado, a inovação e os transbordamentos de tecnologia acontecem até certo ponto mesmo nas indústrias que são completamente de alta tecnologia. Um princípio geral é que a política comercial e industrial deveria mirar especificamente na atividade na qual a falha de mercado ocorre. Portanto, a política deveria buscar subsidiar a geração de conhecimento da qual as empresas não podem se apropriar. O problema, entretanto, é que nem sempre é fácil de identificar a geração de conhecimento; como veremos brevemente, os profissionais da indústria com frequência argumentam que focar somente nas atividades especificamente rotuladas como "pesquisa" está resultando em uma visão muito restrita do problema.

O aumento, a queda e o aumento das preocupações de alta tecnologia Os argumentos de que os Estados Unidos em particular deveriam considerar uma política de promoção das indústrias de alta tecnologia e ajudá-las a competir contra os rivais estrangeiros têm uma história curiosa. Tais argumentos ganharam atenção generalizada e popularidade na década de 1980 e no começo da década de 1990, então caíram em desuso, vivenciando uma forte recuperação nos anos recentes.

As discussões de alta tecnologia na década de 1980 e no começo da década de 1990 foram impulsionadas principalmente pelo surgimento das empresas japonesas em alguns setores proeminentes dessa indústria que tinham sido dominados anteriormente pelos produtores norte-americanos. De modo mais notável, entre 1978 e 1986, a parcela norte-americana na produção mundial de chips de memória RAM, um componente-chave de muitos dispositivos eletrônicos, caiu de cerca de 70% para 20%, enquanto a parcela japonesa aumentou de 30% para 75%. Houve uma preocupação generalizada de que outros produtos de alta tecnologia pudessem sofrer o mesmo destino. Mas como descrito no estudo de caso "Quando os chips estavam por cima", mais adiante, o medo de que o domínio japonês no mercado de memória de semicondutores fosse traduzido em um maior domínio nos computadores e em tecnologias relacionadas provou não ter fundamento. Além disso, o crescimento geral do Japão patinou na década de 1990, enquanto o dos Estados Unidos subiu em um renovado período de domínio tecnológico, tomando a liderança em aplicações para a Internet e outras indústrias de informação.

No entanto, mais recentemente, surgiram preocupações sobre o *status* das indústrias norte-americanas de alta tecnologia. Um fator central dessas preocupações tem sido o declínio do emprego estadunidense nos chamados produtos de tecnologia avançada (ATP). Como a Figura 12.1 mostra, os Estados Unidos entraram em um grande déficit de mercadorias TIC, enquanto a Figura 12.2 mostra que o emprego norte-americano na produção de computadores e mercadorias relacionadas caiu, desde 2000, substancialmente mais rápido do que o emprego nas indústrias em geral.

Isso importa? Os Estados Unidos poderiam, indiscutivelmente, continuar no topo da inovação da tecnologia da informação enquanto terceirizam a maior parte de sua produção atual de mercadorias de alta tecnologia em fábricas no exterior. Entretanto, como explicado no quadro "Um aviso do fundador da Intel", mais à frente, algumas vozes influentes avisam que a inovação não pode prosperar a não ser que os inovadores estejam próximos, em termos físicos e de negócios, das pessoas que transformam essas inovações em mercadorias físicas.

É um debate difícil de resolver, em grande parte por que não está nada claro como colocar números nessas preocupações. Porém, parece provável, que o debate sobre se as indústrias de alta tecnologia precisam ou não de consideração especial crescerá intensamente nos próximos anos.

Concorrência imperfeita e a política comercial estratégica

Durante a década de 1980, um novo argumento para o direcionamento industrial recebeu substancial atenção teórica. Originalmente proposta pelos economistas Barbara Spencer e James Brander da Universidade de British Columbia, esse argumento identifica a falha de mercado que justifica a intervenção do governo como a falta de concorrência perfeita. Em determinadas indústrias, eles apontam que existem somente algumas empresas em concorrência efetiva. Por causa do número pequeno de empresas, os pressupostos de concorrência

FIGURA 12.1 Balanço norte-americano de comércio em mercadorias de informação

Desde 2000, os Estados Unidos desenvolveram um grande déficit de comércio em produtos de tecnologia avançada, que são amplamente vistos como a vanguarda da inovação.

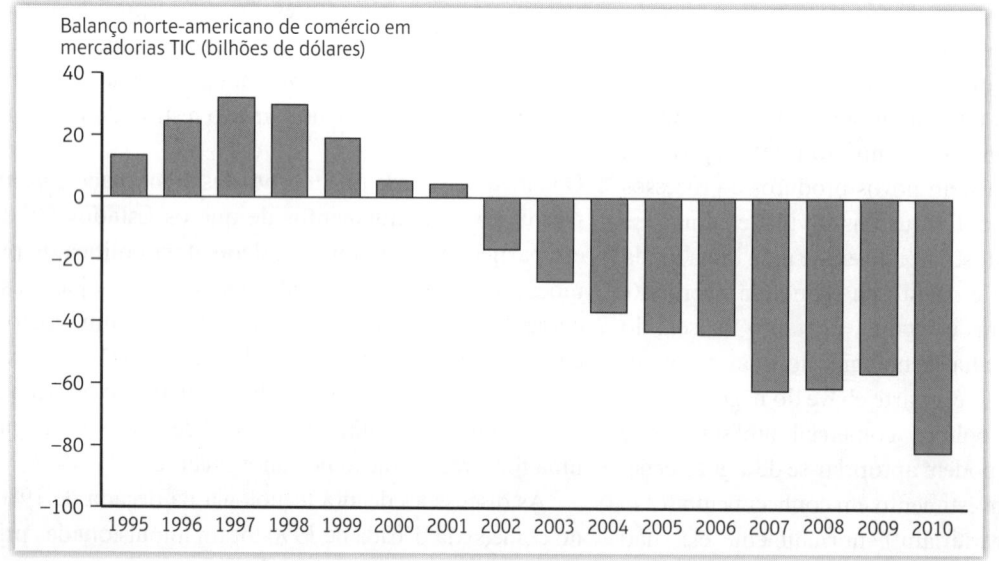

Fonte: National Science Foundation, *Science and Engineering Indicators* 2012.

FIGURA 12.2 Dados em tempo real — Empregos na indústria norte-americana

Desde 2000, o número de trabalhadores produzindo computadores e mercadorias relacionadas a isso nos Estados Unidos caiu drasticamente, ultrapassando o declínio geral do emprego na indústria.

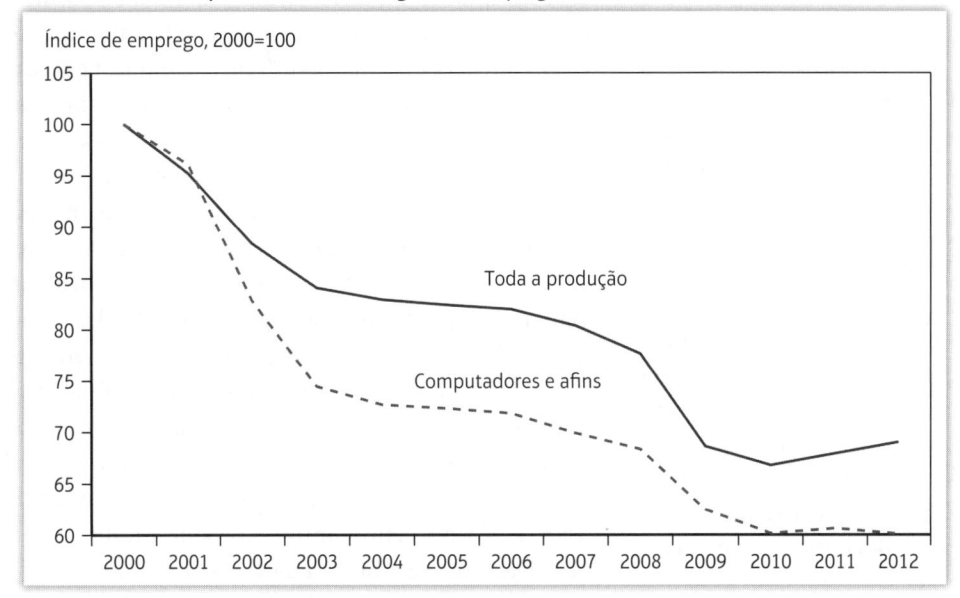

Fonte: Departamento de Estatísticas de Trabalho dos EUA.

perfeita não são aplicados. Em particular, normalmente existirão **retornos em excesso**, isto é, as empresas terão lucros acima dos investimentos de igual risco que poderão ganhar em outra parte da economia. Existirá, portanto, uma concorrência internacional para ver quem consegue esses lucros.

Spencer e Brander notaram que, nesse caso, é possível para um governo, em princípio, alterar as regras do jogo para mover esses retornos em excesso das empresas estrangeiras para as empresas nacionais. No caso mais simples, um subsídio para as empresas nacionais, desencorajando o investimento e a produção de competidores estrangeiros, pode aumentar os lucros das empresas nacionais em mais do que a quantia do subsídio. Colocando de lado os efeitos sobre os consumidores, por exemplo, quando as empresas vendem só no mercado estrangeiro, essa captura de lucros dos competidores estrangeiros poderia significar que o subsídio aumenta a renda nacional à custa de outro país.

A análise de Brander-Spencer: um exemplo A **análise de Brander-Spencer** pode ser ilustrada com um simples exemplo no qual duas empresas concorrem, cada uma de um país diferente. Tendo em mente que qualquer semelhança com eventos reais pode ser coincidência, vamos chamar as empresas de Boeing e Airbus e os países de Estados Unidos e Europa. Suponha que exista um novo produto, um avião superjumbo, que as duas empresas são capazes de fazer. Para simplificar, considere que cada uma pode tomar somente uma decisão de sim/não: produzir o avião superjumbo ou não.

A Tabela 12.1 ilustra como os lucros ganhos pelas duas empresas podem depender de suas decisões. (A configuração é similar àquela que utilizamos para examinar a interação das políticas de comércio de diferentes países no Capítulo 10.) Cada linha corresponde a uma decisão particular da Boeing, cada coluna corresponde a uma decisão da Airbus. Em cada caixa temos duas entradas: a entrada do lado esquerdo inferior representa os lucros da Boeing, enquanto a entrada do lado direito superior representa os lucros da Airbus.

Como definido, a tabela reflete a seguinte suposição: cada empresa sozinha poderia ganhar lucros ao fazer o avião superjumbo, mas se as duas produzirem-no, ambas sofrerão perdas. Qual empresa vai, de fato, ficar com os lucros? Isso depende de quem chegar primeiro. Suponha que a Boeing seja capaz de ter uma pequena vantagem

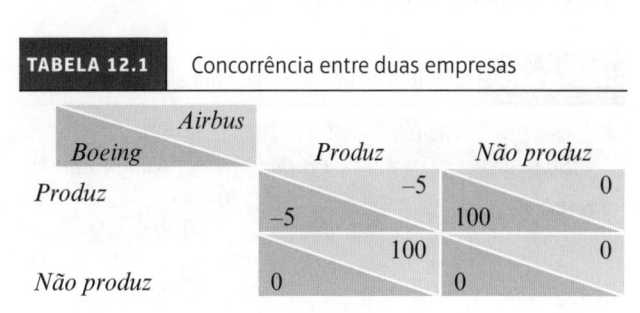

TABELA 12.1 Concorrência entre duas empresas

Boeing \ Airbus	Produz	Não produz
Produz	−5 / −5	100 / 0
Não produz	0 / 100	0 / 0

inicial e se comprometa a produzir o avião superjumbo antes que a Airbus o faça. A Airbus vai descobrir que não tem incentivo para entrar no mercado. O resultado estará do lado direito superior da tabela, com a Boeing ganhando os lucros.

Agora vem o ponto de Brander-Spencer: o governo europeu pode reverter essa situação. Suponha que o governo europeu comprometa-se a pagar à empresa um subsídio de 25% se ela entrar no mercado. O resultado mudará a tabela de pagamentos para aquela representada na Tabela 12.2. Nesse caso, será lucrativo para a Airbus produzir o avião superjumbo independentemente do que a Boeing faça.

Vamos trabalhar com as implicações dessa mudança. Agora, a Boeing sabe que, independentemente do que faça, terá de competir com a Airbus e, portanto, perderá dinheiro se escolher produzir o avião. Então agora é a Boeing que será desencorajada a entrar no mercado. Na realidade, o subsídio do governo retirou a vantagem inicial que assumimos que era da Boeing e, em vez disso, conferiu-a à Airbus.

O resultado final é que o equilíbrio muda do lado superior direito da Tabela 12.1 para o lado inferior esquerdo da Tabela 12.2. A Airbus fica com os lucros de 125 em vez de 0, esses lucros surgem por causa de um subsídio do governo de somente 25%. Isto é, o subsídio aumenta os lucros em mais do que a quantidade de subsídio em si, por causa de seu efeito desencorajador para a concorrência estrangeira. O subsídio tem esse efeito porque cria uma vantagem para a Airbus, comparável com a vantagem *estratégica* que ela teria tido se a Boeing não tivesse tido uma vantagem inicial na indústria.

Problemas com a análise de Brander-Spencer O exemplo hipotético pode parecer indicar que essa política de comércio estratégica fornece um argumento convincente para o ativismo do governo. Um subsídio pelo governo europeu aumenta drasticamente os lucros da empresa europeia à custa de seus rivais estrangeiros. Deixando de lado o interesse dos consumidores, isso parece claramente aumentar o bem-estar europeu (e reduzir o norte-americano). O governo estadunidense não devia colocar esse argumento em prática?

Na verdade, essa justificativa estratégica para a política de comércio, embora tenha atraído muito interesse, também recebeu muita crítica. Os críticos argumentam que fazer uso prático da teoria demandaria mais informação do que é possível estar disponível, que tais políticas correriam o risco de retaliação estrangeira e que, nesse caso, as políticas nacionais de comércio e a política industrial impediriam a utilização de ferramentas de análise sutis.

O problema de informação insuficiente tem dois aspectos. O primeiro é que mesmo quando olhamos para uma indústria isolada, pode ser difícil de preencher as entradas em uma tabela como a Tabela 12.1 com alguma confiança. E, segundo, se o governo entender errado, uma política de subsídio pode tornar-se um equívoco dispendioso. Suponha, por exemplo, que a Boeing tem uma vantagem subjacente, talvez uma melhor tecnologia, de forma que mesmo que a Airbus entre no mercado, a Boeing ainda vai achar lucrativo produzir o avião. A Airbus, entretanto, não pode produzir aviões lucrativamente se a Boeing entrar no mercado.

Na ausência de um subsídio, o resultado será que a Boeing produz e a Airbus não produz. Agora suponha que, como no caso anterior, o governo europeu forneça um subsídio suficiente para induzir a Airbus a produzir. No entanto, nesse caso, por causa da vantagem da Boeing, o subsídio não vai agir como um desencorajador para a Boeing, e os lucros da Airbus ficarão aquém do valor do subsídio — em resumo, a política terá sido um erro dispendioso.

O ponto é que embora os dois casos possam parecer similares, em um deles o subsídio parece ser uma boa ideia, enquanto no outro parece ser uma ideia terrível. Parece que a conveniência das políticas de comércio estratégicas depende de uma leitura exata da situação. Isso leva alguns economistas a perguntar se estamos sempre propensos a ter informação suficiente para utilizar a teoria efetivamente.

A exigência por informação é complicada porque não podemos considerar as indústrias isoladamente. Se um setor é subsidiado, vai extrair recursos e levar a aumentos nos custos de outros. Portanto, mesmo uma política que seja bem-sucedida em dar às empresas norte-americanas uma vantagem estratégica em uma indústria, tenderá a causar desvantagem estratégica em outro lugar. Para perguntar se a política é justificada, o governo estadunidense teria de pesar esses efeitos de compensação. Mesmo que o governo tenha um entendimento exato de uma indústria, isso não é o suficiente, porque ele também precisa de um entendimento igualmente exato daqueles setores com os quais essa indústria compete por recursos.

TABELA 12.2 Efeitos de um subsídio para a Airbus

	Airbus Produz	Airbus Não produz
Boeing Produz	20 / −5	0 / 100
Boeing Não produz	125 / 0	0 / 0

UM AVISO DO FUNDADOR DA INTEL

Quando Andy Grove fala sobre tecnologia, as pessoas escutam. Em 1968, ele cofundou a Intel, que inventou o microprocessador — o chip que comanda seu computador, e dominou o negócio de semicondutores por décadas.

Muitas pessoas notaram, em 2010, quando Grove emitiu uma dura advertência sobre o destino da alta tecnologia norte-americana: a erosão do emprego manufatureiro nas indústrias de tecnologia, ele argumentou, mina as condições para a inovação futura[1]. Grove escreveu:

> As startups *são uma coisa incrível, mas elas não podem aumentar o emprego na tecnologia sozinhas. Igualmente importante é o que vem após esse momento lendário de criação na garagem conforme a tecnologia passa do protótipo para a produção em massa. Essa é a fase na qual as empresas ampliam-se. Elas resolvem detalhes de design, descobrem como fazer as coisas mais acessíveis, constroem fábricas e contratam centenas de pessoas. Ampliar é um trabalho duro, mas necessário para fazer a inovação ter importância.*
>
> *O processo de ampliação não ocorre mais nos Estados Unidos. E enquanto isso acontecer, lavrar o capital em companhias jovens que constroem suas fábricas em outro lugar continuará a render um retorno ruim em termos de empregos para os norte-americanos.*

Na essência, Grove estava argumentando que os transbordamentos tecnológicos exigem mais do que pesquisadores. Eles exigem a presença de um grande número de trabalhadores que colocam as ideias em funcionamento. Se ele estiver certo, sua afirmação constitui um forte argumento para o direcionamento industrial.

[1] Andy Grove. "How to Make an American Job Before It's Too Late", Bloomberg.com, jul. 2010.

Se a política comercial estratégica proposta pode superar essas críticas, enfrentará o problema da retaliação estrangeira, essencialmente o mesmo problema encarado quando se considera a utilização de uma tarifa aduaneira para melhorar os termos de comércio (Capítulo 10). Políticas estratégicas são **políticas de empobrecimento do vizinho** que aumentam nosso bem-estar à custa de outro país. Essas políticas, portanto, arriscam uma guerra comercial que deixam todos em pior situação. Poucos economistas defenderiam que os Estados Unidos fossem os iniciadores de tais políticas. Em vez disso, o mais longe que a maioria dos economistas está disposta a ir é argumentar que os Estados Unidos deveriam estar preparados para retaliar quando outros países parecerem utilizar políticas estratégicas de forma agressiva.

Por fim, teorias como essa podem ser utilizadas em um contexto político? Discutimos isso no Capítulo 10, no qual as razões para o ceticismo foram colocadas no contexto de um caso politicamente cético para o livre comércio.

QUANDO OS CHIPS ESTAVAM POR CIMA

Durante os anos em que os argumentos sobre a efetividade da política comercial estratégica estavam no pico, defensores de uma política comercial mais intervencionista por parte dos Estados Unidos afirmavam com frequência que o Japão tinha prosperado ao promover deliberadamente indústrias-chave. No começo da década de 1990, um exemplo em particular, o dos chips semicondutores, tinha se tornado a prova A no caso de que promover indústrias-chave "funciona". De fato, quando o autor James Fallows publicou uma série de artigos em 1994 atacando a ideologia do livre comércio e alegando a superioridade do estilo de intervencionismo japonês, ele começou com uma peça intitulada *A parábola dos chips*. Contudo, no fim da década de 1990, o exemplo dos semicondutores tinha parecido virar objeto de estudo das armadilhas da política comercial ativista.

Um chip semicondutor é uma pequena peça de silício, na qual circuitos complexos foram cauterizados. Como vimos no quadro "Um aviso do fundador da Intel", a indústria começou nos Estados Unidos quando a empresa norte-americana Intel introduziu o primeiro microprocessador, o cérebro de um computador em um chip. Desde então, a indústria vivenciou uma rápida, porém previsível, mudança tecnológica: mais ou menos a cada 18 meses, o número de circuitos que pode ser gravado em um chip dobra, uma regra conhecida como Lei de Moore. Esse progresso constitui a base de boa parte da revolução da tecnologia de informação das últimas três décadas.

O Japão entrou no mercado de semicondutores no fim da década de 1970. A indústria, definitivamente, era o alvo do governo japonês, que apoiou uma pesquisa de esforço que ajudou a construir a qualidade tecnológica nacional. Os valores envolvidos nesse subsídio, entretanto, eram bem pequenos. O principal componente da política comercial ativista do Japão, de acordo com os críticos norte-americanos, era um protecionismo implícito. Embora o Japão tivesse algumas tarifas formais ou outras barreiras para importações, as empresas estadunidenses descobriram que uma vez que o Japão foi capaz de produzir certo tipo de chip semicondutor, poucos produtos norte-americanos eram vendidos no país. Os críticos alegaram que existia um entendimento implícito entre as empresas japonesas em indústrias como eletrônicos de consumo, na qual o Japão já era um produtor líder, de que eles deviam comprar semicondutores nacionais, mesmo se o preço fosse maior ou se a qualidade fosse inferior à dos produtos concorrentes norte-americanos. Essa afirmação era verdadeira? Os fatos do caso ainda estão em disputa.

Os observadores também afirmaram que o mercado japonês protegido (se esse era mesmo o caso) promovia indiretamente a capacidade japonesa de exportar semicondutores. O argumento era assim: a produção de semicondutores é caracterizada por uma curva de aprendizado íngreme (lembre-se da discussão das economias de escala dinâmica no Capítulo 7). Com a garantia de um mercado nacional grande, os produtores japoneses de semicondutores tinham certeza de que seriam capazes de trabalhar para descer a curva de aprendizado, o que significava que eles estavam dispostos a investir em novas fábricas que também poderiam produzir para a exportação.

Permanece obscuro até que ponto essas políticas levaram ao sucesso japonês em tomar grandes parcelas do mercado de semicondutores. Algumas características do sistema industrial japonês podem ter dado ao país uma vantagem comparativa "natural" na produção de semicondutores, onde o controle de qualidade é uma preocupação crucial. Durante as décadas de 1970 e 1980, as fábricas japonesas desenvolveram uma nova abordagem para a produção baseada, entre outras coisas, na definição de níveis aceitáveis de defeitos muito menores do que aqueles que eram padrão nos Estados Unidos.

De qualquer forma, no meio da década de 1980, o Japão ultrapassou os Estados Unidos em vendas de um tipo de semicondutor, que era amplamente considerado crucial para o sucesso da indústria: as memórias de acesso aleatório, ou memória RAM. O argumento de que a produção de memória RAM era a chave para dominar toda a indústria de semicondutores apoiava-se na crença de que isso renderia tanto fortes externalidades tecnológicas quanto excessos de retorno. As memórias RAM eram a forma de semicondutores de maior volume. Os *experts* da indústria afirmaram que o *know-how* adquirido na produção da memória RAM foi essencial para a capacidade de uma nação em continuar avançando na tecnologia em outros semicondutores, como os microprocessadores. Então, era amplamente previsto que o domínio japonês em memórias RAM logo seria traduzido em domínio na produção de semicondutores em geral, e que essa supremacia, por sua vez, daria ao Japão uma vantagem na produção de muitas outras mercadorias que utilizavam semicondutores.

Também se acreditava que embora a produção de memórias RAM não tivesse sido um negócio altamente lucrativo antes de 1990, em algum momento viria a se transformar em uma indústria caracterizada pelos retornos em excesso. A razão era que o número de empresas produzindo memórias RAM tinha caído constantemente: em cada geração consecutiva de chips alguns produtores tinham saído do setor e nenhuma empresa entrou. Eventualmente, muitos observadores pensaram que sobrariam somente dois ou três produtores de memória RAM altamente lucrativos.

No entanto, durante a década de 1990, as duas justificativas para mirar nas memórias RAM (externalidades tecnológicas e retornos em excesso) aparentemente não se materializaram. De um lado, a liderança do Japão em memórias RAM por fim não foi traduzida em uma vantagem em outros tipos de semicondutores: por exemplo, as empresas norte-americanas mantiveram uma liderança segura em microprocessadores. Por outro lado, em vez de continuar diminuindo, o número de produtores de memória RAM começou a aumentar de novo, com os principais novatos da Coreia do Sul e de outras economias recém-industrializadas. No fim na década de 1990, a produção de memória RAM foi considerada um negócio de *commodities*: muita gente podia fazer memórias RAM e não havia nada especialmente estratégico sobre o setor.

A lição importante parece ser o quão difícil é selecionar as indústrias a promover. A indústria de semicondutores pareceu, em sua superfície, ter todos os atributos para um setor adequado para a política comercial ativista. Mas, no fim, ela não rendeu nem fortes externalidades nem retornos em excesso.

Globalização e mão de obra de baixo salário

É uma boa aposta que a maioria das roupas que você está usando enquanto lê isso veio de um país bem mais pobre que os Estados Unidos. O aumento de exportações manufaturadas dos países em desenvolvimento tem sido uma das maiores mudanças na economia mundial durante a última geração. Até mesmo uma nação excessivamente pobre como Bangladesh, com um PIB *per capita* menor que 5% que o dos Estados Unidos, agora apoia-se em mais exportações de mercadorias manufaturadas do que em exportações de produtos tradicionais agrícolas ou minerais. (Um funcionário do governo em um país em desenvolvimento comentou com um dos autores: "Não somos uma república de bananas, somos uma república de pijamas".)

Não deveria surpreender que os trabalhadores que produzem mercadorias manufaturadas para exportação em países em desenvolvimento recebam muito pouco pelos padrões dos países desenvolvidos, frequentemente menos de US$ 1 por hora, às vezes menos de US$ 0,50. Afinal, os trabalhadores têm poucas alternativas em economias geralmente pobres. Tampouco deveria surpreender que as condições de trabalho também sejam bem ruins em muitos casos, algumas vezes letais, como veremos no estudo de caso "Uma tragédia em Bangladesh", mais adiante neste capítulo.

Os baixos salários e as condições precárias de trabalho deveriam ser causa de preocupação? Muitas pessoas pensam que sim. Na década de 1990, o movimento antiglobalização atraiu muitos adeptos em países desenvolvidos, especialmente nos *campi* de universidades. Salários superbaixos e ultrajantes e condições precárias de trabalho em indústrias de exportação de países em desenvolvimento eram grande parte do apelo do movimento, embora outras preocupações (discutidas a seguir) também fossem parte da história.

É justo dizer que a maioria dos economistas tinha visto o movimento antiglobalização como, na melhor das hipóteses, mal orientado. A análise padrão da vantagem comparativa sugere que o comércio é mutuamente benéfico para os países que nele se envolvem. Sugere, ainda, que quando os países com abundância em mão de obra exportam mercadorias de trabalho intensivo, como tecido, não somente suas rendas nacionais aumentam, mas a distribuição de renda também muda em favor da mão de obra. Mas o movimento de antiglobalização está inteiramente fora da base?

Movimento antiglobalização

Antes de 1995, a maioria das reclamações sobre o comércio internacional feitas por cidadãos de países desenvolvidos era sobre os efeitos dele nas pessoas que também eram cidadãos de países desenvolvidos. Nos Estados Unidos, a maioria dos críticos do livre comércio na década de 1980 focava na suposta ameaça da competição japonesa. No começo da década de 1990, existia uma preocupação substancial tanto nos Estados Unidos quanto na Europa sobre os efeitos das importações de países de baixos salários nos salários de trabalhadores nacionais menos qualificados.

Na segunda metade da década de 1990, entretanto, um movimento que crescia rapidamente (atraindo considerável apoio de estudantes universitários) começou a enfatizar o suposto mal que o comércio mundial estava causando aos trabalhadores nos países em desenvolvimento. Os ativistas apontaram para os baixos salários e para as condições precárias de trabalho nas fábricas do Terceiro Mundo que produziam mercadorias para o mercado ocidental. Em 1996, um evento solidificador foi a descoberta de que as roupas vendidas no Wal-Mart, e aprovadas pela personalidade da televisão Kathie Lee Gifford, eram produzidas por trabalhadores muito mal pagos em Honduras.

O movimento antiglobalização ganhou as manchetes mundiais em novembro de 1999, quando uma grande reunião na Organização Mundial do Comércio aconteceu em Seattle. O propósito da reunião era o de começar outra rodada de negociação, seguindo a Rodada Uruguai, descrita no Capítulo 10. Milhares de ativistas juntaram-se em Seattle, motivados pela crença de que a OMC estava passando por cima da independência nacional e impondo ideias de livre comércio que prejudicavam os trabalhadores. Apesar de vários alertas, a polícia estava mal preparada e as manifestações causaram interrupções consideráveis para as reuniões. De qualquer forma, as negociações não estavam indo bem: as nações falharam em concordar em uma ordem do dia para avançar e logo ficou claro que não existia acordo suficiente na direção para início de uma nova rodada.

No fim, a reunião foi considerada um fracasso. A maior parte dos *experts* em política de comércio acredita que a reunião teria fracassado mesmo na ausência das manifestações, mas o movimento antiglobalização ao menos pareceu interromper uma importante conferência internacional. Durante os dois anos seguintes, grandes manifestações também atrapalharam reuniões do Fundo Monetário Internacional e do Banco Mundial em Washington, assim como uma reunião de cúpula dos maiores poderes econômicos em Gênova. No último evento, a polícia italiana matou um ativista.

Em outras palavras, o movimento antiglobalização tinha se tornado uma presença altamente visível em um período de tempo relativamente curto. Mas qual era o objetivo do movimento — e será que ele estava certo?

Comércio e salários revistos

Uma vertente da oposição para a globalização é conhecida da análise no Capítulo 3. Os ativistas apontaram para os salários muito baixos recebidos por muitos trabalhadores nas indústrias de exportação de países em desenvolvimento. Esses críticos argumentaram que os baixos salários (e as condições precárias de trabalho associadas a eles) mostraram que, ao contrário das reclamações dos defensores do livre comércio, a globalização não estava ajudando os trabalhadores em países em desenvolvimento.

Por exemplo, alguns ativistas apontaram para o exemplo das *maquiladoras* do México, as fábricas próximas à fronteira norte-americana que expandiram rapidamente, quase dobrando os empregos nos cinco anos seguintes à assinatura do Acordo de Livre Comércio da América do Norte. Os salários nessas fábricas eram, em alguns casos, menores que US$ 5 por dia e as condições eram horrorosas pelos padrões norte-americanos. Os oponentes do acordo de livre comércio argumentaram que ao tornar mais fácil para os empregadores substituírem trabalhadores de altos salários nos Estado Unidos por trabalhadores de baixos salários no México o acordo tinha prejudicado a mão de obra nos dois lados da fronteira.

A resposta economista padrão para esse argumento remete à nossa análise, no Capítulo 3, dos equívocos sobre a vantagem comparativa. Vimos ser um equívoco comum que o comércio deve necessariamente envolver a exploração de trabalhadores se eles ganham salários muito menores do que seus pares em um país rico.

A Tabela 12.3 repete essa análise brevemente. Nesse caso, supomos que existem dois países, os Estados Unidos e o México, e duas indústrias: alta tecnologia e baixa tecnologia. Também supomos que a mão de obra é o único fator de produção e que a mão de obra estadunidense é mais produtiva do que a mexicana em todas as indústrias. Especificamente, leva somente uma hora para a mão de obra norte-americana produzir uma unidade de produção em qualquer indústria. Leva duas horas para a mão de obra mexicana produzir uma unidade da produção de baixa tecnologia e oito horas para produzir uma unidade de produção de alta tecnologia. A parte de cima da tabela mostra os salários reais dos trabalhadores em cada país em termos de cada mercadoria na ausência de comércio: o salário real em cada caso é simplesmente a quantidade de cada mercadoria que o trabalhador poderia produzir em uma hora.

Agora suponha que o comércio é aberto. No equilíbrio após o comércio, as taxas relativas de salário dos trabalhadores estadunidenses e mexicanos seriam algo entre a produtividade relativa dos trabalhadores nas duas indústrias — por exemplo, os salários norte-americanos poderiam ser quatro vezes os dos mexicanos. Portanto, seria mais barato produzir mercadorias de baixa tecnologia no México e mercadorias de alta tecnologia nos Estados Unidos.

Um crítico da globalização poderia olhar para esse equilíbrio comercial e concluir que o comércio trabalha contra o interesse dos trabalhos. Primeiro, nas indústrias de baixa tecnologia, os trabalhos muito bem pagos nos Estados Unidos são substituídos por trabalhos mal pagos no México. Além disso, alguém poderia afirmar de modo plausível que os trabalhadores mexicanos são mal pagos: embora eles produzam metade do que os trabalhadores norte-americanos que eles substituem na manufatura de baixa tecnologia, sua taxa de salário é somente 1/4 (e não 1/2) da dos trabalhadores estadunidenses.

Porém, como mostrado na parte inferior da Tabela 12.3, nesse exemplo o poder de compra dos salários na verdade aumentou nos dois países. Os trabalhadores norte-americanos, que agora estão todos empregados na indústria de alta tecnologia, podem comprar mais mercadorias de baixa tecnologia do que antes: duas

TABELA 12.3	Salários reais	
(A) Antes do comércio	Mercadorias de alta tecnologia/hora	Mercadorias de baixa tecnologia/hora
Estados Unidos	1	1
México	1/8	1/2
(B) Depois do comércio	Mercadorias de alta tecnologia/hora	Mercadorias de baixa tecnologia/hora
Estados Unidos	1	2
México	1/4	1/2

unidades por hora de trabalho *versus* uma. Os trabalhadores mexicanos, que agora estão todos empregados na indústria de baixa tecnologia, descobrem que podem comprar mais mercadorias de alta tecnologia com uma hora de trabalho do que antes: 1/4 em vez de 1/8. Graças ao comércio, o preço de cada mercadoria importada dos países, em termos de sua taxa de salário, caiu.

O ponto nesse exemplo não é o de reproduzir situações reais de forma exata, mas mostrar que a evidência geralmente citada como prova de que a globalização prejudica os trabalhadores nos países em desenvolvimento é exatamente o que você esperaria ver mesmo se o mundo fosse bem descrito por um modelo que diz que o comércio, de fato, beneficia os trabalhadores tanto no país desenvolvido quanto no país em desenvolvimento.

Pode-se argumentar que esse modelo é ilusório, porque supõe que a mão de obra é o único fator de produção. É verdade que se mudarmos do modelo ricardiano para o modelo das proporções de fatores, discutido no Capítulo 5, torna-se possível que o comércio prejudique os trabalhadores no país de trabalho escasso e salário alto — isto é, os Estados Unidos nesse exemplo. Mas isso não ajuda a alegação de que o comércio prejudica os trabalhadores nos países em desenvolvimento. Pelo contrário, o argumento para a crença de que o comércio é benéfico para os trabalhadores no país de baixo salário na verdade torna-se mais forte: a análise econômica padrão diz que ao passo que os trabalhadores em uma nação de capital abundante como os Estados Unidos podem ser prejudicados pelo comércio com um país de mão de obra abundante como o México, os trabalhadores no país de mão de obra abundante deveriam beneficiar-se de uma mudança na distribuição de renda em seu favor.

No caso específico das *maquiladoras*, os economistas argumentam que embora os salários sejam muito baixos comparados com os salários nos Estados Unidos, a situação é inevitável por causa da falta de outras oportunidades no México, que tem uma produtividade bem menor. E segue-se que embora os salários e as condições de trabalho nas *maquiladoras* possam parecer terríveis, eles representam uma melhora sobre as alternativas disponíveis no México. Na verdade, o rápido aumento de empregos nessas fábricas indica que os trabalhadores preferem os empregos que eles encontram lá aos alternativos. (Muitos dos novos trabalhadores nas *maquiladoras* são, na verdade, camponeses de áreas remotas e demasiado pobres do México. Alguém poderia dizer que eles mudaram da pobreza extrema, porém invisível, para a pobreza menos severa, porém notável, alcançando simultaneamente uma melhora em suas vidas e tornando-se uma fonte de culpa para os residentes norte-americanos desconhecedores de sua antiga situação).

O argumento economista padrão, em outras palavras, é que independentemente dos baixos salários recebidos pelos trabalhadores em países em desenvolvimento, eles estão em melhor situação do que estariam se a globalização não tivesse acontecido. Alguns ativistas não aceitam esse argumento — eles sustentam que o comércio aumentado faz com que os trabalhadores tanto nos países desenvolvidos quanto nos países em desenvolvimento fiquem em pior situação. Entretanto, é difícil encontrar uma afirmação clara dos canais pelos quais isso supostamente aconteceria. Talvez o argumento mais popular seja o de que o capital é móvel internacionalmente, enquanto a mão de obra não é; e essa mobilidade dá aos capitalistas uma vantagem de barganha. Como vimos no Capítulo 4, entretanto, o fator de mobilidade internacional é similar em seus efeitos ao comércio internacional.

Normas de trabalho e negociações comerciais

Os proponentes do livre comércio e os ativistas da antiglobalização podem debater sobre grandes questões como: a globalização é ou não é boa para os trabalhadores? Entretanto, questões mais limitadas de prática política estão em jogo: se e até que ponto os acordos de comércio internacional deveriam conter também disposições que objetivam melhorar os salários e as condições de trabalho em países pobres.

As propostas mais modestas vieram de economistas que defendem um sistema que monitore os salários e as condições de trabalho e disponibilize os resultados da monitoração para os consumidores. O argumento deles é uma versão da análise de falha do mercado do Capítulo 10. Suponha, sugerem eles, que os consumidores nos países desenvolvidos sintam-se melhor ao comprar mercadorias manufaturadas se souberem que foram produzidas por trabalhadores pagos decentemente. Então um sistema que permita que esses consumidores saibam, sem fazer muito esforço para obter a informação, que os trabalhadores foram de fato pagos oferece uma oportunidade de ganho mútuo. (Kimberly Ann Elliott, citada na lista de Leituras Adicionais no fim do capítulo, cita um adolescente: "Veja, eu não tenho tempo para ser um tipo de ativista político toda vez que vou ao shopping. Só me digam quais tipos de sapatos são OK para eu comprar, certo?".) Como os consumidores podem escolher comprar somente mercadorias "certificadas", eles ficam em melhor situação, pois se sentem melhor sobre suas compras. Enquanto isso, os trabalhadores nas fábricas certificadas ganham um melhor padrão de vida do que teriam se não fossem certificados.

Os proponentes desse sistema admitem que ele não teria um grande impacto no padrão de vida nos países em desenvolvimento, principalmente porque isso afetaria somente os salários dos trabalhadores nas fábricas de exportação, uma pequena minoria da força de trabalho mesmo em economias altamente voltadas para a exportação. Mas eles argumentam que faria algum bem e pouco mal.

Um passo mais firme seria incluir padrões trabalhistas formais, isto é, condições que as indústrias de exportação devem seguir como parte dos acordos de comércio. Tais padrões têm apoio político considerável em países desenvolvidos. De fato, o presidente Bill Clinton falou a favor desses padrões na desastrosa reunião de Seattle, descrita anteriormente.

O argumento econômico a favor dos padrões trabalhistas em acordos de comércio é similar ao argumento em favor da taxa do salário mínimo para os trabalhadores nacionais: embora a teoria econômica sugira que o salário mínimo reduz o número de trabalhos de baixa qualificação disponíveis, alguns (mas de forma nenhuma todos!) economistas razoáveis argumentam que tais efeitos são pequenos e ultrapassados pelo efeito do salário mínimo em aumentar a renda dos trabalhadores que continuam empregados.

Contudo, os padrões trabalhistas no comércio, sofrem forte oposição da maioria dos países em desenvolvimento, que acreditam que os padrões inevitavelmente seriam utilizados como ferramenta protecionista: os políticos nos países desenvolvidos definiriam padrões em níveis a que os países desenvolvidos não chegariam, na verdade colocando o preço de suas mercadorias fora dos mercados mundiais. Uma preocupação em especial (na verdade, foi uma das preocupações que levou ao fim das conversas em Seattle) é que os padrões trabalhistas seriam utilizados como base para processos judiciais contra as companhias estrangeiras, similar à forma com a qual a legislação de *antidumping* foi utilizada por companhias privadas para incomodar os concorrentes estrangeiros.

Questões ambientais e culturais

As reclamações contra a globalização vão além das questões de mão de obra. Muitos críticos argumentam que a globalização é ruim para o meio ambiente. É evidentemente verdade que os padrões ambientais nas indústrias de exportação em países em desenvolvimento são bem menores do que nas indústrias dos países desenvolvidos. Também é verdade que em uma série de casos, danos ambientais substanciais têm sido causados a fim de fornecer mercadorias para os mercados dos países desenvolvidos. Um exemplo notável é a pesada derrubada de árvores das florestas do sudeste asiático para fabricar produtos florestais para vender para os mercados japonês e ocidental.

Do outro lado, existem ao menos tantos casos de dano ambiental que ocorreram em nome das políticas "introspectivas" dos países relutantes em integrar-se com a economia global. Um exemplo notável é a destruição de muitas milhas quadradas de floresta tropical no Brasil, consequência, em parte, de uma política nacional que subsidia o desenvolvimento no interior. Essa política não tem nada a ver com as exportações e, na verdade, começou durante os anos em que o Brasil estava tentando perseguir um desenvolvimento introspectivo.

Como no caso dos padrões de trabalho, existe um debate sobre se os acordos de comércio deveriam incluir padrões ambientais. De um lado, os proponentes argumentam que os acordos podem levar, ao menos, a modestas melhoras no meio ambiente, beneficiando todos os interessados. De outro lado, os opositores insistem que vincular padrões ambientalistas a acordos de comércio vai, na verdade, acabar com indústrias exportadoras potenciais nos países pobres, que não podem pagar para manter nada parecido com os padrões ocidentais.

E uma questão ainda mais complicada envolve o efeito da globalização na cultura nacional e local. É inequivocamente verdade que a crescente integração dos mercados levou a uma homogeneização das culturas ao redor do mundo. As pessoas no mundo todo cada vez mais tendem a vestir a mesma roupa, comer a mesma comida, escutar a mesma música e ver os mesmos filmes e programas de TV.

Muito, mas não tudo, dessa homogeneização também é americanização. Por exemplo, o McDonald's agora pode ser encontrado em quase todo lugar, mas o sushi também. Os filmes de ação de Hollywood dominaram as bilheterias globais, mas cenas estilizadas nos mega sucessos de Hollywood, como *Matrix*, são baseadas nas convenções dos filmes de artes marciais de Hong Kong.

É difícil negar que alguma coisa é perdida como resultado dessa homogeneização cultural. Alguém pode, portanto, usar um argumento de falha de mercado em nome de políticas que tentem preservar as diferenças culturais nacionais ao, por exemplo, limitar o número de filmes norte-americanos que podem ser mostrados no cinema, ou a fração de tempo de TV que pode ser utilizada com programação estrangeira.

Porém, assim que alguém segue com esse argumento, torna-se claro que outro princípio está envolvido: o direito dos indivíduos em sociedades livres de entreterem-se como preferirem. Como você se sentiria se alguém negasse a você o direito de escutar os Rolling Stones ou ver os filmes do Jackie Chan com o fundamento de que a independência cultural norte-americana tem de ser protegida?

A OMC e a independência nacional

Um tema recorrente no movimento antiglobalização é que a motivação para o livre comércio e livre fluxo de capital minou a soberania nacional. Nas versões mais extremas dessa reclamação, a Organização Mundial do Comércio é caracterizada como um poder supranacional capaz de impedir os governos nacionais de perseguirem políticas em seus próprios interesses. Quanto disso é realmente fato?

A resposta curta é que a OMC não se parece em nada com um governante mundial. Sua autoridade é basicamente limitada a requerer que os países façam jus a seus acordos de comércio internacional. Entretanto, o pequeno grão de verdade na visão de que a OMC é uma autoridade supranacional é que seu mandato lhe permite monitorar não somente os instrumentos tradicionais da política de comércio (tarifas aduaneiras, subsídios à exportação e restrições quantitativas), mas também políticas nacionais que são, de fato, políticas de comércio. E já que a linha entre políticas nacionais legítimas e o protecionismo de fato é complicada, existem casos nos quais a OMC pareceu, para alguns observadores, interferir na política doméstica.

No Capítulo 10, descrevemos um exemplo bem conhecido que ilustra a ambiguidade dessa questão. Como vimos, os Estados Unidos corrigiram seu Ato de Ar Limpo para exigir que a gasolina importada não fosse mais poluente do que a média da gasolina fornecida pelas refinarias nacionais. A OMC julgou que essa exigência era uma violação dos acordos de comércio existentes. Para os críticos da OMC, esse julgamento exemplifica como a instituição pode frustrar uma tentativa de um governo democraticamente eleito de melhorar o meio ambiente.

No entanto, os defensores da OMC apontaram, que a decisão foi baseada no fato de que os Estados Unidos estavam aplicando diferentes padrões para as importações e para a produção nacional. Afinal, algumas refinarias norte-americanas fornecem gasolina que é mais poluente do que a média, e ainda é permitido que elas continuem operando. Então a decisão com efeito impediu a venda de gasolina poluente da Venezuela nos mercados estadunidense, mas permitiu a venda de gasolina igualmente poluente de uma refinaria nacional. Se a nova regra aplicasse os mesmos padrões para a gasolina nacional e estrangeira, ela teria sido aceita pela OMC.

UMA TRAGÉDIA EM BANGLADESH

Bangladesh é um país muito pobre. De acordo com as estimativas do Banco Mundial, em 2010 cerca de 77% dos bengaleses viviam com o equivalente a menos de US$ 2 por dia e 43% viviam com menos de US$ 1,25 por dia. Incrivelmente, entretanto, esses números refletem uma enorme melhora de um passado não tão distante: em 1992, 93% da população vivia com menos de US$ 2 por dia na cotação atual do dólar, e 67% com menos de US$ 1,25.

Esse declínio na pobreza foi o subproduto de duas décadas de crescimento econômico impressionante que dobrou o PIB *per capita* da nação. O crescimento dos bengaleses, por sua vez, dependia crucialmente das exportações crescentes, especificamente as de vestuário. Como apontamos no Capítulo 11, a indústria bengalesa de vestuário é um caso clássico de vantagem comparativa: ela tem produtividade relativamente baixa, mesmo comparada com outros países em desenvolvimento, mas Bangladesh tem produtividade ainda menor em outras indústrias, então se tornou uma força exportadora de vestuário.

Contudo, a competitividade bengalesa em vestuário depende de baixos salários e condições precárias de trabalho. O quão pobre? Em 24 de abril de 2013, o mundo ficou chocado com as notícias de que um prédio de oito andares em Bangladesh, que abrigava uma série fábricas de vestuário, tinha desmoronado, matando mais de 1.200 pessoas. As investigações revelaram que rachaduras tinham aparecido no prédio no dia anterior, mas os trabalhadores tinham sido mandados de volta ao trabalho mesmo assim. Também parecia que o prédio era estruturalmente impróprio para o trabalho de fabricação e pode ter tido andares extras construídos sem permissão.

E quem comprava o vestuário feito sob essas condições pouco seguras? Nós: as fábricas no prédio forneciam vestuário para uma série de marcas de roupas ocidentais.

Claramente, Bangladesh precisa dar um passo em direção à proteção de seus trabalhadores, começando por fazer valer suas leis de construção e segurança do trabalhador. Mas como os consumidores nas nações ricas devem responder a isso?

Uma resposta imediata e instintiva é não comprar mais mercadorias produzidas em países nos quais os trabalhadores são tão maltratados. Ainda assim, como acabamos de ver, Bangladesh precisa continuar desesperadamente exportando roupas e só pode fazer isso se os trabalhadores receberem salários muito baixos

> para padrões ocidentais. De fato, eles precisam pagar até mesmo menos do que a China, cuja indústria de vestuário tem maior produtividade. E baixos salários e condições precárias de trabalho tendem, gostemos ou não, a andar juntos.
>
> Então isso significa que nada pode ser feito para ajudar os trabalhadores bengaleses que não vá acabar por prejudicá-los? Não. Podem-se tentar, tanto por meio da lei quanto por meio de simples pressão do consumidor, alguns padrões básicos para condições de trabalho que se aplicam não só a Bangladesh, mas a seus concorrentes também. Desde que não sejam muito ambiciosos, esses padrões poderiam melhorar a vida dos trabalhadores bengaleses sem aniquilar as exportações das quais o país depende.
>
> Mas não será fácil e não se deve esperar muito dessas medidas. Para o futuro previsível, dois fatos incômodos continuarão a ser verdadeiros quando se trata de comércio com países pobres: os trabalhadores nesses países sofrerão com piores salários e condições de trabalho do que os ocidentais podem imaginar, ainda assim, recusar-se a comprar o que esses trabalhadores produzem pode fazer com que eles fiquem em situação ainda pior.

Globalização e meio ambiente

As preocupações em relação aos impactos humanos no meio ambiente estão crescendo em grande parte do mundo. Por sua vez, essas preocupações desempenham um papel crescente nas políticas nacionais. Por exemplo, em novembro de 2007, o governo do primeiro-ministro australiano John Howard foi retirado do poder pela votação. A maioria dos analistas políticos acredita que a derrota decisiva do partido que estava no governo teve muito a ver com as impressões públicas de que o Partido Liberal da Austrália (que é, na verdade, conservador – os trabalhadores são a esquerda) não estava disposto a agir contra as ameaças ambientais.

Então, inevitavelmente, as questões ambientais também desempenham um papel crescente nas disputas sobre o comércio internacional. Alguns ativistas antiglobalização afirmam que o crescente comércio internacional prejudica automaticamente o meio ambiente; alguns alegam que os acordos de comércio internacional — e o papel da Organização Mundial do Comércio em especial — têm o efeito de bloquear as ações ambientais. A maioria dos economistas internacionais vê a primeira afirmação como simplista e discordam da segunda. Isto é, eles negam que existe uma simples relação entre a globalização e o dano ambiental e não acreditam que os acordos de comércio impedem os países de terem políticas ambientais esclarecidas. Ainda assim, a intersecção entre o comércio e do meio ambiente levanta uma série de questões importantes.

Globalização, crescimento e poluição

Tanto a produção quanto o consumo frequentemente levam, como um subproduto, ao dano ambiental. As fábricas emitem poluição no ar e, às vezes, jogam efluentes nos rios. Os agricultores utilizam fertilizantes e pesticidas que acabam na água. Os consumidores dirigem carros que emitem poluição. Como resultado, com todos os parâmetros iguais, o crescimento econômico, que aumenta tanto a produção quanto o consumo, resulta em um maior dano ambiental.

Entretanto, outras coisas não estão iguais. Por um lado, os países mudam o mix de sua produção e consumo conforme ficam mais ricos, até o ponto em que tendem a reduzir o impacto ambiental. Por exemplo, ao mesmo tempo em que a economia norte-americana se dedica cada vez mais à produção de serviços em vez de mercadorias, ela tende a utilizar menos energia e matéria-prima por dólar do PIB.

Além disso, enriquecer tende a levar a crescentes exigências políticas pela qualidade ambiental. Como resultado, os países ricos geralmente impõem regras mais rigorosas para assegurar ar e água mais limpos do que os países pobres (uma diferença que é aparente para qualquer um que já foi para lá e para cá, de uma cidade grande nos Estados Unidos ou na Europa a um país em desenvolvimento e já respirou fundo nos dois lugares).

No começo da década de 1990, os economistas de Princeton, Gene Grossman e Alan Krueger, ao estudarem a relação entre os níveis de renda nacional e de poluentes como o dióxido de enxofre, descobriram que esses efeitos compensatórios do crescimento econômico resultam em uma distinta relação de "U invertido" entre a renda *per capita* e o dano ambiental, conhecido como **curva ambiental de Kuznets**.[2] Esse conceito, cuja relevância foi confirmada por uma grande quantidade de novas pesquisas, é ilustrado esquematicamente na Figura 12.3.

A ideia é que conforme a renda *per capita* de um país aumenta devido ao crescimento econômico, o efeito inicial é dano crescente ao meio ambiente. Portanto, a China, cuja economia cresceu nas décadas recentes, está,

---

[2] Gene Grossman e Alan Krueger. "Environmental Effects of a North American Free Trade Agreement". In: Peter Garber (Ed.). *The U.S. Mexico Free Trade Agreement*. MIT Press, 1994.

FIGURA 12.3 Curva ambiental de Kuznets

A evidência empírica sugere que enquanto as economias crescem, elas inicialmente o fazem aumentando os danos ambientais, mas tornam-se mais amigas do meio ambiente uma vez que ficam ricas o suficiente. A China, onde o meio ambiente está se deteriorando ao passo que a economia expande, está, na verdade, movendo-se de A para B. Os países mais ricos podem mover-se de C para D, utilizando uma parte do seu crescimento para melhorar o meio ambiente.

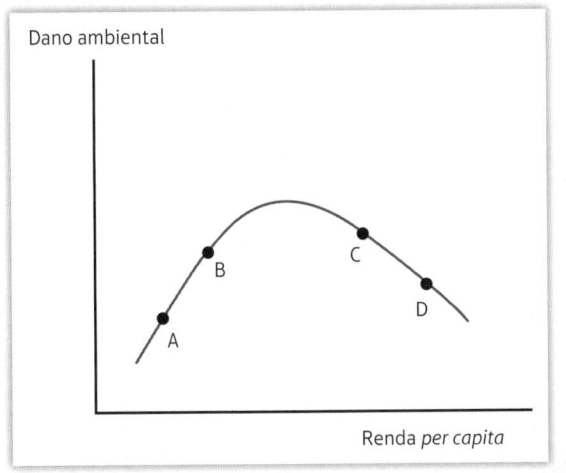

de fato, movendo-se do ponto A para o ponto B: conforme o país queima mais carvão em suas usinas e produz mais mercadorias em suas fábricas, ele emite mais dióxido de enxofre no ar e joga mais efluentes nos rios.

Mas quando um país fica suficientemente rico, ele pode arcar com as ações para proteger o meio ambiente. Conforme os Estados Unidos ficaram ricos nas décadas recentes, eles também limitaram a poluição. Por exemplo, os carros têm de ter conversores catalíticos que reduzem poluição atmosférica e um esquema de licenciamento do governo limita as emissões de dióxido de enxofre das usinas. Em termos da Figura 12.3, os Estados Unidos mudaram em algumas frentes, como poluição local do ar, de C para D: ficaram mais ricos e causaram menos dano ao meio ambiente.

O que isso tem a ver com o comércio internacional? A liberalização do comércio é frequentemente defendida com o fundamento de que promoverá o crescimento econômico. À medida que ele consegue ser bem-sucedido em alcançar esse fim, a renda *per capita* aumenta. Isso vai melhorar ou piorar a qualidade ambiental? Isso depende do lado da curva ambiental de Kuznets em que a economia está. No trabalho original, que era em parte uma resposta aos críticos do Acordo de Livre Comércio Norte Americano que argumentaram que o acordo seria ambientalmente prejudicial, Grossman e Krueger sugeriram que o México pudesse estar do lado certo da curva. Isto é, na medida em que o NAFTA aumenta a renda mexicana, ele pode realmente levar a uma redução do dano ambiental.

Entretanto, a curva ambiental de Kuznets não implica, por quaisquer meios, necessariamente que a globalização é boa para o meio ambiente. Na verdade, é bastante fácil argumentar que em nível mundial a globalização de fato prejudicou o meio ambiente, pelo menos até agora.

Esse argumento seria como segue: o maior beneficiário único da globalização tem sido, indiscutivelmente, a China, cuja economia liderada pela exportação vivenciou um crescimento incrível desde 1980. Enquanto isso, a única grande questão ambiental é, com certeza, a mudança climática: existe um amplo consenso científico de que as emissões de dióxido de carbono e outros gases de efeito estufa estão causando um aumento da temperatura média da Terra.

O *boom* chinês tem sido associado com um enorme aumento em suas emissões de dióxido de carbono. A Figura 12.4 mostra as emissões de dióxido de carbono dos Estados Unidos, Europa e China de 1980 a 2011. Em 1980, a China era um fator menor do aquecimento global. Em 2008, por uma margem substancial, era o principal emissor mundial de gases do efeito estufa. Porém, é importante perceber, que o problema não é a globalização em si. É o sucesso econômico chinês, que é até certo ponto um resultado da globalização. E apesar das preocupações ambientais, é difícil argumentar que o crescimento chinês, que tirou centenas de milhares de pessoas da pobreza extrema, é uma coisa ruim.

O problema dos "refúgios da poluição"

Quando os navios ficam muito velhos para continuarem a operar, eles são desmontados para recuperar a sucata de metal e outros materiais. Uma forma de olhar para esse "desmonte de navios" é como uma forma de reciclagem: em vez de deixar o navio enferrujar, uma empresa de desmonte de navios extrai e reutiliza seus componentes. No fim das contas, esse salvamento significa que menos minério de ferro precisa ser minerado, menos petróleo precisa ser extraído e assim por diante. Pode-se esperar que o desmonte de navios seja bom para o meio ambiente. A tarefa em si, entretanto, pode ser ambientalmente perigosa: se tudo, do combustível residual nos tanques do navio ao plástico em suas cadeiras e interiores, não for manuseado cuidadosamente, pode ser tóxico para o meio ambiente local.

Como resultado, o desmonte de navios em países desenvolvidos está sujeito a regulamentação ambiental rigorosa. Quando um navio é desmontado em Baltimore

FIGURA 12.4 — Emissões de dióxido de carbono

O rápido crescimento econômico da China passou de um fator pequeno na mudança climática para o maior emissor de dióxido de carbono do mundo.

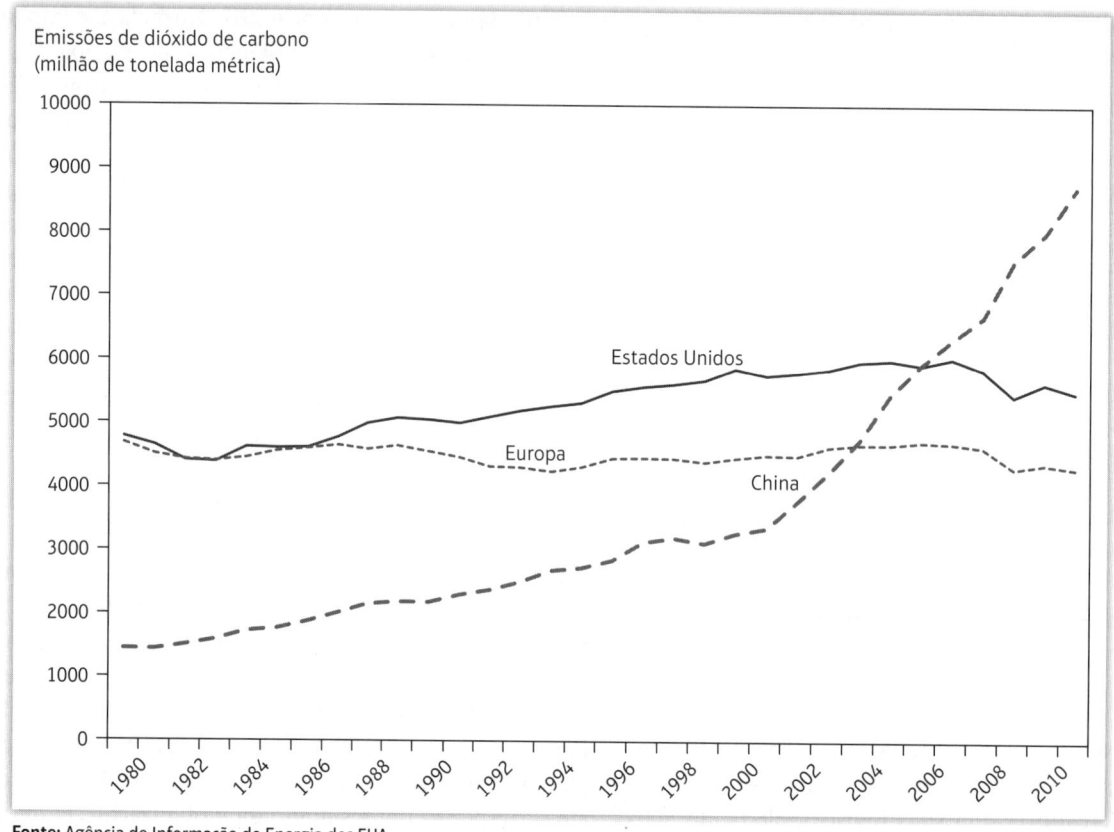

Emissões de dióxido de carbono (milhão de tonelada métrica), de 1980 a 2010, para Estados Unidos, Europa e China.

Fonte: Agência de Informação de Energia dos EUA.

ou Roterdã, toma-se muito cuidado para evitar dano ambiental. Mas hoje, o desmonte de navios raramente acontece em países desenvolvidos. Em vez disso, é feito em lugares como o centro indiano de desmonte de navios em Alang, onde os navios são encalhados em uma praia e então desmontados por homens com maçaricos, que deixam muita poluição em seu rastro.

Realmente, Alang tornou-se um **refúgio da poluição**: graças ao comércio internacional, uma atividade econômica sujeita a fortes controles ambientais em alguns países pode ser feita em outros países com regulamentações menos rigorosas. Alguns grupos ativistas estão muito preocupados com o problema dos paraísos de poluição. De fato, o grupo ambiental Greenpeace fez de Alang uma causa célebre, exigindo que padrões ambientais mais altos fossem impostos. Existem realmente duas questões sobre os refúgios da poluição: (1) eles são um fator importante de verdade? e (2) eles merecem ser objeto de negociação internacional?

Sobre a primeira pergunta, a maioria das pesquisas empíricas sugere que o efeito do refúgio da poluição no comércio internacional é relativamente pequeno. Isto é, não existe muita evidência de que indústrias "sujas" mudaram-se para países com regulamentação ambiental permissiva.[3] Mesmo no caso da indústria de desmonte de navios, os baixos salários indianos parecem ter sido mais atrativos do que suas frouxas restrições ambientais.

Segundo, as nações têm um interesse legítimo nas políticas ambientais umas das outras? Isso depende da natureza do problema ambiental.

A poluição é um exemplo clássico de externalidade negativa, um custo que os indivíduos impõem em outros, mas pelo qual não pagam. É por isso que a poluição é uma razão válida para intervenção do governo. Entretanto, diferentes formas de poluição têm diferentes alcances geográficos e somente aqueles que se estendem através das fronteiras nacionais obviamente justificam a preocupação internacional.

[3] Veja, por exemplo: Josh Ederington; Arik Levinson; Jenny Minier. "Trade Liberalization and Pollution Havens", Documento de Trabalho 10585, National Bureau of Economic Research, jun. 2004.

Portanto, na medida em que o desmonte indiano de navios polui o meio ambiente local em Alang, isso é um problema da Índia; é menos claro que isso seja um problema para outros países. Similarmente, a poluição do ar na Cidade do México é um problema do México. Não está claro por que é um interesse válido para os Estados Unidos. Por outro lado, as emissões de dióxido de carbono afetam o clima futuro para todos os países: elas são uma externalidade internacional e merecem ser objeto de negociação internacional.

Nesse ponto, é difícil ter exemplos importantes de indústrias nas quais o fenômeno do refúgio da poluição, à medida que ocorre, resulte em externalidades internacionais negativas. No entanto, a situação pode mudar dramaticamente se algumas das principais economias, mas não todas, adotarem fortes políticas para limitar a mudança climática.

A disputa das taxas de carbono

Em 2009, a Câmara dos Deputados dos Estados Unidos aprovou um projeto de lei que criaria um sistema de limite e comércio para gases de efeito estufa — isto é, um sistema pelo qual um número limitado de licenças de emissão é emitido e as empresas são exigidas a comprar licenças suficientes para cobrir suas emissões reais, de fato colocando um preço no dióxido de carbono e em outros gases. O Senado fracassou em aprovar qualquer projeto de lei comparável, então a legislação da mudança climática está em espera atualmente. Apesar disso, existe uma disposição de comércio chave no projeto de lei da Câmara que pode representar a forma que as coisas serão no futuro: ela impõe **tarifas de carbono** nas importações de países que falham em decretar políticas similares.

Mas de que se trata? Uma questão que tem sido levantada sobre a legislação da mudança climática é se ela pode ser efetiva somente se alguns países tomarem essa ação. Os Estados Unidos representam somente uma parte da emissão mundial de gases de efeito estufa — na verdade, como vimos na Figura 12.4, não são nem o principal emissor. Então, a redução unilateral nas emissões pelos Estados Unidos teria somente um efeito limitado nas emissões globais e, consequentemente, na mudança climática futura. Além disso, as políticas que colocam um preço alto no carbono podem fazer o efeito do refúgio da poluição ser muito maior do que tem sido até agora, levando a um "vazamento do carbono" ao passo que as indústrias de emissão intensiva mudem para países sem políticas fortes de mudança climática.

A resposta óbvia para essas preocupações é tomar uma iniciativa global, a fim de conseguir que todas as principais economias adotem políticas similares. Mas não existe garantia de que tal acordo esteja próximo, especialmente quando alguns países como a China sentem que merecem o direito de ter políticas ambientais mais indulgentes do que os países ricos que já alcançaram um padrão de vida alto.

Então, qual é a resposta? A ideia por trás das tarifas de carbono é cobrar dos importadores de mercadorias de países sem políticas de mudança climática uma quantia proporcional ao dióxido de carbono emitido na produção dessas mercadorias. A cobrança por tonelada de emissões seria igual ao preço das licenças de emissão de dióxido de carbono no mercado nacional. Isso daria aos produtores estrangeiros um incentivo para limitar suas emissões de carbono e retiraria o incentivo de mudar a produção para países como regulamentações mais frouxas. Além disso, possivelmente daria aos países com regulamentações mais permissivas um incentivo para adotar políticas próprias de mudança climática.

Os críticos das tarifas de carbono argumentam que as políticas seriam protecionistas e também violariam as regras do comércio internacional, que proíbem a discriminação entre os produtos nacionais e estrangeiros. Aqueles que apoiam as tarifas argumentam que as políticas simplesmente colocariam os produtores de mercadorias importadas e nacionais em condições iguais na hora da venda aos consumidores nacionais, com os dois tendo de pagar pelas suas emissões de gases de efeito estufa. E como as tarifas de carbono criam condições iguais, eles argumentam que tais tarifas (cuidadosamente aplicadas) também deveriam ser legais sob as regras existentes de comércio.

Atualmente, a questão das tarifas de carbono é hipotética, já que nenhuma grande economia ainda colocou um preço nas emissões de gases do efeito estufa. Correspondentemente, a OMC não emitiu nenhuma decisão sobre a legalidade dessas tarifas e provavelmente não vai emitir a não ser que surja um caso real. Mas se a legislação da mudança climática retornar — e é uma boa aposta que ela vai voltar cedo ou tarde — claramente levará a novas questões importantes na política de comércio.

RESUMO

1. Alguns novos argumentos para a intervenção do governo no comércio surgiram ao longo do último quarto de século: a teoria da *política comercial estratégica* propôs razões de por que os países poderiam ganhar em promover indústrias específicas. Na década de 1990 surgiu uma nova crítica à globalização que focava nos seus efeitos sobre os trabalha-

dores em países desenvolvidos. E a possível ação na mudança climática levantou algumas importantes questões, incluindo aquela sobre o caráter e a legalidade das *tarifas de carbono*.

2. Os argumentos dos ativistas da política de comércio repousam em duas ideias. Uma é o argumento de que os governos deveriam promover as indústrias que rendem *externalidades* tecnológicas. O outro, que representa um grande afastamento dos argumentos padrão de falha de mercado, é a *análise de Brander-Spencer*, que sugere que a intervenção estratégica pode permitir que as nações tenham *retornos em excesso*. Esses argumentos são teoricamente persuasivos; entretanto, muitos economistas preocupam-se que eles sejam muito sutis e exijam muita informação para serem úteis na prática.

3. Com o aumento da exportação manufaturada em países em desenvolvimento, um novo movimento oposto à globalização surgiu. A preocupação central desse movimento é com os baixos salários pagos para trabalhadores de exportação, embora também existam outros temas. A resposta da maioria dos economistas é que os trabalhadores de países em desenvolvimento podem ganhar baixos salários pelos padrões ocidentais, mas isso permite que eles ganhem mais do que eles conseguiriam de outra forma.

4. Uma verificação de casos sugere o quão difícil a discussão sobre globalização realmente é, especialmente quando tentamos olhar para isso como uma questão moral; é muito fácil que as pessoas causem prejuízo quando estão tentando ajudar. As causas mais favorecidas pelos ativistas, como normas trabalhistas, são temidas pelos países em desenvolvimento, que acreditam que essas normas serão utilizadas como dispositivos de protecionismo.

5. À medida que a globalização promove o crescimento econômico, ela causa efeitos ambíguos no meio ambiente. A *curva ambiental de Kuznets* diz que, no princípio, o crescimento econômico tende a aumentar o dano ambiental conforme um país enriquece, mas que após certo ponto o crescimento é, de fato, bom para o meio ambiente. Infelizmente, algumas das economias de crescimento mais rápido ainda são relativamente pobres e estão do lado errado da curva.

6. Existe uma crescente preocupação de que a globalização possa permitir indústrias altamente poluidoras a mudarem para os *refúgios da poluição*, onde as regras são mais permissivas. Existe pouca evidência de que isso seja um fator importante nas decisões atuais de localização, ao menos até agora. Mas isso pode mudar se sérias políticas de mudança climática forem implementadas. Nesse caso, existe um forte argumento a favor das *tarifas de carbono*, assim como também muitas críticas ao conceito.

TERMOS-CHAVE

análise de Brander-Spencer, p. 229
curva ambiental de Kuznets, p. 238
externalidades, p. 227
política comercial estratégica, p. 226

políticas de empobrecimento do vizinho, p. 231
refúgio da poluição, p. 240
retornos em excesso, p. 229
tarifas de carbono, p. 241

PROBLEMAS

1. Quais são as desvantagens de envolver-se em política comercial estratégica mesmo em casos nos quais é evidente que ela pode render um aumento no bem-estar de um país?

2. Suponha que o governo norte-americano fosse capaz de determinar quais indústrias crescerão de forma mais rápida durante os próximos 20 anos. Por que isso não significaria automaticamente que a nação deveria ter uma política de suporte ao crescimento dessas indústrias?

3. Se os Estados Unidos fizessem à sua maneira, exigiriam que o Japão gastasse mais dinheiro em pesquisa básica em ciência e menos em pesquisa aplicada em aplicações industriais. Explique o porquê em termos da análise da apropriabilidade.

4. Quais são as suposições-chave que permitem que a política comercial estratégica trabalhe no exemplo de Brander--Spencer da Airbus e da Boeing?

5. Suponha que a Comissão Europeia peça que você desenvolva um resumo em favor do desenvolvimento europeu subsidiado de software para smartphones. Tenha em mente que essa indústria é atualmente dominada pelas empresas norte-americanas, especialmente por Apple e Google (cujo sistema Android é utilizado em tantos telefones e tablets). Quais argumentos você utilizaria? Quais são os pontos fracos desses argumentos?

6. Qual é a principal crítica contra a OMC em relação à proteção ambiental? Como a OMC justifica sua posição em disputas comerciais que envolvem questões ambientais?

7. A França, além de seus golpes ocasionais na política comercial estratégica, persegue uma política *cultural* nacionalista ativa que promove a arte, a música, a moda, a cozinha francesa e assim por diante. Isso pode ser, em princípio, uma tentativa de preservar a identidade nacional em um mundo crescentemente homogêneo, mas alguns funcionários do governo também defendem essa política em termos econômicos. Em que sentido algumas características de tal política poderiam ser defendidas como um tipo de política comercial estratégica?

8. "O problema fundamental com qualquer tentativa de limitar a mudança climática é que os países cujo crescimento representa a maior ameaça ao planeta são também os que menos têm condição de pagar o preço do ativismo ambientalista". Explique a afirmação nos termos da curva ambiental de Kuznets.

9. Muitos países têm impostos sobre valor agregado — impostos que são pagos pelos produtores, mas que se destinam a recair sobre os consumidores. (Eles são, basicamente, uma forma indireta de impor impostos de venda.) Tais impostos sobre valor agregado sempre são acompanhados por um imposto igual nas importações. Tais impostos de importação são considerados legais porque, como o imposto sobre valor agregado, eles são de fato uma forma indireta de taxar todas as compras do consumidor com a mesma taxa. Compare essa situação ao argumento sobre as tarifas de carbono. Por que seus defensores podem argumentar que tais tarifas são legais? Em quais objeções sobre o assunto você consegue pensar?

LEITURAS ADICIONAIS

BRANDER, J. A.; SPENCER, B. J. "Export Subsidies and International Market Share Rivalry". *Journal of International Economics*, v. 16, p. 81-100, 1985. Uma referência básica sobre o papel potencial dos subsídios como uma ferramenta de política comercial estratégica.

ELLIOTT, K. A. *Can Labor Standards Improve Under Globalization?* Washington, D.C.: Instituto de Economia Internacional, 2001. Um levantamento das questões da causa dos ativistas por uma economista simpatizante.

GRAHAM, E. M. *Fighting the Wrong Enemy: Antiglobalization Activists and Multinational Corporations*. Washington, D.C.: Instituto de Economia Internacional, 2001. Um levantamento das questões dos ativistas por um economista menos simpatizante.

HELPMAN, E.; KRUGMAN, P. *Trade Policy and Market Structure*. Cambridge: MIT Press, 1989. Um levantamento e síntese da literatura sobre política comercial estratégica e tópicos relacionados.

LANGEWIESCHE, W. "The Shipbreakers." *The Atlantic Monthly*, ago. 2000. Uma descrição fascinante da indústria de reciclagem de navios de Alang e a disputa que ela gerou.

HEARING on Trade Aspects of Climate Change Legislation, Before the Subcommittee on Trade, *112th Congress*, 24 mar. 2009 (testemunho de Joost Pauwelyn). Uma discussão clara e concisa feita por um advogado de comércio sobre as questões que rodeiam as tarifas de carbono, na qual ele argumenta que se as tarifas fossem feitas com cuidado, seriam legais sob os acordos existentes.

CAPÍTULO 13

Contabilidade de renda nacional e a balança de pagamentos

Entre 2004 e 2007, a economia mundial deu um salto e o crescimento total real de seu produto em uma taxa média anual ficou em torno de 5% ao ano. A taxa de crescimento da produção mundial desacelerou para 3% ao ano em 2008, antes de cair para *menos* 0,6% em 2009. Uma redução na produção mundial nunca vista no período desde a Segunda Guerra Mundial. Em muitos países, incluindo os Estados Unidos, o desemprego subiu demais. Embora os países em desenvolvimento e emergentes do mundo tenham rapidamente retornado para uma taxa de crescimento anual próxima de 6% ao ano, as economias desenvolvidas fizeram um grande esforço para crescer rápido o bastante e voltar ao pleno emprego, enquanto os países europeus que utilizam o euro cresceram novamente a uma taxa negativa em 2012. A análise econômica pode ajudar-nos a entender o comportamento da economia global e as razões pelas quais as fortunas de países individuais diferem tanto?

A preocupação principal dos capítulos anteriores foi com o problema de fazer o melhor uso dos recursos de produção escassos do mundo em um único ponto no tempo. O ramo da economia chamado de **microeconomia** estuda esse problema a partir da perspectiva de empresas e consumidores individuais. A microeconomia funciona "de baixo para cima" para mostrar como protagonistas econômicos individuais, ao perseguirem seus próprios interesses, determinam coletivamente quais recursos são utilizados. Em nosso estudo sobre a microeconomia internacional, aprendemos como a produção individual e as decisões de consumo produzem padrões de comércio internacional e especialização. Nós também vimos que embora o livre comércio normalmente encoraje a utilização eficiente do recurso, a intervenção do governo ou as falhas de mercado podem causar desperdício mesmo quando todos os fatores de produção são plenamente empregados.

Neste capítulo, mudamos o foco e perguntamos: como a política econômica garante que os fatores de produção *sejam* plenamente empregados? E o que determina como a capacidade de uma economia em produzir mercadorias e serviços mude com o tempo? Para responder a essas questões, devemos entender a **macroeconomia**, o ramo da economia que estuda como os níveis globais de emprego, produção e crescimento econômico são determinados. Como a microeconomia, a macroeconomia preocupa-se com a utilização eficaz de recursos escassos. Mas enquanto a microeconomia foca nas decisões econômicas de indivíduos, a macroeconomia analisa o comportamento de uma economia como um todo. Em nosso estudo de macroeconomia internacional, aprenderemos como as interações das economias nacionais influenciam o padrão mundial de atividade macroeconômica.

A análise macroeconômica enfatiza quatro aspectos da vida econômica que, até agora, temos mantido em segundo plano para simplificar nossa discussão de economia internacional:

1. *Desemprego*. Sabemos que no mundo real os trabalhadores podem estar desempregados e as fábricas podem estar ociosas. A macroeconomia estuda os fatores que causam o desemprego e os passos que os governos podem dar para impedir isso. Uma das principais preocupações da macroeconomia internacional é o problema de garantir o pleno emprego nas economias abertas ao comércio internacional.

2. *Poupança*. Nos capítulos anteriores, normalmente supúnhamos que todo país consome uma quantidade exata igual a sua renda, nada mais, nada menos que isso. Entretanto, na verdade, as famílias podem separar parte de sua renda para ter dinheiro no futuro ou podem fazer um empréstimo temporário para gastar mais do que ganham. O compor-

tamento sobre poupar ou fazer empréstimos de um país afeta o emprego nacional e os níveis futuros de riqueza nacional. Do ponto de vista da economia internacional como um todo, a taxa de poupança mundial determina o quão rápido as ações mundiais de capital produtivo podem crescer.

3. *Desequilíbrios comerciais.* Como vimos nos capítulos anteriores, o valor das importações de um país se iguala ao valor de suas exportações quando o gasto se iguala à renda. No entanto, esse estado de balanço de comércio raramente é alcançado pelas economias reais. Nos capítulos seguintes, os desequilíbrios desempenham um grande papel, porque redistribuem a riqueza entre os países e são o principal canal pelo qual as políticas de macroeconomia de um país afetam seus parceiros comerciais. Não deve ser surpresa nenhuma, portanto, que os desequilíbrios comerciais, especialmente quando são grandes e persistentes, podem rapidamente tornar-se fonte de discórdia internacional.

4. *Dinheiro e o nível do preço.* A teoria do comércio que estudamos até agora é uma teoria de troca, na qual as mercadorias são trocadas diretamente por outras mercadorias com base em seus preços relativos. Na prática, é mais conveniente utilizar dinheiro — um meio de troca amplamente aceito — em transações e cotar preços em termos de dinheiro. Como o dinheiro troca de mãos em praticamente toda transação que acontece na economia moderna, flutuações na oferta de dinheiro ou na demanda por ele podem afetar tanto a produção quanto o emprego. A macroeconomia internacional leva em conta que todo país utiliza uma moeda e que uma mudança monetária em um país (por exemplo, uma mudança na oferta de dinheiro) pode ter efeitos que atravessam as fronteiras e atingem outros países. A estabilidade nos níveis de preço é uma meta importante da política macroeconômica internacional.

Este capítulo dá o primeiro passo em nosso estudo de macroeconomia internacional ao explicar os conceitos de contabilidade que os economistas utilizam para descrever o nível de produção de um país e suas transações internacionais. Para termos o quadro geral das ligações macroeconômicas entre as economias que se envolvem no comércio internacional, temos de dominar duas ferramentas que se relacionam e são essenciais. A primeira delas, a **contabilidade da renda nacional**, registra todas as despesas que contribuem para a renda e para a produção de um país. A segunda, a **contabilidade do balanço de pagamentos**, nos ajuda a manter o controle tanto das mudanças do endividamento de um país com os estrangeiros quanto da fortuna de suas indústrias de exportação e importação. A contabilidade do balanço de pagamentos também mostra a conexão entre transações estrangeiras e a oferta da moeda nacional.

OBJETIVOS DE APRENDIZAGEM

Após a leitura deste capítulo, você será capaz de:
- Discutir o conceito do saldo de conta-corrente.
- Utilizar o saldo de conta-corrente para estender a contabilidade da renda nacional para economias abertas.
- Aplicar a contabilidade de renda nacional para a interação da poupança, investimento e exportações líquidas.
- Descrever o balanço das contas de pagamentos e explicar sua relação com o balanço de conta-corrente.
- Relacionar a conta-corrente às mudanças na riqueza externa líquida de um país.

As contas de renda nacional

É de preocupação central para a análise macroeconômica o **produto nacional bruto (PNB)** de um país, o valor de todas as mercadorias e serviços finais produzidos pelos fatores de produção do país e vendidos no mercado em um dado período de tempo. O PNB, que é a medida básica da produção de um país estudada pela macroeconomia, é calculado adicionando o valor de mercado de todas as despesas à produção final. Portanto, o PNB inclui o valor de mercadorias como o pão vendido em um supermercado e os livros vendidos em uma livraria, assim como o valor dos serviços fornecidos por corretores da bolsa e por encanadores. Como a produção não pode ser feita sem a ajuda de fatores produtivos, as despesas que fazem o PNB estão intimamente ligadas ao emprego de mão de obra, capital e outros fatores de produção.

Para podermos distinguir entre os diferentes tipos de despesas que compõem o PNB, os economistas do governo e os estatísticos que compilam as contas de renda nacional dividem o PNB entre os quatro possíveis usos para os quais a produção final de um país é comprada:

consumo (a quantia consumida pelos residentes nacionais), *investimento* (a quantia deixada de lado por empresas privadas para construir novas fábricas e equipamentos para produção futura), *compras do governo* (a quantia utilizada pelo governo) e o *saldo de conta-corrente* (a quantia de exportações líquidas de mercadorias e serviços para o exterior). O termo *contas de renda nacional*, em vez de *contas de produção nacional*, é utilizado para descrever essa classificação quádrupla porque a renda de um país, de fato, se iguala à produção. Portanto, as contas de renda nacional podem ser pensadas como classificadoras de cada transação que contribui para a renda nacional de acordo com o tipo de despesa que dá origem a ela. A Figura 13.1 mostra como o PNB norte-americano foi dividido em quatro componentes no primeiro trimestre de 2013.[1]

Por que é útil dividir o PNB em consumo, investimento, compras do governo e conta-corrente? Uma das razões mais importantes é que não podemos esperar entender a causa de uma recessão específica ou de um *boom* sem saber como as principais categorias de despesas mudaram. E sem tal entendimento, não podemos recomendar uma boa política como resposta. Além disso, as contas de renda nacional fornecem informação essencial para estudar o motivo de alguns países serem ricos — isto é, ter um nível maior de PNB em relação ao tamanho da população — enquanto outros países são pobres.

Produto nacional e renda nacional

Nossa primeira tarefa na compreensão de como os economistas analisam o PNB é explicar em maiores detalhes por que o PNB que um país gera sobre um período de tempo deve se igualar a sua **renda nacional**, a renda ganha nesse período por seus fatores de produção.

A razão para essa igualdade é que todo dólar utilizado para comprar mercadorias ou serviços automaticamente acaba no bolso de alguém. Uma visita ao médico fornece um exemplo simples de como um aumento na produção nacional aumenta a renda nacional pela mesma quantia. Os US$ 75 que você paga ao médico representam o valor de mercado dos serviços que ele presta para você, então a sua ida ao médico aumenta

FIGURA 13.1 PNB norte-americano e seus componentes

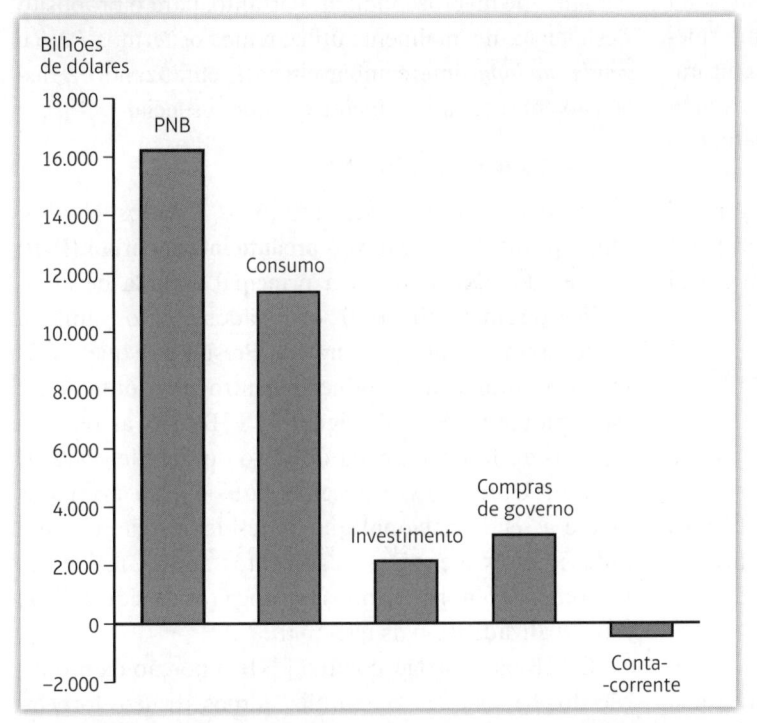

O produto bruto nacional dos Estados Unidos para o primeiro quarto de 2013 pode ser dividido nos quatro componentes mostrados.

Fonte: Departamento de Comércio Americano, Departamento de Análise Econômica. A figura mostra o PNB 2013: QI e seus componentes a uma taxa anual, ajustada sazonalmente.

---

[1] Na Figura 13.1 o PNB trimestral e seus componentes são medidos a uma taxa anual (isto é, são multiplicados por quatro). Nossa definição da conta-corrente não é rigorosamente precisa quando um país é um doador líquido ou recebedor de presentes do exterior. Essa possibilidade, junto com algumas outras, também complica nossa identificação do PNB com a renda nacional. Descrevemos mais adiante neste capítulo como as definições da renda nacional e da conta-corrente devem ser mudadas em tais casos.

o PNB em US$ 75. Mas os US$ 75 que você paga ao médico também aumentam a renda dele. Então a renda nacional aumenta em US$ 75.

O princípio de que a produção e a renda são as mesmas também se aplica às mercadorias, mesmo as produzidas com a ajuda de muitos fatores de produção. Considere o exemplo de um livro de economia. Quando você compra um livro novo da editora, o valor de sua compra entra no PNB. Mas o seu pagamento entra na renda dos fatores produtivos que cooperam na produção do livro, porque a editora deve pagar pelos serviços dela com o produto das vendas. Primeiro, existem autores, editores, artistas e gráficas que fornecem a mão de obra necessária para a produção do livro. Segundo, existem os acionistas da editora, que recebem os dividendos por terem financiado a aquisição do capital utilizado na produção. E por fim, existem os fornecedores de papel e tinta, que fornecem os materiais intermediários utilizados na produção do livro.

O papel e a tinta comprados pela editora para produzir o livro *não* são contados separadamente no PNB porque sua contribuição para o valor da produção nacional já está incluída no preço do exemplar. É para evitar uma contagem dupla que permitimos somente a entrada da venda de mercadorias e serviços *finais* na definição do PNB. As vendas de mercadorias intermediárias, como papel e tinta compradas por uma editora, não são levadas em conta. Perceba também que a venda de um livro usado não entra no PNB. Nossa definição considera somente mercadorias e serviços finais que são *produzidos* e um livro usado não se qualifica: ele já foi levado em conta no PNB ao ser vendido pela primeira vez. De forma equivalente, a venda de um livro usado não gera renda para nenhum fator de produção.

Depreciação de capital e as transferências internacionais

Porque definimos o PNB e a renda nacional de forma que eles sejam necessariamente iguais, sua igualdade é, na verdade, uma identidade. Entretanto, dois ajustes devem ser feitos no PNB antes de a identificação do PNB e da renda nacional estar inteiramente correta na prática.

1. O PNB não leva em conta a perda econômica que acontece pela tendência de maquinário e estruturas sofrerem desgastes com o tempo. Essa perda, chamada *depreciação*, reduz a renda do dono do capital. Para calcular a renda nacional em um dado período, devemos, portanto, subtrair do PNB a depreciação do capital sobre o período. O PNB menos a depreciação é chamado de *produto interno líquido* (PIL).
2. A renda de um país pode incluir presentes de residentes de países estrangeiros, chamados *transferências unilaterais*. Alguns exemplos de transferências unilaterais de renda são pagamentos de pensão para cidadãos aposentados que vivem no exterior; pagamentos de indenização; e ajuda a estrangeiros, como fundos de ajuda doados para nações atingidas pela seca. Para os Estados Unidos, em 2012, o balanço de tais pagamentos atingiu em torno de −129,7 bilhões de dólares, representando 0,8% da transferência líquida do PNB para estrangeiros. Transferências unilaterais líquidas são parte da renda de um país, mas não são parte de seu produto, e devem ser adicionadas ao PIL em cálculos de renda nacional.

A renda nacional é igual ao PNB *menos* a depreciação *mais* as transferências unilaterais líquidas. A diferença entre o PNB e a renda nacional de forma nenhuma pode ser uma quantia insignificante, mas a microeconomia pouco fala sobre isso e é de pouca importância para a análise de macroeconomia. Portanto, para o propósito deste texto, normalmente utilizaremos os termos *PNB* e *renda nacional* intercambiavelmente, enfatizando a distinção entre os dois somente quando essencial.[2]

Produto interno bruto

A maioria dos países, exceto os Estados Unidos, tem reportado há tempos o **produto interno bruto (PIB)** em vez do PNB como sua principal medida de atividade econômica. Em 1991, os Estados Unidos também começaram a seguir essa prática. Presume-se que o PIB mede o volume da produção dentro da fronteira do país, enquanto o PNB é igual ao PIB *mais* as receitas líquidas do fator de renda do resto do mundo. Para os Estados Unidos, essas receitas líquidas são primariamente a renda nacional que os residentes ganham em outros países menos os pagamentos que os residentes nacionais fazem para donos estrangeiros de riqueza que está localizada no país nacional.

O PIB não corrige, como o PNB, a porção da produção dos países que é feita utilizando os serviços fornecidos por capital e mão de obra estrangeiras. Considere um

---

[2] Propriamente falando, os estatísticos do governo referem-se ao que chamamos de "renda nacional" como *rendimento nacional disponível*. O conceito oficial deles de renda nacional omite as transferências unilaterais líquidas estrangeiras. Porém mais uma vez, a diferença entre renda nacional e rendimento nacional disponível geralmente não tem importância para a análise macroeconômica. As transferências unilaterais são chamadas alternativamente como *pagamentos de rendimentos secundários* para distingui-las dos *pagamentos de rendimentos primários*, que consistem de salários e renda de investimentos fora das fronteiras do país. Veremos essa terminologia mais adiante quando estudarmos a contabilidade do balanço de pagamentos.

exemplo: os lucros de uma fábrica espanhola com donos britânicos são contados no PIB da Espanha, mas são parte do PNB britânico. Os serviços que o capital britânico fornece na Espanha são um serviço exportado da Grã-Bretanha, portanto, são adicionados ao PIB britânico ao calcular seu PNB. Ao mesmo tempo, para encontrar o PNB da Espanha, devemos subtrair de seu PIB o serviço de importação correspondente da Grã-Bretanha.

Como uma questão prática, os movimentos no PIB e no PNB normalmente não diferem muito. No entanto, nesse texto vamos focar no PNB, pois ele acompanha a renda nacional mais de perto do que o PIB, e o bem-estar nacional depende mais diretamente da renda nacional do que do produto interno.

Contabilidade de renda nacional para uma economia aberta

Nesta seção, estendemo-nos para o caso de uma economia aberta — o quadro contábil de renda nacional de economia fechada que você já deve ter visto em outros cursos de economia. Começamos a discussão com as contas da renda nacional porque elas destacam o papel-chave do comércio internacional na teoria macroeconômica da economia aberta. Já que os residentes de uma economia fechada não podem comprar produção estrangeira ou vender a sua produção para os estrangeiros, toda a renda nacional deve ser distribuída para consumo nacional, investimento e compras do governo. Contudo, em uma economia aberta ao comércio internacional, a versão da conta de renda nacional de economia fechada deve ser modificada, porque algumas produções nacionais são exportadas para estrangeiros, enquanto alguma renda nacional é gasta em produtos estrangeiros importados.

A lição principal desta seção é a relação entre a poupança nacional, o investimento e os desequilíbrios comerciais. Veremos que nas economias abertas, poupança e investimento não são necessariamente iguais como são na economia fechada. Isso ocorre porque os países podem poupar na forma de riqueza exterior ao exportar mais do que importam e podem *despoupar* — isto é, reduzir a riqueza exterior — exportando menos do que importam.

Consumo

A porção do PNB comprada por domicílios particulares para preencher a necessidade atual é chamada de **consumo**. Compras de ingresso de cinema, alimentos, tratamento dentário e máquinas de lavar caem nessa categoria. Depesas com o consumo são o maior componente do PNB na maioria das economias. Nos Estados Unidos, por exemplo, a fração do PNB dedicada ao consumo tem flutuado em um intervalo de 62% a 70% durante os últimos 60 anos.

Investimento

A parte da produção utilizada por empresas particulares para produzir coisas no futuro é chamada de **investimento**. Despesas de investimento podem ser vistas como a porção do PNB utilizada para aumentar o capital social da nação. Aço e tijolos utilizados para construir uma fábrica são parte das despesas de investimento, assim como os serviços fornecidos por um técnico que ajuda a montar computadores de negócio. As compras de estoque das empresas também são contadas como despesa de investimento porque manter um estoque é só outra forma de as empresas transferirem produção atual para utilização no futuro.

O investimento geralmente é mais viável do que o consumo. Nos Estados Unidos, o investimento (bruto) tem flutuado entre 11% e 22% do PNB nos últimos anos. Utilizamos frequentemente a palavra *investimento* para descrever as compras de ações da bolsa, títulos ou bens imóveis de famílias individuais, mas deve-se ter cuidado para não confundir esse significado cotidiano da palavra com a definição econômica de investimento como parte do PNB. Quando você compra uma ação da Microsoft, você não está comprando nem um bem e nem um serviço, então a sua compra não aparece no PNB.

Compras de governo

Quaisquer mercadorias ou serviços comprados por governos federais, estaduais ou locais são classificadas como **compras de governo** nas contas de renda nacional. Inclusos nas compras de governo estão os gastos militares federais, o apoio do governo à pesquisa do câncer e os fundos do governo gastos em reparos de estradas e com educação. As compras de governo incluem tanto o investimento quanto as compras de consumo. Os pagamentos de transferência do governo, como o seguro social e os benefícios de desemprego, não requerem que o recebedor dê ao governo nenhuma mercadoria ou serviço em troca. Portanto, os pagamentos de transferências não estão inclusos nas compras de governo.

As compras de governo atualmente são em torno de 20% do PNB norte-americano e essa parcela não mudou muito desde o fim da década de 1950. (O valor correspondente para 1959, por exemplo, era em torno de 20%). No entanto, em 1929, as compras de governo representavam em torno de 8,4% do PNB norte-americano.

A identidade da renda nacional para uma economia aberta

Em uma economia fechada, qualquer mercadoria ou serviço final que não é comprado pelas famílias ou pelo governo deve ser utilizado pelas empresas para produzir fábricas novas, equipamentos e estoques. Se as mercadorias de consumo não são vendidas imediatamente para os consumidores ou para o governo, as empresas (talvez de forma relutante) adicionam-nas ao estoque existente, e dessa forma aumentam seu investimento.

Essa informação leva a uma identidade fundamental para as economias fechadas. Deixemos Y representar o PNB, o C para o consumo, o I para o investimento e o G para as compras de governo. Já que toda a produção da economia fechada deve ser consumida, investida ou comprada pelo governo, podemos escrever:

$$Y = C + I + G.$$

Obtivemos a identidade do rendimento nacional para uma economia fechada ao supor que toda sua produção seja consumida ou investida pelos cidadãos do país ou comprada pelo seu governo. Entretanto, quando o comércio com o exterior é possível, um pouco da produção é comprada por estrangeiros, enquanto uma parte do gasto nacional vai para a compra de mercadorias e serviços produzidos no exterior. A identidade do PNB para as economias abertas mostra como a renda nacional que um país ganha por vender suas mercadorias e serviços é dividida entre vendas para residentes nacionais e vendas para residentes estrangeiros.

Já que os residentes de uma economia aberta podem gastar uma parte de sua renda em importações, isto é, mercadorias e serviços comprados no exterior, somente a porção de seus gastos não utilizados para importações é parte do PNB interno. O valor das importações, indicado por IM, deve ser subtraído do total do gasto nacional, $C + I + G$, para encontrar a porção do gasto nacional que gera a renda nacional. As importações do exterior aumentam o PNB dos países estrangeiros, mas não aumentam diretamente o PNB nacional.

De modo similar, mercadorias e serviços vendidos para os estrangeiros compõem as exportações de um país. As exportações, indicadas por EX, são a quantidade de compras que os estrangeiros fazem adicionadas à renda nacional da economia nacional.

O rendimento nacional de uma economia aberta é, portanto, a soma das despesas nacionais e estrangeiras nas mercadorias e serviços produzidos pelos fatores nacionais de produção. Portanto, a identidade do rendimento nacional para uma economia aberta é:

$$Y = C + I + G + EX - IM. \qquad (13.1)$$

Uma economia aberta imaginária

Para tornar concreta a identidade, Equação (13.1), consideremos uma economia fechada imaginária, Agrária, cuja única produção é trigo. Cada cidadão de Agrária é um consumidor de trigo, mas cada um deles também é agricultor e, portanto, pode ser visto com uma empresa. Os agricultores investem deixando de lado uma porção da colheita de cada ano como semente para a plantação do ano seguinte. Também existe um governo que se apropria de parte da colheita para alimentar o exército de Agrária. A colheita anual total de Agrária é de 100 alqueires de trigo. Agrária pode importar leite do resto do mundo em troca de exportações de trigo. Não podemos compor as contas de renda nacional de Agrária sem saber o preço do leite em termos de trigo, porque todos os componentes na identidade do PNB — Equação (13.1) — devem ser medidos nas mesmas unidades. Se supusermos que o preço do leite é 0,5 alqueires de trigo por galão e que, nesse preço, os agrarianos querem consumir 40 galões de leite, então as importações de Agrária são iguais em valor a 20 alqueires do trigo.

Na Tabela 13.1 vemos que a produção total de Agrária é de 100 alqueires de trigo. O consumo é dividido entre trigo e leite, com 55 alqueires de trigo e 40 galões de leite (igual em valor a 20 alqueires de trigo) consumidos durante o ano. O valor do consumo em termos de trigo é $55 + (0,5 \times 40) = 55 + 20 = 75$.

Os 100 alqueires de trigo produzidos por Agrária são utilizados conforme segue: 55 alqueires são consumidos pelos residentes nacionais, 25 são investidos, 10 são comprados pelo governo e 10 são exportados. A renda

TABELA 13.1 Contas de renda nacional para Agrária, uma economia aberta (alqueires de trigo)

PNB (produção total)	=	Consumo	+	Investimento	+	Compras de governo	+	Exportações	−	Importações
100	=	75[a]	+	25	+	10	+	10	−	20[b]

[a] 55 alqueires de trigo + (0,5 alqueire por galão) × (40 galões de leite).
[b] 0,5 alqueires por galão × 40 galões de leite.

nacional ($Y = 100$) é igual à despesa nacional ($C + I + G = 110$) mais as exportações ($EX = 10$) menos as importações ($IM = 20$).

A conta-corrente e o endividamento externo

Na verdade, o comércio exterior de um país é exatamente balanceado em raras oportunidades. As diferenças entre as exportações de mercadorias e serviços e as importações de mercadorias e serviços são conhecidas como **saldo de conta-corrente** (ou conta-corrente). Se indicarmos a conta-corrente com CA, podemos expressar essa definição em símbolos como:

$$CA = EX - IM.$$

Quando as importações de um país superam suas exportações, dizemos que o país tem um *déficit em conta-corrente*. Um país tem um *superávit em conta-corrente* quando suas exportações excedem suas importações.[3]

A identidade do PNB, a Equação (13.1), mostra uma razão de por que a conta-corrente é importante na macroeconomia internacional. Uma vez que o lado direito da Equação (13.1) dá o total das despesas na produção nacional, mudanças na conta-corrente podem ser associadas com as mudanças na produção e, portanto, no emprego.

A conta-corrente também é importante porque mede o tamanho e a direção do empréstimo internacional. Quando um país importa mais do que exporta, ele está comprando mais dos estrangeiros do que vende para eles e deve, de alguma forma, financiar esse déficit em conta-corrente. Como o país paga pelas importações adicionais já que gastou seus ganhos com exportações? Uma vez que o país como um todo pode importar mais do que exporta somente se conseguir pegar emprestada a diferença com estrangeiros, um país com um déficit em conta-corrente deve aumentar seus débitos estrangeiros líquidos pela quantidade do déficit. Isso é a atual posição dos Estados Unidos, que têm um déficit em conta-corrente significativo (e pegaram emprestada uma soma igual a cerca de 3% do seu PNB em 2012).[4]

De modo similar, um país com um superávit em conta-corrente está ganhando mais com as exportações do que gastando em importações. Esse país financia o déficit em conta-corrente de seu parceiro de comércio emprestando dinheiro a ele. A riqueza estrangeira de um país com superávit aumenta porque os estrangeiros pagam mais por qualquer importação não coberta por suas exportações por meio da emissão de notas promissórias que eventualmente terão de resgatar. O raciocínio anterior mostra que *o saldo de conta-corrente de um país se iguala à mudança em sua riqueza externa líquida.*[5]

Definimos a conta-corrente como a diferença entre exportações e importações. A Equação (13.1) diz que a conta-corrente também é igual à diferença entre a renda nacional e o total de despesas dos residentes nacionais $C + I + G$:

$$Y - (C + I + G) = CA.$$

É somente pegando um empréstimo no exterior que um país pode ter um déficit em conta-corrente e utilizar mais do que está produzindo atualmente. Se o país utiliza menos do que sua produção, ele tem um superávit em conta-corrente e empresta o superávit para os estrangeiros.[6] Os empréstimos internacionais foram identificados como *comércio intertemporal* no Capítulo 6. Um país com um déficit em conta-corrente importa o consumo presente e exporta o consumo futuro. Um país com um superávit em conta-corrente exporta o consumo presente e importa o consumo futuro.

Como exemplo, considere novamente a economia imaginária de Agrária, descrita na Tabela 13.1. O valor total de seu consumo, investimento e compras de governo, em 110 alqueires de trigo, é maior do que sua produção de 100 alqueires. Essa desigualdade seria impossível em uma economia fechada. Ela é possível em uma economia aberta porque agora Agrária importa 40 galões de leite, que valem 20 alqueires de trigo, mas exporta somente 10 alqueires de trigo. O déficit em conta-corrente de 10 alqueires é o valor que Agrária pegou emprestado no exterior e que o país terá de devolver no futuro.

---

[3] Além das exportações líquidas de mercadorias e serviços, o saldo da conta-corrente inclui transferências unilaterais líquidas de renda, que discutimos previamente. Seguindo nossa suposição anterior, continuamos a ignorar tais transferências por enquanto para simplificar a discussão. Mais adiante neste capítulo, quando analisarmos o balanço dos pagamentos norte-americanos em detalhe, veremos como as transferências de renda atual entram na conta-corrente.

[4] De forma alternativa, um país poderia financiar um déficit em conta-corrente utilizando riqueza exterior acumulada anteriormente para pagar as importações. Esse país diminuiria sua riqueza externa líquida, o que tem o mesmo efeito na riqueza geral como se sua dívida externa aumentasse. Nossa discussão aqui ignora a possibilidade de que um país receba *presentes* de ativos estrangeiros (ou dê esses presentes), como quando um país concorda em perdoar a dívida de outro. Como discutimos acima, tais transferências de ativo (diferentemente das transferências de renda atual) não são parte da conta-corrente, mas de forma alguma afetam a riqueza externa líquida. Elas são registradas na conta capital do balanço dos pagamentos.

[5] Infelizmente, essa declaração também não está exatamente correta, porque existem fatores que influenciam a riqueza externa líquida que não são capturados na renda nacional e nas contas de produto. Vamos nos abstrair desse fato até o estudo de caso que conclui este capítulo.

[6] A soma $A = C + I + G$ é frequentemente chamada de *absorção* doméstica na literatura de macroeconomia internacional. Utilizando essa terminologia, podemos descrever o superávit de conta-corrente como a diferença entre renda e absorção, $Y - A$.

A Figura 13.2 ilustra de forma vívida como uma sequência de déficits em conta-corrente pode causar uma grande dívida externa. A figura traça o saldo de conta-corrente norte-americano desde o fim da década de 1970 junto com a medida do estoque de riqueza externa líquida da nação, sua **posição de investimento internacional líquido** (ou *IIP*), a diferença entre seus créditos com os estrangeiros e suas responsabilidades em relação a eles. Como se pode ver, os Estados Unidos acumularam uma riqueza externa substancial no começo da década de 1980, quando um déficit em conta-corrente contínuo de proporções nunca vistas surgiu no século XX. Em 1987, o país tornou-se um devedor líquido ao exterior pela primeira vez desde a Primeira Guerra Mundial. Esse débito exterior continuou a crescer e no começo de 2013 estava em torno de 25% do PNB.

Poupança e conta-corrente

Simples como é, a identidade do PNB tem muitas implicações esclarecedoras. Para explicar a mais importante delas, definimos o conceito de **poupança nacional**, isto é, a porção da produção, Y, que não é dedicada ao consumo das famílias, C, ou às compras de governo, G.[7] *Em uma economia fechada, a poupança nacional se iguala ao investimento*. Isso nos diz que a economia fechada como um todo pode aumentar sua riqueza somente ao acumular novo capital.

FIGURA 13.2 A conta-corrente norte-americana e a posição de investimento internacional líquido, 1976-2012

Uma sequência de déficits em conta-corrente com início no começo da década de 1980, reduziu a riqueza externa líquida norte-americana até que, por volta do começo do século XXI, o país acumulou uma dívida externa substancial.

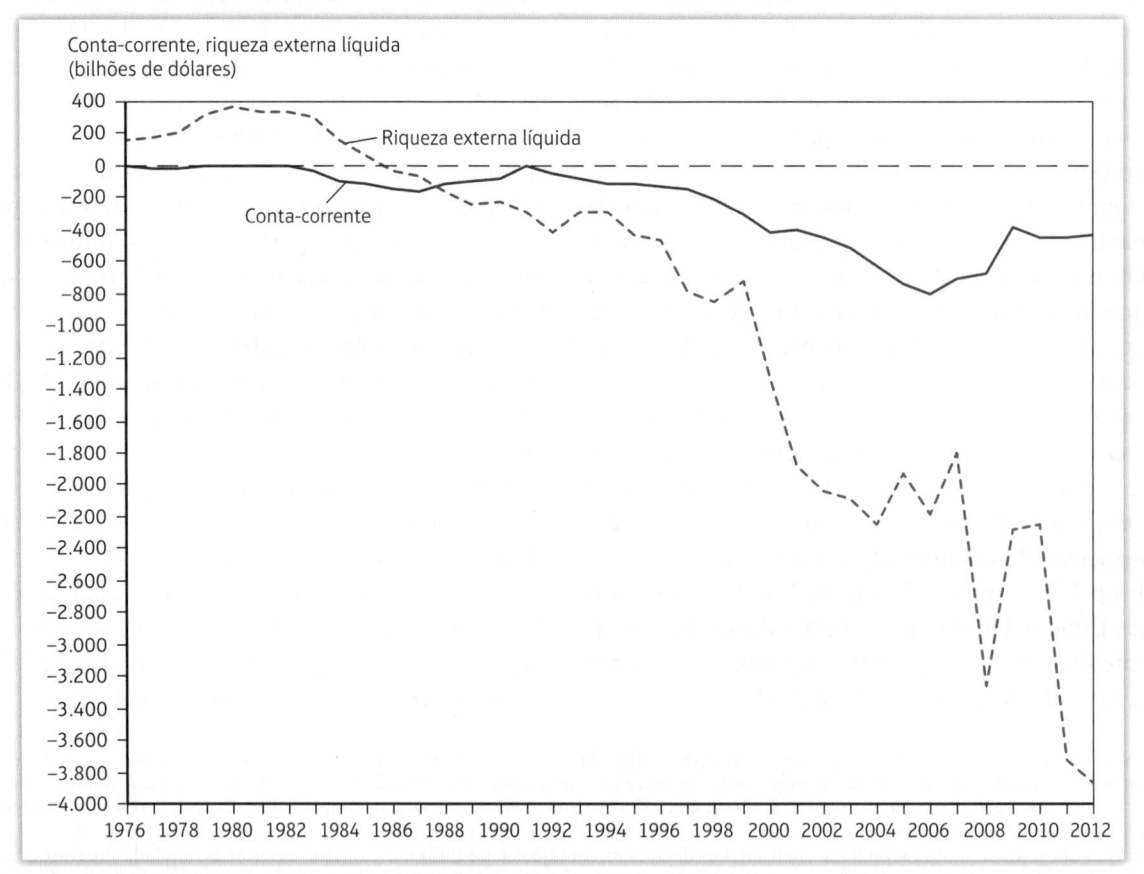

Fonte: Departamento de Comércio Americano, Departamento de Análise Econômica.

---

[7] A conta de renda nacional norte-americana supõe que as compras de governo não são utilizadas para aumentar o estoque capital nacional. Seguimos essa convenção aqui ao subtrair *todas* as compras de governo da produção para calcular a poupança nacional. A maioria das contas nacionais dos países faz a distinção entre o consumo do governo e o investimento do governo (por exemplo, o investimento pelas corporações públicas) e inclui o último como parte da poupança nacional. No entanto, frequentemente os números do investimento do governo incluem compras de equipamento militar.

Suponha que S represente a poupança nacional. Nossa definição de S nos diz que:

$S = Y - C - G$.

Uma vez que a identidade do PNB da economia fechada, $Y = C + I + G$, também pode ser escrito como $I = Y - C - G$, então

$S = I$,

e a poupança nacional deve se igualar ao investimento em uma economia fechada.

Enquanto em uma economia fechada poupança e investimento devem ser sempre iguais, em uma economia aberta eles podem diferir. Lembrando que a poupança nacional, S, iguala $Y - C - G$ e que $CA = EX - IM$, podemos reescrever a identidade do PNB da Equação (13.1) como:

$S = I + CA$.

A equação destaca uma importante diferença entre as economias abertas e fechadas: uma economia aberta pode poupar tanto construindo seu estoque de capital ou adquirindo riqueza externa, mas uma economia fechada pode poupar somente ao aumentar suas ações de capital.

Diferentemente de uma economia fechada, uma economia aberta com oportunidades lucrativas de investimento não tem de aumentar sua poupança para explorá-la. A expressão anterior mostra que é possível aumentar o investimento e o empréstimo exterior simultaneamente sem mudar a poupança. Por exemplo, se a Nova Zelândia decide construir uma nova usina hidrelétrica, ela pode importar os materiais de que necessita dos Estados Unidos e pegar empréstimo com fundos norte-americanos para pagar pelo material. Essa transação aumenta o investimento nacional da Nova Zelândia porque os materiais importados contribuem para a expansão das ações de capital. A transação também aumenta o déficit em conta-corrente da Nova Zelândia em uma quantidade igual ao aumento no investimento. A poupança da Nova Zelândia não precisa ser alterada, mesmo que os investimentos aumentem. No entanto, para que isso seja possível, os residentes norte-americanos devem estar dispostos a poupar mais, de forma que os recursos necessários para a construção da nova usina estejam liberados para que a Nova Zelândia os utilize. O resultado é outro exemplo de comércio intertemporal, no qual a Nova Zelândia importa a produção atual (quando faz o empréstimo com os Estados Unidos) e exporta a produção futura (quando paga pelo empréstimo).

Já que a poupança de um país pode ser emprestada a um segundo país a fim de aumentar o estoque de capital, o superávit em conta-corrente de um país é frequentemente chamado de *investimento externo líquido*. É claro,
quando um país empresta a outro para financiar o investimento, parte da renda gerada pelo investimento nos anos futuros pode ser utilizada para pagar ao país credor. O investimento interno e o externo são duas formas diferentes pelas quais um país consegue utilizar as economias atuais para aumentar sua renda futura.

Poupanças privada e do governo

Até agora, nossa discussão sobre poupança não enfatizou a distinção entre as decisões de poupança feitas pelo setor privado e aquelas feitas pelo governo. Diferentemente das decisões privadas de poupança, as decisões de poupança do governo são frequentemente feitas visando seu efeito na produção e no emprego. A identidade de renda nacional pode ajudar-nos a analisar os canais pelos quais as decisões de poupança do governo influenciam as condições macroeconômicas nacionais. Para utilizar a identidade de renda nacional dessa forma, primeiro temos de dividir a poupança nacional em seus componentes governamentais e privados.

A **poupança privada** é definida como parte disponível da renda que é poupada em vez de consumida. A renda disponível é a renda nacional, Y, menos os impostos líquidos coletados das famílias e empresas pelo governo, T.[8] Portanto, a poupança privada, indicada por S^p, pode ser expressa como:

$S^p = Y - T - C$.

A *poupança governamental* é definida de forma similar à poupança privada. A "renda" governamental é sua receita líquida de imposto, T, enquanto seu "consumo" são as compras de governo, G. Se S^g representa a poupança governamental, então

$S^g = T - G$.

Os dois tipos de poupança que temos definido, privada e governamental, somam-se à poupança nacional. Para ver por que, lembre-se da definição da poupança nacional, S, como $Y - C - G$. Então

$S = Y - C - G = (Y - T - C) + (T - G) = S^p + S^g$.

Podemos utilizar as definições de poupanças privada e governamental para reescrever a identidade de renda nacional de uma forma que seja útil para analisar os efeitos das decisões de poupança governamental em economias abertas. Porque $S = S^p + S^g = I + CA$,

$$S^p = I + CA - S^g = I + CA - (T - G) = I + CA + (G - T).$$ (13.2)

---

[8] Os impostos líquidos são os impostos menos as transferências de pagamentos do governo. O termo *governo* refere-se aos governos federais, estaduais e locais considerados em uma única unidade.

A Equação (13.2) relaciona a poupança privada ao investimento nacional, ao superávit em conta-corrente e à poupança governamental. Para interpretar a Equação (13.2), definimos o **déficit orçamentário governamental** como $G - T$, isto é, como a poupança governamental precedida por um sinal de menos. O déficit orçamentário governamental mede o ponto até o qual o governo está pegando empréstimo para financiar suas despesas. A Equação (13.2) então afirma que a poupança privada de um país pode tomar três formas: investimento em capital nacional (I), compras de riqueza do exterior (CA) e compras do débito recém-obtido do governo nacional ($G - T$).[9]

O MISTÉRIO DO DÉFICIT FALTANTE

Como as exportações de cada país são as importações de outro país, os saldos de conta-corrente mundial devem somar zero. Mas isso não acontece. A Figura 13.3 mostra o padrão nos dados. Entre 1980 e 2003, a soma das contas-correntes globais era negativa, implicando que ou os superávits eram subestimados ou os déficits eram exagerados. Mas em 2004, o "mistério do superávit faltante" tornou-se o "mistério do déficit faltante". Desde aquele ano, a medida da conta-corrente global tem sido positiva.

Considerando os erros inevitáveis na coleta de dados detalhados de pagamentos internacionais de muitas agências nacionais com diferente precisão e cobertura, algumas discrepâncias são inevitáveis. O que é confuso é que a discrepância global deveria ser *persistentemente* positiva ou negativa. O padrão sugere que alguma coisa sistemática está acontecendo.

Quando o saldo da conta-corrente global era negativo, pensou-se que um grande fator contribuinte era o relatório incompleto de renda de investimento internacional. Por exemplo, os bancos reportam esse investimento aos seus governos nacionais, mas os recebedores do investimento, pessoas que podem querer evitar impostos, podem não declará-los após o recebimento.

Contudo, não só as autoridades fiscais tornaram-se melhores ao exigir o cumprimento da declaração, mas, o nível geral de taxas de juro agora é menor do que era nas décadas de 1980 e 1990. Uma melhor medição da renda de investimento internacional poderia ser responsável pelo encolhimento da conta-corrente mundial negativa. Mas o que pode ter tornado a conta positiva?

Um possível culpado é o crescente comércio internacional de serviços. Por exemplo, é provável que uma grande empresa de advocacia declare suas exportações

FIGURA 13.3 A discrepância da conta-corrente global desde 1980

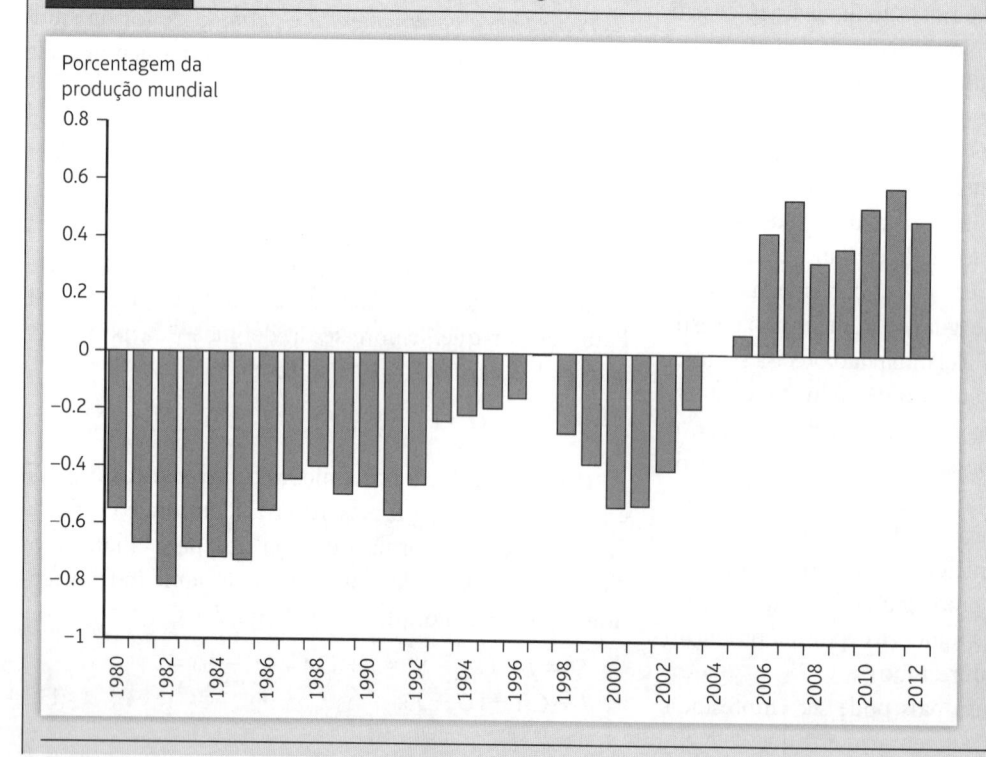

Uma vez grande e negativo, implicando créditos faltantes na conta-corrente, o saldo da conta-corrente global tornou-se grande e positivo, implicando débitos faltantes na conta-corrente.

Fonte: Fundo Monetário Internacional, *Panorama Econômico Mundial*. Base de dados, abril de 2013.

---

[9] Em uma economia fechada, a conta-corrente é sempre zero, então a Equação (13.2) é simplesmente $S^p = I + (G - T)$.

de serviço com bastante precisão, mas as compras de vários de seus clientes menores podem escapar da detecção. Entretanto, em uma revisão recente detalhada da questão, a revista *The Economist* apontou que erros na medição do comércio de mercadorias também cresceram dramaticamente, e está menos claro que isso criaria um viés sistemático em direção a um aparente superávit global.[10] O mistério continua sendo mistério. Em 2012, ele valia 336 bilhões de dólares, próximo de 0,5% da produção mundial.

---

10 Veja: "Economics Focus: Exports to Mars". *The Economist*, 12 nov. 2011. Disponível em: <http://www.economist.com/node/21538100>.

O balanço das contas de pagamento

Além das contas de renda nacional, os economistas do governo e os estatísticos também mantêm um balanço das contas de pagamento, um registro detalhado da composição do saldo da conta-corrente e das várias transações que ela financia.[11] Os números da balança de pagamentos são de grande interesse ao público em geral, como indicado pela atenção que várias mídias de notícia dão a eles. Mas, de vez em quando, a imprensa informa medidas confusas e diferentes de fluxos de pagamentos internacionais. Devemos ficar assustados ou felizes com uma manchete do *Wall Street Journal* que diz: "Estados Unidos acumulam déficit de balança de pagamentos recorde"? Uma compreensão completa da contabilidade do balanço de pagamentos irá ajudar-nos a avaliar as implicações das transações internacionais de um país.

O balanço de contas de pagamentos de um país mantém o controle tanto de seus pagamentos quanto de seus recebimentos do exterior. Qualquer transação que resulte em um recebimento do exterior entra no balanço de contas de pagamentos como um *crédito*. Qualquer transação que resulte em um pagamento ao exterior entra como um *débito*. São três os tipos de transações internacionais registradas no balanço de pagamentos:

1. Transações que surgem da exportação ou importação de mercadorias ou serviços e, portanto, entram diretamente na conta-corrente. Quando um consumidor francês importa um jeans norte-americano, por exemplo, a transação entra no balanço de contas de pagamento estadunidense como um crédito na conta-corrente.
2. Transações que surgem da compra ou venda de ativos financeiros. Um **ativo** é qualquer uma das formas nas quais a riqueza pode ser mantida, como dinheiro, ações, fábricas ou débito governamental. A **conta financeira** do balanço de pagamentos registra todas as compras ou vendas internacionais de ativos financeiros. Quando uma companhia norte-americana compra uma fábrica francesa, a transação entra no balanço de contas de pagamento estadunidense como um débito na conta financeira. Ela entra como um débito porque essa transação requer um pagamento dos Estados Unidos ao exterior. Correspondentemente, a venda norte-americana de ativos para o exterior entra na conta financeira norte-americana como um crédito. A diferença entre as compras e vendas de ativos externos de um país é chamada de *saldo da conta financeira* ou *fluxos financeiros líquidos*.
3. Algumas outras atividades que resultam em transferências de riqueza entre países são registradas na **conta de capital**. Essas movimentações de ativos internacionais — que geralmente são bem pequenas para os Estados Unidos — diferem daquelas registradas na conta financeira. Na maioria das vezes elas resultam de atividades não mercantis ou representam a aquisição ou a eliminação de ativos não produzidos, não financeiros e possivelmente intangíveis (como direitos autorais e marcas registradas). Por exemplo, se o governo norte-americano perdoa uma dívida de um bilhão de dólares devida pelo governo do Paquistão, a riqueza estadunidense declina em um bilhão de dólares e o valor é registrado como débito na conta de capital norte-americano.

Você verá que as complexidades do balanço de contas de pagamento serão menos confusas se você tiver em mente a simples regra de contabilidade de entrada dupla a seguir: *toda transação internacional entra automaticamente no balanço de pagamentos duas vezes, uma vez como crédito e uma vez como débito*. Esse princípio de contabilidade do balanço de pagamentos mantém-se verdadeiro porque cada transação tem dois lados: se você compra algo do exterior você deve pagar de alguma forma e o vendedor deve, de alguma forma, gastar ou guardar seu pagamento.

---

11 O Departamento de Análise Econômica dos Estados Unidos (DAE) está em processo de mudança de apresentação de seu balanço de pagamentos para adaptar-se aos padrões internacionais predominantes, então nossa discussão neste capítulo difere em alguns aspectos daquelas nas edições de um a oito deste livro. Seguimos a nova metodologia descrita por Kristy L. Howell e Robert E. Yuskavage, "Modernizing and Enhancing BEA's International Economic Accounts: Recent Progress and Future Directions". *Survey of Current Business*, p.6-20, maio 2010. Para uma atualização, veja Kristy L. Howell e Kyle L. Westmoreland, "Modernizing and Enhancing BEA's International Economic Accounts: A Progress Report and Plans for Implementation". *Survey of Current Business*, p. 44-60, maio 2013. No momento em que escrevo, o DAE não finalizou a transição completa para o novo sistema, mas espera-se que isso aconteça em junho de 2014.

Exemplos de transações emparelhadas

Alguns exemplos mostrarão como o princípio da contabilidade de entrada dupla opera na prática.

1. Imagine que você comprou uma máquina de fax a jato de tinta da companhia italiana Olivetti e pagou por essa compra com um cheque de US$ 1.000. Seu pagamento para comprar uma mercadoria (máquina de fax) de um residente estrangeiro entra na conta-corrente norte-americana como um débito. Mas onde está o crédito de compensação do balanço de pagamentos? O vendedor da Olivetti nos Estados Unidos deve fazer algo com o seu cheque — digamos que ele deposite na conta da Olivetti no Citibank em Nova York. Nesse caso, a Olivetti comprou e o Citibank vendeu um ativo norte-americano, um depósito bancário no valor de US$ 1.000, e a transação aparece como US$ 1.000 de crédito na conta financeira norte-americana. A transação cria as duas entradas compensatórias de contabilidade no balanço dos pagamentos estadunidense:

	Crédito	Débito
Compra de máquina de fax (conta-corrente, importação norte-americana de mercadoria)		US$ 1.000
Venda do depósito bancário pelo Citibank (conta financeira, venda de ativo norte-americano)	US$ 1.000	

2. Como mais um exemplo, suponha que durante sua viagem à França, você pague US$ 200 por um ótimo jantar no Restaurant de l'Escargot d'Or. Sem dinheiro, você paga a conta com seu cartão de crédito Visa. Seu pagamento, que é uma despesa de turista, será contado como uma importação de serviço para os Estados Unidos e, portanto, como um débito na conta-corrente. Onde está o crédito de compensação? Sua assinatura no comprovante Visa dá ao restaurante o direito de receber US$ 200 (na verdade, receber o equivalente em moeda local) da FirstCard, a empresa que emitiu o seu cartão Visa. Ele é, portanto, um ativo, um crédito sobre um pagamento futuro da First Card. Então quando você paga por sua comida no exterior com seu cartão de crédito, está vendendo um ativo para a França e gerando um crédito de US$ 200 na conta financeira norte-americana. O padrão de compensar débitos e créditos nesse caso é:

	Crédito	Débito
Compra de refeição (conta-corrente, importação norte-americana de serviço)		US$ 200
Venda de reivindicação no FirstCard (conta financeira, venda de ativo norte-americano)	US$ 200	

3. Imagine agora que seu tio Sid, de Los Angeles, comprou uma ação recém-emitida da gigante britânica do petróleo British Petroleum (BP). Ele faz o pedido com a corretora de ações norte-americana Go-for-Broke, Inc., e paga US$ 95 com fundos de sua conta do mercado monetário da Go-for-Broke. A BP, por sua vez, deposita os US$ 95 que Sid pagou em sua própria conta bancária nos Estados Unidos no Second Bank de Chicago. A aquisição da ação pelo tio Sid cria um débito de US$ 95 na conta financeira norte-americana (ele comprou um ativo de um residente estrangeiro, a BP), enquanto a depósito de US$ 95 da BP em seu banco em Chicago é o crédito compensador da conta financeira (a BP expandiu sua posse de bens norte-americanos). Os efeitos espelhados no balanço de pagamentos estadunidense, portanto, aparecem na conta financeira:

	Crédito	Débito
Compra do tio Sid de uma ação da BP (conta financeira, compra norte-americana de ativo)		US$ 95
Depósito do BP do pagamento do tio Sid no Second Bank de Chicago) (conta financeira, venda de ativo norte-americano)	US$ 95	

4. Por fim, consideremos como o balanço de contas de pagamento norte-americano é afetado quando os bancos estadunidenses perdoam (isto é, anunciam que simplesmente vão deixar para lá) uma dívida de US$ 5.000 que o governo do país imaginário Bygonia tem com eles. Nesse caso, os Estados Unidos faz uma transferência de capital de US$ 5.000, que aparece como uma entrada de débito na conta de capital. O crédito associado está na conta financeira, na forma de uma redução de US$ 5.000 em ativos que

os Estados Unidos possuem no exterior (uma "aquisição" negativa de ativos e, portanto, um crédito de balanço de pagamentos):

	Crédito	Débito
Perdão da dívida pelo banco norte-americano (conta capital, transferência norte-americana de pagamento)		US$ 5.000
Redução das reivindicações de bancos em Bygonia (conta financeira, venda de ativo norte-americano)	US$ 5.000	

Esses exemplos mostram que muitas circunstâncias podem afetar a forma como uma transação gera sua entrada compensatória do balanço de pagamentos. Nunca podemos prever com certeza onde o outro lado de uma transação em particular vai aparecer, mas podemos ter certeza de que vai aparecer em algum lugar.

O equilíbrio fundamental da identidade de pagamentos

Como qualquer transação internacional origina automaticamente entradas de crédito e débito compensadores no balanço dos pagamentos, a soma do saldo da conta-corrente e do saldo da conta de capital igualam-se espontaneamente ao saldo da conta financeira:

conta-corrente + conta de capital = conta financeira. (13.3)

Nos exemplos anteriores 1, 2 e 4, as entradas de conta-corrente ou conta de capital têm contrapartes compensatórias na conta financeira, enquanto no Exemplo 3 duas entradas da conta financeira compensam uma à outra.

Pode-se entender essa identidade de outra forma. Lembre-se da relação que liga a conta-corrente ao empréstimo internacional. Como a soma das contas-correntes e de capital é a mudança total nos ativos exteriores líquidos de um país (incluindo, por meio da conta de capital, transferências de ativos não mercantis), essa soma iguala-se necessariamente à diferença entre as compras de ativos exteriores de um país e suas vendas de ativos para o exterior. Isto é, o balanço da conta financeira (também chamado de fluxos financeiros líquidos).

Agora nos voltamos para uma descrição mais detalhada do balanço das contas de pagamento, utilizando como exemplo as contas norte-americanas de 2012.

A conta-corrente, mais uma vez

Como já aprendemos, o saldo de conta-corrente mede as exportações líquidas de mercadorias e serviços de um país. A Tabela 13.2 mostra que as exportações norte-americanas (do lado do crédito) foram de 2.986,9 bilhões de dólares em 2012, enquanto as importações (do lado do débito) foram de 3.297,7 bilhões de dólares.

O balanço das contas de pagamento divide exportações e importações em três categorias excelentes. A primeira é o comércio de *mercadorias*, isto é, exportações e importações de produtos. A segunda categoria, *serviços*, inclui itens como pagamentos por assistência jurídica, despesas de turistas e taxas de envio. A categoria final, *renda*, é formada principalmente de juros internacionais, pagamentos de dividendos e ganhos de empresas nacionais que operam no exterior. Se você é dono de ações de uma empresa alemã e recebe um pagamento de dividendo de US$ 5, esse pagamento aparece nas contas norte-americanas como um recibo de investimento de renda de US$ 5. Os salários que trabalhadores ganham no exterior também podem entrar na conta de rendimento.

Incluímos a renda em investimentos exteriores na conta-corrente porque essa renda é realmente compensada pelos *serviços* fornecidos pelos investimentos exteriores. Essa ideia, como vimos anteriormente, está por trás da distinção entre PNB e PIB. Quando uma corporação estadunidense constrói uma fábrica no Canadá, por exemplo, os serviços produtivos que a fábrica gera são vistos como um serviço exportado dos Estados Unidos para o Canadá igual em valor aos lucros que a fábrica rende para seu dono estadunidense. Para ser consistente, devemos ter certeza de incluir esses lucros no PNB dos Estados Unidos e não no PNB canadense. Lembre-se, a definição do PNB refere-se às mercadorias e serviços gerados pelos fatores de produção de um país, mas isso *não* especifica que esses fatores devem trabalhar dentro da fronteira do país que é dono deles.

Antes de calcular a conta-corrente, devemos incluir um tipo adicional de transação internacional que temos ignorado até o momento. Na discussão da relação entre PNB e renda nacional, definimos transferências unilaterais entre países como presentes internacionais, isto é, pagamentos que não correspondem à compra de nenhuma mercadoria, serviço ou ativo. As transferências unilaterais líquidas são consideradas parte da conta-corrente e da renda nacional e a identidade $Y = C + I + G + CA$ mantém-se exata se Y é interpretado como PNB *mais* transferências líquidas. Em 2012, o balanço norte-americano das transferências unilaterais foi −129,7 bilhões de dólares.

TABELA 13.2 Balanço das contas de pagamento norte-americanas para 2012 (bilhões de dólares)

Conta-corrente	
(1) Exportações	2.986,9
Das quais:	
Mercadorias	1.561,2
Serviços	649,3
Recebimentos de renda (rendimentos primários)	776,3
(2) Importações	3.297,7
Das quais:	
Mercadorias	2.302,7
Serviços	442,5
Recebimentos de renda (rendimentos primários)	552,4
(3) Transferências unilaterais líquidas (rendimentos secundários)	−129,7
Saldo da conta-corrente [(1) − (2) + (3)]	−440,4
Conta de capital	
(4)	7,0
Conta financeira	
(5) Aquisição líquida norte-americana de ativos financeiros, excluindo os derivados financeiros	97,5
Das quais:	
Ativos de reserva oficial	4,5
Outros ativos	93,0
(6) Incorrência líquida norte-americana de passivos, excluindo os derivados financeiros	543,9
Das quais:	
Ativos de reserva oficial	393,9
Outros ativos	150,0
(7) Derivados financeiros, líquido	7,1
Fluxos financeiros líquidos [(5) − (6) + (7)]	−439,4
Erros líquidos e omissões [Fluxos financeiros líquidos menos a soma das contas-corrente e capital]	−6,0

Fonte: Departamento de Comércio dos EUA, Departamento de Análise Econômica, 14 de junho de 2013, lançamento. Os totais podem diferir das somas por causa do arredondamento.

A tabela mostra um saldo de conta-corrente de 2012 de 2.986,9 − 3.297,7 − 129,7 bilhões = −440,4 bilhões de dólares, um déficit.

O sinal negativo significa que os pagamentos atuais para o exterior ultrapassam as receitas atuais e os residentes norte-americanos utilizaram mais do que produziram. Como essas transações de conta-corrente já foram pagas de alguma forma, sabemos que essa entrada de débito líquido do 440,4 bilhões de dólares deve ser compensada por um crédito líquido de 440,4 bilhões em outro lugar no balanço dos pagamentos.

A conta de capital

A entrada da conta de capital na Tabela 13.2 mostra que em 2012, os Estados Unidos receberam transferências de ativos de capital líquidas de aproximadamente 7 bilhões de dólares. Esses pagamentos para os Estados Unidos são o crédito do balanço líquido de pagamentos. Após adicioná-los ao déficit de pagamentos indicado pela conta-corrente, descobrimos que os Estados Unidos precisam cobrir seu excesso de pagamentos para o exterior, pois ele reduziu pouquíssimo, de 440,4 bilhões para

433,4 bilhões de dólares. Como um excesso de despesa nacional sobre a renda deve ser coberto por empréstimo líquido no exterior, esse negativo atual mais o saldo da conta-corrente deve ser igualado por um balanço negativo de fluxos financeiros líquidos, que representa as responsabilidades líquidas que os Estados Unidos pegaram com o exterior em 2012 a fim de pagar seu déficit.

A conta financeira

Enquanto a conta-corrente é a diferença entre vendas de mercadorias e serviços para o exterior e a compra de mercadorias e serviços do exterior, a conta financeira mede a diferença entre as aquisições de ativos do exterior e o acúmulo de responsabilidades para com eles. Quando os Estados Unidos pegam emprestado US$ 1 do exterior, estão vendendo a ele um ativo — uma promessa de que vai devolver esse US$ 1, com juros, no futuro. Da mesma forma, quando os Estados Unidos emprestam dinheiro, adquirem um ativo: o direito de reivindicar devolução futura dos estrangeiros.

Para cobrir a conta-corrente mais o déficit da conta de capital de 2012, que é 433,4 bilhões de dólares, os Estados Unidos precisaram fazer um empréstimo com estrangeiros (ou vender-lhes ativos) no total líquido de 433,4 bilhões de dólares. Podemos olhar novamente para a Tabela 13.2 para ver exatamente como essa venda líquida de ativos para estrangeiros aconteceu.

A tabela registra separadamente as aquisições norte-americanas de ativos financeiros do exterior (que são débitos do balanço de pagamento, porque os Estados Unidos devem pagar aos estrangeiros por esses ativos) e o aumento nas reivindicações de estrangeiros sobre os residentes dos Estados Unidos (que são os créditos do balanço de pagamentos, porque os Estados Unidos recebem pagamentos quando vendem seus ativos no exterior).

Esses dados no aumento da posse de ativos dos Estados Unidos fora do país e dos estrangeiros com posse de ativos norte-americanos não incluem bens de *derivados financeiros*, que são uma classe de ativos mais complicada do que ações e títulos, mas tem valores que podem depender dos valores das ações e dos títulos. (Descreveremos alguns títulos derivados no próximo capítulo.) Com início em 2006, o Departamento de Comércio Americano foi capaz de juntar os dados *líquidos* de fluxos derivados fora das fronteiras para os Estados Unidos (as compras líquidas dos Estados Unidos de derivados de emissão estrangeira menos a compra líquida de estrangeiros dos derivados de emissão norte-americana). As transações de derivados entram no balanço da conta de pagamentos da mesma forma que as outras transações de ativos internacionais.

De acordo com a Tabela 13.2, os ativos de propriedade norte-americana no exterior (que não são derivados) aumentaram (em uma base líquida) em 97,5 bilhões de dólares em 2012. O número é "em uma base líquida" porque alguns residentes norte-americanos compraram ativos estrangeiros enquanto outros venderam ativos estrangeiros que já possuíam, com a diferença entre as compras brutas estadunidenses e as vendas de ativos estrangeiros sendo 97,5 bilhões de dólares. No mesmo ano (novamente em uma base líquida), os Estados Unidos chamaram para si novas responsabilidades em relação ao exterior iguais a 543,9 bilhões de dólares. Alguns residentes norte-americanos sem dúvida alguma pagaram seus débitos no exterior, mas um novo empréstimo no exterior ultrapassaram essas devoluções em 543,9 bilhões de dólares. O balanço de compras e vendas norte-americanas de derivados financeiros foi de 7,1 bilhão de dólares: os Estados Unidos adquiriram reivindicações de derivados com estrangeiros maiores em valor do que as reivindicações de derivados que os estrangeiros adquiriram com os Estados Unidos. Calculamos o balanço da conta financeira (fluxos financeiros líquidos) como 97,5 bilhões −543,9 bilhões + 7,1 bilhões = −439,4 bilhões de dólares. O valor negativo para os fluxos financeiros líquidos significa que, em 2012, os Estados Unidos aumentaram sua responsabilidade líquida com os estrangeiros (responsabilidades menos ativos) em 439,4 bilhões de dólares.

Erros líquidos e omissões

Chegamos aos fluxos financeiros líquidos de −439,4 bilhões de dólares em vez dos −433,4 bilhões que esperávamos após adicionar os balanços da conta-corrente e da conta capital. De acordo com nossos dados sobre comércio e fluxos financeiros, os Estados Unidos incorreram em 6 bilhões de dólares a mais em dívida externa do que realmente precisava para financiar seu déficit de conta-corrente mais conta capital. Se todo crédito de balanço de pagamentos automaticamente gera uma contraparte de débito igual e vice-versa, como essa diferença é possível? A razão é que a informação sobre os itens associados de débito e crédito compensadores em uma dada transação podem ter sido pegos de diferentes fontes. Por exemplo, o débito de importação que o envio de aparelhos de DVD do Japão gera pode vir do relatório de um inspetor alfandegário norte-americano e o crédito correspondente em conta financeira pode vir de um relatório do banco estadunidense no qual o cheque de pagamento dos aparelhos de DVD é depositado. Como os dados de diferentes fontes podem diferir em cobertura, precisão e tempo, o balanço das contas de pagamento raramente equilibra-se na prática como deve ser na teoria. Quem cuida das contas força os dois lados para balancear, adicionando às contas um item de *erros líquidos* e *omissões*. Para 2012, transações internacionais não registradas (ou mal registradas) geraram um débito contábil de balanceamento de −6 bilhões de dólares — a diferença entre os fluxos financeiros líquidos registrados e a soma das contas-corrente e capital registradas.

Não temos como saber exatamente como distribuir essa discrepância entre as contas-corrente, capital e financeira. (Se soubéssemos, não seria uma discrepância!) A conta financeira é a culpada mais provável, já que é notavelmente difícil manter o controle dos complicados comércios financeiros entre residentes de países diferentes. Mas não podemos concluir que os fluxos financeiros líquidos eram só 6 bilhões de dólares maiores do que o registrado, porque a conta-corrente também é altamente suspeita. A contabilidade do balanço de pagamentos considera os dados do comércio de mercadorias confiável, mas os dados sobre os serviços não são confiáveis. As transações de serviço como vendas ou conselho financeiro e assistência de programação de computadores podem escapar à detecção. A medição precisa do juro internacional e do recebimento de dividendos é particularmente difícil.

Transações de reserva oficial

Embora existam muitos tipos de transações de conta financeira, um tipo é suficientemente importante para ser digno de discussão separada. Esse tipo de transação é a compra e venda de ativos de reserva oficial pelos bancos centrais.

O **banco central** de uma economia é a instituição responsável por administrar a oferta de moeda. Nos Estados Unidos, o banco central é o Sistema de Reserva Federal. As **reservas internacionais oficiais** são ativos estrangeiros que estão em posse dos bancos centrais como um amortecedor contra adversidades econômicas nacionais. Em uma época, as reservas oficiais consistiam em grande parte de ouro, mas hoje as reservas dos bancos centrais incluem ativos financeiros estrangeiros substanciais, particularmente ativos em dólar norte-americano como as letras financeiras do Tesouro. A própria Reserva Federal norte-americana tem somente um pequeno nível de ativos de reserva oficiais diferentes de ouro. Suas próprias participações em ativos de dólar norte-americano não são consideradas reservas internacionais.

Os bancos centrais compram ou vendem com frequência reservas internacionais em mercados de ativos privados para afetar as condições macroeconômicas em suas economias. As transações oficiais desse tipo são chamadas de **intervenção cambial estrangeira oficial**. Uma razão pela qual a intervenção cambial estrangeira pode alterar as condições macroeconômicas é que é uma forma de o Banco Central injetar dinheiro na economia ou retirá-lo de circulação. Teremos muito mais a dizer sobre as causas e consequências da intervenção cambial estrangeira mais tarde.

As agências do governo, que não os bancos centrais, podem ter reservas estrangeiras e intervirem oficialmente nos mercados de câmbio. O Departamento do Tesouro norte-americano, por exemplo, opera um Fundo de Estabilização do Câmbio que algumas vezes tem desempenhado um papel ativo na negociação do mercado.

Entretanto, como as operações dessas agências normalmente não têm impacto notável na oferta de moeda, simplificaremos nossa discussão ao falar (quando não for muito ilusório) como se o Banco Central sozinho fosse dono das reservas estrangeiras e interviesse.

Quando um banco central compra ou vende ativos estrangeiros, a transação aparece na conta financeira de seu país como se a mesma transação tivesse sido feita por um cidadão privado. Uma transação na qual o Banco Central do Japão (o Banco do Japão) adquire ativos em dólar pode ocorrer como segue: uma concessionária norte-americana importa um carro sedan da marca Nissan, do Japão, e paga a empresa de automóveis com um cheque de US$ 20.000. A Nissan não quer investir o dinheiro em ativos de dólar, mas acontece que o Banco do Japão está disposto a dar para a Nissan dinheiro japonês em troca do cheque de US$ 20.000. Como resultado do negócio, as reservas internacionais do Banco do Japão aumentam em US$ 20.000. Como as reservas de dólar do Banco do Japão são parte do total dos ativos japoneses mantidos nos Estados Unidos, este último aumenta em US$ 20.000. Essa transação, portanto, resulta em um crédito de US$ 20.000 na conta financeira norte-americana, o outro lado do débito de US$ 20.000 na conta-corrente norte-americana por causa da importação do carro.[12]

A Tabela 13.2 mostra o tamanho e a direção das transações de reserva oficial envolvendo os Estados Unidos em 2012. Os ativos de reserva oficial dos Estados Unidos aumentaram em 4,5 bilhões de dólares. Os Bancos Centrais estrangeiros compraram 393,9 bilhões de dólares para adicionarem às suas reservas. O aumento líquido nas reservas oficiais norte-americanas *menos* o aumento nas reivindicações de reservas oficias estrangeiras nos Estados Unidos é o nível líquido dos fluxos financeiros do Banco Central, que ficaram em 4,5 bilhões −393,9 bilhões = −389,4 bilhões de dólares em 2012.

---

[12] Para testar sua compreensão, veja se você consegue explicar por que a mesma sequência de ações causa uma melhora de 20.000 dólares na conta-corrente do Japão e um aumento de 20.000 dólares em seus fluxos financeiros líquidos.

Pode-se pensar nesses −389,4 bilhões de dólares de fluxo líquido financeiro do Banco Central como a medição do grau no qual as autoridades nos Estados Unidos e no exterior juntaram-se com outros credores para cobrir o déficit em conta-corrente dos Estados Unidos. No exemplo anterior, o Banco do Japão, ao adquirir US$ 20.000 em depósito em um banco norte-americano, indiretamente financia uma importação norte-americana de um carro japonês de US$ 20.000. O nível dos fluxos líquidos do banco central é chamado de **ajustes de equilíbrio oficiais** ou (de forma menos usual) **balanço de pagamento**. Esse balanço é a soma dos saldos da conta-corrente e da conta capital, menos a porção não reserva do saldo da conta financeira, e indica a diferença de pagamentos que as transações de reserva oficial precisam cobrir. Portanto, o balanço norte-americano dos pagamentos em 2012 foi −389,7 bilhões de dólares.

O balanço dos pagamentos desempenhou um papel histórico importante como medida do desequilíbrio em pagamentos internacionais, e para muitos países ainda desempenha esse papel. Um balanço de pagamentos negativo (um déficit) pode sinalizar uma crise, pois significa que o país está diminuindo seus ativos de reserva internacional ou sujeitando-se a dívidas com autoridades monetárias estrangeiras. Se um país enfrenta o risco de ser cortado subitamente dos empréstimos estrangeiros, vai querer manter uma "caixa de guerra" de reservas internacionais como precaução. Os países em desenvolvimento, em especial, estão nessa posição (veja o Capítulo 22).

No entanto, como qualquer medida sumária, o balanço dos pagamentos deve ser interpretado com cuidado. Para retornar ao nosso exemplo, a decisão do Banco do Japão em expandir suas participações em depósitos bancários dos Estados Unidos em US$ 20.000 incha o déficit do balanço de pagamentos norte-americano na mesma quantia. Suponha que em vez disso o Banco do Japão deposite esses US$ 20.000 no Banco Barclays de Londres, que por sua vez deposita o dinheiro no Citibank de Nova York. Nesse caso, os Estados Unidos se sujeitam a US$ 20.000 extras em responsabilidades para estrangeiros *privados*, e o déficit do balanço de pagamentos norte-americano não sobe. Mas essa "melhora" no balanço de pagamentos é de pouca importância econômica: não faz diferença real para os Estados Unidos se eles pegaram emprestado o dinheiro do Banco do Japão diretamente com ele ou por meio de um banco de Londres.

OS ATIVOS E PASSIVOS DO MAIOR DEVEDOR DO MUNDO

Vimos anteriormente que o saldo de conta-corrente mede o fluxo de novas reivindicações líquidas em riqueza estrangeira que um país adquire ao exportar mais mercadorias e serviços do que importa. Entretanto, esse fluxo não é o único fato importante que causa a mudança na riqueza externa líquida. Além disso, as mudanças no preço de mercado da riqueza adquirida anteriormente podem alterar a riqueza externa líquida de um país. Quando o mercado de ações japonês perdeu três quartos do seu valor durante a década de 1990, por exemplo, os donos norte-americanos e europeus das ações japonesas viram o valor de suas reivindicações sobre o Japão despencarem e a riqueza *externa* líquida do Japão aumentou como resultado disso. As mudanças na taxa de câmbio têm efeito similar. Quando o dólar é desvalorizado contra as moedas estrangeiras, por exemplo, os estrangeiros que têm ativos de dólar veem sua riqueza cair quando medida em sua moeda nacional.

O Departamento de Análise Econômica (DAE) do Departamento de Comércio Americano, que supervisiona o vasto trabalho de coleta de dados por trás das estatísticas norte-americanas de renda nacional e balanço de pagamentos, reportam estimativas anuais da posição de investimento internacional líquido dos Estados Unidos — os ativos estrangeiros do país menos seus passivos estrangeiros. Como o preço do ativo e as mudanças da taxa de câmbio alteram o valor do dólar de ativos e passivos estrangeiros da mesma forma, o DAE deve ajustar os valores das reivindicações existentes para refletir tais ganhos e perdas de capital a fim de estimar a riqueza externa líquida norte-americana. Essas estimativas mostram que ao fim de 2012, os Estados Unidos tinham uma posição de riqueza externa líquida *negativa* muito maior do que da de outros países.

Até 1991, investimentos diretos estrangeiros como as fábricas estrangeiras que são propriedades de corporações norte-americanas eram avaliadas em seu preço histórico, isto é, preço original, de compra. Agora o DAE utiliza dois métodos diferentes para identificar valores atuais de investimentos diretos estrangeiros: o método de *custo corrente*, que valoriza os investimentos diretos ao custo de comprá-los atualmente; e o método de *valor de mercado*, que se destina a medir o preço no qual os investimentos poderiam ser vendidos. Esses métodos podem levar a diferentes avaliações porque o custo de substituir um investimento particular direto e o preço que ele teria se fosse vendido no mercado poderia ser difícil de medir. (Os dados de riqueza externa líquida na Figura 13.3 são estimativas de custo atual, que se acredita ser mais precisas.)

A Tabela 13.3 reproduz a explicação da DAE de como ela fez seus ajustes de valor para encontrar o IIP líquido norte-americano no fim de 2012. Esse "título" estima valores de investimentos diretos em custo atual. Começando com sua estimativa da riqueza externa líquida de 2011 (–3.730,6 bilhões de dólares), o DAE (coluna A) adicionou a quantia do fluxo financeiro líquido de 2012 de –439,4 bilhões de dólares — lembre-se da figura mostrada na Tabela 13.2. Então o DAE ajustou os valores de ativos e passivos anteriores mantidos por várias mudanças em seus preços em dólar (colunas b, c e d). Como resultado dessas mudanças de valor, a riqueza externa líquida norte-americana caiu por uma quantia menor do que 439,4 bilhões de dólares em um novo empréstimo líquido com estrangeiros, na verdade, a riqueza externa líquida estadunidense só declinou em 133,3 bilhões de dólares. A estimativa da DAE para 2012 da riqueza externa líquida, portanto, foi de 3.863,9 bilhões de dólares.

Esse débito é maior do que o débito exterior total devido por todos os países da Europa Central e Oriental, que era em torno de 1.240 bilhões de dólares em 2012. Entretanto, para colocar essas figuras em perspectiva, é importante notar que o débito líquido conta cerca de 25% de seu PIB, enquanto o passivo estrangeiro da Hungria, Polônia, Romênia e outros países da Europa

TABELA 13.3 Posição de Investimento Internacional dos Estados Unidos no fim do ano, 2011 e 2012 (milhões de dólares)

Linha	Tipo de investimento	Posição, 2011ʳ	Mudanças de posição em 2012 — Atribuível a: Ajustes de valores					Posição, 2012ʳ
			Fluxos financeiros (a)	Mudanças de preços (b)	Mudanças[1] de taxa de câmbio (c)	Outras mudanças[2] (d)	Total (a+b+c+d)	
1	Posição de investimento internacional dos Estados Unidos (linhas 2+3)	–3.730.590	–439.351	489.566	5.100	–188.618	–133.302	–3.863.892
2	Derivados financeiros, líquido (linha 5 menos linha 25)[3]	86.039	7.064	([4])	([4])	[4] –35.327	–28.263	57.776
3	Posição de investimento internacional líquido, excluindo os derivados financeiros (linha 6 menos linha 26)	–3.816.629	–446.415	489.566	5.100	–153.291	–105.039	–3.921.668
4	Ativos exteriores de propriedade dos Estados Unidos (linhas 5+6)	21.636.152	([3])	([3])	([3])	([3])	1.466	21.637.618
5	Derivados financeiros (valor justo bruto positivo)	4.716.578	([3])	([3])	([3])	([3])	–1.096.817	3.619.761
6	Ativos exteriores de propriedade dos Estados Unidos, excluindo os derivados financeiros (linhas 7+12+17)	16.919.574	97.469	990.880	5.909	4.024	1.098.283	18.017.857
7	Ativos norte-americanos de reserva oficial	537.037	4.460	33.079	–2.208	0	35.331	572.368
8	Ouro	400.355	0	⁵33.079	.....	⁶0	33.079	433.434
9	Direitos de saques especiais	54.956	37	.....	57	0	94	55.050
10	Posição de reserva no Fundo Monetário Internacional	30.080	4.032	.....	49	0	4.081	34.161
11	Moedas estrangeiras	51.646	391	.....	–2.314	0	–1.923	49.723

Linha	Tipo de investimento	Posição, 2011ʳ	Mudanças de posição em 2012 Atribuível a: Ajustes de valores					Posição, 2012ʳ
			Fluxos financeiros (a)	Mudanças de preços (b)	Mudanças[1] de taxa de câmbio (c)	Outras mudanças[2] (d)	Total (a+b+c+d)	
12	Ativos norte-americanos do governo, diferentes de ativos de reserva oficial	178.901	−85.331	.....	(*)	0	−85.331	93.570
13	Crédito a norte-americanos e outros ativos de longo prazo[7]	78.373	5.656	.....	(*)	0	5.656	84.029
14	Repagáveis em dólares	78.100	5.656	.....	.....	0	5.656	83.756
15	Outro[8]	273	0	.....	(*)	.....	0	273
16	Participações norte-americanas em outras moedas e ativos norte-americanos de curto prazo[9]	100.528	−90.987	.....	(*)	.....	−90.987	9.541
17	Ativos norte-americanos privados	16.203.636	178.341	957.801	8.117	4.024	1.148.283	17.351.919
18	Investimento direto em custo atual	4.663.142	388.293	25.339	16.234	−15.258	414.608	5.077.750
19	Títulos estrangeiros	6.441.350	144.823	932.462	−7.412	20.000	1.089.873	7.531.223
20	Títulos	1.939.912	62.243	139.503	−973	0	200.773	2.140.685
21	Ações corporativas	4.501.438	82.580	792.959	−6.439	20.000	889.100	5.390.538
22	Crédito sobre estrangeiros não afiliados, relatado por preocupações não bancárias norte-americanas	792.953	25.723	.....	3.194	22.882	51.799	844.752
23	Créditos relatados pelos bancos norte-americanos e corretores de ação, não incluídos em outro lugar	4.306.191	−380.498	.....	−3.899	−23.600	−407.997	3.898.194
24	**Ativos de propriedade de estrangeiros nos Estados Unidos (linhas 25+26)**	**25.366.742**	(³)	(³)	(³)	(³)	**134.768**	**25.501.510**
25	Derivados financeiros (valos justo bruto negativo)	4.630.539	(³)	(³)	(³)	(³)	−1.068.554	3.561.985
26	Ativos de propriedade de estrangeiros nos Estados Unidos, excluindo os derivados financeiros (linhas 27+34)	20.736.203	543.884	501.314	809	157.315	1.203.322	21.939.525
27	Ativos oficiais de propriedade de estrangeiros nos Estados Unidos	5.256.358	393.922	42.110	58	0	436.090	5.692.448
28	Títulos do governo norte-americano	4.235.886	314.660	−23.650	.....	0	291.010	4.526.896
29	Títulos do Tesouro norte-americano	3.620.580	433.155	−21.531	.....	0	411.624	4.032.204
30	Outro	615.306	−118.495	−2.119	.....	0	−120.614	494.692
31	Outros passivos do governo norte-americano[10]	119.980	8.241	.....	58	0	8.299	128.279

Linha	Tipo de investimento	Posição, 2011ʳ	Mudanças de posição em 2012 - Atribuível a: Ajustes de valores					Posição, 2012ʳ
			Fluxos financeiros (a)	Mudanças de preços (b)	Mudanças[1] de taxa de câmbio (c)	Outras mudanças[2] (d)	Total (a+b+c+d)	
32	Passivos relatados pelos bancos norte-americanos e corretores de ação, não incluídos em outro lugar	205.973	−1.572	.....	.....	0	−1.572	204.401
33	Outros ativos estrangeiros oficiais	694.519	72.593	65.760	.....	0	138.353	832.872
34	Outros ativos estrangeiros	15.479.845	149.962	459.204	751	157.315	767.232	16.247.077
35	Investimento direto em custo atual	2.879.531	166.411	20.385	606	−9.607	177.795	3.057.326
36	Títulos do Tesouro norte-americano	1.386.274	156.385	−1.090	0	0	155.295	1.541.569
37	Títulos norte-americanos além dos Títulos do Tesouro	6.151.552	196.908	439.909	−897	116.578	752.498	6.904.050
38	Títulos corporativos e outros	2.894.604	23.584	125.774	−897	18.898	167.359	3.061.963
39	Ações corporativas	3.256.948	173.324	314.135	.....	97.680	585.139	3.842.087
40	Moeda norte-americana	397.086	57.141	.....	.....	0	57.141	454.227
41	Passivos norte-americanos a estrangeiros não afiliados, relatado por preocupações não bancárias norte-americanas	630.925	−39.505	.....	3.158	61.944	25.597	656.522
42	Passivos relatados pelos bancos norte-americanos e corretores de ação, não incluídos em outro lugar	4.034.477	−387.378	.....	−2.116	−11.600	−401.094	3.633.383
Nota:								
43	Investimento direto no exterior em valor de mercado	4.513.863	388.293	301.652	48.194	−2.463	735.676	5.249.539
44	Investimento direto nos Estados Unidos em valor de mercado	3.510.395	166.411	260.399	.....	−13.236	413.574	3.923.969

r Revisado
* Menos que 500.000 dólares (+/−)
..... Não aplicável
1. Representa ganhos ou perdas em ativos em moedas estrangeiras e passivos em virtude de sua reavaliação em taxas de câmbio atuais.
2. Inclui mudanças por causa das alterações anuais na composição dos painéis relatores, principalmente para estimativas bancárias e não bancárias e para a incorporação de resultados de pesquisa mais compreensíveis. Também inclui ganhos e perdas capitais com afiliados de investimento direto e mudanças nas posições que não podem ser distribuídas para os fluxos financeiros ou mudanças de taxas de câmbio.
3. Fluxos financeiros e ajustes de valor para derivados financeiros estão disponíveis somente em base líquida, que é mostrada na linha 2. Elas não estão disponíveis separadamente para valores justos brutos positivos e valores justos brutos negativos dos derivados financeiros. Consequentemente, as colunas (a) até (d), nas linhas 4, 5, 24 e 25 não estão disponíveis.
4. Os dados não estão disponíveis separadamente para os três tipos de ajustes de valor. Portanto, a soma dos três tipos é mostrada na coluna (d).
5. Reflete as mudanças no valor oficial do ouro em virtude das flutuações no preço de mercado do ouro.
6. Reflete as mudanças no valor oficial do ouro da venda do Tesouro norte-americano de medalhões de ouro, moedas comemorativas e de ouro. Também reflete o reabastecimento por meio das compras de mercado aberto. Essas desmonetizações/monetizações não são incluídas nos fluxos financeiros das transações internacionais.
7. Também inclui pagamento capital de inscrições para instituições financeiras internacionais e grandes quantias de créditos diversos que foram determinados por meio de acordos internacionais para serem pagos ao governo norte-americano sobre períodos de no máximo 1 ano. Exclui os débitos da Primeira Guerra Mundial que não estão sendo cumpridos.
8. Inclui o endividamento que o devedor pode contratualmente, ou como uma opção, pagar com sua moeda, com a moeda de um terceiro país ou pagar por meio de materiais ou transferência de serviços.
9. Inclui ativos em moedas estrangeiras obtidos por acordos de moeda temporários recíprocos entre o Sistema de Reserva Federal e Bancos Centrais estrangeiros. Esses ativos são incluídos na posição de investimento no valor do dólar estabelecido na hora em que foram recebidos, refletindo o valor desses ativos na folha de balanço do Sistema de Reserva Federal. Mudanças nas taxas de câmbio.
10. Inclui os passivos do governo norte-americano associados com contratos de vendas militares e passivos relacionados a reserva do governo norte-americano de distribuição de direitos de saques especiais (SDRs).

Fonte: Departamento de Comércio Americano, Departamento de Análise Econômica, junho de 2013.

Central e do Leste estava em cerca de 67% de seu PIB coletivo! Portanto, a dívida externa norte-americana representa um escoamento menor da renda nacional.

No entanto, as mudanças na taxa de câmbio e nos preços dos títulos têm o potencial de modificar a dívida externa norte-americana drasticamente, porque os ativos *brutos* estrangeiros e os passivos dos Estados Unidos tornaram-se enormes nos anos recentes. A Figura 13.4 ilustra essa tendência dramática. Em 1976, os ativos estrangeiros norte-americanos situavam-se em 25% do PIB estadunidense e os passivos em 16% (fazendo dos Estados Unidos um credor líquido estrangeiro na quantia de aproximadamente 9% de seu PIB). Contudo, em 2012, os ativos estrangeiros do país totalizaram cerca de 138% do PIB e seus passivos em cerca de 163%. O tremendo crescimento nessas ações de riqueza reflete a rápida globalização dos mercados financeiros no fim do século XX, um fenômeno que discutiremos mais adiante no Capítulo 20.

Entretanto, pense sobre como as posições de riqueza dessa magnitude amplificam os efeitos das mudanças da taxa de câmbio. Suponha que 70% dos ativos estrangeiros norte-americanos sejam designados em moedas estrangeiras, mas que todos os passivos estadunidenses com os estrangeiros sejam designados em dólares (esses são aproximadamente os números corretos). Como o PIB norte-americano de 2012 era em torno de 15,7 trilhões de dólares, uma depreciação de 10% do dólar deixaria os passivos norte-americanos inalterados, mas aumentaria seus ativos (medidos em dólares) em $0,1 \times 0,7 \times 1,38 = 9,7\%$ do PIB ou em torno de 1,5 trilhão de dólares. Esse número é aproximadamente 3,4 vezes o déficit dos Estados Unidos em conta-corrente de 2012! Na verdade, por causa dos movimentos bruscos nas taxas de câmbio e nos preços das ações, a economia norte-americana perdeu em torno de 800 bilhões de dólares dessa maneira entre 2007 e 2008 e ganhou uma quantia comparável entre 2008 e 2009 (veja a Figura 13.3). A redistribuição correspondente da riqueza entre estrangeiros e os Estados Unidos teria sido muito menor em 1976.

Essa possibilidade significa que os políticos tomadores de decisão deveriam ignorar as contas-correntes de seus países em vez de tentar manipular os valores da moeda para impedir grandes acúmulos de dívida líquida exterior? Essa seria uma estratégia arriscada, porque, como veremos no próximo capítulo, as expectativas de taxas futuras de câmbio são centrais para o comportamento dos participantes do mercado. Tentativas sistemáticas do governo para reduzir a riqueza dos investidores estrangeiros por meio de mudanças na taxa de câmbio reduziriam drasticamente a demanda estrangeira pelos ativos nacionais atuais, dessa forma diminuindo ou eliminando qualquer benefício de riqueza ao depreciar a moeda local.

FIGURA 13.4 Ativos e passivos estrangeiros brutos dos Estados Unidos, 1976-2012

Desde 1976, tanto os ativos quanto os passivos estrangeiros dos Estados Unidos aumentaram drasticamente. Mas os passivos aumentaram mais rapidamente, deixando os Estados Unidos com uma dívida líquida externa substancial.

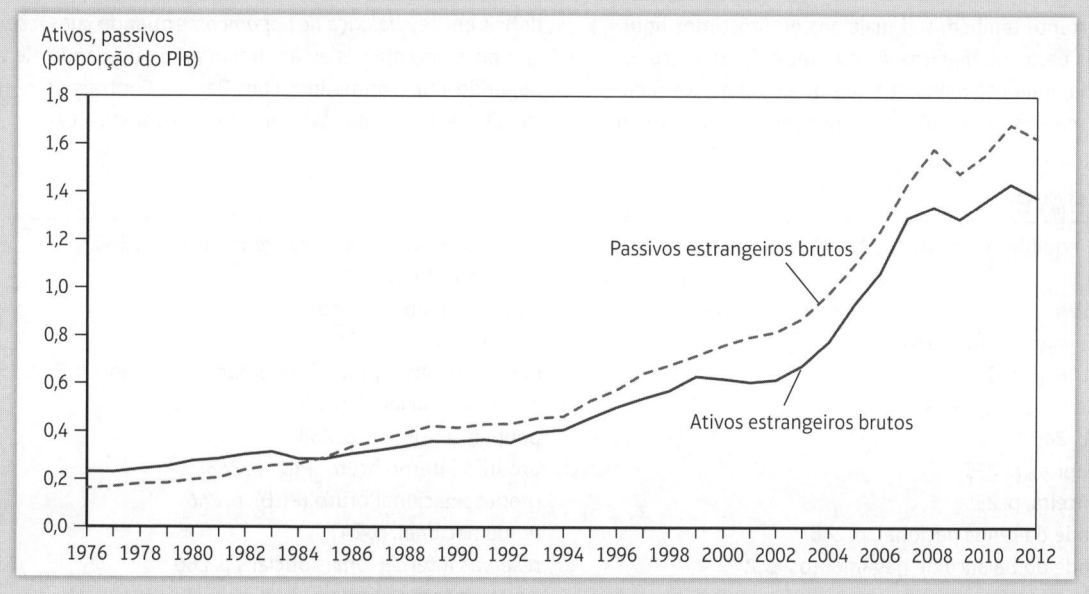

Fonte: Departamento de Comércio Americano, Departamento de Análise Econômica, junho de 2013.

RESUMO

1. A *macroeconomia* internacional preocupa-se com o emprego completo dos recursos econômicos escassos e com a estabilidade do nível de preço por toda a economia mundial. Por refletirem os padrões nacionais de despesas e suas repercussões internacionais, as *contas de renda nacional* e o *balanço das contas de pagamento* são ferramentas essenciais para o estudo da macroeconomia das economias abertas e interdependentes.

2. O *produto nacional bruto* (PNB) de um país é igual à renda recebida pelos seus fatores de produção. As contas de renda nacional dividem a renda nacional de acordo com os tipos de despesas que a geram: *consumo, investimento, compras de governo* e o saldo da *conta-corrente*. O *produto interno bruto* (PIB), igual ao PNB menos os recebimentos líquidos do fator renda do exterior, mede a quantidade produzida dentro das fronteiras territoriais de um país.

3. Em uma economia fechada para o comércio internacional, o PNB deve ser consumido, investido ou comprado pelo governo. Ao utilizar a produção atual para investir em fábricas, equipamentos e inventários, o investimento transforma a produção atual em produção futura. Para uma economia fechada, o investimento é a única forma de poupar no conjunto, então a soma da poupança feita pelos setores privado e público, a *poupança nacional*, deve ser igual ao investimento.

4. Em uma economia aberta, o PNB é igual à soma do consumo, do investimento, das compras de governo e das exportações líquidas de mercadorias e serviços. O comércio não precisa ser balanceado se a economia pode pegar empréstimo ou pode emprestar para o resto do mundo. A diferença entre as exportações e importações da economia, o saldo da conta-corrente, é igual à diferença entre a produção da economia e sua utilização total de mercadorias e serviços.

5. A conta-corrente também se iguala aos empréstimos líquidos do país para estrangeiros. Ao contrário de uma economia fechada, uma economia aberta pode poupar por meio de investimentos nacionais *e* estrangeiros. Portanto, a poupança nacional é igual ao investimento nacional mais o saldo da conta-corrente. A conta-corrente é intimamente relacionada à mudança na *posição de investimento internacional líquido*, embora normalmente não seja igual a essa mudança, por causa da flutuação nos valores dos ativos não registrados na renda nacional e nas contas de produtos.

6. O balanço das contas de pagamento fornece uma visão detalhada da composição e financiamento da conta-corrente. Todas as transações entre o país e o resto do mundo são registradas no balanço das contas de pagamento do país. As contas são baseadas na convenção de que qualquer transação que resulte em um pagamento ao exterior entra como um débito, enquanto qualquer transação que resulte em um recebimento do exterior entra como um crédito.

7. As transações que envolvem mercadorias e serviços aparecem na conta-corrente do balanço de pagamentos, enquanto as vendas e compras internacionais de *ativos* aparecem na *conta financeira*. A *conta de capital* registra principalmente transferências de ativos não mercantis e tende a ser pequena para os Estados Unidos. A soma dos saldos das contas-corrente e de capital deve ser igual ao saldo da conta financeira (fluxos financeiros líquidos). Essa característica das contas reflete o fato de que as discrepâncias entre ganhos de exportação e despesas de importação devem ser igualados por uma promessa de devolução da diferença, normalmente com juros, no futuro.

8. As transações de ativos internacionais feitas pelos *Bancos Centrais* são incluídas na conta financeira. Qualquer transação do Banco Central em mercados privados para ativos de moeda estrangeira é chamada de *intervenção cambial estrangeira oficial*. Uma razão pela qual a intervenção é tão importante é que os Bancos Centrais utilizam-na para alterar a quantidade de moeda em circulação. Um país tem um déficit em seu *balanço de pagamentos* quando suas *reservas internacionais oficiais* estão diminuindo ou quando ele está pegando um empréstimo com Bancos Centrais estrangeiros. Ele tem um superávit em situação oposta a essa.

TERMOS-CHAVE

ajustes de equilíbrio oficiais (ou balanço de pagamentos), p. 261
ativo, p. 255
balanço de pagamento, p. 261
banco central, p. 260
compras de governo, p. 249
consumo, p. 249
conta de capital, p. 255
conta financeira, p. 255
contabilidade da renda nacional, p. 246
contabilidade do balanço de pagamentos, p. 246
déficit orçamentário governamental, p. 254

intervenção cambial estrangeira oficial, p. 260
investimento, p. 249
macroeconomia, p. 245
microeconomia, p. 245
posição de investimento internacional líquido, p. 252
poupança nacional, p. 252
poupança privada, p. 253
produto interno bruto (PIB), p. 248
produto nacional bruto (PNB), p. 246
renda nacional, p. 247
reservas internacionais oficiais, p. 260
saldo de conta-corrente, p. 251

PROBLEMAS

1. Afirmamos neste capítulo que as contas do PNB evitam dupla contagem incluindo somente o valor das mercadorias e serviços *finais* vendidos no mercado. Portanto, as medidas de importação utilizadas nas contas do PNB deveriam ser definidas para incluir somente as importações de mercadorias e serviços finais do exterior? E as exportações?

2. A Equação (13.2) nos diz que para reduzir o déficit em conta-corrente, um país precisa aumentar sua poupança privada, reduzir o investimento nacional ou cortar seu déficit orçamentário governamental. Atualmente, algumas pessoas recomendam restrições sobre as importações da China (e de outros países) para reduzir o déficit norte-americano em conta-corrente. Como altas barreiras norte-americanas para as importações afetam sua poupança privada, seu investimento nacional e seu déficit governamental? Você concorda que as restrições para as importações necessariamente reduziriam o déficit norte-americano em conta-corrente?

4. Explique como cada uma das transações a seguir gera duas entradas, um crédito e um débito, no balanço norte-americano das contas de pagamentos e descreva como cada entrada seria classificada:
   a. Um norte-americano compra uma ação alemã e paga com um cheque em uma conta em um banco suíço.
   b. Um norte-americano compra uma ação alemã e paga ao vendedor com um cheque de um banco estadunidense.
   c. O governo coreano realiza uma intervenção cambial estrangeira oficial na qual utiliza os dólares que tem em um banco norte-americano para comprar a moeda coreana de seus cidadãos.
   d. Um turista de Detroit compra uma refeição em um restaurante caro em Lyons, França, e paga com cheque de viagem.
   e. Um vinicultor da Califórnia dá uma caixa de Cabernet Sauvignon para um provador de vinho de Londres.
   f. Uma fábrica norte-americana baseada na Grã-Bretanha utiliza os ganhos locais para comprar maquinário adicional.

4. Um nova-iorquino viaja para Nova Jersey para comprar uma secretária eletrônica de US$ 100. A companhia de Nova Jersey que vende a máquina então deposita o cheque de US$ 100 em sua conta em um banco de Nova York. Como essas transações aparecem no balanço das contas de pagamentos de Nova York e Nova Jersey? E se o nova-iorquino pagar pela máquina em dinheiro?

5. A nação de Pecúnia teve um déficit em conta-corrente de 1 bilhão de dólares e um superávit não reserva da conta financeira de 500 milhões de dólares em 2014.
   a. Qual foi o balanço de pagamentos de Pecúnia naquele ano? O que aconteceu com os ativos líquidos estrangeiros do país?
   b. Suponha que os bancos centrais estrangeiros não comprem nem vendam os ativos pecunianos. Como as reservas estrangeiras do Banco Central pecuniano mudam em 2014? Como essa intervenção oficial aparece no balanço das contas de pagamentos de Pecúnia?
   c. Como você responderia à mudança na letra (b) se soubesse que os bancos centrais estrangeiros tivessem comprado 600 milhões de ativos pecunianos em 2014? Como essas compras oficiais entram no balanço estrangeiro das contas de pagamentos?
   d. Desenhe o balanço das contas de pagamentos pecunianas para 2014 supondo que o evento descrito em (c) ocorresse naquele ano.

6. Você consegue pensar em razões de por que um governo pode estar preocupado em relação a um déficit em conta-corrente ou um superávit? Por que um governo pode estar preocupado sobre seus ajustes de equilíbrio oficiais (isto é, seu balanço de pagamentos)?

7. Os dados dos ajustes de equilíbrio oficiais norte-americanos dão uma ideia precisa de até que ponto os bancos centrais estrangeiros compram e vendem dólares em mercados monetários?

8. É possível que um país tenha um déficit em conta-corrente ao mesmo tempo em que tem um superávit em seu balanço de pagamentos? Explique sua resposta utilizando os números hipotéticos para as contas-correntes e financeiras de não reserva. Tenha certeza de dicsutir as possíveis implicações para os fluxos de reservas internacionais oficiais.

9. Suponha que o débito líquido exterior norte-americano seja 25% do PIB e os ativos e passivos estrangeiros paguem uma taxa de juros de 5% ao ano. Qual seria a retirada no PIB norte-americano (como porcentagem) do pagamento de juros na dívida externa líquida? Você acha que esse é um número grande? E se a dívida exterior líquida fosse 100% do PIB? Em qual ponto você acha que o governo de um país deveria preocupar-se sobre o tamanho de sua dívida externa?

10. Se você for ao site do DAE (<http://www.bea.gov>) e olhar a *Survey of Current Business* de julho de 2013, a tabela "U.S. International Transactions", vai descobrir que em 2012 as rendas de recebimentos norte-americanos de seus ativos estrangeiros foram de 770,1 bilhões de dólares (linha 13), enquanto os pagamentos do país de seus passivos para estrangeiros foram de 537,8 bilhões de dólares (linha 30). Ainda, vimos neste capítulo que os Estados Unidos são um devedor líquido substancial para os estrangeiros. Como, então, é possível que os Estados Unidos recebam mais renda de ativos estrangeiros do que pagam?

11. Retorne ao exemplo no estudo de caso "Os ativos e passivos do maior devedor do mundo", no final do capítulo, que conta como uma depreciação de 10% do dólar afeta a riqueza externa líquida norte-americana. Mostre o tamanho do efeito nas reivindicações exteriores líquidas dos estrangeiros sobre os Estados Unidos medidas em dólares (como uma porcentagem do PIB norte-americano).

12. Mencionamos neste capítulo que os ganhos e perdas capitais nos ativos estrangeiros líquidos não são incluídos na medida da renda nacional da conta-corrente. Como os es-

tatísticos econômicos teriam de modificar a identidade da renda nacional na Equação (13.1) se eles quiserem incluir tais ganhos e perdas como parte da definição da conta-corrente? Em sua opinião, isso faria sentido? Por que você acha que isso não é feito na prática?

13. Vá ao site do DAE em <http://www.bea.gov/newsreleases/international/intinv/intinvnewsrelease.htm> e faça o *download* dos dados anuais, começando por 1976, na posição do fim do ano de investimento internacional dos Estados Unidos. Para o mesmo período, faça o *download* dos dados anuais do PIB nominal norte-americano em <http://www.bea.gov/national/index.htm#gdp>.

Então compute a proporção anual do IIP para o PIB nominal começando em 1976 e coloque os dados em um gráfico. Os Estados Unidos têm tido déficits em conta-corrente em praticamente todos os anos desde o meio da década de 1980. Os dados que você colocou no gráfico, portanto, o surpreendem? (Dica: para responder a esta questão, você terá de comparar o déficit em conta-corrente, como uma porcentagem nominal do PIB, com a taxa de crescimento nominal do PIB, então você também precisará examinar os dados anuais de conta-corrente no site do DAE. Você pode querer voltar a esse problema após ler o Capítulo 19).

LEITURAS ADICIONAIS

COMISSÃO Europeia, Fundo Monetário Internacional, Organização para Cooperação e Desenvolvimento Econômico, Nações Unidas e Banco Mundial. *System of National Accounts 2008*. Nova York: Nações Unidas, 2009. Guias definitivos para a construção de renda nacional e contas de produto.

FUNDO Monetário Internacional. *Manual de Balanço de Pagamentos e Posição Internacional de Investimentos*, 6. ed. Washington, D.C.: Fundo Monetário Internacional, 2009. Tratamento autoritário da contabilidade do balanço de pagamentos.

GOHRBAND, C. A.; HOWELL, K. L. "U.S. International Financial Flows and the U.S. Net Investment Position: New Perspectives Arising from New International Standards". In: HULTEN, C.; REINSDORFF, M. (Eds.). *Wealth, Financial Intermediation, and the Real Economy*. Chicago: University of Chicago Press, 2014. Discussão detalhada das estatísticas de IIP para os Estados Unidos.

GRIEVER, W.; LEE, G.; WARNOCK, F. "The U.S. System for Measuring Cross-Border Investment in Securities: A Primer with a Discussion of Recent Developments". *Boletim do Federal Reserve*, p. 633-650, out. 2001. Uma descrição crítica dos procedimentos norte-americanos para medir ativos e passivos estrangeiros.

LANE, P. R.; MILESI-FERRETTI, G. M. "The External Wealth of Nations Mark II: Revised and Extended Estimates of Foreign Assets and Liabilities, 1970–2004". *Journal of International Economics*, v. 73, p. 223-250, nov. 2007. Aplica uma metodologia comum para construir dados de posição internacional para uma grande quantidade de países.

MANN, C. L. "Perspectives on the U.S. Current Account Deficit and Sustainability". *Journal of Economic Perspectives*, v. 16, p. 131-152, verão 2002. Examina as causa e consequências dos recentes déficits em conta-corrente dos Estados Unidos.

MEADE, J. E. *The Balance of Payments*. Londres: Oxford University Press, 1952. Capítulos 1 a 3. A clássica discussão analítica dos conceitos do balanço de pagamentos.

OBSTFELD, M. "Does the Current Account Still Matter?" *American Economic Review*, v. 102, p. 1-23, maio 2012. Discute o significado da conta-corrente em um mundo de grandes fluxos internacionais de ativo de duas mãos.

TILLE, C. "The Impact of Exchange Rate Movements on U.S. Foreign Debt". *CurrentIssues in Economics and Finance* (Banco Reserva Federal de Nova York), v. 9, p. 1-7, jan. 2003. Discute as implicações das mudanças de preços de ativo para os ativos e passivos estrangeiros norte-americanos.

CAPÍTULO 14

Taxas de câmbio e mercado de câmbio estrangeiro: uma abordagem de ativos

Por volta do Natal de 2012, Shinzo Abe tornou-se primeiro-ministro do Japão, comprometendo-se imediatamente a reavivar a lenta economia por meio de medidas enérgicas, incluindo a "política monetária arrojada". Nos seis meses seguintes, os preços das mercadorias japonesas medidos na moeda local, o iene, diminuíram drasticamente em comparação com os preços das mercadorias estrangeiras quando também medidos em iene. Um efeito imediato foi no turismo: um número recorde de visitantes estrangeiros veio durante a temporada da flor de cerejeira na primavera de 2013. Ao mesmo tempo, o número de viajantes japoneses para a Coreia do Sul, um destino turístico popular, caiu consideravelmente. Que forças econômicas fizeram os preços relativos das mercadorias japonesas caírem de forma tão repentina? Um fator importante foi a queda de 15% no preço em dólar do iene nos seis meses após o governo de Abe chegar ao poder.

O preço de uma moeda em termos de outra é chamado de **taxa de câmbio**. Às 4 da tarde no horário de Londres em 7 de junho de 2013, você precisaria de US$ 1,3221 para comprar uma unidade da moeda europeia, o euro, então a taxa de câmbio do dólar em relação ao euro era US$ 1,3221 por euro. Por causa de sua forte influência na conta-corrente e em outras variáveis macroeconômicas, as taxas de câmbio estão entre os preços mais importantes em uma economia aberta.

Por causa de uma taxa de câmbio, o preço do dinheiro de um país em termos do dinheiro de outro país também é um preço de ativo. Os princípios que governam o comportamento de outros preços de ativos também governam o preço das taxas de câmbio. Como você deve lembrar-se do Capítulo 13, a característica definidora de um ativo é a de que ele é uma forma de riqueza, uma maneira de transferir poder de compra do presente para o futuro. O preço que um ativo impõe hoje é, portanto, diretamente relacionado com o poder de compra sobre as mercadorias e serviços que os compradores esperam que ele renda no futuro. De modo similar, a taxa de câmbio dólar/euro de *hoje* está intimamente ligada às expectativas das pessoas sobre o nível *futuro* dessa taxa. Assim como o preço das ações da Google sobem imediatamente após notícias favoráveis sobre as perspectivas futuras da Google, as taxas de câmbio também respondem imediatamente a quaisquer notícias em relação aos valores futuros da moeda.

Nossas metas gerais neste capítulo são entender o papel das taxas de câmbio no comércio internacional e entender como as taxas de câmbio são determinadas. Para começar, aprenderemos primeiro como as taxas de câmbio permitem-nos comparar os preços de mercadorias e serviços de diferentes países. Em seguida, descreveremos o mercado de ativos internacional no qual as moedas são trocadas e mostraremos como as taxas de câmbio de equilíbrio são determinadas nesse mercado. Uma seção final destaca nossa abordagem do mercado de ativos mostrando como a taxa de câmbio atual responde às mudanças nos valores futuros esperados das taxas de câmbio.

OBJETIVOS DE APRENDIZAGEM

Após a leitura deste capítulo, você será capaz de:

- Relacionar as mudanças na taxa de câmbio com as mudanças nos preços relativos das exportações do país.
- Descrever a estrutura e as funções do mercado de câmbio estrangeiro.
- Utilizar as taxas de câmbio para calcular e comparar retornos em ativos designados em moedas diferentes.
- Aplicar a condição de paridade de juros para encontrar as taxas de câmbio de equilíbrio.
- Encontrar os efeitos das taxas de juro e as mudanças de expectativas nas taxas de câmbio.

Taxas de câmbio e transações internacionais

As taxas de câmbio desempenham um papel central no comércio internacional, porque nos permitem comparar os preços das mercadorias e serviços produzidos em diferentes países. Um consumidor que vai decidir qual entre dois carros norte-americanos irá comprar, deve comparar seus preços em dólar, por exemplo, US$ 44.000 (para um Lincoln Continental) ou US$ 27.000 (para um Ford Taurus). Mas como o mesmo consumidor pode comparar qualquer um desses preços com os 2,5 milhões de ienes japoneses necessários para comprar um Nissan Maxima do Japão? Para fazer essa comparação, ele ou ela deve saber o preço relativo entre dólares e iene.

Os preços relativos das moedas podem ser vistos em tempo real na Internet. As taxas de câmbio também são informadas nas seções financeiras dos jornais. A Tabela 14.1 mostra as taxas de câmbio do dólar para moedas trocadas em Londres às 4 da tarde de 7 de junho de 2013, como informado pelo *Financial Times*. Uma taxa de câmbio pode ser cotada de duas formas: como o preço da moeda estrangeira em termos de dólar (por exemplo, US$ 0,0102685 por iene) ou da forma inversa, o preço de dólares em termos de moeda estrangeira (por exemplo, ¥97,3850 por dólar). A primeira das cotações cambiais (dólares pela unidade da moeda estrangeira) diz-se ser em termos *diretos* (ou "norte-americanos"). A segunda (unidades da moeda estrangeira por dólar) é em termos *indiretos* (ou "europeus").[1]

Famílias e empresas utilizam as taxas de câmbio para traduzir preços estrangeiros em termos de moeda nacional. Uma vez que os preços nacionais das mercadorias e das importações foram expressos em termos da mesma moeda, famílias e empresas podem computar os preços *relativos* que afetam os fluxos do comércio internacional.

TABELA 14.1 Cotações da taxa de câmbio

MOEDAS

FX – ÍNDICES EFICAZES			
	7 de junho	6 de junho	Há um mês
Austrália	105,2	106,0	113,0
Canadá	116,6	110,5	113,6
Dinamarca	107,3	107,3	106,9
Japão	145,7	144,3	143,4
Nova Zelândia	114,6	115,9	121,8
Noruega	107,5	107,6	106,8
Suécia	87,1	87,3	88,6
Suíça	143,4	143,7	143,7
Reino Unido	81,1	81,2	80,9
EUA	85,6	86,1	85,9
Euro	95,03	95,04	94,43

Fonte: Bank of England. A nova base de esterlina ERI de janeiro de 2005 = 100. Base média de outros índices 1990 = 100. Índice restabelecido 2/1/95. Para mais informações sobre os ERIs veja: <www.bankofengland.co.uk>.

Índices do Bank of England

www.ft.com/currencies

7 de junho	Moeda	DÓLAR		EURO		LIBRA	
		Fechamento médio	Mudança do dia	Fechamento médio	Mudança do dia	Fechamento médio	Mudança do dia
África do Sul	(Rande)	9,9518	–0,0399	13,1568	–0,0268	15,4636	–0,0476
Argentina	(Peso)	5,3015	0,0077	7,0089	0,0240	8,2378	0,0198
Arábia Saudita	(SR)	3,7503	–0,0001	4,9581	0,0097	5,8274	0,0053
Austrália	(A$)	1,0545	0,0050	1,3941	0,0093	1,6385	0,0092
Bahrein	(Dinar)	0,3770	-	0,4985	0,0010	0,5858	0,0006
Bolívia	(Boliviano)	6,9100	-	9,1354	0,0179	10,7371	0,0100
Brasil	(R$)	2,1309	0,0027	2,8172	0,0090	3,3111	0,0072

---

1 As taxas "médias" mostradas são a média dos preços de "venda" e "compra" para o dólar norte-americano. Em geral, um comprador de dólares pagará mais (o preço de compra) do que o vendedor receberá (o preço de venda) por causa dos custos do comércio intermediário (por exemplo, por um banco ou corretor). A diferença, o *spread* de compra e venda, é a medida dos custos da transação. No Capítulo 19, vamos nos referir aos índices "eficazes" da taxa de câmbio, que são as médias das taxas de câmbio em relação às moedas parceiras comerciais individuais.

7 de junho	Moeda	DÓLAR Fechamento médio	DÓLAR Mudança do dia	EURO Fechamento médio	EURO Mudança do dia	LIBRA Fechamento médio	LIBRA Mudança do dia
Canadá	(C$)	1,0208	–0,0110	1,3495	–0,0119	1,5861	–0,0156
Chile	(Peso)	500,500	–5,0500	661,686	–5,3619	777,702	–7,1138
China	(Yuan)	6,1335	–0,0027	8,1088	0,0124	9,5306	0,0047
Colômbia	(Peso)	1.897,17	–13,6300	2.508,15	–13,0515	2.947,92	18,4083
Coreia do Sul	(Won)	1.117,08	1,2250	1.476,83	4,5208	1.735,77	3,5214
Costa Rica	(Colon)	498,980	–0,0300	659,677	1,2578	775,341	0,6772
Dinamarca	(DKr)	5,6394	–0,0115	7,4555	–0,0006	8,7627	–0,0098
EAU	(Dirham)	3,6729	0,0000	4,8558	0,0095	5,7072	0,0052
Egito	(£ egípcia)	6,9890	-	9,2398	0,0182	10,8598	0,0102
EUA	($)	-	-	1,3221	0,0026	1,5539	0,0014
Um mês		-	-	1,3223	-	1,5535	-
Três meses		-	-	1,3227	-	1,5529	0,0000
Um ano		-	-	1,3251	–0,0003	1,5510	–0,0003
Filipinas	(Peso)	42,2400	0,1000	55,8434	0,2418	65,6347	0,2165
Hong Kong	(HK$)	7,7626	-	10,2625	0,0202	12,0619	0,0113
Hungria	(Florim)	223,101	–3,1794	294,950	–3.6150	346,665	–4,6122
Índia	(Rs)	57,0750	0,1850	75,4560	0.3925	88,6860	0,3699
Indonésia	(Rúpia)	9.805,00	12,5000	12.962,7	41.9865	15.235,5	33,6230
Irã	(Rial)	12.278,5	-	16.232,8	31.9242	19.078,9	17,8038
Israel	(Shk)	3,6120	–0,0023	4,7753	0.0064	5,6125	0,0017
Japão	(Iene)	97,3850	–0,9900	128,748	–1,0530	151,322	–1,3957
Um mês		97,3715	–0,0010	128,750	–0,0008	151,270	–0,0014
Três meses		97,3382	–0,0021	128,751	–0,0037	151,160	–0,0013
Um ano		97,0400	–0,0110	128,581	–0,0522	150,509	–0,0441
Nigéria	(Naira)	157,700					
Noruega	(NKr)	5,7702	–0,0076	7,6285	0,0050	8,9660	–0,0035
Nova Zelândia	(NZ$)	1,2652	0,0106	1,6726	0,0173	1,9659	0,0183
Paquistão	(Rúpia)	98,4750	0,0100	130,189	0,2693	153,015	0,1583
Peru	(Novo sol)	2,7280	–0,0060	3,6066	–0,0008	4,2389	–0,0054
Polônia	(Zloty)	3,2025	–0,0648	4,2338	–0,0771	4,9761	–0,0959
Quênia	(Xelim)	84,9000	-	112,242	0,2208	131,922	0,1231
Reino Unido (0.6436)*	(£)	1,5539	0,0014	0,8509	0,0010	-	-
Um mês		1,5535	-	0,8512	-	-	-
Três meses		1,5529	0,0000	0,8518	0,0000	-	-
Um ano		1,5510	–0,0003	0,8544	0,0000	-	-
Rep. Tcheca	(Coroa Tcheca)	19,3473	–0,1597	25,5780	–0,1605	30,0627	–0,2200
Romênia	(Novo Leu)	3,4133	–0,0294	4,5125	–0,0300	5,3037	–0,0408
Rússia	(Rublo)	32,2100	–0,0300	42,5833	0,0442	50,0495	0,0001
Singapura	(S$)	1,2453	–0,0014	1,6464	0,0015	1,9350	–0,0003
Suécia	(SKr)	6,5789	0,0018	8,6976	0,0195	10,2226	0,0123
Suíça	(SFr)	0,9351	0,0002	1,2362	0,0027	1,4530	0,0017
Tailândia	(Bt)	1,6248	–0,0049	2,1481	–0,0023	2,5247	–0,0052
Taiwan	(T$)	29,7180	–0.0795	39,2887	–0,0276	46,1773	–0,0803
Tunísia	(Dinar)	30,6300	0,0300	40,4944	0,1192	47,5944	0,0909
Turquia	(Lira)	1,8774	–0,0188	2,4820	–0,0199	2,9171	–0,0265

7 de junho	Moeda	DÓLAR		EURO		LIBRA	
		Fechamento médio	Mudança do dia	Fechamento médio	Mudança do dia	Fechamento médio	Mudança do dia
Ucrânia	(Hrywnja)	8,1375	−0,0150	10,7582	0,0014	12,6445	−0,0115
Uruguai	(Peso)	20,8250	0,4500	27,5317	0,6479	32,3590	0,7287
Venezuela	(Bolívar)	6,2921	-	8,3185	0,0164	9,7770	0,0091
Vietnã	(Dongue)	21.018,0	5,0000	27.786,8	61,2433	32.658,8	38,2380
Euro (0.7564)* (Euro)	(Euro)	1,3221	0,0026	-	-	1,1754	−0.0012
Um mês		1,3223	-	-	-	1,1749	0.0000
Três meses		1,3227	-	-	-	1,1741	0.0000
Um ano		1,3251	−0,0003	-	-	1,1705	0.0001
SDR		0,6597	−0,0011	0,8721	0,0002	1,0250	−0,0007

As taxas são obtidas da WM/Reuters às 4 da tarde (horário de Londres). * As taxas de ponto de fechamento médio para o Euro e para a Libra em relação ao dólar são mostradas em parênteses. Os outros valores na coluna de dólar tanto da linha do euro quanto da esterlina estão na forma recíproca em linha com a convenção do mercado. Moeda redesignada por 1.000. Alguns valores são arredondados pelo F.T. As taxas de câmbio impressas nesta tabela também estão disponíveis na Internet em <http://www.FT.com/marketsdata>.
Taxas de fechamento do Euro: Xelim austríaco 13.7603, Franco Bélgica/Luxemburgo 40.3399, Chipre 0.585274, Markka finlandesa 5.94572, Franco francês 6.55957, Marco alemão 1.95583, Dracma grega 340.75, Punt irlandês 0.787564, Lira italiana 1936.27, Malta 0.4293, Florim holandês 2.20371, Escudo português 200.482, Tolar esloveno 239.64, Peseta espanhola 166.386.

Preços nacionais e estrangeiros

Se soubermos a taxa de câmbio entre a moeda de dois países, podemos computar o preço das exportações de um país em termos da moeda do outro. Por exemplo, quantos dólares custaria um suéter de lã da Edinburgh Woolen Mill, que custa 50 libras esterlinas (£ 50)? A resposta é encontrada ao multiplicar o preço do suéter em libras, 50, pelo preço de uma libra em termos de dólares — a taxa de câmbio em relação à libra. A uma taxa de câmbio de US$ 1,50 por libra (expressa em termos norte-americanos), o preço em dólar do suéter é:

(1,50 US$/£) × (£ 50) = US$ 75.

Uma mudança na taxa de câmbio dólar/euro alteraria o preço em dólar do suéter. A uma taxa de câmbio de US$ 1,25 por libra, o suéter custaria somente

(1,25 US$/£) × (£ 50) = US$ 62,50,

supondo que seu preço em termos de libras tenha permanecido o mesmo. A uma taxa de câmbio de US$ 1,75 por libra, o preço em dólar do suéter seria maior, igual a

(1,75 US$/£) × (£ 50) = US$ 87,50.

As mudanças nas taxas de câmbio são descritas como depreciações ou valorizações. Uma **depreciação** da libra em relação ao dólar é uma queda no preço em dólar das libras, por exemplo, uma mudança na taxa de câmbio de US$ 1,50 por libra para US$ 1,25 por libra. O exemplo anterior mostra que *com todo o resto igual, a depreciação da moeda de um país faz com que suas mercadorias sejam mais baratas para os estrangeiros*. Um aumento no preço da libra em termos de dólares, por exemplo, de US$ 1,50 por libra para US$ 1,75 por libra, é uma **valorização** da libra em relação ao dólar. *Com todo o resto igual, a valorização da moeda de um país faz com que suas mercadorias sejam mais caras para os estrangeiros.*

As mudanças da taxa de câmbio discutidas no exemplo alteram simultaneamente os preços que os britânicos pagam pelas mercadorias norte-americanas. A uma taxa de câmbio de US$ 1,50 por libra, o preço em libra de uma calças jeans norte-americanas que custa US$ 45 é (US$ 45)/(1,50 US$/£) = £ 30. Uma mudança na taxa de câmbio de US$ 1,50 por libra para US$ 1,25 por libra, embora seja uma depreciação da libra em relação ao dólar, também é um aumento no preço da libra em dólares, uma *valorização* do dólar em relação à libra. Essa valorização do dólar faz com que o jeans norte-americano seja mais caro para os britânicos, aumentando seu preço em libra de £ 30 para

(US$ 45)/(1,25 US$/£) = £ 36.

A mudança na taxa de câmbio de US$ 1,50 para US$ 1,75 por libra — uma valorização da libra em relação ao dólar, mas uma depreciação do dólar em relação à libra — diminui o preço em libra do jeans de £ 30 para

(US$ 45)/(1,75 US$/£) = £ 25,71.

Como se pode ver, as descrições das mudanças da taxa de câmbio como depreciação ou valorização podem ser desconcertantes, porque quando uma moeda deprecia em relação a outra, a segunda moeda deve simultaneamente valorizar em relação à primeira. Para evitar confusão na discussão das taxas de câmbio, devemos sempre manter o controle de qual das duas moedas examinadas depreciou ou valorizou em relação à outra.

Se nos lembrarmos que a depreciação do dólar em relação à libra é ao mesmo tempo uma valorização da libra em relação ao dólar, chegamos à seguinte conclusão: *quando a moeda de um país deprecia, os estrangeiros percebem que suas exportações são mais baratas e os residentes nacionais percebem que as importações do exterior são mais caras. Uma valorização tem os efeitos opostos: os estrangeiros pagam mais pelos produtos do país e os consumidores nacionais pagam menos pelos produtos estrangeiros.*

Taxas de câmbio e preços relativos

As demandas de importação e exportação, como as demandas por todas as mercadorias e serviços, são influenciadas pelos preços *relativos*, tal como o preço dos suéteres em termos de jeans de marca. Acabamos de ver como as taxas de câmbio permitem que indivíduos comparem os preços das moedas nacional e estrangeira expressando-os em uma unidade monetária comum. Levando essa análise um passo à frente, podemos ver que as taxas de câmbio também permitem que os indivíduos calculem os preços relativos das mercadorias e serviços cujos preços em dinheiro são cotados em moedas diferentes.

Um norte-americano que tenta decidir o quanto gastar em um jeans estadunidense e o quanto gastar em suéteres britânicos deve traduzir seus preços em uma moeda comum para calcular o preço dos suéteres em termos de jeans. Como temos visto, uma taxa de câmbio de US$ 1,50 por libra significa que um norte-americano paga US$ 75 por um suéter que custa £ 50 na Grã-Bretanha. Como o preço de um par de jeans norte-americano é US$ 45, o preço de um suéter em termos de um par de jeans é (US$ 75 por suéter)/(US$ 45 por par de jeans) = 1,67 pares de jeans por suéter. Naturalmente, um britânico enfrenta o mesmo preço relativo de (£ 50 por suéter)/(US$ 30 por par de jeans) = 1,67 pares de jeans por suéter.

A Tabela 14.2 mostra os preços relativos implícitos pelas taxas de câmbio de US$ 1,25 por libra, US$ 1,50 por libra e US$ 1,75 por libra, na suposição de que o preço em dólar dos jeans e o preço em libra dos suéte-

TABELA 14.2 Taxas de câmbio do dólar e libra e o preço relativo de calças jeans norte-americanas de marca e suéteres britânicos

Taxa de câmbio (US$/£)	1,25	1,50	1,75
Preço relativo (pares de jeans/suéter)	1,39	1,67	1,94

Nota: O cálculo acima supõe preços inalterados em dinheiro de US$ 45 por par de jeans e £ 50 por suéter.

res não são afetados pelas mudanças na taxa de câmbio. Para testar sua compreensão, tente calcular sozinho esses preços relativos e confirme que o resultado desse cálculo é o mesmo para um britânico e para um norte-americano.

A tabela mostra que se o preço em dinheiro das mercadorias não muda, uma valorização do dólar em relação à libra faz com que os suéteres sejam mais baratos em termos de jeans (cada par de jeans compra mais suéteres), enquanto a depreciação do dólar em relação à libra faz os suéteres serem mais caros em termos de jeans (cada par de jeans compra menos suéteres). Esses cálculos ilustram um princípio geral: *com todo o resto igual, uma valorização da moeda de um país aumenta o preço relativo de suas exportações e diminui o preço relativo de suas importações. De forma contrária, uma depreciação diminui o preço relativo das exportações de um país e aumenta o preço relativo de suas importações.*

O mercado cambial estrangeiro

Assim como outros preços na economia são determinados pela interação de compradores e vendedores, as taxas de câmbio são determinadas pela interação das famílias, empresas e instituições financeiras que compram e vendem moedas estrangeiras para fazer pagamentos internacionais. O mercado no qual o comércio monetário internacional acontece é chamado de **mercado cambial estrangeiro**.

Os atores

Os principais participantes do mercado cambial estrangeiro são os bancos comerciais, as corporações que se envolvem no comércio internacional, instituições financeiras não bancárias (como empresas de gestão de ativos e companhias de seguro) e bancos centrais. Os indivíduos também podem participar do mercado cambial estrangeiro — por exemplo, o turista que compra a moeda estrangeira na recepção de um hotel —, mas tais transações em dinheiro são uma fração insignificante do total do comércio cambial estrangeiro.

Agora descrevemos os principais protagonistas do mercado e seus papéis.

1. *Bancos comerciais:* os bancos comerciais são o centro do mercado cambial estrangeiro, porque quase toda transação internacional grande o bastante envolve o débito e o crédito de contas em bancos comerciais em vários centros financeiros. Portanto, a vasta maioria das transações cambiais estrangeiras envolve a troca de depósitos bancários designados em diferentes moedas. Vamos olhar um exemplo. Suponha que a ExxonMobil Corporation deseje pagar € 160.000 a um fornecedor alemão. Primeiro a ExxonMobil pega a cotação da taxa de câmbio com seu próprio banco comercial, o Third National Bank. Então ela instrui o Third National Bank a debitar na conta em dólar da ExxonMobil e pagar os € 160.000 na conta do fornecedor em um banco alemão. Se a taxa de câmbio cotada para ExxonMobil pelo Third National é de US$ 1,2 por euro, US$ 192.000 (= US$ 1,2 por euro × € 160.000) são debitados da conta da ExxonMobil. O resultado final da transação é uma troca de um depósito US$ 192.000 no Third National Bank (agora de propriedade do banco alemão que forneceu os euros) por um depósito de € 160.000 utilizado pelo Third National para pagar ao fornecedor alemão da ExxonMobil.

TAXAS DE CÂMBIO, PREÇOS DE AUTOMÓVEIS E GUERRAS CAMBIAIS

Os automóveis são uma parcela significativa do comércio internacional e muitas economias desenvolvidas são tanto exportadoras quanto importadoras significativas de carros. A competição é feroz — os Estados Unidos exportam Fords, a Suécia exporta Volvos, a Alemanha exporta BMWs, o Japão exporta Hondas e a Grã-Bretanha exporta Land Rovers, só para citar alguns — e o aumento das importações de automóveis no exterior possivelmente significa menos vendas para o produtor nacional.

Portanto, as taxas de câmbio são de importância crítica para as montadoras. Por exemplo, quando a moeda da Coreia do Sul, o won, valoriza no mercado cambial estrangeiro, isso prejudica os produtores sul-coreanos de duas formas distintas. Primeiro, os preços de carros importados que competem com os nacionais diminuem, porque os preços estrangeiros parecem menores quando medidos em termos de won. Portanto, as importações inundam o mercado e criam um preço nacional mais competitivo para os produtores sul-coreanos como a Hyundai e a Kia. Segundo, os estrangeiros (cujas moedas depreciaram em relação ao won) descobrem que nos preço nacionais os carros na Coreia do Sul aumentaram e mudam suas compras para fornecedores mais baratos. Como resultado, as exportações das montadoras sul-coreanas sofrem. Mais à frente (Capítulo 16), discutiremos as estratégias de preço que os produtores de itens especializados, como carros, podem adotar quando tentam defender sua parcela de mercado ante as mudanças da taxa de câmbio.

Esses efeitos das taxas de câmbio em produtores manufatureiros explicam por que as indústrias de exportação reclamam quando países estrangeiros adotam políticas que enfraquecem suas moedas. Em setembro de 2012, quando muitas moedas de países industriais sofreram depreciação por causa do crescimento econômico lento, o ministro da fazenda do Brasil acusou os países mais ricos de travar "guerras cambiais" contra as economias de mercado emergentes mais pobres. Após ler o Capítulo 17, você entenderá por que o crescimento econômico lento e a depreciação monetária podem andar juntos. O Capítulo 18 discute como um fenômeno similar de "depreciação competitiva" ocorreu durante a Grande Depressão da década de 1930.

A conversa sobre guerras cambiais surgiu novamente quando o iene japonês sofreu drástica depreciação no começo de 2013 (como descrito no primeiro parágrafo deste capítulo). É claro que as empresas japonesas foram as maiores beneficiárias, à custa de seus muitos concorrentes estrangeiros. De acordo com uma informação da Associated Press (AP) em maio de 2013, a Nissan foi capaz de cortar o preço em dólar de sete dos 18 modelos que vende nos Estados Unidos: na nova taxa de câmbio entre dólar e iene, até mesmo preços menores em *dólar* produziam receita suficiente em *iene* para cobrir tanto os custos da produção japonesa quanto altos lucros em iene. A Nissan cortou o preço de seu modelo Altima em US$ 580 e o do modelo Armada SUV em US$ 4.400. Como a AP informou, "Embora a Nissan negue, os analistas da indústria dizem que a companhia pode cortar os preços por causa dos esforços japoneses para enfraquecer o iene em relação ao dólar. Isso faz com que os carros e as partes feitas no Japão sejam mais baratas do que as mercadorias feitas nos Estados Unidos."[2]

[2] "Nissan Cuts Prices on 7 of Its U.S. Models". *USA Today*, 1 maio 2013. Disponível em: <http://www.usatoday.com/story/money/cars/2013/05/01/nissan-cuts-prices-juke/2127721/>. Acesso em: 12 nov. 2014.

Como o exemplo mostra, os bancos entram rotineiramente no mercado cambial estrangeiro para suprir as necessidades de seus clientes — principalmente corporações. Além disso, o banco também cotará para outros bancos taxas de câmbio na quais está disposto a comprar ou vender moedas. O comércio monetário estrangeiro entre bancos, chamado de **negociação interbancária**, representa muito da atividade no mercado cambial estrangeiro. Na verdade, as taxas de câmbio listadas na Tabela 14.1 são taxas interbancárias, que os bancos cobram uns dos outros. Nenhuma quantia abaixo de um milhão de dólares é comercializada nessas taxas. As taxas disponíveis para clientes corporativos, chamadas de taxas de "varejo", normalmente são menos favoráveis do que as taxas interbancárias de "atacado". A diferença entre as taxas de varejo e atacado é a compensação que o banco tem por fazer o negócio.

Por as operações internacionais serem tão extensas, grandes bancos comerciais são adequados para juntar compradores e vendedores de moeda. Uma corporação multinacional que quer converter US$ 100.000 em coroa sueca pode achar difícil e custoso encontrar outras corporações que queiram vender a quantidade correta de coroas. Ao servir vários clientes simultaneamente por meio de uma única compra de coroas suecas, um banco pode economizar nesses custos de pesquisa.

2. *Corporações.* As corporações com operações em vários países frequentemente fazem ou recebem pagamentos em moedas diferentes da do país onde fica sua matriz. Para pagar os trabalhadores em uma fábrica no México, por exemplo, a IBM pode precisar de pesos mexicanos. Se a IMB ganha só dólares ao vender os computadores nos Estados Unidos, ela pode adquirir os pesos de que precisa comprando-os com seus dólares no mercado cambial estrangeiro.

3. *Instituições financeiras não bancárias.* Ao longo dos anos, a falta de regulamentação dos mercados financeiros nos Estados Unidos, no Japão e em outros países, encorajou as instituições financeiras não bancárias, como fundos mútuos, a oferecerem aos seus clientes uma gama maior de serviços, muitos deles indistinguíveis daqueles oferecidos pelos bancos. Entre eles existem serviços envolvendo transações cambiais estrangeiras. Investidores institucionais, como fundos de pensão, trocam moedas estrangeiras frequentemente — assim como as companhias de seguro. Os fundos de *hedge*, que atendem indivíduos muito ricos e não estão vinculados às normas governamentais que limitam as estratégias de comércio de fundos mútuos, trocam ativamente no mercado cambial estrangeiro.

4. *Bancos centrais.* No capítulo anterior, aprendemos que os bancos centrais de vez em quando intervêm nos mercados cambiais estrangeiros. Embora o volume das transações do banco central não seja em geral amplo, o impacto dessas transações pode ser grande. A razão para esse impacto é que os participantes do mercado cambial estrangeiro acompanham de perto as ações do banco central para obter indicações sobre políticas macroeconômicas futuras que podem afetar as taxas de câmbio. Além dos bancos centrais, as agências do governo também podem trocar no mercado cambial estrangeiro, mas os bancos centrais são os participantes oficiais mais regulares.

Características do mercado

O comércio cambial estrangeiro acontece em muitos centros financeiros, com os maiores volumes comercializados acontecendo em grandes cidades como Londres (o maior mercado), Nova York, Tóquio, Frankfurt e Singapura. O volume mundial de comércio cambial estrangeiro é enorme e inchou nos anos recentes. Em abril de 1989, o valor total médio do comércio cambial estrangeiro era próximo de 600 bilhões de dólares *por dia*. Um total de 184 bilhões de dólares era trocado em Londres, 115 bilhões de dólares nos Estados Unidos e 111 bilhões em Tóquio. Vinte e um anos depois, em abril de 2010, o valor global diário do comércio cambial estrangeiro pulou para cerca de 4 trilhões de dólares. Um total de 1,85 trilhão de dólares foi trocado diariamente na Grã-Bretanha, 904 bilhões nos Estados Unidos e 312 bilhões no Japão.[3]

O telefone, o fax e links da Internet entre os principais centros de comércio cambial estrangeiro fazem cada um parte de um mercado mundial único, no qual o sol nunca se põe. Notícias sobre economia lançadas em qualquer hora do dia são imediatamente transmitidas ao redor do mundo e podem desencadear uma onda de atividades pelos participantes do mercado. Mesmo após a troca em Nova York estar finalizada, os bancos

---

[3] Os números de abril de 1989 vêm de diferentes pesquisas feitas simultaneamente pela Reserva Federal de Nova York, pelo Banco da Inglaterra, pelo Banco do Japão, pelo Banco do Canadá e por autoridades financeiras da França, Itália, Holanda, Singapura, Hong Kong e Austrália. A pesquisa de abril de 2010 foi feita por 53 bancos centrais. Os números revisados são informados no "Triennial Central Bank Survey of Foreign Exchange and Derivatives Market Activity in April 2010: Preliminary Global Results". *Bank for International Settlements*. Basileia, Suíça, set. 2010. O comércio monetário estrangeiro norte-americano diário em 1980 tinha uma média em torno de 18 bilhões de dólares.

e corporações situados em Nova York com afiliados em outros fusos horários podem permanecer ativos no mercado. Os operadores de câmbio podem negociar de suas casas quando alertas de comunicação tarde da noite avisam-nos sobre importantes desenvolvimentos em um centro financeiro em outro continente.

A interação dos centros financeiros implica que não pode existir diferença significativa entre a taxa de câmbio dólar/euro cotada em Nova York às 9 da manhã e a taxa de câmbio dólar/euro cotada em Londres na mesma hora (que corresponde às 14 horas no horário de Londres). Se o euro estava sendo vendido em Nova York por US$ 1,1 e em Londres por US$ 1,2, os lucros poderiam ser alcançados por meio de **arbitragem**, o processo de comprar uma moeda barata e vendê-la mais caro. Nos preços listados anteriormente, o operador poderia, por exemplo, comprar um milhão de euros em Nova York por 1,1 milhão de dólares e imediatamente vender os euros em Londres por 1,2 milhão de dólares, tendo um lucro puro de US$ 100.000. Porém, se todos os operadores tentassem se aproveitar disso, sua demanda por euros em Nova York levaria o preço em dólar dos euros para cima ali e sua oferta de euros em Londres levaria para baixo o preço em dólar dos euros lá. Rapidamente, a diferença entre as taxas de câmbio de Nova York e Londres desapareceria. Já que os operadores de câmbio estrangeiro olham para suas telas de computador atentamente para oportunidades de arbitragem, as raras que chegam são pequenas e duram pouquíssimo.

Embora a transação cambial estrangeira possa igualar quaisquer duas moedas, a maioria das transações (aproximadamente 85% em abril de 2010) é troca de moedas estrangeiras por dólares norte-americanos. Isso é verdade mesmo quando a meta de um banco é vender e comprar uma moeda que não seja o dólar! Um banco que deseja vender francos suíços e comprar shekels israelenses, por exemplo, normalmente venderá seus francos por dólares e então utilizará os dólares para comprar os shekels. Embora esse procedimento possa parecer um desvio, ele na verdade é mais barato para o banco do que a alternativa de tentar encontrar proprietários de shekels israelenses que desejem comprar francos suíços. A vantagem de trocar por meio de dólar é resultado da importância dos Estados Unidos na economia mundial.

Como o volume das transações internacionais envolvendo dólares é tão grande, não é difícil encontrar partes que estejam dispostas a trocar dólares em relação a francos suíços ou shekels. Em contraste, relativamente poucas transações exigem trocas diretas de francos suíços por shekels.[4]

Por causa de seu papel essencial em tantas negociações estrangeiras de troca, o dólar americano às vezes é chamado de **moeda veículo**. Uma moeda veículo é aquela que é amplamente utilizada para designar contratos internacionais feito por partes que não residem no país que a emite. Sugeriu-se que o euro, que foi introduzido no começo de 1999, vai evoluir e tornar-se uma moeda de veículo em pé de igualdade com o dólar. Em abril de 2010, cerca de 39% das trocas cambiais estrangeiras eram em relação ao euro, menos do que a metade da parcela do dólar, embora acima do número de 37% marcado três anos antes. O iene japonês é a terceira moeda mais importante, com uma parcela de mercado de 19% (em 200). A libra esterlina, que já foi segunda colocada atrás do dólar como moeda chave internacional, caiu muito em importância.[5]

Taxas *spot* (à vista) e taxas futuras

As transações cambiais estrangeiras que estamos discutindo acontecem à vista: duas partes concordam em trocar depósitos bancários e executam o acordo imediatamente. As taxas de câmbio que governam tal comércio "à vista" são chamadas de **taxas de câmbio *spot*** e o negócio é chamado de transação *spot*.

Os negócios de câmbio estrangeiro, de vez em quando, especificam uma data *futura* para a transação, uma data que pode ser de 30, 90, 180 dias ou até mesmo estar a muitos anos de distância. As taxas de câmbio cotadas nessas transações são chamadas de **taxas de câmbio futuras**. Em uma transação futura de 30 dias, por exemplo, as duas partes podem comprometer-se em 1º de abril a uma troca à vista de £ 100.000 por US$ 155.000 em 1º de maio. A taxa de câmbio futura de 30 dias é, portanto, US$ 1,55 por libra e geralmente é diferente da taxa *spot* e das taxas futuras aplicadas a datas futuras diversas. Quando você concorda em vender libras por dólares em uma data futura em uma taxa futura acordada hoje, você "vendeu libras futuras" e "comprou

---

4 A taxa de câmbio franco suíço/shekel pode ser recalculada das taxas de câmbio dólar/franco e dólar/shekel, como a taxa dólar/shekel dividida pela taxa dólar/franco. Se a taxa dólar/franco é US$ 0,80 por franco e a taxa dólar/shekel é US$ 0,20 por shekel, então a taxa franco suíço/shekel é (0,20 dólar/shekel)/(0,80 dólar/franco) = 0,25 franco suíço/shekel. As taxas de câmbio entre moedas não dólar são chamadas de "taxas cruzadas" pelos operadores de câmbio estrangeiros.

5 Para uma discussão mais detalhada das moedas veículo, veja Richard Portes e Hélène Rey, "The Emergence of the Euro as na International Currency," *Economic Policy*, v. 26, p. 307-343, 26 abr. 1998. Dados em ações de moeda do Bank for International Settlements, *op. cit.*, tabela 3. Para uma avaliação dos papéis futuros do dólar e do euro, veja as dissertações em Jean Pisani-Ferry e Adam S. Posen. (Eds.) *The Euro at Ten:The Next Global Currency?* Washington, D.C.: Peterson Institute for International Economics, 2009. Essas dissertações foram escritas antes da crise da área do euro, que será discutida no Capítulo 21.

dólares futuros". A data futura na qual as moedas são de fato trocadas é chamada de *data-valor*.[6] A Tabela 14.1 mostra as taxas de câmbio futuras para algumas das principais moedas.

As taxas de câmbio futuras e *spot*, embora não necessariamente iguais, andam bem próximas, como ilustrado pelos dados mensais das taxas dólar/libra na Figura 14.1. O apêndice deste capítulo, que discute como as taxas de câmbio futuras são determinadas, explica essa relação próxima entre os movimentos nas taxas *spot* e futuras.

Um exemplo mostra por que as partes podem querer envolver-se em transações cambiais futuras. Suponha que a Rádio Shack saiba que em 30 dias deve pagar em iene para um fornecedor japonês por uma carregamento de rádio que chegará nessa data. A Rádio Shack pode vender cada rádio por US$ 100 e deve pagar ao fornecedor ¥ 9.000 por rádio. O lucro da empresa depende da taxa de câmbio dólar/iene. Em uma taxa de câmbio *spot* atual de US$ 0,0105 por iene, a Rádio Shack pagaria (US$ 0,0105 por iene) × (¥ 9.000 por rádio) = US$ 94,50 por rádio e, portanto, lucraria US$ 5,50 em cada rádio importado. Mas a Rádio Shack não terá fundo para pagar seu fornecedor até que os rádios cheguem e sejam vendidos. Se durante os próximos 30 dias o dólar sofrer depreciação inesperada para US$ 0,0115 por iene, a Rádio Shack terá de pagar (US$ 0,0115 por iene) × (¥ 9.000 por rádio) = US$ 103,50 por rádio e então *perderia* US$ 3,50 em cada rádio.

Para evitar esse risco, a Rádio Shack pode fazer um acordo de câmbio futuro de 30 dias com o Bank of America. Se o Bank of America concordar em vender o iene para a Rádio Shack em 30 dias a uma taxa de US$ 0,0107 por iene, a Rádio Shack assegura que vai pagar exatamente (US$ 0,0107 por iene) × (¥ 9.000 por rádio) = US$ 96,30 por rádio para o fornecedor. Ao comprar o iene e vender os dólares no futuro, a Rádio Shack garante um lucro de US$ 3,70 por rádio e está segura contra a possibilidade de uma mudança repentina na taxa de câmbio tornar uma importação lucrativa em perda. No jargão do mercado cambial estrangeiro, diríamos que a Radio Shack *cobriu* seu risco de moeda estrangeira.

De agora em diante, quando mencionarmos uma taxa de câmbio, mas não especificarmos se é uma taxa *spot* ou uma futura, sempre nos referiremos à taxa *spot*.

Swaps cambiais estrangeiros

Um *swap* cambial estrangeiro é uma venda *spot* de uma moeda combinada com uma recompra futura dessa moeda. Por exemplo, suponha que a companhia de automóveis Toyota acabou de receber um milhão de dólares das vendas nos Estados Unidos e terá de pagar esses dólares para um fornecedor da Califórnia em três meses. O departamento de gestão de ativos da Toyota, nesse meio tempo, gostaria de investir um milhão de dólares em títulos de euro. Um *swap* de três

FIGURA 14.1 Taxas de câmbio futura e *spot* do dólar/libra, 1983-2013

Taxas de câmbio futura e *spot* tendem a moverem-se de forma altamente correlacionada.

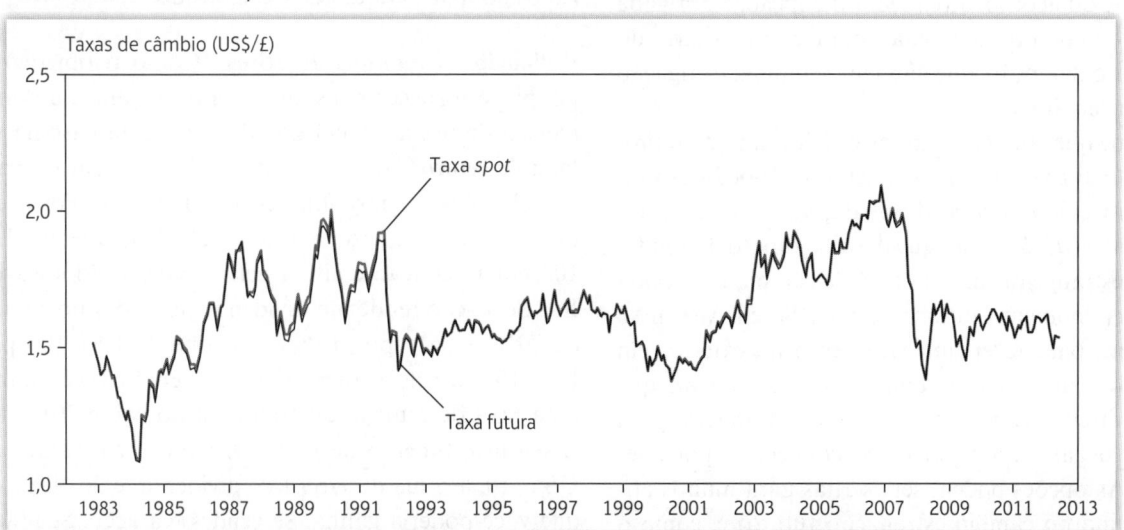

Fonte: Datastream. As taxas mostradas são taxas de câmbio futuras de 90 dias e taxas de câmbio *spot* ao fim do mês.

---

[6] Há algum tempo, levaria até dois dias para fechar mesmo transações cambiais estrangeiras *spot*. Em outras palavras, a data-valor para uma transação *spot* era, na verdade, de dois dias após o negócio firmado. Atualmente, a maioria das trocas *spot* de moedas importantes é fechada no mesmo dia.

meses em dólares por euros pode resultar em menores taxas de corretagem do que em duas transações separadas de venda de dólares por euros *spot* e venda de euros por dólares no mercado futuro. Os *swaps* somam uma proporção significativa de todas as transações cambiais estrangeiras.

Futuros e opções

Vários outros instrumentos financeiros comercializados no mercado cambial estrangeiro, como contratos futuros, envolvem trocas futuras de moedas. Entretanto, o tempo e as condições das trocas podem diferir daqueles especificados nos contratos futuros, dando aos negociantes flexibilidade adicional para evitar riscos de câmbio estrangeiro.

Quando você adquire um *contrato de futuros*, você compra uma promessa de uma quantia específica de uma moeda estrangeira que será entregue em uma data específica no futuro. Um contato futuro entre você e outra parte privada é um forma alternativa de garantir que você receberá uma quantia de moeda estrangeira na data em questão. Mas embora você não tenha escolha sobre cumprir sua parte em um acordo futuro, pode vender seu contrato de futuros para uma bolsa organizada de futuros, tendo lucros ou perdas agora. Essa venda pode parecer vantajosa, por exemplo, se suas percepções sobre a taxa de câmbio *spot* futura mudarem.

Uma *opção cambial estrangeira* dá a seu proprietário o direito de comprar ou vender uma quantia específica de moeda estrangeira a um preço específico, em qualquer momento, até uma data de expiração específica. A outra parte do acordo, o vendedor da opção, é obrigada a vender ou comprar a moeda estrangeira a critério do proprietário da opção, que não tem nenhuma obrigação de exercer seu direito.

Imagine que você não tem certeza de quando no próximo mês vai receber um pagamento de moeda estrangeira. Para evitar o risco de perda, você pode querer comprar a *opção de venda*, que lhe dá o direito de vender a moeda estrangeira em uma taxa de câmbio conhecida a qualquer momento durante o mês. Se em vez disso você espera para fazer um pagamento no exterior em algum momento do mês, uma *opção de compra*, que lhe dá o direito de comprar a moeda estrangeira para fazer um pagamento a um preço conhecido, pode ser atrativa. As opções podem ser escritas para muitos ativos (incluindo o câmbio estrangeiro futuro) e, como o contrato de futuros, elas são compradas e vendidas livremente. Transações futuras, *swaps*, contratos de futuro e opções de compra e venda são todos exemplos de derivados financeiros, que vimos no Capítulo 13.

A demanda por ativos em moeda estrangeira

Agora vimos como os bancos, as corporações e outras instituições trocam depósitos bancários de moeda estrangeira em um mercado cambial estrangeiro mundial que opera 24 horas por dia. Para entender como as taxas de câmbio são determinadas pelo mercado cambial estrangeiro, primeiro devemos perguntar como as demandas dos principais protagonistas por diferentes tipos de depósitos de moeda estrangeira são determinadas.

A demanda por um depósito bancário de moeda estrangeira é influenciada pelas mesmas considerações que influenciam a demanda por qualquer outro ativo. A principal entre essas considerações é a nossa visão de quanto o depósito valerá no futuro. O valor futuro de um depósito de moeda estrangeira depende, por sua vez, de dois fatores: a taxa de juro que oferece e a mudança esperada na taxa de câmbio da moeda em relação a outras moedas.

Ativos e retornos de ativos

Como você deve lembrar-se, as pessoas podem possuir riqueza em várias formas: ações, títulos, dinheiro, imóvel, vinhos raros, diamantes e assim por diante. O objetivo de adquirir riqueza, de poupar, é transferir poder de compra para o futuro. Podemos fazer isso para prover para nossos anos de aposentadoria, para nossos herdeiros ou simplesmente porque ganhamos mais do que precisamos gastar em um ano em particular e preferimos poupar para um dia complicado.

Definindo os retornos de ativos Como o objetivo de poupar é fornecer consumo futuro, julgamos a conveniência de um ativo em grande parte com base na sua **taxa de retorno**, isto é, o aumento percentual no valor que ele oferece sobre um período de tempo. Por exemplo, suponha que no começo de 2015 você pague US$ 100 por uma ação emitida pela Financial Soothsayers, Inc. Se a ação rende um dividendo de US$ 1 no começo de 2016, e se o preço da ação sobe de US$ 100 para US$ 109 por ação durante o ano, então você ganhou uma taxa de retorno de 10% na ação sobre 2015. Isto é, seu investimento de US$ 100 cresceu em valor para US$ 110, a soma do US$ 1 de dividendo e dos US$ 109 que você poderia ganhar se vendesse a ação. Se a ação da Financial Soothsayers ainda gerasse um dividendo de US$ 1, mas caísse em preço para US$ 89 por ação, seu investimento de US$ 100 valeria somente US$ 90 ao fim do ano, dando uma taxa de retorno de 10% *negativos*.

É frequente não saber com certeza o retorno que um ativo realmente vai render após comprá-lo. Tanto o dividendo gerado pela ação quanto o preço para revenda, por exemplo, podem ser difíceis de prever. Sua decisão, portanto, deve ser baseada em uma taxa de retorno *esperada*. Para calcular uma taxa de retorno esperada sobre um período de tempo, você deve fazer sua melhor previsão do valor total de um ativo no fim do período. A diferença de porcentagem entre o valor futuro esperado e o preço que você paga pelo ativo hoje deve ser igual à taxa de retorno esperada do ativo sobre o período de tempo.

Quando medimos a taxa de retorno de um ativo, comparamos como um investimento no ativo muda no valor total entre duas datas. No exemplo anterior, comparamos como o valor de um investimento na ação da Financial Soothsayers mudou entre 2012 (US$ 100) e 2016 (US$ 110) para concluir que a taxa de retorno da ação foi de 10% por ano.

Chamamos isso de taxa de retorno de *dólar*, porque os dois valores que comparamos são expressos em termos de dólares. Entretanto, também é possível calcular diferentes taxas de retorno expressando os dois valores em termos de uma moeda estrangeira ou de uma *commoditiy* como o ouro.

A taxa real de retorno A taxa de retorno esperada que os poupadores consideram na hora de decidir quais ativos comprar é a **taxa real de retorno** esperada, isto é, a taxa de retorno calculada ao medir os valores do ativo em termos de uma cesta representativa ampla de produtos que os poupadores compram normalmente. É a taxa real de retorno que importa, porque o objetivo final de poupar é o consumo futuro, e somente o retorno *real* mede as mercadorias e serviços que um poupador pode comprar no futuro em retorno de desistir de algum consumo (isto é, poupar) hoje.

COMÉRCIO DE CÂMBIO A PRAZO SEM ENTREGA NA ÁSIA

Em um contrato padrão de câmbio futuro, duas partes concordam em trocar duas moedas diferentes em uma taxa acordada e em uma data futura. Entretanto, as moedas de muitos países em desenvolvimento não são totalmente *convertíveis*, o que significa que elas não podem ser trocadas livremente nos mercados internacionais de câmbio estrangeiro. Um exemplo importante de uma moeda inconvertível é o renminbi da China, que pode ser trocado dentro das fronteiras chinesas (por residentes), mas não de forma livre fora delas (porque o governo chinês não permite depósito de renminbi de propriedade irrestrita de não residentes na China). Portanto, para moedas como o renminbi, a forma habitual de comércio de câmbio futuro não é possível.

Países em desenvolvimento com moedas inconvertíveis como a China entraram nas classificações de maiores participantes no comércio internacional e investimento. Normalmente, os negociantes utilizam o mercado de câmbio futuro para cobrirem seus riscos cambiais, mas em casos como o da China, como vimos, não pode existir um mercado futuro padrão. Não existe nenhuma forma de estrangeiros protegerem-se de riscos cambiais quando negociam com países de moedas inconvertíveis?

Desde o começo da década de 1990, os mercados de *comércio de câmbio a prazo sem entrega* surgiram em centros como Hong Kong e Singapura para facilitar a cobertura das moedas asiáticas não convertíveis.

Entre as moedas trocadas em mercados de câmbio futuro sem entrega estão o renminbi da China, o dólar de Taiwan e a rúpia da Índia. Ao utilizar contratos a prazo sem entrega, os negociantes podem proteger-se dos riscos cambiais sem nunca ter de trocar moedas inconvertíveis.

Vamos olhar um exemplo hipotético para ver como essa proteção pode ser feita. A General Motors acabou de vender alguns componentes de carro para a China. Seu contrato com a importadora chinesa afirma que em três meses a GM receberá o dólar equivalente a 10 milhões de yuans em pagamento pelo carregamento enviado. (O yuan é a unidade na qual as quantias de renminbi são medidas, assim como a esterlina britânica é medida em libras.) O Banco Popular da China (PBC, na sigla em inglês), o banco central chinês, controla firmemente a taxa de câmbio de sua moeda trocando os dólares que possui por renminbis com os residentes nacionais.[7]

Hoje, o PBC vai comprar ou vender o dólar norte-americano por 6,8 yuans. Mas suponha que o PBC venha permitindo gradualmente que sua moeda valorize em relação ao dólar e a taxa que vai cotar em três meses é incerta: pode ser qualquer valor entre, digamos, 6,7 e 6,5 yuans por dólar. A GM gostaria de fechar em uma taxa de câmbio futura de 6,6 yuans por dólar, que o diretor financeiro da companhia pode fazer normalmente apenas vendendo o recebimento dos 10 milhões de yuans esperados por

---

7   O regime monetário chinês é um exemplo de um sistema de taxa de câmbio fixa, que estudaremos em maior detalhe no Capítulo 18.

dólares nessa taxa. Infelizmente, a inconversibilidade do renminbi significa que a GM vai receber na verdade não o renminbi que pode vender no futuro, mas o dólar equivalente a 10 milhões de yuans, dólares que o importador pode comprar por meio do sistema bancário chinês.

Entretanto, câmbio a prazo sem entrega resulta em um mercado futuro "virtual". Eles fazem isso permitindo que negociantes não chineses façam apostas no valor do renminbi que são *pagáveis em dólares*. Para fechar uma taxa de câmbio a prazo sem entrega de 6,6 yuans por dólar, a GM pode assinar um contrato exigindo pagar a diferença entre o número de dólares que realmente receber em três meses e a quantia que receberia se a taxa de câmbio fosse exatamente 6,6 yuans por dólar, equivalente a 1/6,6 dólar por yuan = US$ 0,1515 por yuan (após o arredondamento). Portanto, se a taxa de câmbio vier a ser 6,5 yuan por dólar (o que de outra forma seria boa sorte para a GM), a GM terá de pagar em seu contrato (1/6,5 − 1/6,6 dólares por yuan) × (10.000.000 yuans) = (US$ 0,1538 − US$ 0,1515 por yuan) × (10.000.000 yuans) = US$ 23.310.

Por outro lado, ao desistir da possibilidade da boa sorte, a GM também evita o risco de má sorte. Se a taxa de retorno acaba por ser de 6,7 yuans por dólar (o que de outra forma seria desfavorável para a GM), a GM terá de pagar a quantidade negativa de (US$ 0,1493 − US$ 0,1515 por yuan) × (10.000.000 yuans) = −US$ 22.614, isto é, ela receberá US$ 22.614 da outra parte contratante. O contrato de câmbio a prazo sem entrega permite à GM imunizar-se do risco cambial, mesmo que as partes que necessitam do contrato nunca troquem, de fato, a moeda chinesa.

A Figura 14.2 mostra dados diários de taxas a prazo sem entrega do yuan para dólares como as datas-valor de um mês, um ano e dois anos para frente. (Vencimentos muito mais longos também são cotados.) As mudanças nessas taxas são mais variáveis nos vencimentos mais longos, porque as taxas refletem as expectativas sobre a política futura de taxa de câmbio da China e o futuro mais distante é relativamente mais incerto do que o futuro mais próximo.

Como as políticas de taxa de câmbio da China evoluíram? De julho de 2005 até julho de 2008, a China seguiu uma política amplamente compreendida de permitir aos poucos que sua moeda sofresse depreciação em relação ao dólar. Por causa das expectativas durante esse período de que a taxa yuan/dólar cairia ao longo do tempo, as taxas futuras nas quais as pessoas estavam dispostas a negociar para cobrir transações daqui a dois anos estavam abaixo das taxas futuras de daqui um ano, que por sua vez estão abaixo das taxas futuras de daqui um mês.

FIGURA 14.2 Taxas de câmbio futuras sem entrega, yuan chinês por dólar

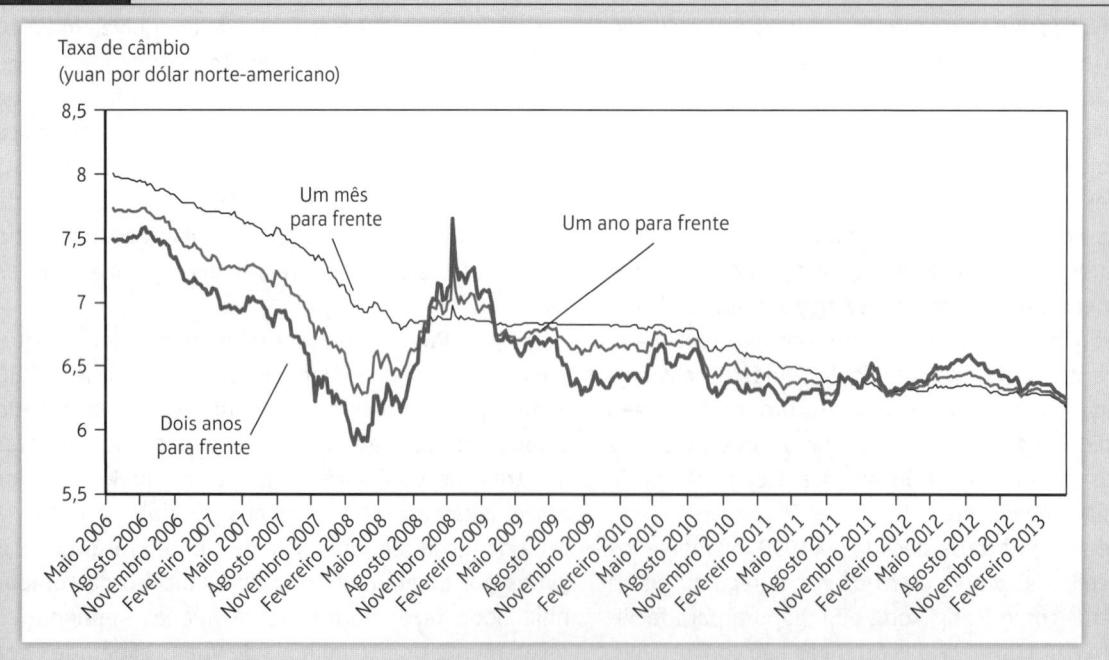

Fonte: *Datastream.*

> A China mudou sua política no verão de 2008, atrelando o yuan rigidamente ao dólar sem anunciar uma data final para essa política. A ação alterou a relação entre as três taxas de futuro, como se pode ver no gráfico. Dois anos depois, em junho de 2010, a China anunciou seu retorno a uma taxa de câmbio supostamente mais flexível para o yuan. Desde então, o yuan continua a ser valorizado em relação ao dólar, mas em um ritmo gradual.
>
> O sistema e as políticas de taxa de câmbio da China têm sido foco de controvérsia internacional em anos recentes e falaremos mais sobre eles nos próximos capítulos.

Para continuar com nosso exemplo, suponha que o valor em dólar de um investimento na ação da Financial Soothsayers aumente em 10% entre 2015 e 2016, mas que os preços em dólar de todas as mercadorias e serviços *também* aumentem em 10%. Então, em termos de produção — em *termos reais* — o investimento não valeria mais em 2016 do que vale em 2015. Com uma taxa real de retorno de zero, a ação da Financial Soothsayers não seria um ativo muito desejável.

Apesar de os poupadores preocuparem-se com as taxas reais de retorno esperado, as taxas de retorno expressas em termos monetários ainda podem ser utilizadas para *comparar* retornos reais em ativos *diferentes*. Mesmo se todos os preços em dólar aumentarem em 10% entre 2015 e 2016, uma garrafa de vinho raro cujo preço em dólar aumenta em 25% ainda é um investimento melhor do que um título cujo valor aumenta em 20%. A taxa real de retorno oferecida pelo vinho é de 15% (= 25% − 10%), enquanto a taxa oferecida pela ação é de somente 10% (= 20% − 10%). Perceba que a diferença entre os retornos em dólar dos dois ativos (25% − 20%) deve ser igual à diferença de seus retornos reais (15% − 10%). A razão para essa igualdade é que dados os retornos em dólar dos dois ativos, uma mudança na taxa pela qual os preços em dólar das mercadorias estão aumentando muda os retornos reais dos dois ativos na mesma quantia.

A distinção entre taxas reais de retorno e taxas de dólar de retorno ilustram um importante conceito no estudo de como os poupadores avaliam diferentes ativos: os retornos nos dois ativos não podem ser comparados a não ser que sejam medidos nas *mesmas* unidades. Por exemplo, não faz sentido comparar diretamente o retorno real de uma garrafa de vinho (15% em nosso exemplo) com o retorno em dólar da ação (20%), ou comparar o retorno em dólar de pinturas antigas com o retorno em euro do ouro. Somente após os retornos serem expressos em termos de uma unidade de medida comum, por exemplo, tudo em termos de dólares, podemos dizer qual ativo oferece a maior taxa real de retorno esperada.

Risco e liquidez

Com todo o resto igual, os indivíduos preferem manter esses ativos oferecendo a maior taxa real de retorno esperada. Entretanto, nossas discussões futuras de ativos particulares mostrarão que "todo o resto" frequentemente não é igual. Alguns ativos podem ser avaliados pelos poupadores por atributos outros que a taxa real de retorno esperada que eles oferecem. Os poupadores preocupam-se com duas características principais de um ativo além de seu retorno: seu **risco**, a variabilidade que contribui para a riqueza do poupador, e sua **liquidez**, a facilidade com a qual o ativo pode ser vendido ou trocado por mercadorias.

1. *Risco.* O retorno real de um ativo é normalmente imprevisível e pode vir a ser bem diferente do que os poupadores esperam quando o compram. Em nosso último exemplo, os poupadores descobriram a taxa real de retorno esperada em um investimento em ações (10%) ao subtrair da taxa de aumento esperada no valor do investimento em dólar (20%) a taxa esperada de crescimento em preços de dólar (10%). Mas se as expectativas estão erradas e o valor da ação em dólar permanece constante em vez de aumentar em 20%, o poupador termina com um retorno real de 10% negativo (= 0% − 10%). Os poupadores não gostam de incertezas e são relutantes em manter ativos que fazem sua riqueza altamente variável. Portanto, um ativo com alta taxa de retorno esperada pode parecer indesejável para poupadores se sua taxa de retorno realizada flutua amplamente.

2. *Liquidez.* Os ativos também diferem de acordo com o custo e a velocidade com a qual os poupadores podem torná-los disponíveis. Uma casa, por exemplo, não é muito líquida, porque sua venda geralmente requer tempo e serviço de corretores e inspetores. Para vender uma casa rapidamente, a pessoa deve querer vender a um preço relativamente baixo. Em contraste, o dinheiro é o mais líquido de todos os ativos: é sempre aceito pelo valor nominal como pagamento para mercadorias e outros ativos. Os poupadores preferem ter alguns ativos líquidos como precaução contra despesas urgentes inesperadas que podem forçá-los a vender menos ativos em uma perda. Eles vão, portanto, considerar a liquidez de um ativo assim como seu retorno e risco esperado na hora de decidir quanto manter.

Taxas de juros

Como em outros mercados de ativos, os participantes no mercado cambial estrangeiro baseiam suas demandas por depósitos de diferentes moedas em uma comparação de taxas de retorno esperadas desses ativos. Para comparar retornos em diferentes depósitos, os participantes do mercado precisam de duas informações. Primeiro, eles precisam saber como os valores em dinheiro dos depósitos mudarão. Segundo, precisam saber como as taxas de câmbio mudarão de forma que eles possam traduzir as taxas de retorno medidas em moedas diferentes em termos comparáveis.

A primeira parte da informação necessária para calcular a taxa de retorno em um depósito de uma moeda em particular é a **taxa de juros** da moeda, a quantia da moeda que um indivíduo ganha ao emprestar uma unidade da moeda por ano. A uma taxa de juros de dólar de 0,10 (cotada como 10% ao ano), o credor de um dólar recebe US$ 1,10 no fim do ano, US$ 1 que é o principal e 10 centavos que são os juros. Olhando pelo outro lado da transação, a taxa de juros em dólares também é a quantidade que deve ser paga para pegar emprestado US$ 1 por ano. Quando você compra um papel do Tesouro norte-americano você ganha a taxa de juros em dólares, porque está emprestado dólares para o governo norte-americano.

As taxas de juros desempenham um papel importante no mercado cambial estrangeiro, porque os grandes depósitos trocados ali pagam juros, cada um à taxa que reflete sua moeda de valor nominal. Por exemplo, quando a taxa de juros em dólares é de 10% ao ano, um depósito de US$ 100.000 vale US$ 110.000 após um ano. Quando a taxa de juros em euros é 5% por ano, um depósito de € 100.000 vale € 105.000 após um ano. Os depósitos pagam juros porque eles são empréstimos do depositante para o banco. Quando uma corporação ou instituição financeira deposita uma moeda em um banco, ela está emprestando essa moeda a um banco em vez de utilizá-la para despesas correntes. Em outras palavras, o depositante está adquirindo um ativo em valor nominal na moeda em que deposita.

A taxa de juros de dólar é apenas a taxa de retorno de dólar sobre depósitos em dólares. Você "compra" o depósito ao emprestar ao banco US$ 100.000 e quando você é pago com 10% de juros no fim do ano, seu ativo vale US$ 110.000. Isso dá uma taxa de retorno de (110.000 − 100.000)/100.000 = 0,10, ou 10% ao ano. Similarmente, a taxa de juros de uma moeda estrangeira mede o retorno da moeda estrangeira em depósitos daquela moeda. A Figura 14.3 mostra o comportamento mensal das taxas de juros do dólar e do iene japonês de 1978 a 2013. Essas taxas não são medidas em termos comparáveis, então não existe razão para elas estarem próximas ou comportarem-se de forma similar durante os anos.

Taxas de câmbio e retornos de ativos

As taxas de juros oferecidas por um depósito em dólar e em euro nos dizem como os valores do dólar e do euro vão mudar durante um ano. A outra parte da

FIGURA 14.3 Taxas de juros em dólar de depósitos em iene, 1978-2013

Já que as taxas de juros do dólar e do iene não são medidas em termos comparáveis, elas podem mover-se de modos bem diferentes durante o tempo.

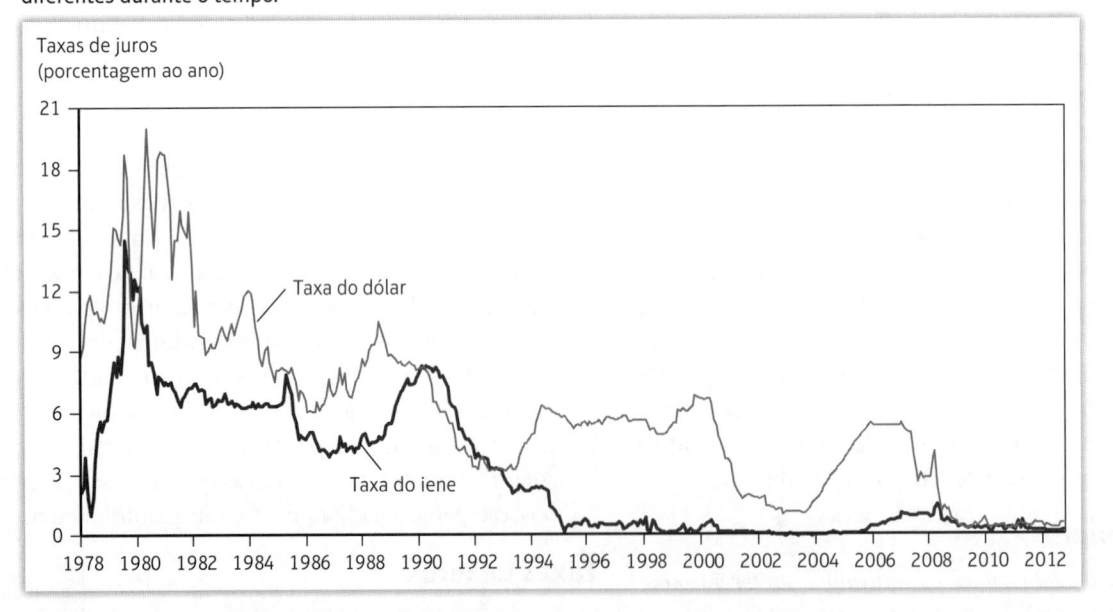

Fonte: *Datastream.* São mostradas taxas de juros de três meses.

informação de que precisamos a fim de comparar as taxas de retorno oferecidas pelos depósitos de dólar e euro é a mudança esperada na taxa de câmbio do dólar/euro durante o ano. Para ver qual depósito, euro ou dólar, oferece uma maior taxa de retorno esperada, você deve perguntar: se eu utilizar dólares para comprar um depósito de euro, quantos dólares eu vou ter de volta depois de um ano? Quando você responde a essa questão, está calculando a taxa de retorno de *dólar* em um depósito de euro, pois compara seu preço em *dólar* hoje com seu valor em *dólar* de um ano a partir de hoje.

Para ver como abordar esse tipo de cálculo, vamos olhar para a seguinte situação: suponha que a taxa de câmbio de hoje (cotada em termos norte-americanos) é US$ 1,10 por euro, mas que você espera que ela seja de US$ 1,165 por euro em um ano (talvez porque você espere desenvolvimentos desfavoráveis na economia norte-americana). Suponha também que a taxa de juros do dólar é 10% ao ano, enquanto do euro é 5% ao ano. Isso significa que o depósito de US$ 1 paga US$ 1,10, enquanto um depósito de € 1 paga € 1,05 após um ano. Qual desses depósitos oferece o maior retorno? A resposta pode ser encontrada em cinco passos.

Passo 1. Utilize a taxa de câmbio dólar/euro de hoje para descobrir o preço em dólar de um depósito em euro de, digamos, € 1. Se a taxa de câmbio de hoje é US$ 1,10 por euro, o preço em dólar de um depósito de € 1 é só US$ 1,10.

Passo 2. Utilize a taxa de juros do euro para encontrar a quantia de euros que você terá de pagar daqui um ano se comprar um depósito de € 1 hoje. Você sabe que a taxa de juros em depósitos de euro é 5% ao ano. Então, ao fim do ano, seu depósito de € 1 valerá € 1,05.

Passo 3. Utilize a taxa de câmbio que você espera que prevaleça daqui a um ano para calcular o valor esperado em dólar da quantia em euro determinada do Passo 2. Já que você espera que o dólar sofra depreciação em relação ao euro durante o próximo ano, de forma que a taxa de câmbio daqui a 12 meses seja US$ 1,165 por euro, você espera que o valor em dólar do seu depósito em euro após um ano seja de US$ 1,165 por euro × € 1,05 = US$ 1,223.

Passo 4. Agora que você sabe que o preço em dólar de um depósito de € 1 hoje (US$ 1,10) e pode prever seu valor em um ano (US$ 1,223), pode calcular a taxa de retorno esperada em *dólar* de um depósito em euro como (1,223 − 1,10)/1,10 = 0,11 ou 11% ao ano.

Passo 5. Já que a taxa de retorno em dólar dos depósitos em dólar (a taxa de juros do dólar) é somente 10% ao ano, você espera ficar em melhor situação ao manter sua riqueza na forma de depósitos em euro. Apesar do fato de a taxa de juros em dólar ultrapassar a do euro em 5% ao ano, a valorização esperada do euro em relação do dólar dá aos proprietários do euro um ganho potencial, que é grande o suficiente para fazer os depósitos em euro um ativo de maior rendimento.

Uma regra simples

Uma regra simples reduz esse cálculo. Primeiro, defina a **taxa de depreciação** do dólar em relação ao euro como o aumento da porcentagem na taxa de câmbio dólar/euro durante um ano. No último exemplo, a taxa de depreciação esperada do dólar é (1,165 − 1,10)/1,10 = 0,059, aproximadamente 6% ao ano. Uma vez que você calculou a taxa de depreciação do dólar em relação ao euro, nossa regra é: *a taxa de retorno do dólar em depósitos em euro é aproximadamente a taxa de juros de euro mais a taxa de depreciação do dólar em relação ao euro*. Em outras palavras, para traduzir o retorno em euro de depósitos em euro em termos de dólar, você precisa adicionar a taxa na qual o preço em dólar do euro aumenta durante um ano à taxa de juros do euro.

Em nosso exemplo, a soma da taxa de juros do euro (5%) à taxa de depreciação esperada do dólar (aproximadamente 6%) é em torno de 11%, que é o que descobrimos ser o retorno esperado em dólar em depósitos em euro no nosso primeiro cálculo.

Resumimos nossa discussão introduzindo alguns símbolos:

$R_€$ = taxa de juros de hoje em depósitos de euro de um ano,

$E_{\$/€}$ = taxa de câmbio dólar/euro de hoje (quantidade de dólares por euro),

$E^e_{\$/€}$ = taxa de câmbio dólar/euro (quantidade de dólares por euro) que se espera que prevaleça em um ano a partir de hoje.

(O sobrescrito ^{e} nesta última taxa de câmbio indica que é uma previsão da taxa de câmbio futura baseada no que as pessoas sabem hoje.)

Utilizando esses símbolos, escrevemos a taxa de retorno esperada em um depósito de euro, medida em termos de dólares, como a soma de (1) a taxa de juros de euro e (2) a taxa de depreciação de dólar esperada em relação ao euro:

$$R_€ + (E^e_{\$/€} − E_{\$/€})/E_{\$/€}.$$

Esse retorno esperado é o que deve ser comparado com a taxa de juros em depósito de dólar de um ano, $R_\$$, ao decidir se os depósitos em dólar ou em euro oferecem a maior taxa de retorno esperada.[8] A diferença da taxa de retorno esperada entre depósitos em dólar e em euro é, portanto, igual a $R_\$$ menos a expressão anterior,

$$R_\$ - [R_\€ + (E^e_{\$/€} - E_{\$/€})/E_{\$/€}] = R_\$ - R_\€ - (E^e_{\$/€} - E_{\$/€})/E_{\$/€}. \quad (14.1)$$

Quando a diferença é positiva, os depósitos em dólar rendem a maior taxa de retorno esperada. Quando é negativa, os depósitos em euro rendem a maior taxa de retorno esperada.

A Tabela 14.3 traz outras comparações ilustrativas. No caso 1, a diferença de juros em favor dos depósitos em dólar é 4% por ano ($R_\$ - R_\€ = 0{,}10 - 0{,}06 = 0{,}04$) e nenhuma mudança na taxa de câmbio é esperada [$(E^e_{\$/€} - E_{\$/€})/E_{\$/€} = 0{,}00$]. Isso significa que a taxa real de retorno anual esperada em depósitos de dólar é 4% mais alta do que daquelas em depósitos em euro, de forma que, com todas as outras coisas iguais, você preferiria manter sua riqueza em depósitos de dólar em vez de euro.

No caso 2, a diferença de juros é a mesma (4%), mas só é compensada por uma taxa de depreciação esperada do dólar de 4%. Portanto, os dois ativos têm a mesma taxa de retorno esperada.

O caso 3 é similar ao que discutimos antes: uma diferença de juros de 4% em favor dos depósitos de dólar é mais do que compensada por uma depreciação do dólar esperada de 8%, então os depósitos de euro são preferidos pelos participantes do mercado.

No caso 4, existe uma diferença de juros de 2% em favor dos depósitos em euro, mas espera-se que o dólar seja *valorizado* em relação ao euro em 4% durante o ano. Portanto, a taxa de retorno esperada em depósitos de dólar é de 2% por ano mais alta do que os depósitos em euro.

Até agora, temos traduzido todos os retornos em termos de dólar. Mas a taxa de diferenciais de retorno que calculamos teria sido a mesma se tivéssemos escolhido expressar os retornos em termos de euros ou em termos de uma terceira moeda. Suponha, por exemplo, que queiramos medir o retorno em depósitos de dólar em termos de euros. Seguindo nossa regra simples, poderíamos adicionar à taxa de juros de dólar, $R_\$$, a taxa de depreciação esperada do euro em relação ao dólar. Mas a taxa de depreciação esperada do euro em relação ao dólar é aproximadamente a **taxa de valorização** esperada do dólar em relação ao euro, isto é, a taxa de depreciação esperada do dólar em relação ao euro com um sinal de menos na frente dela. Isso significa que em termos de euros, o retorno em um depósito de dólar é

$$R_\$ - (E^e_{\$/€} - E_{\$/€})/E_{\$/€}.$$

A diferença entre a expressão acima e $R_\€$ é idêntica à Equação (14.1). Portanto, não faz diferença para a nossa comparação se a medimos retornos em termos de dólares ou euros, contanto que suponhamos que medimos as duas em termos da mesma moeda.

Retorno, risco e liquidez no mercado de câmbio estrangeiro

Observamos mais cedo que um poupador que decide quais ativos manter pode preocupar-se com os riscos e a liquidez dos ativos, além de suas taxas reais de retorno esperadas. De modo similar, a demanda por ativos de moeda estrangeira depende não só dos retornos, mas também do risco e da liquidez. Mesmo se o retorno esperado em dólar para depósitos em euro for mais alto do que aquele em depósitos em dólar, por exemplo, as pessoas podem ficar relutantes em manter depósitos em euro se o pagamento para mantê-los varia de forma imprevisível.

TABELA 14.3 Comparando as taxas de retorno do dólar e depósitos de dólar e euro

Caso	Taxa de juros do dólar $R_\$$	Taxa de juros do euro $R_\€$	Taxa de depreciação esperada do dólar em relação ao euro $\dfrac{E^e_{\$/€} - E_{\$/€}}{E_{\$/€}}$	Taxa de diferença de retorno entre depósitos de dólar e euro $R_\$ - R_\€ - \dfrac{(E^e_{\$/€} - E_{\$/€})}{E_{\$/€}}$
1	0,10	0,06	0,00	0,04
2	0,10	0,06	0,04	0,00
3	0,10	0,06	0,08	–0,04
4	0,10	0,12	–0,04	0,02

---

[8] Se você calcular o retorno esperado em dólar de depósitos em euro utilizando o método exato dos cinco passos que descrevemos antes de introduzir a regra simples, você descobrirá que ele realmente igual a $(1 + R_\€)(E^e_{\$/€}/E_{\$/€}) - 1$.
Entretanto, essa fórmula exata pode ser reescrita como $R_\€ + (E^e_{\$/€} - E_{\$/€})/E_{\$/€} + R_\€ \times (E^e_{\$/€} - E_{\$/€})/E_{\$/€}$.
A expressão acima é bem próxima à fórmula obtida na regra simples, como geralmente é o caso, quando o produto $R_\€ \times (E^e_{\$/€} - E_{\$/€})/E_{\$/€}$ é um número menor.

Não existe consenso entre os economistas sobre a importância do risco no mercado cambial estrangeiro. Mesmo a definição de "risco cambial estrangeiro" é tópico de debate. Para o momento, evitaremos essas questões complexas supondo que os retornos reais em todos os depósitos têm grau de risco igual, independentemente da moeda de designação. Em outras palavras, assumimos que as diferenças de riscos não influenciam a demanda por ativos em moeda estrangeira. Entretanto, discutiremos o papel do risco cambial estrangeiro em maior detalhe no Capítulo 18.[9]

Alguns participantes do mercado podem ser influenciados pelos fatores de liquidez na decisão de quais moedas manter. A maioria desses participantes são empresas e indivíduos que conduzem o comércio internacional. Um importador norte-americano de produtos ou vinhos de marca francesa, por exemplo, pode achar conveniente manter euros para pagamentos de rotina se a taxa de retorno esperada em euros é menor do que a esperada em dólares. Como os pagamentos ligados ao comércio internacional representam uma fração muito pequena do total das transações cambiais estrangeiras, ignoramos o motivo de liquidez para manter moedas estrangeiras.

Portanto, estamos supondo agora que os participantes do mercado cambial estrangeiro baseiam suas demandas por ativos de moedas estrangeiras exclusivamente em uma comparação das taxas de retorno esperadas desses ativos. A razão principal para fazermos essa suposição é que simplifica nossa análise de como as taxas de câmbio são determinadas no mercado cambial estrangeiro. Além disso, os motivos de risco e liquidez para manter moedas estrangeiras parecem ser de importância secundária para muitas das questões internacionais macroeconômicas discutidas nos próximos dois capítulos.

Equilíbrio no mercado de câmbio estrangeiro

Agora utilizaremos o que aprendemos sobre a demanda por ativos de moeda estrangeira para descrever como as taxas de câmbio são determinadas. Mostraremos que a taxa de câmbio na qual o mercado se situa é a que deixa os participantes satisfeitos em manter os suprimentos existentes de depósitos de todas as moedas. Quando os participantes mantêm de bom grado os suprimentos existentes de depósitos de todas as moedas, dizemos que o mercado cambial estrangeiro está em equilíbrio.

A descrição da determinação da taxa de câmbio dada nesta seção é somente o primeiro passo: uma explicação completa do nível atual da taxa de câmbio pode ser dada somente após examinarmos como os participantes do mercado cambial estrangeiro formam suas expectativas sobre as taxas de câmbio que eles esperam que prevaleçam no futuro. Os próximos dois capítulos olham para os fatores que influenciam as expectativas das taxas de câmbio futuras. Entretanto, para o momento, aceitaremos as taxas de câmbio futuras conforme forem dadas.

Paridade de juros: a condição de equilíbrio básico

O mercado cambial estrangeiro está em equilíbrio quando depósitos de todas as moedas oferecem a mesma taxa de retorno esperada. A condição de que os retornos esperados nos depósitos de quaisquer duas moedas são iguais quando medidos na mesma moeda é chamada de **condição de paridade de juros**. Ela implica que os potenciais proprietários de depósitos de moeda estrangeira olham para todos como ativos igualmente desejáveis, desde que suas taxas de retorno esperadas sejam as mesmas.

Vamos ver por que o mercado cambial estrangeiro está em equilíbrio somente quando a condição de paridade de juros é mantida. Suponha que a taxa de juros do dólar seja 10% e a taxa de juros do euro seja 6%, mas espera-se que o dólar sofra depreciação em relação ao euro a uma taxa de 8% sobre um ano. (Esse é o caso 3 da Tabela 14.3.) Nas circunstâncias descritas, a taxa de retorno esperada em depósitos de euro seria de 4% ao ano mais alta do que a taxa dos depósitos em dólar. Supusemos no fim da última seção que os indivíduos sempre preferem manter os depósitos das moedas que oferecem o maior retorno esperado. Isso implica que se o retorno esperado em depósitos de euro é 4% maior do que a taxa em depósitos de dólar, ninguém estará disposto a manter os depósitos em dólares, e os que ainda têm esses depósitos tentarão vendê-los por depósitos em euro. Portanto, existirá um excesso de ofertas de depósitos em dólar e um excesso de demanda por depósitos em euro no mercado cambial estrangeiro.

Como um exemplo contrastante, suponha que os depósitos em dólar ofereçam uma taxa de juros de 10%, mas os depósitos em euro ofereçam taxa de 12%,

---

[9] Ao discutir as transações cambiais estrangeiras *spot* e futuras, alguns livros fazem uma distinção entre os "especuladores" cambiais estrangeiros, participantes do mercado que supostamente preocupam-se apenas com os retornos esperados, e os "*hedgers*", participantes do mercado cuja preocupação é evitar o risco. Afastamo-nos dessa tradição dos livros porque ela pode enganar os descuidados: embora os motivos especulativos e de *hedge* sejam potencialmente importantes na determinação da taxa de câmbio, a mesma pessoa pode ser tanto um especulador como um *hedger* se ela se importa tanto com o retorno quanto com o risco. Nossa hipótese experimental de que o risco é desimportante em determinar a demanda por ativos em moeda estrangeira significa, em termos de linguagem tradicional, que o motivo especulativo para manter moedas estrangeiras é muito mais importante do que o motivo de *hedge*.

e espera-se que o dólar seja *valorizado* em relação ao euro em 4% durante o próximo ano. (Esse é o caso 4 da Tabela 14.3.) Agora, o retorno em depósitos em dólar é 2% mais alto. Nesse caso, ninguém necessitaria de depósitos em euro, então existiria um excesso de oferta e os depósitos em dólar teriam demanda excessiva.

Entretanto, quando a taxa de juros do dólar é 10%, a taxa de juros do euro é 6% e a depreciação esperada do dólar em relação ao euro é 4%, os depósitos em dólar e em euro oferecem a mesma taxa de retorno, e os participantes do mercado cambial estrangeiro estão igualmente dispostos a manter as duas moedas. (Esse é o caso 2 da Tabela 14.3.)

Somente quando todas as taxas de retorno esperadas são iguais — isto é, quando a condição de paridade de juros é mantida — não existe oferta em excesso de algum tipo de depósito e nenhuma demanda em excesso por outro. O mercado de câmbio estrangeiro está em equilíbrio quando não existe excesso em demanda ou oferta de um tipo de depósito. Podemos, portanto, dizer que o mercado cambial estrangeiro está em equilíbrio quando, e somente quando, a condição de paridade de juros é mantida.

Para representar a paridade entre os depósitos de dólar e euro simbolicamente, utilizamos a Equação (14.1), que mostra a diferença nas taxas de retorno esperadas de dois ativos medidas em dólares. As taxas de retorno esperadas são iguais quando

$$R_\$ = R_\epsilon + (E^e_{\$/\epsilon} - E_{\$/\epsilon})/E_{\$/\epsilon}. \qquad (14.2)$$

Você provavelmente suspeita que quando os depósitos em dólar oferecem maior retorno do que os em euro, o dólar vai ser valorizado em relação ao euro ao passo que os investidores mudam seus fundos para dólares. Contrariamente, o dólar deve sofrer depreciação em relação ao euro quando são os depósitos em euro que oferecem de início maior retorno. Sua intuição está totalmente correta. No entanto, para compreender o mecanismo de trabalho, devemos olhar com cuidado para como mudanças na taxa de câmbio iguais a essas ajudam a manter o equilíbrio no mercado cambial estrangeiro.

Como as mudanças na taxa de câmbio atual afetam os retornos esperados

Como um primeiro passo na compreensão de como o mercado cambial estrangeiro encontra seu equilíbrio, examinamos como as mudanças na taxa de câmbio de hoje afetam o retorno esperado em um depósito de moeda estrangeira quando as taxas de juros e as expectativas sobre a taxa de câmbio futura não mudam. Nossa análise mostrará que, com todo o resto igual, a depreciação da moeda de um país hoje *diminui* o retorno esperado da moeda nacional em depósitos de moeda estrangeira. Contrariamente, a valorização da moeda nacional, com todo o resto igual, *aumenta* o retorno esperado da moeda nacional em depósitos de moeda estrangeira.

É mais fácil ver por que essas relações duram olhando um exemplo: como uma mudança na taxa de câmbio dólar/euro hoje, com tudo mantido constante, muda o retorno esperado, medido em termo de dólares em depósitos de euro? Suponha que a taxa dólar/euro de hoje seja US$ 1 por euro e a taxa de câmbio que você espera para a data de hoje no ano que vem seja US$ 1,05 por euro. Então, a taxa de depreciação esperada do dólar em relação ao euro (1,05 − 1,00)/1,00 = 0,05, ou 5% por ano. Isso significa que quando você compra um depósito em euro, você não ganha só o juros R_ϵ, mas também recebe um "bônus" de 5% em termos de dólares. Agora suponha que a taxa de câmbio de repente pule para US$ 1,03 por euro (uma depreciação do dólar e uma valorização do euro), mas que a taxa futura esperada *ainda* seja US$ 1,05 por euro. O que acontece com o "bônus" que você esperava conseguir do aumento no valor do euro em termos de dólares? A taxa de depreciação esperada do dólar agora é somente (1,05 − 1,03)/1,03 = 0,019, ou 1,9%, em vez de 5%. Já que R_ϵ não mudou, o retorno em dólar dos depósitos em euro, que é a soma de R_ϵ mais a taxa esperada de depreciação do dólar, *caiu* em 3,1% por ano (5% − 1,9%).

Na Tabela 14.4, organizamos o retorno em dólar de depósitos em euro para vários níveis da taxa de câmbio dólar/euro atual $E_{\$/\epsilon}$, sempre supondo que a taxa de câmbio *futura* permanece fixa em US$ 1,05 por euro e que a taxa de juros do euro é de 5% ao ano. Como se pode ver, um aumento na taxa de câmbio dólar/euro atual (uma depreciação do dólar em relação ao euro) sempre *diminui* o retorno esperado em dólar de depósitos em euro (como em nosso exemplo), enquanto uma queda na taxa de câmbio dólar/euro atual (uma valorização do dólar em relação ao euro) sempre *aumenta* esse retorno.

Pode ir contra a sua intuição que uma depreciação do dólar em relação ao euro faça os depósitos em euro menos atrativos em relação aos depósitos em dólar (diminuindo o retorno esperado em dólar de depósitos em euro) enquanto uma valorização do dólar torna os depósitos em euro mais atrativos. Esse resultado parecerá menos surpreendente se você lembrar que supusemos que a taxa dólar/euro futura esperada e as taxas de juros não mudam. Uma depreciação do dólar hoje, por exemplo, significa que agora o dólar precisa depreciar em uma quantia *menor* para chegar qualquer nível futuro esperado dado. Se a taxa de câmbio dólar/euro futura esperada não muda quando o dólar sofre depreciação hoje, a depreciação futura esperada do dólar em relação ao euro, portanto,

TABELA 14.4 Taxa de câmbio atual do dólar e do euro e a taxa de retorno esperada do dólar em depósitos de euro quando $E^e_{\$/€}$ = US$ 1,05 por euro

Taxa de câmbio dólar/euro atual $E_{\$/€}$	Taxa de juros em depósitos de euro $R_€$	Taxa de depreciação esperada do dólar em relação ao euro $\dfrac{1,05 - E_{\$/€}}{E_{\$/€}}$	Retorno esperado do dólar em depósitos de euro $R_€ + \dfrac{1,05 - E_{\$/€}}{E_{\$/€}}$
1,07	0,05	−0,019	0,031
1,05	0,05	0,00	0,05
1,03	0,05	0,019	0,069
1,02	0,05	0,029	0,079
1,00	0,05	0,05	0,10

cai ou, alternativamente, a valorização futura esperada do dólar sobe. Já que as taxas de juros também não são alteradas, a depreciação do dólar hoje, por consequência, faz com que os depósitos em euro sejam menos atrativos em comparação com aqueles em dólar.

Colocando de outra forma, uma depreciação atual do dólar, que não afete nem as expectativas da taxa de câmbio nem as taxas de juros, deixa o pagamento futuro esperado em dólar de um depósito em euro igual, mas aumenta o custo atual em dólar do depósito. Isso naturalmente torna os depósitos em euro menos atrativos em relação aos depósitos em dólar.

Pode também ir contra a sua intuição de que a taxa de câmbio *atual* pode mudar enquanto a taxa de câmbio esperada para o *futuro* não muda. De fato, estudaremos casos mais tarde neste livro em que as duas taxas mudam de uma vez só. No entanto, nós mantemos a taxa de câmbio esperada futura constante na suposição atual, porque essa é a maneira mais clara de ilustrar o efeito da taxa de câmbio atual em retornos esperados. Se ajudar, você pode imaginar que estamos olhando para o impacto de uma mudança *temporária* tão breve que não tem efeito na taxa de câmbio esperada para o próximo ano.

A Figura 14.4 mostra os cálculos na Tabela 14.4 em forma gráfica, o que será útil em nossa análise da determinação da taxa de câmbio. O eixo vertical na figura mede a taxa de câmbio dólar/euro atual e o eixo horizontal mede o retorno esperado em dólar dos depósitos em euro. Para valores *fixos* da taxa de câmbio dólar/euro futura esperada e da taxa de juros de euro, a relação entre a taxa de câmbio dólar/euro atual e o retorno esperado em dólar nos depósitos em euro define um cronograma inclinado para baixo.

A taxa de câmbio de equilíbrio

Agora que compreendemos por que a condição de paridade de juros deve ser mantida para o mercado cambial estrangeiro ficar em equilíbrio e como a taxa de câmbio atual afeta o retorno esperado em depósitos em moeda estrangeira, podemos ver como as taxas de câmbio são determinadas. Nossa principal conclusão será de que as taxas de câmbio sempre se ajustam para manter a paridade de juros. Continuamos a supor que a taxa de juros do dólar, $R_\$$, a taxa de juros do euro, $R_€$, e a taxa de câmbio futura dólar/euro, $E^e_{\$/€}$, são todas *dadas*.

A Figura 14.5 ilustra como a taxa de câmbio de equilíbrio dólar/euro é determinada sobre essas suposições. A linha vertical no gráfico indica o nível dado de $R_\$$,

FIGURA 14.4 A relação entre o dólar atual, a taxa de câmbio do euro e o retorno esperado em dólar em depósitos de euro

Dado que $E^e_{\$/€}$ = 1,05 e $R_€$ = 0,05, uma valorização do dólar em relação ao euro aumenta o retorno esperado em depósito de euro, medido em termos de dólares.

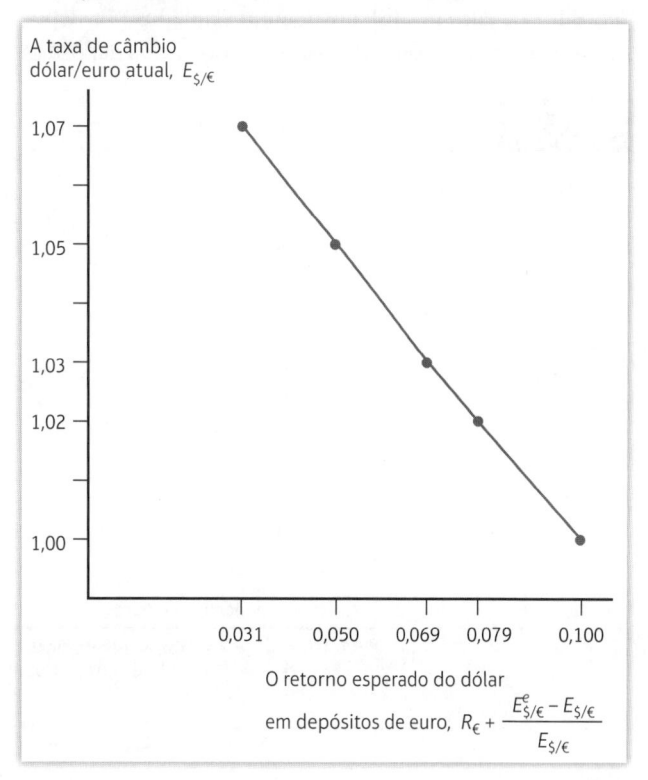

A taxa de câmbio dólar/euro atual, $E_{\$/€}$

O retorno esperado do dólar em depósitos de euro, $R_€ + \dfrac{E^e_{\$/€} - E_{\$/€}}{E_{\$/€}}$

o retorno em depósitos de dólares medidos em termos de dólares. A linha inclinada para baixo mostra como o retorno esperado de depósitos de euro, medidos em termos de dólares, depende da taxa de câmbio atual dólar/euro. Essa segunda linha é obtida da mesma forma que a linha mostrada na Figura 14.4.

A taxa de equilíbrio dólar/euro é aquela indicada pela interseção das duas linhas no ponto 1, $E^1_{\$/€}$. Nessa taxa de câmbio, os retornos em depósitos de dólar e euro são iguais, de forma que a condição de paridade de juros da Equação (14.2),

$$R_\$ = R_€ + (E^e_{\$/€} - E^1_{\$/€})/E^1_{\$/€},$$

é satisfeita.

Vejamos por que a taxa de câmbio tenderá a estabilizar no ponto 1 na Figura 14.5 se está inicialmente em um ponto como 2 ou 3. Primeiro suponha que estejamos no ponto 2, com a taxa de câmbio igual a $E^2_{\$/€}$. A linha inclinada para baixo, que mede o retorno esperado em dólar para depósitos de euro, nos diz que na taxa de câmbio $E^2_{\$/€}$, a taxa de retorno em depósitos de euro, é menor que a taxa de retorno em depósitos de dólar, $R_\$$. Nessa situação, qualquer um que tenha depósitos de euro deseja vendê-los pelos depósitos de dólar mais lucrativos: o mercado cambial estrangeiro está fora de equilíbrio porque participantes como bancos e corporações multinacionais *não estão dispostos* a manter depósitos de euro.

Como a taxa de câmbio é ajustada? Os proprietários de depósitos de euro insatisfeitos tentam vendê-los por depósitos de dólar, mas como o retorno em dólar dos depósitos é maior do que aquele nos depósitos de euro na taxa de câmbio $E^2_{\$/€}$, nenhum proprietário de depósito em dólar está disposto a vendê-lo por um depósito de euro nessa taxa. Enquanto os proprietários de euro tentam seduzir os proprietários de dólar oferecendo-lhes um melhor preço por dólares, a taxa de câmbio dólar/euro cai para $E^1_{\$/€}$. Isto é, os euros tornam-se mais baratos que os dólares. Uma vez que a taxa de câmbio alcance $E^1_{\$/€}$, os depósitos de euro e dólar oferecem retornos iguais e os proprietários dos depósitos de euro não têm mais um incentivo para tentar vendê-los por dólares. O mercado cambial estrangeiro está, portanto, em equilíbrio. Ao cair de $E^2_{\$/€}$ para $E^1_{\$/€}$, a taxa de câmbio iguala os retornos esperados nos dois tipos de depósitos ao aumentar a taxa na qual se espera que o dólar sofra depreciação no futuro, fazendo, desse modo, com que os depósitos de euro sejam mais atrativos.

O mesmo processo funciona em reverso se estivermos inicialmente no ponto 3 com a taxa de câmbio de $E^3_{\$/€}$. Nesse ponto, o retorno em depósitos de euro ultrapassa o retorno dos depósitos de dólar, então existe agora um excesso de oferta deste último. Quando proprietários relutantes de depósitos de dólar fazem oferta por depósitos de euro mais atrativos, o preço dos euros em termos de dólares tende a aumentar; isto é, o dólar tende a sofrer depreciação em relação ao euro. Quando a taxa de câmbio moveu-se para $E^1_{\$/€}$, as taxas de retorno são igualadas entre as moedas e o mercado está em equilíbrio. A depreciação do dólar de $E^3_{\$/€}$ para $E^1_{\$/€}$ torna os depósitos de euro menos atrativos em relação aos depósitos de dólar ao reduzir a taxa na qual se espera que o dólar sofra depreciação no futuro.[10]

FIGURA 14.5 Determinação da taxa de câmbio de equilíbrio dólar/euro

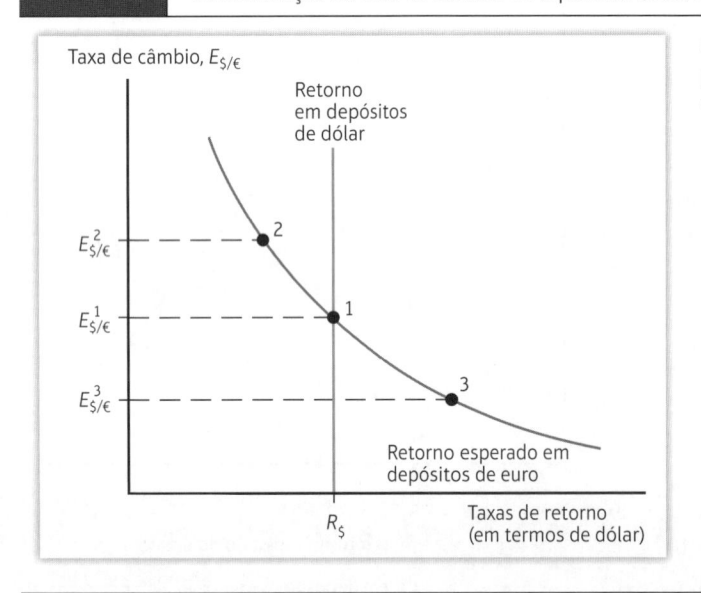

O equilíbrio no mercado cambial estrangeiro está no ponto 1, onde os retornos esperados em dólar em depósitos de dólar e euro são iguais.

---

[10] Um exercício no final do capítulo pede para você mostrar que esta forma alternativa de olhar para o equilíbrio no mercado de câmbio dá as mesmas respostas que o método utilizado aqui no texto.

Taxas de juros, expectativas e equilíbrio

Após vermos como as taxas de câmbio são determinadas pela paridade de juros, agora veremos como elas são afetadas pelas mudanças nas taxas de juros e em expectativas sobre o futuro, os dois fatores que mantemos constantes em nossas discussões anteriores. Veremos que a taxa de câmbio (que é o preço relativo de dois ativos) responde a fatores que alteram as taxas de retorno esperadas para esses dois ativos.

O efeito da alteração de taxas de juros na taxa de câmbio atual

Lemos frequentemente no jornal que o dólar é forte porque as taxas de juros norte-americanas são altas ou que está caindo porque as taxas de juros norte-americanas estão em queda. Essas duas afirmações podem ser explicadas utilizando nossa análise do mercado cambial estrangeiro?

Para responder a essa questão, novamente nos voltamos a um diagrama. A Figura 14.6 mostra um aumento na taxa de juros do dólar, de $R_\$^1$ para $R_\$^2$, como um deslocamento para a direita da linha vertical de retorno de depósitos de dólar. Na taxa de câmbio inicial $E_{\$/€}^1$, o retorno esperado em depósitos de dólar agora é maior do que o esperado em depósitos de euro por uma quantia igual à distância entre os pontos 1 e 1'. Como temos visto, essa diferença faz com que o dólar seja valorizado para $E_{\$/€}^2$ (ponto 2). Como não existiu mudança na taxa de juros do euro ou na taxa de câmbio futura esperada, a valorização do dólar hoje aumenta o retorno esperado em dólar dos depósitos de euro ao aumentar a taxa na qual se espera que o dólar sofra depreciação no futuro.

A Figura 14.7 mostra o efeito de um aumento na taxa de juros do euro $R_€$. Essa mudança faz a linha inclinada para baixo (que mede o retorno esperado do dólar em depósitos de euro) mover-se para a direita. (Para ver o porquê, pergunte-se como um aumento na taxa de juros do euro altera o retorno em dólar dos depósitos de euro, dada a taxa de câmbio atual e a taxa esperada futura.)

Na taxa de câmbio inicial $E_{\$/€}^1$, a taxa de depreciação esperada do dólar é a mesma de antes do aumento em $R_€$, de forma que o retorno esperado em depósitos de euro agora ultrapassa o retorno dos depósitos de dólar. A taxa de câmbio dólar/euro aumenta (de $E_{\$/€}^1$ para $E_{\$/€}^2$) para eliminar o excesso de oferta de ativos de dólar no ponto 1. Como anteriormente, a depreciação do dólar em relação ao euro elimina o excesso de oferta de ativos de dólar ao diminuir a taxa de retorno esperada em dólar nos depósitos de euro. Um aumento na taxas de juros europeias, portanto, leva a uma depreciação do dólar em relação ao euro ou, olhando pela perspectiva europeia, uma valorização do euro em relação ao dólar.

Nossa discussão mostra que, com tudo igual, *um aumento nos juros pagos em depósitos de uma moeda faz com que essa moeda valorize em relação às moedas estrangeiras.*

FIGURA 14.6 Efeito de um aumento na taxa de juros do dólar

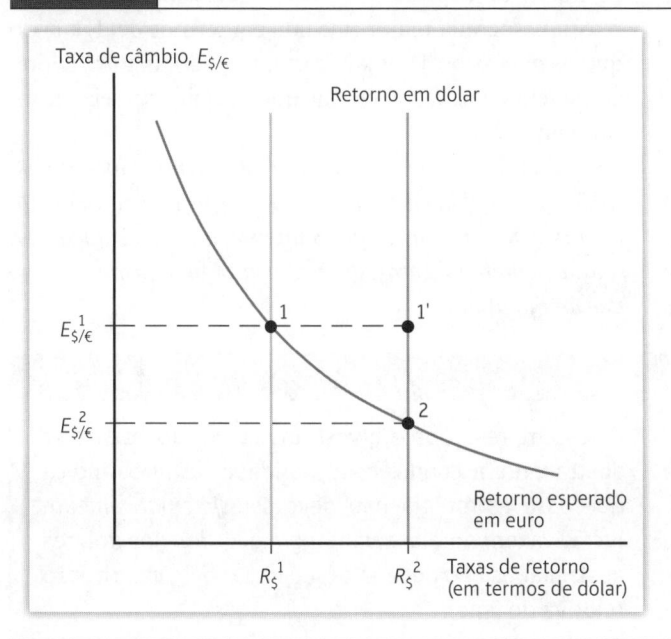

Um aumento na taxa de juros oferecida pelos depósitos em dólar de $R_\$^1$ para $R_\$^2$ faz com que o dólar seja valorizado de $E_{\$/€}^1$ (ponto 1) para $E_{\$/€}^2$ (ponto 2).

FIGURA 14.7 — Efeito de um aumento na taxa de juros do euro

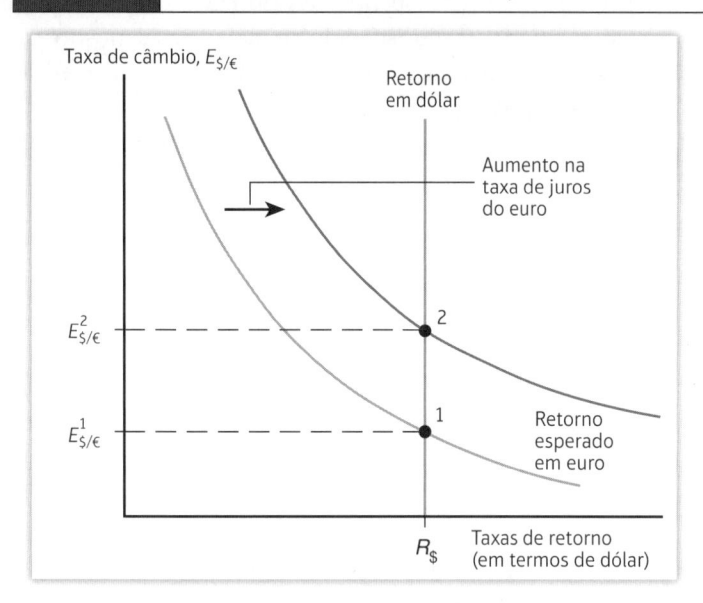

Um aumento na taxa de juros paga pelos depósitos em euro faz com que o dólar sofra depreciação $E^1_{\$/€}$ (ponto 1) para $E^2_{\$/€}$ (ponto 2). (Essa figura também descreve o efeito de um aumento na taxa de câmbio futura esperada de $/€.)

Antes de concluirmos que a conta do jornal do efeito das taxas de juros nas taxas de câmbio está correta, devemos lembrar que nossa suposição de uma taxa de câmbio futura esperada *constante* muitas vezes é irreal. Em muitos casos, uma mudança nas taxas de juros será acompanhada por uma mudança na taxa de câmbio futura esperada. Essa mudança na taxa de câmbio futura esperada dependerá, por sua vez, das causas econômicas da mudança da taxa de juros. Comparamos possíveis relações diferentes entre as taxas de juros e as taxas de câmbio futuras esperadas no Capítulo 16. Por enquanto, tenha em mente que no mundo real não podemos prever como uma dada mudança na taxa de juros vai alterar as taxas de câmbio, a não ser que saibamos *por que* a taxa de juros está mudando.

O efeito da alteração de expectativas na taxa de câmbio atual

A Figura 14.7 também pode ser utilizada para estudar o efeito na taxa de câmbio atual de um aumento na taxa de câmbio dólar/euro futura esperada, $E^e_{\$/€}$.

Dada a taxa de câmbio atual, um aumento no preço futuro esperado de euros em termos de dólares aumenta a taxa de depreciação esperada do dólar. Por exemplo, se a taxa de câmbio atual é US$ 1 por euro e a taxa esperada a prevalecer em um ano é US$ 1,05 por euro, a taxa de depreciação esperada do dólar em relação ao euro é (1,05 − 1,00)/1,00 = 0,05. Se a taxa de câmbio futura esperada sobe para US$ 1,06 por euro, a taxa de depreciação esperada também sobe, para (1,06 − 1,00)/1,00 = 0,06.

Como um aumento da taxa de depreciação esperada do dólar aumenta o retorno esperado em dólar de depósitos de euro, a linha inclinada para baixo muda para a direita, como na Figura 14.7. Na taxa de câmbio inicial de $E^1_{\$/€}$, existe agora um excesso de oferta de depósitos de dólar: os depósitos em euro oferecem uma taxa de retorno esperada maior (medida em termos de dólar) do que os depósitos de dólar. Portanto, o dólar sofre depreciação em relação ao euro até que o equilíbrio seja alcançado no ponto 2.

Concluímos que, com tudo igual, *um aumento na taxa de câmbio futura esperada causa um aumento na taxa de câmbio atual. Similarmente, uma queda na taxa de câmbio futura esperada causa uma queda na taxa de câmbio atual.*

O QUE EXPLICA O *CARRY TRADE*?

Durante boa parte da década de 2000, as taxas de juros do iene japonês eram próximas de zero (como mostra a Figura 14.3), enquanto as taxas de juros australianas eram confortavelmente positivas, subindo para mais de 7% ao ano até a primavera de 2008. Portanto, embora possa, parecer interessante pegar ienes emprestados e investi-los em títulos de dólar australiano, a condição de paridade de juros indica que essa estratégia não deve ser *sistematicamente* lucrativa: em média, a vantagem de juros dos dólares australianos não deveria desaparecer pela valorização relativa do iene?

No entanto, os atores do mercado que vão de esposas japonesas a fundos de *hedge* sofisticados foram, de fato, atrás dessa estratégia, investindo bilhões em dólares australianos e levando o valor da moeda para cima, em vez de para baixo, em relação ao iene. De forma mais geral, os investidores internacionais frequentemente pegam empréstimos de moedas de baixos juros (chamadas de moedas de "financiamento") e compram moedas de altos juros (chamadas de moedas de "investimento"), com resultados que podem ser lucrativos em períodos longos. Essa atividade é chamada de *carry trade* e, embora seja geralmente impossível documentar precisamente o grau das posições de *carry trade*, ela pode se tornar muito intensa quando diferenciais de juros internacionais consideráveis acontecem. O predomínio do *carry trade* é prova de que a paridade de juros está errada?

A resposta honesta é que embora a paridade de juros não seja exatamente mantida na prática, em parte por causa dos fatores risco e liquidez mencionados, os economistas ainda trabalham duro para entender se o *carry trade* requer explicação adicional. O trabalho deles provavelmente vai esclarecer melhor o funcionamento dos mercados cambiais estrangeiros, em especial, e dos mercados financeiros em geral.

Um perigo importante do *carry trade* é que as moedas de investimento (as moedas com maiores juros que os *carry traders* miram) podem passar por quedas abruptas. A Figura 14.8 ilustra essa característica dos mercados cambiais estrangeiros, comparando o retorno acumulativo em investir ¥ 100 em títulos de iene e em títulos de dólar australiano em diferentes horizontes de investimento, com o investimento inicial sendo feito no trimestre final de 2002. Como se pode ver, o investimento em iene rende quase nada, ao passo que os dólares australianos são compensadores, não só por causa de uma taxa de juros alta, mas porque o iene tendeu a cair em relação ao dólar australiano durante o verão de 2008. Porém, em 2008, o dólar australiano despencou em relação ao iene, caindo em preço de ¥ 104 para somente ¥ 61 entre julho e dezembro. Como a Figura 14.8 mostra, essa queda não acabou com os ganhos da estratégia de *carry trade* por completo — *se* a estratégia tivesse iniciado cedo o suficiente! É claro, quem entrou no negócio mais tarde, por exemplo, em 2007, realmente foi muito mal. Contrariamente,

FIGURA 14.8 Retorno de investimento cumulativo total em dólar australiano em comparação com o iene japonês, 2003-2013

O *carry trade* do dólar australiano-iene tem sido lucrativo em média, mas está sujeito a grandes e súbitas reversões, assim como em 2008.

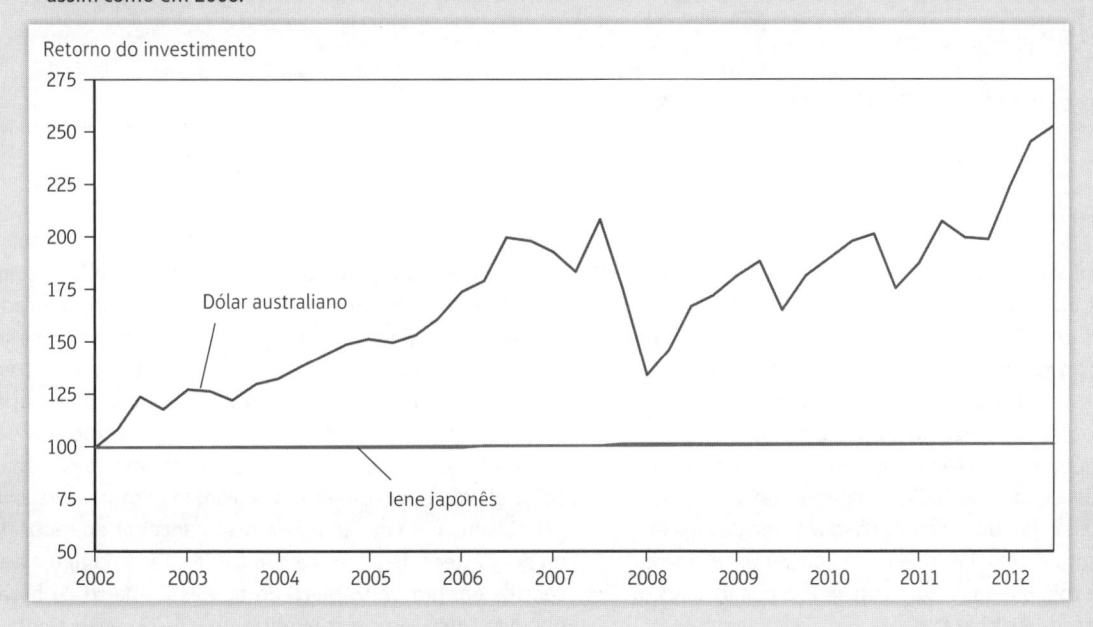

Fonte: Taxas de câmbio e o rendimento do tesouro de três meses da Global Financial Data.

qualquer um experiente o suficiente para desenvolver a estratégia em junho de 2008 teria dobrado seu dinheiro em cinco anos e meio. O *carry trade* é obviamente um negócio muito arriscado.

Podemos obter algum *insight* desse padrão ao imaginarmos que os investidores esperam que ocorra uma valorização anual gradual de 1% do dólar australiano com alta probabilidade (digamos, 90%) e que ocorra uma grande depreciação de 40% com 10% de probabilidade. Então a taxa de valorização esperada do dólar australiano é:

valorização esperada = $(0,9) \times 1 - (0,1) \times 40$
= $-3,1\%$ ao ano.

A taxa de valorização esperada negativa significa que, na verdade, espera-se que o iene valorize *em média* em relação ao dólar australiano. Além disso, a probabilidade de ocorrer uma queda nos primeiros seis anos do investimento é somente $1 - (0,9)^6 = 1 - 0,53 = 47\%$, menos do que meio a meio.[11] O padrão resultante dos retornos acumulativos poderia facilmente ser parecido com aquele mostrado na Figura 14.8. Cálculos como esse são sugestivos e, embora seja improvável que eles expliquem a magnitude completa dos retornos de *carry trade*, pesquisadores descobriram que as moedas de investimento estão particularmente sujeitas a quedas abruptas e as moedas de financiamento estão sujeitas a valorizações abruptas.[12]

Explicações complementares baseadas em considerações de risco e de liquidez também têm avançado. Com frequência, movimentos abruptos da moeda ocorrem durante crises financeiras, que são situações nas quais outra riqueza está sendo perdida e dinheiro vivo é particularmente valioso. Em tais circunstâncias, grandes perdas em posições de *carry trade* são ainda mais dolorosas e podem forçar os negociantes a vender outros ativos que possuem com uma perda.[13] Falaremos mais sobre crise nos próximos capítulos, mas é preciso notar que o colapso do dólar australiano em 2008 ocorreu em meio a uma grave crise financeira global.

Quando surgem grandes posições de *carry trade*, funcionários responsáveis pelas políticas econômicas internacionais dos governos geralmente perdem o sono. Em sua fase inicial, a dinâmica do *carry trade* aumentará as moedas de investimento conforme os investidores pilham a moeda e constroem exposição maior ainda a uma súbita depreciação da moeda de investimento. Isso faz com que a queda seja maior quando ela ocorre, de forma que os investidores que entraram com o pé errado atropelam-se para pagar seus empréstimos de financiamento. O resultado é uma maior volatilidade da taxa de câmbio em geral, assim como a possibilidade de maiores perdas do negociante com repercussões negativas nos mercados de ações, mercados de títulos e mercados para empréstimos interbancários.

---

[11] Se as quedas são eventos independentes durante o tempo, a probabilidade de que uma queda não ocorra em seis anos é $(0,9)^6$. Portanto, a probabilidade de que uma queda ocorra nos períodos de seis anos é $1 - (0,9)^6$.

[12] Veja: Markus K. Brunnermeier, Stefan Nagel; Lasse H. Pedersen, "Carry Trades and Currency Crashes," *NBER Macroeconomics Annual*, v. 23, p. 313-347, 2008. Essas descobertas são consistentes com o aparentemente grande sucesso empírico da condição de paridade de juros sobre períodos relativamente longos, como documentado por Menzie Chinn, "The (Partial) Rehabilitation of Interest Rate Parity in the Floating Rate Era: Longer Horizons, Alternative Expectations, and Emerging Markets," *Journal of International Money and Finance*, v. 25, p. 7–21, fev. 2006.

[13] Veja: Brunnermeier et al., ibid., assim como: Craig Burnside, "Carry Trades and Risk". In: Jessica James, Ian Marsh; Lucio Sarno (Eds.). *Handbook of Exchange Rates*. Hoboken, NJ: John Wiley & Sons, 2012. p. 283–312.

RESUMO

1. A *taxa de câmbio* é o preço da moeda de um país em termos da moeda de outro país. As taxas de câmbio desempenham um papel nas decisões de despesas, porque elas nos permitem traduzir preços de países diferentes em termos comparáveis. Com todo o resto igual, a depreciação da moeda de um país em relação às moedas estrangeiras (um aumento nos preços das moedas estrangeiras na moeda nacional) faz com que suas exportações sejam mais baratas e suas importações mais caras. Uma *valorização* da moeda de um país (uma queda nos preços das moedas estrangeiros na moeda nacional) faz com que suas exportações sejam mais caras e suas importações mais baratas.

2. As taxas de câmbio são determinadas no *mercado de câmbio estrangeiro*. Os principais participantes desse mercado são os bancos comerciais, as corporações internacionais, as instituições financeiras não bancárias e os bancos centrais nacionais. Os bancos comerciais desempenham um papel fundamental no mercado porque facilitam a troca de depósitos bancários remunerados, o que compõe o comércio cambial estrangeiro. Apesar de o comércio cambial estrangeiro acontecer em vários centros financeiros ao redor do mundo, a tecnologia de comunicação moderna liga esses centros em um único mercado que está aberto 24 horas por dia. Uma categoria importante de comércio cambial

estrangeiro é o comércio *futuro*, no qual as partes concordam em trocar moedas em uma data futura, a uma taxa de câmbio previamente negociada. Em contraste, os negócios *spot* são fechados imediatamente.

3. Como a taxa de câmbio é o preço relativo de dois ativos, ela é mais apropriadamente pensada como um preço de ativo. O princípio básico da precificação de ativos é que o valor atual do ativo depende de seu poder de compra futuro esperado. Ao avaliar um ativo, os poupadores olham para a *taxa de retorno* esperada que ele oferece, isto é, a taxa na qual se espera que o valor de um investimento em um ativo cresça durante o tempo. É possível medir a taxa de retorno esperada de um ativo de formas diferentes, cada uma dependendo das unidades nas quais o valor do ativo é medido. Os poupadores preocupam-se com a *taxa real de retorno* esperada de um ativo, a taxa na qual seu valor é expresso em termos da expectativa de aumento de uma cesta representativa de produção.

4. Quando os retornos relativos de um ativo são relevantes, como no mercado cambial estrangeiro, é apropriado comparar as mudanças esperadas nos valores monetários dos ativos, desde que esses valores sejam expressos na mesma moeda. Se os fatores de *risco* e *liquidez* não influenciam fortemente as demandas por ativos de moeda estrangeira, os participantes do mercado cambial estrangeiro sempre preferem manter seus ativos que produzem a maior taxa de retorno esperada.

5. Os retornos nos depósitos negociados no mercado de câmbio estrangeiro dependem das *taxas de juros* e das mudanças esperadas da taxa de câmbio. Para comparar as taxas de retorno esperadas oferecidas pelos depósitos de dólar e euro, por exemplo, o retorno em depósitos de euro deve ser expresso em termos de dólar ao adicionar à taxa de juros de euro a *taxa* esperada *de depreciação* do dólar em relação ao euro (ou *taxa de valorização* do euro em relação ao dólar) sobre os depósitos mantidos no período.

6. O equilíbrio no mercado cambial estrangeiro exige *paridade de juros*. Isto é, os depósitos de todas as moedas devem oferecer a mesma taxa de retorno esperada quando os retornos são medidos em termos comparáveis.

7. Para as taxas de juros e uma expectativa da taxa de câmbio futura dadas, a condição de paridade de juros nos diz qual é o equilíbrio atual da taxa de câmbio. Quando o retorno esperado em dólar em depósitos de euro ultrapassa o retorno dos depósitos de dólar, por exemplo, o dólar imediatamente sofre depreciação em relação ao euro. Com todas as outras coisas iguais, a depreciação atual do dólar reduz o retorno esperado em dólar em depósitos de euro ao reduzir a taxa de depreciação do dólar em relação ao euro esperado para o futuro. Similarmente, quando o retorno esperado em depósitos de euro fica abaixo do retorno em depósitos de dólar, este deve imediatamente ser valorizado em relação ao euro. Com todas as outras coisas iguais, uma valorização atual do dólar faz com que os depósitos em euro tornem-se mais atrativos ao aumentar a depreciação futura esperada em relação à moeda europeia.

8. Com tudo igual, um aumento nas taxas de juros do dólar faz com que o dólar valorize em relação ao euro, enquanto um aumento nas taxas de juros do euro faz com que o dólar sofra depreciação em relação ao euro. A taxa de câmbio atual também é alterada por mudanças em seu nível futuro esperado. Por exemplo, se existe um aumento no nível futuro esperado da taxa dólar/euro, então, a taxas de juros inalteradas, a taxa de câmbio dólar/euro também aumentará.

TERMOS-CHAVE

arbitragem, p. 276
condição de paridade de juros, p. 285
depreciação, p. 272
liquidez, p. 281
mercado cambial estrangeiro, p. 273
moeda veículo, p. 276
negociação interbancária, p. 275
risco, p. 281
taxa de câmbio, p. 269

taxa de depreciação, p. 283
taxa de juros, p. 282
taxa de retorno, p. 278
taxa de valorização, p. 284
taxa real de retorno, p. 279
taxas de câmbio futuras, p. 276
taxas de câmbio *spot*, p. 276
valorização, p. 272

PROBLEMAS

1. Em Munique, a salsicha branca tipo *bratwurst* custa € 5. Um cachorro-quente custa US$ 4 no Fenway Park em Boston. A uma taxa de câmbio de US$ 1,05/por euro, qual é o preço da salsicha *bratwurst* em termos de cachorro quente? Com tudo igual, como esse preço relativo muda se o dólar deprecia para US$ 1,25 por euro? Em comparação com a situação inicial, o cachorro-quente torna-se mais ou menos caro em relação à salsicha *bratwurst*?

2. Como definido na nota de rodapé 4, taxas de câmbio cruzadas são taxas de câmbio cotadas em relação a moedas além do dólar norte-americano. Se você voltar para a Tabela 14.1, notará que ela lista não só as taxas de câmbio em relação ao dólar, mas também as taxas cruzadas em relação ao euro e à libra esterlina. O fato de que podemos obter a taxa de câmbio franco suíço/shekel israelense, digamos, da taxa dólar/franco e da taxa dólar/shekel decorre de afastar uma

estratégia de arbitragem potencialmente lucrativa conhecida como *arbitragem triangular*. Como exemplo, suponha que o preço em franco suíço de um shekel está abaixo do preço em franco suíço de um dólar vezes o preço em dólar de um shekel. Explique por que em vez de comprar shekels com dólares, seria mais barato comprar francos suíços com dólares e utilizar os francos para comprar os shekels. Desse modo, a situação hipotética oferece uma oportunidade de lucro sem risco e, portanto, não é consistente com a maximização do lucro.

3. A Tabela 14.1 informa as taxas de câmbio não só em relação ao dólar norte-americano, mas também em relação ao euro e à libra esterlina. (Cada linha dá o preço do dólar, do euro e da libra, respectivamente, em termos de uma moeda diferente.) Ao mesmo tempo, dá os preços em dólar *spot* do euro (US$ 1,3221 por euro) e da libra esterlina (US$ 1,5539 por libra). Escolha quaisquer cinco moedas da tabela e mostre que as três taxas de câmbio *spot* cotadas (em termos de dólares, euros e libras) quase excluem a arbitragem triangular. Por que precisamos adicionar a palavra "quase"?

4. O petróleo é vendido em um mercado mundial e tende a ser precificado em dólares norte-americanos. O Nippon Steel Chemical Group do Japão necessita importar petróleo para utilizar na produção de plásticos e outros produtos. Como seus lucros são afetados quando o iene sofre depreciação em relação ao dólar?

5. Calcule as taxas de retorno de dólar dos seguintes ativos:
   a. Um quadro cujo preço aumenta de US$ 200.000 para US$ 250.000 em um ano.
   b. Uma garrafa de um raro Borgonha, Domaine de la Romanée-Conti 2011, cujo preço aumenta de US$ 255 para US$ 275 entre 2013 e 2014.
   c. Um depósito de £ 10.000 em um banco em Londres em um ano no qual a taxa de juros de libras é 10% e a taxa de câmbio US$/£ vai de US$ 1,50 por libra pra US$ 1,38 por libra.

6. Quais seriam as taxas de reais de retorno em ativos na questão anterior se as mudanças de preços descritas fossem acompanhadas de um aumento simultâneo de 10% em todos os preços do dólar?

7. Suponha também que a taxa de juros de dólar é 10% ao ano enquanto a taxa de juros de euro é 5% ao ano. Qual é a relação entre a taxa de câmbio de equilíbrio atual US$/£ e seu nível futuro esperado? Suponha que a taxa de câmbio US$/£ esperada futura, US$ 1,52 por libra, permaneça constante enquanto a taxa de juros britânica aumenta para 10% ao ano. Se a taxa de juros norte-americana também permanece constante, qual é a nova taxa de câmbio US$/£ de equilíbrio?

8. Os negociantes nos mercados de ativos aprendem que a taxa de juros dos dólares vai cair em um futuro próximo. Utilize a análise diagramática deste capítulo para determinar o efeito na taxa de câmbio dólar/euro *atual*, supondo que as taxas de juros atuais dos depósitos de dólar e de euro não mudem.

9. Observamos que poderíamos ter desenvolvido nossa análise diagramática do equilíbrio do mercado cambial estrangeiro pela perspectiva da Europa, com a taxa de câmbio euro/dólar $E_{\epsilon/\$}(=1/E_{\$/\epsilon})$ no eixo vertical; uma linha vertical em R_ϵ, para indicar o retorno em euro em depósitos de euro; e uma linha inclinada para baixo, mostrando como o retorno em euro do dólar varia com $E_{\epsilon/\$}$. Obtenha essa figura alternativa de equilíbrio e utilize-a para examinar o efeito de mudanças nas taxas de juros e na taxa de câmbio esperada futura. Suas respostas estão de acordo com aquelas que encontramos anteriormente?

10. A afirmação a seguir apareceu no *New York Times* em 7 de agosto de 1989 ("Dollar's Strength a Surprise", p. D1):

    > Mas agora o sentimento é que a economia está se dirigindo para um "pouso suave", com a economia desacelerando significativamente e a inflação retrocedendo, mas sem uma recessão.
    >
    > Esse panorama é bom para o dólar por duas razões. Um pouso suave não é tão prejudicial quanto uma recessão, então os investimentos estrangeiros que suportam o dólar estão mais propensos a permanecerem.
    >
    > Também, um pouso suave não forçaria a Reserva Federal a puxar as taxas de juros drasticamente para baixo para estimular o crescimento. Taxas de juros em queda podem exercer uma pressão para baixo no dólar, porque elas fazem os investimentos em títulos em dólares serem menos atrativos para os estrangeiros, levando à venda de dólares. Além disso, o otimismo suscitado pela expectativa de um pouso suave pode até mesmo compensar algumas das pressões das baixas taxas de juros do dólar.

    a. Mostre como você interpretaria o terceiro parágrafo dessa afirmação utilizando o modelo de determinação da taxa de câmbio deste capítulo.
    b. Quais fatores adicionais na determinação da taxa de câmbio poderiam ajudá-lo a explicar o segundo parágrafo?

11. Suponha que as taxas de câmbio em dólar do euro e do iene sejam igualmente variáveis. Entretanto, o euro tende a sofrer depreciação inesperada em relação ao dólar quando o retorno no resto de sua riqueza é inesperadamente alto, enquanto o iene tende a valorizar inesperadamente nas mesmas circunstâncias. Como um morador norte-americano, qual moeda, o euro ou o iene, você consideraria mais arriscada?

12. Alguma das discussões neste capítulo levou-o a acreditar que os depósitos de dólar podem tem características de liquidez diferentes daquelas em depósitos de outras moedas? Se sim, como essas diferenças afetariam o diferencial de juros entre, digamos, os depósitos de dólar e de peso mexicano? Você tem algum palpite sobre como a liquidez dos depósitos de euro podem mudar com o tempo?

13. Em outubro de 1979, o Banco Central norte-americano (o Federal Reserve System) anunciou que desempenharia um papel menos ativo na limitação das flutuações nas taxas de juros do dólar. Após essa nova política ser colocada em ação, as taxas de câmbio do dólar em relação a moedas estrangeiras

tornaram-se mais voláteis. A nossa análise do mercado cambial estrangeiro sugere qualquer conexão entre esses dois eventos?

14. Imagine que todo mundo no planeta paga um imposto de τ por cento em ganhos de juros e em ganhos de qualquer capital por causa de mudanças da taxa de câmbio. Como tal imposto altera a análise da condição de paridade de juros? Como a sua resposta muda se o imposto aplica-se aos ganhos de juros, mas *não* aos ganhos de capital, que não são taxados?

15. Suponha que a taxa de câmbio dólar/euro de um ano, a partir de agora, seja US$ 1,26 por euro e a taxa de câmbio *spot* seja de US$ 1,2 por euro. Qual é o prêmio futuro em euros (o desconto futuro em dólares)? Qual é a diferença entre a taxa de juros de um ano em depósitos de dólar e em depósitos de euro (supondo que não exista reembolso de risco)?

16. A moeda única europeia, o euro, foi introduzida em janeiro de 1999, substituindo todas as moedas dos 11 membros da União Europeia, incluindo França, Alemanha, Itália e Espanha (mas não a Grã-Bretanha; veja o Capítulo 21). Você acha que, imediatamente após a introdução do euro, o valor da moeda estrangeira em troca pelo euro era maior ou menor do que o valor em euro do comércio pré-1999 nas 11 moedas nacionais originais? Explique sua resposta.

17. Geralmente, as multinacionais têm fábricas de produção em uma série de países. Por consequência, eles podem mover a produção de localidades caras para outras mais baratas em resposta a vários desenvolvimentos econômicos, um fenômeno chamado *terceirização* quando uma empresa baseada nacionalmente move parte de sua produção para o exterior. Se o dólar sofre depreciação, o que você espera que aconteça com a terceirização feita pelas companhias norte-americanas? Explique e forneça um exemplo.

18. A taxa de juros em papéis do Tesouro norte-americano de três meses caiu para níveis muito baixos no fim de 2008, e permaneceu assim por vários anos. Com início em janeiro de 2009 e término em dezembro de 2013, encontre os dados da taxa de três meses dos papéis do Tesouro no Federal Reserve Economic Data (FRED), no Federal Reserve de Saint Louis. Encontre os dados da taxa de câmbio do dólar norte-americano em relação ao won coreano do Bank of Korea Economic Statistics System, em: <http://ecos.bok.or.kr/flex/EasySearch_e.jsp> e na mesma fonte encontre os dados da taxa de juros na Korean 91-day Monetary Stabilization Bond. Imagine que você pegou dólares emprestados na taxa dos papéis do Tesouro para investir nos títulos coreanos de estabilização, fazendo assim um *carry trade* que o expõe ao risco das flutuações da taxa de câmbio won/dólar. Como no estudo de caso no texto, calcule o retorno total em seu *carry trade* para cada mês, com início em fevereiro de 2009 e com término em dezembro de 2013.

19. O capítulo explicou o motivo da comemoração dos exportadores quando suas moedas nacionais sofrem depreciação. Ao mesmo tempo, os consumidores nacionais acham que pagam preços maiores, então eles devem ficar desapontados quando a moeda torna-se mais fraca. Por que os exportadores normalmente vencem, de forma que os governos frequentemente parecem receber bem as depreciações enquanto tentam evitar as valorizações? (Dica: pense sobre a analogia com as tarifas aduaneiras protecionistas.)

LEITURAS ADICIONAIS

CROSS, S. Y. *All about the Foreign Exchange Market in the United States.* Nova York: Books for Business, 2002. Cartilha sobre a porção de mercado dos Estados Unidos.

FEDERAL RESERVE BANK OF NOVA YORK. *The Basics of Foreign Trade and Exchange*, em <http://www.ny.frb.org>. Conta abrangente, mas altamente acessível dos mercados de câmbio e seus papéis. Também fornece vários links de web úteis.

HARTMANN, P. *Currency Competition and Foreign Exchange Markets:* The Dollar, the Yen and the Euro. Cambridge: Cambridge University Press, 1999. Estudo teórico e empírico micro-orientado do papel das moedas internacionais no comércio mundial e nos mercados de ativos.

KEYNES, J. M. *A Tract on Monetary Reform*, Chapter 3. London: MacMillan, 1923. Análise clássica do mercado cambial futuro e paridade de juros coberta.

KING, M. R.; OSLER, C.; RIME, D. "Foreign Exchange Market Structure, Players, and Evolution". In: JAMES, J.; MARSH, I., SARNO, L. (Eds.). *Handbook of Exchange Rates.* Hoboken, NJ: John Wiley & Sons, 2012, p. 3-44. Visão atualizada da estrutura do mercado cambial estrangeiro.

KRUGMAN, P. R. "The International Role of the Dollar: Theory and Prospect". In: BILSON, J. F. O.; MARSTON, R. C. (Eds.). *Exchange Rate Theory and Practice*. Chicago: University of Chicago Press, 1984, p. 261-278. Análise teórica e empírica da posição do dólar como um "dinheiro internacional".

LEVICH, R. M. *International Financial Markets:* Prices and Policies, 2. ed. Boston: Irwin McGraw-Hill, 2001. Os Capítulos 3 a 8 desse texto compreensivo focam no mercado cambial estrangeiro.

MUSSA, M. "Empirical Regularities in the Behavior of Exchange Rates and Theories of the Foreign Exchange Market". In: BRUNNER, K.; MELTZER, A. H. (Eds.). *Policies for Employment, Prices and Exchange Rates*, Série de Conferência sobre política pública de Carnegie-Rochester 11. Amsterdam: North-Holland, 1979, p. 9-57. Um trabalho clássico que examina a base empírica da abordagem do preço do ativo para a determinação da taxa de câmbio.

SAWYER, D. "Continuous Linked Settlement (CLS) and Foreign Exchange Settlement Risk". *Financial StabilityReview*, v. 17, p. 86-92, dez. 2004. Descreve o funcionamento e a lógica do sistema Continuous Linked Settlement para rápido acordo de transações cambiais estrangeiras.

WALMSLEY, J. *The Foreign Exchange and Money Markets Guide*. 2. ed. Nova York: John Wiley and Sons, 2000. Um texto básico sobre terminologia e instituições do mercado cambial estrangeiro.

WEITHERS, T. *Foreign Exchange:* A Practical Guide to the FX Markets. Hoboken, NJ: John Wiley& Sons, 2006. Uma clara introdução aos instrumentos de troca estrangeira e mercados.

APÊNDICE DO CAPÍTULO 14

Taxas de câmbio a prazo e paridade de juros coberta

Este apêndice explica como as taxas de câmbio a prazo são determinadas. Sob a suposição de que a condição de paridade de juros é sempre mantida, a taxa de câmbio a prazo iguala-se à taxa de câmbio *spot* que se espera prevalecer na data-valor do contrato a prazo.

Como primeiro passo na discussão, apontamos a conexão próxima entre a taxa de câmbio a prazo entre duas moedas, suas taxas de câmbios *spot* e suas taxas de juros em depósitos de valor nominal nessas moedas. A conexão é descrita pela condição de *paridade de juros coberta*, que é similar à condição de paridade de juros (não coberta) ao definir o equilíbrio do mercado cambial estrangeiro, mas envolve a taxa de câmbio a prazo em vez da taxa de câmbio *spot* futura esperada.

Para sermos concretos, consideramos novamente depósitos de dólar e de euro. Suponha que você queira comprar um depósito de euro com dólares, mas gostaria de ter *certeza* da quantidade de dólares que ele valerá no fim do ano. Você pode evitar o risco da taxa de câmbio comprando o depósito de euro e, ao mesmo tempo, vendendo os ganhos do seu investimento a prazo. Quando você compra um depósito de euro com dólares e ao mesmo tempo vende o principal e os juros a prazo por dólares, você "cobriu" a si mesmo, isto é, evitou a possibilidade de uma depreciação inesperada do euro.

A condição de paridade de juros coberta afirma que as taxas de retorno em depósitos de dólar e depósitos "cobertos" estrangeiros devem ser as mesmas. Um exemplo vai clarear o significado da condição e ilustrar por que ela deve sempre ser mantida. Deixemos $F_{\$/€}$ representar o preço a prazo de um ano dos euros em termos de dólares e supor que $F_{\$/€}$ = US$ 1,113 por euro. Suponha que ao mesmo tempo, a taxa de câmbio *spot* $E_{\$/€}$ = US$ 1,05 por euro, $R_\$ = 0{,}10$ e $R_€ = 0{,}04$. A taxa de retorno (dólar) em um depósito de dólar é claramente 0,10, ou 10% ao ano. Qual é a taxa de retorno em um depósito coberto de euro?

Responderemos a essa questão como fizemos no capítulo. Um depósito de um euro custa € 1,05 hoje e vale € 1,04 após um ano. Se você vender € 1,04 a prazo hoje na taxa de câmbio futura de US$ 1,113 por euro, o valor em dólar do seu investimento no fim de um ano é (US$ 1,113 por euro) × (€ 1,04) = US$ 1,158. A taxa de retorno em uma compra coberta de depósitos de euro é, portanto, (1,158 − 1,05)/1,05 = 0,103. Esses 10,3% ao ano de taxa de retorno ultrapassam os 10% oferecidos pelos depósitos de dólar, então a paridade de juros coberta não é mantida. Nessa situação, ninguém estaria disposto a manter depósitos de dólar. Todos prefeririam depósitos de euro cobertos.

De forma mais formal, podemos expressar o retorno coberto em depósitos de euro como:

$$\frac{F_{\$/€}(1+R_€) - E_{\$/€}}{E_{\$/€}},$$

que é aproximadamente igual a

$$R_€ + \frac{F_{\$/€} - E_{\$/€}}{E_{\$/€}}$$

quando o produto $R_€ \times (F_{\$/€} - E_{\$/€})/E_{\$/€}$ é um número menor. A condição de paridade de juros coberta pode, portanto, ser escrita:

$$R_\$ = R_€ + (F_{\$/€} - E_{\$/€})/E_{\$/€}.$$

A quantidade

$$(F_{\$/€} - E_{\$/€})/E_{\$/€}$$

é chamada de *prêmio a prazo* em euros em relação a dólares. (Também é chamada de *desconto a prazo* em dólares em relação a euros.) Utilizando essa terminologia, podemos declarar a condição de paridade de juros coberta como segue: *a taxa de juros em depósitos de dólar é igual à taxa de juros em depósitos de euro mais o prêmio a prazo em euros em relação a dólares (o desconto a prazo em dólar em relação a euros).*

Existe uma prova empírica forte de que a condição de paridade de juros coberta mantém-se para moeda estrangeira diferente, emitida em um único centro financeiro. De fato, os negociantes de moeda frequentemente definem as taxas de câmbio a prazo que cotam ao olhar para as taxas de juros atuais e para as taxas de câmbio *spot*, e utilizar a fórmula da paridade de juros coberta.[14] Entretanto, podem ocorrer desvios da paridade de juros coberta se os

---

[14] A prova empírica apoiando condição de paridade de juros coberta é fornecida por Frank McCormick. "Covered Interest Arbitrage: Unexploited Profits? Comment". *Journal of Political Economy*, v. 87, p. 411-417, abr. 1979; e por Kevin Clinton. "Transactions Costs and Covered Interest Arbitrage: Theory and Evidence". *Journal of Political Economy*, v. 96, p. 358–370, abr. 1988.

depósitos comparados forem localizados em países diferentes. Esses desvios ocorrem quando os proprietários de ativos temem que os governos possam impor regulamentações que impeçam o livre movimento de fundos estrangeiros dentro das fronteiras nacionais. Nossa obtenção da condição de paridade de juros coberta supõe implicitamente que não existe nenhum risco político desse tipo. Os desvios podem ocorrer também por causa do temor de que os bancos quebrarão, tornando-se incapazes de pagar grandes depósitos.[15]

Ao comparar a condição de paridade de juros (não coberta),

$$R_\$ = R_\epsilon + \left(E^e_{\$/\epsilon} - E_{\$/\epsilon}\right) / E_{\$/\epsilon},$$

com a condição de paridade de juros *coberta*, você encontrará que as duas condições podem ser verdade ao mesmo tempo somente se a taxa a prazo de um ano, cotada hoje se igualar à taxa de câmbio *spot* que as pessoas esperam que se materialize em um ano a partir de hoje:

$$F_{\$/\epsilon} = E^e_{\$/\epsilon}.$$

Isso faz sentido intuitivo. Quando as partes concordam em trocar moeda em uma data no futuro, a taxa de câmbio que elas acordam para isso é a taxa *spot* que elas esperam que prevaleça nessa data. Porém, a diferença importante entre transações cobertas e não cobertas deve ser mantida em mente. As transações cobertas não envolvem risco de taxa de câmbio, ao passo que as transações não cobertas envolvem risco.

A teoria da paridade de juros coberta ajuda a explicar a próxima correlação entre os movimento das taxas de câmbio *spot* e a prazo mostradas na Tabela 14.1, uma correlação típica das moedas principais. Os eventos econômicos inesperados que afetam os retornos esperados dos ativos com frequência têm um efeito relativamente pequeno nas diferenças da taxa de juros internacionais entre depósitos com vencimentos menores (por exemplo, três meses). Para manter a paridade de juros coberta, portanto, as taxas *spot* e a prazo para os vencimentos correspondentes devem mudar mais ou menos em proporção uma a outra.

Concluímos este apêndice com mais uma aplicação da condição de paridade de juros coberta. Para ilustrar o papel das taxas de câmbio a prazo, o capítulo utilizou o exemplo de um importador norte-americano de rádios japoneses ansioso com a taxa de câmbio dólar/iene que enfrentaria em 30 dias, quando chegasse a hora de pagar ao fornecedor. No exemplo, a Radio Shack resolveu o problema vendendo a prazo dólares suficientes por ienes para cobrir o custo dos rádios. Mas a Radio Shack poderia ter resolvido o problema de uma forma diferente, mais complicada. Poderia ter (1) pego emprestado dólares de um banco; (2) vender esses dólares imediatamente por ienes na taxa de câmbio *spot* e colocado os ienes em um depósito bancário de 30 dias; (3) então, após 30 dias, utilizar os rendimentos do depósito vencido de ienes para pagar o fornecedor japonês, e (4) utilizado os rendimentos conseguidos com as vendas norte-americanas dos rádios, menos os lucros, para pagar o empréstimo original em dólares.

Qual tipo de ação — a compra a prazo do iene ou a sequência de quatro transações descritas no parágrafo anterior — é mais lucrativa para o importador? Deixamos para você, como um exercício, mostrar que as duas estratégias rendem o mesmo lucro quando a condição de paridade de juros coberta é mantida.

---

[15] Para uma discussão mais detalhada do papel do risco político no mercado cambial futuro, veja: Robert Z. Aliber. "The Interest Parity Theorem: A Reinterpretation". *Journal of Political Economy*, v. 81, p. 1451-1459, nov./dez. 1973. Claro, restrições governamentais reais em movimentos monetários que cruzam a fronteira também podem ser cobertas por desvios de paridade de juros. Sobre o medo de falha bancária como uma causa para desvios cobertos de paridade de juros, veja Naohiko Baba e Frank Packer, "Interpreting Deviations from Covered Interest Parity During the Financial Market Turmoil of 2007–2008". Trabalho n. 267, Bank for International Settlements, dez. 2008. Os eventos subjacentes a este último trabalho serão discutidos no Capítulo 20.

CAPÍTULO 15

Moeda, taxas de juros e taxas de câmbio

O Capítulo 14 mostrou como a taxa de câmbio entre moedas depende de dois fatores: os juros que podem ser ganhos em depósitos dessas moedas e a taxa de câmbio futura esperada. No entanto, para entender por completo a determinação das taxas de câmbio, temos de aprender como as taxas de juros em si são determinadas e como as expectativas das taxas de câmbio futuras são formadas. Neste e nos próximos dois capítulos, examinaremos esses tópicos construindo um modelo econômico que liga as taxas de câmbio, taxas de juros e outras importantes variáveis macroeconômicas, como a taxa de inflação e a produção.

O primeiro passo na construção do modelo é explicar os efeitos da oferta de moeda de um país e da demanda por sua moeda em suas taxas de juros e de câmbio. Como as taxas de câmbio são os preços relativos das moedas nacionais, fatores que afetam a oferta ou demanda de moeda de um país estão entre os determinantes mais poderosos da taxa de câmbio dos países em relação às moedas estrangeiras. Portanto, é natural começar um estudo mais profundo da determinação da taxa de câmbio com uma discussão sobre oferta e demanda de moeda.

Desenvolvimentos monetários influenciam a taxa de câmbio ao mudar *tanto* as taxas de juros quanto as expectativas das pessoas sobre as taxas de câmbio futuras. As expectativas sobre as taxas de câmbio futuras estão intimamente ligadas com as expectativas sobre os preços futuros em dinheiro dos produtos dos países. Essas movimentações de preços, por sua vez, dependem de mudanças na oferta e demanda de moeda. Portanto, ao examinar as influências monetárias na taxa de câmbio, nós olhamos para como os fatores monetários influenciam preços de produção junto com as taxas de juros. Entretanto, as expectativas das taxas de câmbio futuras dependem de muitos fatores além do dinheiro, e esses fatores não monetários serão tratados no próximo capítulo.

Uma vez que as teorias e os determinantes da oferta e da demanda de moeda estiverem definidos, vamos utilizá-los para examinar como o equilíbrio das taxas de juros é determinado pela igualdade da oferta e da demanda de moeda. Então combinaremos nosso modelo de determinação da taxa de juros com a condição de paridade de juros para estudar os efeitos das mudanças monetárias na taxa de câmbio, dados os preços de mercadorias e serviços, o nível de produção e as expectativas do mercado sobre o futuro. Por fim, daremos uma primeira olhada nos efeitos de longo prazo das mudanças monetárias nos preços de produção e nas taxas de câmbio futuras esperadas.

OBJETIVOS DE APRENDIZAGEM

Após a leitura deste capítulo, você será capaz de:

- Descrever e discutir os mercados financeiros nacionais nos quais as taxas de juros são determinadas.
- Mostrar como a política monetária e as taxas de juros alimentam o mercado cambial estrangeiro.
- Distinguir entre as posições de longo e curto prazos da economia, nas quais os preços em dinheiro e os salários são rígidos.
- Explicar como os níveis de preço e as taxas de câmbio respondem aos fatores monetários em longo prazo.
- Traçar a relação entre os efeitos de curto e de longo prazos da política monetária e explicar os conceitos de superação da taxa de câmbio de curto prazo.

Moeda definida: uma breve revisão

Estamos tão acostumados a usar dinheiro que raramente percebemos o papel que ele desempenha em todas as nossas transações diárias. Assim como muitas outras conveniências modernas, não damos importância ao dinheiro até que algo de errado aconteça com ele! Na verdade, a forma mais fácil de apreciar a importância do dinheiro é imaginar como seria a vida econômica sem ele.

Nesta seção, faremos exatamente isso. Nosso propósito ao realizar essa "experiência de pensamento" é distinguir dinheiro de outros ativos e descrever as características do dinheiro que levam as pessoas a mantê-lo. Essas características são centrais para uma análise da demanda por moeda.

Moeda como um meio de troca

A função mais importante da moeda é servir como *meio de troca*, um meio de pagamento geralmente aceito. Para ver por que um meio de troca é necessário, imagine como o tempo das pessoas seria consumido para comprar mercadorias e serviços em um mundo onde a única forma de comércio possível seja o comércio por permuta — a troca direta de mercadorias e serviços por outras mercadorias e serviços. Para ter o carro consertado, por exemplo, seu professor teria de encontrar um mecânico que precisasse de aulas de economia!

A moeda elimina esses enormes custos de pesquisa ligados a um sistema de permuta, porque é aceita universalmente. Ela elimina esses custos de pesquisa permitindo ao indivíduo vender mercadorias e serviços que produz para pessoas diferentes dos produtores de mercadorias e serviços que ele deseja consumir. Uma economia moderna complexa deixaria de funcionar sem alguns meios padronizados e convenientes de pagamento.

Moeda como unidade de conta

O segundo papel importante da moeda é como *unidade de conta*, isto é, com uma medida de valor amplamente reconhecida. É nesse papel que encontramos a moeda no Capítulo 14: preços de mercadorias, serviços e ativos são normalmente expressos em termos de moeda. As taxas de câmbio permitem-nos traduzir preços em moedas de diferentes países em termos comparáveis.

A convenção de cotar preços em termos de moeda simplifica cálculos econômicos, tornando mais fácil a comparação de preços entre *commodities* diferentes. As comparações de preço internacional no Capítulo 14, que utilizaram taxas de câmbio para comparar os preços da produção de diferentes países, são similares aos cálculos que você teria de fazer muitas vezes a cada dia se preços diferentes de *commodities* não fossem expressos em uma unidade contábil padronizada. Se os cálculos no Capítulo 14 lhe deram uma dor de cabeça, imagine como seria calcular os preços relativos de cada mercadoria e serviço que você consome em termos de várias outras mercadorias e serviços — por exemplo, o preço de um pedaço de pizza em termos de bananas. Essa experiência de pensamento deve lhe dar um entendimento mais aguçado sobre como utilizar a moeda como unidade contábil.

Moeda como reserva de valor

Como a moeda pode ser utilizada para transferir poder de compra do presente para o futuro, ela também é um ativo, ou uma *reserva de valor*. Esse atributo é essencial para qualquer meio de troca, porque ninguém estaria disposto a aceitá-lo em pagamento se seu valor em termos de mercadorias e serviços evaporasse imediatamente.

No entanto, a utilidade da moeda como meio de troca transforma-a automaticamente no mais *líquido* dos ativos. Como você deve lembrar-se do último capítulo, um ativo é denominado líquido quando pode ser transformado em mercadorias e serviços rapidamente e sem custos altos de transação, como honorários de corretores. Já que a moeda é prontamente aceita como meio de pagamento, ela define o padrão em relação ao qual a liquidez de outros ativos é julgada.

O que é dinheiro?

Moeda e depósitos bancários cujos cheques podem ser escritos certamente qualificam-se como dinheiro. Esses são meios de pagamento amplamente aceitos que podem ser transferidos entre proprietários a custo baixo. Famílias e empresas têm posse de moeda e de depósitos como uma forma conveniente de financiar transações de rotina conforme elas surgem. Ativos como bens imóveis não se qualificam como dinheiro porque, diferentemente da moeda e dos depósitos, eles não têm a propriedade essencial da liquidez.

Quando falamos neste livro da **oferta de moeda**, referimo-nos ao agregado monetário que a Reserva Federal norte-americana chama de M1, isto é, a quantia total de moeda e de depósitos mantidos por famílias e empresas. No fim de 2012, nos Estados Unidos, a oferta de moeda total chegava a 2,5 trilhões de dólares, igual a cerca de 16% do PNB daquele ano.[1]

Os grandes depósitos negociados pelos participantes do mercado cambial estrangeiro não são considerados parte da oferta de moeda. Esses depósitos são menos líquidos que o dinheiro e não são utilizados para financiar transações rotineiras.

Como a oferta de moeda é determinada

A oferta de moeda de uma economia é controlada pelo seu banco central. O banco central regula diretamente a quantia de moeda que existe e também tem controle indireto sobre a quantia de depósitos emitidos por bancos privados. Os procedimentos pelos quais o banco central controla a oferta de moeda são complexos e supomos por agora que o banco central simplesmente define o tamanho da oferta de moeda no nível que deseja. Entretanto, veremos o processo da oferta de moeda em maiores detalhes no Capítulo 18.

A demanda por dinheiro por indivíduos

Tendo discutido as funções do dinheiro e a definição da oferta de moeda, examinaremos agora os fatores que determinam a quantia de dinheiro que um indivíduo deseja ter. Os determinantes da demanda por dinheiro individual podem ser obtidos da teoria da demanda de ativos discutida no último capítulo.

Vimos no último capítulo que os indivíduos baseiam sua demanda por ativos em três características:

1. O retorno esperado que o ativo oferece em comparação com os retornos oferecidos por outros ativos.
2. O grau de risco do retorno esperado do ativo.
3. A liquidez do ativo.

Embora a liquidez não desempenhe papel importante em determinar as demandas relativas por ativo negociado no mercado cambial estrangeiro, as famílias e as empresas mantêm dinheiro com eles *somente* por causa de sua liquidez. Para compreender como as famílias e empresas da economia decidem a quantidade de dinheiro que eles querem manter para si, devemos olhar mais de perto em como as três considerações listadas influenciam a demanda por dinheiro.

Retornos esperados

Moeda não paga juros. Depósitos pagam juros com certa frequência, mas eles oferecem uma taxa de retorno que normalmente não mantém o ritmo dos retornos altos oferecidos por formas menos líquidas de riqueza. Quando você mantém dinheiro, você, portanto, sacrifica a maior taxa de juros que poderia ganhar mantendo a sua riqueza em um título governamental, um grande depósito a prazo ou algum outro ativo relativamente ilíquido. É essa última taxa de juros que temos em mente quando mencionamos "a" taxa de juros. Já que os juros pagos na moeda é zero, enquanto os juros pagos nos depósitos "à vista" tendem a ser relativamente constantes, a diferença entre a taxa de retorno do dinheiro em geral e do retorno daqueles ativos menos líquidos é refletida pela taxa de juros do mercado: quanto maior a taxa de juros, mais você se sacrifica ao manter sua riqueza na forma de dinheiro.[2]

Suponha, por exemplo, que a taxa de juros que você poderia ganhar de um papel do Tesouro norte-americano seja 10% ao ano. Se você utilizar US$ 10.000 da sua riqueza para comprar um papel do Tesouro, receberá US$ 11.000 do Tio Sam no fim do ano, mas se em vez disso você escolher manter os US$ 10.000 em dinheiro em um cofre, você abre mão de US$ 1.000 de juros que poderia ter ganhado ao comprar o papel do Tesouro. Você, portanto, sacrifica uma taxa de retorno de 10% mantendo seus US$ 10.000 como dinheiro.

A teoria da demanda de ativos desenvolvida no último capítulo mostra como as mudanças na taxa de juros afetam a demanda por dinheiro. A teoria afirma que, com todas as outras coisas iguais, as pessoas preferem ativos que oferecem maiores retornos esperados. Como um aumento na taxa de juros é um aumento na taxa de retorno em ativos menos líquidos em relação à taxa de retorno em dinheiro, os indivíduos vão querer manter mais de sua riqueza em ativos diferentes de dinheiro, que pagam a taxa de juros do mercado, e menos de sua riqueza na forma de dinheiro se a taxa de juros aumenta. Concluímos que, *com tudo igual, um aumento na taxa de juros faz cair a demanda por dinheiro.*

---

1 Uma medida mais ampla da Reserva Federal norte-americana de oferta de moeda, M2, inclui depósitos a prazo, mas eles são menos líquidos do que os ativos inclusos no M1, porque os fundos nele normalmente não podem ser retirados cedo sem uma multa. Uma medida ainda mais ampla, conhecida como M3, também é monitorada pelo Fed (Reserva Federal). Uma decisão de onde colocar a linha entre dinheiro e quase dinheiro deve ser um tanto arbitrária e, portanto, controversa. Para maior discussão dessa questão, veja o Capítulo 3 de: Frederic S. Mishkin. *The Economics of Money, Banking and Financial Markets*, 10. ed. Upper Saddle River, NJ: Prentice Hall, 2013.

2 Muitos dos ativos ilíquidos que os indivíduos podem escolher não pagam seus retornos na forma de juros. Ações, por exemplo, pagam retornos em forma de dividendos e ganhos de capital. A casa de verão da família em Cabo Cod paga o retorno em formas de ganhos de capital e prazerosas férias na praia. A suposição por trás de nossa análise da demanda por dinheiro é que uma vez que o subsídio é feito para o risco, todos os ativos que não são dinheiro oferecem uma taxa de retorno esperada (medida em termos de dinheiro) igual à taxa de juros. Essa suposição permite-nos utilizar a taxa de juros para resumir o retorno a que um indivíduo renuncia mantendo dinheiro em vez de ativo ilíquido.

Também podemos descrever a influência da taxa de juros na demanda de dinheiro em termos do conceito econômico da *oportunidade de custo*, a quantia que você sacrifica tomando uma ação em vez de outra. A taxa de juros mede a oportunidade de custo de manter dinheiro em vez de títulos que dão retorno. Portanto, um aumento na taxa de juros aumenta o custo de manter dinheiro e faz cair a demanda por dinheiro.

Risco

O risco não é um fator importante da demanda por dinheiro. É arriscado manter dinheiro porque um aumento inesperado nos preços das mercadorias e serviços poderia reduzir o valor do seu dinheiro em termos de *commodities* que você consome. Já ativos que pagam juros, como títulos do governo, têm valores fixos em termos de dinheiro, entretanto, o mesmo aumento inesperado nos preços reduziria o valor real desses ativos pela mesma porcentagem. Como qualquer mudança no grau de risco do dinheiro causa uma mudança igual no dos títulos, as mudanças no risco de manter dinheiro não precisam fazer com que os indivíduos reduzam sua demanda por dinheiro e aumentem sua demanda por ativos que pagam juros.

Liquidez

O maior benefício de manter dinheiro vem de sua liquidez. Famílias e empresas mantêm dinheiro porque é a forma mais fácil de financiar suas compras diárias. Algumas compras grandes podem ser financiadas por meio da venda de um ativo ilíquido substancial. Um colecionador de arte, por exemplo, poderia vender um de seus quadros de Picasso para comprar uma casa. Porém, para financiar um fluxo contínuo de despesas menores em vários momentos e para vários valores, as famílias e empresas devem manter algum dinheiro.

A necessidade de um indivíduo por liquidez cresce quando o valor médio diário de suas transações aumenta. Um estudante que pega o ônibus todo dia, por exemplo, não precisa ter tanto dinheiro quanto um executivo que pega táxi durante a hora do *rush*. Concluímos que *um aumento no valor médio das transações feitas por uma família ou empresa faz com que a demanda por dinheiro cresça*.

Demanda agregada por moeda

Nossa discussão de como famílias e empresas individuais determinam suas demandas por dinheiro podem agora ser aplicadas para obter os determinantes da **demanda agregada por moeda**, a demanda total de todas as famílias e empresas da economia por moeda. A demanda agregada por moeda é simplesmente a soma de todas as demandas individuais por moeda da economia.

Três principais fatores determinam a demanda agregada por moeda real:

1. *A taxa de juros*. Um aumento na taxa de juros faz com que cada indivíduo na economia reduza sua demanda por dinheiro. Portanto, com todo o resto igual, a demanda agregada por moeda cai quando a taxa de juros aumenta.
2. *O nível do preço*. O **nível de preço** da economia é o preço de uma ampla cesta de referência de mercadorias e serviços em termos de moeda. Geralmente, a cesta de referência inclui itens padrões de consumo diário como alimentos, vestuário, habitação e compras menos rotineiras, como assistência médica e honorários advocatícios. Se o nível de preço aumenta, as famílias e empresas individuais devem gastar mais dinheiro do que antes para comprar sua cesta semanal usual de mercadorias e serviços. Portanto, para manter o mesmo nível de liquidez de antes do aumento no nível do preço, eles precisarão ter mais dinheiro.
3. *Renda nacional real*. Quando a renda nacional real (PNB) aumenta, mais mercadorias e serviços são vendidos na economia. Esse aumento no valor real das transações aumenta a demanda por moeda dado o nível do preço.

Se P é o nível do preço, R é a taxa de juros e Y é o PNB real, a demanda agregada por moeda, M^d, pode ser expressa como:

$$M^d = P \times L(R, Y), \qquad (15.1)$$

onde o valor de $L(R, Y)$ cai quando R aumenta e sobe quando Y aumenta.[3] Para ver por que especificamos que a demanda agregada por moeda é *proporcional* ao nível de preço, imagine que todos os preços dobraram, mas a taxa de juros e as rendas *reais* de todo mundo permanecem inalteradas. O valor em dinheiro da média das transações diárias de cada indivíduo então simplesmente dobraria, assim como a quantia de dinheiro que cada um gostaria de manter.

Normalmente, escrevemos a relação da demanda agregada por moeda da Equação (15.1) na forma equivalente:

$$M^d/P = L(R, Y), \qquad (15.2)$$

e chamamos $L(R, Y)$ de demanda agregada por moeda *real*. Essa forma de expressar a demanda por moeda mostra que a demanda agregada pela liquidez $L(R, Y)$,

---
3 Naturalmente, $L(R, Y)$ aumenta quando R cai e diminui quando Y cai.

não é a demanda por certa quantidade de unidades da moeda, mas em vez disso é uma demanda para manter certa quantidade de poder real de compra em forma líquida. A relação M^d/P — isto é, as posses desejadas de moeda em termos de uma típica cesta de referência de *commodities* — é igual à quantia de poder real de compra que as pessoas gostariam de ter em forma líquida. Por exemplo, se as pessoas quisessem ter US$ 1.000 em dinheiro em nível de preço de US$ 100 por cesta de *commodities*, sua detenção real de dinheiro seria equivalente a US$ 1.000/(US$ 100 por cesta) = 10 cestas. Se o nível de preço dobrasse (para US$ 200 por cesta), o poder de compra dos US$ 1.000 em dinheiro seria reduzido pela metade, já que agora valeria somente 5 cestas.

A Figura 15.1 mostra como a demanda agregada por moeda real é afetada pela taxa de juros para um nível fixo de renda real, Y. A linha da demanda agregada por moeda real $L(R, Y)$ inclina-se para baixo porque uma queda na taxa de juros aumenta a detenção real desejada de dinheiro de cada família e empresa na economia.

Para um dado nível de PNB real, mudanças na taxa de juros causam movimento *ao longo* da linha $L(R,Y)$. As mudanças no PNB real, entretanto, fazem com que a própria linha movimente-se. A Figura 15.2 mostra como um aumento no PNB real de Y^1 para Y^2 afeta a posição da linha de demanda agregada por moeda real. Como um aumento no PNB real aumenta a demanda agregada por moeda real para uma dada taxa de juros, a linha $L(R, Y^2)$ encontra-se à direita de $L(R, Y^1)$ quando Y^2 é maior que Y^1.

Taxa de juros de equilíbrio: a interação entre a oferta e a demanda de moeda

Como você deve esperar com base em outros cursos de economia que já fez, o mercado financeiro está em equilíbrio quando a oferta de moeda definida pelo banco central é igual à demanda agregada por moeda. Nesta seção, vemos como a taxa de juros é determinada pelo equilíbrio do mercado financeiro, dados o nível de preço e a produção, que supomos temporariamente não serem afetados pelas mudanças monetárias.

Equilíbrio no mercado monetário

Se M^s é a oferta de moeda, a condição para o equilíbrio no mercado monetário é

$$M^s = M^d. \tag{15.3}$$

Após dividir os dois lados dessa igualdade pelo nível de preço, podemos expressar a condição de equilíbrio do

FIGURA 15.1 Demanda agregada por moeda real e a taxa de juros

A linha da demanda monetária real inclinada para baixo mostra que para um nível dado real de renda Y, a demanda monetária real aumenta, ao passo que a taxa de juros diminui.

FIGURA 15.2 O efeito de um aumento na renda real na linha de demanda agregada por moeda real

Um aumento na renda real de Y^1 para Y^2 aumenta a demanda por saldos monetários reais em todo nível de taxa de juros e faz com que a linha inteira de demanda mude para cima.

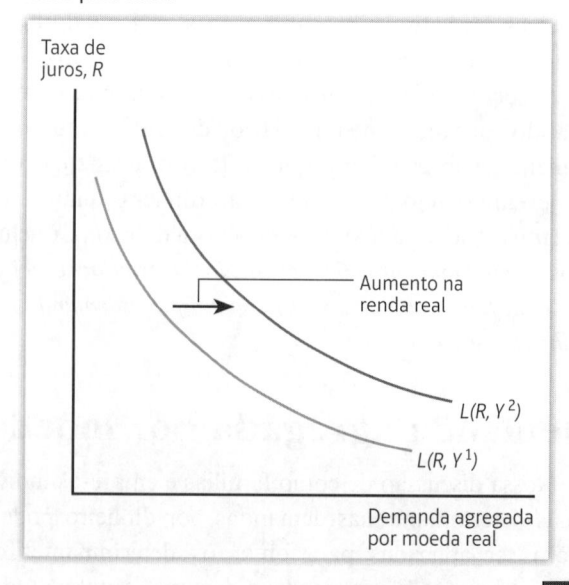

mercado monetário em termos de demanda agregada por moeda real.

$$M^s/P = L(R, Y). \quad (15.4)$$

Dado o nível de preço, P, e o nível de produção, Y, a taxa de juros de equilíbrio é aquela na qual a demanda agregada por moeda real é igual à oferta real de moeda.

Na Figura 15.3, a linha de demanda agregada por moeda real faz interseção com a linha de oferta real de moeda no ponto 1 para dar uma taxa de juros de equilíbrio de R^1. A linha de oferta de moeda é vertical em M^s/P porque M^s é definida pelo banco central, enquanto P é tomado como dado.

Vamos ver por que a taxa de juros tende a estabelecer-se em seu nível de equilíbrio considerando o que acontece se o mercado está inicialmente no ponto 1, com uma taxa de juros R^2, que está acima de R^1.

No ponto 2, a demanda por detenções reais de moeda fica aquém da oferta por $Q^1 - Q^2$, então existe um excesso de oferta de moeda. Se os indivíduos detêm mais dinheiro do que desejam, dada a taxa de juros de R^2, eles tentarão reduzir sua liquidez utilizando uma parte do dinheiro para comprar ativos que pagam juros. Em outras palavras, os indivíduos tentarão livrar-se do seu excesso de dinheiro emprestando-o para outros. Entretanto, uma vez que existe um excesso agregado de oferta de moeda em R^2, nem todo mundo consegue ser bem-sucedido nisso: existem mais pessoas que gostariam de emprestar dinheiro para reduzir sua liquidez do que pessoas querendo pegar dinheiro emprestado para aumentar a própria liquidez. Aqueles que não conseguem livrar-se de seu dinheiro extra tentam seduzir tomadores de empréstimo potenciais diminuindo a taxa de juros que cobram nos empréstimos abaixo de R^2. A pressão descendente na taxa de juros continua até que ela alcance R^1. Nessa taxa de juros, qualquer um que deseje emprestar dinheiro pode fazê-lo, porque o excesso agregado de oferta de dinheiro desapareceu, isto é, a oferta é novamente igual à demanda. Portanto, uma vez que o mercado atinge o ponto 1, não existe mais a tendência para a queda da taxa de juros.[4]

De modo similar, se a taxa de juros está inicialmente no nível R^3, abaixo de R^1, ela tenderá a aumentar. Como a Figura 15.3 mostra, existe um excesso de demanda por moeda igual a $Q^3 - Q^1$ no ponto 3. Portanto, os indivíduos tentam vender ativos que pagam juros, como títulos, para aumentar sua detenção de dinheiro (isto é, eles vendem títulos por dinheiro). No ponto 3, entretanto, nem todos

FIGURA 15.3 Determinação da taxa de juros de equilíbrio

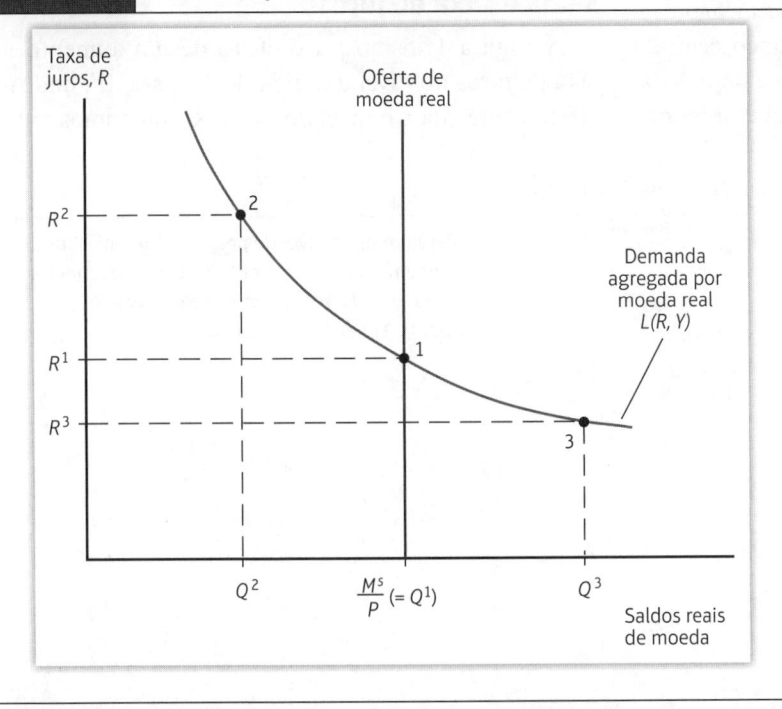

Com P e Y dados e a oferta de moeda real de M^s/P, o equilíbrio do mercado financeiro está no ponto 1. Nesse ponto, a demanda agregada por moeda real e a oferta de moeda são iguais, e a taxa de juros de equilíbrio é R^1.

---

[4] Outra forma de olhar para esse processo é a que segue: vimos no último capítulo que a taxa de retorno de um ativo cai quando seu preço atual aumenta em relação ao seu valor futuro. Quando existe um excesso de oferta de dinheiro, os preços atuais em dinheiro de ativos ilíquidos que pagam juros serão aumentados conforme os indivíduos tentam reduzir suas participações em dinheiro. Esse aumento nos preços atuais dos ativos diminui a taxa de retorno em ativos que não são dinheiro, e já que essa taxa de retorno é igual à taxa de juros (após o ajuste para o risco), a taxa de juros também deve cair.

conseguem ser bem-sucedidos em vender ativos suficientes que paguem juros para satisfazer sua demanda por dinheiro. Dessa maneira, as pessoas fazem oferta pelo dinheiro oferecendo empréstimo a taxas de juros progressivamente maiores e empurram a taxa de juros para cima em direção de R^1. Somente quando o mercado atinge o ponto 1 e o excesso da demanda por dinheiro é eliminado a taxa de juros para de subir.

Podemos resumir nossas descobertas como segue: *o mercado sempre se move em direção a uma taxa de juros na qual a oferta real de moeda é igual à demanda agregada por moeda real. Se existe inicialmente uma oferta de moeda excessiva, a taxa de juros cai, e se existe inicialmente um excesso de demanda, ela aumenta.*

As taxas de juros e a oferta de moeda

O efeito de aumentar a oferta de moeda a um dado nível de preço é ilustrado na Figura 15.4. Inicialmente, o mercado financeiro está em equilíbrio no ponto 1, com uma oferta de moeda M^1 e uma taxa de juros R^1. Já que mantemos P constante, um aumento na oferta de moeda para M^2 aumenta a oferta real de moeda de M^1/P para M^2/P. Com uma oferta real de moeda de M^2/P, o ponto 2 é o novo equilíbrio e R^2 é a nova e mais baixa taxa de juros, que induz as pessoas a reter a maior oferta real de moeda.

O processo pelo qual a taxa de juros cai agora é familiar. Após M^s sofrer aumento pelo banco central, existe inicialmente um excesso real de oferta de moeda na taxa de juros de equilíbrio antiga R^1, que anteriormente equilibrava o mercado. Já que os indivíduos retêm mais dinheiro do que desejam, eles utilizam seus excedentes para tentar a compra de ativos que pagam juros. A economia como um todo não pode reduzir sua posse de moeda, então as taxas de juros são levadas para baixo à medida que os detentores não dispostos a reter moeda corrente para emprestar saldos de moeda em excesso. No ponto 2 da Figura 15.4, a taxa de juros caiu o suficiente para induzir um aumento de demanda real por moeda igual ao aumento na oferta real de moeda.

Executando a política experimental descrita ao contrário, podemos ver como uma redução da oferta de moeda força as taxas de juros para cima. Uma queda em M^s causa um excesso de demanda por dinheiro a uma taxa de juros que antes equilibrava a oferta e a demanda. As pessoas tentam vender ativos que pagam juros — isto é, emprestar dinheiro — para reconstruir sua desgastada posse real de moeda. Já que nem todos podem ser bem-sucedidos quando existe excesso de demanda por moeda, a taxa de juros é levada para cima até que todo mundo esteja satisfeito em manter o menor estoque real de moeda.

Concluímos que *um aumento na oferta de moeda diminui a taxa de juros, enquanto uma queda na oferta de moeda aumenta a taxa de juros, dados o preço e a saída.*

Saída e taxa de juros

A Figura 15.5 mostra o efeito de um aumento na taxa de juros no nível da saída de Y^1 para Y^2, dados a oferta de moeda e o nível do preço. Como vimos antes,

---

FIGURA 15.4 Efeito de um aumento na oferta monetária na taxa de juros

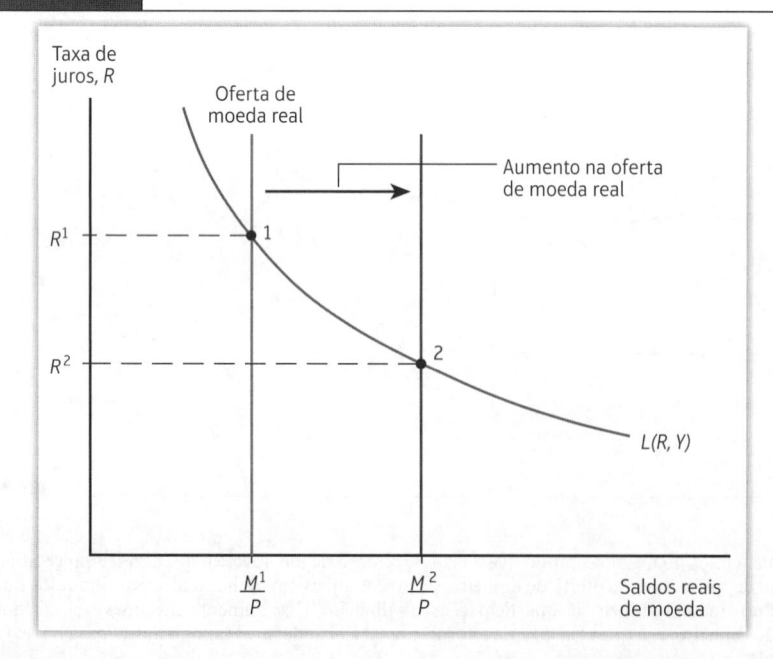

Para um dado nível de preço, P, e um nível de renda real, Y, um aumento na oferta de moeda de M^1 para M^2 reduz a taxa de juros de R^1 (ponto 1) para R^2 (ponto 2).

FIGURA 15.5 — Efeito na taxa de juros de um aumento da renda real

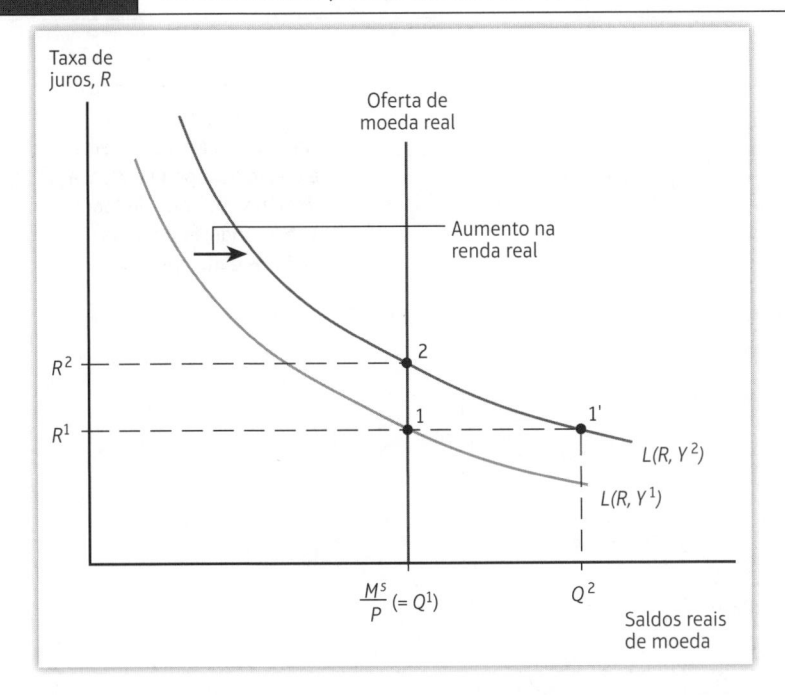

Dada a oferta real de moeda, M^S/P ($= Q^1$), um aumento na renda real de Y^1 para Y^2 aumenta a taxa de juros de R^1 (ponto 1) para R^2 (ponto 2).

---

um aumento na saída faz com que a linha inteira da demanda agregada por moeda real mova-se para a direita, movendo o equilíbrio para longe do ponto 1. Na antiga taxa de juros R^1, existe um excesso de demanda por moeda para $Q^2 - Q^1$ (ponto 1'). Já que a oferta real de moeda é dada, a taxa de juros é levada para cima até que atinja o novo nível de equilíbrio mais elevado R^2 (ponto 2). Uma queda na saída tem os efeitos opostos, fazendo com que a linha de demanda agregada por moeda real mova-se para a esquerda fazendo cair, portanto, a taxa de juros de equilíbrio.

Concluímos que *um aumento na saída real aumenta a taxa de juros, enquanto uma queda na saída real diminui a taxa de juros, dados o nível de preço e a oferta de moeda*.

A oferta de moeda e a taxa de câmbio no curto prazo

No Capítulo 14, aprendemos sobre a condição de paridade de juros, que prevê como os movimentos da taxa de juros influenciam a taxa de câmbio, dadas as expectativas sobre o nível futuro da taxa de câmbio. Agora que sabemos como as mudanças na oferta de moeda de um país afetam a taxa de juros em ativos não monetários expressos em tal moeda, podemos ver como as mudanças monetárias afetam a taxa de câmbio. Descobriremos que *um aumento na oferta de moeda de um país faz com que ela sofra depreciação no mercado cambial estrangeiro, enquanto uma redução na oferta de moeda faz com que ela seja valorizada*.

Nesta seção, continuamos a tomar o nível do preço como dado (assim como a produção real) e por essa razão nomeamos a análise desta seção de **curto prazo**. A análise de **longo prazo** de um evento econômico permite o ajuste completo do nível do preço (o que pode levar mais tempo) e o emprego completo de todos os fatores de produção. Mais à frente neste capítulo, examinaremos os efeitos de longo prazo das mudanças da oferta de moeda no nível do preço, a taxa de juros e outras variáveis macroeconômicas. Nossa análise de longo prazo mostrará como a oferta de moeda influencia as expectativas da taxa de juros, que também continuamos a tomar como dada por agora.

Vinculando o dinheiro, a taxa de juros e a taxa de câmbio

Para analisar a relação entre dinheiro e a taxa de juros no curto prazo na Figura 15.6, combinamos dois diagramas que já tínhamos estudado separadamente. Vamos supor mais uma vez que estamos olhando para a taxa de juros dólar/euro, isto é, o preço de euros em termos de dólares.

O primeiro diagrama (introduzido como Figura 14.5) mostra o equilíbrio no mercado cambial estrangeiro e como ele é determinado dadas a taxa de juros e as expectativas sobre as taxas de juros futuras. Esse diagrama aparece como a parte de cima da Figura 15.6. A taxa

FIGURA 15.6 — Equilíbrio simultâneo no mercado financeiro norte-americano e no mercado cambial estrangeiro

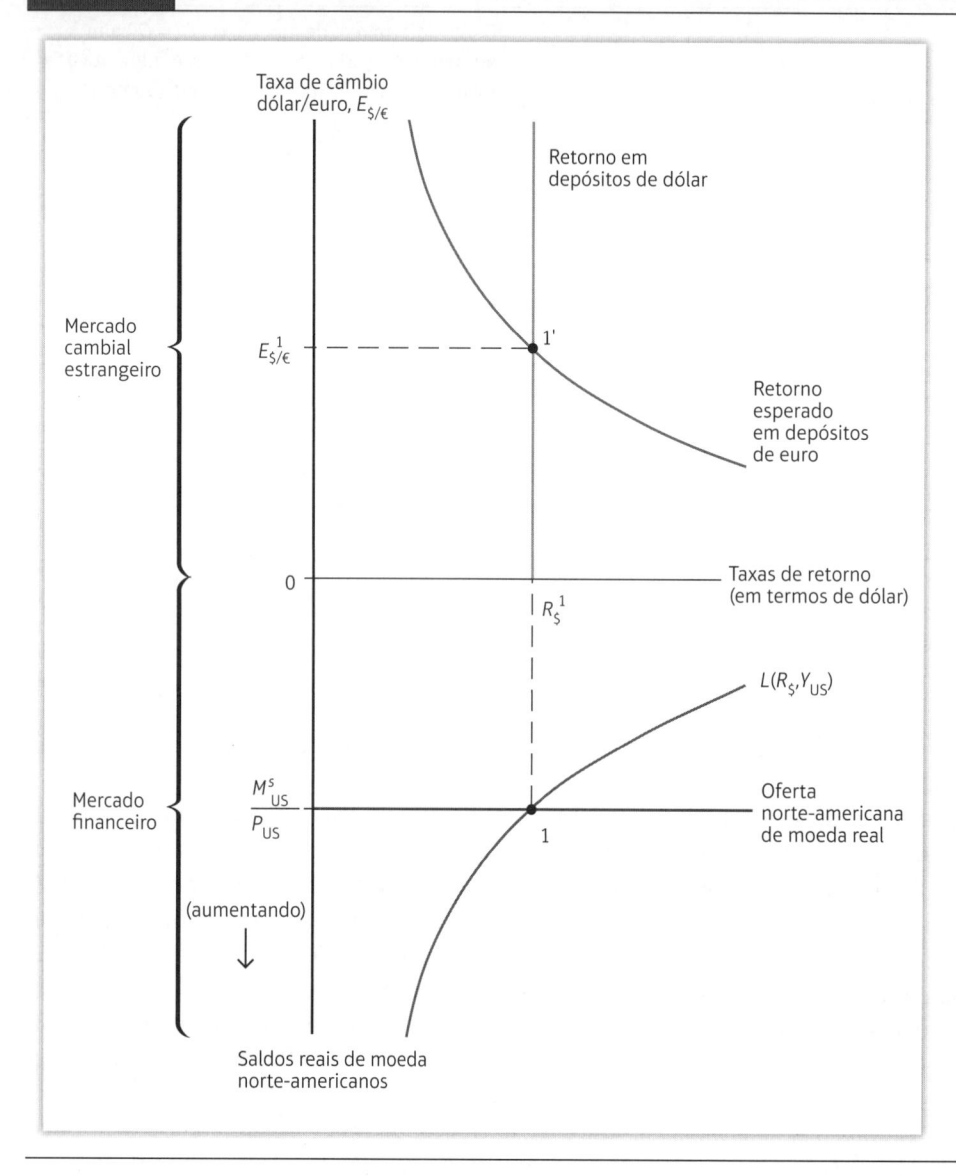

Os dois mercados de ativos estão em equilíbrio na taxa de juros $R_\$^1$ e na taxa de câmbio $E_{\$/€}^1$. Nesses valores, a oferta de moeda é igual à demanda por moeda (ponto 1) e a condição de paridade de juros é mantida (ponto 1').

de juros do dólar $R_\$^1$, que é determinada pelo mercado financeiro, define a linha vertical.

Como você deve lembrar-se do Capítulo 14, a linha de retorno esperado do euro inclinada para baixo mostra o retorno esperado em depósitos de euro medidos em dólares. A linha inclina-se para baixo por causa do efeito das mudanças na taxa de câmbio atual sob as expectativas de depreciação futura: um fortalecimento do dólar hoje (uma queda em $E_{\$/€}$) em relação ao seu nível futuro esperado *dado* faz os depósitos de euro serem mais atraentes por levar as pessoas a anteciparem uma depreciação mais acentuada do dólar no futuro.

Na interseção das duas linhas (ponto 1'), as taxas de retorno esperadas em depósitos de dólar e de euro são iguais e, portanto, a paridade de juros é mantida. $E_{\$/€}^1$ é a taxa de câmbio de equilíbrio.

No segundo diagrama, precisamos examinar a relação entre dinheiro e taxa de câmbio que foi introduzida como Figura 15.3. Essa figura mostra como a taxa de juros de equilíbrio de um país é determinada em seu mercado financeiro e aparece na parte de baixo da Figura 15.6. Por conveniência, entretanto, a figura foi girada 90 graus no sentido horário, de forma que as taxas de juros do dólar são medidas a partir de 0 no eixo horizontal e a oferta real de moeda norte-americana é medida a partir de 0 no eixo vertical descendente. O equilíbrio do mercado financeiro é mostrado no ponto 1, onde a taxa de juros do dólar $R_\$^1$ induz as pessoas a exigirem saldos reais iguais à oferta real de moeda norte-americana, M_{US}^s/P_{US}.

A Figura 15.6 enfatiza a ligação entre o mercado financeiro norte-americano (em baixo) e o mercado cambial estrangeiro (em cima). O mercado financeiro norte-

-americano determina a taxa de juros do dólar, o que por sua vez afeta a taxa de câmbio que mantém a paridade de juros. (É claro, existe uma ligação similar entre o mercado financeiro europeu e o mercado cambial estrangeiro que opera por meio das mudanças na taxa de juros do euro.)

A Figura 15.7 ilustra essas ligações. Os bancos centrais norte-americano e europeu, a Reserva Federal e o Banco Central Europeu (BCE), respectivamente, determinam as ofertas de moeda norte-americana e europeia, M^s_{US} e M^s_{E}. Dados os níveis de preço e as redes nacionais de dois países, o equilíbrio nos mercados financeiros nacionais resulta nas taxas de juros de dólar e euro $R_\$$ e $R_€$. Essas taxas de juros alimentam o mercado cambial estrangeiro, em que, dadas as expectativas sobre a taxa de câmbio futura dólar/euro, a taxa atual $E_{\$/€}$ é determinada pela condição de paridade de juros.

Oferta monetária dos Estados Unidos e a taxa de câmbio dólar/euro

Agora utilizamos nosso modelo de ligações de mercado de ativo (as ligações entre os mercados financeiros e de câmbio estrangeiro) para perguntar como a taxa de câmbio dólar/euro muda quando a Reserva Federal muda a oferta de moeda norte-americana M^s_{US}. Os efeitos dessa mudança são resumidos na Figura 15.8.

Na oferta de moeda inicial M^1_{US}, o mercado financeiro está em equilíbrio no ponto 1 com uma taxa de juros $R^1_\$$. Dada a taxa de juros do euro e a taxa de câmbio espe-rada futura, uma taxa de juros de dólar de $R^1_\$$ implica que o equilíbrio do mercado cambial estrangeiro ocorra no ponto 1', com uma taxa de câmbio igual a $E^1_{\$/€}$.

O que acontece quando a Reserva Federal, talvez com medo do início de uma recessão, aumenta a oferta de moeda norte-americana para M^2_{US}? Esse aumento desencadeia esta sequência de eventos: (1) na taxa de juros $R^1_\$$, existe um excesso de oferta de moeda no mercado financeiro norte-americano, de forma que a taxa de juros do dólar cai para $R^2_\$$, ao passo que o mercado monetário alcança sua nova posição de equilíbrio (ponto 2). (2) Dada a taxa de câmbio $E^1_{\$/€}$ e a nova e menor taxa de juros em dólares $R^2_\$$, o retorno esperado em depósitos de euro é maior do que aquele esperado nos depósitos de dólar. Aqueles que mantêm depósitos de dólar, portanto, tentam vendê-los por depósitos de euro, que são momentaneamente mais atrativos. (3) O dólar sofre depreciação para $E^2_{\$/€}$, ao passo que as pessoas que mantêm depósitos em dólar fazem oferta por depósitos de euros. O mercado cambial estrangeiro está novamente em equilíbrio no ponto 2', porque a movimentação da taxa de câmbio para $E^2_{\$/€}$ causa uma queda na taxa de depreciação esperada futura suficiente para compensar a queda na taxa de juros do dólar.

Concluímos que *um aumento na oferta de moeda de um país faz com que ela sofra depreciação no mercado cambial estrangeiro. Ao fazer a Figura 15.8 ao contrário, você pode ver que uma redução na oferta de moeda de um país faz com que ela seja valorizada no mercado cambial estrangeiro.*

FIGURA 15.7 Ligações mercado financeiro/taxa de câmbio

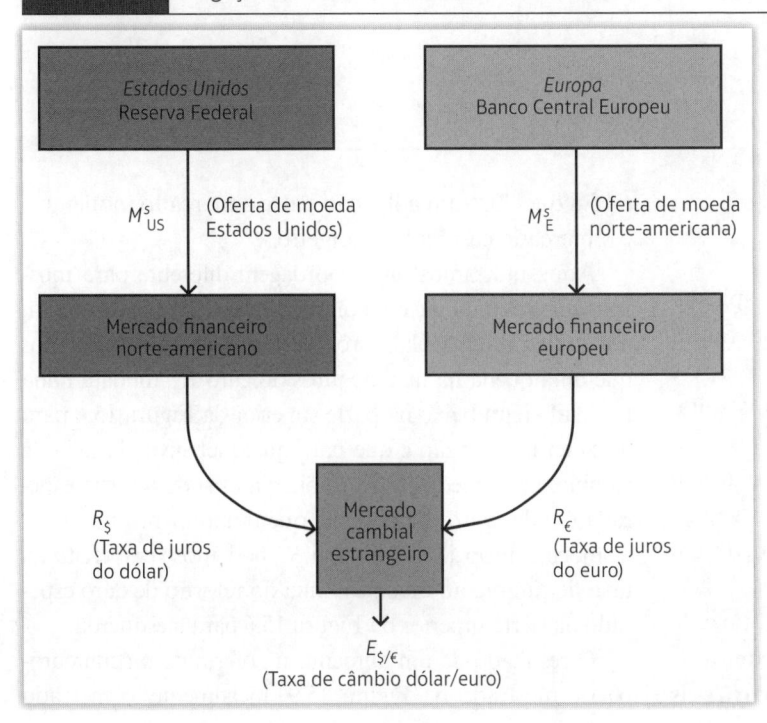

Ações políticas monetárias da Reserva Federal afetam a taxa de juros norte-americana, mudando a taxa de câmbio dólar/euro que limpa o mercado cambial estrangeiro. O BCE pode afetar a taxa de câmbio ao mudar a oferta de moeda europeia e a taxa de juros.

FIGURA 15.8 Efeito da taxa de câmbio dólar/euro e a taxa de juros de dólar de um aumento na oferta de moeda norte-americana

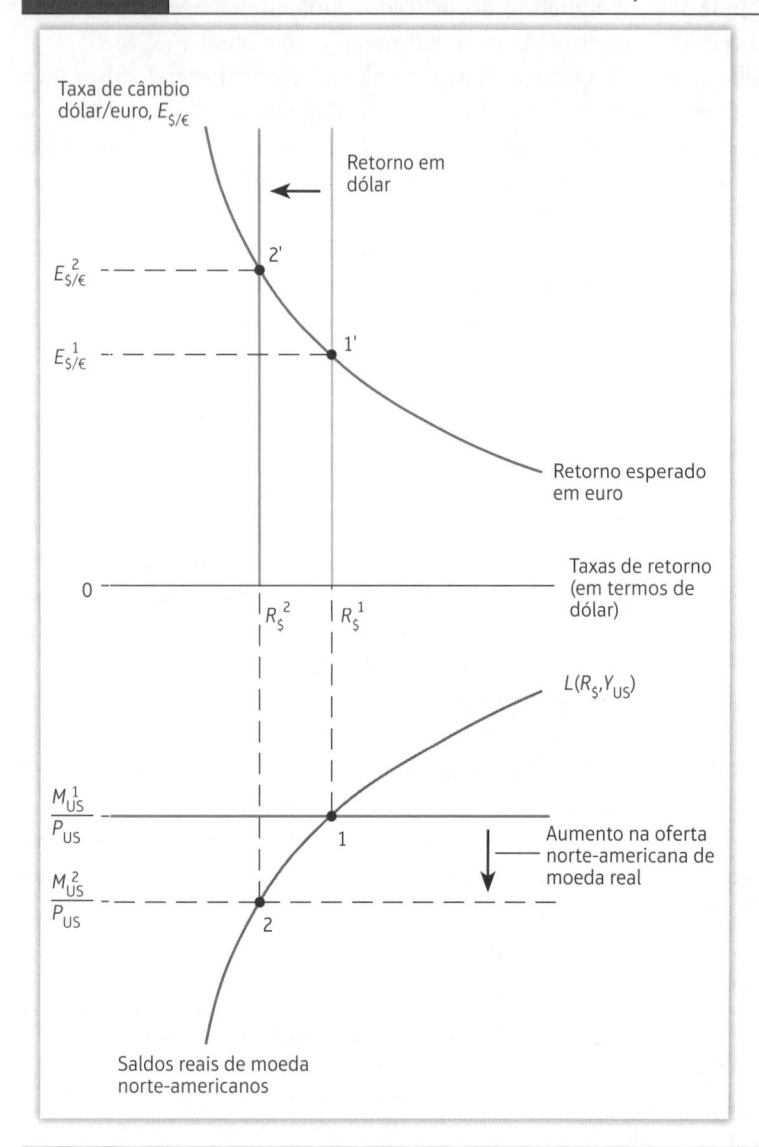

Dados P_{US} e Y_{US}, quando a oferta de moeda aumenta de M^1_{US} para M^2_{US} a taxa de juros de dólar declina (ao passo que o equilíbrio do mercado financeiro é reestabelecido no ponto 2) e o dólar sofre depreciação em relação ao euro (ao passo que o equilíbrio do mercado cambial estrangeiro é restabelecido no ponto 2').

Oferta monetária da Europa e a taxa de câmbio dólar/euro

As conclusões a que chegamos também se aplicam quando o BCE muda a oferta de moeda europeia. Suponha que o BCE tema uma recessão na Europa e espere passar por ela com uma política monetária mais solta. Um aumento em M^s_E causa uma depreciação do euro (isto é, uma valorização do dólar ou uma queda em $E_{\$/€}$), enquanto uma redução em M^s_E causa uma valorização do euro (isto é, uma depreciação do dólar ou um aumento em $E_{\$/€}$).

O mecanismo de funcionamento, que vai da taxa de juros europeia até a taxa de câmbio, é o mesmo que acabamos de analisar. É um bom exercício verificar essas afirmações desenhando figuras similares às figuras 15.6 e 15.8 que ilustram a ligação entre o mercado monetário e o mercado cambial estrangeiro.

Aqui, utilizamos uma abordagem diferente para mostrar como as mudanças na oferta de moeda europeia afetam a taxa de câmbio dólar/euro. No Capítulo 14, aprendemos que uma queda na taxa de juros do euro $R_€$, muda a linha inclinada para baixo na parte superior da Figura 15.6 para a esquerda. A razão é que para qualquer nível da taxa de câmbio, uma queda em $R_€$ diminui a taxa de retorno esperada em depósitos de euro. Já que um aumento na oferta de moeda europeia M^s_E diminui $R_€$, podemos ver o efeito da taxa de câmbio ao mudar a linha do retorno de euro esperado na parte superior da Figura 15.6 para a esquerda.

O resultado de um aumento na oferta de moeda europeia é mostrado na Figura 15.9. Incialmente, o mercado monetário norte-americano está em equilíbrio no ponto 1,

FIGURA 15.9   Efeito de um aumento na oferta de moeda europeia na taxa de câmbio dólar/euro

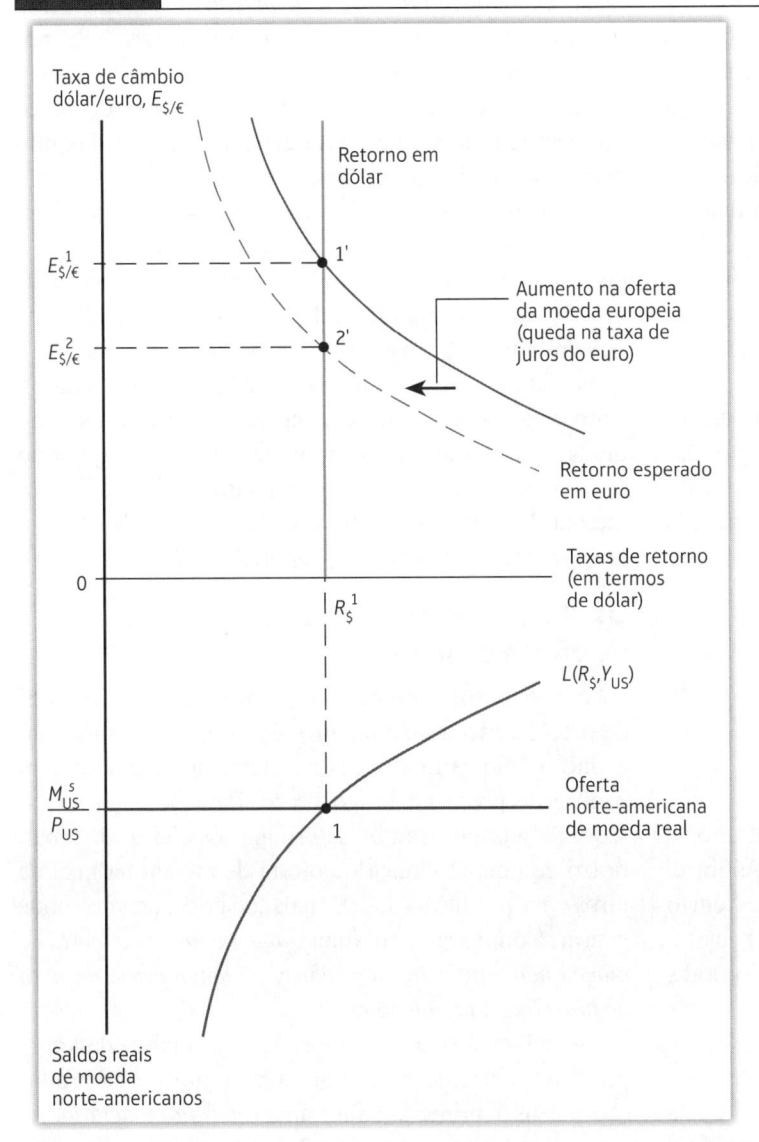

Ao diminuir o retorno em dólar de depósitos de euro (mostrado como uma mudança pra a esquerda na curva de retorno esperado do euro), um aumento na moeda europeia faz com que o dólar seja valorizado em relação ao euro. O equilíbrio no mercado cambial estrangeiro muda do ponto 1' para o ponto 2', mas o equilíbrio no mercado financeiro norte-americano permanece no ponto 1.

e o mercado cambial estrangeiro está em equilíbrio no ponto 1', com uma taxa de câmbio $E^1_{\$/€}$. Um aumento na oferta de moeda europeia diminui $R_€$ e, portanto, move para a esquerda a linha que liga o retorno esperado em depósitos de euro para a taxa de câmbio. O equilíbrio no mercado de câmbio estrangeiro é restaurado no ponto 2', com uma taxa de câmbio $E^2_{\$/€}$. Vemos que o aumento na moeda europeia faz o euro sofrer depreciação em relação ao dólar (isto é, causa uma queda no preço em dólar do euro). Similarmente, uma queda na oferta de moeda europeia causaria uma valorização do euro em relação ao dólar (isto é, $E_{\$/€}$ aumentaria). Essa mudança na oferta de moeda europeia não atrapalha o equilíbrio do mercado monetário norte-americano, que permanece no ponto 1.[5]

Moeda, o nível de preço e a taxa de câmbio no longo prazo

Nossa análise de curto prazo da ligação entre os mercados monetários dos países e o mercado cambial estrangeiro apoiou-se na suposição simplificadora de que os níveis de preço e as expectativas da taxa de câmbio eram dados. Para aumentar nossa compreensão de como a oferta e a demanda de moeda afetam as taxas de câmbio,

---

[5] O equilíbrio do mercado monetário norte-americano permanece no ponto 1, porque os ajustes de preço que equilibram o mercado monetário europeu e o mercado cambial estrangeiro, após o aumento na oferta de dinheiro europeu, não mudam nem a oferta câ dinheiro e nem a demanda por dinheiro nos Estados Unidos, dados Y_{US} e P_{US}.

devemos examinar como os fatores monetários afetam o nível de preço de um país no longo prazo.

O **equilíbrio de longo prazo** de uma economia é a posição que ela alcançaria eventualmente se nenhuma surpresa econômica ocorresse durante o ajuste para o pleno emprego. Você pode pensar no equilíbrio de longo prazo como o equilíbrio que seria mantido após todos os salários e preços terem tido tempo suficiente para ajustar seus níveis de equilíbrio de mercado. Uma forma equivalente de pensar nisso é como o equilíbrio aconteceria se os preços fossem perfeitamente flexíveis e sempre ajustados de imediato para preservar o emprego pleno.

Ao estudar como as mudanças monetárias funcionam durante o longo prazo, examinaremos como elas alteram o equilíbrio de longo prazo da economia. Nossa ferramenta principal é novamente a teoria da demanda agregada por moeda.

Moeda e preços da moeda

Se o nível de preço e a saída são fixos no curto prazo, a condição da Equação (15.4) do equilíbrio do mercado monetário,

$$M^s/P = L(R, Y),$$

determina a taxa de juros nacional, R. No entanto, o mercado monetário sempre se move para o equilíbrio, mesmo se deixarmos de lado nossa suposição de "curto prazo" e pensar em períodos sobre os quais P e Y, assim como R, podem variar. A condição de equilíbrio pode, portanto, ser rearranjada para resultar:

$$P = M^s/L(R, Y), \tag{15.5}$$

que mostra como o nível de preço depende da taxa de juros, da saída real e da oferta real de moeda nacional.

O *nível de preço de equilíbrio de longo prazo* é só o valor de P, que satisfaz a condição da Equação (15.5) quando a taxa de juros e a saída estão em seus níveis de longo prazo, isto é, em níveis consistentes de emprego completo. Quando o mercado monetário está em equilíbrio e todos os fatores de produção são completamente empregados, o nível de preço permanecerá estável se a oferta de moeda, a função da demanda agregada por moeda e os valores de longo prazo de R e Y permanecerem estáveis.

Uma das previsões mais importantes da equação anterior para P refere-se à relação entre o nível de preço de um país e sua oferta de moeda, M^s: *com todo o resto igual, um aumento na oferta de moeda de um país causa um aumento proporcional em seu nível de preço.* Se, por exemplo, a oferta de moeda dobra (para $2M^s$), mas a saída e a taxa de juros não mudam, o nível do preço também tem de mudar (para $2P$) para manter o equilíbrio no mercado monetário.

O raciocínio econômico por trás dessa previsão bem precisa segue da nossa observação anterior de que a demanda por moeda é uma demanda por retenção de moeda *real*: a demanda real por moeda não é alterada por um aumento em M^s que deixa R e Y (e, portanto, a demanda agregada por moeda real $L(R, Y)$) inalterados. Entretanto, se a demanda agregada por moeda real não muda, o mercado monetário permanecerá em equilíbrio somente se a oferta real de moeda também permanecer a mesma. Para manter a oferta real de moeda M^s/P constante, P deve aumentar em proporção a M^s.

Os efeitos de longo prazo de alterações de oferta de moeda

Nossa teoria de como a oferta de moeda afeta o nível de preço, *dadas* a taxa de juros e a produção, ainda não explica como as mudanças na oferta de moeda afetam o nível de preço no longo prazo. Para desenvolver tal teoria, ainda precisamos determinar os efeitos de longo prazo de uma mudança de oferta de moeda na taxa de juros e na produção. Isso é mais fácil do que você pode pensar. Como argumentamos, *uma mudança na oferta de moeda não tem efeito nos valores de longo prazo da taxa de juros ou da produção real.*[6]

A melhor forma de compreender os efeitos de longo prazo da oferta de moeda na taxa de juros e na produção é pensar primeiro sobre uma *reforma monetária*, na qual o governo de um país redefine a unidade monetária nacional. Por exemplo, o governo da Turquia reformou a moeda em 1º de janeiro de 2005, simplesmente ao emitir a "nova" lira turca, cada uma sendo igual a um milhão da "velha" lira turca. O efeito dessa reforma foi baixar a quantidade das unidades da moeda em circulação, e todos os preços de lira, para 1/1.000.000 de seus antigos valores de lira. Mas essa redefinição da unidade monetária não teve nenhum efeito na produção real, na taxa de juros ou nos preços relativos das mercadorias: tudo o que ocorreu foi uma mudança única em todos os valores medidos em lira. Uma decisão de medir distância em meias milhas em vez de milhas teria tão pouco efeito nas

---

6 A afirmação anterior refere-se somente a mudanças no nível da oferta de moeda nominal e não, por exemplo, para mudanças na *taxa* na qual a oferta de moeda está crescendo durante o tempo. A proposição de que uma mudança única no nível da oferta de moeda não tem efeitos nos valores de longo prazo das variáveis econômicas reais é frequentemente chamada de *neutralidade de moeda de longo prazo*. Em contraste, mudanças na taxa de crescimento da oferta de moeda não precisam ser neutras em longo prazo. No mínimo, uma mudança sustentada na taxa de crescimento monetário afetará eventualmente o equilíbrio dos saldos monetários reais ao aumentar a taxa de juros monetária (como discutiremos no próximo capítulo).

variáveis econômicas reais quanto a decisão do governo turco de tirar seis zeros no fim da magnitude medida em termos de dinheiro.

Um aumento na oferta da moeda de um país tem o mesmo efeito no longo prazo do que uma reforma na moeda. Duplicar a oferta de moeda, por exemplo, tem o mesmo efeito de longo prazo que uma reforma da moeda na qual cada unidade é substituída por duas unidades da "nova" moeda. Se a economia está, de início, completamente empregada, todo preço em moeda talvez dobre, mas o PNB real, a taxa de juros e todos os preços relativos retornam para seus níveis de emprego completo ou de longo prazo.

Por que uma mudança na oferta de moeda é como uma reforma monetária em seus efeitos no equilíbrio de longo prazo da economia? O nível de pleno emprego de produção é determinado por patrocínios da economia de trabalho e capital, de forma que no longo prazo a produção real não depende da oferta de moeda. Similarmente, a taxa de juros é independente da oferta de moeda no longo prazo. Se a oferta de moeda e todos os preços dobram permanentemente, não existe razão pela qual as pessoas que estavam antes dispostas a trocar US$ 1 hoje por US$ 1,10 daqui um ano não estejam dispostas mais tarde a trocarem US$ 2 por US$ 2,20 daqui um ano, então a taxa de juros permanecerá em 10% ao ano. Os preços relativos também permanecem os mesmos se todos os preços em dinheiro dobrarem, já que são apenas índices de preços em dinheiro. Portanto, mudanças na oferta de moeda não alteram a alocação de recursos de longo prazo. Só o nível absoluto dos preços em moeda muda.[7]

Portanto, quando estudamos o efeito de um aumento na oferta de moeda durante longos períodos de tempo, estamos certos em supor que os valores de longo prazo R e Y não serão alterados por uma mudança na oferta de moeda. Então, podemos escrever a seguinte conclusão da Equação (15.5): *um aumento permanente na oferta de moeda causa um aumento proporcional no valor de longo prazo do nível de preço. Em especial, se a economia está inicialmente em pleno emprego, um aumento permanente na oferta de moeda eventualmente será seguido por um aumento proporcional no nível de preço.*

Evidência empírica sobre fontes de dinheiro e níveis de preços

Ao olhar os dados reais sobre moeda e preços, não devemos esperar ver uma relação exatamente proporcional sobre longos períodos, em parte porque a produção, a taxa de juros e a função da demanda agregada por moeda real podem mudar por razões que não têm nada que ver com a oferta de moeda. Mudanças na produção como resultado de acúmulo de capital e avanço tecnológico (por exemplo, computadores mais poderosos) e o comportamento da demanda por moeda podem mudar como resultado de tendências demográficas ou inovações financeiras, como instalações de transferência eletrônica de dinheiro. Além disso, economias reais estão raramente em posições de equilíbrio de longo prazo. No entanto, devemos esperar que os dados mostrem uma associação clara e positiva entre ofertas de moeda e níveis de preço. Se os dados do mundo real não fornecessem forte evidência de que as fontes de dinheiro e os níveis de preço andam juntos no longo prazo, a utilidade da teoria da demanda por moeda que desenvolvemos estaria em dúvida.

As grandes oscilações nas taxas de nível de preço na América Latina em décadas recentes fazem a região ser um estudo de caso ideal da relação entre fontes de dinheiro e níveis de preço. A inflação do nível do preço tem sido alta e variável na América Latina por mais de uma década, quando esforços de reforma macroeconômica começaram a diminuir a inflação por volta do meio dos anos 1990.

Com base em nossas teorias, esperaríamos encontrar oscilações drásticas nas taxas de inflação acompanhadas por oscilações nas taxas de crescimento das fontes de dinheiro. Essa expectativa é confirmada pela Figura 15.10, que traça as taxas médias de crescimento da oferta de moeda em relação às taxas anuais de inflação durante duas décadas, 1987-2007. Em média, os anos com maior crescimento monetário também tendem a ser os com maior inflação. Além disso, os dados apontam um agrupamento em volta da linha de 45 graus, ao longo da qual as fontes de dinheiro e os níveis de preço aumentam em proporção.

A principal lição a ser tirada da Figura 15.10 é que os dados confirmam a forte ligação de longo prazo entre as ofertas de moeda nacional e os níveis de preço nacionais previstos pela teoria econômica.

Moeda e taxa de câmbio no longo prazo

O preço da moeda estrangeira em moeda nacional é um dos muitos preços na economia que aumenta no longo prazo após um aumento permanente na oferta

---

[7] Para entender de forma mais completa por que uma mudança única na oferta de moeda não altera o nível de longo prazo da taxa de juros, pode ser útil pensar nas taxas de juros medidas em termos de moeda como a definição de preços relativos de unidades monetárias disponíveis em diferentes datas. Se a taxa de juros do dólar é R por cento ao ano, abrir mão de US$ 1 hoje compra (US$ 1 + R) ano que vem. Portanto, $1/(1 + R)$ é o preço relativo de dólares futuros em termos de dólares atuais, e esse preço relativo não mudaria se o valor real das unidades monetárias subisse ou descesse pelo mesmo fato em todas as datas.

FIGURA 15.10 Crescimento médio da moeda e da inflação em países em desenvolvimento no hemisfério ocidental, 1987-2007

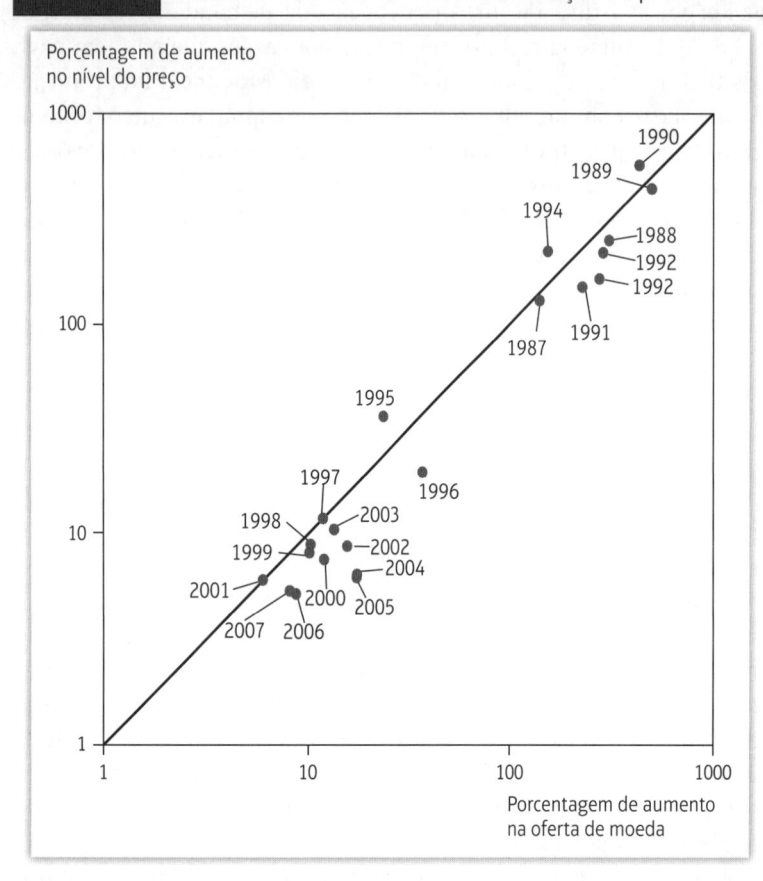

Mesmo ano por ano, existe uma forte relação positiva entre o crescimento médio da oferta da moeda latino-americana e da inflação. (Os dois eixos têm escala logarítmica.)

Fonte: FMI, *Panorama Econômico Mundial*, várias questões. Agregados regionais são medidos pelas parcelas do PIB em dólar no total regional do PIB em dólar.

de moeda. Se você pensar novamente sobre os efeitos de uma reforma monetária, verá como a taxa de câmbio move-se em longo prazo. Suponha que o governo norte-americano substitua cada par de dólares "velhos" com um "novo" dólar. Então, se a taxa de câmbio dólar/euro fosse 1,20 dólar *velho* por euro antes da reforma, depois ela mudaria imediatamente para 0,60 dólar *novo* por euro. Da mesma forma, uma redução para a metade da oferta de moeda norte-americana iria eventualmente fazer com que o dólar fosse valorizado a partir de uma taxa de câmbio de 1,20 dólares/euro para uma de 0,60 dólares/euro. Já que os preços em dólar de todas as mercadorias e serviços norte-americanos também seriam diminuídos pela metade, essa valorização de 50% do dólar deixa os preços *relativos* de todas as mercadorias e serviços norte-americanos e estrangeiros inalterados.

Concluímos que, com todo o resto igual, *um aumento permanente na oferta de moeda de um país causa uma depreciação de longo prazo proporcional de sua moeda em relação às moedas estrangeiras. Similarmente, uma queda permanente na oferta de moeda de um país causa uma valorização de longo prazo proporcional de sua moeda em relação às moedas estrangeiras.*

Dinâmica da inflação e taxa de câmbio

Nesta seção, unimos nossas descobertas de curto e de longo prazos sobre os efeitos das mudanças monetárias ao examinar o processo pelo qual o nível de preço ajusta-se para sua posição de longo prazo. Uma economia passa por **inflação** quando seu nível de preço está subindo e sofre **deflação** quando seu nível de preço está caindo. Nossa verificação da inflação nos dará uma compreensão mais profunda de como a taxa de câmbio ajusta-se às alterações na economia.

Rigidez de preços de curto prazo *versus* flexibilidade de preços de longo prazo

Nossa análise dos efeitos de curto prazo das mudanças monetárias supunha que o nível de preço de um país, diferentemente de sua taxa de câmbio, não salta de imediato. Essa suposição não pode estar exatamente correta, porque muitas *commodities*, como produtos agrícolas, são trocadas em mercados nos quais os preços ajustam-se bruscamente todo dia, conforme a oferta ou a demanda mudam. Além disso, as mudanças da taxa de câmbio em si podem afetar os preços de algumas mercadorias e serviços negociáveis que entram na cesta de *commodities* que define o nível de preço.

Muitos preços na economia, entretanto, são definidos em contratos de longo prazo e não podem ser alterados imediatamente quando as mudanças na oferta de moeda ocorrem. Os preços mais importantes desse tipo são os salários dos trabalhadores, que são negociados apenas periodicamente em muitas indústrias. Os salários não entram nos índices de nível de preço diretamente, mas representam uma grande fração do custo de produção de mercadorias e serviços. Já que os preços de produção dependem fortemente dos custos da produção, o comportamento do nível de preço global é influenciado pela lentidão dos movimentos de salários. A "resistência" de curto prazo dos níveis de preço é ilustrada pela Figura 15.11, que compara os dados em variações percentuais mensais na taxa de câmbio dólar/iene ($E_{\$/¥}$), com os dados em variações percentuais mensais na proporção dos níveis de preços de moeda nos Estados Unidos e no Japão, P_{US}/P_J. Como você pode ver, a taxa de câmbio é muito mais variável do que os níveis de preço relativo, um fato consistente com a visão de que os níveis de preço são relativamente rígidos no curto prazo. O padrão mostrado na figura aplica-se a todos os principais países industriais nas décadas recentes. À luz dessa e de outras evidências, continuamos, portanto, aceitando o nível de preço como dado no curto prazo e que não há saltos significativos em resposta às mudanças de política.

No entanto, essa suposição não seria razoável para todos os países o tempo todo. Em condições extremamente inflacionárias, como aquelas vistas na década de 1980 nos países da América Latina, os contratos de longo prazo especificando pagamentos em moeda nacional podem cair em desuso. A indexação automática do nível de preço dos pagamentos de salário também pode ser generalizada sob condições altamente inflacionárias. Tais desenvolvimentos fazem o nível de preço muito menos rígido do que seria sob inflação moderada, e o grande salto de nível de preço torna-se possível. Porém, certa rigidez de preço pode permanecer mesmo diante de taxas de inflação que poderiam ser altas pelos padrões diários de países industriais. Por exemplo, a taxa de inflação turca de 30% em 2002 parece alta até ser comparada com 114% de depreciação da lira turca em relação ao dólar norte-americano no mesmo ano.

FIGURA 15.11 Variabilidade mensal da taxa de câmbio dólar/iene da relação nível preço EUA/Japão, 1980-2013

A maior variabilidade mês a mês da taxa de câmbio sugere que os níveis de preço estão relativamente rígidos em curto prazo.

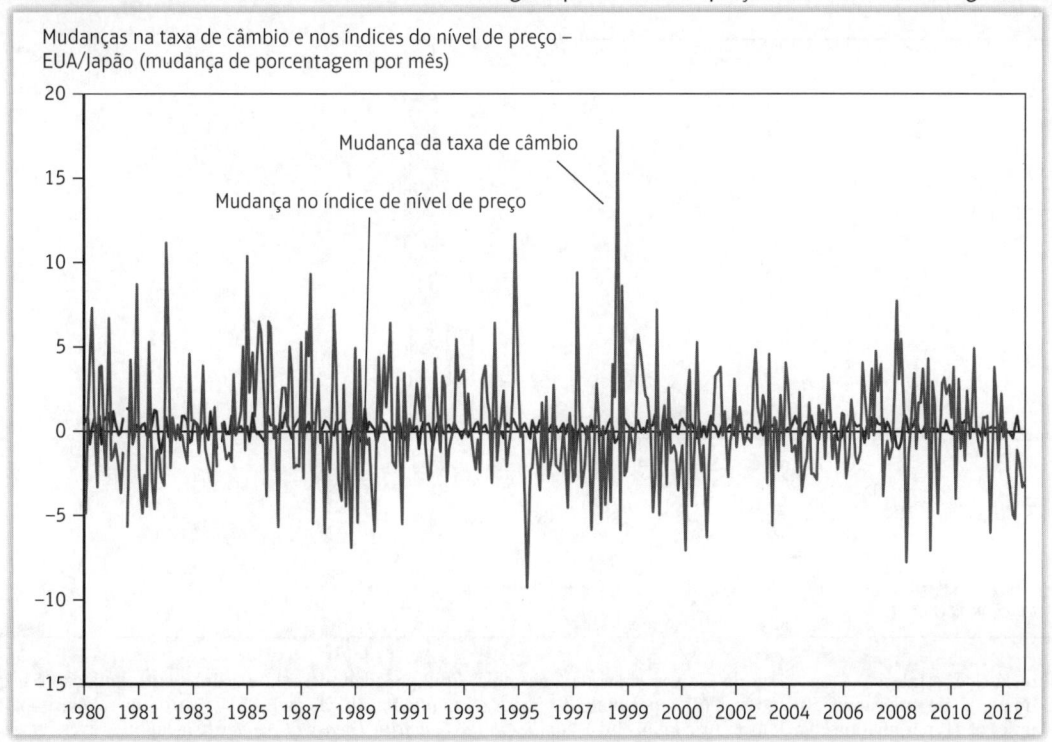

Fonte: Níveis de preço do Fundo Monetário Internacional, *Estatísticas Financeiras Internacionais*. Taxa de câmbio do Global Financial Data.

CRESCIMENTO DA OFERTA DE DINHEIRO E HIPERINFLAÇÃO NO ZIMBÁBUE

Desde a Revolução Francesa, existiram trinta episódios registrados de *hiperinflação*: uma inflação aparentemente explosiva e incontrolável na qual o dinheiro perde valor rapidamente e pode até cair em desuso. Todas as hiperinflações foram impulsionadas por um crescimento massivo na oferta de moeda, começando com a emissão de uma moeda em papel pelo governo revolucionário francês, chamada de *assignats*, para pagar por suas necessidades de despesas.

O único episódio de hiperinflação no século XXI, mas um dos mais extremos já vistos, aconteceu na nação africana do Zimbábue entre 2007 e 2009. Durante as hiperinflações, a magnitude das mudanças monetárias é tão enorme que os efeitos de "longo prazo" do dinheiro no nível de preço podem ocorrer muito depressa. Portanto, esses episódios fornecem condições laboratoriais bem adaptadas para testar as teorias de longo prazo sobre os efeitos das ofertas de moeda nos preços.[8]

Como outras hiperinflações, a do Zimbábue foi alimentada pela necessidade do governo em imprimir dinheiro para cobrir seus gastos. Essas despesas incluíam uma guerra de quatro anos no Congo, que tinha começado em 1998, e o apoio em grande escala à agricultura, tudo em uma época na qual os estrangeiros estavam retirando os empréstimos, o investimento e a ajuda por causa da turbulência política interna. A inflação foi o resultado e a taxa de câmbio da moeda, embora oficialmente controlada pelo governo, sofreu depreciação rapidamente em um mercado negro paralelo em que as forças de mercado prevaleceram. Em 1º de abril de 2006, o governo realizou uma reforma monetária, criando um novo dólar do Zimbábue (Z$), equivalente a 1.000 dólares zimbabuanos antigos.

Em 2007, a inflação alta cruzou a linha para a hiperinflação, como ilustrado na Figura 15.12. A taxa de inflação mensal ultrapassou 50% em março de 2007 e subiu a partir daí. Em 1º de julho de 2008, o governo emitiu uma nota de Z$ 100 bilhões (na época era igual a cerca do preço de três ovos) e no mês seguinte realizou uma nova reforma monetária com cada *novo* Z$ equivalente a 10 bilhões dos *antigos* dólares zimbabuanos novos. Mas a situação só piorou. De acordo com as estatísticas oficiais do

FIGURA 15.12 Inflação mensal no Zimbábue, 2007-2008

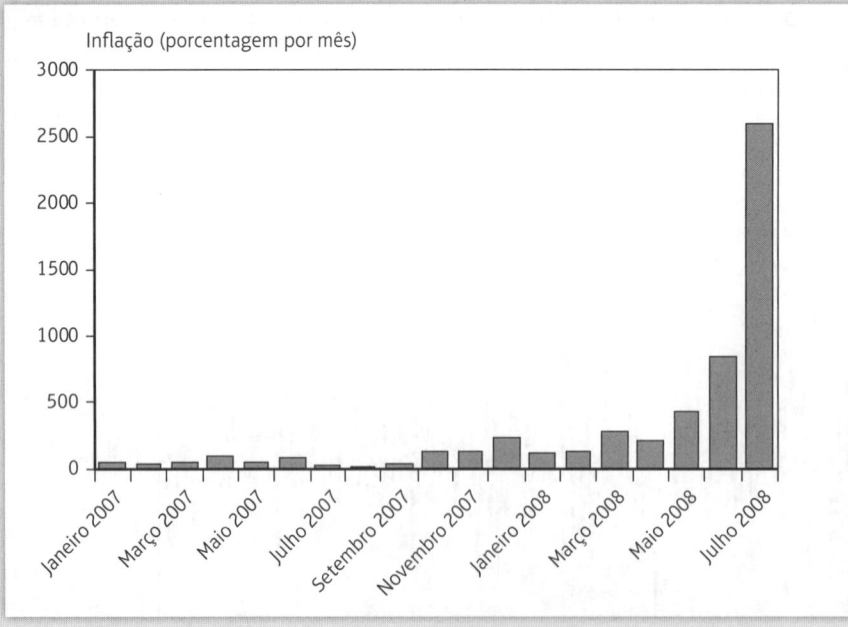

Fonte: *Reserve Bank do Zimbábue.*

---

[8] Em um trabalho clássico, o falecido economista da Universidade de Columbia, Phillip Cagan, desenhou a linha entre inflação e hiperinflação em uma taxa de inflação de 50% ao mês (que, por meio do poder de manipulação, chega a 12.875% ao ano). Veja: "The Monetary Dynamics of Hyperinflation" em Milton Friedman (Ed.). *Studies in the Quantity Theory of Money*. Chicago: University of Chicago Press, 1956. p. 25-117. Tais dados do século XVIII como estão disponíveis indicam que o episódio da Revolução Francesa (1789-1796) atingiu o pico de uma taxa de inflação mensal de mais de 143%.

CPI do Reserve Bank do Zimbábue (RBZ), o banco central, o nível de preço aumentou por um fator de 36.661.304,13 entre janeiro de 2007 e julho de 2008 (quando o banco parou de informar os dados sobre preço). Os números do RBZ podem estar subestimados. De acordo com um relatório, a taxa de inflação apenas para o mês de outubro de 2008 ultrapassou 33.000.000%![9] Ainda outra reforma monetária, em 3 de fevereiro de 2009, criou o quarto Z$, equivalente a 1 trilhão das unidades monetárias anteriores.

No começo de 2009, entretanto, a hiperinflação estava chegando a um fim por si só, porque as pessoas estavam evitando o instável Z$ e, em vez dele, recorreram a moedas estrangeiras como o dólar norte-americano, o randi sul africano e o pula de Botsuana. Um novo governo de coalizão legalizou a utilização de moeda estrangeira, suspendeu o estatuto de curso legal do Z$ e anunciou que conduziria todas as suas transações em dólares norte-americanos.

É importante dizer que o governo (que não podia mais imprimir dinheiro) adotou uma regra de "orçamento de caixa", que só permitia ao governo gastar o dinheiro que arrecadasse por meio de impostos. Como o Z$ rapidamente caiu em desuso, o RBZ desistiu de informar sua taxa de câmbio após 6 de novembro de 2009. A inflação (agora medida em termos de dólares norte-americanos) caiu drasticamente desde 2009. Embora várias moedas continuem a circular lado a lado, o dólar norte-americano é, de longe, dominante. Na realidade, a Reserva Federal norte-americana agora determina as condições monetárias no Zimbábue.

O Zimbábue ainda sofre de inúmeros problemas econômicos, muitos deles decorrentes dos anos de extrema instabilidade macroeconômica, mas a inflação não é mais um deles. A inflação recente permanece baixa, abaixo de 5% ao ano desde 2010.[10]

---

9 Veja: Tara McIndoe-Calder. "Hyperinflation in Zimbabwe". Manuscrito não publicado. Banco Central da Irlanda, mar. 2011.

10 Para mais detalhes, veja Janet Koech. "Hyperinflation in Zimbabwe". *Globalization and Monetary Policy Institute 2011 Annual Report*, Federal Reserve Bank of Dallas, p. 2-12; e Joseph Noko. "Dollarization: The Case of Zimbabwe". *Cato Journal*, v. 31, p. 339–365, primavera/verão 2011.

No entanto, nossa análise, supondo a rigidez do preço de curto prazo, é mais aplicável a países com históricos de estabilidade comparativa de nível de preço, como os Estados Unidos. Mesmo nos casos de países com baixa inflação, existe um debate acadêmico vigoroso sobre a possibilidade de que salários e preços aparentemente rígidos são, na realidade, bem flexíveis.[11]

Embora o nível de preço pareça demonstrar rigidez no curto prazo em muitos países, uma mudança na oferta de moeda cria pressões imediatas de demanda e custo que, eventualmente, levam a aumentos *futuros* no nível do preço. Essas pressões vêm de três fontes principais:

1. *Excesso de demanda por produção e mão de obra.* Um aumento na oferta de moeda tem um efeito expansionista na economia, aumentando a demanda total por mercadorias e serviços. Para suprir essa demanda, os produtores de mercadorias e serviços devem empregar hora extra para os trabalhadores e fazer novas contratações. Mesmo se os salários são dados no curto prazo, a demanda adicional por mão de obra permite aos trabalhadores pedirem maiores salários na próxima rodada de negociação. Os produtores estão dispostos a pagar esses salários altos porque sabem que em uma economia em expansão não será difícil repassar esses custos para os consumidores por meio dos preços dos produtos.

2. *Expectativas inflacionárias.* Se todo mundo espera que o nível de preço aumente no futuro, suas expectativas aumentarão o ritmo da inflação hoje. Os trabalhadores negociando contratos de salário insistirão em maiores salários para contrariar o efeito do aumento geral antecipado nos preços em seus salários reais. Os produtores, de novo, cederão a essas demandas de salário se esperam que os preços dos produtos aumentem e cubram os custos adicionais de salário.

3. *Preços de matérias-primas.* Muitas matérias-primas utilizadas na produção de mercadorias finais, por exemplo, produtos petrolíferos e metais, são vendidos em mercados onde os preços ajustam-se drasticamente, mesmo no curto prazo. Ao fazer com que os preços de tais materiais saltem assim, um aumento na oferta de moeda faz os custos da produção das indústrias que utilizam os materiais subirem. Eventualmente, os produtores dessas indústrias aumentarão os preços do produto para cobrir seus custos altos.

---

11 Para uma discussão desse debate e evidência empírica de que os preços e salários agregados nos Estados Unidos mostram uma rigidez significativa, veja o livro de Hall e Pappel listado nas Leituras Adicionais. Outros resumos de evidência norte-americana são dados em Mark A. Wynne. "Sticky Prices: What Is the Evidence?". *Federal Reserve Bank of Dallas Economic Review*, p. 1-12, 1º trim. 1995; e em Peter J. Klenow e Benjamin A. Malin, "Microeconomic Evidence on Price Setting". In: Benjamin M. Friedman e Michael Woodford (Eds.). *Handbook of Monetary Economics*. Amsterdam: Elsevier, 2010, v. 3.

Alterações permanentes de oferta de moeda e a taxa de câmbio

Agora aplicamos nossa análise da inflação para estudar o ajuste da taxa de câmbio dólar/euro seguindo um aumento *permanente* na oferta da moeda norte-americana. A Figura 15.13 mostra os efeitos tanto do curto prazo (Figura 15.13a) quanto do longo prazo (Figura 15.13b) dessa alteração. Supomos que a economia começa com todas as variáveis em seus níveis de longo prazo e que a produção permanece constante conforme a economia ajusta-se à mudança da oferta de moeda.

A Figura 15.13a supõe que o nível de preço norte-americano é dado incialmente em P_{US}^1. Um aumento na oferta nominal de moeda de M_{US}^1 para M_{US}^2, portanto, aumenta a oferta real de moeda de M_{US}^1/P_{US}^1 para M_{US}^2/P_{US}^1 no curto prazo, diminuindo a taxa de juros de $R_\$^1$ (ponto 1) para $R_\$^2$ (ponto 2). Até agora, nossa análise procede assim como prosseguiu anteriormente neste capítulo.

A primeira mudança na nossa análise acontece quando perguntamos como a mudança da oferta da moeda norte-americana (mostrada na parte de baixo do painel (a)) afeta o mercado cambial estrangeiro (mostrada na parte de cima do painel (a)). Como antes, uma queda na taxa de juros norte-americana é mostrada como uma mudança para a esquerda na linha vertical dado o retorno em depósitos de dólar. Porém, essa não é mais a história toda, pois o aumento da oferta da moeda agora afeta as *expectativas da taxa de câmbio*. Como a mudança na oferta de moeda norte-americana é permanente, as pessoas esperam um aumento de longo prazo em todos os preços em dólar, incluindo a taxa de câmbio, que é o preço em dólares do euro. Como você deve lembrar-se do Capítulo 14, um aumento na taxa de câmbio futura esperada do dólar/euro (uma futura depreciação do dólar) aumenta o retorno esperado em dólar de depósitos em euro. Portanto, isso move a linha inclinada para baixo na parte de cima da Figura 15.13a para a direita. O dólar sofre depreciação em relação ao euro, movendo-se de uma taxa de câmbio de $E_{\$/\euro}^1$ (ponto 1') para $E_{\$/\euro}^2$ (ponto 2'). Perceba que a depreciação do

FIGURA 15.13 Efeitos a curto e em longo prazo de um aumento na oferta de moeda norte-americana (dada a produção real, Y)

(a) Ajuste em curto prazo dos mercados de ativos. (b) Como a taxa de juros, o nível de preço e a taxa de câmbio movem-se ao longo do tempo ao passo que a economia aproxima-se do equilíbrio em longo prazo.

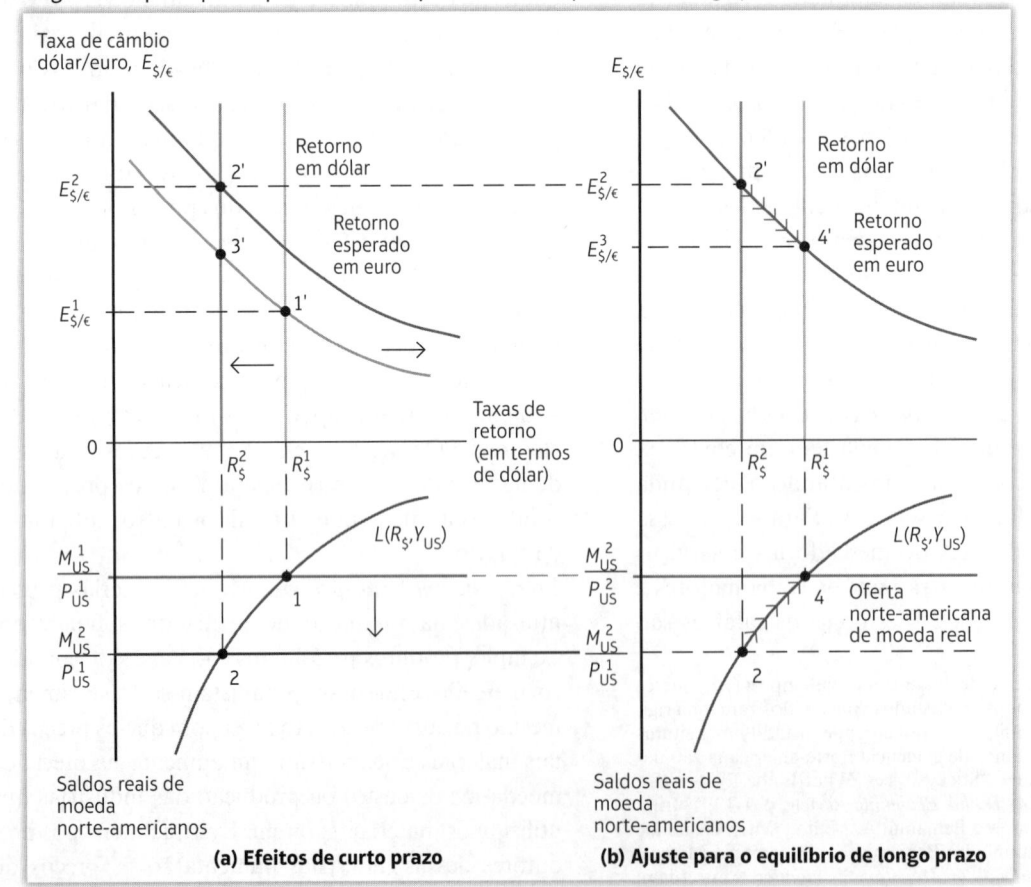

(a) Efeitos de curto prazo

(b) Ajuste para o equilíbrio de longo prazo

dólar é *maior* do que seria se a taxa de câmbio futura esperada dólar/euro ficasse fixa (assim como poderia se o aumento da oferta de moeda fosse temporário em vez de permanente). Se a expectativa $E^e_{\$/€}$ não muda, o novo equilíbrio de curto prazo seria no ponto 3' em vez de no ponto 3'.

A Figura 15.13b mostra como a taxa de juros e a taxa de câmbio comportam-se enquanto o nível de preço aumenta durante o ajuste da economia para o seu equilíbrio de longo prazo. O nível de preço começa a aumentar do nível inicial dado P^1_{US}, eventualmente alcançando P^2_{US}. Como o aumento de longo prazo no nível do preço deve ser proporcional ao aumento da oferta de moeda, a oferta *real* de moeda final, M^1_{US}/P^2_{US}, é mostrada igual à oferta real de moeda inicial, M^1_{US}/P^1_{US}. Já que a produção é dada e a oferta real de moeda voltou ao nível original, a taxa de juros de equilíbrio deve novamente igualar $R^1_\$$ no longo prazo (ponto 4). A taxa de juros, portanto, aumenta de $R^2_\$$ (ponto 2) para $R^1_\$$ (ponto 4) conforme o nível de preço aumenta de P^1_{US} para P^2_{US}.

A crescente taxa de juros norte-americana tem efeitos de taxa de câmbio que também pode ser vista na Figura 15.13b: o dólar é *valorizado* em relação ao euro no processo de ajuste. Se as expectativas da taxa de câmbio não mudarem mais durante o processo de ajuste, o mercado cambial estrangeiro move-se para a posição de longo prazo ao longo da linha inclinada para baixo, definindo o retorno em dólares dos depósitos de euro. O caminho do mercado é o caminho traçado pela linha vertical da taxa de juros do dólar quando ela move-se para a direita, por causa do aumento gradual do nível de preço. No longo prazo (ponto 4'), a taxa de câmbio de equilíbrio, $E^3_{\$/€}$, é mais alta do que o equilíbrio original, ponto 1'. Como o nível de preço, a taxa de câmbio de dólar/euro aumentou proporcionalmente ao aumento na oferta de moeda.

A Figura 15.14 mostra caminhos de tempo como os que descrevemos para a oferta de moeda norte-americana, a taxa de juros do dólar, o nível de preço e a taxa de câmbio dólar/euro. A figura é desenhada de forma que os aumentos do nível de preço de longo prazo (Figura 15.14c) e a taxa de câmbio (Figura 5.14d) são proporcionais ao aumento na oferta de moeda (Figura 15.14a).

Superação da taxa de câmbio

Em sua depreciação inicial após o aumento na oferta de moeda, a taxa de câmbio salta de $E^1_{\$/€}$ até $E^2_{\$/€}$, uma depreciação maior do que a de *longo prazo*, de $E^1_{\$/€}$ para $E^3_{\$/€}$ (veja a Figura 15.14d). Diz-se que a taxa de câmbio é superada quando sua resposta imediata a uma

FIGURA 15.14 Trajetória no tempo das variáveis econômicas norte-americanas após um aumento permanente na oferta de moeda norte-americana

Depois que a oferta de moeda aumenta em t_0 no painel (a), a taxa de juros (no painel (b)), o nível de preço (no painel (c)) e a taxa de câmbio (no painel (d)) movem-se, como mostrado, em direção aos níveis de longo prazo. Como indicado no painel (d) pelo salto inicial de $E^1_{\$/€}$ para $E^2_{\$/€}$, a taxa de câmbio ultrapassa no curto prazo antes de estabelecer-se em seu nível de longo prazo, $E^3_{\$/€}$.

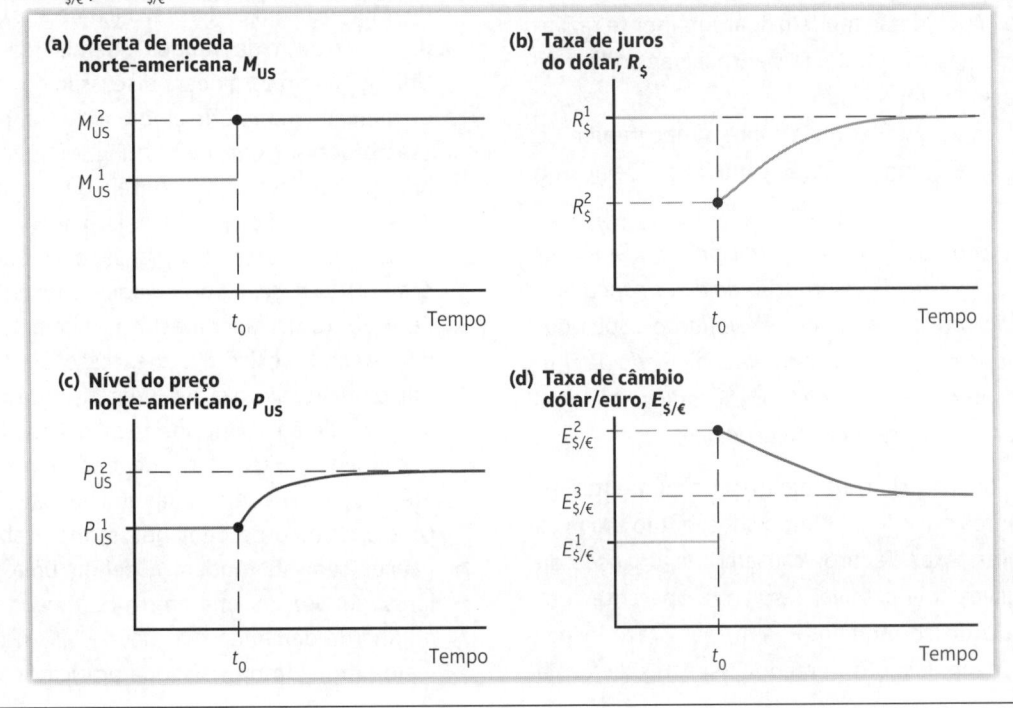

alteração é maior do que a de longo prazo. A **superação da taxa de câmbio** é um fenômeno importante, porque ajuda a explicar por que as taxas de câmbio movem-se drasticamente de um dia para o outro.

A explicação econômica da superação vem da condição de paridade de juros. A explicação é mais fácil de compreender se assumirmos que antes que o aumento da oferta de moeda ocorra pela primeira vez, nenhuma mudança na taxa de câmbio dólar/euro é esperada, de forma que $R_\$^1$ é igual a R_ϵ, a taxa de juros dada em depósitos de euro. Um aumento permanente na oferta de moeda norte-americana não afeta R_ϵ, de forma que faz $R_\$^1$ cair para baixo de R_ϵ e permanecer abaixo dessa taxa de juros (Figura 15.14b) até que o nível de preço norte-americano tenha completado seu ajuste de longo prazo para P_{US}^2, mostrado na Figura 15.14c. No entanto, para que o mercado cambial estrangeiro esteja em equilíbrio durante esse processo de ajuste, a diferença de juros a favor dos depósitos de euro deve ser compensada por uma *valorização* esperada do dólar em relação ao euro, isto é, uma queda esperada em $E_{\$/\epsilon}$. Apenas se a taxa de câmbio dólar/euro superar $E_{\$/\epsilon}^3$ os participantes do mercado esperarão de início uma valorização subsequente do dólar em relação ao euro.

Superar é uma consequência direta da rigidez de curto prazo do nível de preço. Em um mundo hipotético, no qual o nível de preço poderia ser ajustado imediatamente para o novo nível de longo prazo após um aumento da oferta de moeda, a taxa de juros do dólar não cairia, porque os preços ajustariam imediatamente e impediriam que a oferta real de moeda aumentasse. Portanto, não existiria necessidade de superação para manter o equilíbrio no mercado de câmbio estrangeiro. A taxa de câmbio manteria o equilíbrio simplesmente subindo de imediato para seu novo nível de longo prazo.

UMA INFLAÇÃO MAIS ELEVADA PODE LEVAR À VALORIZAÇÃO DA MOEDA? AS IMPLICAÇÕES DA META DE INFLAÇÃO

No modelo de superação que acabamos de examinar, um aumento na oferta de moeda resulta em maior inflação e na depreciação da moeda, como mostrado na Figura 15.14. Pode parecer confuso, então, que os leitores da imprensa financeira frequentemente vejam manchetes como a do *Financial Times* em 24 de maio de 2007: "Inflação impulsiona o dólar canadense para cima". À luz desse modelo aparentemente razoável definido neste capítulo, tais afirmações podem de alguma forma fazer sentido?

Uma dica vem ao ler mais sobre a reportagem do *Financial Times* sobre a inflação canadense. De acordo com o jornal:

> Analistas disseram que o principal impulsionador do surto recente de valorização do dólar canadense foi maior do que os dados de inflação esperados para abril, que viu o preço total do mercado de títulos em um aumento na base de 25 pontos nas taxas de juros canadenses até o final do ano.

Se os bancos centrais agem para aumentar as taxas de juros quando a inflação sobe, então uma vez que maiores taxas de juros causam a valorização da moeda, talvez seja possível resolver a aparente contradição do nosso modelo. Porém, para fazê-lo por completo, devemos considerar dois aspectos da forma pela qual bancos centrais modernos de fato formulam e implementam a política monetária.

1. *A taxa de juros, não a oferta de moeda, é o instrumento principal da política monetária.* Atualmente, a maioria dos bancos centrais na verdade não visa à oferta de moeda a fim de controlar a inflação. Em vez disso, eles visam a uma taxa de juros de referência em curto prazo (como a taxa de um dia para o outro de "fundos federais" nos Estados Unidos). Como essa nossa discussão do equilíbrio do mercado monetário ajuda-nos a compreender esse processo? Considere a Figura 15.4 e suponha que o banco central deseja definir uma taxa de juros de R^1. Pode-se fazer isso apenas concordando em fornecer ou tomar todo o dinheiro que o mercado deseja trocar naquela taxa de juros. Se a oferta de moeda está inicialmente em Q^2, por exemplo, existirá um excesso de demanda por dinheiro na taxa de juros R^1, então as pessoas venderão os títulos para o banco central por moeda (na realidade, pegando emprestado), até que a oferta de moeda tenha expandido para Q^1 e o excesso de demanda tenha acabado. Os bancos centrais tendem a definir uma taxa de juros, em vez de uma oferta de moeda, porque a linha de demanda por moeda $L(R, Y)$ desloca-se de forma imprevisível na prática. Se o banco

central fosse corrigir a oferta de moeda, o resultado seria volatilidade elevada e possivelmente prejudicial da taxa de juros. É, portanto, mais prático corrigir a taxa de juros e deixar a oferta de moeda ajustar-se automaticamente quando necessário.[12]

No entanto, nossa discussão anterior da relação positiva entre a oferta de moeda e o nível de preço vão levá-lo a um problema potencial de instrumento de taxa de juros. Se a oferta de moeda é livre para aumentar ou diminuir conforme os mercados desejam coletivamente, como o nível de preço e a inflação podem ser mantidos sob controle? Por exemplo, se os atores duvidam da resolução do banco central para controlar a inflação, e de repente elevam o nível do preço porque esperam preços mais altos no futuro, eles simplesmente poderiam pegar dinheiro emprestado do banco central, trazendo assim o aumento necessário sobre a oferta de moeda para sustentar preços altos no longo prazo. Essa possibilidade preocupante nos traz para o segundo pilar da política monetária moderna.

2. *A maioria dos bancos centrais ajusta sua política de taxas de juros expressamente de modo a manter a inflação sob controle.* Um banco central pode evitar que a inflação suba ou desça muito ao aumentar a taxa de juros quando descobre que a inflação está acima do esperado e baixá-la quando está menor. Como veremos de forma mais completa no Capítulo 17, um aumento na taxa de juros, que faz a moeda ser valorizada, amortece a demanda pelos produtos de um país fazendo-os mais caros em comparação às mercadorias estrangeiras. Essa queda na demanda, por sua vez, promove preços nacionais menores. Uma queda na taxa de juros, simetricamente, apoia os preços nacionais. Na verdade, muitos bancos centrais agora seguem estratégias formais de *meta de inflação*, sob as quais eles anunciam uma meta (ou uma variedade de metas) para a taxa de inflação e ajustam a taxa de juros para manter a inflação na meta. Alguns bancos centrais têm como alvo o chamado *núcleo* de inflação, que é a inflação no nível de preço, excluindo componentes voláteis, como preços da energia, em vez da inflação *global*, que é a inflação no índice total de preços ao consumidor. A prática formal de meta de inflação foi iniciada pelo Banco Central da Nova Zelândia, em 1990, e os bancos centrais de muitas outras áreas desenvolvidas e em desenvolvimento, incluindo Canadá, Chile, México, África do Sul, Suécia, Tailândia, Reino Unido e a zona do euro seguiram o exemplo.[13]

Agora podemos compreender o "paradoxo" de a inflação maior do que esperada causar valorização da moeda em vez de depreciação. Suponha que os participantes do mercado levam inesperadamente os preços para cima e pegam empréstimo para aumentar a oferta de moeda. Portanto, quando o governo canadense libera novos dados de preços, eles mostram um nível de preço maior do que os participantes do mercado previram anteriormente. Se esperamos que o Banco Central do Canadá aumente as taxas de juros de forma tão rápida a colocar o nível de preço e a oferta de moeda de volta aos trilhos, não existe razão para a taxa de câmbio esperada futura mudar. Mas com taxas de juros canadenses maiores, a paridade de juros exige uma *depreciação* futura esperada do dólar canadense, que é consistente com uma taxa de câmbio futura não alterada apenas se o dólar canadense for *valorizado* imediatamente. A figura do ajuste da economia após o aumento inesperado na moeda e nos preços ficaria como a Figura 15.14 ao contrário (isto é, construída para refletir uma contração monetária em vez de uma expansão), com a adição da suposição de que o Banco Central do Canadá move gradualmente as taxas de juros de volta para seu nível inicial, ao passo que o nível de preço retorna para sua trajetória definida.[14]

---

12 Para uma conta não técnica da implementação da política moderna do banco central, veja Michael Woodford. "Monetary Policy in a World without Money". *International Finance*, v. 3, p. 229-260, jul. 2000. O título provocante de Woodford aponta para outra vantagem do instrumento da taxa de juros para os bancos centrais: é possível conduzir políticas monetárias mesmo se depósitos controlados pagam juros em taxas competitivas. Para muitos propósitos, entretanto, é razoável ignorar a variabilidade da linha $L(R, Y)$ e simplesmente supor que o banco central define diretamente a oferta de moeda. No resto do livro faremos, para a maior parte, essa suposição simplificadora. A maior exceção será quando introduzirmos as taxas de câmbio fixas no Capítulo 18. Para uma reformulação simples da teoria da política monetária em termos de uma taxa de juros em vez de um instrumento de oferta de moeda, veja o trabalho de David Romer nas Leituras Adicionais deste capítulo.

13 Em práticas que visam à inflação e a teoria por trás delas, veja os livros de Bernanke et al. e Truman em Leituras Adicionais. Para uma crítica da ideia que visa ao núcleo em vez da inflação global, veja Stephen Cecchetti. "Core Inflation Is an Unreliable Guide". *Financial Times*, 12 set. 2006.

14 Estritamente falando, a narrativa no texto descreve um cenário com nível de preço em vez de taxas de meta da inflação. (Você consegue ver as diferenças?) Entretanto, o raciocínio no caso da meta de inflação é quase idêntica, desde que a taxa de juros do banco central em resposta à alta inflação inesperada seja suficientemente forte.

Os economistas Richard Clarida, da Universidade de Columbia, e Daniel Waldman, do Barclays Capital, oferecem uma impressionante evidência estatística consistente com essa explicação.[15] Esses escritores medem a inflação inesperada à medida que a estimativa da taxa de inflação anunciada inicialmente por um governo, anterior a quaisquer revisões de dados, menos a média das projeções de inflação previamente publicadas para esse período por um conjunto de analistas do setor bancário. Para uma amostra de dez países (Austrália, Grã-Bretanha, Canadá, área do euro, Japão, Nova Zelândia, Noruega, Suécia, Suíça e Estados Unidos), Clarida e Waldman examinaram as mudanças na taxa de câmbio que ocorreram no período que dura de cinco minutos antes do anúncio da inflação até cinco minutos após o anúncio. Suas principais conclusões são essas:

1. Em média, para as dez moedas estudadas, as notícias de que a inflação está inesperadamente alta de fato leva a uma valorização da moeda e não depreciação.
2. O efeito é mais forte para a inflação de núcleo do que para a global.
3. O efeito é muito mais forte para os países com meta de inflação do que para os Estados Unidos e o Japão, os dois países que não anunciaram metas de inflação. No caso do Canadá, por exemplo, o anúncio de uma taxa de núcleo de inflação anual que é 1% ao ano acima da expectativa do mercado leva a uma apreciação imediata do dólar canadense em torno de 3% em relação ao dólar estadunidense. O efeito correspondente para a taxa de câmbio estadunidense dólar/euro, embora na mesma direção, é somente em torno de um quarto maior.
4. Para países nos quais as séries de dados suficientemente longas estão disponíveis, o efeito do reforço da inflação inesperada na moeda está presente após a introdução da meta de inflação, mas não antes.

Teorias científicas podem ser conclusivamente refutadas, é claro, mas nunca conclusivamente provadas. Até agora, entretanto, a teoria de que a meta de inflação rigorosa transforma as más notícias sobre inflação em boas notícias para a moeda parece bastante convincente.

[15] Veja: Clarida e Waldman. "Is Bad News About Inflation Good News for the Exchange Rate? And If So, Can That Tell Us Anything about the Conduct of Monetary Policy?". In: John Y. Campbell (Ed.). *Asset Prices and Monetary Policy*. Chicago: University of Chicago Press, 2008. Michael W. Klein, da Universidade Tufts e Linda S. Goldberg, do Federal Reserve Bank de Nova York, utilizaram uma abordagem relacionada para investigar a mudança de percepções do mercado da aversão à inflação do Banco Central europeu após seu lançamento em 1999. Veja: "Evolving Perceptions of Central Bank Credibility: The European Central Bank Experience". *NBER International Seminar on Macroeconomics*, v. 33, p. 153–182, 2010.

RESUMO

1. O dinheiro é mantido por causa de sua liquidez. Quando considerado em termos reais, a *demanda agregada por moeda* não é uma demanda para certa quantidade de unidades da moeda, mas é, em vez disso, uma demanda por certa quantidade de poder de compra. A demanda agregada por moeda real depende negativamente do custo de oportunidade de reter a moeda (medido pela taxa de juros nacional) e positivamente pelo volume de transações na economia (medida pelo PNB real).

2. O mercado financeiro está em equilíbrio quando a *oferta real de moeda* é igual à demanda agregada por moeda real. Com o *nível de preço* e a produção real dados, um aumento na oferta de moeda diminui a taxa de juros e uma queda na oferta de moeda aumenta a taxa de juros. Um aumento na produção real aumenta a taxa de juros, dado o nível de preço, enquanto uma queda na produção real tem o efeito oposto.

3. Ao diminuir a taxa de juros nacional, um aumento na oferta de moeda faz com que a moeda nacional sofra depreciação no mercado cambial estrangeiro (mesmo quando as expectativas das taxas de câmbio futuras não mudam). Similarmente, uma queda na oferta de moeda nacional faz com que a moeda nacional seja valorizada em relação às estrangeiras.

4. Essa suposição de que o nível de preço é dado no *curto prazo* é uma boa aproximação da realidade em países com uma *inflação* moderada, mas é uma suposição ilusória sobre o *longo prazo*. Mudanças permanentes na oferta de moeda impulsionam o equilíbrio do nível de preço de longo prazo proporcionalmente na mesma direção, mas não influenciam os valores de longo prazo da produção, da taxa de juros ou de quaisquer preços relativos. Um importante preço da moeda cujo nível de equilíbrio de longo prazo aumenta em proporção a um aumento permanente na oferta de moeda é a taxa de câmbio, o preço em moeda nacional da moeda estrangeira.

5. Um aumento na oferta de moeda pode fazer a taxa de câmbio superar seu nível de longo prazo no curto prazo. Se a produção é dada, um aumento permanente na oferta de moeda, por exemplo, causa uma depreciação de curto prazo mais do que proporcional da moeda, seguida por uma valorização da moeda para sua taxa de câmbio de longo prazo. A *superação da taxa de câmbio*, que aumenta a volatilidade das taxas de câmbio, é resultado direito de um ajuste lento do nível de preço de curto prazo e da condição de paridade de juros.

TERMOS-CHAVE

curto prazo, p. 305
deflação, p. 312
demanda agregada por moeda, p. 301
equilíbrio de longo prazo, p. 310
inflação, p. 312

longo prazo, p. 305
nível de preço, p. 301
oferta de moeda, p. 299
superação da taxa de câmbio, p. 318

PROBLEMAS

1. Suponha que exista uma redução na demanda agregada por moeda real, isto é, uma mudança negativa na função da demanda agregada por moeda real. Trace os efeitos de curto e longo prazo na taxa de câmbio, na taxa de juros e no nível de preço.

2. Como você esperaria que uma queda na população de um país alterasse a função da demanda agregada por moeda? Faria diferença se a queda na população acontecesse em virtude de uma queda no número de famílias ou de uma queda no tamanho da família média?

3. A velocidade do dinheiro, V, é definida como a relação PNB real com as detenções reais de moeda, $V = Y/(M/P)$ na notação deste capítulo. Utilize a Equação (15.4) para obter uma expressão para velocidade e explique como a velocidade varia com mudanças em R e em Y.
(Dica: o efeito das mudanças de saída em V depende da elasticidade da demanda agregada por moeda com relação à produção real, que os economistas acreditam ser menos que a unidade.) Qual é a relação entre a velocidade e a taxa de câmbio?

4. Qual é o efeito de curto prazo na taxa de câmbio de um aumento no PNB real nacional dadas as expectativas sobre as taxas de câmbio futuras?

5. A nossa discussão da utilidade do dinheiro como meio de troca e unidade contábil sugere motivos por que algumas moedas tornam-se moedas de veículo para transações de câmbio? (O conceito de moeda de veículo foi discutido no Capítulo 14.)

6. Se uma reforma monetária não tem efeitos nas variáveis reais da economia, por que os governos normalmente estabelecem reformas monetárias em conexão com programas mais amplos, visando a travar a inflação desenfreada? (Existem muitos exemplos além do caso turco mencionado no texto. Outro exemplo inclui a troca israelense da libra pelo shekel; as trocas argentinas do peso para o austral e de volta para o peso; e as mudanças brasileiras do cruzeiro para o cruzado, do cruzado para o cruzeiro, do cruzeiro para o cruzeiro real e do cruzeiro real para o real, a atual moeda que foi introduzida em 1994.)

7. Em 1984 e 1985, o pequeno país latino-americano da Bolívia vivenciou a hiperinflação. A seguir estão alguns dados macroeconômicos chave desses anos:

	Mês	Oferta de moeda (bilhões de pesos)	Nível do preço (relativo a 1982 média = 1)	Taxa de câmbio (pesos por dólar)
1984	Abril	270	21,1	3.576
	Maio	330	31,1	3.514
	Junho	440	32,3	3.342
	Julho	599	34,0	3.570
	Agosto	718	39,1	7.038
	Setembro	889	53,7	13.685
	Outubro	1.194	85,5	15.205
	Novembro	1.495	112,4	18.469
	Dezembro	3.296	180,9	24.515
1985	Janeiro	4.630	305,3	73.016
	Fevereiro	6.455	863,3	141.101
	Março	9.089	1.078,6	128.137
	Abril	12.885	1.205,7	167.428
	Maio	21.309	1.635,7	272.375
	Junho	27.778	2.919,1	481.756
	Julho	47.341	4.854,6	885.476
	Agosto	74.306	8.081,0	1.182.300
	Setembro	103.272	12.647,6	1.087.440
	Outubro	132.550	12.411,8	1.120.210

Fonte: Juan-Antonio Morales, "Inflation Stabilization in Bolivia". In: Michael Bruno et al. (Eds.). *Inflation Stabilization: The Experience of Argentina, Brazil, Bolivia, and Mexico*. Cambridge, MA: MIT Press, 1988. Tabela 7A-1. A oferta de moeda é M1.

a. A oferta de moeda, o nível de preço e a taxa de câmbio em relação ao dólar norte-americano movem-se amplamente como você esperaria? Explique.

b. Calcule as mudanças percentuais no nível de preço geral e no preço do dólar entre abril de 1984 e julho de 1985. Como esses dados são comparados entre si e ao aumento percentual na oferta de moeda? Você pode explicar os resultados? (Dica: volte para a discussão da *velocidade* do dinheiro no Problema 3.)

c. O governo boliviano introduziu um plano de estabilização dramático perto do fim de agosto de 1985. Olhando para os níveis de preço e para as taxas de câmbio para os dois meses seguintes, você acha que foi bem-sucedido? À luz de sua pergunta, explique por que a oferta de moeda aumentou para uma grande quantia entre setembro e outubro de 1985.

8. A seguir está uma tabela de algumas metas de inflação de países e os anos nos quais eles adotaram a prática:

País	Ano de adoção	País	Ano de adoção
Nova Zelândia	1990	Austrália	1994
Chile	1991	Brasil	1999
Canadá	1991	México	1999
Israel	1991	África do Sul	2000
Suécia	1993	Indonésia	2005
Finlândia	1993		

Vá ao mais recente banco de dados do *World Economic Outlook* do Fundo Monetário Internacional (acessível diretamente ou por meio do www.imf.org) e colha a taxa de inflação anual série PCPIEPCH para esses países, começando em 1980. Então ponha em gráfico os dados para cada país utilizando o Excel ou algum outro programa de análise de dados. Só de olhar para os dados, a inflação parece comportar-se de forma diferente após a adoção da meta de inflação?

9. Em nossa discussão da superação da taxa de câmbio de curto prazo, supusemos que a produção real era dada. Suponha em vez disso que um aumento na oferta de moeda aumenta a produção real no curto prazo (uma suposição que será justificada no Capítulo 17). Como isso afeta a dimensão na qual a taxa de câmbio é superada quando a oferta de moeda aumenta pela primeira vez? É possível que a taxa de câmbio não seja superada? (Dica: na Figura 15.13a, permita que a linha de demanda agregada por moeda real mude em resposta ao aumento na produção.)

10. A Figura 14.3 mostra que as taxas de juros de curto prazo do Japão tiveram períodos durante os quais estão próximas ou iguais a zero. É coincidência o fato de que as taxas de iene mostradas nunca baixam de zero, ou você consegue pensar em alguma razão para que as taxas de juros possam ser delimitadas abaixo pelo zero?

11. Como uma taxa de juros zero poderia complicar a tarefa da política monetária? (Dica: em uma taxa de juros de zero, não existe uma vantagem na troca de dinheiro por títulos.)

12. Como vimos neste capítulo, bancos centrais, em vez de definirem propositadamente o nível da oferta de moeda, em geral definem um nível alvo para a taxa de juros de curto prazo, estando prontos para emprestar ou pegar emprestado qualquer dinheiro que as pessoas queiram trocar a essa taxa de juros. (Quando as pessoas precisam de mais dinheiro para uma razão além da mudança na taxa de juros, a oferta de moeda, portanto, expande e contrai quando eles desejam reter menos dinheiro.)

a. Descreva os problemas que podem surgir se um banco central define uma política monetária mantendo a taxa de juros de mercado constante. (Primeiro, considere o caso do preço flexível e se pergunte se você consegue encontrar um nível de equilíbrio único quando o banco central simplesmente dá às pessoas todo o dinheiro que elas desejam manter a uma taxa indexada. Então considere o caso do preço rígido.)

b. A situação muda se o banco central aumenta a taxa de juros quando os preços estão altos, de acordo com uma fórmula como $R - R_0 = a(P - P_0)$, onde a é uma constante positiva e P_0 um nível de preço alvo?

c. Suponha que a regra de política do banco central seja $R - R_0 = a(P - P_0) + u$, onde u é um movimento aleatório na política da taxa de juros. Com base no modelo de superação mostrado na Figura 15.14, descreva como a economia se ajustaria para uma queda única permanente no fator aleatório u e diga por quê. Você pode interpretar a queda em u como um corte da taxa de juros pelo banco central e, portanto, como uma ação monetária expansionista. Compare sua história com aquela descrita na Figura 15.14.

13. Desde 1942, o pequeno país do Panamá não teve outra moeda em papel a não ser o dólar norte-americano, que circula livremente no país. O que você esperaria ser verdade sobre a taxa da inflação no Panamá em comparação àquela dos Estados Unidos e por quê? Vá ao mais recente banco de dados do *World Economic Outlook* do Fundo Monetário Internacional (acessível diretamente ou por meio do www.imf.org) e examine as taxas de inflação comparáveis de consumidor-preço para o Panamá e para os Estados Unidos. As taxas de inflação que você vê ali estão em conformidade com sua previsão anterior? (Após ter lido os capítulos 16 e 18, você deve retornar a esta questão, pois terá então uma melhor compreensão dos fatores que determinam o nível de preço em um país como o Panamá.)

LEITURAS ADICIONAIS

BERNANKE, B. S. et. al. *Inflation Targeting: Lessons from the International Experience*. Princeton, NJ: Princeton University Press, 1999. Discute a experiência recente da política monetária e as consequências para a inflação e outras variáveis macroeconômicas.

DORNBUSCH, R. "Expectations and Exchange Rate Dynamics." *Journal of Political Economy*, v. 84, p. 1161-1176, dez. 1976. Uma análise teórica da superação da taxa de câmbio.

FRENKEL, J. A.; MUSSA, M. L. "The Efficiency of Foreign Exchange Markets and Measures of Turbulence." *American Economic Review*, v. 70, p. 374-381, maio 1980. Contrasta o comportamento dos níveis de preço nacionais com as taxas de câmbio e outros preços de ativos.

HALL, R. E.; PAPELL, D. H. *Macroeconomics: Economic Growth, Fluctuations, and Policy*. 6. ed. Nova York: W. W. Norton & Company, 2005. O Capítulo 15 discute algumas teorias da rigidez nominal do preço.

ROMER, D. "Keynesian Macroeconomics without the *LM* Curve." *Journal of Economic Perspectives*, v. 14, p. 149-169, primavera 2000. Um modelo macroeconômico no qual o banco central implementa a política monetária por meio de uma taxa de juros em vez de uma oferta de moeda.

TRUMAN, E. M. *Inflation Targeting in the World Economy*. Washington, D.C.: Institute for International Economics, 2003. Visão geral dos aspectos internacionais das estruturas da política monetária que visam à baixa inflação.

CAPÍTULO 16
Níveis de preço e a taxa de câmbio em longo prazo

No final de 1970, você poderia comprar 358 ienes japoneses com um único dólar norte-americano. No natal de 1980, um dólar valia somente 203 ienes. Apesar de uma volta temporária durante a década de 1980, o preço do dólar em iene caiu para 100 no verão de 2013. Muitos investidores acharam essas mudanças de preço difíceis de prever e, como resultado disso, fortunas foram perdidas (e feitas) no mercado cambial estrangeiro. Que forças econômicas estão por trás de movimentos de longo prazo tão drásticos nas taxas de câmbio?

Vimos que as taxas de câmbio são determinadas pelas taxas de juros e expectativas sobre o futuro, que são, por sua vez, influenciadas pelas condições nos mercados monetários nacionais. Para compreender por completo os movimentos de longo prazo da taxa de câmbio, temos de estender nosso modelo em duas direções. Primeiro, devemos completar nossa conta de ligações entre políticas monetárias, inflação, taxas de juros e taxas de câmbio. Segundo, devemos examinar outros fatores além das ofertas de moeda e demandas — por exemplo, mudanças de demanda nos mercados por mercadorias e serviços — que também podem ter efeitos sustentados nas taxas de câmbio.

O modelo de comportamento de longo prazo da taxa de câmbio que desenvolveremos neste capítulo fornece o quadro que os atores dos mercados de ativos utilizam para prever as taxas de câmbio futuras. Entretanto, como as expectativas desses agentes influenciam as taxas de câmbio imediatamente, previsões sobre os movimentos em *longo prazo* nas taxas de câmbio são importantes *mesmo no curto prazo*. Portanto, nos apoiaremos fortemente nas conclusões deste capítulo quando começarmos nosso estudo sobre as interações de *curto* prazo entre as taxas de câmbio e a produção no Capítulo 17.

No longo prazo, os níveis nacionais de preço desempenham um papel chave na determinação tanto das taxas de juros quanto dos preços relativos nos quais os produtos dos países são negociados. A teoria de como os níveis nacionais de preço interagem com as taxas de câmbio é, portanto, central para compreender por que as taxas de câmbio podem mudar drasticamente ao longo períodos de muitos anos. Começamos nossa análise discutindo a teoria da **paridade de poder de compra (PPC)**, que explica os movimentos na taxa de câmbio entre duas moedas pelas mudanças nos níveis de preços dos países. A seguir, examinamos as razões de por que a PPC pode falhar em fornecer previsões de longo prazo precisas e mostrar como a teoria deve, algumas vezes, ser modificada para prestar contas para as mudanças de oferta ou demanda nos mercados de produção dos países. Por fim, olharemos para o que nossa teoria estendida de PPC prevê sobre como as mudanças nos mercados monetários e de produção afetam as taxas de câmbio e juros.

OBJETIVOS DE APRENDIZAGEM

Após a leitura deste capítulo, você será capaz de:

- Explicar a teoria da paridade de poder de compra das taxas de câmbio e a relação dela com a integração internacional do mercado de mercadorias.
- Descrever como os fatores monetários como a inflação contínua do nível de preço afeta as taxas de câmbio no longo prazo.
- Discutir o conceito da taxa de câmbio real.
- Entender os fatores que afetam as taxas de câmbio reais e os preços relativos da moeda no longo prazo.
- Explicar a relação entre as diferenças da taxa de juros real internacional e as mudanças esperadas nas taxas de câmbio reais.

A lei de preço único

Para compreender as forças do mercado que podem dar origem aos resultados previstos pela teoria da paridade de poder de compra, primeiro discutiremos uma proposição relacionada, porém distinta, conhecida como **lei de preço único**. A lei de preço único afirma que em mercados competitivos, livres de custos de transporte e barreiras oficiais para negociar (como tarifas aduaneiras), mercadorias idênticas vendidas em diferentes países devem ser vendidas pelo mesmo preço quando seus preços são expressos em termos da mesma moeda. Por exemplo, se a taxa de câmbio dólar/libra é US$ 1,50 por libra, um suéter que é vendido por US$ 45 em Nova York deve ser vendido por £ 30 em Londres. O preço em dólar de um suéter quando vendido em Londres é então (US$ 1,50 por libra) × (£ 30 por suéter) = US$ 45 por suéter, o mesmo preço que em Nova York.

Vamos continuar com esse exemplo para ver por que a lei de preço único deve ser mantida quando o comércio é livre e não existem custos de transporte ou outras barreiras de comércio. Se a taxa de câmbio dólar/libra fosse US$ 1,45 por libra, você poderia comprar um suéter em Londres convertendo US$ 43,50 (= US$ 1,45 por libra × £ 30) em £ 30 no mercado cambial estrangeiro. Portanto, o preço em dólar de um suéter em Londres seria somente US$ 43,50. Se o mesmo suéter estivesse sendo vendido por US$ 45 em Nova York, os importadores norte-americanos e os exportadores britânicos teriam um incentivo para comprar suéteres em Londres e enviá-los para Nova York, aumentando o preço de Londres e diminuindo o de Nova York até que os preços sejam igualados nos dois locais. De modo similar, a uma taxa de câmbio de US$ 1,55 por libra, preço em dólares dos suéteres em Londres seria de US$ 46,50 (= US$ 1,55 por libra × £ 30), US$ 1,50 a mais do que Nova York. Os suéteres seriam enviados do oeste para o leste até que um único preço prevalecesse nos dois mercados.

A lei de preço único é uma reafirmação, em termos de moedas, de um princípio que foi importante na parte sobre teoria do comércio deste livro: quando o comércio é aberto e sem custo, mercadorias idênticas devem ser negociadas nos mesmos preços relativos independentemente de onde são vendidas. Lembramos a você desse princípio aqui porque ele fornece uma ligação entre os preços nacionais das mercadorias e as taxas de câmbio. Podemos declarar a lei de preço único como segue: deixemos P_{US}^i ser o preço em dólar da mercadoria i quando vendida nos Estados Unidos e P_E^i o preço correspondente em euro na Europa. Então a lei de preço único implica que o preço do dólar da mercadoria i é o mesmo onde quer que seja vendido.

$$P_{US}^i = (E_{\$/€}) \times (P_E^i).$$

De forma equivalente, a taxa de câmbio dólar/euro é a relação de preços em dinheiro norte-americano e europeu das mercadorias i,

$$E_{\$/€} = P_{US}^i / P_E^i.$$

Paridade de poder de compra

A teoria da paridade de poder de compra afirma que a taxa de câmbio entre as moedas de dois países é igual à razão dos níveis de preço desses países. Lembre-se do Capítulo 15 em que o poder de compra nacional da moeda de um país é refletido no nível de preço do país, o preço em dinheiro de uma cesta de referências de mercadorias e serviços. A teoria PPC, portanto, prevê que uma queda no poder de compra nacional da moeda (como indicado por um aumento no nível de preço nacional) será associada com uma depreciação proporcional da moeda no mercado cambial estrangeiro. Simetricamente, a PPC prevê que um aumento no poder de compra nacional da moeda será associado com uma valorização proporcional da moeda.

A ideia básica da PPC foi levada adiante nos escritos de economistas britânicos do século XIX, entre eles David Ricardo (o criador da teoria da vantagem comparativa). O economista sueco Gustav Cassel, que escrevia no começo do século XX, popularizou a PPC tornando-a peça central de uma teoria de taxas de câmbio. Embora tenha havido muita controvérsia sobre a validade geral da PPC, a teoria destaca fatores importantes por trás dos movimentos da taxa de câmbio.

Para expressar a teoria da PPC em símbolos, deixemos P_{US} como o preço em dólar de uma cesta de *commodity* de referência vendida nos Estados Unidos e P_E o preço em euro dessa mesma cesta na Europa. (Suponha por enquanto que uma única cesta mede precisamente o poder de compra monetária nos dois países.) Então a PPC prevê uma taxa de câmbio de

$$E_{\$/€} = P_{US} / P_E. \tag{16.1}$$

Se, por exemplo, a cesta de referência de mercadorias custa US$ 200 nos Estados Unidos e € 160 na Europa, a PPC prevê que uma taxa de câmbio dólar/euro de US$ 1,25 por euro (US$ 200 por cesta/€ 160 por cesta). Se o nível de preço norte-americano triplicasse (para US$ 600 por cesta), então o preço em dólar de

€ 1 também triplicaria: a PPC implicaria uma taxa de câmbio de US$ 3,75 por euro (= US$ 600 por cesta/ € 160 por cesta).

Rearranjando a Equação (16.1) para vermos

$$P_{US} = \left(E_{\$/€}\right) \times \left(P_E\right),$$

temos uma interpretação alternativa da PPC. O lado esquerdo da equação é o preço em dólar da cesta de referência de mercadorias nos Estados Unidos. O lado direito é o preço em dólar da cesta de referência de mercadorias quando compradas na Europa (isto é, o preço em euro multiplicado pelo preço em dólar de € 1). Esses dois preços são os mesmos se a PPC for mantida. A PPC, portanto, afirma que todos os níveis de preços dos países são iguais quando medidos em termos da mesma moeda.

De modo equivalente, o lado direito da última equação mede o poder de compra de US$ 1 quando trocado por euros e gasto na Europa. A PPC, portanto, é mantida quando, em taxas de câmbio atuais, o poder de compra da moeda nacional é sempre o mesmo que o poder de compra estrangeiro.

A relação entre a PPC e a lei de preço único

Superficialmente, a afirmação da PPC dada pela Equação (16.1) parece com a lei de preço único, que diz que $E_{\$/€} = P_{US}^i / P_E^i$ para qualquer mercadoria i. Entretanto, existe uma diferença entre a PPC e a lei de preço único: a lei de preço único aplica-se a mercadorias individuais (como a mercadoria i), enquanto a PPC aplica-se ao nível de preço geral, que é um composto de preços de todas as mercadorias que entram na cesta de referência.

Se a lei de preço único mantém-se para todas as mercadorias, é claro, a PPC deve manter-se automaticamente, desde que a cestas de referência usadas para calcular diferentes níveis de preços de países se mantenham as mesmas. Porém, os proponentes da teoria da PPC argumentam que sua validade (em particular sua validade como teoria de longo prazo) não exige que a lei de preço único mantenha-se exatamente.

Ainda conforme o argumento, mesmo quando a lei de preço único falha em manter-se para cada mercadoria individual, preços e taxas de câmbio não desviam muito da relação prevista pela PPC. Quando mercadorias e serviços tornam-se temporariamente mais caras em um país do que em outros, as demandas por sua moeda e seus produtos caem, levando a taxa de câmbio e os preços nacionais de volta à PPC. A situação oposta de produtos nacionais relativamente baratos leva, analogamente, à valorização da moeda e inflação do nível de preço. Portanto, a PPC afirma que mesmo quando a lei de preço único não é literalmente verdadeira, as forças econômicas por trás dela ajudarão a igualar o poder de compra da moeda em todos os países.

PPC absoluta e PPC relativa

A afirmação de que as taxas de câmbio são iguais aos níveis de preços relativos (Equação (16.1)) é chamada de vez em quando de **PPC absoluta**. A PPC absoluta implica uma proposição conhecida como **PPC relativa**, que afirma que a mudança percentual na taxa de câmbio entre duas moedas sobre qualquer período é igual à diferença entre as mudanças percentuais nos níveis nacionais de preços. A PPC relativa, portanto, traduz a PPC absoluta a partir de uma afirmação sobre *níveis* de preço e taxa de câmbio em uma afirmação sobre *mudanças* de preço e taxa de câmbio. Ele afirma que os preços e as taxas de câmbio mudam de forma a preservar a relação dos poderes de compra da moeda nacional e estrangeira.

Se o nível de preço norte-americano sobe em 10% enquanto o europeu sobre somente 5%, por exemplo, a PPC relativa prevê uma desvalorização de 5% do dólar em relação ao euro. Tal depreciação cancela os 5% pelos quais a inflação americana ultrapassa a a européia, deixando os poderes de compra relativos nacionais e estrangeiros das duas moedas inalterados. De forma mais formal, a PPC relativa entre os Estados Unidos e a Europa seria escrita como:

$$\left(E_{\$/€, t} - E_{\$/€, t-1}\right) / E_{\$/€, t-1} = \pi_{US, t} - \pi_{E, t}, \qquad (16.2)$$

onde π_t indica uma taxa de inflação (isto é, $\pi_t = (P_t - P_{t-1})/P_{t-1}$, a mudança percentual em um nível de preço entre datas t e $t-1$).[1] Diferente da PPC absoluta, a PPC relativa pode ser definida somente em relação ao intervalo de tempo sobre o qual os níveis de preço e a taxa de câmbio mudam.

Na prática, os governos nacionais não se esforçam para calcular os índices de nível de preço que publicam utilizando uma cesta de mercadorias padronizada internacionalmente. No entanto, a PPC absoluta não faz

---

1 Para ser preciso, a Equação (16.1) implica uma boa aproximação à Equação (16.2) quando as taxas de mudança não são tão grandes. A relação *exata* é

$$E_{\$/€, t} / E_{\$/€, t-1} = \left(P_{US, t} / P_{US, t-1}\right) / \left(P_{E, t} / P_{E, t-1}\right).$$

Após subtrair 1 dos dois lados, escrevemos a equação anterior exata como

$$\left(E_{\$/€, t} - E_{\$/€, t-1}\right) / E_{\$/€, t-1} = \left(\pi_{US, t} + 1\right)\left(P_{E, t-1} / P_{E, t}\right) - \left(P_{E, t} / P_{E, t}\right)$$

$$= \left(\pi_{US, t} - \pi_{E, t}\right) / \left(1 + \pi_{E, t}\right)$$

$$= \left(\pi_{US, t} - \pi_{E, t}\right) - \pi_{E, t}\left(\pi_{US, t} - \pi_{E, t}\right) / \left(1 + \pi_{E, t}\right).$$

Mas se $\pi_{US, t}$ e $\pi_{E, t}$ são pequenos, o termo $-\pi_{E, t}(\pi_{US, t} - \pi_{E, t})/(1 + \pi_{E, t})$ na última igualdade é desprezível, implicando uma boa aproximação para a Equação (16.2).

sentido, a não ser que as duas cestas cujos preços são comparados na Equação (16.1) sejam as mesmas. (Não existe razão para esperar que cestas com mercadorias *diferentes* sejam vendidas pelo mesmo valor!) A noção da PPC relativa, portanto, é útil quando nos apoiamos nas estatísticas de nível de preço do governo para avaliar a PPC. Faz sentido comparar mudanças percentuais na taxa de câmbio para diferenças de inflação, como anteriormente, mesmo quando os países baseiam suas estimativas de *nível* de preço em cestas de produtos que diferem em cobertura e composição.

A PPC relativa é importante também porque pode ser válida mesmo quando a PPC absoluta não for. Dado que os fatores que causam desvios da PPC absoluta são mais ou menos estáveis no tempo, *mudanças* percentuais nos níveis de preços relativos ainda podem aproximar as *mudanças* percentuais nas taxas de câmbio.

Um modelo de taxa de câmbio de longo prazo baseado em PPC

Quando combinado com o quadro de oferta e demanda de moeda que desenvolvemos no Capítulo 15, a suposição da PPC leva a uma teoria útil de como as taxas de câmbio e os fatores monetários interagem no longo prazo. Como os fatores que não influenciam a oferta ou a demanda de moeda não desempenham nenhum papel explícito nessa teoria, ela é conhecida como **abordagem monetária à taxa de câmbio**. A abordagem monetária é o primeiro passo deste capítulo para desenvolver uma teoria geral de longo prazo das taxas de câmbio.

Pensamos na abordagem monetária como uma teoria de *longo prazo*, e não de curto prazo, porque ela não leva em conta a rigidez de preço, que parece importante para explicar os desenvolvimentos macroeconômicos de curto prazo, em especial os desvios de pleno emprego. Em vez disso, a abordagem monetária procede como se os preços pudessem ser ajustados imediatamente para manter o pleno emprego, assim como manter a PPC. Aqui, como no capítulo anterior, quando nos referimos a um valor de longo prazo de uma variável, queremos dizer o valor de equilíbrio da variável em um mundo hipotético, no qual os preços de mercado da produção e dos fatores sejam perfeitamente flexíveis.

Existe uma controvérsia considerável entre os microeconomistas sobre as fontes da rigidez aparente do nível de preço. Alguns sustentam que os preços e os salários somente aparentam ser rígidos e na realidade ajustam-se imediatamente para clarear os mercados. Para um economista dessa escola, os modelos deste capítulo descrevem o comportamento de curto prazo de uma economia na qual a velocidade de ajuste do nível de preço é tão alta que nenhum desemprego significativo acontece.

A equação fundamental da abordagem monetária

Para desenvolver as previsões da abordagem monetária para a taxa de câmbio do dólar/euro, vamos supor que no longo prazo o mercado cambial estrangeiro define a taxa de forma que a PPC seja mantida (veja a Equação (16.1)):

$$E_{\$/€} = P_{US} / P_E.$$

Em outras palavras, supomos que a equação citada seria mantida em um mundo onde não existe rigidez no mercado para impedir que a taxa de câmbio e outros preços ajustem-se imediatamente para níveis consistentes com o emprego completo.

No capítulo anterior, a Equação (15.5) mostrou como podemos explicar os níveis de preços nacionais em termos de demandas e ofertas de moeda. Nos Estados Unidos,

$$P_{US} = M^s_{US} / L(R_\$, Y_{US}), \qquad (16.3)$$

enquanto na Europa,

$$P_E = M^s_E / L(R_€, Y_E). \qquad (16.4)$$

Como antes, utilizamos o símbolo M^s para representar a oferta de moeda do país e $L(R, Y)$ para sua demanda agregada por moeda real, que diminuem quando a taxa de juros sobe e aumentam quando a produção real aumenta.[2]

As equações (16.3) e (16.4) mostram como a abordagem monetária à taxa de câmbio vem pelo nome. De acordo com a afirmação da PPC na Equação (16.1), o preço em dólar de € 1 é simplesmente o preço em dólar da produção norte-americana dividida pelo preço do euro da produção europeia. Esses dois níveis de preço, por sua vez, são completamente determinados pela oferta e demanda de moeda de cada área: o nível de preço dos Estados Unidos é a oferta de moeda norte-americana dividida pela demanda de moeda real norte-americana, como mostrado na Equação (16.3), e o nível de preço da Europa similarmente é a oferta de moeda europeia dividida pela demanda real dessa moeda, como mostrado na Equação (16.4). A abordagem monetária, portanto, faz a previsão geral de que *a taxa de câmbio, que é o preço relativo da moeda norte-americana e europeia, seja completamente determinada no longo prazo pelas ofertas*

---

[2] Para simplificar esta notação, assumimos funções idênticas de demanda de moeda para os Estados Unidos e para a Europa.

relativas desse dinheiro e das demandas reais relativas para elas. As mudanças nas taxas de juros e os níveis de produção afetam a taxa de câmbio somente por meio de suas influências na demanda por moeda.

Além disso, a abordagem monetária faz uma série de previsões específicas sobre os efeitos de longo prazo na taxa de câmbio de mudanças nas ofertas de moeda, nas taxas de juros e nos níveis de produção:

1. *Ofertas de moeda.* Com todo o resto igual, um aumento permanente na oferta de moeda norte-americana M_{US}^s causa um aumento proporcional no nível de preço norte-americano de longo prazo P_{US}, como mostra a Equação (16.3). Porém, como sob a PPC $E_{\$/\epsilon} = P_{US}/P_E$, $E_{\$/\epsilon}$ também aumenta no longo prazo em proporção ao aumento na oferta de moeda norte-americana. (Por exemplo, se M_{US}^s aumenta em 10%, P_{US} e $E_{\$/\epsilon}$ também crescem eventualmente em 10%.) Portanto, um aumento na oferta de moeda norte-americana causa uma *depreciação* proporcional de longo prazo do dólar em relação ao euro. Contrariamente, a Equação (16.4) mostra que um aumento permanente na oferta de moeda europeia causa um aumento proporcional no nível de preço europeu de longo prazo. Sob a PPC, o aumento do nível de preço implica uma *valorização* proporcional de longo prazo do dólar em relação ao euro (que é o mesmo que uma depreciação proporcional do euro em relação ao dólar).

2. *Taxas de juros.* Um aumento na taxa de juros $R_\$$ em ativos nominais em dólar diminui a demanda real de moeda norte-americana $L(R_\$, Y_{US})$. De acordo com a Equação (16.3), o nível de preço norte-americano de longo prazo aumenta e sob a PPC o dólar deve sofrer depreciação em relação ao euro, proporcional ao aumento do nível de preço norte-americano. Um aumento na taxa de juros R_ϵ em ativos nominais em euro tem o efeito de taxa de câmbio de longo prazo inverso. Como a demanda real por moeda europeia $L(R_\epsilon, Y_E)$ cai, o nível de preço europeu aumenta, na Equação (16.4). Sob a PPC, o dólar deve ser valorizado em relação ao euro na proporção do aumento do nível de preço europeu.

3. *Níveis de produção.* Um aumento na produção norte-americana aumenta a demanda real por moeda norte-americana $L(R_\$, Y_{US})$, resultando, na Equação (16.3), em uma queda no nível de preço norte-americano de longo prazo. De acordo com a PPC, existe uma valorização do dólar em relação ao euro. Simetricamente, um aumento na produção europeia aumenta $L(R_\epsilon, Y_E)$ e, na Equação (16.4), causa uma queda no nível de preço europeu de longo prazo. A PPC prevê que esse desenvolvimento fará o dólar sofrer depreciação em relação ao euro.

Para compreender essas previsões, lembre-se que a abordagem monetária, como qualquer teoria de longo prazo, supõe essencialmente que os níveis de preço ajustam-se tão rápido quanto as taxas de câmbio, isto é, imediatamente. Por exemplo, um aumento na produção real norte-americana aumenta a demanda de transações por saldos reais em moeda norte-americana. De acordo com a abordagem monetária, o nível de preço norte-americano cai *imediatamente* para trazer um aumento no equilíbrio de mercado na oferta de saldos reais de moeda. A PPC implica que essa deflação instantânea do preço norte-americano é acompanhada por uma valorização instantânea do dólar no câmbio estrangeiro.

A abordagem monetária leva a um resultado familiar no Capítulo 15, de que o valor de câmbio estrangeiro de longo prazo da moeda de um país move-se em proporção à sua oferta de moeda (previsão 1). A teoria também levanta o que parece ser um paradoxo (previsão 2). Em nossos exemplos anteriores, sempre descobrimos que uma moeda é *valorizada* quando a taxa de juros que ela oferece aumenta em relação às taxas de juros estrangeiras. Como é que agora chegamos precisamente à conclusão oposta — um aumento na taxa de juros de um país causa *depreciação* de sua moeda diminuindo a demanda real pela moeda?

No fim do Capítulo 14, avisamos que nenhuma conta de como uma mudança nas taxas de juros afeta a taxa de câmbio é completa até que especifiquemos *exatamente por que as taxas de juros mudaram.* Esse ponto explica a contradição aparente em nossas descobertas sobre as taxas de juros e câmbio. No entanto, para resolver esse quebra-cabeça, devemos examinar mais de perto como as políticas monetárias e as taxas de juros estão conectadas no longo prazo.

Inflação em curso, paridade de juros e PPC

No último capítulo, vimos que um aumento permanente no nível da oferta de moeda de um país em última análise resulta em um aumento proporcional em seu nível de preço, mas não tem efeito nos valores de longo prazo da taxa de juros ou da produção real. Embora o experimento conceitual de uma mudança única por etapas na oferta de moeda seja útil para pensar sobre os efeitos de longo prazo da moeda, ele não é muito realista como uma descrição de políticas monetárias reais. De forma mais plausível, as autoridades escolhem uma taxa de crescimento para a oferta de moeda, digamos, 5%, 10% ou 50% ao ano e então permitem que a moeda cresça progressivamente por meio de aumentos graduais, mas frequentes. Quais são os efeitos de longo prazo de uma política que permite que a oferta de moeda cresça sempre suavemente a uma taxa positiva?

O raciocínio no Capítulo 15 sugere que um crescimento contínuo da oferta de moeda vai requerer um aumento contínuo no nível de preço — uma situação de uma inflação *em curso*. Enquanto as empresas e os trabalhadores compreendem o fato de que a oferta de moeda está crescendo de forma constante, digamos, a uma taxa anual de 10%, eles vão ajustar-se aumentando os preços e salários pelos mesmo 10% todo ano, mantendo, então, suas rendas reais constantes. O emprego pleno da produção depende do fornecimento de fatores produtivos, mas é seguro supor que as ofertas de fatores e, portanto, a produção não são afetadas pelas diferentes escolhas de longo prazo de uma taxa de crescimento constante para a oferta de moeda. *Com o resto igual, o crescimento da oferta de moeda a uma taxa constante eventualmente resulta em inflação em curso do nível de preço na mesma taxa, mas mudanças nessa taxa de inflação em longo prazo não afetam o emprego pleno do nível de produção ou os preços relativos de longo prazo das mercadorias e serviços.*

A taxa de juros, entretanto, definitivamente não é independente da taxa de crescimento da oferta de moeda no longo prazo. Embora a taxa de juros de longo prazo não dependa no *nível* absoluto da oferta de moeda, o *crescimento* contínuo na oferta de moeda eventualmente afetará a taxa de juros. A forma mais fácil para ver como um aumento permanente na inflação afeta a taxa de juros de longo prazo é combinar a PPC com a condição de paridade da taxa de juros na qual nossa análise anterior de determinação da taxa de câmbio foi construída.

Como nos dois capítulos anteriores, a condição de paridade de juros entre ativos de dólar e euro é

$$R_\$ = R_\euro + \left(E^e_{\$/\euro} - E_{\$/\euro}\right) / E_{\$/\euro}$$

(lembre-se da Equação (14.2) na p. 286). Agora vamos perguntar como essa condição de paridade, que deve ser mantida tanto no longo quanto no curto prazo, encaixa-se com a outra condição de paridade que estamos supondo em nosso modelo de longo prazo, a paridade de poder de compra. De acordo com a PPC relativa, a mudança percentual na taxa de câmbio dólar/euro sobre o próximo ano igualará a diferença entre as taxas de inflação dos Estados Unidos e da Europa sobre aquele ano (veja a Equação (16.2)). Entretanto, já que as pessoas compreendem essa relação, também deve ser verdade que elas *esperam* que a mudança percentual da taxa de câmbio iguale a diferença de inflação entre EUA-Europa. A condição de paridade de juros escrita nas páginas anteriores nos diz agora o seguinte: *se as pessoas esperam que a PPC relativa seja mantida, a diferença nas taxas de juros oferecidas pelos depósitos de dólar e de euro igualarão a diferença entre as taxas de inflação esperada, sobre o horizonte relevante, nos Estados Unidos e na Europa.*

Alguma notação adicional é útil ao obter esse resultado de modo mais formal. Se P^e é o nível de preço esperado em um país para daqui um ano, a taxa de inflação esperada nesse país, π^e, é o aumento percentual esperado no nível de preço sobre o próximo ano:

$$\pi^e = \left(P^e - P\right) / P.$$

Se a PPC relativa é mantida, os participantes do mercado também *esperarão* que a PPC relativa mantenha-se, o que significa que podemos substituir as taxas de depreciação real e de inflação na Equação (16.2) com os valores que o mercado espera que sejam materializados:

$$\left(E^e_{\$/\euro} - E_{\$/\euro}\right) / E_{\$/\euro} = \pi^e_{US} - \pi^e_{E}.$$

Combinando essa versão "esperada" da PPC relativa com a condição de paridade de juros

$$R_\$ = R_\euro + \left(E^e_{\$/\euro} - E_{\$/\euro}\right) / E_{\$/\euro}$$

e rearrumando-a, chegamos a uma fórmula que expressa a diferença internacional de taxa de juros como a diferença entre as taxas nacionais de inflação esperadas:

$$R_\$ - R_\euro = \pi^e_{US} - \pi^e_{E}. \qquad (16.5)$$

Se, como a PPC prevê, espera-se que a depreciação da moeda compense a diferente da inflação internacional (de forma que a taxa de depreciação esperada do dólar é $\pi^e_{US} - \pi^e_{E}$), a diferença da taxa de juros deve igualar a diferença de inflação esperada.

O efeito Fisher

A Equação (16.5) nos dá uma relação de longo prazo entre a inflação em curso e as taxas de juros de que precisamos para explicar as previsões da abordagem monetária sobre como as taxas de juros afetam as de câmbio. A equação nos diz que *com todo o resto igual, um aumento na taxa de inflação esperada de um país irá, eventualmente, causar um amento igual na taxa de juros que os depósitos de sua moeda oferecem. Similarmente, uma queda na taxa de inflação esperada irá, eventualmente, causar uma queda na taxa de juros.*

Essa relação de longo prazo entre a inflação e as taxas de juros é chamada de **efeito Fisher**. O efeito Fisher implica, por exemplo, que se a inflação norte-americana subisse de modo permanente a partir de um nível constante de 5% para um nível constante de 10% ao ano, as taxas de juros eventualmente alcançariam a inflação mais alta, subindo em 5% por ano a partir de seu nível inicial.

Essas mudanças deixariam a *taxa real de retorno* em ativos de dólar, medida em termos de mercadorias e serviços norte-americanos, inalterada. Portanto, o efeito Fisher é outro exemplo da ideia geral de que no longo prazo os desenvolvimentos puramente monetários não devem ter efeito nos preços relativos da economia.[3]

O efeito Fisher está por trás da previsão aparentemente paradoxal da abordagem monetária em que uma moeda sofre depreciação no mercado cambial estrangeiro quando sua taxa de juros aumenta em relação às taxas de juros da moeda estrangeira. No equilíbrio de longo prazo que supusemos para a abordagem monetária, um aumento na diferença entre as taxas de juros nacionais e estrangeiras ocorre somente quando a inflação nacional esperada aumenta em relação à inflação estrangeira esperada. Esse certamente não é o caso no curto prazo, quando o nível de preço nacional é rígido. No curto prazo, como vimos no Capítulo 15, a taxa de juros pode aumentar quando a oferta de moeda nacional *cai* porque o nível de preço nacional rígido leva a um excesso de demanda por saldos reais de moeda na taxa de juros inicial. Sob a abordagem monetária de preço flexível, entretanto, o nível de preço cairia imediatamente, deixando a oferta *real* de moeda inalterada e, dessa forma, tornando desnecessária a mudança da taxas de juros.

Podemos compreender melhor como as taxas de juros e as taxas de câmbio interagem sob a abordagem monetária pensando por meio de um exemplo. Nosso exemplo ilustra por que a abordagem monetária associa aumentos sustentados na taxa de juros com a depreciação atual da moeda, assim como com a depreciação futura e declínios sustentados na taxa de juros com a valorização da moeda.

Imagine que a um tempo t_0, a Reserva Federal, de forma inesperada, aumente a taxa de crescimento da oferta de moeda norte-americana de π para um nível maior $\pi + \Delta\pi$. A Figura 16.1 ilustra como essa mudança afeta a taxa de câmbio dólar/euro, $E_{\$/\epsilon}$, bem como as outras variáveis norte-americanas, sob as suposições da abordagem monetária. Para simplificar os gráficos, assumimos que na Europa a taxa de inflação permanece constante em zero.

A Figura 16.1a mostra a súbita aceleração do crescimento da oferta de moeda norte-americana a um tempo t_0. (Colocamos escala nos eixos verticais dos gráficos para que a inclinação constante represente as taxas de crescimento constante proporcional das variáveis.). A mudança política gera expectativas de depreciação mais rápida da moeda no futuro: sob a PPC o dólar agora sofrerá depreciação a uma taxa $\pi + \Delta\pi$ em vez de a uma taxa menor π. A paridade de juros, portanto, requer que a taxa de juros do dólar aumente, como mostrado na Figura 16.1b, a partir de seu nível inicial $R_\$^1$ para um novo nível que reflete a depreciação esperada extra do dólar, $R_\$^2 = R_\$^1 + \Delta\pi$ (veja a Equação (16.5)). Note que esse ajuste deixa a taxa de juros do euro inalterada, mas já que a oferta de moeda europeia e a produção não mudaram, a taxa de juros do euro original ainda manterá o equilíbrio no mercado monetário europeu.

Você pode ver na Figura 16.1a que o *nível* da oferta de moeda de fato não pula para cima em t_0, somente a *taxa de crescimento futuro* muda. Já que não existe aumento imediato na oferta de moeda — mas há um aumento na taxa de juros que reduz a demanda por moeda — existiria um excesso de oferta de saldos reais em moeda norte-americana a um nível de preço praticado antes de t_0. Diante desse potencial excesso de oferta, o nível de preço norte-americano pula para cima em t_0 (veja a Figura 16.1c), reduzindo a oferta real de moeda de forma que ela novamente iguala a demanda real (veja a Equação (16.3)). Consistentemente com a ida para cima de P_{US} em t_0, a Figura 16.1d mostra o salto simultâneo proporcional em $E_{\$/\epsilon}$ implicado pela PPC.

Como podemos visualizar a reação do mercado cambial estrangeiro no tempo t_0? A taxa de juros de dólar aumenta não por causa da mudança nos níveis atuais da oferta ou demanda de moeda, mas unicamente porque as pessoas esperam crescimento da oferta de moeda futura e depreciação do dólar mais rápidos. Quando os investidores reagem mudando para depósitos estrangeiros, que momentaneamente oferecem maiores retornos esperados, o dólar sofre depreciação drástica no mercado cambial estrangeiro, movendo-se para uma nova linha de tendência ao longo da qual a depreciação é mais rápida do que era no tempo t_0.[4]

Note como diferentes suposições sobre a velocidade do ajuste do nível de preço levam a previsões contrastantes sobre como as taxas de câmbio e juros interagem. No exemplo da queda no nível da oferta de moeda sob preços rígidos, um aumento da taxa de juros é necessário para preservar o equilíbrio do mercado monetário, dado que o nível de preço não pode fazer isso sendo baixado imediatamente em resposta à redução da oferta de moeda. Naquele caso em que o preço é rígido, um aumento na taxa de juros

---

[3] O efeito recebeu o nome de Irving Fisher, da Universidade de Yale, um dos maiores economistas norte-americanos do início do século XX. O efeito é discutido longamente em seu livro *The Theory of Interest*, New York: Macmillan, 1930. Fisher, incidentalmente, fez um relato inicial da condição de paridade de juros na qual nossa teoria do equilíbrio do mercado cambial estrangeiro é baseada.

[4] No caso geral no qual a taxa de inflação da Europa π_E não é zero, o dólar, em vez de sofrer depreciação em relação ao euro na taxa π antes de t_0 e depois na taxa $\pi + \Delta\pi$, sofre depreciação na taxa $\pi - \pi_E$ até t_0 e na taxa $\pi + \Delta\pi - \pi_E$ depois disso.

| FIGURA 16.1 | Trajetória no tempo das variáveis econômicas norte-americanas de longo prazo após um aumento permanente na taxa de crescimento da oferta de moeda norte-americana |

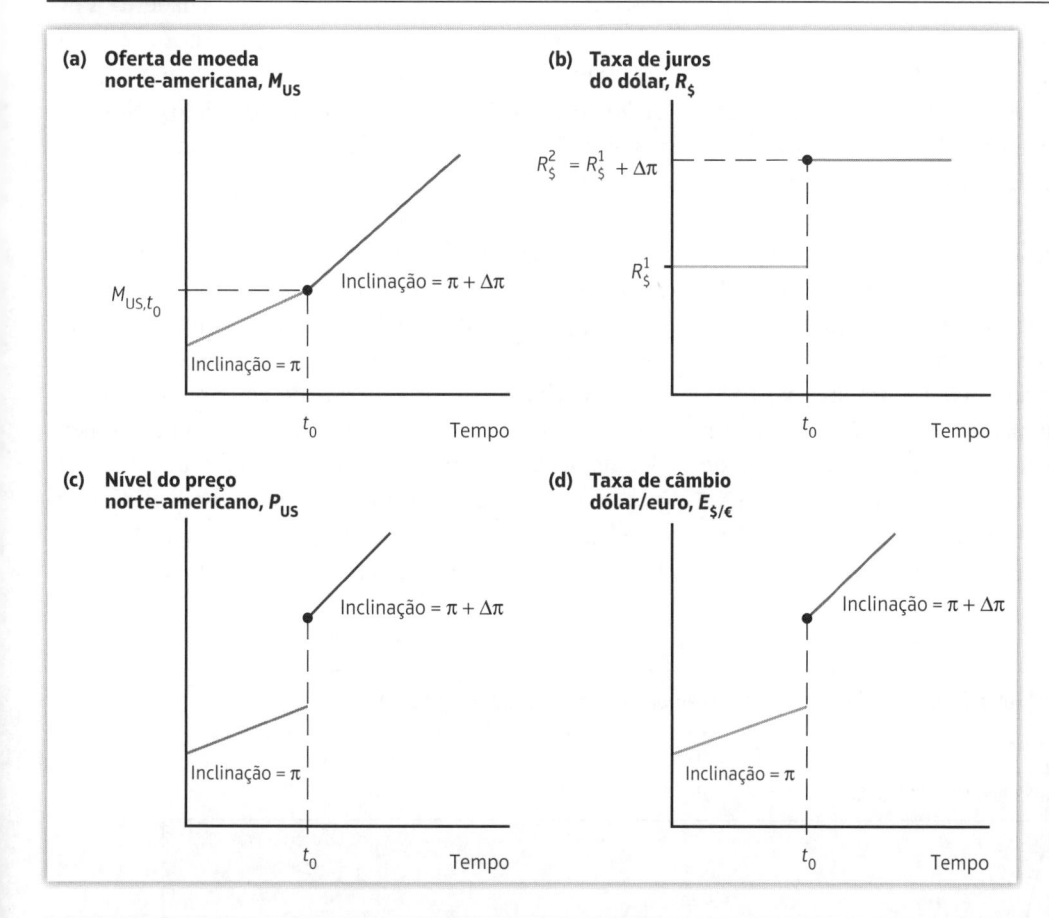

(a) Oferta de moeda norte-americana, M_{US}

Inclinação = $\pi + \Delta\pi$
Inclinação = π

(b) Taxa de juros do dólar, $R_\$$

$R_\$^2 = R_\$^1 + \Delta\pi$
$R_\$^1$

(c) Nível do preço norte-americano, P_{US}

Inclinação = $\pi + \Delta\pi$
Inclinação = π

(d) Taxa de câmbio dólar/euro, $E_{\$/€}$

Inclinação = $\pi + \Delta\pi$
Inclinação = π

Após a taxa de crescimento da oferta de moeda aumenta no tempo t_0 no painel (a), a taxa de juros (painel (b)), o nível de preço (no painel (c)) e a taxa de câmbio (no painel (d)) movem-se para novos caminhos de equilíbrio de longo prazo. (A oferta de moeda, o nível de preço e a taxa de câmbio são todos medidos em uma escala *logarítima natural*, que faz as variáveis que mudam a taxas proporcionais constantes parecer como linhas retas quando são colocadas no gráfico em relação ao tempo. A inclinação da linha é igual à taxa de crescimento proporcional da variável.).

é associado com menor inflação esperada e valorização da moeda em longo prazo, então a moeda é valorizada imediatamente. No entanto, em nosso exemplo de abordagem monetária de um aumento no crescimento da oferta de moeda, um aumento na taxa de juros é associado com maior inflação esperada e com uma moeda que será mais fraca em datas futuras. Uma *depreciação* imediata da moeda é o resultado.[5]

Esses resultados contrastantes das mudanças da taxa de juros estão na base de nosso aviso anterior de que uma explicação das taxas de câmbio baseada em taxas de juros deve cuidadosamente levar em conta os fatores que fazem as taxas de juros se moverem. Esses fatores podem afetar simultaneamente as taxas de câmbio futuras esperadas e podem, portanto, ter um impacto decisivo na resposta do mercado cambial estrangeiro à mudança na taxa de juros. O apêndice deste capítulo mostra em detalhes como as expectativas mudam no caso que analisamos.

Evidência empírica sobre PPC e a lei de preço único

O quão bem a teoria PPC explica os dados reais nas taxas de câmbio e níveis de preço nacional? Uma breve resposta é que *todas as versões da teoria PPC vão mal na explicação dos fatos*. Em particular, mudanças nos níveis de preço nacional em geral dizem-nos relativamente pouco sobre os movimentos da taxa de câmbio.

Porém, não conclua dessa evidência que o esforço que você acabou de fazer para aprender sobre a PPC foi um desperdício. Como veremos mais à frente neste capítulo, a PPC é a peça-chave da construção dos modelos de taxa de câmbio que são mais realistas do que a abordagem monetária. De fato, as falhas empíricas da PPC

---

[5] As ofertas de moeda nacional normalmente tendem a subir ao longo do tempo, como na Figura 16.1a. Tais inclinações levam a inclinações ascendentes correspondentes nos níveis de preço. Se as inclinações de nível de preço de dois países diferem, a PPC implica uma inclinação em suas taxas de câmbio também. De agora em diante, quando nos referirmos a uma mudança na oferta de moeda, nível de preço ou taxa de câmbio, queremos dizer com isso uma mudança no nível da variável relativa a seu caminho de inclinação esperado anterior — isto é, uma mudança paralela no caminho da inclinação. Quando em vez disso quisermos considerar mudanças nas inclinações dos caminhos em si, diremos isso explicitamente.

deram-nos importantes dicas sobre como modelos mais realistas deveriam ser definidos.

Para testar a PPC *absoluta*, os pesquisadores econômicos comparam os preços internacionais de uma ampla cesta de referência de mercadorias, fazendo ajustes cuidadosos para as diferenças de qualidade entre países de mercadorias supostamente idênticas. Essas comparações em geral concluem que a PPC absoluta não está exatamente certa: os preços de cestas de mercadorias idênticas, quando convertidos para uma única moeda, diferem substancialmente entre os países. Mesmo a lei de preço único não tem se saído bem em alguns estudos recentes de dados de preço discriminados por tipo de mercadoria. As mercadorias manufaturadas que parecem ser bem similares umas às outras são vendidas a preços amplamente diferentes em vários mercados desde o início da década de 1970. Como o argumento que leva à PPC absoluta é construído na lei de preço único, não é surpresa que a PPC não esteja à altura dos dados.[6]

A PPC relativa é, algumas vezes, uma aproximação razoável dos dados, mas também costuma ter um mau desempenho. A Figura 16.2 ilustra a fragilidade da PPC relativa ao traçar a taxa de câmbio iene/dólar, $E_{¥/\$}$, e a relação de níveis de preços japoneses e norte-americanos, P_J/P_{US}, ao longo de 2012. Os níveis de preço são medidos pelos índices relatados pelos governos japonês e norte-americano.[7]

A PPC relativa prevê que $E_{¥/\$}$ e P_J/P_{US} vão mover-se em proporção, mas eles claramente não o fazem. No início da década de 1980, existia uma valorização acentuada do dólar em relação ao iene, embora, com o nível de preço japonês caindo consistentemente em relação ao dos Estados Unidos, a PPC relativa sugira que o dólar deveria sofrer *depreciação* em vez disso. Essas mesmas tendências de inflação continuaram após meados da década de 1980, mas então o iene sofreu valorização muito maior do que a quantia que a PPC teria previsto. Somente durante longos períodos a PPC relativa é aproximadamente satisfeita. Em vista dos longos

FIGURA 16.2 A taxa de câmbio dólar/iene e os níveis de preço relativo Japão/EUA, 1980-2012

O gráfico mostra que a PPC relativa não acompanha a taxa de câmbio iene/dólar durante 1980-2012.

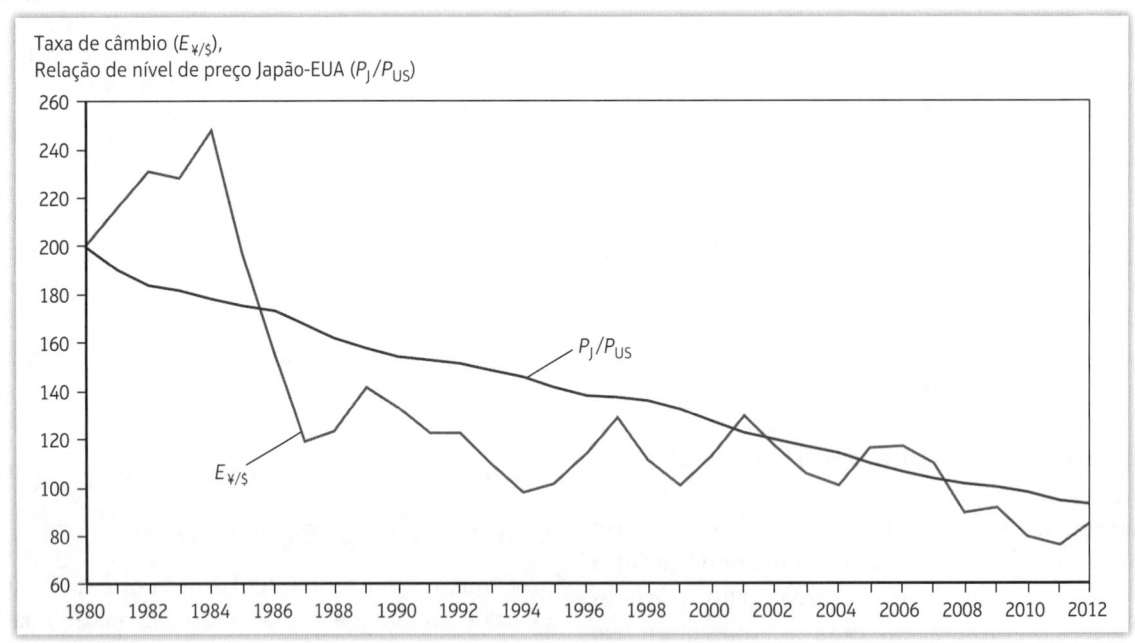

Fonte: FMI, *Fundo Monetário Internacional*. Taxas de câmbio e níveis de preço são datados do fim do ano.

---

6 Algumas das evidências negativas sobre a PPC absoluta são discutidas no estudo de caso a seguir. Em relação à lei de preço único, veja, por exemplo, Peter Isard. "How Far Can We Push the Law of One Price?". *American Economic Review*, v. 67, p. 942-948, dez. 1977. Gita Gopinath et al. "International Prices, Costs, and Markup Differences". *American Economic Review*, v. 101, p. 2450-2486, out. 2011; Mario J. Crucini e Anthony Landry, "Accounting for Real Exchange Rates Using Micro-Data". Working Paper 17812, National Bureau of Economic Research, fev. 2012; e o trabalho de Goldberg e Knetter nas Leituras Adicionais.

7 As medidas de nível de preço na Figura 16.2 são números de índice, não quantias em dólar. Por exemplo, o índice de preço do consumidor (IPC) norte-americano era 100 no ano-base 2000 e somente 50 em 1980, de forma que o preço em dólar de uma cesta de referência de mercadoria de compras de consumo norte-americana dobrou entre 1980 e 2000. Para a Figura 16.2, o ano-base para os índices de preço norte-americanos e japoneses foram escolhidos de forma que sua proporção de 1980 igualaria a taxa de câmbio de 1980, mas essa igualdade imposta não significa que a PPC absoluta foi mantida em 1980. Embora a Figura 16.2 utilize IPCs, outros índices de preços levam a figuras similares.

desvios da PPC no meio, entretanto, essa teoria parece ser de uso limitado mesmo como uma explicação de longo prazo.

Os estudos de outras moedas confirmam, em grande parte, os resultados na Figura 16.2. A PPC relativa não se mantém bem.[8] Como você aprenderá mais adiante neste livro, entre o fim da Segunda Guerra Mundial em 1945 e o início da década de 1970, as taxas de câmbio foram fixadas em margens estreitas e internacionalmente acordadas por meio da intervenção de bancos centrais no mercado cambial estrangeiro. Durante esse período de taxas de câmbio fixas, a PPC não se saiu tão mal. Entretanto, durante a primeira metade da década de 1920, quando muitas taxas de câmbio eram determinadas pelo mercado, assim como na década de 1970 e em diante, ocorreram desvios importantes da PPC relativa, assim como nas décadas recentes.[9]

Explicando os problemas com a PPC

O que explica os resultados empíricos negativos descritos na seção anterior? Existem vários problemas imediatos com nossa análise racional para a teoria da PPC das taxas de câmbio, que foi baseada na lei de preço único:

1. Ao contrário da suposição da lei de preço único, custos de transporte e restrições de comércio certamente existem. Essas barreiras de comércio podem ser altas o suficiente para impedir que algumas mercadorias e serviços sejam negociados entre os países.
2. As práticas monopolistas ou oligopolistas nos mercados podem interagir com os custos de transporte e outras barreiras de comércio para enfraquecer ainda mais a ligação entre os preços de mercadorias similares vendidas em países diferentes.
3. Como os dados da inflação relatados em diferentes países são baeados em diferentes cestas de mercadorias, não existe razão para as mudanças na taxa de câmbio compensarem medidas oficiais de diferenças de inflação, mesmo quando não há barreiras de comércio e todos os produtos são comercializáveis.

---

[8] Veja, por exemplo, o trabalho de Taylor e Taylor nas Leituras Adicionais deste capítulo.

[9] Veja: Paul R. Krugman. "Purchasing Power Parity and Exchange Rates: Another Look at the Evidence", *Journal of International Economics*, v. 8, p. 397-407, ago. 1978. Paul De Grauwe, Marc Janssens e Hilde Leliaert. *Real-Exchange-Rate Variability from 1920 to 1926 and 1973 to 1982*. Princeton Studies in International Finance, v. 56. International Finance Section, Department of Economics, Princeton University, set. 1985); e Hans Genberg. "Purchasing Power Parity under Fixed and Flexible Exchange Rates". *Journal of International Economics*, v. 8, p. 247-276, maio 1978.

Barreiras comerciais e bens não comercializáveis

Os custos de transporte e as restrições governamentais de comércio tornam caro movimentar mercadorias entre mercados localizados em países diferentes e, portanto, enfraquecem o mecanismo da lei de preço único subjacente à PPC. Suponha, novamente, que o mesmo suéter seja vendido por US$ 45 em Nova York e por £ 30 em Londres, mas que custa US$ 2 para enviar um suéter entre as duas cidades. A uma taxa de câmbio de US$ 1,45 por libra, o preço em dólares de um suéter de Londres é (US$ 1,45 por libra) × (£ 30) = US$ 43,50, mas um importador norte-americano teria de pagar US$ 43,50 + US$ 2 = US$ 45,50 para comprar o suéter em Londres e enviá-lo para Nova York. A uma taxa de câmbio de US$ 1,45 por libra, portanto, não pagaria para enviar os suéteres de Londres para Nova York, mesmo que o preço em dólar fosse mais alto na última cidade. Similarmente, a uma taxa de câmbio de US$ 1,55 por libra, um exportador norte-americano perderia dinheiro enviando suéteres de Nova York para Londres, mesmo o preço de US$ 45 em Nova York estando então abaixo do preço em dólar do suéter em Londres: US$ 46,50.

A lição desse exemplo é que custos de transporte rompem a ligação próxima entre as taxas de câmbio e os preços de mercadorias implicados pela lei de preço único. Quanto maiores os custos de transporte, maior a faixa sobre a qual a taxa de câmbio pode mover-se, dados os preços das mercadorias em diferentes países. Restrições oficiais ao comércio, como tarifas aduaneiras, têm efeito similar, porque uma taxa paga ao inspetor da alfândega afeta o lucro do importador da mesma forma que uma taxa de transporte equivalente. Qualquer um dos tipos de impedimento de comércio enfraquece a base da PPC, permitindo ao poder de compra de uma dada moeda diferir mais amplamente de um país para outro. Por exemplo, na presença de impedimentos de comércio, um dólar não precisa ir tão longe em Londres como em Chicago — e ele não vai, assim como qualquer um que esteja em Londres já tenha percebido.

Como você se lembra da teoria do comércio internacional, os custos do transporte podem ser tão grandes em relação ao custo de produzir algumas mercadorias e serviços que aqueles itens nunca seriam negociados internacionalmente com lucro. Tais mercadorias e serviços são chamados de *não comercializáveis*. O exemplo consagrado pelo tempo de um serviço não comercializável é o corte de cabelo. Um francês que deseja uma corte de cabelo norte-americano teria de transportar-se para os Estados Unidos ou transportar um barbeiro norte-americano para a França. Nos dois casos, o custo do transporte é tão grande em relação ao preço do serviço comprado que (com exceção dos turistas) os cortes franceses são consumidos somente por residentes franceses, enquanto cortes norte-americanos são consumidos somente por residentes dos Estados Unidos.

A existência de mercadorias e serviços não comercializáveis em todos os países, cujos preços não estão ligados internacionalmente, permite desvios sistemáticos mesmo da PPC relativa. Como o preço de um bem não comercializável é inteiramente determinado por suas curvas *nacionais* de oferta e demanda, mudanças nessas curvas fazem o preço de uma cesta de referência ampla mudar em relação ao preço estrangeiro da mesma cesta. Com tudo igual, um aumento no preço dos bens não comercializáveis de um país aumentará seu nível de preço em relação aos níveis de preço estrangeiros (medindo os níveis de preços de todos os países em termos de uma única moeda). Olhando de outra forma, o poder de compra de qualquer moeda dada cairá em países onde os preços de bens não comercializáveis subirem.

O nível de preço de cada país inclui uma ampla variedade de bens não comercializáveis, englobando (junto com os cortes de cabelo) tratamento médico de rotina, aulas de dança e habitação, entre outros. De modo geral, podemos identificar mercadorias comercializáveis com produtos manufaturados, matérias-primas e produtos agrícolas. Os não comercializáveis são principalmente serviços e produção da indústria de construção. Existem, naturalmente, exceções a essa regra. Por exemplo, serviços financeiros fornecidos por bancos e corretoras com frequência podem ser comercializadas internacionalmente. (O crescimento da Internet, em especial, expandiu a gama de serviços comercializáveis.) Além disso, as restrições do comércio, se severas o bastante, podem fazer com que mercadorias que normalmente seriam comercializadas tornem-se não comercializáveis. Portanto, na maioria dos países, algumas manufaturas são não comercializáveis.

Podemos ter uma ideia aproximada da importância dos bens não comercializáveis na economia norte-americana olhando para a contribuição das indústrias de serviço para o PNB norte-americano. Nos anos recentes, os serviços têm sido responsáveis por 75% do valor da produção norte-americana. Embora os serviços tendam a ter menores parcelas nas economias mais pobres, os não comercializáveis são um importante componente do PNB em todos os lugares. Os bens não comercializáveis ajudam a explicar as grandes saídas da PPC relativa ilustradas pela Figura 16.2.

Produção a partir de livre concorrência

Quando as barreiras de comércio e estruturas de mercado competitivo imperfeito acontecem juntas, as ligações entre os níveis de preço nacional são enfraquecidas ainda mais. Um caso extremo ocorre quando uma única empresa vende uma mercadoria por diferentes preços em diferentes mercados.

Quando uma única empresa vende o mesmo produto por diferentes preços em diferentes mercados, dizemos que ela está praticando **preços de mercado**. Os preços de mercado podem refletir diferentes condições de demanda em diferentes países. Por exemplo, países onde a demanda é mais inflexível aos preços tenderão a cobrar maior margem de lucro sobre o custo de produção do vendedor monopolista. Estudos empíricos de dados de exportação no nível da empresa produziram fortes evidências de preços de mercado generalizados no comércio de manufatura.[10]

Em 2011, por exemplo, o Volkswagen Passat custava US$ 4.000 a mais na Áustria do que na Irlanda, apesar de os países dividirem a mesma moeda (o euro) e apesar dos esforços da União Europeia, durante muitos anos, para remover as barreiras de comércio intraeuropeias (veja o Capítulo 21). Tais diferenciais de preço seriam difíceis de serem aplicados se não fosse dispendioso para os consumidores comprar carros na Irlanda e dirigi-los ou enviá-los para a Áustria, ou se os consumidores vissem carros mais baratos disponíveis na Áustria como bons substitutos para o Passat. Entretanto, a combinação de diferenciação de produto e mercados segmentados leva a grandes violações da lei de preço único e da PPC absoluta. As mudanças na estrutura do mercado e da demanda durante o tempo podem invalidar a PPC relativa.

Diferenças nos padrões de consumo e medição de nível de preço

As medidas de governo com relação ao nível de preço diferem de um país para outro. Uma razão para isso é que as pessoas que vivem em diferentes países gastam suas rendas de formas diversas. Em geral, consomem proporções relativamente mais altas dos produtos de seu próprio país — incluindo seus produtos comercializáveis — do que de produtos estrangeiros. O norueguês médio consome mais carne de alce do que sua contraparte norte-americana, o japonês médio consome mais sushi e o indiano médio consome mais chutney. Portanto, ao construir uma cesta de referência de mercadorias para medir o poder de compra, é possível que o governo norueguês coloque um peso relativamente alto no alce, o governo japonês no sushi e o governo indiano no chutney.

---

[10] Para revisão detalhada das evidências, veja o trabalho de Goldberg e Knetter nas Leituras Adicionais deste capítulo. As contribuições teóricas de preços de Mercado incluem: Rudiger Dornbusch. "Exchange Rates and Prices". *American Economic Review*, v. 77, p. 93-106, mar. 1987; Paul R. Krugman. "Pricing to Market When the Exchange Rate Changes". In: Sven W. Arndt e J. David Richardson (Eds.). *Real-Financial Linkages among Open Economies*. Cambridge, MA: MIT Press, 1987; e Andrew Atkeson e Ariel Burstein, "Pricing-to-Market, Trade Costs, and International Relative Prices". *American Economic Review*, v. 98, p. 1998-2031, dez. 2008.

ALGUMAS EVIDÊNCIAS SUBSTANCIAIS SOBRE A LEI DE PREÇO ÚNICO

No verão de 1986, a revista *The Economist* conduziu um extenso levantamento sobre os preços dos hambúrgueres Big Mac nos restaurantes McDonald's ao redor do mundo. Esse compromisso aparentemente caprichoso não foi resultado de um surto de idiotice editorial. Em vez disso, a revista queria zombar dos economistas que confiantemente declararam que as taxas de câmbio são "supervalorizadas" ou "subvalorizadas" na base de comparações de PPC. Já que os Big Macs são "vendidos em 41 países, com somente mudanças triviais na receita", argumentou a revista, uma comparação dos preços do hambúrguer deveria servir como "um guia de meio raro para saber se as moedas são negociadas nas taxas de câmbio corretas".[11] Desde 1986, a *The Economist* tem atualizado seus cálculos.

Uma forma de interpretar o levantamento da *The Economist* é um teste da lei de preço único. Visto dessa maneira, os resultados do teste inicial foram bem surpreendentes. O preço em dólar dos Big Macs acabou por ser descontroladamente diferente em países diversos. Por exemplo, o preço de um Big Mac em Nova York era 50% maior do que na Austrália e 64% maior do que em Hong Kong. Em contraste, um Big Mac parisiense custa 54% a mais do que em Nova York, e um Big Mac em Tóquio custa 50% a mais. Somente na Grã-Bretanha e na Irlanda os preços em dólar dos hambúrgueres eram próximos aos níveis de Nova York.

Como essa drástica violação da lei de preço único pode ser explicada? Como a *The Economist* observou, os custos de transporte e as regras do governo são parte da explicação. A diferenciação do produto é provavelmente um fator adicional importante. Como relativamente poucos substitutos para o Big Mac estão disponíveis em alguns países, a diferenciação do produto dá ao McDonald's algum poder para adequar os preços ao mercado local. Por fim, lembre-se de que o preço do Big Mac deve cobrir não somente o custo de carne moída e pães, mas também os salários das pessoas que servem, o aluguel, a eletricidade e assim por diante. Os preços dessas entradas não alimentares podem diferir bastante em diferentes países. De fato, a *The Economist* agora introduziu uma versão refinada de seu índice que corrige o fato de que os custos de mão de obra tendem a ser menores em países mais pobres.[12]

Reproduzimos os resultados do relatório do levantamento da *The Economist* de janeiro de 2013. A Tabela 16.1 mostra os preços dos Big Macs em vários países, medidos em termos de dólares norte-americanos. Eles variam de um alto valor de US$ 7,84 na Noruega (79,4% acima do preço norte-americano) para somente US$ 2,19 em Hong Kong (metade do preço norte-americano).

Para cada país, podemos calcular uma "PPC do Big Mac", que é o nível hipotético da taxa de câmbio que se igualaria ao preço em dólar de um Big Mac vendido localmente a seu preço norte-americano de US$ 4,37. Por exemplo, em janeiro de 2013 um dólar norte-americano custava somente 5,46 coroas norueguesas no mercado cambial estrangeiro, tornando o preço em dólar de um Big Mac norueguês um pouco mais alto do que nos Estados Unidos. No entanto, a taxa de câmbio que teria igualado os preços do hambúrguer norte-americano e norueguês era (43 coroas norueguesas por hambúrguer)/(4,37 dólares por hambúrguer) = 9,84 coroas norueguesas por dólar, uma taxa de câmbio que torna a coroa muito mais barata em termos de dólares (e, portanto, fazendo os hambúrgueres noruegueses serem mais baratos também).

É dito frequentemente que uma moeda é supervalorizada quando sua taxa de câmbio torna as mercadorias nacionais mais caras em relação a mercadorias similares vendidas no exterior e subvalorizada no caso oposto. Para a coroa norueguesa, por exemplo, o grau de supervalorização na escala do Big Mac é a porcentagem pela qual o preço hipotético de coroas da PPC Big Mac em dólar ultrapassa a taxa de mercado, ou

$$100 \times (9{,}84 - 5{,}48)/5{,}48 = 79{,}6\%.$$

Naturalmente, além de algum erro de arredondamento, essa é a porcentagem pela qual o preço em dólar de um hambúrguer norueguês ultrapassa o de um hambúrguer norte-americano e, portanto, a porcentagem pela qual o preço em dólar real de uma coroa ultrapassa o preço hipotético do Big Mac.

---
[11] "On the Hamburger Standard". *Economist*, 6-12 set. 1986.
[12] Veja o site do índice Big Mac em: <http://www.economist.com/content/big-mac-index>, do qual os dados foram retirados.

TABELA 16.1	O padrão hambúrguer				
	Preços do Big Mac		PPC* implicado do dólar	Taxa de câmbio real: 30 de janeiro	Sub (–), sobre (+) valorização em relação ao dólar, %
	em moeda local	em dólares			
África do Sul	Rand 18,33	2,03	4,20	9,05	–53,6
Área do Euro	€ 3,59	4,88	0,82	0,74	11,7
Argentina	Peso 19,00	3,82	4,35	4,98	–12,6
Arábia Saudita	Riyal 11,00	2,93	2,52	3,75	–32,8
Austrália	A$ 4,70	4,90	1,08	0,96	12,2
Brasil	R$ 11,25	5,64	2,58	1,99	29,2
Canadá	C$ 5,41	5,39	1,24	1,00	23,5
Chile	Peso 2.050,00	4,35	469,39	471,75	–0,5
China	Yuan 16,00	2,57	3,66	6,22	–41,1
Coreia do Sul	Won 3.700,00	3,41	847,19	1.085,48	–22,0
Dinamarca	DK 28,50	5,18	6,53	5,50	18,7
Egito	Libra 16,00	2,39	3,66	6,69	–45,2
Estados Unidos	US$ 4,37	4,37	1,00	1,00	0,0
Filipinas	Peso 118,00	2,91	27,02	40,60	–33,5
Grã-Bretanha	£ 2,69	4,25	0,62	0,63	–2,7
Hong Kong	HK$ 17,00	2,19	3,89	7,76	–49,8
Hungria	Florim 830,00	3,82	190,04	217,47	–12,6
Indonésia	Rúpia 27.939,00	2,86	6.397,18	9.767,50	–34,5
Israel	Shekel 14,90	4,00	3,41	3,72	–8,4
Japão	¥ 320,00	3,51	73,27	91,07	–19,5
Malásia	Ringgit 7,95	2,58	1,82	3,08	–41,0
México	Peso 37,00	2,90	8,47	12,74	–33,5
Noruega	Coroa nor. 43,00	7,84	9,84	5,48	79,6
Nova Zelândia	NZ$ 5,20	4,32	1,19	1,20	–1,0
Peru	Sol 10,00	3,91	2,29	2,56	–10,5
Polônia	Zloty 9,10	2,94	2,08	3,09	–32,6
República Tcheca	Coroa tcheca 70,33	3,72	16,10	18,89	–14,8
Rússia	Rublo 72,88	2,43	16,69	30,05	–44,5
Singapura	S$ 4,50	3,64	1,03	1,23	–16,6
Suécia	SKR 48,40	7,62	11,08	6,35	74,5
Suíça	CHF 6,50	7,12	1,49	0,91	63,1
Tailândia	Baht 87,00	2,92	19,92	29,76	–33,1
Taiwan	NT$ 75,00	2,54	17,17	29,50	–41,8
Turquia	Lira 8,45	4,78	1,93	1,77	9,4

* Paridade de poder de compra: preço local dividido pelo preço nos Estados Unidos.
Fontes: McDonald's; *The Economist*, levantamento de jan. 2013. Taxas de câmbio são moeda local por dólar.

Igualmente, em janeiro de 2013 o preço em dólar do yuan chinês era 41,1% *abaixo* do nível de preço necessário para trazer a paridade de preço do hambúrguer: a moeda do país estava *subvalorizada* em 41,1%, de acordo com a medida Big Mac. A moeda da China teria que ser valorizada substancialmente em relação ao dólar para alinhar os preços norte-americanos e chineses do Big Mac. A moeda da Noruega, em contraste, teria de sofrer depreciação substancial.

Em geral, a "taxa de câmbio PPC" é definida como aquela que iguala os preços internacionais de alguma cesta ampla de mercadorias e serviços, não só de hambúrgueres. Como veremos, existem várias razões de por que podemos esperar que a PPC não fosse exatamente mantida, mesmo sobre longos períodos. Portanto, apesar da utilização generalizada de termos como *supervalorização*, os decisores políticos têm de ser muito cautelosos em julgar se qualquer nível particular da taxa de câmbio pode sinalizar uma necessidade para mudanças de política econômica.

Entretanto, os decisores políticos seriam espertos se levassem em conta extremos de super ou subvalorização. Considere o caso da Islândia. Em janeiro de 2006, a Islândia tinha um preço em dólar do Big Mac de US$ 7,44 e uma supervalorização gritante da moeda de 131% na escala Big Mac. Então o pequenino país foi varrido numa crise financeira global que discutiremos em detalhe nos capítulos 19 e 20. De por volta de 68 coroas islandesas por dólar em 2006, a moeda sofreu depreciação até por volta de 120 por dólar em 2010. Ao contrário de muitos outros países, a Islândia importa os ingredientes dos hambúrgueres, preços que subiram drasticamente por causa da depreciação. Esse súbito aumento de custo tornou a franquia não lucrativa sem um grande aumento nos preços para os consumidores. Mas a economia islandesa sofreu severamente na crise. Em vez de aumentar tanto os preços, o dono da franquia fechou os três restaurantes do McDonald's na Islândia. Como resultado, o país não aparece mais no levantamento da The Economist.[13]

13 Veja: Omar R. Valdimarsson. "McDonald's Closes in Iceland after Krona Collapse". Bloomberg News, 26 out. 2009. Disponível em: <http://www.bloomberg.com/apps/news?pid=newsarchive&sid=amu4.WTVaqjI>.

Como a PPC relativa faz previsões sobre *mudanças* de preço em vez de *níveis* de preço, é um conceito sensível independente das cestas utilizadas para definir os níveis de preço nos países que estão sendo comparados. Se todos os preços norte-americanos aumentassem em 10% e o dólar sofresse depreciação em relação às moedas estrangeiras em 10%, a PPC relativa seria satisfeita (supondo que não existem mudanças no exterior) para quaisquer escolhas de índices de nível de preço nacional ou estrangeiro.

Uma mudança nos preços relativos dos componentes da cesta, entretanto, pode fazer com que a PPC relativa falhe em testes que são baseados em índices de preço oficiais. Por exemplo, um aumento no preço relativo do peixe elevaria o preço em dólar de uma cesta de referência de mercadoria do governo japonês em relação ao preço de uma cesta do governo norte-americano, simplesmente porque o peixe tem uma grande parcela da cesta japonesa. Mudanças no preço relativo levariam a violações da PPC, como aquelas vistas na Figura 16.2, mesmo se o comércio fosse livre e sem custo.

PPC no curto e no longo prazos

Os fatores que examinamos até agora para explicar o pobre desempenho empírico da teoria PPC pode fazer os níveis de preço nacional divergir mesmo no longo prazo, após todos os preços terem tido tempo para ajustar-se a seus níveis de equilíbrio de mercado. Porém, como discutimos no Capítulo 15, muitos preços na economia são rígidos e levam tempo para ajustarem-se por completo. Desvios da PPC podem, portanto, ser ainda maiores no curto prazo do que no longo prazo.

Uma depreciação abrupta do dólar em relação às moedas estrangeiras, por exemplo, faz com que equipamentos agrícolas nos Estados Unidos sejam mais baratos em relação a equipamentos produzidos no exterior. Enquanto os agricultores ao redor do mundo mudam sua demanda por tratores e secadoras mecânicas, para os produtores norte-americanos, o preço do equipamento agrícola estadunidense tende a aumentar para reduzir a divergência da lei de preço único causada pela depreciação do dólar. No entanto, leva tempo para que esse processo de aumento de preço esteja completo, e os preços para os equipamentos agrícolas norte-americanos e estrangeiros podem diferir bastante enquanto os mercados ajustam-se para a mudança da taxa de câmbio.

Você pode suspeitar que a rigidez de preço de curto prazo e a volatilidade da taxa de câmbio ajudam a explicar um fenômeno que observamos ao discutir a Figura 16.2 — que as violações da PPC relativa têm sido muito mais flagrantes ao longo de períodos em que as taxas de câmbio tenham flutuado. A pesquisa empírica tem apoiado essa interpretação dos dados. A Figura 15.11, que costumávamos utilizar para ilustrar a rigidez dos preços de mercadorias comparadas com taxas de câmbio, é bem típica dos episódios de flutuação de taxa. Em um estudo cuidadoso, que cobre muitos países e episódios históricos, o economista Michael Mussa comparou a extensão dos desvios de curto prazo da PPC sob taxas de câmbio fixas e flutuantes. Ele descobriu que as taxas de câmbio flutuantes levam sistematicamente a desvios muito maiores e frequentes da PPC relativa.[14] O boxe nas páginas 435 e 436 fornece uma ilustração especialmente viva de como a rigidez do preço pode gerar violações da lei de preço único mesmo para mercadorias absolutamente idênticas.

Pesquisas recentes sugerem que desvios de curto prazo da PPC como aqueles decorrentes de taxas de câmbio voláteis desaparecem ao longo do tempo, com somente metade do efeito de um desvio temporário da

14 Veja: Mussa. "Nominal Exchange Rate Regimes and the Behavior of Real Exchange Rates: Evidence and Implications". In: Karl Brunner e Allan H. Meltzer (Eds.). *Real Business Cycles, Real Exchange Rates and Actual Policies*. Carnegie-Rochester Conference Series on Public Policy, v. 25. Amsterdam: North-Holland, 1986, p. 117-214. Charles Engel, da Universidade de Wisconsin descobriu que sob uma taxa de câmbio flutuante, as diferenças de preço internacional para a mesma mercadoria podem ser mais variáveis do que o preço relativo de diferentes mercadorias dentro de um único país. Veja: Engel. "Real Exchange Rates and Relative Prices: An Empirical Investigation". *Journal of Monetary Economics*, v. 32, p. 35-50, ago. 1993. Veja também: Gopinath et al. *op. cit.* (Nota de Rodapé 6).

PPC permanecendo após quatro anos.[15] Porém, mesmo quando esses desvios temporários de PPC são removidos dos dados, ainda parece que o efeito cumulativo de certas tendências de longo prazo causam desvios previsíveis da PPC para muitos países. O estudo de caso intitulado "Por que os níveis de preços são mais baixos nos países pobres" discute um dos maiores mecanismos por trás de tais tendências.

POR QUE OS NÍVEIS DE PREÇOS SÃO MAIS BAIXOS NOS PAÍSES POBRES

Uma pesquisa sobre diferenças em nível de preço internacional descobriu uma regularidade empírica marcante: quando expressada em termos de uma única moeda, os níveis de preço dos países são positivamente relacionados ao nível real de renda *per capita*. Em outras palavras, um dólar, quando convertido para uma moeda local na taxa de câmbio do mercado, geralmente vai muito mais longe em um país pobre do que em um país rico. A Figura 16.3 ilustra a relação entre níveis de preço e renda, com cada ponto representando um país diferente.

A discussão da seção anterior sobre o papel de mercadorias não comercializáveis na determinação dos níveis de preço nacionais sugere que as variações internacionais nos preços de bens não comercializáveis podem contribuir para as discrepâncias no nível de preço entre nações ricas e pobres. Os dados disponíveis de fato mostram que bens não comercializáveis tendem a ser mais caros (em relação às mercadorias comercializáveis) em países mais ricos.

Uma razão para o baixo preço relativo dos bens não comercializáveis em países pobres foi sugerida por Bela Balassa e Paul Samuelson.[16] A teoria de Balassa-Samuelson assume que as forças de mão de obra dos países pobres são menos produtivas do que aquelas dos países ricos no setor de bens comercializáveis, mas as diferenças de produtividade internacional de bens não comercializáveis são insignificantes. Porém, se os preços das mercadorias comercializáveis são aproximadamente iguais em todos os países, menor produtividade de mão de obra nas indústrias de bens comercializáveis dos paí-

FIGURA 16.3 Níveis de preço e rendas reais, 2010

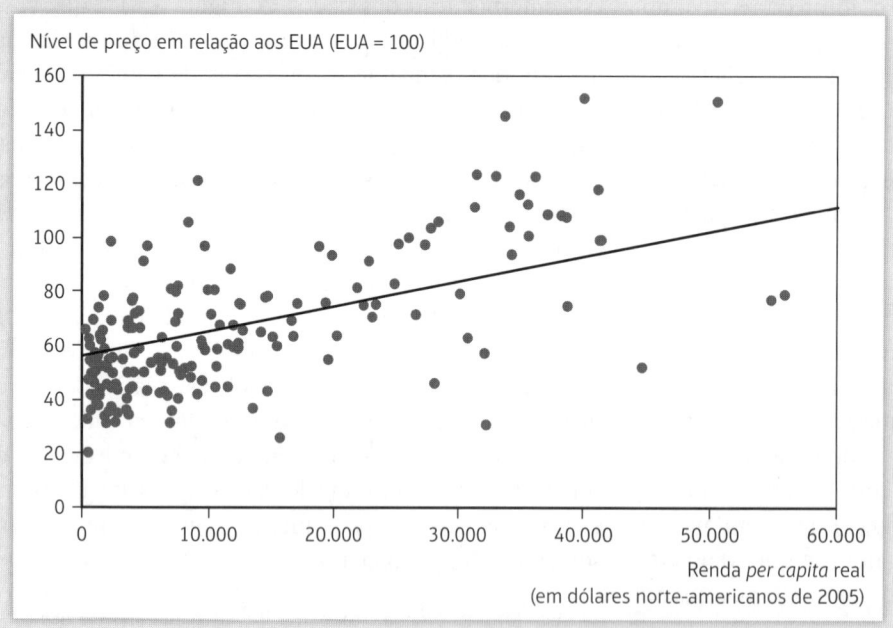

Os níveis de preço dos países tendem a aumentar ao passo que sua renda real aumenta. Cada ponto representa um país.

A linha reta indica a melhor previsão de um estatístico do nível de preço de um país em relação àquele dos Estados Unidos baseado no conhecimento de sua renda *per capita* real.

Fonte: Penn World Table, version 7.1.

---

[15] Veja, por exemplo: Jeffrey A. Frankel e Andrew K. Rose. "A Panel Project on Purchasing Power Parity: Mean Reversion within and between Countries". *Journal of International Economics*, v. 40, p. 209-224, fev. 1996. A validade estatística desses resultados é desafiada em: Paul G. J. O'Connell. "The Overvaluation of Purchasing Power Parity". *Journal of International Economics*, v. 44, p. 1-19, fev. 1998.

[16] Veja: Balassa. "The Purchasing Power Parity Doctrine: A Reappraisal". *Journal of Political Economy*, v. 72, p. 584-596, dez. 1964; e Samuelson. "Theoretical Notes on Trade Problems". *Review of Economics and Statistics*, v. 46, p. 145-154, maio 1964. A teoria de Balassa-Samuelson foi pressuposta por algumas observações de Ricardo. Veja: Jacob Viner, *Studies in the Theory of International Trade*. New York: Harper & Brothers, 1937, p. 315.

ses pobres implica menores salários do que no exterior, menores custos de produção em bens não comercializáveis e, portanto, um menor preço dos não comercializáveis. Os países ricos com maior produtividade de mão de obra no setor de mercadorias comercializáveis tenderão a ter maiores preços de bens não comercializáveis e maiores níveis de preço. As estatísticas da produtividade dão algum suporte empírico ao diferencial de produtividade Balassa-Samuelson postulado. E é plausível que as diferenças de produtividade internacional sejam mais nítidas nas mercadorias comercializáveis do que nas não comercializáveis. Seja um país pobre ou rico, um barbeiro só pode cortar tantos cabelos em uma semana, mas pode existir um alcance significante para as diferenças de produtividade entre os países na manufatura de mercadorias comercializáveis como computadores pessoais.

Uma teoria alternativa que tenta explicar os baixos níveis de preço dos países pobres foi apresentada por Jagdish Bhagwati, da Universidade de Columbia, e por Irving Kravis, da Universidade da Pensilvânia, e Robert Lipsey da City University de Nova York.[17] A visão de Bhagwati-Kravis-Lipsey apoia-se nas diferenças em doações de capital e mão de obra em vez de nas de produtividade, mas também prevê que o preço relativo de bens não comercializáveis aumenta conforme a renda *per capita* real cresce. Os países ricos têm maior proporção de capital-mão de obra, enquanto os países pobres têm mais mão de obra em relação a capital. Como os países ricos têm maior proporção de capital-mão de obra, a produtividade marginal da mão de obra é maior em países ricos do que em países pobres, e o primeiro terá, portanto, um maior nível de salário do que o último.[18] Os bens não comercializáveis, que consistem largamente em serviços, são naturalmente de mão de obra intensiva em relação aos comercializáveis. Como a mão de obra é mais barata em países pobres e é utilizada intensivamente na produção de bens não comercializáveis, eles também serão mais baratos do que nos países ricos e de salário alto. Mais uma vez, essa diferença internacional no preço relativo de bens não comercializáveis sugere que os níveis gerais de preço, quando medidos em termos de uma única moeda, devem ser maiores nos países ricos do que nos pobres.

17 Veja: Kravis e Lipsey. *Toward an Explanation of National Price Levels*. Princeton Studies in International Finance, v. 52. International Finance Section, Department of Economics, Princeton University, nov. 1983; e Bhagwati. "Why Are Services Cheaper in the Poor Countries?". *Economic Journal*, v. 94, p. 279-286, jun. 1984.

18 Esse argumento assume que diferenças de fator de dotação entre países ricos e pobres são tão grandes que a equalização do fator de preço não pode ser mantida.

Além da paridade de poder de compra: um modelo geral de taxas de câmbio de longo prazo

Por que dedicar tanta discussão à teoria da paridade de poder de compra quando ela é repleta de exceções e aparentemente contrariada pelos dados? Examinamos as implicações da PPC de perto porque sua ideia básica de relacionar as taxas de câmbio de longo prazo aos níveis de preço nacional é um ponto de partida bem útil. A abordagem monetária apresentada anteriormente, que supôs a PPC, é muito simples para dar previsões precisas sobre o mundo real, mas podemos generalizá-la levando em conta algumas das razões de por que a PPC prevê tão mal na prática. Nesta seção, fazemos exatamente isso.

A análise de longo prazo a seguir continua a ignorar as complicações de curto prazo causadas pelos preços rígidos. Uma compreensão de como as taxas de câmbio comportam-se no longo prazo é, como já mencionado, um prerrequisito para a análise de curto prazo mais complicada que apresentaremos no próximo capítulo.

A taxa de câmbio real

Como primeiro passo para estender a teoria da PPC, definimos o conceito da **taxa de câmbio real**. A taxa de câmbio real entre as moedas de dois países é uma medida ampla de resumo dos preços das mercadorias e serviços de um país em relação aos de outro. É natural introduzir o conceito da taxa de câmbio real neste ponto, porque a principal previsão da PPC é que a taxa de câmbio real nunca muda, ao menos não de forma permanente. Para estender o modelo de forma que descreva o mundo de maneira mais precisa, temos de examinar sistematicamente as forças que podem causar mudanças drásticas e permanentes nas taxas de câmbio reais.

Como veremos, as taxas de câmbio reais são importantes não somente para qualificar os desvios da PPC, mas também para analisar as condições macroeconômicas de demanda e oferta em economias abertas. Quando quisermos diferenciar a taxa de câmbio real — que é o preço relativo de duas cestas de produção — de um preço relativo de duas moedas, vamos nos referir à última como **taxa de câmbio nominal**. Mas quando não existe risco de confusão, continuaremos a utilizar o termo mais curto, *taxa de câmbio*, para referirmo-nos às taxas de câmbio nominais.

As taxas de câmbio reais são definidas em termos de taxas de câmbio nominais e níveis de preço. Entretanto, antes de podermos dar uma definição precisa das taxas de câmbio reais, precisamos esclarecer a medida de nível de preço que utilizaremos. Deixemos P_{US}, como é usual, ser o nível de preço nos Estados Unidos e P_E o nível de preço na Europa. Já que não iremos supor a PPC absoluta (como fizemos na discussão da abordagem monetária), nós não supomos que o nível de preço pode ser medido pela mesma cesta de mercadorias nos Estados Unidos e na Europa. Como logo vamos querer ligar nossa análise aos fatores monetários, exigimos, em vez disso, que cada índice de preço do país dê uma boa representação das compras que motivam seus residentes a demandar por oferta de moeda.

Nenhuma medida de nível de preço faz isso de forma perfeita, mas devemos nos manter em uma definição antes de definir formalmente a taxa de câmbio real. Para sermos específicos, você pode pensar em P_{US} como o preço em dólar de uma cesta inalterável que contém compras semanais típicas das famílias e empresas norte-americanas. De modo similar, P_E é baseado em uma cesta inalterável que reflete as compras semanais típicas das famílias e empresas europeias. O ponto a lembrar é que *o nível de preço norte-americano coloca um peso relativamente pesado em mercadorias produzidas e consumidas nos Estados Unidos e o nível de preço europeu coloca um peso relativamente pesado em mercadorias produzidas e consumidas na Europa.*[19]

Tendo descrito a cesta de referência de mercadorias utilizada para medir os níveis de preço, agora definimos formalmente a *taxa de câmbio real dólar/euro*, representada por $q_{\$/€}$, assim como o preço em dólar da cesta europeia em relação ao da cesta norte-americana. Podemos expressar a taxa de câmbio real como o valor em dólar do nível de preço europeu dividido pelo nível de preço ou, em símbolos, como:

$$q_{\$/€} = \left(E_{\$/€} \times P_E\right)/P_{US}. \quad (16.6)$$

Um exemplo numérico esclarecerá o conceito da taxa de câmbio real. Imagine que a cesta de referências de mercadorias europeia custa € 100 (de forma que P_E = € 100 por cesta europeia), a cesta norte-americana custa US$ 120 (de forma que P_{US} = US$ 120 por cesta norte-americana) e a taxa de câmbio nominal é $E_{\$/€}$ = US$ 1,20 por euro. A taxa de câmbio real dólar/euro seria então de

$$q_{\$/€} = \frac{(US\$\ 1.20\ \text{por euro}) \times (€\ 100\ \text{por cesta europeia})}{(US\$\ 120\ \text{por cesta norte-americana})}$$

= (US$ 120 por cesta europeia) / (US$ 120 por cesta norte-americana)

= 1 cesta norte-americana por cesta europeia

Um aumento na taxa de câmbio real dólar/euro $q_{\$/€}$, (que podemos chamar de **depreciação real** do dólar em relação ao euro) pode ser pensada de várias maneiras equivalentes. De forma mais óbvia, a Equação (16.6) mostra que essa mudança é uma queda no poder de compra do dólar dentro das fronteiras europeias em relação ao poder de compra dentro dos Estados Unidos. Essa mudança em relação ao poder de compra ocorre porque os preços em dólar das mercadorias europeias ($E_{\$/€} \times P_E$) aumentam em relação aos preços das mercadorias norte-americanas (P_{US}).

Em termos de nosso exemplo numérico, uma depreciação nominal do dólar de 10%, para $E_{\$/€}$ = US$ 1,32 por euro, faz com que $q_{\$/€}$ aumente para 1,1 cesta norte-americana por cesta europeia, uma depreciação *real* do dólar de 10% em relação ao euro. (A mesma mudança em $q_{\$/€}$ poderia resultar a partir de um aumento de 10% em P_E ou uma queda de 10% em P_{US}.). A depreciação real significa que o poder de compra do dólar sobre as mercadorias e serviços europeus cai em 10% em relação ao seu poder de compra sobre mercadorias e serviços norte-americanos.

Alternativamente, embora muitos itens que entram nos níveis de preço nacional sejam não comercializáveis, é útil pensar na taxa de câmbio real $q_{\$/€}$ como o preço relativo dos produtos europeus em geral em termos de produtos norte-americanos, isto é, o preço no qual negócios hipotéticos de cestas de mercadorias norte-americanas por cestas europeias ocorreriam se os negócios em preços nacionais fossem possíveis. Considera-se que o dólar sofrerá *depreciação* em termos reais em relação ao euro quando $q_{\$/€}$ aumenta, porque o poder de compra hipotético de produtos norte-americanos sobre os europeus em geral diminui. Mercadorias e serviços norte-americanos tornam-se, portanto, mais baratos em relação aos europeus.

Uma **valorização real** do dólar em relação ao euro é uma queda em $q_{\$/€}$. Essa queda indica uma diminuição no preço relativo de produtos comprados na Europa ou um aumento no poder de compra europeu do dólar comparado com aquele nos Estados Unidos.[20]

---

[19] Os bens não comercializáveis são um fator importante por trás da preferência relativa por produtos nacionais.

[20] Isso é verdade porque $E_{\$/€} = 1/E_{€/\$}$, implicando que a depreciação real do dólar em relação ao euro é a mesma que uma valorização do euro em relação ao dólar (isto é, um aumento no poder de compra do euro dentro dos Estados Unidos em relação ao seu poder de compra dentro da Europa ou uma queda no preço relativo de produtos norte-americanos em termos de produtos europeus).

Nossa convenção para descrever as depreciações e valorizações reais do dólar em relação ao euro é a mesma que utilizamos para as taxas de câmbio nominais (isto é, $E_{\$/€}$ para cima é uma depreciação do dólar, $E_{\$/€}$ para baixo é uma valorização). A Equação (16.6) mostra que a uma produção de preços *inalterada*, a depreciação nominal (valorização) implica uma depreciação real (valorização). Nossa discussão das mudanças da taxa de câmbio, portanto inclui, como um caso especial, uma observação que fizemos no Capítulo 14: com os preços em moeda nacional das mercadorias mantidos constantes, uma depreciação nominal do dólar torna as mercadorias norte-americanas mais baratas em comparação com as mercadorias estrangeiras, enquanto uma valorização nominal do dólar torna as mercadorias mais caras.

A Equação (16.6) torna mais fácil enxergar por que a taxa de câmbio real nunca pode mudar quando a PPC relativa é mantida. Sob a PPC relativa, um aumento de 10% em $E_{\$/€}$, por exemplo, seria sempre exatamente compensando por uma queda de 10% na relação de nível de preço P_E/P_{US}, deixando $q_{\$/€}$ inalterado.

Demanda, oferta e a taxa de câmbio real de longo prazo

Não deve ser nenhuma surpresa que em um mundo onde a PPC não se mantém, os valores de longo prazo das taxas de câmbio real, assim como outros preços relativos que equilibram os mercados, dependem das condições de demanda e oferta. No entanto, já que uma taxa de câmbio real rastreia as mudanças no preço relativo das cestas de despesas de dois países, as condições nos *dois* países importam. As mudanças nos mercados de produção nos países podem ser complexas e nós não queremos divagar para um catálogo exaustivo (e desgastante) de possibilidades. Em vez disso, focamo-nos em dois casos específicos que são fáceis de compreender e importantes na prática para explicar por que os valores de longo prazo das taxas de câmbio reais podem mudar.

1. *Uma mudança na demanda relativa mundial por produtos norte-americanos.* Imagine que o gasto mundial total em mercadorias e serviços norte-americanos aumente em relação ao gasto mundial total em mercadorias e serviços europeus. Tal mudança poderia surgir de várias fontes, por exemplo, uma mudança na demanda particular dos Estados Unidos para longe das mercadorias europeias e em direção às mercadorias norte-americanas; uma mudança similar na demanda particular estrangeira em direção às mercadorias norte-americanas; ou um aumento na demanda do governo dos Estados Unidos caindo principalmente na produção norte-americana. Qualquer aumento na demanda relativa mundial por produtos norte-americanos causa um excesso de demanda por eles a uma taxa de câmbio real anterior. Para restaurar o equilíbrio, o preço relativo da produção norte-americana em termos de produção europeia terá, portanto, de aumentar: os preços relativos dos bens não comercializáveis norte-americanos subirão e os preços dos comercializáveis produzidos nos Estados Unidos, e consumidos intensivamente lá, aumentarão em relação aos preços dos bens comercializáveis feitos na Europa. Todas essas mudanças trabalham para reduzir $q_{\$/€}$, o preço relativo da cesta de referência de despesas europeias em termos da dos Estados Unidos.

Concluímos que *um aumento na demanda relativa mundial por produção norte-americana causa uma valorização real do dólar em relação ao euro (uma queda em $q_{\$/€}$).* Similarmente, *uma queda na demanda relativa mundial por produção norte-americana causa uma depreciação real de longo prazo do dólar em relação ao euro (um aumento em $q_{\$/€}$).*

PREÇOS RÍGIDOS E A LEI DE PREÇO ÚNICO: EVIDÊNCIAS DAS LOJAS *DUTY-FREE* ESCANDINAVAS

Preços e salários nominais rígidos são centrais para as teorias macroeconômicas, mas justamente por que precisa ser tão difícil para os preços em dinheiro mudarem de um dia para o outro como mudam as condições de mercado? Uma razão é baseada na ideia de um "cardápio de custos". O cardápio de custos pode surgir de vários fatores, como os custos reais de imprimir novas listas de preços e catálogos. Além disso, as empresas podem notar um tipo de cardápio de custo diferente por causa da informação imperfeita dos clientes sobre os preços dos concorrentes. Quando uma empresa aumenta seu preço, alguns clientes comprarão em outro lugar e acharão conveniente permanecer com um vendedor competitivo se todos os vendedores aumentaram seus preços. Na presença desses inúmeros tipos de cardápio de custos, os vendedores frequentemente vão manter os preços constantes após uma mudança nas condições de mercado até que estejam certos de que a mudança é permanente o suficiente para fazer com que a exposição aos custos das mudanças de preços seja válida.[21]

---

[21] É quando as condições econômicas estão muito voláteis que os preços parecem tornar-se mais flexíveis. Por exemplo, menus de restaurante normalmente precificarão o prato do dia igual ao "mercado", de forma que o preço cobrado (e o peixe oferecido) possa refletir a alta variabilidade nos resultados da pesca.

> Se realmente não existissem barreiras entre dois mercados com mercadorias precificadas em diferentes moedas, os preços rígidos seriam incapazes de sobreviver ante uma mudança na taxa de câmbio. Todos os compradores simplesmente encheriam o mercado no qual a mercadoria tivesse o menor preço. Mas quando existem alguns impedimentos ao comércio, os desvios da lei de preço único não induzem a arbitragem ilimitada, então é possível que os vendedores mantenham os preços constantes apesar das mudanças na taxa de câmbio. No mundo real, as barreiras de comércio parecem ser significativas, muito difundidas e frequentemente sutis por natureza.
>
> Aparentemente, a arbitragem entre dois mercados pode ser limitada mesmo quando a distância física entre eles é zero, como mostra um estudo surpreendente sobre comportamento de precificação nos *duty-free* escandinavos. Os economistas suecos Marcus Asplund e Richard Friberg estudaram o comportamento da precificação nas lojas *duty-free* de duas linhas de balsas escandinavas, cujos catálogos citam os preços de cada mercadoria em várias moedas para a conveniência dos clientes de diferentes países.[22] Já que é dispendioso imprimir os catálogos, eles são reimpressos com preços revistos somente de tempos em tempos. Nesse ínterim, porém, as flutuações nas taxas de câmbio causam múltiplas variações de preços para a *mesma* mercadoria. Por exemplo, na Linha Birka de balsas entre Suécia e Finlândia, os preços eram listados tanto em markka finlandesa como em coroa sueca entre 1975 e 1998, o que implica que uma depreciação relativa da markka faria ser mais barato comprar cigarros ou vodca pagando em markka em vez de coroa.
>
> Apesar de tais discrepâncias de preço, a Linha Birka sempre foi capaz de fazer negócios nas duas moedas — os passageiros não se apressavam em comprar no menor preço. Os passageiros suecos, que detêm relativamente maior quantidade de sua própria moeda local, tendiam a comprar nos preços de coroas, ao passo que os clientes finlandeses tendiam a comprar nos preços de markka.
>
> Normalmente, a Linha Birka tirava vantagem em publicar um novo catálogo para reduzir os desvios da lei de preço único. O desvio médio da lei de preço único no mês anterior ao ajuste de preço era de 7,21%, mas somente 2,22% no mês de ajuste do preço. Um grande impedimento para tirar vantagem das oportunidades de arbitragem era o custo de mudar as moedas na cabine de câmbio estrangeira a bordo, cerca de 7,5%. Esse custo de transação, dadas as diferentes preferências de moeda dos passageiros na hora do embarque, agiu como uma barreira de comércio efetiva.[23]
>
> De forma surpreendente, a Linha Birka não eliminou completamente os desvios da lei de preço único quando mudou os preços do catálogo. Em vez disso, praticou um tipo de preço de mercado em suas balsas. Em geral, os exportadores que precificam o mercado fazem discriminação entre diferentes consumidores baseados em suas diferentes localizações, mas a Birka foi capaz de discriminar com base na diferença de nacionalidade e preferência de moeda, mesmo com todos os consumidores potenciais localizados no mesmo barco.
>
> ---
>
> 22 "The Law of One Price in Scandinavian Duty-Free Stores". *American Economic Review*, v. 91, p. 1072-1083, set. 2001.
>
> 23 Os clientes poderiam pagar na moeda de sua escolha, não só em dinheiro, mas também com cartões de crédito, o que envolve menores taxas de conversão de câmbio estrangeiro a uma taxa de câmbio predominante há alguns dias após a compra das mercadorias. Asplund e Friberg sugerem que para compras pequenas, a incerteza e os custos de calcular os preços relativos (além das taxas de câmbio do cartão de crédito) poderiam ser um impedimento suficiente para transações em uma moeda relativamente pouco familiar.

2. *Uma mudança na oferta de produção relativa.* Suponha que a eficiência produtiva de mão de obra e o capital norte-americano aumentem. Já que os norte-americanos gastam parte de sua renda aumentada em mercadorias estrangeiras, as ofertas de todos os tipos de mercadorias e serviços norte-americanos aumentam em relação à demanda por eles, o resultado é um excesso de oferta relativa de produção norte-americana a uma taxa de câmbio real anterior. Uma queda no preço relativo de produtos norte-americanos, tanto não comercializáveis como comercializáveis, muda a demanda em direção a eles e elimina o excesso de oferta. Essa mudança de preço é uma depreciação real do dólar em relação ao euro, isto é, um aumento em $q_{S/\epsilon}$. *Uma expansão relativa da produção norte-americana causa uma depreciação real de longo prazo do dólar em relação ao euro ($q_{S/\epsilon}$ aumenta). Uma expansão relativa da produção europeia causa uma valorização real de longo prazo do dólar em relação ao euro ($q_{S/\epsilon}$ cai).*[24]

---

24 Nossa discussão do efeito Balassa-Samuelson no estudo de caso "Por que os níveis de preços são mais baixos nos países pobres" nos levaria a esperar que um aumento de produtividade concentrado no setor de bens comercializáveis norte-americano pode fazer com que o dólar seja valorizado em vez de sofrer depreciação em termos reais em relação ao euro. No último parágrafo, entretanto, temos em mente um aumento de produtividade balanceado que beneficia os setores comercializáveis e não comercializáveis em igual proporção, resultando, portanto em uma depreciação real do dólar ao causar uma queda nos preços de mercadorias não comercializáveis e naqueles das mercadorias comercializáveis que são mais importantes no índice de preço do consumidor norte-americano do que no do europeu.

Um diagrama útil resume nossa discussão sobre demanda, oferta e a taxa de câmbio real de longo prazo. Na Figura 16.4, a oferta da produção norte-americana em relação à produção europeia, Y_{US}/Y_E, é traçada ao longo do eixo horizontal enquanto a taxa de câmbio real dólar/euro, $q_{\$/€}$, é traçada ao longo do eixo vertical.

O equilíbrio da taxa de câmbio real é determinado pela interseção de duas linhas. A linha RD inclinada para cima mostra que a demanda relativa por produtos norte-americanos em geral, em relação à demanda por produtos europeus, aumenta conforme $q_{\$/€}$ sobe, isto é, conforme os produtos norte-americanos tornam-se relativamente mais baratos. Essa curva de "demanda" por mercadorias norte-americanas em relação às europeias tem uma inclinação positiva porque estamos medindo uma *queda* no preço relativo das mercadorias norte-americanas por um movimento *ascendente* ao longo do eixo vertical. E o que acontece com a oferta relativa? No longo prazo, os níveis relativos de produção nacional são determinados por fatores de ofertas e produtividade, com pouco, se é que existe algum, efeito na taxa de câmbio real. A curva de oferta relativa, RS, portanto, é vertical no longo prazo (isto é, tem emprego completo) relativo à relação de produção $(Y_{US}/Y_E)^1$. O equilíbrio de longo prazo da taxa de câmbio real é aquele que define a demanda relativa igual à oferta relativa de longo prazo (ponto 1).[25]

O diagrama ilustra facilmente como as mudanças nos mercados mundiais afetam a taxa de câmbio real. Suponha que os preços mundiais da gasolina caiam, fazendo os veículos norte-americanos utilitários-esportivos mais atrativos para as pessoas em todos os lugares. Essa mudança seria um aumento na demanda mundial relativa por mercadorias norte-americanas e moveria RD para a direita, fazendo $q_{\$/€}$ cair (uma valorização real do dólar em relação ao euro). Suponha que os Estados Unidos melhorem seu sistema de assistência médica, reduzindo as doenças em toda a força de trabalho norte-americana. Se os trabalhadores são capazes de produzir mais mercadorias e serviços em uma hora como resultado, o aumento na produtividade norte-americana move RS para a direita, fazendo que $q_{\$/€}$ aumente (uma depreciação real do dólar em relação ao euro).

Taxas de câmbio nominais e reais em equilíbrio de longo prazo

Agora juntaremos o que aprendemos neste e no último capítulo para mostrar como as taxas de câmbio nominais

FIGURA 16.4 Determinação da taxa de câmbio real de longo prazo

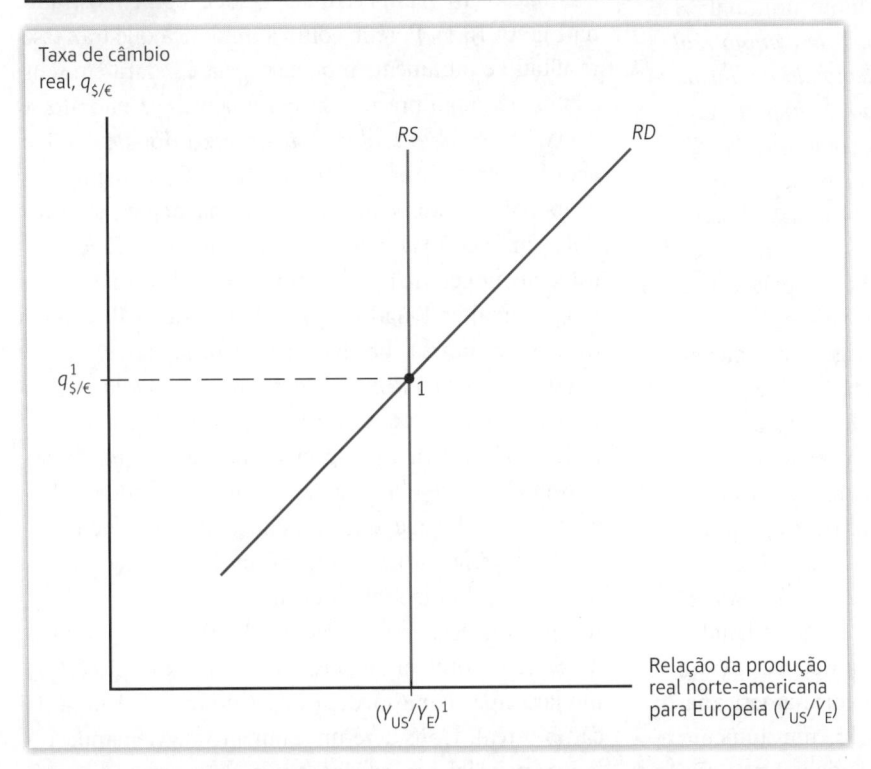

A taxa de câmbio real de equilíbrio de longo prazo iguala a demanda relativa mundial ao nível de emprego pleno do nível da oferta relativa.

---

[25] Note que essas linhas RD e RS diferem daquelas utilizadas no Capítulo 6. As anteriores referiam-se à demanda mundial relativa para a oferta de dois produtos que poderiam ser produzidos em qualquer um dos dois países. Em contraste, as curvas RD e RS neste capítulo referem-se à demanda mundial relativa e oferta da produção geral de um país (seu PIB) em relação a outro país.

de longo prazo são determinadas. Uma conclusão central é que as mudanças nas ofertas e demandas nacionais dão origem a movimentos proporcionais de longo prazo nas taxas de câmbio nominais e nas relações de nível de preço internacional, previstas pela teoria relativa da paridade de poder de compra. No entanto, as mudanças na oferta e na demanda nos mercados de produção nacionais resultam em movimentos de taxa de câmbio nominal que não estão em conformidade com a PPC.

Lembre-se de nossa definição da taxa de câmbio real dólar/euro como:

$$q_{\$/\epsilon} = \left(E_{\$/\epsilon} \times P_E\right) / P_{US}.$$

(Veja a Equação (16.6).) Agora, se nós resolvermos essa equação para a taxa de câmbio, temos uma equação que nos dá a taxa de câmbio nominal dólar/euro como a taxa de câmbio real dólar/euro vezes a relação de nível de preço Estados Unidos-Europa:

$$E_{\$/\epsilon} = q_{\$/\epsilon} \times \left(P_{US} / P_E\right). \tag{16.7}$$

Formalmente falando, a única diferença entre a Equação (16.7) e a Equação (16.1), na qual baseamos nossa exposição da abordagem monetária à taxa de câmbio, é que a Equação (16.7) leva em conta possíveis desvios da PPC, adicionando a taxa de câmbio *real* como um determinante adicional da taxa de câmbio nominal. *A equação implica que para uma dada taxa de câmbio real dólar/euro, as mudanças na oferta ou demanda de moeda na Europa ou nos Estados Unidos afetam a taxa de câmbio nominal de longo prazo dólar/euro como na abordagem monetária. Entretanto, as mudanças na taxa de câmbio real de longo prazo também afetam a taxa de câmbio nominal de longo prazo.* A teoria de longo prazo da determinação da taxa de câmbio implicada pela Equação (16.7), portanto, inclui os elementos válidos da abordagem monetária, mas, além disso, corrige a abordagem monetária permitindo fatores não monetários que podem sustentar desvios da paridade de poder de compra.

Assumindo que todas as variáveis começam em seus níveis de longo prazo, agora podemos entender os determinantes mais importantes de mudanças de longo prazo nas taxas de câmbio nominais:

1. *Uma mudança nos níveis da oferta de moeda relativa.* Suponha que a Reserva Federal dos Estados Unidos queira estimular a economia e, portanto, realiza um aumento no nível de oferta de moeda norte-americana. Como você se lembra do Capítulo 15, um aumento único permanente na oferta de moeda de um país não tem efeito nos níveis de produção de longo prazo, na taxa de juros ou em qualquer preço relativo (incluindo a taxa de câmbio real). Portanto, a Equação (16.3) implica novamente que P_{US} aumenta em proporção a M_{US}, enquanto a Equação (16.7) mostra que o nível de preço norte-americano é a única variável que muda no longo prazo junto com a taxa de câmbio nominal $E_{\$/\epsilon}$. Como a taxa de câmbio real $q_{\$/\epsilon}$ não muda, a mudança da taxa de câmbio nominal é consistente com a PPC relativa: o efeito de longo prazo do aumento da oferta de moeda norte-americana é aumentar todos os preços em dólar, incluindo o preço do euro, em proporção ao aumento da oferta de moeda. Não deveria ser uma surpresa que esse resultado é o mesmo que obtivemos utilizando a abordagem monetária, já que essa abordagem destina-se a contabilizar os efeitos de longo prazo das mudanças monetárias.

2. *Uma mudança nas taxas de crescimento da oferta de moeda relativa.* Suponha que a Reserva Federal conclua, para sua consternação, que durante os próximos anos o nível de preço norte-americano irá cair. (Uma queda de nível de preços consistente é chamada de *deflação*.) Um aumento permanente na *taxa de crescimento* da oferta de moeda norte-americana aumenta a taxa de inflação norte-americana de longo prazo e, por meio do efeito Fisher, aumenta a taxa de juros do dólar em relação à taxa de juros do euro. Como a demanda por moeda real relativa dos Estados Unidos por consequência diminui, a Equação (16.3) implica que P_{US} sobe (como mostrado na Figura 16.1). Porém, como a mudança que traz esse resultado é puramente monetária, ela é neutra em seus efeitos de longo prazo. Especificamente, ela não altera a taxa de câmbio *real* de longo prazo dólar/euro. De acordo com a Equação (16.7), então, $E_{\$/\epsilon}$ aumenta em proporção ao aumento em P_{US} (uma depreciação do dólar em relação ao euro). De novo, uma mudança puramente monetária traz um movimento de taxa de câmbio nominal de longo prazo na linha com a PPC relativa, assim como a abordagem monetária previu.

3. *Uma mudança na demanda por produção relativa.* Esse tipo de mudança *não* é coberto pela abordagem monetária, então agora a perspectiva mais geral que desenvolvemos, na qual a taxa de câmbio real pode mudar, é essencial. Já que uma mudança na demanda por produção relativa não afeta os níveis de preço nacional de longo prazo (elas dependem somente dos fatores que aparecem nas equações (16.3) e (16.4)), a taxa de câmbio nominal de longo prazo na Equação (16.7) mudará apenas na medida das mudanças da taxa de câmbio real. Considere um aumento na demanda relativa mundial por produtos norte-americanos. Antes nesta seção, vimos que um aumento na demanda por produtos norte-americanos causa uma valorização real de longo prazo do dólar em relação ao euro (uma

queda em $q_{\$/€}$). Essa mudança é simplesmente um aumento no preço relativo da produção norte-americana. Entretanto, dado que os níveis de preço nacional de longo prazo estão inalterados, a Equação (16.7) nos diz que a valorização *nominal* de longo prazo do dólar em relação ao euro (uma queda em $E_{\$/€}$) também deve ocorrer. Essa previsão destaca o importante fato de que apesar de as taxas de câmbios serem preços nominais, elas respondem a eventos não monetários assim como os monetários, mesmo em longos horizontes.

4. *Uma mudança na oferta de produção relativa.* Como vimos antes nesta seção, um aumento na oferta de produção norte-americana relativa faz com que o dólar sofra depreciação em termos reais em relação ao euro, diminuindo o preço relativo da produção norte-americana. Entretanto, esse aumento em $q_{\$/€}$ não é a única mudança na Equação (16.7) implicada pelo aumento relativo na produção norte-americana. Além disso, o aumento da produção norte-americana aumenta a demanda de transações por saldos reais de dinheiro dos Estados Unidos, aumentando a demanda agregada por moeda real norte-americana e, na Equação (16.3), empurrando o nível de preço norte-americano de longo prazo para baixo. Voltando para a Equação (16.7), já que $q_{\$/€}$ aumenta enquanto P_{US} cai, os efeitos de produção e mercado monetário de uma mudança na oferta de produção trabalham em direções opostas fazendo, portanto, o efeito líquido em $E_{\$/€}$ ser *ambíguo*. Nossa análise de uma mudança na oferta de produção ilustra que mesmo quando uma alteração originada em um único mercado (neste caso, o mercado de produção), sua influência nas taxas de câmbio podem depender dos efeitos de repercussão que são canalizados por meio de outros mercados.

Concluímos que quando todas as alterações são de natureza monetária, as taxas de câmbio obedecem à PPC relativa no longo prazo. Portanto, no longo prazo, a alteração monetária afeta somente o poder de compra geral de uma moeda, e essa mudança no poder de compra muda igualmente o valor da moeda em termos de mercadorias nacionais e estrangeiras. Quando as alterações ocorrem em mercados de produção, é improvável que a taxa de câmbio obedeça à PPC relativa, mesmo no longo prazo. A Tabela 16.2 resume essas conclusões em relação aos efeitos das mudanças monetárias e de mercado de produção nas taxas de câmbio nominais de longo prazo.

Nos capítulos seguintes, recorreremos ao modelo geral de taxa de câmbio de longo prazo desta seção, mesmo quando estivermos discutindo eventos macroeconômicos de *curto prazo*. Os fatores de longo prazo são importantes no curto prazo por causa do papel central que as expectativas sobre o futuro desempenham na determinação diária das taxas de câmbio. É por isso que as notícias sobre a conta-corrente, por exemplo, podem ter um grande impacto sobre a taxa de câmbio. O modelo de taxa de câmbio de longo prazo desta seção fornecerá o esteio para as expectativas de mercado, isto é, o quadro que os participantes do mercado utilizam para prever as taxas de câmbio futuras com base nas informações disponíveis hoje.

Diferenças internacionais das taxas de juros e a taxa de câmbio real

Antes neste capítulo, vimos que a PPC relativa, quando combinada com a paridade de juros, implica que as diferenças internacionais da taxa de juros se igualam

TABELA 16.2 Efeitos das mundanças do mercado monetário e mercado de produção na taxa de câmbio de longo prazo dólar/euro, $E_{\$/€}$

Mudança	Efeito na taxa de câmbio nominal de longo prazo dólar/euro, $E_{\$/€}$
Mercado financeiro	
1. Aumento no nível de oferta de moeda norte-americana	Aumento proporcional (depreciação nominal do dólar)
2. Aumento no nível de oferta de moeda europeia	Diminuição proporcional (depreciação nominal do euro)
3. Aumento na taxa de crescimento da oferta de moeda norte-americana	Aumento (depreciação nominal do dólar)
4. Aumento na taxa de crescimento na oferta de moeda europeia	Diminuição (depreciação nominal do euro)
Mercado de produção	
1. Aumento na demanda pela produção norte-americana	Diminuição (depreciação nominal do dólar)
2. Aumento na demanda pela produção europeia	Aumento (depreciação nominal do euro)
3. Aumento da oferta de produção nos Estados Unidos	Ambíguo
4. Aumento da oferta de produção na Europa	Ambíguo

às diferenças nas taxas de inflação esperadas dos países. Entretanto, como a PPC relativa não se mantém verdadeira em geral, a relação entre as diferenças internacionais da taxa de juros e taxas de inflação nacional pode ser mais complexa na prática do que uma simples fórmula sugere. Apesar dessa complexidade, os decisores políticos que esperam influenciar as taxas de câmbio, assim como os indivíduos particulares que desejam prevê-las, não podem ser bem-sucedidos sem compreender os fatores que fazem as taxas de juros dos países diferirem.

Portanto, nesta seção estenderemos nossa discussão anterior do efeito Fisher para incluir os movimentos da taxa de câmbio real. Fazemos isso mostrando que, em geral, as diferenças da taxa de juros entre dois países não dependem somente das diferenças na inflação esperada, como a abordagem monetária afirma, mas também nas mudanças esperadas na taxa de câmbio real.

Começamos relembrando que a mudança em $q_{\$/€}$, a taxa de câmbio real dólar/euro, é um *desvio* da PPC relativa, isto é, a mudança em $q_{\$/€}$ é a mudança percentual na taxa de câmbio nominal dólar/euro menos a diferença internacional nas taxas de inflação entre os Estados Unidos e a Europa. Portanto, chegamos à relação correspondente entre a mudança *esperada* na taxa de câmbio real, a mudança *esperada* na taxa nominal e a inflação *esperada*:

$$\left(q^e_{\$/€} - q_{\$/€}\right)/q_{\$/€} = \left[\left(E^e_{\$/€} - E_{\$/€}\right)/E_{\$/€}\right] \quad (16.8)$$
$$- \left(\pi^e_{US} - \pi^e_E\right),$$

onde $q^e_{\$/€}$ (como em nossa notação usual) é a taxa de câmbio real esperada para daqui um ano. Agora voltamos para a condição de paridade de juros entre depósitos de dólar e euro,

$$R_\$ - R_€ = \left(E^e_{\$/€} - E_{\$/€}\right)/E_{\$/€}.$$

Um fácil rearranjo da Equação (16.8) mostra que a taxa esperada de mudança na taxa de câmbio *nominal* dólar/euro é só a taxa esperada de mudança na taxa de câmbio *real* dólar/euro *mais* a diferença de inflação esperada entre Estados Unidos-Europa. Portanto, combinando na Equação (16.8) com a condição de paridade de juros anterior somos levados à seguinte divisão da diferença internacional da taxa de juros:

$$R_\$ - R_€ = \left[\left(q^e_{\$/€} - q_{\$/€}\right)/q_{\$/€}\right] + \left(\pi^e_{US} - \pi^e_E\right). \quad (16.9)$$

Perceba que quando o mercado espera que a PPC relativa prevaleça, $q^e_{\$/€} = q_{\$/€}$ e o primeiro termo do lado direito dessa equação sai fora. Neste caso especial, a Equação (16.9) reduz-se à Equação (16.5) mais simples, que obtivemos assumindo a PPC relativa.

Entretanto, em geral a diferença de juros dólar/euro é a soma de *dois* componentes: (1) a taxa de retorno de depreciação real do dólar em relação ao euro e (2) a diferença de inflação esperada entre Estados Unidos e Europa. Por exemplo, se a inflação norte-americana será de 5% ao ano para sempre e a inflação europeia será de zero para sempre, a diferença de juros de longo prazo entre os depósitos de dólar e euro não precisa ser os 5% que a PPC (quando combinada com a paridade de juros) sugeriria. Se, além disso, todo mundo sabe que as tendências de demanda e oferta de produção farão o dólar sofrer depreciação em relação ao euro em termos reais a uma taxa de 1% ao ano, o diferencial de juros internacional será, na verdade, de 6%.

Paridade de juros reais

A economia faz uma importante distinção entre **taxas de juros nominais**, que são as taxas de retornos medidas em termos monetários, e as **taxas de juros reais**, que são as taxas de retorno medidas em termos *reais*, isto é, em termos de produção de um país. Como as taxas reais de retorno frequentemente são incertas, nós vamos nos referir a elas como taxas de juros reais *esperadas*. As taxas de juros que discutimos em conexão com a condição de paridade de juros e os determinantes da demanda de moeda são taxas nominais, por exemplo, o retorno em dólar de depósitos de dólar. Mas para muitos outros propósitos, os economistas precisam analisar o comportamento em termos de taxas reais de retorno. Ninguém que está pensando em investir dinheiro, por exemplo, poderia tomar uma decisão sabendo somente que a taxa de juros nominal é 15%. O investimento seria muito atraente a uma inflação zero, mas desastrosamente pouco atraente se a inflação estivesse por volta de 100% ao ano![26]

Concluímos este capítulo ao mostrar que quando a condição de paridade de juros nominal igual-se às diferenças das taxas de juros nominais entre moedas para as mudanças esperadas nas taxas de câmbio *nominais*, uma condição de paridade de juros *real* iguala-se às diferenças de taxa de juros real esperadas para mudanças esperadas nas taxas de câmbio *reais*. Somente quando se espera que a PPC relativa seja mantida (significando que nenhuma mudança na taxa de câmbio real é esperada) espera-se taxas de juros idênticas em todos os países.

---

[26] Poderíamos sair daqui examinando as diferenças de retorno nominal no mercado cambial estrangeiro porque (como o Capítulo 14 mostrou) as diferenças de retorno nominal são iguais às diferenças de retorno real para qualquer investidor. No contexto da demanda por moeda, a taxa de juros nominal é a taxa de retorno real que você sacrifica ao manter moeda com juros.

A taxa de juros real esperada, representada por r^e, é definida como a taxa de juros nominal, R, menos a taxa de inflação esperada, π^e:

$$r^e = R - \pi^e.$$

Em outras palavras, a taxa de juros real esperada em um país é somente a taxa real de retorno que um residente nacional espera receber em um empréstimo de sua moeda. A definição da taxa de juros real esperada esclarece os aspectos gerais das forças por trás do efeito Fisher: qualquer aumento na taxa de inflação esperada que não altere a taxa de juros real esperada deve ser refletido, um por um, na taxa de juros nominal.

Uma consequência útil da definição anterior é a fórmula para a diferença nas taxas de juros reais esperadas entre duas áreas de moeda como Estados Unidos e Europa:

$$r^e_{US} - r^e_{E} = (R_\$ - \pi^e_{US}) - (R_\euro - \pi^e_{E}).$$

Se rearranjarmos a Equação (16.9) e combinarmos com a equação anterior, temos a *condição de paridade de juros real* desejada:

$$r^e_{US} - r^e_{E} = \left(q^e_{\$/\euro} - q_{\$/\euro}\right) / q_{\$/\euro}. \tag{16.10}$$

A Equação (16.10) parece muito com a condição de paridade de juros nominal da qual é derivada, mas explica as diferenças nas taxas de juros *reais* esperadas entre os Estados Unidos e a Europa por movimentos esperados na taxa de câmbio *real* dólar/euro.

As taxas de juros reais esperadas são as mesmas em diferentes países quando se espera que a PPC relativa seja mantida (em cujo caso a Equação (16.10) implica que $r^e_{US} = r^e_{E}$). No entanto, de forma mais geral, as taxas de juros reais esperadas em diferentes países não precisam ser iguais, mesmo no longo prazo, se a mudança contínua nos mercados de produção é esperada.[27] Suponha, por exemplo, que se espera que a produtividade no setor de bens comercializáveis da Coreia do Sul aumente durante as próximas duas décadas, enquanto a produção de bens não comercializáveis sul-coreanos e em todas as indústrias norte-americanas fica estagnada. Se a hipótese Balassa-Samuelson é válida, as pessoas deveriam esperar que o dólar norte-americano sofra depreciação em termos reais em relação à moeda sul-coreana, o won, enquanto os preços de bens não comercializáveis sul-coreanos tendem a subir. A Equação (16.10), portanto implica que a taxa de juros real esperada deveria ser maior nos Estados Unidos do que na Coreia do Sul.

Tais diferenças reais de juros implicam oportunidades de lucro não percebidas para investidores internacionais? Não necessariamente. Uma diferença de juros real através das fronteiras implica que os residentes dos dois países notam diferentes taxas reais de retorno na riqueza. Porém, a paridade de juros nominal nos diz que *qualquer* investidor espera o mesmo retorno real em ativos de moeda nacional e estrangeira. Dois investidores que moram em diferentes países não precisam calcular essa única taxa real de retorno da mesma forma se a PPC relativa não liga os preços de suas cestas de consumo, mas não existe uma maneira de os dois lucrarem desse desacordo mudando os fundos entre as moedas.

RESUMO

1. A teoria da *paridade de poder de compra*, em sua forma absoluta, afirma que a taxa de câmbio entre as moedas de dois países é igual à razão dos níveis de preço desses países, medida pelos preços em dinheiro de uma cesta de referência de mercadorias. Uma afirmação equivalente da PPC é que o poder de compra de qualquer moeda é o mesmo em qualquer país. A PPC absoluta implica uma segunda versão da teoria PPC, a PPC relativa, que prevê que mudanças percentuais nas taxas de câmbio são iguais às diferenças nas taxas de inflação nacional.

2. Um dos blocos da construção da teoria da PPC é a *lei de preço único*, que afirma que sob competição livre e na ausência de impedimento de comércio uma mercadoria deve ser vendida por um único preço independentemente do lugar do mundo no qual é vendida. Os proponentes da teoria da PPC frequentemente argumentam, entretanto, que sua validade não exige que a lei de preço único seja mantida para cada mercadoria.

3. A *abordagem monetária à taxa de câmbio* utiliza a PPC para explicar o comportamento de longo prazo da taxa de câmbio exclusivamente em termos de oferta e demanda de moeda. Nessa teoria, os diferenciais nos juros internacionais resultam de taxas nacionais diferentes de inflação em curso, como o *efeito Fisher* prevê. Diferenças internacionais mantidas em taxas de crescimento monetário estão, por sua vez, por trás de diferentes taxas de longo prazo de inflação em curso. Portanto, a abordagem monetária constata que um aumento na taxa de juros do país será associado com uma depreciação de sua moeda. A PPC relativa implica que diferenças de juros internacionais, que se igualam à mudança percentual esperada na taxa de câmbio também se igualam à lacuna de inflação internacional esperada.

---

[27] Na análise dois períodos dos empréstimos internacionais no Capítulo 6, todos os países enfrentam uma única taxa de juros real mundial. Entretanto, a PPC relativa deve ser mantida nesta análise, porque só existe uma mercadoria de consumo em cada período.

4. O apoio empírico para a PPC e para a lei de preço único é fraco em dados recentes. A falha dessas proposições no mundo real é relacionada às barreiras do comércio e ao afastamento da livre concorrência, fatores que podem resultar em *preços de mercado* pelos exportadores. Além disso, diferentes definições de níveis de preço em diferentes países atrapalham as tentativas de testar a PPC utilizando os índices de preço que os governos publicam. Para alguns produtos, incluindo vários serviços, os custos de transporte internacional são tão exorbitantes que esses produtos tornam-se não comercializáveis.

5. Os desvios da PPC relativa podem ser vistos como mudanças na *taxa de câmbio real* de um país, o preço de uma cesta de despesas estrangeiras típica em termos de uma cesta de despesas nacional típica. Com todo o resto igual, a moeda de um país sofre uma *valorização real* de longo prazo em relação às moedas estrangeiras quando a demanda relativa mundial por sua produção aumenta. Nesse caso, a taxa de câmbio real do país, como acabamos de definir, cai. A moeda de um país sofre uma *depreciação real* de longo prazo em relação às moedas estrangeiras quando a produção nacional aumenta em relação à produção estrangeira. Nesse caso, a taxa de câmbio real aumenta.

6. A determinação de longo prazo das *taxas de câmbio nominais* pode ser analisada combinando-se duas teorias: a teoria da taxa de câmbio *real* de longo prazo e a teoria de como os fatores monetários nacionais determinam os níveis de preço de longo prazo. Um aumento gradual no estoque de moeda de um país, por fim, leva a um aumento proporcional em seu nível de preço e a uma queda proporcional no valor de sua moeda no câmbio estrangeiro, assim como a PPC relativa prevê. As mudanças nas taxas de crescimento monetário também têm efeitos de longo prazo consistentes com a PPC. Mudanças de oferta e demanda nos mercados de produção, entretanto, resultam em movimentos de taxa de câmbio que não estão em conformidade com a PPC.

7. A condição de paridade de juros igual-se às diferenças internacionais em *taxas de juros nominais* para a mudança percentual esperada na taxa de câmbio nominal. Se a paridade de juros é mantida nesse sentido, a condição de paridade de juros iguala-se às diferenças internacionais nas *taxas de juros reais* esperadas para a mudança esperada na taxa de câmbio real. A paridade de juros real também implica que as diferenças internacionais em taxas de juros nominais igualam-se às diferenças na inflação esperada *mais* a mudança percentual esperada na taxa de câmbio real.

TERMOS-CHAVE

abordagem monetária à taxa de câmbio, p. 327
depreciação real, p. 329
efeito Fisher, p. 329
lei de preço único, p. 325
paridade de poder de compra (PPC), p. 324
PPC absoluta, p. 326
PPC relativa, p. 326

preços de mercado, p. 327
taxa de câmbio nominal, p. 339
taxa de câmbio real, p. 339
taxa de juros nominal, p. 346
taxa de juros real, p. 346
valorização real, p. 340

PROBLEMAS

1. Suponha que a taxa de inflação russa seja 100% em um ano, mas a taxa de inflação da Suíça seja somente 5%. De acordo com a PPC relativa, o que deve acontecer durante o ano com a taxa de câmbio do franco suíço em relação ao rublo russo?

2. Discuta por que se afirma frequentemente que os exportadores sofrem quando suas moedas nacionais são valorizadas em termos reais em relação às moedas estrangeiras e prosperam quando suas moedas nacionais sofrem depreciação em termos reais.

3. Com o resto igual, como você esperaria que as seguintes mudanças afetassem a taxa de câmbio real de uma moeda em relação às moedas estrangeiras?
   a. O nível geral de despesas não muda, mas os residentes nacionais decidem gastar mais de sua renda em produtos não comercializáveis e menos em produtos comercializáveis.
   b. Os residentes estrangeiros mudam sua demanda para longe de suas próprias mercadorias e em direção às exportações de seu país.

4. Guerras de grande escala normalmente trazem a suspensão do comércio internacional e das atividades financeiras. As taxas de câmbio perdem muito de sua relevância sob essas condições, mas uma vez que a guerra termina, os governos que desejam fixar taxas de câmbio enfrentam o problema de decidir quais devem ser as novas taxas. A teoria da PPC tem sido frequentemente aplicada a esse problema de realinhamento da taxa de câmbio pós-guerra. Imagine que você é um chanceler britânico do Exchequer e que a Primeira Guerra Mundial acabou agora. Explique como você descobriria a taxa de câmbio dólar/libra implicada pela PPC. Quando parece ser uma má ideia utilizar a teoria da PPC dessa forma?

5. No fim da década de 1970, a Grã-Bretanha parecia ter ficado rica. Tendo desenvolvido seus campos de produção de petróleo no Mar Norte em anos anteriores, a Grã-Bretanha subitamente teve sua renda mais alta como resultado do drástico aumento nos preços do petróleo

mundial em 1979-1980. Entretanto, no início da década de 1980, os preços do petróleo recuaram conforme a economia mundial deslizou para uma grande recessão, e a demanda mundial de petróleo perdeu força. No quadro a seguir, mostramos números de índice para a média da taxa de câmbio real da libra em relação a várias moedas estrangeiras. (Tais índices médios de números são chamados de taxas de câmbio *eficazes*.) Um aumento em um desses números indica uma *valorização* real da libra, isto é, um aumento no nível de preço britânico em relação ao nível de preço médio no exterior medido em libras. Uma queda é uma depreciação real.

Taxa de câmbio real eficaz da libra esterlina, 1976-1984 (1980 = 100)

1976	1977	1978	1979	1980	1981	1982	1983	1984
68,3	66,5	72,2	81,4	100,0	102,8	100,0	92,5	89,8

Fonte: Fundo Monetário Internacional, *Estatísticas Financeiras Internacionais*. As medidas da taxa de câmbio real são baseadas nos índices de preços de produção líquidos chamados de deflatores de valor acrescentado.

Utilize as pistas que demos sobre a economia britânica para explicar o aumento e a queda da taxa de câmbio real eficaz da libra entre 1978 e 1984. Preste atenção especial ao papel dos bens não comercializáveis.

6. Explique como mudanças permanentes nas funções de demanda real por moeda nacional afetam as taxas de câmbio real e nominal no longo prazo.

7. No fim da Primeira Guerra Mundial, o Tratado de Versalhes impôs uma indenização à Alemanha, um grande pagamento anual para os Aliados vitoriosos. (Muitos historiadores acreditam que essa indenização desempenhou um papel em desestabilizar os mercados financeiros no período entre-guerras e até mesmo em trazer a Segunda Guerra Mundial.). Na década de 1920, os economistas John Maynard Keynes e Bertil Ohlin tiveram um debate caloroso no *Economic Journal* sobre a possibilidade de que o pagamento por transferência imporia um "segundo fardo" à Alemanha, piorando seus termos de comércio. Utilize a teoria desenvolvida neste capítulo para discutir os mecanismos pelos quais uma transferência permanente da Polônia para a República Tcheca afetaria a taxa de câmbio real de zloty/coroa tcheca no longo prazo.

8. Continuando com o problema anterior, discuta como a transferência afetaria a taxa de câmbio *nominal* de longo prazo entre as duas moedas.

9. Um país impõe uma tarifa aduaneira em importações do exterior. Como essa ação muda a taxa de câmbio real de longo prazo entre as moedas nacional e estrangeira? Como essa taxa de câmbio nominal de longo prazo é afetada?

10. Imagine que dois países idênticos restringiram importações em níveis iguais, mas uma o fez utilizando tarifas aduaneiras e a outra o fez utilizando quotas. Após essas políticas estarem em vigor, os dois países passam por expansões idênticas e balanceadas de gastos nacionais. Onde a expansão da demanda causa maior valorização real da moeda: no país que utiliza a tarifa aduaneira ou no que utiliza a quota?

11. Explique como a taxa de câmbio nominal dólar/euro seria afetada (com todo o resto igual) por mudanças permanentes na taxa esperada de depreciação real do dólar em relação ao euro.

12. Você pode sugerir um evento que faria com que a taxa de juros nominal de um país aumente e sua moeda seja valorizada simultaneamente, em um mundo de preços perfeitamente flexíveis?

13. Suponha que a taxa de juros real esperada nos Estados Unidos seja de 9% ao ano enquanto a taxa de juros na Europa seja de 3% ao ano. O que você espera que aconteça com a taxa de câmbio real dólar/euro durante o próximo ano?

14. No curto prazo de um modelo com preços rígidos, uma redução na oferta de moeda aumenta a taxa de juros real e valoriza a moeda (veja Capítulo 15). O que acontece à taxa de juros real esperada? Explique por que o caminho subsequente da taxa de câmbio real satisfaz a condição de paridade de juros real.

15. Discuta a seguinte afirmação: "Quando uma mudança na taxa de juros nominal de um país é causada por um aumento na taxa de juros real esperada, a moeda nacional é valorizada. Quando a mudança é causada por um aumento na inflação esperada, a moeda sofre depreciação." (Pode ajudar se você olhar o Capítulo 15.)

16. As taxas de juros nominais são cotadas a uma série de prazos, correspondendo a diferentes durações de empréstimos. Por exemplo, no fim de 2004 o governo norte-americano poderia pegar empréstimos de dez anos a uma taxa de juros anual de pouco acima de 4%, enquanto a taxa anual que paga nos empréstimos de somente três meses de duração estava pouco abaixo de 2%. (Uma taxa de juros anualizada de 2% em um empréstimo de três meses significa que se você pegou um dólar emprestado, vai devolver US$ 1,005 = US$ 1 + (3/12) × US$ 0,02 no fim dos três meses.), embora não sempre, as taxas de juros de longo prazo estão acima das taxas de curto prazo, como no exemplo anterior de 2004. Em termos de efeito Fisher, o que esse padrão diria sobre a inflação esperada e/ou a taxa de juros real futura esperada?

17. Continuando com o problema anterior, podemos definir as taxas *reais* de juros de curto e longo prazo. Em todos os casos, a taxa de juros real relevante (anualizada, isto é, expressa em porcentagem por ano) é a taxa de juros nominal anualizada no vencimento em questão, menos a taxa de inflação anualizada esperada sobre o período do empréstimo. Lembre-se da evidência que a PPC relativa parece manter-se melhor durante longos horizontes do que em curtos. Nesse caso, os diferenciais reais de juros internacionais serão maiores em vencimentos mais curtos do que em vencimentos mais longos? Explique seu raciocínio.

18. Por que pode ser verdade que a PPC relativa mantém-se melhor no longo prazo do que no curto prazo? (Pense sobre como as empresas do comércio internacional reagem a grandes e persistentes diferenças que cruzam as fronteiras nos preços de mercadoria comercializável.).

19. Suponha que os residentes dos Estados Unidos consumam relativamente mais das mercadorias que os Estados Unidos exportam do que os residentes dos países estrangeiros. Em outras palavras, as mercadorias exportadas pelos Estados Unidos têm maior peso no IPC norte-americano do que em outros países. Contrariamente, as exportações estrangeiras têm menor peso no IPC norte-americano do que têm no exterior. Qual seria o efeito de um aumento na taxa de câmbio real do dólar nos termos de comércio norte-americano (o preço relativo das exportações norte-americanas em termos de importações norte-americanas)?

20. A revista *The Economist* apontou que o preço dos Big Macs é sistemática e positivamente relacionado com o nível de renda do país, assim como é o nível de preço geral (lembre-se do quadro "Algumas evidências substanciais sobre a lei de preço único"). Se você for ao site do padrão de Big Mac do *The Economist* em <http://www.economist.com/content/big-mac-index>, encontrará uma planilha que contém os dados de sobre/subvalorizarão para janeiro de 2013 (assim como levantamentos dos anos anteriores). Vá ao site dos Indicadores Mundiais de Desenvolvimento do Banco Mundial, <http://data.worldbank.org/indicator/> e encontre os dados mais recentes sobre GNI (Renda Nacional Bruta) *per capita*, PPC, para todos os países. Utilize esses dados, junto com os dados da *The Economist* sobre os preços em dólar do Big Mac, para fazer um gráfico da renda *per capita* (eixo horizontal) *versus* o preço em dólar do Big Mac (eixo vertical). O que você encontrou?

LEITURAS ADICIONAIS

ANDERSON, J. E.; WINCOOP, E. van. "Trade Costs". *Journal of Economic Literature*, v. 42, p. 691-751, set. 2004. Um levantamento abrangente da natureza e dos efeitos dos custos do comércio internacional.

CASSEL, G. *Post-War Monetary Stabilization*. Nova York: Columbia University Press, 1928. Aplica a teoria da paridade de poder de compra das taxas de câmbio ao analisar os problemas monetários que vieram após a Primeira Guerra Mundial.

CUMBY, R. E. "Forecasting Exchange Rates and Relative Prices with the Hamburger Standard: Is What You Want What You Get with McParity?". Working Paper 5675. National Bureau of Economic Research, jul. 1996. Estuda o poder de previsão estatística das medidas do Big Mac de sub e sobrevalorização.

DEATON, A.; HESTON, A. "Understanding PPPs and PPP-Based National Accounts". *American Economic Journal: Macroeconomics*, v. 2, p. 1-35, out. 2010. Visão crítica de muitos obstáculos para construir comparações internacionais de preço precisas.

DEVEREUX, M. B. "Real Exchange Rates and Macroeconomics: Evidence and Theory". *Canadian Journal of Economics*, v. 30, p. 773-808, nov. 1997. Revisa as teorias dos determinantes e efeitos das taxas de câmbio real.

DORNBUSCH, R. "The Theory of Flexible Exchange Rate Regimes and Macroeconomic Policy". In: HERIN, J; LINDBECK, A; MYHRMAN, J. (Eds.). *Flexible Exchange Rates and Stabilization Policy*. Boulder, CO: Westview Press, 1977, p. 123-143. Desenvolve um modelo de longo prazo das taxas de câmbio incorporando mercadorias e serviços comercializáveis e não comercializáveis.

GOLDBERG, P. K.; KNETTER, M. M. "Goods Prices and Exchange Rates: What Have We Learned?". *Journal of Economic Literature*, v. 35, p. 1243-1272, set. 1997. Excelente levantamento de evidência de micronível sobre a lei de preço único, taxa de câmbio *pass-through* e preço de mercado.

HUMMELS, D. "Transportation Costs and International Trade in the Second Era of Globalization". *Journal of Economic Perspectives*, v. 21, p. 131-154, verão 2007. Levantamentos sobre a economia dos custos de transporte no comércio internacional moderno.

LEE, J. et al. *Exchange Rate Assessments: CGER Methodologies*. Occasional Paper 261. Fundo Monetário Internacional, 2008. Descreve modelos do FMI para avaliação de taxas de câmbio reais.

METZLER, L. A. "Exchange Rates and the International Monetary Fund". In: *Políticas Monetárias Internacionais*. Postwar Economic Studies, v. 7. Washington, D.C.: Board of Governors of the Federal Reserve System, 1947, p. 1-45. O autor aplica a paridade de poder de compra com habilidade e ceticismo para avaliar as taxas de câmbio fixas estabelecidas pelo Fundo Monetário Internacional após a Segunda Guerra Mundial.

MISHKIN, F. S. *The Economics of Money, Banking and Financial Markets*. 10. ed. UpperSaddle River, NJ: Prentice Hall, 2013. O Capítulo 5 discute a inflação e o efeito Fisher.

ROGOFF, K. "The Purchasing Power Parity Puzzle". *Journal of Economic Literature*, v. 34, p. 647-668, jun. 1996. Levantamento crítico de teoria e trabalho empírico.

STOCKMAN, A. C. "The Equilibrium Approach to Exchange Rates". *Federal Reserve Bank of Richmond Economic Review*, v. 73, p. 12-30, mar./abr. 1987. Teoria e evidência em um modelo de equilíbrio de taxa de câmbio similar ao modelo de longo prazo desse capítulo.

TAYLOR, A. M.; TAYLOR, M. P. "The Purchasing Power Parity Debate". *Journal of Economic Perspectives*, v. 18, p. 135-158, outono 2004. Avalia pesquisas recentes sobre PPC.

APÊNDICE DO CAPÍTULO 16

O efeito Fisher, a taxa de juros e a taxa de câmbio sob a abordagem monetária de preço flexível

A abordagem monetária às taxas de câmbio, que assume que os preços das mercadorias são perfeitamente flexíveis, implica que a moeda de um país sofre depreciação quando suas taxas de juros nominais aumentam por causa de alta inflação futura esperada. Este apêndice fornece uma análise detalhada desse resultado importante.

Considere novamente a taxa de câmbio euro/dólar e imagine que a Reserva Federal aumente a taxa futura de crescimento da moeda norte-americana pela quantia $\Delta\pi$. A Figura 16A.1 fornece um diagrama que irá nos ajudar a acompanhar como vários mercados respondem a essa mudança.

O quadrante inferior direito na figura é a nossa representação usual do equilíbrio no mercado monetário norte-americano. Ele mostra que antes do aumento no crescimento da oferta de moeda norte-americana, a taxa de juros em dólares iguala $R_\$^1$ (ponto 1). O efeito Fisher nos diz que um aumento em $\Delta\pi$ na taxa futura do crescimento de oferta de moeda norte-americana, com todo o resto igual, aumentará a taxa de juros nominal em dólares para $R_\$^2 = R_\$^1 + \Delta\pi$ (ponto 2).

Como o diagrama mostra, o aumento na taxa de juros nominal de dólar reduz a demanda por moeda e, portanto, uma queda será necessária para reestabelecer o equilíbrio, na oferta real de moeda. Mas o estoque nominal de moeda não muda no curto prazo, porque é somente a taxa *futura* do crescimento da oferta de moeda norte-americana que aumentou. O que acontece? Dada a não alteração na oferta de moeda nominal M_{US}^1, um salto do nível de preço norte-americano de P_{US}^1 para P_{US}^2 traz a redução necessária na detenção real da moeda norte-americana. A suposta flexibilidade de preços permite que esse salto aconteça mesmo no curto prazo.

Para ver a resposta da taxa de câmbio, voltamo-nos para o quadrante inferior esquerdo. A abordagem monetária supõe a paridade de poder de compra, implicando que ao passo que P_{US} aumenta (embora o nível de preço europeu permaneça constante, que foi o que supusemos) a taxa de câmbio dólar/euro $E_{\$/\epsilon}$ deve aumentar (uma depreciação do dólar). O quadrante inferior esquerdo da Figura 16A.1 coloca em gráfico a relação implícita entre as detenções reais da moeda norte-americana, M_{US}/P_{US}, e a taxa de câmbio nominal, $E_{\$/\epsilon}$, dada uma oferta de moeda *nominal* inalterada nos Estados Unidos e um nível de preço inalterado na Europa. Utilizando a PPC, podemos escrever a equação colocada no gráfico (que é uma *hipérbole* inclinada para baixo) como:

$$E_{\$/\epsilon} = P_{US} / P_E = \frac{M_{US} / P_E}{M_{US} / P_{US}}.$$

Essa equação mostra que a queda na oferta real de moeda norte-americana, de M_{US}^1/P_{US}^1 para M_{US}^1/P_{US}^2, é associada com a depreciação do dólar na qual a taxa de câmbio nominal dólar/euro aumenta de $E_{\$/\epsilon}^1$ para $E_{\$/\epsilon}^2$ (mostrado como um movimento para a esquerda ao longo do eixo horizontal).

A linha de 45 graus no quadrante superior esquerdo da Figura 16A.1 permite que você traduza a mudança da taxa de câmbio dada no quadrante inferior esquerdo para o eixo vertical do quadrante superior direito do diagrama. O quadrante superior direito contém nossa representação do equilíbrio no mercado de câmbio estrangeiro.

Ali você pode ver que a depreciação do dólar em relação ao euro está associada com um movimento no equilíbrio do mercado de câmbio estrangeiro do ponto 1' para o ponto 2'. A figura mostra por que o dólar sofre depreciação, apesar do aumento em $R_\$$. A razão é um movimento para fora na linha inclinada para baixo, que dá a taxa de retorno esperada em dólar para os depósitos de euro. Por que aquela linha movimenta-se para fora? Um maior crescimento monetário futuro esperado implica depreciação futura esperada do dólar mais rápida em relação ao euro e, portanto, um aumento na atratividade dos depósitos de euro. É a mudança nas expectativas que leva simultaneamente a um aumento na taxa de juros nominal em dólares e a uma depreciação do dólar no mercado cambial estrangeiro.

Para resumir, não podemos prever como um aumento na taxa de juros do dólar afetará a taxa de câmbio do dólar sem saber *por que* a taxa nominal de juros aumentou. Em um modelo de preço flexível no qual a taxa de juros nominal nacional aumenta por causa de um crescimento maior da oferta de moeda futura esperada, a moeda nacional sofrerá depreciação (e não valorização) graças às expectativas de uma depreciação futura mais rápida.

FIGURA 16A.1 Como um aumento no crescimento monetário norte-americano afeta a taxa de juros e a taxa de câmbio dólar/euro quando preços de mercadorias são flexíveis

Quando os preços das mercadorias são perfeitamente flexíveis, o diagrama de equilíbrio de mercado monetário (quadrante sudeste) mostra dois efeitos de um aumento, $\Delta\pi$, na taxa futura do crescimento da oferta de moeda norte-americana. A mudança (i) aumenta a taxa de juros do dólar de $R_\$^1$ para $R_\$^2 = R_\$^1 + \Delta\pi$, em linha com o efeito Fisher; e (ii) faz com que o nível de preço norte-americano suba, de P_{US}^1 para P_{US}^2. O equilíbrio do mercado monetário portanto move-se do ponto 1 para o ponto 2. (Como M_{US}^1 não muda imediatamente, a oferta de moeda norte-americana real cai para M_{US}^1/P_{US}^2, trazendo a oferta de moeda real em linha com a demanda de moeda reduzida). A relação da PPC no quadrante sudoeste mostra que o salto do nível de preço de P_{US}^1 para P_{US}^2 requer uma depreciação do dólar em relação ao euro (a taxa de câmbio dólar/euro move-se para cima, de $E_{\$/€}^1$ para $E_{\$/€}^2$). No diagrama do mercado cambial estrangeiro (quadrante nordeste), essa depreciação do dólar é mostrada como a mudança do ponto 1' para o ponto 2'. O dólar sofre depreciação apesar do aumento em $R_\$$, porque expectativas intensificadas da depreciação futura do dólar em relação ao euro causam uma mudança para fora do local que está medindo o retorno em dólar esperado em depósitos de euro.

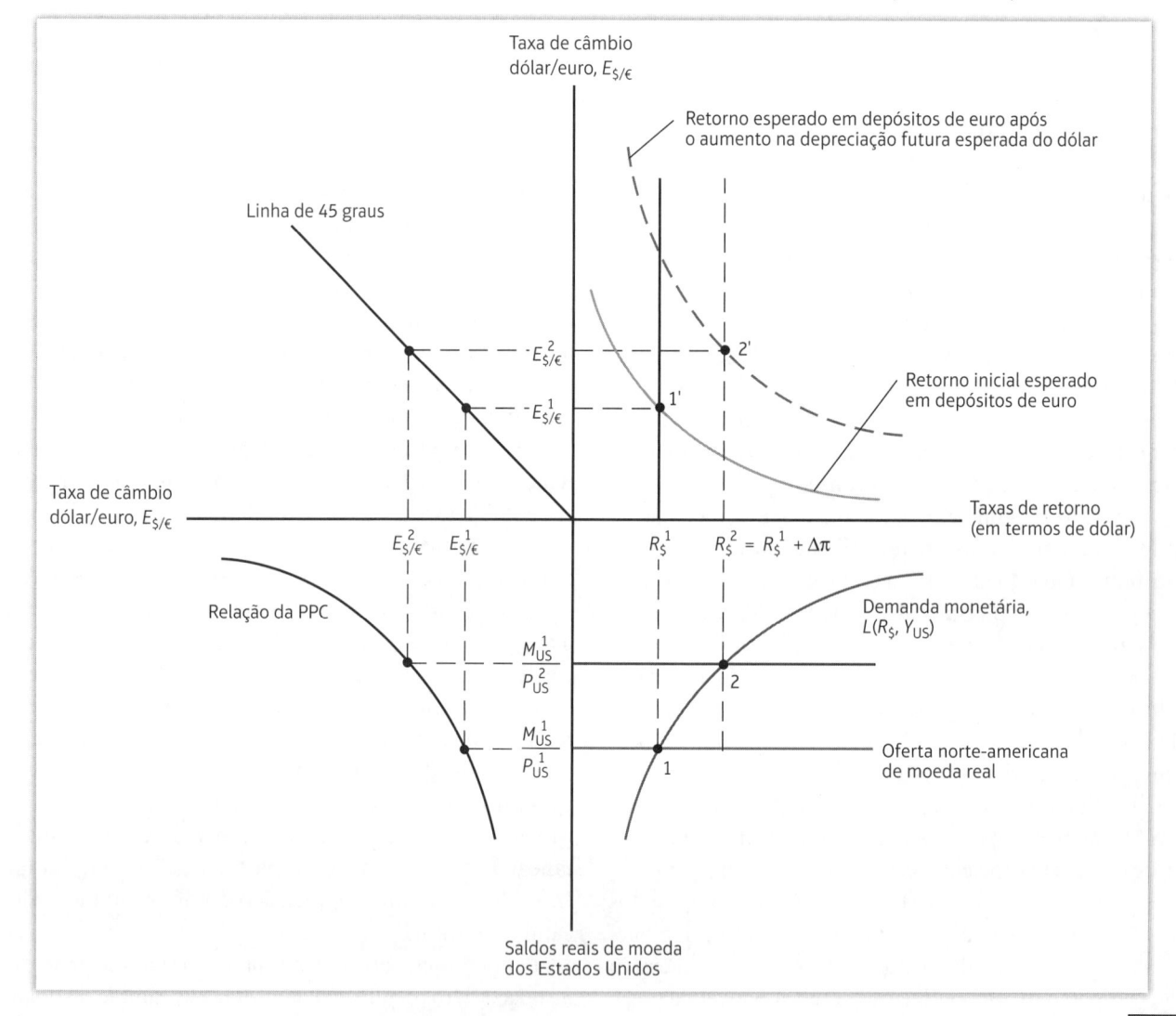

CAPÍTULO 17

Produção e a taxa de câmbio no curto prazo

As economias estadunidense e canadense registraram taxas negativas similares de crescimento de produção durante 2009, ano de profunda recessão global. Mas enquanto o dólar norte-americano sofreu depreciação em relação às moedas estrangeiras em torno de 8% durante o ano, o dólar canadense sofreu *valorização* de aproximadamente 16%. O que explica essas experiências contrastantes? Ao completar o modelo macroeconômico construído nos últimos três capítulos, este capítulo resolverá os fatores complicados que fazem mudar a produção, as taxas de câmbio e a inflação. Os capítulos 15 e 16 apresentaram as conexões entre as taxas de câmbio, taxas de juros e níveis de preço, mas sempre assumimos que os níveis de produção eram determinados fora do modelo. Esses capítulos deram-nos somente uma ideia parcial de como as mudanças macroeconômicas afetam uma economia aberta, porque os eventos que mudam as taxas de câmbio, taxas de juros e níveis de preço também podem afetar a produção. Agora completamos essa ideia examinando como a produção e a taxa de câmbio são determinadas no curto prazo.

Nossa discussão combina o que aprendemos sobre mercados de ativos e o comportamento de longo prazo das taxas de câmbio com um novo elemento, uma teoria de como o mercado de produção ajusta-se às mudanças de demanda quando os preços de produtos, em si, são lentos para ajustarem-se na economia. Como aprendemos no Capítulo 15, fatores institucionais como contratos nominais de longo prazo podem dar origem a preços de mercado de produção resistentes ou lentos em seu ajuste. Ao combinar o modelo de curto prazo do mercado de produção com nossos modelos de câmbio estrangeiro e mercados monetários (os mercados de ativos), nós construímos um modelo que explica o comportamento de curto prazo de todas as variáveis macroeconômicas importantes em uma economia aberta. O modelo de taxa de câmbio de longo prazo do capítulo anterior fornece o quadro que os participantes dos mercados de ativos utilizam para formar suas expectativas sobre as taxas de câmbio futuras.

Como as mudanças de produção podem impulsionar a economia para longe do emprego pleno, as ligações entre a produção e as outras variáveis macroeconômicas, como o saldo do comércio e a conta-corrente, são de grande preocupação para os decisores políticos de economia. Na última parte deste capítulo, utilizaremos nosso modelo de curto prazo para examinar como as ferramentas políticas macroeconômicas afetam a produção e a conta corrente e como elas podem ser utilizadas para manter o emprego pleno.

OBJETIVOS DE APRENDIZAGEM

Após a leitura deste capítulo, você será capaz de:

- Explicar o papel da taxa de câmbio real na determinação da demanda agregada para a produção de um país.
- Ver como o equilíbrio de curto prazo de uma economia aberta pode ser analisado como a interseção de uma linha de equilíbrio de mercado de ativo (*AA*) e uma linha de equilíbrio de mercado de produção (*DD*).
- Entender como as políticas monetária e fiscal afetam a taxa de câmbio e a produção nacional no curto prazo.
- Descrever e interpretar os efeitos de longo prazo de mudanças de política macroeconômica permanentes.
- Explicar a relação entre as políticas macroeconômicas, o saldo da conta-corrente e a taxa de câmbio.

Determinantes da demanda agregada em uma economia aberta

Para analisar como a produção é determinada no curto prazo quando os preços dos produtos são rígidos, introduzimos o conceito de **demanda agregada** para a produção de um país. A demanda agregada é a quantidade de mercadorias e serviços de um país demandada pelas famílias, empresas e governos em todo o mundo. Assim como a produção de uma mercadoria ou serviço individual depende em parte da demanda por ela, o nível geral de curto prazo de produção de um país depende da demanda agregada por seus produtos. A economia está em seu emprego pleno no longo prazo (por definição) porque os salários e o nível de preço eventualmente ajustam-se para garanti-lo. No longo prazo, a produção nacional, portanto, depende somente do fornecimento nacional disponível dos fatores de produção como mão de obra e capital. Entretanto, como veremos, esses fatores produtivos podem ser super ou subempregados no curto prazo como resultado de mudanças na demanda agregada que ainda não causaram seus efeitos de longo prazo por completo nos preços.

No Capítulo 13, aprendemos que a produção de uma economia é a soma de quatro tipos de despesas que geram a renda nacional: consumo, investimento, compras de governo e a conta-corrente. Correspondentemente, a demanda agregada para a produção de uma economia aberta é a soma da demanda de consumo (C), demanda de investimento (I), demanda do governo (G) e a demanda de exportação líquida, isto é, a conta-corrente (CA). Cada um desses componentes de demanda agregada depende de vários fatores. Nesta seção, examinamos os fatores que determinam a demanda de consumo e a conta-corrente. Discutiremos a demanda do governo mais tarde neste capítulo quando examinarmos os efeitos da política fiscal. Para o momento, assumiremos que G é dado. Para evitar complicar nosso modelo, também assumimos que a demanda de investimento é dada. Os determinantes da demanda de investimento são incorporados no modelo no Apêndice On-line deste capítulo.

Determinantes da demanda de consumo

Neste capítulo, vamos ver a quantidade que os residentes de um país desejam consumir dependendo da renda disponível, Y^d (isto é, a renda nacional menos impostos, $Y - T$).[1] (C, Y, e T são todos medidos em termos de unidades de produção nacional.) Com essa suposição, o nível de consumo desejado de um país pode ser escrito como uma função da renda disponível:

$C = C(Y^d)$.

Como cada consumidor naturalmente demanda mais mercadorias e serviços conforme sua renda aumenta, esperamos também que o consumo aumente conforme a renda disponível cresça no nível agregado. Portanto, a demanda de consumo e a renda disponível são positivamente relacionadas. Entretanto, quando a renda disponível cresce, a demanda de consumo geralmente sobe *menos*, porque parte da renda que aumenta é poupada.

Determinantes da conta-corrente

O saldo de conta-corrente, visto como a demanda pelas exportações de um país menos a demanda por importações do país, é determinado por dois fatores principais: a taxa de câmbio nacional real em relação à moeda estrangeira (isto é, o preço de uma cesta de despesas típica estrangeira em termos de cestas de despesas nacional) e a renda nacional disponível. (Na realidade, a conta-corrente de um país depende de muitos outros fatores, como o nível de despesa estrangeira, mas para o momento definimos esses outros fatores como constantes.)[2]

Expressamos o saldo de conta-corrente de um país como uma função da taxa de câmbio real de sua moeda, $q = EP^*/P$, e da renda nacional disponível, Y^d:

$CA = CA(EP^*/P, Y^d)$.

Como um lembrete da discussão do último capítulo, note que os preços da moeda nacional das cestas de despesas representativas nacional e estrangeira são, respectivamente, EP^* e P, onde E (a taxa de câmbio nominal) é o preço da moeda estrangeira em termos de moeda nacional; P^* é o nível de preço estrangeiro; e P é o nível de preço nacional. A taxa *real* de câmbio q, definida como o preço da cesta estrangeira em termos da cesta nacional é, portanto, EP^*/P. Se, por exemplo, a cesta representativa de mercadorias e serviços europeus custa € 40 (P^*), a cesta representativa norte-americana custa US$ 50 (P) e a taxa de câmbio dólar/euro é US$ 1,10 por euro (E), então

---

[1] Um modelo mais completo permitiria outros fatores, como riqueza real, renda futura esperada e taxa de juros real para afetar os planos de consumo. O Apêndice 1 deste capítulo liga a formulação aqui à teoria microeconômica do consumidor, que foi a base de nossa discussão no Apêndice do Capítulo 6.

[2] Como a nota de rodapé anterior observou, estamos ignorando uma série de fatores (como a riqueza e as taxas de juros) que afetam o consumo juntamente com a renda disponível. Já que alguma parte de qualquer mudança de consumo vai para as importações, esses determinantes de consumo omitidos também ajudam a determinar a conta-corrente. Seguindo a convenção do Capítulo 13, também estamos ignorando as transferências unilaterais ao analisar o saldo da conta-corrente.

o preço da cesta europeia em termos de cestas norte-americanas é

$$EP^*/P = \frac{(1{,}10 \text{ \$/€}) \times (40 \text{ €/cesta europeia})}{(50 \text{ \$/cesta norte-americana})}$$

$$= 0{,}88 \text{ cestas norte-americanas/cesta europeia.}$$

Mudanças de taxa de câmbio real afetam a conta-corrente, porque refletem as mudanças nos preços de mercadorias e serviços nacionais em relação às mercadorias e serviços estrangeiros. A renda disponível afeta a conta-corrente por meio de seu efeito na despesa total dos consumidores nacionais. Para compreender como esses efeitos da taxa de câmbio real e renda disponível funcionam, é útil olhar separadamente para a demanda por exportações de um país, EX, e a demanda por importações pelos residentes do país, IM. Como vimos no Capítulo 13, a conta-corrente é relacionada com exportações e importações pela identidade

$$CA = EX - IM,$$

quando CA, EX e IM são todas medidas em termos de produção nacional.

Como as variações cambiais afetam a conta-corrente

Você vai lembrar-se que uma cesta nacional representativa de despesas inclui alguns produtos importados, mas coloca maior peso em mercadorias e serviços produzidos nacionalmente. Ao mesmo tempo, a cesta estrangeira representativa está inclinada para mercadorias e serviços produzidos no país estrangeiro. Portanto, um aumento no preço da cesta estrangeira em termos de cestas nacionais, digamos, será associado com um aumento no preço relativo da produção estrangeira em geral relacionada à produção nacional.[3]

Para determinar como a mudança no preço relativo da produção nacional afeta a conta-corrente, com o resto igual, devemos perguntar como ela afeta a EX e a IM. Quando EP^*/P aumenta, por exemplo, os produtos estrangeiros tornaram-se mais caros em relação aos produtos nacionais: cada unidade de produção nacional agora compra menos unidades de produção estrangeira. Os consumidores estrangeiros responderão a essa mudança de preço (uma depreciação real da moeda nacional) demandando mais de nossas exportações. Essa resposta dos estrangeiros, vai, portanto, aumentar EX e melhorar a conta-corrente nacional.

O efeito do aumento da mesma taxa de câmbio real na IM é mais complicado. Os consumidores nacionais respondem à mudança de preço comprando menos unidades dos produtos estrangeiros mais caros. No entanto, a resposta deles não implica que IM deve cair, porque IM representa o *valor* das importações medido em termos de produção nacional, não o *volume* dos produtos estrangeiros importados. Já que um aumento em EP^*/P (uma depreciação real da moeda nacional) tende a aumentar o valor de cada unidade de importação em termos de unidades de produção nacional, as importações medidas em unidades de produção nacional podem surgir como resultado desse aumento em EP^*/P, mesmo se as importações caírem quando medidas em unidades de produção estrangeira. Portanto, a IM aumenta ou diminui quando EP^*/P aumenta, de forma que o efeito de uma mudança da taxa de câmbio real na conta-corrente CA é ambíguo.

Se a conta-corrente melhora ou piora, isso depende de qual efeito da mudança da taxa de câmbio real é dominante — o *efeito volume* das despesas de um consumidor, que muda as quantidades de exportação e importação, ou o *efeito de valor*, que muda a produção nacional equivalente de um *dado* volume de importações estrangeiras. Assumimos para o momento que o efeito de volume de uma mudança na taxa de câmbio real sempre supera o efeito de valor, de forma que, com todo o resto igual, a depreciação real da moeda melhora a conta-corrente e uma valorização real da moeda piora a conta-corrente.[4]

Embora tenhamos expressado nossa discussão das taxas de câmbio reais e da conta-corrente em termos de repostas dos consumidores, as respostas dos produtores são tão importantes quanto as dos consumidores e trabalham da mesma forma. Quando a moeda de um país sofre depreciação em termos reais, as empresas estrangeiras descobrirão que o país pode fornecer insumos de produção intermediários mais baratos. Esses efeitos tornaram-se mais fortes como resultado da tendência crescente de empresas multinacionais em instalar diferentes estágios de seus processos de produção em uma série de países. Por exemplo, a fabricante alemã de car-

---

[3] A taxa de câmbio real está sendo utilizada aqui essencialmente como uma medida de resumo conveniente dos preços relativos de produtos nacionais em relação aos estrangeiros. Uma análise mais exata (mas muito mais complicada) trabalharia explicitamente com funções de demanda e oferta separadas para os bens não comercializáveis e os comercializáveis de cada país, mas levaria a conclusões bem parecidas com aquelas que chegaremos a seguir.

[4] Essa suposição exige que as demandas de importação e exportações sejam relativamente *elásticas* com respeito à taxa de câmbio real. O Apêndice 2 deste capítulo descreve uma condição matemática precisa, chamada de condição de Marshall-Lerner, sob a qual a suposição no texto é válida. O apêndice também examina a evidência empírica no horizonte temporal sobre o qual a condição de Marshall-Lerner é mantida.

ros BMW pode mudar a produção da Alemanha para sua fábrica Spartanbur, na Carolina do Sul, se a depreciação do dólar baixar o custo relativo de produção nos Estados Unidos. A mudança de produção representa um aumento na demanda mundial pela produção e mão de obra norte-americana.

Como as mudanças da renda disponível afetam a conta-corrente

O segundo fator que influencia a conta-corrente é a renda nacional disponível. Já que um aumento em Y^d faz com que os consumidores nacionais aumentem seus gastos em *todas* as mercadorias, incluindo as importações do exterior, um aumento na renda disponível, com todo o resto igual, piora a conta-corrente. (Um aumento em Y^d não tem efeito na demanda de exportação porque mantemos a renda estrangeira constante e não permitimos que Y^d a afete.)

A Tabela 17.1 resume nossa discussão de como as mudanças da taxa de câmbio real e da renda disponível influenciam a conta-corrente nacional.

TABELA 17.1 Fatores que determinam a conta-corrente

Mudança	Efeito na conta-corrente, CA
Taxa de câmbio real, $EP^*/P\uparrow$	$CA\uparrow$
Taxa de câmbio real, $EP^*/P\downarrow$	$CA\downarrow$
Renda disponível, $Y^d\uparrow$	$CA\downarrow$
Renda disponível, $Y^d\downarrow$	$CA\uparrow$

A equação da demanda agregada

Agora combinamos os quatro componentes da demanda agregada para chegar a uma expressão para a demanda agregada total, representada por D:

$$D = C(Y - T) + I + G + CA(EP^*/P, Y - T),$$

na qual escrevemos a renda disponível Y^d como a produção, Y, menos os impostos, T. Essa equação mostra que a demanda agregada por produção nacional pode ser escrita como uma função da taxa de câmbio real, da renda disponível, da demanda de investimento e da despesa do governo:

$$D = D(EP^*/P, Y - T, I, G).$$

Agora queremos ver como a demanda agregada depende da taxa de câmbio real e do PNB nacional dado o nível de impostos, T, a demanda de investimento, I, e as compras de governo, G.[5]

A taxa de câmbio real e a demanda agregada

Um aumento em EP^*/P torna as mercadorias e serviços mais baratos em relação às mercadorias e serviços estrangeiros e muda tanto a despesa nacional como a estrangeria de mercadorias estrangeiras para mercadorias nacionais. Como resultado, CA aumenta (como assumimos na seção anterior) e a demanda agregada, D, portanto, sobe. *Uma depreciação real da moeda nacional, com todo o resto igual, aumenta a demanda agregada pela produção nacional; uma valorização real diminui a demanda agregada por produção nacional.*

Renda real e demanda agregada

O efeito da renda real nacional na demanda agregada é um pouco mais complicado. Se os impostos são fixos a um nível dado, um aumento em Y representa um aumento igual na renda disponível Y^d. Embora esse aumento em Y^d faça o consumo subir, ele piora a conta-corrente aumentando a despesa nacional em importações estrangeiras. O primeiro desses efeitos aumenta a demanda agregada, mas o segundo a diminui. Porém, já que o aumento no consumo é dividido entre maior despesa em produtos nacionais e maior despesa em importações estrangeiras, o primeiro efeito (o da renda disponível no consumo total) é maior do que o segundo (o efeito da renda disponível só na despesa de importação). Portanto, *um aumento na renda real, com todo o resto igual, aumenta a demanda agregada pela produção nacional e uma queda na renda real nacional diminui a demanda agregada pela produção nacional.*

A Figura 17.1 mostra a relação entre a demanda agregada e a renda real Y para valores fixos da taxa de câmbio real, impostos, demanda de investimento e despesa de governo. Quando Y aumenta, o consumo sobe por uma fração do aumento na renda. Parte desse aumento no consumo, aliás, vai em despesas de importação. O efeito

---

[5] Como observado acima, o investimento I é tomado como dado, embora possamos imaginar que ele mude por razões que estão fora do modelo (em outras palavras, assumimos que é uma variável exógena em vez de endógena). Fazemos a mesma suposição sobre G. Não seria difícil fazer I endógena, entretanto, como é feito no Apêndice On-line, onde o investimento é uma função declinante da taxa de juros nacional real. (Essa é a suposição feita no modelo padrão IS-LM dos cursos intermediários de macroeconomia.) Para uma dada taxa de câmbio futura esperada e um dado nível de produção de pleno emprego, o modelo do Apêndice On-line implica que a demanda de investimento pode ser expressa como $I(E, Y)$, onde um aumento em E (depreciação da moeda nacional) aumenta a demanda de investimento, assim como um aumento na produção Y. Modelar o investimento dessa forma dentro deste capítulo não mudaria nossas previsões de forma significativa.

FIGURA 17.1 Demanda agregada como uma função de produção

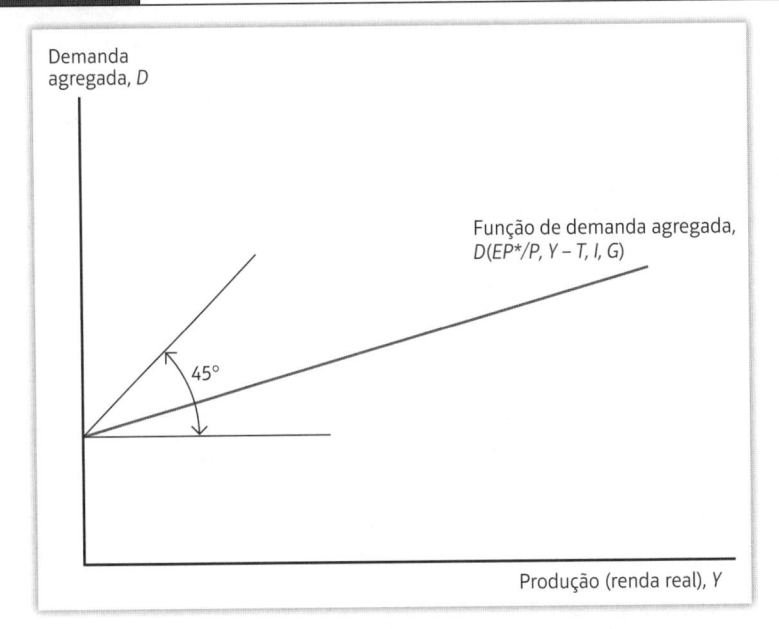

A demanda agregada é uma função da taxa de câmbio real (EP^*/P), renda disponível ($Y - T$), demanda de investimento (I) e o gasto do governo (G). Se todos os outros fatores permanecem inalterados, um aumento na produção (renda real), Y, aumenta a demanda agregada. Como o aumento na demanda agregada é menor do que o aumento na produção, a inclinação da função da demanda agregada é menor do que 1 (como indicado por sua posição dentro do ângulo de 45 graus).

Eixo vertical: Demanda agregada, D
Eixo horizontal: Produção (renda real), Y
Curva: Função de demanda agregada, $D(EP^*/P, Y - T, I, G)$
Ângulo de 45°

de um aumento em Y na demanda agregada para a produção nacional é, portanto, menor do que o aumento de acompanhamento na demanda de consumo, que é menor, por sua vez, do que o aumento em Y. Mostramos isso na Figura 17.1 ao desenhar a linha de demanda agregada com uma inclinação inferior a 1. (A linha faz interseção com o eixo vertical acima da origem, porque o investimento, o governo e a demanda estrangeira fariam a demanda agregada maior do que zero, mesmo no caso hipotético de produção nacional zero.)

Como a produção é determinada em curto prazo

Tendo discutido os fatores que influenciam a demanda para a produção de uma economia aberta, agora estudamos como a produção é determinada no curto prazo. Mostramos que o mercado de produção está em equilíbrio quando a produção nacional real, Y, iguala-se à demanda agregada para a produção nacional:

$$Y = D(EP^*/P, Y - T, I, G). \quad (17.1)$$

A igualdade entre oferta e demanda agregadas, portanto, determina o nível de equilíbrio de produção de curto prazo.[6]

Nossa análise da determinação da produção real aplica-se ao curto prazo, porque assumimos que os preços em dinheiro das mercadorias e serviços são *temporariamente fixos*. Como veremos mais tarde neste capítulo, as mudanças de produção real de curto prazo; que ocorrem quando os preços que estão temporariamente fixos, porventura causam mudanças de nível de preço que movem a economia para seu equilíbrio de longo prazo. No equilíbrio de longo prazo, os fatores de produção são empregados plenamente, o nível de produção real é completamente determinado por fatores de oferta e a taxa de câmbio real ajusta-se para igualar a produção real de longo prazo para a demanda agregada.[7]

A determinação da produção nacional em curto prazo é ilustrada na Figura 17.2, na qual novamente colocamos em gráfico a demanda agregada como uma função da produção por níveis fixos de taxa de câmbio real, impostos, demanda de investimento e despesa de governo. A interseção (no ponto 1) da linha de demanda

---

[6] Superficialmente, a Equação (17.1), que pode ser escrita como $Y = C(Y^d) + I + G + CA(EP^*/P, Y^d)$, parece-se com a identidade do PNB que discutimos no Capítulo 13, $Y = C + I + G + CA$. Em que as duas equações diferem? Elas diferem porque a Equação (17.1) é uma condição de equilíbrio, não uma identidade. Como você vai lembrar-se do Capítulo 13, a quantidade de investimento I que aparece na identidade do PNB inclui acúmulo *indesejado* ou involuntário de estoque pelas empresas, de forma que a identidade do PNB sempre é mantida como questão de definição. A demanda de investimento que aparece na Equação (17.1), entretanto, é o investimento *desejado* ou planejado. Portanto, a identidade do PNB é sempre mantida, mas a Equação (17.1) é mantida somente se as empresas não estão aumentando ou diminuindo seus estoques de mercadoria contra sua vontade.

[7] Portanto, a Equação (17.1) também é mantida em equilíbrio de longo prazo, mas determina a taxa de câmbio real de longo prazo quando Y está em seu valor de longo prazo, como no Capítulo 16. (Estamos mantendo as condições estrangeiras constantes.)

FIGURA 17.2 — A determinação da produção no curto prazo

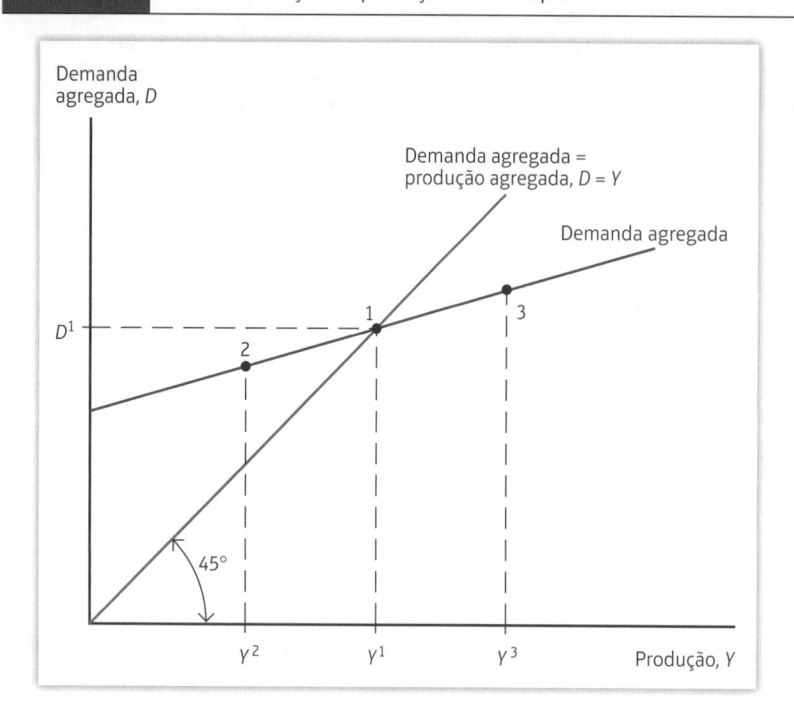

No curto prazo, a produção é estabelecida em Y^1 (ponto 1), onde a demanda agregada, D^1, iguala-se à demanda de produção, Y^1.

agregada e a linha de 45 graus desenhada a partir da origem (a equação $D = Y$) dá-nos um nível de produção única, Y^1, no qual a demanda agregada iguala-se à produção nacional.

Vamos utilizar a Figura 17.2 para ver por que a produção tende a estabelecer-se em Y^1 no curto prazo. A um nível de produção de Y^2, a demanda agregada (ponto 2) é maior do que a produção. Portanto, as empresas aumentam sua produção para satisfazer esse excesso de demanda. (Se eles não fizessem isso, teriam que satisfazer o excesso de demanda fora dos estoques, reduzindo o investimento abaixo do nível desejado, I.) Portanto, a produção expande até que a renda nacional alcance Y^1.

No ponto 3, existe excesso de oferta da produção nacional e as empresas encontram-se involuntariamente acumulando estoques (e involuntariamente aumentando sua despesa de investimento acima do nível desejado). Conforme os estoques crescem, as empresas cortam a produção. Apenas quando a produção cair para Y^1 as empresas estarão contentes com seu nível de produção. Mais uma vez, a produção instala-se no ponto 1, o ponto no qual ela se iguala exatamente à demanda agregada. Nesse equilíbrio de curto prazo, os consumidores, as empresas, o governo e os compradores estrangeiros de produtos nacionais são capazes de realizar suas despesas desejadas com nenhuma produção sobrando.

Equilíbrio de mercado de produção em curto prazo: a relação *DD*

Agora que já compreendemos como a produção é determinada para uma taxa de câmbio real dada EP^*/P, vamos olhar como a taxa de câmbio e a produção são simultaneamente determinadas no curto prazo. Para entender esse processo, precisamos de dois elementos. O primeiro elemento, desenvolvido nesta seção, é a relação entre a produção e a taxa de câmbio (a relação *DD*) que deve ser mantida quando o mercado de produção está em equilíbrio. O segundo, desenvolvido na próxima seção, é a relação entre a produção e a taxa de câmbio que deve ser mantida quando o mercado monetário nacional e o mercado cambial estrangeiro (os mercados de ativos) estão em equilíbrio. Os dois são necessários porque a economia como um todo está em equilíbrio somente quando os mercados de produção e de ativos estão em equilíbrio.

Produção, a taxa de câmbio e o equilíbrio do mercado de produção

A Figura 17.3 ilustra a relação entre a taxa de câmbio e a produção implicada pelo equilíbrio do mercado de produção. Especificamente, ilustra o efeito de uma depreciação da moeda nacional em relação à moeda

FIGURA 17.3 Efeito de produção de uma depreciação da moeda com preços de produção fixos

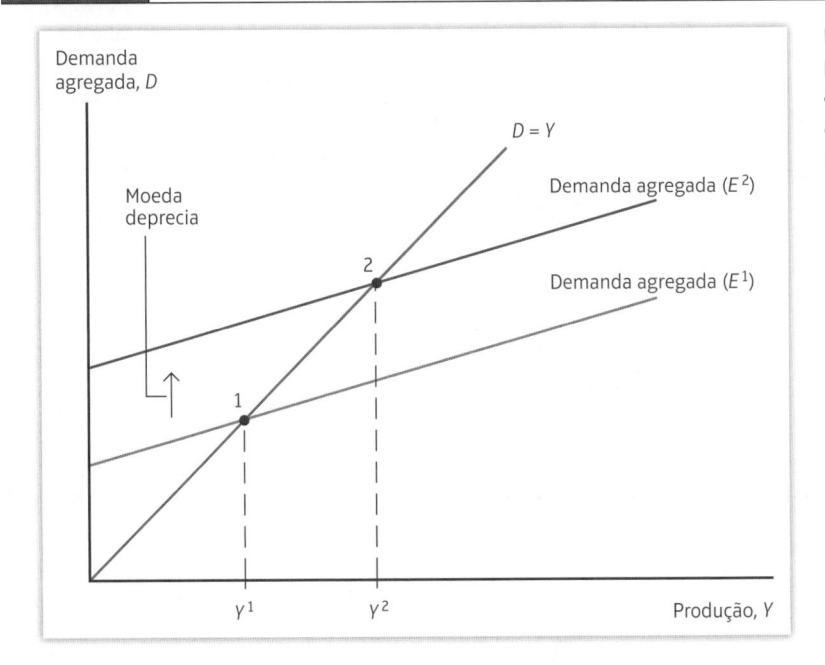

Um aumento na taxa de câmbio de E^1 para E^2 (uma depreciação da moeda) aumenta a demanda agregada para *Demanda agregada* (E^2) e a produção para Y^2, com todo o resto igual.

estrangeira (isto é, um aumento em E de E^1 para E^2) para valores fixos de nível de preço nacional, P, e nível de preço estrangeiro, P^*. Com os níveis de preço fixos nacionalmente e no exterior, o aumento na taxa de câmbio nominal torna as mercadorias e serviços estrangeiros mais caros em relação aos nacionais. Essa mudança de preço relativo altera a linha de demanda agregada para cima.

A queda no preço relativo da produção nacional altera a linha de demanda agregada para cima, porque a cada nível de produção nacional a demanda por produtos nacionais é maior. Por exemplo, os consumidores norte-americanos e estrangeiros de carros parecidos mudam suas demandas em direção aos modelos norte-americanos quando o dólar sofre depreciação. A produção expande de Y^1 para Y^2 ao passo que as empresas se defrontam com excesso de demanda nos níveis iniciais de produção.

Embora tenhamos considerado o efeito de uma mudança em E com P e P^* mantidos fixos, é fácil analisar os efeitos das mudanças em P ou P^* na produção. *Qualquer aumento na taxa de câmbio real EP^*/P (seja por um aumento em E, um aumento em P^* ou uma queda em P) causará uma alteração para cima na função de demanda agregada e uma expansão da produção, com todo o resto igual.* (Um aumento em P^*, por exemplo, tem efeitos qualitativos idênticos àqueles de um aumento em E.) *Similarmente, qualquer queda em EP^*/P, pouco importando a causa (uma queda em E, em P^* ou um aumento em P), fará com que a produção seja contraída, com todo o resto igual.* (Um aumento em P, com E e P^* mantidos fixos, por exemplo, faz com que os produtos nacionais sejam mais caros em relação aos produtos estrangeiros, reduz a demanda agregada para produção nacional e faz com que a produção caia.)

Derivando a relação DD

Se assumirmos que P e P^* são fixos no curto prazo, uma depreciação da moeda nacional (um aumento em E) é associado com um aumento na produção nacional, Y, enquanto uma valorização (uma queda em E) é associada com uma queda em Y. Essa associação nos dá uma das duas relações entre E e Y necessárias para descrever o comportamento macroeconômico de curto prazo de uma economia aberta. Resumimos essa relação pela **relação DD**, que mostra todas as combinações de produção e taxa de câmbio para as quais o mercado de produção está no equilíbrio de curto prazo (demanda agregada = produção agregada).

A Figura 17.4 mostra como obter a relação *DD*, que relaciona E e Y quando P e P^* são fixos. A parte de cima reproduz o resultado da Figura 17.3 (uma depreciação da moeda nacional altera a função de demanda agregada para cima, fazendo a produção aumentar). A relação *DD* na parte de baixo coloca em gráfico a relação resultante entre a taxa de câmbio e a produção (dado que P e P^* são mantidos constantes). O ponto 1 na relação *DD* dá o nível de produção, Y^1, no qual a demanda

FIGURA 17.4 — Derivando a relação DD

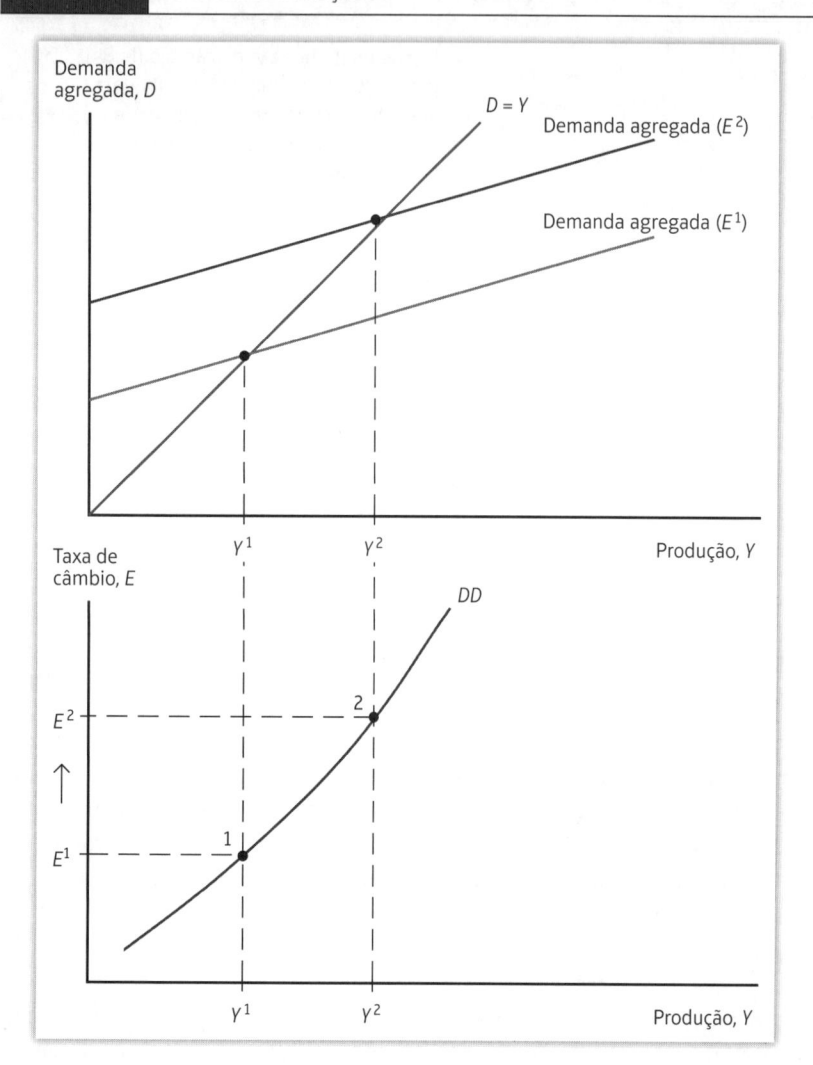

A relação *DD* (mostrada no painel inferior) inclina-se para cima porque um aumento na taxa de câmbio de E^1 para E^2, com todo o resto igual, faz com que a produção aumente de Y^1 para Y^2.

---

agregada iguala-se à oferta agregada quando a taxa de câmbio é E^1. Uma depreciação da moeda para E^2 leva a um maior nível de produção Y^2 de acordo com a parte de cima da figura, e essa informação permite-nos localizar o ponto 2 na *DD*.

Fatores que mudam a relação *DD*

Uma série de fatores afeta a posição da relação *DD*: os níveis de demanda do governo, os impostos e o investimento, os níveis de preço nacional e estrangeiro, as variações no comportamento do consumo nacional e a demanda estrangeira por produção nacional. Para compreender os efeitos das mudanças em cada um desses fatores, devemos estudar como a relação *DD* se altera quando existem mudanças. Nas discussões seguintes, assumimos que todos os fatores permanecem fixos.

1. *Uma mudança em G.* A Figura 17.5 mostra o efeito em *DD* de um aumento nas compras de governo de G^1 para G^2, dada uma taxa de câmbio constante de E^0. Um exemplo disso seria o aumento nas despesas militares e de segurança norte-americana subsequente aos ataques de 11 de setembro de 2001. Como mostrado na parte de cima da figura, a taxa de câmbio E^0 leva a um nível de produção de equilíbrio Y^1 no nível inicial da demanda do governo. Então o ponto 1 é um ponto de DD^1.

Um aumento em *G* faz com que a linha de demanda agregada na parte de cima da figura mude para cima. Com todo o resto permanecendo inalterado, a produção aumenta de Y^1 para Y^2. O ponto 2 na parte de baixo mostra o maior nível de produção no qual a demanda e a oferta agregadas agora são iguais, *dada uma taxa de câmbio inalterada de E^0*. O ponto 2 agora é a nova curva *DD*, DD^2.

Para qualquer taxa de câmbio dada, o nível de produção que iguala a demanda e a oferta agregada é maior

FIGURA 17.5 — Demanda do governo e a posição da relação DD

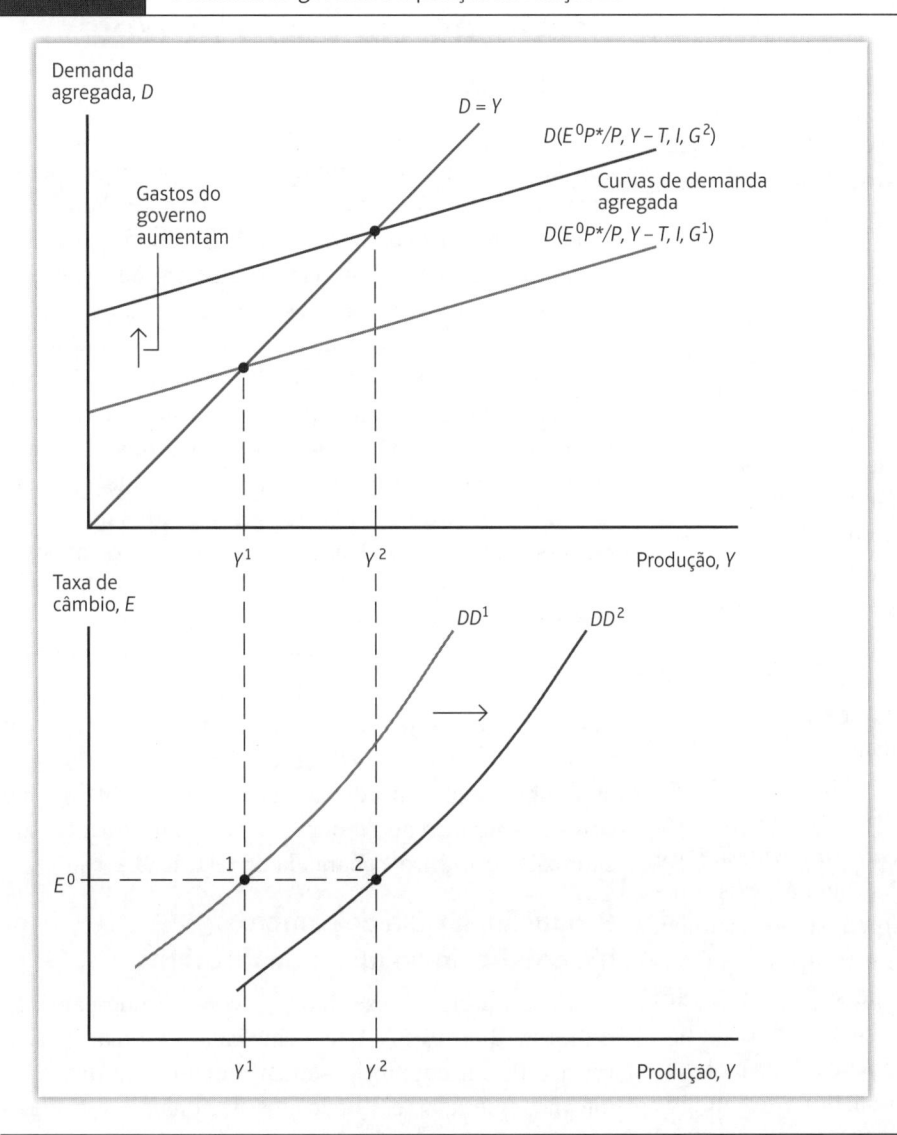

Um aumento na demanda do governo de G^1 para G^2 aumenta a produção em todo nível da taxa de câmbio. A mudança, portanto, altera DD para a direita.

após o aumento em G. Isso implica que *um aumento em G faz com que DD mude para a direita, como mostrado na Figura 17.5. Similarmente, uma diminuição em G faz com que DD mude para a esquerda.*

O método e o raciocínio que acabamos de utilizar para estudar como um aumento em G altera a curva DD pode ser aplicado para todos os casos que seguem. Aqui, resumimos os resultados. Para testar sua compreensão, utilize diagramas similares à Figura 17.5 para ilustrar como os fatores econômicos listados a seguir mudam as curvas.

2. *Uma mudança em T.* Os impostos, T, afetam a demanda agregada mudando a renda disponível e, portanto, o consumo, para qualquer nível de Y. Segue-se que um aumento nos impostos faz com que a função da demanda agregada da Figura 17.1 mude *para baixo* dada a taxa de câmbio E. Já que esse efeito é o oposto ao de um aumento em G, um aumento em T deve fazer com que a relação DD mude para a esquerda. Similarmente, uma queda em T, como o corte de imposto promulgado após 2001 pelo presidente norte-americano George W. Bush, causa uma mudança para a direita da DD.

3. *Uma mudança em I.* Um aumento na demanda de investimento tem o mesmo efeito que um aumento em G: a linha de demanda agregada muda para cima e DD muda para a direita. Uma queda na demanda de investimento muda DD para a esquerda.

4. *Uma mudança em P.* Dados E e P^*, um aumento em P faz com que a produção nacional seja mais cara em relação à estrangeira e diminui a demanda líquida de exportação. A relação DD muda para

a esquerda ao passo que a demanda agregada cai. Uma queda em P faz com que as mercadorias nacionais fiquem mais baratas e causa uma mudança de DD para a direita.

5. *Uma mudança em P^*.* Dados E e P, um aumento em P^* faz com que as mercadorias e serviços estrangeiros sejam relativamente mais caros. A demanda agregada para produção nacional, portanto, aumenta e DD muda para a direita. Similarmente, uma queda em P^* faz com que DD mude para a esquerda.

6. *Uma mudança na função do consumo.* Suponha que os residentes da economia subitamente decidam que querem consumir mais e poupar menos em cada nível de renda disponível. Isso poderia ocorrer, por exemplo, se os preços das casas aumentassem e os proprietários fizessem empréstimo em relação a sua riqueza adicional. Se o aumento na despesa de consumo não for inteiramente dedicado para importações do exterior, a demanda agregada pela produção nacional aumenta e a linha de demanda agregada muda para cima em qualquer taxa de câmbio dada E. Isso implica uma mudança para a direita da relação DD. Uma queda independente no consumo (se não for inteiramente por causa de uma queda na importação de demanda) muda DD para a esquerda.

7. *Uma mudança na demanda entre mercadorias estrangeiras e nacionais.* Suponha que não exista nenhuma mudança na função do consumo nacional, mas os residentes nacionais e estrangeiros subitamente decidam dedicar mais de seus gastos para mercadorias e serviços produzidos no país de origem. (Por exemplo, medo da doença da vaca louca no exterior aumenta a demanda por produtos de carne bovina norte-americana.) Se a renda nacional disponível e a taxa de câmbio real permanecem as mesmas, a mudança da demanda *melhora* a conta-corrente, aumenta as exportações e diminui as importações. A linha de demanda agregada muda para cima e DD, portanto, muda para a direita. O mesmo raciocínio mostra que uma mudança na demanda mundial para longe dos produtos nacionais e em direção aos produtos estrangeiros faz com que DD mude para a esquerda.

Você pode ter reparado que uma simples regra lhe permite prever o efeito em DD de qualquer das alterações que discutimos: *qualquer alteração que aumenta a demanda agregada para a produção nacional muda a relação DD para a direita. Qualquer alteração que diminua a demanda agregada para a produção nacional muda a relação DD para a esquerda.*

Equilíbrio de mercado de produção em curto prazo: a relação AA

Agora obtivemos o primeiro elemento em nossa conta para a taxa de câmbio de curto prazo e a determinação de renda, a relação entre a taxa de câmbio e a produção que é consistente com a igualdade da oferta e demanda agregada. A relação é resumida pela relação DD, que mostra todos os níveis da taxa de câmbio e produção nos quais o mercado de produção está em equilíbrio de curto prazo. No entanto, como observamos no começo da seção anterior, o equilíbrio na economia como um todo requer equilíbrio nos mercados de ativos assim como no mercado de produção, e não há nenhuma razão por que, em geral, pontos na relação DD deveriam levar ao equilíbrio de mercado de ativos.

Portanto, para completar a história do equilíbrio de curto prazo, nós introduzimos um segundo elemento para garantir que a taxa de câmbio e o nível de produção consistentes com o equilíbrio do mercado de produção também sejam consistentes com o equilíbrio do mercado de ativos. A relação entre a taxa de câmbio e as combinações de produção que são consistentes com o equilíbrio no mercado monetário nacional e no mercado cambial estrangeiro é chamada de **relação AA**.

Produção, a taxa de câmbio e o equilíbrio do mercado de ativos

No Capítulo 14, estudamos a condição de paridade de juros, que afirma que o mercado cambial estrangeiro está em equilíbrio somente quando as taxas de retorno esperadas em depósitos nacionais e estrangeiros são iguais. No Capítulo 15, aprendemos como a taxa de juros que entra na relação de paridade de juros é determinada pela igualdade da oferta real de moeda e da demanda real de moeda nos mercados monetários nacionais. Agora combinamos essas condições de equilíbrio do mercado de ativos para ver como a taxa de câmbio e a produção devem estar relacionadas quando todos os mercados de ativos ficam equilibrados simultaneamente. Como o foco para o momento é na economia nacional, a taxa de juros estrangeira é aceita como dada.

Para uma taxa de câmbio futura esperada, E^e, a condição de paridade de juros que descreve o equilíbrio do mercado cambial estrangeiro é a Equação (14.2),

$$R = R^* + (E^e - E)/E,$$

onde R é a taxa de juros em depósitos de moeda nacional e R^* é a taxa de juros em depósitos de moeda estrangeira.

No Capítulo 15, vimos que a taxa de juros nacional que satisfaz a condição de paridade de juros também deve igualar a oferta real de moeda nacional, M^s/P, para agregar a demanda real de moeda (veja a Equação (15.4)):

$$M^s/P = L(R, Y).$$

Você vai lembrar-se que a demanda agregada por moeda real, $L(R, Y)$, aumenta quando a taxa de juros cai, porque uma queda em R torna os ativos não monetários que pagam juros menos atraentes de serem mantidos. (Contrariamente, um aumento na taxa de juros diminui a demanda real por moeda.) Um aumento na produção real, Y, aumenta a demanda real por moeda aumentando o volume das transações monetárias que as pessoas devem realizar (e uma queda na produção real reduz a demanda real por moeda, reduzindo as transações de que as pessoas precisam).

Agora utilizamos ferramentas diagramáticas desenvolvidas no Capítulo 15 para estudar as mudanças na taxa de câmbio que devem acompanhar as mudanças de produção, de forma que os mercados de ativos permaneçam em equilíbrio. A Figura 17.6 mostra a taxa de juros de equilíbrio nacional e a taxa de câmbio associadas com o nível de produção Y^1 para uma oferta nominal de moeda dada, M^s; um nível de preço nacional dado, P; uma taxa de juros estrangeira, R^*; e um valor dado da taxa de câmbio futura esperada, E^e. Na parte inferior da figura, vemos que com uma produção real em Y^1 e a oferta real de moeda em M^s/P, a taxa de juros R^1 equilibra o mercado monetário nacional (ponto 1), enquanto a taxa de câmbio E^1 equilibra o mercado cambial estrangeiro (ponto 1'). A taxa de câmbio E^1 equilibra o mercado cambial estrangeiro, porque iguala a taxa de retorno esperada em depósitos estrangeiros, medida em termos de moeda nacional, R^1.

FIGURA 17.6 Produção e a taxa de câmbio no equilíbrio do mercado de ativos

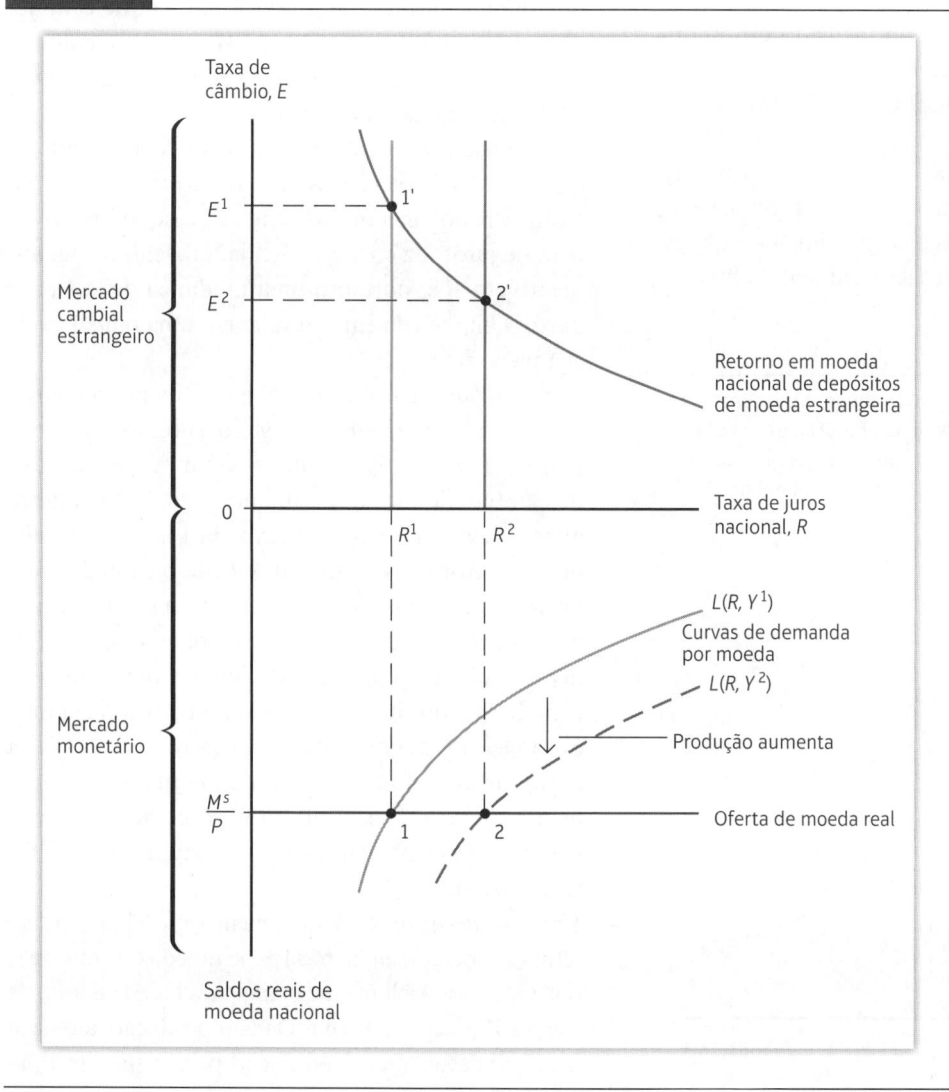

Para os mercados de ativos (câmbio estrangeiro e moeda) permanecerem em equilíbrio, um aumento na produção deve ser acompanhado por uma valorização da moeda, com todo o resto igual.

Um aumento na produção de Y^1 para Y^2 aumenta a demanda agregada por moeda real de $L(R, Y^1)$ para $L(R, Y^2)$, mudando a linha de demanda por moeda completa na parte de baixo da Figura 17.6. Essa mudança, por sua vez, aumenta a taxa de juros de equilíbrio nacional para R^2 (ponto 2). Com E^e e R^* fixos, a moeda nacional deve sofrer valorização de E^1 para E^2 para trazer o mercado cambial estrangeiro de volta ao equilíbrio no ponto 2'. A moeda nacional sofre valorização apenas o suficiente para que o aumento na taxa, na qual se espera que ela sofra *depreciação* no futuro, compense o aumento da vantagem da taxa de juros dos depósitos em moeda nacional. *Para os mercados de ativos permanecerem em equilíbrio, um aumento na produção nacional deve ser acompanhado de uma valorização da moeda nacional, com todo o resto igual, e uma queda na produção nacional deve ser acompanhada por uma depreciação.*

Derivando a relação AA

Enquanto a relação DD traça as taxas de câmbio e os níveis de produção nos quais o mercado de produção está em equilíbrio, a relação AA relaciona as taxas de câmbio e os níveis de produção que mantêm os mercados monetário e cambial estrangeiro em equilíbrio. A Figura 17.7 mostra a relação AA. A partir da Figura 17.6, vemos que para qualquer nível de produção Y, existe uma taxa de câmbio única E, que satisfaz a condição de paridade de juros (dadas a oferta real de moeda, a taxa de juros estrangeira e a taxa de câmbio futura esperada). Nosso raciocínio anterior nos diz que com todas as outras coisas iguais, um aumento em Y^1 para Y^2 produzirá uma valorização da moeda nacional, isto é, uma queda na taxa de câmbio de E^1 para E^2. A relação AA, portanto, tem uma inclinação negativa, como mostrado na Figura 17.7.

Fatores que mudam a relação AA

Cinco fatores fazem com que a relação AA mude: alterações na oferta de moeda nacional, M^s, mudanças no nível de preço nacional, P, mudanças na taxa de câmbio futura esperada, E^e, mudanças na taxa de juros estrangeira, R^*, e alterações na linha de demanda agregada por moeda real.

1. *Uma mudança em M^s.* Para um nível fixo de produção, um aumento em M^s faz com que a moeda nacional sofra depreciação no mercado cambial estrangeiro, com todo o resto igual (isto é, E aumenta). Já que para cada nível de produção a taxa de câmbio, E, é maior após o aumento em M^s, esse aumento faz AA mudar para cima. Similarmente, uma queda em M^s faz AA mudar *para baixo*.

2. *Uma mudança em P.* Um aumento em P reduz a oferta real de moeda e leva a taxa de juros para cima. Com o resto (incluindo Y) igual, esse aumento na taxa de juros faz com que E caia. O efeito de um aumento em P é, portanto uma mudança de AA para baixo. Uma queda em P resulta em uma mudança de AA para cima.

3. *Uma mudança em E^e.* Suponha que os participantes do mercado cambial estrangeiro subitamente revejam suas expectativas sobre o valor futuro da taxa de câmbio, de forma que E^e aumenta. Tal mudança altera a curva na parte de cima da Figura 17.6 (que mede o retorno esperado em moeda nacional de depósitos em moeda estrangeira) para a direita. O aumento em E^e, portanto, faz a moeda nacional sofrer depreciação, com todo o resto igual. Como a taxa de câmbio que produz o equilíbrio no mercado cambial estrangeiro é maior após um aumento em E^e, dada a produção, AA move-se para cima quando um aumento na taxa de câmbio futura esperada acontece. E move-se para baixo quando a taxa de câmbio futura esperada cai.

4. *Uma mudança em R^*.* Um aumento em R^* aumenta o retorno esperado em depósitos de moeda estrangeira e, portanto, move a linha inclinada para baixo no topo da Figura 17.6 para a direita. Dada a produção, a moeda nacional deve sofrer depreciação para restaurar a paridade de juros. Um aumento em R^*, portanto, tem o

FIGURA 17.7 A relação *AA*

A relação de equilíbrio do mercado de ativos (*AA*) inclina-se para baixo porque um aumento na produção de Y^1 para Y^2, com todo o resto igual, causa um aumento na taxa de juros nacional e uma valorização da moeda nacional de E^1 para E^2.

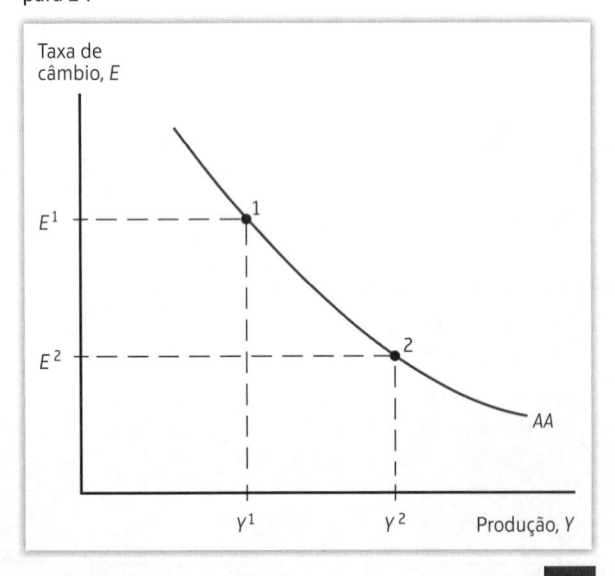

mesmo efeito em AA que um aumento em E^e: causa uma mudança para cima. Uma queda em R^* resulta em uma mudança de AA para baixo.

5. *Uma mudança na demanda real de moeda.* Suponha que os residentes nacionais decidam que preferem manter menores saldos reais de moeda em cada nível de produção e taxa de juros. (Tal mudança em preferências de ativos a serem mantidos é uma *redução na demanda por moeda*.) Uma redução na demanda por moeda implica uma mudança para dentro da função da demanda agregada por moeda real $L(R,Y)$ para qualquer nível fixo de Y e, portanto, resulta em uma taxa de juros menor e em um aumento em E. Portanto, uma redução na demanda por moeda tem o mesmo efeito que um aumento na oferta de moeda, que é uma mudança de AA para cima. A alteração oposta de um aumento na demanda por moeda mudaria AA para baixo.

Equilíbrio de curto prazo para uma economia aberta: juntando as relações *DD* e *AA*

Assumindo que os preços de produção são temporariamente fixos, obtivemos duas relações separadas para a taxa de câmbio e para os níveis de produção: a relação DD, ao longo da qual o mercado de produção está em equilíbrio, e a relação AA, ao longo da qual os mercados de ativos estão em equilíbrio. Um equilíbrio de curto prazo para a economia como um todo deve apoiar-se nas duas relações, porque tal ponto deve trazer equilíbrio simultâneo nos dois mercados. Podemos, portanto, encontrar o equilíbrio de curto prazo encontrando a interseção das relações DD e AA. Outra vez, é a suposição de que os preços de produção nacional estão temporariamente fixos que faz dessa interseção um equilíbrio de *curto prazo*. A análise nesta seção continua a assumir que a taxa de juros estrangeira, R^*, o nível de preço estrangeiro, P^*, e a taxa de câmbio futura esperada, E^e, também são fixos.

A Figura 17.8 combina as relações DD e AA para localizar o equilíbrio. A interseção de DD e AA no ponto 1 é a única combinação de taxa de câmbio e produção consistente tanto com a igualdade da demanda agregada e a oferta agregada quanto com o mercado de ativo de equilíbrio. Os níveis de equilíbrio da taxa de câmbio de curto prazo e produção são, portanto, E^1 e Y^1.

Para você se convencer de que a economia vai estabelecer-se de fato no ponto 1, imagine que a economia está, em vez disso, em uma posição como a do ponto 2 na Figura 17.9. No ponto 2, que está acima de AA e DD, os mercados de produção e de ativos estão fora do equilíbrio. Como E está tão alto em relação a AA, a taxa

FIGURA 17.8 Equilíbrio de curto prazo: A interseção entre *DD* e *AA*

O equilíbrio de curto prazo da economia ocorre no ponto 1, onde o mercado de produção (cujos pontos de equilíbrio são resumidos pela curva *DD*) e o mercado de ativos (cujos pontos de equilíbrio são resumidos pela curva *AA*) estão simultaneamente equilibrados.

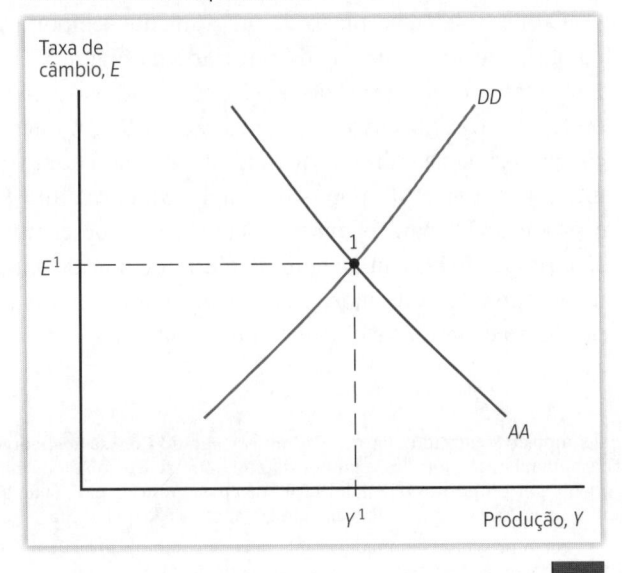

FIGURA 17.9 Como a economia alcança seu equilíbrio de curto prazo

Como os mercados de ativos ajustam-se rapidamente, a taxa de câmbio salta imediatamente do ponto 2 para o ponto 3 em *AA*. Então a economia move-se para o ponto 1 junto com *AA*, ao passo que a produção aumenta para satisfazer à demanda agregada.

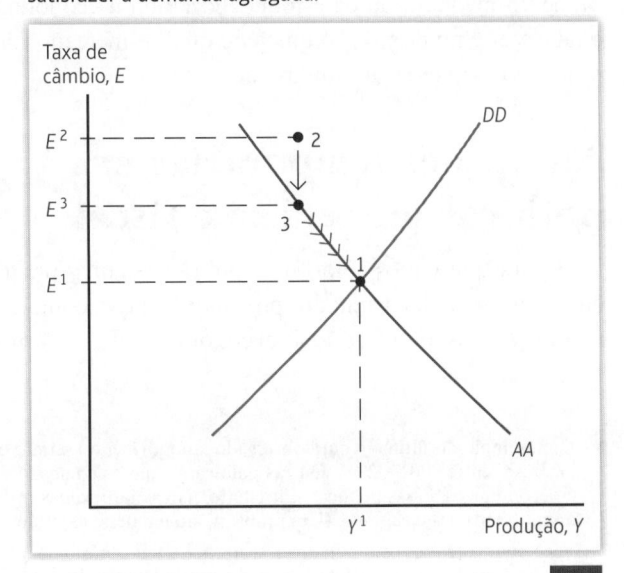

na qual se espera que E caia no futuro também é alta em relação à que manteria a paridade de juros. A maior taxa de valorização futura esperada da moeda nacional implica que o retorno esperado da moeda nacional em depósitos estrangeiros está abaixo daquele em depósitos nacionais, então existe excesso de demanda por moeda nacional no mercado cambial estrangeiro. O maior nível de E no ponto 2 também torna as mercadorias nacionais mais baratas para os compradores estrangeiros (dados os preços de moeda nacional da mercadoria), causando um excesso de demanda por produção nesse ponto.

O excesso de demanda por moeda nacional resulta em uma queda imediata na taxa de câmbio de E^2 para E^3. Essa valorização equilibra os retornos esperados em depósitos nacionais e estrangeiros e coloca a economia no ponto 3 da curva AA de equilíbrio do mercado de ativos. Mas já que o ponto 3 está acima da relação DD, ainda existe excesso de demanda por produção nacional. Conforme as empresas aumentam a produção para evitar o esvaziamento de seus estoques, a economia percorre AA para o ponto 1, onde a demanda e a oferta agregada são iguais. Como os preços de ativos podem saltar imediatamente, embora mudanças nos planos de produção levem algum tempo, os mercados de ativos permanecem em equilíbrio contínuo mesmo enquanto a produção está mudando.

A taxa de câmbio cai ao passo que a economia aproxima-se do ponto 1 ao longo de AA, porque aumentar a produção nacional faz com que a demanda por moeda cresça, levando a taxa de juros constantemente para cima. (A moeda deve sofrer valorização constante para diminuir a taxa futura esperada da valorização da moeda nacional e manter a paridade de juros.) Uma vez que a economia alcance o ponto 1 em DD, a demanda agregada iguala-se à produção e os produtores não enfrentam mais esvaziamento involuntário de estoque. Portanto, a economia estabelece-se no ponto 1, o único no qual os mercados de produção *e* ativos estão equilibrados.

Alterações temporárias nas políticas monetária e fiscal

Agora que vimos como o equilíbrio de curto prazo da economia é determinado, podemos estudar como as mudanças nas políticas macroeconômicas do governo afetam a produção e a taxa de câmbio. Nosso interesse nos efeitos das políticas macroeconômicas vem de sua utilidade de neutralizar as alterações econômicas que causam flutuações na produção, no emprego e na inflação. Nesta seção, aprenderemos como as políticas de governo podem ser utilizadas para manter o emprego pleno em economias abertas.

Concentramo-nos em dois tipos de política de governo, a **política monetária**, que funciona por meio de mudanças na oferta de moeda, e a **política fiscal**, que funciona por meio de mudanças nas despesas de governo ou impostos.[8] No entanto, para evitar as complicações que seriam introduzidas pela inflação em curso, nós não olharemos para as situações nas quais a oferta de moeda cresce com o tempo. Portanto, o único tipo de políticas monetárias que estudaremos explicitamente são as de aumentos ou declínios únicos nas ofertas de moeda.[9]

Nesta seção, examinamos as alterações *temporárias* na política, alterações que o público espera que sejam revertidas no futuro próximo. A taxa de câmbio futura esperada, E^e, agora é assumida para igualar-se à taxa de câmbio de longo prazo discutida no Capítulo 16, isto é, a taxa de câmbio que prevalece uma vez que o emprego pleno é alcançado e os preços nacionais ajustaram-se completamente às alterações do passado nos mercados de produção e de ativos. De acordo com essa interpretação, uma alteração política temporária *não* afeta a taxa de câmbio de longo prazo esperada, E^e.

Assumimos do começo ao fim que os eventos na economia que estamos estudando não influenciam a taxa de juros estrangeira, R^* ou o nível de preço P^*, e que o nível de preço nacional, P, é fixo no curto prazo.

Política monetária

O efeito de curto prazo de um aumento temporário na oferta de moeda nacional é mostrado na Figura 17.10. Um aumento na oferta de moeda leva AA^1 para cima onde está AA^2, mas não afeta a posição de DD. A alteração para cima na linha de equilíbrio do mercado de ativos move a economia do ponto 1, com a taxa de câmbio E^1 e produção Y^1, para o ponto 2, com a taxa de câmbio E^2 e produção Y^2. Um amento na oferta de moeda causa uma depreciação da moeda nacional, uma expansão da produção e, portanto, um aumento no emprego.

---

[8] Um exemplo do último (como observado anteriormente) seria o corte de impostos realizado durante a administração do Presidente George W. Bush, entre 2001 e 2005. Outras políticas, como as comerciais (tarifas aduaneiras, quotas e assim por diante), têm efeitos colaterais macroeconômicos. Essas políticas, entretanto, não são utilizadas rotineiramente por propósitos de estabilização macroeconômica, então não as discutiremos neste capítulo. (Um problema no fim deste capítulo pergunta o que você acha dos efeitos macroeconômicos de uma tarifa.)

[9] Você pode estender os resultados a seguir para um cenário de inflação em curso pensando em mudanças da taxa de câmbio e nível de preço que descreveremos como desvios das trajetórias temporais junto do qual E e P inclinam-se para cima em taxas constantes.

FIGURA 17.10 Efeitos de um aumento temporário na oferta de moeda

Alterando AA^1 para cima, um aumento temporário na oferta de moeda causa uma depreciação da moeda e um aumento na produção.

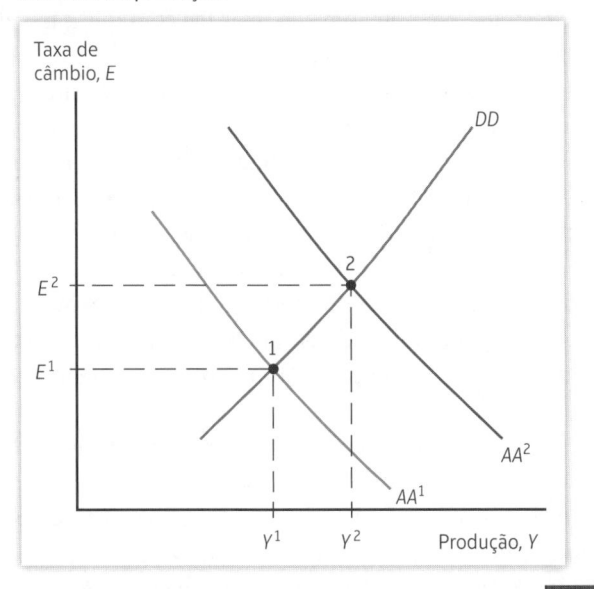

Podemos compreender as forças econômicas que causam esses resultados relembrando nossas discussões anteriores do equilíbrio do mercado de ativos e da determinação da produção. A um nível inicial de produção Y^1 e a um dado nível de preço fixo, um aumento na oferta de moeda deve impulsionar a taxa de juros nacional, R, para baixo. Temos assumido que a mudança monetária é temporária e não afeta a taxa de câmbio futura, E^e, então para preservar a paridade de juros em face de um declínio em R (dado que a taxa de juros estrangeira, R^*, não muda), a taxa de câmbio deve sofrer depreciação imediatamente para criar a expectativa de que a moeda nacional sofrerá valorização no futuro a uma taxa mais rápida do que era esperado antes de R cair. Entretanto, a depreciação imediata da moeda nacional faz com que os produtos nacionais sejam mais baratos em relação aos estrangeiros. Portanto, existe um aumento na demanda agregada, que deve ser igualado por um aumento na produção.

Política fiscal

Como vimos anteriormente, uma política fiscal expansionista pode tomar a forma de um aumento na despesa do governo, um corte nos impostos ou uma combinação dos dois, o que aumenta a demanda agregada. Portanto, uma expansão fiscal temporária (que não afeta a taxa de câmbio futura esperada) altera a relação DD para a direita, mas não move AA.

A Figura 17.11 mostra como a política fiscal expansionista afeta a economia no curto prazo. No início, a economia está no ponto 1, com uma taxa de câmbio E^1 e produção Y^1. Suponha que o governo decida gastar 30 bilhões de dólares para desenvolver um novo ônibus espacial. Esse aumento único nas compras do governo move a economia para o ponto 2, fazendo com que a moeda sofra valorização para E^2 e a produção expanda para Y^2. A economia responderia de uma forma similar a um corte temporário de impostos.

Que forças econômicas produzem o movimento do ponto 1 para o ponto 2? O aumento na produção causado pela elevação na despesa do governo aumenta as transações de demanda por posse real de moeda. Dado um nível de preço fixo, esse aumento na demanda de moeda leva a taxa de juros, R, para cima. Como a taxa de câmbio futura esperada, E^e, e a taxa de juros estrangeira, R^*, não mudaram, a moeda nacional deve sofrer valorização para criar a expectativa de uma depreciação subsequente grande o bastante para compensar a diferença maior na taxa de juros internacional em favor dos depósitos de moeda nacional.

FIGURA 17.11 Efeitos de uma expansão fiscal temporária

Alterando DD^1 para a direita, uma expansão temporária fiscal causa uma valorização da moeda e um aumento na produção.

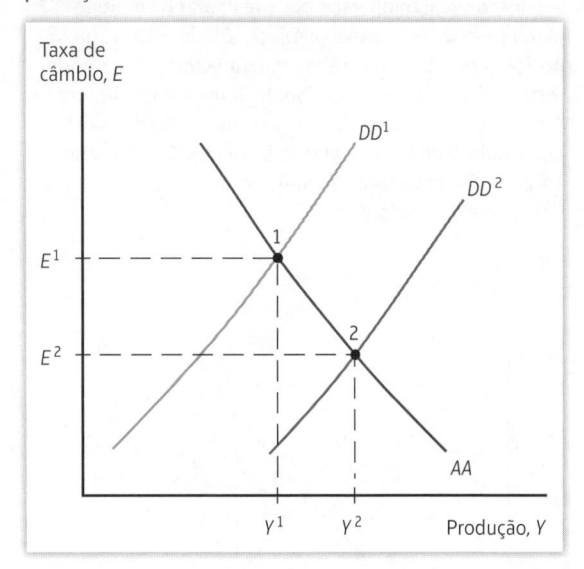

Políticas para manter o emprego pleno

A análise desta seção pode ser aplicada ao problema de manter o emprego pleno em economias abertas. Como a expansão monetária temporária e a expansão fiscal temporária aumentam a produção e o emprego, elas podem ser utilizadas para neutralizar os efeitos de alterações temporárias que levam à recessão. Similarmente, alterações que levam ao superemprego podem ser compensadas por meio de políticas macroeconômicas contracionistas.

A Figura 17.12 ilustra essa utilização da política macroeconômica. Suponha que o equilíbrio inicial da economia seja no ponto 1, onde a produção iguala-se ao nível de emprego pleno, representado por Y^f. De repente, existe uma alteração temporária nos gostos do consumidor para longe dos produtos nacionais. Como já vimos neste capítulo, tal alteração é uma diminuição na demanda agregada por mercadorias nacionais e faz com que a curva DD^1 mude para a esquerda, para DD^2. No ponto 2, o novo equilíbrio de curto prazo, a moeda sofreu depreciação para E^2 e a produção, em Y^2, está abaixo de seu nível de emprego pleno: a economia está em recessão. Como assumimos que a alteração nas preferências é temporária, elas não afetam E^e, então não existe mudança na posição de AA^1.

Para restabelecer o emprego pleno, o governo deve utilizar a política monetária, a fiscal ou as duas. Uma expansão fiscal temporária leva DD^2 de volta à posição original, restaurando o emprego pleno e levando a taxa de câmbio para E^1. Um aumento temporário na oferta de moeda altera a curva de equilíbrio do mercado de ativos para AA^2 e coloca a economia no ponto 3, uma mudança que restaura o emprego pleno, mas faz com que a moeda nacional deprecie ainda mais.

Outra causa possível de recessão é um aumento temporário na demanda por moeda, ilustrado na Figura 17.13. Um aumento na demanda por moeda leva a taxa de juros para cima e valoriza a moeda, fazendo assim com que as mercadorias nacionais sejam mais caras e causando uma contração na produção. A Figura 17.3 mostra essa alteração do mercado de ativos como uma mudança para baixo de AA^1 até AA^2, o que move a economia de seu equilíbrio de emprego pleno inicial do no ponto 1 para o ponto 2.

As políticas macroeconômicas expansionistas podem restaurar de novo o emprego pleno. Um aumento temporário na oferta de moeda muda a curva AA de volta para AA^1 e devolve a economia à sua posição inicial no ponto 1. Esse aumento temporário na oferta de moeda compensa completamente o aumento da demanda por

FIGURA 17.12 Mantendo o emprego pleno após uma queda temporária na demanda mundial por produtos nacionais

Uma queda temporária na demanda mundial altera DD^1 para DD^2, reduzindo a produção de Y^f para Y^2 e causando uma depreciação da moeda de E^1 para E^2 (ponto 2). Uma expansão fiscal temporária pode restaurar o emprego pleno (ponto 1) colocando a relação DD de volta a sua posição original. A expansão monetária temporária pode restaurar o emprego pleno (ponto 3) movendo AA^1 para AA^2. As duas políticas diferem em seus efeitos de taxa de câmbio: a política fiscal restaura a moeda a seu valor anterior (E^1), enquanto a monetária faz com que a moeda deprecie ainda mais, para E^3.

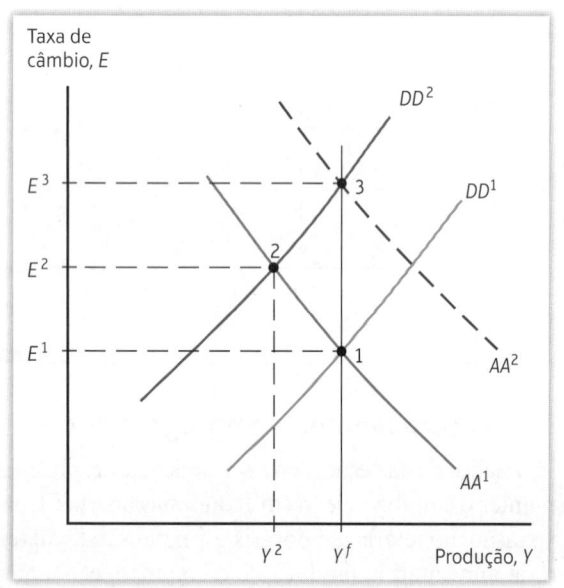

FIGURA 17.13 Políticas para manter o emprego pleno após um aumento da demanda de moeda

Após um aumento temporário da demanda de moeda (mostrado pela alteração de AA^1 para AA^2), tanto um aumento na oferta de moeda quanto uma expansão fiscal temporária podem ser utilizados para manter o emprego pleno. As duas políticas têm diferentes efeitos de taxa de câmbio: A política monetária restaura a taxa de câmbio de volta para E^1, enquanto a política fiscal leva a uma maior valorização (E^3).

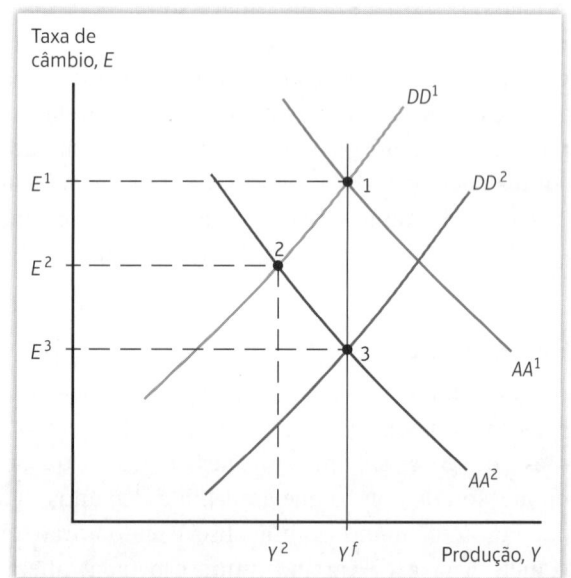

moeda dando aos residentes nacionais o dinheiro adicional que eles desejam reter. A expansão fiscal temporária muda DD^1 para DD^2 e restaura o emprego pleno no ponto 3. Mas a mudança para o ponto 3 envolve uma valorização ainda maior da moeda.

Viés de inflação e outros problemas de formulação de políticas

A facilidade aparente com a qual o emprego pleno é mantido em nosso modelo é ilusória, e você não deve sair da nossa discussão sobre política com a ideia de que é fácil manter a macroeconomia em um curso estável. Aqui estão alguns dos muitos problemas que podem surgir:

1. Preços nominais rígidos não só dão ao governo o poder de aumentar a produção quando ela está anormalmente baixa, mas também podem tentá-lo a criar um *boom* econômico politicamente útil, digamos, pouco antes de uma eleição apertada. Essa tentação causa problemas quando trabalhadores e empresas antecipam-na, pois eles aumentarão as demandas de salário e preço na expectativa de políticas expansionistas. O governo então vai encontrar-se na posição de utilizar ferramentas de política expansionista apenas para evitar a recessão que maiores preços nacionais causariam! Como resultado, a política macroeconômica pode ter um **viés de inflação**, levando a uma inflação maior, mas a nenhum ganho médio na produção. Tal aumento na inflação ocorreu nos Estados Unidos, assim como em vários outros países, durante a década de 1970. O problema do viés de inflação levou a uma busca por instituições — por exemplo, bancos centrais que operam independentemente do governo no poder — que poderiam convencer os atores do mercado de que as políticas do governo não seriam utilizadas de maneira míope, à custa da estabilidade de preço de longo prazo. Como observamos no Capítulo 15, muitos bancos centrais pelo mundo procuram agora alcançar níveis anunciados de meta de (baixa) inflação. Os capítulos 21 e 22 discutirão alguns desses esforços em maiores detalhes.[10]

2. Na prática, às vezes é difícil ter certeza se uma alteração na economia começa no mercado de produção ou de ativos. Ainda assim, um governo preocupado com o efeito da taxa de câmbio de sua resposta política necessita saber a fonte da alteração antes de poder escolher entre a política monetária e a fiscal.

3. As escolhas políticas do mundo real são frequentemente determinadas por necessidades burocráticas e não por uma reflexão detalhada, que leve em conta se os choques para a economia são reais (isto é, originados no mercado de produção) ou monetários. Alterações na política fiscal quase sempre podem ser feitas após longa deliberação legislativa, enquanto a política monetária é em geral exercida de forma rápida e eficiente pelo banco central. Para evitar atrasos processuais, os governos estão propensos a responder às alterações mexendo na política monetária mesmo quando uma mudança na política fiscal seria mais apropriada.

4. Outro problema com a política fiscal é seu impacto no orçamento governamental. Um corte de impostos ou um aumento de despesas podem levar a um maior déficit orçamentário governamental, que deve mais cedo ou mais tarde ser fechado por uma reversão fiscal, como aconteceu em 2009, após o pacote fiscal de estímulo multibilionário em dólar patrocinado pela administração Obama nos Estados Unidos. Infelizmente, não existe garantia de que o governo terá a vontade política de sincronizar essas ações com o estado do ciclo de negócios. O estado do ciclo eleitoral pode ser mais importante, como já vimos.

5. As políticas que parecem agir rapidamente em nosso modelos simples operam, na realidade, com defasagens de várias extensões. Ao mesmo tempo, a dificuldade de calcular o tamanho e a persistência de um dado choque torna mais difícil saber precisamente quanto de remédio monetário ou fiscal devemos administrar. Essas incertezas forçam os decisores políticos a basear suas ações em previsões e palpites que podem vir a estar bem longe da verdade.

Alterações permanentes nas políticas monetária e fiscal

Uma alteração de política permanente afeta não só o valor atual do instrumento político do governo (a oferta de moeda, a despesa do governo ou os impostos), mas também

---

[10] Para uma discussão clara e detalhada do problema de viés de inflação, veja o Capítulo 14 em: Andrew B. Abel, Ben S. Bernanke e Dean Croushore, *Macroeconomics*. 8. ed. Upper Saddle River, NJ: Prentice Hall, 2014. O problema do viés de inflação pode surgir mesmo quando as políticas de governo não são politicamente motivadas, como Abel, Bernanke e Croushore explicam. A ideia básica é que quando fatores como as leis de salário mínimo mantêm a produção ineficientemente baixas, diminuindo o emprego, a expansão monetária que aumenta o emprego pode mover a economia na direção de uma utilização mais eficiente de seus recursos totais. O governo pode querer alcançar uma melhor alocação do recurso apenas baseado em que tal mudança potencialmente beneficia todos na economia. Mas a expectativa do setor privado sobre tais políticas ainda vai gerar inflação.

a taxa de câmbio de *longo prazo*. Isso, por sua vez, afeta as expectativas sobre as taxas de câmbio futuras. Como essas mudanças nas expectativas têm uma grande influência na taxa de câmbio que prevalece no curto prazo, os efeitos das alterações políticas permanentes diferem daqueles das alterações temporárias. Nesta seção, olhamos para os efeitos de mudanças permanentes nas políticas monetária e fiscal, tanto no curto quanto no longo prazo.[11]

Para facilitar a compreensão dos efeitos de longo prazo das políticas, assumimos que a economia está inicialmente em uma posição de equilíbrio de longo prazo, e que as mudanças políticas que examinaremos são as únicas que ocorrem (nossa condição usual "com todo o resto igual"). Essas suposições significam que a economia começa no emprego pleno com a taxa de câmbio em seu nível de longo prazo e com nenhuma mudança na taxa de câmbio esperada. Em especial, sabemos que a taxa de juros nacional deve ser, de início, igual à taxa estrangeira, R^*.

Um aumento permanente da oferta de moeda

A Figura 17.14 mostra os efeitos de curto prazo de um aumento permanente da oferta de moeda em uma economia inicialmente em seu nível de produção de pleno emprego Y^f (ponto 1). Como vimos, mesmo um aumento temporário em M^s faz que a linha de equilíbrio do mercado de ativos mude para cima, de AA^1 para AA^2. Porém, como o aumento em M^s agora é permanente, ele também afeta a taxa de câmbio esperada para o futuro, E^e. O Capítulo 15 mostrou como um aumento permanente da oferta de moeda afeta a taxa de câmbio de longo prazo: um aumento permanente em M^s deve, no fim das contas, levar a um aumento proporcional em E. Portanto, o aumento permanente em M^s faz a taxa de câmbio futura esperada, E^e, subir proporcionalmente.

Como um aumento em E^e acompanha um aumento *permanente* na oferta de moeda, a mudança para cima de AA^1 até AA^2 é maior do que aquela causada por um aumento igual, mas transitório. No ponto 2, o novo equilíbrio de curto prazo da economia, Y e E são maiores do que seriam se a mudança na oferta de moeda fosse temporária. (O ponto 3 mostra o equilíbrio que pode ser resultado de um aumento temporário em M^s.)

Ajuste para um aumento permanente da oferta de moeda

O aumento na oferta de moeda mostrado na Figura 17.14 não é revertido pelo banco central, então é natural perguntar como a economia é afetada ao longo do tempo. No equilíbrio de curto prazo, mostrado no ponto 2 na Figura 17.14, a produção está acima de seu nível de pleno emprego e mão de obra e as máquinas estão trabalhando horas extras. A pressão para cima no nível de preço desenvolve-se ao passo que os trabalhadores demandam maiores salários e os produtores aumentam os preços para cobrir seus crescentes custos de produção. O Capítulo 15 mostrou que embora um aumento na oferta de moeda deva eventualmente fazer com que todos os preços de moeda aumentem em proporção, ele não tem efeito duradouro na produção, nos preços relativos ou taxas de juros. Ao longo do tempo, a pressão inflacionária, que segue a expansão permanente da oferta de moeda, leva o nível de preço ao seu novo valor de longo prazo e devolve a economia a seu pleno emprego.

A Figura 17.15 vai ajudá-lo a visualizar o ajuste de volta ao pleno emprego. Sempre que a produção é maior do que seu nível de pleno emprego, Y^f, e os fatores produtivos estão trabalhando horas extras, o nível de preço P está subindo para dar conta dos custos de produção

FIGURA 17.14 Efeitos de curto prazo de um aumento permanente na oferta de moeda

Um aumento permanente na oferta de moeda, que altera AA^1 para AA^2 e move a economia do ponto 1 para o ponto 2, tem efeitos mais fortes na taxa de câmbio e na produção do que um aumento temporário igual, que move a economia somente para o ponto 3.

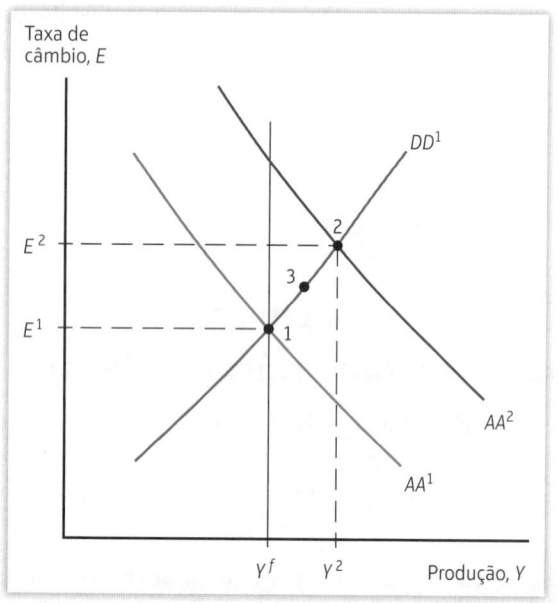

---

[11] Você pode estar pensando se uma mudança permanente na política fiscal é sempre possível. Por exemplo, se o governo começa com um orçamento balanceado, uma expansão fiscal não leva a um déficit e, portanto, exige uma eventual contração fiscal? O Problema 3 no fim deste capítulo sugere uma resposta.

que estão aumentando. Embora as relações DD e AA sejam atraídas para um nível de preço constante P, vimos como um aumento em P faz com que elas sejam alteradas. Um aumento em P faz com que as mercadorias nacionais sejam mais caras em relação às estrangeiras, desencorajando as exportações e encorajando as importações. Portanto, um aumento no nível de preço nacional faz com que DD^1 mude para a esquerda ao longo do tempo. Como um aumento no nível de preço reduz constantemente a oferta real de moeda ao longo do tempo, AA^2 também vai para a esquerda conforme o preço sobe.

As relações DD e AA param de mudar somente quando se cruzam no nível de produção de pleno emprego Y^f. Enquanto a produção diferir de Y^f, o nível de preço mudará e as duas relações também continuarão a mudar. A posição final das relações é mostrada na Figura 17.15 como DD^2 e AA^3. No ponto 3, de interseção, a taxa de câmbio E^e o nível de preço P aumentaram em proporção ao aumento na oferta de moeda, como exigido pela neutralidade de moeda de longo prazo. (AA^2 não é alterado de volta para sua posição original porque E^e está permanentemente mais alta após o aumento permanente na oferta de moeda: ela também aumenta pela mesma porcentagem que M^s.)

Repare que ao longo do caminho de ajuste o equilíbrio inicial de curto prazo (ponto 2) e o equilíbrio de longo prazo (ponto 3), a moeda nacional de fato sofre valorização (de E^2 para E^3) seguindo sua depreciação drástica inicial (de E^1 para E^2). Esse comportamento da taxa de câmbio é um exemplo do fenômeno de *superação* discutido no Capítulo 15, no qual a resposta inicial da taxa de câmbio para algumas mudanças é maior do que suas respostas de longo prazo.[12]

Podemos recorrer às nossas conclusões para descrever a resposta política adequada a uma alteração monetária permanente. Um aumento permanente na demanda por moeda, por exemplo, pode ser compensado com um aumento permanente de igual magnitude na oferta de moeda. Tal política mantém o pleno emprego, mas como o nível de preço cairia na ausência da política, ela não terá consequências inflacionárias. Em vez disso, a expansão monetária pode mover a economia direto para sua posição de pleno emprego de longo prazo. Entretanto, tenha em mente que na prática é difícil diagnosticar a origem ou a persistência de um choque particular para a economia.

Uma expansão fiscal permanente

Uma expansão fiscal permanente não apenas tem um impacto imediato no mercado de produção, mas também afeta os mercados de ativos por meio de seu impacto nas expectativas da taxa de câmbio de longo prazo. A Figura 17.16 mostra os efeitos de curto prazo de uma decisão do governo em gastar 10 bilhões de dólares extras por ano em seu programa de viagem espacial *para sempre*. Como antes, o efeito direto desse aumento em G na demanda agregada faz com que DD^1 mude para direita até DD^2. Mas como o aumento na demanda do governo por mercadorias e serviços nacionais é permanente neste caso, ela causa uma valorização de longo prazo da moeda, como vimos no Capítulo 16. A queda resultante em E^e leva a relação de equilíbrio do mercado de ativos AA^1 para baixo, até AA^2. O ponto 2, onde as novas relações DD^2 e AA^2 se cruzam, é o equilíbrio de curto prazo da economia, e nesse ponto a moeda sofre valorização para E^2 a partir de seu nível inicial, embora a produção esteja inalterada em Y^f.

O resultado importante ilustrado na Figura 17.16 é que quando uma expansão fiscal é permanente, a valorização adicional da moeda causada pela mudança nas expectativas da taxa de câmbio reduz o efeito expansio-

FIGURA 17.15 Ajuste de longo prazo para um aumento permanente na oferta de moeda

Após um aumento permanente da oferta de moeda, um nível de preço cada vez maior altera as relações DD e AA para a esquerda, até que o novo equilíbrio de longo prazo (ponto 3) é alcançado.

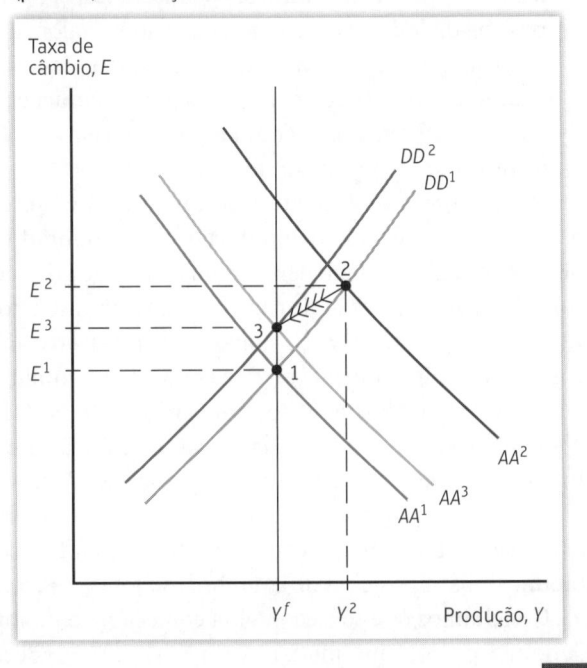

---

[12] Embora a taxa de câmbio inicial supere no caso mostrado na Figura 17.15, a superação não precisa ocorrer em todas as circunstâncias. Você pode explicar por que e se o caso de "subsuperação" parece razoável?

FIGURA 17.16 — Efeitos de uma expansão fiscal permanente

Como uma expansão fiscal permanente muda as expectativas da taxa de câmbio, ela altera AA^1 para a esquerda, ao passo que altera DD^1 para a direita. O efeito na produção (ponto 2) é nulo se a economia começa no equilíbrio de longo prazo. Uma expansão fiscal *temporária* comparável, em contraste, deixaria a economia no ponto 3.

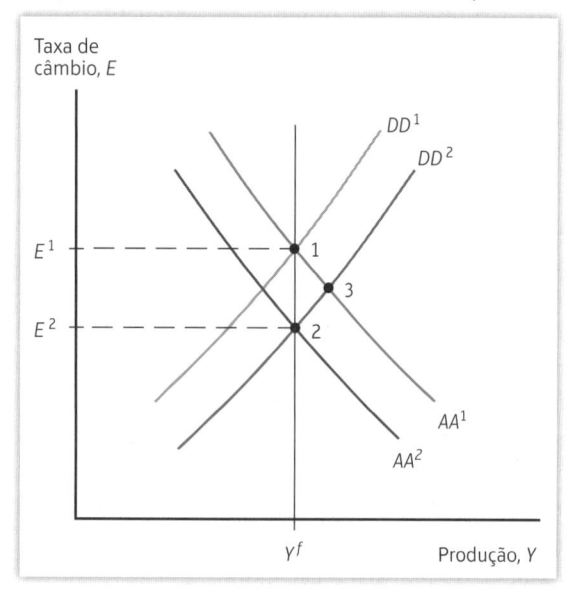

[Gráfico: eixo vertical "Taxa de câmbio, E"; eixo horizontal "Produção, Y". Curvas DD^1, DD^2, AA^1, AA^2. Pontos 1 (em E^1), 3, e 2 (em E^2, sobre Y^f).]

nista da política na produção. Sem esse efeito de expectativas adicionais em razão da permanência da mudança fiscal, o equilíbrio estaria inicialmente no ponto 3, com maior produção e menor valorização. Quanto maior o deslocamento para baixo da relação de equilíbrio do mercado de ativos, maior a valorização da moeda. Essa valorização "expulsa" a demanda agregada por produtos nacionais, tornando-os mais caros em relação aos produtos estrangeiros.

A Figura 17.16 é desenhada para mostrar um caso no qual a expansão fiscal, ao contrário do que você pode ter pensado, *não* tem efeito líquido na produção. Entretanto, esse não é um caso especial. Na verdade, é inevitável sob as suposições que fizemos. O argumento que estabelece esse ponto requer cinco passos. Tirando o tempo necessário para compreendê-los, você solidificará sua compreensão da área que cobrimos até o momento:

1. Como primeiro passo, convença-se (talvez revisando o Capítulo 15) que como a expansão fiscal não afeta a oferta de moeda, M^s, os valores de longo prazo da taxa de juros nacional (que igualam a taxa de juros estrangeira) ou a produção (Y^f), ela pode não causar impacto no nível de preço de longo prazo.

2. Em seguida, lembre-se de nossa suposição de que a economia começa no equilíbrio de longo prazo com a taxa de juros nacional, R, igual à taxa estrangeira, R^*, e a produção igual a Y^f. Observe também que a expansão fiscal deixa a oferta real de moeda, M^s/P, inalterada no curto prazo (isto é, nem o numerador nem o denominador mudam).

3. Agora imagine, contrariamente ao que a Figura 17.16 mostra, que a produção realmente aumentou acima de Y^f. Como M^s/P não muda no curto prazo (Passo 2), a taxa de juros nacional, R, teria de aumentar acima de seu nível inicial de R^* para manter o mercado monetário em equilíbrio. No entanto, já que a taxa de juros estrangeira permanece em R^*, um aumento em Y para qualquer nível acima de Y^f implica uma depreciação esperada da moeda nacional (pela paridade de juros).

4. Repare a seguir que alguma coisa está errada com essa conclusão. Já sabemos (do Passo 1) que o nível de preço de longo prazo não é afetado pela expansão fiscal, então as pessoas podem esperar uma depreciação nominal da moeda nacional logo após a mudança política somente quando a moeda sofre depreciação em termos reais, enquanto a economia retorna ao equilíbrio de longo prazo. Tal depreciação real, tornando os produtos nacionais relativamente baratos, só pioraria a situação inicial do superemprego que imaginamos existir e, portanto, impediria a produção de retornar de fato a Y^f.

5. Por fim, concluímos que a aparente contradição é solucionada somente se a produção não aumenta de jeito nenhum após a mudança da política fiscal. A única possibilidade lógica é que a moeda sofra valorização imediata ao seu novo valor de longo prazo. Essa valorização desloca a demanda líquida por exportações somente o suficiente para deixar a produção em seu nível de pleno emprego, apesar do maior nível de G.

Repare que essa mudança de taxa de câmbio, que permite que o mercado de produção seja equilibrado no pleno emprego, também deixa os mercados de ativos em equilíbrio. Já que a taxa de câmbio saltou para seu novo valor de longo prazo, R permanece em R^*. Entretanto, com a produção também em Y^f, a condição de equilíbrio de longo prazo do mercado monetário $M^s/P = L(R^*, Y^f)$ ainda é mantida, como estava antes da ação fiscal. Então nossa história se encaixa: a valorização da moeda que uma expansão fiscal permanente provoca traz imediatamente tanto os mercados de ativos quanto os de produção para posições de equilíbrio de longo prazo.

Concluímos que se a economia começa no equilíbrio de longo prazo, uma mudança permanente na política fiscal não tem efeito líquido na produção. Em vez disso, ela causa um salto imediato e permanente da taxa de câmbio que compensa exatamente o efeito direto da política fiscal na demanda agregada. Uma queda na demanda líquida de exportação neutraliza o aumento na demanda do governo.

As políticas macroeconômicas e a conta-corrente

Os decisores políticos estão frequentemente preocupados com o nível da conta-corrente. Como discutiremos de forma mais completa no Capítulo 19, um desequilíbrio excessivo na conta-corrente, seja um superávit ou um déficit, pode ter efeitos indesejáveis de longo prazo no bem-estar nacional. Grandes desequilíbrios internos também podem gerar pressões políticas para que os governos imponham restrições ao comércio. Portanto, é importante saber como as políticas monetária e fiscal voltadas para objetivos nacionais afetam a conta-corrente.

A Figura 17.17 mostra como o modelo DD-AA pode ser estendido para ilustrar os efeitos das políticas macroeconômicas na conta-corrente. Além das curvas DD e AA, a figura contém uma nova curva, denominada XX, que mostra as combinações da taxa de câmbio e produ-

FIGURA 17.17 Como as políticas macroeconômicas afetam a conta-corrente

Ao longo da curva XX a conta-corrente é constante a um nível $CA = X$. A expansão monetária move a economia para o ponto 2 e, portanto, aumenta o saldo da conta-corrente. A expansão fiscal temporária move a economia para o ponto 2, enquanto a expansão fiscal permanente move-a para o ponto 4. Nos dois casos, o saldo da conta-corrente cai.

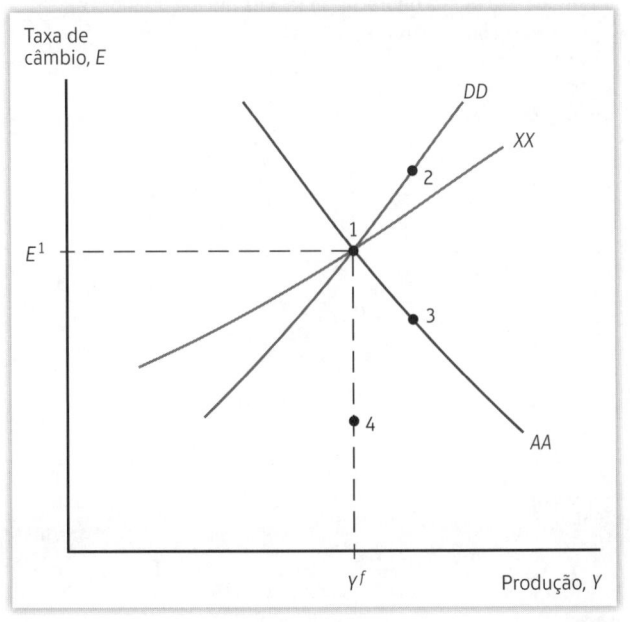

ção nas quais o saldo da conta-corrente seria igual a um nível desejado, digamos $CA(EP^*/P, Y - T) = X$. A curva inclina-se para cima porque, com todo o resto igual, um aumento na produção encoraja gastos em importações e, portanto, piora a conta-corrente se não for acompanhado de uma depreciação da moeda. Já que o nível real de CA pode diferir de X, o equilíbrio de curto prazo da economia *não* precisa estar na curva XX.

A característica central da Figura 17.17 é que XX é *mais plana* do que DD. Para saber porquê, basta se perguntar como a conta-corrente muda quando movemo-nos para cima na curva DD a partir do ponto 1, onde todas as três curvas cruzam-se (de forma que, inicialmente, $CA = X$). Conforme aumentamos Y, movendo-nos para cima ao longo de DD, a demanda *nacional* pela produção nacional aumenta por menos do que o aumento na produção em si (já que alguma renda é poupada e algumas despesas caem em importações). No entanto, ao longo de DD, *a demanda agregada total tem de ser igual à oferta*. Portanto, para prevenir um excesso de oferta na produção nacional, E deve aumentar de forma drástica o suficiente ao longo de DD para fazer a demanda de exportação aumentar mais rápido do que a demanda de importação. Em outras palavras, a demanda estrangeira líquida — a conta-corrente — deve subir suficientemente ao longo de DD conforme a produção sobe para pegar a folga deixada pela poupança nacional. Portanto, para a direita do ponto 1, DD está acima da curva XX, onde $CA > X$. Raciocínio similar mostra que à esquerda do ponto 1, DD situa-se abaixo da curva XX (onde $CA < X$).

Os efeitos de conta-corrente das políticas macroeconômicas agora podem ser examinados. Como mostrado anteriormente, um aumento na oferta de moeda, por exemplo, desloca a economia para uma posição como o ponto 2, expandindo a produção e depreciando a moeda. Uma vez que o ponto 2 situa-se acima de XX, a conta-corrente melhorou como resultado da ação política. *A expansão monetária faz o saldo da conta-corrente aumentar no curto prazo.*

Considere a seguir uma expansão fiscal temporária. Essa ação muda DD para a direita e move a economia para o ponto 3 na figura. Como a moeda sofre valorização e a renda aumenta, existe uma deterioração na conta-corrente. Uma expansão fiscal permanente tem o efeito adicional de mudar AA para a esquerda, produzindo um equilíbrio no ponto 4. Como o ponto 3, o ponto 4 está abaixo de XX, então, novamente, a conta-corrente fica em pior situação, ainda mais do que no caso temporário. *A política fiscal expansionista reduz o saldo da conta-corrente.*

Ajuste do fluxo de comércio gradual e conta-corrente dinâmica

Uma importante suposição subjacente ao modelo *DD-AA* é que, com todo o resto igual, uma depreciação real da moeda nacional imediatamente melhora a conta-corrente, enquanto uma valorização real faz com que a conta-corrente piore instantaneamente. Na realidade, entretanto, o comportamento que está na base dos fluxos de comércio pode ser muito mais complexo do que sugerimos até agora, envolvendo elementos dinâmicos, tanto do lado da oferta quanto da demanda, que levam a conta-corrente a ajustar-se somente aos poucos às mudanças na taxa de câmbio. Nesta seção, discutiremos alguns dos fatores dinâmicos que parecem importantes para explicar os padrões reais do ajuste da conta-corrente e que indicam como sua presença pode modificar as previsões de nosso modelo.

A curva J

Algumas vezes observa-se que a conta-corrente de um país *piora* imediatamente após uma depreciação real da moeda e começa a melhorar só alguns meses depois, de forma contrária à suposição que fizemos ao obter a curva *DD*. Se a conta-corrente inicialmente piora após uma depreciação, sua trajetória temporal, mostrada na Figura 17.18, tem um segmento inicial que lembra um J e, portanto, é chamada de **curva J**.

A conta-corrente, medida em produção nacional, pode deteriorar drasticamente logo após uma depreciação real da moeda (a mudança do ponto 1 para o ponto 2 na figura), porque mais pedidos de importação e exportação são feitos com vários meses de antecedência. Nos primeiros meses após a depreciação, os volumes de exportação e importação, por consequência, podem refletir decisões de compra que foram feitas com base na antiga taxa de câmbio real: o efeito primário da depreciação é aumentar o valor do nível pré-contratado das importações em termos de produtos nacionais. Como as exportações medidas em produção nacional não mudam, embora as importações medidas em produção nacional aumentem, existe uma queda inicial na conta-corrente, como mostrado.

Mesmo após os contratos antigos de exportação e importação terem sido cumpridos, ainda leva tempo para novos envios ajustarem-se por completo à mudança do preço relativo. Do lado da produção, os produtores de exportações podem ter de instalar fábricas e equipamentos adicionais e contratar novos trabalhadores. Na medida em que as importações consistem de materiais intermediários utilizados na produção nacional, o ajuste de importação também ocorrerá gradualmente enquanto os importadores mudam para novas técnicas de produção que economizam as entradas intermediárias. Existem

FIGURA 17.18 A curva J

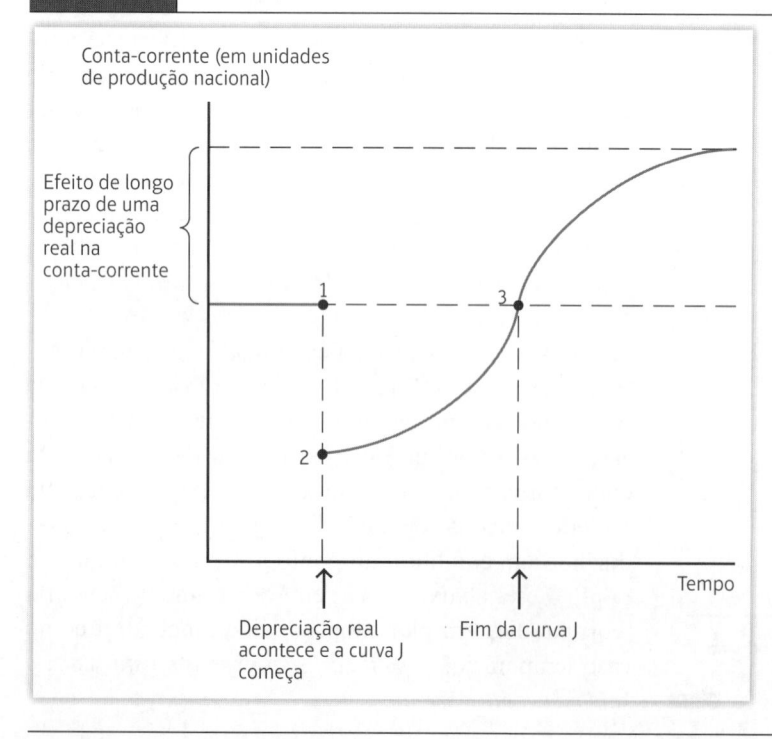

A curva J descreve a defasagem de tempo com a qual a depreciação real da moeda melhora a conta-corrente.

defasagens também no lado do consumo. Para expandir significativamente o consumo estrangeiro de exportações nacionais, por exemplo, pode parecer necessário construir novos pontos de varejo no exterior, um processo que consome muito tempo.

O resultado dessas defasagens em ajuste é a melhora gradual da conta-corrente mostrada na Figura 17.18, conforme se move do ponto 2 para o ponto 3 e além. Como consequência, o aumento na conta-corrente diminui gradualmente conforme o ajuste para a depreciação real é completada.

A evidência empírica indica para os países mais industriais uma curva J que dura mais do que seis meses, mas menos do que um ano. Portanto, o ponto 3 na figura é normalmente alcançado dentro de um ano da depreciação real, e a conta-corrente continua a melhorar depois disso.[13]

A existência de um efeito significativo da curva J força-nos a modificar algumas de nossas conclusões anteriores, ao menos para o curto prazo de um ano ou menos. A expansão monetária, por exemplo, pode desvalorizar a produção inicialmente depreciando a moeda nacional. Nesse caso, pode levar algum tempo antes de um aumento na oferta de moeda resultar em uma conta-corrente melhorada e, portanto, em uma demanda agregada maior.

Se a política monetária expansionista realmente desvaloriza a produção no curto prazo, a taxa de juros nacional precisará cair mais do que normalmente precisaria para equilibrar o mercado monetário nacional. Correspondentemente, a taxa de câmbio ultrapassará de forma mais acentuada para criar a maior valorização esperada da moeda nacional exigida pelo equilíbrio do mercado cambial estrangeiro. Ao introduzir uma fonte adicional de superação, os efeitos da curva J amplificam a volatilidade das taxas de câmbio.

Passagem de taxa de câmbio e inflação

Ao discutir como a conta-corrente é determinada no modelo *DD-AA,* assumimos que as mudanças na taxa de câmbio nominal causam mudanças proporcionais nas taxas de câmbio reais no curto prazo. Como o modelo *DD-AA* presume que os preços de produção nominais P e P^* não podem saltar de repente, os movimentos na taxa de câmbio real, $q = EP^*/P$, correspondem perfeitamente no curto prazo a movimentos na taxa nominal, E. Na realidade, entretanto, mesmo a correspondência de curto prazo entre os movimentos da taxa de câmbio nominal e real, embora bem próximos, é menos do que perfeita. Para compreender por completo como os movimentos da taxa de câmbio *nominal* afetam a conta-corrente no curto prazo, precisamos examinar mais de perto a ligação entre a taxa de câmbio nominal e os preços das exportações e importações.

O preço da moeda nacional de produção estrangeira é o produto da taxa de câmbio pelo preço da moeda estrangeira, ou EP^*. Assumimos até agora que quando E aumenta, por exemplo, P^* permanece fixo de forma que o preço da moeda nacional em mercadorias importadas do exterior aumenta em proporção. A porcentagem pela qual os preços aumentam quando a moeda nacional sofre depreciação de 1% é conhecida como grau de **pass-through** da taxa de câmbio para preços de importação. Na versão do modelo *DD-AA* que estudamos há pouco, o grau de *pass-through* é 1; qualquer mudança da taxa de câmbio é completamente passada para os preços de importação.

Contudo, contrária a essa suposição, a taxa de câmbio *pass-through* pode ser incompleta. Uma razão possível para tal é a segmentação do mercado internacional, que permite a empresas de concorrência imperfeita precificar mercado ao cobrar diferentes preços para o mesmo produto em diferentes países (lembre-se do Capítulo 16). Por exemplo, uma grande empresa estrangeira que fornece automóveis para os Estados Unidos pode ficar tão preocupada com a perda de uma parcela do mercado que não aumenta imediatamente seus preços nos Estados Unidos em 10% quando o dólar sofre depreciação de 10%, apesar do fato de que a receita das vendas norte-americanas, medidas em sua própria moeda, cairá. Similarmente, a empresa pode hesitar em diminuir seus preços nos Estados Unidos em 10% após uma valorização do dólar desse tamanho, porque pode assim ganhar maiores lucros sem investir recursos imediatamente ao expandir seus envios para os Estados Unidos. Em qualquer um dos casos, a empresa pode esperar para ver se os movimentos da moeda refletem uma tendência definitiva antes de assumir compromissos de preço e produção que podem ser dispendiosos de desfazer. Na prática, muitos preços de importações norte-americanas tendem a subir somente pela metade de uma típica depreciação do dólar durante o ano seguinte.

Portanto, vemos que embora a mudança permanente da taxa de câmbio nominal possa ser completamente refletida nos preços da importação no longo prazo, o grau de *pass-through* pode ser bem menor do que 1 no curto prazo. No entanto, o *pass-through* incompleto terá efeitos complicados no timing de ajuste da conta-corrente. Por um lado, o efeito da curva J no curto prazo de uma mudança de moeda nominal será amortecido por uma capacidade de resposta baixa dos preços de impor-

---

[13] Veja a discussão da Tabela 17A2.1 no Apêndice 2 deste capítulo.

tação para a taxa de câmbio. E de outro, o *pass-through* incompleto implica que os movimentos da moeda têm efeitos menos do que proporcionais nos preços relativos que determinam os volumes do comércio. A incapacidade dos preços relativos em ajustarem-se rapidamente, por sua vez, virá acompanhada por um lento ajuste nos volumes do comércio. Note também como a ligação entre as taxas de câmbio nominal e real pode ser ainda mais enfraquecida pelas respostas do preço *nacional*. Em economias altamente inflacionárias, por exemplo, é difícil alterar a taxa de câmbio, $EP*/P$, apenas alterando a taxa nominal E, porque o aumento resultante na demanda agregada provoca rapidamente a inflação nacional, que por sua vez aumenta P. À medida que os preços de exportação de um país aumentam quando sua moeda sofre depreciação, qualquer efeito favorável em sua própria posição competitiva nos mercados mundiais será dissipado. Tais aumentos de preço, entretanto, como o *pass-through* parcial, podem enfraquecer a curva J.

A conta-corrente, a riqueza e a dinâmica da taxa de câmbio

Nosso modelo teórico mostrou que uma expansão fiscal permanente causaria tanto uma valorização da moeda quanto um déficit em conta-corrente. Embora nossa discussão anterior neste capítulo tenha focado no papel dos movimentos do nível de preço em trazer a economia de sua posição imediata, após uma mudança política permanente, para sua posição de longo prazo, a definição da conta-corrente deveria alertá-lo para outra dinâmica subjacente: a riqueza externa líquida de uma economia com um déficit diminui ao longo do tempo.

Embora não tenhamos explicitamente incorporado efeitos de riqueza em nosso modelo, esperaríamos que o consumo das pessoas diminuísse enquanto suas riquezas diminuem. Como o país com um déficit em conta-corrente transfere riqueza para estrangeiros, o consumo nacional cai ao longo do tempo e o consumo estrangeiro aumenta. Quais são os efeitos da taxa de câmbio dessa redistribuição internacional da demanda de consumo em favor dos estrangeiros? Estrangeiros têm uma preferência relativa por consumir as mercadorias que eles produzem e, como resultado, a demanda mundial relativa por mercadorias nacionais cairá e a moeda nacional tenderá a sofrer depreciação em termos reais.

Essa perspectiva de maior longo prazo leva a um quadro complicado da evolução da taxa de câmbio real, que segue uma mudança permanente como a expansão fiscal. De início, a moeda nacional sofrerá valorização conforme o saldo da conta-corrente cai drasticamente. Mas então, ao longo do tempo, a moeda começará a sofrer depreciação conforme as expectativas dos participantes do mercado focam no efeito da conta-corrente em níveis de riqueza internacional relativos.[14]

A armadilha da liquidez

Ao longo da duração da Grande Depressão da década de 1930, a taxa de juros nominal chegou a zero nos Estados Unidos e o país encontrou-se no que os economistas chamam de **armadilha da liquidez**.

Lembre-se do Capítulo 15 que o dinheiro é o mais *líquido* dos ativos, único na facilidade com a qual pode ser trocado por mercadorias. Uma armadilha líquida é uma cilada, porque uma vez que a taxa de juros nominal de uma economia cai para zero, o banco central não pode reduzi-la mais que isso ao aumentar a oferta de moeda (isto é, ao aumentar a liquidez da economia). Por quê? Em taxas de juros nominais negativas, as pessoas vão achar o dinheiro estritamente preferível aos títulos, e estes, portanto, terão excesso de oferta. Embora uma taxa de juros zero possa agradar àqueles que tomam empréstimo, pois podem fazê-lo de graça, isso preocupa os decisores políticos de macroeconomia, que estão presos em uma situação onde podem não mais conduzir a economia por meio de expansão monetária convencional.

Os economistas pensavam que as armadilhas de liquidez eram uma coisa do passado, até que o Japão caiu em uma no fim da década de 1990. Apesar da drástica diminuição das taxas de juros pelo banco central do país, o Bank of Japan (BOJ), sua economia estagnou e sofreu *deflação* (um nível de preço em queda) desde, pelo menos, o meio da década de 1990. Em 1999, as taxas de juros de curto prazo do país tinham efetivamente chegado a zero. Em setembro de 2004, por exemplo, o Bank of Japan relatou que a taxa de juros *overnight* (a mais imediatamente afetada pela política monetária) era somente 0,001% ao ano.

Vendo sinais de recuperação, o BOJ aumentou as taxas de juros com início em 2006, mas retrocedeu de volta para zero conforme a crise financeira global ganhou força no fim de 2008 (veja o Capítulo 19). Essa crise também atingiu os Estados Unidos fortemente e, como a Figura 14.2 sugere, as taxas de juros então despencaram em direção a zero tanto nos Estados Unidos quanto no Japão. Simultaneamente, outros bancos centrais pelo mundo cortaram suas próprias taxas de modo drástico. A armadilha da liquidez tinha se tornado global.

---

[14] Um modelo influente das taxas de câmbio e da conta-corrente é apresentado por Rudiger Dornbusch e Stanley Fischer. "Exchange Rates and the Current Account". *American Economic Review*, v. 70, p. 960–971, dez. 1980.

O dilema que um banco central enfrenta quando a economia está em uma desaceleração da armadilha de liquidez pode ser visto ao considerar a condição de paridade de juros quando a taxa de juros nacional $R = 0$,

$$R = 0 = R^* + (E^e - E)/E.$$

Assuma por enquanto que a taxa de câmbio futura, E^e, é fixa. Suponha que o banco central aumente a oferta de moeda nacional de forma que deprecie a moeda temporariamente (isto é, para aumentar E hoje, mas retornar a taxa de câmbio para o nível E^e mais tarde). A condição de paridade de juros mostra que E não pode aumentar uma vez que $R = 0$, porque a taxa de juros se tornaria *negativa*. Em vez disso, apesar do aumento na oferta de moeda, a taxa de câmbio permanece firme no nível

$$E = E^e/(1 - R^*).$$

A moeda não pode depreciar mais do que isso.

Como isso é possível? Nosso argumento usual de que um aumento temporário na oferta de moeda reduz a taxa de juros (e deprecia a moeda) apoia-se na suposição de que as pessoas adicionarão dinheiro às suas carteiras somente se os títulos tornarem-se menos atrativos de serem mantidos. Entretanto, a uma taxa de juros de $R = 0$, as pessoas são indiferentes sobre trocas entre títulos e moeda — os dois rendem uma taxa de retorno nominal igual a zero. Um mercado aberto de compra de títulos por moeda, digamos, não altera os mercados: as pessoas ficarão felizes em aceitar dinheiro adicional em troca de seus títulos com nenhuma mudança na taxa de juros de zero e, portanto, nenhuma mudança na taxa de câmbio. Em contraste ao caso que examinamos anteriormente neste capítulo, um aumento na oferta de moeda não terá efeito na economia! Um banco central que *reduz* progressivamente a oferta de moeda vendendo títulos eventualmente será bem-sucedido em elevar a taxa de juros — a economia não pode funcionar sem um pouco de moeda — mas essa possibilidade não é útil quando a economia está em uma crise e uma *queda* nas taxas de juros é o remédio de que ela precisa.

A Figura 17.19 mostra como o digrama *DD-AA* pode ser modificado para retratar a região de posições de equilíbrio potencial envolvendo a armadilha da liquidez. A relação *DD* é a mesma, mas a relação *AA* agora tem um segmento plano em níveis de produção tão baixo que o mercado monetário acha seu equilíbrio a uma taxa de juros R igual a zero. O segmento plano de *AA* mostra que a moeda não pode sofrer depreciação além do nível $E^e/(1 - R^*)$. No ponto de equilíbrio 1 no diagrama, a produção é presa em um nível Y^1, que fica abaixo do nível de pleno emprego Y^f.

Vamos considerar a seguir como uma expansão de mercado aberto de oferta de moeda funciona nesse estranho mundo de juros zero. Embora não mostremos isso na Figura 17.19, essa ação deslocaria *AA para a direita*: a uma taxa de câmbio inalterada, a maior produção Y aumenta a demanda de moeda, deixando as pessoas satisfeitas para manter o dinheiro adicional a uma taxa de juros inalterada $R = 0$. O trecho horizontal de *AA* torna-se mais longo como resultado. Com mais moeda em circulação,

FIGURA 17.19 A armadilha da liquidez de produção baixa

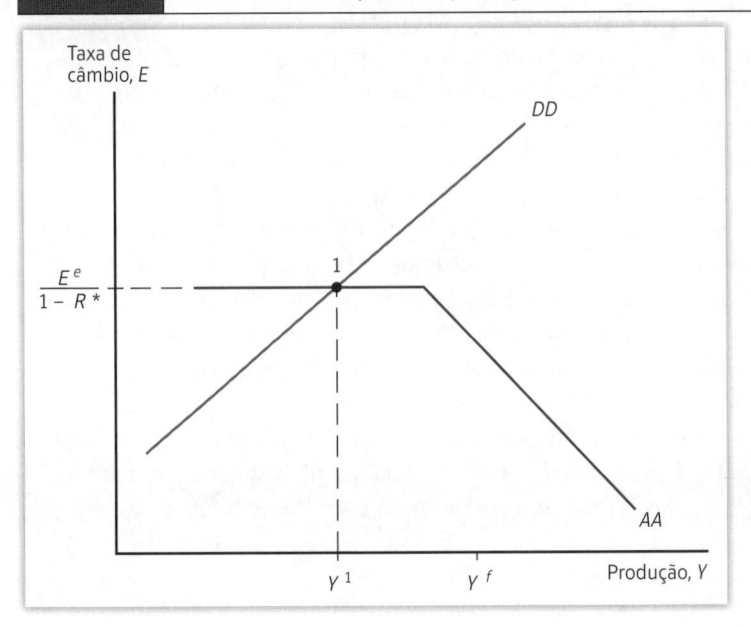

No ponto 1, a produção está abaixo de seu nível de pleno emprego. Contudo, como as expectativas da taxa de câmbio E^e são fixas, uma expansão monetária meramente mudará *AA* para a direita, deixando o ponto de equilíbrio inicial o mesmo. O trecho horizontal de *AA* dá origem à armadilha da liquidez.

a produção real e a demanda de moeda podem aumentar mais do que antes, sem levar a taxa de juros nominal para um nível positivo. (Eventualmente, conforme Y aumenta cada vez mais, a demanda de moeda aumentada resulta em taxas de juros R progressivamente maiores e, portanto, em valorização progressiva da moeda ao longo do segmento de inclinação para baixo de AA.) O resultado surpreendente é que o equilíbrio simplesmente permanece no ponto 1. Portanto, a expansão monetária não tem efeito na produção ou na taxa de câmbio. Esse é o sentido no qual a economia é "presa".

Nossa suposição anterior de que a taxa de câmbio futura é fixa será um ingrediente chave nessa história da armadilha de liquidez. Suponha que o banco central possa prometer com credibilidade aumentar a oferta de moeda *permanentemente*, de forma que E^e aumente ao mesmo tempo em que a oferta de moeda atual. Nesse casso, a relação AA mudará tanto para cima quanto para a direita, a produção vai, portanto, expandir e a moeda sofrerá depreciação. No entanto, os observadores da experiência japonesa argumentaram que os funcionários do BOJ estavam tão temerosos com depreciação e inflação (assim como estavam vários presidentes de bancos durante o começo da década de 1930) que os mercados não acreditaram que eles estivessem dispostos a depreciar a moeda permanentemente. Em vez disso, os mercados suspeitaram de uma intenção de restaurar uma taxa de câmbio valorizada mais tarde e trataram qualquer expansão monetária como sendo temporária. Somente na primeira metade de 2013 o governo japonês anunciou enfim uma intenção credível de expandir a oferta de moeda o suficiente e manter as taxas de juros em zero tempo o suficiente para atingir uma taxa anual de inflação de 2%. Nesse ponto, o iene sofreu depreciação drástica, como descrito no começo do Capítulo 14.[15]

Com os Estados Unidos e o Japão mantendo taxas de juros de zero em 2013, alguns economistas recearam que a Reserva Federal fosse incapaz de parar uma deflação norte-americana similar à do Japão. A Reserva Federal e outros bancos centrais responderam adotando o que veio a ser chamado de *políticas monetárias não convencionais*, nas quais o banco central compra categorias específicas de ativos com moeda recém-emitida, aumentando a oferta de moeda nesse processo. Uma política dessas envolve a compra de títulos governamentais de longo prazo de forma a reduzir as taxas de juros de longo prazo. Essas taxas desempenham um grande papel em determinar os juros cobrados por empréstimos nacionais e, quando elas caem, a demanda habitacional, portanto, aumenta. Outra política não convencional possível, que discutiremos no próximo capítulo, é a compra de moeda estrangeira.

QUAL É O TAMANHO DO MULTIPLICADOR DE GASTOS DO GOVERNO?

Muitos estudantes encontram o **multiplicador de gastos do governo** durante sua exposição inicial à macroeconomia. O multiplicador mede o tamanho do aumento na produção causado por um aumento nos gastos do governo, ou em símbolos $\Delta Y/\Delta G$.

Embora ao primeiro olhar possa parecer que o multiplicador é grande, os estudantes rapidamente aprendem sobre os fatores que podem reduzir seu tamanho. Se um aumento nos gastos do governo também leva a um aumento na taxa de juros e isso, por sua vez, desencoraja os gastos em consumo e investimento, então o multiplicador é menor: uma parte do impacto expansionista potencial da política fiscal é "expulsa" pelo aumento na taxa de juros.

Na economia aberta, o multiplicador é menor ainda. Alguns gastos particulares vazam pela economia por meio de importações e, se a taxa de câmbio sofre valorização, então, como já vimos neste capítulo, a redução resultante em exportações líquidas é um canal adicional para a expulsão.

Por fim, sob as condições de flexibilidade de preço e o pleno emprego, o multiplicador é essencialmente zero: se o governo deseja consumir mais e os recursos já estão plenamente empregados na produção, então o setor privado deve participar com a produção que o governo quer. Não existe uma forma de conseguir muito mais do que os estoques existentes plenamente empregados dos fatores produtivos, então $\Delta Y/\Delta G \approx 0$.

A incerteza sobre o tamanho do multiplicador gerou preocupações fora dos locais acadêmicos uma vez que o mundo entrou recessão em 2008 como resultado de uma crise financeira global que discutiremos nos próximos capítulos (começando com o Capítulo 19). Os Estados Unidos, a China e outros países montaram grandes programas de expansão fiscal, incluindo aumento nas despesas do governo, para sustentar suas economias atingidas. Esses recursos foram desperdiçados ou foram úteis para reduzir a gravidade da crise? Seria mais fácil ou mais doloroso reduzir os gastos do governo mais para frente a fim de reverter

---

[15] Uma política similar foi defendida por Paul R. Krugman. "It's Baaack: Japan's Slump and the Return of the Liquidity Trap". *Brookings Papers on Economic Activity*, v. 2, p. 137–205, 1998.

os déficits que a recessão causou? A resposta depende do tamanho do multiplicador de gastos do governo.

Os economistas têm estudado a questão do tamanho do multiplicador por anos, mas a gravidade da recessão 2008-2009 inspirou uma nova safra de estudos teóricos e empíricos. Vimos anteriormente que em uma economia aberta os gastos permanentes de governo não têm impacto na produção — o multiplicador é zero —, mas gastos de governo temporários podem aumentar a produção (lembre-se da Figura 17.16). É mais provável que a expansão fiscal anticíclica seja temporária (porque a recessão é temporária), e por isso esse também é o caso focado pelas pesquisas recentes.

Em um levantamento extenso, Robert E. Hall, da universidade de Stanford, sugere que a maioria dos estudos encontrou um multiplicador entre 0,5 e 1,0 (veja o trabalho dele nas Leituras adicionais). Isto é, quando o governo aumenta o consumo em US$ 1, o aumento resultante na produção será no máximo US$ 1 — menor do que os grandes multiplicadores dos mais simples modelos de economia fechada, mas ainda assim um efeito provável de ter um impacto substancial positivo no emprego.

Vimos anteriormente, entretanto, que em 2009, muitas economias industriais diminuíram suas taxas de juros drasticamente, algumas vezes entrando em armadilhas de liquidez com taxas de juros zero. Hall explicou que essa situação é excepcional, porque a "expulsão" comum não ocorre, e ele pensou que para economias em armadilhas de liquidez o multiplicador poderia ser tão alto quanto 1,7. Lawrence Christiano, Martin Eichenbaum e Sergio Rebelo da Universidade de Northwestern, sugeriram um número muito maior com base em seu modelo teórico: embora abaixo de 1 seja normal, o multiplicador pode ser tão alto quanto 3,7 em uma armadilha de liquidez! Alan Auerbach e Yuriy Gorodnichenko da universidade da Califórnia, Berkeley, analisaram dados dos países membros (em sua maioria os ricos) da Organização para a Cooperação e Desenvolvimento Econômico e descobriram que para economias em recessão (embora não necessariamente em armadilha de liquidez), o multiplicador é em torno de 2.[16]

Nosso modelo da armadilha de liquidez permite-nos ver facilmente que o multiplicador é maior quando a taxa de juros é mantida em zero, e isso também rende uma previsão adicional para o caso da economia aberta. Não só não existe expulsão por meio da taxa de juros, como também não existe expulsão por meio da taxa de câmbio.

A Figura 17.16 mostra o efeito de produção de um aumento temporário em G sob condições normais (taxa de juros positiva). Compare isso com o efeito em Y de um aumento de gastos similar na Figura 17.19 (assumindo que R permanece em zero). Como (por suposição) a taxa de câmbio esperada E^e não muda quando o aumento em G é temporário, DD apenas desliza para a direita ao longo da porção horizontal de AA, que em si não muda. Nem a taxa de juros nem a taxa de câmbio futura esperada mudam na Figura 17.19, então a paridade de juros implica que a taxa de câmbio atual não pode mudar também. Em contraste, na Figura 17.16, o aumento na produção faz subir a demanda por moeda, levando R para cima e valorizando a moeda. Como a valorização da moeda reduz as exportações líquidas, limitando, dessa forma, o efeito positivo líquido na produção, o multiplicador é menor na Figura 17.16 do que na Figura 17.19. Na verdade, na Figura 17.19 o multiplicador é o mesmo sob a *taxa de câmbio fixa*, um caso que examinaremos no próximo capítulo.

Uma região em que o tamanho do multiplicador tornou-se tópico de debate controverso foi na Europa, onde os países simultaneamente cortaram os gastos do governo drasticamente após 2009 para reduzir os déficits e débitos públicos. Nossa discussão do multiplicador pode levá-lo a crer que os efeitos foram altamente contracionistas. Isso é exatamente o que aconteceu, como veremos no Capítulo 21.

---

[16] Veja: Christiano, Eichenbaum e Rebelo. "When Is the Government Spending Multiplier Large?". *Journal of Political Economy*, v. 119, p. 78-121, fev. 2011; e Auerbach and Gorodnichenko. "Fiscal Multipliers in Recession and Expansion". In: Alberto Alesina e Francesco Giavazzi (Eds.). *Fiscal Policy after the Financial Crisis*. Chicago: University of Chicago Press, 2013, p. 63–102.

RESUMO

1. A *demanda agregada* para a produção de uma economia aberta consiste de quatro componentes correspondentes aos quatro componentes do PNB: consumo, demanda, investimento, demanda do governo e a conta-corrente (demanda de exportação líquida). Um importante determinante da conta-corrente é a taxa de câmbio real, a relação do nível de preço estrangeiro (medido em moeda nacional) para o nível de preço nacional.

2. A produção é determinada no curto prazo pela igualdade da demanda agregada e da oferta agregada. Quando a demanda agregada é maior do que a produção, as empresas aumentam a produção para evitar diminuição não intencional

do estoque. Quando ela é menor do que a produção, as empresas diminuem a produção para evitar acúmulo não intencional do estoque.

3. O equilíbrio de curto prazo ocorre a uma taxa de câmbio e nível de produção nos quais — dados o nível de preço, a taxa de câmbio futura e as condições econômicas estrangeiras — a demanda agregada iguala-se à oferta agregada e os mercados de ativos estão em equilíbrio. Em um diagrama com a taxa de câmbio e a produção real em seus eixos, o equilíbrio de curto prazo pode ser visto como a interseção de uma *relação DD* inclinada para cima, ao longo da qual o mercado de produção equilibra-se, e uma *relação AA* inclinada para baixo, na qual os mercados de ativos equilibram-se.

4. Um aumento temporário na oferta de moeda, que não altera a taxa de câmbio nominal esperada de longo prazo, causa uma depreciação da moeda e um aumento na produção. Uma expansão fiscal temporária também resulta em um aumento na produção, mas causa uma valorização da moeda. A *política monetária* e a *política fiscal* podem ser utilizadas pelo governo para compensar os efeitos de alterações na produção e no emprego. Entretanto, a expansão monetária temporária não tem poder de aumentar a produção ou mover a taxa de câmbio quando a economia está em uma *armadilha de liquidez* de juros zero.

5. Uma alteração permanente na oferta de moeda, que de fato altera a taxa de câmbio nominal esperada de longo prazo, causa movimentos mais nítidos na taxa de câmbio e, portanto, tem efeitos mais fortes de curto prazo na produção do que as alterações transitórias. Se a economia está em seu pleno emprego, um aumento permanente na oferta de moeda leva a um nível de preço crescente, que no fim das contas reverte o efeito da depreciação inicial da taxa de câmbio nominal sobre a taxa de câmbio real. No longo prazo, a produção retorna ao seu nível inicial e todos os valores de moeda aumentam em proporção ao aumento na oferta de moeda.

6. Como a expansão fiscal permanente muda a taxa de câmbio esperada de longo prazo, isso causa uma valorização mais acentuada da moeda do que uma expansão temporária igual. Se a economia começa no equilíbrio de longo prazo, a valorização adicional torna as mercadorias e serviços nacionais tão caros que a "expulsão" resultante da demanda de exportação líquida anula o efeito da política na produção e no emprego. Nesse caso, uma expansão fiscal permanente não tem efeito expansionista nenhum. O *multiplicador de gastos do governo* é zero para expansão fiscal permanente, diferente da expansão fiscal temporária.

7. Um grande problema prático é assegurar que a capacidade do governo em estimular e economia não o tente a ajustar a política para metas políticas de curto prazo, criando dessa forma um *viés de inflação*. Outros problemas incluem a dificuldade de identificar as fontes ou durações das mudanças econômicas e defasagens de tempo na implementação das políticas.

8. Se as exportações e importações ajustam-se para mudanças de taxa de câmbio real, a conta-corrente pode seguir um padrão de *curva J* após uma valorização real da moeda, primeiro ficando em pior situação e então melhorando. Se tal curva J existe, a depreciação da moeda pode ter um efeito contracionista inicial na produção, e a superação da taxa de câmbio será amplificada. *Pass-through* limitado da taxa de câmbio, junto com aumentos do preço nacional, podem reduzir o efeito de uma mudança de taxa de câmbio nominal na taxa de câmbio real.

TERMOS-CHAVE

armadilha da liquidez, p. 376
curva J, p. 374
demanda agregada, p. 354
multiplicador de gastos do governo, p. 378
pass-through, p. 375

política fiscal, p. 366
política monetária, p. 366
relação *AA*, p. 362
relação *DD*, p. 358
viés de inflação, p. 369

PROBLEMAS

1. Como a relação *DD* muda se existe um declínio na demanda de investimento?

2. Suponha que o governo impõe uma tarifa aduaneira em todas as importações. Utilize o modelo *DD-AA* para analisar os efeitos que essa medida teria na economia. Analise tanto tarifas temporárias quanto permanentes.

3. Imagine que o Congresso passe uma emenda constitucional exigindo que o governo norte-americano mantenha um orçamento balanceado o tempo todo. Portanto, se o governo deseja mudar seus gastos, ele deve sempre mudar os impostos na mesma quantia, isto é, $\Delta G = \Delta T$. A emenda constitucional implica que o governo não pode mais utilizar a política fiscal para afetar o emprego e a produção? (Dica: analise um aumento de "orçamento balanceado" nos gastos do governo, um que seja acompanhado por um aumento de impostos igual.)

4. Suponha que exista uma queda permanente na demanda agregada privada para a produção do país (uma mudança para baixo da linha inteira de demanda agregada). Qual é o efeito na produção? Qual reposta política de governo você recomendaria?

5. Por que um aumento temporário nos gastos do governo faz com que a conta-corrente caia a uma quantia menor do que um aumento permanente nos gastos do governo?

6. Se um governo tem inicialmente um orçamento balanceado, mas então corta impostos, ele está entrando em um déficit que deve, de alguma forma, financiar. Suponha que as pessoas pensem que o governo vai financiar seu déficit imprimindo a moeda extra de que precisa agora para cobrir seus gastos. Você ainda esperaria que o corte de impostos causasse uma valorização da moeda?

7. Você observa que a moeda de um país sofre depreciação enquanto sua conta-corrente fica em pior situação. Quais dados você poderia olhar para decidir se está presenciando um efeito de curva J? Qual outra mudança macroeconômica poderia trazer uma depreciação da moeda junto com uma deterioração da conta-corrente mesmo se não existisse uma curva J?

8. Um novo governo é eleito e anuncia que uma vez no poder aumentará a oferta de moeda. Utilize o modelo *DD-AA* para estudar a resposta da economia a esse anúncio.

9. Como você desenharia o diagrama *DD-AA* quando a resposta da conta-corrente às mudanças de taxa de câmbio segue uma curva J? Utilize esse diagrama modificado para examinar os efeitos de alterações temporárias e permanentes nas políticas monetária e fiscal.

10. Com o que a condição Marshall-Lerner se pareceria se o país cujas mudanças de taxa de câmbio real mudam *não* começasse com uma conta-corrente de zero? (A condição Marshall-Lerner é obtida no Apêndice 2 sob a suposição "padrão" de uma conta-corrente incialmente balanceada.)

11. Nosso modelo aceita o nível de preço P como dado no curto prazo, mas na realidade a valorização da moeda causada por uma expansão fiscal permanente faz com que P caia um pouco ao diminuir alguns preços de importação. Se P cai levemente como resultado da expansão fiscal permanente, ainda é verdade que não existem efeitos de produção? (Como antes, assuma um equilíbrio de longo prazo inicial.)

12. Suponha que a paridade de juros não seja exatamente mantida, mas que a verdadeira relação seja $R = R^* + (E^e - E)/E + \rho$, onde ρ é um termo medindo o grau de risco diferencial de depósitos nacionais *versus* estrangeiros. Suponha que um aumento permanente nos gastos nacionais do governo, criando o prospecto de déficits governamentais futuros, também aumente ρ, isto é, faz com que os depósitos em moeda nacional sejam mais arriscados. Avalie os efeitos de produção da política nessa situação.

13. Se uma economia *não* começa no pleno emprego, é verdade que uma mudança permanente na política fiscal não tem efeito atual na produção?

14. Considere a seguinte versão linear do modelo *DD-AA* no texto: o consumo é dado por $C = (1 - s)Y$ e o saldo da conta-corrente é dado por $CA = aE - mY$. (Nos livros de estudo de macroeconomia, s algumas vezes é chamado de *propensão marginal para poupar* e m é chamado de *propensão marginal para importar*.) Então a condição de equilíbrio nos mercados de mercadorias é $Y = C + I + G + CA = (1 - s)Y + I + G + aE - mY$. Escreveremos a condição do equilíbrio do mercado monetário como $M^s/P = bY - dR$. Assumindo que o banco central pode manter tanto a taxa de juros, R, quanto a taxa de câmbio, E, constantes e que o investimento I também é constante, qual o efeito de um aumento nos gastos do governo G na produção Y? (Esse número é frequentemente chamado de *multiplicador de gastos do governo de economia aberta*, mas como você pode ver, ele é relevante apenas em condições estritas.) Explique seu resultado intuitivamente.

15. Veja se você consegue retraçar os passos do argumento de cinco passos na página 372 para mostrar que a expansão fiscal permanente não pode fazer a produção *cair*.

16. A discussão do capítulo sobre "Viés de inflação e outros problemas de formulação de políticas" (página 369, parágrafo 4) sugere que pode não existir de fato algo como uma expansão fiscal *permanente*. O que você acha? Como essas considerações afetariam a taxa de câmbio e os efeitos de produção da política fiscal? Você vê quaisquer paralelos com a discussão deste capítulo sobre o impacto de mais longo prazo dos desequilíbrios da conta-corrente?

17. Se você comparar economias de baixa inflação com economias nas quais a inflação é alta e muito volátil, o quanto esperaria que a taxa de câmbio *pass-through* diferisse, e por quê?

18. Durante a votação do projeto de lei de estímulo fiscal norte-americano em fevereiro de 2009, muitos membros do Congresso demandaram, cláusulas "compre norte-americano", que teriam impedido o governo de gastar dinheiro em mercadorias importadas. De acordo com a análise deste capítulo, os gastos do governo norte-americano reprimidos pelas restrições do "compre norte-americano" teriam tido mais efeito na produção norte-americana do que os gastos sem restrições do governo? Por que sim ou por que não?

19. Retorne ao Problema 14 e repare que, para completar o modelo ali descrito, devemos adicionar a condição de paridade de juros. Observe também que se Y^f é o nível de produção de pleno emprego, então a taxa de câmbio de longo prazo esperada, E^e, satisfaz a equação: $Y^f = (aE^e + I + G)/(s + m)$. (Estamos novamente aceitando o investimento I como dado.) Utilizando essas equações, demonstre algebricamente que se a economia começa no pleno emprego com $R = R^*$, um aumento em G não tem nenhum efeito na produção. Qual é o efeito na taxa de câmbio? Como a mudança da taxa de câmbio depende de a e por quê?

20. Podemos expressar uma aproximação linear para a condição de paridade de juros (precisa para pequenas mudanças de taxa de câmbio) como: $R = R^* + (E^e - E)/E^e$. Adicionar isso ao modelo dos Problemas 14 e 19 resolve Y como uma função de G. Qual é o multiplicador de gastos do governo para mudanças temporárias em G (aquelas que não alteram E^e)? Como a sua resposta depende dos parâmetros a, b e d, e por quê?

LEITURAS ADICIONAIS

ARGY, V.; PORTER, M. G. "The Forward Exchange Market and the Effects of Domestic and External Disturbances under Alternative Exchange Rate Systems". *International Monetary Fund Staff Papers*, v. 19, p. 503--532, nov. 1972. Uma análise avançada de um modelo macroeconômico similar ao deste capítulo.

ARGY, V.; SALOP, J. K. "Price and Output Effects of Monetary and Fiscal Policies under Flexible Exchange Rates". *International Monetary Fund Staff Papers*, v. 26, p. 224-256, jun. 1979. Discute os efeitos de políticas macroeconômicas sob suposições institucionais alternativas sobre indexação de salário e processo de reajuste de salário-preço em geral.

DORNBUSCH, R. "Exchange Rate Expectations and Monetary Policy". *Journal of International Economics*, v. 6, p. 231-244, ago. 1976. Um exame formal da política monetária e da taxa de câmbio em um modelo com a curva J.

DORNBUSCH, R.; KRUGMAN, P. "Flexible Exchange Rates in the Short Run". *Brookings Papers on Economic Activity*, v. 3, p. 537-575, 1976. Teoria e evidência em ajuste macroeconômico de curto prazo sob taxas de câmbio flutuantes.

GAGNON, J. E. "Productive Capacity, Product Varieties, and the Elasticities Approach to the Trade Balance". *Review of International Economics*, v. 15, p. 639-659, set. 2007. Olha o papel de novos produtos na determinação de elasticidades de comércio de longo prazo.

HALL, R. E. "By How Much Does GDP Rise if the Government Buys More Output?". *Brookings Papers on Economic Activity*, v. 2, p. 183-31, 2009. Discussão minuciosa (mas avançada) sobre o multiplicador de gastos do governo em modelos macroeconômicos contemporâneos e na prática.

MARQUEZ, J. *Estimating Trade Elasticities*. Boston: Kluwer Academic Publishers, 2002. Pesquisa abrangente sobre a estimativa das elasticidades do comércio.

RANGAN, S.; LAWRENCE, R. Z. *A Prism on Globalization*. Washington, D.C.: Brookings Institution, 1999. Um exame das respostas de empresas multinacionais aos movimentos da taxa de câmbio.

SVENSSON, L. E. O. "Escaping from a Liquidity Trap and Deflation: The Foolproof Way and Others". *Journal of Economic Perspectives*, v. 17, p. 145-166, outono de 2003. Discussão clara sobre as opções de política para economias que enfrentam deflação, incluindo políticas monetárias não convencionais.

APÊNDICE 1 DO CAPÍTULO 17
Comércio intertemporal e demanda de consumo

Assumimos no capítulo que a demanda de consumo privado é uma função de renda disponível, $C = C(Y^d)$, com a propriedade de que quando Y^d aumenta, o consumo aumenta em uma quantia menor (de forma que a poupança, $Y^d - C(Y^d)$, também aumenta). Este apêndice interpreta essa suposição no contexto de modelo intertemporal do comportamento do consumo discutido no Apêndice do Capítulo 6.

A discussão no Capítulo 6 assumia que o bem-estar dos consumidores depende da demanda de consumo presente D_P e da demanda de consumo futura D_F. Se a renda presente é Q_P e a renda futura é Q_F, os consumidores podem utilizar empréstimo ou a poupança para alocar seu consumo durante o tempo de qualquer forma consistente com a restrição de orçamento intertemporal

$$D_P + D_F/(1 + r) = Q_P + Q_F/(1 + r),$$

onde r é a taxa real de juros.

A Figura 17A1.1 lembra-o de como o consumo e a poupança foram determinados no Capítulo 6. Se as produções presente e futura estão inicialmente descritas pelo ponto classificado como 1 na figura, o desejo de um consumidor em escolher a curva de indiferença de maior utilidade consistente com suas restrições de orçamento leva o consumo ao ponto 1 também.

Assumimos zero poupança no ponto 1 para mostrar de forma mais clara o efeito de um aumento na produção atual, para a qual nos voltamos a seguir. Suponha que a produção presente aumente, enquanto a produção futura não, movendo a dotação de renda para o ponto 2', que se situa horizontalmente à direita do ponto 1. Você pode ver que o consumidor desejará espalhar o aumento no consumo que lhe é permitido durante sua vida *inteira*. Ele pode fazer isso poupando uma parte do aumento da renda presente, $Q^2_P - Q^1_P$, e movendo-se para cima junto com sua linha de orçamento a partir da dotação no ponto 2' para o ponto 2.

Agora, se reinterpretarmos a notação de forma que a produção presente, Q_P, corresponda à renda disponível, Y^d, e a demanda de consumo presente corresponda a $C(Y^d)$, veremos que embora o consumo certamente dependa de outros fatores além da renda disponível atual (notadamente, a renda futura e a taxa de juros real), seu comportamento implica um aumento na renda vitalícia, que é concentrado no presente e vai, de fato, levar a um aumento no consumo atual menor que o aumento na

FIGURA 17A1.1 Mudança na produção e na poupança

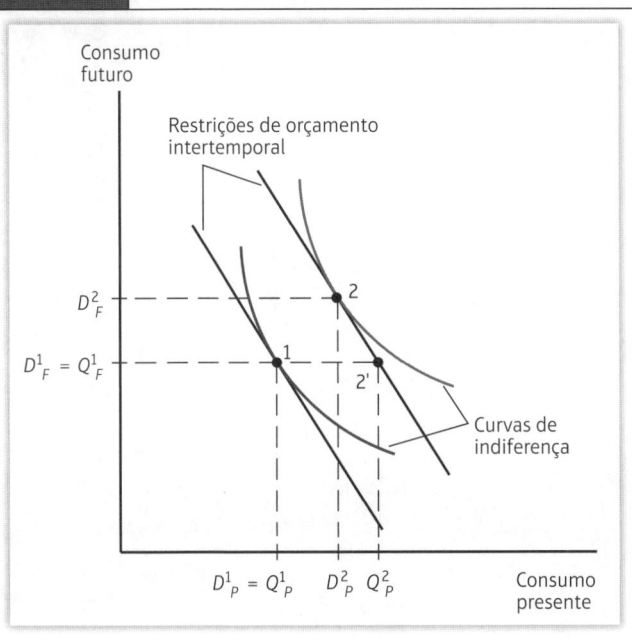

Um aumento de um período na produção aumenta a poupança.

renda atual. Já que as mudanças de produção que temos considerado neste capítulo são todas mudanças temporárias que resultam da resistência de curto prazo dos preços em moeda nacional, o comportamento do consumo que presumimos no capítulo captura a característica essencial do comportamente de consumo intertemporal para que o modelo DD-AA funcione.

Também podemos utilizar 17A1.1 para olhar para os efeitos do consumo de uma taxa de juros real, que mencionamos na nota de rodapé 1. Se a economia está inicialmente no ponto 1, uma queda na taxa de juros real r faz a linha do orçamento rodar em sentido anti-horário sobre o ponto 1, causando um aumento no consumo presente. Contudo, se a economia vem poupando inicialmente uma quantia positiva, como no ponto 2, esse efeito seria ambíguo, um reflexo contrário puxa a renda e os efeitos de substituição, que introduzimos na primeira parte deste livro na teoria do comércio internacional. Nesse segundo caso, o ponto de dotação é o ponto 2', então uma queda na taxa de juros real causa uma rotação anti-horária na linha de orçamento sobre o ponto 2'. Como indicado em evidência empírica, o efeito positivo de uma menor taxa de juros real no consumo provavelmente é fraco.

A utilização do quadro anterior para analisar os aspectos intertemporais da política fiscal nos levaria muito longe, embora esse seja um dos tópicos mais fascinantes da macroeconomia. Em vez disso, remetemos os leitores a qualquer bom texto de macroeconomia intermediário.[17]

---

[17] Por exemplo, veja: Abel, Bernanke e Croushore, *op. cit.*, Capítulo 15.

APÊNDICE 2 DO CAPÍTULO 17

A condição Marshall-Lerner e estimativas empíricas de elasticidades do comércio

O capítulo supôs que a depreciação real da moeda de um país melhora sua conta-corrente. No entanto, como notamos, a validade dessa suposição depende da resposta dos volumes de exportação e importação para as mudanças da taxa de câmbio real. Neste apêndice, obtemos uma condição naquelas respostas para a suposição no texto ser válida. A condição, chamada de *condição de Marshall-Lerner*, afirma que, com todo o resto igual, uma depreciação real melhora a conta-corrente se os volumes de exportação e importação forem suficientemente elásticos com respeito à taxa de câmbio real. (A condição recebeu o nome dos dois economistas que a descobriram, Alfred Marshall e Abba Lerner.) Após obter a condição Marshall-Lerner, olhamos para suas estimativas empíricas de elasticidades do comércio e analisamos suas implicações para as respostas reais da conta-corrente às mudanças da taxa de câmbio real.

Para começar, escreva a conta-corrente, medida em unidades de produção nacional, como a diferença entre as exportações e importações de mercadorias e serviços similarmente medidos:

$$CA(EP^*/P, Y^d) = EX(EP^*/P) - IM(EP^*/P, Y^d).$$

A demanda de exportação é escrita como função de EP^*/P sozinha, porque a renda estrangeira está sendo mantida constante.

Deixe q representar a taxa de câmbio real EP^*/P e deixe EX^* representar as importações medidas em termos de produção estrangeira em vez de nacional. A notação EX^* é utilizada porque as importações nacionais do exterior, medidas em termos de produção estrangeira, igualam o volume de exportações estrangeiras para o país. Se identificarmos q com o preço de produtos estrangeiros em termos de produtos nacionais, então IM e EX^* são relacionados por

$$IM = q \times EX^*,$$

isto é, importações medidas em produção nacional = (unidades de produção nacional/unidade de produção estrangeira) × (importações medidas em unidades de produção estrangeira).[18]

A conta-corrente portanto, pode ser expressa como

$$CA(q, Y^d) = EX(q) - q \times EX^*(q, Y^d).$$

Agora deixe EX_q representar o efeito de um aumento em q (uma depreciação real) na demanda de exportação e deixe EX_q^* representar o efeito de um aumento em q no volume de importação. Dessa forma,

$$EX_q = \Delta EX/\Delta q, \; EX_q^* = \Delta EX^*/\Delta q.$$

Como vimos no capítulo, EX_q é positivo (uma depreciação real torna os produtos relativamente mais baratos e estimula as exportações), enquanto EX_q^* é negativo (um barateamento relativo dos produtos nacionais reduz a demanda de importação nacional). Utilizando essas definições, podemos agora perguntar como um aumento em q afeta a conta-corrente, com todo o resto igual.

Se o sobrescrito 1 indica o valor inical de uma variável enquanto o sobrescrito 2 indica seu valor após q ter mudado para $\Delta q = q^2 - q^1$, então a mudança na conta-corrente causada por uma mudança de taxa de câmbio real Δq é

$$\Delta CA = CA^2 - CA^1 = (EX^2 - q^2 \times EX^{*2}) - (EX^1 - q^1 \times EX^{*1})$$

$$= \Delta EX - (q^2 \times \Delta EX^*) - (\Delta q \times EX^{*1}).$$

Dividindo por Δq dá a resposta da conta-corrente a uma mudança em q,

$$\Delta CA/\Delta q = EX_q - (q^2 \times EX_q^*) - EX^{*1}.$$

Essa equação resume os dois efeitos de conta-corrente de uma depreciação real discutidos no texto, o efeito *volume* e o efeito *valor*. Os termos que envolvem EX_q e EX_q^* representam o efeito volume, o efeito de uma mudança em q no número de unidades de produção exportadas e importadas. Esses mesmos termos são sempre

---

[18] Como avisamos anteriormente no capítulo, a identificação da taxa de câmbio real com preços de produção relativos não é bem exata, já que, como definimos, a taxa de câmbio real é o preço relativo das cestas de despesas. Contudo, para propósitos mais práticos, a discrepância não é qualitativamente importante. Um problema mais sério com a nossa análise é que as produções nacionais consistem em parte de não comercializáveis e a taxa de câmbio real cobre seus preços assim como aqueles dos comercializáveis. Para evitar a complexidade adicional que resultaria de um tratamento mais detalhado da composição das produções nacionais, assumimos ao obter a condição Marshall-Lerner que a taxa de câmbio real pode ser aproximadamente identificada como o preço relativo das importações em termos de exportações.

positivos porque $EX_q > 0$ e $EX_q^* < 0$. O último termo, EX^{*1}, representa o efeito valor e é precedido de um sinal de menos. Esse último termo nos diz que um aumento em q piora a conta-corrente à medida que aumenta o valor de produção nacional do volume inicial de importações.

Estamos interessados em saber quando o lado direito da equação é positivo, de forma que uma depreciação real faz o saldo da conta-corrente aumentar. Para responder a essa questão, primeiro definimos a *elasticidade da demanda de exportação* com respeito a q,

$$\eta = (q^1/EX^1)EX_q,$$

e a elasticidade da demanda de importação com relação a q,

$$\eta^* = -(q^1/EX^{*1})EX_q^*.$$

(A definição de η^* envolve um sinal de menos porque $EX_q^* < 0$, e estamos definindo as elasticidades do comércio como números positivos.) Retornando a nossa equação para $\Delta CA/\Delta q$, multiplicamos seu lado direito por (q^1/EX^1) para expressá-la em elasticidades dos termos de comércio. Então, se a conta-corrente está inicialmente a zero (isto é, $EX^1 = q^1 \times EX^{*1}$), esse último passo mostra que $\Delta CA/\Delta q$ é positivo quando

$$\eta + (q^2/q^1)\eta^* - 1 > 0.$$

Se é suposto que a mudança em q é pequena, de forma que $q^2 \approx q^1$, a condição para um aumento em q melhorar a conta-corrente é

$$\eta + \eta^* > 1.$$

Essa é a condição de Marshall-Lerner, que afirma que a conta-corrente é inicialmente zero, uma depreciação real na moeda causa um superávit em conta-corrente se a soma das elasticidades do preço relativo das demandas de exportação e importação excede 1. (Se a conta-corrente não é inicialmente zero, a condição torna-se mais complexa.) Ao aplicar a condição de Marshall-Lerner, lembre-se que sua derivação assume que a renda disponível é mantida constante quando q muda.

Agora que temos a condição de Marshall-Lerner, podemos perguntar se as estimativas empíricas das equações do comércio implicam elasticidades de preço consistentes com a suposição deste capítulo, de que uma depreciação real da taxa de câmbio melhora a conta-corrente. A Tabela 17A2.1 apresenta as estimativas de elasticidade do Fundo Monetário Internacional para o comércio em mercadorias manufaturadas. A tabela informa as elasticidades de preço para exportação e importação medidas sobre três horizontes temporais sucessivamente mais longos e, portanto, para a possibilidade de que as demandas de exportação e importação ajustem-se gradualmente às mudanças de preço relativo, como na discussão do efeito da curva J. As elasticidades de impacto medem a resposta dos fluxos de comércio para as mudanças de preço relativo nos primeiros seis meses após a mudança, as elasticidades de curto prazo aplicam-se a período de ajuste de um ano e as elasticidades de longo prazo medem a resposta dos fluxos de comércio para as mudanças de preços sobre um período de ajuste hipotéticamente infinito.

TABELA 17A2.1 Elasticidades de preço estimadas para o comércio internacional em mercadorias manufaturadas

País	η			η^*		
	Impacto	Curto prazo	Longo prazo	Impacto	Curto prazo	Longo prazo
Alemanha	—	—	1,41	0,57	0,77	0,77
Áustria	0,39	0,71	1,37	0,03	0,36	0,80
Bélgica	0,18	0,59	1,55	—	—	0,70
Canadá	0,08	0,40	0,71	0,72	0,72	0,72
Dinamarca	0,82	1,13	1,13	0,55	0,93	1,14
Estados Unidos	0,18	0,48	1,67	—	1,06	1,06
França	0,20	0,48	1,25	—	0,49	0,60
Grã-Bretanha	—	—	0,37	0,60	0,75	0,75
Holanda	0,24	0,49	0,89	0,71	1,22	1,22
Itália	—	0,56	0,64	0,94	0,94	0,94
Japão	0,59	1,01	1,61	0,16	0,72	0,97
Noruega	0,40	0,74	1,49	—	0,01	0,71
Suécia	0,27	0,73	1,59	—	—	0,94
Suíça	0,28	0,42	0,73	0,25	0,25	0,25

Fonte: As estimativas são retiradas de: Jacques R. Artus and Malcolm D. Knight. *Issues in the Assessment of the Exchange Rates of Industrial Countries.* Occasional Paper 29. Washington, D.C.: Fundo Monetário Internacional, jul. 1984, tabela 4. As estimativas não disponíveis são indicadas por traços.

Para a maioria dos países, as elasticidades de impacto são tão pequenas que a soma do impacto das elasticidades de exportação e importação é menor que 1. Já que as elasticidades de impacto normalmente falham em satisfazer à condição Marshall-Lerner, a estimativa apoia a existência de um efeito inical de curva J que faz com que a conta-corrente seja deteriorada imediatamente seguindo uma depreciação real.

Também é verdade, entretanto, que a maioria dos países representados na tabela satisfazem à condição Marshall-Lerner no curto prazo e que praticamente todos também o fazem no longo prazo. A evidência, portanto, é consistente com a suposição feita no capítulo: exceto sobre curtos períodos de tempo, é provável que a depreciação real melhore a conta-corrente, enquanto é provável que uma valorização real a piore.

CAPÍTULO 18

Taxas de câmbio fixas e intervenção cambial

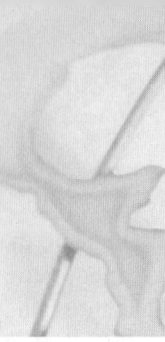

Em vários capítulos anteriores, desenvolvemos um modelo que nos ajuda a compreender como a taxa de câmbio e a renda nacional de um país são determinadas pela interação dos mercados de ativos e de produção. Usando esse modelo, vimos como as políticas fiscais e monetárias podem ser usadas para manter o pleno emprego e um nível de preços estável.

Para simplificar a discussão, assumimos que a taxas de câmbio são completamente flexíveis, ou seja, que as autoridades monetárias nacionais não negociam no mercado cambial para influenciar as taxas de câmbio. No entanto, na realidade, o pressuposto da flexibilidade completa da taxa de câmbio nem sempre é exato. Como mencionado anteriormente, a economia mundial operou sob um sistema de taxas de câmbio de dólar *fixas* entre o final da Segunda Guerra Mundial e 1973, com bancos centrais negociando de rotina moedas estrangeiras para manter suas taxas de câmbio nos níveis acordados internacionalmente. Os países industrializados agora operam sob um sistema híbrido de **taxas de câmbio flutuantes administradas** — um sistema em que os governos podem tentar moderar os movimentos da taxa de câmbio sem manter taxas de câmbio rigidamente fixas. Diversos países em desenvolvimento têm mantido alguma forma de fixação da taxa de câmbio pelo governo, por razões que discutiremos no Capítulo 22.

Neste capítulo, estudaremos como os bancos centrais intervêm no mercado cambial para fixar taxas de câmbio e como as políticas macroeconômicas funcionam quando as taxas de câmbio são fixas. O capítulo vai nos ajudar a compreender o papel da intervenção do banco central no câmbio na determinação das taxas de câmbio sob um regime de flutuação administrada.

OBJETIVOS DE APRENDIZAGEM

Após a leitura deste capítulo, você será capaz de:

- Entender como um banco central deve gerenciar a política monetária a fim de fixar o valor da sua moeda no mercado cambial.
- Descrever e analisar a relação entre as reservas de divisas do banco central, suas compras e vendas no mercado cambial e a oferta de moeda.
- Explicar como as políticas monetária, fiscal e esterilizada afetam a economia sob uma taxa de câmbio fixa.
- Discutir as causas e efeitos das crises do balanço de pagamentos.
- Descrever como funcionam os sistemas multilaterais alternativos para atrelar as taxas de câmbio.

Por que estudar as taxas de câmbio fixas?

Uma discussão sobre taxas de câmbio fixas pode parecer desatualizada em uma época em que as manchetes dos jornais regularmente destacam as mudanças bruscas nas taxas de câmbio das principais moedas dos países industriais. Contudo, existem quatro razões pelas quais devemos entender as taxas de câmbio fixas antes de analisarmos os problemas da política macroeconômica contemporânea:

1. *Flutuação administrada.* Como observado anteriormente, os bancos centrais podem intervir nos mercados de moeda para influenciar as taxas de câmbio. Então, embora as taxas de câmbio do dólar das moedas dos países industrializados não sejam atualmente fixadas pelos governos, tampouco são deixadas flutuar sempre à vontade. O sistema de flutuação das taxas de câmbio do dólar é às vezes referido como uma flutuação suja, para distingui-lo de uma flutuação limpa, em que os governos não fazem nenhuma

tentativa direta de influenciar os valores da moeda estrangeira. (O modelo da taxa de câmbio desenvolvido nos capítulos anteriores assumia uma taxa de câmbio flutuante limpa ou completamente flexível).[1] Como o atual sistema monetário é um híbrido entre os sistemas de taxa fixa e flutuante "pura", um entendimento das taxas de câmbio fixas nos dá um *insight* sobre os efeitos da intervenção cambial quando ocorre em taxas flutuantes.

2. *Regime de moeda regional.* Alguns países pertencem a *uniões cambiais*, organizações cujos membros concordam em corrigir suas taxas de câmbio mútuas ao permitir que suas moedas flutuem no valor em relação às moedas dos países não membros. Atualmente, por exemplo, a Dinamarca atrela o valor da sua moeda ao euro, no âmbito do *Mecanismo de Taxa de Câmbio* da União Europeia.

3. *Países em desenvolvimento.* Embora os países industriais em geral permitam que suas moedas flutuem em relação ao dólar, essas economias são responsáveis por menos de um sexto dos países do mundo. Vários países em desenvolvimento tentam atrelar ou gerenciar os valores de suas moedas, muitas vezes em termos de dólar, mas às vezes em termos de uma moeda não dólar ou alguma "cesta" de moedas escolhidas pelas autoridades. O Marrocos atrela sua moeda a uma cesta, por exemplo, enquanto Barbados atrela sua moeda ao dólar norte-americano e o Senegal ao euro. Nenhum exame dos problemas dos países em desenvolvimento chegaria muito longe sem levar em consideração as implicações das taxas de câmbio fixas.[2]

4. *Lições do passado para o futuro.* As taxas de câmbio fixas eram a norma em muitos períodos, como nas décadas antes da Primeira Guerra Mundial, entre os anos de 1920 e 1931 e outra vez entre 1945 e 1973. Hoje, os economistas e políticos insatisfeitos com as taxas de câmbio flutuantes às vezes propõem novos acordos internacionais que ressuscitariam uma forma do sistema de taxas fixas. Tais planos beneficiariam a economia mundial? Quem iria ganhar ou perder? Para comparar os méritos das taxas de câmbio fixas e flutuantes, devemos entender o funcionamento das taxas fixas.

Intervenção do banco central e a oferta de moeda

No Capítulo 15, definimos a oferta de moeda de uma economia como a quantidade total de moeda e depósitos confirmados mantidos por pessoas físicas e jurídicas, considerando que o banco central tenha determinado a quantidade de dinheiro em circulação. Para entender os efeitos da intervenção do banco central no mercado cambial, precisamos ver primeiro como as transações financeiras do banco central afetam a oferta de moeda.[3]

O balanço do banco central e a oferta de moeda

A principal ferramenta que usamos no estudo de transações de banco central nos mercados de ativos é o **balanço do banco central**, que registra os ativos detidos pelo banco central e seu passivo. Como qualquer outro balanço patrimonial, o do banco central é organizado de acordo com os princípios de contabilidade. Qualquer aquisição de um ativo pelo banco central resulta em uma mudança positiva no ativo do balanço, enquanto qualquer aumento no passivo do banco resulta em uma mudança positiva no lado do passivo do balanço.

---

[1] É discutível se um flutuador verdadeiramente limpo já existiu na realidade. A maioria das políticas governamentais afeta a taxa de câmbio, e os governos raramente empreendem políticas sem considerar as implicações políticas das taxas de câmbio.

[2] O Fundo Monetário Internacional (FMI), uma agência internacional que discutiremos no próximo capítulo, publica uma classificação útil dos regimes de taxa de câmbio de seus países membros. As disposições como as de final de abril de 2012 podem ser encontradas na p. 4 da publicação, *Annual Report on Exchange Arrangements and Exchange Restrictions 2012*, disponível em: <http://www.imf.org/external/pubs/cat/longres.aspx?sk=26012.0>. (O FMI chama esses regimes de taxa de câmbio "de fato", porque são baseados no que os países realmente fazem, não no que eles dizem que fazem.) A partir de abril de 2012, 66 países, incluindo a maioria dos principais países industriais e os 17 países que então usavam o euro, tinham moedas "flutuantes" ou "livremente flutuantes". (O euro em si flutua independentemente do dólar e outras moedas importantes, como discutimos no Capítulo 21.) Treze países não tinham suas próprias moedas (incluindo o Equador, Panamá e Zimbábue). 43 tinham "indexadores convencionais", do tipo que estudaremos neste capítulo, enquanto 12 outros tinham "conselhos monetários" (um tipo especial de esquema de taxa de câmbio fixa ao qual a análise do presente capítulo em grande parte se aplica). Entre os indexadores convencionais havia muitos países mais pobres, mas também a Arábia Saudita, rica em petróleo, e a Dinamarca, membro da União Europeia. Mais 16 países, incluindo Iraque, Camboja, Macedônia e Vietnã, tinham "arranjos estabilizados" em que as autoridades fixam as taxas de câmbio, mas sem qualquer compromisso formal para fazê-lo. Um país (Tonga), permitia que a sua taxa de câmbio se movesse dentro de faixas horizontais; 15 outros tinham "indexação *crawling pegs*" em que a taxa de câmbio é forçada a seguir um caminho predeterminado, ou "arranjos tipo *crawling.*" (O último grupo inclui a China.) Por fim, 24 países (incluindo Bangladesh, Nigéria, Rússia e Singapura) tinham "outros arranjos gerenciados." Como você pode ver, há uma enorme gama de sistemas de taxa de câmbio diferentes, e o caso das taxas de câmbio fixas continua a ser muito importante.

[3] Como salientamos no Capítulo 13, as agências governamentais, exceto bancos centrais, podem intervir no mercado cambial, mas suas operações de intervenção, ao contrário das dos bancos centrais, não têm nenhum efeito significativo nas ofertas de moeda nacionais. (Na terminologia introduzida nas próximas páginas, as intervenções por agências que não sejam os bancos centrais são automaticamente esterilizadas.) Para simplificar a discussão, continuamos a assumir, quando o pressuposto não for enganoso, que apenas os bancos centrais realizam intervenção cambial.

Um balanço do banco central do país imaginário de Pecúnia é mostrado a seguir.

Balanço do Banco Central			
Ativos		Passivos	
Ativos externos	US$ 1.000	Depósitos mantidos por bancos privados	US$ 500
Ativos internos	US$ 1.500	Moeda em circulação	US$ 2.000

No ativo do balanço do banco de Pecúnia são citados dois tipos, *ativos externos* e *ativos internos*. Os ativos externos consistem principalmente de títulos de moeda estrangeira detidos pelo banco central. Eles compõem as reservas internacionais oficiais do banco central e suas alterações de nível quando o banco central intervém no mercado cambial ao comprar ou vender a moeda estrangeira. Por razões históricas, discutidas mais adiante neste capítulo, as reservas internacionais do banco central também incluem qualquer quantidade de ouro que ele possuir. A característica definidora das reservas internacionais é que elas são créditos sobre estrangeiros ou um meio universalmente aceito de pagamentos internacionais (por exemplo, ouro). No presente exemplo, o banco central possui US$ 1.000 em ativos externos.

Os ativos internos são propriedades do banco central dos créditos de pagamentos futuros por seus próprios cidadãos e instituições domésticas. Estas reivindicações geralmente assumiram a forma de títulos do governo nacional e de empréstimos de bancos privados nacionais. O Banco de Pecúnia possui US$ 1.500 em ativos internos. Seus ativos totais, portanto, resultam em US$ 2.500, a soma dos ativos externos e internos.

Na lista de passivos do balanço constam os depósitos dos bancos privados e a moeda em circulação, tanto em notas como em moedas. (Famílias e empresas não bancárias em geral não podem depositar dinheiro no banco central, ao passo que é exigido dos bancos, geralmente por lei, que mantenham depósitos no banco central como apoio parcial para seus próprios passivos.) Depósitos bancários privados são passivos do banco central, porque o dinheiro pode ser retirado sempre que os bancos privados precisarem. A moeda em circulação é considerada um passivo do banco central, principalmente por razões históricas: em uma época, os bancos centrais eram obrigados a dar certa quantidade de ouro ou prata para qualquer pessoa que pretendesse trocar moeda nacional por um desses metais preciosos. O balanço patrimonial anterior mostra que os bancos privados de Pecúnia depositaram US$ 500 no banco central. A moeda em circulação é igual a US$ 2.000, então o total do passivo do banco central equivale a US$ 2.500.

O ativo total do banco central é igual a seu passivo total, mais seu patrimônio líquido, que assumimos no exemplo presente ser zero. Como as mudanças no valor líquido do banco central não são importantes para nossa análise, vamos ignorá-las.[4]

A suposição adicional de que o patrimônio líquido é constante significa que as mudanças nos ativos do banco central que consideraremos causam *automaticamente* alterações iguais no passivo. Quando o banco central adquire um ativo, por exemplo, ele pode pagar por isso de duas maneiras. Um pagamento em dinheiro aumenta a oferta de moeda em circulação até a quantidade de compra de ativos do banco. Um pagamento por cheque promete ao proprietário um depósito do banco central igual em valor ao preço do ativo. Quando o destinatário do cheque deposita na sua conta em um banco privado, os créditos do banco privado no banco central (e, portanto, os passivos do banco central para os bancos privados) aumentam na mesma quantia. Em ambos os casos, a compra de ativos pelo banco central provoca automaticamente um aumento igual no seu passivo. Da mesma forma, as vendas de ativos do banco central envolvem a retirada de moeda de circulação ou a redução dos créditos dos bancos privados no banco central e, portanto, uma queda no passivo do banco central em relação ao setor privado.

Uma compreensão do balanço do banco central é importante, porque as alterações em seus ativos causam alterações na oferta de moeda doméstica. A discussão do parágrafo anterior sobre a igualdade entre mudanças nos ativos e passivos do banco central ilustra o mecanismo atuante.

Quando o banco central compra um ativo do público, por exemplo, seu pagamento — seja dinheiro ou cheque — entra diretamente na oferta de moeda. O aumento no passivo do banco central associado com a compra de ativos, portanto, faz com que a oferta de moeda expanda. A oferta de moeda diminui quando o banco central vende um ativo ao público, porque o dinheiro ou o cheque que ele recebe em pagamento sai de circulação, reduzindo o passivo do banco central para o público. Alterações no nível das participações de ativos do banco central fazem com que a oferta de moeda mude na mesma direção, porque exigem mudanças iguais no passivo do banco central.

O processo que descrevemos pode ser familiar para você a partir do estudo de operações de mercado aberto do

---

[4] Existem várias maneiras pelas quais o patrimônio líquido de um banco central (também chamado de *capital* do banco central) pode mudar. Por exemplo, o governo pode permitir que seu banco central mantenha uma fração dos ganhos de juros em seus ativos, e esse fluxo de juros aumentaria o patrimônio líquido do banco se reinvestido. Tais mudanças no patrimônio líquido tendem a ser empiricamente pequenas o bastante e podem em geral ser ignoradas para fins de análise macroeconômica. No entanto, veja o problema no fim do Capítulo 19.

banco central em cursos anteriores. Por definição, as operações de mercado aberto envolvem compra ou venda de ativos internos, mas as transações oficiais em ativos estrangeiros têm o mesmo efeito direto sobre a oferta de dinheiro. Você também vai lembrar que quando o banco central compra ativos, por exemplo, o aumento consequente da oferta de dinheiro é geralmente *maior* do que a compra de ativos inicial, por causa da criação de depósitos múltiplos dentro do sistema bancário privado. Este efeito *multiplicador de dinheiro*, que aumenta o impacto das operações do banco central sobre a oferta de dinheiro, reforça nossa principal conclusão: *qualquer compra de ativos pelo banco central automaticamente resulta em um aumento da oferta de moeda doméstica, enquanto qualquer venda de ativos pelo banco central, automaticamente, faz com que a oferta de moeda caia.*[5]

Intervenção cambial e a oferta de moeda

Para ver mais detalhadamente como a intervenção cambial afeta o fornecimento de dinheiro, vamos examinar um exemplo. Suponha que o Banco de Pecúnia vai para o mercado de câmbio e vende US$ 100 de títulos estrangeiros pela moeda pecuniana. A venda reduz as participações oficiais de ativos externos de US$ 1.000 para US$ 900, fazendo o ativo do balanço do banco central encolher de US$ 2.500 para US$ 2.400.

O pagamento que o Banco de Pecúnia recebe por esses ativos externos automaticamente reduz também seu passivo em US$ 100. Se o banco de Pecúnia for pago com moeda nacional, a moeda vai para seu cofre e sai de circulação. A moeda em circulação, portanto, cai US$ 100. (Um problema no final do capítulo considera o efeito idêntico de oferta de moeda do pagamento com cheque.) Como resultado da venda de ativos estrangeiros, o balanço do banco central muda da seguinte forma:

Balanço do Banco Central após a venda de US$ 100 de ativos estrangeiros (comprador paga em dinheiro)			
Ativos		**Passivos**	
Ativos externos	US$ 900	Depósitos mantidos por bancos privados	US$ 500
Ativos internos	US$ 1.500	Moeda em circulação	US$ 1.900

Após a venda, os ativos ainda serão iguais aos passivos, mas ambos terão uma redução de US$ 100, igual ao montante de moeda que o Banco de Pecúnia retirou de circulação mediante sua intervenção no mercado cambial. A mudança no balanço do banco central implica um declínio na oferta de dinheiro pecuniano.

Uma *compra* de US$ 100 de ativos estrangeiros pelo Banco de Pecúnia faria seu passivo aumentar US$ 100. Se o banco central pagar sua compra em dinheiro, a moeda em circulação aumentará US$ 100. Se pagar em cheque de si mesmo, os depósitos de banco privado para o Banco de Pecúnia por fim aumentariam US$ 100. Em ambos os casos, haveria um aumento da oferta de moeda doméstica.

Esterilização

Os bancos centrais às vezes realizam transações de ativos estrangeiros e nacionais iguais em direções opostas para anular o impacto de suas operações de câmbio na oferta de moeda doméstica. Este tipo de política é chamado de **intervenção cambial esterilizada**. Podemos entender como a intervenção cambial esterilizada funciona analisando o exemplo a seguir.

Suponha que mais uma vez o banco de Pecúnia venda US$ 100 de seus ativos estrangeiros e recebe como pagamento um cheque de US$ 100 do banco privado Pecuniacorp. Essa transação faz os ativos externos do banco central e seus passivos diminuírem simultaneamente US$ 100, e, portanto, há uma queda na oferta de moeda doméstica. Se o banco central pretende anular o efeito da sua venda de ativos estrangeiros sobre a oferta de moeda, pode *comprar* US$ 100 de ativos domésticos, como títulos do governo. Essa segunda ação aumenta os ativos internos do Banco de Pecúnia *e* seus passivos em US$ 100 e, portanto, cancela o efeito da oferta de moeda da venda de US$ 100 em ativos estrangeiros. Se o banco central compra os títulos do governo com um cheque, por exemplo, as duas transações (uma venda de US$ 100 de ativos estrangeiros e a compra de US$ 100 de ativos internos) têm o seguinte efeito líquido no seu balanço.

Balanço do Banco Central antes da venda esterilizada de US$ 100 de ativos estrangeiros			
Ativos		**Passivos**	
Ativos externos	US$ 1.000	Depósitos mantidos por bancos privados	US$ 500
Ativos internos	US$ 1.500	Moeda em circulação	US$ 2.000

Balanço do Banco Central após a venda esterilizada de US$ 100 de ativos estrangeiros			
Ativos		**Passivos**	
Ativos externos	US$ 900	Depósitos mantidos por bancos privados	US$ 500
Ativos internos	US$ 1.600	Moeda em circulação	US$ 2.000

A diminuição de US$ 100 de ativos estrangeiros do banco central é combinada com um aumento de US$ 100 nos ativos internos, e o passivo do balanço não

---

[5] Para uma descrição detalhada da criação de depósitos múltiplos e o multiplicador de dinheiro, consulte Frederic S. Mishkin. *The Economics of Money, Banking, and Financial Markets*, 10.ed., Capítulo 14. Upper Saddle River, NJ: Prentice Hall, 2013.

muda. A venda de divisas esterilizadas, portanto, não tem efeito sobre a oferta de moeda.

A Tabela 18.1 resume e compara os efeitos das intervenções cambiais esterilizadas e não esterilizadas.

O balanço de pagamentos e a oferta de moeda

Em nossa discussão sobre a contabilidade do balanço de pagamentos no Capítulo 13, definimos o balanço de pagamentos de um país (ou balanço das transações oficiais) como as compras líquidas de ativos estrangeiros pelo banco central doméstico menos as compras líquidas de ativos domésticos por bancos centrais estrangeiros. Vendo de forma diferente, o balanço de pagamentos é igual aos saldos de conta-corrente mais conta capital *menos* o componente não reserva do saldo da conta financeira, isto é, a lacuna de pagamentos internacionais que os bancos centrais devem financiar por meio de suas transações de reserva. Um déficit do balanço de pagamentos domésticos, por exemplo, significa que passivos de reserva líquida do país estão aumentando: alguma combinação de vendas de reservas pelo banco central doméstico e compras de reservas pelos bancos centrais estrangeiros está cobrindo uma conta-corrente doméstica mais o déficit em conta capital não correspondida totalmente pelas vendas líquidas privadas de bens de estrangeiros, ou um superávit da conta-corrente doméstica que fica aquém das compras privadas líquidas dos créditos financeiros sobre os estrangeiros.

O que aprendemos nesta seção ilustra a importante ligação entre o balanço de pagamentos e o crescimento das ofertas de moeda domésticas e do exterior. *Se os bancos centrais não estão esterilizando e o país de origem tem um superávit do balanço de pagamentos, por exemplo, qualquer aumento associado de ativos estrangeiros do banco central doméstico implica uma maior oferta de moeda doméstica. Da mesma forma, qualquer diminuição associada de créditos de um banco central estrangeiro no país de origem implica uma diminuição da oferta de moeda estrangeira.*

No entanto, a extensão até a qual uma disparidade medida do balanço de pagamentos afetará as ofertas de moeda nacionais e estrangeiras é bastante incerta na prática. Por um lado, temos de saber como o ônus do ajustamento do balanço de pagamentos é dividido entre os bancos centrais, ou seja, quanto financiamento da lacuna de pagamentos é feito mediante intervenção oficial doméstica e quanto por estrangeiros. Essa divisão depende de vários fatores, como os objetivos macroeconômicos dos bancos centrais e as providências institucionais que regulam a intervenção (discutidas mais adiante neste capítulo). Segundo, os bancos centrais podem estar esterilizando para agir contra os efeitos monetários das alterações das reservas. Por fim, como observamos no final do Capítulo 13, algumas operações do banco central ajudam indiretamente a financiar o déficit do balanço de pagamentos do país estrangeiro, mas não aparecem nos números do balanço de pagamentos publicados por esse último. Tais operações, no entanto, podem afetar o passivo monetário do banco que as garante.

Como o banco central fixa a taxa de câmbio

Tendo visto como as operações cambiais do banco central afetam a oferta de moeda, podemos agora olhar como um banco central fixa a taxa de câmbio da moeda nacional mediante intervenção cambial.

Para manter a taxa de câmbio constante, um banco central deve estar sempre disposto a trocar moedas à taxa de câmbio fixa com os atores privados no mercado cambial. Por exemplo, para fixar a taxa do dólar/iene em ¥ 120 por dólar, o Banco do Japão deve estar disposto a comprar ienes com suas reservas de dólares, e em qualquer quantidade que o mercado desejar, a uma taxa de ¥ 120 por dólar. O banco também deve se dispor a comprar qualquer quantidade de ativos de dólar que o mercado queira vender por iene naquela taxa de câmbio. Se o Banco do Japão não remover tais ofertas ou demandas em excesso por iene, intervindo no mercado, a taxa de câmbio teria que mudar para restabelecer o equilíbrio.

O banco central pode ter sucesso em manter a taxa de câmbio fixa somente se suas transações financeiras assegurarem que os mercados de ativos permaneçam em equilíbrio quando a taxa de câmbio estiver em seu nível fixo. O processo pelo qual o equilíbrio do mercado de

TABELA 18.1 Efeitos de uma intervenção cambial de US$ 100: resumo

Ação doméstica do banco central	Efeito sobre a oferta de moeda doméstica	Efeito sobre ativos internos do banco central	Efeito sobre ativos externos do banco central
Compra de câmbio não esterilizada	+ US$ 100	0	+ US$ 100
Compra de câmbio esterilizada	0	− US$ 100	+ US$ 100
Venda de moeda não esterilizada	− US$ 100	0	− US$ 100
Venda de moeda esterilizada	0	− US$ 100	− US$ 100

ativos é mantido é ilustrado pelo modelo de equilíbrio simultâneo do mercado monetário e do câmbio estrangeiro usado nos capítulos anteriores.

Equilíbrio do mercado cambial sob uma taxa de câmbio fixa

Para começar, consideramos como o equilíbrio no mercado de câmbio pode ser mantido quando o banco central fixa a taxa de câmbio permanentemente no nível E^0. O mercado de câmbio está em equilíbrio quando a condição de paridade de juros se mantém, ou seja, quando a taxa de juros domésticos, R, é igual a taxa de juros externos, R^*, mais $(E^e - E)/E$, a taxa de depreciação prevista da moeda doméstica contra a moeda estrangeira. No entanto, quando a taxa de câmbio é fixada em E^0 e os participantes do mercado esperam que ela permaneça fixa, a taxa de depreciação da moeda nacional esperada é *zero*. A condição de paridade de juros implica, portanto, que E^0 é a taxa de câmbio de equilíbrio de hoje apenas se

$$R = R^*.$$

Como nenhuma mudança de taxa de câmbio é esperada pelos participantes no mercado de câmbio, eles estão contentes de manter as ofertas disponíveis de depósitos de moeda nacional e estrangeira apenas se oferecerem a mesma taxa de juros.[6]

Para garantir o equilíbrio no mercado de câmbio quando a taxa de câmbio é fixada permanentemente em E^0, o banco central deve, portanto, manter R igual a R^*. Como a taxa de juros doméstica é determinada pela interação entre a demanda por moeda real e a oferta de moeda real, devemos olhar o mercado cambial para completar nossa análise da taxa de câmbio fixa.

Equilíbrio do mercado monetário sob uma taxa de câmbio fixa

Para manter a taxa de juros doméstica em R^*, a intervenção de câmbio do banco central deve ajustar a oferta de dinheiro para que R^* se iguale à demanda agregada por moeda real doméstica e à oferta de moeda real:

$$M^s/P = L(R^*, Y).$$

Dados P e Y, a condição de equilíbrio mencionada diz qual deve ser a oferta de moeda, se uma taxa de câmbio permanentemente fixa tiver que ser consistente com o equilíbrio de mercado de ativos em uma taxa de juros externa R^*.

Quando o banco central intervém para manter a taxa de câmbio fixa, ele deve ajustar a oferta de moeda doméstica *automaticamente* para que o equilíbrio do mercado monetário seja mantido com $R = R^*$. Tomemos um exemplo para ver como funciona esse processo. Suponha que o banco central tenha fixado E no nível E^0 e os mercados de ativos inicialmente estejam em equilíbrio. De repente a produção aumenta. Uma condição necessária para manter a taxa de câmbio fixa permanentemente em E^0 é que o banco central restabeleça o equilíbrio do mercado de ativos atual nesse ritmo, *dado* que as pessoas esperam que E^0 prevaleça no futuro. Então abordamos a questão como: que medidas monetárias mantêm a taxa de câmbio atual constante, dadas as expectativas inalteradas sobre a taxa de câmbio futura?

Um aumento da produção eleva a demanda por moeda doméstica, e esse aumento na demanda por moeda normalmente forçaria a taxa de juros doméstica para cima. Para evitar que a valorização da moeda doméstica ocorra (dado que as pessoas esperam uma taxa de câmbio E^0 no futuro), o banco central deve intervir no mercado cambial por meio da compra de ativos estrangeiros. Essa compra de ativos estrangeiros elimina o excesso de demanda por moeda doméstica, porque o banco central emite dinheiro para pagar os bens estrangeiros que compra. O banco automaticamente aumenta a oferta de moeda dessa forma até que os mercados de ativos novamente se assentem com $E = E^0$ e $R = R^*$.

Se o banco central não compra ativos externos quando a produção aumenta, mas em vez disso mantém constante o estoque de dinheiro, ele ainda pode manter a taxa de câmbio fixa em E^0? A resposta é não. Se o banco central não satisfaz a demanda por moeda em excesso causada por um aumento na produção, a taxa de juros doméstica começaria a subir acima da taxa externa, R^*, para equilibrar o mercado de moeda doméstica. Comerciantes do mercado de câmbio estrangeiro, percebendo que os depósitos de moeda nacional estavam oferecendo uma maior taxa de retorno (tendo em conta as expectativas), começariam a aumentar o preço da moeda nacional em termos de moeda estrangeira. Na ausência de intervenção do banco central, a taxa de câmbio assim cairia abaixo de E^0. Para evitar essa valorização, o banco central deve vender moeda doméstica e comprar ativos externos, aumentando assim a oferta de moeda e impedindo que qualquer demanda por moeda em excesso empurre a taxa de juros doméstica acima de R^*.

---

[6] Mesmo quando uma taxa de câmbio é atualmente fixada em algum nível, os participantes do mercado podem esperar que o banco central a altere. Em tais situações, a taxa de juros doméstica deve ser igual à taxa de juros externa mais a taxa de depreciação esperada da moeda doméstica (como sempre) para o mercado de câmbio ficar em equilíbrio. Examinamos esse tipo de situação no final deste capítulo, mas por enquanto suporemos que ninguém espera que o banco central altere a taxa de câmbio.

Uma análise diagramática

O mecanismo recém-descrito de fixação da taxa de câmbio pode ser retratado usando uma ferramenta diagramática desenvolvida anteriormente. A Figura 18.1 mostra o equilíbrio simultâneo do câmbio e dos mercados internos de moeda quando a taxa de câmbio é fixada em E^0 e espera-se que permaneça fixa em E^0 no futuro.

O equilíbrio do mercado monetário situa-se inicialmente no ponto 1, na parte inferior da figura. O diagrama mostra que, para um determinado nível de preço P, e um determinado rendimento nacional, Y^1, a oferta de moeda deve ser igual a M^1 quando a taxa de juros doméstica for igual à taxa externa, R^*. A parte superior da figura mostra o equilíbrio do mercado cambial no ponto 1'. Se a taxa de câmbio futura esperada for E^0, a condição de paridade de juros se mantém quando $R = R^*$ somente se a taxa de câmbio atual também for igual a E^0.

Para entender como o banco central deve reagir a mudanças macroeconômicas para segurar a taxa de câmbio permanentemente em E^0, vejamos novamente o exemplo de um aumento na renda. Um aumento na renda (de Y^1 para Y^2) aumenta a demanda por participações de dinheiro real a cada taxa de juros, assim deslocando para baixo a função de demanda agregada por moeda na Figura 18.1. Conforme observado, uma condição necessária para manter a taxa fixa é restabelecer o equilíbrio de mercado de ativos atual, dado que E^0 ainda é a taxa de câmbio futura esperada. Então podemos assumir que a curva inclinada para baixo no painel superior da figura não se altera.

Se o banco central não tomar nenhuma atitude, o novo equilíbrio do mercado monetário seria no ponto 3. Como a taxa de juros domésticos está acima de R^* no ponto 3, a moeda teria de valorizar para trazer o mercado de câmbio ao equilíbrio no ponto 3'.

O banco central não pode permitir que essa valorização da moeda doméstica ocorra se estiver fixando a taxa de câmbio, então irá comprar ativos externos. Como já vimos, o aumento de ativos externos do banco

FIGURA 18.1 Equilíbrio de mercado de ativos com uma taxa de câmbio fixa, E^0

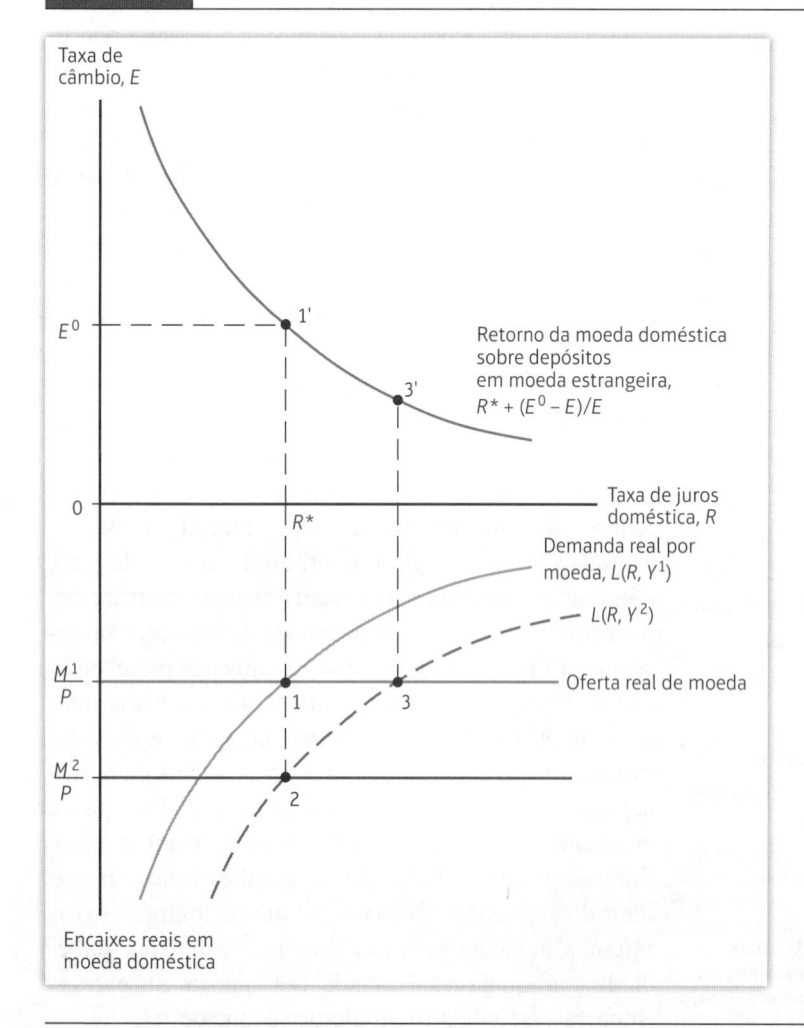

Para manter a taxa de câmbio fixada em E^0 quando a produção sobe de Y^1 para Y^2, o banco central deve comprar ativos externos e, assim, aumentar a oferta de moeda de M^1 e M^2.

central é acompanhado de uma expansão da oferta de moeda doméstica. O banco central vai continuar a comprar ativos externos até a oferta de moeda doméstica expandir para M^2. No equilíbrio de mercado monetário resultante (ponto 2 na figura), a taxa de juros doméstica novamente é igual a R^*. Dada essa taxa de juros doméstica, o equilíbrio do mercado cambial estrangeiro permanece no ponto 1, com a taxa de câmbio de equilíbrio ainda igual a E^0.

Políticas de estabilização com uma taxa de câmbio fixa

Tendo visto como o banco central usa a intervenção cambial para fixar a taxa de câmbio, podemos agora analisar os efeitos de políticas macroeconômicas diversas. Nesta seção, podemos considerar três condições possíveis: política monetária, política fiscal e uma mudança brusca no nível da taxa de câmbio fixa, E^0.

As políticas de estabilização que estudamos no último capítulo têm efeitos surpreendentemente diferentes quando o banco central fixa a taxa de câmbio em vez de permitir ao mercado cambial determiná-la. Ao fixar a taxa de câmbio, o banco central abre mão de sua capacidade de influenciar a economia pela política monetária. A política fiscal, no entanto, torna-se uma ferramenta mais potente para afetar a produção e o emprego.

Como visto no último capítulo, usamos o modelo DD-AA para descrever o equilíbrio de curto prazo da economia. Lembre-se que o esquema DD mostra combinações de taxa de câmbio e produção para as quais o mercado de produção está em equilíbrio, o cronograma AA mostra combinações de taxa de câmbio e produção para as quais os mercados de ativos estão em equilíbrio e o equilíbrio de curto prazo da economia como um todo é a interseção entre DD e AA. Para aplicar o modelo no caso de uma taxa de câmbio permanentemente fixa, acrescentamos a suposição de que a taxa de câmbio futura esperada é igual à taxa na qual o banco central está atrelando sua moeda.

Política monetária

A Figura 18.2 mostra o equilíbrio de curto prazo da economia como ponto 1, quando o banco central fixa a taxa de câmbio no nível E^0. A produção é igual a Y^1 no ponto 1 e, como na última seção, a oferta de moeda é o nível onde uma taxa de juros interna igual à taxa estrangeira (R^*) afasta o mercado monetário interno. Agora, vamos supor que, na esperança de aumentar a produção, o banco central tente aumentar a oferta de dinheiro por meio de uma compra de ativos internos.

FIGURA 18.2 A expansão monetária é ineficaz sob uma taxa de câmbio fixa

O equilíbrio inicial é indicado no ponto 1, onde os mercados de ativos e produção simultaneamente desaparecem em uma taxas de câmbio fixa de E^0 e um nível de produção de Y^1. Na esperança de aumentar a produção para Y^2, o banco central decide aumentar a oferta de moeda comprando ativos internos e mudando de AA^1 para AA^2. Como o banco central deve manter E^0, contudo, tem que vender ativos externos por moeda nacional, uma ação que diminui a oferta de dinheiro imediatamente e retorna AA^2 para AA^1. O equilíbrio da economia, portanto, permanece no ponto 1, com produção inalterada em Y^1.

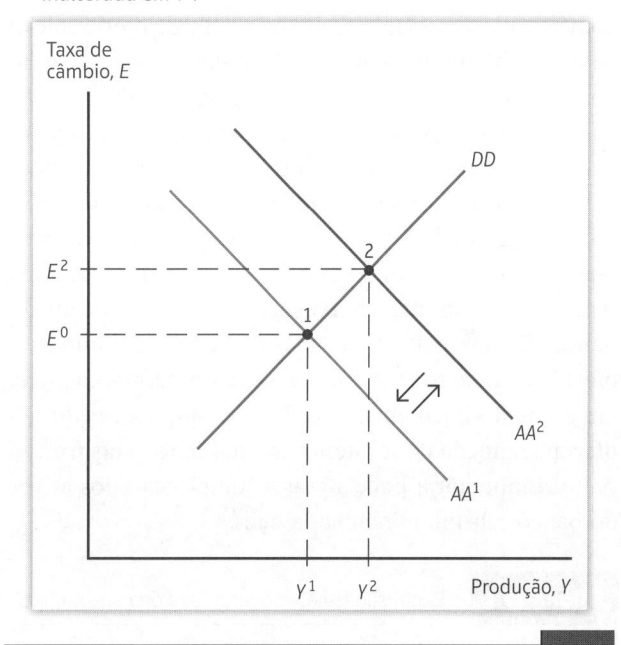

Sob uma taxa de câmbio flutuante, o aumento de ativos internos do banco central empurraria a curva de equilíbrio original de mercado ativo AA^1 à direita, para AA^2 e, portanto, resultaria em um novo equilíbrio no ponto 2 e uma depreciação da moeda. Para evitar essa depreciação e manter a taxa em E^0, o banco central vende ativos externos por dinheiro doméstico no mercado de câmbio. O dinheiro que o banco recebe sai de circulação, e a curva de equilíbrio do mercado de ativos se desloca de volta para a posição inicial conforme a oferta de moeda doméstica cai. Somente quando a oferta de moeda está de volta ao nível original, e, portanto, a relação do mercado de ativos é novamente AA^1, a taxa de câmbio não está mais sob pressão. Portanto, a tentativa de aumentar a oferta de moeda sob uma taxa de câmbio fixa deixa a economia no seu equilíbrio inicial (ponto 1). *Sob uma taxa de câmbio fixa, as ferramentas de política monetária do banco central são impotentes para afetar a oferta de moeda da economia ou a sua produção.*

Esse resultado é muito diferente daquele em que chegamos no Capítulo 17, em que um banco central pode usar a política monetária para aumentar a oferta de moeda e (deixando de lado as armadilhas de liquidez) a produção quando a taxa de câmbio flutua. Então é instrutivo perguntar por que surge a diferença. Por meio da compra de ativos internos sob uma taxa flutuante, o banco central causa um excesso de oferta inicial de moeda doméstica que simultaneamente empurra a taxa de juros doméstica para baixo e enfraquece a moeda. Sob uma taxa de câmbio fixa, no entanto, o banco central vai resistir a qualquer tendência da moeda a desvalorizar com a venda de ativos externos por moeda doméstica e eliminando assim o excesso de oferta inicial de dinheiro que sua mudança de política causou. Como qualquer aumento na oferta de moeda doméstica, não importa quão pequeno, fará com que a moeda nacional desvalorize, o banco central deve continuar a vender ativos externos até o fornecimento de dinheiro retornar ao nível original. No final, o aumento de ativos internos do banco central é deslocado exatamente por uma diminuição igual nas reservas internacionais oficiais do banco. Da mesma forma, uma tentativa de diminuir a oferta de dinheiro pela venda de ativos internos causaria um aumento igual em ativos de reserva que impediria a oferta de moeda de se alterar no final. Sob taxas fixas, a política monetária pode afetar a composição dos ativos do banco central, porém nada mais.

Então, ao fixar uma taxa de câmbio, o banco central perde sua capacidade de usar a política monetária para fins de estabilização macroeconômica. No entanto, a segunda ferramenta de estabilização chave do governo, a política fiscal, é mais eficaz sob uma taxa fixa do que sob uma taxa flutuante.

Política fiscal

A Figura 18.3 ilustra os efeitos da política fiscal expansionista, como um corte no imposto de renda, quando o equilíbrio inicial da economia está no ponto 1. Como vimos no Capítulo 17, a expansão fiscal desloca o cronograma de equilíbrio de mercado de produção para a direita. DD^1 desloca-se, portanto, para DD^2 na figura. Se o banco central não interviesse no mercado cambial, a produção subiria para Y^2 e a taxa de câmbio cairia para E^2 (uma valorização da moeda), como resultado de um aumento na taxa de juros doméstica (assumindo expectativas inalteradas).

Como a intervenção do banco central mantém a taxa de câmbio fixa após a expansão fiscal? O processo é o que ilustramos na Figura 18.1. De início, há um excesso de demanda por moeda, porque o aumento da produção gera essa demanda. Para evitar que a demanda de dinheiro em excesso empurre a taxa de juros doméstica para cima e valorize a moeda, o banco central deve comprar ativos externos com dinheiro, aumentando a oferta de moeda. Nos termos da Figura 18.3, a intervenção

FIGURA 18.3 Expansão fiscal sob uma taxa de câmbio fixa

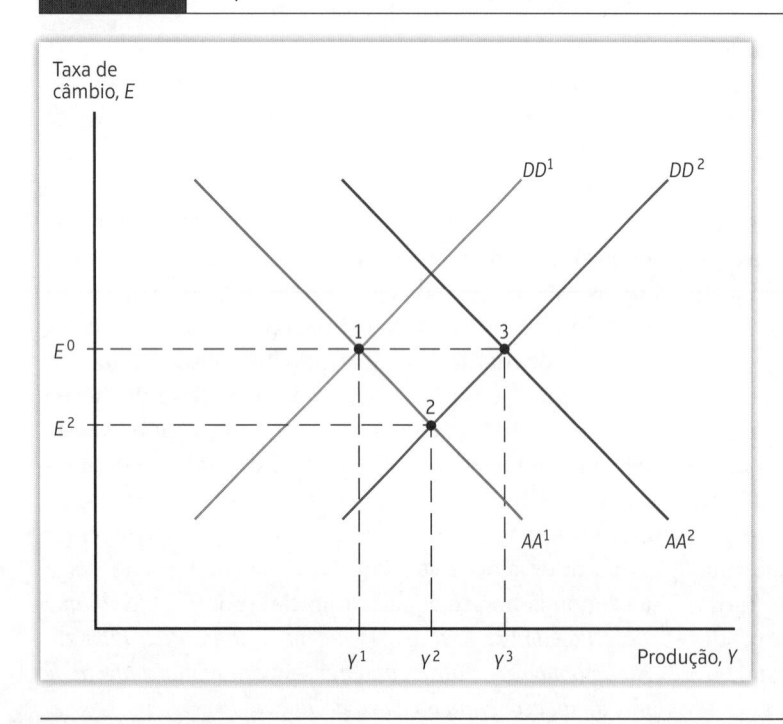

A expansão fiscal (mostrada pela mudança de DD^1 para DD^2) e a intervenção que a acompanha (a mudança de AA^1 para AA^2) movem a economia do ponto 1 ao ponto 3.

mantém a taxa de câmbio em E^0, deslocando para a direita o AA^1 para AA^2. No novo equilíbrio (ponto 3), a produção é maior do que originalmente, a taxa de câmbio fica inalterada e as reservas internacionais oficiais (e a oferta de moeda) são mais elevadas.

Ao contrário da política monetária, a política fiscal pode afetar a produção sob uma taxa de câmbio fixa. Na verdade, é ainda mais eficaz do que sob uma taxa flutuante! Sob uma taxa flutuante, a expansão fiscal é acompanhada de uma valorização da moeda nacional, o que faz com que serviços e produtos nacionais sejam mais caros nos mercados mundiais e, portanto, tendam a neutralizar o efeito positivo direto da política na demanda agregada. Para evitar essa valorização, um banco central que está fixando a taxa de câmbio é forçado a expandir a oferta de moeda via compras de moeda estrangeira. O efeito expansionista adicional desse aumento consequente na oferta de moeda explica por que a política fiscal é mais potente sob uma taxa fixa do que sob uma taxa flutuante.

Alterações na taxa de câmbio

Um país que está fixando sua taxa de câmbio às vezes se decide por uma mudança brusca no valor em moeda estrangeira da moeda nacional. Isso pode acontecer, por exemplo, se o país estiver perdendo reservas cambiais rapidamente por causa de um grande déficit da balança de conta-corrente que exceda os afluxos financeiros privados. Uma **desvalorização** ocorre quando o banco central eleva o preço da moeda nacional em moeda estrangeira, E, e uma **revalorização** ocorre quando o banco central diminui E. Tudo o que o banco central tem de fazer para desvalorizar ou revalorizar é anunciar a sua disponibilidade de comercializar moeda doméstica contra moeda estrangeira, em quantidades ilimitadas, na nova taxa de câmbio.[7]

A Figura 18.4 mostra como uma desvalorização afeta a economia. Um aumento no nível da taxa de câmbio fixa, de E^0 para E^1, faz os bens e serviços domésticos ficarem mais baratos em relação a mercadorias e serviços estrangeiros (dado que P e P^* sejam fixos no curto prazo). A produção, portanto, move-se para o

FIGURA 18.4 Efeito de uma desvalorização da moeda

Quando uma moeda é desvalorizada de E^0 para E^1, o equilíbrio da economia move-se do ponto 1 ao ponto 2, uma vez que tanto a produção quanto a oferta de moeda se expandem.

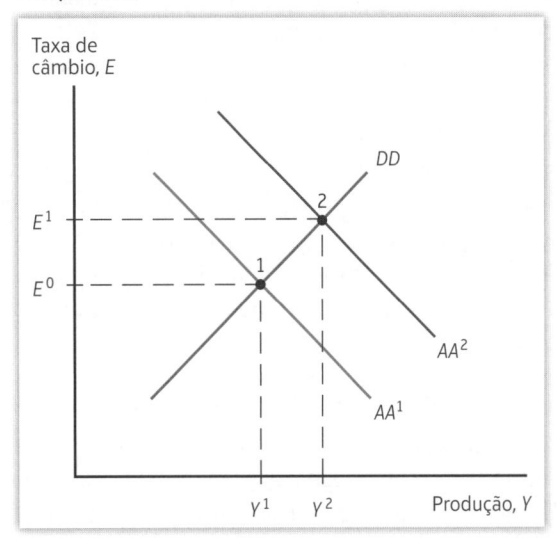

maior nível Y^2, mostrado pelo ponto 2, a relação de DD. O ponto 2, no entanto, não fica sobre o cronograma de equilíbrio de mercado de ativos inicial AA^1. No ponto 2, inicialmente, há uma demanda em excesso por moeda pelo aumento nas transações que acompanham o aumento de produção. Essa demanda por moeda em excesso empurraria a taxa de juros doméstica acima da taxa de juros mundial e se o banco central não intervier no mercado cambial. Para manter a taxa de câmbio em seu novo nível fixo, E^1, o banco central deve, portanto, comprar ativos externos e expandir a oferta de moeda até a curva do mercado de ativos atingir AA^2 e passar através do ponto 2. A desvalorização, portanto, provoca um aumento na produção, um aumento de reservas oficiais e uma expansão de oferta de dinheiro.[8]

Os efeitos da desvalorização ilustram as três razões principais por que os governos às vezes optam por des-

---

[7] Em geral observamos uma diferença sutil entre os termos *desvalorização* e *depreciação* (e entre a *revalorização* e *valorização*). Depreciação (valorização) é um aumento em E (uma queda em E) quando a taxa de câmbio flutua, enquanto a desvalorização (revalorização) é um aumento em E (uma queda em E) quando a taxa de câmbio é fixa. Depreciação (valorização), portanto, envolve a voz ativa (como em "a moeda valorizada"), enquanto a desvalorização (revalorização) envolve a voz passiva (como em "a moeda foi desvalorizada"). Dito de outra forma, desvalorização (revalorização) reflete uma decisão deliberada do governo, enquanto a depreciação (valorização) é um resultado das ações do governo e as forças de mercado atuando juntas.

[8] Depois que a moeda doméstica é desvalorizada, os participantes do mercado esperam que a nova taxa de câmbio, mais alta, em vez da taxa velha, prevaleça no futuro. A mudança de expectativas por si só desloca AA^1 para a direita, mas sem a intervenção do banco central, essa alteração por si só é insuficiente para mover AA^1 para AA^2. No ponto 2, como no ponto 1, $R = R^*$ se o mercado cambial for limpo. Entretanto, como a produção é mais elevada no ponto 2 do que no ponto 1, a demanda de dinheiro real também é maior no ponto anterior. Com P fixada, uma expansão da oferta de moeda, portanto, é necessária para fazer do ponto 2 uma posição de equilíbrio do mercado de dinheiro, ou seja, um ponto sobre a nova relação AA. As compras do banco central de ativos externos são, portanto, uma parte necessária da mudança na economia para seu novo equilíbrio de taxa de câmbio fixa.

valorizar suas moedas. Primeiro, a desvalorização permite que o governo combata o desemprego doméstico, apesar da falta de uma política monetária eficaz. Se os déficits de gastos e orçamento forem politicamente impopulares, por exemplo, ou se o processo legislativo for lento, um governo pode optar pela desvalorização, a forma mais conveniente de impulsionar a demanda agregada. Uma segunda razão para desvalorizar é a melhoria resultante na conta-corrente, um desenvolvimento que o governo pode acreditar que seja desejável. O terceiro motivo por trás das desvalorizações, que nós mencionamos no início desta subseção é seu efeito sobre as reservas de moeda estrangeira do banco central. Se o banco central está ficando sem reservas, uma desvalorização repentina, excepcional (aquela que ninguém está esperando que seja repetida), pode ser usada para atrair mais reservas.

Ajuste da política fiscal e variações cambiais

Se as alterações fiscais e a taxa de câmbio ocorrem quando há pleno emprego e as alterações de diretiva são mantidas indefinidamente, elas por fim farão com que o nível de preços domésticos mova-se de tal forma que o pleno emprego seja restaurado. Para entender esse processo dinâmico, por sua vez, discutimos o ajuste da economia, a expansão fiscal e a desvalorização.

Se a economia estiver inicialmente no pleno emprego, a expansão fiscal gera elevação da produção, e esse aumento acima do seu nível de pleno emprego faz com que o nível de preços domésticos, P, comece a subir. Conforme P sobe, a produção doméstica torna-se mais cara, então a demanda agregada gradualmente cai, retornando a produção para o nível inicial, de pleno emprego. Uma vez que esse ponto é alcançado, a pressão ascendente sobre o nível de preço chega ao fim. Não há nenhuma valorização real no curto prazo, como ocorre com uma taxa de câmbio flutuante, mas independentemente de a taxa de câmbio ser flutuante ou fixa, a taxa de câmbio real valoriza *em longo prazo* a mesma quantidade.[9] No caso presente, a valorização real (uma queda no EP^*/P) assume a forma de um aumento de P em vez de uma queda em E.

À primeira vista, o aumento de nível de preço de longo prazo causado por uma expansão fiscal sob taxas fixas parece inconsistente com a conclusão do Capítulo 15 que, para um nível e uma taxa de juros determinados, o nível de preços e a oferta de moeda movem-se proporcionalmente no longo prazo. Na verdade, não há nenhuma inconsistência, porque a expansão fiscal *provoca* um aumento da oferta de moeda, forçando o banco central a intervir no mercado cambial. Para fixar a taxa de câmbio ao longo do processo de ajustamento, o banco central deve aumentar a oferta de moeda por compras de intervenção proporcional ao aumento de longo prazo em P.

A adaptação de uma desvalorização é semelhante. Na verdade, como uma desvalorização não muda a demanda de longo prazo ou as condições de oferta do mercado de produção, o aumento do nível de preço de longo prazo causado por uma desvalorização é proporcional ao aumento da taxa de câmbio. Uma desvalorização sob uma taxa fixa tem o mesmo efeito de longo prazo que um aumento proporcional na oferta de moeda sob uma taxa flutuante. Como a última política, a desvalorização é neutra no longo prazo, no sentido em que seu único efeito no equilíbrio de longo prazo da economia é um aumento proporcional em todos os preços nominais e na oferta de moeda doméstica.

Crises do balanço de pagamentos e a fuga de capitais

Até agora, assumimos que os participantes do mercado cambial acreditam que uma taxa de câmbio fixa se manterá no nível atual para sempre. Em muitas situações práticas, no entanto, o banco central pode achar indesejável ou inviável manter a taxa de câmbio atual fixa. O banco central pode estar com poucas reservas externas, por exemplo, ou pode enfrentar a alta taxa de desemprego nacional. Como os participantes no mercado sabem que o banco central pode responder a tais situações desvalorizando a moeda, não seria razoável para eles esperar que a atual taxa de câmbio deva ser mantida para sempre.

A crença do mercado em uma mudança iminente na taxa de câmbio dá origem a uma **crise do balanço de pagamentos**, uma mudança brusca nas reservas estrangeiras oficiais, provocada por uma alteração nas expectativas sobre a taxa de câmbio futura. Nesta seção, usamos nosso modelo de equilíbrio de mercado de ativos para examinar como as crises do balanço de pagamentos podem ocorrer sob taxas de câmbio fixas. (Em capítulos posteriores, descreveremos uma gama mais ampla de crises financeiras.)

A Figura 18.5 mostra os mercados de ativos em equilíbrio nos pontos 1 (mercado monetário) e 1' (mercado cambial) com a taxa de câmbio fixada em E^0 e

---

[9] Para ver isso, observe que a taxa de câmbio real de equilíbrio de longo prazo, $EP^* > P$, em ambos os casos deve satisfazer a mesma equação, $Y^f = D(EP^*/P, Y^f - T, I, G)$, onde Y^f, como no Capítulo 17, é o nível de produção de pleno emprego.

FIGURA 18.5 Fuga de capitais, a oferta de moeda e a taxa de juros

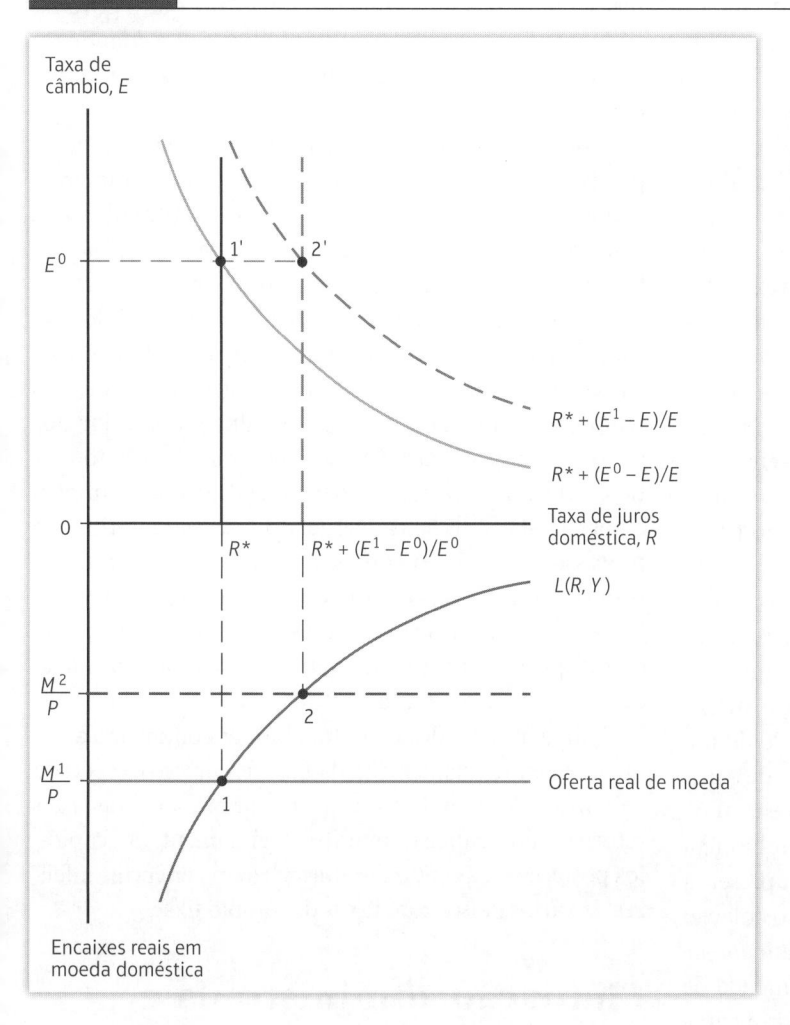

Para manter a taxa de câmbio fixa em E^0, depois que o mercado decide que o câmbio vai ser desvalorizado para E^1, o banco central deve usar suas reservas para financiar uma saída financeira privada que diminui a oferta de moeda e aumenta a taxa de juros doméstica.

esperando-se que se mantenha assim indefinidamente. M^1 é a oferta monetária consistente com esse equilíbrio inicial. Suponha que uma súbita deterioração na conta-corrente, por exemplo, leve o mercado de câmbio a esperar que o governo desvalorize no futuro e adote uma nova taxa de câmbio fixa, E^1, que é maior do que a taxa atual, E^0. A parte superior da figura mostra essa mudança nas expectativas como um deslocamento para a direita da curva, que mede a rentabilidade em moeda nacional esperada dos depósitos de moeda estrangeira. Uma vez que a taxa de câmbio atual ainda é E^0, o equilíbrio no mercado de câmbio (ponto 2') requer um aumento da taxa de juros doméstica para $R^* + (E^1 - E^0)/E^0$, que agora é igual à rentabilidade de moeda nacional esperada dos ativos em moeda estrangeira.

De início, no entanto, a taxa de juros doméstica permanece em R^*, que está abaixo da nova rentabilidade esperada dos ativos externos. Este diferencial causa uma demanda excessiva por ativos em moeda estrangeira no mercado cambial; para continuar mantendo a taxa de câmbio em E^0, o banco central deve vender reservas externas e, assim, diminuir a oferta de moeda doméstica. A intervenção do banco chega ao fim desde que a oferta de moeda caia para M^2, de modo que o mercado monetário esteja em equilíbrio com taxa de juros $R^* + (E^1 - E^0)/E^0$ que limpa o mercado cambial (ponto 2). *A expectativa de uma futura desvalorização provoca uma crise do balanço de pagamentos, marcada por uma queda acentuada nas reservas e um aumento na taxa de juros doméstica acima da taxa mundial. Da mesma forma, uma revalorização esperada provoca um aumento abrupto nas reservas de dinheiro estrangeiro, junto com uma queda na taxa de juros doméstica abaixo da taxa mundial.*

A perda de reserva que acompanha um susto de desvalorização é muitas vezes rotulada de **fuga de capitais**. Os residentes fogem da moeda nacional para vendê-la ao banco central em troca de moeda estrangeira. Então, investem a moeda estrangeira no exterior. Ao mesmo tempo, os estrangeiros convertem carteiras dos ativos domésticos em suas próprias moedas e repatriam os lucros. Quando temores de desvalorização surgem porque as reservas do banco central são inicialmente baixas, a fuga de capitais é de particular preocupação para o governo. Ao pressionar as reservas, já bastante baixas, a fuga de capitais pode forçar o banco central a desvalorizar mais rapidamente e numa quantidade maior do que a planejada.[10]

O que causa as crises monetárias? Muitas vezes, um governo está seguindo políticas que não são consistentes com a manutenção de uma taxa de câmbio fixa em longo prazo. Uma vez que as expectativas do mercado consideram essas condições, as taxas de juros do país inevitavelmente são forçadas para cima. Por exemplo, o banco central de um país pode estar comprando títulos do governo nacional para permitir que o governo tenha déficits fiscais continuados. Já que essas compras do banco central de ativos internos causam perdas contínuas das reservas de câmbio estrangeiro do banco central, as reservas cairão em direção a um ponto em que o banco central talvez se encontre sem meios para suportar a taxa de câmbio. Conforme a possibilidade de um colapso aumenta ao longo do tempo, as taxas de juros domésticas também sobem, até que o banco central de fato fique sem reservas externas e a taxa de câmbio fixa seja abandonada. (O Apêndice 2 deste capítulo apresenta um modelo detalhado desse tipo, e mostra que o colapso da indexação da moeda pode ser causado por um *ataque especulativo* intenso, no qual comerciantes de moeda de repente adquirem a totalidade das reservas estrangeiras restantes do banco central.) A única forma de o banco central evitar esse destino é parar de financiar o déficit, forçando o governo a viver com seus recursos.

No último exemplo, o esgotamento das reservas externas e o fim da taxa de câmbio fixa são inevitáveis, tendo em conta as políticas macroeconômicas. As saídas financeiras que acompanham uma crise monetária apenas aceleram um colapso inevitável, o que teria ocorrido de qualquer forma, embora em movimento mais lento, mesmo que os fluxos financeiros privados pudessem ser banidos. Contudo, nem todas as crises são desse tipo. Uma economia pode ser vulnerável à especulação da moeda, mesmo sem ser tão mal organizada, de modo que um colapso do regime de taxa de câmbio fixa seja inevitável. As crises monetárias que ocorrem em tais circunstâncias,

muitas vezes são chamadas **crises monetárias autorrealizáveis**, embora seja importante ter em mente que o governo pode, por fim, ser responsável por essas crises criando ou tolerando fraquezas econômicas domésticas que convidam os especuladores a atacar a moeda.

Como exemplo, considere uma economia na qual os passivos de bancos comerciais domésticos são principalmente depósitos de curto prazo, e na qual muitos dos empréstimos dos bancos às empresas tenham probabilidade de não serem pagos no caso de uma recessão. Se os especuladores suspeitam que haverá uma desvalorização, as taxas de juros vão subir e elevar agudamente os custos de empréstimos dos bancos, enquanto, ao mesmo tempo, causarão uma recessão e reduzirão o valor dos ativos do banco. Para impedir que os bancos domésticos fechem as portas, o banco central pode também emprestar-lhes dinheiro, perdendo reservas externas no processo e, possivelmente, sua capacidade de atrelar a taxa de câmbio. Nesse caso, é o surgimento de expectativas de desvalorização entre os negociantes da moeda que empurram a economia para a crise e obriga a taxa de câmbio a ser alterada.

Para o restante deste capítulo, vamos continuar a assumir que nenhuma alteração da taxa de câmbio é esperada pelo mercado quando as taxas de câmbio são fixas. Mas retornaremos à análise anterior repetidamente em capítulos posteriores, quando discutirmos as experiências infelizes de vários países com taxas de câmbio fixas.

Flutuação administrada e intervenção esterilizada

Sob a flutuação administrada, a política monetária é influenciada por variações cambiais sem ser completamente subordinada às exigências de uma taxa fixa. Em vez disso, o banco central enfrenta um *trade-off* entre os objetivos domésticos, como emprego ou a estabilidade da taxa de inflação e taxa de câmbio. Suponha que o banco central tente expandir a oferta de moeda para combater o desemprego doméstico, por exemplo, mas, ao mesmo tempo, realiza vendas de ativos estrangeiros para conter a depreciação resultante da moeda doméstica. A intervenção cambial tende a *reduzir* a oferta de moeda, dificultando, mas não necessariamente anulando, a tentativa do banco central de reduzir o desemprego.

Discussões sobre a intervenção cambial em fóruns de política e jornais muitas vezes parecem ignorar a ligação íntima entre a intervenção e a oferta de moeda que exploramos anteriormente em detalhes. Entretanto, na realidade, essas discussões muitas vezes assumem que a intervenção cambial está sendo *esterilizada*, de modo

---

[10] Se a demanda agregada depende da taxa de juros real (como no modelo de *IS-LM* dos cursos de macroeconomia intermediária), a fuga de capitais reduz a produção, reduzindo a oferta de moeda e aumentando as taxas de juros reais. Esse efeito possivelmente contracionista de fuga de capitais é outra razão pela qual os decisores esperam evitá-la.

que as transações de ativos domésticos opostas impedirão que ela afete a oferta de moeda. Estudos empíricos de comportamento do banco central confirmam essa suposição e mostram consistentemente que os bancos centrais praticaram a intervenção esterilizada tanto sob regimes de taxa de câmbio fixa quanto flexível.

Apesar da intervenção esterilizada generalizada, há considerável desacordo entre os economistas sobre seus efeitos. Nessa seção, estudamos o papel da intervenção esterilizada no manejo da taxa de câmbio.[11]

Substitutibilidade perfeita de ativos e a ineficácia da intervenção esterilizada

Quando um banco central realiza uma intervenção cambial esterilizada, suas transações deixam a oferta de moeda doméstica inalterada. É difícil de encontrar uma justificativa para tal política usando o modelo de determinação da taxa de câmbio desenvolvido anteriormente, porque o modelo prediz que, sem uma mudança simultânea da oferta de moeda, a intervenção do banco central não afetará a taxa de juros doméstica e, portanto, não afetará a taxa de câmbio.

Nosso modelo prevê também que a esterilização será infrutífera sob uma taxa de câmbio fixa. O exemplo de uma expansão fiscal ilustra por que um banco central poderia desejar esterilizar sob uma taxa fixa e por que nosso modelo diz que essa política vai fracassar. Lembre-se que, para manter a taxa de câmbio constante quando a política fiscal torna-se mais abrangente, o banco central deve comprar ativos externos e expandir a oferta de moeda doméstica. A política gera produção, mas como consequência também causa inflação, que o banco central pode tentar evitar pela esterilização do aumento da oferta de moeda que sua política fiscal induziu. No entanto, logo que o banco central vender ativos internos para reduzir a oferta de moeda, terá de *comprar* mais ativos externos para manter a taxa de câmbio fixa. A ineficácia da política monetária sob uma taxa de câmbio fixa implica que a esterilização é uma política derrotista.

A característica fundamental do nosso modelo que conduz a esses resultados é a suposição de que o mercado de câmbio está em equilíbrio apenas quando os retornos esperados sobre títulos de moeda nacional e estrangeira são os mesmos.[12] Essa suposição é muitas vezes chamada de **substitutibilidade perfeita de ativos**. Dois ativos são substitutos perfeitos quando, como nosso modelo assumiu, os investidores não se importam como suas carteiras serão divididas entre eles, desde que ambos produzam a mesma taxa de retorno esperada. Com a substitutibilidade perfeita de ativos no mercado de câmbio, a taxa de câmbio é determinada de modo a manter a condição de paridade de juros. Quando for esse o caso, não há nada que um banco central possa fazer mediante a intervenção cambial que ele não pudesse fazer também por meio de operações de mercado aberto puramente domésticas.

OS MERCADOS PODEM ATACAR UMA MOEDA *FORTE*? O CASO DA SUÍÇA

O franco suíço tem sido tradicionalmente uma moeda "porto seguro": uma moeda que os investidores compram quando temem a instabilidade da economia global. Quando uma crise financeira global latente se intensificou em setembro de 2008 (como discutiremos em capítulos posteriores), o padrão normal se repetiu. Os investidores (muitos dos quais eram suíços e proprietários de ativos substanciais no exterior) correram para colocar seu dinheiro na Suíça. Como você pode ver na Figura 18.6, o preço do franco suíço em euros caiu de modo drástico (uma valorização do franco suíço), enquanto as reservas do banco central, o Banco Nacional Suíço (BNS), aumentaram de forma aguda. (As reservas são medidas no eixo vertical à direita da figura.) As reservas subiram porque o BNS estava intervindo no mercado cambial, comprando euros com francos a fim de retardar a valorização do franco.

O BNS cortou rapidamente as taxas de juros, para estimular a atividade econômica e para desencorajar a valorização. Até novembro de 2008, as taxas de juro de curto prazo suíças estavam essencialmente no zero (onde permaneceram). A taxa de câmbio do franco suíço logo estabilizou em níveis ligeiramente acima de 1,5 CHF por euro.

Mas a pressão renovada veio quando a zona do euro entrou em sua própria crise financeira no final de 2009 (como discutiremos no Capítulo 21). O franco suíço ficou muito valorizado em relação ao euro e as reservas incharam como resultado de mais compras de moeda estrangeira. A Suíça começou a

---

[11] Nos Estados Unidos, o Banco da Reserva Federal de Nova York realiza intervenções para o Sistema da Reserva Federal, e as intervenções são rotineiramente esterilizadas. Consulte o Banco da Reserva Federal de Nova York, "Fedpoint: U.S. Foreign Exchange Intervention", disponível em: <http://www.newyorkfed.org/aboutthefed/fedpoint/fed44.html>.

[12] Estamos supondo que todos os ativos de juros (não dinheiro) denominados na mesma moeda, sejam depósitos ilíquidos a prazo ou títulos do governo, são substitutos perfeitos em portfólios. O termo amplo "títulos" será geralmente usado para se referir a todos esses ativos.

sofrer deflação e desemprego conforme os preços de importação caíram e as indústrias de exportação (como a indústria de relojoaria) encontraram-se com preços fora do mercado mundial. Em agosto de 2011, a moeda atingiu 1,12 CHF por euro.

Nesse ponto, o BNS tomou medidas radicais: em setembro de 2011, o banco comprometeu-se a defender um preço mínimo em euro de 1,2 CHF por euro. Isso permitiria que o franco suíço depreciasse acima do piso, mas não valorizasse abaixo dele. Para isso, o SNB teve que comprar todos os euros que o mercado queria vender a uma taxa de 1,2 CHF por euro.

A Figura 18.6 mostra que posteriormente as reservas internacionais da Suíça aumentaram ainda mais rápido. Conforme o dinheiro aumentava, vindo dos especuladores apostando que o piso da moeda não se manteria, as reservas de moeda estrangeira do BNS atingiam um nível igual a cerca de três quartos da produção nacional de um ano! Quando uma moeda fraca está sob ataque, o banco central que a defende, que está vendendo as reservas, pode acabar ficando sem reservas. Mas existe algum limite para sua capacidade de segurar uma moeda *forte*, ao *comprar* reservas com seu próprio dinheiro, que tem o poder de imprimir sem limite? O principal freio potencial é que, ao comprar reservas e permitir o aumento da oferta de moeda, o banco central estimula a inflação excessiva. Mas isso não aconteceu. Em parte por causa do crescimento econômico mínimo dos vizinhos da zona do euro, a Suíça permaneceu em deflação por muito tempo depois que entrou em cena para limitar a valorização do franco suíço.

FIGURA 18.6 Taxa de câmbio do franco suíço em relação ao euro e as reservas cambiais suíças, 2006-2013

O Banco Nacional Suíço interveio pesadamente para retardar a valorização do franco suíço face ao euro, finalmente, definindo um piso sob o preço do euro em setembro de 2011.

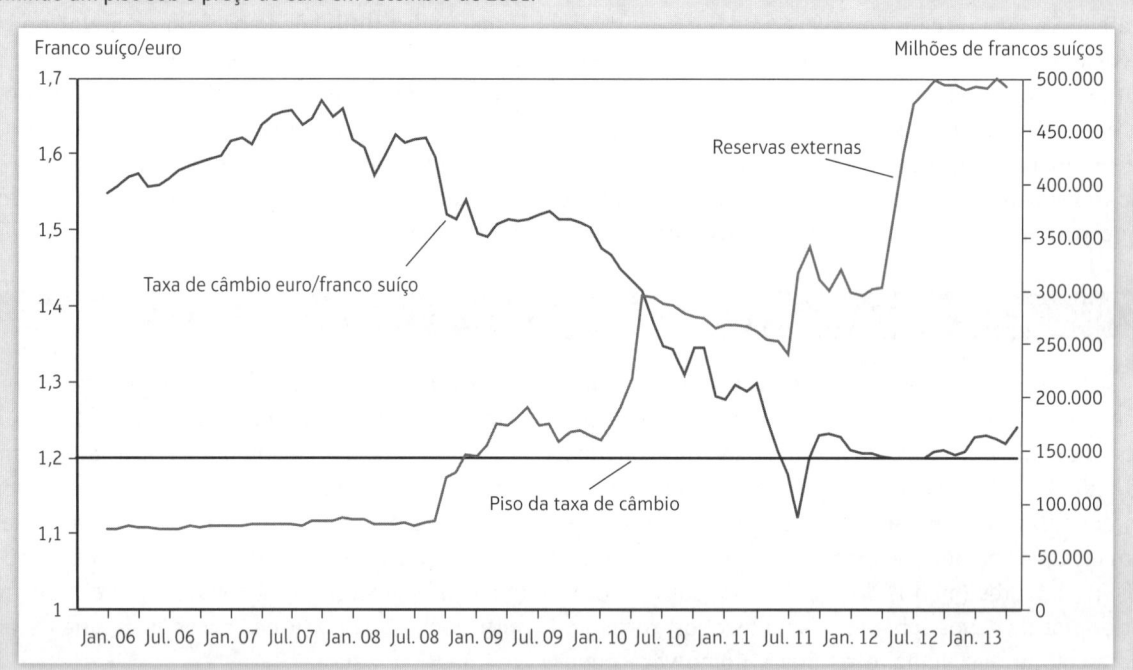

Fonte: Banco Nacional da Suíça.

Em contraste com a substitutibilidade perfeita de ativos, a **substitutibilidade imperfeita de ativos** existe quando os retornos esperados dos ativos podem diferir em equilíbrio. Como vimos no Capítulo 14, o principal fator que pode levar à substitutibilidade imperfeita de ativos no mercado de câmbio é o *risco*. Se os títulos denominados em moedas diferentes têm diferentes graus de risco, os investidores podem estar dispostos a ganhar menos retornos esperados sobre títulos que são menos arriscados. Da mesma forma, manterão um ativo muito arriscado apenas se seu retorno esperado for relativamente alto.

Em um mundo de substitutibilidade perfeita de ativos, os participantes do mercado de câmbio se preocupam apenas com as taxas de retorno esperadas; uma vez que essas são determinadas pela política monetária, as ações como intervenção esterilizada que não afetam a oferta de moeda também não afetam a taxa de câmbio. Entretanto, sob a substitutibilidade imperfeita de ativos, tanto o risco *quanto* o retorno são importantes, então as ações do banco central que alteram o grau de risco dos ativos em moeda nacional podem alterar a taxa de câmbio, mesmo quando a oferta de moeda não muda. Contudo, para entender como a intervenção esterilizada pode alterar o grau de risco dos ativos em moeda nacional, devemos modificar nosso modelo de equilíbrio no mercado de câmbio estrangeiro.

Equilíbrio no mercado de câmbio estrangeiro com substitutibilidade imperfeita de ativos

Quando títulos de moeda nacional e estrangeira são substitutos perfeitos, o mercado de câmbio está em equilíbrio apenas se detém a condição de paridade de juros:

$$R = R^* + (E^e - E)/E. \tag{18.1}$$

Quando títulos de moeda nacional e estrangeira são substitutos *imperfeitos*, essa condição em geral não se mantém. Em vez disso, o equilíbrio no mercado de câmbio estrangeiro exige que a taxa de juros doméstica seja igual ao retorno esperado em moeda nacional em títulos estrangeiros, *mais* um **prêmio de risco**, ρ, que reflete a diferença entre o grau de risco dos títulos nacionais e estrangeiros:

$$R = R^* + (E^e - E)/E + \rho. \tag{18.2}$$

O Apêndice 1 deste capítulo desenvolve um modelo detalhado de equilíbrio do mercado cambial estrangeiro com substitutibilidade imperfeita de ativos. A principal conclusão desse modelo é que o prêmio de risco dos ativos domésticos sobe quando o estoque de títulos domésticos do governo disponível a ser mantido pelo público aumenta, e cai quando crescem os ativos internos do banco central. Não é difícil de entender o raciocínio econômico por trás desse resultado. Os investidores privados tornam-se mais vulneráveis a mudanças inesperadas na taxa de câmbio de moeda doméstica quando aumenta o estoque de títulos domésticos do governo que eles têm. Entretanto, os investidores não estarão dispostos a assumir o aumento no risco de manter mais dívidas internas do governo, a menos que sejam compensados por uma maior taxa de retorno esperada sobre os ativos de moeda nacional. Um maior estoque da dívida pública interna, portanto, aumentará a diferença entre os retornos esperados sobre títulos de moeda nacional e estrangeira. Da mesma forma, quando o banco central compra ativos internos, o mercado já não precisa mais mantê-los. Assim, a vulnerabilidade particular ao risco de taxa de câmbio da moeda doméstica é mais baixa, e há uma queda no prêmio de risco dos ativos da moeda doméstica.

Esse modelo alternativo de equilíbrio de mercado externo implica que o prêmio de risco depende positivamente do estoque da dívida pública interna, representada por B, menos os ativos internos do banco central, representados por A:

$$\rho = \rho(B - A). \tag{18.3}$$

O prêmio de risco nos títulos internos, portanto, aumenta quando $B - A$ sobe. Essa relação entre o prêmio de risco e as participações de ativos internos do banco central permite ao banco alterar a taxa de câmbio mediante intervenção cambial esterilizada. Implica também que as operações oficiais em ativos domésticos e estrangeiros podem diferir em seus impactos no mercado de ativos.[13]

Os efeitos da intervenção esterilizada com substitutibilidade imperfeita de ativos

A Figura 18.7 modifica nossas imagens anteriores de equilíbrio do mercado de ativos adicionando uma substitutibilidade imperfeita de ativos, para ilustrar como uma intervenção esterilizada pode afetar a taxa de câmbio. A parte inferior da figura, que mostra o mercado monetário em equilíbrio no ponto 1, não muda. A parte superior tem também a mesma forma que antes, exceto que o cronograma inclinado para baixo agora mostra como a *soma* da rentabilidade esperada da moeda doméstica sobre os ativos externos e o prêmio de risco dependem da taxa de câmbio. (A curva continua a inclinar-se para baixo, porque se considera que o prêmio de risco por si não depende da taxa de câmbio.) O equilíbrio no mercado de câmbio está no ponto 1', que corresponde a uma dívida doméstica do governo de B e conjuntos de ativos domésticos do banco central de A^1. Nesse ponto, a taxa de juros doméstica é igual à rentabilidade da moeda nacional ajustada ao risco sobre os depósitos estrangeiros (como na Equação (18.2))

Vamos usar o diagrama para examinar os efeitos de uma compra esterilizada de ativos estrangeiros pelo banco central. Combinando sua aquisição de ativos externos com a venda de ativos internos, o banco central mantém a constante oferta de dinheiro em M^o e evita qualquer alteração na parte inferior da Figura 18.7. Contudo, como resultado de sua venda de ativos nacionais, os ativos internos do banco central são mais

---
[13] O estoque de ativos internos do banco central é muitas vezes chamado de *crédito interno* do banco central.

FIGURA 18.7 — Efeito de uma compra esterilizada pelo banco central de ativos externos sob substitutibilidade imperfeita de ativos

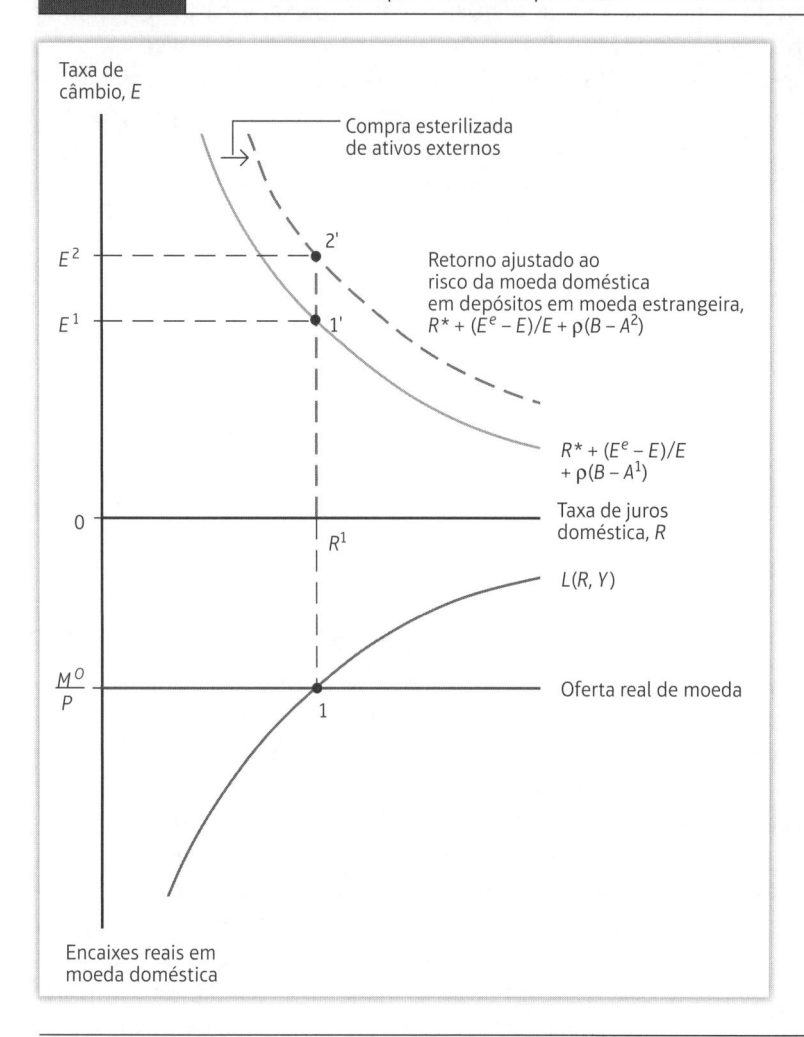

Uma compra esterilizada de ativos externos deixa inalterada a oferta de dinheiro, mas gera o retorno ajustado ao risco que depósitos de moeda nacional devem oferecer em equilíbrio. Como resultado, a curva de retorno no painel superior desloca-se para cima e para a direita. Mantendo iguais todas as outras variáveis, isso desvaloriza a moeda nacional de E^1 para E^2.

baixos (caem para A^2) e o estoque de ativos domésticos que o mercado deve segurar, $B - A^2$, portanto, é maior do que o estoque inicial $B - A^1$. Esse aumento empurra o prêmio de risco ρ para cima e desloca para a direita a relação inclinada negativamente na parte superior da figura. O mercado de câmbio agora se situa no ponto 2' e a moeda nacional deprecia para E^2.

Com substitutibilidade imperfeita de ativos, mesmo compras esterilizadas de câmbio fazem a moeda doméstica desvalorizar. Da mesma forma, a vendas esterilizadas de moeda estrangeira fazem a moeda doméstica valorizar. Uma ligeira modificação de nossa análise mostra que o banco central também pode usar a intervenção esterilizada para manter a taxa de câmbio fixa conforme varia a oferta de moeda para alcançar objetivos nacionais, como o pleno emprego. Com efeito, as políticas monetária e cambial podem ser gerenciadas independentemente uma da outra no curto prazo, quando a intervenção esterilizada é eficaz.

Evidências sobre os efeitos da intervenção esterilizada

Foram encontradas poucas evidências que apoiem a ideia de que a intervenção esterilizada exerça uma grande influência sobre as taxas de câmbio independentemente das posições das políticas monetária e fiscal.[14] No entanto, como observamos no Capítulo 14, há também evidências consideráveis contra a opinião de que os títulos denominados em moedas diferentes são substituintes perfeitos.[15] Alguns economistas concluem a partir desses resultados conflitantes que, embora os prêmios de risco sejam importantes, eles não dependem das transações de ativos do banco central da maneira simples que nosso modelo pressupõe. Outros afirmam que os testes que têm sido utilizados para detectar os efeitos da intervenção

---

[14] Para provas sobre intervenção esterilizada, consulte as Leituras Adicionais de Sarno e Taylor, bem como a edição de dezembro de 2000, do *Journal of International Financial Markets, Institutions, and Money*.

[15] Veja o artigo de Froot e Thaler nas Leituras Adicionais deste capítulo.

esterilizada são falhos. Entretanto, dadas as evidências escassas de que a intervenção esterilizada tem um efeito confiável sobre as taxas de câmbio, uma atitude cética provavelmente é coerente.

Nossa discussão sobre a intervenção esterilizada assumiu que isso não muda as expectativas de taxa de câmbio do mercado. Contudo, se os participantes no mercado têm dúvidas sobre a direção *futura* das políticas macroeconômicas, a intervenção esterilizada pode dar uma indicação para onde o banco central espera (ou deseja) que a taxa de câmbio se mova. Este **efeito de sinalização de intervenção cambial**, por sua vez, pode alterar a visão do mercado das futuras políticas monetárias ou fiscais e causar uma mudança imediata da taxa de câmbio, mesmo quando os títulos denominados em diferentes moedas são substitutos perfeitos.

O efeito de sinalização é mais importante quando o governo está descontente com o nível da taxa de câmbio e declara em público que vai alterar as políticas monetárias ou fiscais para produzir uma mudança. Intervindo simultaneamente em uma base esterilizada, o banco central às vezes empresta credibilidade a esse comunicado. Uma compra esterilizada de ativos externos, por exemplo, pode convencer o mercado de que o banco central pretende trazer uma depreciação da moeda doméstica, porque o banco vai perder dinheiro se, em vez disso, ocorrer uma valorização. Até mesmo os bancos centrais devem observar seus orçamentos!

No entanto, um governo pode ser tentado a explorar o efeito de sinalização para benefícios temporários, mesmo quando não tem qualquer intenção de mudar a política monetária ou fiscal para produzir uma taxa de câmbio diferente em longo prazo. O resultado de gritar: "Lobo!" muitas vezes é o mesmo no mercado de câmbio que em outros lugares. Se os governos não acompanharem os sinais de mercado de câmbio com movimentos de políticas concretas, os alertas em breve se tornarão ineficazes. Assim, a intervenção de sinalização não pode ser encarada como uma arma política a ser empunhada independentemente da política monetária e fiscal.[16]

Moedas de reserva no sistema monetário mundial

Até agora, temos estudado um único país que corrige sua taxa de câmbio em termos de única moeda estrangeira hipotética pelo comércio de ativos internos por externos, quando necessário. No mundo real existem muitas moedas, e é possível que um país controle as taxas de câmbio de sua moeda doméstica em relação a algumas moedas estrangeiras ao mesmo tempo em que permite flutuar em relação a outras.

Esta seção e a próxima adotam uma perspectiva global e estudam o comportamento macroeconômico da economia mundial sob dois sistemas possíveis para fixação das taxas de câmbio de *todas* as moedas em relação umas às outras.

O primeiro sistema de taxa fixa é muito parecido com o que temos estudado. Nele, uma moeda é apontada como uma **moeda de reserva**, aquela que os bancos centrais mantêm em suas reservas internacionais, e o banco central de cada nação corrige a taxa de câmbio da sua moeda em relação a ela, estando pronto para trocar dinheiro doméstico por ativos de reserva em qualquer taxa. Entre o final da Segunda Guerra Mundial e 1973, o dólar foi a principal moeda de reserva, e quase todos os países atrelavam a taxa de câmbio de seu dinheiro ao dólar.

O segundo sistema de taxa fixa (estudado na próxima seção) é um **padrão-ouro**. Sob um padrão-ouro, os bancos centrais atrelam os preços das suas moedas em termos de ouro e mantêm o ouro como reservas internacionais oficiais. O auge do padrão-ouro internacional foi entre 1870 e 1914, embora muitos países tenham tentado sem sucesso restaurar um padrão-ouro permanente após o fim da Primeira Guerra Mundial, em 1918.

Ambos os padrões de moeda de reserva e o padrão-ouro resultam em taxas de câmbio fixas entre *todos* os pares de moedas do mundo. Mas os dois sistemas têm implicações muito diferentes sobre como os países compartilham os encargos de financiamento do balanço de pagamentos e sobre o crescimento e o controle das ofertas de moeda nacionais.

A mecânica de um padrão de moeda de reserva

O funcionamento de um sistema de moeda de reserva é ilustrado pelo sistema baseado no dólar dos Estados Unidos criado no final da Segunda Guerra Mundial. Sob esse sistema, cada banco central fixava a taxa de câmbio de sua moeda em dólar por meio de ofícios de mercado cambial da moeda nacional para ativos de dólar. A necessidade frequente de intervir significava que cada banco central tinha que ter na mão reservas em dólar suficientes para atender a qualquer excesso de oferta de moeda que pudesse surgir. Os bancos centrais, portanto, mantinham uma grande parcela de suas reservas internacionais na forma de papéis do Tesouro dos Estados Unidos e depósitos de dólar em curto prazo, que pagavam juros e podiam ser transformados em dinheiro com custo relativamente de baixo.

---
[16] Para a discussão do papel desempenhado pelo efeito de sinalização, consulte: Kathryn M. Dominguez e Jeffrey A. Frankel. *Does Foreign Exchange Intervention Work?* Washington, D.C.: Institute for International Economics, 1993; e Richard T. Baillie, Owen F. Humpage e William P. Osterberg. "Intervention from an Information Perspective". *Journal of International Financial Markets, Institutions, and Money*, v. 10, p. 407-421, dez. 2000.

Como o preço de cada moeda em dólar foi fixado pelo seu banco central, a taxa de câmbio entre quaisquer duas moedas foi automaticamente fixada também de forma arbitrária no mercado de câmbio. Como funciona esse processo? Considere o seguinte exemplo baseado no franco francês (FRF) e no marco alemão (DEM), que eram as moedas da França e da Alemanha antes da introdução do euro. Vamos supor que o preço do franco francês em dólares tenha sido fixado em 5 FRF por dólar, enquanto o preço do marco em dólares foi fixado em 4 DEM por dólar. A taxa de câmbio entre o FRF e o DEM tinha que permanecer constante em 0,80 DEM por franco = (4 DEM por dólar) ÷ (5 FRF por dólar), mesmo que nenhum banco central negociasse diretamente francos por DEM para segurar o preço relativo dessas duas moedas fixas. À taxa de DEM/FRF de 0,85 DEM por franco, por exemplo, você poderia ter um lucro certo de US$ 6,25 vendendo US$ 100 para o antigo banco central francês, o Banco da França, por (US$ 100) × (5 FRF por dólar) = 500 FRF, vendendo seus 500 FRF no mercado cambial por (500 FRF) × (0,85 DEM por franco) = 425 DEM e depois vendendo o DEM para o Bundesbank (banco central da Alemanha até 1999) por (425 DEM) ÷ (4 DEM por dólar) = US$ 106,25. Entretanto, com todo mundo tentando explorar essa oportunidade de lucro com a venda de francos por DEM no mercado de câmbio estrangeiro, o DEM teria valorizado contra o franco até a taxa de DEM/FRF alcançar 0,80 DEM por franco. Da mesma forma, a uma taxa de 0,75 DEM por franco, a pressão no mercado cambial teria forçado o DEM a desvalorizar em relação ao franco até a taxa de 0,80 DEM por franco ser alcançada.

Mesmo que cada banco central atrelasse a taxa de câmbio de sua moeda apenas ao dólar, as forças do mercado automaticamente manteriam todas as outras taxas de câmbio — chamadas de taxas cruzadas — constantes nos valores implicados pelas taxas do dólar. Assim, o sistema de taxa de câmbio do mundo pós Segunda Guerra era um sistema em que as taxas de câmbio entre quaisquer duas moedas eram fixas.[17]

A posição assimétrica do centro de reserva

Em um sistema de moeda de reserva, o país cuja moeda é mantida como reserva ocupa uma posição especial, porque nunca tem de intervir no mercado cambial. A razão é que, se existem N países com N moedas no mundo, há apenas $N - 1$ taxas de câmbio contra a moeda de reserva. Se os $N - 1$ países de moeda não reserva corrigirem suas taxas de câmbio em relação à moeda de reserva, não há nenhuma taxa de câmbio deixada para o centro de reserva fixar. Assim, o país do centro nunca precisa intervir e não tem nenhum dos encargos de financiamento de seu balanço de pagamentos.

Esse conjunto de disposições coloca o país emissor de reservas em uma posição privilegiada, porque ele pode usar sua política monetária para a estabilização macroeconômica, mesmo que tenha fixado as taxas de câmbio. Vimos no início deste capítulo que, quando um país deve intervir para manter uma taxa de câmbio constante, qualquer tentativa de expandir sua oferta de moeda é obrigada a ser frustrada por perdas de reservas internacionais. Mas como o centro de reserva é o único país no sistema que pode desfrutar de taxas de câmbio fixas, sem a necessidade de intervir, é ainda capaz de usar a política monetária para fins de estabilização.

Qual seria o efeito de uma compra de ativos internos pelo banco central do país da moeda de reserva? A expansão resultante na sua oferta de moeda empurraria momentaneamente sua taxa de juros abaixo daquela vigente no exterior e assim causaria um excesso de demanda por moedas estrangeiras no mercado cambial. Para impedir que suas moedas valorizem contra a moeda de reserva, todos os outros bancos centrais no sistema seriam forçados a comprar ativos de reserva com suas próprias divisas, expandindo suas ofertas de moeda e empurrando as taxas de juros abaixo do nível estabelecido pelo centro de reserva. A produção em todo o mundo, bem como nacionalmente, iria expandir depois de uma compra de ativos internos pelo país de reserva.

Nossa conta da política monetária sob um sistema de moeda de reserva aponta para uma assimetria básica. O país de reserva tem o poder de afetar sua própria economia, bem como as economias estrangeiras, por meio da política monetária. Outros bancos centrais são forçados a abandonar a política monetária como uma ferramenta de estabilização e, em vez disso, devem "importar" passivamente a política monetária do centro de reserva, por causa de seu compromisso de atrelar suas moedas à moeda de reserva.

Essa assimetria inerente de um sistema de reserva coloca um imenso poder econômico nas mãos do país de reserva e, portanto, provoca eventualmente disputas políticas dentro do sistema. Tais problemas ajudaram na desagregação do "padrão-dólar" pós-guerra em 1973, um tópico que discutiremos no Capítulo 19.

O padrão-ouro

Um padrão-ouro internacional evita a assimetria inerente em uma moeda de reserva padrão, evitando o problema da "enésima moeda". Sob um padrão-ouro,

---

[17] As regras do sistema do pós-guerra permitiram que os valores do dólar se movessem até 1% acima ou abaixo dos valores "oficiais". Isso significava que taxas cruzadas poderiam flutuar até 4%.

cada país corrige o preço de sua moeda em termos de ouro, estando pronto para comercializar a moeda nacional por ouro, sempre que necessário, para defender o preço oficial. Como existem N moedas e N preços de ouro em termos dessas moedas, nenhum país ocupa uma posição privilegiada dentro do sistema: cada um é responsável por fixar o preço da sua moeda em termos do ativo de reserva internacional oficial, o ouro.

A mecânica de um padrão-ouro

Como os países atrelam suas moedas ao ouro sob um padrão-ouro, as reservas internacionais oficiais assumem a forma de ouro. As regras do padrão-ouro também exigem que cada país permita as importações e exportações de ouro através de suas fronteiras sem entraves. No âmbito dessas providências, um padrão-ouro, como um sistema de moeda de reserva, resulta em taxas de câmbio fixas entre todas as moedas. Por exemplo, se o preço do dólar em ouro é fixado em US$ 35 por onça pela Reserva Federal, enquanto o preço da libra em ouro é fixado em £ 14,58 por onça pelo banco central da Grã-Bretanha, o Bank of England, a taxa de câmbio dólar/libra deve ser constante em (US$ 35 por onça) / (£ 14,58 por onça) = US$ 2,40 por libra. O mesmo processo de arbitragem que mantém as taxas de câmbio cruzadas fixas em um sistema de moeda de reserva mantém também as taxas de câmbio fixas sob um padrão-ouro.[18]

Correção monetária simétrica sob um padrão-ouro

Por causa da simetria inerente de um padrão-ouro, nenhum país no sistema ocupa uma posição privilegiada, sendo dispensado da responsabilidade de intervir. Tendo em conta os efeitos internacionais de uma compra de ativos internos por um banco central, podemos ver mais detalhadamente como a política monetária funciona sob um padrão-ouro.

Suponha que o Bank of England decida aumentar seu suprimento de dinheiro mediante uma compra de ativos internos. O aumento inicial da oferta de moeda da Grã-Bretanha pressionará para baixo as taxas de juros britânicas e fará os ativos em moeda estrangeira ficarem mais atraentes do que os britânicos. Os titulares de depósitos em libra vão tentar vendê-las por depósitos em moedas estrangeiras, mas nenhum comprador *privado* estará interessado. Sob taxas de câmbio flutuantes, a libra depreciaria contra as moedas estrangeiras até a paridade de juros ser restabelecida. No entanto, essa depreciação não pode ocorrer quando todas as moedas estão atreladas ao ouro. Por que não? Como os bancos centrais são obrigados a trocar as suas moedas por ouro a taxas fixas, os titulares infelizes de libras podem vendê-las para o Bank of England por ouro, vender o ouro para outros bancos centrais por suas moedas e usar essas moedas para comprar depósitos que oferecem taxas de juros superiores à taxa de juros em libras. A Grã-Bretanha, portanto, experimenta uma saída financeira privada e os países estrangeiros experimentam um influxo.

Esse processo restabelece o equilíbrio no mercado de câmbio. O Bank of England perde reservas externas uma vez que é forçado a comprar libras e vender ouro para manter fixo o preço da libra em ouro. Os bancos centrais estrangeiros ganham reservas quando *compram* ouro com suas moedas. Os países compartilham o ônus do ajustamento do balanço de pagamentos. Como as reservas estrangeiras oficiais estão em declínio na Grã-Bretanha e aumentando no exterior, a oferta de moeda britânica está caindo, empurrando a taxa de juros britânica para trás; e as ofertas de moedas estrangeiras estão subindo, empurrando as taxas de juros estrangeiras para baixo. Uma vez que as taxas de juros novamente tornam-se iguais em todos os países, os mercados de ativos estão em equilíbrio e não há mais nenhuma tendência para o Bank of England perder ouro ou para os bancos centrais estrangeiros ganharem-no. A oferta de moeda mundial total (não a oferta de moeda britânica) acaba sendo mais elevada pela quantidade de compra de ativos domésticos do Bank of England. As taxas de juros são mais baixas em todo o mundo.

Nosso exemplo ilustra a natureza simétrica da correção monetária internacional sob um padrão-ouro. Sempre que um país está perdendo reservas e vendo sua oferta de moeda encolher como consequência disso, os países estrangeiros estão ganhando reservas e vendo suas ofertas de moeda expandirem. Em contraste, a correção monetária sob uma moeda de reserva padrão é altamente assimétrica. Os países podem ganhar ou perder reservas sem induzir qualquer mudança na oferta de moeda do país da moeda de reserva, e apenas esse último tem a capacidade de influenciar as condições monetárias nacionais e mundiais.[19]

---

[18] Na prática, os custos de transportar e segurar o ouro em trânsito determinam estreitos "pontos de ouro" nos quais as taxas de câmbio da moeda podem flutuar.

[19] Originalmente, as moedas de ouro eram uma parte substancial da oferta de moedas nos países de padrão-ouro. As perdas de ouro de um país aos estrangeiros, portanto, não deveriam assumir a forma de uma queda nas quotas de ouro do banco central: cidadãos privados poderiam derreter moedas de ouro em lingotes e enviá-los ao exterior, onde seriam novamente fundidos como moedas de ouro estrangeiras ou vendidos ao banco central estrangeiro por papel-moeda. Em termos de nossa análise anterior do balanço do banco central, as moedas de ouro circulantes são consideradas um componente da base monetária que não é passivo do banco central. Ambas as formas de exportação de ouro, assim, resultariam em uma queda na oferta de moeda doméstica e um aumento nas ofertas de moedas estrangeiras.

Vantagens e desvantagens do padrão-ouro

Os defensores do padrão-ouro argumentam que ele tem outra propriedade desejável além da simetria. Como os bancos centrais em todo o mundo são obrigados a fixar o preço do ouro em dinheiro, não podem permitir que suas ofertas de moeda cresçam mais rapidamente do que a demanda por dinheiro real, uma vez que tal crescimento monetário rápido eventualmente elevaria os preços do dinheiro de todos os bens e serviços, incluindo o ouro. Um padrão-ouro, portanto, coloca limites automáticos na extensão a que os bancos centrais podem causar aumentos nos níveis de preços nacionais por meio de políticas monetárias expansionistas. Esses limites podem fazer os valores reais das verbas nacionais ficarem mais estáveis e previsíveis, reforçando assim as transações econômicas decorrentes do uso da moeda (ver Capítulo 15). Tais limites para a criação da moeda não existem em um sistema de moeda de reserva; o país com moeda de reserva não enfrenta nenhuma barreira automática para a criação ilimitada de moeda.

Compensando esse benefício potencial de um padrão-ouro temos alguns inconvenientes:

1. O padrão-ouro coloca restrições indesejáveis à utilização da política monetária para combater o desemprego. Em uma recessão mundial, pode ser desejável para todos os países expandir suas ofertas de moeda em conjunto, mesmo que isso fosse elevar o preço do ouro em termos da moeda nacional.
2. Amarrar os valores das moedas ao ouro garante um nível de preços geral estável somente se o preço relativo do ouro e de outros bens e serviços for estável. Por exemplo, suponha que o preço do ouro em dólar seja US$ 35 por onça, enquanto o preço do ouro em termos de uma cesta de produção típica seja um terço de uma cesta por onça. Isso implica um nível de preço de US$ 105 por cesta de produção. Agora, vamos supor que há uma grande descoberta de ouro na América do Sul e o preço relativo do ouro em termos de produção caia a um quarto de uma cesta por onça. Com o preço do dólar inalterado em US$ 35 por onça de ouro, o nível de preços teria que subir de US$ 105 para US$ 140 por cesta. Na verdade, estudos da era do padrão-ouro revelam flutuações do nível de preços surpreendentemente grandes decorrentes de tais mudanças no preço relativo do metal.[20]
3. Um sistema de pagamentos internacionais baseado em ouro é problemático, porque os bancos centrais não podem aumentar a participação das reservas internacionais conforme suas economias crescem, a menos que haja novas descobertas contínuas de ouro. Cada banco central precisaria manter algumas reservas de ouro para fixar o preço em ouro de sua moeda e servir como um amortecedor contra percalços econômicos imprevistos. Os bancos centrais, assim, podem originar o desemprego do mundo, na tentativa de competir por reservas com a venda de ativos internos e assim encolher suas ofertas de moeda.
4. O padrão-ouro poderia dar aos países com produção de ouro potencialmente grande, como a Rússia e a África do Sul, uma capacidade considerável de influenciar as condições macroeconômicas em todo o mundo por meio de vendas de ouro no mercado.

Por causa dessas desvantagens, poucos economistas são favoráveis a um retorno atual ao padrão-ouro. Já em 1923, o economista britânico John Maynard Keynes caracterizava o ouro como uma "relíquia bárbara" de um sistema monetário internacional primitivo.[21] Enquanto a maioria dos bancos centrais continuam a manter algum ouro como parte de suas reservas internacionais, seu preço agora não desempenha nenhum papel especial em influenciar as políticas monetárias dos países.

O padrão bimetálico

Até o início dos anos 1870, muitos países aderiram a um **padrão bimetálico**, em que a moeda era baseada em prata e ouro. Os Estados Unidos foram bimetálicos de 1837 até a Guerra Civil, embora a grande potência bimetálica da época fosse a França, que abandonou o bimetalismo pelo ouro em 1873.

Em um sistema bimetálico, a casa da moeda de um país imprimirá quantidades especificadas de ouro *ou* prata em sua unidade monetária nacional (geralmente por uma taxa). Nos Estados Unidos antes da Guerra Civil, por exemplo, 371,25 grãos de prata (um grão sendo 1/480 de uma onça) ou 23,22 grãos de ouro poderiam ser transformados em, respectivamente, um dólar de prata ou um dólar de ouro. Essa paridade estabelecida fez o ouro valer 371,25/23,22 = 16 vezes mais do que a prata.

No entanto, a paridade da casa da moeda pode diferir do preço relativo dos dois metais, e quando isso ocorre, um ou outro pode sair de circulação. Por exemplo, se o preço do ouro em termos de prata subir para 20:1, uma depreciação da prata em relação à paridade da casa da moeda de 16:1, ninguém iria querer converter ouro em

---

20 Veja, por exemplo: Richard N. Cooper. "The Gold Standard: Historical Facts and Future Prospects". *Brookings Papers on Economic Activity*, v. 1, p. 1–45, 1982.

21 Veja: Keynes. "Alternative Aims in Monetary Policy". Reimpresso em *Essays in Persuasion*. New York: W. W. Norton & Company, 1963. Para uma visão discordante do padrão-ouro, consulte Robert A. Mundell. "International Monetary Reform: The Optimal Mix in Big Countries". In: James Tobin (Ed.). *Macroeconomics, Prices and Quantities*. Washington, D.C.: Brookings Institution, p. 285–293, 1983.

moedas de dólar de ouro na casa da moeda. Mais dólares poderiam ser obtidos, em vez disso, usando o ouro para comprar prata no mercado e, em seguida, tendo a prata cunhada em dólares. Como resultado, o ouro tenderia a sair de circulação monetária quando seu preço de mercado relativo subisse acima do preço relativo da casa da moeda, e a moeda de prata tenderia a desaparecer no caso contrário.

A vantagem do bimetalismo foi que tornou possível reduzir a instabilidade de nível de preço resultante da utilização de um dos metais sozinhos. Caso o ouro se tornasse escasso e caro, a prata mais barata e relativamente abundante se tornaria a forma predominante de moeda, reduzindo desse modo a deflação que implicaria um padrão-ouro puro. Não obstante essa vantagem, pelo final do século XIX, a maior parte do mundo tinha seguido a Grã-Bretanha, a principal potência industrial da época, para um padrão-ouro puro.

O padrão-ouro de câmbio

A meio caminho entre o padrão-ouro e um padrão de moeda de reserva pura, temos o **padrão-ouro de câmbio**. Sob um padrão-ouro de câmbio, as reservas dos bancos centrais consistem em ouro *e* moedas, cujos preços em termos de ouro são fixos, e cada banco central corrige sua taxa de câmbio para uma moeda com um preço fixo de ouro. Um padrão-ouro de câmbio pode operar como um padrão-ouro para conter o crescimento monetário excessivo em todo o mundo, mas permite mais flexibilidade no crescimento das reservas internacionais, que podem consistir de ativos, além de ouro. Um padrão-ouro de câmbio é, no entanto, sujeito às outras limitações de um padrão-ouro listadas anteriormente.

O sistema de moeda de reserva do mundo pós Segunda Guerra centrado no dólar foi, na verdade, originalmente criado como um padrão-ouro de câmbio. Enquanto os bancos centrais estrangeiros tinham o trabalho de fixar as taxas de câmbio, a Reserva Federal dos Estados Unidos era responsável por segurar o preço em dólar do ouro em US$ 35 a onça. Em meados da década de 1960, o sistema operava na prática mais como um sistema puro de moeda de reserva do que um padrão-ouro. Pelas razões que explicaremos no próximo capítulo, o presidente Richard M. Nixon cortou unilateralmente a relação do dólar com o ouro em agosto de 1971, pouco antes do sistema de taxas de câmbio de dólar fixo ser abandonado.

A DEMANDA POR RESERVAS INTERNACIONAIS

O capítulo explicou que ativos do banco central são divididos entre ativos em moeda nacional, como títulos do governo doméstico e ativos em moeda estrangeira, das reservas internacionais do banco. Historicamente e até os dias atuais, as reservas internacionais têm sido valorizadas pelos bancos centrais porque podem ser negociadas com estrangeiros por bens e serviços, mesmo em circunstâncias como crises financeiras e guerras, quando o valor dos ativos domésticos pode ser posto em dúvida. O ouro desempenhou o papel de ativo de reserva internacional *por excelência* sob o padrão-ouro — e enquanto o dólar norte-americano continua a ser o ativo de reserva principal hoje, economistas debatem por quanto tempo o privilégio único norte-americano pode durar. Como os bancos centrais e governos podem alterar suas políticas para afetar a explorações nacionais das reservas internacionais, é importante compreender os fatores que influenciam as exigências dos países para reservas internacionais.

Um bom ponto de partida para pensar nas reservas internacionais é o modelo no capítulo em que títulos nacionais e estrangeiros são substitutos perfeitos, a taxa de câmbio é fixa e a confiança na taxa de câmbio fixa é absoluta. Nesse modelo, o resultado de que a política monetária é ineficaz também implica que bancos centrais individuais podem adquirir todas as reservas internacionais de que precisam sem muito sofrimento! Eles fazem isso tão simplesmente por uma venda de ativos internos no mercado livre, que provoca um afluxo imediato e igual de ativos estrangeiros, mas nenhuma mudança na taxa de juros doméstica ou em outras condições econômicas nacionais. Na vida real, a matéria pode não ser tão fácil, porque as circunstâncias em que os países precisam de reserva são precisamente aquelas em que as condições citadas de perfeita confiança na credibilidade e na taxa de câmbio indexada são suscetíveis de serem violadas. Como resultado, os bancos centrais gerenciam suas reservas de forma preventiva, mantendo um estoque que eles acreditam ser suficiente em tempos futuros de crise.[22]

Como de costume, há custos, bem como benefícios, na aquisição e exploração de reservas, e o nível de

---

[22] Surge um problema diferente sob um sistema como o padrão-ouro, em que o estoque global de reservas internacionais pode ser limitado (em contraste com um sistema de moeda de reserva). A dificuldade é que todos os países não podem aumentar simultaneamente sua participação de reserva, então os esforços de muitos países para fazê-lo ao mesmo tempo afetarão as condições econômicas globais. Um exercício no fim do capítulo pede para você pensar sobre esse caso.

reservas que o banco central pretende segurar refletirá um equilíbrio entre os custos e benefícios. Algumas autoridades monetárias (como as de Hong Kong) valorizam tanto as reservas que toda a oferta de moeda é apoiada por ativos externos — não há absolutamente ativos monetários internos. Porém, na maioria dos casos, os bancos centrais mantêm ativos domésticos e estrangeiros, com o nível ideal de reservas determinado pelo *trade-off* entre custos e benefícios.

A partir de meados da década de 1960, os economistas desenvolveram e procuraram a verificação empírica das teorias formais da demanda por reservas internacionais. Nesse cenário, com mercados de capitais internacionais muito mais limitados do que são hoje (ver Capítulo 20), uma grande ameaça às reservas era uma queda brusca das receitas de exportação, e os bancos centrais mediam os níveis de reserva em termos do número de meses de necessidades de importação que elas poderiam cobrir. Consequentemente, os níveis de variabilidade das exportações, importações e fluxos financeiros internacionais, que poderiam causar a flutuação das reservas muito perto de zero, eram vistos como determinantes principais da demanda por reservas internacionais. Nessa teoria, a maior variabilidade aumentaria a demanda por reservas. Uma variável adicional aumentando a demanda média de reservas poderia ser o ajuste do custo que os países sofreriam se, de repente, eles tivessem que aumentar as exportações ou reduzir as importações para gerar um excedente comercial ou aumentar as taxas de juros para atrair capital estrangeiro. A maior abertura econômica poderia facilitar tais ajustes, reduzindo assim a demanda por reservas, mas também poderia tornar uma economia mais vulnerável a choques de comércio exterior, criando desse modo níveis de reserva desejados.[23]

Por outro lado, o principal custo das reservas é o de juros. Um banco central que alterna de títulos domésticos para reservas estrangeiras perde os juros sobre os títulos nacionais e, em vez disso, ganha os juros sobre a moeda de reserva, por exemplo, dólares. Se os mercados têm qualquer temor de que a moeda nacional poderia ser desvalorizada, então os títulos domésticos oferecerão uma maior taxa de juros do que as reservas estrangeiras, implicando que será caro movimentar o portfólio do banco central em direção às reservas. Claro, se a moeda de reserva valorizar em relação à moeda nacional, o banco central vai ganhar, com uma perda correspondente se a moeda de reserva desvalorizar.

Além disso, as reservas podem oferecer juros mais baixos simplesmente por causa de sua maior liquidez. Esse custo de juros de manter reservas relativamente líquidas é análogo ao custo de juros de manter o dinheiro, que analisamos no Capítulo 15.

Argumentou-se na década de 1960 que os países com taxas de câmbio mais flexíveis achariam mais fácil gerar um excedente de exportação se as reservas ficassem baixas — poderiam permitir que suas moedas depreciassem, talvez evitando a recessão que, caso contrário, poderia ser necessária para criar um excedente da balança comercial. Quando países industriais movimentaram-se para as taxas de câmbio flutuantes na década de 1970, muitos economistas, portanto, esperavam que a demanda por reservas internacionais caísse drasticamente.

A Figura 18.8 mostra, no entanto, que nada disso aconteceu. Para países industrializados, a taxa de crescimento das reservas internacionais não diminuiu desde a década de 1960. Para os países em desenvolvimento, a taxa de crescimento das reservas, se muito, aumentou na média (embora o aumento agudo em meados da década de 2000 até certo ponto seja um reflexo da enorme compra de reservas pela China). Aceleração do crescimento das reservas tem ocorrido, apesar da adoção de taxas de câmbio mais flexíveis por muitos países em desenvolvimento.

Uma explicação para esse desenvolvimento, que discutiremos mais em capítulos posteriores, é que o crescimento do mercado de capitais global aumentou vastamente a variabilidade potencial dos fluxos financeiros através das fronteiras nacionais, em especial através das fronteiras de países em desenvolvimento propensos à crise.[24] A queda acentuada no crescimento das reservas de países em desenvolvimento no período 1982-1992, mostrada na figura, reflete uma crise de dívida internacional durante os anos de 1982-1989. Naquela crise, as fontes de crédito estrangeiras secaram e muitos países em desenvolvimento foram obrigados a recorrer a suas reservas. Vemos outro declínio

---

[23] Um estudo inicial e influente foi de H. Robert Heller. "Optimal International Reserves". *Economic Journal*, v. 76, p. 296–311, jun. 1966.

[24] Trabalhos recentes sobre os determinantes modernos da demanda de reservas internacionais incluem os de Robert Flood e Nancy Marion. "Holding International Reserves in an Era of High Capital Mobility". *Brookings Trade Forum* 2001, p. 1–47; Joshua Aizenman e Jaewoo Lee. "International Reserves: Precautionary *versus* Mercantilist Views, Theory and Evidence". *Open Economies Review*, v. 18, p. 191–214, abr. 2007; e Maurice Obstfeld, Jay C. Shambaugh, e Alan M. Taylor. "Financial Stability, the Trilemma, and International Reserves". *American Economic Journal: Macroeconomics*, v. 2, p. 57–94, abr. 2010.

FIGURA 18.8   Taxas de crescimento das reservas internacionais

As taxas de crescimento anual das reservas internacionais não declinaram acentuadamente após a década de 1970. Recentemente, os países em desenvolvimento adicionaram grandes somas a suas explorações de reserva, mas seu ritmo de acumulação diminuiu começando com os anos de crise de 2008-2009. A figura mostra as médias das taxas de crescimento anual.

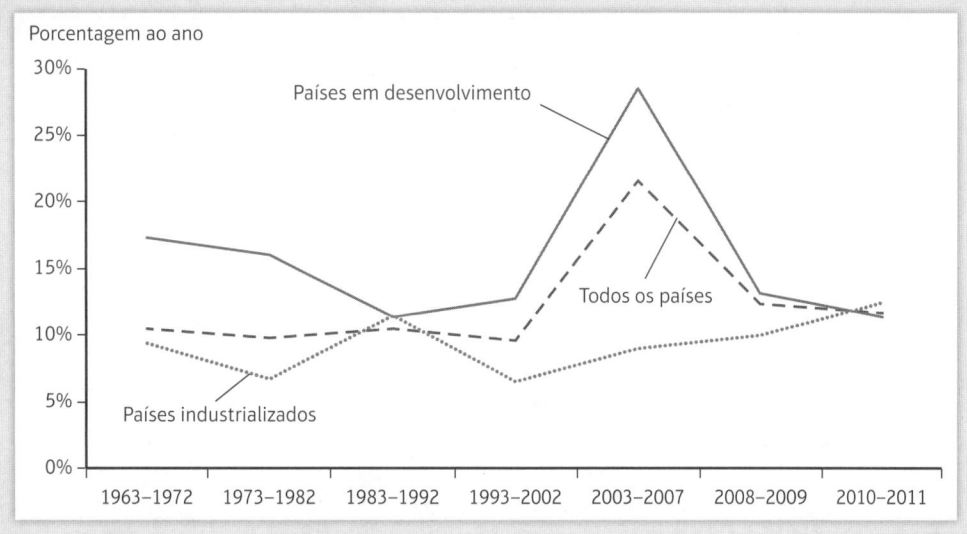

Fonte: Fundo Monetário Internacional.

no crescimento das reservas durante os anos de crise de 2008-2009. Esses episódios ilustram por que os países em desenvolvimento têm aumentado tão ansiosamente as suas reservas. Até mesmo um país em desenvolvimento com uma taxa de câmbio flutuante pode precisar pagar credores estrangeiros e residentes nacionais com dólares, para evitar uma crise financeira e uma moeda em colapso.

Nada sobre essa explicação contradiz as teorias anteriores. A demanda por reservas internacionais ainda reflete a variabilidade no balanço de pagamentos. Contudo, a rápida globalização dos mercados financeiros nos últimos anos causou um grande aumento na variabilidade potencial e nos riscos potenciais que a variabilidade apresenta.

Os países podem e vão optar por manter reservas internacionais em outras moedas que não o dólar dos Estados Unidos. Eles tendem a manter apenas aquelas moedas que são mais propensas a reter seu valor ao longo do tempo e a ser prontamente aceitas pelos credores e exportadores estrangeiros. Graças à grande e geralmente próspera região geográfica que ele serve, o euro, introduzido em 1999, é o desafiador mais forte para o papel do dólar (embora a recente crise na área do euro tenha pesado nessa análise).

A Figura 18.9 mostra a importância das quatro moedas principais nas explorações de reservas internacionais dos países. Desde o nascimento do euro, em 1999, sua participação nas reservas globais aumentou de 18% para 25%, enquanto a parcela do dólar diminuiu de 71% a 62%. A libra esterlina da Grã-Bretanha era a principal moeda de reserva mundial até a década de 1920. No entanto, agora se tornou apenas cerca de 4% das reservas globais, enquanto a parcela do iene japonês, cerca de três vezes a da libra esterlina durante meados da década de 1990, agora é um pouco menor.

Após sua introdução em 1999, alguns economistas especularam que o euro ultrapassaria o dólar como a principal moeda de reserva internacional. Apesar da aparente tendência de se afastar do dólar, mostrada na Figura 18.9, esse dia ainda parece distante. Contudo, a história certamente mostra como as principais moedas de reserva podem ser derrubadas por outras recém-chegadas.[25]

---

[25] Uma recente avaliação do estatuto de reserva do dólar por Eichengreen está listada em Leituras Adicionais. Eichengreen apresenta uma perspectiva histórica abrangente sobre o estatuto especial do dólar em seu livro *Exorbitant Privilege: The Rise and Fall of the Dollar and the Future of the International Monetary System*. New York: Oxford University Press, 2011. Para um estudo estatístico formal, consulte Menzie Chinn e Jeffrey A. Frankel. "Will the Euro Eventually Surpass the Dollar as Leading International Reserve Currency?. In: Richard H. Clarida (Ed.). *G7 Current Account Imbalances: Sustainability and Adjustment*. Chicago: University of Chicago Press, 2007, p. 283-322.

FIGURA 18.9 — Composição da moeda da reserva global

Enquanto o papel do euro como moeda de reserva geralmente tem aumentado ao longo do tempo, o dólar continua a ser esmagadoramente favorito.

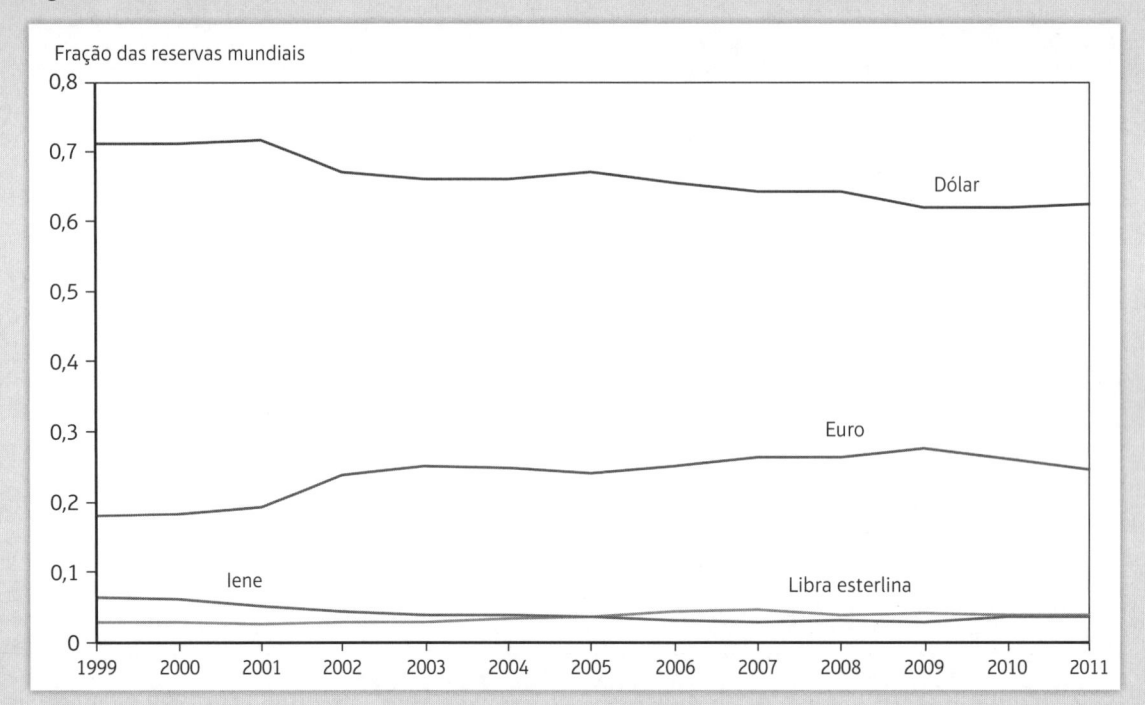

Gráfico: Fração das reservas mundiais, 1999–2011. Dólar em torno de 0,7 (1999) decrescendo para cerca de 0,62 (2011). Euro subindo de aproximadamente 0,18 para cerca de 0,25. Iene e Libra esterlina próximos de 0,04–0,06.

Fonte: Fundo Monetário Internacional, composição das moedas das reservas cambiais, disponíveis em: <http://www.imf.org/external/np/sta/cofer/eng/index.htm>. Esses dados abrangem apenas os países que reportam a composição da reserva para o FMI, sendo a China a omissão principal.

RESUMO

1. Há uma ligação direta entre a intervenção do banco central no mercado cambial e a oferta de moeda doméstica. Quando o banco central de um país adquire ativos externos, a oferta de moeda do país aumenta automaticamente. Da mesma forma, uma venda de ativos externos do banco central reduz automaticamente a oferta de moeda. O *balanço do banco central* mostra como a intervenção cambial afeta a oferta de moeda, porque o passivo do banco central, que aumenta ou diminui quando seus ativos aumentam ou diminuem, é a base do processo de oferta de moeda doméstica. O banco central pode anular o efeito de oferta de moeda da intervenção por meio de *esterilização*. Sem a esterilização, há uma ligação entre o balanço de pagamentos e as ofertas de moeda nacionais, que depende de como os bancos centrais compartilham os encargos das lacunas de financiamento do balanço de pagamentos.

2. Um banco central pode fixar a taxa de câmbio da sua moeda em relação à moeda estrangeira se estiver disposto a trocar quantidades ilimitadas de dinheiro doméstico por ativos externos nessa taxa. Para corrigir a taxa de câmbio, o banco central deve intervir no mercado cambial sempre que necessário, para evitar o surgimento de uma demanda em excesso ou oferta de ativos em moeda nacional. Com efeito, o banco central ajusta seus ativos externos — e, assim, a oferta de moeda doméstica — para garantir que os mercados de ativos estejam sempre em equilíbrio sob a taxa de câmbio fixa.

3. O compromisso de fixar uma taxa de câmbio força o banco central a sacrificar a sua capacidade de usar a política monetária para a estabilização. Uma compra de ativos internos pelo banco central faz com que ocorra uma queda igual nas reservas internacionais oficiais, deixando a oferta de moeda e a produção inalteradas. Da mesma forma, uma venda de ativos internos pelo banco faz com que reservas estrangeiras subam o mesmo montante, mas não tem outros efeitos.

4. A política fiscal, ao contrário da política monetária, tem um efeito mais poderoso sobre a produção sob taxas de câmbio fixas do que em taxas flutuantes. Sob uma taxa de câmbio fixa, a expansão fiscal não causa, no curto prazo, uma valorização real que "afaste os investidores" da demanda agregada. Em vez disso, ela força as compras do banco central de ativos externos e uma expansão da oferta de moeda. A *desvalorização* também aumenta a demanda agregada e a oferta de moeda no curto prazo. (A *revalorização* tem

efeitos opostos.) Em longo prazo, a expansão fiscal provoca uma valorização real, um aumento na oferta de moeda e um aumento no nível de preços domésticos, enquanto a desvalorização faz com que os níveis de longo prazo da oferta de moeda e os preços subam proporcionalmente à variação da taxa de câmbio.

5. As *crises do balanço de pagamentos* ocorrem quando os participantes do mercado esperam que o banco central altere a taxa de câmbio do seu nível atual. Se o mercado decide que uma desvalorização está chegando, por exemplo, a taxa de juros doméstica se eleva acima da taxa de juros mundial e as reservas externas caem drasticamente conforme o capital privado flui para o estrangeiro. As *crises de moeda de autorrealização* podem ocorrer quando uma economia é vulnerável à especulação. Em outras circunstâncias, um colapso da taxa de câmbio pode ser o resultado inevitável de políticas governamentais inconsistentes.

6. Um regime de *flutuação administrada* permite que o banco central mantenha alguma capacidade de controlar a oferta de moeda doméstica, mas à custa de maior instabilidade cambial. No entanto, se os títulos nacionais e estrangeiros são *substitutos imperfeitos*, o banco central pode ser capaz de controlar tanto a oferta de moeda quanto a taxa de câmbio mediante a intervenção cambial esterilizada. Evidências empíricas fornecem pouco suporte para a ideia de que a intervenção esterilizada tenha um efeito direto significativo nas taxas de câmbio. Mesmo quando os títulos nacionais e estrangeiros são *substitutos perfeitos*, para que não haja nenhum *prêmio de risco*, a intervenção esterilizada pode operar indiretamente por meio de um *efeito de sinalização* que muda a visão do mercado das políticas futuras.

7. Um sistema mundial de taxas de câmbio fixas, em que países atrelam os preços das suas moedas em termos da moeda de reserva, envolve uma assimetria marcante: o país da moeda de reserva, que não tem que fixar nenhuma taxa de câmbio, pode influenciar a atividade econômica doméstica e no exterior por meio de sua política monetária. Em contraste, todos os outros países são incapazes de influenciar sua produção ou a produção estrangeira mediante a política monetária. Essa assimetria política reflete o fato de que o centro de reserva não tem nenhum dos encargos de financiamento a seu balanço de pagamentos.

8. Um *padrão-ouro*, no qual todos os países fixam os preços de suas moedas em termos de ouro, evita a assimetria inerente em uma moeda de reserva padrão e coloca restrições sobre o crescimento da oferta de moeda dos países. (Um arranjo relacionado foi o padrão bimetálico com base em prata e ouro.) Mas o padrão-ouro tem graves inconvenientes que o tornam impraticável como uma maneira de organizar o sistema monetário internacional de hoje. Até mesmo o *padrão-ouro de câmbio* baseado em dólar configurado após a Segunda Guerra Mundial, enfim, provou ser impraticável.

TERMOS-CHAVE

balanço do banco central, p. 389
crise do balanço de pagamentos, p. 398
crises monetárias autorrealizáveis, p. 400
desvalorização, p. 397
efeito de sinalização de intervenção cambial, p. 405
fuga de capitais, p. 399
intervenção cambial esterilizada, p. 391
moeda de reserva, p. 405

padrão bimetálico, p. 408
padrão-ouro, p. 405
padrão-ouro de câmbio, p. 409
prêmio de risco, p. 403
revalorização, p. 397
substitutibilidade imperfeita de ativos, p. 402
substitutibilidade perfeita de ativos, p. 401
taxas de câmbio flutuantes administradas, p. 388

PROBLEMAS

1. Mostre como uma expansão em ativos internos do banco central em última análise afeta seu balanço sob uma taxa de câmbio fixa. Como as operações do banco central no mercado cambial são refletidas nas contas do balanço de pagamentos?

2. Faça as etapas do problema anterior para um aumento de gastos do governo.

3. Descreva os efeitos de uma desvalorização inesperada no balanço do banco central e nas contas do balanço de pagamentos.

4. Explique por que uma desvalorização melhora a conta-corrente no modelo do capítulo. (Dica: considere a curva *XX* desenvolvida no último capítulo.)

5. Você pode pensar em razões pelas quais um governo pode sacrificar voluntariamente parte de sua capacidade de usar a política monetária para que possa ter taxas de câmbio mais estáveis?

6. Como a expansão fiscal afeta a conta-corrente sob uma taxa de câmbio fixa?

7. Explique por que as expansões fiscais temporárias e permanentes não têm efeitos diferentes sob taxas de câmbio fixas, como ocorre sob taxas de câmbio flutuantes.

8. A desvalorização é muitas vezes usada pelos países para melhorar suas contas-correntes. No entanto, desde que a conta-corrente seja igual a poupança nacional menos o investimento doméstico, (veja Capítulo 13), essa melhora pode ocorrer somente se o investimento cair, a poupança subir ou ambos. Como é que a desvalorização pode afetar a economia nacional e o investimento doméstico?

9. Usando o modelo *DD-AA*, analise os efeitos do balanço de pagamentos e a produção de uma tarifa de importação sob taxas de câmbio fixas. O que aconteceria se todos os países do mundo, simultaneamente, tentassem melhorar o emprego e o balanço de pagamentos mediante a imposição de tarifas?

10. Quando um banco central desvaloriza após uma crise de balanço de pagamentos, normalmente ganha reservas externas. Essa afluência financeira pode ser explicada usando nosso modelo? O que aconteceria se o mercado acreditasse que ocorreria outra desvalorização em um futuro próximo?

11. Suponha que, sob o sistema "padrão-dólar" pós-guerra, os bancos centrais estrangeiros possuíssem reservas em dólar na forma de notas de dólar escondidas em seus cofres, e não sob a forma de notas do Tesouro dos EUA. O mecanismo de correção monetária internacional seria simétrico ou assimétrico? (Dica: pense sobre o que acontece com a oferta de moeda dos Estados Unidos e do Japão, por exemplo, quando o Banco do Japão vende ienes por notas de dólar que ele então guarda consigo.)

12. "Quando os títulos nacionais e estrangeiros são substitutos perfeitos, um banco central deve ser indiferente sobre o uso de bens nacionais ou estrangeiros para implementar a política monetária". Discuta essa afirmação.

13. A intervenção de câmbio dos Estados Unidos, às vezes, é feita por um Fundo de Estabilização Cambial, ou FEC (uma divisão do Departamento do Tesouro dos Estados Unidos), que gerencia uma carteira de títulos de moeda estrangeira e do governo dos Estados Unidos. Uma intervenção do FEC para apoiar o iene, por exemplo, assumiria a forma de uma mudança de portfólio de dólar e em ativos de ienes. Mostre que as intervenções do FEC são automaticamente esterilizadas e, portanto, não alteram as ofertas de moeda. Como as operações do FEC afetam o prêmio de risco cambial?

14. Use um diagrama como na Figura 18.7 para explicar como um banco central pode alterar a taxa de juros doméstica, mantendo a taxa de câmbio fixa, sob substitutibilidade imperfeita de ativo.

15. Na página 391 do texto, analisamos como a venda de US$ 100 de seus ativos estrangeiros afeta o balanço do banco central. O pressuposto naquele exemplo foi que o comprador dos bens estrangeiros pagou sob a forma de dinheiro da moeda nacional. Suponha que em vez disso o comprador pague com um cheque sacado de sua conta em Pecuniacorp, um banco privado doméstico. Usando um balanço como os apresentados no texto, mostre como a transação afeta o balanço do banco central e a oferta de moeda.

16. Observamos no texto que os sistemas de taxas de câmbio "fixo" podem não resultar em taxas de câmbio absolutamente fixas, mas em faixas estreitas, dentro das quais a taxa de câmbio pode mover-se. Por exemplo, os pontos de ouro (mencionados na nota de rodapé 18) produziram tais bandas sob um padrão-ouro. (Normalmente essas bandas eram na ordem de mais ou menos 1% da paridade "central" de câmbio.) Até que ponto tais bandas para a taxa de câmbio permitiriam que a taxa de juros doméstica se movesse independentemente de uma taxa estrangeira? Mostre que a resposta depende do vencimento ou do *termo* da taxa de juros. Para ajudar a sua intuição, assuma bandas de mais ou menos 1% da taxa de câmbio e considere, alternativamente, as taxas em depósitos de três meses, em depósitos de seis meses e em depósitos de um ano. Com tais bandas estreitas, haveria muita margem para independência nas taxas de empréstimo de dez anos?

17. Em um mundo de três países, um banco central fixa uma taxa de câmbio, mas deixa que as outras flutuem. O banco central pode usar a política monetária para afetar a produção? Ele pode fixar as duas taxas de câmbio?

18. No Estudo de Caso sobre reservas internacionais, afirmamos que exceto no caso de um sistema de moeda de reserva, uma tentativa de todos os bancos centrais elevarem simultaneamente suas quantidades de reserva internacional por meio das vendas dos ativos internos no mercado aberto poderia ter um efeito contracionista sobre a economia mundial. Explique por contraste os casos de um sistema padrão-ouro e um sistema de moeda de reserva.

19. Se um país mudar sua taxa de câmbio, o valor de suas reservas estrangeiras, medido em moeda nacional, também muda. Essa última mudança pode representar um ganho ou perda de moeda nacional para o banco central. O que acontece quando um país desvaloriza sua moeda em relação à moeda de reserva? E quando ele revaloriza? Como esse fator pode afetar o custo potencial de manter as reservas externas? Certifique-se de considerar o papel da paridade de juros na formulação de sua resposta.

20. Analise o resultado de uma desvalorização permanente por uma economia vítima de uma armadilha de liquidez do tipo descrito no Capítulo 17.

21. Lembre-se de nossa discussão sobre o piso de moeda do franco suíço no estudo de caso "Os mercados podem atacar uma moeda forte? O caso da Suíça". Lembre-se também da discussão do último capítulo sobre a armadilha de liquidez. Como a Suíça tem estado em uma armadilha de liquidez o tempo todo em que tem defendido seu piso de moeda, nossa discussão da teoria da armadilha de liquidez no último capítulo sugere por que a inflação da Suíça não subiu com as compras de câmbio pesadas pelo BNS?

22. Retornando novamente ao caso do piso de moeda franco suíço, com as taxas de juros da Suíça em zero, o que você acha que aconteceria se os especuladores de moeda esperassem que o franco suíço se valorizasse mais do que a taxa de juros do euro?

LEITURAS ADICIONAIS

BIRD, G.; RAJAN, R. "Too Much of a Good Thing? The Adequacy of International Reserves in the Aftermath of Crises". *World Economy*, v. 86, p. 873–891, jun. 2003. Acessível revisão da literatura sobre a demanda de reservas internacionais.

BRANSON, W. H. "Causes of Appreciation and Volatility of the Dollar". In: *The U.S.Dollar — Recent Developments, Outlook, and Policy Options*. Kansas City: Federal Reserve Bank of Kansas City, 1985, p. 33–52. Desenvolve e aplica um modelo de determinação da taxa de câmbio com substitutibilidade imperfeita de ativos.

EICHENGREEN, B. "The Dollar Dilemma: The World's Top Currency Faces Competition". *Foreign Affairs*, v. 88, p. 53–68, set./out. 2009. Uma avaliação dos desafios para a primazia do dólar entre veículo potencial alternativo e moedas de reserva.

FRIEDMAN, M. "Bimetallism Revisited". *Journal of Economic Perspectives*, v. 4, p. 85–104, outono 1990. Uma reconsideração fascinante das avaliações dos economistas de duplo padrão ouro-prata.

FROOT, K. A.; THALER, R. H. "Anomalies: Foreign Exchange". *Journal of Economic Perspectives*, v. 4, p. 179–192, verão 1990. Discussão clara, não técnica, das evidências empíricas sobre a condição de paridade de juros.

HABERMEIER, K. et al. "Revised System for the Classification of Exchange Rate Arrangements". IMF Working Paper WP/09/211, set. 2009. Explica como o Fundo Monetário Internacional classifica os sistemas de diversos países de determinação das taxas de câmbio.

HIGGINS, M.; KLITGAARD, T. "Reserve Accumulation: Implications for Global Capital Flows and Financial Markets". *Current Issues in Economics and Finance*, v. 10, set./out. 2004. Análise das tendências de manutenção de reserva do banco central.

HUMPAGE, O. F. "Institutional Aspects of U.S. Intervention". *Federal Reserve Bank of Cleveland Economic Review*, v. 30, p. 2–19, 1º quadrimestre 1994. Como o Tesouro dos Estados Unidos e a Reserva Federal coordenam a intervenção cambial.

JEANNE, O. *Currency Crises: A Perspective on Recent Theoretical Developments*. Princeton Special Papers in International Economics, v. 20. International Finance Section, Department of Economics, Princeton University, mar. 2000. Opiniões recentes sobre ataques e crises especulativas.

MUNDELL, R. A. "Capital Mobility and Stabilization Policy under Fixed and Flexible Exchange Rates". *Canadian Journal of Economics and Political Science*, v. 29, p. 475–485, nov. 1963. Relato clássico dos efeitos das políticas monetárias e fiscais sob regimes cambiais alternativos.

MUSSA, M. *The Role of Official Intervention*. Occasional Paper 6. New York: Group of Thirty, 1981. Discute a teoria e a prática da intervenção de câmbio do banco central sob uma flutuação suja.

NEELY, C. J. "Central Bank Authorities' Beliefs about Foreign Exchange Intervention". Working Paper 2006-045C. Federal Reserve Bank of St. Louis, abr. 2007. Pesquisa interessante dos pontos de vista dos banqueiros centrais sobre o papel e os limites da intervenção.

OBSTFELD, M. "Models of Currency Crises with Self-Fulfilling Features". *European Economic Review*, v. 40, p. 1037–1048, abr. 1996. Mais informações sobre a natureza das crises do balanço de pagamentos.

SARNO, L.; TAYLOR, M. P. "Official Intervention in the Foreign Exchange Market: Is It Effective and, If So, How Does It Work?". *Journal of Economic Literature*, v. 39, p. 839–868, set. 2001. Um estudo atualizado sobre a intervenção cambial.

APÊNDICE 1 DO CAPÍTULO 18

Equilíbrio no mercado de câmbio com substitutibilidade imperfeita de ativos

Este apêndice desenvolve um modelo de mercado cambial em que os fatores de risco podem fazer os ativos em moeda doméstica e moeda estrangeira ser substitutos imperfeitos. O modelo dá origem a um prêmio de risco que pode diferenciar as taxas de retorno esperadas sobre ativos nacionais e estrangeiros.

Demanda

Como os indivíduos não gostam de situações de risco em que sua riqueza pode variar bastante de um dia para outro, eles decidem como alocar sua riqueza entre diferentes ativos, olhando para o grau de risco da carteira resultante, bem como o retorno esperado que o portfólio oferece. Alguém que coloca sua riqueza inteiramente em libras esterlinas, por exemplo, pode esperar um retorno elevado, mas a riqueza pode ser exterminada se a libra desvalorizar inesperadamente. Uma estratégia mais sensata é investir em várias moedas, mesmo que algumas tenham retornos esperados mais baixos do que a libra e, assim, reduzir o impacto da má sorte sobre a riqueza com uma moeda qualquer. Repartindo o risco entre várias moedas, um indivíduo pode reduzir a variabilidade de sua riqueza.

As considerações de risco tornam razoável supor que a demanda do indivíduo para a moeda nacional, a juros ativos, aumenta quando os juros que eles oferecem (R) aumentam em relação ao retorno em moeda nacional sobre ativos em moeda estrangeira $[R + (E^e - E)/E]$. Dito de outra forma, um indivíduo estará disposto a aumentar o grau de risco da sua carteira ao investir mais em ativos em moeda nacional apenas se for compensado por um aumento da rentabilidade esperada em relação a esses ativos.

Resumimos essa suposição escrevendo a demanda individual i por títulos em moeda nacional, B_i^d como uma função crescente da diferença da taxa de retorno entre títulos nacionais e estrangeiros,

$$B_i^d = B_i^d \left[R - R^* - \left(E^e - E \right) / E \right].$$

É claro, B_i^d também depende de outros fatores específicos do indivíduo i, como sua fortuna e sua renda. A demanda por títulos em moeda nacional pode ser positiva ou negativa e, no primeiro caso, o indivíduo i é um devedor líquido em moeda doméstica, ou seja, um *fornecedor* de títulos em moeda nacional.

Para encontrar a demanda *agregada* privada para títulos em moeda nacional, precisamos apenas acrescentar demandas individuais B_i^d para todos os indivíduos i no mundo. Essa soma dá a demanda agregada para títulos de moeda nacional, B^d, que também é uma função crescente da diferença da taxa de retorno esperada em favor de ativos em moeda nacional. Portanto,

$$\text{demanda} = B^d \left[R - R^* - \left(E^e - E \right) / E \right]$$

$$= \text{soma para todos } i \text{ de } B_i^d \left[R - R^* - \left(E^e - E \right) / E \right].$$

Como alguns indivíduos em particular podem estar contraindo empréstimos e, portanto, fornecendo títulos, B^d deveria ser interpretado como a demanda *líquida* do setor privado por títulos em moeda doméstica.

Oferta

Uma vez que estamos interpretando B^d como a demanda líquida do setor privado por títulos de moeda nacional, a variável de oferta adequada para definir o equilíbrio de mercado é a oferta líquida de títulos em moeda nacional ao setor privado, ou seja, a oferta de títulos que não são da responsabilidade de qualquer indivíduo ou empresa. A oferta líquida, portanto, é igual ao valor dos títulos *do governo* em moeda nacional mantidos pelo público, B, deduzido o valor dos ativos em moeda nacional mantidos pelo banco central, A:

$$\text{oferta} = B - A.$$

A deve ser subtraído de B para encontrarmos a oferta líquida dos títulos, porque as compras de títulos do banco central reduzem a oferta disponível para investidores privados. (Em geral, também teríamos que subtrair de B os ativos em moeda doméstica mantidos por bancos centrais estrangeiros.)

Equilíbrio

O prêmio de risco, ρ, é determinado pela interação entre oferta e demanda. O prêmio de risco é definido como

$$\rho = R - R^* - (E^e - E)/E,$$

ou seja, como a diferença de retorno esperada entre os títulos domésticos e estrangeiros. Podemos, portanto, escrever a demanda líquida do setor privado por títulos de moeda nacional como uma função crescente de ρ. A Figura 18A1.1 mostra essa relação desenhando a curva de demanda por títulos de moeda nacional com uma inclinação positiva.

A curva de oferta de títulos é vertical em $B - A^1$ porque a oferta líquida de títulos no mercado é determinada pelas decisões do governo e do banco central, e é independente do prêmio de risco. O equilíbrio ocorre no ponto 1 (a um prêmio de risco de ρ^1), onde a demanda líquida do setor privado por títulos de moeda nacional é igual à oferta líquida. Observe que para valores de R, R^* e E^e, o equilíbrio mostrado no diagrama também pode ser visto como determinante da taxa de câmbio, desde que $E = E^e/(1 + R - R^* - \rho)$.

A Figura 18A1.1 também mostra o efeito de uma venda de ativos internos pelo banco central, que reduz suas participações de ativos domésticos para $A^2 < A^1$. Essa venda aumenta o fornecimento de títulos líquidos de moeda nacional para $B - A^2$ e desloca a curva de oferta para a direita. O novo equilíbrio ocorre no ponto 2, a um prêmio de risco de $\rho^2 > \rho^1$. Da mesma forma, o aumento da dívida do governo em moeda nacional, B, aumentaria o prêmio de risco.

O modelo, portanto, estabelece que o prêmio de risco é uma função crescente de $B - A$, assim como consideramos na discussão sobre a intervenção esterilizada que levou à Equação (18.3).

Você deve reconhecer que a nossa discussão sobre determinação do prêmio de risco é uma simplificação de várias formas, não menos por causa da suposição de que o país é pequeno, de modo que todas as variáveis estrangeiras podem ser tomadas como dadas. No entanto, em geral, as ações tomadas pelos governos estrangeiros também podem afetar o prêmio de risco, que pode assumir valores *negativos* bem como valores positivos, é claro. Ou seja, as políticas ou eventos que fazem os títulos estrangeiros progressivamente mais arriscados tornarão eventualmente os investidores dispostos a manter títulos de moeda nacional à taxa de retorno esperada *abaixo* das taxas dos títulos de moeda estrangeira.

Uma forma de capturar essa possibilidade seria generalizar a Equação (18.3) no texto e, em vez disso, expressar o prêmio de risco como

$$\rho = \rho(B - A, B^* - A^*),$$

onde $B^* - A^*$ é o estoque líquido de títulos em moeda estrangeira que o público deve manter. Nessa formulação estendida, um aumento de $B - A$ ainda aumenta ρ, mas uma ascensão em $B^* - A^*$ faz com que ρ caia, tornando os títulos estrangeiros relativamente mais arriscados.

FIGURA 18A1.1 A oferta de títulos domésticos e o prêmio de risco de câmbio sob substitutibilidade imperfeita de ativos

Um aumento da oferta de títulos de moeda nacional que o setor privado deve conter gera o prêmio de risco dos ativos em moeda nacional.

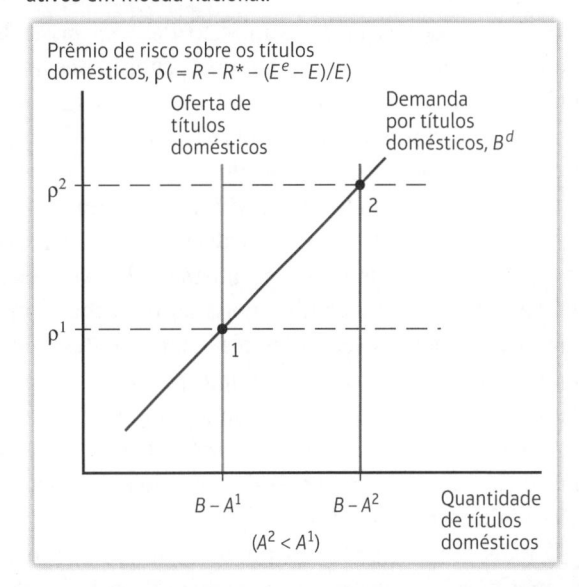

APÊNDICE 2 DO CAPÍTULO 18
A cronologia das crises do balanço de pagamentos

No texto, construímos o modelo de uma crise do balanço de pagamentos como uma súbita perda de confiança na promessa do banco central para manter a taxa de câmbio fixa no futuro. Como observado anteriormente, uma crise monetária muitas vezes não é o resultado das mudanças arbitrárias no sentimento do mercado, ao contrário do que decisores exasperados envolvidos em crises muitas vezes afirmam. Em vez disso, um colapso da taxa de câmbio pode ser o resultado inevitável de políticas governamentais inconsistentes com a manutenção de uma taxa de câmbio permanentemente fixa. Em tais casos, a teoria econômica simples pode nos permitem prever a data de uma crise por meio de uma análise cuidadosa das políticas do governo e da resposta racional do mercado a elas.[26]

É mais fácil entender os pontos principais usando as suposições e notações da abordagem monetária para o balanço de pagamentos (aquelas desenvolvidas no Apêndice Online deste capítulo) e a abordagem monetária para a taxa de câmbio (Capítulo 16). Para simplificar, vamos supor que os preços de produção sejam perfeitamente flexíveis e que a produção seja constante em seu nível de pleno emprego. Vamos também supor que os participantes do mercado tenham previsão perfeita sobre o futuro.

O momento exato de uma crise de pagamentos não pode ser determinado independentemente das políticas do governo. Em particular, temos de descrever não só como o governo está se comportando hoje, mas também como pretende reagir a eventos futuros da economia. São feitas duas suposições sobre o comportamento oficial: (1) o banco central está permitindo que o estoque de crédito interno do banco central, A, expanda constantemente e vai fazê-lo para sempre; (2) o banco central atualmente está fixando a taxa de câmbio no nível E^0, mas permitirá que a taxa de câmbio flutue livremente para sempre se suas reservas estrangeiras, F^*, caírem para zero. Além disso, as autoridades defenderão E^0 até o fim vendendo reservas externas a esse preço enquanto tiverem reservas para vender.

O problema com as políticas do banco central é que elas são inconsistentes com a manutenção de uma taxa de câmbio fixa por tempo indeterminado. A abordagem monetária sugere que as reservas externas vão cair constantemente conforme os ativos internos aumentam continuamente. Portanto, com o passar do tempo, as reservas terão que acabar e a taxa de câmbio fixa E^0 terá que ser abandonada. Na verdade, os especuladores forçarão a questão montando um ataque especulativo e comprando todas as reservas do banco central enquanto as reservas ainda estiverem em um nível positivo.

Podemos descrever o momento dessa crise com a ajuda de uma definição e um diagrama. A taxa de câmbio flutuante *paralela* no tempo t, denotada E_t^s, é a taxa de câmbio que prevaleceria no tempo t se o banco central não mantivesse reservas estrangeiras, permitindo a moeda flutuar, mas continuando a permitir que o crédito interno cresça ao longo do tempo. Sabemos da abordagem monetária que o resultado seria uma situação de *inflação em curso*, na qual E_t^s tende a subir ao longo do tempo, na proporção da taxa de crescimento do crédito interno. O painel superior da Figura 18A2.1 mostra essa tendência ascendente na taxa flutuante paralela, junto com o nível E^0, no qual a taxa de câmbio está atrelada inicialmente. O tempo T indicado no eixo horizontal é definido como a data em que a taxa de câmbio paralela atinge E^0.

O painel inferior da figura mostra como as reservas se comportam ao longo do tempo quando o crédito interno está crescendo constantemente. (Um aumento nas reservas é um movimento para baixo, desde a origem ao longo do eixo vertical.) Mostramos o caminho das reservas como uma curva angulada que cai gradualmente até o tempo T, ponto em que as reservas caem em um curso único para zero. Essa perda de reserva precipitada (de tamanho F_T^*) é o ataque especulativo que força o fim da taxa de câmbio fixa, e agora argumentamos que tal ataque deve ocorrer precisamente no tempo T se os mercados de ativos estiverem para acabar a cada momento.

Estamos supondo que a produção Y é fixa, então as reservas cairão ao longo do tempo com a mesma velocidade em que o crédito interno cresce, contanto que a taxa de juros doméstica R (e, portanto, a demanda por moeda

---

[26] Modelos alternativos de crises do balanço de pagamentos são desenvolvidos em: Paul Krugman. "A Model of Balance-of-Payments Crises". *Journal of Money, Credit and Banking*, v. 11, p. 311–325, ago. 1979; Robert P. Flood e Peter M. Garber, "Collapsing Exchange Rate Regimes: Some Linear Examples". *Journal of International Economics*, v. 17, p. 1–14, ago. 1984; e Maurice Obstfeld. "Rational and Self-Fulfilling Balance-of-Payments Crises". *American Economic Review*, v. 76, p. 72–81, Mar. 1986. Consulte também o artigo de Obstfeld nas Leituras Adicionais.

FIGURA 18A2.1 — Como é determinada a cronologia de uma crise do balanço de pagamentos

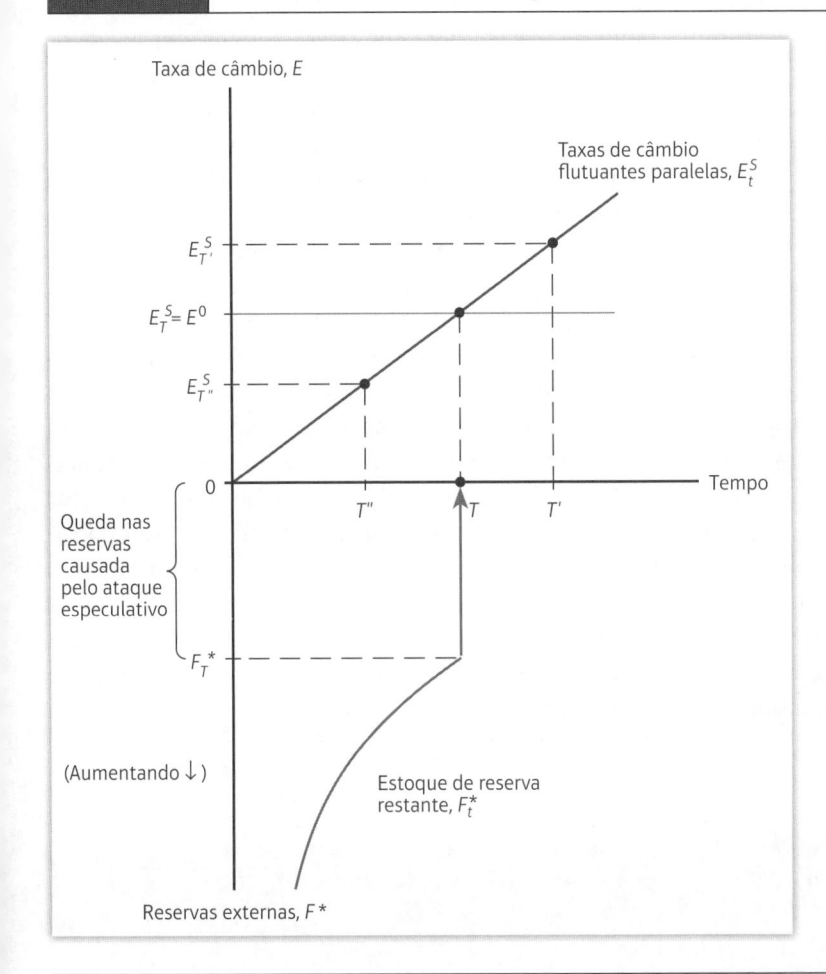

O mercado encena um ataque especulativo e compra as reservas estrangeiras restantes F_T^* no tempo T, que é quando a taxa de câmbio flutuante paralela E_t^S fica igual à taxa de câmbio fixa pré-colapso E^0.

Eixos e curvas da figura: Taxa de câmbio, E; Taxas de câmbio flutuantes paralelas, E_t^S; $E_{T'}^S$; $E_T^S = E^0$; $E_{T''}^S$; Tempo; T'', T, T'; Queda nas reservas causada pelo ataque especulativo; F_T^*; (Aumentando $\downarrow$); Estoque de reserva restante, F_t^*; Reservas externas, F^*.

---

doméstica) não mude. O que sabemos sobre o comportamento da taxa de juros? Sabemos que, enquanto a taxa de câmbio é convincentemente fixa, R será igual à taxa de juros externa R^* porque nenhuma depreciação é esperada. Assim, as reservas caem gradualmente ao longo do tempo, como mostrado na Figura 18A2.1, enquanto a taxa de câmbio permanece fixa em E^0.

Imagine agora que as reservas chegam primeiro a zero em um tempo como T', que é *posterior* ao tempo T. Nossa taxa de câmbio paralela, E^S, é definida como a taxa flutuante de equilíbrio que prevalece quando as reservas externas são zero, então se as reservas chegaram primeiro a zero no tempo T', as autoridades abandonam E^0 para sempre e a taxa de câmbio salta imediatamente para o nível superior $E_{T'}^S$. Há algo errado com esse "equilíbrio", no entanto: cada participante do mercado sabe que a moeda interna depreciará muito bruscamente no tempo T' e tentará lucrar com a compra de reservas externas do banco central, a um preço inferior E^0, apenas um instante *antes de* T'. Assim, o banco central perderá todas suas reservas antes de T', ao contrário da nossa suposição de que primeiro as reservas atingiriam zero no T'. Então não estamos realmente observando um equilíbrio.

Chegamos a um equilíbrio assumindo, em vez disso, que os especuladores compram o estoque de reserva oficial em um momento como T'' que é *anterior* ao tempo T? Novamente, a resposta é não, como você pode ver ao considerar as escolhas que enfrenta um titular individual de ativos. Ele sabe que, se as reservas do banco central chegarem a zero no tempo T'', a moeda irá valorizar de E^0 para $E_{T''}^S$, conforme o banco central deixar o mercado cambial. Isso, portanto, vai pressioná-lo a não se juntar a qualquer ataque especulativo que empurre as reservas a zero no tempo T''. Na verdade, ele prefere *vender* tanta moeda estrangeira quanto possível para o banco central imediatamente antes do tempo T'', e então comprá-la no preço mais baixo determinado pelo mercado que prevaleceria após uma crise. Entretanto, uma vez que todos os participantes de mercado achariam interessante agir dessa forma, um ataque especulativo simplesmente não pode ocorrer antes do tempo T. Nenhum especulador desejaria comprar reservas do banco central ao preço E^0, sabendo que uma perda de capital imediata discreta estava à vista.

Só se as reservas estrangeiras chegarem a zero, precisamente no tempo T, os mercados de ativos estarão continuamente em equilíbrio. Conforme observado, o tempo T é definido pela condição

$$E_T^S = E^0,$$

que afirma que, se as reservas subitamente caírem a zero no tempo T, a taxa de câmbio permanecerá inicialmente em seu nível indexado, e apenas depois flutuará para cima.

A ausência de qualquer salto inicial previsto na taxa de câmbio, seja ascendente ou descendente, elimina as oportunidades de arbitragem (descritas anteriormente) que impedem ataques especulativos em tempos como T' ou T''. Além disso, o mercado de câmbio permanece em equilíbrio no tempo T, apesar de a taxa de câmbio não saltar, porque dois fatores contrabalançam um ao outro exatamente. Conforme as reservas caem bruscamente a zero, a oferta de moeda cai. Também sabemos que nesse momento em que a taxa de câmbio fixa é abandonada, as pessoas esperam que a moeda comece a depreciação ao longo do tempo. A taxa de juros doméstica R, portanto, se moverá para cima para manter a paridade de juros, reduzindo a demanda por moeda real em consonância com a queda na oferta de moeda real.

Portanto, marcamos a data exata em que uma crise do balanço de pagamentos obriga as autoridades a saírem da taxa de câmbio fixa. Observe mais uma vez que, no nosso exemplo, uma crise deve ocorrer em *algum* ponto, porque as políticas monetárias perdulárias tornam essa crise inevitável. O fato de que uma crise ocorre enquanto as reservas externas do banco central são ainda positivas poderia sugerir aos observadores superficiais que um sentimento do mercado mal fundamentado está levando a um pânico prematuro. Esse não é o caso aqui. O ataque especulativo que analisamos é o único resultado que não enfrenta os participantes no mercado com oportunidades de arbitragem.[27] No entanto, existem modelos alternativos de crise autorrealizáveis em que os ataques podem ocorrer mesmo quando a taxa de câmbio poderia ter sido sustentada indefinidamente na ausência de um ataque.

---

[27] Nossa conclusão de que as reservas caem para zero em um único ataque vem de nossas suposições de que o mercado pode prever o futuro perfeitamente e que a negociação é realizada continuamente. Se estivéssemos em vez disso permitindo alguma incerteza mínima — por exemplo, sobre a taxa de crescimento do crédito interno do banco central — a taxa de juros doméstica subiria conforme um colapso se tornasse mais provável, causando uma série de reduções "especulativas" da demanda por moeda antes do esgotamento final das reservas externas. Cada um desses ataques preliminares seria semelhante ao tipo de crise descrito no capítulo.

CAPÍTULO 19

Sistemas monetários internacionais: uma visão histórica

Nos dois capítulos anteriores, vimos como um único país pode utilizar políticas monetárias, fiscal e de taxa de câmbio para mudar os níveis de emprego e produção dentro de suas fronteiras. Embora essa análise normalmente assuma que as condições macroeconômicas no resto do mundo não são afetadas pelas ações do país que estamos estudando, essa suposição, em geral, não é válida: qualquer mudança na taxa de câmbio real do país automaticamente implica uma mudança oposta nas taxas de câmbio reais estrangeiras, e qualquer alteração na despesa nacional geral é provável de mudar a demanda nacional por mercadorias estrangeiras. A não ser que o país seja insignificantemente pequeno, os desenvolvimentos dentro de suas fronteiras afetam as condições macroeconômicas no exterior e, portanto, complicam a tarefa dos responsáveis estrangeiros pelas decisões políticas.

A interdependência inerente das economias nacionais abertas tem tornado mais difícil para os governos atingirem metas políticas como o pleno emprego e a estabilidade do nível de preço. Os canais de interdependência dependem, por sua vez, dos arranjos monetários, fiscais e de taxa de câmbio que os países adotam: um conjunto de instituições chamado de *sistema monetário internacional*. Este capítulo examina como o sistema monetário internacional influenciou a formulação de política macroeconômica durante quatro períodos: a era do padrão-ouro (1870--1914); o período entreguerras (1918-1939); os anos pós Segunda Guerra Mundial, durante os quais as taxas de câmbio foram fixadas sob o acordo de Bretton Woods (1946-1973); e o período recente de confiança generalizada nas taxas de câmbio flutuantes (1973-presente). Como veremos, os arranjos monetários internacionais alternativos têm colocado diferentes conflitos de escolha para a política macroeconômica.

Em uma economia aberta, a política macroeconômica tem duas metas básicas: equilíbrio interno (pleno emprego com estabilidade de preço) e equilíbrio externo (evitar desequilíbrios excessivos em pagamentos internacionais). Como um país não pode alterar sua posição internacional de pagamentos sem causar automaticamente uma mudança oposta de igual magnitude na posição de pagamentos do resto do mundo, a busca de um país por suas metas macroeconômicas influencia inevitavelmente o quão bem os outros países irão atingir suas metas. Portanto, a meta para o equilíbrio externo oferece uma clara ilustração de como ações políticas levadas ao exterior podem mudar a posição de uma economia em relação à posição que seu governo prefere.

Durante todo o período desde 1870, com seus vários arranjos internacionais de moeda, como os países tentaram atingir o equilíbrio interno e externo e quão bem-sucedidos eles foram? Por que sistemas monetários internacionais diversos prevaleceram em tempos diferentes? Os responsáveis pelas decisões políticas preocuparam-se com as repercussões estrangeiras de suas ações, ou cada um adotou medidas nacionalistas, que eram autodestrutivas para a economia mundial como um todo? As respostas para essas questões dependem do sistema monetário internacional em vigor naquele momento.

OBJETIVOS DE APRENDIZAGEM

Após a leitura deste capítulo, você será capaz de:

- Explicar como as metas de equilíbrio interno e externo motivam os responsáveis pelas decisões políticas da economia em economias abertas.
- Entender o trilema monetário que os responsáveis pelas decisões políticas de economias abertas inevitavelmente enfrentam e como o sistema monetário internacional alternativo trata esse trilema de formas diferentes.
- Descrever a estrutura do padrão-ouro internacional, que ligava as taxas de câmbios e políticas dos países antes da Primeira Guerra Mundial, e o papel da Grande Depressão da década de 1930 em acabar com os esforços para restaurar a ordem monetária mundial pré-1914.
- Discutir como o sistema de Bretton Woods pós-Segunda Guerra Mundial de taxas de câmbio globalmente fixas foi desenvolvido para combinar estabilidade de taxa de câmbio com autonomia limitada das políticas macroeconômicas nacionais.
- Explicar como o sistema Bretton Woods desmoronou em 1973 e por que muitos economistas naquela época favoreceram um sistema financeiro internacional como o atual, baseado em taxas de câmbio flutuantes de dólar.
- Resumir como as políticas monetária e fiscal de um grande país como os Estados Unidos são transmitidas ao exterior sob as taxas de câmbio flutuantes.
- Discutir como a economia mundial se saiu nos anos recentes e quais lições a experiência pós-1973 ensina sobre a necessidade de coordenação política internacional.

Metas de política macroeconômica na economia aberta

Em economias abertas, os responsáveis pelas decisões políticas são motivados pelas metas de equilíbrio interno e externo. Definido de forma simples, o **equilíbrio interno** requer o pleno emprego dos recursos de um país e a estabilidade do nível de preço nacional. O **equilíbrio externo** é atingido quando a conta-corrente de um país não está em um déficit tão profundo que faça o país ser incapaz de pagar suas dívidas exteriores no futuro, nem em um superávit tão forte que faça os estrangeiros serem colocados nessa posição.

Na prática, nenhuma dessas definições captura toda a gama das preocupações políticas potenciais. Junto com o pleno emprego e a estabilidade do nível de preço geral, por exemplo, os responsáveis pelas decisões políticas podem ter uma distribuição de renda especial como alvo interno adicional. Dependendo dos arranjos da taxa de câmbio ou outros fatores, os responsáveis pelas decisões políticas podem preocupar-se com mudanças no balanço das contas de pagamentos diferentes da conta-corrente. Para tornar as coisas ainda mais complicadas, a linha entre metas externas e internas pode ser imprecisa. Como uma pessoa deve classificar uma meta de emprego para as indústrias de exportação, por exemplo, quando o crescimento de exportação influencia a capacidade da economia em pagar suas dívidas estrangeiras?

Entretanto, as definições simples de equilíbrio interno e externo dadas anteriormente capturam as metas que a maioria dos responsáveis pelas decisões políticas dividem, independentemente de seu ambiente econômico particular. Portanto, organizamos nossa análise em volta dessas definições e discutimos possíveis aspectos adicionais de equilíbrio interno e externo quando eles são relevantes.

Equilíbrio interno: pleno emprego e estabilidade do nível de preço

Quando os recursos produtivos de um país são plenamente empregados e seu nível de preço está estável, o país está em equilíbrio interno. O desperdício e a dificuldade que ocorrem quando os resultados são subempregados são claros. No entanto, se a economia de um país está "superaquecida" e os recursos são *super*empregados, ocorre um tipo de desperdício diferente (embora provavelmente menos prejudicial). Por exemplo, trabalhadores com horas extras podem preferir trabalhar menos e desfrutar de lazer, mas seus contratos exigem que eles trabalhem horas mais longas durante períodos de demanda alta. As máquinas que trabalham de forma mais intensa do que o normal tenderão a ter problemas mais frequentes e depreciarão mais rapidamente.

Sub ou superemprego também leva a movimentos gerais do nível de preço que reduzem a eficiência da economia, tornando o valor real da unidade monetária menos certo e, portanto, um guia menos útil para decisões econômicas. Já que os salários e preços nacionais aumentam quando as demandas por mão de obra e produção ultrapassam níveis de pleno emprego e caem no caso oposto, o governo deve evitar movimentos substanciais na demanda agregada em relação ao seu nível de pleno emprego para manter um nível de preço estável e previsível.

A inflação ou a deflação podem acontecer mesmo em condições de pleno emprego, é claro, se as expectativas dos trabalhadores e empresas sobre a política monetária futura levarem a uma espiral de salário-preço para cima ou para baixo. Contudo, tal espiral pode continuar somente se o banco central realiza as expectativas por meio de injeções ou retiradas contínuas de moeda (Capítulo 15).

Um resultado particularmente perturbador de um nível de preço estável é seu efeito no valor real de contratos de empréstimos. Como os empréstimos tendem a ser denominados na unidade monetária, mudanças inesperadas no nível de preço fazem a renda ser redistribuída entre credores e devedores. Um súbito aumento no nível de preço norte-americano, por exemplo, faz as pessoas com débito em dólar ficarem em melhor situação, já que a moeda que eles devem aos credores agora vale menos em termos de mercadorias e serviços. Ao mesmo tempo, o aumento de nível de preço deixa os credores em pior situação. Como tal redistribuição de renda acidental pode causar sofrimento considerável para aqueles que são prejudicados, os governos têm outra razão para manter a estabilidade do nível de preço.[1]

Teoricamente, uma tendência perfeitamente previsível de aumento ou queda de preços não seria muito dispendiosa, já que todos seriam capazes de calcular facilmente o valor real da moeda em qualquer ponto no futuro. Mas no mundo real, parece não existir algo como uma taxa de inflação previsível. De fato, a experiência mostra que a imprevisibilidade do nível de preço geral é aplicada tremendamente em períodos de mudança rápida de nível de preço. Os custos da inflação têm sido mais aparentes no período pós-guerra em países como Argentina, Brasil, Sérvia e Zimbábue, onde aumentos astronômicos do nível de preço fazem as moedas nacionais praticamente pararem de funcionar como unidades de contabilidade ou reserva de valor.

Portanto, para evitar a instabilidade do nível de preço, o governo deve impedir grandes flutuações na produção, que também são indesejáveis em si. Além disso, o governo deve evitar a inflação e a deflação assegurando que a oferta de moeda não cresça rápido ou devagar demais.

---

[1] A situação é um pouco diferente quando o governo em si é um grande devedor na moeda nacional. Nesses casos, uma inflação surpresa que reduz o valor real da dívida do governo pode ser uma forma conveniente de taxar o público. Esse método de taxação era muito comum em países em desenvolvimento no passado (veja o Capítulo 22), mas em outros lugares tem sido normalmente aplicado com relutância e em situações extremas (por exemplo, durante ou logo após guerras). Uma política de tentar surpreender o público com a inflação mina a credibilidade do governo e, por meio do efeito Fisher, piora os termos nos quais o governo pode pegar empréstimos no futuro.

Equilíbrio externo: o nível ideal de conta-corrente

A noção de equilíbrio externo é mais difícil de definir do que a do equilíbrio interno, porque não existem referências inequívocas como "pleno emprego" ou "preços estáveis" para aplicar nas transações econômicas externas. Se o comércio de uma economia com o mundo afora causa problemas macroeconômicos depende de vários fatores, incluindo as circunstâncias particulares da economia, as condições do mundo afora e os arranjos institucionais que governam suas relações econômicas com países estrangeiros. Um país comprometido em fixar sua taxa de câmbio em relação à moeda estrangeira, por exemplo, pode muito bem adotar uma definição diferente do equilíbrio externo do que um país cuja moeda flutua.

Os livros de economia internacional frequentemente identificam o equilíbrio externo com equilíbrio na conta-corrente de um país. Embora essa definição seja apropriada em algumas circunstâncias, ela não é apropriada como regra geral. Lembre-se do Capítulo 13 que um país com um déficit em conta-corrente está pegando emprestados recursos do resto do mundo, os quais terá de devolver no futuro. Entretanto, essa situação não é necessariamente indesejável. Por exemplo, as oportunidades do país para investir os recursos emprestados podem ser atrativas em relação às oportunidades disponíveis no resto do mundo. Nesse caso, pagar empréstimos de estrangeiros não apresenta nenhum problema, porque um investimento lucrativo vai gerar um retorno alto suficiente para cobrir os juros e o principal nesses empréstimos. Similarmente, um superávit em conta-corrente pode não apresentar nenhum problema se as poupanças nacionais estão sendo investidas de forma mais lucrativa no exterior do que seriam no próprio país.

De forma mais geral, podemos pensar nos desequilíbrios da conta-corrente como mais um exemplo de como os países ganham com o comércio. O comércio envolvido é o que chamamos de *comércio intertemporal*, isto é, o comércio do consumo durante o tempo (veja os capítulos 6 e 17). Assim como países com diferentes habilidades de produzir mercadorias em um único ponto no tempo ganham ao concentrar sua produção no que eles fazem melhor, os países podem ganhar em concentrar o investimento mundial naquelas economias mais capazes de tornar a produção atual em produção futura. Os países com fracas oportunidades de investimento deveriam investir menos nacionalmente e canalizar suas poupanças em atividades de investimentos mais produtivos no exterior. Colocando de outra forma, países onde o investimento é relativamente improdutivo deveriam ser exportadores líquidos de produção atualmente disponível (e, portanto, ter superávits em conta-corrente), enquanto países onde o investimento é relativamente produtivo deveriam ser importadores líquidos da produção disponível (e ter déficits de conta-corrente). Para pagar suas dívidas exteriores quando os investimentos atingem a maturidade, os últimos países exportam a produção para os primeiros e, dessa forma, completam a troca de produção presente por produção futura.

Outras considerações também podem justificar uma conta-corrente desequilibrada. Um país onde a produção cai temporariamente (por exemplo, por causa de uma safra excepcionalmente ruim) pode desejar pegar um empréstimo com estrangeiros para evitar uma queda drástica temporária em seu consumo, que ocorreria de qualquer forma. Na ausência desse empréstimo, o preço da produção presente em termos de produção futura seria mais alto no país de baixa produção do que no exterior, então o comércio intertemporal que elimina essa diferença de preço leva a ganhos mútuos.

Insistindo que mesmo que todos os países estiverem em equilíbrio de conta-corrente, isso não garante nenhuma provisão para esses importantes ganhos de comércio ao longo do tempo. Portanto, nenhum responsável pelas decisões políticas realista desejaria adotar uma conta-corrente equilibrada como meta política apropriada em todas as circunstâncias.

Em um dado ponto, entretanto, os responsáveis pelas decisões políticas geralmente adotam *alguma* meta de conta-corrente como objetivo, e essa meta define seu objetivo de equilíbrio externo. Embora o nível da meta da conta-corrente em geral não seja zero, os governos normalmente tentam evitar superávits e déficits externos demasiado grandes, a não ser que eles tenham evidência clara de que desequilíbrios grandes são justificados por ganhos potenciais de comércio intertemporal. Os governos são cautelosos porque o equilíbrio exato da conta-corrente que maximiza os ganhos do comércio intertemporal é difícil, se não impossível, de descobrir. Além disso, esse equilíbrio ideal de conta-corrente pode mudar de forma imprevisível ao longo do tempo conforme as condições nas economias nacional e global mudam. Contudo, os equilíbrios da conta-corrente que estão muito longe da verdade podem causar sérios problemas.

Problemas com déficits excessivos em conta-corrente Por que os governos preferem evitar déficits em conta-corrente que são muito grandes? Como observado, um déficit em conta-corrente (que significa que a economia está pegando empréstimo no exterior) pode não representar problema se os fundos emprestados são canalizados em projetos de investimento produtivo nacional que se pagam com a receita que geram no futuro. Algumas vezes, entretanto, grandes déficits em conta-corrente representam um consumo temporariamente alto, resultado por políticas governamentais mal orientadas ou outros problemas de funcionamento na economia. Em outros momentos, os projetos de investimento que se apoiam em fundos estrangeiros podem ser mal planejados e baseados em expectativas muito otimistas sobre a lucratividade futura. Nesses casos, o governo pode desejar reduzir o déficit em conta-corrente imediatamente em vez de enfrentar problemas no pagamento de dívidas estrangeiras mais tarde. Em especial, um grande déficit em conta-corrente causado por uma política fiscal expansionista, que não torna as oportunidades de investimento nacional simultaneamente mais lucrativas pode sinalizar a necessidade do governo em restaurar o equilíbrio externo mudando seu curso econômico. Toda economia aberta enfrenta uma **restrição orçamentária intertemporal** que limita seus gastos ao longo do tempo em níveis que lhe permitam pagar os juros e o principal em seus débitos externos. Uma versão simples daquela restrição de orçamento que discutimos nos Apêndices dos capítulos 6 e 17 e uma versão mais realista são obtidas no quadro adiante sobre o endividamento externo e as dívidas da Nova Zelândia.

Às vezes, a meta externa é imposta pelo exterior em vez de escolhida pelo governo nacional. Quando os países começam a ter problema com seus pagamentos de empréstimos externos passados, os credores estrangeiros ficam relutantes em emprestar-lhes novos fundos e podem até mesmo exigir pagamento imediato dos empréstimos anteriores. Os economistas referem-se a tal evento como **parada súbita** em empréstimos exteriores. Nesses casos, o governo nacional deve tomar ação severa para reduzir o empréstimo exterior desejado do país para níveis possíveis, assim como pagar empréstimos que estão vencendo e que os estrangeiros não querem renovar. Um grande déficit em conta-corrente pode minar a confiança dos investidores estrangeiros e contribuir para uma parada súbita. Além disso, o caso de uma parada súbita, quanto maior o déficit inicial, maior e mais difícil é a queda necessária em gastos nacionais para fazer a economia viver estritamente dentro de suas possibilidades.

Problemas com superávits excessivos em conta-corrente Um superávit excessivo em conta-corrente representa problemas diferentes daqueles representados pelos déficits. Um superávit na conta-corrente implica que o país está acumulando ativos localizados no exterior. Por que os créditos nacionais crescentes em riqueza estrangeira são sempre um problema? Uma razão potencial

UM PAÍS PODE PEDIR EMPRÉSTIMOS PARA SEMPRE? O CASO DA NOVA ZELÂNDIA

O pequeno país do Pacífico, a Nova Zelândia, (com uma população em torno de 4,5 milhões) tem tido déficits em conta-corrente todo ano por muitos anos, há tanto tempo quanto as estatísticas do país conseguem alcançar. Como resultado, sua dívida líquida para credores estrangeiros é por volta de 70% de sua produção nacional. Ainda assim, os credores continuam a conceder crédito e parecem não se preocupar com o pagamento (em contraste com muitos casos que estudaremos mais para frente). É possível que um país endividado pegue empréstimo ano após ano sem quebrar? Talvez, de forma surpreendente, a resposta seja sim — se ele não pega muito emprestado.

Para entender o porquê, temos de pensar sobre a restrição de orçamento de um país quando ele pode pegar empréstimo e emprestar por um longo tempo.[2] (Nossa análise também salientará por que o IIP é tão importante). Vamos continuar a considerar o IIP a riqueza externa líquida do país (créditos sobre os estrangeiros menos os passivos) e deixemos o PIB representar o produto interno bruto ou a produção dentro das fronteiras do país. Deixemos r (constante) para a taxa de juros que o país tanto ganha em riqueza mantida no exterior quanto quando paga seus passivos para os estrangeiros.[3] Se assumirmos, para simplificar, que o produto nacional bruto Y é a soma do PIB e a renda de investimento estrangeiro líquida, $Y = PIB + rIIP$, então podemos expressar a conta-corrente em qualquer ano t como

$$CC_t = IIP_{t+1} - IIP_t = Y_t - (C_t + I_t + G_t)$$
$$= rIIP_t + PIB_t - (C_t + I_t + G_t).$$

(Pense em IIP_{t+1} como a riqueza externa líquida ao *fim* do ano t. Vimos no Estudo de Caso do Capítulo 13 que a relação anterior não é sempre precisa por causa dos ganhos de preço e as perdas em passivos externos líquidos que não são capturados na renda nacional e contas de produtos. Falaremos mais sobre isso no final.)

Defina as exportações líquidas, a diferença (possivelmente negativa) entre o que um país produz nacionalmente e o que demanda, como $NX_t = PIB_t - (C_t + I_t + G_t)$. (As exportações líquidas, às vezes, são chamadas de "balança comercial".) Então podemos reescrever a equação anterior de conta-corrente como

$$IIP_{t+1} = (1+r)IIP_t + NX_t.$$

Agora temos de recorrer a uma simples, porém tortuosa, álgebra. Imagine que na última equação começamos em um ano denominado $t = 0$, e que existe um ano T bem longe no futuro no qual todos têm dívidas a serem pagas, de forma que $IIP_T = 0$. Aplicaremos a equação anterior par ao IIP sucessivamente para os anos 1, 2, 3 e assim por diante até T. Para começar, observe que a equação anterior pode ser manipulada para tornar-se

$$IIP_0 = -\frac{1}{1+r}NX_0 + \frac{1}{1+r}IIP_1.$$

Mas uma relação similar a essa última mantém-se verdadeira com IIP_1 do lado esquerdo e IIP_2 e NX_1 do lado direito. Se substituirmos isso pelo IIP_1 anterior, teremos

$$IIP_0 = -\frac{1}{1+r}NX_0 - \frac{1}{(1+r)^0}NX_1.$$
$$+\frac{1}{(1+r)^2}IIP_2.$$

É claro, podemos continuar a fazer essas substituições até alcançarmos $IIP_T = 0$ (o ponto no qual todos os débitos foram totalmente pagos). A equação resultante é a *restrição de orçamento intertemporal* da economia:

$$IIP_0 = -\frac{1}{1+r}NX_0 - \frac{1}{(1+r)^2}NX_1.$$
$$+\frac{1}{(1+r)^3}NX_2 - \ldots - \frac{1}{(1+r)^T}NX_{T-1}.$$

Se o país tem um IIP inicialmente positivo (ativos estrangeiros em excesso de passivos), essa restrição intertemporal afirma que o país pode ter um fluxo de déficits de exportação líquida no futuro ($NX < 0$), desde que o *valor atual descontado* desses déficits não seja maior do que os créditos líquidos iniciais da economia sobre estrangeiros. Por outro lado, se inicialmente o IIP < 0, a economia deve ter superávits futuros de exportações líquidas suficientes para pagar

---

[2] Nossa discussão é intimamente relacionada com dos Apêndices dos capítulos 6 e 17, mas é mais geral, pois permite vários períodos de tempo (não somente dois) e um *IIP* inicial de não zero.

[3] Uma interpretação simples do modelo é imaginar que todos os ativos estrangeiros e passivos são títulos denominados em uma única moeda global, onde r é a taxa de juros *nominal* medida na moeda global. Na prática, entretanto, as taxas nominais de retorno em ativos e passivos estrangeiros podem diferir e podem ser um pouco imprevisíveis, como discutimos mais para baixo. Nos apêndices dos capítulos 6 e 17, interpretamos r como a taxa de juros *real* global, que poderíamos utilizar aqui também se medíssemos o *PIB*, Y, e o *IIP* todos em termos reais (em vez de em termos de moeda global hipotética).

sua dívida líquida aos estrangeiros (com juros, que é o motivo pelo qual as exportações líquidas são descontadas por *r* e descontadas de forma mais pesada quanto mais longe no futuro elas ocorrerem.). Então, um país endividado como a Nova Zelândia definitivamente não pode ter déficits de *exportação líquida* ou *balança comercial* para sempre. Em algum ponto, deve produzir mais mercadorias e serviços do que absorve a fim de pagar o que deve. Caso contrário, está constantemente pegando mais empréstimos para pagar o que deve, uma estratégia que pode, eventualmente, entrar em colapso quando o país não tiver mais novos credores (e provavelmente muito antes disso).[4]

Mas e o saldo da conta-corrente, que iguala as exportações líquidas *mais* o fluxo negativo de juros líquidos de pagamentos implicado pelo *IIP* negativo do país? Talvez, surpreendentemente, essa soma não precise *nunca* ser positiva para o país permanecer merecedor de crédito.

Para ver por que, é útil reescrever a restrição de orçamento intertemporal anterior em termos de *relações* para a produção nominal (PIB nominal), *iip* = *IIP/PIB* e *nx* = *NX/PIB*. Suponha que o PIB nominal cresce a uma taxa anual constante *g* que está abaixo de *r*, significando que $PIB_t = (1+g)\, PIB_{t-1}$.

Então, após dividir a restrição de orçamento intertemporal pelo PIB no ano 0, podemos ver que

$$iip_0 = \frac{IIP_0}{PIB_0} = -\frac{1}{1+r}\frac{NX_0}{PIB_0} - \frac{1}{(1+r)^2}\frac{NX_1}{PIB_1}$$

$$\frac{PIB_1}{PIB_0} - \ldots - \frac{1}{(1+r)^T}\frac{NX_{T-1}}{PIB_{T-1}}\frac{PIB_{T-1}}{PIB_0}$$

$$= -\frac{1}{1+r}nx_0 - \frac{1+g}{(1+r)^2}nx_1 - \frac{(1+g)^2}{(1+r)^3}nx_2$$

$$-\ldots - \frac{(1+g)^{T-2}}{(1+r)^T}nx_{T-1}.$$

Agora vamos aplicar essa versão da restrição de orçamento do país, que simplificamos assumindo que o horizonte temporal é muito longo, fazendo a restrição aproximadamente a mesma que a expressão de somatória infinita:

$$iip_0 = -\frac{1}{1+g}\sum_{t=1}^{\infty} t\left(\frac{1+g}{1+r}\right)^t nx_{t-1}.$$

Para ilustrar como um país pode facilmente conduzir um déficit em conta-corrente perpétuo, vamos perguntar em que nível *constante* de exportações líquidas $\overline{nx}$ permitirá ao país respeitar essa restrição de orçamento. Encontramos esse nível de exportação líquida constante substituindo $\overline{nx}$ na equação anterior e simplificando ao usar a fórmula de soma de uma série geométrica.[5]

$$iip_0 = -\frac{1}{1+g}\sum_{t=1}^{\infty} t\left(\frac{1+g}{1+r}\right)^t \overline{nx} = \frac{-\overline{nx}}{r-g}.$$

Essa solução implica exportações líquidas de $\overline{nx} = -(r-g)iip_0$. Por exemplo, se iip_0 é negativo (o país é um devedor líquido), então $\overline{nx}$ precisará ser positivo e, por construção, é grande o suficiente para o país pagar sua dívida ao longo do tempo.

Qual nível de saldo de conta-corrente isso implica, todavia? O saldo da conta-corrente no ano inicial *t* = 0 (expresso como uma fração de seu PIB) é igual a $cc_0 = r(iip_0) + \overline{nx} = r(iip_0) - (r-g)iip_0 = g(iip_0)$. Para um país devedor como a Nova Zelândia, a conta-corrente inicial é, portanto, um déficit. Uma implicação desse nível de conta-corrente, entretanto, é que a proporção do *IIP* para o PIB permanecerá constante para sempre no nível $\overline{iip} = iip_0$, de forma que a conta-corrente também permanecerá constante em $g(\overline{iip})$: esse nível de conta-corrente é suficiente para manter a relação de ativos líquidos estrangeiros ou dívidas para o PIB constantes, dado que o PIB nominal está crescendo a uma taxa *g*.[6] Portanto, se a relação de exportações líquidas para o PIB é mantida constante no valor certo, um país com uma dívida externa líquida inicial conduzirá perpetuamente déficits em sua conta-corrente, embora mantendo ainda uma relação constante de passivos líquidos estrangeiros para a produção nacional.

A Figura 19.1 mostra dados da Nova Zelândia em exportações líquidas e conta-corrente (lado esquerdo

---

[4] As estratégias baseadas em sempre pagar velhos credores com dinheiro emprestado de novos credores (em oposição ao pagamento com ganhos genuínos de investimento) são conhecidas como *esquema Ponzi*. Charles Ponzi (1882-1949) prometeu a investidores ingênuos de Massachusetts que ele poderia dobrar seu dinheiro em 90 dias, mas quando ele tinha de pagá-los, ele fazia com fundos fornecidos por novos investidores. As autoridades norte-americanas prenderam Ponzi em 1920 após a natureza fraudulenta de seu modelo de negócio ficar conhecida. Mais recentemente, o financista Bernard Madoff manteve um esquema muito maior do que o de Ponzi por muitos anos.

[5] Lembre-se de suas aulas de matemática no colegial que se x é um número menor do que 1 em valor absoluto, então

$x + x^2 + x^3 + \ldots = \dfrac{x}{1-x}$. No exemplo atual, $x = \dfrac{1+g}{1+r} < 1$.

[6] Portanto, se o PIB nominal cresce em 5% ao ano, a conta-corrente aumentará os ativos ou dívidas líquidos estrangeiros em 5% também, deixando a relação constante. O Problema 8 no fim deste capítulo pede para você verificar isso algebricamente.

FIGURA 19.1 Exportações líquidas da Nova Zelândia, conta-corrente e a posição de investimento internacional líquida, 1992-2012

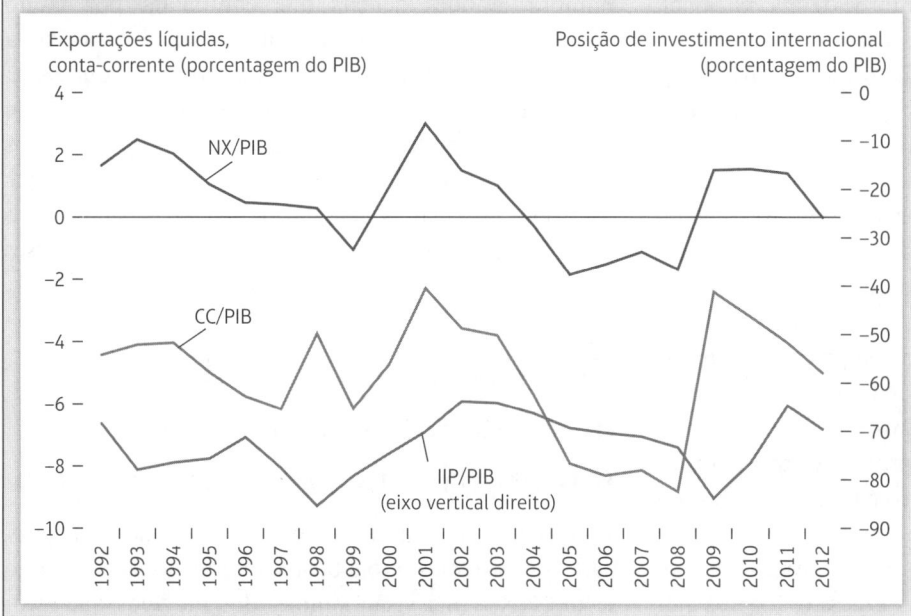

A nova Zelândia tem tido consistentemente um déficit em conta-corrente por décadas, ainda assim seus passivos líquidos estrangeiros permanecem próximo a 70% do PIB.

Fonte: Estatísticas Nova Zelândia.

do eixo vertical) e o *IIP* (lado direito do eixo vertical), todos expressos como porcentagens do PIB. Na história recente, como você pode ver, a Nova Zelândia tem tido um saldo de conta-corrente negativo todo ano, ainda assim sua relação *IIP*-para-PIB permanece mais ou menos constante em −70% do PIB. Como isso tem sido possível? Como a taxa de crescimento médio do PIB nominal da Nova Zelândia foi de 5% para o período 1992-2012, nossa fórmula anterior sugere que a uma taxa de juros de $r = 6\%$ por ano, a relação *IIP*-para-PIB permanece constante se, em média, a Nova Zelândia tem um superávit exportação líquida anual igual a

$$\overline{nx} = -(r-g)iip_0 = (.06 - .05) \times (.7).$$
$$= .01 \times .7 = 0.007,$$

ou 0,7% do PIB. Mas essa é *exatamente* a proporção média das exportações líquidas da Nova Zelândia para seu PIB durante o período 1992-2012 mostrado na figura![7]

Podemos confirmar *independentemente* que a taxa de retorno do *IIP* da Nova Zelândia era de cerca de 6% durante esse período? Tais estimativas não são tão fáceis de fazer, porque precisaríamos de dados detalhados dos passivos e investimentos estrangeiros do país e suas taxas de retorno (lembre-se de nossa discussão sobre o *IIP* norte-americano no fim do Capítulo 13). Podemos ter uma resposta parcial (porque ela ignora ganhos de capital e perdas em ativos e passivos estrangeiros) olhando para o balanço de renda de investimento internacional da Nova Zelândia, calculado como uma fração do *IIP*. Durante 1992-2012, a Nova Zelândia pagou em média, juros líquidos e dividendos igual a 8,3% de sua dívida externa líquida. Isso é maior do que a taxa de 6% que estabiliza o *IIP* em relação ao PIB.

O que explica a diferença? Uma possibilidade é que os fluxos de juros para a Nova Zelândia são subestimados nos dados oficiais, por causa do problema padrão de sub-reportar (Capítulo 13). Além disso, os passivos brutos estrangeiros da Nova Zelândia consistem largamente de dívida bancária, denominados em dólares (ou "kiwi") da Nova Zelândia, embora seus ativos brutos estrangeiros incluam ações substanciais mais outros ativos denominados em moedas estrangeiras. Apesar de o kiwi ter sofrido valorização desde 1992 (em torno de 55 a 80 centavos de dólar por kiwi dólar), os mercados de ações globais foram muito bem durante esse período. Por exemplo, o índice *Standard and Poor 500* dos preços de ações norte-americanas aumentou aproximadamente quatro vezes mais. Evidentemente, esses ganhos em ativos estrangeiros têm ajudado a reduzir o custo anual *total* médio do *IIP* negativo da Nova Zelândia para 6%.

---

[7] O déficit médio em conta-corrente implicado por esse cálculo é bem grande: $g(iip_0) = 0{,}05 \times 0{,}7 = 3{,}5\%$ do PIB anualmente.

decorre do fato de que, para um dado nível de poupança nacional, um superávit em conta-corrente aumentado implica menor investimento em fábrica e equipamento nacional. (Isso vem da identidade de renda nacional, $S = CC + I$, que diz que a poupança nacional total, S, é dividida entre acumulação de ativo estrangeiro, CC, e investimento nacional, I). Vários fatores podem levar os responsáveis pelas decisões políticas a preferirem que a poupança nacional seja empregada a níveis maiores de investimento nacional e níveis menores de investimento estrangeiro. Primeiro, os retornos em capital nacional podem ser mais fáceis de taxar do que aqueles em ativos localizados no exterior. Segundo, uma adição ao capital social nacional pode reduzir o desemprego nacional e, portanto, levar a uma renda nacional maior do que uma adição igual aos ativos estrangeiros. Por fim, o investimento nacional feito por uma empresa pode ter efeitos de derramamento tecnológico benéfico para outros produtores que a empresa investidora não captura.

Se um grande superávit em conta-corrente nacional reflete empréstimos externos excessivos feitos por estrangeiros, o país pode no futuro encontrar-se incapaz de colher todo o dinheiro que deve. Colocando de outra forma, o país pode perder parte de sua riqueza externa se os estrangeiros descobrirem que ele pegou emprestado mais do que pode pagar. Em contraste, o não pagamento de um empréstimo entre os residentes leva a uma redistribuição da riqueza nacional dentro do país, mas não causa mudança no nível de riqueza nacional.[8] Os superávits excessivos em conta-corrente também podem ser inconvenientes por razões políticas. Países com grandes superávits podem tornar-se alvo de barreiras de importação discriminatórias impostas por parceiros de comércio com déficits externos. O Japão esteve nessa posição no passado e os superávits da China inspiraram a mais visível das ameaças protecionistas atuais. Para evitar restrições prejudiciais, os países com superávit podem tentar impedir seus superávits de tornarem-se muito grandes.

Resumo A meta do equilíbrio externo é um nível de conta-corrente que permite que os ganhos mais importantes com o comércio ao longo do tempo sejam realizados sem arriscar os problemas discutidos anteriormente. Como os governos não sabem exatamente qual é esse nível de conta-corrente, eles podem tentar evitar grandes déficits ou superávits a não ser que exista evidência clara de grandes ganhos com o comércio intertemporal.

---

[8] Esse fato foi apontado por John Maynard Keynes em: "Foreign Investment and National Advantage". *The Nation and Athenaeum*, v. 35, p. 584–587, 1924.

Entretanto, existe uma assimetria fundamental entre as pressões que empurram os países em déficit ou superávit a ajustar seus desequilíbrios externos para baixo. Embora grandes déficits que continuam por muito tempo possam ser forçosamente eliminados por uma súbita parada nos empréstimos, não é provável que exista uma parada súbita na vontade de países que pegam empréstimos em absorver os fundos que são fornecidos pelos estrangeiros! Portanto, essas pressões de ajuste que confrontam os países deficitários são geralmente muito mais fortes do que aquelas que confrontam os países superavitários.

Classificação dos sistemas monetários: o trilema monetário da economia aberta

A economia mundial evoluiu por meio de uma variedade de sistemas monetários internacionais desde o século XX. Uma visão simples dos modelos que estudamos na última parte deste texto será muito útil na compreensão das diferenças-chave entre esses sistemas, bem como os fatores econômicos, políticos e sociais que levam os países a adotar um sistema em vez do outro. A visão na qual iremos nos apoiar é a de que os responsáveis pelas decisões políticas em uma economia aberta encaram um **trilema monetário** inescapável ao escolher os arranjos da moeda que os permitam atingir melhor suas metas de equilíbrio interno e externo.

O Capítulo 18 mostrou como um país que fixa a taxa de câmbio da moeda, embora permita os movimentos livres de capital internacional, abre mão do controle sobre a política monetária nacional. Esse sacrifício ilustra a impossibilidade de um país em ter mais do que dois itens da lista a seguir:
1. Estabilidade da taxa de câmbio.
2. Política monetária voltada para metas nacionais.
3. Liberdade de movimentos de capital internacional.

Como essa lista contém propriedades de um sistema monetário internacional que a maioria dos economistas consideraria desejável, a necessidade em escolher somente duas é um trilema para regimes políticos. É um *tri*lema em vez de um *di*lema porque são três as opções disponíveis: 1 e 2, 1 e 3 ou 2 e 3.

Como já vimos, os países com taxas de câmbio fixas que permitem mobilidade de capital livre entre suas fronteiras sacrificam o item 2, uma política monetária voltada para o próprio país. Por outro lado, se um país com taxa de câmbio fixa restringe os fluxos financeiros internacionais de forma que a condição de paridade de juros, $R = R^*$, não precise ser mantida verdadeira (sacrificando dessa forma o item 3), ele ainda é capaz de mudar a taxa de juros nacional de modo a influenciar a economia nacional (portanto preservando o item 2). Dessa forma, por exemplo, o país pode ser capaz de reduzir o superaquecimento nacional (chegando mais próximo do equilíbrio interno ao aumentar a taxa de juros) sem causar uma queda em suas exportações (impedindo um potencial desvio do equilíbrio externo em virtude de uma valorização de sua moeda). Por fim, como o Capítulo 17 mostrou, um país que tem uma taxa de câmbio flutuante (e, portanto, abre mão do item 1) pode utilizar a política monetária para guiar a economia apesar de os fluxos financeiros nas fronteiras serem livres. Mas a taxa de câmbio pode tornar-se bem imprevisível como resultado, complicando o planejamento econômico de importadores e exportadores.

A Figura 19.2 mostra as três propriedades desejáveis anteriores de um regime monetário internacional esquematizadas como os vértices de um triângulo. Somente dois podem ser alcançados simultaneamente. Cada base do triângulo representa um regime político consistente com as duas propriedades mostradas nos pontos finais das pontas.

É claro, o trilema não implica que os regimes intermediários são impossíveis, somente que eles vão exigir

FIGURA 19.2 O trilema monetário para economias abertas

Os vértices do triângulo mostram três características que os responsáveis pelas decisões políticas nas economias abertas prefeririam que seu sistema monetário atingisse. Infelizmente, no máximo duas podem coexistir. Cada um dos três regimes políticos indicados nas bases do triângulo (taxa de câmbio flutuante, taxa de câmbio fixa e controles financeiros) é consistente com duas metas entre as quais ele se situa no diagrama.

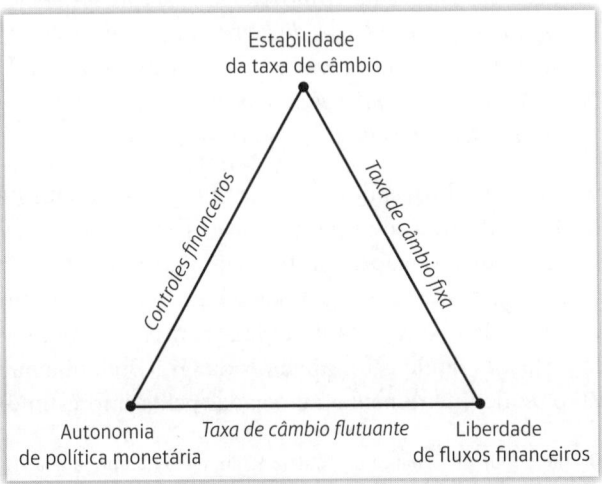

que o responsável pelas decisões políticas faça a difícil escolha entre objetivos diferentes. Por exemplo, uma intervenção monetária mais agressiva para administrar a taxa de câmbio pode reduzir a volatilidade da taxa, mas somente ao custo de reduzir a capacidade da política monetária em buscar metas diferentes da taxa de câmbio. Similarmente, uma abertura parcial da conta financeira permitirá alguns empréstimos internacionais fora de suas fronteiras. Ao mesmo tempo, entretanto, fixar a taxa de câmbio diante de mudanças da taxa de juros nacional exigirá volumes maiores de intervenção e potencialmente maiores retiradas em reservas cambiais estrangeiras, que seriam necessárias se as transações além das fronteiras fossem completamente proibidas. Portanto, a capacidade do banco central em garantir a estabilidade da taxa de câmbio (evitando desvalorizações e crises) vai diminuir.

Política macroeconômica internacional sob o padrão-ouro, 1870-1914

O período do padrão-ouro entre 1870 e 1914 era baseado em ideias sobre política macroeconômica internacional bem diferentes daquelas que formaram a base dos arranjos monetários internacionais desde a Segunda Guerra Mundial. Mesmo assim, o período demanda atenção, porque tentativas subsequentes de reformar o sistema monetário internacional na base de taxas de câmbio fixas podem ser vistas como tentativas de ressaltar os pontos fortes do padrão-ouro e evitar seus pontos fracos. (Alguns desses pontos fortes e fracos foram discutidos no Capítulo 18.) Esta seção olha para como o padrão-ouro funcionou na prática antes da Primeira Guerra Mundial e examina o quão bem ele permitiu aos países a atingirem as metas de equilíbrio interno e externo.

Origens do padrão-ouro

O padrão-ouro teve sua origem na utilização de moedas de ouro como meio de troca, unidade contábil e reserva de valor. Embora o ouro tenha desempenhado esses papéis desde os tempos antigos, o padrão-ouro como uma instituição legal data de 1819, quando o Parlamento Britânico anulou as restrições de longo prazo na exportação de moedas e barras de ouro da Grã-Bretanha.

Mais tarde no século XX, os Estados Unidos, a Alemanha, o Japão e outros países também adotaram o padrão-ouro. Nessa época, a Grã-Bretanha era o poder econômico líder do mundo e as outras nações esperavam alcançar sucesso econômico similar seguindo o precedente britânico. Com a superioridade da Grã-Bretanha no comércio internacional e no desenvolvimento avançado de instituições financeiras e indústria, Londres tornou-se naturalmente o centro do sistema monetário internacional construído sobre o padrão-ouro.

Saldo externo sob o padrão-ouro

Sob o padrão-ouro, a responsabilidade primária de um banco central era fixar a taxa de câmbio entre sua moeda e o ouro. Para manter esse preço oficial do ouro, o banco central precisava de um estoque adequado de reserva de ouro. Portanto, os responsáveis pelas decisões políticas viam o saldo externo não em termos de alvo da conta-corrente, mas como uma situação na qual o banco central não estava nem ganhando ouro do exterior e nem perdendo ouro para os estrangeiros a uma taxa rápida (muito mais incômoda).

Na terminologia moderna do Capítulo 13, os bancos centrais tentavam evitar flutuações drásticas na *balança de pagamentos*, a diferença entre o saldo da conta-corrente mais o saldo da conta de capital e o saldo de fluxos financeiros líquidos de não reservas no exterior. Como as reservas internacionais tomaram a forma de ouro durante esse período, o superávit ou o déficit na balança de pagamentos tinha de ser financiado por envios de ouro entre os bancos centrais.[9] Para evitar grandes movimentações de ouro, os bancos centrais adotaram políticas que impulsionavam a balança de pagamentos para zero. Diz-se que um país está em **equilíbrio da balança de pagamentos** quando a soma de suas contas-correntes e capital, menos o componente não reserva de fluxos financeiros líquidos no exterior, iguala a zero, de forma que o saldo da conta-corrente mais a conta capital é inteiramente financiado por empréstimos internacionais sem movimentos de reserva oficial.

Muitos governos tiveram uma atitude *laissez-faire* em relação à conta-corrente. Os superávits britânicos entre 1870 e a Primeira Guerra Mundial tiveram em média 5,2% de seu PNB, um número que é incrivelmente alto pelos padrões pós-1945. Vários países que pegaram empréstimos, entretanto, vivenciaram dificuldade em um momento ou outro para pagarem suas dívidas externas. Talvez porque a Grã-Bretanha fosse o exportador líder mundial da teoria econômica internacional assim como do capital durante esses anos, os escritos sobre a economia do padrão-ouro deem pouca ênfase aos problemas de ajuste da conta-corrente.

Mecanismo de fluxo de preço espécie

O padrão-ouro contém alguns mecanismos automáticos poderosos que contribuem para o alcance simultâneo do equilíbrio da balança de pagamentos por todos os países. O mais importante deles, o **mecanismo de preço-espécie-fluxo**, foi tornado legal pelo século XVIII (quando metais preciosos eram chamados de "espécie"). Em 1752, David Hume, o filósofo escocês, descreveu o mecanismo de fluxo de preço-espécie como segue:

> *Suponha que quatro quintos de todo o dinheiro na Grã-Bretanha seja destruído em uma noite e a nação também seja reduzida à mesma condição, em relação à espécie, assim como nos reinos dos Harrys e dos Edwards, qual seria a consequência? O preço de toda a mão de obra e* commodities *não deve afundar em proporção e tudo ser vendido tão barato quanto era naquelas épocas? Que nação poderia então disputar conosco em qualquer mercado estrangeiro, ou fingir navegar ou vender manufaturas pelo mesmo preço que para nós proporcionaria lucro suficiente? Em quão pouco tempo, portanto, isso deve trazer de volta o dinheiro que perdemos e nos elevar ao nível de todas as nações vizinhas? Se, após nossa chegada, nós imediatamente perdemos a vantagem da mão de obra e matérias-primas mais baratas e cada vez mais o fluxo de dinheiro é interrompido por nossa plenitude e saciedade.*
>
> *De novo, suponha que todo o dinheiro da Grã-Bretanha fosse multiplicado por cinco em uma noite, o efeito contrário não deve ocorrer? Não devem aumentar toda a mão de obra e matérias-primas a uma altura tão exorbitante, que nenhuma nação vizinha poderia comprá-las de nós, embora essas matérias-primas, por outro lado, tornem-se comparativamente tão baratas que, apesar de todas as leis que poderiam ser formuladas, elas passariam por cima de nós e nosso dinheiro fluiria para fora; até que decaíssemos em nível com os estrangeiros e perderíamos aquela grande superioridade dos ricos que nos deixou com tais desvantagens?[10]*

É fácil traduzir a descrição de Hume do mecanismo de fluxo de preço-espécie em termos mais modernos. Suponha que o superávit da conta-corrente mais a conta capital da Grã-Bretanha sejam maiores do que seu saldo de não reserva da conta financeira. Como as importações líquidas estrangeiras da Grã-Bretanha não estão sendo inteiramente financiadas pelos empréstimos

---

9 Na verdade, os bancos centrais começaram a manter moedas estrangeiras em suas reservas mesmo antes de 1914. (A libra esterlina foi a moeda reserva líder.)

10 Hume. "Of the Balance of Trade". Reimpresso (de forma abreviada). In: Barry Eichengreen e Marc Flandreau (Eds.). *The Gold Standard in Theory and History*. London: Routledge, 1997, p. 33–43.

britânicos, o déficit deve ser acompanhado pelos fluxos das reservas internacionais na Grã-Bretanha — isto é, ouro. Esses fluxos de ouro automaticamente reduzem as ofertas de moeda estrangeira e incham a oferta de moeda britânica, levando os preços estrangeiros para baixo e os preços britânicos para cima. (Observe que Hume compreendeu por completo a lição do Capítulo 15, de que os níveis de preço e as ofertas de moeda movem-se proporcionalmente no longo prazo.)

O aumento simultâneo nos preços britânicos e a queda nos preços estrangeiros — uma valorização real da libra, dada a taxa de câmbio fixa — reduzem a demanda estrangeira por mercadorias e serviços britânicos e ao mesmo tempo aumentam a demanda britânica por mercadorias e serviços estrangeiros. Essas mudanças na demanda trabalham para reduzir o superávit em conta-corrente britânica e reduzir o déficit em conta-corrente estrangeira. Eventualmente, portanto, os movimentos de reserva param e todos os países alcançam o equilíbrio da balança de pagamentos. O mesmo processo funciona de forma inversa, eliminando uma situação inicial de superávit estrangeiro e déficit britânico.

"Regras do jogo" do padrão-ouro: mito e realidade

Em teoria, o mecanismo de fluxo de preço-espécie poderia operar automaticamente. Mas as reações dos bancos centrais aos fluxos de ouro através de suas fronteiras forneceu outro mecanismo potencial para ajudar a restaurar o equilíbrio da balança de pagamentos. Os bancos centrais que estavam persistentemente perdendo ouro enfrentaram o risco de tornarem-se incapazes de cumprir suas obrigações para resgatar as notas da moeda. Então, eles foram motivados a vender ativos nacionais quando o ouro estava sendo perdido, levando as taxas de juros nacionais para cima e atraindo fluxos de fundos do exterior. Os bancos centrais que ganhavam ouro tinham incentivos muito mais fracos para eliminar suas próprias importações do metal. O incentivo principal era a maior lucratividade dos ativos nacionais que geravam juros em comparações com o ouro "improdutivo". Um banco central que estivesse acumulando ouro poderia ficar tentado a comprar ativos nacionais, dessa forma diminuindo as taxas de juros no país, aumentando o escoamento financeiro e levando o ouro para o exterior.

Essas medidas de crédito nacional, se feitas pelos bancos centrais, reforçavam o mecanismo de fluxo de preço-espécie levando o país em direção ao equilíbrio da balança de pagamentos. Após a Primeira Guerra Mundial, as práticas de venda de ativos nacionais em face de um déficit e de compra de ativos diante de um superávit, tornaram-se conhecidas como "regras do jogo" do padrão-ouro — uma frase supostamente cunhada por Keynes. Como tais medidas aceleravam o movimento de todos os países em direção as suas metas de saldo externo, elas aumentavam a eficiência do processo de ajuste automático inerente no padrão-ouro.

Pesquisas posteriores mostraram que as supostas "regras do jogo" do padrão-ouro eram frequentemente violadas antes de 1914. Como observado, os incentivos para obedecer à regra aplicavam-se com maior força aos países deficitários do que aos superavitários, então, na prática, eram os países deficitários que suportavam o ônus de trazer as balanças de pagamentos de *todos* os países para o equilíbrio. Nem sempre tomando ação para reduzir os fluxos de ouro, os países superavitários pioraram um problema de coordenação política internacional inerente ao sistema: os países deficitários competindo por uma oferta limitada de reservas de ouro podiam adotar políticas monetárias excessivamente contracionistas que prejudicavam o emprego, enquanto faziam pouco para melhorar suas posições de reserva.

De fato, os países frequentemente revertiam as regras e *esterilizavam* os fluxos de ouro, isto é, vendiam ativos nacionais quando as reservas estrangeiras estavam aumentando e compravam ativos nacionais quando as reservas estrangeiras caíam. A interferência do governo em exportações privadas de ouro também enfraqueceram o sistema. Portanto, a imagem do ajuste da balança de pagamentos suave e automático antes da Primeira Guerra Mundial nem sempre correspondia à realidade. Algumas vezes os governos ignoravam as "regras do jogo" e os efeitos de suas ações em outros países.[11]

Saldo interno sob o padrão-ouro

Fixando os preços das moedas em termos de ouro, o padrão-ouro visou limitar o crescimento monetário na economia do mundo e, portanto, garantir a estabilidade nos níveis de preço mundial. Embora os níveis de preço dentro dos países do padrão-ouro não tenham subido muito entre 1870 e 1914, como durante o período após a segunda Guerra Mundial, os níveis nacionais de preço moveram-se de forma imprevisível em horizontes mais curtos conforme períodos de inflação e deflação seguiam um ao outro. O registro misto do padrão-ouro em estabilidade de preço refletiu um problema discutido no último capítulo: a mudança nos preços relativos do ouro e de outras commodities.

---

11 Um estudo moderno influente das práticas do banco central sob o padrão-ouro é o de Arthur I. Bloomfield. *Monetary Policy under the International Gold Standard: 1880–1914*. Nova York: Federal Reserve Bank of New York, 1959.

Além disso, o padrão-ouro não parece ter feito muito para garantir o pleno emprego. A taxa de desemprego norte-americano, por exemplo, teve média de 6,8% entre 1890 e 1913, ao passo que teve média em torno de 5,7% entre 1948 e 2010.[12]

Uma causa fundamental da instabilidade interna de curto prazo sob o padrão-ouro antes de 1914 era a subordinação da política econômica a objetivos externos. Antes da Primeira Guerra Mundial, os governos não assumiam a responsabilidade por manter o equilíbrio interno da forma como fizeram após a Segunda Guerra. Nos Estados Unidos, a dificuldade econômica resultante levou à oposição política ao padrão-ouro, como o Estudo de Caso a seguir explica. Em termos do trilema de política monetária discutido anteriormente, o padrão-ouro permitia altos graus de estabilidade de taxa de câmbio e mobilidade de capital financeiro internacional, mas não permitia que a política monetária buscasse metas de política interna. Essas prioridades eram consistentes com o poder político limitado naquela época, uma das mais vulneráveis ao desemprego.

A importância dos objetivos da política interna aumentou após a Segunda Guerra Mundial como resultado de uma instabilidade econômica mundial dos anos entreguerras, 1918-1939. E as consequências internas desagradáveis das tentativas de restaurar o padrão-ouro após 1918 ajudam a moldar o pensamento dos arquitetos do sistema de taxa de câmbio fixa adotado após 1945. Portanto, para compreender como o sistema monetário internacional pós Segunda Guerra Mundial tentou reconciliar as metas do equilíbrio interno e externo, vamos examinar os eventos econômicos do período entre as duas guerras mundiais.

A ECONOMIA POLÍTICA DOS REGIMES DE TAXA DE CÂMBIO: CONFLITO SOBRE O PADRÃO MONETÁRIO DOS ESTADOS UNIDOS DURANTE A DÉCADA DE 1890

Como aprendemos no Capítulo 18, os Estados Unidos tinham um padrão monetário bimetálico até a Guerra Civil, com prata e ouro em circulação. Quando a guerra começou, o país mudou para uma moeda de papel (chamada de "greenback") e uma taxa de câmbio flutuante, mas em 1879 um padrão-ouro puro (e uma taxa de câmbio fixa em relação às outras moedas padrão-ouro como a libra esterlina britânica) foi adotado.

As ofertas mundiais de ouro tinham aumentado drasticamente após descobertas na Califórnia em 1849, mas o retorno do dólar para o ouro em 1879 na paridade pré-Guerra Civil exigiu deflação nos Estados Unidos. Além disso, uma escassez global do ouro gerou uma pressão contínua para baixo nos níveis de preço logo após a restauração norte-americana do ouro. Em 1896, o nível de preço norte-americano estava em torno de 40% abaixo de seu nível de 1869. A dificuldade econômica era generalizada e tornou-se especialmente grave após um pânico bancário em 1893. Os fazendeiros, que viram os preços dos produtos agrícolas caírem mais depressa até mesmo do que o nível de preço geral, foram especialmente atingidos.

Na década de 1890, uma aliança Populista ampla de fazendeiros, mineiros e outros pressionou pela restauração do sistema bimetálico prata-ouro que tinha prevalecido antes da Guerra Civil. Eles desejavam retornar para a antiga paridade relativa de moedas 16:1 para ouro e prata, mas no começo da década de 1890, o preço de mercado do ouro em termos de prata tinha aumentado para em torno de 30. Os Populistas previram que a monetização da prata em 16:1 levaria a um aumento no estoque de moeda de prata e possivelmente reverteria a deflação, conforme as pessoas utilizassem dólares de ouro para comprar a prata mais barata no mercado e então levá-la à casa da moeda para cunhar. Esses desenvolvimentos teriam tido inúmeras vantagens do ponto de vista dos fazendeiros e de seus aliados, como desfazer as tendências adversas dos termos de comércio das décadas anteriores e reduzir o valor real das dívidas hipotecárias dos fazendeiros. Os donos de minas de prata ocidentais, em particular, estavam loucamente entusiasmados. Por outro lado, os financistas orientais viram o "dinheiro sadio" — isto é, ouro e só o ouro — como essencial para alcançar maior integração completa norte-americana nos mercados mundiais.

O momento da prata alcançou seu ápice em 1986, quando o Partido Democrata nomeou William Jennings Bryan para concorrer a presidente após um discurso de convenção empolgante, no qual ele proclamou excelentemente: "Vós não deveis crucificar a humanidade em uma cruz de ouro". Mas então, novas

---

12 Os dados dos níveis de preço são dados por Cooper (citado na página 408 do Capítulo 18) e os dados para o desemprego norte-americano foram adaptados da mesma fonte. Devem-se comparar com cuidado os dados de desemprego no padrão-ouro e no pós Segunda Guerra Mundial, porque os métodos utilizados para reunir os dados antigamente eram muito mais imperfeitos. Um estudo crítico dos dados do desemprego norte-americano pré-1930 é o de Christina D. Romer. "Spurious Volatility in Historical Unemployment Data". *Journal of Political Economy*, v. 94, p. 1–37, fev. 1986.

descobertas de ouro na África do Sul, no Alasca e em outros lugares começaram a reverter as tendências deflacionárias anteriores pelo mundo, neutralizando a prata como questão política. Bryan perdeu as eleições de 1896 e 1900 para o republicano William McKinley e, em março de 1990, o Congresso aprovou a Lei do Padrão-ouro, que definitivamente colocou o dólar em uma base exclusiva de ouro.

Os leitores modernos do livro infantil clássico de 1900 de L. Frank Baum, *O mágico de Oz*, normalmente não se dão conta de que a história de Dorothy, Totó e seus amigos é uma interpretação alegórica da luta política norte-americana sobre o ouro. A estrada de tijolos amarelos representa a falsa promessa de ouro, o nome "Oz" é uma referência a uma onça (oz.) de ouro e os sapatinhos de prata de Dorothy, alterados para sapatinhos de rubi na versão bem conhecida do filme colorido de Hollywood, oferece o verdadeiro caminho para casa para o altamente endividado estado do Kansas.[13]

Embora a dívida agrícola seja frequentemente mencionada como primordial para a agitação de prata da década de 1890, o cientista político de Harvard, Jeffry Frieden, mostra que um fator mais relevante era o desejo dos interesses agrícolas e mineiros em aumentar o preço de seus produtos em relação às mercadorias não comercializáveis.[14] Os produtores, que competiam com as importações, estavam dispostos a obter proteção tarifária como contrapeso à deflação. Portanto, como um grupo, eles tinham pouco interesse em mudar a moeda padrão. Como os Estados Unidos eram praticamente exportadores exclusivos de produtos primários, as tarifas de importação teriam sido ineficazes em ajudar os agricultores e mineiros. Contudo, uma depreciação do dólar norte-americano prometeu aumentar os preços em dólar de produtos primários em relação aos preços dos não comercializáveis. Por meio de uma análise estatística cuidadosa da votação do Congresso em projetos de lei relacionados ao sistema monetário, Frieden mostra que o suporte legislativo para a prata não era relacionado a níveis de dívida, mas era, de fato, altamente correlacionado com o emprego estadual na agricultura e mineração.

---

13 Um relato informativo e divertido é o de Hugh Rockoff. "The 'Wizard of Oz' as a Monetary Allegory". *Journal of Political Economy*, v. 98, p. 739–760, ago. 1990.

14 Veja: "Monetary Populism in Nineteenth-Century America: An Open Economy Interpretation". *Journal of Economic History*, v. 57, p. 367–395, jun. 1997.

Os anos entreguerras, 1918-1939

O governo suspendeu efetivamente o padrão-ouro durante a Primeira Guerra Mundial e financiou parte de suas despesas militares massivas imprimindo moeda. Além disso, forças de trabalho e capacidade produtiva foram reduzidas drasticamente por meio de perdas de guerra. Como resultado, os níveis de preço era maiores em todos os lugares na conclusão da guerra em 1918.

Vários países vivenciaram inflação galopante conforme seus governos tentavam ajudar no processo de reconstrução por meio de despesas públicas. Esses governos financiaram suas compras apenas imprimindo o dinheiro de que precisavam, assim como fizeram algumas vezes durante a guerra. O resultado foi um aumento drástico nas ofertas de moeda e nos níveis de preço.

O retorno fugaz para o ouro

Os Estados Unidos voltaram para o ouro em 1919. Em 1922, em uma conferência em Gênova, na Itália, um grupo de países, incluindo Grã-Bretanha, França, Itália e Japão, concordou em um programa que clamava pelo retorno ao padrão-ouro e para a cooperação entre os bancos centrais em alcançar os objetivos externos e internos. Ao darem-se conta de que suprimentos de ouro poderiam ser inadequados para satisfazer às demandas por reservas internacionais dos bancos centrais (um problema do padrão-ouro observado no Capítulo 18), a Conferência de Gênova sancionou um padrão de *câmbio* de ouro pelo qual os países menores poderiam manter como reservas as moedas de vários países grandes, cujas próprias reservas internacionais consistiriam inteiramente de ouro.

Em 1925, a Grã-Bretanha retornou ao padrão-ouro atrelando a libra ao ouro no preço pré-guerra. Winston Churchill, Chanceler do Tesouro, defendeu o retorno para a antiga paridade com base em que qualquer desvio do preço pré-guerra minaria a confiança na estabilidade das instituições financeiras britânicas, que tinham desempenhado papel de liderança nas finanças internacionais durante a era do padrão-ouro. Embora o nível de preço britânico viesse caindo desde a guerra, em 1925 ele ainda era maior do que nos dias do padrão-ouro pré-guerra. Portanto, para retornar o preço em libra do ouro para o nível pré-guerra, o Banco da Inglaterra foi forçado a seguir políticas monetárias contracionistas que contribuíram para um grave desemprego.

A estagnação britânica na década de 1920 acelerou o declínio de Londres como o centro financeiro líder mundial. O enfraquecimento da economia britânica provou-se problemático para a estabilidade do padrão-ouro restaurado. Alinhados com as recomendações da Conferência de Gênova, muitos países mantiveram as reservas internacionais em forma de depósitos em Londres. No entanto, as reservas de ouro britânicas eram limitadas e a estagnação persistente do país pouco fez para inspirar confiança em sua capacidade de cumprir com suas obrigações estrangeiras. O início da Grande Depressão em 1929 logo foi seguido por quebras de bancos mundo afora. A Grã-Bretanha deixou o ouro em 1931, quando os detentores estrangeiros de esterlina (incluindo vários bancos centrais) perderam a confiança na promessa britânica de manter o valor de sua moeda e começaram a converter suas esterlinas para ouro.

Desintegração econômica internacional

Conforme a depressão continuou, muitos países renunciaram ao padrão-ouro e permitiram que suas moedas flutuassem no mercado cambial estrangeiro. Ante o crescente desemprego, a resolução do trilema em favor das taxas de câmbio fixas tornou-se difícil de ser mantida. Os Estados Unidos deixaram o ouro em 1933, mas retornaram a ele em 1934, tendo aumentado o preço em dólar do ouro de US$ 20,67 para US$ 35 por onça. Os países que se mantiveram fiéis ao padrão-ouro sem desvalorizar suas moedas sofreram mais durante a Grande Depressão. De fato, pesquisas recentes colocam muito da culpa da propagação mundial da depressão no padrão-ouro em si (veja o próximo Estudo de Caso).

Grandes danos econômicos surgiram dessas restrições no comércio internacional e nos pagamentos, que se proliferaram conforme os países tentavam desencorajar as importações e manter a demanda agregada limitada ao território nacional. A tarifa Smoot-Hawley imposta pelos Estados Unidos em 1930 tinha a intenção de proteger os empregos norte-americanos, mas teve efeito prejudicial no emprego no exterior. A resposta estrangeira envolveu restrições de comércio retaliadoras e acordo de comércio preferencial entre grupos de países. O comércio mundial desmoronou drasticamente. Uma medida que aumenta o bem-estar nacional é chamada de *política beggar-thy-neighbor*, quando se beneficia o próprio país ao custo de piorar as condições econômicas no exterior. Entretanto, todos são prejudicados quando os países adotam *simultaneamente* políticas *beggar-thy-neighbor*.

A incerteza sobre as políticas do governo leva a movimentos acentuados de reserva para países com taxas de câmbio delimitadas e movimentos acentuados de taxa de câmbio para aqueles com taxas flutuantes. Muitos países impuseram proibições em transações de conta financeira privada para limitar esses efeitos de desenvolvimento do mercado cambial estrangeiro. Essa foi outra forma de abordar o trilema. As barreiras de comércio e a deflação nas economias industriais da América e da Europa levaram ao repúdio generalizado de dívidas internacionais privadas, particularmente por países latino-americanos, cujos mercados de exportação estavam desaparecendo. Os governos na Europa Ocidental negaram suas dívidas com os Estados Unidos e a Grã-Bretanha incorridas por causa da Primeira Guerra Mundial. Em resumo, a economia mundial desintegrou-se em unidades nacionais cada vez mais autárquicas (isto é, autossuficientes) no começo da década de 1930.

Em face à Grande Depressão, a maioria dos países resolveu escolher entre equilíbrio externo e interno, reduzindo suas ligações de comércio com o resto do mundo e eliminando, por decreto governamental, a possibilidade de um desequilíbrio externo significativo. Reduzindo os ganhos com o comércio, essa abordagem impôs custos altos à economia mundial e contribuiu para a lenta recuperação da depressão, que em muitos países ainda era incompleta em 1939. Todos os países teriam ficado em melhor situação em um mundo com o comércio internacional mais livre, desde que a cooperação internacional tivesse ajudado cada país a preservar seu equilíbrio externo e a estabilidade financeira sem

O PADRÃO DE OURO INTERNACIONAL E A GRANDE DEPRESSÃO

Uma das características mais marcantes da Grande Depressão, que durou uma década, começando em 1929, foi sua natureza global. Em vez de estar confinada aos Estados Unidos e seus principais parceiros comerciais, a crise espalhou-se rapidamente, e com força, para a Europa, a América Latina e outros lugares. O que explica o âmbito quase universal da Grande Depressão? Um estudo recente mostra que o padrão-ouro internacional desempenhou um papel central no início, aprofundando e propagando a maior crise econômica do século XX.[15]

[15] Contribuições importantes para essa pesquisa incluem o trabalho de Ehsan U. Choudhri e Levis A. Kochin. "The Exchange Rate and the International Transmission of Business Cycle Disturbances: Some Evidence from the Great Depression". *Journal of Money, Credit, and Banking*, v. 12, p. 565-574, 1980, Peter Temin. *Lessons from the Great Depression*. Cambridge, MA: MIT Press, 1989; e Barry Eichengreen. *Golden Fetters: The Gold Standard and the Great Depression, 1919–1939*. Nova York: Oxford University Press, 1992. Um resumo conciso e lúcido é o de Ben S. Bernanke. "The World on a Cross of Gold: A Review of 'Golden Fetters: The Gold Standard and the Great Depression, 1919–1939'". *Journal of Monetary Economics*, v. 31, p. 251-267, abr. 1993.

Em 1929, a maioria das economias de mercado estava novamente no padrão-ouro. No entanto, na ocasião, os Estados Unidos, tentando lentificar sua economia superaquecida por meio de contração monetária, e a França, tendo acabado de terminar um período inflacionário e retornado ao ouro, enfrentaram grandes fluxos financeiros. Mediante os excedentes resultantes da balança de pagamentos, ambos os países foram absorvendo o ouro monetário do mundo a um ritmo alarmante. (Em 1932, os dois países sozinhos tinham mais de 70% dele!) Outros países no padrão-ouro não tinham escolha senão se envolver em vendas de ativos domésticos e aumentar as taxas de juros se desejassem conservar seus estoques de ouro que minguavam. A contração monetária mundial resultante, combinada com as ondas de choque do *crash* da bolsa de Nova York de outubro de 1929, enviaram o mundo para uma recessão profunda.

Uma cascata de falências bancárias em todo o mundo só acelerou a espiral descendente da economia global. O padrão-ouro foi novamente um culpado importante. Muitos países desejavam preservar suas reservas do metal para serem capazes de manter-se no padrão-ouro. Esse desejo muitas vezes desencorajava seus bancos centrais de fornecerem aos bancos privados com problemas os empréstimos que poderiam ter-lhes permitido permanecer atuantes. Afinal, qualquer dinheiro fornecido aos bancos pelos seus bancos centrais domésticos teria aumentado os pedidos privados potenciais para as participações do governo no precioso ouro.[16]

Talvez a evidência mais clara do papel do padrão-ouro seja o comportamento contrastante da produção e do nível de preços em países que deixaram o padrão-ouro relativamente cedo, como a Grã-Bretanha, e os que escolheram uma resposta diferente para o trilema e, em vez disso, teimosamente continuaram. Os países que abandonaram o padrão-ouro libertaram-se para adotar políticas monetárias mais expansionistas que limitaram (ou impediram) a deflação doméstica e a contração da produção. Os países com os maiores deflações e contrações da produção ao longo dos anos 1929-1935 incluíam França, Suíça, Bélgica, Países Baixos e Polônia, que ficaram no padrão-ouro até 1936.

---

[16] Chang-Tai Hsieh e Christina D. Romer argumentam que o medo de ser forçado a sair do ouro não pode explicar a relutância da Reserva Federal dos Estados Unidos em expandir a oferta de moeda na década de 1930. Ver: "Wasthe Federal Reserve Constrained by the Gold Standard during the Great Depression? Evidence from the 1932 Open Market Purchase Program". *Journal of Economic History*, v. 66, p. 140–176, mar. 2006.

sacrificar as metas de política interna. Foi essa compreensão que inspirou projeto para o sistema monetário internacional pós-guerra, o **acordo de Bretton Woods**.

O sistema de Bretton Woods e o Fundo Monetário Internacional

Em julho de 1944, representantes de 44 países reunidos em Bretton Woods, New Hampshire, redigiram e assinaram os estatutos do **Fundo Monetário Internacional (FMI)**. Lembrando os acontecimentos econômicos desastrosos do período entreguerras, estadistas dos países aliados esperavam projetar um sistema monetário internacional que fomentaria a estabilidade do pleno emprego e do preço, permitindo a cada um dos países alcançar o equilíbrio externo, sem restrições ao comércio internacional.[17]

O sistema instituído pelo acordo de Bretton Woods requeria taxas fixas de câmbio contra o dólar norte-americano e um preço de dólar invariável em ouro — US$ 35 a onça. Os países membros mantiveram suas reservas internacionais oficiais em grande parte sob a forma de ouro ou ativos em dólar e tinham o direito de vender dólares para a Reserva Federal por ouro ao preço oficial. O sistema era então uma troca de câmbio do padrão-ouro, tendo o dólar como sua principal moeda de reserva. Na terminologia do Capítulo 18, o dólar era a "enésima moeda", em cujos termos as $N-1$ taxas de câmbio do sistema eram definidas. Os Estados Unidos por si sós raramente interviram no mercado cambial estrangeiro. Geralmente, os $N-1$ bancos centrais estrangeiros interviram

---

[17] A mesma conferência configurou uma segunda instituição, o Banco Mundial, cujos objetivos eram ajudar os beligerantes a reconstruírem suas economias destruídas e auxiliar os antigos territórios coloniais a se desenvolverem e modernizarem. Em 1947, o Acordo Geral sobre Tarifas Aduaneiras e Comércio (GATT) foi inaugurado como um fórum para a redução multilateral das barreiras comerciais. O GATT foi concebido como um prelúdio para a criação da Organização Internacional do Comércio (OIC), mas cujos objetivos na área de comércio seriam paralelos aos do FMI na área financeira. Infelizmente, a OIC foi condenada pelas falhas do Congresso e do Parlamento da Grã-Bretanha para ratificar sua existência. Na década de 1990, o GATT se tornou a atual Organização Mundial do Comércio (OMC).

quando necessário para fixar $N - 1$ taxas de câmbio do sistema, enquanto os Estados Unidos eram responsáveis, em teoria, pela fixação do preço do dólar em ouro.

Objetivos e estrutura do FMI

Os estatutos do FMI, mediante uma mistura de disciplina e flexibilidade, esperavam evitar uma repetição da experiência turbulenta do período entreguerras.

A maior disciplina na gestão monetária era a exigência de taxas de câmbio fixas ao dólar, que, por sua vez, era atrelado ao ouro. Se um banco central além da Reserva Federal perseguisse uma expansão monetária excessiva, ele perderia reservas internacionais e consequentemente seria incapaz de manter a taxa de câmbio de sua moeda fixa ao dólar. Uma vez que o crescimento elevado monetário dos Estados Unidos conduziria à acumulação de dólares pelos bancos centrais estrangeiros, a Reserva Federal em si foi restrita em suas políticas monetárias pela obrigação de resgatar aqueles dólares por ouro. O preço oficial do ouro de US$ 35 a onça serviu como um freio adicional sobre a política monetária norte-americana, desde que esse preço fosse empurrado para cima caso muitos dólares fossem criados.

No entanto, as taxas de câmbio fixas eram vistas como mais do que um dispositivo para impor disciplina monetária no sistema. Com ou sem razão, a experiência do entreguerras tinha convencido os arquitetos do FMI de que as taxas de câmbio flutuantes eram a causa da instabilidade especulativa e, assim, eram prejudiciais ao comércio internacional.

A experiência entreguerras mostrou também que os governos nacionais não estariam dispostos a manter o livre comércio e as taxas de câmbio fixadas à custa do desemprego doméstico de longa duração. Depois da experiência da Grande Depressão, os governos foram amplamente vistos como responsáveis por manter o pleno emprego. O acordo do FMI, portanto, tentou incorporar flexibilidade suficiente para permitir que os países atingissem um saldo externo de forma ordenada, sem sacrificar objetivos internos ou taxas de câmbio previsíveis.

Duas características principais dos estatutos do FMI ajudaram a promover essa flexibilidade no ajuste externo. Primeiro, os membros do FMI contribuíram com suas moedas e ouro para dar forma a um *pool* de recursos financeiros que o FMI poderia emprestar aos países em necessidade. Segundo, embora as taxas de câmbio contra o dólar fossem fixas, essas paridades poderiam ser ajustadas com a autorização do FMI. Tais desvalorizações e revalorizações eram supostamente pouco frequentes e realizadas apenas em casos em que uma economia estivesse em *desequilíbrio fundamental*. Embora os artigos do FMI não definam "desequilíbrio fundamental", o termo foi destinado a cobrir os países que sofreram mudanças adversas permanentes na demanda por seus produtos, de modo que sem desvalorização, teriam de enfrentar longos períodos de desemprego e déficits externos. Contudo, a flexibilidade de uma taxa de câmbio ajustável não estava disponível para a "enésima moeda" do sistema de Bretton Woods, o dólar dos Estados Unidos.

Como o sistema de Bretton Woods resolveu o trilema? Em essência, o sistema baseou-se no pressuposto de que os movimentos do capital financeiro privado poderiam ser restritos, permitindo algum grau de independência para as políticas monetárias orientadas internamente. O novo sistema, portanto, era diametralmente oposto à subordinação do padrão-ouro da política monetária para considerações externas, como a liberdade de fluxos financeiros. Depois da experiência de alto desemprego entreguerras, os arquitetos do sistema de Bretton Woods esperavam garantir que os países não fossem obrigados a adotar políticas monetárias contracionistas por causa da balança de pagamentos em face de uma crise econômica.

Apoiando essa ênfase sobre o emprego elevado, as restrições aos fluxos financeiros transfronteiriços permitiriam variações cambiais "ordenadas" em situações de desequilíbrio persistente. Em teoria, os formuladores de políticas seriam capazes de alterar as taxas de câmbio de forma deliberada, sem a pressão de enormes ataques especulativos. Como veremos, no entanto, embora essa abordagem tenha funcionado bem inicialmente, o próprio sucesso do sistema de Bretton Woods em reconstruir o comércio internacional tornava progressivamente mais difícil para os responsáveis políticos evitarem ataques especulativos conforme passavam os anos.

Conversibilidade e a expansão dos fluxos financeiros privados

Assim como a aceitação geral da moeda nacional elimina os custos de troca dentro de uma economia única, o uso de moedas nacionais no comércio internacional faz a função da economia mundial com mais eficiência. Para promover o comércio multilateral eficaz, os estatutos do FMI instaram os membros a tornarem suas moedas nacionais conversíveis logo que possível. Uma **moeda conversível** é aquela que pode ser livremente trocada por moedas estrangeiras. Os dólares norte-americanos e canadenses se tornaram conversíveis em 1945. Isso significava, por exemplo, que um residente canadense que adquirisse dólares poderia usá-los para fazer compras nos Estados Unidos, poderia vendê-los no mercado de câmbio por dólares canadenses ou vendê-los para o Banco do Canadá, que então tinha o direito de vendê-los para a Reserva Federal (na taxa de câmbio dólar/ouro fixa) em troca de ouro. A *inconversibilidade* geral tornaria o comércio internacional extremamente difícil. Um cidadão francês pode não estar disposto a vender bens para um alemão em troca de marcos alemães inconversíveis, porque esses marcos seriam utilizáveis apenas de acordo com as restrições impostas pelo governo alemão. Sem nenhum mercado em francos franceses inconversíveis, o alemão seria incapaz de obter moeda francesa para pagar os bens franceses. A única maneira de negociação seria, portanto, por meio de escambo, a troca direta de mercadorias por mercadorias. A maioria dos países da Europa não restaurou a conversibilidade até o final de 1958, com o Japão seguindo até 1964.

A conversibilidade inicial do dólar norte-americano, junto com sua posição especial no sistema de Bretton Woods e o domínio econômico e político dos Estados Unidos, ajudaram a fazer o dólar ser a moeda-chave do mundo do pós-guerra. Como os dólares eram livremente conversíveis, grande parte do comércio internacional tendia a ser faturado em dólares, e os importadores e exportadores mantinham saldos de dólar para transações. Com efeito, o dólar tornou-se uma moeda internacional — um meio universal de troca, unidade de conta e reserva de valor. Os bancos centrais naturalmente achavam vantajoso manter suas reservas internacionais na forma de ativos de dólar remunerados.

A restauração da conversibilidade na Europa em 1958 gradualmente começou a mudar a natureza das limitações externas dos formuladores de políticas monetárias. Conforme o comércio de moeda estrangeira expandia, os mercados financeiros em diferentes países tornavam-se mais integrados — um passo importante para a criação do mercado de câmbio no mundo de hoje. Com as crescentes oportunidades para mover os fundos através das fronteiras, as taxas de juros nacionais tornaram-se mais intimamente ligadas, e a velocidade com que as mudanças políticas podem fazer um país perder ou ganhar reservas internacionais aumentou. Após 1958, e cada vez mais nos quinze anos seguintes, os bancos centrais tinham que estar atentos às condições financeiras estrangeiras ou assumir o risco que perdas de reservas súbitas poderiam deixá-los sem os recursos necessários para atrelar as taxas de câmbio. Enfrentando um aumento repentino nas taxas de juros estrangeiras, por exemplo, um banco central seria forçado a vender ativos internos e aumentar a taxa de juros domésticos para estabilizar suas reservas internacionais.

A restauração da conversibilidade não resultou em uma integração financeira internacional imediata e completa, como considerado no modelo de taxas de câmbio fixas estabelecido no Capítulo 18. Ao contrário, a maioria dos países continuava a manter as restrições sobre as transações da conta financeira, uma prática que o FMI explicitamente permitia. Mas as oportunidades para os fluxos de capital *disfarçados* aumentaram drasticamente. Por exemplo, importadores dentro de um país poderiam efetivamente comprar ativos externos ao acelerar os pagamentos a fornecedores estrangeiros em relação aos embarques de mercadorias reais. Eles de fato contraíam empréstimos de fornecedores estrangeiros ao atrasar os pagamentos. Essas práticas de comércio — conhecidas, respectivamente, como "*leads*" e "*lags*" — proporcionavam duas das muitas maneiras pelas quais as barreiras oficiais para os movimentos de capitais privados poderiam ser evitadas. Mesmo que a condição de igualdade das taxas de juros internacionais assumida no capítulo anterior não se mantivesse exatamente, as ligações entre as taxas de juros dos países ficaram mais rígidas conforme o sistema de Bretton Woods amadurecia. A resolução de Bretton Woods do trilema estava gradualmente sendo desfeita.

As crises e os fluxos de capitais especulativos

Excedentes e déficits em conta-corrente assumiram importância adicional sob as novas condições de fluxos financeiros privados cada vez mais móveis. Um país com um déficit grande e persistente em conta-corrente pode ser suspeito de estar em "desequilíbrio fundamental" no âmbito do estatuto do FMI e, portanto, pronto para uma desvalorização da moeda. A suspeita de uma desvalorização iminente poderia, por sua vez, desencadear uma crise de balança de pagamentos (ver Capítulo 18).

Alguém que possuísse depósitos em libra durante uma desvalorização da libra, por exemplo, sofreria uma perda, uma vez que o valor em moeda estrangeira de ativos em libra diminuiria na mesma intensidade que a mudança da taxa de câmbio. Portanto, se a Grã-Bretanha tivesse um déficit em conta-corrente, os detentores de libras ficariam nervosos e mudariam sua riqueza para outras moedas. Para manter atrelada a taxa de câmbio da libra em face ao dólar, o Banco da Inglaterra (banco central da Grã-Bretanha) teria de comprar libras e fornecer os ativos externos que os participantes do mercado quisessem possuir. Essa perda das reservas externas, se grande o suficiente, poderia forçar a desvalorização, deixando o Banco da Inglaterra sem reservas suficientes para sustentar a taxa de câmbio.

Da mesma forma, países com grandes excedentes de conta-corrente poderiam ser vistos pelo mercado como candidatos a revalorização. Nesse caso, seus bancos centrais iriam encontrar-se inundados com reservas oficiais como resultado da venda de moeda doméstica no mercado cambial para impedir a moeda de valorizar. Um país nessa posição teria de enfrentar o problema de ter seu fornecimento de dinheiro crescendo descontroladamente, um desenvolvimento que poderia empurrar o nível de preços para cima e perturbar o equilíbrio interno. Os governos, portanto, tornaram-se cada vez mais relutantes em contemplar realinhamentos de taxa de câmbio, temendo os ataques especulativos resultantes.

No entanto, as crises da balança de pagamentos tornaram-se cada vez mais frequentes e violentas ao longo da década de 1960 e início dos anos 1970. Um recorde do déficit da balança comercial britânica no início de 1964 levou a um período de especulação intermitente contra a libra, o que complicou a realização da política britânica até novembro de 1967, quando a libra foi enfim desvalorizada. A França desvalorizou seu franco e a Alemanha revalorizou seu marco em 1969 após ataques especulativos semelhantes, nos quais a França enfrentou afluxos financeiros especulativos e a Alemanha enfrentou influxos financeiros especulativos. (Os dois países ainda tinham as suas próprias moedas naquele tempo.) Essas crises tornaram-se tão maciças no começo da década de 1970 que por fim derrubaram a estrutura de taxas de câmbio fixas de Bretton Woods. Portanto, a possibilidade de uma crise na balança de pagamentos gerou maior importância ao objetivo externo de uma meta de conta-corrente. Mesmo os desequilíbrios em conta-corrente justificados por diferentes oportunidades de investimento internacional ou causados por fatores puramente temporários podem ter impulsionado as suspeitas do mercado de uma iminente mudança de paridade. Nesse ambiente, os responsáveis políticos tinham incentivos adicionais para evitar alterações agudas na conta-corrente.

Analisar opções políticas para alcançar o equilíbrio interno e externo

Como os países individuais foram capazes de alcançar o equilíbrio interno e externo sob as regras do sistema de Bretton Woods? Um diagrama simples vai ajudá-lo a visualizar as opções políticas disponíveis. (O problema dos Estados Unidos no âmbito do sistema de Bretton Woods era um pouco diferente, como descreveremos mais adiante). Em conformidade com as condições aproximadas posteriores no sistema de Bretton Woods, vamos supor que haja um alto grau de mobilidade do capital financeiro através das fronteiras, para que a taxa de juros doméstica não possa ser definida independentemente da taxa de câmbio.

Nossa estrutura diagramática na verdade é aplicável se a taxa de câmbio for fixa, como no âmbito do sistema de Bretton Woods, ou flexível. O diagrama mostra como a posição do país com relação a seus objetivos internos e externos depende do nível da sua taxa de câmbio, E, e do nível de despesas domésticas. E essa posição não é necessariamente restrita pelo regime de taxas de câmbio. Genericamente, E é o preço em moeda nacional da moeda estrangeira (o dólar sob Bretton Woods). A análise aplica-se em curto prazo, porque os níveis de preço domésticos e estrangeiros (P e P^*, respectivamente) são considerados fixos.

Manutenção do equilíbrio interno

Primeiro, considere o equilíbrio interno, que exige que a demanda agregada seja igual ao nível de pleno emprego da produção, Y_f.[18]

Lembre-se que a demanda agregada para a produção interna é a soma de consumo C, investimento, I, compras do governo, G, e a conta-corrente, CC. Esse montante, o total de despesas domésticas, também chamado de *absorção* do mercado interno, é denotado por $A = C + I + G$. (é claro, algumas dessas despesas domésticas em geral recaem sobre as importações e, portanto, não contribuem na demanda agregada para a produção interna, enquanto a demanda externa para as nossas exportações é adicionada a essa demanda agregada.) No Capítulo 17, expressamos o superávit da conta-corrente como uma função decrescente da renda disponível e uma função crescente da taxa de câmbio real, EP^*/P. No entanto, como os gastos de importação sobem conforme as despesas domésticas totais A aumentam, da mesma forma, podemos expressar a conta-corrente como uma função decrescente dos gastos e uma função crescente da taxa de câmbio real, $CC(EP^*/P, A)$. Sob essa nova notação, a condição de equilíbrio interno (produção de pleno emprego igual à demanda agregada) é, portanto,

$$Y^f = C + I + G + CC(EP^*/P, A) = A + CC(EP^*/P, A). \quad (19.1)$$

A Equação (1.19) sugere quais são as ferramentas políticas que afetam a demanda agregada e, portanto, a produção, no curto prazo. O governo pode influenciar diretamente o gasto total A por meio da política fiscal, por exemplo. A expansão fiscal (uma elevação em G ou uma queda em T) estimula a demanda agregada e faz com que a produção aumente, mesmo que uma fração dos gastos adicionais vá para compras de importados.

---

[18] Vamos assumir que o nível de preços no mercado interno seja estável em pleno emprego, mas se P^* for instável devido à inflação estrangeira, por exemplo, o pleno emprego sozinho não garantirá a estabilidade de preços sob uma taxa de câmbio fixa. Esse problema complexo é considerado nas páginas seguintes, quando examinamos a inflação mundial sob taxas de câmbio fixas.

Da mesma forma, uma desvalorização da moeda (uma elevação em E) torna os serviços e bens domésticos mais baratos em relação àqueles vendidos no exterior e, assim, aumenta a demanda e a produção. Os formuladores de políticas monetárias podem manter a produção constante em seu nível de pleno emprego, Y^f mediante mudanças na taxa de câmbio ou políticas fiscais.

Observe que a política monetária não é uma ferramenta política sob taxas de câmbio fixas. Isso ocorre porque, conforme mostrado no Capítulo 18, uma tentativa pelo banco central de alterar a oferta de dinheiro comprando ou vendendo ativos internos causará uma mudança compensatória nas reservas externas, deixando a oferta de moeda doméstica inalterada. Entretanto, se estivéssemos interpretando o diagrama para aplicar a uma situação de taxas de câmbio flutuantes, poderíamos encarar a política monetária como potencialmente geradora de mudanças das taxas de câmbio consistentes com uma posição de equilíbrio interno e externo.

O esquema II na Figura 19.3 mostra as combinações de taxas de câmbio e despesas domésticas que mantêm a produção constante em Y^f e, assim, mantêm o equilíbrio interno. O esquema é inclinado para baixo, porque a desvalorização da moeda (uma elevação em E) e a maior absorção doméstica tendem a aumentar a produção. Para manter a produção constante, uma *re*valorização da moeda (que reduz a demanda agregada) deve então ser alcançada por maiores despesas domésticas (o que aumenta a demanda de produção agregada). O esquema II revela precisamente como as despesas domésticas devem mudar conforme E muda para manter o pleno emprego. À direita de II, as despesas são maiores do que o necessário para o pleno emprego, então os fatores produtivos da economia estão superempregados. À esquerda de II, as despesas são muito baixas, e há desemprego.

Manutenção do equilíbrio externo

Já vimos como as despesas domésticas e as variações cambiais influenciam a produção e, assim, ajudam o governo a alcançar seu objetivo interno de pleno emprego. Como essas variáveis afetam o equilíbrio externo da economia? Para responder a essa pergunta, suponha que o governo tenha um valor meta, X, para o superávit em conta-corrente. O objetivo do equilíbrio externo exige que o governo gerencie as despesas domésticas (talvez por meio da política fiscal) e a taxa de câmbio, de modo que a equação

$$CC(EP^*/P, A) = X \qquad (19.2)$$

seja satisfeita.

FIGURA 19.3 Balança interna (II), Balança externa (XX) e as "quatro zonas de desconforto econômico"

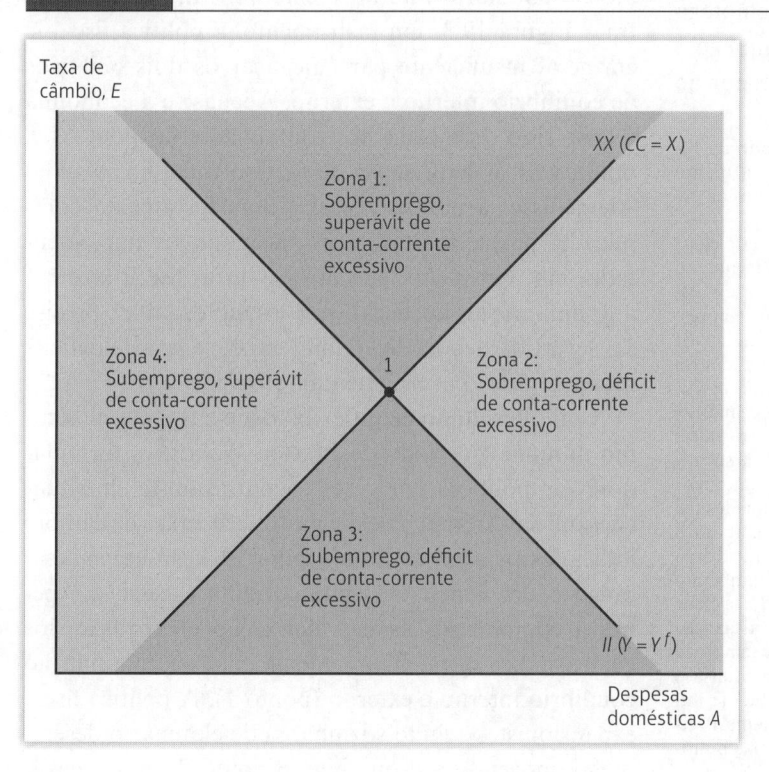

O diagrama mostra que diferentes níveis de taxa de câmbio, E, e despesas domésticas em geral, A, têm implicação no emprego e na conta-corrente. Ao longo de II, a produção está em seu nível de pleno emprego, Y^f. Ao longo de XX, a conta-corrente está em seu nível meta, X.

Dados P e P^*, um aumento em E torna as mercadorias nacionais mais baratas e melhora a conta-corrente. Um aumento nas despesas domésticas, A, no entanto, tem o efeito oposto sobre a conta-corrente, porque faz com que as importações aumentem. Para manter sua conta-corrente em X conforme a moeda desvaloriza (ou seja, conforme E aumenta), o governo deve promulgar políticas que elevem as despesas domésticas. A Figura 19.3, portanto, mostra que o esquema XX, ao longo do qual o equilíbrio externo se mantém, é inclinado positivamente. O esquema XX mostra a quantidade das despesas adicionais que manterá o superávit da conta-corrente em X conforme a moeda for desvalorizada em um determinado valor.[19] Uma vez que um aumento em E aumenta as exportações líquidas, a conta-corrente está em superávit em relação a seu nível meta X, acima de XX. Da mesma forma, abaixo de XX a conta-corrente está em déficit em relação a seu nível meta.[20]

Políticas de mudança nas despesas e troca das despesas

Os esquemas II e XX dividem o diagrama em quatro regiões, às vezes chamadas de "as quatro zonas de desconforto econômico". Cada uma dessas zonas representa os efeitos das configurações de políticas diferentes. Na zona 1, o nível de emprego é muito alto e o superávit de conta-corrente é muito grande; na zona 2, o nível de emprego é muito alto, mas o déficit em conta-corrente é muito grande; na zona 3, há uma situação de subemprego e de um déficit excessivo; e na zona 4, o subemprego é acoplado com um superávit de conta-corrente maior do que o nível meta. Juntas, as políticas de mudanças nas despesas e taxas de câmbio podem colocar a economia no cruzamento de II e XX (ponto 1), o ponto no qual o equilíbrio interno e externo se mantêm. O ponto 1 mostra a configuração política que coloca a economia na posição que os formuladores de políticas monetárias prefeririam.

Se a economia estiver inicialmente no ponto 1, ajustes adequados nas despesas domésticas e na taxa de câmbio são necessários para realizar o equilíbrio interno e externo. Uma mudança na política fiscal que influencia os gastos, a fim de mover a economia para o ponto 1, chama-se uma **política de mudanças nas despesas**, porque altera o *nível* de demanda total da economia por bens e serviços. O ajuste das taxas de câmbio que a acompanha é chamado de **política de troca de despesas**, porque muda a *direção* da demanda, deslocando-a entre as importações e a produção interna. Em geral, tanto as mudanças nas despesas quanto a troca de despesas são necessárias para alcançar o equilíbrio interno e externo. Para além da política monetária, a política fiscal é a principal alavanca do governo para pressionar as despesas domésticas totais para cima ou para baixo.

Sob as regras de Bretton Woods, esperava-se que as variações cambiais (política de troca de despesas) fossem infrequentes. Isso deixava a política fiscal como a principal ferramenta política para mover a economia para o equilíbrio interno e externo. Mas, como mostra a Figura 19.3, um instrumento, a política fiscal, é em geral insuficiente para alcançar os dois objetivos de equilíbrio interno e externo. Apenas se a economia tivesse sido deslocada horizontalmente do ponto 1 a política fiscal seria capaz de fazer o trabalho sozinha. Além disso, a política fiscal é uma ferramenta complicada, já que muitas vezes não pode ser implementada sem aprovação legislativa. Outra desvantagem é que uma expansão fiscal, por exemplo, talvez precise ser revertida depois de algum tempo, se levar a déficits orçamentários governamentais crônicos.

Como resultado da inflexibilidade das taxas de câmbio durante o período de Bretton Woods, os formuladores de políticas por vezes encontravam-se em situações difíceis. Com o nível de gastos e as taxas de câmbio indicados pelo ponto 2 na Figura 19.4, há um subemprego e um déficit de conta-corrente excessivo. Apenas a combinação da desvalorização e expansão dos gastos indicada na figura movimenta a economia ao equilíbrio interno e externo (ponto 1). A política fiscal expansionista, agindo sozinha, pode eliminar o desemprego, movendo a economia ao ponto 3, mas o custo

---

[19] Você consegue ver como derivar o esquema XX mostrado na Figura 19.3 do esquema XX diferente (mas relacionado) na Figura 17.17? (Dica: use o último diagrama para analisar os efeitos da expansão fiscal.)

[20] Uma vez que o banco central não afeta a economia quando eleva suas reservas estrangeiras por uma venda de ativos internos no mercado aberto, nenhuma restrição de reserva separada é mostrada na Figura 19.3. Com efeito, o banco pode contrair empréstimos de reservas livremente do exterior com a venda de ativos internos ao público. (Durante um susto de desvalorização, essa tática não funcionaria, porque ninguém iria querer vender os ativos estrangeiros do banco por dinheiro doméstico.) Nossa análise, no entanto, assume a substitutibilidade perfeita de ativos entre títulos nacionais e estrangeiros (ver Capítulo 18). Sob a substitutibilidade imperfeita de ativos, as vendas de ativos domésticos do banco central para atrair divisas empurraria para cima a taxa de juros doméstica em relação à estrangeira. Assim, embora a substitutibilidade imperfeita de ativos desse ao banco central uma ferramenta política adicional (política monetária), ela também o tornaria responsável por uma meta política adicional (a taxa de juros doméstica). Se o governo está preocupado com a taxa de juros doméstica, porque ela afeta o investimento, por exemplo, a ferramenta política adicional não necessariamente aumentaria o conjunto de opções políticas atraentes. A substitutibilidade imperfeita foi explorada pelos bancos centrais sob o esquema Bretton Woods, mas não conseguiu tirar os países dos dilemas políticos ilustrados no texto.

FIGURA 19.4 Políticas para gerar os equilíbrios interno e externo

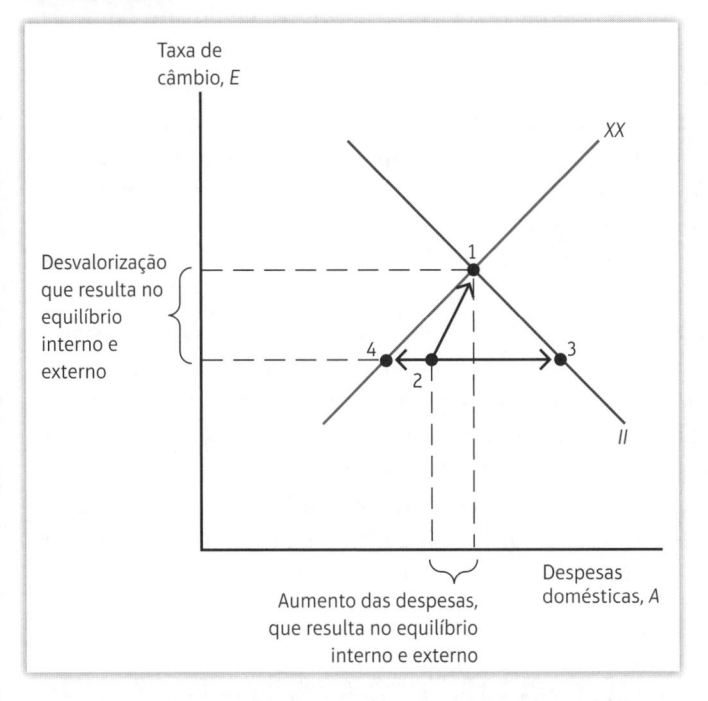

A menos que a moeda esteja desvalorizada e o nível de despesas domésticas suba, os equilíbrios interno e externo (ponto 1) não podem ser alcançados. Agindo sozinha, uma mudança na política fiscal, por exemplo, permite que a economia atinja o equilíbrio interno (ponto 3) *ou* o equilíbrio externo (ponto 4), mas apenas ao custo de aumentar a distância da economia da meta que é sacrificada.

do desemprego reduzido é um déficit externo maior. Embora a política fiscal contracionista sozinha possa trazer equilíbrio externo (ponto 4), a produção cai em consequência e a economia se move para longe do equilíbrio interno. Não é de admirar que dilemas políticos como o situado no ponto 2 deram origem a suspeitas de que a moeda estivesse prestes a ser desvalorizada. A desvalorização melhora a conta-corrente e a demanda agregada, aumentando a taxa de câmbio real EP^*/P em uma só tacada. A alternativa é um período longo e politicamente impopular de desemprego, para trazer um aumento igual na taxa de câmbio real por meio de uma queda em P.[21]

Na prática, os países às vezes usam as mudanças em suas taxas de câmbio para aproximarem-se do equilíbrio interno e externo, embora as mudanças normalmente sejam acompanhadas por crises da balança de pagamentos. Muitos países também apertaram os controles sobre as transações da conta financeira para romper as ligações entre as taxas de juros nacionais e estrangeiras e tornar a política monetária mais eficaz (alinhada com o trilema). Nesse caso, só foram parcialmente bem-sucedidos, uma vez que os eventos que levaram ao colapso do sistema foram provados.

O problema do equilíbrio externo dos Estados Unidos sob Bretton Woods

O problema do equilíbrio externo dos Estados Unidos foi diferente daquele enfrentado pelos outros países do sistema Bretton Woods. Como o emissor da enésima moeda, os Estados Unidos não eram responsáveis por atrelar as taxas de câmbio do dólar. Sua principal responsabilidade era segurar o preço em dólar do ouro em US$ 35 por onça e, em particular, a garantia de que os bancos centrais estrangeiros poderiam converter suas participações de dólar em ouro a esse preço. Para esse fim, tinham de manter reservas suficientes de ouro.

Como os Estados Unidos tinham de trocar ouro por dólares com bancos centrais estrangeiros, a possibilidade de que outros países pudessem converter suas reservas de dólares em ouro era uma restrição externa potencial na política macroeconômica dos Estados Unidos. Contudo, na prática, os bancos centrais estrangeiros estavam dispostos a ficar com os dólares que eles acumularam, desde que eles pagassem juros e fossem dinheiro internacional *por excelência*. E a lógica do padrão-ouro de câmbio ditou que os bancos centrais estrangeiros deveriam continuar a acumular dólares. Como as fontes de ouro do mundo não estavam crescendo rápido o suficiente para acompanhar o crescimento da economia mundial, a única maneira de

---
[21] Como um exercício para testar seu entendimento, mostre que uma queda em P, com o restante igual, reduz tanto II quanto XX, movendo o ponto 1 verticalmente para baixo.

os bancos centrais poderem manter níveis adequados de reserva internacional (exceto pela deflação) era acumular ativos de dólar. As conversões de ouro oficiais ocorriam algumas vezes e depletavam o estoque norte-americano de ouro, causando preocupação. Mas, desde que a maioria dos bancos centrais estivesse disposta a adicionar dólares a suas reservas e renunciar o direito de resgatar aqueles dólares por ouro norte-americano, a restrição externa dos Estados Unidos parecia mais simples do que a enfrentada por outros países no sistema.

Em um livro influente que apareceu em 1960, o economista Robert Triffin da Universidade de Yale chamou a atenção para um problema fundamental de longo prazo do sistema de Bretton Woods, o **problema de confiança**.[22] Triffin percebeu que, conforme as necessidades de reservas internacionais dos bancos centrais cresciam ao longo do tempo, suas participações de dólares necessariamente subiriam até excederem o estoque de ouro norte-americano. Uma vez que os Estados Unidos tinham prometido resgatar esses dólares a US$ 35 por onça, já não teriam a capacidade de cumprir suas obrigações se todos os detentores de dólares tentassem simultaneamente convertê-los em ouro. Isso levaria a um problema de confiança: os bancos centrais, sabendo que seus dólares já não eram "tão bons quanto o ouro", poderiam tornar-se dispostos a acumular mais dólares e poderiam até mesmo derrubar o sistema por tentativa de trocar os dólares que eles já possuíam.

Uma solução possível no momento era um aumento do preço oficial do ouro em termos de dólar e todas as outras moedas. Mas esse aumento seria inflacionário e teria a consequência politicamente não atraente de enriquecer os principais países fornecedores de ouro. Além disso, um aumento no preço do ouro teria feito os bancos centrais esperarem mais declínios no valor do ouro das suas participações de reserva do dólar no futuro, assim possivelmente agravando o problema de confiança, em vez de resolvê-lo!

[22] Veja: Triffin. *Gold and the Dollar Crisis*. New Haven: Yale University Press, 1960.

O FIM DE BRETTON WOODS, INFLAÇÃO MUNDIAL E A TRANSIÇÃO PARA AS TAXAS FLUTUANTES

Ao final de 1960, o sistema Bretton Woods de taxas de câmbio fixas começava a mostrar as tensões que logo conduziriam a seu colapso. Essas tensões eram intimamente relacionadas com a posição especial dos Estados Unidos, onde a inflação estava reunindo forças por causa do crescimento monetário superior, bem como dos maiores gastos do governo com os novos programas sociais como o Medicare e a impopular guerra do Vietnã.

A aceleração da inflação norte-americana na década de 1960 foi um fenômeno mundial. A Tabela 19.1 mostra que, no início da década de 1970, a inflação também irrompera em economias europeias.[23] A natureza mundial do problema da inflação não foi um acidente. A teoria no Capítulo 18 prevê que, quando o país de moeda de reserva acelera seu crescimento monetário, como os Estados Unidos fizeram na segunda metade da década de 1960, um efeito é um aumento automático nas taxas de crescimento monetário e de inflação no exterior conforme os bancos centrais estrangeiros compram a moeda de reserva para manter suas taxas de câmbio e expandir suas ofertas de dinheiro simultaneamente. Uma interpretação do colapso do sistema Bretton Woods é que os países estrangeiros foram

TABELA 19.1 Taxas de inflação nos países industrializados, 1966 – 1972 (% ao ano)

País	1966	1967	1968	1969	1970	1971	1972
Grã-Bretanha	3,6	2,6	4,6	5,2	6,5	9,7	6,9
França	2,8	2,8	4,4	6,5	5,3	5,5	6,2
Alemanha	3,4	1,4	2,9	1,9	3,4	5,3	5,5
Itália	2,1	2,1	1,2	2,8	5,1	5,2	5,3
Estados Unidos	2,9	3,1	4,2	5,5	5,7	4,4	3,2

Fonte: Organização para Cooperação e Desenvolvimento Econômico. *Main Economic Indicators: Historical Statistics, 1964–1983*. Paris: OECD, 1984. As figuras são aumentos percentuais no índice de preços ao consumidor médio de cada ano sobre o ano anterior.

[23] Os números da inflação dos Estados Unidos para 1971 e 1972 são artificialmente baixos por causa da diretiva do presidente Nixon para controles de preços e salários administrados pelo governo, em agosto de 1971. Em princípio, o compromisso dos Estados Unidos de atrelar o preço de mercado de ouro deveria ter limitado a inflação dos Estados Unidos, mas na prática, os Estados Unidos foram capazes de enfraquecer esse compromisso ao longo do tempo, permitindo assim que o preço de *mercado* do ouro subisse, embora ainda mantendo a promessa de resgatar dólares dos bancos centrais a US$ 35 por onça. No final dos anos 1960, os Estados Unidos eram, portanto, o único país no sistema que não enfrentaram o trilema monetário completo. Ele tinha taxas de câmbio fixas, porque *outros* países atrelaram suas moedas ao dólar, no entanto, ele podia ainda orientar a política monetária para seus objetivos nacionais. Para avaliações recentes da inflação mundial na década de 1970, consulte: Michael Bordo e Athanasios Orphanides (Eds.). *The Great Inflation*. Chicago: University of Chicago Press, 2013.

obrigados a importar a inflação indesejável dos Estados Unidos por meio do mecanismo descrito no Capítulo 18. Para estabilizar os níveis de preço e recuperar o equilíbrio interno, eles tiveram que abandonar as taxas de câmbio fixas e permitir que suas moedas flutuassem. O trilema monetário implica que esses países não podem atrelar suas taxas de câmbio e simultaneamente controlar a inflação doméstica.

Adicionando às tensões, a economia dos Estados Unidos entrou numa recessão em 1970, e o desemprego subiu, os mercados tornaram-se cada vez mais convencidos de que o dólar teria de ser desvalorizado em relação a todas as principais moedas europeias. Para restaurar o pleno emprego e uma conta-corrente equilibrada, os Estados Unidos tiveram que realizar de alguma forma uma depreciação real do dólar. Essa depreciação real poderia ser provocada de duas formas: a primeira opção era uma queda no nível de preços dos Estados Unidos em resposta ao desemprego doméstico, junto com um aumento nos níveis de preços estrangeiros em resposta às contínuas compras de dólares por bancos centrais estrangeiros. A segunda opção era uma queda no valor nominal do dólar em termos de moeda estrangeira. A primeira via — o desemprego nos Estados Unidos e a inflação no exterior — parecia um caminho doloroso para os formuladores de políticas monetárias seguirem. Os mercados imaginavam corretamente que uma alteração no valor do dólar seria inevitável. Essa percepção levou a vendas maciças de dólares no mercado cambial estrangeiro.

Após várias tentativas infrutíferas de estabilizar o sistema (incluindo uma decisão unilateral dos Estados Unidos em agosto de 1971 para acabar completamente com a ligação entre o dólar e o ouro), os principais países industrializados permitiram que suas taxas de câmbio do dólar flutuassem em março de 1973.[24] A flutuação era vista na época como uma resposta temporária para os movimentos de capitais especulativos incontroláveis. Mas os acordos temporários adotados em março de 1973 acabaram por ser permanentes e marcaram o fim das taxas de câmbio fixas e o início de um novo período turbulento nas relações monetárias internacionais.

---

24 Muitos países em desenvolvimento continuaram a atrelar seu câmbio ao dólar, e diversos países europeus continuavam a atrelar suas taxas de câmbio mútuas como parte de um acordo informal, chamado "serpente". A serpente evoluiu para o Sistema Monetário Europeu (discutido no Capítulo 21) e, por fim, levou à moeda única da Europa, o euro.

A mecânica da inflação importada

Para entender como a inflação pode ser importada do exterior, a menos que as taxas de câmbio sejam ajustadas, olhe novamente para a representação gráfica do equilíbrio interno e externo, mostrada na Figura 19.3. Suponha que o país se depare com inflação estrangeira. Acima, o nível de preços estrangeiros, P^*, é dado. Agora, no entanto, P^* aumenta conforme o resultado da inflação no exterior. A Figura 19.5 mostra o efeito sobre a economia doméstica.

Você pode ver como os dois esquemas mudam perguntando o que aconteceria se a taxa de câmbio nominal caísse em proporção ao aumento de P^*. Nesse caso, a taxa de câmbio real EP^*/P seria afetada (dado P), e a economia permaneceria em equilíbrio interno ou externo caso ambas as condições originalmente se mantivessem. Portanto, a Figura 19.5, mostra que, para uma determinada taxa de câmbio inicial, um aumento de P^* desloca tanto II^1 quanto XX^1 para baixo na mesma distância (aproximadamente igual ao aumento proporcional em P^* vezes a taxa de câmbio inicial). A interseção entre os novos esquemas II^2 e XX^2 (ponto 2) encontra-se diretamente abaixo da interseção original no ponto 1.

Portanto, se a economia começar no ponto 1, um aumento de P^*, *dada* a taxa de câmbio fixa e o nível de preços no mercado interno pressiona a economia na zona 1 com sobre-emprego e um superávit indesejavelmente elevado em sua conta-corrente. O fator que causa esse resultado é uma desvalorização da moeda real que desloca a demanda mundial para o país de origem (EP^*/P aumenta, porque P^* aumenta).

Se nada for feito pelo governo, o sobre-emprego coloca uma pressão ascendente sobre o nível de preços no mercado interno, a qual desloca gradualmente os dois esquemas de volta a suas posições originais. Os esquemas param de deslocar uma vez que P tenha aumentado em proporção a P^*. Nessa fase, a taxa de câmbio real, o emprego e a conta-corrente estão nos níveis iniciais, então o ponto 1 é, mais uma vez, uma posição de equilíbrio interno e externo.

A maneira de evitar a inflação importada é revalorizar a moeda (ou seja, reduzir E) e mudar para o ponto 2. Uma revalorização restaura o equilíbrio interno e externo imediatamente, sem inflação doméstica, usando a taxa de câmbio nominal para compensar o efeito da subida de P^* na taxa de câmbio real. Apenas uma política de troca de despesas é necessária para responder a um puro aumento dos preços estrangeiros.

O aumento de preços no mercado interno que ocorre quando não há revalorização requer um aumento da oferta de moeda doméstica, desde que os preços e a oferta de moeda mudem proporcionalmente em longo

FIGURA 19.5 Efeito sobre o equilíbrio interno e externo de um aumento no nível de preços estrangeiros, P^*

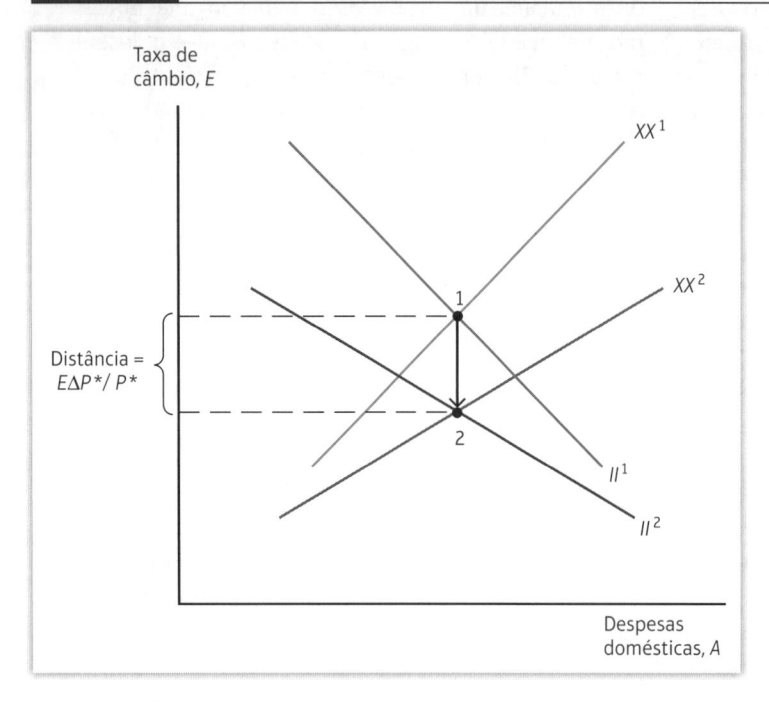

Depois de P^* subir, o ponto 1 situa-se na zona 1 (sobre-emprego e um superávit excessivo). A revalorização (uma queda em E) restaura o equilíbrio imediatamente, movendo a configuração política para o ponto 2.

[Gráfico: Eixo vertical — Taxa de câmbio, E; Eixo horizontal — Despesas domésticas, A. Curvas XX^1, XX^2, II^1, II^2. Distância = $E\Delta P^*/P^*$ entre os pontos 1 e 2.]

prazo. O mecanismo que ocasiona esse aumento é a intervenção cambial pelo banco central doméstico. Conforme os preços e a produção interna aumentam após a elevaçao em P^*, a oferta de dinheiro real encolhe e a demanda real por participações em dinheiro aumenta. Para evitar que a pressão ascendente resultante na taxa de juros domésticos valorize a moeda, o banco central deve adquirir reservas internacionais e expandir a oferta de moeda nacional. Dessa forma, as políticas inflacionárias perseguidas pelo centro de reserva respingam nas ofertas de moeda dos países estrangeiros.

Avaliação

O colapso do sistema Bretton Woods foi em parte decorrente do poder macroeconômico desequilibrado dos Estados Unidos, que lhe permitiu gerar inflação global. Mas foi também causado, em grande medida, pelo fato de que a ferramenta chave de troca das despesas, necessária para o equilíbrio interno e externo — o ajuste cambial discreto —, inspirou ataques especulativos que tornaram o equilíbrio interno e externo progressivamente mais difícil de alcançar. O sistema, portanto, foi vítima do trilema. Conforme os fluxos financeiros internacionais se tornaram mais difíceis de conter, os formuladores de políticas monetárias enfrentaram um *trade-off* cada vez mais intenso entre a estabilidade cambial e as metas monetárias nacionais. Entretanto, na década de 1970, o eleitorado dos países industrializados esperou muito que os governos dessem prioridade à economia doméstica. Então foram as taxas de câmbio fixas que saíram de cena.

O caso das taxas de câmbio flutuantes

Quando as crises de moeda internacional de escopo e frequência crescentes irromperam na década de 1960, a maioria dos economistas começou a defender a flexibilização das taxas de câmbio. Muitos alegaram que um sistema de taxas de câmbio flutuante (em que os bancos centrais não intervêm no mercado de taxas de câmbio) não daria apenas à taxa de câmbio a flexibilidade necessária, mas também produziria vários outros benefícios para a economia mundial. Assim, a chegada de taxas de câmbio flutuantes em março de 1973 foi saudada por muitos economistas como um desenvolvimento saudável na evolução do sistema monetário mundial, que colocaria os mercados no centro das atenções na determinação das taxas de câmbio.

O caso das taxas de câmbio flutuantes se assentava em pelo menos quatro reivindicações principais:

1. *Autonomia da política monetária.* Se os bancos centrais já não fossem mais obrigados a intervir nos mercados cambiais para fixar as taxas de câmbio, os governos seriam capazes de usar a política monetária para alcançar o equilíbrio interno e externo. Além disso, nenhum país seria forçado a importar a inflação (ou deflação) do exterior.

2. *Simetria*. Sob um sistema de taxas flutuantes, desapareceriam as assimetrias inerentes de Bretton Woods e os Estados Unidos já não seriam capazes de definir as condições monetárias do mundo por si sós. Ao mesmo tempo, os Estados Unidos teriam a mesma oportunidade que outros países de influenciar a sua taxa de câmbio em relação às moedas estrangeiras.
3. *Taxas de câmbio como estabilizadores automáticos*. Mesmo na ausência de uma política monetária ativa, a adaptação rápida das taxas de câmbio determinadas pelo mercado ajudaria os países a manter o equilíbrio interno e externo em face de mudanças na demanda agregada. Os períodos longos e agonizantes de especulação anteriores aos realinhamentos das taxas de câmbio sob as regras de Bretton Woods não ocorreriam com a flutuação.
4. *Taxas de câmbio e equilíbrio externo*. As taxas de câmbio determinadas pelo mercado mudariam automaticamente, para evitar o surgimento de grandes déficits de conta-corrente e excedentes.

Autonomia da política monetária

No final do sistema de taxas fixas de Bretton Woods, os países que não os Estados Unidos tinham pequeno espaço para usar a política monetária para atingir o equilíbrio interno e externo. Os países podiam manter suas taxas de câmbio do dólar fixadas apenas se mantivessem a taxa de juros doméstica em consonância com a dos Estados Unidos. Assim, nos anos finais das taxas de câmbio fixas, os bancos centrais impuseram restrições cada vez mais rigorosas sobre os pagamentos internacionais, para manter o controle sobre suas taxas de juros e ofertas de moeda. No entanto, essas restrições foram apenas parcialmente bem-sucedidas em reforçar a política monetária e tinham o efeito colateral prejudicial de distorcer o comércio internacional.

Os defensores das taxas flutuantes apontam que a remoção da obrigação de indexar valores de moeda restauraria o controle monetário aos bancos centrais. Se, por exemplo, o banco central enfrentou o desemprego e desejasse expandir sua oferta de moeda em resposta, já não haveria qualquer barreira legal para a depreciação da moeda que isso causaria. Da mesma forma, o banco central de uma economia superaquecida poderia arrefecer a atividade ao contratar a oferta de moeda sem se preocupar com que influxos de reserva indesejados prejudicassem seu esforço de estabilização. O maior controle sobre a política monetária permitiria que os países desmantelassem suas barreiras distorcidas para pagamentos internacionais. Em outras palavras, a taxas flutuantes implicavam uma abordagem para o trilema monetário que sacrificou as taxas de câmbio fixas, em favor da liberdade dos fluxos financeiros e da política monetária.

Consistente com esse ponto de vista, os defensores das taxas flutuantes também argumentaram que essas taxas permitiriam que cada país escolhesse a sua própria taxa de inflação de longo prazo desejada, em vez de ter que importar passivamente a taxa de inflação estabelecida no exterior. Vimos no último capítulo que um país enfrentando um aumento no nível de preços estrangeiros será lançado fora de equilíbrio e, finalmente, importará a inflação externa se mantiver sua taxa de câmbio fixa. No final da década de 1960, muitos países sentiam que estavam importando inflação dos Estados Unidos. Por revalorizar sua moeda — isto é, pela redução do preço da moeda nacional em moeda estrangeira — um país pode isolar-se completamente de um aumento inflacionário nos preços estrangeiros e, assim, permanecer em equilíbrio interno e externo. Um dos argumentos mais reveladores a favor das taxas flutuantes foi a sua capacidade, em teoria, para gerar automaticamente as alterações das taxas de câmbio que isolam as economias da inflação vigente no exterior.

O mecanismo por trás desse isolamento é a paridade de poder de compra (ver Capítulo 16). Lembre-se que, quando todas as mudanças na economia mundial são monetárias, a PPC se aplica em longo prazo: as taxas de câmbio, por fim, se alteram, para compensar exatamente as diferenças nacionais da inflação. Se o crescimento monetário dos Estados Unidos leva a uma duplicação de longo prazo do nível de preços norte-americanos, enquanto o nível de preços na Europa mantém-se constante, a PPC prevê que o preço do euro de longo prazo em dólar vai ser reduzido para a metade. Essa mudança de taxa de câmbio nominal mantém inalterada a taxa *real* de câmbio entre o dólar e o euro e, portanto, mantém o equilíbrio interno e externo da Europa. Em outras palavras, a alteração das taxas de câmbio de longo prazo prevista pela PPC é exatamente a mudança que isola a Europa da inflação dos Estados Unidos.

Um aumento induzido pela moeda nos preços dos Estados Unidos também causa uma valorização *imediata* do câmbio contra o dólar, quando a taxa de câmbio flutua. No curto prazo, o tamanho dessa valorização pode diferir do que prevê a PPC, mas os especuladores de divisas que podem ter montado um ataque nas taxas de câmbio de dólar fixo aceleram o ajuste das taxas flutuantes. Uma vez que eles sabem que as moedas estrangeiras valorizarão em longo prazo de acordo com a PPC, agem sobre as suas expectativas e empurram as taxas de câmbio na direção de seus níveis de longo prazo.

Em contraste, os países que operam sob as regras de Bretton Woods foram forçados a escolher entre a inflação correspondente dos Estados Unidos para manter suas taxas de câmbio do dólar fixo, ou reavaliar deliberadamente suas moedas proporcionalmente ao aumento dos preços norte-americanos. Contudo, sob o câmbio flutuante, o mercado cambial gera automaticamente as alterações das taxas de câmbio que protegem os países da inflação dos Estados Unidos. Uma vez que esse resultado não requer quaisquer decisões de política governamental, as crises de reavaliação ocorridas sob taxas de câmbio fixas são evitadas.[25]

Simetria

O segundo argumento apresentado pelos defensores da taxa flutuante foi que o abandono do sistema Bretton Woods removeria as assimetrias que causaram tanto desacordo internacional na década de 1960 e início dos anos 1970. Havia duas principais assimetrias, ambas resultatantes do papel central do dólar no sistema monetário internacional. Primeiro, como os bancos centrais atrelavam suas moedas ao dólar e acumulavam dólares como reservas internacionais, a Reserva Federal dos Estados Unidos desempenhou o papel principal em determinar a oferta mundial de dinheiro e os bancos centrais estrangeiros tinham pouco espaço para determinar suas próprias ofertas de moeda nacional. Segundo, qualquer país estrangeiro poderia desvalorizar sua moeda contra o dólar em condições de "desequilíbrio fundamental", mas as regras do sistema não davam aos Estados Unidos a opção de desvalorizar sua moeda em relação às moedas estrangeiras. Ao contrário, a desvalorização do dólar necessitava de um período longo e economicamente perturbador de negociação multilateral.

Um sistema de taxas de câmbio flutuantes poderia acabar com essas assimetrias. Uma vez que os países já não indexariam as taxas de câmbio ao dólar, cada um estaria em condições de orientar as condições monetárias domésticas. Pela mesma razão, os Estados Unidos não enfrentariam qualquer obstáculo especial para alterar sua taxa de câmbio por meio de políticas monetárias ou fiscais. As taxas de câmbio de todos os países seriam determinadas simetricamente pelo mercado cambial, não pelas decisões do governo.[26]

Taxas de câmbio como estabilizadores automáticos

O terceiro argumento a favor das taxas flutuantes relaciona-se com sua capacidade, em teoria, de promover a adaptação rápida e relativamente indolor para certos tipos de mudanças econômicas. Tal mudança, discutida anteriormente, é a inflação estrangeira. A Figura 19.6, que usa o modelo DD-AA apresentado no Capítulo 17, examina outro tipo de mudança, comparando a resposta de uma economia sob uma taxa de câmbio fixa e uma taxa de câmbio flutuante a uma queda temporária da demanda externa para as suas exportações.

Uma queda na demanda por exportações do país de origem reduz a demanda agregada para cada nível de taxa de câmbio, E, e, portanto, desvia o esquema DD para a esquerda, de DD^1 para DD^2. (Lembre-se que o esquema DD mostra a taxa de câmbio e os pares de produção para os quais a demanda agregada é igual à produção agregada.) A Figura 19.6a mostra como essa mudança afeta o equilíbrio da economia quando a taxa de câmbio flutua. Como se presume que a variação de demanda seja temporária, ela não muda a taxa de câmbio esperada em longo prazo e, assim, não se altera o esquema de equilíbrio do mercado de ativos AA^1. (Lembre-se que o esquema AA mostra a taxa de câmbio e os pares de produção em que o mercado de câmbio e o mercado interno de moeda estão em equilíbrio.) O equilíbrio da economia em curto prazo situa-se, portanto, no ponto 2; comparado com o equilíbrio inicial no ponto 1, a moeda deprecia (E sobe) e a produção cai. Como a taxa de câmbio aumenta de E^1 para E^2? Quando demanda e produção caem, reduzindo a demanda por transações de dinheiro, a taxa de juros doméstica deve também cair para manter o mercado monetário em equilíbrio. Essa queda faz com que a moeda nacional desvalorize no mercado cambial, e a taxa de câmbio sobe, portanto, de E^1 para E^2.

O efeito da mesma perturbação de demanda por exportação sob uma taxa de câmbio fixa é mostrado na Figura 19.6b. Uma vez que o banco central deve evitar a depreciação da moeda que ocorre sob uma taxa flutuante, ele compra moeda doméstica com reservas externas, uma ação que contrai a oferta de moeda e desloca AA^1 à esquerda, para AA^2. O novo equilíbrio de curto prazo da economia sob uma taxa de câmbio fixa está no ponto 3, onde a produção é igual a Y^3.

A Figura 19.6 mostra que a produção realmente cai mais sob uma taxa fixa do que sob uma taxa flutuante, caindo até a Y^3, em vez de Y^2. Em outras palavras, o movimento da taxa de câmbio flutuante estabiliza a economia, reduzindo o efeito do choque sobre o emprego em

---

[25] Os países também podem evitar a importação indesejada de *deflação* por taxas flutuantes, desde que a análise anterior aplique-se, ao contrário, a uma queda no nível de preços estrangeiros.

[26] O argumento da simetria não é um argumento contra sistemas de taxa fixa, em geral, mas um argumento contra o tipo específico de sistema de taxa de câmbio fixa que eclodiu na década de 1970. Como vimos no Capítulo 18, um sistema de taxa fixa com base em um padrão-ouro internacional pode ser completamente simétrico.

FIGURA 19.6 Efeitos de uma queda na demanda de exportação

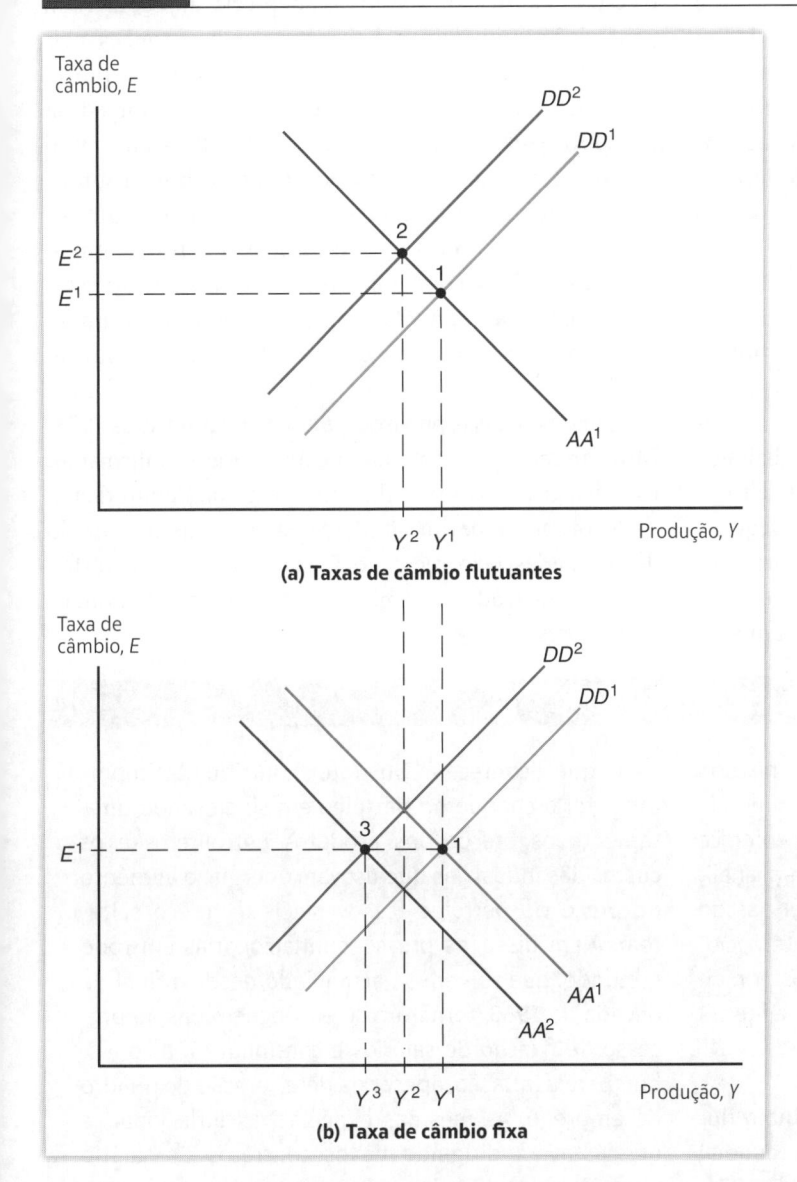

A resposta a uma queda na demanda por exportação (vista na mudança de DD^1 para DD^2) difere sob taxas de câmbio fixas e flutuantes. (a) Com uma taxa flutuante, a produção cai apenas para Y^2, conforme a depreciação da moeda (de E^1 para E^2) desloca a demanda em direção aos produtos nacionais. (b) Com a taxa de câmbio fixada em E^1, a produção cai até a E^3, conforme o banco central reduz a oferta de moeda (refletida na mudança de AA^1 para AA^2).

(a) Taxas de câmbio flutuantes

(b) Taxa de câmbio fixa

relação ao seu efeito sob uma taxa fixa. A depreciação da moeda, no caso de taxas flutuantes, torna os serviços e bens domésticos mais baratos quando a demanda por eles cai, compensando parcialmente a redução inicial da demanda. Além de reduzir a saída do equilíbrio interno causada pela queda na demanda por exportação, a depreciação reduz o déficit crescente nas contas-correntes, o qual ocorre sob taxas fixas por tornar os produtos nacionais mais competitivos nos mercados internacionais.

Consideramos o caso de uma queda transitória da demanda por exportação, mas conclusões ainda mais fortes podem ser tiradas quando há uma queda *permanente* da demanda por exportação. Nesse caso, a taxa de câmbio esperada, E^e, também sobe, e AA desloca-se para cima como resultado. Um choque permanente provoca uma depreciação maior do que um choque temporário e o movimento da taxa de câmbio, portanto, protege mais a produção interna quando o choque é permanente.

No âmbito do sistema Bretton Woods, uma queda na demanda por exportação, como mostrado na Figura 19.6b, teria, caso fosse permanente, conduzido a uma situação de "desequilíbrio fundamental", causando uma desvalorização da moeda ou um longo período de desemprego doméstico, conforme os salários e os preços caem. A incerteza sobre as intenções do governo teria encorajado saídas de capital especulativas, piorando ainda mais a situação pela depleção das reservas do banco central e contração da oferta de moeda nacional em um momento de desemprego. Os defensores das taxas flutuantes apontam que o mercado cambial acarretaria automaticamente a depreciação da moeda *real* necessária por meio de um movimento na taxa de câmbio nominal. Essa mudança das taxas de câmbio reduziria ou eliminaria a necessidade de empurrar o nível de preços através do desemprego, e como isso ocorreria imediatamente, não haveria nenhum risco de ruptura especulativa, como haveria sob uma taxa fixa.

Taxas de câmbio e equilíbrio externo

Um benefício final alegado para taxas de câmbio flutuantes foi que poderiam prevenir o surgimento de déficits de conta-corrente persistentemente altos ou excedentes. Como um país com um grande déficit na balança corrente está contraindo empréstimos de estrangeiros e aumentando assim a sua dívida externa, em consequência terá que gerar maiores excedentes de exportações sobre importações para pagar os juros sobre a dívida. Os maiores excedentes, por sua vez, exigirão uma moeda depreciada. Defensores da taxa flutuante sugeriram que os especuladores, prevendo essa depreciação, reduziriam a moeda antecipadamente, tornando as exportações mais competitivas e a importações mais caras em curto prazo. Tal especulação da estabilização, se mantida, impediria primeiro que déficits em conta-corrente ficassem muito grandes. (O mesmo mecanismo, com valorização substituindo a depreciação, limitaria os excedentes externos.)

Um corolário dessa visão é que as taxas de câmbio flutuantes não seriam voláteis demais, porque ao estabilizar os especuladores, constantemente levariam as taxas em direção a níveis consistentes com o equilíbrio externo.

Quão bem essas previsões se concretizaram após 1973? Mostraremos que, enquanto algumas foram confirmadas, os defensores das taxas flutuantes em geral eram demasiado otimistas de que um sistema de taxas de câmbio determinadas pelo mercado funcionaria livre da turbulência do mercado de câmbio ou dos conflitos da política entre países.

OS PRIMEIROS ANOS DAS TAXAS FLUTUANTES, 1973-1990

Uma revisão da história macroeconômica da economia mundial desde 1973 oferece dados importantes para analisar os êxitos e deficiências do sistema monetário internacional moderno. Começamos com um resumo dos primeiros anos turbulentos das taxas de câmbio flutuantes.

INFLAÇÃO E DESINFLAÇÃO, 1973-1982

O ato de abertura da era de taxas de câmbio flutuantes foi uma quadruplicação do preço mundial do petróleo entre o final de 1973 e o início de 1974, projetado pela recém assertiva Organização de Países Exportadores de Petróleo (OPEP), um cartel internacional que inclui a maioria dos produtores de petróleo. O consumo e os investimentos diminuíram em todos os lugares e a economia mundial foi lançada para a recessão. Os saldos de conta-corrente de países importadores de petróleo se agravaram.

O modelo que desenvolvemos nos capítulos 14 a 18 prevê que a inflação tende a aumentar nos períodos de *boom* e a cair nas recessões. Como o mundo entrou em recessão profunda em 1974, no entanto, a inflação acelerou na maioria dos países. A Tabela 19.2 mostra como a inflação nas principais regiões industriais subiu na década entre 1973-1982, mesmo com o desemprego em ascensão.

O que aconteceu? Um fator contribuinte importante foi o choque do petróleo em si: elevando diretamente os preços dos produtos petrolíferos e os custos das indústrias que usavam energia, o aumento do preço do petróleo fez os níveis de preço saltarem. Além disso, as pressões inflacionárias em todo o mundo, que tinham se acumulado desde o final da década de 1960, tornaram-se entrincheiradas no processo de fixação de salários e continuavam a contribuir para a inflação, apesar da deterioração do quadro de emprego. As mesmas expectativas inflacionárias que estavam dirigindo novos contratos de salário também estavam colocando pressão ascendente adicional sobre os preços das *commodities*, conforme os especuladores acumulavam estoques de *commodities* cujos preços eles esperavam subir. Ao longo dos anos seguintes, os banqueiros centrais se provaram dispostos a combater essas pressões inflacionárias ao custo de um nível de desemprego ainda maior.

Para descrever as condições macroeconômicas incomuns de 1974-1975, os economistas cunharam uma nova palavra que se tornou comum: **estagflação**, uma combinação de estagnação da produção e inflação elevada. A estagflação foi o resultado de dois fatores:

1. Aumentos nos preços das *commodities* que diretamente geravam a inflação, enquanto ao mesmo tempo deprimiam a oferta e a demanda agregada.

TABELA 19.2 Dados macroeconômicos para regiões industriais chave, 1963–2012

Período	1963–1972	1973–1982	1983–1992	1993–2006	2007–2009	2010–2012
Inflação (% a.a.)						
Estados Unidos	3,3	8,7	4,0	2,7	2,1	2,3
Europa	4,4	10,7	5,1	2,4	2,3	2,5
Japão	5,6	8,6	1,8	0,2	0,0	–0,3
Desemprego (% da força de trabalho)						
Estados Unidos	4,7	7,0	6,8	5,3	6,6	8,9
Europa	1,9	5,5	9,4	9,4	7,8	10,0
Japão	1,2	1,9	2,5	4,0	4,3	4,7
Crescimento do PIB *per capita* real (% a.a.)						
Estados Unidos	2,8	2,4	0,9	2,1	–0,9	1,4
Europa	3,9	2,0	3,0	2,1	0,8	0,6
Japão	8,5	2,9	3,4	1,0	3,8	2,1

Fonte: Fundo Monetário Internacional e Eurostat.

2. Expectativas de inflação futura que alimentaram as tarifas e outros preços apesar da recessão e do desemprego crescente.

Libertos da necessidade de defender uma taxa de câmbio fixa, os governos responderam com políticas expansionistas que alimentaram ainda mais a inflação. Muitos países, movendo-se para um vértice diferente do trilema, mal tinham sido capazes de relaxar os controles de capital que tinham criado antes de 1974. Esse relaxamento aliviou o problema de ajustamento dos países em desenvolvimento, que foram capazes de pedir emprestado mais facilmente para os mercados financeiros de países desenvolvidos, para manter o seu próprio crescimento econômico e seus gastos. Por sua vez, a força relativa da demanda do mundo em desenvolvimento para exportações de países industriais ajudou a mitigar a severidade da recessão de 1974-1975. No entanto, nos países industrializados, o desemprego saltou e permaneceu teimosamente alto, conforme mostra a Tabela 19.2.

Em meados da década de 1970, os Estados Unidos tentaram combater o desemprego mediante a política monetária expansionista, enquanto outros países como a Alemanha e o Japão estavam mais preocupados com a inflação. O resultado desse desequilíbrio político — uma expansão vigorosa nos Estados Unidos que não foi acompanhada por expansão no exterior — foi uma íngreme depreciação do dólar após 1976. A inflação dos Estados Unidos atingiu níveis de dois dígitos (como a inflação em muitos outros países, incluindo Canadá, França, Itália e Reino Unido). A depreciação do dólar nesses anos fica evidente na Figura 19.7, que mostra os dois **índices de taxas de câmbio efetivas, nominal e real,** do dólar. Esses índices medem, respectivamente, o preço de um dólar em termos de uma cesta de moedas estrangeiras e o preço da produção dos Estados Unidos em termos de uma cesta de produção estrangeira. Assim, um aumento de qualquer índice é uma valorização do dólar (nominal ou real), enquanto uma queda é uma depreciação.

Para restaurar a fé no dólar, o presidente Jimmy Carter nomeou um novo Presidente do Conselho de Governadores da Reserva Federal (Federal Reserve Board) com ampla experiência em assuntos financeiros internacionais, Paul A. Volcker. O dólar começou a fortalecer-se em outubro de 1979, quando Volcker anunciou um aperto da política monetária dos Estados Unidos e a adoção, por parte da Reserva Federal, dos mais rigorosos procedimentos para controlar o crescimento da oferta de moeda.

A queda do xá do Irã em 1979 provocou uma segunda rodada de aumentos de preços de óleo por interromper as exportações de petróleo daquele país. Em 1975, formuladores de políticas macroeconômicas em países industrializados tinham respondido ao primeiro choque do petróleo com políticas monetárias e fiscais expansionistas. Eles responderam de forma muito diferente ao segundo choque do petróleo.

Em 1979 e 1980, o crescimento monetário na verdade estava restrito na maioria dos grandes países industriais, na tentativa de compensar o aumento da inflação, acompanhando o aumento de preço de petróleo. Essa abordagem política impediu um surto de inflação, mas ajudou a causar uma recessão mundial.

Em novembro de 1980, vimos a eleição do presidente Ronald Reagan, que fez campanha em uma plataforma anti-inflacionista. Tendo em conta o resul-

> **FIGURA 19.7** Índices de taxa de câmbio do dólar nominal e real efetiva, 1975-2013
>
> Os índices são medidas do valor nominal e real do dólar norte-americano em termos de uma cesta de moedas estrangeiras. Um aumento nos índices é uma valorização do dólar, uma diminuição é uma depreciação. Para ambos os índices, o valor de 2005 é 100.
>
> **Fonte:** Fundo Monetário Internacional, Estatísticas Financeiras Internacionais.

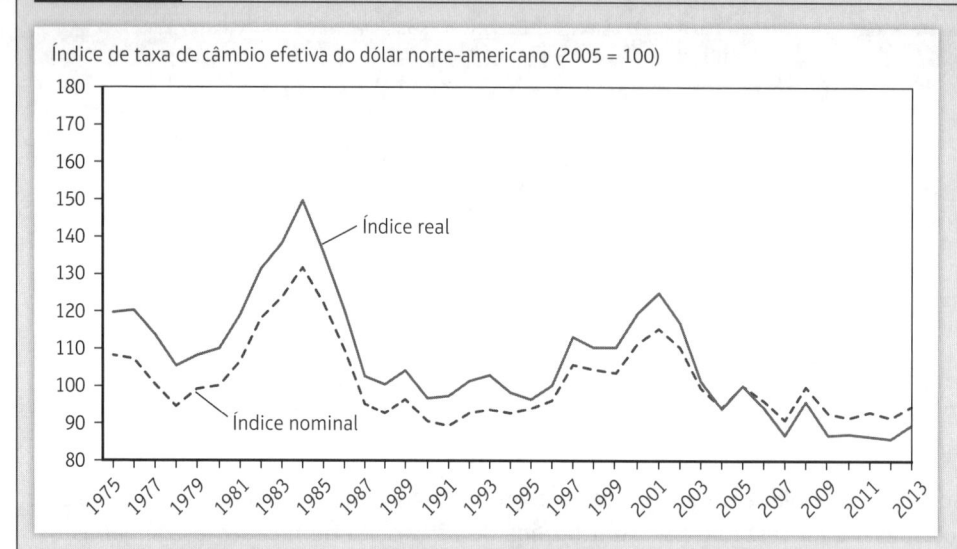

tado das eleições e o abrandamento monetário de Volcker, o valor do dólar subiu (ver Figura 19.7). As taxas de juros dos Estados Unidos também tinham subido acentuadamente no final de 1979. Em 1981, as taxas de juros de curto prazo nos Estados Unidos tinham quase dobrado seus níveis de 1978.

Ao empurrar a taxa de juros dos Estados Unidos para cima, e fazer com que os investidores esperassem um dólar mais forte no futuro, a ação dos Estados Unidos levou a uma valorização imediata do dólar. Essa apreciação tornou as mercadorias norte-americanos mais caras em relação às mercadorias estrangeiras, reduzindo assim a produção dos Estados Unidos.

No entanto, a valorização do dólar não foi bem recebida no exterior, apesar de que poderia, em teoria, ter emprestado às economias estrangeiras algum estímulo positivo em um período de crescimento lento. A razão foi que um dólar mais forte dificultava aos países estrangeiros suas próprias lutas contra a inflação, elevando os preços de importação que eles enfrentavam e encorajando demandas por salários maiores de seus trabalhadores. Um dólar mais forte teve o efeito contrário nos Estados Unidos, acelerando o declínio da inflação norte-americana. A política monetária apertada dos Estados Unidos, portanto, teve um efeito *beggar-thy-neighbor* no exterior, já que baixou a inflação norte-americana em parte por exportar a inflação para as economias estrangeiras.

Os bancos centrais estrangeiros responderam intervindo nos mercados de moeda para retardar o aumento do dólar. Mediante o processo de venda das reservas de dólar e compra de suas próprias moedas, alguns bancos centrais reduziram suas taxas de crescimento monetário para 1980 e 1981, dirigindo as taxas de juros para cima. A contração monetária sincronizada nos Estados Unidos e no exterior, seguindo de perto o segundo choque do petróleo, jogou a economia mundial em profunda recessão — a mais grave entre a Grande Depressão da década de 1930 e a crise de 2007-2009 — uma geração mais tarde. Em 1982 e 1983, o desemprego em todo o mundo subiu para níveis sem precedentes no período pós Segunda Guerra. Enquanto o desemprego dos Estados Unidos voltou rapidamente ao seu nível pré-recessão, o desemprego no Japão e especialmente na Europa manteve-se permanentemente acima (ver Tabela 19.2). Entretanto, a contração monetária e a recessão trazidas por ele, rapidamente levaram a uma queda drástica das taxas de inflação nos países industrializados.

O DÓLAR FORTE E O ACORDO DE PLAZA

Durante a campanha eleitoral, o presidente Reagan tinha prometido reduzir os impostos e equilibrar o orçamento federal. Ele realizou a primeira dessas promessas em 1981. Ao mesmo tempo, a administração de Reagan forçou uma aceleração de gastos com a defesa. O resultado líquido dessas e de ações subsequentes do Congresso foi um déficit orçamentário inflado do governo dos Estados Unidos e um forte estímulo fiscal à economia. A posição fiscal dos Estados Unidos encorajou a contínua valorização do dólar (consulte a Figura 19.7). Em fevereiro de 1985, a valorização acumulada do dólar contra a moeda alemã desde o final de 1979 era de 47,9%. A recessão atingiu seu ponto mais baixo nos Estados Unidos em dezembro de 1982 e a produção começou a se recuperar nos Estados Unidos e no exterior quando o estímulo fiscal dos Estados Unidos foi transmitido para o exterior por meio da constante valorização do dólar.

Embora a expansão fiscal norte-americana tenha contribuído para a recuperação mundial, os déficits orçamentários federais crescentes levantaram sérias preocupações sobre a estabilidade futura da economia mundial. Como os déficits crescentes não foram cumpridos com aumentos compensatórios da poupança privada ou diminuição do investimento, o saldo da conta-corrente norte-americana deteriorou-se acentuadamente. Em 1987, os Estados Unidos tornaram-se um devedor líquido para países estrangeiros e seu déficit em conta-corrente foi ao nível recorde (até então) do pós-guerra de 3,6% do PIB. Alguns analistas ficaram preocupados que os credores estrangeiros perdessem a confiança no valor futuro dos ativos em dólar que estavam acumulando e os vendessem, causando uma depreciação súbita e precipitada do dólar.

Igualmente preocupante foi o impacto do dólar forte sobre a distribuição de renda dentro dos Estados Unidos. A valorização do dólar tinha reduzido a inflação dos Estados Unidos e permitido aos consumidores comprar importações mais baratas, mas as pessoas prejudicadas pela mudança dos termos de comércio estavam mais bem organizadas e tinham mais voz do que aqueles que se beneficiaram. O desempenho econômico persistentemente baixo na década de 1980 levou ao aumento das pressões sobre os governos para proteger as indústrias nos setores que competiam com a importação. Formou-se uma bola de neve de pressões protecionistas.

A administração Reagan tinha, desde o início, adotado uma política de "negligência benigna" em relação ao mercado de câmbio, recusando-se a intervir, exceto em circunstâncias incomuns (por exemplo, após uma suposta tentativa de assassinato ao presidente Reagan). Em 1985, no entanto, a ligação entre o dólar forte e o acúmulo da tempestade protecionista tornou-se impossível de ignorar.

Temendo um desastre para o sistema de comércio internacional, os oficiais da economia dos Estados Unidos, Grã-Bretanha, França, Alemanha e Japão anunciaram no Hotel Plaza de Nova York, em 22 de setembro de 1985, que eles iriam intervir em conjunto no mercado cambial para produzir a depreciação do dólar. O dólar caiu drasticamente no dia seguinte e continuou a diminuir durante 1986 e início de 1987, conforme os Estados Unidos mantiveram uma política monetária frouxa e empurraram as taxas de juros do dólar em relação às taxas de juros de moedas estrangeiras. (Consulte a Figura 19.7.)

Interdependência macroeconômica sob uma taxa flutuante

Até agora, nossa modelagem da economia aberta centrou-se sobre o caso relativamente simples de um país pequeno que não podia afetar a produção externa, os níveis de preços ou as taxas de juros mediante suas próprias políticas monetárias e fiscais. No entanto, essa descrição obviamente não se adapta aos Estados Unidos com o seu nível de produção nacional igual a cerca de um quinto do produto total do mundo. Portanto, para discutir as interações macroeconômicas entre os Estados Unidos e o resto do mundo, temos de pensar sobre a transmissão de políticas entre países ligados por uma taxa de câmbio flutuante. Vamos oferecer uma discussão breve e intuitiva, em vez de um modelo formal, e vamos nos restringir ao curto prazo, em que podemos assumir que os preços de produção nominal são fixos.

Imagine uma economia mundial composta de dois grandes países, Doméstica e Estrangeira. Nosso objetivo é avaliar como as políticas macroeconômicas de Doméstica afetam as de Estrangeira. A complicação principal é que nenhum país pode mais ser considerado por enfrentar uma taxa fixa de juros externa ou um nível fixo de demanda de exportações estrangeiras. Para simplificar, vamos considerar apenas o caso de desvios *permanentes* na política monetária e fiscal.

Vamos olhar primeiro para uma expansão monetária permanente em Doméstica. Sabemos que no caso de um país pequeno (Capítulo 17), Doméstica depreciaria a moeda e sua produção aumentaria. O mesmo acontece quando a economia de Doméstica é grande, mas agora, o resto do mundo é afetado também. Como Doméstica está experimentando a depreciação real da moeda, Estrangeira deve estar experimentando a *valorização* real da moeda, que torna os bens de Estrangeira relativamente caros e, portanto, tem um efeito depressivo sobre a produção de Estrangeira. O aumento na produção de Doméstica, no entanto, atua no sentido oposto, uma vez que Doméstica gasta um pouco de sua renda extra em mercadorias de Estrangeira e, por conta disso, a demanda agregada pela produção de Estrangeira aumenta. A expansão monetária de Doméstica, portanto, tem dois efeitos opostos na produção de Estrangeira, com o resultado líquido dependendo do efeito que for mais intenso. A produção de Estrangeira pode aumentar ou diminuir.[27]

A seguir, vamos pensar sobre uma política fiscal expansionista permanente em Doméstica. No caso do pequeno país do Capítulo 17, uma expansão fiscal permanente causou uma valorização real da moeda e uma deterioração da conta-corrente que anulou totalmente qualquer efeito positivo sobre a demanda agregada. Com efeito, o impacto expansionista da facilidade fiscal de Doméstica vazou inteiramente no exterior (porque a contrapartida do saldo de conta-corrente inferior de Doméstica deve ser um equilíbrio maior da conta-corrente no exterior). No caso de países grandes, a produção de Estrangeira ainda aumenta, uma vez que as exportações de Estrangeira se tornam relativamente mais baratas quando a moeda de Doméstica sofre valorização. Além disso, agora alguns gastos aumentados de Estrangeira aumentam as exportações de Doméstica, então a produção de Doméstica realmente aumenta junto com a de Estrangeira.[28]

Resumimos nossa discussão da interdependência macroeconômica entre grandes países como segue:

1. *Efeito de uma expansão monetária permanente por Doméstica.*
   A produção de Doméstica sobe, a moeda de Doméstica desvaloriza e a produção de Estrangeira pode subir ou descer.
2. *Efeito de uma expansão fiscal permanente por Doméstica.*
   A produção de Doméstica sobe, a moeda de Doméstica sofre valorização e a produção de Estrangeira sobe.

TRANSFORMAÇÃO E CRISE NA ECONOMIA MUNDIAL

A queda do muro de Berlim em 1989 marcou o início do fim do império soviético. Em última análise, os países do antigo bloco soviético iriam abraçar as estruturas de mercado e entrar na economia mundial. Ao mesmo tempo, a China continuava um gradual processo de reformas orientadas para o mercado, começado em 1978, que estavam começando a levar à modernização e ao crescimento econômico rápido. Essas mudanças simultâneas aumentariam significativamente o tamanho da economia global e a força de trabalho na virada do século.

CRISES NA EUROPA E NA ÁSIA, 1990–1999

A reunificação das Alemanhas em 1º de julho de 1990, desencadeou pressões inflacionárias na Alemanha. Ao mesmo tempo, outros países europeus estavam fixando suas taxas de câmbio à moeda antiga da Alemanha, o marco alemão (DEM), no âmbito do mecanismo de taxas de câmbio fixas da União Europeia, o Sistema Monetário Europeu (SME). A reação monetária contracionista da Alemanha a suas pressões de inflação interna levaram a um crescimento mais lento em seus parceiros do SME, muitos dos quais não foram afligidos pelo aumento da inflação como a Alemanha foi. As pressões assimétricas resultantes dentro do SME levaram a um ataque especulativo sobre as paridades fixadas pelo SME em 1992.

A inflação japonesa elevou-se em 1989, em parte como resultado de uma política monetária relativamente frouxa de 1986 a 1988, projetada para evitar a maior valorização do iene após o aumento acentuado de pós Acordo de Plaza. Dois sintomas muito visíveis dessas pressões foram os preços subindo depressa para ações e propriedades japonesas. A estratégia do Banco do Japão de puncionar essas bolhas de preços de ativos por meio da política monetária restritiva e de taxas de juros altas foi bem sucedida, e o índice de preços das ações do Nikkei de Tóquio perdeu mais da metade do seu valor entre 1990 e 1992. Infelizmente, a queda acentuada nos preços dos ativos deixou o sistema bancário do Japão em crise e a economia em recessão no início de 1992.

A recuperação de fato nunca ocorreu. Em 1998, a economia japonesa parecia estar em queda livre, com

---

[27] A condição de equilíbrio do mercado de moeda estrangeira é $M^*/P^* = L(R^*, Y^*)$. Como M^* não está mudando e P^* é "pegajoso" e, portanto, fixo no curto prazo, a produção de Estrangeira pode aumentar apenas se a taxa de juros nominal de Estrangeira subir também, e pode cair somente se a taxa de juros nominal de Estrangeira cair.

[28] Considerando a condição de equilíbrio do mercado monetário de Doméstica (em analogia com a nota de rodapé anterior), você verá que a taxa de juros nominal de Doméstica deve subir. Um argumento paralelo mostra que a taxa de juros de Estrangeira aumenta ao mesmo tempo.

o encolhimento do PIB, preços em declínio e seu nível de desemprego mais alto em mais de quatro décadas. Com efeito, a deflação e a estagnação do Japão mostraram ser prolongadas, durando com pouca interrupção até a próxima década e meia.

No entanto, em 1997-1998, os problemas da economia japonesa espalharam-se aos países em desenvolvimento do leste asiático, com os quais ele tinha laços comerciais fortes. Como veremos no Capítulo 22, várias dessas economias tinham experimentado taxas de crescimento do PIB espetacularmente rápidas por muitos anos até 1997. Muitas delas também mantiveram suas taxas de câmbio fixas, ou em intervalos meta, em relação ao dólar norte-americano. A lentificação do Japão em 1997, portanto, enfraqueceu as economias do Leste Asiático.

O resultado final foi uma série de ataques especulativos em cascata sobre as moedas do Leste Asiático, começando com o baht da Tailândia, na primavera de 1997, e passando para a Malásia, Indonésia e Coreia. Essas economias caíram em profunda recessão (como discutiremos em mais detalhes no Capítulo 22), puxadas para baixo pelo Japão, mas também puxando o Japão para baixo em um círculo vicioso. A Rússia deixou de pagar suas dívidas internas e externas em 1998, desencadeando o nervosismo dos investidores globais e o caos financeiro doméstico. O medo de uma depressão mundial provocou uma série de cortes de taxas de juros pela Reserva Federal, bem como um corte coordenado das taxas de juros sem precedentes por 11 países europeus, preparando-se para desistir de suas moedas nacionais em 1999, em favor do euro. Essas medidas contribuíram para evitar um colapso econômico global.

A CRISE DAS "PONTO COM" E O SURGIMENTO DOS DESEQUILÍBRIOS GLOBAIS

O mercado de ações dos Estados Unidos floresceu na década de 1990 conforme o dinheiro migrava para as ações das "ponto com" de alta tecnologia, relacionadas com as novas tecnologias baseadas na Internet. Os investimentos cresceram e o déficit em conta-corrente dos Estados Unidos inchou. Quando os preços das ações começaram a entrar em colapso em 2000, ajudando a criar uma recessão, a Reserva Federal cortou as taxas de juros agressivamente. Apesar de uma queda no investimento, o déficit em conta-corrente dos Estados Unidos estava em breve em ascensão novamente por causa da queda da poupança. Um fator que reduziu a poupança dos Estados Unidos foi o rápido aumento de preços dos bens imobiliários, ilustrado na Figura 19.8. As taxas de juros eram baixas e, conforme os norte-americanos contraiam empréstimos contra seus valores crescentes de

FIGURA 19.8 Preços domésticos reais em países selecionados, 2000–2013

Os preços internos nos Estados Unidos sobem em um ritmo acelerado em 2006, antes de sofrerem colapso. No entanto, o ritmo de aumento dos preços foi ainda maior em diversos outros países.

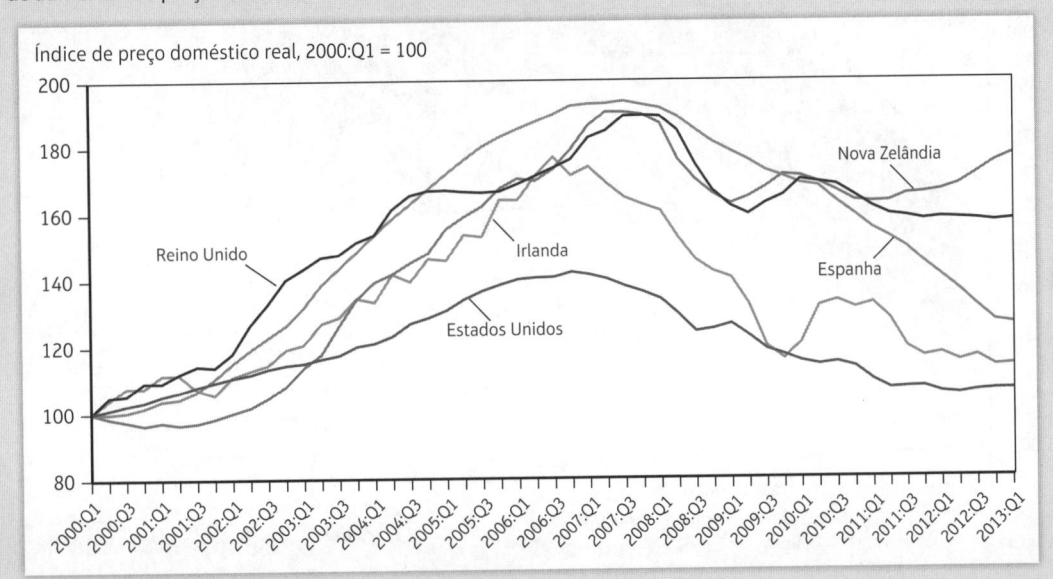

Fonte: Banco da Reserva Federal de Dallas. Disponível em: <http://www.dallasfed.org/institute/houseprice/index.cfm>. Acesso em: 6 dez. 2014. O índice nominal de preços internos é dividido por um deflator de preços de consumo pessoal para obter o índice real.

propriedades domésticas, a taxa de poupança doméstica líquida dos Estados Unidos ficou negativa. Como resultado, o déficit em conta-corrente norte-americana atingiu um nível inédito de 6% do PIB em meados da década (consulte a Figura 13.2), e o dólar começou a depreciar (consulte a Figura 19.7). Os preços dos imóveis também aumentaram em muitos países fora dos Estados Unidos, desde o Reino Unido até a Espanha e a Estônia, e esses países, como os Estados Unidos, também tenderam a apresentar maiores déficits comerciais.

De fato, durante os anos após 1999, o padrão dos desequilíbrios externos globais aumentou acentuadamente. A Figura 19.9 dá uma imagem desse processo. É útil pensar nas entradas negativas na figura (as entradas do déficit) como apresentando demandas líquidas pela poupança global, enquanto as entradas positivas (as entradas de excedentes) mostram as ofertas líquidas da poupança (poupança excedendo as necessidades de investimento interno). Em um equilíbrio para os mercados financeiros globais, a demanda mundial por poupanças é igual à oferta mundial, que é outra maneira de dizer que os saldos de conta-corrente de todos os países devem totalizar zero.

Do lado da demanda, a explosão dramática do déficit em conta-corrente dos Estados Unidos foi o fator dominante. Como a conta-corrente é igual a poupança menos o investimento, um grande déficit dos Estados Unidos significava que o investimento norte-americano (em efeito, uma demanda por poupança) excedia em muito a oferta de poupança gerada pelas famílias, empresas e unidades governamentais norte-americanas. Contribuindo também para a demanda mundial pela poupança, embora, em uma escala muito menor, havia a demanda dirigida ao investimento vinda dos países em rápido desenvolvimento da Europa central e leste europeu (ver Figura 19.9).

A característica intrigante dos dados é que, conforme o déficit dos Estados Unidos aumentava — refletindo um *aumento* na demanda norte-americana pela poupança mundial — a taxa de juros real de longo prazo dos Estados Unidos *caía*, continuando um processo que havia começado em torno de 2000 quando a crise das "ponto com" reduziu a demanda de inves-

FIGURA 19.9 Desequilíbrios externos globais, 1999–2012

Durante os anos 2000, o grande aumento do déficit em conta-corrente dos Estados Unidos foi financiado pelo aumento dos excedentes de países da Ásia (principalmente China), América Latina e países exportadores de petróleo. Depois de 2007, os desequilíbrios encolheram, mas permaneceram substanciais.

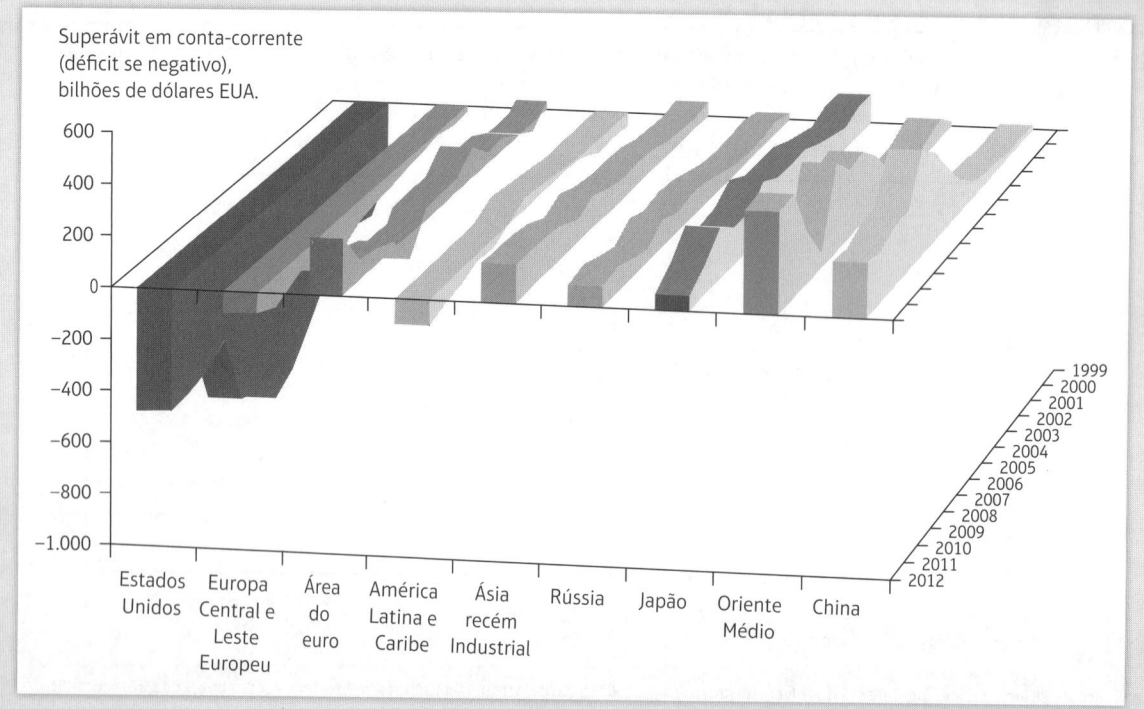

Fonte: Fundo Monetário Internacional, banco de dados do World Economic Outlook.

timento e as expectativas do mercado de crescimento econômico futuro (ver Figura 19.10). As taxas de juros reais mais baixas ajudaram a levar os preços domésticos norte-americanos mais para cima, incentivando as pessoas a contraírem empréstimos contra *equities* domésticos e gastando mais da renda nacional, tal como observado anteriormente. Poderia parecer mais natural, em vez disso, que as taxas de juros reais tivessem *subido*, incentivando a poupança e desencorajando os investimentos nos Estados Unidos. Então, como pode ter acontecido o oposto, ou seja, uma queda nas taxas de juros reais? Por que, além disso, esse fenômeno também foi visto em outros países, como mostrado na Figura 19.10? A resposta deve estar em uma mudança na economia e no comportamento de investimento fora dos Estados Unidos.

A Figura 19.9 mostra que, ao longo da década de 2000, os excedentes de conta-corrente subiram na Rússia, Oriente Médio, Ásia (principalmente na China, mas também no Japão e nos países recém-industrializados, como Singapura e Taiwan) e na América Latina. O superávit da África (não mostrado na figura) também aumentou. Os economistas ainda debatem as causas desses excedentes, mas diversos fatores provavelmente se destacam. Um deles foi a emergência da China como um parceiro importante na economia mundial, especialmente depois que entrou para a Organização Mundial do Comércio, em dezembro de 2001. O crescimento da economia chinesa privada, começando na década de 1970, levou a uma expansão econômica muito rápida, mas também a perturbações econômicas para grande parte da enorme população do país — por exemplo, uma redução de benefícios sociais, como cuidados de saúde, que as empresas estatais disponibilizavam anteriormente. Como medida de precaução, os chineses economizaram mais do que eles tinham feito no passado. Ao mesmo tempo, o tórrido crescimento econômico da China (junto com o forte crescimento dos Estados Unidos) aumentou os preços de uma gama de *commodities* primárias, notadamente o petróleo. As receitas de exportação brasileira de soja e ferro, óleo de palma da Malásia e petróleo russo, venezuelano, congolês e da Arábia Saudita também subiram. Essas receitas extraordinárias inesperadas, à frente da capacidade dos beneficiários de gastarem ou investirem, também ajudaram a elevar a economia mundial.

Um segundo fator estava atuante na criação de excedentes de conta-corrente fora dos Estados Unidos. As crises econômicas e financeiras da década de 1990 tinham tornado os países mais pobres mais

FIGURA 19.10 Taxas de juros reais em longo prazo para os Estados Unidos, Austrália e Canadá, 1999–2013

As taxas de juros reais caíram para níveis baixos nos anos 2000. Muitos países seguiram a mesma tendência.

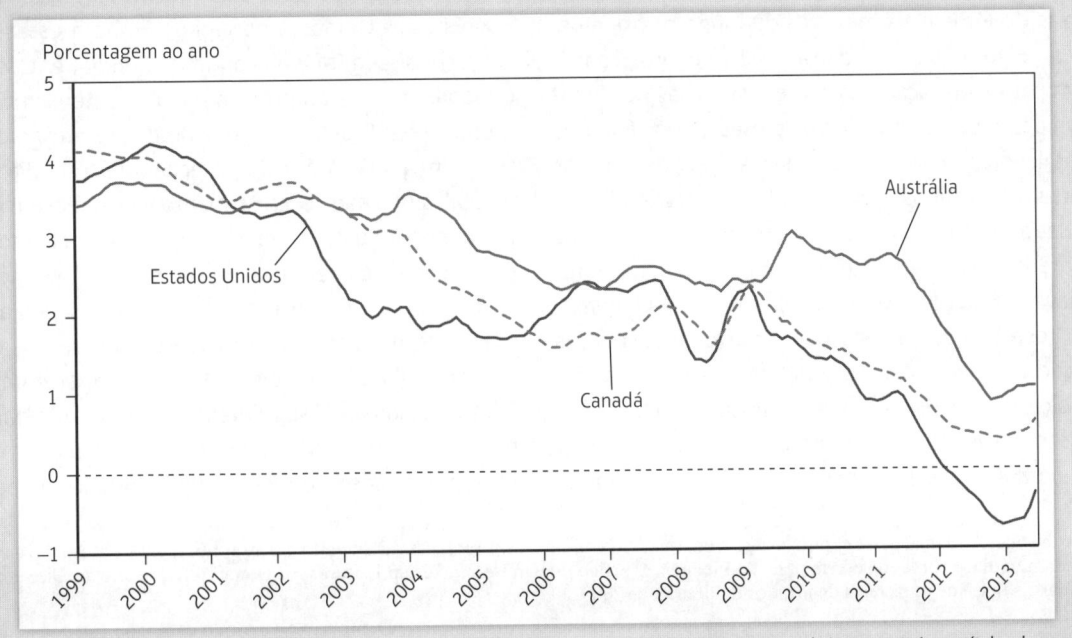

Fonte: Dados financeiros globais. As taxas de juros reais são médias móveis de seis meses de observações das taxas de juros mensais em títulos do governo indexados pela inflação de dez anos.

cautelosos em suas políticas fiscais e também reduziram sua vontade de investir. Da mesma forma, a incerteza econômica no Japão deprimia a demanda por investimentos naquele país. Um resultado das políticas econômicas mais conservadoras do mundo em desenvolvimento foi a acumulação rápida de reservas em dólar, como já mencionado, um resultado que forneceu a esses países mais pobres uma proteção bem-vinda contra possíveis infortúnios econômicos futuros.

Para resumir, a maior oferta das poupanças de países fora dos Estados Unidos, junto com a demanda por investimentos geralmente menor, mais do que compensaram os efeitos sobre os mercados financeiros globais do maior déficit norte-americano em conta-corrente. O resultado foi uma queda nas taxas de juros globais, que contribuiu para a valorização dos preços domésticos globais.[29]

A CRISE FINANCEIRA GLOBAL

Em agosto de 2007, eclodiu uma grave crise financeira, dessa vez não nos países em desenvolvimento, mas nos mercados de crédito dos Estados Unidos e da Europa. A crise se espalhou por todo o mundo, crescendo como uma bola de neve para gerar um pânico financeiro mundial e recessão em 2008–2009. As raízes da crise situaram-se no mercado norte-americano de hipotecas de casas. Vamos estudar os aspectos financeiros da crise e sua propagação muito mais pormenorizadamente no próximo capítulo.

Um elemento chave que levou à crise foi o período de taxas de juros reais menores de longo prazo, mostrado na Figura 19.10. As baixas taxas de juros contribuíram para a elevação dos preços das casas nos Estados Unidos e em muitos outros países. E, nos Estados Unidos, levou a práticas muito mais arriscadas entre os credores hipotecários (por exemplo, empréstimos com amortizações mínimas ou nulas, ou com taxas de juros temporariamente baixas como "estímulo"). Para piorar a situação, essas hipotecas "subprime" ou "nonprime" foram reembaladas e vendidas a outros investidores em todo o mundo, os quais tinham pouca ideia, em muitos casos, dos riscos que estavam correndo.

Essas taxas de juros reais baixas não poderiam durar para sempre. Por fim, o consumo dos exportadores de commodities começou a superar sua renda e a demanda por investimentos do mundo aumentou. Como você pode ver na figura, as taxas de juros reais eram baixas de 2003 até o final de 2005 e, em seguida, subiram agudamente nos Estados Unidos. Esse aumento abrupto deixou muitos que tinham contraído empréstimos para comprar casas incapazes de cumprir seus pagamentos de hipoteca mensal. Por sua vez, os credores dos proprietários tiveram problemas, e a crise de crédito de 2007 entrou em erupção. Em níveis mais elevados de taxa de juros, muitos dos empréstimos subprime para habitação feitos antes na década de 2000 por credores hipotecários agressivos começaram a parecer que nunca seriam reembolsados. Os credores (incluindo os bancos ao redor do mundo) tiveram, então, sérias dificuldades em contrair empréstimos próprios.

Apesar dos cortes das taxas de juros por muitos bancos centrais e outras intervenções financeiras destinadas a ajudar as economias, o mundo entrou em recessão. A recessão aprofundou-se drasticamente quando a crise financeira intensificou-se no outono de 2008 (para detalhes, ver Capítulo 20). O comércio global contraiu a uma velocidade inicialmente mais rápida do que durante a primeira fase da Grande Depressão.[30] Os principais países, incluindo os Estados Unidos e a China, lançaram programas de grande estímulo fiscal, enquanto os bancos centrais, em muitos casos, empurraram suas taxas de juros nominais meta para próximo de zero. (A Figura 14.2 mostra as taxas de juros nos Estados Unidos e no Japão.) Embora essas políticas impedissem que a economia mundial entrasse em queda livre, o desemprego aumentou intensamente no mundo (ver Tabela 19.2) e a produção em geral contraiu em 2009. Até 2010, a economia mundial tinha estabilizado, mas o crescimento permaneceu morno no mundo industrial, o desemprego estava demorando para declinar e a recessão deixou muitos governos com déficits fiscais muito mais altos que não podiam ser mantidos indefinidamente. Os desequilíbrios da conta-corrente global diminuíram, mas permaneceram significativos. Nos anos seguintes a 2009, grande parte do mundo em desenvolvimento se recuperou mais robustamente da crise do que o mundo industrial, mas nos

---

[29] O problema 13 no final deste capítulo sugere um quadro econômico simples que vai ajudá-lo a pensar nos efeitos das mudanças na demanda mundial e curvas de oferta para a poupança. O artigo de Ben Bernanke, em Leituras Adicionais, oferece uma análise detalhada das baixas taxas de juros reais de meados da década de 2000.

[30] Para uma comparação fascinante de 2008, e as suas consequências, com a Grande Depressão do período entre-guerras, consulte: Barry Eichengreen e Kevin Hjortshøj O'Rourke. "What Do the New Data Tell Us?". *Vox: Research-Based Policy Analysis and Commentary from Leading Economists*, 8 mar. 2010. Disponível em: <http://www.voxeu.org/article/tale-two-depressions-what-do-new-data-tell-us-february-2010-update#apr609>. Acesso em: 6 dez. 2014.

Estados Unidos, na Europa e no Japão a recuperação da pior crise global desde a Grande Depressão permaneceu parada e frágil. Como as políticas monetárias dos países industrializados permaneceram ultraflexíveis por muito tempo depois que os países em desenvolvimento começaram a se preocupar novamente com a inflação, as moedas desses últimos sofreram valorização, causando problemas para os exportadores desses países. Formuladores de políticas em países como o Brasil acusaram os países mais ricos de lançarem "guerras monetárias": políticas monetárias fáceis que estavam forçando os países mais pobres a escolher entre taxas de câmbio menos competitivas e inflação.

No Japão, a deflação continuada finalmente levou, em 2013, após mais de duas décadas de crescimento econômico letárgico, a um plano ambicioso para revitalizar a economia e controlar uma dívida pública bruta que tinha crescido para mais de duas vezes o tamanho do PIB. Um componente do plano foi uma promessa do Banco do Japão de dobrar a oferta de moeda rapidamente e, assim, aumentar a taxa de inflação. O sucesso final dessa iniciativa ousada ainda era desconhecido no momento da escrita deste capítulo. Segundo os aspectos que vamos analisar no Capítulo 21, a recuperação da área do euro estagnou e inverteu quando uma crise existencial entrou em erupção no final de 2009. A crise do euro foi impulsionada pelo crescimento lento, desemprego, problemas bancários e altas dívidas públicas legadas pela crise global de 2007-2009, e também permaneceu não resolvida até o momento da redação deste texto.

O que foi aprendido desde 1973?

No início deste capítulo, delineamos os principais elementos do caso das taxas de câmbio flutuantes. Tendo examinado os acontecimentos do período recente de taxas flutuantes, agora compararemos brevemente a experiência com as previsões feitas antes de 1973 pelos defensores do câmbio flutuante.

Autonomia da política monetária

Não há nenhuma dúvida de que a flutuação deu aos bancos centrais a capacidade de controlar seus suprimentos de dinheiro e escolher suas taxas preferidas de tendência de inflação. Como resultado, as taxas de câmbio flutuantes permitiram uma divergência internacional muito maior da inflação. A depreciação do câmbio compensou os diferenciais de inflação entre os países durante o período de taxas flutuantes? A Figura 19.11 compara a depreciação da moeda nacional em face ao dólar, com a diferença entre a inflação doméstica e dos Estados Unidos para as seis maiores economias de mercado industrial fora dos Estados Unidos. A teoria PPC prevê que os pontos na figura deverão situar-se ao longo da linha de 45 graus, indicando a taxa de câmbio proporcional e as alterações do nível de preço relativo, mas esse não é exatamente o caso. Embora a Figura 19.11 confirme, portanto, a lição do Capítulo 16 de que a PPC não tem se mantido sempre próxima, mesmo durante longos períodos de tempo, ela mostra que, em equilíbrio, os países com inflação alta tenderam a ter moedas mais fracas do que seus vizinhos com inflação baixa. Além disso, a maior parte1 da diferença nas taxas de depreciação é causada pelas diferenças de inflação, fazendo a PPC ser um fator importante por trás da variabilidade da taxa de câmbio nominal de longo prazo.

Embora a parte do isolamento da inflação do argumento de autonomia política seja amplamente apoiada por uma proposta de *longo prazo*, a análise econômica e a experiência de ambos mostra que, no curto prazo, os efeitos das mudanças monetárias, bem como fiscais, são transmitidos através de fronteiras nacionais sob taxas flutuantes. O modelo macroeconômico de dois países desenvolvido anteriormente, por exemplo, mostra que a política monetária afeta a produção no curto prazo, tanto em âmbito nacional quanto no exterior, uma vez que altera a taxa de câmbio real. Os céticos com relação à flutuação, portanto, tinham razão em afirmar que as taxas flutuantes não isolariam os países completamente de choques da política externa.

Simetria

Como os bancos centrais continuaram a manter as reservas de dólar e a intervir, o sistema monetário internacional não se tornou simétrico após 1973. O euro ganhou importância como uma moeda de reserva internacional (e a libra britânica recuou), mas o dólar manteve-se como o componente principal das reservas oficiais da maioria dos bancos centrais.

O economista Ronald McKinnon, da Universidade de Stanford, tem argumentado que o sistema de taxas flutuantes atual é semelhante em alguns aspectos ao sistema assimétrico de moeda de reserva subjacente aos acordos de Bretton Woods.[31] Ele sugere que as alterações na oferta de moeda do mundo teriam sido amortecidas sob um

---

[31] Ronald I. McKinnon, *An International Standard for Monetary Stabilization*, Policy Analyses in International Economics, v. 8. Washington, D.C.: Institute for International Economics, 1984.

FIGURA 19.11 Tendências da taxa de câmbio e diferenciais de inflação, 1973–2012

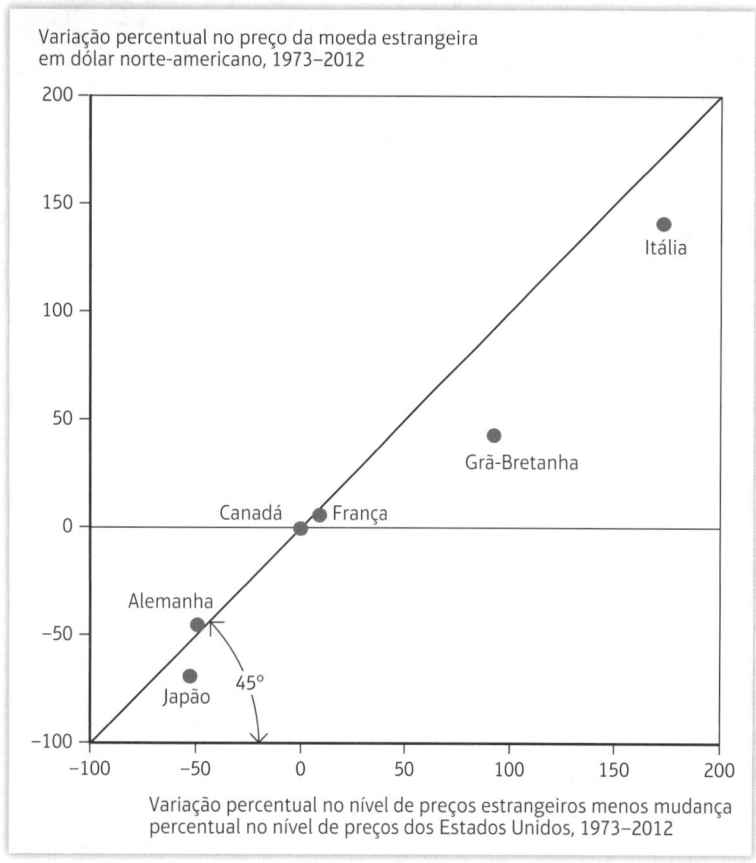

Ao longo do período de taxas flutuantes, como um todo, uma inflação mais elevada foi associada com maior depreciação da moeda. A relação exata prevista pela PPC relativa, no entanto, não se manteve para a maioria dos países. A diferença de inflação no eixo horizontal é calculada como $(\pi - \pi_{EUA}) \div (1 + \pi_{EUA}/100)$ usando a relação exata de PPC relativa dada na nota de rodapé 1.

Fonte: Fundo Monetário Internacional e dados financeiros globais.

mecanismo de correção monetária mais simétrico. Nos anos 2000, a política da China de limitar a valorização da sua moeda contra o dólar levou à acumulação de vastas reservas de dólar, possivelmente reforçando o crescimento econômico em todo o mundo que precedeu a crise financeira de 2007–2009. Como resultado, alguns economistas têm caracterizado o período do início e meados da década de 2000 como um "sistema de Bretton Woods revivido".[32]

Taxas de câmbio como estabilizadores automáticos

A economia mundial sofreu grandes mudanças estruturais desde 1973. Como esses desvios alteraram os preços relativos da produção nacional (Figura 19.7), é duvidoso que qualquer padrão de taxas de câmbio fixas seria viável sem algumas mudanças significativas de paridade. As economias industriais certamente não teriam resistido aos dois choques do petróleo como resistiram enquanto defenderam as taxas de câmbio fixas. Na ausência de controles de capital, os ataques especulativos semelhantes aos que derrubaram o sistema de Bretton Woods teriam ocorrido periodicamente, como demonstrou a experiência recente. Contudo, sob câmbio flutuante, muitos países foram capazes de relaxar os controles de capital estabelecidos anteriormente. O afrouxamento progressivo dos controles impulsionou o crescimento rápido de um setor financeiro global e permitiu aos países alcançarem maiores ganhos de comércio intertemporais e de comércio de bens.

Os efeitos da expansão fiscal dos Estados Unidos após 1981 ilustram as propriedades de estabilização de uma taxa de câmbio flutuante. Como o dólar sofreu valorização, a inflação dos Estados Unidos foi lentificada, os consumidores norte-americanos sentiram uma melhora em seus termos de comércio e a recuperação econômica se espalhou para o exterior.

A valorização do dólar, depois de 1981, também ilustra um problema com a visão de que as taxas flutu-

---
[32] Veja: Michael Dooley, David Folkerts-Landau e Peter Garber. *International Financial Stability: Asia, Interest Rates, and the Dollar*, 2. ed. (Nova York: Deutsche Bank Securities Inc., 2008).

antes podem amortecer a economia das reais perturbações, como as mudanças na demanda agregada. Muito embora a produção *global* e o nível de preços possam ser minorados, alguns setores da economia podem ser prejudicados. Por exemplo, embora a valorização do dólar tenha ajudado a transmitir a expansão fiscal dos Estados Unidos para o exterior na década de 1980, ela piorou a situação da agricultura norte-americana, que não se beneficiou diretamente da maior demanda do governo. As alterações da taxa de câmbio real podem provocar danos, ao trazer problemas de regulação excessiva em alguns setores e gerar a necessidade de aumento da proteção.

As mudanças permanentes nas condições do mercado de bens requerem ajustes eventuais nas taxas de câmbio reais, que podem ser acelerados por um sistema de taxas flutuantes. A intervenção cambial estrangeira nas taxas de câmbio nominais indexadas não pode impedir esse ajustamento eventual, porque o dinheiro é neutro no longo prazo e, portanto, impotente para alterar os preços relativos permanentemente. Os eventos da década de 1980 mostram, no entanto, que, se é caro para os fatores de produção se moverem entre os setores da economia, há um motivo para atrelar as taxas em face de choques de mercado de produção temporários. Infelizmente, essa lição deixa os responsáveis pelas decisões políticas com a difícil tarefa de determinar quais perturbações são temporárias e quais são permanentes.

Balança externa

Como a Figura 19.9 deixou claro, o sistema de taxas de câmbio flutuantes não impediu as persistentes e grandes partidas da balança externa. Na verdade, a recusa da China em permitir uma flutuação livre de sua própria moeda é parte da história dos grandes desequilíbrios globais da década de 2000. Se o yuan chinês tivesse sido livre para valorizar no mercado cambial, os excedentes da China e os déficits correspondentes em outros lugares no mundo poderiam ter sido menores.

Mas mesmo antes do surgimento da China como uma potência econômica mundial e antes da criação do euro, os grandes déficits e superávits de conta-corrente, como o déficit dos Estados Unidos da década de 1980 e os superávits persistentes do Japão, decerto ocorreram. Os mercados financeiros foram evidentemente capazes de conduzir a taxas de câmbio para longe de valores consistentes com a balança externa, como sugerido pela Figura 19.7 para o caso do dólar. Sob flutuação, os desequilíbrios externos persistiram por anos antes de as taxas de câmbio serem ajustadas. Grandes oscilações nas taxas de câmbio reais, que deixam os países longe da balança externa, são chamadas de *desalinhamentos*, e frequentemente inspiram as pressões políticas para a proteção contra as importações.

O problema da coordenação política

Problemas de coordenação política internacional claramente não desapareceram sob taxas de câmbio flutuantes. O problema de resolver os desequilíbrios globais fornece um bom exemplo, no sentido de que a ação unilateral por países deficitários para reduzir os desequilíbrios conduziria à deflação global, enquanto os países superavitários têm poucos incentivos para evitar esse resultado pelo aumento da demanda interna e valorização de suas moedas.

Existem outros exemplos que são, talvez, ainda mais impressionantes, no sentido de que todos os países claramente se beneficiariam se pudessem fazer um acordo e coordenar suas políticas, em vez de agirem por conta própria, adotando a tendência *beggar-thy-neighbor*. Por exemplo, durante a desinflação do início de 1980, os países industrializados, como um grupo, poderiam ter alcançado seus objetivos macroeconômicos mais efetivamente se negociassem uma abordagem conjunta para os objetivos comuns. O Apêndice deste capítulo apresenta um modelo formal, baseado nesse exemplo, para ilustrar como todos os países podem ganhar com uma coordenação política internacional.

Outro exemplo vem da resposta fiscal global para a recessão que causou a crise de 2007–2009. Vimos no início deste capítulo (e no Capítulo 17) que quando um país gera despesas governamentais, parte do impacto expansionista dissemina-se para o exterior. No entanto, o país vai pagar o custo da política sob a forma de um maior déficit governamental. Uma vez que os países não internalizam todos os benefícios de suas próprias expansões fiscais, mas pagam o custo total, eles adotarão muito pouco delas em uma recessão global.

Entretanto, se os países pudessem negociar um acordo *em conjunto* para expandir, talvez fossem mais eficazes na luta contra a recessão (e eles poderiam até mesmo conseguir reduzir os custos fiscais). A resposta à crise de 2007–2009 foi discutida periodicamente pelas nações do Grupo dos 20 (G20), um agrupamento informal de líderes industriais e de países em desenvolvimento, incluindo Argentina, Brasil, China, Índia e Rússia. Nas fases iniciais da crise, houve acordo generalizado sobre a resposta fiscal no âmbito do G20. Mais tarde, conforme os países apresentaram taxas de recuperação mais divergentes, a coordenação política tornou-se mais difícil e as reuniões do G20 produziram poucos resultados concretos.

As taxas de câmbio fixas chegam a ser uma opção para a maioria dos países?

Existe alguma alternativa prática às taxas de câmbio flutuantes, quando os mercados financeiros estão abertos ao comércio internacional? A experiência pós Bretton Woods sugere uma hipótese extrema: acordos de taxas de câmbio fixas duráveis podem não ser sequer *possíveis*. Em um mundo integrado financeiramente em que os fundos podem mudar instantaneamente entre os mercados financeiros nacionais, as taxas de câmbio fixas não podem ser mantidas de modo real em longo prazo, a menos que o país esteja disposto a manter controles sobre os movimentos de capitais (como a China faz), ou, no outro extremo, mover para uma moeda única compartilhada com os seus parceiros monetários (como na Europa). Sem essas medidas, o argumento se esvai, as tentativas de fixar as taxas de câmbio terão necessariamente falta de credibilidade e serão relativamente curtas. Você vai reconhecer que essas previsões resultam do trilema.[33]

Essa visão pessimista das taxas de câmbio fixas baseia-se na teoria de que as crises monetárias especulativas podem, pelo menos em parte, ser eventos autorrealizáveis (ver Capítulo 18). De acordo com esse ponto de vista, mesmo um país seguindo políticas monetárias e fiscais prudentes não está seguro contra ataques especulativos em sua taxa de câmbio fixa. Uma vez que o país encontre um revés econômico, como eventualmente deve ocorrer, os especuladores irão atacar, forçando as taxas de juros domésticas para as alturas e infligindo sofrimento econômico suficiente para que o governo opte por abandonar sua meta de taxa de câmbio.

Na virada do século XXI, os ataques especulativos nas taxas de câmbio fixas — na Europa, Leste Asiático e em outros lugares — estavam ocorrendo com frequência aparentemente crescente. O número e as circunstâncias dessas crises concederam plausibilidade cada vez maior para o argumento de que é impossível atrelar valores de moeda por muito tempo, mantendo os mercados de capitais abertos e a soberania política nacional. Além disso, muitos países fora do mundo industrial têm permitido maior flexibilidade da taxa de câmbio nos últimos anos e, aparentemente, se beneficiado dessa estratégia, como veremos no Capítulo 22. Alguns países parecem estar se movendo em direção de maior controle sobre os fluxos financeiros transfronteiriços ou de sacrifícios mais drásticos da autonomia monetária (por exemplo, a adoção do euro). É bem provável que aspectos ligados à coordenação política serão confrontados no futuro dentro de um sistema em que países diversos escolhem regimes de política diferentes, sujeitos aos condicionantes do trilema monetário.

RESUMO

1. Em uma economia aberta, os responsáveis pelas decisões tentam manter o equilíbrio interno (pleno emprego e um nível de preços estável) e o equilíbrio externo (um nível de conta-corrente que não seja tão negativo que faça com que o país seja incapaz de pagar suas dívidas externas, nem tão positivo que faça com que os estrangeiros sejam colocados nessa posição). A definição da balança externa depende de uma série de fatores, incluindo regime das taxas de câmbio e condições econômicas mundiais. Como as políticas macroeconômicas de cada país têm repercussões no exterior, a capacidade de o país alcançar o equilíbrio interno e externo varia de acordo com as políticas que outros países escolhem adotar. Um país com déficits grandes e persistentes pode parecer estar a violando a sua *restrição orçamentária intertemporal*, colocando-o em perigo de enfrentar uma *parada brusca* na concessão de empréstimos estrangeiros.

2. As limitações dos regimes cambiais alternativos podem ser compreendidas em termos do *trilema monetário* da economia aberta, que afirma que os países devem escolher duas das três características seguintes de um sistema de política monetária: estabilidade da taxa de câmbio, liberdade de fluxos financeiros transfronteiriços e autonomia de política monetária.

3. O sistema padrão-ouro continha um mecanismo automático poderoso para garantir o equilíbrio externo, o *mecanismo de preço-espécie-fluxo*. Os fluxos de ouro que acompanham os déficits e superávits causaram mudanças de preço que reduziram os desequilíbrios de conta-corrente e, portanto, tenderam a levar todos os países de volta ao equilíbrio externo. No entanto, o desempenho do sistema em manter o equilíbrio interno foi heterogêneo. Com a erupção da Primeira Guerra Mundial, em 1914, o padrão-ouro foi suspenso.

---

[33] Para uma declaração inicial da hipótese de que as taxas de câmbio fixas combinadas com capital móvel podem ser instáveis, consulte: Maurice Obstfeld. "Floating Exchange Rates: Experience and Prospects". *Brookings Papers on Economic Activity*, v. 2, p. 369–450, 1985. Para discussões mais recentes, consulte: Barry Eichengreen. *International Monetary Arrangements for the 21st Century*. Washington, D.C.: Brookings Institution, 1994; Lars E. O. Svensson. "Fixed Exchange Rates as a Means to Price Stability: What Have We Learned?". *European Economic Review*, v. 38, p. 447–468, maio 1994; Maurice Obstfeld e Kenneth Rogoff. "The Mirage of Fixed Exchange Rates". *Journal of Economic Perspectives*, v. 9, p. 73–96, out. 1995; e o livro de Klein e Shambaugh em Leituras Adicionais.

4. Tentativas de retorno ao padrão-ouro pré-guerra, após 1918, foram infrutíferas. Conforme a economia mundial mudou para uma depressão geral depois de 1929, o padrão-ouro restaurado se desfez e a integração econômica internacional enfraqueceu. Nas condições econômicas turbulentas do período, os governos fizeram da balança interna sua principal preocupação e tentaram evitar o problema de equilíbrio externo fechando parcialmente suas economias ao resto do mundo. O resultado foi uma economia mundial em que as situações de todos os países poderiam ter sido superadas mediante a cooperação internacional.

5. Os arquitetos do *Fundo Monetário Internacional (FMI)* esperavam projetar um sistema de taxas de câmbio fixas que incentivaria o crescimento do comércio internacional, respeitando sempre as exigências da balança externa suficientemente flexível que pudessem ser atendidas sem sacrificar o equilíbrio interno. Para esse efeito, a carta do FMI forneceu facilidades de financiamento para países deficitários e permitiu ajustes de taxa de câmbio em condições de "desequilíbrio fundamental." Todos os países atrelaram suas moedas ao dólar. Os Estados Unidos atrelaram ao ouro e concordaram em trocar ouro por dólares com bancos centrais estrangeiros ao preço de US$ 35 por onça.

6. Depois da *conversibilidade da moeda* ser restaurada na Europa em 1958, os mercados financeiros dos países tornaram-se mais estreitamente integrados, a política monetária tornou-se menos eficaz (exceto para os Estados Unidos) e os movimentos em reservas internacionais tornaram-se mais voláteis. Essas mudanças revelaram um ponto fraco importante no sistema. Para alcançar o equilíbrio interno e externo ao mesmo tempo, políticas de *comutação de despesas* bem como de *mudança de despesas* foram necessárias. Mas a possibilidade de políticas de alternância de despesas (variações cambiais) poderia dar origem a fluxos financeiros especulativos que prejudicariam as taxas de câmbio fixas. Como o país da moeda de reserva principal, os Estados Unidos enfrentaram um problema de equilíbrio externo único: o *problema de confiança*, que surgiria conforme as participações de dólar oficial estrangeiro crescessem inevitavelmente para exceder as participações do ouro nos Estados Unidos. Uma série de crises internacionais levou a fases de abandono, em março de 1973, da ligação entre o dólar e o ouro e das taxas de câmbio fixas em dólar para os países industrializados.

7. Antes de 1973, os pontos fracos do sistema de Bretton Woods levaram muitos economistas a defender a taxas de câmbio flutuantes. Eles tinham quatro argumentos principais em favor da flutuação. Primeiro, argumentavam que as taxas flutuantes dariam aos legisladores da política macroeconômica nacional maior autonomia na gestão de suas economias. Segundo, previram que a taxas flutuantes removeriam as assimetrias do regime de Bretton Woods. Terceiro, salientaram que as taxas de câmbio flutuantes eliminariam rapidamente os "desequilíbrios fundamentais" que levaram às mudanças de paridade e aos ataques especulativos sob taxas fixas. Quarto, alegaram que esses mesmos movimentos das taxas de câmbio poderiam prevenir grandes saídas persistentes do equilíbrio externo.

8. Nos primeiros anos da flutuação, as taxas flutuantes pareciam, em geral, funcionar bem. Em particular, é improvável que os países industriais teriam podido manter taxas de câmbio fixas em face da *estagflação* causada pelos dois choques do petróleo. No entanto, o dólar sofreu uma depreciação acentuada após 1976 conforme os Estados Unidos adotaram políticas macroeconômicas mais expansionistas do que as de outros países industrializados.

9. Uma reviravolta acentuada em direção a um crescimento monetário mais lento nos Estados Unidos, junto com um déficit orçamentário crescente do governo dos Estados Unidos, contribuiu para a valorização maciça do dólar entre 1980 e início de 1985. Outras economias industriais perseguiram a desinflação junto com os Estados Unidos, e a desaceleração monetária resultante em todo o mundo vindo logo após o segundo choque do petróleo, levou a uma recessão profunda. Conforme a recuperação da recessão ia se lentificando no fim de 1984 e a conta-corrente dos Estados Unidos começava a registrar déficit recorde, a pressão política para restrições comerciais abrangentes começou a ganhar corpo em Washington. No Hotel Plaza em Nova York, em setembro de 1985, os Estados Unidos e quatro outros grandes países industrializados concordaram em adotar uma ação orquestrada para derrubar o dólar.

10. A estabilidade cambial foi minimizada como meta política principal nos anos 1990 e 2000. Em vez disso, os governos objetivaram a meta de baixa inflação doméstica, mantendo o crescimento econômico. Após 2000, os desequilíbrios externos globais aumentaram drasticamente. Nos Estados Unidos e em outros países, os déficits externos foram associados a aumentos rápidos nos preços da habitação. Quando eles entraram em colapso a partir de 2006, o sistema financeiro mundial parou e a economia mundial entrou em recessão profunda.

11. Uma lição inequívoca dessas experiências parece ser que nenhum sistema de taxa de câmbio funciona bem quando a cooperação econômica internacional fracassa. Limites intensos à flexibilidade da taxa de câmbio entre as principais moedas não são susceptíveis de ser reintegrados no futuro próximo. Mas a maior troca de informações entre os legisladores internacionais deve melhorar o desempenho do sistema monetário internacional.

TERMOS-CHAVE

acordo de Bretton Woods, p. 435
equilíbrio da balança de pagamentos, p. 430
equilíbrio externo, p. 422
equilíbrio interno, p. 422
estagflação, p. 448
Fundo Monetário Internacional (FMI), p. 435
índices de taxa de câmbio nominal e real efetiva, p. 449
mecanismo de preço-espécie-fluxo, p. 430

moeda conversível, p. 436
parada súbita, p. 424
política de mudança nas despesas, p. 440
política de troca de despesas, p. 440
problema de confiança, p. 442
restrição orçamentária intertemporal, p. 424
trilema monetário, p. 428

PROBLEMAS

1. Se você fosse responsável por políticas macroeconômicas em uma economia aberta pequena, que efeito qualitativo cada um dos seguintes eventos teria em sua meta para a balança externa?
    a. Grandes depósitos de urânio são descobertos no interior do seu país.
    b. O preço mundial de seu principal bem de exportação, o cobre, aumenta permanentemente.
    c. O preço mundial do cobre aumenta temporariamente.
    d. Há um aumento temporário do preço mundial do petróleo.

2. Sob um padrão-ouro do tipo analisado por Hume, descreva como o equilíbrio da balança de pagamentos entre os dois países, A e B, seria restaurado após uma transferência de renda de B para A.

3. Apesar das falhas do padrão-ouro pré 1914, alterações da taxa de câmbio eram raras para os países do "núcleo" (incluindo os países mais ricos da Europa e os Estados Unidos). Em contrapartida, essas mudanças tornaram-se frequentes no período entre-guerras. Você pode pensar em razões para esse contraste?

4. Sob um padrão-ouro, os países podem adotar políticas monetárias excessivamente contracionistas, já que todos os países lutam em vão por uma parcela maior da oferta limitada de reservas de ouro do mundo. O mesmo problema pode surgir sob um padrão de moeda de reserva quando os títulos denominados em moedas diferentes são todos substitutos perfeitos?

5. Um banco central que adota uma taxa de câmbio fixa pode sacrificar sua autonomia na definição da política monetária interna. Às vezes argumenta-se que, quando esse for o caso, o banco central também abre mão da capacidade de usar a política monetária para combater a espiral salários-preços. O argumento é assim: "Suponha que os empregados demandem salários mais elevados e os patrões cedam, mas os empregadores, em seguida, elevem os preços da produção para cobrir seus custos mais elevados. Agora o nível de preço é mais elevado e os saldos reais são momentaneamente inferiores, então para evitar um aumento da taxa de juros que valorizaria a moeda, o banco central deve comprar divisas estrangeiras e expandir a oferta de moeda. Essa ação acomoda as demandas salariais iniciais com crescimento monetário, e a economia se move permanentemente para um nível mais alto de salários e preços. Com uma taxa de câmbio fixa, é, portanto, impossível manter os salários e os preços para baixo." O que há de errado com esse argumento?

6. Suponha que o banco central de um pequeno país com uma taxa de câmbio fixa seja confrontado por um aumento da taxa de juros mundial, R^*. Qual é o efeito em suas participações de reserva? E na sua oferta de moeda? É possível compensar qualquer um desses efeitos por meio de operações domésticas de mercado aberto?

7. Como as restrições às transações da conta financeira privada podem alterar o problema de alcançar o equilíbrio interno e externo com uma taxa de câmbio fixa? Que custos podem envolver tais restrições?

8. No quadro sobre a Nova Zelândia, derivamos uma equação mostrando como o IIP muda ao longo do tempo: $IIP_{t+1} = (1 + r)\,iip_t + nx_t/1 + g$. Mostre que, se $g = (PIB_{t+1} - PIB_t)/PIB_t$ é a taxa de crescimento de produção nominal (PIB) e as variáveis em minúsculas denotam proporções do PIB nominal (como no capítulo), podemos expressar essa mesma equação da seguinte forma:

$$iip_{t+1} = \frac{(1+r)iip_t + nx_t}{1+g}$$

Use essa fórmula para encontrar a relação das exportações líquidas para o PIB, que mantém a proporção IIP para o PIB iip constante ao longo do tempo.

9. Você é um conselheiro econômico para o governo da China em 2008. O país tem um superávit de conta-corrente e enfrenta pressões inflacionárias crescentes.
    a. Mostre a localização da economia chinesa em um diagrama como a Figura 19.3.
    b. Qual seria seu conselho sobre como as autoridades devem alterar a taxa de câmbio do yuan renminbi?

Qual seria seu conselho sobre a política fiscal? A esse respeito, você tem três conjuntos de dados: primeiro, o superávit em conta-corrente é grande, 9% acima do PIB. Segundo, a China hoje fornece um nível bastante baixo de serviços do governo a seu povo. Terceiro, o governo da China gostaria de atrair trabalhadores rurais do campo para emprego na fabricação, então as autoridades chinesas preferem amortecer qualquer impacto negativo de seu pacote de política sobre o emprego urbano.

10. Use o modelo *DD-AA* para examinar os efeitos de um único aumento no nível de preços estrangeiros, P^*. Se a taxa de câmbio futura esperada E^e cai imediatamente na proporção a P^* (em consonância com PPC), mostre que a taxa de câmbio também valorizará imediatamente na proporção do aumento P^*. Se a economia estiver inicialmente em equilíbrio interno e externo, sua posição será perturbada por tal aumento em P^*?

11. Se a *taxa de inflação* estrangeira subir permanentemente, você esperaria que uma taxa de câmbio flutuante isolasse a economia doméstica no curto prazo? O que aconteceria em longo prazo? Ao responder à última questão, preste atenção à relação entre as taxas de juros nominais internas e externas de longo prazo.

12. Imagine que os títulos de moeda nacional e estrangeira são substitutos imperfeitos e que os investidores de repente mudam sua demanda para títulos de moeda estrangeira, elevando o prêmio de risco dos ativos internos (Capítulo 18). Qual é o regime de taxa de câmbio que minimiza o efeito na produção — fixa ou flutuante?

13. O estudo de caso "Transformação e crise na economia mundial" discutiu os grandes desequilíbrios globais dos anos 2000 e sugeriu que é possível analisar os fatores que determinam taxas de juros reais do mundo em termos do equilíbrio entre a demanda mundial pela poupança (a fim de financiar o investimento) e a oferta mundial da poupança (assim como em uma economia fechada — como o mundo). Como um primeiro passo para a formalização de uma análise, considere que não existem diferenças internacionais nas taxas de juros reais, por causa de alterações da taxa de câmbio real esperada. (Por exemplo, você pode supor que sua análise é de longo prazo, em que é esperado que as taxas de câmbio reais permaneçam em seus níveis de longo prazo.) Como segundo passo, suponha que uma maior taxa de juros real reduza o investimento desejado e eleva a poupança desejada em todo o mundo. Você pode, em seguida, elaborar uma imagem simples do quadro de oferta e demanda de equilíbrio do mercado de capitais mundial, em que as quantidades (economizadas ou investidas) estão no eixo horizontal e a taxa de juros real no eixo vertical? Em tal contexto, como um aumento na poupança mundial, definida da maneira usual como um deslocamento para fora no esquema inteiro de oferta de poupança, afetaria a poupança, os investimentos e a taxa de juros real de equilíbrio? Relacione sua discussão ao último estudo de caso no capítulo e do artigo de Ben S. Bernanke nas Leituras adicionais. (Para uma exposição clássica de um modelo semelhante, consulte: Lloyd A. Metzler. "The Process of International Adjustment under Conditions of Full Employment: A Keynesian View". In: Richard E. Caves e Harry G. Johnson (Eds.). *Readings in International Economics*. Homewood, IL: Richard D. Irwin, Inc. for the American Economic Association, 1968, p. 465–486.)

14. O capítulo sugeriu que, como os grandes aumentos de preços do petróleo transferem renda para países que não podem aumentar rapidamente seu consumo ou investimento e, portanto, devem economizar suas receitas extraordinárias, as taxas de juros reais do mundo caem no curto prazo. Reúna dados sobre a taxa de juros real dos Estados Unidos para 1970–1976, um período que inclui o primeiro choque de petróleo da OPEP. Como a taxa de juros real dos Estados Unidos se comportou? (Você pode assumir que as taxas de inflação esperadas eram iguais à inflação real.)

15. Observamos neste capítulo que os bancos centrais estrangeiros, especialmente na Ásia, acumularam grandes reservas estrangeiras de dólar após 2000. Uma preocupação persistente era que os bancos centrais, temendo a depreciação do dólar, passassem suas reservas de dólares para euros. Mostre que essa ação seria equivalente a uma enorme venda esterilizada de dólares no mercado cambial. Quais poderiam ser os efeitos? Certifique-se de explicitar sua suposição sobre a substitutibilidade perfeita *versus* imperfeita de ativos.

16. A Austrália, assim como seu vizinho, Nova Zelândia, teve uma longa sequência de déficits em conta-corrente e é um devedor internacional. Acesse o site do *Australian Bureau of Statistics*, em http://www.abs.gov.au/AUSSTATS, e encontre os dados de que você precisa para realizar uma análise de "sustentabilidade externa" da conta-corrente, como aquele feito para a Nova Zelândia no capítulo. Você vai precisar de dados a partir de 1992 por PIB nominal, o IIP, a conta-corrente, e o saldo em bens e serviços *NX* (de "*time series spreadsheets*"). O objetivo do exercício é descobrir a taxa de juros *r* em IIP que estabiliza a relação IIP/PIB em seu valor mais recente, tendo em conta a média histórica de *NX* e a média histórica de crescimento do PIB nominal (todos desde 1992). (Aviso: este é um exercício desafiador em que você necessita navegar no sistema de dados australianos e julgar os dados mais apropriados para usar, tendo em conta o que você aprendeu no Capítulo 13.)

LEITURAS ADICIONAIS

AHAMED, L. *Lords of Finance: The Bankers Who Broke the World*. New York: Penguin Press, 2009. Relato histórico vívido sobre as crises monetárias internacionais entre as guerras mundiais do século XX.

BERNANKE, B. S. "The Global Saving Glut and the U.S. Current Account Deficit". Sandridge Lecture, 10 mar. 2005. Disponível em: <www.federalreserve.gov/boarddocs/speeches/2005/200503102/default.htm>. Acesso em: 6 dez. 2014. Diagnóstico do Presidente da Reserva Federal sobre as taxas de juros reais de meados da década de 2000.

BLANCHARD, O. J.; MILESI-FERRETTI, G. M. "(Why) Should Current Account Balances Be Reduced?" *IMF Economic Review*, v. 60, p. 139–150, abr. 2012. Os autores oferecem uma pesquisa concisa e atualizada dos perigos dos déficits muito grandes de conta-corrente e dos excedentes.

CLARIDA, R. H. *G-3 Exchange Rate Relationships: A Review of the Record and Proposals for Change*. Princeton Essays in International Economics 219. International Economics Section, Department of Economics, Princeton University, set. 2000. Revisão crítica das várias propostas de zonas-alvo para limitar os movimentos da taxa de câmbio.

CORDEN, W. M. "The Geometric Representation of Policies to Attain Internal and External Balance". *Review of Economic Studies*, v. 28, p. 1–22, jan. 1960. Uma análise diagramática clássica de comutação das despesas e das políticas macroeconômicas de mudança de despesas.

EICHENGREEN, B. *Globalizing Capital: A History of the International Monetary System*, 2. ed. Princeton: Princeton University Press, 2008. Visão compacta e perspicaz da história monetária internacional desde o padrão-ouro até os dias atuais.

FRIEDMAN, M. "The Case for Flexible Exchange Rates". In: *Essays in Positive Economics*. Chicago: University of Chicago Press, 1953, p. 157–203. Uma exposição clássica dos méritos das taxas de câmbio flutuantes.

GAGNON, J. E. *Flexible Exchange Rates for a Stable World Economy*. Washington, D.C.: Peterson Institute for International Economics, 2011. O autor apresenta um caso atualizado da flexibilidade da taxa de câmbio.

KINDLEBERGER, C. P. *The World in Depression 1929–1939*. Ed. rev. Berkeley & LosAngeles: University of California Press, 1986. Um economista líder internacional examina as causas e os efeitos da Grande Depressão.

KLEIN, M. W.; SHAMBAUGH, J. C. *Exchange Rate Regimes in the Modern Era*. Cambridge, MA: MIT Press, 2010. Análise abrangente das causas e consequências dos regimes cambiais alternativos.

OBSTFELD, M. "The International Monetary System: Living with Asymmetry". In: R. C. FEENSTRA.; A. M. TAYLOR, (Eds.). *Globalization in an Age of Crisis: Multilateral Cooperationin the Twenty-First Century*. Chicago: University of Chicago Press, 2014, p. 301–336. Visão geral do sistema monetário internacional, à luz da crise financeira global.

OBSTFELD, M; TAYLOR, A. M. *Global Capital Markets: Integration, Crisis, and Growth*. Cambridge, U.K.: Cambridge University Press, 2004. Visão geral das ligações entre a integração financeira internacional e os regimes de taxa de câmbio.

SOLOMON, R. *The International Monetary System, 1945–1981*. New York: Harper & Row, 1982. Excelente crônica do período Bretton Woods e os primeiros anos do câmbio flutuante. O autor foi chefe da divisão de finanças internacionais da Reserva Federal durante o período que antecedeu a desagregação das taxas de câmbio fixas.

APÊNDICE DO CAPÍTULO 19

Falhas de coordenação política internacional

Este apêndice ilustra a importância da coordenação da política macroeconômica, mostrando como todos os países podem sofrer como resultado de decisões políticas egoístas. O fenômeno é outro exemplo de Dilema do Prisioneiro da teoria dos jogos. Os governos podem alcançar resultados macroeconômicos, o que é melhor para todos se eles escolhem políticas cooperativamente.

Esses pontos são abordados usando um exemplo baseado na desinflação do início de 1980. Lembre-se de que as políticas monetárias contracionistas em países industrializados ajudaram a lançar a economia mundial em profunda recessão em 1981. Os países esperavam reduzir a inflação pela desaceleração do crescimento monetário, mas a situação foi complicada pela influência das taxas de câmbio no nível dos preços. Um governo que adota uma política monetária menos restritiva do que seus vizinhos é propenso a enfrentar uma depreciação da moeda, o que parcialmente frustra suas tentativas de desinflacionar.

Muitos observadores sentem que, em suas tentativas individuais para resistir à depreciação da moeda, os países industriais, como um grupo, adotaram políticas monetárias excessivamente rígidas, que aprofundaram a recessão. Todos os governos teriam sido mais felizes se tivessem adotado as políticas monetárias do perdedor, mas levando em conta as políticas que outros os governos adotaram, não era do interesse de nenhum governo individual mudar de rumo.

Esse argumento pode se tornar mais preciso com um modelo simples. Há dois países, Doméstica e Estrangeira, e cada país tem duas opções de política, uma política monetária muito restritiva e uma política monetária um pouco restritiva. A Figura 19A.1, que é semelhante a um diagrama que usamos para analisar as políticas comerciais, mostra os resultados em Doméstica e Estrangeira para as escolhas de políticas diferentes pelos dois países. Cada linha corresponde a uma decisão de política monetária determinada por Doméstica e cada coluna a uma decisão tomada por Estrangeira. As caixas contêm os dados de alterações nas taxas de inflação anual em Doméstica e Estrangeira ($\Delta\pi$ e $\Delta\pi^*$) e taxas de desemprego (ΔU e ΔU^*). Dentro de cada caixa, as entradas inferiores esquerdas são os resultados de Doméstica e as entradas superiores direitas são os resultados de Estrangeira.

As entradas hipotéticas na Figura 19A.1 podem ser entendidas em termos do modelo de dois países deste capítulo. Sob condições um pouco restritivas, por exemplo, as taxas de inflação caem até 1% e as taxas de desemprego aumentam em 1% em ambos os países. Se Doméstica desloca-se de repente para uma política muito restritiva, enquanto Estrangeira fica imóvel, a moeda de Doméstica sofre valorização, sua inflação cai ainda mais e o desemprego aumenta. A contração monetária adicional de Doméstica, no entanto, tem dois efeitos sobre Estrangeira. A taxa de desem-

FIGURA 19A.1 Efeitos hipotéticos de combinações de diferentes políticas monetárias sobre a inflação e o desemprego

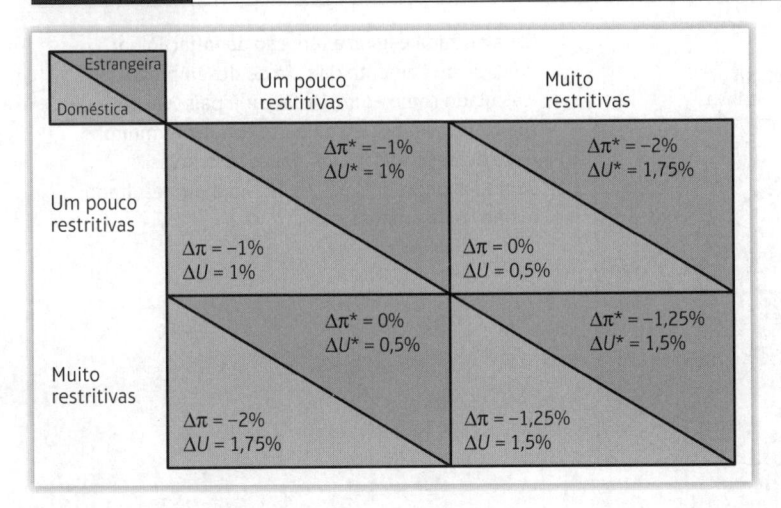

Doméstica \ Estrangeira	Um pouco restritivas	Muito restritivas
Um pouco restritivas	$\Delta\pi^* = -1\%$, $\Delta U^* = 1\%$ / $\Delta\pi = -1\%$, $\Delta U = 1\%$	$\Delta\pi^* = -2\%$, $\Delta U^* = 1,75\%$ / $\Delta\pi = 0\%$, $\Delta U = 0,5\%$
Muito restritivas	$\Delta\pi^* = 0\%$, $\Delta U^* = 0,5\%$ / $\Delta\pi = -2\%$, $\Delta U = 1,75\%$	$\Delta\pi^* = -1,25\%$, $\Delta U^* = 1,5\%$ / $\Delta\pi = -1,25\%$, $\Delta U = 1,5\%$

As opções de política monetária em um país afetam os resultados das escolhas de política monetária efetuadas no estrangeiro.

preço de Estrangeira cai, mas como a valorização da moeda de Doméstica é uma *depreciação* da moeda de Estrangeira, a inflação de Estrangeira volta a subir ao seu nível de pré-desinflação. Em Estrangeira, os efeitos deflacionários do aumento do desemprego são compensados pelo impacto inflacionário de uma moeda em depreciação nos preços de importação e demandas salariais. A crise monetária mais intensa de Doméstica, portanto, tem um efeito de *beggar-thy-neighbor* em Estrangeira, que é forçada a "importar" uma inflação de Doméstica.

Para traduzir os resultados na Figura 19A.1 em retornos políticos, supomos que cada governo deseje obter a maior redução da taxa de inflação com o menor custo em termos de desemprego. Ou seja, cada governo deseja maximizar $-\Delta\pi/\Delta U$, a redução da inflação por ponto de aumento do desemprego. Os números na Figura 19A.1 conduzem para a matriz de retorno mostrada na Figura 19A.2.

Como Doméstica e Estrangeira se comportam perante os pagamentos nessa matriz? Suponha que cada governo "vá por sua conta" e escolha a política que maximiza seu próprio retorno dada a opção de política do outro país. Se Estrangeira adota uma política um pouco restritiva, Doméstica se dá melhor com uma política muito restritiva (*payoff* = 8/7) do que com uma pouco restritiva (retorno = 1). Se Estrangeira é muito restritiva, Doméstica fica ainda melhor por ser muito restritiva (*payoff* = 5/6) do que por ser um pouco restritiva (retorno = 0). Então, não importa o que Estrangeira faz, o governo de Doméstica sempre escolherá uma política monetária muito restritiva.

Estrangeira encontra-se em uma posição simétrica. Ela também fica melhor com uma política muito restritiva, independentemente do que Doméstica fizer. O resultado é que ambos os países vão escolher políticas monetárias muito restritivas e cada um receberá um retorno de 5/6.

Observe, no entanto, que *ambos* ficam realmente melhores se adotarem simultaneamente as políticas um pouco restritivas. O retorno resultante para cada um é 1, que é maior que 5/6. Sob essa última configuração política, a inflação cai menos nos dois países, mas o aumento do desemprego é bem menor do que sob condições muito restritivas.

Uma vez que ambos os países são melhores com condições um pouco restritivas, por que elas não são adotadas? A resposta está na raiz do problema da coordenação política. Nossa análise assumiu que cada país "vai por sua conta" maximizando seu próprio retorno. Sob essa suposição, uma situação em que ambos os países fossem um pouco restritivos não seria estável: cada país iria querer reduzir o seu crescimento monetário ainda mais e usar sua taxa de câmbio para apressar a desinflação à custa do seu vizinho.

Para ocorrer o resultado superior no canto superior esquerdo da matriz, Doméstica e Estrangeira devem chegar a um acordo explícito, ou seja, eles devem *coordenar* suas escolhas políticas. Os dois países devem concordar em abrir mão dos ganhos de *beggar-thy-neighbor* oferecidos por políticas muito restritivas, e cada país deve respeitar esse acordo, apesar do incentivo para trapacear. Se Doméstica e Estrangeira podem cooperar, ambos acabam com um mix ideal de inflação e desemprego.

A realidade da coordenação política é mais complexa que nesse exemplo simples, porque as escolhas e os resultados são mais numerosos e mais incertos. Essas complexidades adicionais fazem com que os responsáveis pelas decisões fiquem menos dispostos a comprometerem-se em acordos de cooperação e menos certos de que os seus homólogos estrangeiros vão honrar com os termos acordados.

FIGURA 19A.2 Matriz de pagamento para os diferentes movimentos de política monetária

	Um pouco restritivas	Muito restritivas
Um pouco restritivas (Doméstica) / (Estrangeira)	1 / 1	8/7 / 0
Muito restritivas (Doméstica) / (Estrangeira)	0 / 8/7	5/6 / 5/6

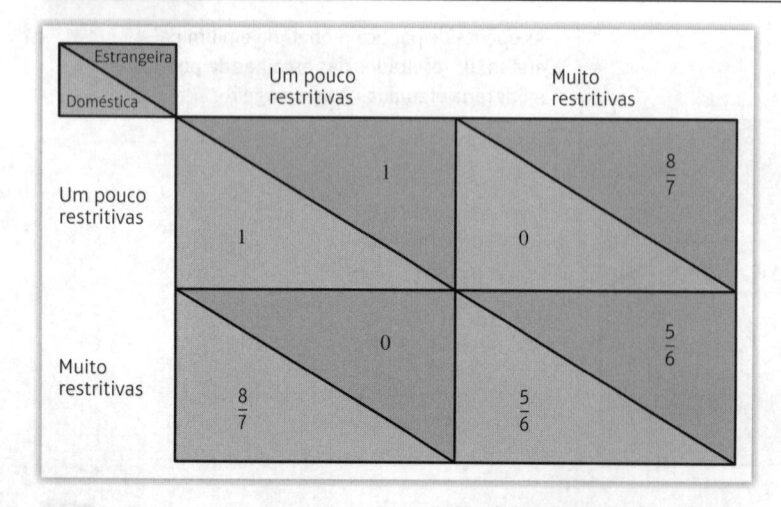

Cada entrada é igual à redução da inflação por unidade de aumento da taxa de desemprego (calculado como $-\Delta\pi/\Delta U$). Se cada país "vai por sua conta", ambos escolherem condições muito restritivas. Condições um pouco restritivas, se adotadas pelos dois países, levam a um resultado melhor para ambos.

CAPÍTULO 20

Globalização financeira: crise e oportunidade

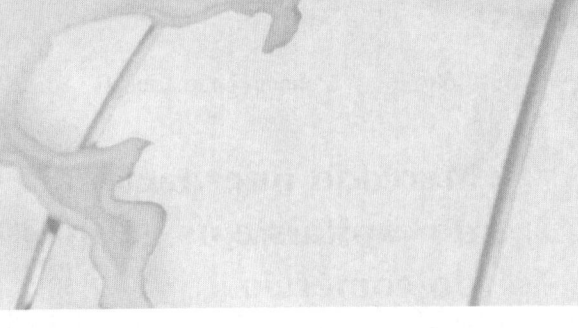

Se um financista chamado Rip van Winkle tivesse ido dormir na década de 1960 e despertado 50 anos depois, ele teria ficado chocado com as mudanças na natureza e na escala da atividade financeira internacional. No começo da década de 1960, por exemplo, a maioria dos negócios bancários era puramente doméstica, envolvendo a moeda e os clientes do país de origem do banco. Cinco décadas mais tarde, muitos bancos foram derivando uma grande parte de seus lucros de atividades internacionais. Para sua surpresa, Rip veria que ele consegue localizar agências do Citibank em São Paulo, Brasil, e filiais do Barclays Bank da Grã-Bretanha em Nova York. Ele também teria descoberto que se tornou rotina para uma filial de um banco norte-americano localizado em Londres aceitar um depósito denominado em ienes japoneses de uma empresa sueca ou emprestar francos suíços para um fabricante holandês. Por fim, ele notaria uma participação muito maior das instituições financeiras bancárias nos mercados internacionais e uma enorme expansão no grande volume de transações globais.

O mercado no qual moradores de diferentes países comercializam ativos é chamado de **mercado internacional de capitais**. O mercado internacional de capitais não é realmente um mercado único; em vez disso, é um grupo de mercados estreitamente interligados em que ocorre as trocas de ativos com alguma dimensão internacional. Os comércios em moeda internacional realizam-se no mercado de câmbio estrangeiro, que é uma parte importante do mercado internacional de capitais. Os principais intervenientes no mercado internacional de capitais são os mesmos que no cambial (Capítulo 14): os bancos comerciais, grandes corporações, instituições financeiras não bancárias, bancos centrais e outras agências governamentais. E, como o mercado de câmbio estrangeiro, as atividades do mercado internacional de capitais ocorrem em uma rede de centros financeiros do mundo ligados por sistemas de comunicação sofisticados. Os ativos negociados no mercado internacional de capitais, no entanto, incluem ações e títulos de países diferentes, além de depósitos bancários denominados em suas moedas.

Este capítulo aborda quatro questões principais sobre o mercado internacional de capitais. Primeira, como pode essa rede financeira global bem azeitada aumentar os ganhos dos países pelo comércio internacional? Segunda, o que causou o rápido crescimento na atividade financeira internacional desde o início dos anos 1960? Terceira, que perigos são apresentados por um mercado de capitais mundial integrado, ultrapassando as fronteiras nacionais? E quarta, como os decisores podem minimizar os problemas gerados pelo mercado de capitais global, sem reduzir drasticamente os benefícios que ele oferece?

OBJETIVOS DE APRENDIZAGEM

Após a leitura deste capítulo, você será capaz de:

- Compreender a função econômica da diversificação da carteira internacional.
- Explicar os fatores que levam ao crescimento explosivo recente dos mercados financeiros internacionais.
- Analisar os problemas na regulamentação e supervisão dos bancos internacionais e instituições financeiras não bancárias.
- Descrever alguns métodos diferentes que foram usados para medir o grau de integração financeira internacional.
- Compreender os fatores que levaram à crise financeira mundial que começou em 2007.
- Avaliar o desempenho dos mercados de capitais internacionais na vinculação das economias dos países industrializados.

Mercado internacional de capitais e os ganhos do comércio

Nos capítulos anteriores, a discussão dos ganhos do comércio internacional concentrou-se nas trocas envolvendo bens e serviços. Fornecendo um sistema de pagamentos em todo o mundo que reduz os custos de transação, os bancos ativos no mercado internacional de capitais ampliam os ganhos do comércio que resultam de câmbios. Além disso, o mercado internacional de capitais reúne os mutuários e credores em diferentes países a fim de financiar o padrão global dos desequilíbrios de conta-corrente. Mas a maioria dos negócios que ocorrem no mercado internacional de capitais são as trocas de bens entre os residentes de países diferentes, por exemplo, a troca de uma parte do estoque da IBM por alguns títulos do governo britânico. Embora tal comércio de ativos seja às vezes ridicularizado como "especulação" improdutiva, na verdade, ele leva a ganhos de comércio que podem fazer com que os consumidores de todos os lados se beneficiem.

Três tipos de ganho do comércio

Todas as transações entre os residentes de países diferentes se enquadram em uma das três categorias: trocas de bens ou serviços por bens ou serviços, trocas de bens ou serviços por ativos e trocas de ativos por ativos. A todo momento, um país geralmente está realizando trocas em cada uma dessas categorias. A Figura 20.1 (que pressupõe haver os países Doméstica e Estrangeira) ilustra os três tipos de transações internacionais, cada uma das quais envolvendo um conjunto diferente de possíveis ganhos do comércio.

Até agora, neste livro, discutimos dois tipos de ganhos do comércio. Os Capítulos 3 a 8 mostraram que os países podem ganhar por concentrar as atividades de produção naquilo em que são mais eficientes e usar um pouco da sua produção para pagar as importações de outros produtos do exterior. Esse tipo de ganho do comércio envolve a troca de bens ou serviços por outros bens ou serviços. A seta horizontal superior na Figura 20.1 mostra as trocas de bens e serviços entre Doméstica e Estrangeira.

Um segundo conjunto de ganhos do comércio resulta das trocas *intertemporais*, que é a troca de bens e serviços por créditos de bens e serviços futuros, ou seja, por ativos (capítulos 6 e 19). Quando um país em desenvolvimento toma emprestado do exterior (ou seja, vende um título para estrangeiros) para que possa importar materiais para um projeto de investimento interno, ele está envolvido no comércio intertemporal — o comércio que não seria possível sem um mercado internacional de capitais.

As setas diagonais na Figura 20.1 indicam as trocas de bens ou serviços por ativos. Se Doméstica tem um déficit em conta-corrente com Estrangeira, por exemplo, ela é uma exportadora líquida de ativos para Estrangeira e uma importadora líquida de bens e serviços de Estrangeira.

A seta horizontal inferior na Figura 20.1 representa a última categoria de transações internacionais, as transações de ativos por ativos, como a troca de bens imóveis localizados na França por títulos do tesouro dos Estados Unidos. Na Tabela 13.2, que mostra o balanço das contas de pagamentos dos Estados Unidos em 2012, você verá sob a conta financeira tanto uma compra de US$ 97,5 bilhões de ativos estrangeiros por residentes dos Estados Unidos quanto uma compra de US$ 543,9 bilhões de ativos dos Estados Unidos por residentes estrangeiros. (Estes números não incluem derivativos; o BEA informa apenas o comércio *líquido* de derivados). Então, enquanto os Estados Unidos poderiam ter financiado seu déficit em conta-corrente simplesmente pela venda de ativos aos estrangeiros, e não comprando deles, os Estados Unidos e residentes estrangeiros também fizeram trocas puras de ativos. Um grande volume de comércio de bens entre países ocorre em parte porque comércios internacionais de ativos, como negócios envolvendo bens e serviços, podem produzir benefícios para todos os países envolvidos.

FIGURA 20.1 Os três tipos de transações internacionais

Moradores de diferentes países podem trocar bens ou serviços por outros bens ou serviços, bens ou serviços por ativos (ou seja, por produtos e serviços futuros) e ativos por outros ativos. Todos os três tipos de câmbio levam a ganhos de comércio.

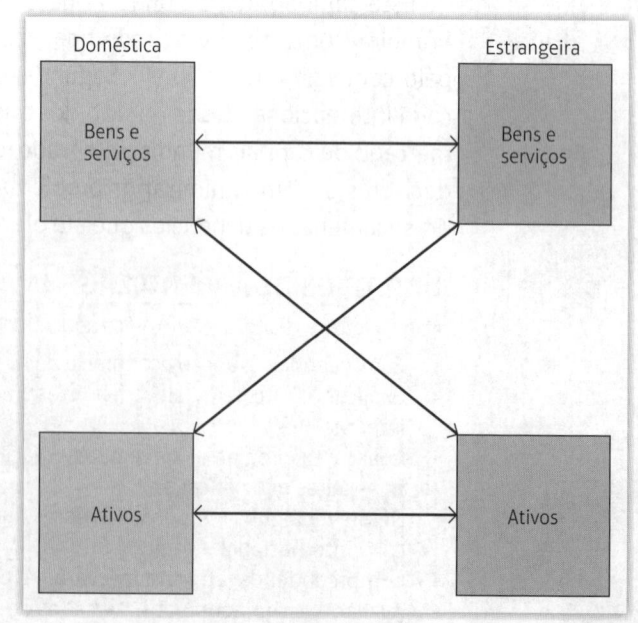

Enquanto as distinções anteriores podem parecer simples na teoria, esteja atento a que, no mundo real, diferentes tipos de comércio podem ocorrer simultaneamente porque são complementares. Por exemplo, importadores podem precisar comprar bens estrangeiros com base em crédito de vendedores e pagar depois que venderem mercadorias para consumidores domésticos. Nesse caso, a capacidade dos importadores em obter bens hoje em troca de uma promessa de reembolso logo depois — uma forma de trocas intertemporais — é vital para promover o intercâmbio internacional de bens e serviços. Como um segundo exemplo, os exportadores podem precisar de recibos de câmbio futuro nos mercados cambiais a termo. Nesse caso, numa troca de ativos por ativos — moeda estrangeira futura contra moeda doméstica futura — reduz os custos dos exportadores de realizar intercâmbios de bens e serviços.

Aversão ao risco

Quando indivíduos selecionam ativos, um fator importante nas suas decisões é o grau de risco de retorno de cada ativo (Capítulo 14). Mantendo iguais todas as outras variáveis, as pessoas não gostam de riscos. Os economistas chamam essa propriedade das preferências das pessoas de **aversão ao risco**. O Capítulo 18 mostrou que os investidores aversos ao risco em ativos em moeda estrangeira baseiam sua demanda por um determinado ativo em seu grau de risco (como medido por um prêmio de risco), além de seu retorno esperado.

Um exemplo tornará o significado de aversão ao risco mais claro. Suponha que ofereçam a você uma aposta na qual você tem 50% de chance de ganhar US$ 1.000, mas tem 50% de chance de perder US$ 1.000. Como você tem chances iguais de ganhar e de perder US$ 1.000, o retorno médio nessa aposta — seu *valor esperado* — é (1/2) × (US$ 1.000) + (1/2) × (−US$ 1.000) = 0. Se você é averso ao risco, não vai aceitar a aposta, porque, para você, a possibilidade de perder US$ 1.000 supera a possibilidade de ganhar, mesmo que ambos os resultados sejam igualmente prováveis. Apesar de algumas pessoas (chamadas de amantes do risco) gostarem de correr riscos e aceitarem a aposta, há muitas evidências de que o comportamento de aversão ao risco é a norma. A aversão ao risco, por exemplo, ajuda a explicar a rentabilidade das companhias de seguros, que vendem as condições que permitem às pessoas proteger a si ou às suas famílias contra os riscos financeiros de roubo, doença e outros percalços.

Se as pessoas são aversas ao risco, valorizam uma carteira (ou portfólio) de ativos não apenas com base no seu retorno esperado, mas também com base no grau de risco de retorno. Sob a aversão ao risco, por exemplo, as pessoas podem estar dispostas a manter títulos denominados em várias moedas diferentes, mesmo que as taxas de juros que eles ofereçam não sejam ligadas pela condição de paridade de juros, se o portfólio resultante de ativos oferecer uma combinação desejável de retorno e risco. Em geral, uma carteira cujo rendimento varia muito de ano para ano é menos desejável do que uma que ofereça o mesmo retorno médio com apenas leves flutuações de ano a ano. Essa observação é básica para compreender por que os países trocam ativos.

Diversificação de portfólio como motivo para o comércio internacional de ativos

O comércio internacional de bens pode fazer ambas as partes se beneficiarem do comércio, permitindo-lhes reduzir o risco do retorno na sua riqueza. O comércio realiza essa redução de risco, permitindo que ambas as partes diversifiquem suas carteiras — dividir sua riqueza entre um espectro amplo de ativos e, assim, reduzir a quantidade de dinheiro que eles investiram em cada ativo individual em jogo. O falecido economista James Tobin, da Universidade de Yale, um criador da teoria da escolha de carteira com aversão ao risco, uma vez descreveu a ideia de **diversificação de portfólio**, como "Não colocar todos seus ovos em um mesmo cesto." Quando uma economia está aberta para o mercado internacional de capitais, pode reduzir o risco de sua riqueza colocando alguns dos seus "ovos" nas "cestas" estrangeiras adicionais. Essa redução no risco é o motivo básico para o comércio de bens.

Um exemplo simples de dois países ilustra como os países são beneficiados pelo comércio de bens. Imagine que há dois países, Doméstica e Estrangeira, e os moradores de cada um possuem apenas um ativo, a terra doméstica, produzindo uma colheita anual de kiwis.

Entretanto, o rendimento da terra é incerto. Metade do tempo, a terra de Doméstica produz uma colheita de 100 toneladas de kiwi ao mesmo tempo em que a terra de Estrangeira produz uma colheita de 50 toneladas. A outra metade do tempo, os resultados são invertidos: a colheita de Estrangeira é de 100 toneladas, mas a colheita de Doméstica é apenas 50. Em média, então, cada país tem uma colheita de (1/2) × (100) + (1/2) × (50) = 75 toneladas de kiwi, mas seus habitantes nunca sabem se o próximo ano trará festa ou fome.

Agora suponha que os dois países possam fazer comércio de uma parcela da propriedade dos seus respectivos ativos. Um proprietário de Doméstica de uma quota de 10% em terra Estrangeira, por exemplo, recebe 10% da safra anual de kiwi de Estrangeira, e um proprietário de Estrangeira de uma quota de 10% no terreno de Doméstica, da mesma forma, tem direito a 10% da safra de Doméstica. O que acontece se o comércio internacional desses dois ativos for permitido? Os residentes de Doméstica vão comprar uma quota de 50% de terras de Estrangeira, e vão pagar por isso dando aos residentes de Estrangeira uma quota de 50% em terra de Doméstica.

Para entender por que esse é o resultado, pense nos retornos para os portfólios de Doméstica e Estrangeira quando ambos são igualmente divididos entre títulos de terra de Doméstica e Estrangeira. Quando os tempos são bons em Doméstica (e, portanto, ruins em Estrangeira), cada país ganha o mesmo retorno de sua carteira: metade da colheita de Doméstica (100 toneladas de kiwi) mais a metade da colheita de Estrangeira (50 toneladas de kiwi) ou 75 toneladas de frutas. No caso contrário — maus momentos em Doméstica, bons tempos em Estrangeira — cada país *ainda* ganha 75 toneladas de frutas. Se os países mantiverem carteiras divididas igualmente entre os dois ativos, portanto, cada país ganha um retorno *certo* de 75 toneladas de frutas — tal como a colheita média ou esperada de cada antes de o comércio internacional de ativos ser permitido.

Uma vez que os dois ativos disponíveis — terra de Doméstica e Estrangeira — têm o mesmo retorno, em média, qualquer carteira constituída desses ativos produz um retorno esperado (ou médio) de 75 toneladas de frutas. Contudo, as pessoas em todos os lugares são aversas ao risco, assim todos preferem ter a carteira 50% descrita, que dá um retorno garantido de 75 toneladas de fruta todos os anos. Depois que comércio é aberto, portanto, os moradores dos dois países trocarão títulos de terra até que seja atingido o resultado de 50%. Como esse comércio elimina o risco enfrentado por ambos os países, sem alterar a média de retornos, eles estarão claramente melhores como resultado do comércio de bens.

O exemplo dado é simplista, porque os países na verdade nunca podem eliminar *todos* os riscos via comércio internacional de ativos. (E diferentemente do descrito no modelo, o mundo real é mesmo um lugar arriscado no final das contas!) No entanto, o exemplo demonstra que os países podem *reduzir* o grau de risco da sua riqueza ao diversificar suas carteiras de ativos internacionalmente.

Uma função importante do mercado internacional de capitais é tornar essa diversificação possível.[1]

O cardápio dos ativos internacionais: dívida *versus* equidade

Os comércios internacionais de ativos podem ser trocas de muitos tipos diferentes de ativos. Entre os muitos ativos negociados no mercado internacional de capitais estão os títulos e depósitos denominados em diferentes moedas, ações e instrumentos financeiros mais complicados, como as opções de ações ou moeda. Uma compra de bens imobiliários estrangeiros e a aquisição direta de uma fábrica em outro país são outras formas de diversificação no exterior.

Ao pensar em comércios de ativos, é frequentemente útil fazer uma distinção entre **instrumentos de dívida** e **instrumentos de equidade**. Títulos e depósitos bancários são instrumentos de dívida, uma vez que eles especificam que o emitente do instrumento deve pagar um valor fixo (a soma do principal mais juros), independentemente das circunstâncias econômicas. Em contraste, uma quota de ações é um instrumento de capital próprio: é uma afirmação de lucros da empresa, em vez de um pagamento fixo, e seu pagamento irá variar de acordo com as circunstâncias. Da mesma forma, as ações da fruta kiwi negociadas em nosso exemplo são instrumentos de capital próprio. Escolhendo como dividir suas carteiras entre instrumentos de dívida e de capital próprio, indivíduos e nações podem se organizar para ficar perto do consumo desejado e dos níveis de investimento, apesar das diferentes eventualidades que podem ocorrer.

A linha divisória entre a dívida e o capital próprio não é bem nítida na prática. Mesmo que o pagamento em dinheiro do instrumento seja o mesmo em diferentes estados do mundo, seu pagamento *real* em um estado particular dependerá dos níveis de preço nacionais e das taxas de câmbio. Além disso, os pagamentos que um determinado instrumento promete fazer podem não ocorrer em casos de falência, apreensão de ativos de capital estrangeiro pelo governo e assim por diante. Ativos como títulos corporativos de baixo grau, que superficialmente parecem ser de dívida, podem na realidade ser como equidade ao oferecer retornos que dependem da evolução financeira duvidosa do emitente. O mesmo se revelou verdadeiro para a dívida de muitos países em desenvolvimento, como veremos no Capítulo 22.

---

1 O Pós-escrito matemático para este capítulo desenvolve um modelo detalhado da diversificação do portfólio internacional. Você deve ter notado que no nosso exemplo os países poderiam reduzir o risco mediante transações que não sejam a troca de ativos que descrevemos. O país de produção alta poderia ter um superávit de conta-corrente e emprestar ao país de produção baixa, por exemplo, assim diminuindo parcialmente a diferença de consumo transnacional em cada estado da economia mundial. Assim as funções econômicas dos comércios intertemporais e de trocas de ativos puros podem se sobrepor. Em certa medida, o comércio ao longo do tempo pode substituir o comércio entre estados da natureza e vice-versa, simplesmente porque diferentes estados econômicos do mundo ocorrem em diferentes pontos cronológicos. Mas, em geral, os dois tipos de comércio não são substitutos perfeitos um para o outro.

Sistema bancário internacional e mercado internacional de capitais

O exemplo anterior do kiwi de Doméstica e Estrangeira retratou um mundo imaginário com apenas dois ativos. Como o número de ativos disponíveis no mundo real é enorme, instituições especializadas têm surgido para reunir compradores e vendedores de ativos localizados em países diferentes.

A estrutura do mercado internacional de capitais

Como observamos, os principais intervenientes no mercado internacional de capitais incluem bancos comerciais, empresas, instituições financeiras não bancárias (como companhias de seguros, fundos do mercado monetário, fundos de *hedge* e fundos de pensões), bancos centrais e outras agências governamentais.

1. *Bancos comerciais.* Os bancos comerciais estão no centro do mercado internacional de capitais, não só porque eles atuam no mecanismo de pagamentos internacionais, mas também pela ampla variedade de atividades financeiras que realizam. Os passivos bancários consistem principalmente de depósitos de vários vencimentos, bem como da dívida e empréstimos em curto prazo de outras instituições financeiras, enquanto seus ativos consistem principalmente de empréstimos (para corporações e governos), depósitos em outros bancos (depósitos interfinanceiros) e vários outros investimentos, incluindo títulos. Os bancos multinacionais também estão bastante envolvidos em outros tipos de transações de ativos. Por exemplo, podem *subscrever* questões de ações corporativas e títulos, concordando, por uma taxa, em encontrar compradores para os títulos a um preço garantido. Um dos principais fatos sobre o sistema bancário internacional é que os bancos são muitas vezes livres para realizar atividades no exterior que eles não seriam autorizados a prosseguir em seus países de origem. Esse tipo de assimetria regulatória tem estimulado o crescimento do sistema bancário internacional nos últimos 50 anos.

2. *Corporações.* As corporações — em particular aquelas com operações multinacionais como Coca-Cola, IBM, Toyota e Nike — rotineiramente financiam seus investimentos por fontes estrangeiras de fundos. Para obter esses fundos, as corporações podem vender quotas de ações, que dão aos proprietários uma declaração de capital próprio para ativos, ou podem usar o financiamento da dívida. O financiamento de dívida muitas vezes assume a forma de empréstimos de e por meio de bancos internacionais ou outros credores institucionais; as empresas também vendem papéis comerciais de curto prazo e instrumentos de dívida corporativa no mercado de capitais internacional. As corporações frequentemente denominam seus títulos em moeda do centro financeiro em que os títulos estão sendo oferecidos para venda. Contudo, cada vez mais as corporações estão perseguindo novas estratégias de denominação que tornam seus títulos atraentes para um espectro mais amplo de potenciais compradores.

3. *Instituições financeiras não bancárias.* As instituições não bancárias, como companhias de seguros, fundos mútuos, fundos de pensões e fundos de *hedge*, tornaram-se importantes atores no mercado internacional de capitais conforme mudaram para ativos estrangeiros para diversificar suas carteiras. Os *bancos de investimento* são de particular importância, pois, apesar de não serem realmente bancos, especializaram-se em vendas de subscrição de ações e títulos por corporações e (em alguns casos) governos e assessoria em fusões e aquisições, além de facilitarem as transações para os clientes, entre outras funções. Os bancos de investimento podem ser independentes, mas na maioria dos casos pertencem a grandes conglomerados financeiros, que incluem também os bancos comerciais. Exemplos proeminentes incluem Goldman Sachs, Deutsche Bank, Citigroup e Barclays Capital.

4. *Bancos centrais e outras agências governamentais.* Os bancos centrais estão envolvidos rotineiramente nos mercados financeiros internacionais mediante intervenção cambial. Além disso, outras agências governamentais frequentemente pedem emprestado do exterior. Os governos de países em desenvolvimento e as empresas estatais têm feito empréstimos substanciais de bancos comerciais estrangeiros e regularmente vendem títulos no exterior.

Em alguma medida, a escala das operações no mercado internacional de capitais tem crescido muito mais rápido do que o PIB mundial desde a década de 1970. Um fator importante nesse desenvolvimento é que, começando com o mundo industrial, os países têm desmantelado progressivamente as barreiras aos fluxos de capital privados através de suas fronteiras.

Uma razão importante para esse desenvolvimento está relacionada com os sistemas de taxa de câmbio. De acordo com o trilema monetário do Capítulo 19, a ampla adoção de taxas de câmbio flexíveis desde a década de 1970 permitiu que países reconciliassem os mercados de capital abertos com autonomia monetária doméstica. Os países membros da união econômica e monetária europeia (Capítulo 21) têm seguido uma rota diferente em relação a suas taxas de câmbio mútuas. No entanto, o euro flutua em relação às moedas estrangeiras e a zona do euro como uma unidade orienta sua política monetária para objetivos macroeconômicos internos, permitindo liberdade de pagamentos transfronteiras.

Sistema bancário *offshore* e negociação de moeda *offshore*

Uma das características mais difundidas da indústria de operação bancária comercial de hoje é que as atividades bancárias têm se tornado globalizadas conforme os bancos estabelecem agências fora de seus países de origem em centros financeiros estrangeiros. Em 1960, apenas oito bancos norte-americanos tinham filiais em países estrangeiros, mas agora centenas têm essas sucursais. Da mesma forma, o número de escritórios de bancos estrangeiros nos Estados Unidos aumentou sistematicamente.

O termo **sistema bancário** *offshore* é usado para descrever o negócio que escritórios de bancos estrangeiros conduzem fora de seus países de origem. Os bancos podem realizar negócios estrangeiros por meio de qualquer dos três tipos de instituições:

1. Uma *agência* localizada no exterior, que organiza os empréstimos e transferências de fundos, mas não aceita depósitos.
2. Um banco *subsidiário* localizado no estrangeiro. Uma subsidiária de um banco estrangeiro difere de um banco local apenas em que um banco estrangeiro é o proprietário do controle. Os subsidiários estão sujeitos às mesmas regulamentações que os bancos locais, mas não estão sujeitos às regulamentações do país de origem.
3. Uma *sucursal* estrangeira, que é apenas um escritório do banco doméstico em outro país. As sucursais realizam os mesmos negócios que os bancos locais e são geralmente sujeitas à regulamentação bancária local *e* do país de origem. Entretanto, muitas vezes, as sucursais podem aproveitar diferenças regulamentares transfronteiras.

O crescimento da **negociação de moeda** *offshore* foi acompanhado da evolução do sistema bancário *offshore*. Um depósito *offshore* nada mais é que um depósito bancário em uma moeda diferente do país no qual reside o banco — por exemplo, depósitos em iene em um banco de Londres ou depósitos em dólar em Zurique. Muitos dos depósitos no mercado cambial são depósitos *offshore*. Depósitos de moeda *offshore* são geralmente referidos como **Eurodivisas**, que é um termo mal aplicado, já que muito da negociação de eurodivisa ocorre em centros não europeus, como Singapura e Hong Kong. Os depósitos de dólar localizados fora dos Estados Unidos são chamados de **Eurodólares**. Os bancos que aceitam depósitos denominados em eurodivisas (incluindo eurodólares) são chamados de **Eurobanks**. O advento da nova moeda europeia, o euro, tornou esta terminologia ainda mais confusa!

Uma motivação para o rápido crescimento do sistema bancário *offshore* e da troca de moeda tem sido o aumento do comércio internacional e a natureza cada vez mais multinacional da atividade corporativa. As empresas norte-americanas envolvidas no comércio internacional, por exemplo, exigem serviços financeiros no exterior, e os bancos norte-americanos naturalmente expandiram seus negócios domésticos com essas empresas em áreas estrangeiras. Oferecendo compensação de pagamentos mais rápida e a flexibilidade e a confiança estabelecidas nas relações anteriores, os bancos norte-americanos competem com os estrangeiros, que também poderiam servir os clientes norte-americanos. O comércio de eurodivisa é outra consequência natural da expansão do comércio mundial de bens e serviços. Os importadores britânicos de produtos norte-americanos frequentemente precisam aceitar depósitos em dólar, por exemplo, e é natural que os bancos com sede em Londres conquistem negócios desses importadores.

O crescimento do comércio mundial sozinho, no entanto, não pode explicar o crescimento do sistema bancário internacional desde a década de 1960. Outro fator é o desejo dos bancos de escaparem de regulamentos do governo doméstico nas atividades financeiras (e às vezes dos impostos) deslocando algumas de suas operações para o exterior e em moedas estrangeiras. Um outro fator é em parte político: o desejo de alguns depositantes de reter as moedas fora das jurisdições dos países que as emitem. Nos últimos anos, a tendência de os países abrirem os seus mercados financeiros para estrangeiros permitiu que os bancos internacionais competissem globalmente por novos negócios.

O principal fator por trás da rentabilidade contínua de negociação de eurodivisas é regulatório: na formulação de regras bancárias, os governos nos principais centros de eurodivisa discriminam entre depósitos denominados em moeda doméstica e aqueles denominados em outras moedas, e entre as transações com os clientes domésticos e com clientes estrangeiros. Depósitos de moeda nacional geralmente são mais fortemente regulamentados como uma forma de manter o controle sobre a oferta de moeda doméstica, enquanto os bancos têm mais liberdade nas suas relações em moeda estrangeira.

As assimetrias regulatórias explicam por que esses centros financeiros cujos governos historicamente impunham menos restrições ao sistema bancário estrangeiro tornaram-se os principais centros de eurodivisa. Londres é o líder a esse respeito, mas foi seguido por Luxemburgo,

Barein, Hong Kong e outros países que competiram pelo negócio bancário internacional, diminuindo as restrições e impostos sobre as operações do banco estrangeiro dentro das suas fronteiras.

O sistema bancário sombra (paralelo)

Nas últimas décadas, uma assimetria regulatória importante surgiu entre os bancos. Ela é muitas vezes denominada de **sistema bancário paralelo**. Hoje, inúmeras instituições financeiras fazem prestação de serviços de pagamento e de crédito semelhantes às que os bancos oferecem. Fundos mútuos do mercado monetário dos Estados Unidos, por exemplo, fornecem serviços de emissão de cheques aos clientes e também são grandes atuantes no fornecimento de crédito às empresas (via mercados de papéis comerciais) e em empréstimos de dólares aos bancos fora dos Estados Unidos. Os bancos de investimento também forneceram crédito a outras entidades, oferecendo serviços de pagamento. O sistema bancário paralelo incluiu até mesmo sistemas de investimento patrocinados pelos bancos, mas supostamente independentes dos balanços dos bancos. No entanto, os bancos paralelos em geral são minimamente regulamentados em comparação aos convencionais.

Por que tem sido assim? Historicamente, os legisladores de política monetária têm visto os bancos como o principal foco de preocupação por causa de sua centralidade no sistema de pagamentos, para o fluxo de crédito para as empresas e os mutuários de propriedades e para a execução da política monetária. Mas o sistema bancário sombra tem crescido drasticamente e retomado muitas das mesmas funções do sistema bancário tradicional. Os ativos totais de setor bancário sombra são difíceis de mensurar precisamente, mas nos Estados Unidos hoje, eles são comparáveis aos ativos do setor bancário tradicional.

Além disso, os bancos sombra estão intimamente interligados com bancos como credores e devedores. Como resultado, a estabilidade da rede bancária sombra não pode ser facilmente divorciada da dos bancos: se um banco sombra se meter em encrenca, o mesmo pode ocorrer com os bancos que lhe emprestaram dinheiro. Isso se tornou dolorosamente claro durante a crise financeira global de 2007–2009, como veremos mais à frente neste capítulo. Voltamo-nos agora para uma discussão sobre a regulamentação de operações bancárias, mas os leitores devem estar cientes de que os bancos são apenas uma categoria que atua no mercado financeiro internacional e que o destino dos bancos é propenso a depender dos outros parceiros. A maior parte do que diremos a seguir sobre "bancos" também se aplica aos bancos sombra.

Fragilidade financeira e o sistema bancário

Muitos observadores acreditam que a natureza livre da atividade global do sistema bancário até agora deixou o sistema financeiro mundial vulnerável à falência dos bancos em uma escala maciça. A crise financeira de 2007-2009, que discutiremos em seguida, apoia essa crença. Para entender o que deu errado com a globalização financeira, primeiro precisamos rever a fragilidade inerente da atividade bancária, mesmo quando em uma economia hipotética fechada, e as salvaguardas que os governos nacionais têm posto em uso para evitar a falência dos bancos.

O problema da falência de um banco

Um banco vai à falência quando é incapaz de cumprir suas obrigações com seus depositantes e outros credores. Os bancos usam fundos emprestados para fazer empréstimos e adquirir outros bens, mas alguns dos mutuários do banco podem ser incapazes de pagar seus empréstimos, ou os ativos do banco podem declinar de valor por algum outro motivo. Quando isso acontece, o banco pode ser incapaz de pagar seus compromissos em curto prazo, incluindo depósitos à ordem, que são em grande parte reembolsáveis imediatamente, sem aviso prévio.

Uma característica peculiar do sistema bancário é que a saúde financeira do banco depende da confiança dos depositantes (e outros credores) no valor dos seus ativos. Se os depositantes, por exemplo, acreditam que muitos dos ativos do banco caíram de valor, todos têm um incentivo para retirar fundos dele e colocá-los em um banco diferente. Um banco confrontado com uma grande e súbita perda de depósitos — uma corrida bancária — é propenso a fechar as portas, mesmo se o lado de ativos de seu balanço for fundamentalmente sólido. A razão é que muitos ativos são ilíquidos e não podem ser vendidos rapidamente para cumprir obrigações de depósito sem perda substancial para o banco. Se há um clima de pânico financeiro, portanto, a falência do banco pode não ser limitada aos bancos que têm má gestão de seus ativos. É do interesse de cada depositante retirar seu dinheiro de um banco se todos os outros depositantes estão fazendo o mesmo, mesmo quando os ativos do banco, se ao menos puderem ser mantidos até o vencimento, fossem suficientes para reembolsar totalmente o passivo do banco.

Infelizmente, mesmo se um único banco ficar em apuros, a suspeita pode recair em outros bancos que já emprestaram dinheiro: se eles perdem bastante nos empréstimos, podem ser incapazes de cumprir suas próprias obrigações.

Quando os bancos são altamente interligados por meio de empréstimos mútuos e contratos de derivativos, as corridas bancárias, portanto, podem ser altamente contagiosas. A menos que os legisladores possam isolar o pânico de forma rápida, os efeitos dominó dos problemas de um único banco podem resultar em uma crise bancária generalizada, ou *sistêmica*.

É mais fácil entender a vulnerabilidade do banco olhando para seu balanço. O balanço estilizado a seguir mostra a relação entre os passivos e ativos do banco e a sua diferença, o *capital* do banco (recursos não emprestados, fornecidos pelos proprietários do banco, titulares de ações do banco):

Balanço do banco	
Ativos	**Passivos**
Empréstimos US$ 1.950	Depósitos de demanda US$ 1.000
Títulos e valores mobiliários US$ 1.950	Depósitos a prazo e dívida de longo prazo US$ 1.400
Reservas no banco central US$ 75	Passivos de curto prazo por atacado US$ 1.400
Dinheiro em mãos US$ 25	Capital US$ 200

Neste exemplo, o total de ativos do banco (listados no lado esquerdo de seu balanço) é US$ 4.000. Eles consistem de uma pequena quantidade de dinheiro (US$ 25) e reservas (US$ 75, sendo esse último em depósitos no banco central local), bem como empréstimos potencialmente menos líquidos a empresas e famílias (US$ 1.950) e outros valores mobiliários (como obrigações do governo ou de sociedades, totalizando US$ 1.950). O dinheiro nos cofres do banco obviamente pode ser usado a qualquer hora para atender os saques dos depositantes, como seus depósitos do banco central, mas os empréstimos (por exemplo, empréstimos hipotecários) não podem ser requisitados à vontade, e assim costumam ser altamente ilíquidos. Títulos e valores mobiliários, em contraste, podem ser vendidos, mas se as condições de mercado são desfavoráveis, o banco pode ter que vender com perda, se for forçado a fazê-lo em cima da hora. Em um pânico financeiro, por exemplo, outros bancos podem simultaneamente estar tentando livrar-se de títulos semelhantes, e os preços de mercado baixam.

O banco tem lucros ao aceitar o risco de que seus ativos podem perder valor, enquanto ao mesmo tempo promete aos depositantes e outros credores de curto prazo que eles podem obter seu dinheiro de volta sempre que quiserem. A provisão de liquidez do banco aos seus credores é refletida sobre o passivo do seu balanço. Depósitos a prazo e dívidas de longo prazo (US$ 1.400) dos bancos são fontes de financiamento que *não* conseguem fugir segundo a vontade dos credores, e o banco paga, por conseguinte, uma maior taxa de juros sobre essas responsabilidades do que em suas duas fontes de financiamento de curto prazo (varejo), depósitos à vista (US$ 1.000) e passivos de curto prazo no atacado (US$ 1.400). Esse último pode assumir várias formas, abrangendo empréstimos *overnight* de outros bancos (incluindo o banco central) ou *acordo de recompra* colateralizado (conhecido como "repo"), no qual o banco compromete um ativo para o fornecedor de empréstimos, prometendo comprar o ativo de volta mais tarde (muitas vezes no dia seguinte) a um preço ligeiramente superior. Entretanto, se todos os credores por atacado se recusarem renovar seus empréstimos de curto prazo com o banco, ele terá que negociar para conseguir dinheiro, tentando vender ativos, como no caso de uma corrida bancária em um banco de varejo depositante. Em geral, os balanços dos bancos são caracterizados por *incompatibilidade de vencimento* — eles têm de pagar mais passivos em curto prazo do que detêm de tais ativos — e isso é o que os torna vulneráveis às corridas.

Capital do banco (aqui, US$ 200) é a diferença entre ativos e passivos, e é o montante que o banco pode perder em seus ativos antes de se tornar *insolvente*, ou seja, incapaz de pagar suas dívidas com a venda de seus ativos. Sem a reserva de capital do banco, ele não teria margem para erro, e os credores nunca acreditariam em sua capacidade de reembolsá-los sempre. Nesse caso, o banco não poderia exercer a atividade de explorar a diferença de juros ou "trânsito" entre seu passivo líquido e seus ativos menos líquidos. Como um banco depende da confiança de seus credores, até a suspeita de que poderia ser insolvente pode originar demanda por reembolso imediato pelos credores, forçando-o a liquidar ativos com perda e tornando-o insolvente de fato. Esse cenário é mais provável no caso de uma crise financeira sistêmica, em que os preços dos ativos transacionáveis, que normalmente o banco venderia com facilidade, estão deprimidos em decorrência da crise de vendas por numerosas instituições financeiras.[2]

Quanto menor o capital do banco, maior a chance de ele tornar-se insolvente por perdas nos valores de ativos

---

[2] Os bancos centrais também têm posições de capital, embora não tenhamos enfatizado este fato no Capítulo 18. Os ativos do banco central normalmente excedem os passivos, e os lucros resultantes são usados para cobrir as despesas do banco — por exemplo, salários do pessoal e os custos de operação da planta física do banco central. Quaisquer lucros superiores a essas despesas são normalmente entregues ao tesouro nacional. Em geral, as ações do capital do banco central não são negociadas publicamente (elas são propriedade do governo), embora historicamente esse não tenha sido sempre o caso. (Para pegar um caso notável, o Banco da Inglaterra era privado desde sua fundação, em 1694, até 1946.) Se um banco central tem perdas grandes o suficiente — com intervenção de câmbio estrangeiro, por exemplo — isso pode reduzir seu capital o bastante para que ele seja obrigado a solicitar o financiamento do governo. Os bancos centrais preferem não estar nessa posição, porque o governo pode impor condições que reduzem a independência do banco central.

se elas forem causadas por eventos externos na economia ou uma corrida pelos seus credores. Em consequência, pode surpreendê-lo que grandes bancos globalmente ativos tenderam a operar no passado com margens bastante pequenas de capital. No nosso exemplo, que não é realista, a proporção de capital para ativos totais do banco é apenas US$ 200 > US$ 4.000 = 5%, sugerindo que o banco poderia tolerar no máximo uma perda de 5% dos ativos antes de falir. Muitos bancos globais grandes têm operado com níveis ainda mais baixos de capital! Embora costumem evitar grandes posições em ativos altamente arriscados, como quotas de ações, e também evitem posições não cobertas ou "abertas" em moeda estrangeira, numerosos bancos em todo o mundo ainda tiveram problemas durante a crise financeira global de 2007-2009. Por causa dessa experiência, formuladores de políticas internacionais estão tentando garantir que os bancos em todo o mundo mantenham níveis mais elevados de capital, como explicaremos mais à frente neste capítulo.

As falências bancárias obviamente infligem sérios danos financeiros a depositantes individuais que perdem seu dinheiro. Mas além desses prejuízos, a falência bancária pode prejudicar a estabilidade macroeconômica da economia. Problemas de um banco podem facilmente se espalhar aos bancos mais sólidos se eles forem suspeitos de ter emprestado ao banco que está com problemas. Tal perda geral de confiança nos bancos prejudica o sistema de crédito e pagamentos no qual a economia se insere. Uma onda de falências bancárias pode trazer uma drástica redução na capacidade do sistema bancário para financiar investimentos, despesas de bens duráveis e compras domésticas, reduzindo assim a demanda agregada e lançando a economia em uma recessão. Há fortes evidências de que a sequência de fechamentos de bancos dos Estados Unidos na década de 1930 ajudou a iniciar e piorar a Grande Depressão, e o pânico financeiro decerto agravou a grave recessão mundial que começou em 2007.[3]

Salvaguardas de governo contra a instabilidade financeira

Como as consequências potenciais de um colapso bancário são tão prejudiciais, os governos tentam evitar falências bancárias mediante extensa regulamentação de seus sistemas bancários nacionais. Os próprios bancos bem geridos tomam precauções contra a falência, mesmo na ausência de regulamentação, mas os custos da falência vão muito além dos proprietários do banco. Assim, alguns bancos, tendo em conta seus próprios interesses, mas ignorando os custos da falência para a sociedade, podem ser levados a assumir um nível de risco maior do que o que é socialmente ideal. Além disso, mesmo os bancos com estratégias de investimento cautelosas podem ir à falência se começarem a circular rumores de problemas financeiros. Muitas das medidas cautelares de regulamentação de bancos tomadas pelos governos hoje são um resultado direto das experiências dos seus países durante a Grande Depressão.

Na maioria dos países, uma extensa "rede de segurança" foi criada para reduzir o risco de falência bancária. As principais garantias são:

1. *Seguro de depósito.* Um legado da Grande Depressão dos anos 1930 é um seguro de depósito. Nos Estados Unidos, o Federal Deposit Insurance Corporation (FDIC) segura os depositantes do banco contra perdas de até o limite atual de US$ 250.000. Os bancos são obrigados a fazer contribuições para o FDIC para cobrir o custo desse seguro. O seguro FDIC desencoraja corridas aos bancos por pequenos depositantes que sabem que suas perdas serão reembolsadas pelo governo: eles não têm mais incentivo para retirar seu dinheiro só porque os outros estão fazendo isso. Desde 1989, o FDIC também forneceu seguro para depósitos com associações de poupança e empréstimo (S&L).[4] A ausência de seguro de governo é uma razão que os legisladores às vezes dão para a regulamentação comparativamente leve de operações *offshore* dos bancos, bem como para o sistema bancário sombra.

2. *Requisitos de reserva.* Os requisitos de reserva são uma ferramenta possível da política monetária, influenciando a relação entre a base monetária e os agregados monetários. Ao mesmo tempo, os requisitos de reserva forçam o banco a manter uma parte de seus ativos em uma forma líquida que seja facilmente mobilizada para ir ao encontro de fluxos repentinos de saída de depósitos. Nos Estados Unidos, os bancos tendem a manter reservas em excesso além das necessárias, então os requisitos de reserva não são importantes. Em nosso exemplo anterior do balanço,

---

[3] Para uma avaliação da década de 1930, veja: Ben S. Bernanke. "Nonmonetary Effects of the Financial Crisis in the Propagation of the Great Depression". Capítulo 2. In: *Essays on the Great Depression*. Princeton, NJ: Princeton University Press, 2000. As crises bancárias também podem levar a crises de balanço de pagamentos. As políticas macroeconômicas necessárias para neutralizar o colapso do sistema bancário podem tornar mais difícil manter uma taxa de câmbio fixa (como ilustrado pela crise na área do euro que discutiremos no final deste livro). Um estudo clássico é: Graciela L. Kaminsky e Carmen M. Reinhart. "The Twin Crises: The Causes of Banking and Balanceof-Payments Problems". *American Economic Review*, v. 89, p. 473–500, jun. 1999.

[4] Os titulares de depósitos de mais de US$ 250.000 ainda têm um incentivo para correr se suspeitarem de problemas, é claro, como fazem credores de banco sem seguro (e não colateralizados) que não sejam depositantes, incluindo outros bancos.

as reservas líquidas totais do banco (inclusive dinheiro) são US$ 100, apenas 2,5% de seus ativos totais.
3. *Requisitos de capital e restrições de ativos.* Os reguladores de bancos estrangeiros dos Estados Unidos definem os níveis mínimos de capital exigidos do banco para reduzir a vulnerabilidade do sistema à falência. Outras regras impedem os bancos de reterem os ativos que são "muito arriscados", como as ações ordinárias, cujos preços tendem a ser voláteis. Os bancos devem também lidar com regras contra empréstimos muito grandes, uma fração de seus ativos para um único cliente privado ou para um mutuário único de governo estrangeiro.
4. *Exame do banco.* Supervisores de governo têm o direito de examinar os livros de um banco para garantir a conformidade com os padrões de capital do banco e outros regulamentos. Os bancos podem ser forçados a vender ativos que o examinador considere arriscados ou adaptar seus balanços evitando empréstimos que o examinador ache que não serão reembolsados. Em alguns países, o banco central é o principal supervisor do banco, enquanto em outros, uma autoridade de supervisão financeira separada lida com esse trabalho.
5. *Emprestador de última instância.* Os bancos podem fazer empréstimos de agências de desconto do banco central ou de outras organizações que o banco central pode disponibilizar (em geral depois que eles apresentam ativos de valor comparável ou superior como garantia). Enquanto o empréstimo aos bancos é uma ferramenta de gestão monetária, o banco central também pode usar descontos para prevenir ou isolar pânicos bancários. Uma vez que um banco central tem a capacidade de criar moeda, ele pode emprestar a bancos que enfrentam saídas maciças de depósitos tanto quanto eles precisarem para satisfazer as solicitações de seus depositantes. Quando o banco central age dessa forma, ele está agindo como um **emprestador de última instância** (LLR, *lender of last resort*) ao banco. Com efeito, a Reserva Federal foi criada em 1913 precisamente como uma salvaguarda contra o pânico financeiro. Quando os depositantes sabem que o banco central está a postos como o LLR, eles têm mais confiança na capacidade de um banco privado para suportar um pânico e, portanto, são menos propensos a correr se problemas financeiros surgirem. No entanto, a administração de empresas de LLR é complexa. Se os bancos acharem que o banco central *sempre* vai socorrê-los, eles correrão riscos excessivos. Então o banco central deve subordinar o acesso aos seus serviços LLR a uma boa gestão. Para decidir quando os bancos em apuros não conseguem resolver os problemas por si mesmos por meio de riscos insensatos, o ideal é o LLR envolver-se estreitamente no processo de análise do banco.
6. *Reestruturação e salvamentos organizados pelo governo.* O papel de LLR do banco central destina-se a ajudar bancos sofrendo problemas de liquidez *temporária* por causa de credores nervosos. Espera-se que o banco seja solvente se o banco central puder dar tempo suficiente ao descarte de ativos a preços favoráveis; e, se assim for, o banco central não perderá dinheiro como resultado de sua intervenção. Muitas vezes, no entanto, os credores são agitados por uma boa razão e grandes perdas em ativos são inevitáveis. Nesse caso, as autoridades fiscais nacionais, junto com o dinheiro do contribuinte, entram em cena. O banco central e autoridades fiscais podem organizar a compra de um banco que está falindo por instituições mais saudáveis, às vezes jogando seu dinheiro no negócio como um adoçante. As autoridades fiscais podem também recapitalizar o banco com dinheiro público, assim tornando o governo um proprietário de parte do banco ou de todo ele, até que o banco esteja de pé e as ações públicas possam ser vendidas para compradores privados. Nesses casos, a falência pode ser evitada graças à intervenção do governo como um gestor de crises, mas talvez à custa do dinheiro público. O governo pode, como alternativa, optar por proteger os contribuintes, impondo perdas — às vezes chamadas de *cortes* — nas alegações de detentores de títulos quirografários ou depositantes sem seguro.[5]

Quão bem-sucedidas foram salvaguardas como essas? A Figura 20.2 mostra a frequência das crises bancárias nacionais em curso — crises sistêmicas que afetaram grandes partes dos sistemas bancários dos países — entre 1970 e 2011.[6] As crises dos sistemas bancários nas economias em desenvolvimento mais pobres e mercados emergentes são mostradas em azul, enquanto as crises nas economias industriais, incluindo os Estados Unidos, são mostradas em vermelho. Obviamente, tais crises sistêmicas não são eventos raros! Como discutiremos no Capítulo 22, ao longo de grande parte da história recente os países mais pobres regulamentaram seus bancos de forma

---

5 Detentores de títulos quirografários são os credores que não exigiram a garantia para seus empréstimos. Aqueles que exigem garantias recebem uma menor taxa de juros porque seus empréstimos são menos arriscados.

6 A cronologia da crise é tirada de: Luc Laeven e Fabián Valencia. "Systemic Banking Crises Database". *IMF Economic Review*, v. 61, p. 225–270, jun. 2013.

FIGURA 20.2 Frequência de crises bancárias sistêmicas, 1970–2011

As crises bancárias generalizadas foram abundantes em todo o mundo desde meados da década de 1970, mas nos últimos anos elas têm se concentrado nos países mais ricos.

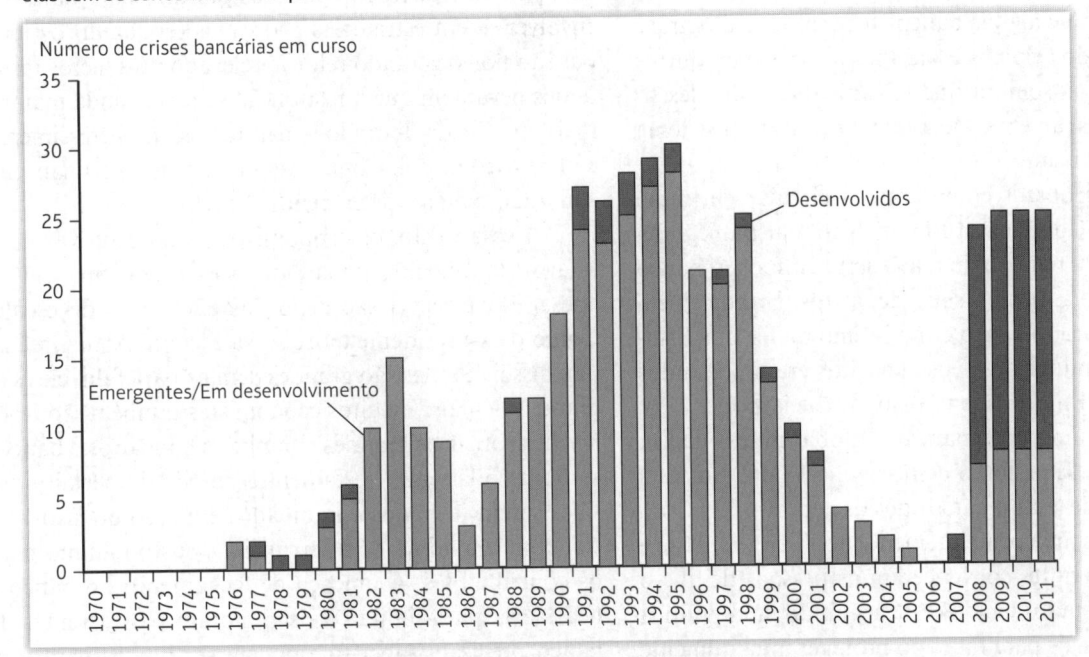

Fonte: Laeven e Valencia, op. cit.

muito menos eficaz do que os países mais ricos, o que implica uma maior frequência de instabilidade financeira no mundo em desenvolvimento. No entanto, isso mudou em 2007–2009 conforme os bancos de muitas das economias mais prósperas exigiram apoio extensivo do governo para sobreviver. A crise de 2007–2009, portanto, revelou graves lacunas da rede de segurança bancária, as quais vamos analisar a seguir.

A rede de segurança do banco comercial dos Estados Unidos funcionou razoavelmente bem até o final dos anos 1980, mas como resultado da desregulamentação, a recessão de 1990-1991 e uma queda acentuada nos valores da propriedade comercial, os fechamentos de bancos aumentaram drasticamente e o fundo de seguro FDIC foi esgotado. Como os Estados Unidos, outros países que desregulamentaram o sistema bancário doméstico na década de 1980 — incluindo o Japão, os países escandinavos, o Reino Unido e a Suíça — enfrentaram problemas graves uma década mais tarde. Muitos revisaram seus sistemas de garantias bancárias, como resultado, mas, como veremos, essas garantias nem de perto foram suficientes para prevenir a enorme crise financeira de 2007-2009.

Risco moral e o problema do "grande demais para falir"

As garantias bancárias listadas anteriormente recaem em duas categorias: instalações de apoio financeiro de emergência para os bancos ou seus clientes e freios em risco insensato corrido pelos bancos.

É importante perceber que esses dois tipos de salvaguarda são complementares e não substitutos. Uma expectativa de apoio LLR ou um pacote de resgate organizado pelo governo em caso de problemas pode fazer com que os bancos concedam empréstimos excessivamente arriscados e para provisão inadequada de perdas de investimento. O seguro de depósito tranquiliza os depositantes de que eles não precisam monitorar as decisões da administração do banco; e sem a ameaça de um banco para discipliná-los, os gerentes prosseguirão com as estratégias mais arriscadas na margem, inclusive mantendo uma proteção de capital inadequada e mantendo dinheiro insuficiente.

A possibilidade de que você tome menos cuidado para evitar um acidente, se estiver seguro contra ele, é chamada de **risco moral**. A supervisão bancária doméstica e as restrições de balanço são necessárias para limitar o risco moral, resultante do seguro de depósito e acesso ao emprestador de última instância, que, de outra forma, levaria os bancos a fazer empréstimos excessivamente arriscados e provisão inadequada para suas possíveis insolvências.

O limite FDIC de US$ 250.000 no tamanho dos depósitos segurados destina-se ao limite de risco moral por incentivar grandes depositantes e outros credores do banco incluindo credores interbancários, a monitorar as ações dos gerentes de banco. Em princípio, esses grandes depositantes poderiam levar seus negócios para outro lugar se seu banco parecesse correr riscos imprudentes. O problema é que alguns bancos tornaram-se tão grandes nos mercados globais e tão interligados com outros bancos e bancos sombra que seu fracasso pode desencadear uma reação em cadeia que lança todo o sistema financeiro em crise.

Quando os boatos começaram a circular em maio de 1984 que a Continental Illinois National Bank tinha feito um grande número de maus empréstimos, o banco começou logo a perder seus depósitos grandes, sem seguro. Na época, o banco era o sétimo maior nos Estados Unidos e muitos dos seus depósitos eram possuídos por bancos estrangeiros, então sua falência poderia ter desencadeado uma crise bancária global muito maior. Como parte de seu esforço de resgate, o FDIC estendeu sua cobertura de seguro para todos os depósitos do Continental Illinois, independentemente do tamanho. Esse e episódios posteriores convenceram as pessoas de que o governo dos Estados Unidos está seguindo uma política de "grande demais para falir" ao proteger integralmente todos os credores dos maiores bancos.

Quando uma instituição financeira é *sistemicamente importante* — isto é, "grande demais para falir" ou "muito interligada para falir" — seus administradores e os credores esperam que o governo não tenha nenhuma escolha além de apoiá-la no caso de ela se meter em encrenca. O risco moral resultante desencadeia um círculo vicioso: como a instituição é percebida como sob o guarda-chuva de apoio do governo, pode emprestar mais barato e envolver-se em estratégias arriscadas (enquanto os tempos são bons) gerando retornos elevados. Os lucros resultantes permitem que a instituição se torne ainda maior e mais interligada, levando a mais lucros, mais crescimento e mais risco moral. Como resultado, o sistema financeiro como um todo se torna menos estável.

Por essa razão, os economistas estão cada vez mais a favor de freios do tamanho das empresas financeiras, apesar do possível sacrifício das eficiências de escala. Como o ex-presidente da Reserva Federal Alan Greenspan disse: "Se eles são grandes demais para falir, eles são grandes demais." Muitos economistas também são favoráveis a forçar os grandes complexos bancários e bancos sombra a elaborar "testamentos em vida", permitindo-lhes serem fechados e liquidados em caso de insolvência, com o mínimo de interrupção e custo mínimo para os contribuintes. A ameaça de fechamento do banco é necessária para limitar o risco moral — os gerentes de banco precisam saber que podem ser postos para fora do negócio se eles se comportarem mal — mas conceber procedimentos concretos não é fácil, especialmente no contexto internacional.

Como veremos, o problema de risco moral é central para a compreensão tanto da crise financeira global de

---

A ÁLGEBRA SIMPLES DO RISCO MORAL

O risco moral, que resulta de uma combinação de garantias governamentais percebidas e fraca regulamentação da instituição garantida, tem ajudado a estimular o investimento excessivamente especulativo em muitas economias. Para ver como funciona, imagine que há um investimento potencial — digamos, uma grande propriedade imobiliária — que vai custar US$ 70 milhões futuros. Se tudo correr bem, o projeto produzirá um retorno de US$ 100 milhões. Mas há apenas uma chance de um terço disso e uma chance de dois terços que o investimento traga apenas US$ 25 milhões. O retorno esperado, então, é apenas (1/3 × US$ 100 milhões) + (2/3 × US$ 25 milhões) = US$ 50 milhões, que é muito abaixo do custo futuro de US$ 70 milhões. Normalmente, esse investimento nunca seria feito.

Contudo, garantias de resgate do governo mudam o resultado. Suponha que um desenvolvedor imobiliário seja capaz de *emprestar* ao todo US$ 70 milhões, porque ele pode convencer os credores de que o governo vai protegê-los se o projeto falhar e ele não puder pagar. Então, do ponto de vista dele, ele tem uma chance de um terço de US$ 30 milhões (= US$ 100 milhões − US$ 70 milhões). Caso contrário, ele simplesmente abandonaria o projeto. Se der cara ele ganha, de ser coroa os contribuintes perdem.

O exemplo anterior pode parecer extremo, mas esse tipo de lógica levou a desastres financeiros em muitos países. A crise financeira de 2007-2009 é o exemplo mais recente — e o mais caro até agora —, mas tem muitos precedentes. Na década de 1980, a indústria de poupança e empréstimo dos Estados Unidos foi agraciada, o que resultou em privilégio sem responsabilidade: o governo garantia depósitos, sem regulamentação rigorosa de riscos. A conta resultante aos contribuintes dos Estados Unidos foi de US$ 150 bilhões. A inépcia semelhante do setor financeiro levou a perdas muito maiores dos bancos na década de 1990 em países industriais tão diferentes quanto a Suécia e o Japão.

2007–2009 quanto das medidas propostas para evitar futuras crises. No entanto, outro elemento importante naquela crise e sua transmissão internacional foi a natureza globalizada do sistema bancário.

O desafio da regulação bancária internacional

Nesta seção, vamos aprender como a internacionalização do sistema bancário (e de instituições financeiras em geral) enfraquece as salvaguardas puramente nacionais contra o colapso do sistema bancário. Entretanto, ao mesmo tempo, a interdependência financeira global tornou mais urgente a necessidade de salvaguardas eficazes. O resultado é um segundo *trilema* para legisladores internacionais.[7]

O trilema financeiro

O sistema bancário *offshore* envolve um enorme volume de depósitos interfinanceiros — aproximadamente 80% de todos os depósitos de eurodivisa, por exemplo, são de propriedade de bancos privados. Um elevado nível de depósito interbancário implica que os problemas que afetam um único banco podem ser altamente contagiosos e se espalharem com rapidez aos bancos com que ele faça negócios. Com esse efeito dominó, uma perturbação localizada pode desencadear um pânico bancário em uma escala global, como a crise de 2007-2009 que descreveremos a seguir.

Apesar dessas apostas muito altas, as regulações bancárias do tipo usado nos Estados Unidos e em outros países tornam-se ainda menos eficazes em um ambiente internacional, em que os bancos podem deslocar seus negócios entre diferentes jurisdições regulamentares. Uma boa maneira de ver por que um sistema bancário internacional é mais difícil de regular do que um sistema nacional é olhar como a eficácia das salvaguardas dos Estados Unidos, que descrevemos anteriormente (Seção "Salvaguardas de governo contra a instabilidade financeira"), é reduzida em consequência das atividades bancárias *offshore*.

1. O seguro de depósito é essencialmente ausente no sistema bancário internacional. Os sistemas de seguro de depósito nacionais podem proteger os depositantes nacionais e também estrangeiros, mas o montante de seguro disponível é sempre pequeno demais para cobrir o tamanho dos depósitos habituais no sistema bancário internacional. Em particular, estão desprotegidos os depósitos interfinanceiros e outras fontes de financiamento de atacado.

2. A ausência de requisitos de reserva no exterior foi, historicamente, um fator importante no crescimento do comércio de eurodivisa. Enquanto Eurobanks derivavam uma vantagem competitiva por escaparem da reserva fiscal necessária, havia um custo social em termos de estabilidade reduzida do sistema bancário. Nenhum país pode resolver o problema sozinho, impondo requisitos de reserva nas sucursais no exterior de seus próprios bancos. No entanto, uma ação internacional conjunta foi bloqueada pela dificuldade política e técnica de chegar a um acordo sobre um conjunto de normas internacionalmente uniformes de regulamentos e pela relutância de alguns países em afastar os negócios bancários ao aumentar o rigor das regulamentações. Hoje em dia, as reservas são menos importantes em muitos países. Em parte porque os governos simplesmente perceberam a futilidade das exigências em um mundo de um sistema bancário globalizado.

3. e 4. O exame do banco para impor requisitos de capital e restrições de ativos torna-se mais difícil em um ambiente internacional. Reguladores nacionais dos bancos geralmente monitoram os balanços dos bancos domésticos e de suas sucursais estrangeiras em uma base consolidada. Mas eles são menos rigorosos em manter o controle de subsidiárias estrangeiras dos bancos e filiais, em teoria mais tenuamente atadas ao banco matriz, porém cujas fortunas financeiras podem muito bem afetar a solvência da matriz. Os bancos foram muitas vezes capazes de aproveitar essa lassidão deslocando negócios arriscados, os quais os reguladores domésticos poderiam questionar, para jurisdições regulatórias menos rigorosas. Esse processo é conhecido como **arbitragem regulatória**. Além disso, muitas vezes é incerto qual grupo de reguladores idealmente seria responsável pelo monitoramento dos ativos de um determinado banco. Suponha que a filial de Londres de um banco italiano negocie principalmente em eurodólares. Os ativos da subsidiária deveriam ser preocupação dos reguladores britânicos, italianos ou norte-americanos?

5. Há incerteza sobre qual banco central, se houver, é responsável por prover assistência LLR no sistema bancário internacional. O problema é semelhante ao que surge na alocação de responsabilidade de

---

[7] Como você verá, o trilema financeiro que apresentamos nesta seção é diferente do trilema monetário que introduzimos no Capítulo 19 e mencionamos de novo anteriormente neste capítulo. No entanto, ambos os trilemmas dizem respeito às conexões entre a integração financeira internacional e outros potenciais objetivos de política.

supervisão bancária. Vamos retornar ao exemplo da filial de Londres de um banco italiano. A Receita Federal deve ser responsabilizada por salvar a subsidiária de uma fuga repentina de depósitos em dólar? O Bank of England deve intervir? Ou o Banco Central Europeu deve ter a responsabilidade final? Quando os bancos centrais prestam assistência LLR, aumentam seus suprimentos domésticos de dinheiro, e isso pode comprometer os objetivos macroeconômicos nacionais. Em um cenário internacional, um banco central pode também fornecer recursos para um banco localizado no exterior cujo comportamento não esteja equipado a monitorar. Os bancos centrais, portanto, estão relutantes em ampliar a cobertura das suas responsabilidades LLR.

6. Quando um banco tem ativos e passivos em muitos países, vários governos podem ter que compartilhar a responsabilidade operacional e financeira de um resgate ou recuperação. As incertezas resultantes podem retardar ou mesmo impedir a operação. Os bancos globais grandes, complexos e altamente interconectados sabem quão difícil seria para os governos desligá-los e reorganizá-los em vez de apenas abandoná-los, e isso pode incentivar os riscos excessivos.

As dificuldades anteriores na regulação das instituições financeiras internacionais mostram que um **trilema financeiro** restringe o que os legisladores podem alcançar em uma economia aberta. No máximo dois dos três objetivos da lista a seguir são simultaneamente viáveis:

1. Estabilidade financeira.
2. Controle nacional sobre política de salvaguarda financeira.
3. Liberdade de movimentos de capitais internacionais.

Por exemplo, um país que se fecha financeiramente do mundo exterior pode regular suas margens estritamente sem se preocupar com a arbitragem regulamentar através das fronteiras, promovendo a estabilidade financeira doméstica independentemente do que os reguladores estrangeiros fariam. Por outro lado, se os países delegarem o projeto e a implementação de salvaguardas financeiras a uma entidade reguladora global imune a pressões políticas nacionais, poderiam apreciar maior estabilidade financeira e transparência financeira ao mesmo tempo.[8]

O objetivo utópico de uma autoridade financeira global onisciente é remoto, claro. Na sua ausência, no entanto, os reguladores nacionais durante quatro décadas têm tentado conciliar a crescente integração financeira com a estabilidade financeira, mediante um processo de crescente cooperação internacional. Não é por acaso que esse processo começou precisamente quando o novo sistema de taxas de câmbio flutuantes permitiu aos países mudarem para uma nova vantagem do trilema *monetário* (Capítulo 19) ao liberalizar os movimentos internacionais de capitais.

Cooperação regulamentar internacional em 2007

Na década de 1970, o novo regime de taxas de câmbio flutuantes apresentou uma nova fonte de perturbação: uma mudança inesperada e grande na taxa de câmbio que pode acabar com o capital de um banco exposto.

Em resposta a essa ameaça, os chefes do banco central de 11 países industrializados criaram em 1974 um grupo chamado **Comitê da Basileia**, cujo trabalho é conseguir "uma coordenação melhor da vigilância exercida pelas autoridades nacionais sobre o sistema bancário internacional...". (O grupo tem o seu nome por causa da cidade de Basileia, na Suíça, a sede do local de encontro dos banqueiros centrais, o Bank for International Settlements, ou BIS.) O Comitê da Basileia continua a ser o principal fórum para a cooperação entre reguladores bancários de diferentes países.

Em 1975, o Comitê da Basileia chegou a um acordo, chamado Concordat, que aloca responsabilidade pela supervisão de estabelecimentos bancários multinacional entre países matriz e de acolhimento. Além disso, a Concordat estimula a partilha de informações sobre bancos entre reguladores da matriz e dos países de acolhimento e de "concessão de permissão para as inspecções por ou em nome das autoridades da matriz no território da autoridade acolhedora".[9] Em 1988, o Comitê da Basileia sugeriu um nível minimamente prudente de capital do banco (geralmente falando, 8% dos ativos) e um sistema de medição de capital. Essas orientações, amplamente adotadas em todo o mundo, tornaram-se conhecidas como Basileia I. O Comitê revisou a estrutura da Basileia I em 2004, emitindo um novo conjunto de regras para o capital bancário, conhecido como Basileia II.

Uma grande mudança nas relações financeiras internacionais tem sido a importância rapidamente crescente de novos **mercados emergentes** como fontes e destinos para os fluxos de capital privados. Os mercados emergentes são os mercados de capitais dos países indus-

---

8 Para um exame recente do sistema bancário internacional no contexto do trilema financeiro, consulte: Dirk Schoenmaker. *Governance of International Banking*: The Financial Trilemma. Oxford: Oxford University Press, 2013.

9 A Concordat foi resumida nesses termos por W. P. Cooke do banco da Inglaterra, então presidente do Comitê da Basileia, em: "Developments in Co-operation among Banking Supervisory Authorities". Boletim trimestral 21 do *Bank of England*, p. 238–244, jun. 1981.

trializados que liberalizaram seus sistemas financeiros para permitir que pelo menos algum comércio de ativos privados com estrangeiros. Países como Brasil, México, Indonésia e Tailândia foram todos importantes destinatários dos fluxos de capital privado do mundo industrial após 1990.

Contudo, as instituições financeiras de mercado emergente provaram ser fracas no passado. Essa vulnerabilidade contribuiu para a grave crise dos mercados emergentes de 1997-1999 (Capítulo 22). Entre outros problemas, os países em desenvolvimento tendiam à falta de experiência na regulação bancária, tinham normas prudenciais e padrões de contabilidade mais frouxos do que os países desenvolvidos e estavam propensos a risco moral ao oferecer aos bancos domésticos garantias implícitas de que eles seriam protegidos se entrassem em apuros.

Assim, a necessidade de estender internacionalmente as normas reguladoras de "melhores práticas" aceitas para o mercado de países emergentes tornou-se uma prioridade para o Comitê da Basileia. Em setembro de 1997, a Comissão emitiu seus princípios fundamentais de supervisão bancária eficaz (*Core Principles for Effective Banking Supervision*), atuando em cooperação com representantes de muitos países em desenvolvimento (e os revisou em 2006). Esse documento reuniu 25 princípios a fim de descrever os requisitos mínimos necessários para a supervisão bancária eficaz, abrangendo licenciamento dos bancos, métodos de supervisão, relatórios de requisitos para bancos e sistemas bancários transnacionais. O Comitê da Basileia e o FMI estavam monitorando a implementação internacional da versão revista dos *Core Principles* e Basileia II, quando a crise financeira global eclodiu em agosto de 2007. A crise revelou deficiências no Basileia II que levaram o Comitê da Basileia a concordar sobre uma nova estrutura, a Basileia III, que descreveremos mais adiante. As atividades internacionais das instituições financeiras não bancárias são outro ponto de problemas potenciais. O fracasso de um grande ator no sistema bancário sombra, como o fracasso de um banco, poderia interromper gravemente os pagamentos nacionais e as redes de crédito. Aumentando a **securitização** (em que os ativos dos bancos são reempacotados em formas prontamente negociáveis e vendidos) e o comércio de opções e outros valores mobiliários derivados tornaram mais difícil para os reguladores obterem uma imagem fiel dos fluxos financeiros globais, examinando apenas os balanços dos bancos. De fato, como veremos, a securitização e os derivativos eram o cerne da crise de 2007-2009, que é o objeto do Estudo de Caso a seguir.

A CRISE FINANCEIRA GLOBAL DE 2007-2009

A crise financeira e econômica global de 2007-2009 foi a pior desde a Grande Depressão. Bancos em todo o mundo faliram ou necessitaram de apoio extensivo do governo para sobreviver; o sistema financeiro global congelou; e toda a economia mundial foi lançada para a recessão. Ao contrário de algumas recessões, essa se originou em um choque para os mercados financeiros, e o choque foi transmitido de país para país pelos mercados financeiros, à velocidade da luz.

A crise teve uma fonte aparentemente improvável: o mercado de hipotecas dos Estados Unidos.[10] Ao longo de meados da década de 2000, com taxas de juros dos Estados Unidos muito baixas e os preços domésticos dos Estados Unidos borbulhando para cima (Lembre-se do Capítulo 19), credores hipotecários haviam estendido empréstimos para os mutuários com crédito instável. Em muitos casos, os mutuários planejavam manter as casas apenas por breves períodos e vendê-las mais tarde para ter lucro. Muitas pessoas fizeram empréstimos com taxas baixas de juros temporárias, chamadas "*teaser*", quando na verdade faltavam-lhes os meios financeiros para cumprir os pagamentos da hipoteca caso as taxas de juros subissem. E então as taxas de juros começaram a subir conforme a Reserva Federal gradualmente apertava a política monetária para afastar a inflação. Os preços da habitação dos Estados Unidos começaram a declinar em 2006.

O montante total de empréstimos de hipoteca instáveis norte-americanas, "*subprime*", não era muito grande comparado à riqueza financeira total dos Estados Unidos. No entanto, os empréstimos *subprime* foram securitizados rapidamente e vendidos por credores originais, muitas vezes junto com outros ativos. Esse fator tornou muito difícil saber exatamente quais investidores estavam expostos ao risco cujos empréstimos hipotecários *subprime* não iriam ser reembolsados. Além disso, os bancos em todo o mundo, mas especialmente nos Estados Unidos e Europa, eram ávidos compradores de ativos securitizados relacionados

---

[10] Para relatos úteis da crise, consulte: Markus Brunnermeier. "Deciphering the Liquidity and Credit Crunch of 2007–2008". *Journal of Economic Perspectives*, v. 23, p. 77–100, inverno 2009; Gary B. Gorton. *Slapped in the Face by the Invisible Hand: The Panic of 2007*. New York: Oxford University Press, 2010; Capítulo 9 de Frederic S. Mishkin. *The Economics of Money, Banking, and Financial Markets*, 10. ed. Upper Saddle River, NJ: Prentice Hall, 2013; e o livro de Blinder nas Leituras Adicionais.

aos *subprime*, em alguns casos com a criação — fora do alcance dos reguladores — de veículos extrabalanço e opacos para tal finalidade. Uma grande motivação foi a arbitragem regulatória. Os bancos estavam ansiosos para explorar brechas nas regras prudenciais, incluindo as diretrizes Basileia II, a fim de minimizar a quantidade de capital que eram obrigados a usar contra ativos e, assim, maximizar a quantidade que eles poderiam emprestar para comprar os produtos de crédito securitizados. O financiamento para as compras de ativos securitizados desses bancos vieram dos credores dos Estados Unidos, incluindo os fundos mútuos do mercado monetário.[11] Muito da demanda dos bancos europeus foi para os produtos dos Estados Unidos, mas como observamos no Capítulo 19, o *boom* imobiliário da década de 2000 foi um fenômeno global (lembre-se da Figura 19.7), e os bancos europeus também foram bastante expostos a crises nos mercados de habitação de preços altos fora dos Estados Unidos. Os preços imobiliários naqueles mercados em breve seguiriam a queda dos preços dos Estados Unidos. (No próximo capítulo, veremos como os problemas dos bancos da Europa levaram a uma crise na zona do euro.)

Conforme os mutuários *subprime* perdiam cada vez mais seus pagamentos durante 2007, os credores tornavam-se mais conscientes dos riscos que enfrentaram e puxavam os mercados para trás. Ninguém sabia dizer quem foi exposto ao risco do *subprime*, ou quão vulnerável essas pessoas estavam. Os custos dos empréstimos subiram e muitos participantes nos mercados financeiros não tiveram nenhuma escolha além de vender ativos para obter dinheiro. Diversos ativos derivados sendo oferecidos para venda foram tão mal compreendidos pelos mercados que compradores potenciais não poderiam valorizá-los.

Durante a semana de 9 de agosto de 2007, os bancos centrais deram aos mercados o suporte de liquidez mais amplo desde o 11 de setembro de 2001, nos ataques terroristas. Em 9 de agosto, um grande banco francês, BNP Paribas, divulgou que três de seus fundos de investimento enfrentavam problemas potenciais por investimentos relacionados ao *subprime*. Os mercados de crédito entraram em pânico, com taxas de juros interbancárias subindo acima das taxas meta do banco central ao redor do mundo. Os bancos receavam que outros bancos falissem e fossem incapazes de pagar e, temendo a incapacidade de obter financiamento interbancário, todos eles buscavam dinheiro. O Banco Central Europeu interveio como emprestador de última instância para o mercado interbancário europeu, e a Reserva Federal seguiu nos Estados Unidos, anunciando que aceitaria títulos lastreados em hipotecas como garantia para empréstimos aos bancos. Os mercados de ações caíram em todos os lugares. A economia norte-americana entrou em recessão no final de 2007, empurrada pelo desaparecimento do crédito e por um mercado imobiliário em colapso.

Houve ainda mais problemas. Em março de 2008, os credores institucionais recusaram-se a rolar seus créditos de curto prazo ao quinto maior banco de investimento, o Bear Stearns, que tinha extensos investimentos relacionados ao *subprime*. Muito embora o Bear Stearns não fosse um banco, efetivamente sofreu uma corrida pelos seus credores. Em um resgate organizado às pressas, a Reserva Federal comprou US$ 30 bilhões de ativos "tóxicos" do Bear para persuadir o banco J. P. Morgan Chase a comprar o Bear a um preço de liquidação. A Reserva Federal foi criticada por não aniquilar os acionistas do Bear (para dissuadir o risco moral) e pôr dinheiro do contribuinte em risco.

Mas mesmo depois desse resgate, a estabilidade financeira não retornou. A rejeição das hipotecas suspeitas dos Estados Unidos estava aumentando, os preços das casas continuavam caindo e, ainda, bancos e bancos sombra retiveram em seus livros ativos tóxicos que eram difíceis de validar ou vender. Contra esse pano de fundo o governo dos Estados Unidos assumiu o controle de dois gigantes agentes hipotecários inter-

---

[11] Para documentação dos fluxos financeiros em dois sentidos entre a Europa e os Estados Unidos antes da crise, consulte: Ben S. Bernanke et al. "International Capital Flows and the Returns to Safe Assets in the United States, 2003–2007". *Financial Stability Review*, Banque de France, 2011, p.13-26. Viral V. Acharya e Philipp Schnabl ilustram a arbitragem regulatória em: "Do Global Banks Spread Global Imbalances? Asset-Backed Commercial Paper during the Financial Crisis of 2007–09". *IMF Economic Review*, v. 58, p. 37–73, ago. 2010. Muitos títulos securitizados dos Estados Unidos garantidos por hipotecas (MBS) foram reunidos por seus emissores para que fossem pagos totalmente, exceto em circunstâncias em que a falta de pagamento das obrigações da hipoteca fosse extremamente disseminada — essencialmente, um colapso grave do mercado imobiliário afetando a maioria das regiões dos Estados Unidos. Porque as agências de classificação consideravam um evento altamente improvável, eles deram ao MBS sua maior nota. Sob as diretrizes de capital de Basileia, no entanto, os bancos eram obrigados a segurar relativamente menos capital contra tais ativos aparentemente inatingíveis. Então os bancos europeus apostaram em MBS e seguros relacionados por causa de seus retornos (ligeiramente) maiores, e porque eles poderiam, assim, pedir emprestado e emprestar em bases de capital mais leves.

mediários privados, mas patrocinados pelo governo: Fannie Mae e Freddie Mac.

O banco de investimento Lehman Brothers pediu concordata em 15 de setembro de 2008, após esforços frenéticos, mas sem sucesso, do Tesouro dos Estados Unidos e da Reserva Federal para encontrar um comprador. Ainda há controvérsias sobre o estatuto jurídico das autoridades dos Estados Unidos para ter evitado o colapso. Decerto, eles ainda estavam sofrendo com as críticas sobre o Bear e esperando que a queda do Lehman pudesse ser contida. Em vez disso, a situação rapidamente ficou fora de controle. Um dia após o problema com o Lehman, a seguradora gigante American International Group (AIG, com mais US$ 1 trilhão em ativos) sofreu uma corrida. Aparentemente sem a aprovação da alta gestão, os negociadores da empresa tinham emitido mais de US$ 400 bilhões em derivativos chamados *crédito swaps* (CDS), que são seguros contra não reembolso de empréstimos (incluindo empréstimos feitos para Lehman, bem como títulos lastreados em hipotecas). Com o sistema financeiro mundial em estado de colapso, os CDS pareciam cada vez mais propensos a serem sacados, no entanto, faltavam os fundos para a AIG cobri-los. A Reserva Federal entrou imediatamente com um empréstimo de US$ 85 bilhões, e, por fim, o governo dos Estados Unidos emprestou à AIG mais alguns bilhões.

No mesmo mês, os fundos mútuos do mercado norte-americano em dinheiro (alguns com credores na Lehman) sofreram uma corrida, e tiveram seus compromissos garantidos pelo Tesouro dos Estados Unidos. O Washington Mutual Bank (o sexto maior nos Estados Unidos), faliu; o Wachovia (o quarto maior banco), em apuros, e o banco de investimentos Merrill Lynch foram comprados pelo Wells Fargo Bank e Bank of America, respectivamente. Os dois últimos bancos de investimento independentes dos Estados Unidos, Goldman Sachs e Morgan Stanley, tornaram-se companhias bancárias *holding*, sujeitas à supervisão da Reserva Federal, mas com acesso a suas facilidades de empréstimos; os *spreads* de empréstimo interbancário sobre as taxas do Tesouro alcançaram níveis históricos; e os mercados de valores do mundo desmaiaram. O Congresso dos Estados Unidos, depois de muito debate, aprovou uma conta que alocava US$ 700 bilhões para compra de ativos problemáticos dos bancos, na esperança de que isso lhes permitirisse retomar empréstimos normais — mas, no final, os fundos não foram usados para essa finalidade. O tumulto pós-Lehman espalhou-se para a Europa, onde diversas instituições financeiras faliram e os governos da UE emitiram garantias de depósitos cobertores para evitar as corridas bancárias. Além disso, um número de países garantia os empréstimos interbancários. Mas a essa altura, a crise econômica já era global, com efeitos devastadores na produção e emprego em todo o mundo.

O espaço limitado impede uma revisão detalhada das muitas políticas financeiras, fiscais e monetárias não convencionais que os bancos centrais e governos adotaram para acabar com a queda livre aparente da economia global no final de 2008 e a primeira parte de 2009.[12] (O quadro seguinte explora um aspecto da resposta política que é especialmente relevante para a economia monetária internacional.) Contudo, com os mercados de habitação deprimidos nos países industrializados, a recuperação dos balanços financeiros no setor imobiliário estava lenta, assim como a recuperação na demanda agregada.

---

[12] Um relato legível das políticas da Reserva Federal durante a crise é: David Wessel. *In Fed We Trust: Ben Bernanke's War on the Great Panic*. Nova York: Crown Business, 2009. Uma análise mais abrangente das respostas das políticas de governo é o livro de Blinder nas Leituras Adicionais.

INSTABILIDADE CAMBIAL E LINHAS DE *SWAP* DO BANCO CENTRAL

Tradicionalmente, o emprestador de última instância fornece liquidez em sua própria moeda, que pode variar livremente. A crise de 2007–2009 deixou claro, no entanto, que no mundo moderno das finanças globalizadas os bancos podem precisar de liquidez em moeda diferente daquela de seu banco central doméstico. Uma área em que os bancos centrais inovaram durante a crise foi em tornar tal apoio prontamente disponível para bancos centrais estrangeiros. Com efeito, a Reserva Federal, que foi pioneira nessa abordagem, tornou-se um LLR *global* para dólares norte-americanos.

Por que era necessário? A necessidade era de um efeito *spillover* de interrupção nos mercados de crédito dos Estados Unidos, mercados interbancários principalmente. Como já apontamos, nos anos que antecederam a crise, os bancos europeus tinham investido pesadamente em títulos atrelados a hipotecas dos Estados Unidos e outros ativos securitizados semelhantes. Os bancos europeus, no entanto, não queriam assumir o risco monetário de segurar esses créditos denominados em dólares. Sem a capacidade de obter dólares por meio de depósitos de varejo, eles pegaram emprestado dólares no curto prazo em mercados atacadistas (de bancos dos Estados Unidos e fundos do mercado monetário) para financiar suas compras de títulos lastreados em ativos norte-americanos.

Em seguida, a crise bateu e os mercados de crédito interbancário pararam de funcionar. Os bancos europeus não queriam vender seus ativos dos Estados Unidos, agora tóxicos, com perda (mesmo que eles conseguissem), então precisavam pedir emprestado para pagar os seus empréstimos em dólares de curto prazo e manter suas posições *hedged* em dólares. Apesar de os passivos de dólar em papel dos bancos serem equilibrados com ativos de dólar, a incompatibilidade entre os ativos e passivos de liquidez criou uma incompatibilidade monetária, uma vez que os bens já não poderiam ser vendidos rapidamente pelo valor de face. Onde esses bancos conseguiriam empréstimos em dólares rapidamente agora que os mercados de crédito privado em dólar estavam congelados? Alguns, mas não todos, foram capazes de pedir emprestado à Reserva Federal por intermédio de afiliados dos Estados Unidos. Outros bancos europeus não tinham garantias aceitáveis para a Reserva Federal. Para piorar a situação, a Reserva Federal foi fechada durante a manhã de negociação europeia.

O BCE poderia imprimir euros e emprestá-los aos bancos, mas ele não poderia imprimir dólares norte-

FIGURA 20.3 Rede de linhas de *swap* do banco central durante a crise de 2007–2009

As setas claras mostram empréstimos de dólares, setas escuras são empréstimos de outras moedas. A direção da seta mostra a direção do empréstimo, quando conhecida. A espessura da seta é proporcional ao tamanho da linha *swap* ou, quando a linha era ilimitada, a quantidade esprestada.

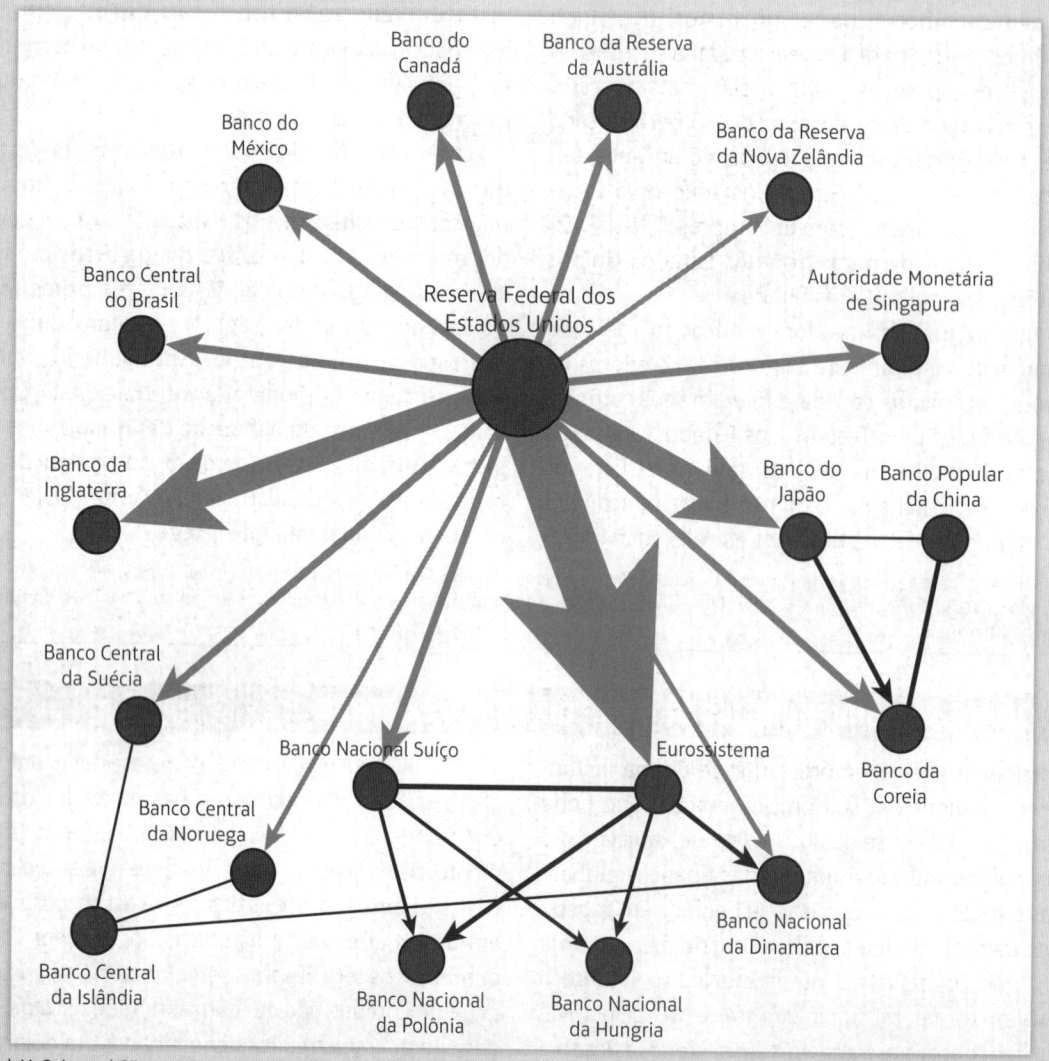

Fonte: Patrick McGuire and Götz von Peter. "The US Dollar Shortage in Global Banking and the International Policy Response". BIS Working Papers n. 291, out. 2009. Disponível em: <http://www.bis.org/publ/work291.pdf>. Acesso em: 3 dez. 2014 © Bank for International Settlements ("BIS").

-americanos. Os bancos europeus, assim, tentaram trocar os euros emprestados por dólares (vendendo-os no mercado à vista de dólares e comprando-os de volta com dólares futuros no mercado a termo). Sob paridade *coberta* de juros (Capítulo 14), essa operação complicada tem o mesmo custo que um empréstimo direto de dólares. Mas a paridade coberta de juros estava caindo, porque os bancos não queriam emprestar dinheiro uns aos outros. Os *swaps* de euros em dólares, portanto, rendiam muito poucos dólares *spot* e também poucos euros a termo. Em particular, a escassez de dólares levou a uma tendência de a moeda fortalecer-se acentuadamente no mercado à vista.

As linhas de *swap* da Reserva Federal, inicialmente estendidas para o BCE e o Banco Nacional Suíço (BNS) em dezembro de 2007, destinavam-se a remediar a escassez e evitar condições anormais nos mercados cambiais. As linhas permitiam que o BCE e BNS tomassem empréstimos de dólares diretamente da Reserva Federal e os emprestassem aos bancos domésticos necessitados.

Mas a escassez de dólares tornou-se muito mais grave após o colapso do Lehman em setembro de 2008. A Reserva Federal estendeu os *swaps* para um conjunto mais amplo de bancos centrais, incluindo quatro em países emergentes (Brasil, México, Coreia e Singapura), e fez as linhas de *swap* ilimitadas para vários bancos centrais de países industriais (incluindo o BCE e o BNS), totalmente terceirizando, assim, sua função LLR. Em última análise, a Reserva Federal emprestou centenas de bilhões de dólares deste modo.[13]

Do mesmo modo, outros bancos centrais além da Reserva Federal estenderam linhas de *swap* em suas moedas, embora normalmente elas fossem de escopo mais limitados do que as da Reserva Federal. A Figura 20.3, da página 484, ilustra a notável rede de linhas de *swap* que emergiu.

A Reserva Federal reduziu suas linhas de *swap* em fevereiro de 2010, mas reativou algumas quando a crise da dívida europeia entrou em erupção pouco depois e os mercados interbancários novamente tornaram-se agitados (Capítulo 21). A experiência recente mostra com clareza a necessidade dos credores globais de última instância em diferentes moedas, mas é duvidoso que os bancos centrais nacionais queiram ou possam desempenhar esse papel de forma permanente. Uma possibilidade é atribuir essa função ao FMI, que viu seus recursos de empréstimos triplicarem conforme os governos do mundo responderam à crise.

---

13 Para uma discussão adicional, veja: Maurice Obstfeld, Jay C. Shambaugh e Alan M. Taylor. "Financial Instability, Reserves, and Central Bank Swap Lines in the Panic of 2008". *American Economic Review*, v. 99, p. 480-486, maio. 2009; Patrick McGuire e Götz von Peter. "The US Dollar Shortage in Global Banking and the International Policy Response". BIS Working Papers n. 291, out. 2009; e Linda S. Goldberg, Craig Kennedy e Jason Miu. "Central Bank Dollar Swap Lines and Overseas Dollar Funding Costs". *Economic Policy Review*, Federal Reserve Bank of New York, maio 2011, p. 3–20.

Iniciativas reguladoras internacionais após a crise financeira global

A gravidade e a amplitude da crise de 2007–2009 conduziram a iniciativas para reformar os sistemas financeiros nacionais e o sistema internacional. Agora descreveremos algumas dessas medidas, que têm buscado preencher lacunas no marco regulatório existente, também prestando mais atenção às causas macroeconômicas e às consequências dos problemas bancários.

Basileia III A crise financeira tornou óbvias as insuficiências do esquema regulamentar Basileia II. Então, em 2010, o Comitê da Basileia propôs um conjunto mais forte de padrões capitais e salvaguardas regulamentares para bancos internacionais, Basileia III. Sobre o capital, o novo esquema Basileia torna mais difícil para os bancos contornarem os requisitos de capital (por exemplo, é preciso ter visão mais ampla dos riscos que os bancos estão correndo, nomeadamente por meio das entidades extrabalanço, e também os bancos devem se proteger contra cenários mais pessimistas do que anteriormente). Mas, como Basileia II, Basileia III ainda atribui pesos de risco para ativos diferentes, com ativos considerados menos arriscados levando a reduzir o capital necessário. Com grande importância, Basileia III propõe também que seja calculada uma Proporção de Cobertura de Liquidez, pela qual os bancos seriam obrigados a segurar dinheiro suficiente ou títulos altamente líquidos para cobrir 30 dias da saída de dinheiro em condições específicas de crise. Uma relação estável de financiamento líquido visa a limitar a dependência dos bancos de financiamento por atacado de curto prazo (em contraste com depósitos de varejo). No final de março de 2013, apenas onze países (não incluindo os Estados Unidos e a UE) tinham implementado totalmente Basileia III. Mas muitos outros estavam em vias de adotar seu regulamento. Em dezembro de 2011, a Reserva Federal dos Estados Unidos anunciou sua intenção de aplicar as regras de Basileia III não só aos bancos, mas também a outras instituições financeiras com ativos superiores a US$ 50 bilhões.[14]

---

14 Você pode explorar o quadro de Basileia III (e sua implementação) por conta própria em: <http://www.bis.org/ bcbs/basel3.htm?ql=1>, no site do BIS.

O Conselho de Estabilidade Financeira Em 1999, os legisladores de vários países industrializados estabeleceram o Fórum de Estabilidade Financeira, alocado (como o Comitê da Basileia) no BIS. O objetivo, no entanto, era promover a coordenação internacional sobre um amplo conjunto de problemas de estabilidade financeira (incluindo regulação bancária, mas indo além) e entre um grupo potencialmente mais amplo de formuladores de políticas macroeconômicas. Em abril de 2009, no auge da crise global, o Fórum de Estabilidade Financeira tornou-se o Financial Stability Board (FSB), com uma adesão mais ampla (incluindo muitas economias de mercados emergentes) e um maior número de funcionários permanentes. O trabalho do FSB é monitorar o sistema financeiro global e fazer recomendações para a coordenação e reforma políticas globais, às vezes em cooperação com outras agências internacionais, como o FMI.

Reformas nacionais Países individuais não se limitaram à implementação das recomendações da Basileia III. Em diversos casos, incluindo a zona do euro, o Reino Unido e os Estados Unidos, os países iniciaram amplas reformas de seus sistemas financeiros domésticos. Em 2010, o Congresso dos Estados Unidos aprovou a Lei Dodd-Frank, que, entre outras coisas, autoriza o governo a regular instituições financeiras não bancárias consideradas "sistemicamente importantes" (como o Lehman ou AIG) e também permite que o governo assuma essas empresas, em grande parte, da mesma forma que o FDIC assume e resolve a falência de bancos.[15]

A perspectiva macroprudencial Uma importante lição da crise financeira global é que não basta os reguladores financeiros garantirem que cada instituição financeira individual seja saudável. Isso por si só não garantirá que o sistema financeiro, *como um todo*, seja saudável e, na verdade, medidas que tornam uma instituição individual mais resistente, dado que o sistema financeiro mais amplo é saudável, poderiam colocar o sistema mais amplo em perigo se implementadas simultaneamente por todas as instituições. A **perspectiva macroprudencial** no regulamento financeiro visa a evitar tais falácias de composição no nível agregado.[16]

Como exemplo, considere os padrões de capitais da Basileia, que aplicam pesos de riscos diferentes a diferentes ativos, para determinar a quantidade que os bancos de capital precisam manter. Se existem dois ativos, A e B, com retornos semelhantes, mas o ativo B tem a menor ponderação de risco Basileia, todos os bancos vão querer manter o ativo B em vez do ativo A. Mas nesse caso, o sistema, *como um todo*, será mais vulnerável a uma queda no preço de ativos B do que se os bancos fossem mais diversificados entre os dois ativos. Isso é exatamente o que aconteceu em 2007, quando os bancos norte-americanos e europeus estavam todos tão fortemente investidos em títulos ligados ao mercado imobiliário dos Estados Unidos e, portanto, todos vulneráveis à crise de habitação norte-americana. Uma grande preocupação com relação às novas regras Basileia é que elas não fazem o suficiente para corrigir esse problema em nível sistêmico.

No entanto, em outros aspectos as propostas da Basileia III reconhecem o problema macroprudencial. Por exemplo, o Comitê de Basileia propôs que os bancos aumentassem suas proporções de capital durante crescimentos de empréstimo, a fim de tornar o sistema mais resistente durante as diminuições, momento em que os requisitos de capital seriam afrouxados. Por que esse plano para "buffer de capital contracíclico" é útil? Se, em vez disso, todos os bancos vendessem simultaneamente ativos para aumentar seus buffers de capital em uma crise financeira — que é o que uma microabordagem prudencial poderia sugerir que eles fizessem — o resultado seria uma "queima total" de ativos que deprimiria os preços de valores mobiliários e, portanto, poria em risco a solvência do sistema como um todo.

Nos Estados Unidos, a Lei Dodd-Frank definiu um Conselho de Supervisão da Estabilidade Financeira (FSOC, na sigla em inglês), que inclui o presidente da Reserva Federal e o Secretário do Tesouro, para monitorar aspectos macroeconômicos de estabilidade financeira, incluindo os riscos do sistema bancário sombra. O FSOC tem o poder de designar instituições financeiras individuais como sistemicamente importantes e sujeitá-las à supervisão reforçada. Ele pode também recomendar a dissolução de instituições que sejam muito grandes ou interligadas de modo a representar uma ameaça para a economia. No entanto, as maiores instituições financeiras estão, se muito, ainda maiores depois da crise financeira, e muitos observadores continuam preocupados que os Estados Unidos e outros países têm feito muito pouco para resolver o problema dos "grandes demais para falir" e reduzir o risco moral nos mercados financeiros. Depois de ver os efeitos da falência do Lehman, os legisladores ainda devem estar muito temerosos com um contágio para permitir que um grande banco internacional vá à falência.

Soberania nacional e os limites da globalização Os reguladores financeiros nacionais muitas vezes enfrentam *lobbies* ferozes de suas instituições financeiras domésticas, que argumentam que as regras mais rigorosas os colocariam em desvantagem em relação a concorren-

---

15 Veja: Mishkin, *op. cit.*

16 A monografia de Brunnermeier et al., em Leituras Adicionais, fornece uma excelente panorâmica.

tes estrangeiros (sendo também ineficazes por causa da competição estrangeira). O processo multilateral da Basileia, como a liberalização do comércio multilateral no âmbito do GATT e da OMC, segue uma regra essencial ao permitir que os governos superem as pressões políticas internas contra a fiscalização adequada e o controle do setor financeiro. O processo aborda parcialmente o trilema financeiro, facilitando uma delegação limitada da soberania nacional sobre a política financeira. No entanto, as restrições do trilema ainda são importantes. Por exemplo, um país que deseja controlar um *boom* imobiliário doméstico pode proibir seus bancos de fazer empréstimos muito grandes para os compradores nacionais, mas ser incapaz de impedir os empréstimos de bancos estrangeiros. Nesse caso, há uma compensação entre a estabilidade financeira e a integração financeira; e os países podem ser tentados a reagir mediante controles de capital ou outras medidas que segregam os mercados financeiros nacionais. A menos que os governos consigam conter com êxito os riscos inerentes aos mercados financeiros, é improvável que a globalização financeira possa continuar a proceder como tem feito nas últimas décadas.

Quão bem os mercados financeiros internacionais têm alocado capital e risco?

A estrutura atual do mercado internacional de capitais envolve riscos de instabilidade financeira que podem ser reduzidos apenas com a estreita cooperação entre banco e supervisores financeiros em muitos países. Mas o mesmo lucro que leva as instituições financeiras multinacionais a inovar seu caminho em torno de regulamentações nacionais também pode fornecer ganhos importantes para os consumidores. Como já vimos, o mercado internacional de capitais permite que os residentes de países diferentes diversifiquem suas carteiras de negociação de ativos de risco. Além disso, garantindo um rápido fluxo internacional de informações sobre oportunidades de investimento em todo o mundo, o mercado pode ajudar a alocar as economias do mundo para seus usos mais produtivos. Quão bem o mercado internacional de capitais tem desempenhado esses aspectos?

O grau de diversificação da carteira internacional

Uma vez que dados precisos sobre as posições de portfólio geral dos residentes de um país são, por vezes, impossíveis de se conseguir, pode ser difícil avaliar o grau de diversificação da carteira internacional por observação direta. No entanto, alguns dados dos Estados Unidos podem ser usados para ter uma ideia das mudanças na diversificação internacional nos últimos anos.

Em 1970, os ativos externos detidos por residentes dos Estados Unidos eram iguais em valor a 6,2% do capital social norte-americano (incluindo habitação residencial). Os créditos estrangeiros sobre os Estados Unidos ascenderam a 4,0% do seu capital social. Até 2008, os ativos de propriedade norte-americana no exterior igualaram 46,6% do capital dos Estados Unidos, enquanto os ativos estrangeiros nos Estados Unidos tinham aumentado para 54,7% no país

As porcentagens recentes são muito maiores do que aquelas de 1970, mas ainda parecem muito pequenas. Com a diversificação da carteira internacional, esperamos que elas reflitam o tamanho da economia dos Estados Unidos em relação ao resto do mundo. Assim, em uma economia mundial totalmente diversificada, algo como 80% do capital social norte-americano poderia ser possuído por estrangeiros, enquanto investimentos dos residentes dos Estados Unidos em estrangeiros seriam iguais a cerca de 80% do valor do capital dos Estados Unidos. Além disso, os números no parágrafo anterior descrevem o total de ativos estrangeiros — ações, investimento estrangeiro direto e títulos semelhantes — não apenas ações e IED, que por si só representam investimentos em capital. (Para os Estados Unidos, menos da metade dos seus ativos estrangeiros são ações e IED, enquanto menos de um terço do seu passivo externo são ações e IED.) O que torna ainda mais intrigante a extensão aparentemente incompleta da diversificação de portfólio de *equity* internacional é a conjetura que a maioria dos economistas faria de que os ganhos potenciais da diversificação são grandes. Um influente estudo do economista financeiro francês Bruno Solnik, por exemplo, estima que um investidor norte-americano que possua apenas ações norte-americanas poderia dividir mais do que pela metade o grau de risco da sua carteira com uma maior diversificação em ações de países europeus.[17] Assim, o *viés doméstico* observado em quem investe em *equity* é difícil de entender.

Os dados mostram, no entanto, que o comércio internacional de ativos aumentou substancialmente em resultado do crescimento do mercado internacional de capitais. Além disso, as participações de ativos internacionais são grandes em termos absolutos. No final de 2012, por exemplo, os investimentos dos Estados Unidos em relação aos estrangeiros eram iguais a cerca de 138% do PIB dos Estados Unidos naquele ano, enquanto os créditos estrangeiros nos Estados Unidos eram cerca de 163% do PIB norte-americano. (Lembre-se da Figura 13.4.)

---

[17] Veja: Solnik. "Why Not Diversify Internationally Rather Than Domestically?". *Financial Analysts Journal*, p. 48–54, jul./ago. 1974.

As bolsas de valores em todo o mundo estabeleceram laços mais estreitos de comunicação, e as empresas estão mostrando uma crescente disponibilidade para vender ações nas bolsas estrangeiras. Entretanto, a extensão aparentemente incompleta da diversificação do patrimônio internacional alcançada até agora não é necessariamente uma indicação forte do mercado de capitais mundial. O mercado decerto tem contribuído para um aumento impressionante no comércio de ativos nas últimas décadas. Além disso, a experiência dos Estados Unidos não é necessariamente típica. A Tabela 20.1 ilustra a tendência por mais de duas décadas para um grupo de países industrializados, mostrando ativos e passivos estrangeiros brutos dos países como porcentagens de seus PIBs. O Reino Unido, que já era o centro financeiro do mundo no início de 1980, foi profundamente envolvido nos mercados financeiros internacionais, na época, e agora está ainda mais. Um país pequeno como a Holanda tende a ter um nível elevado de ativos e passivos estrangeiros, enquanto todos os países da zona do euro (incluindo a Holanda) aumentaram suas posições de investimento estrangeiro bruto desde 1993, como resultado da unificação do mercado europeu de capitais. A mesma tendência é evidente, embora de forma mais suave, na Austrália e nos Estados Unidos. Até mesmo alguns mercados emergentes começaram a se envolver em trocas de recursos significativas.

O significado de bem-estar desses números é pouco claro. Até o ponto em que representam a maior diversificação de riscos econômicos, como em nossa análise no início deste capítulo, apontam para uma economia mundial mais estável. Mas a maioria desses ativos e passivos externos são instrumentos de dívida, incluindo as dívidas bancárias, em alguns casos, conduzidas por arbitragem regulatória. É provável que incluam empréstimos arriscados sistemicamente, como quando um banco no Reino Unido empresta fundos de curto prazo para investir em títulos menos líquidos no exterior. Assim, mesmo que os dados mostrem que o volume de transações de ativos internacionais aumentou enormemente nas últimas décadas, eles também nos lembram que não há nenhuma medida infalível da extensão socialmente ideal do investimento estrangeiro.

A extensão do comércio intertemporal

Uma maneira alternativa de avaliação do desempenho do mercado de capitais mundial foi sugerida pelos economistas Martin Feldstein e Charles Horioka. Esses autores apontam que um mercado internacional de capitais trabalhando com calma permite que as taxas de investimento doméstico dos países divirjam amplamente de suas taxas de poupança. Nesse mundo tão idealizado, a economia busca seus usos mais produtivos em todo o mundo, independentemente da sua localização; ao mesmo tempo, o investimento doméstico não é limitado pela economia nacional, porque um *pool* global de fundos está disponível para financiá-lo.

Para muitos países, no entanto, as diferenças entre a economia nacional e as taxas de investimento doméstico (isto é, saldos de conta-corrente) não foram grandes desde a Segunda Guerra Mundial: países com altas taxas de poupança durante longos períodos também costumam ter taxas de investimentos elevadas, como ilustra a Figura 20.4. Feldstein e Horioka concluíram a partir dessa evidência que a mobilidade do capital transnacional é baixa, no sentido de que a maior parte de qualquer aumento sustentado da economia nacional levará a maior acumulação de capital doméstico. O mercado de capitais mundial, de acordo com essa visão, não faz um bom trabalho de ajudar os países a colherem os ganhos de longo prazo do comércio intertemporal.[18]

TABELA 20.1 Ativos e passivos estrangeiros brutos de países industriais selecionados, 1983–2011 (% do PIB)

		1983	1993	2011
Austrália				
	Ativos	12	34	83
	Passivos	43	87	140
França				
	Ativos	63	80	256
	Passivos	46	89	289
Alemanha				
	Ativos	38	64	230
	Passivos	31	54	205
Itália				
	Ativos	22	43	106
	Passivos	26	55	131
Países Baixos				
	Ativos	93	148	450
	Passivos	72	133	421
Reino Unido				
	Ativos	150	202	694
	Passivos	134	198	711
Estados Unidos				
	Ativos	31	40	146
	Passivos	26	46	173

Fonte: Philip R. Lane e Gian Maria Milesi-Ferretti. "The External Wealth of Nations, Mark II: Revised and Extended Estimates of Foreign Assets and Liabilities, 1970–2004". *Journal of International Economics*, v. 73, p. 223–250, nov. 2007.
Números de 2011 da tabela vêm de dados atualizados, relatados na página de Philip Lane. Disponível em: <http://www.philiplane.org/EWN.html>. Acesso em: 4 dez. 2014.

---

[18] Veja: Martin Feldstein e Charles Horioka. "Domestic Savings and International Capital Flows". *Economic Journal*, v. 90, p. 314–329, jun. 1980.

FIGURA 20.4 Poupança e as taxas de investimento para 24 países, médias de 1990–2011

A economia dos países da OCDE e as proporções de investimento para a produção tendem a ser relacionadas positivamente. A linha reta de regressão do gráfico representa o melhor palpite de um estatístico do nível de proporção de investimento, condicionado pela proporção de poupança, nessa amostra de países.

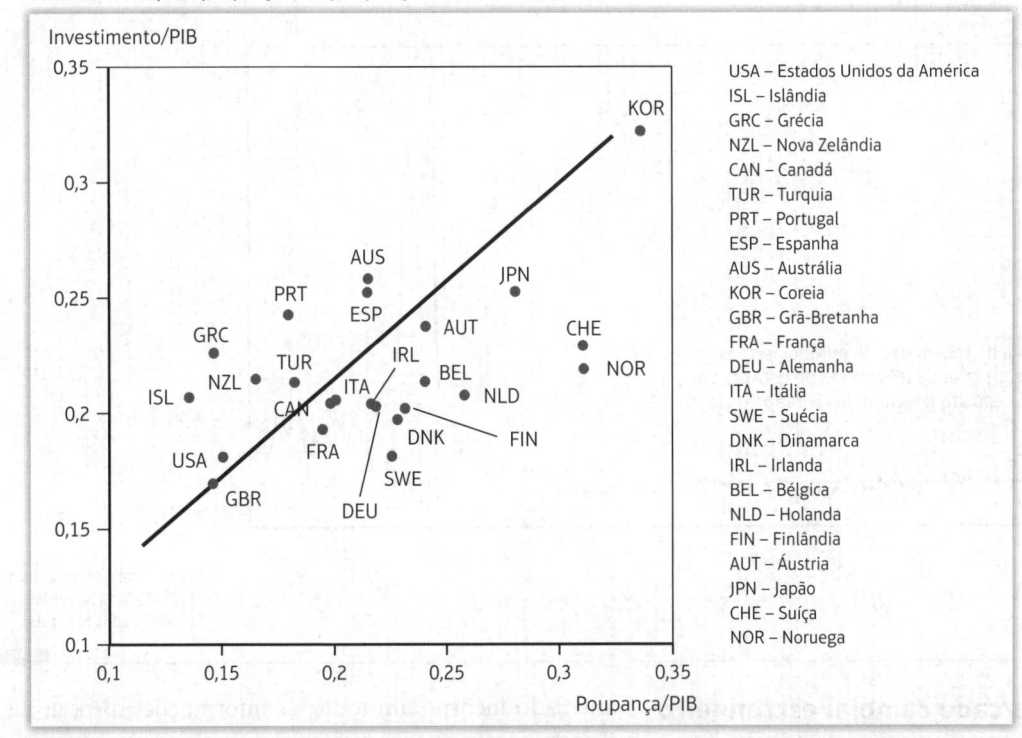

USA – Estados Unidos da América
ISL – Islândia
GRC – Grécia
NZL – Nova Zelândia
CAN – Canadá
TUR – Turquia
PRT – Portugal
ESP – Espanha
AUS – Austrália
KOR – Coreia
GBR – Grã-Bretanha
FRA – França
DEU – Alemanha
ITA – Itália
SWE – Suécia
DNK – Dinamarca
IRL – Irlanda
BEL – Bélgica
NLD – Holanda
FIN – Finlândia
AUT – Áustria
JPN – Japão
CHE – Suíça
NOR – Noruega

Fonte: Banco Mundial, indicadores do desenvolvimento mundial.

O principal problema com o argumento de Feldstein-Horioka é que é impossível avaliar se a medida do comércio intertemporal é deficiente sem saber se existem ganhos de comércio ainda por explorar, e sabendo que isso requer mais conhecimento sobre economias reais do que temos em geral. Por exemplo, a economia e o investimento de um país podem geralmente se mover juntos apenas porque os fatores que geram uma taxa alta de poupança (como o crescimento econômico rápido) também geram uma taxa alta de investimentos. Em tais casos, o ganho do país pelo comércio intertemporal pode simplesmente ser pequeno. Uma explicação alternativa da alta correlação poupança-investimento é que os governos tentaram gerir a política macroeconômica para evitar grandes desequilíbrios de conta-corrente. Em qualquer caso, os eventos parecem estar ultrapassando esse debate específico. Para os países industrializados, a regularidade empírica observada por Feldstein e Horioka parece ter enfraquecido recentemente perante os altos desequilíbrios externos de Estados Unidos, Japão, Suíça e alguns dos países da zona do euro.

Diferenciais de juros *onshore-offshore*

Um barômetro bem diferente do desempenho do mercado internacional de capitais é a relação entre as taxas de juros *onshore* e *offshore* nos ativos semelhantes denominados na mesma moeda. Se o mercado de capitais mundial está fazendo seu trabalho de comunicar informações sobre as oportunidades de investimento global, essas taxas de juros devem mover-se em conjunto e não diferem muito. As grandes diferenças das taxas de juros seriam fortes evidências de ganhos não realizados do comércio.

A Figura 20.5 mostra dados desde o final de 1990, sobre a diferença de taxas de juros entre dois passivos bancários comparáveis, depósitos de dólar de três meses em Londres e certificados de depósito de três meses emitidos nos Estados Unidos. Esses dados são imperfeitos, porque as taxas de juros em comparação não são medidas precisamente ao mesmo tempo. No entanto, não fornecem indicação de quaisquer grandes ganhos inexplorados em tempos normais. O padrão das diferenças de juros *onshore-offshore* é semelhante para outros países industrializados.

O diferencial de Londres-Estados Unidos começa a crescer com a eclosão da turbulência financeira global, em agosto de 2007, e atinge um pico em outubro de 2008, um mês após o colapso do Lehman Brothers. Evidentemente, os investidores perceberam que os depósitos em dólar dos bancos norte-americanos poderiam ser retidos pelo tesouro dos Estados Unidos e a Reserva Federal, mas que os depósitos em dólar em Londres poderiam não receber a mesma proteção.

FIGURA 20.5 Comparando as taxas de juros *onshore* e *offshore* para o dólar

A diferença entre as taxas de juro de Londres e Estados Unidos sobre os depósitos em dólar é em geral muito próxima de zero, mas subiu agudamente no outono de 2008 quando o banco de investimento Lehman Brothers entrou em colapso.

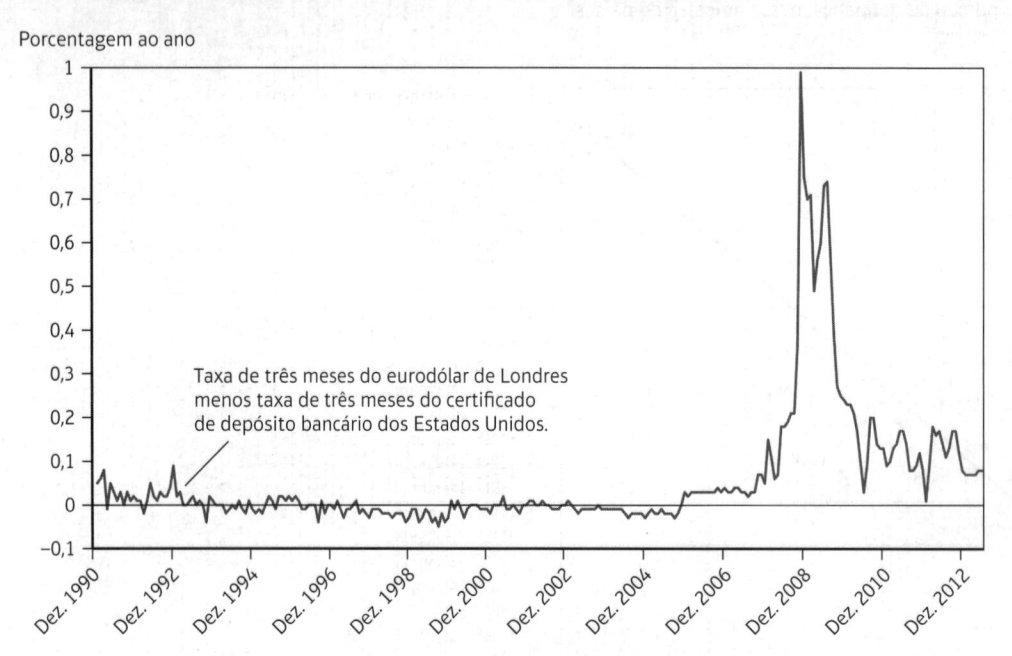

Porcentagem ao ano

Taxa de três meses do eurodólar de Londres menos taxa de três meses do certificado de depósito bancário dos Estados Unidos.

Fonte: Board of Governors of the Federal Reserve System, dados mensais.

A eficiência do mercado cambial estrangeiro

O mercado cambial estrangeiro é um componente central do mercado internacional de capitais, e as taxas de câmbio que ele define ajudam a determinar a rentabilidade das operações internacionais de todos os tipos. As taxas de câmbio, portanto, comunicam importantes sinais econômicos às famílias e empresas envolvidas no comércio e investimento internacionais. Se esses sinais não refletem todas as informações disponíveis sobre as oportunidades de mercado, o resultado será a uma má alocação de recursos. Portanto, estudos de uso das informações disponíveis pelo mercado cambial estrangeiro são potencialmente importantes para julgar se o mercado de capitais internacional está enviando os sinais certos para os mercados. Vamos examinar três tipos de testes: com base na paridade de juros; com base na modelagem dos prêmios de risco; e para volatilidade cambial excessiva.

Estudos com base na paridade de juros A condição de paridade de juros que foi a base da discussão sobre a determinação da taxa de câmbio no Capítulo 14 também tem sido usada para estudar se as taxas de câmbio de mercado incorporam todas as informações disponíveis. Lembre-se que a paridade de juros se mantém quando a diferença de juros entre depósitos denominados em duas moedas diferentes é a previsão do mercado da porcentagem de mudança da taxa de câmbio entre as moedas. Mais formalmente, se R_t é a a taxa de juros na data t em depósitos na moeda doméstica, R_t^* é a taxa de juros sobre os depósitos de moeda estrangeira, E_t é a taxa de câmbio (definida como o preço da moeda doméstica em relação à moeda estrangeira) e E_{t+1}^e é a taxa de câmbio que os participantes do mercado esperam quando os depósitos pagando juros R_t e R_t^* vencerem, a condição de paridade de juros é

$$R_t - R_t^* = (E_{t+1}^e - E_t)/E_t. \qquad (20.1)$$

A Equação (20.1) implica uma maneira simples para testar se o mercado cambial está fazendo um bom trabalho, usando informações atuais para a previsão das taxas de câmbio. Uma vez que a diferença de juros, $R_t - R_t^*$, é a previsão para o mercado, uma comparação entre essa mudança na taxa de câmbio *prevista* e a alteração da taxa de câmbio *real*, que ocorre posteriormente, indica a habilidade de previsão do mercado.[19]

---

[19] A maioria dos estudos de eficiência do mercado de câmbio analisa como o prêmio de taxa de câmbio a termo atua como preditor de alterações subsequentes na taxa de câmbio à vista. Tal procedimento é equivalente ao que estamos seguindo, se a condição de paridade coberta de juros se mantém, para que a diferença de juros $R_t - R_t^*$ seja igual ao prêmio a termo (veja o Apêndice do Capítulo 14). Como observado no Capítulo 14, há fortes evidências de que a paridade de juros coberta se mantém quando as taxas de juros sendo comparadas aplicam-se aos depósitos no mesmo centro financeiro — por exemplo, taxas de eurodivisa de Londres.

Estudos estatísticos da relação entre as diferenças de taxa de juros e taxas de amortização posteriores mostram que a diferença de juros tem sido um preditor muito ruim, no sentido de que não foi capaz de detectar nenhuma das grandes oscilações nas taxas de câmbio. Observamos essa falha na discussão do Capítulo 14 sobre o comércio de transportes. Pior ainda, como observamos ali, a diferença de juros, em média, não conseguiu prever corretamente a *direção* em que a taxa de câmbio à vista mudaria. Se a diferença de taxa de juros fosse um preditor pobre, mas imparcial, poderíamos argumentar que o mercado está definindo a taxa de câmbio de acordo com a paridade de juros e fazendo o melhor trabalho possível em um mundo em rápida mudança, onde a previsão é inerentemente difícil. O achado de viés, no entanto, parece em desacordo com a interpretação dos dados.

A condição de paridade de juros também fornece um teste de uma segunda implicação da hipótese de que o mercado usa todas as informações disponíveis na fixação das taxas de câmbio. Suponha que E_{t+1} seja a taxa de câmbio real futura que as pessoas estão tentando prever; então, o erro de previsão que eles cometem ao prever a depreciação futura, u_{t+1}, pode ser expresso como depreciação real menos depreciação esperada:

$$u_{t+1} = (E_{t+1} - E_t)/E_t - (E^e_{t+1} - E_t)/E_t. \qquad (20.2)$$

Se o mercado está fazendo uso de todas as informações disponíveis, seu erro de previsão, u_{t+1}, deve ser estatisticamente independente dos dados conhecidos para o mercado na data t, quando se formaram as expectativas. Em outras palavras, não deve haver nenhuma oportunidade para o mercado explorar dados conhecidos, para reduzir seus erros de previsão mais tarde.

Nos termos de paridade de juros, essa hipótese pode ser testada escrevendo-se u_{t+1} como depreciação da moeda real menos a diferença de juros internacional:

$$u_{t+1} = (E_{t+1} - E_t)/E_t - (R_t - R^*_t). \qquad (20.3)$$

Métodos estatísticos podem ser usados para examinar se u_{t+1} é previsível, em média, com base nas informações passadas. Diversos investigadores detectaram que o prognóstico de erros, quando definido como acabamos de ver, *pode* ser previsto. Por exemplo, erros de cálculo passados, que são amplamente conhecidos, são úteis em predizer os erros futuros.[20]

O papel dos prêmios de risco Uma explicação dos resultados da pesquisa descrita é que o mercado cambial simplesmente ignora as informações facilmente disponíveis na fixação das taxas de câmbio. Tal constatação jogaria dúvida sobre a capacidade do mercado de capitais internacional para comunicar os sinais de preço apropriado. Contudo, antes de ter chegado a essa conclusão, lembre-se que quando as pessoas são aversas ao risco, a condição de paridade de juros pode *não* ser totalmente responsável por como as taxas de câmbio são determinadas. Se, em vez disso, os títulos denominados em moedas diferentes são substitutos *imperfeitos* para os investidores, a diferença da taxa de juros internacional é igual à depreciação da moeda esperada mais um prêmio de risco, ρ_t:

$$R_t - R^*_t = (E^e_{t+1} - E_t)/E_t + \rho_t \qquad (20.4)$$

(ver Capítulo 18). Nesse caso, a diferença de juros não é necessariamente a previsão do mercado de depreciação futura. Assim, sob substitutibilidade imperfeita de ativo, os resultados empíricos discutidos não podem ser usados para fazer inferências sobre a eficiência do mercado cambial no processamento de informações.

Como as expectativas das pessoas são inerentemente não observáveis, não há nenhuma maneira simples de decidir entre a Equação (20.4) e a condição de paridade de juros, que é o caso especial que ocorre quando o ρ_t é sempre zero. Vários estudos econométricos têm tentado explicar as partidas de paridade de juros com base nas teorias particulares do prêmio de risco, mas nenhuma foi inteiramente bem-sucedida.[21]

O registro empírico misto deixa as duas possibilidades a seguir: ambos os prêmios de risco são importantes na determinação das taxas de câmbio, ou o mercado cambial estrangeiro tem ignorado a oportunidade de lucrar com informações facilmente disponíveis. A segunda alternativa parece pouco provável, tendo em conta os incentivos poderosos dos operadores de câmbio para ter lucros. A primeira alternativa, no entanto, aguarda confirmação estatística sólida. Certamente não

---

[20] Para uma discussão mais profunda, veja: Robert E. Cumby e Maurice Obstfeld. "International Interest Rate and Price Level Linkages under Flexible Exchange Rates: A Review of Recent Evidence". In: John F. O. Bilson e Richard C. Marston (Eds.). *Exchange Rate Theory and Practice*. Chicago: University of Chicago Press, 1984, p. 121–151; e Lars Peter Hansen & Robert J. Hodrick. "Forward Exchange Rates as Optimal Predictors of Future Spot Rates: An Econometric Analysis". *Journal of Political Economy*, v. 88, p. 829–853, out. 1980.

[21] Para pesquisas úteis, veja: Charles Engel. "The Forward Discount Anomaly and the Risk Premium: A Survey of Recent Evidence". *Journal of Empirical Finance*, v. 3, p. 123–192, 1996; Karen Lewis. "Puzzles in International Finance". In: Gene M. Grossman e Kenneth Rogoff (Eds.). *Handbook of International Economics*, v. 3. Amsterdam: North-Holland, 1996; e Hanno Lustig e Adrien Verdelhan. "Exchange Rates in a Stochastic Discount Factor Framework". In: Jessica James, Ian W. Marsh e Lucio Sarno (Eds.). *Handbook of Exchange Rates*. Hoboken, NJ: John Wiley & Sons, 2012, p. 391–420.

é apoiada pelas evidências revistas no Capítulo 18, o que sugere que a intervenção cambial esterilizada não tenha sido uma ferramenta eficaz para a gestão das taxas de câmbio. Teorias mais sofisticadas mostram, no entanto, que a intervenção esterilizada pode ser impotente mesmo sob substitutibilidade imperfeita de ativos. Assim, uma constatação de que a intervenção esterilizada é ineficaz não implica necessariamente que os prêmios de risco estejam ausentes. Outra possibilidade, levantada no Estudo de Caso do Capítulo 14 sobre o *carry trade*, é uma das reversões grandes esperadas, mas pouco frequentes nas tendências de moeda que as técnicas estatísticas padrão estão mal equipadas para detectar.

Testes para a volatilidade excessiva Uma das constatações mais preocupantes é que a previsão de modelos de taxas de câmbio, com base em variáveis "fundamentais" padrão, como reservas de dinheiro, déficits do governo e desempenho da produção não funcionam bem — mesmo quando valores *reais* (em vez de previstos) dos fundamentos futuros são usados para formar previsões de taxa de câmbio! Com efeito, em um famoso estudo, Richard A. Meese, do Barclays Global Investors, e Kenneth Rogoff, da Universidade de Harvard, mostraram que um modelo ingênuo, "*random walk*", que apenas leva a taxa de câmbio de hoje como o melhor palpite de amanhã, tem melhor desempenho. Alguns têm visto esse achado como evidência de que as taxas de câmbio têm uma vida própria, sem relação com os determinantes macroeconômicos que salientamos em nossos modelos. A pesquisa mais recente confirmou, no entanto, que enquanto o passeio aleatório supera modelos mais sofisticados para previsões de até um ano de distância, os modelos parecem servir melhor em horizontes de mais de um ano e têm poder explicativo para movimentos de taxa de câmbio de longo prazo.[22]

Uma linha de pesquisa adicional sobre o mercado cambial examina se a taxas de câmbio foram excessivamente voláteis, talvez porque o mercado de câmbio estrangeiro "exagere a reação" aos eventos. Uma constatação da volatilidade excessiva provaria que o mercado cambial está enviando sinais confusos para os negociantes e investidores que baseiam suas decisões nas taxas de câmbio. Mas quão volátil deve ser uma taxa de câmbio antes que sua volatilidade se torne excessiva? Como vimos no Capítulo 14, as taxas de câmbio *devem* ser voláteis, porque para enviar os sinais de preço correto, elas devem mover-se rapidamente em resposta às notícias econômicas. As taxas de câmbio são em geral menos voláteis do que os preços das ações. No entanto, é ainda possível que as taxas de câmbio sejam substancialmente mais voláteis do que os fatores subjacentes que as modificam — como reservas de dinheiro, produções nacionais e variáveis fiscais. Contudo, tentativas de comparar a volatilidade das taxas de câmbio com aquelas de seus determinantes subjacentes produziram resultados inconclusivos. Um problema básico subjacente aos testes para a excessiva volatilidade é a impossibilidade de quantificar exatamente todas as variáveis que transmitem notícias relevantes sobre o futuro econômico. Por exemplo, como atribuir um número a uma tentativa de assassinato de um político, uma falência de um grande banco ou um ataque terrorista?

A linha de fundo A evidência ambígua sobre o desempenho do mercado cambial exige uma visão aberta. Um julgamento que o mercado está fazendo seu trabalho bem apoiaria uma atitude de liberalidade pelos governos e uma continuação da presente tendência de aumento da integração financeira transfronteiriça no mundo industrial. Um julgamento de falência de mercado, por outro lado, pode implicar a necessidade de maior intervenção cambial pelos bancos centrais e uma inversão da tendência global em direção à liberalização financeira externa. As apostas são altas, e mais pesquisas e experiências são necessárias antes que uma conclusão firme possa ser alcançada.

RESUMO

1. Quando as pessoas são *aversas ao risco*, os países podem ganhar por meio da troca de ativos de risco. Os ganhos do comércio tomam a forma de uma redução no grau de risco de consumo de cada país. A *diversificação da carteira* internacional pode ser realizada pela troca de *instrumentos de dívida* ou de *instrumentos de equidade*.

2. O mercado de capitais internacional é o mercado no qual moradores de diferentes países comercializam ativos. Um de seus componentes importantes é o mercado de câmbio. Os bancos estão no centro do mercado de capitais internacional, e muitos operam *offshore*, ou seja, fora dos países onde se baseiam suas sedes.

---

[22] O estudo original Meese-Rogoff é: "Empirical Exchange Rate Models of the Seventies: Do They Fit Out of Sample?". *Journal of International Economics*, v. 14, p. 3–24, fev. 1983. Para previsões de longo prazo, veja: Menzie D. Chinn & Richard A. Meese. "Banking on Currency Forecasts: How Predictable Is Change in Money?". *Journal of International Economics*, v. 38, p. 161–178, fev. 1995; e Nelson C. Mark. "Exchange Rates and Fundamentals: Evidence on Long-Horizon Predictability". *American Economic Review*, v. 85, p. 201–218, mar. 1995. Um levantamento recente é de Pasquale Della Corte e Ilias Tsiakas. "Statistical and Economic Methods for Evaluating Exchange Rate Predictability". In: Jessica James, Ian W. Marsh e Lucio Sarno (Eds.). *Handbook of Exchange Rates*. Hoboken, NJ: John Wiley & Sons, 2012, p. 221–263.

3. Fatores regulatórios e políticos têm incentivado o *sistema bancário offshore*. Os mesmos fatores encorajaram a negociação de moeda *offshore*, ou seja, comércio em depósitos bancários denominados em moedas de países diferentes daquelas do país onde o banco está localizado. Tal negociação *eurodivisa* recebeu um grande estímulo da ausência de reservas mínimas em depósitos em *Eurobanks*.

4. A criação de um depósito de eurodivisa não ocorre porque aquela moeda deixa seu país de origem; pelo contrário, tudo o que é necessário é que um Eurobank aceite uma responsabilidade de depósitos denominada na moeda. As eurodivisas, portanto, não são uma ameaça ao controle dos bancos centrais sobre suas bases monetárias nacionais, e os temores de que os eurodólares, por exemplo, algum dia venham a "inundar" os Estados Unidos são descabidos.

5. O sistema bancário *offshore* está desprotegido em grande parte pelas salvaguardas que os governos nacionais impuseram para evitar a falência de bancos nacionais. Além disso, a oportunidade que os bancos têm de deslocar as operações *offshore*, assim beneficiando-se de *arbitragem regulatória*, minou a eficácia da supervisão do banco nacional. Esses problemas criam um *trilema financeiro* que os legisladores internacionais tentaram atenuar por meio da colaboração transfronteiriça cada vez mais ambiciosa. Desde 1974, o *Comitê da Basileia* de supervisão bancária tem trabalhado para melhorar a cooperação regulamentar global, incluindo normas internacionais para o *capital dos bancos*. Uma terceira geração de regulamentação prudencial proposta (Basileia III) foi lançada em 2010 e está em processo de execução pelos reguladores nacionais. Ainda há incerteza, no entanto, sobre as obrigações do banco central como um *emprestador internacional de última instância*. Essa incerteza pode refletir uma tentativa por parte de autoridades internacionais para reduzir o *risco moral*. A tendência de securitização tem aumentado a necessidade de cooperação internacional para monitoramento e regulamentação das instituições financeiras não bancárias. Assim também para a ascensão dos *mercados emergentes* e de grandes *sistemas bancários paralelos*. Lacunas da rede de segurança financeira global tornaram-se evidentes durante a crise financeira global de 2007–2009. Uma lição fundamental da crise é que os governos devem adotar uma *perspectiva macroprudencial* na avaliação dos riscos financeiros, em vez de se preocupar apenas com a solidez das instituições individuais.

6. Os prejuízos causados pelas crises financeiras devem ser avaliados contra os ganhos que os mercados de capitais internacionais potencialmente oferecem. O mercado de capitais internacional tem contribuído para o aumento da diversificação da carteira internacional desde 1970, mas o grau de diversificação ainda parece incompleto em comparação com o que a teoria econômica poderia prever. Da mesma forma, alguns observadores afirmam que a medida das trocas intertemporais, medida pelo saldo da conta-corrente dos países, tem sido muito pequena. Tais afirmações são difíceis de avaliar sem informações mais detalhadas sobre o funcionamento da economia mundial do que as que estão disponíveis. Evidências menos ambíguas vêm de comparações de taxa de juros internacionais, e essas evidências apontam para um bom funcionamento do mercado (com exceção de raros períodos de crise financeira internacional). As taxas de retorno em depósitos similares emitidos nos principais centros financeiros são normalmente muito próximas.

7. O registro do mercado cambial estrangeiro em comunicar sinais de preço adequado aos investidores e comerciantes internacionais é misturado. Testes com base na condição de paridade de juros, do Capítulo 14, parecem sugerir que o mercado ignora as informações prontamente disponíveis na fixação de taxas de câmbio; mas como a teoria de paridade de juros ignora a aversão ao risco e os prêmios de risco resultantes, a teoria pode ser uma simplificação da realidade. As tentativas de criar empiricamente um modelo de fatores de risco, no entanto, não foram muito bem-sucedidas. Testes de volatilidade cambial excessiva também produzem um veredito misto sobre o desempenho do mercado cambial. Junto com a história recente das crises financeiras, isso não é uma boa notícia para aqueles que são a favor de uma abordagem liberal pura à globalização financeira.

TERMOS-CHAVE

arbitragem regulatória, p. 479
aversão ao risco, p. 469
capital do banco, p. 474
Comitê da Basileia, p. 480
diversificação de portfólio, p. 469
emprestador de última instância (LLR), p. 476
Eurobank, p. 472
Eurodivisas, p. 472
Eurodólar, p. 472
instrumentos de equidade, p. 470

instrumentos de dívida, p. 470
mercado internacional de capitais, p. 467
mercados emergentes, p. 480
negociação de moeda *offshore*, p. 472
perspectiva macroprudencial, p. 486
risco moral, p. 477
securitização, p. 481
sistema bancário *offshore*, p. 472
sistema bancário paralelo, p. 473
trilema financeiro, p. 480

PROBLEMAS

1. Que carteira é mais bem diversificada, uma que contém o estoque de uma empresa de produtos odontológicos e uma empresa de doces ou a que contém o estoque de uma empresa de produtos odontológicos e uma empresa de produtos lácteos?

2. Imagine um mundo no qual as únicas causas de flutuações nos preços das ações sejam mudanças inesperadas nas políticas monetárias em dois países. Sob qual regime de taxa de câmbio os ganhos do comércio internacional de ativos seriam maiores, taxa fixa ou flutuante?

3. O texto aponta que a paridade coberta de juros mantém-se muito próxima de depósitos de diferentes denominações de moeda emitidas em um único centro financeiro. Por que a paridade coberta de juros pode falhar quando são comparados os depósitos emitidos em *diferentes* centros financeiros?

4. Quando um banco dos Estados Unidos aceita um depósito de uma das suas filiais estrangeiras, esse depósito é sujeito às exigências de reservas da Reserva Federal. Da mesma forma, as exigências de reservas da Reserva Federal são impostas por qualquer empréstimo de uma agência estrangeira de um banco norte-americano para residentes nos Estados Unidos, ou em qualquer compra de ativos pela agência do banco de sua matriz norte-americana. Qual você pensa ser a justificativa para esses regulamentos?

5. O economista suíço Alexander Swoboda argumentou que o crescimento inicial do mercado de eurodólar era alimentado pelo desejo dos bancos fora dos Estados Unidos de se apropriarem de parte das receitas que os Estados Unidos estavam coletando como emissores de moeda de reserva principal. (Esse argumento encontra-se no texto *The Euro-Dollar Market: an Interpretation*, Princeton Essays in International Finance, v. 64, International Finance Section, *departamento de economia, Universidade de Princeton, fev. 1968.*) Você concorda com a interpretação de Swoboda?

6. Após a crise da dívida dos países em desenvolvimento começar em 1982 (ver Capítulo 22), os reguladores de bancos dos Estados Unidos impuseram restrições de supervisão mais rigorosas sobre as políticas de empréstimo dos bancos norte-americanos e suas subsidiárias. Ao longo da década de 1980, diminuiu a parcela de atuação dos bancos dos Estados Unidos na atividade bancária de Londres. Você pode sugerir uma ligação entre os dois acontecimentos?

7. Por que a crescente securitização torna mais difícil para supervisores de banco manter o controle de riscos do sistema financeiro?

8. Retorne ao exemplo no texto dos dois países que produzem quantidades aleatórias de kiwis e podem negociar créditos sobre a fruta. Suponha que os dois países também produzam framboesas, que estragam se forem transportadas entre os países, e são, portanto, não comercializáveis. Como você acha que isso afetaria a relação de comércio internacional de ativos do PNB para Doméstica e Estrangeira?

9. Às vezes é alegado que a igualdade internacional de taxas de juros reais é o barômetro mais preciso da integração financeira internacional. Você concorda? Por que ou por que não?

10. Se você olhar para dados no site do departamento de análise econômica, verá que entre o final de 2003 e o final de 2007, a dívida externa líquida dos Estados Unidos subiu muito menos do que a soma de seus déficits em conta-corrente ao longo desses anos. Ao mesmo tempo, o dólar depreciou. Você vê alguma conexão?
(Dica: os Estados Unidos pedem emprestado na maior parte em dólares mas têm ativos substanciais em moeda estrangeira.)

11. Ao interpretar relações como aquelas na Tabela 20.1, devemos ser cautelosos sobre a conclusão de que a diversificação está crescendo tão rapidamente quanto o aumento relatado nos números. Suponha que um brasileiro compre um fundo de capital internacional dos Estados Unidos, que coloca o dinheiro do seu cliente no mercado de ações do Brasil. O que acontece com ativos e passivos estrangeiros brutos do Brasil e dos Estados Unidos? O que acontece com a diversificação internacional do Brasil e dos Estados Unidos?

12. Os bancos não estão felizes quando os reguladores os forçam a elevar a proporção entre capital e ativos totais: eles argumentam que isso reduz seus lucros potenciais. Contudo, quando um banco *pede emprestado* mais a fim de adquirir ativos mais arriscados, a taxa de juros que ele deve pagar sobre o empréstimo deve ser alta o suficiente para compensar os credores do risco de o banco não conseguir pagar integralmente — e a maior taxa de juros reduz os lucros do banco. À luz dessa observação, é óbvio para você que é mais rentável para o banco financiar a compra de ativos por empréstimo, em vez de emitir quotas adicionais de ações (e desse modo aumentar, em vez de reduzir, a sua proporção de capital para ativos totais)?

13. Como seria sua resposta para a mudança da última pergunta se os credores do banco esperassem que o governo às vezes aparecesse com um resgate que evita perdas nas obrigações de dívida do banco?

14. Se você retornar à Figura 20.5, vai notar que as taxas de juros do eurodólar de Londres tendem a exceder as taxas dos certificados de depósito bancário dos Estados Unidos após a crise financeira global, mas não antes. Por que você acha que isso ocorre? (Certifique-se de voltar a esta questão depois de ler o próximo capítulo!)

LEITURAS ADICIONAIS

ACHARYA, V. V.; KULKARNI, N.; RICHARDSON, M. "Capital, Contingent Capital, and Liquidity Requirements". In: ACHARYA, V. V. et al. (Eds.). *Regulating Wall Street: The Dodd-Frank Act and the Architecture of Global Finance*. Hoboken, NJ: John Wiley& Sons, 2011, p. 143–180. Discussão clara dos objetivos e limitações da Lei Dodd-Frank e Basileia III.

ADMATI, A.; HELLWIG, M. *The Bankers' New Clothes: What's Wrong with Banking and Wha tto Do about It*. Princeton, NJ: Princeton University Press, 2013. Um relato lúcido dos incentivos dos bancos para propagar a fragilidade financeira mediante o financiamento de suas explorações de ativos com a dívida, em vez de capital.

BLINDER, A. S. *After the Music Stopped: The Financial Crisis, the Response, and the Work Ahead*. New York: Penguin Press, 2013. Um relato de um influente economista sobre as origens e das repercussões da crise financeira global de 2007–2009.

BRUNNERMEIER, M. K. et al. *The Fundamental Principles of Financial Regulation*. Genebra e Londres: International Center for Monetary and Banking Studies and Centre for Economic Policy Research, 2009. Revisão abrangente das abordagens regulamentares para a prevenção da crise financeira, com ênfase na perspectiva macroprudencial.

CLAESSENS, S.; HERRING, R. J.; SCHOENMAKER, D. *A Safer World Financial System: Improving the Resolution of Systemic Institutions*. Geneva and London: International Center for Monetary and Banking Studies and Centre for Economic PolicyResearch, 2010. Discute a reorganização das instituições insolventes em uma configuração global.

COEURDACIER, N.; REY, H. "Home Bias in Open Economy Financial Macroeconomics". *Journal of Economic Literature*, v. 51, p. 63–115, mar. 2012. Visão teórica e empírica avançada do viés doméstico em portfólios de ativos internacionais.

EICHENGREEN, B. "International Financial Regulation after the Crisis". *Daedalus*, p. 107–114, outono 2010. Descrição e crítica do atual quadro institucional para a cooperação global na regulação financeira internacional.

FISCHER, S. "On the Need for an International Lender of Last Resort". *Journal of Economic Perspectives*, v. 13, p. 85–104, outono 1999. Centra-se na capacidade de o FMI funcionar como um LLR internacional.

GOODHART, C. A. E. "Myths about the Lender of Last Resort." *International Finance*, v. 2, p. 339–360, nov. 1999. Clara discussão da teoria e prática da função do LLR.

KINDLEBERGER, C. P.; ALIBER, R. *Manias, Panics, and Crashes: A History of Financial Crises*, 5. ed. Hoboken, NJ: John Wiley & Sons, 2005. Uma revisão histórica das crises financeiras internacionais, do século XVII até hoje.

LEVICH, R. M. "Is the Foreign Exchange Market Efficient?". *Oxford Review of Economic Policy*, v. 5, p. 40–60, 1989. Valioso levantamento das pesquisas sobre a eficiência do mercado de câmbio.

LEVY, H.; SARNAT, M. "International Portfolio Diversification". In: HERRING, R. J. (Ed.). *Managing Foreign Exchange Risk*. Cambridge, U.K.: Cambridge University Press, 1983, p. 115–142. Uma boa exposição da lógica da diversificação de ativos internacionais.

MARK, N. C. *International Macroeconomics and Finance*. Oxford: Blackwell Publishers, 2001. O Capítulo 6 discute eficiência do mercado de câmbio externo.

OBSTFELD, M. "The Global Capital Market: Benefactor or Menace?". *Journal of Economic Perspectives*, v. 12, p. 9–30, outono 1998. Visão geral das funções, operações e implicações para a soberania nacional do mercado de capitais internacional.

OBSTFELD, M.; ROGOFF, K. "Global Imbalances and the Financial Crisis: Products of Common Causes". In: GLICK, R.; SPIEGEL, M. (Eds.). *Asia and the Global Financial Crisis*. San Francisco, CA: Federal Reserve Bank of San Francisco, 2010. Uma análise das relações entre fluxos financeiros globais e a crise financeira de 2007-2009.

REINHARTAND, C. M.; ROGOFF, K. S. *This Time Is Different: Eight Centuries of Financial Folly*. Princeton, NJ: Princeton University Press, 2009. Visão histórica com base em dados dos precedentes e dos efeitos das crises financeiras ao redor do mundo.

SCHINASI, G. J. *Safeguarding Financial Stability: Theory and Practice*. Washington, D.C.: International Monetary Fund, 2006. Visão completa das ameaças de estabilidade financeira em um contexto de mercados financeiros globalizados.

CAPÍTULO 21
Áreas de moeda ideal e o euro

Em 1º de janeiro de 1999, onze países membros da União Europeia (UE) adotaram uma moeda única, o euro. Desde então, uniram-se a eles mais sete membros da UE. A experiência arrojada da Europa, na União Econômica e Monetária (UEM), que muitos viam como uma fantasia visionária apenas alguns anos antes, criou uma área de moeda com mais de 335 milhões de consumidores — cerca de 7% mais populosa do que os Estados Unidos. Se todos os países da Europa Oriental eventualmente entrarem na zona euro, serão mais de 25 países estendendo-se do Oceano Ártico, no norte, ao mar Mediterrâneo, no sul, e do Oceano Atlântico, no oeste, ao mar Negro, no leste. A Figura 21.1 mostra a extensão da zona do euro em 2014.

O nascimento do euro resultou em taxas de câmbio fixas entre todos os países membros da UEM. Contudo, ao decidir formar uma união monetária, os países da UEM sacrificaram ainda mais a soberania sobre suas políticas monetárias do que um regime de taxa de câmbio fixa geralmente requer. Eles concordaram em desistir inteiramente de suas moedas nacionais e entregar o controle das suas políticas monetárias para um Banco Central Europeu (BCE) com-

FIGURA 21.1 Membros da zona do euro a partir de 1º de janeiro de 2014

Os países com sombreado mais escuro no mapa são os 18 membros da UEM: Áustria, Bélgica, Chipre, Estônia, Finlândia, França, Alemanha, Grécia, Irlanda, Itália, Letônia, Luxemburgo, Malta, Países Baixos, Portugal, República Eslovaca, Eslovênia e Espanha.

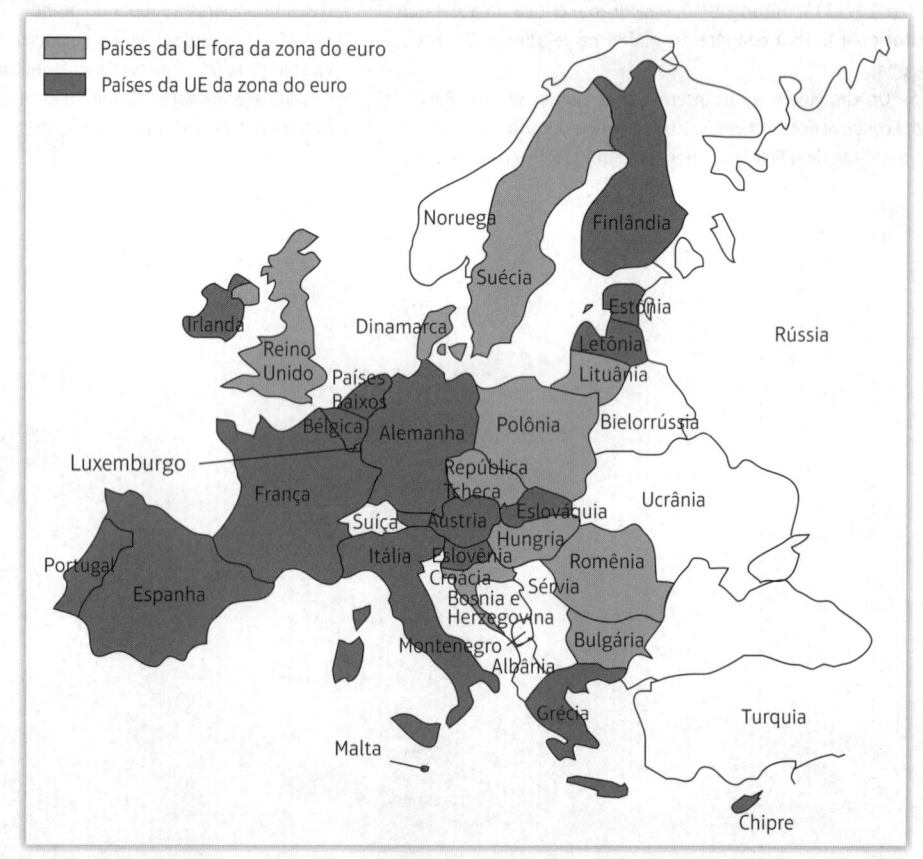

partilhado. O projeto do euro representa assim uma solução extrema para o trilema de política monetária visto no Capítulo 19: estabilidade cambial absoluta e total abertura ao comércio financeiro, mas sem qualquer tipo de autonomia monetária.

A experiência europeia gera uma série de questões importantes. Como e por que a Europa estabeleceu sua moeda única? Que benefícios o euro tem trazido para as economias de seus membros, e por que eles se encontram em uma crise prolongada? Como o euro afeta os países fora da UEM, principalmente os Estados Unidos? E que lições a experiência europeia traz para outros blocos de moeda potenciais, como o grupo de comércio do Mercosul na América do Sul?

Este capítulo centra-se na experiência europeia da unificação monetária para ilustrar os benefícios econômicos e os custos dos acordos de taxa de câmbio fixa e os esquemas de unificação de moeda mais abrangentes. Como vemos na experiência europeia, os efeitos de aderir a um acordo de taxa de câmbio fixa são complexos e dependem na essência de fatores microeconômicos e macroeconômicos. Nossa discussão sobre a Europa esclarecerá não só as forças que promovem uma maior unificação das economias nacionais, mas também as que fazem um país pensar duas vezes antes de desistir completamente de seu controle sobre a política monetária.

OBJETIVOS DE APRENDIZAGEM

Após a leitura deste capítulo, você será capaz de:

- Discutir por que os europeus tentaram por muito tempo estabilizar suas taxas de câmbio mútuas, embora flutuantes, contra o dólar norte-americano.
- Descrever como a União Europeia, por meio do Tratado de Maastricht, de 1991, pôs-se a caminho para ter uma moeda única, o euro, emitido e gerido por um Banco Central Europeu (BCE).
- Detalhar a estrutura do BCE, o Sistema Europeu de Bancos Centrais, e os acordos da União Europeia para a coordenação das políticas econômicas dos estados membros.
- Articular as principais lições da teoria das zonas de moeda ideais.
- Recontar como os 18 países que utilizam o euro até agora se saíram em sua união monetária e os passos que estão dando em resposta à crise econômica prolongada.

Como evoluiu a moeda única europeia

Até sua extinção em 1973, o sistema de Bretton Woods fixava a taxa de câmbio de cada país membro contra o dólar norte-americano e, consequentemente, também fixava a taxa de câmbio entre cada par de moedas não dólar. Depois de 1973, os países da UE permitiam que suas moedas flutuassem contra o dólar, mas tentavam progressivamente diminuir o quanto eles deixavam as suas moedas flutuarem umas contra as outras. Esses esforços culminaram com o nascimento do euro em 1º de janeiro de 1999.

O que impulsionou a cooperação monetária europeia?

O que levou os países da UE a buscar uma coordenação mais estreita das políticas monetárias e uma estabilidade maior da taxa de câmbio mútuo? Dois motivos principais inspiraram esses movimentos e permaneceram como grandes razões para a adoção do euro:

1. *Reforçar o papel da Europa no sistema monetário mundial.* Os eventos que antecederam o colapso do sistema Bretton Woods foram acompanhados pelo declínio europeu da confiança na prontidão dos Estados Unidos para colocar suas responsabilidades monetárias internacionais à frente de seus interesses nacionais (Capítulo 19). Falando com uma só voz sobre as questões monetárias, países da UE esperavam defender melhor seus próprios interesses econômicos em face de um egocentrismo cada vez maior dos Estados Unidos.

2. *Transformar a União Europeia em um mercado verdadeiramente unificado.* Muito embora o Tratado de Roma de 1957, que fundou a UE, tenha estabelecido uma união alfandegária, permaneceram barreiras oficiais significativas aos movimentos de mercadorias e fatores dentro da Europa. Um objetivo consistente dos membros da UE era eliminar todas essas barreiras e transformar a UE em um enorme mercado unificado, baseando-se no modelo dos Estados Unidos.

TABELA 21.1	Breve glossário de eurônimos
BCE	Banco Central Europeu
FEEF	Fundo Europeu de Estabilização Financeira
SME	Sistema Monetário Europeu
UEM	União Econômica e Monetária
MTC	Mecanismo de Taxas de Câmbio
SEBC	Sistema Europeu de Bancos Centrais
MEE	Mecanismo Europeu de Estabilidade
UE	União Europeia
OMT	Transações Monetárias Completas
PEC	Pacto de Estabilidade e Crescimento
MRU	Mecanismo Único de Resolução
MUS	Mecanismo Único de Supervisão

Os órgãos europeus acreditavam, no entanto, que a incerteza da taxa de câmbio, como as barreiras de comércio oficial, fosse um fator importante para reduzir o comércio dentro da Europa. Eles também temiam que as oscilações das taxas de câmbio causando grandes mudanças de preços relativos dentro da Europa aumentariam as forças políticas hostis ao comércio livre na Europa.[1]

A chave para entender como a Europa chegou até a unificação monetária e de mercado encontra-se na história do continente assolado pela guerra. Após o fim da Segunda Guerra Mundial em 1945, muitos líderes europeus concordaram que a cooperação econômica e a integração entre os antigos oponentes seria a melhor garantia contra a repetição das duas guerras devastadoras do século XX. O resultado foi uma cessão gradual dos poderes da política econômica nacional para órgãos governamentais centralizados na União Europeia, como a Comissão Europeia em Bruxelas, Bélgica (corpo executivo da UE), e o Banco Central Europeu, em Frankfurt, na Alemanha.

O sistema monetário europeu, 1979–1998

O primeiro passo institucional significativo na estrada da unificação monetária europeia foi o **Sistema Monetário Europeu (SME)**. Os oito participantes originais no mecanismo de taxas de câmbio do SME — França, Alemanha, Itália, Bélgica, Dinamarca, Irlanda, Luxemburgo e Países Baixos — começaram a operar uma rede formal mutuamente indexada das taxas de câmbio em março de 1979. Um complexo conjunto de acordos de intervenção do SME atuou para restringir as taxas de câmbio das moedas participantes dentro de margens de flutuação especificadas.[2]

As perspectivas de uma área de taxa fixa bem-sucedida na Europa pareciam sombrias no início de 1979, quando as taxas de inflação anuais variaram de 2,7% na Alemanha até 12,1% na Itália. Entretanto, por meio de uma mistura de cooperação política e realinhamento, o clube de taxa fixa do SME sobreviveu e até cresceu, adicionando a Espanha a suas fileiras em 1989, a Grã-Bretanha em 1990 e Portugal no início de 1992. Só em setembro de 1992 esse crescimento sofreu um revés súbito quando a Grã-Bretanha e a Itália deixaram o mecanismo de taxa de câmbio do SME no início de uma crise prolongada da moeda europeia, que forçou os membros restantes ao retorno para margens de taxa de câmbio muito largas.

A operação do SME foi auxiliada por várias válvulas de segurança que inicialmente ajudaram a reduzir a frequência de tais crises. A maioria das taxas de câmbio "fixadas" pelo SME até agosto de 1993 poderia na verdade flutuar para cima ou para baixo até 2,25% em relação a um valor par atribuído. Alguns membros foram capazes de negociar bandas de ± 6%, um sacrifício maior da estabilidade cambial, mas ganhando mais espaço para escolher suas próprias políticas monetárias. Em agosto de 1993, os países do SME decidiram alargar quase todas as bandas a ±15% sob a pressão dos ataques especulativos.

Como mais uma válvula de segurança crucial, o SME desenvolveu disposições generosas para a extensão de crédito dos membros de moedas fortes para fracas. Se o franco francês (moeda anterior da França) depreciasse demais em comparação com o marco alemão (ou DEM, moeda anterior da Alemanha), o banco central da Alemanha, o Bundesbank, emprestaria DEM ao banco da França para vender por francos no mercado de câmbio.

Por fim, durante os anos iniciais do sistema de operação, vários membros (notavelmente a França e a Itália) reduziram a possibilidade de ataques especulativos por meio da manutenção de controle de capital que limitava diretamente as vendas domésticas dos residentes nacionais para moedas estrangeiras.

---

[1] Uma razão administrativa muito importante por que os europeus têm procurado evitar grandes movimentos nas taxas de câmbio transeuropeias está relacionada com a Política Agrícola Comum (PAC), o sistema da UE de apoio aos preços agrícolas. Antes do euro, os preços agrícolas eram cotados em termos de Unidade Monetária Europeia (ECU — do inglês, European Currency Unit), uma cesta de moedas da UE. Os realinhamentos das taxas de câmbio dentro da Europa alterariam abruptamente o valor real doméstico dos preços suportados, provocando protestos dos agricultores dos países revalorizados. Embora o aborrecimento de administrar a PAC sob realinhamentos de taxa de câmbio fosse, sem dúvida, crucial para os europeus começarem o caminho para a unificação da moeda, os dois motivos citados no texto são mais importantes para explicar como a Europa, finalmente, veio a adotar uma moeda comum.

[2] Como uma questão técnica, todos os estados membros eram membros do SME, mas somente os membros do SME que aplicavam as margens de flutuação pertenciam ao *Mecanismo de Taxa de Câmbio* (MTC) do SME.

O SME passou por realinhamentos monetários periódicos. Ao todo, ocorreram onze realinhamentos desde o início do SME em março de 1979 e janeiro de 1987. Controles de capital desempenharam um papel importante de blindagem das reservas dos membros contra especuladores durante esses ajustes. No entanto, a partir de 1987, uma remoção gradual de controles de capital pelos países do SME aumentou a possibilidade de ataques especulativos e assim reduziu a vontade dos governos de considerar abertamente a desvalorização ou a revalorização. A supressão dos controles reduziu muito a independência monetária dos países membros (uma consequência do trilema da política monetária), mas a liberdade dos pagamentos e os movimentos de capitais na UE sempre foram um elemento-chave do plano dos países da UE para transformar a Europa em um mercado unificado.

Por um período de cinco anos e meio depois de janeiro de 1987, nenhum evento econômico adverso foi capaz de abalar o compromisso do SME com suas taxas de câmbio fixas. Contudo, essa situação chegou ao fim em 1992, quando os choques econômicos causados pela reunificação das duas Alemanhas, em 1990, levaram a pressões macroeconômicas assimétricas na Alemanha e em seus principais parceiros do SME.

O resultado da reunificação foi um *boom* na Alemanha e uma inflação mais elevada, a que o banco central alemão, muito avesso à inflação, resistiu mediante taxas de juros muito mais altas. (A inflação muito alta na Alemanha após as duas guerras mundiais deixou cicatrizes permanentes naquele país.) Outros países do SME, como França, Itália e Reino Unido, no entanto, não estavam crescendo simultaneamente. Ao se harmonizarem com as altas taxas de juros alemãs para manter seus câmbios fixo em relação ao da Alemanha, eles foram involuntariamente empurrando suas próprias economias para uma recessão profunda. O conflito político entre a Alemanha e seus parceiros levou a uma série de ataques especulativos ferozes sobre as paridades cambiais do SME, começando em setembro de 1992. Até agosto de 1993, como já mencionado, o SME foi forçado a recuar para faixas muito amplas (de ± 15%), que se mantiveram em vigor até a introdução do euro em 1999.

Dominância monetária alemã e a teoria da credibilidade do SME

Anteriormente, nós identificamos dois motivos principais pelos quais a União Europeia procurou fixar as taxas de câmbio internas: um desejo de defender mais efetivamente os interesses econômicos da Europa na cena mundial e a ambição de atingir maior unidade econômica interna.

A experiência da Europa com a inflação alta na década de 1970 sugere um propósito adicional que o SME tenta cumprir. Ao fixar suas taxas de câmbio em relação ao DEM, os outros países do SME na verdade importavam a credibilidade do Bundesbank alemão como um lutador contra a inflação e desencorajavam, assim, o desenvolvimento de pressões inflacionárias internas — as pressões que eles seriam tentados a acomodar por meio da expansão monetária. Essa visão, a **teoria da credibilidade do SME**, afirma que os custos políticos de violar um acordo internacional da taxa de câmbio podem ser úteis. Eles podem impedir os governos de desvalorizarem suas moedas para ganhar a vantagem do curto prazo de um *boom* econômico com o custo em longo prazo de uma inflação mais elevada.

Os formuladores de políticas em países do SME sujeitos à inflação, como a Itália, claramente ganharam credibilidade, colocando as decisões de política monetária nas mãos do banco central alemão, que temia a inflação. A desvalorização era ainda possível, mas apenas sujeita a restrições do SME. Como os políticos também temiam parecer incompetentes aos eleitores se desvalorizassem o câmbio, a decisão do governo de indexar para o DEM reduzia tanto sua vontade quanto sua capacidade de criar inflação interna.[3]

Um maior apoio para a teoria da credibilidade vem do comportamento das taxas de inflação em relação à Alemanha, mostrado na Figura 21.2 para seis dos outros membros originais do SME.[4] Como mostra a figura, as taxas de inflação anuais convergiram gradualmente em direção aos baixos níveis da Alemanha.[5]

Iniciativas de integração do mercado

Os países da UE tentaram alcançar maior unidade econômica interna, não só pela fixação de taxas de câmbio mútuas, mas também com medidas diretas para encorajar a livre circulação de bens, serviços e fatores de produção. Mais adiante neste capítulo, você

---

[3] A teoria geral de que um país sujeito à inflação ganha ao delegar suas decisões de política monetária a um banco central "conservador" é desenvolvida em um artigo influente de Kenneth Rogoff. Veja: "The Optimal Degree of Commitment to an Intermediate Monetary Target". *Quarterly Journal of Economics*, v. 100, p. 1169–1189, nov. 1985. Para a aplicação do SME, veja: Francesco Giavazzi e Marco Pagano. "The Advantage of Tying One's Hands: EMS Discipline and Central Bank Credibility". *European Economic Review*, v. 32, p. 1055–1082, jun. 1988.

[4] A Figura 21.2 não inclui o pequeno país de Luxemburgo, porque antes de 1999, o país tinha uma União Monetária com a Bélgica e uma taxa de inflação muito perto da Bélgica.

[5] Aqueles céticos da teoria da credibilidade da convergência de inflação do SME apontam que Estados Unidos, Grã-Bretanha e Japão também reduziram a inflação a níveis baixos ao longo da década de 1980, mas o fizeram sem fixar suas taxas de câmbio. Muitos outros países fizeram o mesmo desde então.

FIGURA 21.2 Convergência da inflação para os seis membros originais do SME, 1978-2012

São mostradas as diferenças entre a inflação doméstica e a inflação alemã para os seis membros originais do SME: Bélgica, Dinamarca, França, Irlanda, Itália e Países Baixos.

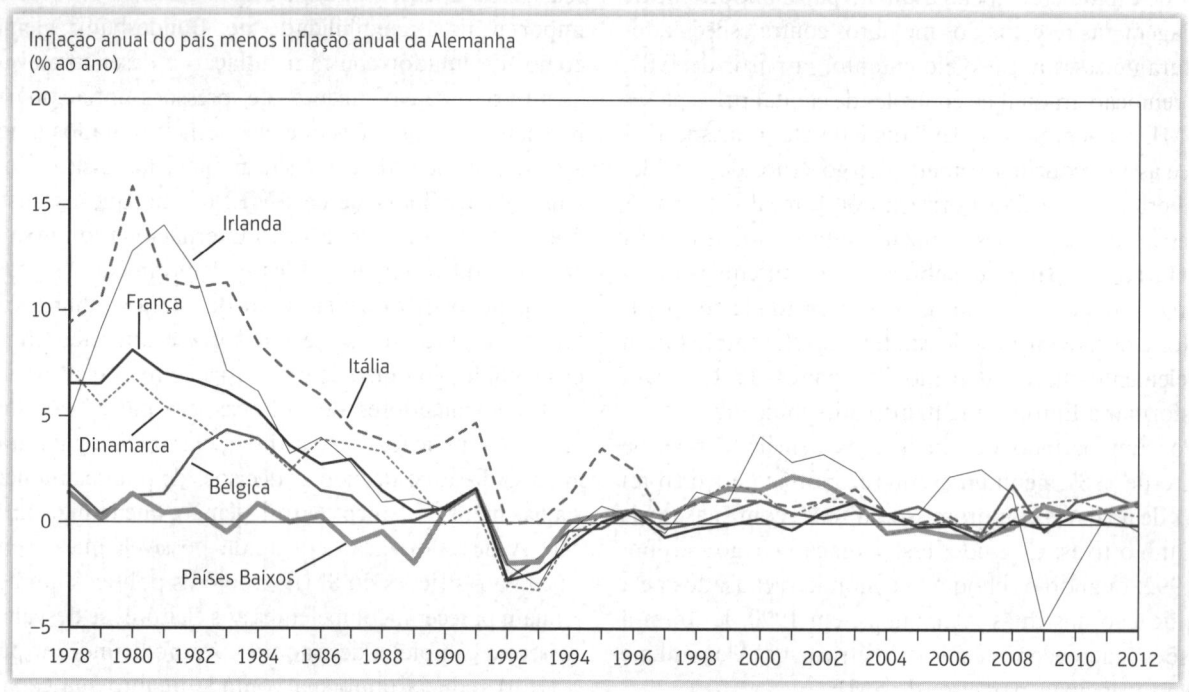

Fonte: Taxas de inflação CPI do Fundo Monetário Internacional, *International Financial Statistics*.

vai entender que a extensão da integração do mercado de produtos e fatores na Europa ajuda a determinar como as taxas de câmbio fixas afetam a estabilidade macroeconômica da Europa. Os esforços da Europa para aumentar a eficiência *microeconômica* por meio da liberalização do mercado direto também aumentaram a sua preferência por taxas de câmbio mutuamente fixas nas áreas *macroeconômicas*.

O processo de unificação do mercado, que começou quando os membros originais da UE formaram sua união alfandegária em 1957, ainda estava incompleto 30 anos mais tarde. Em um número grande de setores, como de automóveis e telecomunicações, o comércio interno na Europa foi desencorajado por normas impostas pelo governo e os requisitos de registro. Muitas vezes o processo de licenciamento pelo governo ou práticas de aquisição davam aos produtores nacionais posições de monopólio virtual em seus mercados internos. No Ato Único Europeu de 1986 (que altera o Tratado de Roma fundador), os membros da UE deram passos políticos cruciais para remover as barreiras internas restantes ao comércio, aos movimentos de capitais e à migração de mão de obra. Mais importante, eles retiraram a exigência do Tratado de Roma de consentimento unânime para medidas relacionadas com a realização de mercado, de modo que um ou dois membros da UE com interesses mútuos não pudessem bloquear as medidas de liberalização comercial como no passado. Seguiram-se mais movimentos em direção à integração do mercado. O capital financeiro, por exemplo, agora pode mover-se com bastante liberdade, não só dentro da União Europeia, mas também entre a União Europeia e as jurisdições externas.

União Econômica e Monetária Europeia

Os países podem vincular suas moedas de muitas maneiras. Podemos imaginar que os diferentes modos de vinculação formam um espectro, com os arranjos em uma extremidade exigindo pouco sacrifício da independência da política monetária e outros do outro lado, que exigem que se desista completamente da independência.

O SME inicial, caracterizado por realinhamentos monetários frequentes e controle governamental generalizado sobre os movimentos de capitais, deixou alguma margem de manobra para as políticas monetárias nacionais. Em 1989, uma comissão chefiada por Jacques Delors, presidente da Comissão Europeia, recomendou uma transição de três estágios para uma meta em direção ao extremo do espectro político que descrevemos há pouco. Esse objetivo era uma **União Econômica e Mone-**

tária (UEM), uma União Europeia em que as moedas nacionais seriam substituídas por uma moeda da UE gerenciada por um banco central único, operando em nome de todos os membros da UE.

Em 10 de dezembro de 1991, os líderes dos países da UE se reuniram na antiga cidade holandesa de Maastricht e concordaram em propor emendas de longo alcance de ratificação nacional do Tratado de Roma. Essas emendas foram feitas para colocar a UE na direção da UEM. No **Tratado de Maastricht**, um documento de 250 páginas, havia uma cláusula determinando a introdução de uma moeda única europeia e um Banco Central Europeu até 1º de janeiro de 1999. Em 1993, todos os 12 países então pertencentes à União Europeia tinham ratificado o Tratado de Maastricht. Os 16 países que aderiram posteriormente à UE aceitaram as disposições do Tratado à adesão (ver Figura 21.1).[6]

Por que os países da UE se afastaram do SME em direção ao objetivo mais ambicioso de utilizar uma moeda única e compartilhada? Havia quatro razões:

1. Eles acreditavam que uma moeda única na UE produziria um grau maior de integração do mercado europeu do que as taxas de câmbio fixas, removendo a ameaça dos realinhamentos monetários do SME e eliminando os custos para os operadores de conversão de uma moeda do SME em outra. A moeda única era vista como um complemento necessário para planos de fusão de mercados da UE em um mercado único, em todo o continente.
2. Alguns líderes da UE achavam que a gestão alemã da política monetária do SME tinha colocado uma ênfase unilateral nos objetivos macroeconômicos alemães à custa dos interesses dos seus parceiros do SME. O Banco Central Europeu que substituiria o Bundesbank alemão no UEM teria que ser mais atencioso com problemas dos outros países, e isso lhes daria automaticamente a mesma oportunidade que a Alemanha de participar nas decisões de política monetária de todo o sistema.
3. Tendo em conta a mudança para a liberdade total de movimentos de capitais na UE, parecia haver moedas com pouco a ganhar e muito a perder ao manter as paridades fixas (mas ajustáveis), em vez de paridades irrevogavelmente travadas por meio de uma moeda única. Qualquer sistema de taxas de câmbio fixas entre moedas nacionais distintas seria sujeito a ataques especulativos ferozes, como em 1992–1993. Se os europeus desejavam combinar taxas de câmbio fixas com liberdade de movimentos de capitais, uma moeda única era a melhor maneira de conseguir isso.
4. Como observado anteriormente, todos os líderes dos países da UE esperavam que as disposições do Tratado de Maastricht garantissem a estabilidade política da Europa. Para além das funções puramente econômicas, a moeda única na UE foi concebida como um símbolo potente do desejo da Europa de colocar a cooperação à frente das rivalidades nacionais que muitas vezes levaram à guerra no passado. Sob esse cenário, a nova moeda alinharia os interesses econômicos das nações europeias, ao criar um círculo político esmagador para instituir a paz no continente.

Os críticos do Tratado de Maastricht negaram que a UEM teria esses efeitos positivos e opuseram-se às disposições do Tratado de produzir poderes governamentais mais fortes com a União Europeia. Para esses críticos, UEM era sintomática da tendência de as instituições centrais da União Europeia ignorarem as necessidades locais, se intrometerem em assuntos internos e reduzirem símbolos premiados de identidade nacional (incluindo, claro, as moedas nacionais). Os cidadãos da Alemanha, em particular, traumatizados por memórias de graves inflações do pós-guerra, temiam que o novo Banco Central Europeu não lutasse contra a inflação tão ferozmente quanto o Bundesbank.

O euro e a política econômica na zona do euro

Como eram escolhidos os membros iniciais da UEM, como são admitidos os novos membros, e qual é a estrutura do complexo de instituições financeiras e políticas que regem a política econômica na zona do euro? Esta seção fornece uma visão geral sobre essas perguntas.

Os critérios de convergência de Maastricht e o Pacto de Estabilidade e Crescimento

O Tratado de Maastricht exige que os países da União Europeia satisfaçam diversos critérios de convergência macroeconômica antes da admissão à UEM. Entre esses critérios, temos:

1. Taxa de inflação do país no ano anterior à admissão deve ser inferior a 1,5% acima da taxa média dos três estados membros com a inflação mais baixa.
2. O país deve ter mantido uma taxa de câmbio estável dentro do MTC sem desvalorização por iniciativa própria.

---

[6] A Dinamarca e o Reino Unido, no entanto, ratificaram o Tratado de Maastricht sujeito a exceções especiais que lhes permitem "se autoexcluir" das disposições do tratado monetário e manter as suas moedas nacionais. A Suécia não tem uma isenção formal, mas explorou outros aspectos técnicos no Tratado de Maastricht para evitar juntar-se à zona do euro até agora.

3. O país deve ter um déficit público não superior a 3% do seu PIB (exceto em circunstâncias excepcionais e temporárias).
4. O país deve ter uma dívida pública que esteja abaixo, ou próxima, de um nível de referência de 60% do seu PIB.

O Tratado prevê a monitoração contínua dos critérios 3 e 4 mencionados anteriormente pela Comissão Europeia, mesmo após a admissão à UEM, e a aplicação de sanções a países que violam essas regras fiscais e não corrigem situações de dívida e déficits "excessivos". A vigilância e as sanções para déficits e dívidas elevados colocam os governos nacionais sob restrições no exercício dos seus poderes fiscais nacionais. Por exemplo, um país da UEM altamente endividado que enfrenta uma recessão nacional pode ser incapaz de usar a política fiscal expansionista por medo de infringir os limites de Maastricht — uma perda de autonomia política possivelmente dispendiosa, dada a inexistência de uma política monetária nacional!

Além disso, um **Pacto de Estabilidade e Crescimento (PEC)** suplementar, negociado pelos líderes europeus em 1997, apertou ainda mais a "camisa de força" fiscal. O PEC estabeleceu "o objetivo orçamentário de médio prazo de situações próximas do equilíbrio ou em superávit". Também definiu um calendário para a imposição de sanções financeiras aos países que não conseguirem corrigir prontamente o bastante as situações de déficits e dívida "excessivos". O que explica os critérios de convergência macroeconômica, o medo de altas dívidas públicas e o PEC? Antes de assinarem o Tratado de Maastricht, os países com baixa inflação, como a Alemanha, queriam a garantia de que seus parceiros da UEM tinham aprendido a preferir um ambiente de baixa inflação e contenção fiscal. Eles temiam que, caso contrário, o euro pudesse ser uma moeda fraca, presa fácil dos tipos de políticas que têm impulsionado a inflação francesa, grega, italiana, portuguesa, espanhola e no Reino Unido em vários pontos, desde a década de 1970. Um governo altamente endividado que continua a pegar empréstimo pode achar que a demanda do mercado para suas obrigações desapareceu — um cenário de pesadelo que finalmente chegou a passar por vários países europeus na crise do euro a partir de 2009. Outro medo sobre a UEM era de que o novo Banco Central Europeu enfrentasse pressões para comprar a dívida pública diretamente em tais situações alimentando, assim, a inflação e o crescimento da oferta de moeda. Eleitores em países tradicionalmente de baixa inflação estavam preocupados se os governos prudentes dentro da UEM seriam obrigados a pagar a conta dos governos perdulários que pegavam emprestado mais do que poderiam ter recursos para pagar. Isso era especialmente verdadeiro na Alemanha, onde os contribuintes na parte ocidental do país estavam tendo o custo de absorver os alemães orientais, anteriormente comunistas. Consistente com esse medo, o Tratado de Maastricht também não continha "nenhuma cláusula de resgate" que proibisse os países da UE de assumirem as dívidas dos outros membros.

À medida que a UEM aproximava-se, em 1997, a opinião pública alemã, portanto, permanecia contra o euro. O governo alemão exigiu o PEC como uma maneira de convencer os eleitores nacionais de que o novo Banco Central Europeu realmente produziria inflação baixa e evitaria resgates. Por ironia, como a Alemanha (junto com a França) é um dos países que, posteriormente, violou as regras fiscais de Maastricht, o PEC não foi aplicado na prática durante a primeira década do euro — embora mais tarde a experiência tenha mostrado que as preocupações que motivaram o PEC eram válidas, como veremos.

Em maio de 1998, ficou claro que onze países da UE tinham satisfeito os critérios de convergência com base em dados de 1997 e se tornariam membros fundadores da UEM: Áustria, Bélgica, Finlândia, França, Alemanha, Irlanda, Itália, Luxemburgo, Países Baixos, Portugal e Espanha. A Grécia não conseguiu qualificar-se em nenhum dos critérios em 1998, embora, em última instância, tenha conseguido passar em todos os seus testes, entrando na UEM em 1º de janeiro de 2001. Desde então, Eslovênia (em 1º de janeiro de 2007), Chipre e Malta (ambos em 1º de janeiro de 2008), a República Eslovaca (1º de janeiro de 2009), a Estônia (1º de janeiro de 2011) e a Letônia (1º de janeiro de 2014) também aderiram à zona do euro.

Banco Central Europeu e o Eurossistema

O *Eurossistema* conduz a política monetária da zona do euro e é constituído pelo *Banco Central Europeu* (BCE), em Frankfurt, e por 18 bancos centrais nacionais da área do euro, que agora desempenham funções análogas às dos bancos regionais da Reserva Federal dos Estados Unidos. As decisões do Eurossistema são tomadas por votos do Conselho Geral do BCE, composto por seis membros executivos do BCE (incluindo seu presidente) e pelos chefes dos bancos centrais nacionais da área do euro. O Sistema Europeu de Bancos Centrais (SEBC) consiste do BCE, e todos os 28 bancos centrais da UE, incluindo os de países que não utilizam o euro. Como membros do Eurossistema, os bancos centrais na zona não euro estão empenhados em alcançar a estabilidade dos preços domésticos, bem como diversas formas de cooperação com o Eurossistema.

Os autores do Tratado de Maastricht esperavam criar um banco central independente livre das influências políticas que possam levar à inflação.[7] O Tratado dá ao BCE um mandato primordial para prosseguir a estabilidade dos preços e inclui muitas disposições destinadas a isolar as decisões de política monetária da influência política. Além disso, ao contrário de qualquer outro banco central no mundo, o BCE opera acima e além do alcance de qualquer governo nacional único. Nos Estados Unidos, por exemplo, o Congresso poderia facilmente passar leis reduzindo a independência da Reserva Federal. Por outro lado, embora o BCE precise informar o Parlamento Europeu regularmente de suas atividades, ele não tem poder para alterar os estatutos do SEBC e do BCE. Isso exigiria uma emenda ao Tratado de Maastricht, aprovada por legislaturas ou eleitores em cada país membro da UE. No entanto, os críticos do Tratado argumentam que ele vai longe demais na blindagem do BCE processos democráticos normais.

O mecanismo de taxas de câmbio revisadas

Para países da UE que ainda não são membros da UEM, um mecanismo de taxa de câmbio revisada — conhecido como MTC 2 — define zonas de ampla taxa de câmbio contra o euro (±15%) e especifica o regime de intervenção recíproca para apoiar essas zonas-alvo. O MTC 2 foi visto como necessário para desencorajar as desvalorizações competitivas diante do euro por membros da UE fora da zona euro e para dar a futuros candidatos à UEM uma maneira de satisfazer o critério de convergência da estabilidade de taxa de câmbio do Tratado de Maastricht. Sob as regras de MTC 2, o BCE ou o banco central nacional de um membro da UE com sua moeda própria podem suspender as operações de intervenção do euro se elas resultarem em mudanças de oferta de moeda que ameacem desestabilizar o nível de preços no mercado interno. Na prática, o MTC 2 é assimétrico, com países periféricos se fixando ao euro e adaptando-se passivamente às decisões do BCE sobre as taxas de juros.

A teoria das zonas de moeda ideal

Há pouca dúvida de que o processo de integração monetária europeia ajudou a avançar os objetivos *políticos* de seus fundadores, dando à União Europeia uma posição mais forte em assuntos internacionais. A sobrevivência e o desenvolvimento futuro do experimento monetário europeu dependem ainda mais, no entanto, de sua capacidade de ajudar os países a alcançar seus objetivos *econômicos*. Aqui o quadro é menos claro, porque a decisão de um país para fixar sua taxa de câmbio pode, em princípio, levar a sacrifícios, bem como a benefícios econômicos.

Vimos no Capítulo 19 que, alterando a sua taxa de câmbio, um país pode ter sucesso em amortecer o impacto prejudicial de vários choques econômicos. Por outro lado, a flexibilidade da taxa de câmbio talvez tenha efeitos potencialmente prejudiciais, como tornar os preços relativos menos previsíveis ou minar a vontade do governo de manter a inflação sob controle. Para ponderar os custos econômicos contra as vantagens de aderir a um grupo de países com taxas de câmbio mutuamente fixas, precisamos de um quadro para pensar sistematicamente sobre os poderes de estabilização que um país sacrifica e os ganhos de eficiência e credibilidade que poderá colher.

Nesta seção, vamos mostrar que os custos e benefícios de um país se juntar a uma área de taxa de câmbio fixa, como a zona do euro, dependem de quão integrada a sua economia é com a de seus parceiros potenciais. A análise que conduz a essa conclusão, que é conhecida como a **teoria das zonas de moeda ideal**, prevê que as taxas de câmbio fixas são mais apropriadas para áreas intimamente integradas por meio do comércio internacional e dos movimentos de fatores de produção.[8]

Integração econômica e os benefícios de uma área de taxa de câmbio fixa: a curva *GG*

Considere como um país individual, por exemplo, a Noruega, pode aproximar-se da decisão de se juntar a uma área de taxas de câmbio fixas, por exemplo, a zona do euro. Nosso objetivo é desenvolver um diagrama simples que esclareça a escolha da Noruega.

Começamos por derivar o primeiro de dois elementos no diagrama, uma curva chamada *GG*, que mostra como o ganho potencial para a Noruega se juntar à zona do euro depende de ligações de comércio da Noruega com a região. Vamos supor que a Noruega esteja considerando indexar sua moeda, a coroa, ao euro.

---

[7] Vários estudos mostram que a independência do banco central parece estar associada a inflação baixa. Uma avaliação recente é oferecida por: Christopher Crowe e Ellen E. Meade. "Central Bank Independence and Transparency: Evolution and Effectiveness". *European Journal of Political Economy*, v. 24, p. 763–777, dez. 2008.

[8] A referência original é o artigo clássico de A. Mundell. "The Theory of Optimum Currency Areas". *American Economic Review*, v. 51, p. 717–725, set. 1961. As contribuições subsequentes são resumidas no livro de Tower e Willett citado nas Leituras adicionais. Mundell estava tentando defender a ideia de que a zona de moeda ideal não precisa coincidir com as fronteiras nacionais. Como veremos, no entanto, a experiência recente na área do euro sugere que, se a área de moeda for além das fronteiras nacionais, algumas funções governamentais chaves podem precisar ser delegadas para autoridades supranacionais, agindo em nome da união monetária como um todo.

Um grande benefício econômico de taxas de câmbio fixas é que elas simplificam os cálculos econômicos e, em comparação com taxas flutuantes, oferecem uma base mais previsível para as decisões que envolvem transações internacionais. Imagine o tempo e os recursos que os consumidores norte-americanos e empresas desperdiçariam todo dia, se cada um dos 50 estados dos Estados Unidos tivesse sua própria moeda que flutuasse de valor contra as moedas de todos os outros estados! A Noruega enfrenta uma desvantagem semelhante em seu comércio com a zona do euro, quando permite que sua coroa flutue em relação ao euro. O **ganho de eficiência monetária** da adesão ao sistema de taxa de câmbio fixa é igual às economias do país entrante ao evitar incerteza, confusão e custos de transação e cálculo que surgem quando as taxas de câmbio flutuam.[9]

Na prática, pode ser difícil fixar um número exato para o ganho de eficiência monetária total de que a Noruega desfrutaria como resultado da adesão ao euro. Contudo, podemos ter certeza, de que esse ganho será maior se a Noruega negociar muito com os países da zona do euro. Por exemplo, se o comércio da Noruega com a zona do euro for de montantes de 50% do seu PNB, enquanto seu comércio com os Estados Unidos for de apenas 5% do PNB, então, mantendo as outras variáveis iguais, uma taxa de câmbio fixa coroa/euro produz claramente um ganho maior de eficiência monetária para os comerciantes noruegueses do que uma taxa fixa coroa/dólar. Da mesma forma, o ganho de eficiência de uma taxa fixa euro/coroa é maior quando o comércio entre a Noruega e a zona do euro for intenso do que quando é pequeno.

O ganho de eficiência monetária de a coroa aderir ao euro também será maior se os fatores de produção puderem migrar livremente entre a Noruega e a zona do euro. Os noruegueses que investem nos países da zona do euro se beneficiam quando os retornos sobre seus investimentos são mais previsíveis. Da mesma forma, os noruegueses que trabalham nos países da zona do euro podem beneficiar-se se uma taxa de câmbio fixa fizer com que seus salários fiquem mais estáveis em relação ao custo de vida da Noruega.

Nossa conclusão é que *um alto grau de integração econômica entre um país e uma área de taxa de câmbio fixa aumenta o ganho de eficiência monetária que o país colhe quando ele corrige sua taxa de câmbio em relação às moedas da região*. Quanto mais intensos forem o comércio transfronteiras e os movimentos dos fatores de produção, maior será o ganho de uma taxa de câmbio fixa transfronteiras.

A curva *GG* inclinada para cima na Figura 21.3 mostra a relação entre o grau de integração econômica de um país com uma área de taxa de câmbio fixa e o ganho de eficiência monetário para o país de adesão à zona. O eixo horizontal da figura mede a extensão até a qual a Noruega (país ingressante em nosso exemplo) é economicamente integrada nos mercados de produtos e fatores da zona do euro. O eixo vertical mede o ganho de eficiência monetária para a Noruega em aderir ao euro. *A inclinação positiva do GG reflete a conclusão de que o ganho de eficiência monetária que um país obtém ao se juntar a uma área de taxa de câmbio fixa aumenta conforme sua integração econômica com a área aumenta.*

Em nosso exemplo, assumimos implicitamente que a área de maior taxa de câmbio da zona euro, tem um nível de preços estável e previsível. Se isso não acontecer, a maior variabilidade no nível de preço da Noruega que se seguiria à decisão de aderir à zona de taxa de câmbio provavelmente compensaria qualquer ganho de eficiência monetária que pudesse advir de uma taxa de câmbio fixa. Um problema diferente surge se o compromisso da Noruega para fixar a taxa de câmbio da coroa não for plenamente aceito pelos agentes econômicos. Nessa situação, alguma incerteza de taxa de câmbio permaneceria, e a Noruega, portanto, desfrutaria de um ganho

FIGURA 21.3 A curva *GG*

A curva *GG* inclinada para cima mostra que o ganho de eficiência monetária do país em se unir a uma área de taxa de câmbio fixa aumenta conforme a integração econômica do país com a área aumenta.

Fonte: Taxas de inflação CPI do Fundo Monetário Internacional, *International Financial Statistics*.

---

[9] Para ilustrar apenas um componente de ganho de eficiência monetária, as economias potenciais das comissões pagas aos corretores e bancos em operações de câmbio, Charles R. Bean, do Banco da Inglaterra estimou que em 1992, uma "viagem" por todas as moedas da União Europeia resultaria na perda de totalmente *metade* da quantia original. Consulte seu artigo "Economic and Monetary Union in Europe". *Journal of Economic Perspectives*, v. 6, p. 31–52, outono 1992.

menor de eficiência monetária. Entretanto, se o nível de preços da zona do euro for estável e o compromisso de taxa de câmbio da Noruega for firme, a conclusão principal é: quando a Noruega adere ao euro, ganha com a estabilidade de sua moeda em relação ao euro, e esse ganho de eficiência é maior quanto mais próximos forem os mercados da Noruega e os mercados da zona do euro.

No início deste capítulo, aprendemos que um país pode desejar aderir sua taxa de câmbio a uma área de estabilidade dos preços para importar a determinação anti-inflacionária das autoridades monetárias da área. Contudo, quando a economia do país que está aderindo for bem integrada à da área de baixa inflação, a baixa taxa de inflação doméstica é mais fácil de conseguir. A razão é que a estreita integração econômica conduz à convergência dos preços internacionais e, portanto, diminui as possibilidades de variação independente no nível de preços do país que está aderindo. Esse argumento fornece outra razão por que a alta integração econômica com uma área de taxa de câmbio fixa aumenta o ganho de um país que vai se tornar membro.

Integração econômica e os custos de uma área de taxa de câmbio fixa: a curva LL

A associação a uma área de taxa de câmbio pode envolver custos, bem como benefícios, mesmo quando a área tem baixa taxa de inflação. Esses custos surgem porque um país que se junta a uma área de taxa de câmbio desiste de sua capacidade de usar a taxa de câmbio e a política monetária com a finalidade de estabilizar a produção e o emprego. Essa **perda de estabilidade econômica** por se juntar ao bloco, como o ganho de eficiência monetária do país, está relacionada com a integração econômica do país com os seus parceiros de taxa de câmbio. Podemos derivar uma segunda curva, a curva LL, que mostra a relação graficamente.

Na discussão do Capítulo 19 sobre mérito relativo das taxas de câmbio fixas e flutuantes, concluimos que quando a economia está perturbada por uma mudança no mercado de produção (isto é, por uma mudança na curva DD), uma taxa de câmbio flutuante tem uma vantagem sobre uma taxa fixa: isso, automaticamente, ameniza a produção da economia e do emprego, permitindo uma mudança imediata no preço relativo dos bens nacionais e estrangeiros. Além disso, você vai lembrar do Capítulo 18 que, quando a taxa de câmbio é fixa, a estabilização proposital é mais difícil de alcançar porque a política monetária não tem poder para afetar a produção interna. Tendo em conta essas duas conclusões, esperaríamos que as alterações na curva DD tivessem efeitos mais graves em uma economia em que a autoridade monetária é necessária para fixar a taxa de câmbio contra um grupo de moedas estrangeiras. A instabilidade *extra* causada pela taxa de câmbio fixa é a perda de estabilidade econômica.[10]

Para derivar a curva LL, devemos entender como a extensão da integração econômica da Noruega com a zona do euro afetará o tamanho dessa perda de estabilidade econômica. Imagine que a Noruega esteja aderindo ao euro e que haja uma queda na demanda agregada pela produção da Noruega — um deslocamento para a esquerda da curva DD norueguês. Se as curvas DD dos outros países da zona do euro se deslocarem simultaneamente para a esquerda, o euro simplesmente depreciará em relação às moedas externas, proporcionando a estabilização automática que estudamos no último capítulo. A Noruega tem um problema sério somente quando enfrenta *sozinha* uma queda na demanda — por exemplo, se a procura do mundo por petróleo, um de seus principais produtos de exportação, cair.

Como a Noruega se ajustará a esse choque? Uma vez que não ocorreu nada para ceder ao euro, ao qual a Noruega está indexada, sua coroa permanecerá estável em relação a *todas* as moedas estrangeiras. Assim, o pleno emprego será restaurado somente após um dispendioso período de queda durante o qual os preços das mercadorias norueguesas e o salário dos trabalhadores noruegueses cairão.

Como a gravidade dessa queda depende do nível de integração econômica entre a economia norueguesa e a dos países da UEM? A resposta é que a maior integração implica uma queda mais rasa e, portanto, um ajuste menos oneroso para a alteração adversa no DD. Há duas razões para essa redução no custo de ajuste: primeira, se a Noruega tem relações comerciais estreitas com a zona do euro, uma pequena redução em seus preços levará a um aumento na demanda da zona do euro

---

10 Você pode pensar que quando a Noruega corrige unilateralmente sua taxa de câmbio contra o euro, mas deixa a coroa livre para flutuar em relação a moedas não euro, é capaz de manter pelo menos alguma independência monetária. Talvez, surpreendentemente, essa intuição esteja errada. A razão é que qualquer alteração de oferta de moeda independente na Noruega colocaria pressão sobre as taxas de juros da coroa e, portanto, sobre a taxa de câmbio euro/coroa. Então, ao fixar a coroa mesmo que a uma única moeda estrangeira, a Noruega abre mão completamente de seu controle monetário nacional. Esse resultado, no entanto, tem um lado positivo para a Noruega. Após o país fixar unilateralmente a coroa ao euro, as perturbações do mercado monetário doméstico (alterações na agenda AA) já não afetarão mais a produção interna, apesar da flutuação contínua em relação às moedas não euro. Por quê? Como a taxa de juros da Noruega deve ser igual à do euro, qualquer alteração simples em AA resultará em entrada ou saída de reserva imediata, que mantém a taxa de juros da Noruega inalterada. Assim, uma fixação coroa/euro sozinha é suficiente para proporcionar estabilidade automática diante de choques monetários eventuais que alterem a curva AA. É por isso que a discussão no texto pode concentrar-se em alterações na curva DD.

pelas mercadorias norueguesas, que é grande em relação à produção do país. Assim, o pleno emprego pode ser restaurado rapidamente. Segunda, se a mão de obra e os mercados de capitais da Noruega forem estreitamente entrelaçados com os de seus vizinhos da zona do euro, os trabalhadores desempregados podem mudar-se facilmente para o exterior para encontrar trabalho e o capital nacional pode ser deslocado para usos mais rentáveis em outros países. A capacidade dos fatores de produção para migrarem para o exterior, portanto, reduz a severidade do desemprego na Noruega e a queda da taxa de retorno disponível para os investidores.[11]

Observe que nossas conclusões também se aplicam a uma situação em que a Noruega experimenta um *aumento* na demanda por sua produção (um deslocamento para a direita do *DD*). Se a Noruega estiver integrada firmemente com as economias da zona do euro, um pequeno aumento no nível de preços da Noruega, combinado com algum movimento de capital estrangeiro e de mão de obra para o país, elimina rapidamente a demanda em excesso por produtos noruegueses.[12]

Laços comerciais mais estreitos entre a Noruega e os países de *fora* da zona do euro também ajudarão o ajuste do país para os deslocamentos do *DD* norueguês que não ocorram simultaneamente na zona do euro. No entanto, a maior integração comercial com países de fora da zona do euro é uma faca de dois gumes, com implicações negativas, bem como positivas, para a estabilidade macroeconômica. A razão é que, quando a Noruega indexa a coroa ao euro, os distúrbios da zona do euro que alteram a taxa de câmbio da moeda terão efeitos mais poderosos sobre a economia da Noruega quando suas ligações comerciais com os países fora da zona do euro forem mais extensas. Os efeitos seriam análogos a um aumento no tamanho dos movimentos da curva *DD* da Noruega e aumentariam a perda de estabilidade econômica do país por atrelar-se ao euro. Em qualquer caso, esses argumentos não mudam nossa conclusão anterior de que a perda de estabilidade da Noruega por fixar a taxa de câmbio coroa/euro cai conforme a extensão da sua integração econômica com a zona do euro aumenta.

Uma consideração adicional que ainda não discutimos reforça o argumento de que a perda de estabilidade econômica da Noruega por atrelar sua moeda ao euro é menor quando o país e a zona do euro se envolvem em um grande volume de comércio. Uma vez que, nesse caso, as importações da zona do euro compõem uma grande fração do consumo dos trabalhadores norugueses mudanças na taxa de câmbio euro/coroa rapidamente podem afetar os salários nominais norugueses, reduzindo qualquer impacto sobre o emprego. Uma depreciação da coroa em relação ao euro, por exemplo, provoca uma queda acentuada nos padrões de vida dos norugueses, quando as importações da zona do euro são substanciais; os trabalhadores são, portanto, propensos a exigir maiores salários nominais de seus empregadores para compensar a perda. Nessa situação, a estabilidade macroeconômica adicional que a Noruega obtém de uma taxa de câmbio flutuante é pequena, assim o país tem pouco a perder ao fixar a taxa de câmbio euro/coroa.

Podemos concluir que um *alto grau de integração econômica entre um país e a área de taxa de câmbio fixa a que ele se integra reduz a perda de estabilidade econômica resultante por perturbações de mercado de produção.*

A curva *LL*, mostrada na Figura 21.4 resume essa conclusão. O eixo horizontal da figura mede a integração econômica do país ingressante com a área de taxa de câmbio fixa, o eixo vertical representa a perda da estabilidade econômica do país. Como já vimos, a *LL* tem uma inclinação negativa porque a perda da estabilidade econômica advinda do atrelamento às moedas da área cai conforme o grau de interdependência econômica aumenta.

A decisão de se entrar para uma área de moeda: juntando as curvas *GG* e *LL*

A Figura 21.5 combina as curvas *GG* e *LL* para mostrar como a Noruega deve decidir-se a fixar a taxa de câmbio da coroa em relação ao euro. A figura implica que a Noruega deve fazer isso se o grau de integração econômica entre os mercados norugueses e os da zona do euro for pelo menos igual a θ_1, o nível de integração determinado pela interseção de *GG* e *LL* no ponto 1.

---

[11] Equipamentos e fábricas instalados normalmente são caros de se transportar para o exterior ou de se adaptar às novas utilizações. Os proprietários dos capitais norugueses relativamente imóveis, portanto, sempre vão ganhar baixos retornos após um turno adverso na demanda por produtos norugueses. No entanto, se o mercado de capitais da Noruega for integrado com o de seus vizinhos da UEM, os norugueses vão investir algumas das suas riquezas em outros países, enquanto, ao mesmo tempo, parte do estoque de capital da Noruega estará em posse de estrangeiros. Como resultado desse processo de *diversificação* de riqueza internacional (ver Capítulo 20), mudanças inesperadas no retorno para o capital da Noruega serão automaticamente compartilhadas entre os investidores em toda a área de taxa de câmbio fixa. Assim, mesmo os proprietários de capital que não pode ser movido podem evitar a perda de estabilidade econômica por causa de taxas de câmbio fixas quando a economia da Noruega estiver aberta aos fluxos de capital. Quando a mobilidade internacional da mão de obra é baixa ou inexistente, a maior mobilidade de capitais internacional pode não reduzir a perda de estabilidade econômica de taxas de câmbio fixas, como discutiremos na avaliação da experiência europeia no próximo estudo de caso.

[12] O raciocínio anterior aplica-se a outras perturbações econômicas que caem de forma desigual no mercado de produção da Noruega e dos seus parceiros de taxa de câmbio. Um problema no final deste capítulo pede para analisar os efeitos de um aumento na demanda por exportações na UEM que deixa a agenda de demanda de exportação da Noruega inalterada.

FIGURA 21.4 — A curva LL

A curva LL inclinada para baixo mostra que a perda de estabilidade econômica de um país ao se unir a uma área de taxa de câmbio fixa cai conforme a integração econômica do país com a área aumenta.

Eixo vertical: Perda de estabilidade econômica para o país ingressante
Eixo horizontal: Grau de integração econômica entre o país ingressante e a área de taxa de câmbio
Curva: LL (decrescente)

FIGURA 21.5 — Decidir quando adotar a taxa de câmbio

A interseção de GG e LL no ponto 1 determina um nível crítico de integração econômica, θ_1, entre uma área de taxa de câmbio fixa e um país que está considerando se vai ingressar. Em qualquer nível de integração acima de θ_1, a decisão de aderir rende benefícios econômicos líquidos positivos para o país ingressante.

Eixo vertical: Ganhos e perdas do país ingressante
Eixo horizontal: Grau de integração econômica entre o país ingressante e a área de taxa de câmbio
Curvas: GG (crescente, tracejada) e LL (decrescente); intersectam no ponto 1 em θ_1. À esquerda: Perdas excederam os ganhos. À direita: Ganhos excederam as perdas.

Vamos ver por que a Noruega deve atrelar sua moeda ao euro se seu grau de integração econômica com os mercados da zona do euro for pelo menos θ_1. A Figura 21.5 mostra que, para níveis de integração econômica abaixo de θ_1, a curva GG encontra-se abaixo da curva LL. Assim, a perda que a Noruega sofreria com a produção e a instabilidade de emprego maiores após sua união excede o ganho de eficiência monetária, e o país faria melhor se ficasse fora.

Contudo, quando o grau de integração é θ_1 ou superior, o ganho de eficiência monetária medido por GG é maior do que o sacrifício de estabilidade medida por LL, e atrelar a taxa de câmbio da coroa em relação ao euro resulta em um ganho líquido para a Noruega. Assim, a interseção de GG e LL determina o nível de integração mínima (aqui, θ_1) no qual a Noruega desejará atrelar sua moeda ao euro.

O quadro de GG-LL tem implicações importantes sobre como as alterações no ambiente econômico de um país afetam sua disponibilidade para atrelar sua moeda a uma área de moeda externa. Considere, por exemplo, um aumento no tamanho e na frequência das mudanças repentinas na demanda pelas exportações do país. Como mostrado na Figura 21.6, tal mudança empurra LL^1 para cima, até LL^2. Em qualquer nível de integração econômica com a zona da moeda, a produção extra e a instabilidade do desemprego que o país sofre ao fixar sua taxa de câmbio agora serão maiores. Como resultado, o nível de integração econômica em que se torna compensador aderir à zona de moeda sobe para θ_2 (determinado pela interseção de GG e LL^2 no ponto 2).

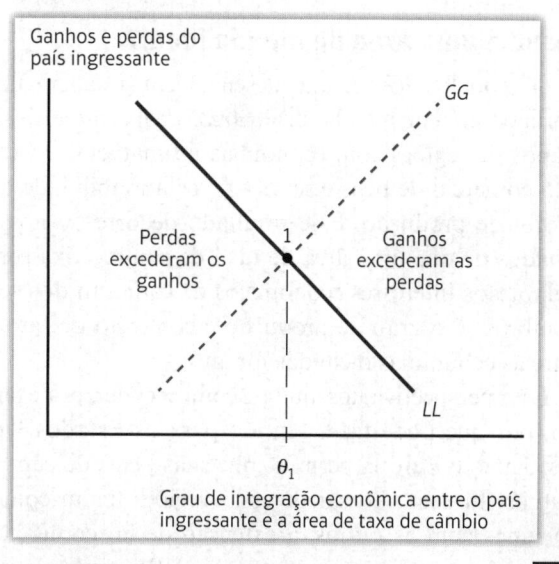

FIGURA 21.6 — Um aumento da variabilidade do mercado de produção

Um aumento no tamanho e na frequência das perturbações específicas do país aos mercados de produto do país ingressante desloca a curva LL para cima, de LL^1 para LL^2, porque para um dado nível de integração econômica com a área de taxa de câmbio fixa, a perda de estabilidade econômica do país por sua fixação da taxa de câmbio aumenta. A mudança em LL eleva o nível crítico de integração econômica em que a área de taxa de câmbio está unida ao θ_2.

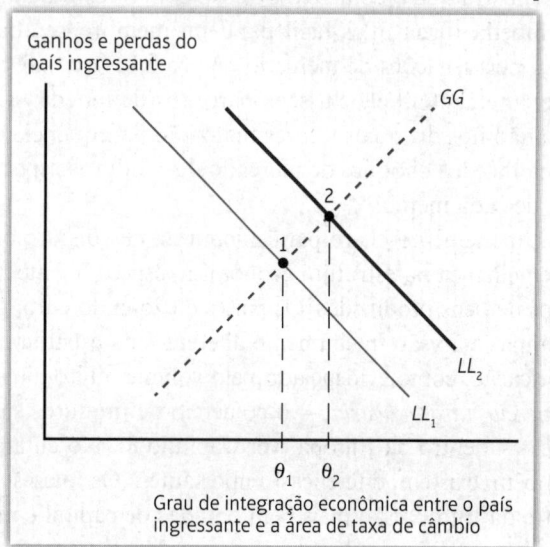

Eixo vertical: Ganhos e perdas do país ingressante
Eixo horizontal: Grau de integração econômica entre o país ingressante e a área de taxa de câmbio
Curvas: GG (crescente, tracejada); LL_1 e LL_2 (decrescentes, com LL_2 acima de LL_1). Ponto 1 em θ_1 (interseção GG com LL_1); ponto 2 em θ_2 (interseção GG com LL_2).

Mantendo iguais todas as outras variáveis, o aumento na variabilidade em seus mercados de produto faz os países ficarem menos dispostos a entrar em áreas de taxa de câmbio fixa — uma previsão que ajuda a explicar por que os choques de preço do petróleo depois de 1973 fizeram os países não quererem reviver o sistema de Bretton Woods de taxas de câmbio fixas (Capítulo 19).

O que é uma área de moeda ideal?

O modelo *GG-LL* que desenvolvemos sugere uma teoria da área de moeda ideal. *Áreas de moeda ideal* são grupos de regiões com economias intimamente ligadas pelo comércio de bens e serviços e pela mobilidade dos fatores de produção. Esse resultado decorre de nossos achados de que uma área de taxa de câmbio fixa serve melhor aos interesses econômicos de cada um dos seus membros se o grau de produção e comércio de fatores entre as economias incluídas for alto.

Essa perspectiva nos ajuda a compreender, por exemplo, por que pode fazer sentido para os Estados Unidos, Japão e Europa permitir que suas taxas de câmbio mútuas flutuem. Apesar de essas regiões terem comércio umas com as outras, a extensão de tal comércio é modesta em comparação com os PNBs regionais, e a mobilidade inter-regional da mão de obra é baixa.

Outras considerações importantes

Embora o modelo *GG-LL* seja útil para organizar o nosso pensamento sobre as áreas de moeda ideal, ele não resolve tudo. Pelo menos três outros elementos afetam nossa avaliação do passado e da perspectiva de desempenho da área de moeda do euro.

Similaridade da estrutura econômica O modelo *GG-LL* nos mostra que o comércio extenso com o resto da área de moeda torna mais fácil para um membro se adaptar a perturbações de mercado de produtos que afetam diferentemente a ele e a seus parceiros de moeda. Mas isso não nos diz quais fatores reduzirão a frequência e o tamanho dos choques de mercado de produtos específicos de cada membro.

Um elemento-chave para minimizar tais distúrbios é a semelhança na estrutura econômica, especialmente nos tipos de bens produzidos. Os países da zona do euro, por exemplo, não são inteiramente diferentes na estrutura de fabricação, como evidenciado pelo volume muito alto de *comércio intra-indústria* — o comércio de produtos similares — dentro da Europa (ver Capítulo 8). No entanto, também existem diferenças importantes. Os países do norte da Europa são mais bem dotados de capital e mão de obra qualificada do que os países do sul, e produtos da UE que fazem uso intensivo de mão de obra de baixa qualificação, portanto, são plausíveis de vir de Portugal, Espanha, Grécia ou sul da Itália. Os diferentes padrões de exportação dos países europeus do norte e do sul criam mais oportunidades para os choques assimétricos.

Podemos ver a maior diferença estrutural entre um país e seus parceiros potenciais de união monetária como deslocando a curva *LL* para cima, aumentando o grau de integração econômica necessária antes da filiação à união monetária tornar-se uma boa ideia.

Federalismo fiscal Outra consideração na avaliação de uma área de moeda é sua capacidade de transferir recursos econômicos dos membros com economias saudáveis para aqueles que sofrem reveses econômicos. Nos Estados Unidos, por exemplo, os estados-membros que se saem mal em relação ao restante da nação recebem automaticamente apoio de Washington, na forma de benefícios sociais e outros pagamentos de transferência federal que, em última análise, saem dos impostos que outros estados pagam. Além disso, as receitas de impostos federais enviadas de volta para Washington automaticamente declinam quando a economia local sofre. Tal **federalismo fiscal** pode ajudar a compensar a perda de estabilidade econômica decorrente de taxas de câmbio fixas, como acontece nos Estados Unidos. Se há mais federalismo fiscal, ele desloca a curva *LL* para baixo.[13]

União bancária Suponha que os países em uma área de taxas de câmbio mutuamente fixas mantenham o controle nacional sobre a regulamentação, supervisão e resolução de operações bancárias, mas ao mesmo tempo permitam liberdade de transações financeiras através das fronteiras, incluindo para os bancos (e outras instituições financeiras). Como vimos no Capítulo 20, o trilema financeiro implica que seus sistemas financeiros serão menos estáveis que com o controle centralizado e supranacional sobre a política de regulação financeira.

No entanto, o problema é ainda pior do que o habitual em uma área de taxas de câmbio fixas. Se países membros imprimirem dinheiro em grandes quantidades, enquanto agem como emprestadores de última instância, por exemplo, eles podem ficar sem reservas internacionais e encontrar-se em uma crise monetária (Capítulo 18). Cada banco central será, portanto, relutante em agir como LLR para seus

---

[13] A afirmação clássica do papel do federalismo fiscal na teoria das zonas de moeda ideal é de Peter B. Kenen. "The Theory of Optimum Currency Areas: na Eclectic View". In: Robert Mundell e Alexander Swoboda (Eds.). *Monetary Problems of the International Economy*. Chicago: University of Chicago Press, 1969, p. 41–60. Talvez surpreendentemente, o argumento de Kenen é válido mesmo quando as pessoas têm acesso a mercados privados muito eficientes para a partilha de riscos. Veja: Emmanuel Farhi e Iván Werning, "Fiscal Unions". Working Paper 18280, National Bureau of Economic Research, ago. 2012.

bancos nacionais, e as percepções públicas dessa relutância podem, em si, incentivar corridas a banco e, assim, aumentar o risco de instabilidade financeira e novas crises monetárias. Em termos de nossa curva *GG-LL*, menos unificação de toda a área de política bancária eleva a curva *LL*. Como veremos, esse problema tem sido fundamental para a crise recente na zona do euro, apesar do exemplo anterior com base na função LLR do banco central trabalhar no contexto da UEM de forma mais complexa.

Como sugere o trilema financeiro, uma maneira de manter taxas de câmbio fixas, mantendo o controle nacional sobre a política financeira, é proibir os movimentos de capitais transfronteiriços. Isso não é uma opção dentro de uma união monetária como a UEM, com um banco central único compartilhado, porque a política de taxas de juros do banco central não poderia ser transmitida a todos os estados membros se impedissem a contratação de empréstimos transfronteiriços.

A EUROPA É UMA ÁREA DE MOEDA IDEAL?

A questão crítica para julgar o sucesso econômico da UEM é se a própria Europa torna-se uma área de moeda ideal. Os ganhos e perdas de uma nação ao indexar sua moeda a uma área de taxa de câmbio são difíceis de medir numericamente, mas combinando nossa teoria com informações sobre o desempenho econômico real, podemos avaliar a alegação de que a Europa, que em sua maior parte é propensa a adotar ou indexar ao euro, é uma área de moeda ideal.

A extensão do comércio intraeuropeu

Nossa discussão anterior sugeriu que um país é mais suscetível de se beneficiar por juntar-se a uma zona monetária se a economia da região for estreitamente integrada à do país. O grau geral de integração econômica pode ser julgado ao olhar para a integração dos mercados de produtos, ou seja, a extensão do comércio entre o país ingressante e a área da moeda, e para a integração dos mercados de fatores de produção, ou seja, a facilidade com que mão de obra e capital podem migrar entre o país ingressante e a área da moeda.

Em janeiro de 1999, época do lançamento do euro, a maioria dos estados membros exportava de 10% a 20% de sua produção para outros membros da UE. Esse número é muito maior do que a extensão do comércio UE-Estados Unidos. Contudo, embora o volume médio de comércio intra-UE tenha aumentado um pouco desde a década de 1990, permanece abaixo do nível do comércio entre as regiões dos Estados Unidos. Se tomarmos o comércio em relação ao PNB como uma medida da integração mercado-mercadorias, o modelo *GG-LL* da última seção sugere que uma flutuação comum das moedas da Europa em relação às do resto do mundo é uma estratégia melhor para membros da UE do que seria uma taxa de câmbio euro/dólar fixa. A extensão do comércio intraeuropeu, no entanto, não é grande o suficiente para dar uma explicação definitiva para crermos que a própria União Europeia seja uma área de moeda ideal.

Quando o euro foi criado, quem apoiava o projeto tinha grandes esperanças de que ele promoveria substancialmente o comércio na união monetária. Essas esperanças foram reforçadas por um estudo econométrico influente de Andrew K. Rose, da Universidade da Califórnia, em Berkeley, que sugeriu que em média, membros de uniões monetárias fazem três vezes mais comércio uns com os outros do que com países não membros — mesmo depois de um controle para outros determinantes dos fluxos comerciais. Um estudo mais recente dos dados de comércio da UE por Richard Baldwin, do Instituto de Estudos Internacionais e Desenvolvimento de Pós-graduação de Genebra, reduziu muito a escala das estimativas que se aplicam à experiência da zona do euro, até então.[14] Baldwin estima que o euro aumentou os níveis de comércio mútuo de seus usuários somente em cerca de 9%, com a maioria dos efeitos ocorrendo no primeiro ano, 1999. Mas ele também concluiu que a Grã-Bretanha, a Dinamarca e a Suécia, que não adotaram

---

14 Veja: Baldwin. *In or Out: Does It Matter? An Evidence-Based Analysis of the Euro's Trade Effects*. Londres: Centre for Economic Policy Research, 2006. Rose relata seus resultados iniciais em "One Money, One Market: The Effects of Common Currencies on Trade". *Economic Policy*, v. 30, p. 8–45, abr. 2000. Ele baseou seus métodos no "modelo de gravidade" do comércio internacional (Capítulo 2). Rose subdimensionou sua estimativa em: Andrew K. Rose e Eric van Wincoop. "National Money as a Barrier to International Trade: The Real Case for Currency Union". *American Economic Review*, v. 91, p. 386–390, maio 2001. Usando um modelo mais sofisticado de padrões de comércio internacional, Rose e van Wincoop calcularam o efeito de criação de comércio de uma união monetária, como um aumento de cerca de 50% do comércio. Mesmo essa estimativa parece muito maior do que o aumento que se seguiu à introdução do euro.

a moeda, viram seu comércio com os países da zona do euro aumentar em cerca de 7% ao mesmo tempo. Esses países da UE, portanto, ganhariam mais se adotassem o euro.

As medidas da UE destinadas a promover a integração do mercado após o Ato Único Europeu de 1986 provavelmente contribuíram para reforçar o comércio intracomunitário. Para algumas mercadorias (como os produtos eletrônicos de consumo), tem havido convergência de preço considerável em países da UE, mas outros produtos semelhantes, entre eles carros, ainda podem ser vendidos por preços muito diferentes em locais diversos da Europa. Uma hipótese sobre a persistência de diferenças de preços que é favorecida pelos entusiastas do euro é que várias moedas possibilitavam as grandes discrepâncias de preço, mas elas foram obrigadas a desaparecer com a moeda única. O euro por si só contribuiu para a integração do mercado? Em um estudo cuidadoso do comportamento dos preços europeus desde 1990, os economistas Charles Engel, da Universidade de Wisconsin, e John Rogers, da Reserva Federal observaram que as discrepâncias de preços intraeuropeus realmente diminuíram ao longo da década de 1990. Eles não acharam evidências, no entanto, de maior convergência de preço após a introdução do euro em 1999.[15]

Em conclusão, considerando tanto o preço como a quantidade de evidências até agora, é improvável que a combinação de reformas do Ato Único Europeu e a moeda única tenham transformado a zona do euro em uma área de moeda ideal.

Quão móvel é a força de trabalho da Europa?

Os principais obstáculos à mobilidade da mão de obra dentro da Europa não são mais decorrentes dos controles de fronteira. Diferenças de língua e cultura desencorajam os movimentos de trabalhadores entre os países europeus, em maior medida do que ocorre, por exemplo, entre as regiões dos Estados Unidos. Em um estudo econométrico de 1990 comparando padrões de desemprego nas regiões dos Estados Unidos com os países da UE, Barry Eichengreen, da Universidade da Califórnia, em Berkeley, constatou que as diferenças nas taxas de desemprego regional são menores e menos persistentes nos Estados Unidos do que as diferenças entre as taxas de desemprego nacional na União Europeia.[16] A Figura 21.7 mostra a evolução das taxas de desemprego selecionadas na UE desde a década de 1990; a divergência evidente após o final da década de 2000 é o resultado da crise recente e será discutida na próxima seção.

Mesmo *dentro* de países europeus, a mobilidade da mão de obra parece limitada, em parte por causa de regulamentos do governo. Por exemplo, a exigência em alguns países de que os trabalhadores estabeleçam residência antes de receber o auxílio-desemprego torna mais difícil para os trabalhadores desempregados procurar empregos em regiões que estão longe de suas casas atuais. A Tabela 21.2 apresenta evidências sobre a frequência de circulação regional da mão de obra em três dos maiores países da UE em comparação com os Estados Unidos. Embora esses dados devam ser interpretados com cautela, porque a definição de "região" é diferente de um país para outro, eles sugerem que, em um ano típico, os norte-americanos são significativamente mais móveis do que os europeus.[17]

Há algumas evidências de que a mobilidade da mão de obra aumentou em resposta às taxas de desemprego extremas visíveis na Figura 21.7. Mas, em algum grau, isso é uma faca de dois gumes. Os trabalhadores que tendem a ser mais móveis são mais jovens e mais produtivos, enquanto aqueles que permanecem parados estão mais próximos da aposentadoria. Esse padrão de migração pode privar os governos da base de recolhimento de que eles precisam para financiar benefícios de pensão e de saúde, agravando, assim, déficits fiscais nos países já duramente atingidos pela recessão profunda.

TABELA 21.2	Pessoas que mudaram a região de residência na década de 1990 (% da população total)			
	Grã-Bretanha	Alemanha	Itália	Estados Unidos
	1,7	1,1	0,5	3,1

Fonte: Peter Huber. "Inter-regional Mobility in Europe: A Note on the Cross-Country Evidence". *Applied Economics Letters*, v. 11, p. 619–624, ago. 2004; e "Geographical Mobility, 2003–2004". Departamento de Comércio dos EUA, mar. 2004. Dados da tabela são para a Grã-Bretanha, em 1996, Alemanha em 1990, Itália em 1999 e Estados Unidos em 1999.

---

15 Consulte o artigo: "European Product Market Integration after the Euro". *Economic Policy*, v. 39, p. 347–381, jul. 2004. Para confirmação, veja: Jesús Crespo Cuaresma, Balázs Égert e Maria Antoinette Silgoner. "Price Level Convergence in Europe: Did the Introduction of the Euro Matter?". *Monetary Policy and the Economy*, Oesterreichische Nationalbank (Q1 2007), p. 100–113.

16 Veja: Eichengreen. "One Money for Europe? Lessons of the U.S. Currency Union". *Economic Policy*, v. 10, p. 118–166, abr. 1990. Um estudo mais aprofundado do mercado de trabalho dos Estados Unidos mostrou que o desemprego regional é eliminado quase inteiramente por migração de trabalhadores em vez de mudanças regionais dos salários reais. Veja: Olivier Jean Blanchard e Lawrence F. Katz. "Regional Evolutions". *Brookings Papers on Economic Activity*, v. 1, p. 1–75, 1992.

17 Para uma discussão mais detalhada das evidências, consulte: Maurice Obstfeld e Giovanni Peri. "Regional Non-Adjustment and Fiscal Policy". *Economic Policy*, v. 26, p. 205–259, abr. 1998.

FIGURA 21.7   Taxas de desemprego em países selecionados

Taxas de desemprego amplamente divergentes aproximaram-se após o lançamento do euro em 1999, mas desde o final da década de 2000 ficaram nitidamente afastadas.

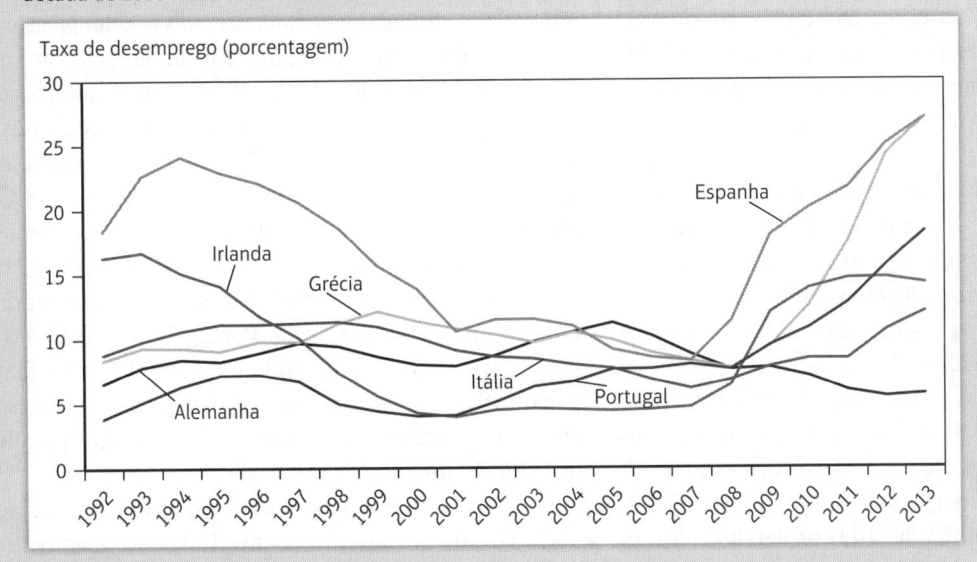

Fonte: Fundo Monetário Internacional, Banco de dados do World Economic Outlook, abril de 2013. Os números para 2013 são previsões do FMI.

Outras considerações

Anteriormente, identificamos três considerações adicionais (ao lado de integração econômica) que são relevantes para os custos e benefícios da formação de uma zona monetária: similaridade de estrutura, federalismo fiscal e a unificação da política em relação à estabilidade do mercado financeiro e bancário. Em todos os três quesitos, a UE está aquém, reforçando a hipótese de que não é uma área de moeda ideal.

Como já observamos, membros da UE têm mix de exportação muito diversos e, portanto, vulnerabilidades diferentes para perturbações econômicas idênticas. Por exemplo, Portugal concorre com a China nos mercados de exportação, enquanto a China é um mercado de grande destino para máquinas alemãs. Assim, o maior crescimento chinês tem efeitos muito diferentes sobre as economias alemã e portuguesa.

Com relação ao federalismo fiscal, é bastante limitado na UE, que não tem uma capacidade fiscal centralizada substancial. Portanto, choques específicos de cada país, não são compensados por quaisquer entradas de recursos orçamentais de parceiros da união monetária. Por fim, sobre a política de estabilidade financeira, o Tratado de Maastricht deixou praticamente todos os poderes em nível nacional, não dando ao Eurossistema nenhuma autoridade explícita para supervisionar os mercados financeiros. A história da crise do euro, que abordaremos a seguir, está intimamente ligada com essas duas últimas lacunas na arquitetura subjacente à moeda única.

A crise do euro e o futuro da UEM

Como o resto do mundo, a área do euro foi golpeada pela crise financeira global de 2007–2009 (descrita nos capítulos 19 e 20). Entretanto, foi só no final da fase aguda da crise financeira global — final de 2009 — que a zona do euro entrou em uma nova crise tão grave que era capaz de ameaçar a continuidade de sua existência. Nesta seção ajudaremos você a compreender a natureza da crise do euro, as maneiras como tem sido administrada até agora e as implicações para o futuro da UEM.

Origens da crise

A faísca que acendeu a crise veio de uma fonte improvável: a Grécia, que representava apenas 3% da produção da zona do euro. No entanto, a faísca pousou em um monte amplo e profundo de feno muito seco, montado durante o período de taxas de juros baixas, especulação imobiliária e crescimento elevado do mercado financeiro que precedeu a crise financeira global.

O pavio Os ativos globais dos bancos internacionalmente ativos cresceram rápido nos anos que conduziram até a crise de 2007–2009, mas especialmente para os bancos europeus e para os bancos da zona do euro. Os lados dos ativos de seus balanços cresceram mediante compras de produtos lastreados pelo crédito dos Estados Unidos, mas também por meio de empréstimos a outros países da zona do euro, incluindo compras de dívida pública e empréstimos para financiar os gastos de consumo, investimento, de habitação e empréstimos de hipoteca. Esse empréstimo ajudou a estimular e, por sua vez, foi alimentado por crescimentos de habitação massiva, especialmente na Irlanda e na Espanha (lembre-se da Figura 19.7). Um fator importante que promoveu esses desenvolvimentos, como você aprendeu no Capítulo 19, era um ambiente de taxas muito baixas de juros globais, que induziu os bancos a assumir maiores riscos em busca de lucros.

Como resultado dessa expansão do crédito, ativos bancários cresceram a níveis muito altos em comparação com o PIB dos países de origem dos bancos. A Tabela 21.3 ilustra as posições de alguns bancos grandes da área do euro no final de 2011; os balanços foram ainda maiores em relação à produção em 2007. Em vários países, bancos individuais tornaram-se "grandes demais para serem salvos" com base nos recursos que o governo poderia angariar apenas da economia doméstica; e a situação do governo, é claro, seria muito pior numa crise sistêmica, com vários bancos em apuros ao mesmo tempo. Por exemplo, se os ativos de um banco falido são iguais ao PIB e o governo deve injetar capital igual a 5% dos bens para restaurar a solvência do banco, então o governo teria que emitir dívida ou aumentar os impostos em 5% do PIB — uma fração muito grande — para manter o banco em funcionamento. E se vários bancos grandes falirem ao mesmo tempo?

Com o risco de taxa de câmbio agora eliminado entre países da área do euro, os rendimentos de títulos do governo se aproximaram da igualdade. Além disso, os mercados pareciam convencidos de que nenhum governo europeu deixaria de pagar suas dívidas (**inadimplência**) — afinal, nenhum país avançado em qualquer lugar tinha feito isso desde a década de 1940. Como resultado, os *spreads* entre os governos considerados mais dignos de crédito por agências como a Moody (por exemplo, Alemanha) e o menos dignos de crédito (por exemplo, Grécia) tornaram-se muito pequenos — muitas vezes na ordem de 25 pontos base ou menos (veja Figura 21.8). Esse desenvolvimento incentivou mais gastos e empréstimos em países como Grécia, Portugal e Espanha. (Uma inadimplência ocorre quando um devedor não faz os pagamentos da dívida que prometeu aos credores. O evento é chamado de *inadimplência soberana* quando o devedor é o governo de um país.)

Mas com maior gasto também veio uma inflação mais elevada em relação ao nível alemão. Como resultado, os países da periferia da zona do euro — Irlanda, Portugal, Espanha, Itália e Grécia — viram suas moedas sofrerem valorização em termos reais, não só em relação à Alemanha, mas em relação a todos os seus parceiros comerciais, tanto dentro como fora da UEM. A Figura 21.9, que informa os índices da Comissão Europeia de valorização real em relação ao deflatores do PIB, mostra como todos esses países perderam competitividade após o início dos anos 2000, mais notavelmente os dois com crescimentos de habitação mais extremos, Irlanda e Espanha. Com uma inflação mais elevada do que a da Alemanha, mas com taxas de títulos essencialmente iguais, esses países tinham menores taxas de juros *reais* durante meados da década de 2000, um fator que os estimulou a gastar e a aumentar a inflação ainda mais (veja a Figura 21.10 para taxas de juros reais).[18]

Como resultado, enquanto a Alemanha tinha excedentes crescentes da conta-corrente, os países periféricos tinham déficits crescentes, em alguns casos muito grandes, como mostra a Tabela 21.4. As dívidas externas então cresceram, suscitando a pergunta de como estes países gerariam excedentes de exportação líquidos necessários para pagar os credores estrangeiros. O dilema tornou-se mais agudo, à medida que o crescimento desacelerava em consequência da crise global de 2007–2009.

TABELA 21.3	Ativos de alguns bancos individuais como uma relação com a produção nacional, fim de 2011	

Banco	País	Ativos do banco
Erste Group Bank	Áustria	0,68
Dexia	Bélgica	1,10
BNP Paribas	França	0,97
Deutsche Bank	Alemanha	0,82
Bank of Ireland	Irlanda	0,95
UniCredit	Itália	0,59
ING Group	Países Baixos	2,12
Banco Commercial Português	Portugal	0,57
Banco Santander	Espanha	1,19

Fonte: Dados do Fundo Monetário Internacional, banco de dados do *World Economic Outlook*. Dados sobre o patrimônio do banco de Viral V. Acharya e Sascha Steffen. "The 'Greatest' Carry Trade Ever? Understanding Eurozone Bank Risks". Artigo de Discussão 9432, Centre for Economic Policy Research, abr. 2013.

---

[18] Esse tipo de instabilidade monetária foi previsto por Sir Alan Walters, um conselheiro econômico da primeira-ministra Margaret Thatcher da Grã-Bretanha e um grande oponente das taxas de câmbio fixas dentro da Europa. Consulte seu polêmico livro *Sterling in Danger: Economic Consequences of Fixed Exchange Rates*. Londres: Fontana, 1990.

FIGURA 21.8 *Spreads* dos empréstimos nominais do governo sobre a Alemanha

Rendimentos de títulos de governo de longo prazo dos países do euro convergiram ao nível da Alemanha, enquanto se preparavam para aderir ao euro. Os rendimentos começaram a divergir novamente com a crise financeira global de 2007–2009 e ficaram nitidamente afastados após a crise do euro no final de 2009.

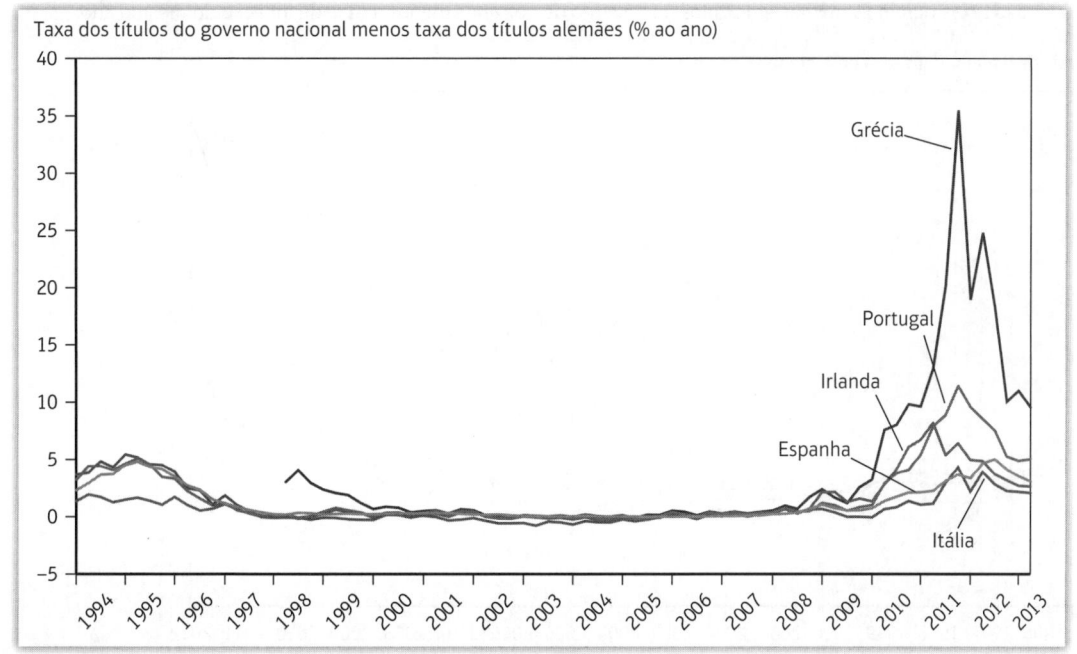

Fonte: Banco Central Europeu. Taxas de juros de títulos do governo de dez anos.

FIGURA 21.9 Valorização real nos países periféricos da zona do euro

Após a entrada na zona do euro, a valorização real para os países da zona do euro periférica, mais notavelmente os dois com crescimentos internos maiores, Irlanda e Espanha.

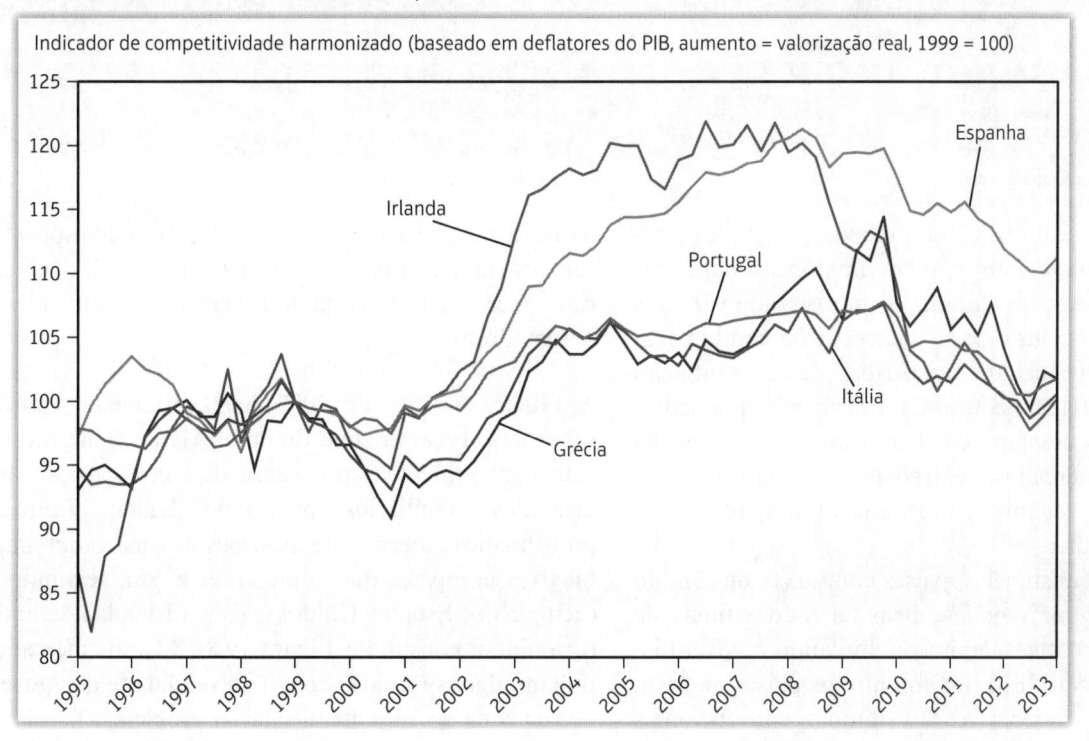

Fonte: Eurostat. Índice de competitividade multilateral harmonizado com base em deflatores do PIB. Um aumento no índice é uma valorização real (perda de competitividade).

FIGURA 21.10 Taxas de juros reais divergentes da zona do euro

Conforme a data de 1999 de lançamento para o euro se aproximava, as taxas nominais de títulos de longo prazo nos países candidatos a membros convergiam, levando a reduzir as taxas de juros reais nos países com inflação relativamente elevada. O gráfico mostra a taxa de juros real de longo prazo para cada país menos a taxa de juros real de longo prazo da Alemanha. Taxas de juros reais são taxas nominais médias em títulos do governo de dez anos menos a taxa de inflação do mesmo ano.

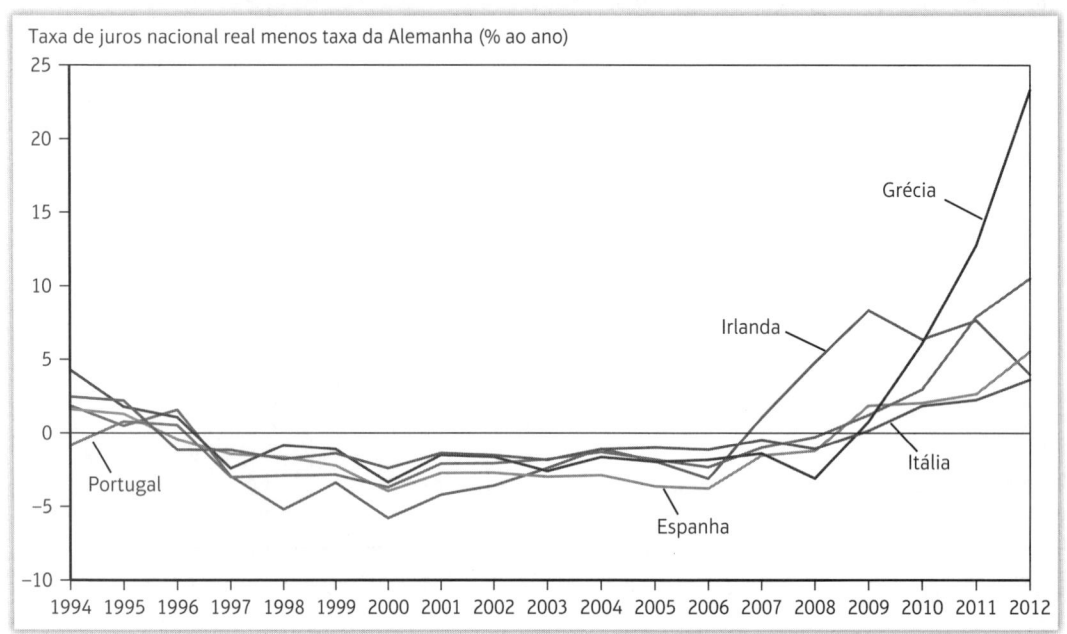

Fonte: Datastream.

TABELA 21.4 Saldos de conta-corrente dos países da zona do euro, 2005–2009 (% do PIB)

	Grécia	Irlanda	Itália	Portugal	Espanha	Alemanha
2005	−7,5	−3,5	−1,7	−9,4	−7,4	5,1
2006	−11,2	−4,1	−2,6	−9,9	−9,0	6,5
2007	−14,4	−5,3	−2,4	−9,4	−10,0	7,6
2008	−14,6	−5,3	−3,4	−12,0	−9,8	6,7
2009	−11,2	−2,9	−3,1	−10,3	−5,4	5,0

Fonte: Fundo Monetário Internacional.

Como a desvalorização da moeda por países individuais da zona do euro não era uma opção para estimular as exportações líquidas, tornou-se cada vez mais provável que o ajuste para uma taxa de câmbio real mais competitiva exigiria um período de baixa inflação ou mesmo deflação, com toda a probabilidade acompanhada pelo desemprego significativo decorrente da rigidez dos mercados de trabalho e produto. Entre outros efeitos negativos, a recessão prolongada enfraqueceria os bancos.

Nessas circunstâncias, países com taxas de câmbio fixas convencionais podem bem ter sido vítimas de ataques especulativos de moeda, forçando o governo a desvalorizar. Na UEM, no entanto, os países não têm suas próprias moedas, então ataques convencionais não são possíveis. Contudo, o outro tipo de especulação ocorre, trabalhando por meio de corridas bancárias e mercados de dívida do governo. Os efeitos foram devastadores.

A faísca A crise de 2007–2009 certamente causou dores de cabeça na zona do euro. Alguns bancos estavam com problemas por causa de sua exposição aos mercados imobiliários dos Estados Unidos. Também problemáticas foram as exposições aos mercados imobiliários europeus, que começaram a cair, seguindo o exemplo dos Estados Unidos (e com a Irlanda liderando o caminho; consulte a Figura 19.8). Mas os mercados tinham alguns receios sobre a solvabilidade dos governos da zona do euro até intratáveis problemas fiscais da

Grécia tornarem-se evidentes no final de 2008. Essa foi a faísca que acendeu o pavio dos bancos sobrecarregados e das economias não competitivas e endividadas.

A crise começou quando um novo governo grego foi eleito em outubro de 2009. Muito rapidamente, o novo governo anunciou uma má notícia: o déficit fiscal grego situava-se em 12,7% do PIB, mais que o dobro dos números anunciados pelo governo anterior. Aparentemente o governo anterior tinha deixado de relatar suas estatísticas econômicas por anos, e a dívida pública, na verdade, elevou-se a mais de 100% do PIB.

Os detentores de títulos gregos, incluindo muitos bancos na zona do euro, começaram a se preocupar com a capacidade do governo grego para fechar o seu déficit e pagar suas dívidas. Em dezembro de 2009, as principais agências de classificação rebaixaram a dívida do governo grego. (Como mostra a Figura 21.8, o *spread* de empréstimos do governo grego em relação aos títulos alemães subiu para níveis vistos antes no final de 2008 e início de 2009, quando os mercados financeiros globais estavam em tumulto com as consequências da crise do *subprime*.) O governo grego anunciou grandes cortes no orçamento e elevou alguns impostos nos primeiros meses de 2010, mas foi logo confrontado com greves e protestos de rua. Mais rebaixamentos seguiram-se e os custos de empréstimos gregos subiram, tornando ainda mais difícil para o país pagar os credores. Os investidores começaram a se preocupar que outros países deficitários pudessem enfrentar problemas semelhantes aos da Grécia. A figura mostra que os custos de empréstimos para Portugal e Irlanda e mesmo para os dois grandes países, Espanha e Itália, ficaram sob pressão. Os mercados de ações do mundo despencaram conforme crescia a perspectiva de uma crise financeira muito mais ampla na Europa.

Como a UE lidou com a crise grega? Um resgate da Grécia pelos países mais ricos teria reprimido a agitação do mercado, mas isso foi exatamente o resultado que países como a Alemanha desejavam evitar quando negociaram o Tratado de Maastricht e o PEC. Em meados de março de 2010, os ministros das finanças da zona do euro declararam sua intenção de ajudar a Grécia, mas não forneceram detalhes do que planejavam fazer. Com a UE incapaz de tomar medidas concretas, a crise tornou-se uma bola de neve e o valor do euro nos mercados cambiais caiu.

Por fim, em meados de abril de 2010, os países da zona do euro, trabalhando com o FMI, concordaram com um pacote de empréstimo de € 110 bilhões para a Grécia. Mas a essa altura espalhara-se o pânico sobre a dívida do governo, e os governos português, espanhol e italiano (após o que a Irlanda já havia empreendido no final de 2008) estavam propondo suas próprias medidas de redução de déficit em um esforço para impedir os *spreads* dos empréstimos de subirem a níveis gregos. Temendo um colapso continental, os líderes da zona do euro embutiram o apoio grego dentro de uma Linha Europeia de Estabilidade Financeira (EFSF) mais ampla, com financiamento de € 750 bilhões fornecidos pelos próprios empréstimos dos mercados, a Comissão Europeia e o FMI. (A EFSF foi explicitamente temporária, mas foi substituída por um Mecanismo Europeu de Estabilidade permanente ou MEE, em outubro de 2012.) O BCE então reverteu uma política que anunciara anteriormente e começou a adquirir os títulos dos países devedores da zona do euro com problemas, despertando acusações de que ele estava violando o espírito do Tratado de Maastricht ao recompensar os excessos fiscais. Na verdade, a motivação do BCE foi evitar um pânico bancário, apoiando os preços dos ativos amplamente mantidos pelos bancos europeus.

Os custos de empréstimos gregos mantiveram-se elevados, e em breve as taxas de empréstimos do mercado da Irlanda aumentaram extremamente conforme ficava claro que o custo do governo em apoiar os bancos irlandeses instáveis equivaleria a uma grande fração do PIB. No final de 2010, a Irlanda negociou um pacote de empréstimos do EFSF de € 67,5 bilhões com a *troika*, composta pela Comissão Europeia, o BCE e o FMI. Portugal negociou um empréstimo da *troika* de € 78 bilhões em maio 2011.[19] Ambos os empréstimos, como o grego, tiveram condições exigindo que os destinatários cortassem orçamentos de governo e instituíssem reformas econômicas estruturais (como a desregulamentação do mercado de mão de obra). A *troika* era responsável por controlar a conformidade ao acordo.

A inadimplência autorrealizável do governo e o *"doom loop"* (literalmente, "ciclo fatal")

Por que o pânico do mercado se desenvolve e se espalha tão rápido? O debate controverso acerca do pacote grego inicial deixou claro que os países europeus do norte, como Alemanha, Finlândia e Holanda tinham apenas uma vontade muito restrita de subscrever o empréstimo aos países como a Grécia, enfrentando condições de mercado desfavoráveis, ou diretamente

---

[19] O termo *"troika"* entrou em uso generalizado durante a crise do euro. A palavra é russa e refere-se a um conjunto de três cavalos com arreios para puxar um trenó.

ou indiretamente por meio de suporte para compras de títulos do BCE. Alguns políticos do norte da Europa haviam falado abertamente sobre a inadimplência da Grécia, ou mesmo sobre a possibilidade de ela sair do euro. Assim, a inadimplência soberana na dívida grega, apesar de funcionários da UE negarem no início essa possibilidade, pareceu eminentemente possível, como a inadimplência por outros países (como Portugal) com rápido crescimento de dívidas do governo.

O medo da inadimplência era um problema específico da área do euro: o governo dos Estados Unidos pode sempre imprimir dólares para pagar suas dívidas e então é muito improvável que a inadimplência ocorra, mas os países que utilizam o euro não podem, uma vez que a decisão de imprimir euros é do BCE, não dos governos nacionais. (É por isso que Grécia, Portugal e Irlanda estavam na posição anômala de tomar empréstimos de euros — sua própria moeda — ao FMI.) A possibilidade de descumprimento dá origem a uma dinâmica de autorrealização que é análoga a uma corrida bancária (como discutido no Capítulo 20) ou uma crise de moeda autorrealizável (como discutido no Capítulo 18): se os mercados esperam uma inadimplência, eles cobrarão do governo que pede empréstimo taxas de juros muito elevadas, e se for incapaz de aumentar os impostos ou cortar gastos suficientes, ele será forçado a perder reembolsos da dívida e, portanto, haverá inadimplência. Isso é exatamente o que aconteceu na área do euro.[20]

Como os balanços dos bancos tornaram-se tão grandes, o estado debilitado dos bancos dos países do euro reforçaram vigorosamente a probabilidade de inadimplência do governo. Países com necessidade de apoiar seus sistemas bancários com infusões de dinheiro público tinham que pedir o dinheiro emprestado, levando a grandes aumentos nos níveis de dívida pública e maiores temores de inadimplência no mercado. A Figura 21.11 mostra a evolução da dívida pública (como uma proporção em relação ao PIB) na área do euro. Enquanto a Grécia tinha de longe a maior dívida (alcançando um escalonamento de 170% do PIB em 2011), você pode ver que as dívidas dos outros países foram aumentando rapidamente, alimentadas em parte, na maioria dos casos, pela necessidade de socorrer os bancos. A Irlanda é o exemplo mais drástico, com a dívida subindo de apenas 25% do PIB em 2007 para mais de 90% em 2010, impulsionada não só pela recessão, mas por uma ajuda financeira dos bancos que tinha conduzido ao *boom* de propriedade irlandês.[21]

FIGURA 21.11 Dívida pública bruta para o PIB na área do euro

As dívidas públicas na zona do euro cresceram rapidamente depois de 2007, em parte pela necessidade de os governos apoiarem seus bancos fracos.

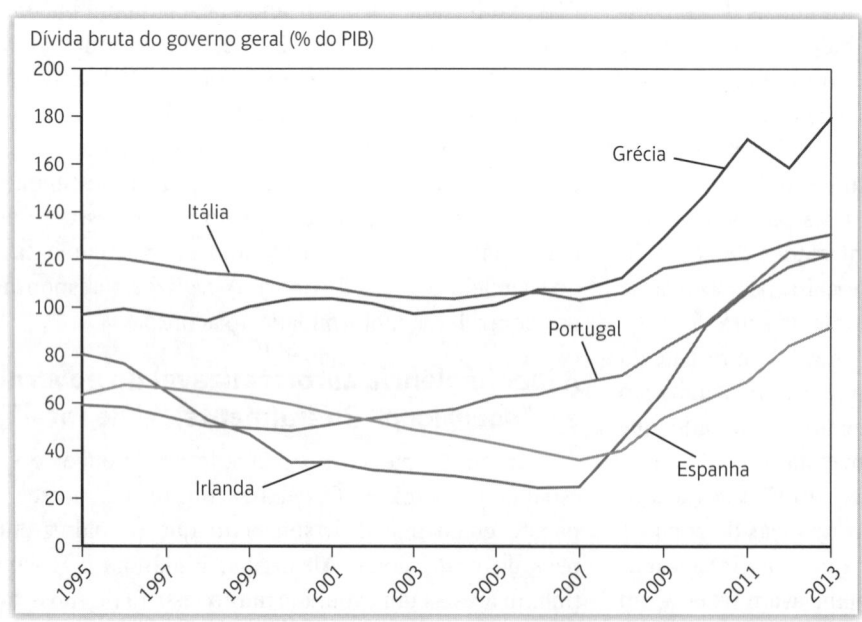

Fonte: Fundo Monetário Internacional, banco de dados do *World Economic Outlook*.

---

[20] Para um modelo desse processo, consulte: Guillermo A. Calvo. "Servicing the Public Debt: The Role of Expectations". *American Economic Review*, v. 78, p. 647–661, set. 1988. O modelo é aplicado para a crise do euro no artigo de De Grauwe em Leituras adicionais.

[21] Relatos vívidos das crises grega e irlandesa estão incluídos em Michael Lewis. *Boomerang: Travels in the NewThird World*. Nova York: W.W. Norton & Company, 2011.

Para piorar a situação, o estado perigoso do crédito de cada governo, por sua vez, enfraqueceu a solvência dos bancos nacionais. Primeiro, os bancos investiram pesadamente em títulos dos seus governos, para que quando os preços desses títulos caíssem, os ativos dos bancos e o capital do banco fossem reduzidos. Além disso, os credores dos bancos (incluindo os depositantes) entenderam que, se o próprio governo não foi capaz de obter dinheiro, seria incapaz de fazer boas promessas para apoiar os bancos, por exemplo, mediante injeções de capital público ou seguro depósito.

O feedback bilateral do banco em dificuldades aos problemas de empréstimos do governo foi chamado de **doom loop** (literalmente "ciclo fatal") pelos economistas. Como resultado do *doom loop*, o dinheiro privado fugiu dos bancos em países onde o governo estava tendo problemas com empréstimos. Esses países experimentaram uma *parada brusca* na concessão de empréstimos privados, e para evitar seus bancos de entrarem em colapso, o BCE teve que participar como emprestador de operações de últimos recursos em grande escala. Na realidade, o mercado financeiro da zona do euro tornou-se segmentado, ao longo de linhas nacionais, com a solvência dos bancos dos países mais fracos, julgados pela credibilidade de seus governos. As empresas e as famílias nesses países enfrentaram taxas de juros altas, se de alguma maneira conseguissem fazer empréstimos.

Por causa de cortes orçamentários e do aperto de crédito, a produção despencou e o desemprego disparou. Muitos observadores questionaram se os programas de austeridade incluídos nos pacotes de apoio financeiro dos governos e que estavam sendo praticados na UE, em geral, estavam realmente ajudando na redução da dívida pública, especialmente quando implementados simultaneamente por vários países vizinhos.

Uma crise mais ampla e respostas políticas

Mesmo depois de seu pacote de resgate inicial, a Grécia provou ser incapaz de colocar a dívida pública em um caminho sustentável. Os líderes europeus começaram a discutir abertamente sobre a necessidade de mecanismos que permitissem aos países insolventes reestruturar sua dívida no futuro. Com a inadimplência sancionada oficialmente agora sobre a mesa, os *spreads* de títulos da Itália aumentaram de modo acentuado no segundo semestre de 2011. A Itália era muito maior do que a Grécia, a Irlanda ou Portugal e seus problemas fiscais eram grandes demais para serem tratados sem um compromisso orçamentário muito maior de seus parceiros da zona do euro. Para a Espanha, outro país grande, os custos dos empréstimos tinham também sido delimitados tendo em conta o seu setor bancário muito grande, que tinha sido seriamente enfraquecido pelo colapso de habitação do país.

Em março de 2012, a Grécia enfim reestruturou sua dívida pública, impondo grandes perdas aos detentores de títulos privados. No entanto, a dívida total do país caiu apenas um pouco (Figura 21.11). Então, grande parte da dívida foi realizada oficialmente (em especial pelo BCE) e, além disso, o governo grego precisou pedir dinheiro emprestado para recapitalizar os bancos nacionais, que perderam muito em consequência da inadimplência. Em junho de 2012, ministros de finanças da zona do euro estenderam à Espanha um empréstimo do SME potencialmente tão grande quanto € 100 bilhões para cobrir a recapitalização do sistema bancário debilitado. Apesar desses incrementos, Grécia e Espanha permaneceram em tumulto.

Perante a turbulência em curso, líderes da zona do euro lançaram duas iniciativas principais, uma em matéria de política fiscal e outra sobre a unificação da política bancária. A Alemanha patrocinou um Tratado de Estabilidade Fiscal para países da UE, ao abrigo do qual os signatários comprometem-se a alterar a legislação nacional de uma forma que produzisse orçamentos de governo que estariam mais próximos do equilíbrio. O tratado, uma versão atualizada e mais rigorosa do PEC, foi motivado por preocupações semelhantes e reflete a posição oficial alemã de que a principal causa da crise foi o mau comportamento fiscal dos governos nacionais. Entrou em vigor para os 16 países que o assinaram, no início de 2013.

Os críticos do Tratado de Estabilidade Fiscal apontam que países como a Irlanda e a Espanha tinham indicadores fiscais favoráveis, com a queda dos níveis da dívida em relação ao PIB, antes da crise (Figura 21.11). Enquanto o diagnóstico alemão descrevia a Grécia, as dívidas dos outros países explodiram, porque seus sistemas bancários fundiram-se, e a estratégia alemã nada fez para melhorar a supervisão bancária ou para quebrar o *doom loop* entre bancos e governos soberanos. Como em nossa discussão sobre as áreas de moeda ideal, uma *união bancária* mais próxima seria necessária, a fim de estabilizar a zona do euro.

Esse segundo objetivo também foi perseguido pelos líderes da UE, que se reuniram em junho de 2012 e instruíram a Comissão Europeia a preparar um projeto para um Mecanismo Único de Supervisão (MUS) com poderes de controlar os bancos em toda a zona do euro. Os líderes também recomendaram que, uma vez que o MUS estivesse implementado, o SME deveria ter o poder para recapitalizar os bancos *diretamente*, ou seja, com qualquer empréstimo resultante, aparecendo como um passivo do SME, isto é, como uma responsabilidade conjunta da zona do euro e não de qualquer governo membro, independentemente de onde residissem os bancos recapitalizados. Essa recomendação importante foi destinada a reduzir a força do *doom loop* ao nível nacional, mas deixou alguns governos inquietos com a perspectiva de serem forçados a socorrer bancos em outros países.

Em resposta à diretiva da cúpula, em setembro de 2012, a Comissão recomendou uma abordagem tripla à união bancária, destinada a centralizar a supervisão financeira, o seguro depósito e a resolução de bancos insolventes dentro da área do euro. Essas medidas, como observado, foram feitas para desativar o *doom loop* em nível nacional e melhorar a qualidade e a credibilidade da supervisão financeira para a união monetária. Especificamente, a Comissão recomendou a criação de um MUS, de um regime amplo de seguro de depósito na zona do euro e de um mecanismo único de resolução (MUR), para ser operado (como o MUS) na área do euro. Em dezembro de 2012, os líderes da UE aprovaram o MUS, alocando-o no BCE (embora mantendo um grau significativo de autonomia do país de origem na regulação dos bancos menores). Ao redigirmos este capítulo, o MUR continuava um trabalho em andamento, enquanto a ideia de seguro depósito na área do euro centralizada encontra oposições fortes de um grupo de países liderados pela Alemanha. Assim, o *doom loop* permanece substancialmente operante, e é difícil ver como o BCE será capaz de impor seus éditos de fiscalização, se ele realmente não tem o cacife e os recursos financeiros para fechar e reorganizar bancos em falência ante a oposição potencial dos políticos nacionais.

Muitos observadores têm recomendado que a zona do euro realce o federalismo fiscal mediante um orçamento centralizado maior, gerido por uma autoridade fiscal com a capacidade de tributar, gastar e emitir eurotítulos conjuntos. Essa abordagem é fortemente contestada pela Alemanha e por outros países, e é improvável que se torne realidade em um futuro próximo.[22]

Transações monetárias completas do BCE

Apesar dos esforços de reforma anteriores, os mercados para dívidas soberanas da zona europeriférica mantiveram-se voláteis durante o verão de 2012, com investidores especulando que a Grécia poderia até sair da UEM.

Esse resultado — conhecido coloquialmente como um "Grexit" — teria desestabilizado ainda mais as taxas de empréstimos de outros países, abrindo o precedente de que um governo pode abandonar o euro e introduzir uma moeda nacional em seu lugar. Em 26 de julho de 2012, o Presidente do BCE, Mario Draghi, fez a declaração dramática: "Em nosso mandato, o BCE está pronto para fazer qualquer coisa para preservar o euro. E acreditem em mim, será o suficiente". Seis semanas mais tarde, ele revelou um programa chamado Transações Monetárias Completas (OMT — do inglês, Outright Monetary Transactions) sob as quais o BCE faria exatamente isso — compraria títulos soberanos, potencialmente ilimitados, para impedir que suas taxas de juros subissem muito. Para se qualificar para a OMT, os países teriam primeiro que concordar com um plano de estabilização do SME.

Ao redigirmos este capítulo, as OMT não foram utilizadas, mas os rendimentos de títulos nos países periféricos têm recuado bruscamente, como mostra a Figura 21.11, apenas por causa da *expectativa* do que o BCE possa fazer com seu poder de fogo monetário ilimitado. No entanto, não está claro quanto tempo essa calma relativa pode durar. Para começar, ninguém sabe o que acontecerá se as OMT tiverem realmente que ser usadas (e a ideia tem sido contestada no tribunal constitucional da Alemanha). Além disso, o espaço de respiração dado pelas OMT pode ter embotado a determinação dos governos nacionais para realizar as reformas estruturais, bem como a determinação dos dirigentes da UE para fornecer as inovações institucionais necessárias. Isso é apenas outra forma de risco moral, que incentiva os governos a adiar decisões difíceis.

O futuro da UEM

O experimento de moeda única na Europa é a tentativa mais ousada a colher os ganhos de eficiência do uso de uma moeda única sobre um grupo grande e diversificado de estados soberanos. Se a UEM for bem-sucedida, promoverá a integração europeia política, assim como econômica, e promoverá a paz e a prosperidade em uma região que um dia poderá incluir toda a Europa Oriental e mesmo a Turquia. Se o projeto do euro fracassar, no entanto, sua força motriz, o objetivo da unificação política europeia, retrocederá.

Contudo, a UEM deve superar alguns desafios difíceis, se quiser sobreviver à crise atual e prosperar:

1. A Europa não é uma área de moeda ideal. Portanto, progressos econômicos assimétricos dentro de diferentes países da zona do euro — progressos que podem muito bem requerer diferentes taxas de juro nacionais sob um regime de moedas nacionais

---

[22] Para uma pesquisa de propostas de eurobônus, consulte: Stijn Claessens, Ashoka Mody e Shahin Vallée. "Paths to Eurobonds". Working Paper WP/12/172, International Monetary Fund, jul. 2012.

individuais — continuarão a ser difíceis de manipular mediante a política monetária. O projeto da moeda única tem levado a união econômica a um nível muito além do que a UE tem até agora sido capaz (ou desejosa) de fazer na área da união política. No entanto, em resposta à crise do euro, a UE está aumentando o controle centralizado sobre a política econômica além do esboço inicial do BCE por meio do Tratado de Estabilidade Fiscal, de maiores poderes para a Comissão e da união bancária na zona do euro. Muitos europeus esperavam que a união econômica se aproximasse da união política, mas é possível que as querelas contínuas sobre políticas econômicas sabote esse objetivo. Poderes governamentais reforçados no centro da UEM também exigem maior controle democrático, mas pouco tem sido feito para atender a essa necessidade. Existe o perigo de que os eleitores em toda a Europa passem a ver a superestrutura do euro como estando sob o controle de um grupo de tecnocratas distantes e politicamente irresponsáveis, que não respondem às necessidades das pessoas.

2. Na maioria dos países da União Europeia, os mercados de mão de obra permanecem altamente sindicalizados e sujeitos a taxas de emprego e regulamentos que impedem a mobilidade da mão de obra entre indústrias e regiões. O resultado tem sido níveis persistentemente altos de desemprego. A menos que os mercados de trabalho tornem-se muito mais flexíveis, como na união monetária dos Estados Unidos, países individuais da zona do euro terão uma fase difícil de ajuste na direção do pleno emprego e de taxas de câmbio reais competitivas. Outros problemas estruturais são abundantes.

Ainda precisaremos ver se a zona do euro desenvolverá instituições mais elaboradas para a realização de transferências fiscais de país para país. No mínimo, algum tipo de retenção fiscal centralizada para a união bancária planejada é essencial para garantir sua eficácia. A crise do euro mostrou a necessidade de uma capacidade fiscal europeia centralizada o suficiente para lidar de modo rápido com a instabilidade financeira inerentemente contagiosa dos países membros. Também mostrou a força da oposição em alguns países para tal mudança institucional. Mas como já vimos, as fissuras econômicas e políticas que a crise revelou estavam presentes desde o início do projeto do euro.

Assim, o euro enfrenta desafios significativos nos próximos anos. A experiência dos Estados Unidos mostra que uma grande união monetária compreendendo diversas regiões econômicas pode funcionar muito bem. Entretanto, para a zona do euro alcançar sucesso econômico comparável, terá de fazer progressos na criação de mercados de mão de obra e produto mais flexíveis, ao reformar seus sistemas de regulação financeiros e fiscais e ao aprofundar sua união política. A própria unificação europeia será posta em risco, a menos que o projeto do euro e sua instituição definidora, o BCE, tenham sucesso na promoção de prosperidade, bem como de estabilidade de preços.

RESUMO

1. Os países da União Europeia tiveram duas razões principais para favorecer as taxas de câmbio fixas mutuamente: eles acreditam que a cooperação monetária lhes dará mais peso nas negociações econômicas internacionais, e veem a taxas de câmbio fixas como um complemento para as iniciativas da UE destinadas à construção de um mercado comum europeu.

2. O *Sistema Monetário Europeu* de taxas de câmbio fixas intra-UE foi inaugurado em março de 1979 e originalmente incluía a Bélgica, Dinamarca, França, Alemanha, Irlanda, Itália, Luxemburgo e Países Baixos. Áustria, Grã-Bretanha, Portugal e Espanha se juntaram mais tarde. Controles de capital e realinhamentos frequentes eram ingredientes essenciais na manutenção do sistema até meados da década de 1980, mas, desde então, foram abolidos controles como parte do programa mais amplo de unificação do mercado da União Europeia.

3. Na prática, todas as moedas do SME foram atreladas à moeda antiga da Alemanha, o marco alemão (DEM). Como resultado, a Alemanha foi capaz de definir a política monetária para o SME, assim como os Estados Unidos fizeram no sistema de Bretton Woods. A *teoria de credibilidade do SME* diz que os governos participantes lucraram com a reputação do Bundesbank alemão como um lutador contra a inflação. Na verdade, as taxas de inflação nos países do SME, por fim, tendiam a convergir ao redor da taxa de inflação geralmente baixa da Alemanha.

4. Em 1º de janeiro de 1999, onze países da União Europeia deram início a uma *união econômica e monetária* (UEM), mediante a adoção de uma moeda comum, o euro, emitida por um Banco Central Europeu (BCE) com sede em Frankfurt, Alemanha. (Aos 11 membros iniciais mais tarde se juntaram vários outros países.) O Eurossistema é composto por bancos centrais nacionais de membros do euro e do BCE, cujo conselho geral dirige a política monetária na UEM. O processo de transição do sistema de taxa de câmbio fixa do SME para a UEM foi escrito no *Tratado de Maastricht*, assinado pelos líderes europeus em dezembro de 1991.

5. O Tratado de Maastricht especificou um conjunto de critérios de convergência macroeconômica que os países da UE precisam satisfazer para se qualificar para admissão à UEM. Um objetivo importante dos critérios de convergência foi tranquilizar os eleitores nos países de inflação baixa, como a Alemanha, de que a nova moeda europeia gerenciada conjuntamente seria tão resistente à inflação quanto tinha sido o DEM. Um *pacto de estabilidade e crescimento* (PEC), idealizado pelos líderes da UE em 1997, por insistência da Alemanha, foi concebido para limitar o déficit e a dívida no nível nacional.

6. A teoria das *zonas de moeda ideal* implica que os países vão querer adotar as áreas de taxa de câmbio fixa intimamente ligadas às próprias economias por meio do comércio e da mobilidade dos fatores. A decisão de um país de se juntar a uma área de taxa de câmbio é determinada pela diferença entre o *ganho de eficiência monetária* em aderir e a *perda de estabilidade econômica* em se juntar. O diagrama GG-LL refere-se tanto a esses fatores quanto ao grau de integração econômica entre o país ingressante e a zona de taxa de câmbio fixa maior. Somente quando a integração econômica passa a um nível crítico é benéfico unir-se ao bloco.

7. A União Europeia não parece satisfazer todos os critérios para uma área de moeda ideal. Apesar de muitas barreiras à integração dos mercados da União Europeia terem sido removidas desde a década de 1980 e o euro parecer ter promovido o comércio intracomunitário, o nível do comércio ainda não é muito extensivo. Além disso, a mobilidade da mão de obra entre e mesmo dentro dos países da UE parece mais limitada do que em outras grandes áreas de moeda, como os Estados Unidos. Por fim, o nível de *federalismo fiscal* na União Europeia é muito pequeno para amortecer os países membros de acontecimentos econômicos adversos, e as condições para a estabilidade do setor bancário não estão centralizadas adequadamente.

8. A crise do euro foi provocada pelos problemas fiscais gregos revelados no final de 2009, mas a crise se espalhou tão amplamente porque os bancos da zona do euro foram além do limite, e alguns países sofreram grandes valorizações reais que eles não poderiam relaxar pela desvalorização. A perspectiva de que alguns governos pudessem *ficar inadimplentes* em suas dívidas prejudicou os bancos e, inversamente, a fraqueza dos bancos forçou os governos a salvamentos caros, em um *doom loop* que se retroalimentava. Os resultados foram taxas de empréstimos crescentes de governo e a fuga de capitais de países fiscalmente comprometidos. O BCE ofereceu empréstimos maciços como apoio de último recurso aos bancos periféricos conforme havia a fuga de capitais. Ao mesmo tempo, seus governos precisavam de empréstimos de outros membros da UE e do FMI, os empréstimos que vieram com a condição de austeridade fiscal e reformas estruturais. A austeridade combinada com crédito apertado em tantos países vizinhos deu origem a profundas recessões.

9. As respostas à crise incluem restrições fiscais renovadas sobre os governos da zona do euro, bem como progresso incompleto para uma união bancária da zona do euro. A iniciativa mais eficaz em puxar para baixo as taxas de empréstimos do governo, no entanto, foi a promessa do BCE de Transações Monetárias Imediatas. Mas até a redação deste capítulo, a arma da OMT ainda não foi testada.

TERMOS-CHAVE

doom loop, p. 517
federalismo fiscal, p. 508
ganho de eficiência monetária, p. 504
inadimplência, p. 512
Pacto de Estabilidade e Crescimento (PEC), p. 502
perda de estabilidade econômica, p. 505

Sistema Monetário Europeu (SME), p. 498
teoria da credibilidade do SME, p. 499
teoria das zonas de moeda ideal, p. 503
Tratado de Maastricht, p. 501
União Econômica e Monetária (UEM), p. 500

PROBLEMAS

1. Por que as disposições de SME para a ampliação de créditos do banco central de membros de moeda forte para fraca aumentaram a estabilidade das taxas de câmbio do SME?

2. No SME, antes de setembro de 1992, a taxa de câmbio lira italiana/marco alemão podia flutuar até 2,25% para cima ou para baixo. Suponha que a paridade central lira/marco e a banda tenham sido definidas dessa forma e não possam ser alteradas. Qual seria a diferença máxima possível entre as taxas de juros em *um ano* da lira e os depósitos em marco? Qual seria a diferença máxima possível entre as taxas de juros em *seis meses* da lira e os depósitos em marco? E entre depósitos em *três meses*? As respostas surpreenderam você? Dê uma explicação intuitiva.

3. Continue com a última pergunta. Imagine que, na Itália, a taxa de juros em títulos do governo quinquenal foi 11% ao ano e que, na Alemanha, a taxa em títulos do governo de cinco anos foi de 8% ao ano. Quais teriam sido as implicações para a credibilidade da paridade de câmbio atual lira/DEM?

4. Suas respostas para as duas últimas perguntas exigem uma suposição de que as taxas de juros e as alterações esperadas na taxa de câmbio estejam ligadas por paridade de juros? Por que ou por que não?

5. Suponha que, logo após a Noruega aderir ao euro, a UEM tenha se beneficiado de uma mudança favorável da demanda mundial por exportações da UEM não norueguesas. O que

acontece com a taxa de câmbio da coroa norueguesa em relação às moedas não euro? Como a Noruega é afetada? Como o tamanho desse efeito depende do volume das trocas comerciais entre a Noruega e as economias da zona do euro?

6. Use o diagrama *GG-LL* para mostrar como um aumento no tamanho e na frequência das mudanças inesperadas em função da demanda por moeda de um país afeta o nível de integração econômica com uma área de moeda a que o país vai querer unir-se.

7. Durante as pressões especulativas sobre o mecanismo de taxa de câmbio (MTC) do SME pouco antes de a Grã-Bretanha permitir a libra flutuar em setembro de 1992, *The Economist*, uma revista semanal de Londres, afirmou o seguinte:

> Os críticos ao governo (britânico) querem taxas de juros menores e acham que isso seria possível se a Grã-Bretanha desvalorizasse a libra, deixando o MTC, se necessário. Eles estão errados. Sair do MTC logo levaria a taxas de juros maiores, não menores, conforme a gestão econômica britânica perderia o grau de credibilidade já conquistado por meio da associação ao MTC. Há dois anos, os títulos do governo britânico renderam três pontos percentuais mais que os alemães. Hoje, a diferença é meio ponto, refletindo a crença dos investidores de que a inflação britânica está declinando — permanentemente. (veja: "Crisis? What Crisis?". The Economist, 29 ago. 1992, p. 51.)

   a. Por que os críticos ao governo britânico pensaram que seria possível reduzir as taxas de juros depois de a libra sair do MTC? (A Grã-Bretanha estava em uma recessão profunda no momento em que o artigo foi escrito).
   b. Por que a *The Economist* achava que o oposto ocorreria logo após a Grã-Bretanha sair do MTC?
   c. Em que maneira a associação ao MTC poderia dar credibilidade aos responsáveis políticos britânicos?(A Grã-Bretanha entrou no MTC em outubro de 1990.)
   d. Por que um nível alto das taxas de juros nominais britânicas em relação às taxas alemãs tem sugerido uma expectativa de alta inflação britânica no futuro? Você pode pensar em outras explicações?
   e. Sugira duas razões por que as taxas de juros britânicas podem ter sido um pouco maiores do que as alemãs no momento da escrita, apesar da alegada "crença de que a inflação britânica está declinando — permanentemente."

8. Imagine que o SME tornou-se uma união monetária com uma moeda única, mas que ele não tivesse criado um Banco Central Europeu para gerenciar essa moeda. Imagine, em vez disso, que a tarefa tenha sido deixada para vários bancos centrais nacionais, cada um dos quais foi autorizado a emitir quanta moeda europeia quisesse e conduzir as operações de mercado aberto. Quais os problemas que você pode ver decorrentes de tal regime?

9. Por que o fracasso em criar um mercado de trabalho unificado da UE seria particularmente nocivo para as perspectivas de uma UEM funcionando sem problemas, se ao mesmo tempo o capital é completamente livre para se mover entre os países da UE?

10. A Grã-Bretanha pertence à União Europeia, mas ainda não adotou o euro, e realiza debates ferozes sobre a questão.
    a. Encontre dados macro sobre o desempenho da economia britânica desde 1998 (inflação, desemprego, crescimento do do PIB real) e compare-os com os dados da zona do euro.
    b. Quais foram as taxas de juros nominais na Grã-Bretanha e da zona do euro depois de 1998? Como a Grã-Bretanha estaria se o BCE tivesse definido a taxa de juros nominal da Grã-Bretanha no nível da zona do euro e a taxa de câmbio da libra esterlina em relação ao euro tivesse sido fixada?

11. Os movimentos na taxa de câmbio externa do euro podem ser vistos como choques de mercadorias-mercados que têm efeitos assimétricos em diferentes membros da zona do euro. Quando o euro aumentou de preço em relação à moeda da China em 2007, qual país sofreu a maior queda na demanda agregada, a Finlândia, que não compete diretamente com a China em seus mercados de exportação, ou a Espanha, que compete? O que teria acontecido se a Espanha mantivesse sua antiga moeda, a peseta?

12. Na união monetária dos Estados Unidos, parece que nunca foi preocupante se um estado tem um grande déficit da balança corrente. Já viu esses dados no jornal? Você pode encontrar os dados em qualquer fonte de estatísticas do governo dos Estados Unidos? Por exemplo, alguém pode achar que o estado de Louisiana teve grande déficit de conta-corrente depois que foi devastado pelo furacão Katrina em 2005. Mas o possível déficit de conta-corrente da Louisiana não foi considerado digno de cobertura pela imprensa financeira. Sabemos, no entanto, que em 2008, a Grécia teve um déficit em conta-corrente de 14,6% do PIB, Portugal tinha um déficit de 12% do PIB e a Espanha teve um déficit de 9,8% do PIB (Tabela 21.4). Os governos desses países deveriam se preocupar com tais déficits grandes? (Dica: relacione sua resposta ao debate sobre a necessidade de PEC.)

13. Visite o site do FMI em www.imf.org e encontre o banco de dados do *World Economic Outlook*. Então, baixe os dados sobre o saldo da conta-corrente (como uma percentagem do PIB) para Grécia, Espanha, Portugal, Itália e Irlanda. O que acontece com as contas-correntes desses países depois de 2009 durante a crise do euro? Você pode explicar o que vê?

14. Suponha que seja possível para um país sair da zona do euro e começar a imprimir sua própria moeda. Suponha também que haja um ponto em que o BCE (talvez por estar preocupado com as perdas financeiras) irá parar de fazer empréstimos para os bancos desse país. O que aconteceria se os credores de repente começassem a fugir dos bancos do país?

15. Na primavera de 2013, Chipre seguiu a Grécia, Irlanda e Portugal em concordar com um empréstimo de emergência da *troika*, da UE, o BCE e o FMI. A causa foram as grandes perdas no sistema bancário cipriota. Após a imposição de perdas em alguns depósitos bancários cipriotas, o governo, com aprovação da UE, impôs controles de capital para evitar que os moradores levassem o dinheiro para o exterior. Por que você acha que foi dado esse passo (que violou a filosofia do mercado único da UE)?

LEITURAS ADICIONAIS

ALESINA, A.; GIAVAZZI, F. (Eds.). *Europe and the Euro*. Chicago: University of Chicago Press, 2010. Ensaios sobre a primeira década do euro.

BASTASIN, C. *Saving Europe: How National Politics Nearly Destroyed the Euro*. Washington, D.C.: Brookings Institution, 2012. Relato histórico detalhado do cenário político da crise do euro e a resposta política até 2011.

CALMFORSE, L. et al. *EMU: A Swedish Perspective*. Berlin: Springer, 1997. Esse livro, que argumentou contra a associação sueca na UEM, é baseado em um relatório encomendado pelo governo da Suécia antes do lançamento do euro.

CORDEN, W. M. *Monetary Integration*. Princeton Essays in International Finance 32. International Finance Section, Department of Economics, Princeton University, abr. 1972. Análise clássica de unificação monetária.

GRAUWE, P. D. "The Governance of a Fragile Eurozone". *Australian Economic Review*, v. 45, p. 255–268, set. de 2012. Interpreta a crise na zona do euro em termos de especulação de autorrealização nos mercados de dívida soberana.

EICHENGREEN, B.; TEMIN, P. "Fetters of Gold and Paper". *Oxford Review of EconomicPolicy*, v. 26, p. 370–384, outono 2010. Explora as similaridades entre as implicações das taxas de câmbio fixas na zona do euro e o padrão-ouro durante a Grande Depressão.

FELDSTEIN, M. "The Political Economy of the European Economic and Monetary Union: Political Sources of an Economic Liability". *Journal of Economic Perspectives*, v. 11, p. 23–42, outono 1997. Um economista norte-americano líder dá sua opinião contra a UEM.

JAMES, H. *Making the European Monetary Union*. Cambridge, MA: Harvard University Press, 2012. Relato histórico detalhado da pré-história da UEM, incluindo as negociações sobre o design do BCE.

KENEN, P. B.; MEADE, E. E. *Regional Monetary Integration*. Cambridge, U.K.: Cambridge University Press, 2008. Uma visão abrangente da experiência da zona do euro e das perspectivas para outras grandes áreas monetárias no sudeste da Ásia e América Latina.

LANE, P. R. "The European Sovereign Debt Crisis". *Journal of Economic Perspectives*, v. 26, p. 49–68, verão 2012. Visão concisa da crise de dívida da zona do euro.

MERLER, S.; PISANI-FERRY, J. "Sudden Stops in the Euro Area". Bruegel Policy Contribution 2012/06, mar. 2012. Uma análise dos fluxos financeiros privados desestabilizantes dentro da UEM.

PISANI-FERRY, J. et al. "What Kind of European Banking Union?". Bruegel Policy Contribution 2012/12, jun. 2012. Revisão compacta das questões na criação de uma união bancária no interior da UE.

SHAMBAUGH, J. C. "The Euro's Three Crises". *Brooking Papers on Economic Activity*, v. 1, p. 157–211, 2012. Um olhar amplo sobre os problemas da zona do euro que levaram à crise.

TOWER, E.; WILLETT, T. D. *The Theory of Optimal Currency Areas and Exchange Rate Flexibility*. Princeton Special Papers in International Economics 11. International Finance Section, Department of Economics, Princeton University, maio 1976. Pesquisas sobre a teoria das zonas de moeda ideal.

CAPÍTULO 22

Países em desenvolvimento: crescimento, crise e reforma

Até agora, estudamos as interações macroeconômicas entre economias de mercados industrializados, como as dos Estados Unidos e a Europa Ocidental. Dotados com capital e mão de obra especializada, esses países politicamente estáveis geram níveis altos de renda para seus residentes. E seus mercados, comparados com aqueles de alguns países mais pobres, há muito são relativamente livres do controle governamental direto.

Contudo, diversas vezes desde os anos 1980, os problemas macroeconômicos dos países em desenvolvimento do mundo têm estado na dianteira das preocupações sobre a estabilidade de toda a economia internacional. Durante as décadas seguintes à Segunda Guerra Mundial, o comércio entre as nações em desenvolvimento e as industrializadas expandiu-se, assim como as transações financeiras de países em desenvolvimento com países mais ricos. Por sua vez, relações mais intensas entre os dois grupos de economias têm tornado cada grupo mais dependente da saúde econômica do outro do que antes. Eventos em países em desenvolvimento, portanto, têm um impacto significativo no bem-estar e nas políticas das economias mais avançadas. Desde os anos 1960, alguns países que já foram pobres aumentaram sensivelmente seu padrão de vida, enquanto outros ficaram ainda mais atrás do mundo industrial. Ao compreender essas experiências de desenvolvimento contrastante, tiramos lições políticas importantes que podem estimular o crescimento em todos os países.

Este capítulo estuda os problemas macroeconômicos de países em desenvolvimento e as repercussões desses problemas no mundo desenvolvido. Embora as reflexões da macroeconomia internacional que obtivemos nos capítulos anteriores também se apliquem aos países em desenvolvimento, os problemas distintivos que aqueles países enfrentaram na luta para alcançar as economias ricas tornam necessária uma discussão separada. Além disso, os baixos níveis de renda das áreas em desenvolvimento tornam as tribulações macroeconômicas ainda mais dolorosas do que nas economias desenvolvidas, com consequências que podem ameaçar a coesão política e social.

OBJETIVOS DE APRENDIZAGEM
Após a leitura deste capítulo, você será capaz de:
- Descrever a distribuição de renda mundial persistentemente desigual e as evidências de suas causas.
- Resumir as principais características econômicas dos países em desenvolvimento.
- Explicar a posição dos países em desenvolvimento no mercado de capitais mundial e o problema de inadimplência pelos solicitadores de empréstimos dos países em desenvolvimento.
- Recontar a história recente das crises financeiras dos países em desenvolvimento.
- Discutir as medidas propostas para ampliar os ganhos dos países mais pobres a partir da participação no mercado de capitais mundial.

Renda, bem-estar e crescimento na economia mundial

A pobreza é o problema básico que os países em desenvolvimento enfrentam, e escapar dela é seu grande desafio político e econômico. Em comparação com as economias industrializadas, a maioria dos países em desenvolvimento é pobre nos fatores de produção essenciais para a indústria moderna: capital e mão de obra especializada. A escassez relativa desses fatores contribui para os níveis baixos de renda *per capita* e frequentemente impede os países em desenvolvimento de alcançar as economias de escala a partir das quais muitas nações mais ricas se beneficiam. Mas o fator escassez é geralmente um sintoma de problemas mais profundos. A instabilidade política, os direitos de propriedade instáveis e as políticas econômicas malconduzidas têm desencorajado com frequência o investimento em capitais e habilidades, e também reduzem a eficiência econômica de outras maneiras.

A distância entre rico e pobre

As economias mundiais podem ser divididas em quatro categorias principais de acordo com seus níveis de renda *per capita* anual: economias de renda baixa (incluindo Afeganistão, Bangladesh, Nepal, Camboja e Haiti, junto com partes da África subsaariana); economias de renda média (incluindo China, Índia, Paquistão, Filipinas, Indonésia, diversos países do Oriente Médio, muitos da América Latina e do Caribe, muitos países ex-soviéticos e a maior parte dos demais países da África); países de renda média superior (incluindo os países remanescentes da América Latina, um punhado de países da África, diversos do Caribe, Turquia, Malásia, Polônia, Letônia, Lituânia e Rússia); e economias de alta renda (incluindo as economias de mercado industrial rico; os demais países do Caribe; um punhado de ex-países em desenvolvimento excepcionalmente afortunados, como Israel, Coreia e Singapura; os países ricos em petróleo, como Kuwait e Arábia Saudita; e alguns países do Leste Europeu bem-sucedidos na transição, como as Repúblicas Tcheca e Eslovaca, Hungria e Estônia). As primeiras duas categorias consistem principalmente de países em um estágio de retrocesso de desenvolvimento relativo às economias industriais, enquanto as últimas duas abrangem a maioria das economias de mercado emergente (bem como as economias industriais, naturalmente). A Tabela 22.1 mostra os níveis médios de renda anual *per capita* para esses grupos de países em 2011, junto com outro indicador de bem-estar econômico, a expectativa média de vida ao nascer.

A Tabela 22.1 ilustra as disparidades agudas nos níveis de renda internacional na segunda década do século XXI. A renda *per capita* nacional média nas economias mais ricas é 69 vezes a média dos países em desenvolvimento mais pobres! Mesmo os países de renda média superior têm somente cerca de um sexto da renda *per capita* do grupo industrial. Os valores de expectativa de vida geralmente refletem as diferenças internacionais nos níveis de renda. A expectativa de vida média cai à medida que a pobreza relativa aumenta.[1]

A distância da renda mundial tem diminuído com o passar do tempo?

Explicar as diferenças de renda entre os vários países é um dos objetivos mais antigos da economia. Não é por acaso que o clássico livro de 1776 de Adam Smith era intitulado *A riqueza das nações*. Desde pelo menos um século antes de Smith, os economistas tinham procurado não somente explicar por que as rendas dos países diferiam em um determinado momento, mas também solucionar o mais desafiante quebra-cabeças de por que alguns países tornam-se ricos enquanto outros estagnam. O debate sobre as melhores políticas para promover o crescimento econômico tem sido ferrenho, conforme veremos neste capítulo.

Tanto a profundidade do enigma do crescimento econômico quanto o prêmio por achar políticas de crescimento amigáveis são ilustrados na Tabela 22.2, que mostra *taxas de crescimento de produção per capita* de diversos grupos de países entre 1960 e 2010. (Esses dados de produção reais têm sido corrigidos para responder por abandonos de paridade de poder de compra.) Durante esse período, os Estados Unidos cresceram muito a taxa *per capita* anual de 2% a 2,5% que muitos economistas diriam ser o máximo em longo prazo para uma economia madura.

Os países industriais que eram mais prósperos em 1960 em geral cresciam a taxas mutuamente comparáveis. Como resultado, suas diferenças de renda em comparação com os Estados Unidos mudaram relativamente pouco. No entanto, os países industrializados mais pobres de 1960 frequentemente cresceram muito mais depressa do que os Estados Unidos na média e, como um resultado, sua renda *per capita* tendeu a alcançar a dos Estados Unidos. Por exemplo, a Irlanda, que era 48% mais pobre do que os Estados Unidos em 1960, estava menos de 1% mais pobre em 2010 – tendo assim virtualmente eliminado a diferença de renda anterior.

O processo de evolução da Irlanda ilustra a tendência para as diferenças entre os padrões de vida de vários paí-

| TABELA 22.1 | Indicadores de bem-estar econômico em quatro grupos de países, 2011 |||

Grupo de renda	PIB *per capita* (dólares norte-americanos 2011)	Expectativa de vida (anos)*
Baixa renda	635	57
Renda média inferior	2.298	66
Renda média superior	7.239	72
Alta renda	43.718	80

* Média simples de expectativas de vida de homens e mulheres
Fonte: Banco Mundial.

---

[1] O Capítulo 16 mostrou que uma comparação internacional das rendas em *dólar* revela níveis de bem-estar relativos imprecisamente, porque os níveis de preço dos países mensurados em uma moeda comum (aqui, dólares norte-americanos) em geral diferem. O Banco Mundial fornece valores de renda nacionais que foram ajustados para levar em conta desvios da paridade do poder de compra (PPC). Esses números reduzem muito, mas não eliminam, as disparidades na Tabela 22.1. A Tabela 22.1 relata algumas rendas ajustadas à PPC.

TABELA 22.2 Produção *per capita* em países selecionados, 1960–2010 (dólares norte-americanos em 2005)

País	Produção *per capita* 1960	Produção *per capita* 2010	1960-2010 Taxa média de crescimento anual (porcentagem por ano)
Industrializado em 1960			
Canadá	12.946	35.810	2,1
Espanha	6.008	25.797	3,0
Estados Unidos	15.136	41.858	2,1
França	9.396	29.145	2,3
Irlanda	7.807	41.558	3,4
Itália	7.924	27.227	2,5
Japão	4.404	31.815	4,0
Reino Unido	11.884	32.034	2,0
Suécia	11.710	33.627	2,1
África			
Nigéria	1.442	1.923	0,6
Quênia	978	1.287	0,5
Senegal	1.567	1.480	−0,1
Zimbábue	3.847	3.959	0,1
América Latina			
Argentina	6.585	12.862	1,3
Brasil	2.354	8.750	2,7
Chile	3.915	12.871	2,4
Colômbia	2.814	7.430	2,0
México	5.033	12.189	1,8
Paraguai	1.990	4.666	1,7
Peru	3.939	7.466	1,3
Venezuela	7.307	9.762	0,6
Ásia			
China	405	8.727	6,3
Coreia do Sul	1.610	28.702	5,9
Hong Kong	4.518	44.070	4,7
Índia	734	3.413	3,1
Malásia	1.624	11.863	4,1
Singapura	3.170	42.360	5,3
Tailândia	772	8.467	4,9
Taiwan	2.061	32.865	5,7

Nota: Os dados foram retirados da *Penn World Table*, Versão 8.0, e utilizam taxas de câmbio PPC para comparar as rendas nacionais. Para uma descrição, ver o site *Penn World Table*, Versão 8.0, disponível em <http://www.rug.nl/research/ggdc/data/penn-world-table>. Acesso em: 8 dez. 2014.

ses *industriais* diminuírem durante o pós-guerra. A teoria por trás dessa **convergência** observada nas rendas *per capita* é enganosamente simples. Se o comércio é livre, se o capital pode se movimentar para países que oferecem os retornos mais elevados, e se o próprio conhecimento atravessa as fronteiras políticas, e portanto esses países sempre têm acesso às tecnologias de produção de ponta, então não existe motivo para as diferenças de renda internacional persistirem para sempre.

Algumas distâncias persistem na realidade em virtude das diferenças políticas entre os países industriais; contudo, as forças de convergência precedentes parecem ser fortes o bastante para manter a renda dos países industriais praticamente no mesmo padrão. Lembre-se também que as diferenças na *produção per capita* superam as diferenças na *produção por trabalhador empregado*, porque a maioria dos países industriais tem taxas de desemprego mais elevadas e taxas de participação da força de trabalho menores do que os Estados Unidos.

Apesar de uma teoria de convergência simples ser atrativa, nenhuma tendência clara para as rendas *per capita* convergirem caracteriza o mundo como um todo, conforme mostra o restante da Tabela 22.2. Nessa tabela vemos discrepâncias enormes nas taxas de crescimento em longo prazo entre os diferentes grupos de países regionais, mas sem uma tendência geral para os países mais pobres crescerem mais rapidamente. Diversos países da África subsaariana, embora na base da escala de renda mundial, cresceram (na maioria dos anos pós--guerra) em taxas bem abaixo daquelas dos principais países industriais.[2] O crescimento também foi relativamente lento na América Latina, onde apenas alguns países (em especial Brasil e Chile) superaram a taxa de crescimento médio dos Estados Unidos apesar dos níveis de renda inferiores.

Em contraste, os países do Leste Asiático tenderam a crescer a taxas bem acima daquelas do mundo industrializado, conforme a teoria da convergência preveria. A Coreia do Sul, com um nível de renda próxima ao do Senegal em 1960, tinha crescido cerca 6% ao ano (em termos *per capita*) desde então, e em 1997 foi classificada como um país em desenvolvimento com uma renda alta pelo Banco Mundial. A taxa de crescimento médio anual de 5,3% de Singapura promoveu o país ao *status* de renda alta. Alguns países do Leste Europeu que viviam sob o regime soviético até 1989 também passaram rapidamente aos padrões de renda superior.

Um país que pode conseguir até uma taxa de crescimento anual de 3% verá sua renda *per capita* real dobrar a cada geração. Mas, com taxas de crescimento observadas nos países do Leste Asiático como Hong Kong, Singapura, Coreia do Sul e Taiwan, a taxa *per capita* real aumenta *cinco vezes* a cada geração!

O que explica os padrões de crescimento muito divergentes em longo prazo na Tabela 22.2? A resposta está nas características econômicas e políticas dos países em desenvolvimento e os modos como eles têm mudado durante o tempo em resposta tanto aos eventos mundiais quanto às pressões internas. As características estruturais dos países em desenvolvimento também têm ajudado a determinar seu sucesso em alcançar objetivos macroeconômicos fundamentais além do crescimento rápido, como inflação baixa, índice de desemprego baixo e estabilidade do setor financeiro.

Características estruturais dos países em desenvolvimento

Os países em desenvolvimento diferem amplamente entre si, e nenhuma relação simples de características "típicas" descreveria com precisão todos eles. No iní-cio dos anos 1960, esses países eram muito mais parecidos uns com os outros em suas abordagens políticas comercial e macroeconômica e em outras intervenções governamentais na economia. Então as coisas começaram a mudar. Os países do Leste Asiático abandonaram a industrialização em substituição às importações, adotando em seu lugar uma estratégia de desenvolvimento orientada para a exportação. Essa estratégia mostrou--se muito bem-sucedida. Mais tarde, países na América Latina também reduziram as barreiras comerciais enquanto ao mesmo tempo tentaram controlar o papel do governo na economia, reduzir a inflação cronicamente alta e, em muitos casos, abrir o capital bancário para transações particulares. Esses esforços no início tiveram resultados díspares, mas estão frutificando mais.

Pontanto, embora muitos países em desenvolvimento tenham reformado suas economias para se aproximar das estruturas das economias industriais bem-sucedidas, o processo permanece incompleto, e muitos deles tendem a apresentar pelo menos uma das seguintes características:

1. Existe uma história de controle governamental direto e extenso da economia, incluindo restrições no comércio internacional, propriedade ou controle governamental de grandes empresas industriais, controle governamental direto de transações financeiras internas e um nível alto de consumo governamental com um compartilhamento do PNB. Os países em desenvolvimento diferem amplamente entre si quanto ao grau em que o papel do governo na economia tem sido reduzido nessas várias áreas durante as últimas décadas.

2. Existe uma história de inflação alta. Em muitos países, o governo foi incapaz de pagar por seus gastos intensos e pelas perdas dos empreendimentos estatais por meio de taxas isoladas. A evasão de taxas foi rampante, e a maior parte da atividade econômica foi dirigida de forma oculta, de modo que provou-se ser mais fácil simplesmente imprimir dinheiro. **Senhoriagem** é o nome que os economistas dão aos recursos reais que um governo ganha quando imprime dinheiro que ele gasta em mercadorias e serviços. Quando seus governos estiveram expandindo a emissão de dinheiro continuamente para extrair altos níveis de senhoriagem, os países em desenvolvimento experimentaram inflação e mesmo hiperinflação. (Ver, por exemplo, a discussão sobre inflação e crescimento da emissão de dinheiro na América Latina no Capítulo 15.)

3. Onde os mercados financeiros domésticos têm sido liberalizados, instituições de crédito fracas costumam ser abundantes. Os bancos frequentemente emprestam fundos que pediram emprestados para financiar projetos pobres ou muito arriscados. Os

---

[2] Por outro lado, outros países na África subsaariana alcançaram agora o *status* de renda média superior. Botsuana, no sul da África, alcançou esse *status* mais cedo. O país apresentou uma taxa média de crescimento *per capita* bem acima de 5% ao ano nas três décadas após 1960.

empréstimos podem ser feitos na base de conexões pessoais em vez de retornos prospectivos, e as salvaguardas do governo contra a fragilidade financeira, como a supervisão bancária (Capítulo 20), tendem a ser ineficazes pela incompetência, inexperiência e fraude evidente. Embora o comércio público em quotas de ações tenha se desenvolvido em muitos mercados emergentes, costuma ser mais difícil para os acionistas descobrirem, nos países em desenvolvimento, como o dinheiro da empresa está sendo gasto ou como controlar os gestores da empresa. O esquema legal para solucionar a posse de ativos em casos de falência também é tipicamente fraco. Não obstante a instabilidade recente em mercados financeiros de países desenvolvidos, ainda é verdade que, por comparação, os mercados financeiros de países em desenvolvimento permanecem menos eficazes para dirigir as economias em direção a seus usos em investimentos mais eficientes. Como resultado, tais países permanecem ainda mais propensos à crise.

4. Nos locais em que as taxas de câmbio não são atreladas (como na China), elas tendem a ser dirigidas mais fortemente por governos de países em desenvolvimento. As medidas governamentais para limitar a flexibilidade da taxa de câmbio refletem tanto o desejo de manter a inflação sob controle quanto o medo de que as taxas de câmbio flutuantes estejam sujeitas a uma volatilidade enorme nos mercados relativamente escassos de moedas de países em desenvolvimento. Existe um histórico de alocação de câmbio estrangeiro mediante decretos governamentais em vez de pelo mercado, uma prática (chamada *controle de câmbio*) que alguns países em desenvolvimento ainda mantêm. A maior parte desses países tem tentado, em particular, controlar os movimentos de capitais limitando as transações de câmbio estrangeiras em conexão com o comércio em ações. Mais recentemente, contudo, muitos mercados emergentes abriram suas contas de capital.

5. Recursos naturais ou *commodities* agrícolas compõem uma parcela importante das exportações para muitos países em desenvolvimento – por exemplo, o petróleo russo, a madeira da Malásia, o ouro sul-africano e o café colombiano.

6. Tentativas de contornar controles governamentais, taxas e regulamentações têm ajudado a tornar as práticas de corrupção, como suborno e extorsão, um meio de vida em muitos — se não na maioria — dos países em desenvolvimento. Muito embora o desenvolvimento da atividade econômica oculta tenha em muitos exemplos ajudado a eficiência econômica ao restabelecer um grau de alocação de recursos baseado no mercado, no fim das contas fica claro, com base nos dados, que corrupção e pobreza andam de mãos dadas.

Para uma grande amostra de países em desenvolvimento e industriais, a Figura 22.1 mostra a forte relação positiva entre a produção *per capita* real anual e um índice inverso de corrupção — variando de 1 (mais corrupto) a 10 (o mais limpo) — publicado pela organização Transparência Internacional.[3]

Diversos fatores subjazem essa forte relação positiva. As regulamentações governamentais que promovem corrupção também prejudicam a prosperidade econômica. Estudos estatísticos detectaram que a corrupção por si só tende a ter efeitos líquidos negativos sobre a eficiência econômica e o crescimento.[4] Por fim, países mais pobres não têm os recursos para conter a corrupção efetivamente, e a pobreza em si gera uma vontade maior de burlar as regras.

Muitas das grandes características que hoje ainda definem os países em desenvolvimento tomaram forma nos anos 1930 e podem ser seguidas até a Grande Depressão (Capítulo 19). A maior parte dos países em desenvolvimento experimentou controles diretos sobre o comércio e pagamentos para conservar as reservas de câmbio estrangeiras e salvaguardar o emprego doméstico. Confrontados a uma ruptura maciça do sistema de mercado mundial, países industriais e em desenvolvimento permitiram igualmente que seus governos assumissem funções diretas crescentes no emprego e na produção. Muitas vezes, os governos reorganizavam mercados de trabalho, estabeleciam controle estrito sobre os mercados financeiros, controlavam preços e nacionalizavam indústrias chave. Contudo, a tendência em direção ao controle

---

[3] De acordo com os rankings de 2011 da Transparência Internacional, o país menos corrupto no mundo era a Nova Zelândia (com um escore alto de 9,5), e o mais corrupto era o Afeganistão (com um escore minúsculo de 1,5). O escore dos Estados Unidos era 7,1. Para dados detalhados e um panorama geral da economia da corrupção, veja: Vito Tanzi. "Corruption around the World". *International Monetary Fund Staff Papers*, v. 45, p. 559–594, dez. 1998.

[4] Existem, naturalmente, evidências anedóticas abundantes sobre as ineficiências econômicas associadas com a corrupção. Considere a seguinte descrição de 1999 dos negócios no Brasil, que tinha um escore de 3,8 pela Transparência Internacional 2011:

> A corrupção vai bem além dos vendedores de rua em suas barracas. Quase toda atividade econômica possível está sujeita a alguma forma de extorsão oficial. As grandes empresas brasileiras costumam concordar em pagar subornos, mas as multinacionais geralmente se recusam e preferem pagar multas. O dinheiro — pago nos níveis municipal, estadual e federal — é dividido entre burocratas e seus padrinhos políticos. Eles têm certeza de que é impossível cooperar completamente com todas as minúcias das leis, regulamentos, decretos e diretivas do Brasil. Os subornos e multas são parte do "Custo Brasil", termo que resume a multidão de despesas que inflam o custo de conduzir negócios no Brasil.

Veja: "Death, Decay in São Paulo May Stir Reformist Zeal". *Financial Times*, 20/21 mar. 1999, p. 4.

FIGURA 22.1 Corrupção e produção *per capita*

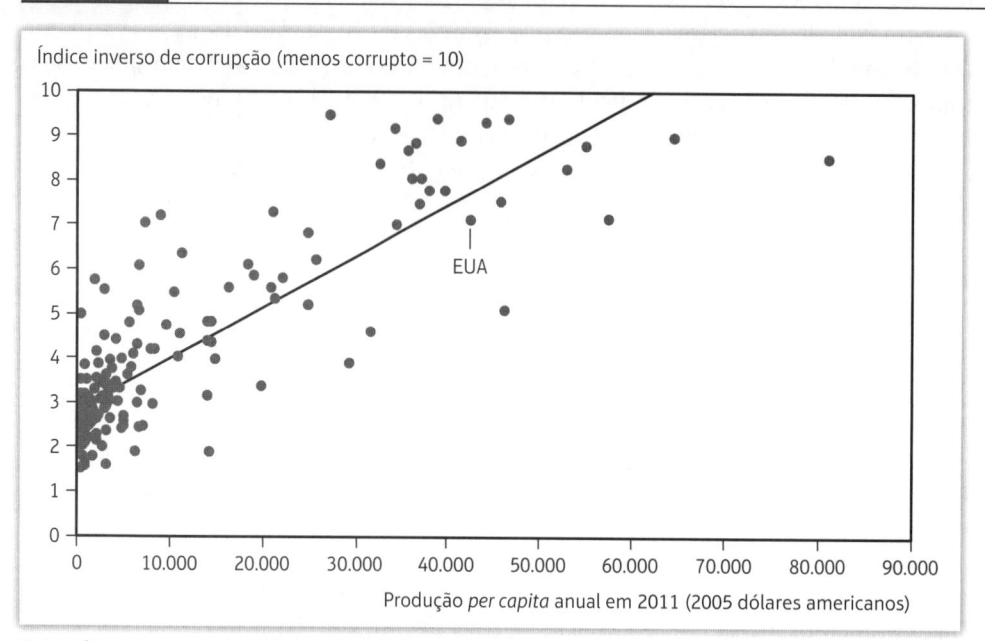

A corrupção tende a aumentar à medida que a produção *per capita* real diminui.

[Gráfico de dispersão: Índice inverso de corrupção (menos corrupto = 10) no eixo Y, variando de 0 a 10; Produção *per capita* anual em 2011 (2005 dólares americanos) no eixo X, variando de 0 a 90.000. EUA destacado em aproximadamente 45.000, com índice próximo de 7.]

Nota: A figura mostra os valores de 2011 de um índice (inverso) de corrupção e valores de 2011 de PPP-*produção per capita* real ajustada, mensurada em dólares americanos de 2005 (a quantidade que um dólar poderia comprar nos Estados Unidos em 2005). A linha reta representa uma melhor previsão estatística do nível de corrupção do país baseando em sua produção *per capita* real.
Fonte: Transparência Internacional, Índice de Percepção de Corrupção; Banco Mundial, Indicadores de Desenvolvimento Mundiais.

governamental da economia mostrou-se mais persistente nos países em desenvolvimento, onde as instituições políticas permitiam que as empresas com interesses financeiros no *status quo* perpetuassem essa situação.

Excluídos dos fornecedores tradicionais das fábricas durante a Segunda Guerra Mundial, os países em desenvolvimento encorajavam novas indústrias manufatureiras de sua propriedade. A pressão política para proteger essas indústrias foi um fator por trás da popularidade da industrialização em substituição às importações nas primeiras décadas pós-guerra. Além disso, as áreas coloniais que se tornaram independentes após a guerra acreditavam que poderiam alcançar os níveis de renda de seus antigos governantes somente por meio de urbanização e industrialização rápidas e dirigidas pelo governo. Por fim, os países em desenvolvimento líderes temiam que seus esforços para escapar da pobreza seriam ameaçados se continuassem a se especializar em exportações de *commodities* primárias, como café, cobre e trigo. Nos anos 1950, alguns economistas influentes afirmaram que os países em desenvolvimento sofreriam continuamente os termos de declínio do comércio, a menos que usassem a política comercial para movimentar recursos para fora das exportações primárias e em direção a substitutos de importação. Essas previsões se provaram erradas, mas influenciaram as políticas dos países em desenvolvimento nas primeiras décadas pós-guerra.

Empréstimo e dívida de países em desenvolvimento

Uma característica adicional dos países em desenvolvimento é crucial para compreender seus problemas macroeconômicos: muitos têm dependido muito dos influxos financeiros do exterior para o investimento doméstico. Antes da Primeira Guerra Mundial e no período até a Grande Depressão, esses países (incluindo os Estados Unidos na maior parte do século XIX) receberam grandes influxos financeiros de terras mais ricas. A Grã-Bretanha foi o maior emprestador internacional, mas a França, a Alemanha e outras forças europeias contribuíram igualmente para financiar o desenvolvimento industrial em alguns países então em desenvolvimento (como Argentina, Austrália, Canadá e os Estados Unidos) e para a extração de recursos naturais ou agricultura de plantação em outros (como Brasil, Peru, Quênia e Indonésia).

Nas décadas seguintes à Segunda Guerra Mundial, muitas economias em desenvolvimento requisitaram novamente as economias de países mais ricos e construíram uma dívida substancial para o resto do mundo (cerca de sete trilhões de dólares em termos brutos no final de 2013). A dívida dos países em desenvolvimento estava no centro de diversas crises de empréstimo internacional que preocuparam legisladores da política econômica no mundo inteiro, começando no início dos anos 1980.

A economia de influxos financeiros para países em desenvolvimento

Conforme afirmado, muitos países em desenvolvimento receberam influxos financeiros extensos do exterior e hoje têm dívidas substanciais com os estrangeiros. A Tabela 22.3 mostra o padrão de empréstimos desde 1973 pelos países em desenvolvimento não produtores de petróleo (ver a segunda coluna de dados). Conforme você pode ver, esses países eram solicitadores de empréstimos constantes até o último momento do século XX (deixando de lado os principais exportadores de petróleo, que têm grandes excedentes quando o preço mundial do petróleo está alto). Que fatores causaram influxos financeiros ao mundo em desenvolvimento, e por que o padrão aparentemente mudou por volta do início do século XXI?

Lembre-se da equação (analisada no Capítulo 13) que relaciona a poupança nacional, S, o investimento doméstico, I, e o balanço de conta-corrente, CC : $S - I = CC$. Se a poupança nacional tiver pouco investimento doméstico, a diferença é igual ao déficit de conta-corrente. Em virtude da pobreza e de instituições financeiras pobres, a poupança nacional é quase sempre baixa em países em desenvolvimento. Entretanto, como esses países têm relativamente pouco capital, as oportunidades para introduzir ou expandir lucrativamente a fábrica e os equipamentos podem ser abundantes. Tais oportunidades justificam um alto nível de investimentos. Ao ter um déficit em sua conta-corrente, um país pode obter recursos externos para investir, mesmo que seu nível de poupança doméstica seja baixo. Contudo, um déficit em conta-corrente implica que o país está contraindo empréstimos no estrangeiro. Em troca de ser capaz de importar mais mercadorias estrangeiras hoje do que suas exportações atuais podem pagar, o país deve prometer efetuar no futuro o pagamento dos juros e do principal nos empréstimos ou dos dividendos em ações em empresas vendidas para estrangeiros.

Desse modo, os países em desenvolvimento que contraem empréstimos poderiam ser explicados pelos incentivos para o *comércio intertemporal* examinados no Capítulo 6. Os países com baixa renda geram pouca poupança própria para tomar vantagens de todas as suas oportunidades de investimentos lucráveis. Em países com capital alto, por outro lado, muitas oportunidades de investimento produtivas já têm sido exploradas, mas os níveis de poupança são relativamente elevados. No entanto, os poupadores em países desenvolvidos podem ganhar taxas mais altas de retorno ao emprestar para investimentos de finanças no mundo em desenvolvimento.

Observe que, quando os países em desenvolvimento tomam emprestado para realizar investimentos produtivos que eles não seriam capazes de realizar de outro modo, tanto eles quanto os emprestadores adquirem ganhos do comércio. Os devedores ganham porque podem consolidar seus capitais sociais apesar da poupança nacional limitada. Os credores lucram ao mesmo tempo porque obtêm retornos mais altos em suas poupanças do que ganhariam domesticamente.

Embora as razões descritas forneçam uma explicação para a dívida e os déficits externos dos países em desenvolvimento, isso não significa que todos os empréstimos de países desenvolvidos para países em desenvolvimento sejam justificados. Empréstimos com investimentos financeiros sem lucros — por exemplo, shopping-centers enormes que nunca são ocupados — ou importações de mercadorias de consumo podem resultar em dívidas que os devedores não podem pagar. Além disso, as políticas governamentais equivocadas, que reduzem artificialmente as taxas de poupança nacional, podem levar a empréstimos estrangeiros excessivos. A queda de 1982-1989 no nível de empréstimos de países em desenvolvimento evidente na Tabela 22.3 está associada com as dificuldades que alguns países mais pobres tiveram em honrar seus pagamentos aos credores.

Um progresso surpreendente iniciado por volta de 2000 foi que países em desenvolvimento (incluindo muitos que não eram exportadores de petróleo) tiveram superávits, uma contrapartida de déficits "de países mais

TABELA 22.3 Balanços de contas-correntes cumulativas dos principais exportadores de petróleo, outros países em desenvolvimento e países desenvolvidos, 1973-2012 (bilhões de dólares)

	Principais exportadores de petróleo	Outros países em desenvolvimento	Países avançados
1973–1981	252,9	–246,1	–183,8
1982–1989	–64,6	–143,3	–426,6
1990–1998	–58,2	–522,7	–105,9
1999–2012	3.445,9	1.766,1	–5.576,6

Fonte: Fundo Monetário Internacional, *International Financial Statistics*. Contas-correntes globais geralmente não somam zero por causa de erros, de omissões e da exclusão de alguns países em alguns períodos.

ricos" (principalmente o dos Estados Unidos). Contrariamente ao que a teoria econômica simples preveria, o capital estava fluindo *colina acima,* dos países mais pobres para os mais ricos. Mencionamos esse padrão de desequilíbrio global no Capítulo 19, e aprofundaremos o fenômeno mais adiante neste capítulo. Uma razão para esses excedentes era o forte desejo dos países em desenvolvimento de acumular reservas internacionais, conforme discutiremos no quadro "Por que os países em desenvolvimento acumularam níveis tão altos de reservas internacionais?".

O problema da inadimplência

Ganhos potenciais de contrair e conceder empréstimos internacionais não ocorrerão a menos que os credores estejam confiantes de que serão pagos. Conforme observamos no Capítulo 21, um empréstimo é considerado em *inadimplência* quando o devedor, sem a concordância do credor, deixa de pagar o esquema de acordo com o contrato de empréstimo. Tanto a instabilidade social quanto política, bem como as fraquezas frequentes em suas finanças públicas e instituições financeiras, tornam muito mais arriscado emprestar para países em desenvolvimento do que para países industriais. E, de fato, a história dos fluxos financeiros para os países em desenvolvimento é repleta de crises financeiras e contratos de empréstimo inadimplentes:

1. No início do século XIX, diversos estados dos Estados Unidos ficaram inadimplentes em empréstimos europeus que eles tinham feito para financiar a construção de infraestrutura, como canais de navegação.
2. Durante todo o século XIX, os países da América Latina tiveram problemas de pagamento. Isso foi especialmente verdadeiro para a Argentina, que gerou uma crise financeira global em 1890 (a Crise do banco Baring) quando ela provou ser incapaz de cumprir suas obrigações.
3. Em 1917, o novo governo comunista da Rússia não reconheceu as dívidas estrangeiras que tinham sido contraídas por governantes anteriores. Os comunistas fecharam a economia soviética para o restante do mundo e embarcaram em um programa de desenvolvimento econômico centralizado que era com frequência forçado ditatorialmente.
4. Durante a Grande Depressão dos anos 1930, a atividade econômica mundial entrou em colapso e os países em desenvolvimento se encontraram fechados aos mercados de exportação dos países industriais por um muro de proteção (veja o Capítulo 19). Como resultado, quase todos os países em desenvolvimento ficaram inadimplentes com suas dívidas externas, e o fluxo financeiro particular para os países em desenvolvimento minguou por quatro décadas. Diversos países europeus ficaram inadimplentes com suas dívidas da Primeira Guerra Mundial para com os governos aliados, principalmente os Estados Unidos.
5. Muitos países em desenvolvimento ficaram inadimplentes (ou reescalonaram suas dívidas estrangeiras) nas décadas recentes. Por exemplo, em 2005, após extensas negociações, a maior parte dos credores particulares da Argentina concordou em aceitar somente cerca de um terço dos valores contratuais de seus créditos no país.

A grande contração da produção e do emprego de um país ocorre invariavelmente após uma *súbita parada* na qual o país perde de súbito o acesso a todos os recursos de fundos estrangeiros (ver Capítulo 19). Em um nível muito básico, a necessidade dessas contrações pode ser vista na equação da conta-corrente, $S - I = CC$. Imagine que um país tem um déficit de conta-corrente que é 5% de seu PNB inicial, quando subitamente emprestadores estrangeiros ficam temerosos e cortam todos os novos empréstimos. Uma vez que sua ação força o balanço de conta-corrente a ser pelo menos zero $CC \geq 0$), a equação $S - I = CC$ nos diz que por meio de alguma combinação de uma queda no investimento ou um aumento na poupança, $S - I$ deve imediatamente subir até pelo menos 5%. A queda aguda necessária para agregar demanda necessariamente deprime muito a demanda do país. Mesmo que inicialmente não esteja em vias de inadimplência — imagine que os emprestadores estrangeiros estavam originalmente preocupados com um súbito pânico irracional —, a contração súbita na demanda que o país sofreria tornaria a inadimplência uma possibilidade real.

De fato, as coisas provavelmente podem ficar bem piores para o país do que o exemplo precedente sugere. Os credores estrangeiros não só bloqueiam novos empréstimos se temerem a inadimplência, mas naturalmente também tentarão conseguir tanto mais dinheiro de fora do país quanto possível exigindo o pagamento integral de quaisquer empréstimos para que o principal possa ser exigido em curto prazo (por exemplo, depósitos bancários de curto prazo líquidos). Quando o país em desenvolvimento paga o principal da dívida, ele está aumentando a riqueza estrangeira *líquida*. Para gerar o item de conta-corrente positiva correspondente (ver Capítulo 13), o país deve de alguma forma aumentar suas exportações líquidas. Desse modo, em uma crise de parada súbita, o país não só terá que conseguir uma conta-corrente de zero, mas também será, na verdade, obrigado a conseguir um *excedente* ($CC > 0$). Quanto maior for a dívida externa do país em *curto prazo* — a dívida cujo principal pode ser demandado pelos credores — maior será o aumento nas economias ou na compressão do investimento que será necessário para evitar uma inadimplência. Você já deve ter observado que as paradas súbitas em países em desenvolvimento e crises de inadimplência podem ser dirigidas por um mecanismo de autopreenchimento análogo àqueles atrás do balanço de autopreenchimento das crises das balanças de pagamentos (Capítulo 18), corridas bancárias (Capítulo 20), e aos problemas de dívidas soberanas na área do euro (Capítulo 21). De fato, a lógica subjacente é a mesma. Além disso, as crises de inadimplência em países em desenvolvimento são propensas a serem acompanhadas pelo balanço de crises de pagamentos (quando a taxa de câmbio é atrelada) *e* corridas bancárias. Um balanço da crise de pagamentos ocorre porque as reservas de câmbio estrangeiro oficiais do país podem ser os únicos meios prontos que ele tem para pagar dívidas estrangeiras em curto prazo. Por meio da depleção de suas reservas oficiais, o governo pode proteger a demanda agregada reduzindo o tamanho do excedente de conta-corrente necessário para preencher as demandas para o pagamento dos credores.[5] Mas a perda de suas reservas deixa o governo incapaz de atrelar a taxa de câmbio por mais tempo. Ao mesmo tempo, os bancos têm problemas quando os depositantes domésticos e estrangeiros, temendo a depreciação da moeda e as consequências de inadimplências, retiram fundos e compram reservas estrangeiras na esperança de pagar dívidas de moeda estrangeira ou enviar riqueza com segurança para o exterior. Já que os bancos estão frequentemente fracos para começar, as retiradas em larga escala logo os pressionam à falência. Por fim, um impacto negativo sobre as finanças públicas pode completar o *doom loop*. Se o governo precisa contrair mais dívidas como um resultado de enfraquecimento dos bancos, então seu próprio crédito está enfraquecido, o que ocasiona custos mais altos de empréstimos e uma chance maior de uma inadimplência soberana.

Como cada uma dessas crises "trigêmeas" reforça as demais, uma crise financeira de um país em desenvolvimento tem uma probabilidade de ser grave, de ter efeitos negativos disseminados pela economia e de formar uma bola de neve muito rapidamente. A origem imediata desse colapso econômico disseminado pode ser a conta financeira (como na parada súbita), o mercado de câmbio estrangeiro ou o sistema bancário, dependendo da situação específica do país.

Quando um governo se torna inadimplente com suas obrigações, o evento é chamado de inadimplência *soberana*. Uma situação conceitualmente diferente ocorre quando um grande número de mutuários domésticos *particulares* não pode pagar suas dívidas aos estrangeiros. Contudo, na prática, em países em desenvolvimento os dois tipos de inadimplência caminham juntos. O governo pode envolver o setor privado assumindo suas dívidas estrangeiras, desse modo esperando evitar o colapso econômico disseminado. Além disso, um governo com problemas pode provocar inadimplências ao limitar o acesso dos residentes domésticos a suas reservas de câmbio externas atuais. Essa ação torna-o muito mais difícil de pagar as dívidas de moeda estrangeira. Em outro caso, o governo torna-se intimamente envolvido nas negociações subsequentes com os credores estrangeiros.

As crises de inadimplência eram raras nas primeiras três décadas após a Segunda Guerra Mundial: a emissão de dívidas pelos países em desenvolvimento era limitada, e os credores geralmente eram agências internacionais oficiais ou governamentais, como o Fundo Monetário Internacional (FMI) e o Banco Mundial. No entanto, à medida que o fluxo livre de capital global particular se expandiu após os primeiros anos da década de 1970, crises de inadimplência importantes ocorreram repetidamente (conforme veremos), levando muitos a questionar a estabilidade do mercado de capital mundial.[6]

Formas alternativas de influxo financeiro

Quando um país em desenvolvimento apresenta um déficit de conta-corrente, ele está vendendo ativos para estrangeiros para financiar a diferença entre seu gasto e sua renda. Embora tenhamos agrupado essas vendas de ativos sob o termo amplo *empréstimo*, os influxos finan-

---

[5] Esteja certo de ter entendido por que isso é assim. Se necessário, reveja os conceitos de contabilidade de economia aberta do Capítulo 13. Para uma análise estatística das características de crise monetária, bancária e de inadimplência, veja: Pierre-Olivier Gourinchas e Maurice Obstfeld. "Stories of the Twentieth Century for the Twenty-First". *American Economic Journal: Macroeconomics*, v. 4, p. 226–265, jan. 2012.

[6] Sobre a história da inadimplência durante o meio da década de 1980, veja: Peter H. Lindert e Peter J. Morton. "How Sovereign Debt Has Worked". In: Jeffrey D. Sachs (Ed.). *Developing Country Debt and Economic Performance*, v. 1. Chicago: University of Chicago Press, 1989. Um bom panorama dos influxos de capitais privados para os países em desenvolvimento durante o mesmo período é dado por Eliana A. Cardoso e Rudiger Dornbusch. "Foreign Private Capital Inflows". In: Hollis Chenery e T. N. Srinivasan (Eds.). *Handbook of Development Economics*, v. 2. Amsterdam: Elsevier Science Publishers, 1989. Um panorama mais recente da crise de inadimplência é encontrado em Atish Ghosh et al., *IMF-Supported Programs in Capital Account Crises*, Occasional Paper 210. Washington, D.C.: International Monetary Fund, 2002. Para uma pesquisa histórica abrangente, veja: Carmen Reinhart e Kenneth Rogoff, *This Time Is Different: Eight Centuries of Financial Folly*. Princeton, NJ: Princeton University Press, 2009. Reinhart e Rogoff documentam que, para os países em desenvolvimento, as crises de inadimplência podem ocorrer em níveis comparativamente baixos de dívida externa em relação à produção.

ceiros que financiam os déficits dos países em desenvolvimento (e, de fato, qualquer déficit do país) podem adquirir diversas formas. Tipos diferentes de influxos financeiros predominaram em diferentes períodos históricos. Como surgem obrigações diferentes a emprestadores, um entendimento da cena macroeconômica nos países em desenvolvimento necessita de uma análise cuidadosa de cinco canais maiores pelos quais esses países têm financiado seus déficits externos.

1. *Financiamento de títulos*. Países em desenvolvimento algumas vezes venderam títulos para cidadãos estrangeiros particulares para financiar seus déficits. O financiamento de títulos foi dominante no período até 1914 e nos anos entre as guerras mundiais (1918-1939). Essa modalidade ganhou popularidade novamente após 1990, à medida que os países em desenvolvimento tentaram liberalizar e modernizar seus mercados financeiros.
2. *Financiamento bancário*. Entre o início da década de 1970 e o final da de 1980, os países em desenvolvimento contraíram extensamente empréstimos de bancos comerciais nas economias desenvolvidas. Em 1970, quase um quarto das finanças externas dos países em desenvolvimento foi fornecido por bancos. Em 1981, os bancos forneceram uma quantidade de finanças quase igual ao déficit de conta-corrente agregada dos países em desenvolvimento não produtores de petróleo, mas nos anos 1990 a importância do empréstimo bancário diminuiu.
3. *Empréstimo oficial*. Os países em desenvolvimento algumas vezes contraem empréstimos de agências estrangeiras oficiais, como o Banco Mundial ou o Banco de Desenvolvimento Interamericano. Tais empréstimos podem ser feitos sob uma base "concessional", ou seja, a taxas de juros abaixo dos níveis do mercado, ou sob uma base do mercado, que permite que o credor ganhe a taxa de mercado de retorno. No período pós-Segunda Guerra Mundial, os fluxos de empréstimos oficiais para as nações em desenvolvimento encolheram em relação ao total de fluxos, mas continuaram a ser dominantes em alguns países, por exemplo, muitos daqueles situados na África subsaariana.
4. *Investimento direto externo*. No investimento direto externo, uma empresa de propriedade de residentes estrangeiros adquire ou expande uma empresa ou fábrica subsidiária localizada no país em desenvolvimento onde há uma filial (Capítulo 8). Um empréstimo da IBM para sua fábrica filial no México, por exemplo, seria um investimento direto pelos Estados Unidos no México. A transação entraria na balança de contas de pagamentos do México como uma venda de ativos financeiros (e na balança de contas de pagamentos dos Estados Unidos como uma aquisição de ativos financeiros iguais). Desde a Segunda Guerra Mundial, o investimento direto externo tem sido uma fonte consistentemente importante de capital dos países em desenvolvimento.
5. *Investimento em portfólio em propriedade de empresas*. Desde o início da década de 1990, investidores em países desenvolvidos têm mostrado um apetite maior em comprar quotas de ações em empresas de países em desenvolvimento. A tendência tem sido reforçada por muitos esforços de países em desenvolvimento na **privatização** — ou seja, vender para proprietários particulares grandes empreendimentos de propriedade do estado — em áreas chaves, como eletricidade, telecomunicações e petróleo. Nos Estados Unidos, diversas empresas de investimento oferecem fundos mútuos especializados em ações de mercados emergentes.

Os cinco tipos de financiamentos descritos podem ser classificados em duas categorias: financiamento de *dívidas* e financiamento de *patrimônio* (Capítulo 20). Títulos, bancos e finanças oficiais são todas formas de financiamento de dívidas. Nesse caso, o devedor deve pagar o valor facial do empréstimo mais juros, independentemente de suas próprias circunstâncias econômicas. Investimento direto e compra de portfólio de quotas de ações são, por outro lado, formas de financiamento de patrimônio. Proprietários estrangeiros de um investimento direto, por exemplo, têm uma posse de uma parcela de retorno líquido do investimento, não uma posse para um fluxo fixo de pagamentos em dinheiro. Desse modo, eventos econômicos adversos no país hospedeiro resultam em uma queda automática nos ganhos de investimentos diretos e nos dividendos pagos a estrangeiros.

A distinção entre financiamento de dívida e financiamento de patrimônio é útil para analisar como os pagamentos de países em desenvolvimento aos estrangeiros ajustam-se aos eventos imprevisíveis, como recessões ou termos de mudanças comerciais. Quando os passivos de um país estão na forma de dívida, seus pagamentos programados aos credores não caem, mesmo se sua renda real cair. Pode então se tornar muito penoso para o país continuar a honrar suas obrigações externas — o suficiente para levar o país à inadimplência. A vida frequentemente é mais fácil, contudo, com o financiamento de patrimônio. No caso de patrimônio, uma queda da renda doméstica reduz automaticamente os ganhos dos acionistas estrangeiros, sem violar qualquer acordo do empréstimo. Ao adquirir patrimônio, os estrangeiros concordaram efetivamente em compartilhar tanto os tempos ruins quanto os tempos bons da economia. Portanto, o financiamento de patrimônio, em vez do financiamento de dívidas dos seus investimentos, deixa um país em desenvolvimento muito menos vulnerável ao risco de uma crise de dívida externa.

O problema do "pecado original"

Quando os países em desenvolvimento incorrem em dívidas aos estrangeiros, elas muitas vezes são expressas em termos da moeda estrangeira principal — o dólar norte-americano, o euro ou o iene. Essa prática não é sempre uma questão de escolha. Em geral, os credores de países mais ricos, temendo a desvalorização extrema e a inflação que ocorreram tantas vezes no passado, insistem para que os países mais pobres prometam pagar nas moedas dos credores. Se as dívidas soberanas fossem denominadas em moedas nacionais, em vez de estrangeiras — em outras palavras, se o contrato de empréstimo fosse uma promessa de pagar os credores estrangeiros com moeda nacional —, então, os governos de países em desenvolvimento poderiam simplesmente imprimir suas próprias moedas para pagar seus credores. Os governos nunca precisariam ter um padrão, embora criando inflação eles pudessem reduzir o valor *real* das suas obrigações.

Em contraste, com os países em desenvolvimento, os países mais ricos contraem empréstimos quase sempre em termos de suas próprias moedas. Assim, os Estados Unidos emprestam dólares de estrangeiros, a Grã-Bretanha contrai empréstimos em libras esterlinas, o Japão toma emprestados ienes e a Suíça pede emprestados francos suíços.

Para esses países mais ricos, a capacidade de denominar suas dívidas externas em suas próprias moedas, mantendo ativos externos denominados em moeda estrangeira, é uma vantagem considerável — mesmo apesar da liberdade que isso dá para o governo pagar na moeda que pode imprimir. Por exemplo, suponha que uma queda na demanda mundial por produtos dos Estados Unidos levem a uma depreciação do dólar. Vimos no Capítulo 19 como tal depreciação pode amortecer a produção e o emprego nos Estados Unidos. O portfólio norte-americano de ativos e passivos estrangeiros, na verdade, produz mais uma vantagem de amortecimento: como na maior parte, os ativos dos Estados Unidos são denominados em moeda estrangeira, o valor em dólar desses ativos sobe quando o dólar desvaloriza em relação às moedas estrangeiras. Ao mesmo tempo, como os passivos estrangeiros dos Estados Unidos são predominantemente (cerca de 95%) em dólares, seu valor em dólar sobe muito pouco. Então uma queda na demanda mundial por bens norte-americanos leva à transferência substancial de riqueza de estrangeiros para os Estados Unidos — um tipo de pagamento de seguro internacional.

Para os países pobres que devem contrair empréstimos em uma moeda estrangeira principal, uma queda na demanda por exportação tem o efeito oposto. Como os países mais pobres tendem a ser devedores líquidos nas principais moedas estrangeiras, uma depreciação da moeda doméstica causa a transferência de riqueza para estrangeiros, *elevando* o valor da moeda nacional da dívida externa líquida. Isso equivale a seguro negativo!

Um país que pode contrair empréstimos no estrangeiro em sua própria moeda consegue reduzir os recursos reais que deve aos estrangeiros, sem desencadear uma moratória, simplesmente por desvalorizar sua moeda. Um país em desenvolvimento forçado a contrair empréstimos em moeda estrangeira não tem essa opção e pode reduzir o que deve aos estrangeiros apenas por meio de alguma forma de moratória imediata.[7]

Os economistas Barry Eichengreen, da Universidade da Califórnia, em Berkeley, e Ricardo Hausmann, da Universidade de Harvard, cunharam o termo **pecado original** para descrever a incapacidade dos países em desenvolvimento para contrair empréstimos em suas próprias moedas.[8] Na opinião desses economistas, a incapacidade dos países pobres é um problema estrutural causado principalmente por características de mercado de capitais global — como o potencial de diversificação adicional limitado que a moeda de um país pequeno fornece aos credores dos países ricos, que já possuem todas as principais moedas em suas carteiras. Outros economistas acreditam que o "pecado" dos países em desenvolvimento não é particularmente "original", mas em vez disso deriva de sua própria história de políticas econômicas imprudentes. O debate está longe de se acalmar, mas seja qual for a verdade, é evidente que, por causa do pecado original, o financiamento da dívida nos mercados internacionais é mais problemático para as economias em desenvolvimento do que para as desenvolvidas.

Um fenômeno relacionado, mas distinto, é a grande escala de empréstimos privados, *internos*, em dólares ou outras moedas estrangeiras principais em muitos países

---

[7] Como vimos no Capítulo 21, o governo da Grécia deixou de pagar sua dívida em 2012, a primeira moratória por um país de renda alta desde a década de 1940. Alguns outros países da zona do euro poderiam ficar inadimplentes no futuro. No entanto, os países da zona do euro enfrentam uma restrição exclusiva em comparação com outros países de renda alta. Como a política monetária é controlada pelo BCE, um único governo da zona do euro não pode optar por desvalorizar suas dívidas legalmente mediante a desvalorização da moeda nacional.

[8] Veja seu artigo: "Exchange Rates and Financial Fragility". In: *New Challenges for Monetary Policy*. Kansas City, MO: Federal Reserve Bank of Kansas City, 1999, p. 329-368.

em desenvolvimento. Como resultado, os devedores de moeda estrangeira podem encontrar-se em dificuldades quando a moeda nacional deprecia.[9]

A crise da dívida da década de 1980

Em 1981-1983, a economia mundial sofreu uma recessão intensa. Assim como a Grande Depressão tornou difícil para os países em desenvolvimento fazer pagamentos de seus empréstimos estrangeiros — causando rapidamente um padrão quase universal — a grande recessão dos anos 1980 também provocou uma crise sobre a dívida dos países em desenvolvimento.

O Capítulo 19 descreveu como a Reserva Federal dos Estados Unidos em 1979 adotou uma dura política anti-inflação que aumentou as taxas de juros do dólar e ajudou a empurrar a economia mundial na recessão de 1981. A queda na demanda agregada dos países industriais teve um impacto negativo direto sobre os países em desenvolvimento, é claro, mas três outros mecanismos também foram importantes. Como o mundo em desenvolvimento tinha dívidas extensas denominadas em dólar com taxa ajustável (pecado original em ação), houve um aumento imediato e espetacular da carga de juros que os países devedores tinham que arcar. O problema foi ampliado pela valorização acentuada do dólar no mercado cambial, que elevou substancialmente o valor real dos encargos da dívida em dólar. Por fim, o preço das *commodities* entrou em colapso, deprimindo os termos de comércio de muitas economias pobres.

A crise começou em agosto de 1982, quando o México anunciou que seu banco central tinha ficado sem reservas externas e que não poderia mais atender os pagamentos de sua dívida externa. Vendo semelhanças potenciais entre o México e outros grandes devedores latino-americanos, como Argentina, Brasil e Chile, os bancos de países industrializados — os maiores credores privados para a América Latina no momento — se esforçavam para reduzir seus riscos ao cortar novos créditos e exigir o reembolso de empréstimos anteriores.

Os resultados foram uma incapacidade generalizada dos países em desenvolvimento para cumprir obrigações de dívida anterior e um movimento rápido para uma moratória quase generalizada. A América Latina foi, talvez, mais duramente atingida, mas também foram atingidos os países do bloco soviético, como a Polônia, que tinha contraído empréstimos de bancos europeus. Os países africanos, cujas dívidas na maioria eram com agências oficiais, como o FMI e o Banco Mundial, também ficaram inadimplentes. A maioria dos países da Ásia Oriental foi capaz de manter o crescimento econômico e evitar o reescalonamento da dívida (isto é, a ampliação dos pagamentos, prometendo pagar juros adicionais no futuro). No entanto, no final de 1986, mais de 40 países tinham encontrado graves problemas de financiamento externo. O crescimento diminuíra drasticamente (ou tinha revertido) em grande parte do mundo em desenvolvimento, e os empréstimos a esses países caíram drasticamente. De início, os países industrializados, com envolvimento pesado pelo FMI, tentaram persuadir os grandes bancos a continuar a emprestar, argumentando que uma resposta coordenada do empréstimo era a melhor garantia de que dívidas anteriores seriam reembolsadas. Os formuladores de políticas nos países industrializados temiam que conglomerados bancários gigantes como o Citicorp e o Bank of America, que tinham empréstimos significativos na América Latina, fossem à falência no caso de uma moratória generalizada, arrastando para baixo o sistema financeiro mundial com eles.[10] (Como você pode ver, houve mais de uma quase tragédia no caminho até a crise financeira de 2007-2009!) Mas a crise não acabou até 1989, quando os Estados Unidos, temendo a instabilidade política ao sul, insistiram em que os bancos norte-americanos dessem alguma forma de alívio da dívida para os países em desenvolvimento devedores. Em 1990, os bancos concordaram em reduzir a dívida do México em 12% e, dentro de um ano, acordos de redução também tinham sido negociados por Filipinas, Costa Rica, Venezuela, Uruguai e Níger. Quando a Argentina e o Brasil chegaram a acordos preliminares com seus credores em 1992, foi como se a crise da dívida da década de 1980 tivesse enfim sido resolvida, mas só depois de anos de estagnação econômica.

Reformas, afluxos de capital e o retorno da crise

O início dos anos 1990 viu uma renovação de fluxos de capital privados para os países em desenvolvimento, incluindo alguns da América Latina altamente endividados no centro da crise de dívida da década anterior.

---

9 Para uma reflexão sobre os motivos da denominação passiva em moeda estrangeira, consulte o artigo de Rajan e Tokatlidis em Leituras adicionais. Quando a moeda é o dólar norte-americano, o fenômeno é chamado de **dolarização**. Cada vez mais, alguns dos governos das economias dos mercados emergentes mais prósperos foram capazes de emitir títulos em moedas domésticas nos mercados de títulos domésticos, com alguma demanda de investidores estrangeiros (notadamente fundos mútuos). Esse desenvolvimento tem contribuído para atenuar um pouco o problema do pecado original.

10 Em 1981, os empréstimos de países em desenvolvimento dos oito maiores bancos dos Estados Unidos ascenderam a 264% de seu capital, então as perdas de 50% dos empréstimos os teriam tornado insolventes. Consulte a tabela 5.1a em Federal Deposit Insurance Corporation. *History of the 80s: Lessons for the Future. Volume I: An Examination of the Banking Crises of the 1980s and Early 1990s.* Washington: FDIC, 1997.

Conforme mostra a Tabela 22.3, o nível de empréstimos externos dos países em desenvolvimento não produtores de petróleo como um grupo se expandiu muito.

As baixas taxas de juros nos Estados Unidos no início dos anos 1990 certamente forneceram um ímpeto inicial para esses fluxos de capital renovados. Talvez mais importante, contudo, eram os grandes esforços nas economias receptoras para estabilizar a inflação, um movimento que exigia que o governo limitasse seus papéis na economia e aumentasse os retornos dos impostos. Ao mesmo tempo, os governos procuravam diminuir as barreiras comerciais, para desregulamentar a mão de obra e os mercados de produtos e para melhorar a eficiência dos mercados financeiros. A privatização disseminada serviu tanto para a meta microeconômica, de estimular a eficiência e a competição, quanto para a meta macroeconômica, de eliminar a necessidade de o governo cobrir as perdas de empresas estatais mal administradas e protegidas.

O que por fim empurrou os países a realizar grandes reformas apesar dos interesses políticos que lutavam a favor do *status quo*? Um fator foi a própria crise de dívidas de 1980, que resultou naquilo que muitos analistas denominaram de uma "década perdida" do crescimento da América Latina. Muitos dos legisladores relativamente jovens que subiram ao poder na América Latina, à medida que a crise de dívida terminava, eram economistas bem formados que acreditavam que as políticas econômicas e instituições mal direcionadas tinham levado à crise e piorado seus efeitos. Apesar de ser mais pobre do que a América Latina tão recentemente, em 1960, o Leste Asiático agora era mais rico.

Reformas econômicas recentes tomaram formas diferentes nos países da América Latina, e alguns tiveram um progresso significativo. Aqui nós contrastamos os aspectos macroeconômicos das abordagens realizadas em quatro grandes países que fizeram tentativas de reformas amplas (embora não igualmente bem-sucedidas).

Argentina A Argentina esteve sob regime militar entre 1976 e 1983, mas a economia continuou sendo problemática mesmo após o retorno da democracia. Após anos marcados por crise bancária, instabilidade fiscal, e mesmo hiperinflação, o país por fim passou por uma reforma institucional radical no início dos anos 1990. As tarifas de importação foram reduzidas, os gastos do governo sofreram cortes, as principais companhias estatais, incluindo a linha aérea nacional, foram privatizadas, e as reformas fiscais levaram a maiores rendimentos governamentais.

O componente mais ousado do programa da Argentina, contudo, foi a nova Lei da Conversibilidade de abril de 1991, tornando a moeda da Argentina completamente conversível em dólares norte-americanos em uma taxa *fixa* de exatamente um peso por dólar. A Lei da Conversibilidade também exigiu que a base monetária fosse lastreada por ouro ou moeda estrangeira, assim em um único golpe ela reduziu abruptamente a capacidade de o banco central financiar os déficits do governo mediante a criação constante de dinheiro. A Lei da Conversibilidade representou uma versão extrema da abordagem baseada na taxa de câmbio para reduzir a inflação que tinha sido tentada muitas vezes no passado, mas previsivelmente terminara em uma crise monetária. A lei monetária de 1991 exigindo 100% de respaldo do câmbio externo para a base monetária tornou a Argentina um exemplo de um **conselho monetário,** no qual a base monetária é respaldada inteiramente por moeda estrangeira e o banco central, desse modo, detém os ativos domésticos. Dessa vez, a abordagem funcionou por quase uma década. Apoiada por reformas financeiras e econômicas genuínas, o plano da Argentina teve um efeito drástico sobre a inflação que permaneceu baixa após cair de 800% em 1990 para bem menos de 5% até 1995. Contudo, a inflação continuada nos primeiros anos do plano de conversibilidade, apesar de uma taxa de câmbio fixa, implicou uma grande valorização real do peso, cerca de 30% de 1990 até 1995. A valorização real levou ao desemprego e a um déficit de conta--corrente-crescente.

Na metade da década de 1990, o processo de valorização real do peso terminou, mas o desemprego continuou alto pela rigidez nos mercados de mão de obra. Embora até 1997 a economia estivesse crescendo rapidamente, o crescimento subsequente tornou-se negativo e o déficit do governo mais uma vez saiu do controle. À medida que a economia mundial escorregava para a recessão em 2001, o crédito externo da Argentina ia minguando. O país tornou-se inadimplente de seus débitos externos em dezembro de 2001 e abandonou o atrelamento peso/dólar em janeiro de 2002. O peso depreciou rapidamente e a inflação elevou-se mais uma vez. A produção argentina caiu para cerca de 11% em 2002, embora o crescimento tenha retornado em 2003, quando a inflação caiu. No momento da redação deste capítulo, a Argentina está tentando negociar um acordo com seus credores estrangeiros que permitirá que ela seja readmitida nos mercados de capital internacionais como tomadora de empréstimos.

Brasil Como a Argentina, o Brasil sofreu inflação galopante na década de 1980, bem como múltiplas tentativas malsucedidas na estabilização acompanhada por reformas da moeda. Contudo, o país levou muito tempo para conseguir ter a inflação sob controle e abordou sua desinflação menos sistematicamente do que os argentinos.[11]

Em 1994, o governo brasileiro introduziu uma nova moeda, o real, atrelada ao dólar. À custa de falências bancárias disseminadas, o Brasil defendeu a nova taxa de câmbio com taxas de juros altas em 1995, então mudou para uma indexação do tipo *crawlingpeg* fixa crescente em face da valorização real substancial. A inflação caiu de uma taxa anual de 2.669% (em 1994) para menos de 10% em 1997.

Contudo, o crescimento econômico continuou sendo pouco expressivo. Embora o governo do Brasil tenha realizado uma redução nas barreiras de importação, privatização e arrocho fiscal, o progresso global do país na reforma econômica foi muito mais lento do que no caso da Argentina, e o déficit fiscal do governo permaneceu inquietantemente elevado. Uma boa parte do problema era a taxa de juros muito alta que o governo tinha que pagar em sua dívida, uma taxa que refletiu ceticismo nos mercados de que a valorização limitada do real em relação ao dólar poderia ser mantida.

Por fim, em janeiro de 1999, o Brasil desvalorizou o real em 8% e então permitiu que ele flutuasse. Muito rapidamente, o real perdeu 40% de seu valor perante o dólar. A recessão seguiu à medida que o governo lutava para impedir que a moeda seguisse em queda livre. Mas a recessão mostrou ter vida curta, a inflação não decolou e (como as instituições financeiras do Brasil tinham evitado fazer empréstimos pesados em dólares), o colapso do setor financeiro foi evitado. O Brasil elegeu um presidente populista, Luiz Inácio Lula da Silva, em outubro de 2002, mas as políticas de mercado que ele por fim (e inesperadamente) adotou preservaram o acesso do país aos mercados de crédito internacional. O crescimento econômico tem sido saudável e o país tornou-se uma força no mundo emergente. Um fator fundamental no sucesso tem sido suas fortes exportações de *commodities*, principalmente para a China.

Chile Tendo aprendido as lições do profundo desemprego e colapso financeiro no início da década de 1980, o Chile implementou reformas mais consistentes mais tarde na década. De modo muito importante, o país instituiu um ambiente regulatório rígido para as instituições financeiras domésticas e removeu uma garantia explícita de resgate que tinha ajudado a agravar a crise anterior da dívida do Chile. Um tipo de indexação *crawling-peg* do regime de taxa de câmbio foi usado para derrubar a inflação gradualmente, mas o sistema foi operado com flexibilidade para evitar a extrema valorização real. O banco central chileno tornou-se independente das autoridades fiscais em 1990 (no mesmo ano em que um governo democrático substituiu o regime militar do General Pinochet). Essa ação solidificou ainda mais o compromisso de não financiar déficits orçamentários ao ordenar ao banco central para imprimir dinheiro.[12]

Outra política nova exigia que todos os fluxos de capital (exceto compras de patrimônio) fossem acompanhados de um depósito não remunerado de um ano, igual a 30% da transação. Como a duração limitava-se ao depósito solicitado, a penalidade caía desproporcionalmente em afluxos de curto prazo, aqueles mais propensos a ser retirados por investidores estrangeiros em uma crise. Uma motivação para o imposto de influxo de capital implícito era limitar a valorização real da moeda. O outro era reduzir o risco de que uma retirada súbita de fundos estrangeiros de curto prazo pudesse provocar uma crise financeira. Há controvérsias consideráveis entre os economistas se as barreiras de influxo de capital chileno tiveram sucesso em seus objetivos, embora seja difícil crer que elas tenham provocado muito prejuízo.[13]

As políticas do Chile valeram a pena. Entre 1991 e 1997, o país desfrutou de taxas de crescimento do PIB em média de mais de 8% ao ano. Ao mesmo tempo, a inflação caiu de 26% ao ano em 1990 para apenas 6% em 1997. O Chile tem sido avaliado não só como o país menos corrupto da América Latina, mas também como menos corrupto do que vários membros da União Europeia e do que os Estados Unidos.

México O México introduziu um programa de reforma e estabilização ampla em 1987, combinando uma redução agressiva da dívida e dos déficits públicos com as diretrizes de direcionamento e salários-preços de taxa de câmbio negociadas com os representantes da indústria e

---

[11] Para um relato, consulte Rudiger Dornbusch. "Brazil's Incomplete Stabilization and Reform". *Brookings Papers on Economic Activity*, v. 1, p. 367–404, 1997.

[12] Para uma visão geral dos aspectos da abordagem chilena da reforma econômica, veja: Barry P. Bosworth, Rudiger Dornbusch e Raúl Labán (Eds.). *The Chilean Economy: Policy Lessons and Challenges*. Washington, D.C.: Brookings Institution, 1994. Um relato clássico dos problemas financeiros chilenos no início da década de 1980 é encontrado em Carlos F. Díaz-Alejandro. "Goodbye Financial Repression, Hello Financial Crash". *Journal of Development Economics*, v. 19, p. 1–24, set./out. 1985. Esse artigo é altamente recomendado, já que os problemas discutidos por Díaz-Alejandro revelaram-se pertinentes muito além do contexto específico do Chile.

[13] Para uma discussão, ver Capítulo 5 do livro de Kenen incluído nas Leituras adicionais deste capítulo. Veja também Kevin Cowan e José de Gregorio. "International Borrowing, Capital Controls, and the Exchange Rate: Lessons from Chile". In: Sebastian Edwards (Ed.). *Capital Controls and Capital Flows in Emerging Economies*. Chicago: University of Chicago Press, 2007, p. 241–296.

dos sindicatos de trabalhadores.[14] No mesmo ano, o país assumiu um compromisso significativo com o livre comércio, unindo-se ao GATT. (O México posteriormente se juntou à Organização para Cooperação e Desenvolvimento Econômico e, em 1994, aderiu ao Acordo de Livre Comércio da América do Norte.)

O México fixou a taxa de câmbio do seu peso em relação ao dólar dos Estados Unidos no final de 1987, mudou para uma indexação *crawling* no início de 1989 e para uma faixa *crawling* no final de 1991. O governo manteve um nível limite máximo possível de valorização do peso, mas anunciou a cada ano após 1991 um limite gradualmente crescente na extensão permitida de depreciação da moeda. Assim, foi autorizado que o intervalo de flutuação da taxa de câmbio possível aumentasse ao longo do tempo.

Apesar dessa flexibilidade potencial, as autoridades mexicanas mantiveram a taxa de câmbio perto de seu teto de valorização. O peso, portanto, nitidamente subiu de preço em termos reais, e surgiu um grande déficit da conta-corrente. Em 1994, as reservas de divisas do país caíram para níveis muito baixos. A agitação civil, uma transição presidencial iminente e temores de desvalorização contribuíram para essa queda. Outro fator importante por trás do vazamento de reserva estrangeira, no entanto, foi uma extensão contínua de créditos do governo aos bancos que sofriam perdas com empréstimos. O México privatizara rapidamente suas margens sem salvaguardas regulatórias adequadas, e também tinha aberto sua conta de capital, dando assim aos bancos acesso gratuito aos fundos estrangeiros. Como os bancos estavam confiantes de que seriam socorridos pelo governo se tivessem problemas, o risco moral era desenfreado. Na esperança de estimular o crescimento e reduzir um déficit em conta-corrente que até então era quase 8% do PIB, o novo governo do México, que assumiu em dezembro de 1994, desvalorizou o peso 15% além do limite de depreciação prometido um ano antes. A indexação de moeda desvalorizada foi imediatamente atacada por especuladores, e o governo recuou para uma flutuação. Os investidores estrangeiros em pânico empurraram o peso para baixo precipitadamente, e em pouco tempo o México tornou-se incapaz de contrair empréstimos exceto a juros de penalização. Como em 1982, o risco de inadimplência apareceu novamente. O país só evitou o desastre com a ajuda de um empréstimo de emergência de US$ 50 bilhões, orquestrado pelo Tesouro dos Estados Unidos e o FMI.

A inflação, que caíra de 159% em 1987 para apenas 7% em 1994, subiu enquanto o peso depreciou. A produção nacional do México recuou mais de 6% em 1995. O desemprego mais do que duplicou em meio a cortes fiscais agudos, taxas de juros nas alturas e uma crise bancária generalizada. Contudo, a contração durou apenas um ano. Em 1996, a inflação estava caindo e a economia se recuperava com o peso continuando a flutuar. O México recuperou o acesso aos mercados de capitais privados e reembolsou o Tesouro dos Estados Unidos antes do previsto. Uma grande conquista foi expandir suas instituições democráticas e afastar-se do regime de partido único virtual que caracterizara grande parte da história do país do século XX.

Leste Asiático: sucesso e crise

No início de 1997, os países da Ásia Oriental eram a inveja do mundo em desenvolvimento. Suas taxas de crescimento rápido iam levá-los até a escala de desenvolvimento, colocando vários deles a um passo do *status* de países desenvolvidos (que vários alcançaram agora). Então eles foram afetados por uma crise financeira desastrosa. A velocidade com que o sucesso econômico do Leste Asiático se transformou em caos econômico foi um choque intenso para a maioria dos observadores. O revés provocou uma crise mais ampla que envolveu países tão distantes como a Rússia e o Brasil. Nesta seção, analisamos a experiência do Leste Asiático. As lições, como veremos, reforçam aquelas da América Latina.

O milagre econômico do leste asiático

Como vimos na Tabela 22.2, a Coreia do Sul era uma nação extremamente pobre na década de 1960, com uma pequena indústria e aparentemente poucas perspectivas econômicas. Em 1963, no entanto, o país lançou uma série de reformas econômicas inovadoras, mudando da estratégia de desenvolvimento de substituição de importações voltada para o mercado interno para uma estratégia que enfatizava as exportações. E o país começou uma ascensão econômica notável. Durante os 50 anos seguintes, a Coreia do Sul aumentou seu PIB real *per capita* em cerca de 16 vezes — mais do que o aumento que os Estados Unidos alcançaram ao longo do século passado.

Ainda mais notável foi que a Coreia do Sul não estava sozinha. Sua ascensão econômica foi paralela à de várias outras economias do Leste Asiático. Na primeira onda, foram Hong Kong, Taiwan e Singapura que começaram a crescer rapidamente na década de 1960. No decorrer das

---

[14] As ideias subjacentes à abordagem mexicana são explicadas por um de seus arquitetos, Pedro Aspe Armella, um economista formado no Instituto de Tecnologia de Massachusetts, que foi ministro das finanças no período 1988-1994. Consulte seu livro *Economic Transformation the Mexican Way*. Cambridge, MA: MIT Press, 1993. Consulte também Nora Lustig, *Mexico: The Remaking of an Economy*. Washington, D.C.: Brookings Institution, 1992.

décadas de 1970 e 1980, o clube das economias asiáticas de crescimento rápido expandiu-se para incluir Malásia, Tailândia, Indonésia, e — impressionantemente — China, a nação mais populosa do mundo. Pela primeira vez desde a ascensão do Japão como potência industrial no fim do século XIX, uma parte substancial do mundo parecia fazer a transição do Terceiro para o Primeiro Mundo.

Ainda há uma controvérsia considerável sobre as razões desse "milagre econômico". No início de 1990, estava na moda entre alguns comentaristas atribuir o crescimento da Ásia a um sistema asiático comum de cooperação de negócios-governo e política industrial.

No entanto, mesmo um olhar superficial para as economias envolvidas torna dúbia a afirmação de um sistema comum. As economias de crescimento alto incluem regimes como o da Coreia do Sul, onde o governo tomou um papel ativo na alocação de capital entre as indústrias. Mas também incluíam regimes como os de Hong Kong e Taiwan, onde esse tipo de política industrial estava em grande parte ausente. Algumas economias, como as de Taiwan e Singapura, dependiam fortemente da criação de subsidiárias locais de empresas multinacionais. Outras, como Coreia do Sul e Hong Kong, dependiam principalmente de empresários nacionais.

POR QUE OS PAÍSES EM DESENVOLVIMENTO ACUMULARAM NÍVEIS TÃO ALTOS DE RESERVAS INTERNACIONAIS?

Os países em desenvolvimento enfrentando crises acham que suas reservas internacionais alcançavam níveis muito baixos. Um país que está fixando sua taxa de câmbio pode ter pouca escolha, além de deixar sua moeda depreciar uma vez que suas reservas foram esgotadas. Um país sem reservas de câmbio estrangeiras líquidas pode não ter qualquer meio para pagar os credores que tinham estendido previamente os empréstimos de moeda em curto prazo. Como na corrida bancária, o mercado teme que a depreciação ou a inadimplência potencial possa ser autorrealizada. Se a confiança do mercado falhar, as reservas rapidamente desaparecerão e nenhum novo empréstimo de estrangeiros será possível. O esmagamento da liquidez resultante pode tornar impossível para um país cumprir suas obrigações externas remanescentes.

Esse tipo de mecanismo de "corrida bancária" tem estado no centro de muitas crises de países em desenvolvimento, incluindo a crise econômica de 1997-1998 da Ásia, que discutiremos a seguir. Após a crise da Ásia, que afetou diversos países em todo o mundo, diversos economistas sugeriram que os países em desenvolvimento tomem o problema em suas próprias mãos. Como o crédito externo tende a minguar precisamente quando ele é mais necessário, os países poderiam proteger-se melhor a si próprios acumulando grandes quantidades de dinheiro vivo — dólares, euros e outras moedas estrangeiras amplamente aceitas.

Quando os países tinham pouco envolvimento com os mercados de capital mundiais (como durante os anos 1950 e início dos anos 1960), a adequação das reservas era julgada geralmente pela referência à probabilidade que os ganhos com exportação podiam ficar temporariamente aquém das necessidades de importação. Mas nas finanças globalizadas do mundo de hoje, o volume de reservas necessário para deter uma crise pode ser de magnitude maior. Conforme o economista Martin Feldstein de Harvard coloca: "O meio mais direto para um país alcançar liquidez é acumular quantidades substanciais de reservas externas líquidas (...) [Um] governo não deveria julgar a adequação de suas reservas em relação aos valores de importações. Uma meta de reservas comum de, digamos, seis meses de importações ignora o fato de que as crises monetárias são sobre fluxos de capital, não sobre financiamento de comércio. O que importa é o valor das reservas em relação ao potencial de venda de ativos pelos especuladores, mesmo se as condições econômicas fundamentais do país não exigirem uma deterioração da moeda".[15]

Comentamos sobre o crescimento das reservas internacionais no Capítulo 18. Conforme observamos ali, à medida que as reservas tinham crescido em todos os países, desde a crise de dívida dos anos 1980, elas tinham crescido de modo rápido especialmente nos países em desenvolvimento. Contudo, para esses países, como um grupo, o ritmo de acúmulo das reservas tinha acelerado mais drasticamente desde a crise financeira do final dos anos 1990. A Figura 22.2 anexa mostra as reservas internacionais mantidas como uma fração da produção nacional para o grupo de todos os países em desenvolvimento, bem como para o Brasil, Rússia, Índia e China. (Esses quatro paí-

---

[15] Veja: Feldstein. "A Self-Help Guide for Emerging Markets". *Foreign Affairs*, v. 78, p. 93–109, mar./abr. 1999. Para um tratamento analítico recente, veja: Olivier Jeanne. "International Reserves in Emerging Market Countries: Too Much of a Good Thing?". *Brookings Papers on Economic Activity*, v. 1, p. 1–79, 2007.

FIGURA 22.2 Reservas Internacionais mantidas pelos países em desenvolvimento

Desde os anos 1990, os países em desenvolvimento têm aumentado muito suas reservas de moeda estrangeira, principalmente em dólares norte-americanos.

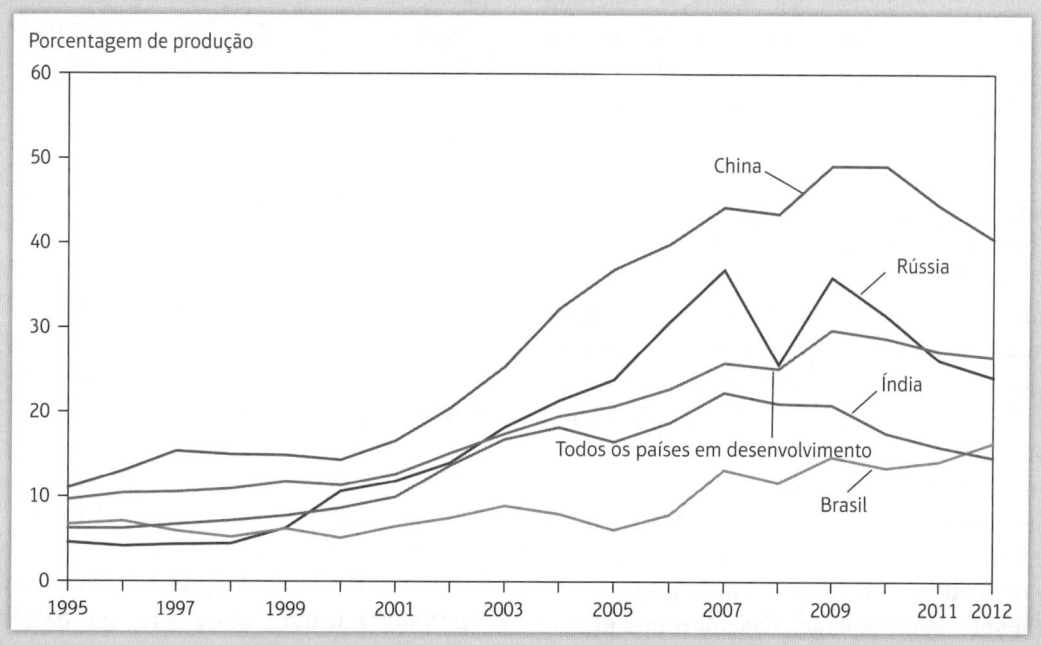

Fonte: Banco Mundial, indicadores de Desenvolvimento Mundial.

ses são frequentemente referidos como os "BRICs" em virtude de seus recentes desempenhos de crescimento intenso.) Em todos os casos mostrados, as reservas mais do que dobraram (como uma fatia do produto nacional) entre 1999 e 2009, antes de cair em três dos quatro países. A proporção de reservas da China aumentou em um fator de 3,3 durante aquele período, e a da Rússia aumentou em um fator de 5,7.[16]

Para diversos países em desenvolvimento, os níveis de reservas são tão altos que excedem suas dívidas de moeda externa para estrangeiros em curto prazo total. Essas grandes reservas, portanto, fornecem um alto grau de proteção contra uma parada súbita de influxos de capital. De fato, elas ajudaram os países em desenvolvimento a desviar-se do aperto de crédito dos países industrializados de 2008-2009 (ver Capítulo 20). Conforme você pode observar na Figura 22.2, os países em desenvolvimento geralmente gastaram algumas reservas para se proteger durante a crise de 2007-2009.

No entanto, o motivo de autosseguro para a realização de reservas não é toda a história. Em alguns casos, o crescimento das reservas tem sido um subproduto indesejado das políticas de intervenção para impedir a valorização da moeda. A China é um desses casos. A estratégia de desenvolvimento da China dependeu de aumento dos níveis de exportação de mercadorias de mão de obra intensiva para estimular um rápido aumento do nível de vida. De fato, a valorização do renminbi chinês torna a mão de obra chinesa mais cara em relação à mão de obra estrangeira, então a China limitou firmemente a valorização da moeda ao longo do tempo mediante a compra de dólares. Apesar dos controles de capital limitando os fluxos de fundos estrangeiros, o dinheiro especulativo entrou no país na expectativa de valorização futura, e as reservas incharam enormemente. O governo afrouxou pouco a pouco seus controles de saída de capitais, na esperança de que a reserva caísse conforme os investidores chineses fossem para o exterior, mas a tática teve sucesso apenas limitado até agora. No fim de 2012, as reservas da China ainda se encontravam em mais de 40% da produção nacional. Vamos discutir as políticas chinesas em maiores detalhes em um estudo de caso no final deste capítulo.

---

[16] Países em desenvolvimento mantêm uma quota de cerca de 60% de suas reservas na forma de dólares norte-americanos. Eles seguram a balança principalmente em euros, mas também em algumas moedas alternativas principais como o iene japonês, o franco suíço e a libra esterlina.

O que as economias de crescimento alto tinham em comum eram as taxas elevadas de poupança e investimento; melhoria rápida dos níveis educacionais entre a força de trabalho; taxas de inflação relativamente moderadas; e se não livre comércio, pelo menos, um elevado grau de abertura e integração com os mercados mundiais.

Talvez surpreendentemente, antes de 1990 as economias asiáticas em crescimento mais rápido financiaram a maior parte de suas taxas de investimento elevado com a poupança interna. Na década de 1990, no entanto, a popularidade crescente dos mercados emergentes entre os investidores do mundo desenvolvido levou a empréstimos substanciais para o desenvolvimento da Ásia. Como mostra a Tabela 22.4, vários dos países asiáticos começaram a ter, como contrapartida a esses empréstimos, grandes déficits de conta-corrente como uma proporção do PIB. Alguns economistas se preocuparam se esses déficits poderiam elevar o risco de uma crise semelhante à que atingiu o México no final de 1994, mas a maioria dos observadores avaliou os grandes fluxos de capital para as economias de crescimento tão rápido e estáveis do ponto de vista macroeconômico como justificados pela rentabilidade esperada das oportunidades de investimento.

Pontos fracos asiáticos

Como sabemos, em 1997 as economias da Ásia viveram de fato uma grave crise financeira. E com o benefício da visão retrospectiva, várias deficiências em suas estruturas econômicas — algumas compartilhadas por países latino-americanos que passaram por crises — tornaram-se aparentes. Três questões, em especial, se destacaram:

1. *Produtividade.* Embora o rápido crescimento das economias do Leste Asiático não fosse em nenhum sentido uma ilusão, mesmo antes da crise vários estudos

TABELA 22.4 Contas-correntes do Leste Asiático (médias anuais, porcentagem do PIB)

	1990–1997	1998–2000	2001–2013
China	1,5	2,1	4,7
Hong Kong	0,5	3,9	8,0
Indonésia	–2,5	4,4	1,2
Malásia	–5,8	12,7	11,7
Coreia do Sul	–1,3	6,7	2,4
Taiwan	3,9	2,2	8,4
Tailândia	–6,2	10,2	2,5

Fonte: Fundo Monetário Internacional, World Economic Outlook Database, abr. 2013.

sugeriram que alguns limites à expansão foram aparecendo. O resultado mais surpreendente de vários estudos foi que a maior parte do crescimento da produção asiática poderia ser explicada simplesmente pelo crescimento rápido de *insumos* de produção — capital e trabalho — e que houvera aumento relativamente pequeno da produtividade, ou seja, na produção por unidade de insumo. Assim, na Coreia do Sul, por exemplo, a convergência em direção à produção *per capita* de um país desenvolvido parecia ser principalmente por causa de uma mudança rápida dos trabalhadores da agricultura para a indústria, um aumento nos níveis de educação e um crescimento maciço na relação capital-trabalho no setor de atividades não agrícolas. Provas para um estreitamento da lacuna tecnológica com o Ocidente foram inesperadamente difíceis de encontrar. A implicação desses estudos foi que, taxas altas constantes de acumulação de capital produziriam eventualmente retornos diminuídos e, possivelmente, que os grandes influxos financeiros ocorrendo não se justificavam pela rentabilidade futura, afinal.

O QUE O LESTE ASIÁTICO FEZ CERTO?

O crescimento das economias do Leste Asiático, entre os anos 1960 e a década de 1990, demonstrou que é possível para um país subir rapidamente a escada do desenvolvimento. Mas quais são os ingredientes para tal sucesso?

Uma maneira de responder a essa pergunta pode ser olhar para os atributos distintos do que o Banco Mundial, em seu estudo de 1993 intitulado *The East Asian Miracle*, chama de EAADs, as economias asiáticas de alto desempenho.

Um ingrediente importante foi uma elevada taxa de poupança: em 1990, as EAADs economizaram 34% do PIB, em comparação com apenas metade na América Latina, um pouco mais no sul da Ásia.

Outro ingrediente importante foi uma forte ênfase na educação. Mesmo em 1965, quando as EAADs ainda eram muito pobres, tinham taxas altas de inscrição na educação básica: em essência, todas as crianças receberam escolaridade básica em Hong Kong, Singapura e Coreia do Sul, e até mesmo a extremamente pobre Indonésia teve uma taxa de matrículas de 70%. Em 1987, taxas de matrícula no ensino

> secundário no Leste Asiático foram bem superiores às de países latino-americanos, como o Brasil.
>
> Por fim, duas outras características das EAADs, como já observado, eram um ambiente macroeconômico estável, livre de inflação elevada ou problemas econômicos importantes, e uma porcentagem alta de comércio no PIB. Essas características fizeram as economias do Leste Asiático ficarem bem diferentes dos de países sujeitos à crise na América Latina. Tais contrastes desempenharam um papel importante na "conversão" de muitos líderes na América Latina e em outros lugares para a ideia de reforma econômica, em termos de um compromisso com a estabilidade dos preços e a abertura dos mercados ao mundo.

2. *Regulamentação de operações bancárias.* De mais relevância imediata para a crise foi o mau estado da regulamentação de operações bancárias na maioria das economias asiáticas. Depositantes nacionais e investidores estrangeiros consideravam os bancos asiáticos seguros, não só por causa da força das economias, mas também por acreditarem que os governos ficariam por trás dos bancos em caso de qualquer dificuldade. Mas os bancos e outras instituições financeiras não estavam sujeitos à supervisão eficaz do governo sobre os tipos de riscos que eles estavam empreendendo. Como a experiência na América Latina deveria ter esclarecido, o risco moral estava presente em grande quantidade. Apesar disso, vários dos países do Leste Asiático tinham facilitado acesso privado a fluxos financeiros na década de 1990, e dinheiro estrangeiro estava prontamente disponível tanto para os bancos quanto diretamente para os mutuários corporativos do Leste Asiático. Por causa do pecado original, as dívidas externas foram fixadas em termos de moeda estrangeira.

Em vários países asiáticos, laços estreitos entre os interesses comerciais e os funcionários do governo parecem ter ajudado a promover um risco moral considerável na concessão de empréstimos. Na Tailândia, as chamadas empresas de financiamento, muitas vezes gerenciadas por parentes de funcionários do governo, emprestavam dinheiro para empreendimentos imobiliários altamente especulativos; na Indonésia, os credores estavam muito ansiosos para financiar empreendimentos para membros da família do presidente. Esses fatores ajudam a explicar como, apesar das elevadas taxas de poupança, vários países do Leste Asiático foram levados a investir tanto que suas contas-correntes estavam em déficit antes da crise.

Alguns analistas sugeriram que empréstimos excessivos, conduzidos pelo risco moral, ajudaram a criar um *boom* insustentável nas economias asiáticas — especialmente no setor imobiliário — que ocultou temporariamente a má qualidade de muitos dos investimentos; e o fim inevitável desse *boom* causou uma espiral descendente de diminuição dos preços e a falência dos bancos. No entanto, embora o risco moral fosse certamente um fator importante no período que antecedeu a crise, sua importância continua a ser um assunto de discussão considerável.

3. *Quadro jurídico.* Um ponto fraco importante das economias asiáticas tornou-se aparente apenas depois que elas tinham tropeçado: a falta de um bom quadro jurídico para lidar com as empresas em apuros. Nos Estados Unidos, existe um procedimento bem estabelecido para falência — ou seja, para lidar com uma empresa que não pode pagar as suas dívidas. Em tal procedimento, os tribunais tomam posse da empresa em nome de seus credores, em seguida, procuraram encontrar uma maneira de satisfazer suas reivindicações tão adequadamente quanto possível. Muitas vezes isso significa manter a empresa em existência e converter as dívidas que não conseguirá pagar em ações de titularidade. Nas economias asiáticas, no entanto, a legislação falimentar era fraca, em parte porque o crescimento surpreendente das economias tinha tornado as falências corporativas um evento raro. Quando as coisas realmente ficaram ruins, desenvolveu-se um impasse destrutivo. As empresas em dificuldades simplesmente deixavam de pagar suas dívidas. Elas então não podiam funcionar eficazmente, porque ninguém emprestaria a elas, até que as dívidas fossem pagas. Além disso, os credores não tinham nenhuma maneira de confiscar as empresas enfraquecidas a seus proprietários originais.

Claro, cada economia tem seus pontos fracos, mas o desempenho das economias do Leste Asiático tinha sido tão espetacular que poucos prestaram muita atenção neles. Mesmo aqueles que estavam cientes de que as economias do "milagre" tinham problemas dificilmente poderiam prever a catástrofe que os destruiu em 1997.

A crise financeira asiática

A crise financeira asiática é em geral considerada tendo início em 2 de julho de 1997, com a desvalorização do baht tailandês. A Tailândia vinha acumulando um enorme déficit da balança corrente e mostrando sinais de dificuldades financeiras por mais de um ano. Em 1996, ficou evidente que tinham sido construídas torres de escritórios em número excessivo; primeiro, o mercado imobiliário nacional e, em seguida, sua bolsa de valores entrou em declínio. No primeiro semestre de 1997, a especulação sobre uma possível desvalorização do baht levou a uma perda acelerada das reservas de câmbio, e, em 2 de julho, o país tentou uma desvalorização controlada de 15%. Entretanto, como foi o caso do México, em 1994, a tentativa de desvalorização moderada ficou fora de controle, provocando enorme especulação e um mergulho muito mais profundo.

A Tailândia em si é uma economia pequena. No entanto, a queda acentuada na moeda tailandesa foi seguida pela especulação em relação a outras moedas, primeiro a de seu vizinho imediato, Malásia; em seguida, da Indonésia; e, por fim, da muito maior e mais desenvolvida economia da Coreia do Sul. Todas essas economias pareciam aos especuladores compartilhar com a Tailândia as fraquezas listadas anteriormente; todas estavam sentindo os efeitos, em 1997, da lentificação econômica renovada em seu maior vizinho industrial, o Japão. Em cada caso, os governos foram confrontados com dilemas complicados, decorrentes em parte da dependência de suas economias do comércio e em parte do fato de que empresas e bancos nacionais tinham grandes dívidas denominadas em dólares. Se os países apenas permitissem que suas moedas caíssem, o aumento dos preços de importação teria ameaçado produzir inflação perigosa, e o súbito aumento do valor de dívidas em moeda nacional poderia ter empurrado muitos bancos potencialmente viáveis e empresas à falência. Por outro lado, defender as moedas exigiria pelo menos altas temporárias das taxas de juros para convencer os investidores a manter seu dinheiro no país, e essas taxas de juros altas produziriam uma crise econômica e causariam falência de bancos.

Assim, todos os países aflitos, exceto a Malásia, voltaram-se para o FMI para receber assistência e receberam empréstimos em troca de implementação de planos econômicos que supostamente conteriam os danos: taxas de juros mais altas para limitar a depreciação da taxa de câmbio, esforços para evitar grandes déficits orçamentários e reformas "estruturais" que deveriam lidar com as fraquezas que tinham trazido a crise em primeiro lugar. Apesar da ajuda do FMI, no entanto, o resultado da crise monetária foi uma nítida desaceleração econômica. Todos os países com problemas passaram de taxas de crescimento superiores a 6% em 1996 para uma contração severa em 1998.

Pior de todos foi o caso da Indonésia, onde crise econômica e a instabilidade política reforçaram-se mutuamente em uma espiral mortal, tudo agravado ainda mais pelo colapso da confiança dos residentes nacionais nos bancos do país. No verão de 1998, a rúpia indonésia havia perdido 85% de seu valor original, e poucas ou nenhumas grandes empresas eram solventes. A população foi confrontada com o desemprego em massa e, em alguns casos, com a incapacidade de pagar alimentos básicos. A violência étnica eclodiu.

Como consequência do colapso na confiança, as economias asiáticas com problemas também foram forçadas a uma inversão drástica de suas posições de conta-corrente. Como mostra a Tabela 22.4, a maioria mudou abruptamente de "às vezes grandes déficits" para "enormes excedentes". A maioria dessa reversão veio não por um aumento das exportações, mas por uma enorme queda das importações, conforme as economias contraíam.

As moedas finalmente estabilizadas em toda a Ásia atingida pela crise e as taxas de juros diminuíram, mas o *spillover* direto da queda em toda a região causou lentidão ou recessões em vários países vizinhos, incluindo Hong Kong, Singapura e Nova Zelândia. O Japão e até mesmo partes da Europa e América Latina sentiram os efeitos. A maioria dos governos continuou a tomar o medicamento prescrito pelo FMI, mas em setembro de 1998 a Malásia — que nunca aceitara um programa FMI — tomou uma atitude diferente e impôs controles extensos nas saídas de capital, esperando que os controles permitiriam que o país facilitasse as políticas monetárias e fiscal sem que sua moeda entrasse em uma espiral descendente. China e Taiwan, que mantiveram o controle dos capitais e tinham excedentes de conta-corrente ao longo do período pré-crise, passaram largamente incólumes pela crise.

Felizmente, a crise na Ásia Oriental tinha "forma de V": depois da contração acentuada da produção em 1998, o crescimento retornou em 1999, já que as moedas depreciadas estimulavam o aumento das exportações. No entanto, nem todas as economias da região se saíram igualmente bem, e resta a controvérsia sobre a eficácia do experimento da Malásia com controles de capital. As economias que, em vez disso, dependiam da ajuda do FMI, estavam geralmente infelizes com sua gestão da crise, que viam como desajeitada e intrusiva. Esses ressentimentos provaram ser duradouros: enquanto governos podem recorrer ao FMI para financiamento condicional no caso de uma parada brusca, os países da crise asiática juraram nunca mais fazê-lo de novo. Essa determinação tem sido um motivo importante para o "autosseguro" com grandes estoques de reservas internacionais.

Lições das crises de países em desenvolvimento

A crise de mercado emergente que começou com a desvalorização de 1997 da Tailândia produziu o que poderia ser chamado uma orgia de acusações mútuas. Alguns ocidentais responsabilizaram as políticas dos asiáticos pela crise, em especial o "capitalismo de compadres" sob o qual empresários e políticos tinham relacionamentos confortáveis demais. Alguns líderes asiáticos, por sua vez, responsabilizaram as maquinações dos financistas ocidentais pela crise; até Hong Kong, normalmente um bastião do sentimento do livre mercado, começou a intervir para bloquear o que é descrito como uma conspiração de especuladores para baixar sua bolsa e minar a sua moeda. E quase todo mundo criticou o FMI, embora alguns estivessem dizendo que era errado falar para os países tentarem limitar a depreciação de suas moedas e outros que era errado permitir que as moedas chegassem a desvalorizar.

No entanto, algumas lições claras emergem de um estudo cuidadoso da crise asiática e das crises anteriores de países em desenvolvimento na América Latina e em outros lugares.

1. *Escolher o regime correto de taxa de câmbio.* É perigoso para um país em desenvolvimento fixar sua taxa de câmbio, a menos que tenha os meios e o compromisso de fazê-lo, aconteça o que acontecer. Os países do Leste Asiático descobriram que a confiança nos destinos da taxa de câmbio oficial incentivou empréstimos em moeda estrangeira. No entanto, quando a desvalorização ocorreu, muito do setor financeiro e muitas corporações tornaram-se insolventes, como resultado de extensas dívidas denominadas em moedas estrangeiras. Os países em desenvolvimento que tinham estabilizado a inflação com sucesso adotaram sistemas de taxa de câmbio mais flexíveis ou mudaram para uma flexibilidade maior rapidamente após um período inicial de atrelamento, destinado a reduzir as expectativas de inflação. Mesmo na Argentina, onde o medo público de retornar ao passado hiperinflacionário incutiu uma determinação amplamente compartilhada de evitar a inflação, uma taxa de câmbio fixa provou ser insustentável em longo prazo. A experiência do México desde 1995 mostra que grandes países em desenvolvimento podem gerenciar muito bem com uma taxa de câmbio flutuante, e é difícil de acreditar que, se o México tivesse corrigido seu rumo, teria sobrevivido às repercussões da crise asiática de 1998 sem desenvolver uma crise monetária própria.

2. *A importância central do sistema bancário.* Uma grande parte do que fez a crise asiática ser tão devastadora foi que não era puramente uma crise monetária, mas uma crise monetária inextricavelmente misturada com crises bancárias e financeiras. No sentido mais imediato, os governos foram confrontados com o conflito entre restringir a oferta de moeda para apoiar a moeda e a necessidade de imprimir grandes quantidades de dinheiro para lidar com as corridas bancárias. Mais amplamente, o colapso de muitos bancos interrompeu a economia, cortando canais de crédito, o que tornava difícil até para empresas lucrativas permanecerem no negócio. Isso não deveria ser surpresa em relação à Ásia. Efeitos similares da fragilidade do sistema bancário desempenharam funções nas crises de Argentina, Chile e Uruguai na década de 1980; do México em 1994-1995; e mesmo nas de países industrializados como a Suécia durante os ataques ao SME em 1992 (Capítulo 21). Infelizmente, o desempenho espetacular da economia da Ásia antes da sua crise cegou as pessoas para suas vulnerabilidades financeiras. No futuro, governos sábios em todos os lugares dedicarão muita atenção para escorar seus sistemas bancários, para minimizar o risco moral, na esperança de se tornarem menos vulneráveis às catástrofes financeiras.

3. *A sequência correta das medidas de reforma.* Reformadores econômicos nos países em desenvolvimento aprenderam da maneira mais difícil que a ordem em que são tomadas medidas de liberalização realmente importa. Essa verdade também decorre da teoria econômica básica: o princípio do *segundo melhor* nos diz que quando uma economia sofre várias distorções, a remoção de apenas uns poucos problemas pode piorar as coisas, não melhorar. Países em desenvolvimento em geral sofrem de muitas, muitas distorções, assim, esse ponto é especialmente importante para eles. Considere o sequenciamento da liberalização da conta financeira e da reforma do setor financeiro, por exemplo. É claramente um erro abrir a conta financeira antes de pôr em vigor salvaguardas sólidas e a supervisão das instituições financeiras domésticas. Caso contrário, a capacidade de emprestar no exterior incentivará apenas empréstimos imprudentes concedidos por bancos nacionais. Quando a economia se desacelera, o capital estrangeiro fugirá, deixando os bancos domésticos insolventes. Assim, os países em desenvolvimento devem atrasar a abertura da conta financeira até que o sistema financeiro nacional esteja forte o suficiente para suportar o, às vezes, violento fluxo e refluxo de capitais do mundo. Os economistas argumentam também que a liberalização do comércio deve preceder a liberalização da conta financeira. A liberalização da conta financeira pode causar volatilidade das taxas de câmbio reais e impedir a circulação dos fatores de produção de

mercadorias não comercializáveis em indústrias de mercadorias comercializáveis.
4. *A importância do contágio.* Uma última lição da experiência dos países em desenvolvimento é a vulnerabilidade das economias, mesmo aparentemente saudáveis, às crises de confiança geradas por eventos em outras partes do mundo — um efeito dominó que tem sido conhecido como **contágio**. O contágio estava presente quando a crise na Tailândia, uma pequena economia no Sudeste Asiático, provocou uma nova crise na Coreia do Sul, uma economia muito maior a uns 2.000 km de distância. Um exemplo ainda mais espetacular surgiu em agosto de 1998, quando um mergulho no rublo russo provocou enorme especulação contra o real do Brasil. O problema do contágio e a preocupação de que mesmo a mais cuidadosa gestão econômica não pode oferecer imunidade total, tornou-se central para a discussão de possíveis reformas do sistema financeiro internacional, que veremos a seguir.

Reforma da "arquitetura" financeira do mundo

Dificuldades econômicas levam, inevitavelmente, a propostas de reformas econômicas. A crise econômica asiática e suas repercussões sugeriram a muitas pessoas que o sistema financeiro e monetário internacional, ou pelo menos a parte que se aplica a países em desenvolvimento, precisava de mudanças. Propostas para tal revisão foram agrupadas sob o título impressionante, e vago, de planos para uma nova "arquitetura" financeira.

Por que a crise asiática convenceu quase todos de uma necessidade de repensar as relações monetárias internacionais, quando as crises no início da década de 1990 não tiveram essa capacidade? Uma das razões foi que os problemas dos países asiáticos pareciam derivar principalmente de suas conexões com o mercado de capitais do mundo. A crise demonstrou claramente que um país pode ser vulnerável a uma crise monetária, mesmo se sua posição parecer saudável por medidas normais. Nenhuma das economias asiáticas com problemas tinha graves déficits, taxas excessivas de expansão monetária, níveis preocupantes de inflação ou qualquer dos outros indicadores que tradicionalmente têm sinalizado a vulnerabilidade a ataques especulativos. Se houve graves deficiências nas economias — uma proposição que é questionável, uma vez que alguns economistas argumentam que as economias seriam muito saudáveis se não fosse pelos ataques especulativos — elas envolveram questões como a força do sistema bancário, que poderia ter permanecido dormente na ausência de fortes depreciações da moeda.

A segunda razão para repensar o financiamento internacional foi a força de contágio aparente em todo o mercado internacional de capitais. A velocidade e a força com que os distúrbios do mercado podem ser espalhados entre economias distantes sugeriram que as medidas preventivas tomadas pelas economias individuais podem não ser suficientes. Assim como uma preocupação sobre a interdependência econômica havia inspirado o *blueprint* de Bretton Woods para a economia mundial, em 1944, formuladores de políticas ao redor do mundo colocaram novamente a reforma do sistema internacional em suas agendas após a crise asiática.

Os países em desenvolvimento, em geral, se recuperaram rapidamente da crise financeira de 2007–2009 — dessa vez, ao contrário de 1982, os países ricos foram os que sofreram recessão prolongada (Capítulo 19). Mas não ficou claro se a resiliência dos países em desenvolvimento decorreu de reformas aprovadas após a crise asiática, explorações mais elevadas das reservas internacionais, altos preços das *commodities*, maior flexibilidade das taxas de câmbio ou das taxas de juro historicamente baixas aplicadas pelos bancos centrais de países industriais. Tendo em conta o contágio de tirar o fôlego exibido novamente na crise de 2007–2009 espalhada pelo globo, o sentimento de que as finanças internacionais precisam de uma revisão manteve-se forte. Analisaremos a seguir algumas das principais questões envolvidas.

Mobilidade de capitais e o trilema do regime da taxa de câmbio

Um dos efeitos da crise asiática foi dissipar quaisquer ilusões que possamos ter sobre a disponibilidade de respostas fáceis para os problemas da macroeconomia internacional e das finanças. A crise e sua propagação tornaram muito claro que algumas desvantagens conhecidas da política para economias abertas permanecem tão gritantes como sempre — e talvez tenham se tornado ainda mais difíceis de gerenciar.

O Capítulo 19 analisou o *trilema monetário* básico para as economias abertas. Dos três objetivos que a maioria dos países compartilha — independência na política monetária, estabilidade na taxa de câmbio e a livre circulação de capitais — apenas dois podem ser alcançados simultaneamente. A estabilidade da taxa de câmbio é mais importante para o país típico em desenvolvimento do que para o país típico desenvolvido. Os países em desenvolvimento têm menos capacidade de influenciar seus termos de comércio do que os desenvolvidos, e a estabilidade da taxa de câmbio pode ser mais importante para manter a inflação sob controle e evitar o estresse financeiro nos países em desenvolvimento. Em particular, a prática generalizada de países em desenvolvimento em pegar empréstimos em dólares ou outras moedas importantes (externa e internamente) significa que as depreciações da moeda podem aumentar significativamente a carga real das dívidas.

O dilema que pretensos reformadores da arquitetura financeira mundial enfrentam pode então ser resumido como segue: por causa da ameaça do tipo de crises monetárias que atingiu a Ásia em 1997 e o México em 1994-1995, parece difícil, se não impossível, alcançar todos os três objetivos ao mesmo tempo. Ou seja, para atingir um deles, um país deve desistir de um dos outros dois objetivos. Até o fim da década de 1970, a maioria dos países em desenvolvimento mantinha controles cambiais e movimentos limitados de capitais privados em particular, como já vimos. (Alguns países grandes em desenvolvimento, em especial a China e a Índia, ainda conservam tais controles.) Embora houvesse uma evasão considerável dos controles, eles diminuíram o ritmo dos movimentos de capitais. Como resultado, países poderiam atrelar suas taxas de câmbio durante longos períodos — produzir estabilidade cambial —, ainda assim desvalorizando suas moedas na ocasião, que oferecia autonomia monetária considerável. O problema principal com os controles foi que impuseram restrições onerosas em transações internacionais, assim reduzindo a eficiência e contribuindo para a corrupção.

Nas últimas duas décadas do século XX, o capital tornou-se substancialmente mais móvel, em grande parte porque os controles foram suspensos, mas também por causa da melhora da tecnologia de comunicação. Essa nova mobilidade de capitais tornou os regimes de indexação ajustável extremamente vulneráveis à especulação, uma vez que o capital poderia fugir de uma moeda ao menor indício de que ela poderia ser desvalorizada. (O mesmo fenômeno ocorreu entre países desenvolvidos na década de 1960 e início dos anos 1970, como vimos no Capítulo 19.) O resultado foi levar os países em desenvolvimento em direção a um ou o outro lado do triângulo na Figura 19.2: ou taxas de câmbio rigidamente fixas e uma renúncia à autonomia monetária, como a dolarização ou o sistema de conselho monetário descrito acima, ou taxas de câmbio flexíveis gerenciadas (e até mesmo flutuantes). Mas apesar da lição da experiência de que as posições intermediárias são perigosas, os países em desenvolvimento têm ficado desconfortáveis com ambos os extremos. Enquanto uma economia grande como a dos Estados Unidos pode aceitar uma taxa de câmbio amplamente flutuante, uma economia em desenvolvimento, menor, muitas vezes considera os custos de tal volatilidade difíceis de sustentar, em parte porque é mais aberta e em parte porque ele sofre do pecado original. Como resultado, até mesmo países alegando "flutuar" suas moedas podem exibir um "medo de flutuar" e, em vez disso, limitam flutuações cambiais ao longo do tempo.[17] Enquanto isso, um sistema rígido, como um conselho monetário, pode privar um país de flexibilidade, especialmente quando ele está lidando com crises financeiras, em que o banco central deve atuar como emprestador de última instância.

Vários economistas respeitados, incluindo Jagdish Bhagwati e Joseph Stiglitz, da Universidade de Columbia, e Dani Rodrik, da Universidade de Harvard, têm argumentado que os países em desenvolvimento devem manter ou restabelecer as restrições à mobilidade do capital para poder exercer autonomia monetária enquanto desfrutam de taxas de câmbio estáveis.[18] Diante da crise asiática, China e Índia, por exemplo, colocaram planos de liberalizar suas contas de capital em espera; alguns países que tinham liberalizado os movimentos de capitais consideraram a possibilidade de promulgar restrições (como a Malásia de fato fez). A maioria dos decisores políticos, tanto nos países em desenvolvimento quanto nos industriais, continuam a considerar os controles de capital difíceis de aplicar por muito tempo ou perturbadores dos relacionamentos comerciais normais (bem como uma fonte de corrupção potente). Essas reservas aplicam-se mais aos controles de *saídas* de capital, porque as restrições são particularmente difíceis de manter eficazmente quando proprietários de riqueza estão fugindo para o exterior a fim de evitar perdas potencialmente grandes.

Contudo, nos últimos anos, um grande número de países de mercados emergentes, do Brasil a Israel, tornaram-se mais abertos a impor controles limitados sobre *fluxos* financeiros, e até mesmo o FMI tornou-se mais aberto a sua utilização. Uma das razões para a mudança é um motivo *macroprudencial*: limites de fluxos financeiros poderiam limitar os empréstimos bancários excessivos durante os surtos de crescimento e, desse modo, moderar a contração resultante em caso de parada súbita ou reversão de fluxo financeiro mais tardio. Uma motivação igualmente (se não mais) impor-

---

17 Veja: Guillermo A. Calvo e Carmen M. Reinhart. "Fear of Floating". *Quarterly Journal of Economics*, v. 117, p. 379-408, maio 2002.

18 Veja: Jagdish N. Bhagwati. "The Capital Myth". *Foreign Affairs*, v. 77, p. 7-12, maio/jun. 1998; Dani Rodrik, "Who Needs Capital-Account Convertibility?". In: Stanley Fischer et al., *Should the IMF Pursue Capital-Account Convertibility?* Princeton Essays in International Finance 207, maio 1998; e Joseph E. Stiglitz. *Globalization and Its Discontents*. New York: W. W. Norton & Company, 2003.

tante foi o desejo de limitar a valorização da moeda real e o dano resultante para as exportações, sem recorrer a políticas de inflação monetária.[19]

Enquanto há uma abertura renovada para controles de entrada de capital, a maioria das discussões da arquitetura financeira tem focado, em vez disso, nas medidas curativas — maneiras de tornar as escolhas restantes menos penosas, mesmo quando os controles de capital não são usados.

Medidas "profiláticas"

Uma vez que o risco de crise financeira é o que torna tão difíceis as decisões envolvendo a escolha do regime de taxa de câmbio, algumas propostas recentes centram-se nas formas de reduzir esse risco. Propostas típicas incluem chamadas para o seguinte:

Mais "transparência". Pelo menos uma parte do que deu errado na Ásia era que os bancos estrangeiros e outros investidores emprestaram dinheiro a empresas asiáticas sem qualquer ideia clara de quais seriam os riscos e, em seguida, retiraram seu dinheiro de modo igualmente cego quando se tornou claro que os riscos eram maiores do que tinham imaginado. Portanto, há muitas propostas para maior "transparência" — isto é, a melhor prestação de informação financeira — da mesma forma que as corporações nos Estados Unidos são obrigadas a fornecer relatórios públicos exatos de suas posições financeiras. A esperança é que o aumento da transparência reduzirá tanto a tendência de muito dinheiro ser direcionado a um país quando as coisas estão indo bem quanto a corrida para as saídas, quando a verdade acabar sendo menos favorável do que o esperado.

Sistemas bancários mais fortes. Como já vimos, um fator que fez a crise asiática ser tão grave foi a maneira como a crise cambial interagiu com as corridas bancárias. É no mínimo possível que essas interações tivessem sido mais leves se os bancos fossem mais fortes. Assim também há muitas propostas para o fortalecimento dos bancos, mediante regulamento mais rigoroso dos riscos que eles correm e aumento das necessidades de capital, que asseguram que as quantidades substanciais de dinheiro dos proprietários estão em risco. Claro, a crise de 2007–2009 demonstrou que os mercados financeiros de países industriais realmente estavam menos robustos do que pareciam. A necessidade de maior transparência e regulação mais rigorosa das instituições financeiras é universal.

Linhas de crédito otimizadas. Alguns reformadores também desejam estabelecer linhas de crédito especiais que as nações poderiam utilizar na eventualidade de uma crise monetária, adicionando, na verdade, reservas a suas divisas. A ideia seria que a mera existência dessas linhas de crédito as tornaria desnecessárias: enquanto os especuladores sabiam que os países tinham crédito suficiente para atender até mesmo uma grande saída dos fundos, não esperavam nem temiam que suas próprias ações produziriam uma desvalorização repentina. Tais linhas de crédito poderiam ser fornecidas por bancos privados, ou por organismos públicos, como o FMI. Essa área de reforma também pode ser vista como aplicável aos países mais ricos após os acontecimentos de 2007–2009 (veja o quadro sobre swaps de moeda do banco central no Capítulo 20, p. 483-485).

Aumento influxos de capital de patrimônio em relação a influxos de dívida. Se os países em desenvolvimento financiassem uma proporção maior de seus fluxos de capital estrangeiros privados por meio da carteira de investimentos de capital ou investimento direto estrangeiro, em vez de pela emissão de dívida, a probabilidade de inadimplência seria muito menor. Os pagamentos dos países estrangeiros seriam mais estreitamente ligados a suas fortunas econômicas e cairiam automaticamente quando os tempos estivessem difíceis. Na verdade, tem havido uma tendência para uma maior dependência de mercados emergentes de capital estrangeiro, em vez de financiamento de dívida, e esse desenvolvimento provavelmente melhorou a resiliência dos mercados emergentes em face da crise financeira global de 2007–2009.[20]

A comunidade internacional reconhece que os países em desenvolvimento desempenham um papel cada vez mais importante, como credores e mutuários, nos mercados financeiros mundiais. Discussões em curso, na Basileia e em outros lugares, sobre a cooperação global na regulamentação do sistema bancário cada vez mais incluem os países principais de mercado emergente como participantes-chave.

---

19 Como uma indicação da abordagem atual do FMI, veja, por exemplo: Jonathan D. Ostry et al. "Capital Controls: When and Why?". *IMF Economic Review*, v. 59, p. 562–580, 2011.

20 Essa tendência é documentada por Eswar S. Prasad. "Role Reversal in Global Finance". In: *Achieving Maximum Long-Run Growth: A Symposium Sponsored by the Federal Reserve Bank of Kansas City*. Kansas City, MO: Federal Reserve Bank of Kansas City, 2012, p. 339–390. Consulte também o artigo de Forbes nas Leituras adicionais.

Lidar com a crise

Mesmo com as medidas profiláticas propostas, as crises certamente ainda acontecerão. Assim, também há propostas para modificar a maneira como o mundo reage a essas crises.

Muitas dessas propostas se relacionam com o papel e as políticas do FMI. Aqui as opiniões são duramente divididas. Alguns críticos conservadores acreditam que o FMI deve simplesmente ser abolido, argumentando que sua existência incentiva empréstimos irresponsáveis, ao fazer os mutuários e credores acreditarem que sempre serão salvos das consequências de suas ações — uma versão do argumento do risco moral já descrito. Outros críticos argumentam que o FMI é necessário, mas tem interpretado mal seu papel — por tentar, por exemplo, insistir na reforma estrutural quando, em vez disso deveria restringir-se a questões financeiras. Vários países asiáticos se ressentiam de ter que seguir os conselhos do FMI durante a crise na década de 1990. Para eles, como já vimos, um motivo de acumulação de reservas foi evitar ter que emprestar dólares do FMI — e aceitar as condições do Fundo. Por fim, os defensores do FMI — e também alguns de seus críticos — argumentam que a agência simplesmente tem sido insuficiente para sua tarefa, que em um mundo de mobilidade de capitais alta, ele precisa ter a capacidade de fornecer empréstimos muito maiores e muito mais depressa do que é capaz hoje. Os recursos do FMI aumentaram muito como resultado da crise de 2007–2009, e os movimentos estão em andamento para aumentar a legitimidade de percepção do FMI nos países em desenvolvimento, dando uma porcentagem maior de voto na gestão do FMI aos países mais pobres. Medidas como essas devem melhorar o funcionamento do sistema internacional.

Outro conjunto de propostas é baseado na ideia de que às vezes um país simplesmente não pode pagar suas dívidas, e que os contratos internacionais, portanto, devem ser estruturados de modo a dar velocidade — e reduzir os custos — à renegociação entre credores e devedores. Como observamos em nossa discussão sobre a crise da dívida da década de 1980, as amortizações limitadas da dívida levaram ao fim dessa crise. Mesmo na zona do euro, a emissão de títulos soberanos, começando em janeiro de 2013, continha cláusulas que tornavam mais fácil para os governos renegociar suas dívidas com os credores privados. Os críticos argumentam que tais providências seriam ineficazes ou contraproducentes, porque encorajariam países a contrair empréstimos excessivos, com o conhecimento de que eles poderiam renegociar suas dívidas mais facilmente — o risco moral mais uma vez.

MOEDA CHINESA INDEXADA

Na primeira década de 2000, a China desenvolveu um superávit substancial de conta-corrente global e um grande superávit bilateral com os Estados Unidos. Em 2006, o superávit de conta-corrente atingiu US$ 239 bilhões, ou 9,1% da produção da China e o excedente bilateral com os Estados Unidos, de US$ 233 bilhões, era de tamanho similar. Boa parte das exportações da China para os Estados Unidos é composta por montagem de componentes importados de outros lugares da Ásia, um fator que reduz as exportações de outros países asiáticos para os Estados Unidos e aumenta as da China. Não obstante, os atritos comerciais entre os Estados Unidos e a China aumentaram, com o enfoque críticos norte-americanos na intervenção da China nos mercados monetários para impedir uma valorização abrupta de sua moeda, o yuan renminbi, contra os dólares dos Estados Unidos.

A Figura 22.3 mostra como a China fixou a taxa de câmbio de 8,28 yuan por dólar entre o período de crise asiática e 2005. Enfrentando a ameaça de sanções comerciais por parte do Congresso dos Estados Unidos, a China realizou uma revalorização de 2,1 % da sua moeda em julho de 2005, criando uma banda estreita de moeda para a taxa de câmbio e permitindo a moeda valorizar a uma taxa constante e lenta. Em janeiro de 2008, a valorização acumulada da taxa inicial de 8,28 yuan por dólar era de cerca de 13% — bem abaixo dos 20% ou mais de subvalorização alegados pelos falcões de comércio no Congresso.

No início do verão de 2008, no meio da crise financeira, a China atrelou sua taxa de câmbio mais uma vez, agora em cerca de 6,83 yuan por dólar. Em resposta à pressão estrangeira renovada, a China em junho de 2010 anunciou que estava adotando um regime de taxa de câmbio "float gerenciado", e sob esse acordo, o yuan tinha valorizado a cerca 6,12 por dólar a partir da queda de 2013 — uma valorização de cerca de mais de 10%.

O governo chinês moveu-se então lentamente por causa do medo de perder competitividade da exportação e redistribuir renda domesticamente ao permitir uma grande mudança da taxa de câmbio. Muitos economistas fora da China acreditam, no entanto,

FIGURA 22.3 Taxa de câmbio yuan/dólar, 1998–2013

O Yuan da China foi fixado em valor contra o dólar dos Estados Unidos por vários anos antes de julho de 2005. A moeda valorizou gradualmente após uma reavaliação inicial de 2,1%, contra o dólar.

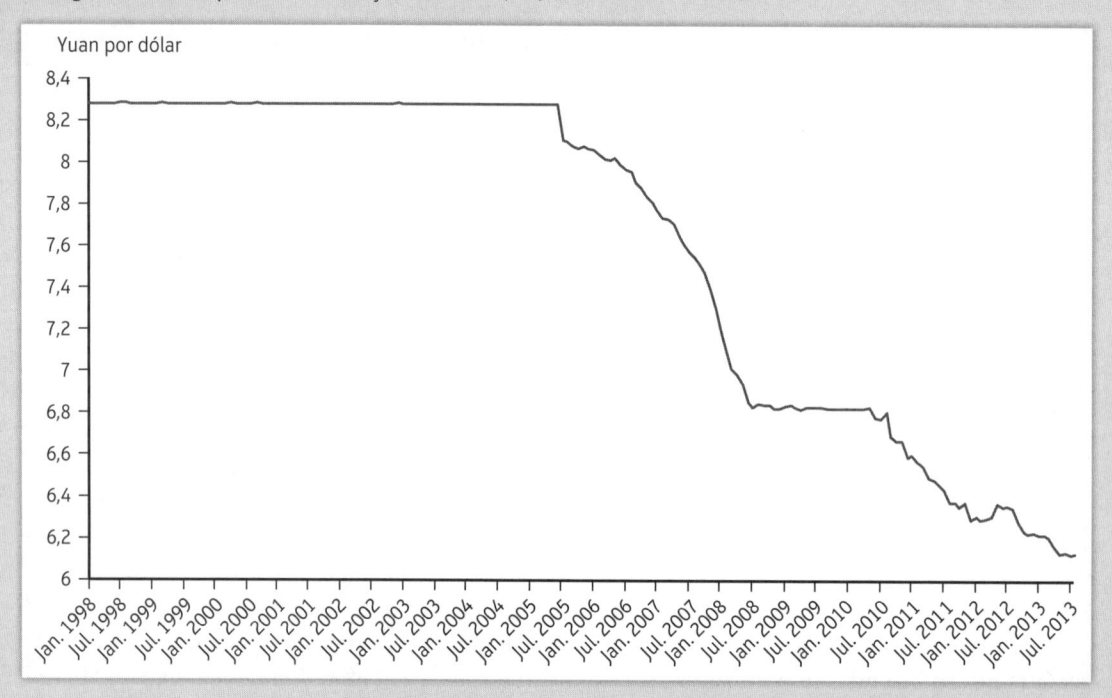

que uma valorização adicional do yuan seria do interesse da China. Por essa razão, os grandes aumentos de reserva associados com a indexação da moeda da China causaram pressões inflacionárias na economia. As reservas cambiais têm crescido rapidamente, não só por causa do excedente da conta-corrente da China, mas também por causa de influxos especulativos de dinheiro apostando em uma revalorização substancial da moeda. Para evitar atrair mais fluxos financeiros através de seus controles de capital porosos, a China tem hesitado em aumentar as taxas de juros e sufocar a inflação. No passado, no entanto, a inflação alta na China causou agitação social significativa.

Que mistura política faz sentido para a China? A Figura 22.4 mostra a posição de sua economia, utilizando o diagrama desenvolvido antes neste livro como Figura 19.3. No início da década de 2010, a China estava em um ponto como 1 na Figura 22.4, com um superávit externo e pressões inflacionárias crescentes — mas com forte relutância em elevar o desemprego e, assim, retardar o movimento da mão de obra do campo relativamente de volta para a indústria. O pacote de políticas que movimentam a economia ao equilíbrio interno e externo do ponto 2 na Figura 22.4 é um aumento da absorção, junto com a valorização da moeda. A valorização trabalha para alternar as despesas em direção às importações e pressões inflacionárias mais baixas; o aumento de absorção trabalha diretamente para reduzir o excedente de exportação, ao mesmo tempo, impedindo o surgimento de desemprego que traria apenas uma valorização da moeda.

Os economistas argumentam ainda que a China deve centrar-se na elevação do consumo privado e do governo.[21] Os poupadores da China põem de lado mais de 45% do PIB por ano, um número impressionante. A poupança é tão alta em parte por causa de uma falta generalizada de serviços básicos que o governo antes fornecia, como cuidados de saúde. A incerteza resultante leva as pessoas a poupar como forma de precaução contra a possibilidade de futuros infortúnios. Fornecendo uma melhor rede de segurança social, o governo aumentaria ao mesmo tempo o consumo privado e do governo. Além disso, há uma forte necessidade de expansão dos gastos do governo

---

[21] Para uma discussão clara, veja: Nicholas R. Lardy. "China: Toward a Consumption-Driven Growth Path". *Policy Briefs in International Economics*. Washington, D.C.: Institute for International Economics, out. 2006.

FIGURA 22.4 Reequilibrando a economia da China

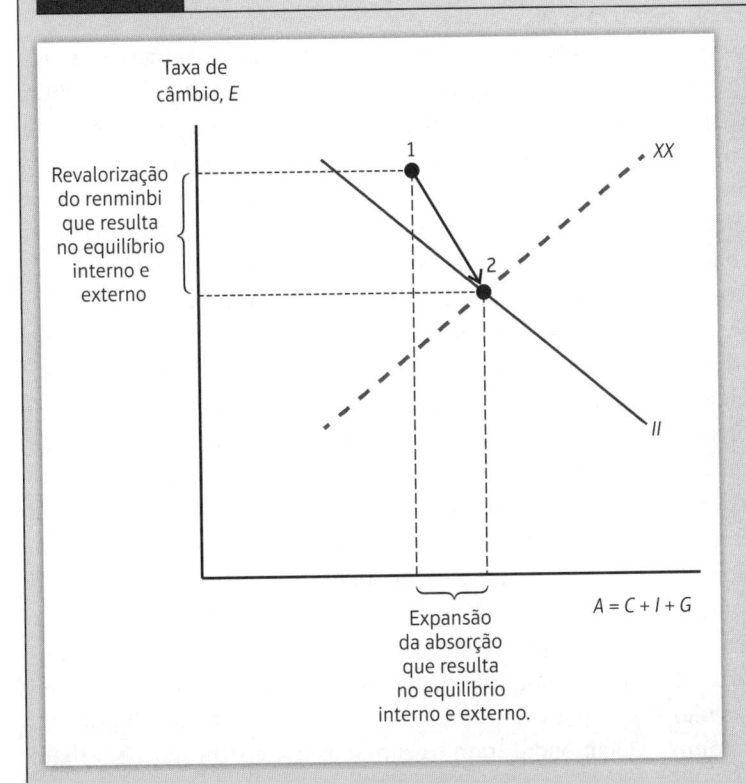

A China enfrenta pressão inflacionária e excedentes em conta-corrente. O país pode corrigir ambos sem elevar o desemprego ao expandir a absorção e revalorizar sua moeda.

Eixo vertical: Taxa de câmbio, E
Eixo horizontal: $A = C + I + G$

Revalorização do renminbi que resulta no equilíbrio interno e externo.

Expansão da absorção que resulta no equilíbrio interno e externo.

em itens como limpeza ambiental, investimento em fontes de energia mais limpas etc.[22]

Embora os líderes da China tenham concordado publicamente com as necessidades de aumentar o consumo e valorizar a moeda, eles se movimentam muito cautelosamente, até agora, acelerando suas reformas somente quando as pressões políticas externas (como a ameaça de sanções comerciais) tornam-se graves. Se esse ritmo de mudança vai satisfazer os críticos externos, bem como as exigências da maioria do povo chinês para maior segurança e qualidade de vida, ainda precisa ser determinado.

---
[22] Para uma discussão clara, veja: Nicholas R. Lardy. "China: Toward a Consumption-Driven Growth Path". *Policy Briefs in International Economics*. Washington, D.C.: Institute for International Economics, out. 2006.

Compreensão dos fluxos de capital global e a distribuição global de renda: é o destino da geografia?

Como salientamos no início deste capítulo, o mundo de hoje caracteriza-se por uma vasta dispersão internacional em níveis de renda e bem-estar. Entretanto, em contradição com uma teoria simples de convergência, não há nenhuma tendência sistemática para os níveis de rendimento dos países mais pobres convergirem, mesmo lentamente, para os níveis dos países mais ricos.[23] Nos modelos macroeconômicos convencionais de crescimento econômico, o rendimento real *per capita* dos países depende de seus estoques de capital físico e humano, cujos produtos marginais são mais altos onde os estoques são baixos em relação ao estoque de mão de obra não qualificada. Como os altos produtos marginais de investimento apresentam incentivos fortes para a acumulação de capital, incluindo os fluxos de capital do exterior, os modelos padrão preveem que os países mais pobres tenderão a

---
[23] Embora essa afirmação seja verdadeira quando a unidade de estudo é o país, é menos precisa quando a unidade de estudo é o indivíduo. Uma preponderância dos pobres do mundo em 1960 viviam na China e na Índia, dois países que experimentaram crescimento relativamente rápido nos últimos anos. Uma causa principal do seu crescimento, no entanto, foram as reformas econômicas favoráveis ao mercado. Para uma discussão mais aprofundada, veja: Stanley Fischer. "Globalization and Its Challenges". *American Economic Review*, v. 93, p. 1–30, maio 2003.

crescer mais depressa do que os ricos. Em última análise, se eles tiverem acesso às mesmas tecnologias utilizadas em países mais ricos, os países pobres se tornarão ricos.

Contudo, na prática, essa história feliz é a exceção e não a regra. Além disso, relativamente pouco capital flui para os países em desenvolvimento, apesar da previsão da simples teoria de convergência de que o produto marginal do capital e, portanto, os retornos de investimento estrangeiro, devem ser altos nesse ponto. A escala dos fluxos de capital para o mundo em desenvolvimento é diminuída pelos fluxos brutos entre os países desenvolvidos. E desde o final da década de 1990 (ver Tabela 22.3), os fluxos líquidos de países em desenvolvimento se inverteram conforme os Estados Unidos têm sugado a maioria dos excedentes de conta-corrente disponíveis do mundo.

Na verdade, os riscos de investir em vários dos países em desenvolvimento limitam sua atratividade para os investidores, tanto estrangeiros quanto nacionais; e esses riscos são intimamente relacionados com os desempenhos de baixo crescimento econômico dos países. Quando os governos são relutantes ou incapazes de proteger os direitos de propriedade, os investidores não estarão dispostos a investir em capital físico ou humano, então o crescimento será baixo ou inexistente. (O quadro seguinte analisa com mais profundidade o comportamento dos fluxos de capitais de países ricos aos países pobres.)

O que explica o fato de que alguns países têm se tornado muito ricos, enquanto alguns atraem pouco ou nenhum investimento estrangeiro e permanecem na pobreza extrema? Duas escolas de pensamento importantes sobre a questão enfocam, alternativamente, sobre *características geográficas* dos países e em suas *instituições de governo*.

Um dos proponentes principais da teoria da geografia é o geógrafo da UCLA Jared Diamond, cujo fascinante e influente livro *Guns, Germs, and Steel: The Fates of Human Societies* (New York: W. W. Norton & Company, 1997) ganhou um prêmio Pulitzer em 1998. Em uma versão da visão da geografia, os aspectos do ambiente físico do país, como clima, tipo de solo, doenças e acessibilidade geográfica determinam seu desempenho econômico no longo prazo. Assim, por exemplo, o clima hostil, a ausência de grandes espécies de animais facilmente domesticadas e a presença de febre amarela e malária condenaram as zonas tropicais a ficar atrás das regiões mais temperadas da Europa, que poderiam apoiar as inovações agrícolas, como a rotação de culturas. Por essas razões, argumenta Diamond, foram os europeus que conquistaram os habitantes do Novo Mundo e não vice-versa.

PARADOXOS DO CAPITAL

Embora muitos países em desenvolvimento tenham contraído empréstimos de credores desenvolvidos ao longo dos anos desde a Segunda Guerra Mundial, o padrão global dos fluxos financeiros dos países ricos aos países pobres tem divergido cada vez mais do que a teoria econômica básica parece prever: um forte fluxo de empréstimos de países de alta renda, ricos em capital, para países de baixa renda, onde o capital é escasso e onde as oportunidades de investimento são, portanto, presumivelmente abundantes.

A Figura 22.5 ilustra o padrão global de saldos de conta-corrente desde 1970. Os empréstimos contraídos por países em desenvolvimento não produtores de petróleo foram bastante limitados, com a exceção parcial da década de 1990, quando vários mutuários de países em desenvolvimento (entre eles México, Tailândia e República Tcheca) eventualmente tiveram problemas. Ao mesmo tempo, os excedentes de conta-corrente pelo grupo dos países ricos foram pequenos ou inexistentes. Então, na década de 2000, os países em desenvolvimento não produtores de petróleo (junto com os países exportadores de petróleo) desenvolveram excedentes consideráveis, enquanto os países ricos contraíram empréstimos extensivamente dos pobres.

Em geral, os países em desenvolvimento não produtores de petróleo não tiveram os grandes déficits de conta-corrente previstos pelas teorias de desenvolvimento simples. No início do século XXI, os desequilíbrios de conta-corrente global expandiram-se drasticamente, mas os países ricos ficaram com os déficits.

Antes de ocorrer o *boom* de empréstimos contraídos pelos países em desenvolvimento da década de 1990, o economista Robert E. Lucas Jr., da Universidade de Chicago, observou que as grandes disparidades de rendimento entre países ricos e pobres, se causadas por diferenças em dotações de capital, deveriam implicar grandes oportunidades para o capital estrangeiro de mover-se de forma rentável para o mundo em desenvolvimento. Por que, então, o investimento não foi muito abaixo da economia nos países ricos e muito superior a poupança em países pobres? Lucas sugeriu que a resposta estava relacionada com a escassez de capital *humano* nos países pobres — na forma de uma força de trabalho altamente qualificada e o *know-how* gerencial. Outros estudiosos colo-

FIGURA 22.5 Saldos de conta-corrente de grupos importantes do país, 1970–2012

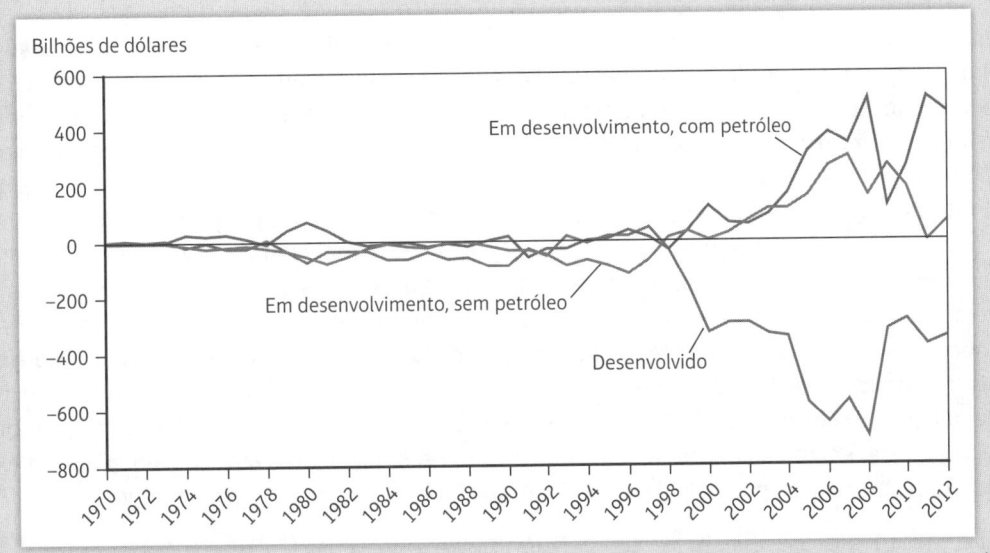

Bilhões de dólares

[Gráfico mostrando três linhas de 1970 a 2012: "Em desenvolvimento, com petróleo", "Em desenvolvimento, sem petróleo" e "Desenvolvido". Os valores variam de aproximadamente -800 a 600 bilhões de dólares.]

Fonte: Fundo Monetário Internacional, Estatísticas Financeiras Internacionais. Note que as desigualdades regionais geralmente não somam zero devido a erros e omissões.

caram mais peso na maior fragilidade dos direitos de propriedade e a estabilidade do governo nos países mais pobres, uma posição que foi parcialmente corroborada pelas crises dos anos 1990.[24]

Curiosamente, o fluxo de capital limitado do pós-guerra dos países ricos aos países pobres foi previsto no início de 1950 pelo economista da Universidade de Columbia Ragnar Nurkse. O século XIX viu um *boom* em investimentos ultramarinos europeus, durante o qual Grã-Bretanha, o principal credor global, investiu cerca de 4% de sua renda no exterior anualmente pelas cinco décadas que precederam a Primeira Guerra Mundial. Nurkse alegou que as condições do comodato presente foram muito especiais e improváveis de serem replicadas após a Segunda Guerra Mundial. A maioria do investimento, observou ele, fluiu para muito poucos países de "colonização recente", financiando a infraestrutura (como estradas de ferro) necessária para as ondas de imigrantes europeus que acompanharam o fluxo de capital. Esses imigrantes transplantaram *know-how* europeu, bem como instituições de governança que tornaram mais provável a utilização eficaz dos recursos de investimento. Não surpreendentemente, a maioria dos países beneficiários — notadamente Austrália, Nova Zelândia, Canadá e Estados Unidos — são ricos, enquanto a maioria das economias mais pobres "extrativas", que recebeu uma parcela muito menor de investimento estrangeiro antes de 1914, permanece pobre até hoje.[25]

Progressos no século XXI fizeram o padrão internacional dos fluxos de capital parecer ainda mais paradoxais do que antes. Não era só o capital que não fluía dos países ricos aos países pobres em quantidades apreciáveis; na verdade fluía *colina acima*, de pobres para ricos, e em grande escala. Por trás desse padrão residem alguns progressos específicos: crescimentos de ativos nos países ricos estimularam o consumo e o investimento em habitação, por exemplo, causando grandes déficits de conta-corrente, enquanto o crescimento rápido dos países ricos, e principalmente a China, aumentaram os preços das *commodities*, permitindo que muitos exportadores relativamente pobres de matérias-primas tivessem excedentes. Entretanto,

---

[24] Essas teorias não são mutuamente exclusivas. Como mencionado, o investimento no capital humano é desencorajado pela baixa proteção dos direitos de propriedade. Sobre o enigma dos baixos fluxos de capital para os países pobres, consulte: Robert E. Lucas Jr. "Why Doesn't Capital Flow from Rich to Poor Countries?". *American Economic Review*, v. 80, p. 92–96, maio 1990. Um estudo que liga fluxos limitados de capital à qualidade institucional pobre é: Laura Alfaro, Sebnem Kalemli-Ozcan e Vadym Volosovych. "Why Doesn't Capital Flow from Rich to Poor Countries? An Empirical Investigation". *Review of Economics and Statistics*, v. 90, p. 347–368, maio 2008. Carmen Reinhart e Kenneth Rogoff atribuem o enigma de Lucas à probabilidade de os países em desenvolvimento serem inadimplentes. Veja: "Serial Default and the 'Paradox' of Rich-to-Poor Capital Flows". *American Economic Review*, v. 94, p. 53–58, maio 2004.

[25] Veja: Nurkse. "International Investment To-Day in the Light of Nineteenth-Century Experience". *Economic Journal*, v. 64, p. 744–758, dez. 1954.

conforme os economistas olharam com mais atenção essa configuração surpreendente, descobriram novos paradoxos ainda mais intrigantes do que os quais Lucas tinha levantado em 1990.

Primeiro, a experiência desde 1970 revelou que, em média, o capital estrangeiro não parece estimular o crescimento econômico. Em vez disso, os países que cresceram mais rápido são os que têm invocado mais poupança interna e têm déficits menores em conta-corrente (e muitas vezes, excedentes). Por exemplo, as economias de sucesso do Leste da Ásia, em especial a China, geralmente tiveram níveis de poupança altos. Um segundo paradoxo relacionado, destacado por Pierre-Olivier Gourinchas, da Universidade da Califórnia, em Berkeley, e Olivier Jeanne, da Johns Hopkins University, chama-se "enigma da alocação": os países com menor crescimento na produtividade da mão de obra e capital de fato atraem relativamente mais influxos financeiros estrangeiros do que os países com crescimento de produtividade alta.

Os pesquisadores ainda estão buscando resolver esses novos enigmas. Muitos países pobres têm sistemas financeiros fracos que não conseguem lidar com grandes influxos de empréstimos estrangeiros sem um risco de crise elevado. Assim, os países que geram grande volume de poupança podem ter uma vantagem de crescimento. Gourinchas e Jeanne sugerem que seu enigma de alocação esteja relacionado com o acúmulo de reservas internacionais por algumas economias de crescimento rápido (como a da China). Essas economias frequentemente recebem influxos substanciais de investimento estrangeiro direto, mas sua economia é tão alta que ainda têm os excedentes globais em suas contas-correntes.[26]

[26] Veja: Airton Prasad, Raghuram Rajan e Arvind Subramanian. "The Paradox of Capital". *Finance & Development*, v. 44, mar. 2007; e Gourinchas e Jeanne. "Capital Flows to Developing Countries: The Allocation Puzzle". *Review of Economic Studies*, v. 80, p. 1484–1515, out. 2013.

Outro fator destacado em algumas teorias geográficas é o acesso ao comércio internacional. Países montanhosos e sem litoral fazem menos comércio com o mundo exterior — e, portanto, têm desempenho pior — do que aqueles países abençoados com bons portos marítimos, hidrovias internas navegáveis e estradas facilmente percorridas.

Em contraste, aqueles que favorecem as instituições do governo como o fator decisivo para a prosperidade econômica enfocam no sucesso do governo em proteger os direitos de propriedade privada, encorajando assim a iniciativa privada, os investimentos, a inovação e o crescimento econômico, em última análise. De acordo com essa visão, um país que não pode proteger os seus cidadãos de confisco arbitrário da propriedade — por exemplo, por meio de extorsão por gângsteres privados ou de funcionários públicos corruptos — será um país em que as pessoas não acharão útil exercer esforços em busca de riqueza.[27] Esse mecanismo é um dos fatores subjacentes a associação positiva entre menor corrupção e maior renda *per capita*, mostrada na Figura 22.1: um nível de corrupção baixa promove a atividade econômica produtiva, garantindo aos investidores que os frutos de seu trabalho não serão apreendidos arbitrariamente. Contudo, como observamos ao discutir essas evidências, a inclinação positiva na figura não é evidência decisiva de que as instituições nacionais determinam a renda nacional. Poderia ser, por exemplo, que a inclinação mostrada fosse causada principalmente pelo desejo dos países mais ricos de conter a corrupção e pelos maiores recursos que eles podem dedicar a essa tarefa. Mesmo que esse seja o caso, ainda pode ser verdade que a geografia determina os níveis de rendimento e também define, assim, em última análise, as instituições. No entanto, se a geografia mais favorável conduz à renda mais elevada e, por meio de renda mais elevada, a um melhor ambiente institucional (caracterizado, entre outras coisas, por corrupção menor) então, a linha de pensamento baseada na geografia parece estar certa. Para os legisladores, a possibilidade de reforçar o crescimento econômico mediante a reforma das instituições parece mais tênue.[28]

[27] Veja, por exemplo: Douglass C. North. *Institutions, Institutional Change, and Economic Performance*. Cambridge: Cambridge University Press, 1990.

[28] Em países que antigamente eram colônias europeias, as instituições atuais muitas vezes foram implantadas por governantes estrangeiros. A geografia desempenhou um papel nos tipos de instituições que os colonizadores configuraram. Assim, nas Índias Ocidentais e América do Sul, de clima e o solo que eram propícios à agricultura de plantação com base no trabalho escravo e uma tecnologia de retornos crescentes que garantiu o cultivo de grandes unidades e uma distribuição de renda desigual. As instituições resultantes — mesmo se configuradas por colonos de países que tinham regras de esclarecimento limitado — eram fundamentalmente hostis aos ideais políticos igualitários e à proteção da propriedade. A desigualdade de riqueza e poder perpetuou-se em muitos casos, dificultando assim o crescimento a longo prazo. Para uma discussão clássica, veja: Stanley L. Engerman e Kenneth D. Sokoloff. "Factor Endowments, Institutions, and Differential Paths of Growth among New World Economies: A View from Economic Historians of the United States". In: Stephen Haber (Ed.). *How Latin America Fell Behind*. Stanford, CA: Stanford University Press, 1997. A hipótese das instituições permite que a geografia afete o rendimento, mas exige que a geografia afete apenas (ou principalmente) a renda, ao influenciar as instituições.

Como se pode esperar distinguir entre as várias possibilidades estatísticas? Uma estratégia é encontrar algum fator mensurável que influencie as instituições que regem a propriedade privada, mas que, por outro lado, esteja relacionada com níveis de renda *per capita* atual. Os estatísticos chamam tal variável de *variável instrumental* (ou, mais simplesmente, um *instrumento*) para as instituições. Como o instrumento não é afetado pela renda atual, sua relação medida estatisticamente com a renda atual reflete um efeito causal das instituições sobre a renda, em vez do contrário. Infelizmente, pelas inter-relações complexas entre as variáveis econômicas, variáveis instrumentais válidas são, em geral, notoriamente difíceis de encontrar.

Os economistas Daron Acemoglu e Simon Johnson, do Instituto de Tecnologia de Massachusetts, e James Robinson, da Universidade de Harvard, sugerem uma abordagem imaginativa para esse dilema. Propõem que as taxas de mortalidade históricas dos primeiros colonizadores europeus nas ex-colônias sejam usadas como instrumento para a qualidade institucional.[29] A afirmação de que a mortalidade dos colonos fornece um instrumento útil baseia-se em dois argumentos.

Primeiro, eles argumentam que o nível de mortalidade dos colonos determinou as instituições posteriores que regem os direitos de propriedade. (Esse é mais um caso da geografia influenciando o rendimento *por meio* de seu efeito sobre as instituições.) Em áreas com altas taxas de mortalidade (como o antigo Congo Belga, na África), os europeus não puderam se fixar com êxito. Muitas dessas áreas eram densamente povoadas antes de os europeus chegarem, e o objetivo dos colonizadores era saquear as riquezas o mais eficazmente possível, oprimindo os povos nativos no processo. As instituições criadas pelos europeus, portanto, foram direcionadas para o objetivo da extração de recursos, em vez de para a proteção dos direitos de propriedade, e essas instituições exploradoras foram dominadas por novas elites dominantes indígenas quando as antigas colônias alcançaram a independência. Em contrapartida, os próprios europeus se estabeleceram em regiões escassamente povoadas e de baixa mortalidade, como América do Norte e Austrália, e exigiram instituições que protegessem os direitos políticos e econômicos, salvaguardando a propriedade privada contra ataques arbitrários. (Lembre-se da disputa sobre tributação sem representação que provocou a Revolução Norte-Americana!) Esses países, que receberam o maior afluxo de capital estrangeiro no século XIX, prosperaram e estão ricos hoje.

Um instrumento válido deve satisfazer um segundo requisito, além de ter uma influência sobre as instituições. Ele não deve afetar, de outro modo, a renda *per capita* atual. Acemoglu, Johnson e Robinson argumentam que esse requisito também é satisfeito. Como eles dizem:

> A grande maioria das mortes de europeus nas colônias foi causada por malária e febre amarela. Embora essas doenças fossem fatais para os europeus que não tinham imunidade, tinham efeito limitado sobre os indígenas adultos que haviam desenvolvido vários tipos de imunidades. Essas doenças são, portanto, improváveis de serem a razão pela qual muitos países na África e na Ásia são muito pobres hoje(...). Essa noção é apoiada pelas taxas de mortalidade [baixas] da população local nessas áreas.[30]

Acemoglu, Johnson e Robinson mostram que o efeito das taxas de mortalidade dos primeiros colonos europeus sobre a renda *per capita* atual, operando por meio da influência da mortalidade das instituições posteriores, é grande. Eles ainda argumentam que, uma vez que o último efeito é levado em conta, variáveis geográficas, como a distância entre o Equador e as taxas de infecção por malária, não têm nenhuma influência independente nos níveis de renda atual. Desde que se aceitem as premissas da análise estatística, a teoria das instituições parece sair vitoriosa sobre a teoria da geografia. Mas o debate não terminou aí.

Alguns críticos têm sugerido que as medidas de Acemoglu, Johnson e Robinson da qualidade institucional são insuficientes; outros argumentam que os dados de mortalidade são defeituosos ou mesmo que as taxas de mortalidade históricas poderiam estar relacionadas diretamente à produtividade de hoje. Em um estudo recente, um grupo de economistas argumenta que a principal influência sobre as instituições é o capital humano, ou seja, as competências acumuladas e a educação da população. Mesmo uma ditadura autoritária pode estabelecer democracia e direitos de propriedade conforme seus cidadãos tornam-se mais instruídos. Esses autores afirmam que a Coreia do Sul fez exatamente isso e sugerem que, talvez, o capital humano dos colonizadores europeus, não sua transplantação de instituições, foi o que impulsionou o crescimento

---

[29] Os dados englobam os soldados, marinheiros e bispos, e são extraídos do século XVII até os século XIX. Veja: Daron Acemoglu, Simon Johnson e James Robinson. "The Colonial Origins of Comparative Development: An Empirical Investigation". *American Economic Review*, v. 91, p. 1369–1401, dez. 2001.

[30] Acemoglu, Johnson e Robinson, *ibid.*, p. 1371.

subsequente.[31] Como salientamos antes, uma das causas do crescimento elevado subsequente do Leste Asiático foi o alto nível de investimento na educação, muitas vezes decretada por governos não democráticos.

Um número de ex-colônias asiáticas oferece indiscutivelmente contraexemplos à teoria de Acemoglu, Johnson e Robinson. Índia, Indonésia e Malásia, por exemplo, foram todas colônias europeias com as populações indígenas em esmagadora maioria, no entanto, suas taxas de crescimento econômico em geral excederam as das economias desenvolvidas.

RESUMO

1. Existem diferenças enormes na renda *per capita* e no bem-estar entre os países em diferentes estágios de desenvolvimento econômico. Além disso, os países em desenvolvimento não têm demonstrado uma tendência uniforme de *convergência* para os níveis de renda dos países industriais. Entretanto, alguns países em desenvolvimento, notadamente vários na Ásia Oriental, tiveram um aumento drástico nos padrões de vida desde a década de 1960. Explicar por que alguns países continuam a ser pobres e quais políticas podem promover o crescimento econômico continua a ser um dos desafios mais importantes na economia.

2. Os países em desenvolvimento formam um grupo heterogêneo, especialmente porque muitos embarcaram em uma vasta reforma econômica nos últimos anos. Muitos têm pelo menos algumas das seguintes características: pesado envolvimento do governo na economia, incluindo uma grande parte das despesas públicas no PNB; um histórico de inflação alta, geralmente refletindo as tentativas do governo de extrair *senhoriagem* da economia em face da cobrança de impostos ineficazes; as instituições de crédito fraco e mercados de capitais subdesenvolvidos; taxas de câmbio atreladas e controles de câmbio ou capital, incluindo regimes cambiais com indexação *crawling* destinados a controlar a inflação ou impedir a valorização real; uma forte dependência de exportações de *commodities* primárias. A corrupção parece aumentar conforme cresce a pobreza relativa de um país. Muitas das características dos países em desenvolvimento anteriores datam da Grande Depressão da década de 1930, quando os países industrializados se voltaram para o mercado interno e os mercados mundiais entraram em colapso.

3. Como muitas economias em desenvolvimento oferecem oportunidades potencialmente ricas de investimento, é natural para elas ter déficits em conta-corrente e pedir emprestado para países mais ricos. Em princípio, os empréstimos de países em desenvolvimento podem causar ganhos de comércio que fazem tanto os mutuários quanto os credores se beneficiarem. Na prática, no entanto, empréstimos tomados por países em desenvolvimento às vezes levaram a crises de inadimplência que em geral causam crises monetárias e bancárias. Como as crises monetárias e bancárias, as de inadimplência podem conter um elemento autorrealizável ainda que sua ocorrência dependa das fraquezas fundamentais no país que contrai empréstimos. Muitas vezes as crises por inadimplência começam com uma parada brusca de fluxos financeiros.

4. Na década de 1970, conforme o sistema Bretton Woods entrou em colapso, países da América Latina entraram em uma era de desempenho macroeconômico claramente inferior em relação ao crescimento e à inflação. Os empréstimos externos descontrolados levaram, na década de 1980, a uma crise generalizada da dívida de países em desenvolvimento, com impacto maior na América Latina e África. Começando com o Chile, em meados de 1980, alguns grandes países latino-americanos começaram a empreender reformas econômicas mais completas, incluindo não só a desinflação, mas também o controle do orçamento do governo, vigorosa *privatização*, desregulamentação e reforma da política de comércio. A Argentina adotou um *conselho monetário* em 1991. Nem todos os reformadores latino-americanos tiveram sucesso igual no fortalecimento de seus bancos, e as falências foram evidentes em vários países. Por exemplo, o conselho monetário da Argentina entrou em colapso depois de dez anos.

5. Apesar de seus registros incrivelmente bons de crescimento com produção alta e inflação e déficits orçamentários baixos, vários países chave em desenvolvimento na Ásia Oriental foram atingidos por graves crises de pânico e devastadora depreciação da moeda em 1997. Em retrospecto, os países afetados tinham várias vulnerabilidades, a maioria delas relacionadas com o risco moral generalizado em bancos e finanças domésticas e ligados ao *pecado original* das dívidas denominadas em moeda estrangeira. Os efeitos da crise se espalharam para países tão distantes como a Rússia e o Brasil, ilustrando o elemento de contágio das crises financeiras internacionais nos dias atuais. Esse fator,

---

[31] Veja: Edward L. Glaeser et al. "Do Institutions Cause Growth?". *Journal of Economic Growth*, v. 9, p. 271–303, set. 2004. Em apoio às explicações institucionais sobre as explicações geográficas, consulte: Dani Rodrik, Arvind Subramanian e Francesco Trebbi. "Institutions Rule: The Primacy of Institutions over Geography and Integration in Economic Development". *Journal of Economic Growth*, v. 9, p. 131–165, jun. 2004. Para uma visão contrária, consulte: Jeffrey D. Sachs. "Institutions Don't Rule: Direct Effects of Geography on Per Capita Income". Working Paper 9490, National Bureau of Economic Research, fev. 2003. O papel do comércio internacional no crescimento é outro foco de pesquisa atual. Rodrik e seus coautores argumentam que a abertura ao comércio internacional não é um determinante principal direto da renda *per capita*, mas que essa abertura conduz a instituições melhores e, por desse canal indireto, a renda mais elevada.

além do fato de que os países da Ásia Oriental tinham alguns problemas aparentes antes de suas crises chegarem, deu origem à exigência de repensar a "arquitetura" financeira internacional. Essas exigências foram reforçadas pela natureza global da crise financeira de 2007-2009.

6. As propostas de reforma da arquitetura internacional podem ser agrupadas como medidas preventivas ou como medidas curativas (*ex post*) — ou seja, após o fato —, com as últimas sendo aplicadas uma vez que as salvaguardas não conseguiram impedir uma crise. Entre as medidas preventivas temos a maior transparência relativa das políticas e posições financeiras dos países; melhor regulamentação do sistema bancário nacional; e linhas de crédito mais amplas, de fontes privadas ou do FMI. As medidas *ex post* que têm sido sugeridas incluem empréstimos mais extensos e flexíveis pelo FMI. Alguns observadores sugerem o uso mais extenso de controles de capital, tanto para prevenir quanto para gerenciar as crises, mas em geral não há muitos países tomando essa rota. Nos próximos anos, os países em desenvolvimento sem dúvida experimentarão controles de capital, taxas de câmbio flutuantes, *dolarização* e outros regimes. A arquitetura que vai surgir em última análise não está totalmente clara.

7. Pesquisas recentes sobre os determinantes finais do crescimento econômico nos países em desenvolvimento centraram-se em questões geográficas, como o ambiente de doença e recursos institucionais (como a proteção do governo dos direitos de propriedade e doações de capital humano). O fluxo de capital dos países ricos para os pobres também depende desses fatores. Embora os economistas concordem que todos esses determinantes sejam importantes, é menos claro onde a política deve focar primeiro suas tentativas de levantar os países pobres da sua pobreza. Por exemplo, a reforma institucional pode ser um primeiro passo adequado se a acumulação de capital humano variar de acordo com a proteção dos direitos de propriedade e a segurança pessoal. Por outro lado, faz pouco sentido criar um quadro institucional para o governo se houver capital humano insuficiente para gerir o governo efetivamente. Nesse caso, a educação deve vir primeiro. Como os obstáculos estatísticos para alcançar respostas inequívocas são imensos, certamente deve haver um esforço equilibrado em todas as frentes.

TERMOS-CHAVE

conselho monetário, p. 535
contágio, p. 544
convergência, p. 525
dolarização, p. 534

pecado original, p. 533
privatização, p. 532
senhoriagem, p. 526

PROBLEMAS

1. Um governo pode sempre coletar mais senhoriagem somente por deixar a oferta de moeda crescer mais rápido? Explique sua resposta.

2. Considere que a taxa de inflação de um país era 100% ao ano em 1990 e em 2000, mas que a inflação estava caindo em 1990 e subindo em 2000. Sendo as outras variáveis iguais, em que ano a receita de senhoriagem foi maior? (Suponha que os detentores de ativos anteciparam corretamente o comportamento da inflação.)

3. No início de 1980, o governo brasileiro, mediante uma taxa de inflação média de 147% ao ano, tinha apenas 1,0% de produção como senhoriagem, enquanto o governo de Serra Leoa tinha 2,4% com uma taxa de inflação de menos de um terço da do Brasil. Você consegue pensar em diferenças na estrutura financeira que possam explicar parcialmente esse contraste? (Dica: em Serra Leoa, a relação da moeda com a produção nominal média era de 7,7%; no Brasil, era uma média de apenas 1,4%.)

4. Suponha que uma economia aberta para os movimentos de capitais internacionais tenha uma taxa de câmbio *crawling-peg* sob a qual a sua moeda está atrelada a cada momento, mas é desvalorizada continuamente a uma taxa de 10% ao ano. Como a taxa de juros nominal interna estaria relacionada com a taxa de juros nominal estrangeira? E se a indexação *crawling* não for totalmente credível?

5. O acúmulo de dívida externa de alguns países em desenvolvimento (como a Argentina), na década de 1970, foi causado, em parte, pela fuga de capitais (legal ou ilegal) em face da desvalorização esperada da moeda. (Governos e bancos centrais emprestaram divisas para sustentar suas taxas de câmbio, e esses fundos encontraram seu caminho em mãos privadas e em contas bancárias em Nova York e em outros lugares.) Uma vez que a fuga de capitais deixa um governo com uma grande dívida, mas em compensação cria um ativo estrangeiro para os cidadãos que tomam dinheiro no estrangeiro, a dívida líquida consolidada do país, como um todo, não muda. Isso significa que os países cuja dívida externa governamental é principalmente resultante de fuga de capitais não enfrentam um problema de dívida?

6. Grande parte dos empréstimos de países em desenvolvimento durante a década de 1970 foi realizada pelas empresas públicas. Em alguns desses países, tem havido movimentos de privatização da economia com a venda de empresas estatais a proprietários privados. Os países teriam emprestado mais ou menos se suas economias tivessem sido privatizadas mais cedo?

7. Como a decisão de um país em desenvolvimento para reduzir as restrições comerciais, como as tarifas de importação, pode afetar sua capacidade de fazer empréstimos no mercado mundial de capitais?
8. Dada a produção, um país pode melhorar sua conta-corrente pelo corte de investimentos ou consumo (privado ou do governo). Depois que começou a crise da dívida na década de 1980, muitos países em desenvolvimento alcançaram melhorias em suas contas-correntes por corte de investimentos. Essa foi uma estratégia sensata?
9. Por que a Argentina teria que dar a senhoriagem aos Estados Unidos se ela desistisse de seu peso e dolarizasse completamente sua economia? Como você poderia medir o tamanho do sacrifício de senhoriagem da Argentina? (Para completar este exercício, pense nas etapas reais que a Argentina teria que passar para dolarizar sua economia. Você pode assumir que os ativos do banco central argentino consistem em 100% de títulos do Tesouro dos Estados Unidos com juros.)
10. Os primeiros estudos da hipótese de convergência econômica, que analisaram dados para um grupo de países industrializados hoje, encontraram que aqueles que eram relativamente pobres há um século cresceram depois mais rapidamente. É válido deduzir desse achado que a hipótese de convergência é verdadeira?
11. Alguns críticos da adoção de taxas de câmbio fixas por economias de mercado emergentes argumentam que essas taxas criam um tipo de risco moral. Você concorda? (Dica: os mutuários se comportariam de modo diferente se soubessem que as taxas de câmbio eram mutáveis de um dia para outro?)
12. Em algumas economias de mercados emergentes, não são só as obrigações de dívida aos estrangeiros que são denominadas em dólares, mas também muitas dívidas internas das economias, ou seja, as dívidas de um residente doméstico para outro. No capítulo, chamamos esse fenômeno de dolarização de passivos. Como a dolarização de passivos pode agravar a perturbação do mercado financeiro causada por uma acentuada depreciação da moeda nacional em face ao dólar?
13. Suponha que a função de produção para produção acumulada nos Estados Unidos seja a mesma que na Índia, $Y = AK^\alpha L^{1-\alpha}$, onde A é um fator de produtividade total, K é a ação de capital, e L é o fornecimento de mão de obra. Da Tabela 22.2, calcule a relação da renda *per capita* Y/L na Índia e nos Estados Unidos em 2010. Use essas informações para descobrir a relação do produto marginal do capital da Índia e dos Estados Unidos. (O produto marginal do capital é dado por $\alpha A K^{\alpha-1} L^{1-\alpha}$.) Relacione a resposta ao enigma de Lucas sobre fluxos de capital dos ricos para os pobres. Quanto A deveria ter para diferir entre a Índia e os Estados Unidos para fazer o produto marginal do capital ser o mesmo nos dois países?

LEITURAS ADICIONAIS

AZIZ, J.; DUNAWAY, S. V.; PRASAD, E. (Eds.). *China and India: Learning from Each Other*. Washington, D.C.: International Monetary Fund, 2006. Ensaios sobre estratégias de chineses e indianos para promover o crescimento e a estabilidade econômica.

CALVO, G. A.; MISHKIN, F. S. "The Mirage of Exchange Rate Regimes for Emerging Market Countries". *Journal of Economic Perspectives*, v. 17, p. 99–118, inverno 2003. Argumenta que as instituições são mais importantes que os regimes de taxa de câmbio para a compreensão do desempenho macroeconômico dos países em desenvolvimento.

EICHENGREEN, B.; HAUSMANN, R. (Eds.). *Other People's Money: Debt Denomination and Financial Instability in Emerging Market Economies*. Chicago: University of Chicago Press, 2005. Ensaios sobre o pecado original.

FISHLOW, A. "Lessons from the Past: Capital Markets During the 19th Century and the Interwar Period". *International Organization*, v. 39, p. 383–439, verão 1985. Revisão histórica da experiência de empréstimos internacionais, incluindo comparações com a crise da dívida pós-1982.

FORBES, K. "The 'Big C': Identifying and Mitigating Contagion". In: *The Changing Policy Landscape: A Symposium Sponsored by the Federal Reserve Bank of Kansas City*. Kansas City, MO: Federal Reserve Bank of Kansas City, 2013, p. 23–87. Um levantamento abrangente da transmissão de choque contagioso através de mercados internacionais.

GOLDSTEIN, M. *Managed Floating Plus*. Washington, D.C.: Institute for International Economics, 2002. Uma proposta para o gerenciamento da flexibilidade da taxa de câmbio por economias de mercados emergentes.

GOLDSTEIN, M.; LARDY, N. R. *The Future of China's Exchange Rate Policy*. Washington, D.C.: Peterson Institute for International Economics, 2009. Uma análise compacta, mas minuciosa, dos desafios macroeconômicos da China.

KENEN, P. B. *The International Financial Architecture: What's New? What's Missing?* Washington, D.C.: Institute for International Economics, 2001. Revisa as crises dos mercados emergentes e as consequentes propostas de reforma do sistema financeiro global.

AYHAN KOSE, M.; PRASAD, E. S. *Emerging Markets: Resilience and Growth amid Global Turmoil*. Washington, D.C.: Brookings Institution, 2010. Um estudo amplo da relativa resiliência das economias emergentes ante a crise financeira global de 2007–2009.

LANDES, D. S. *The Wealth and Poverty of Nations*. New York: W. W. Norton & Company, 1999. Visão abrangente da experiência do desenvolvimento global.

McKINNON, R. I. *The Order of Economic Liberalization: Financial Control in the Transition to a Market Economy*. 2. ed. Baltimore: Johns Hopkins University Press, 1993. Ensaios sobre o sequenciamento adequado das reformas econômicas.

MIGUEL, E. *Africa's Turn?* Cambridge, MA: MIT Press, 2009. Uma apresentação das perspectivas do desempenho econômico da África e prospecções.

MONTIEL, P. J. *Macroeconomics in Emerging Markets*. Cambridge: Cambridge University Press, 2003. Visão analítica abrangente de questões da política macroeconômica para as economias em desenvolvimento.

RAJAN, R. G.; TOKATLIDIS, I. "Dollar Shortages and Crises". *International Journal of Central Banking*, v. 1, p. 177–220, set. 2005. Excelente visão das fraquezas institucionais no desenvolvimento das economias que dão origem à dolarização de passivos.

RODRIK, D. *One Economics, Many Recipes: Globalization, Institutions, and Economic Growth*. Princeton: Princeton University Press, 2007. Ensaios sobre a interação das instituições e a globalização no processo de crescimento econômico.

ROUBINI, N.; SETSER, B. *Bailouts or Bail-ins? Responding to Financial Crises in Emerging Economies.* Washington, D.C.: Institute for International Economics, 2004. Análise e propostas sobre a "arquitetura" financeira internacional.

STIGLITZ, J. E. et al. *The Stiglitz Report: Reforming the International Monetary and Financial Systems in the Wake of the Global Crisis.* Nova York: The New Press, 2010. Relatório de uma Comissão das Nações Unidas de especialistas financeiros com um foco sobre as implicações para as economias em desenvolvimento.

Pós-escrito do Capítulo 5

O modelo de proporção dos fatores

Neste pós-escrito, definimos um tratamento matemático formal para o modelo de proporções dos fatores de produção explicado no Capítulo 5. O tratamento matemático é útil para aprofundar sua compreensão do modelo.

Custos e preços dos fatores

Considere a produção de um bem que exija capital e mão de obra como fatores de produção. Considerando que o bem é produzido com constantes retornos de escala, a tecnologia de produção pode ser resumida em termos da unidade isoquanta (II na Figura 5P.1), uma curva mostrando todas as combinações entre capital e mão de obra que podem ser usadas para produzir uma unidade desse bem. A curva II revela que há um *trade-off* entre a quantidade de capital usada por unidade de produção, a_K, e a quantidade de mão de obra por unidade de produção, a_L. A curvatura da unidade isoquanta reflete o pressuposto de que se torna cada vez mais difícil substituir capital por mão de obra conforme aumenta a relação capital-mão de obra e vice-versa.

Em uma economia de mercado competitiva, os produtores escolherão a relação capital-mão de obra na produção que minimize os seus custos. Tal escolha pela produção com minimização de custo é mostrada na Figura 5P.1 como ponto E, o ponto em que a unidade isoquanta II é tangente a uma linha cuja inclinação é igual a menos a proporção do preço da mão de obra, w, para o preço do capital, r.

O custo real de produção é igual à soma do custo das entradas de capital e mão de obra,

$$c = a_K r + a_L w, \qquad (5P.1)$$

onde os coeficientes de entrada, a_K e a_L, foram escolhidos para minimizar o c.

Como a relação capital-mão de obra foi escolhida para minimizar os custos, segue-se que uma mudança na relação não pode reduzi-los. Os custos não podem ser reduzidos aumentando a_K e reduzindo a_L, nem inversamente. Segue-se que uma mudança infinitesimal na proporção capital-mão de obra pela minimização do custo não deve ter nenhum efeito

FIGURA 5P.1 Produção eficiente

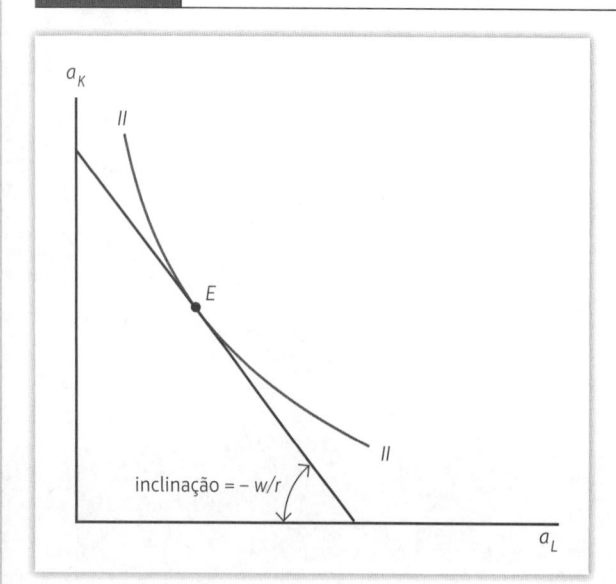

A relação capital-mão de obra minimizando o custo depende dos preços dos fatores.

no custo. Consideremos que da_K, da_L sejam mudanças pequenas entre as opções de entrada ideais. Então

$$rda_K + wda_L = 0 \qquad (5P.2)$$

para qualquer movimento ao longo da unidade isoquanta.

Considere a seguir o que acontece se os preços dos fatores r e w mudarem. Isso terá dois efeitos: vai mudar a escolha de a_K e a_L, e vai mudar o custo de produção.

Primeiro, considere o efeito das quantidades relativas de capital e mão de obra usadas para produzir uma unidade de produção. A relação mão de obra minimizando o custo varia de acordo com a relação do preço da mão de obra em relação ao capital:

$$\frac{a_K}{a_L} = \Phi\left(\frac{w}{r}\right). \qquad (5P.3)$$

O custo de produção também vai mudar. Para pequenas alterações nos preços dos fatores dr e dw, a mudança no custo de produção é

$$dc = a_K dr + a_L dw + rda_K + wda_L. \qquad (5P.4)$$

Pela Equação (5P.2), no entanto, já sabemos que os últimos dois termos da Equação (5P.4) têm soma zero. Portanto, o efeito dos preços dos fatores no custo pode ser escrito

$$dc = a_K dr + a_L dw. \qquad (5P.4')$$

Parece ser muito conveniente derivar uma equação um tanto diferente da Equação (5P.4'). Dividindo e multiplicando-se alguns de seus elementos teremos a seguinte equação nova:

$$\frac{dc}{c} = \left(\frac{a_K r}{c}\right)\left(\frac{dr}{r}\right) + \left(\frac{a_L w}{c}\right)\left(\frac{dw}{w}\right). \qquad (5P.5)$$

O termo dc/c pode ser interpretado como a mudança de porcentagem em c e pode ser convenientemente designado como $\hat{c}$; da mesma forma, consideremos $dr/r = \hat{r}$ e $dw/w = \hat{w}$. O termo $a_K r/c$ pode ser interpretado como a *quota de capital* nos custos de produção total; pode ser convenientemente designado θK. Assim, a Equação (5P.5) pode ser escrita de forma compacta como

$$\hat{c} = \theta_K \hat{r} + \theta_L \hat{w}, \qquad (5P.5')$$

onde

$$\theta_K + \theta_L = 1.$$

Esse é um exemplo de "*hat algebra*", uma maneira extremamente útil para expressar relações matemáticas em economia internacional.

As equações básicas no modelo de proporção dos fatores

Suponha que um país produza dois bens, tecido T e alimento A, usando dois fatores de produção, capital e mão de obra. Suponha que a produção de alimentos seja capital intensiva. O preço de cada bem deve ser igual a seu custo de produção:

$$P_A = a_{KA} r + a_{LA} w, \qquad (5P.6)$$

$$P_T = a_{KT} r + a_{LT} w, \qquad (5P.7)$$

onde a_{KA}, a_{LA}, a_{KT}, a_{LT} são as escolhas de entrada de minimização do custo dado o preço do capital, r e da mão de obra, w.

Além disso, os fatores de produção da economia devem ser totalmente empregados:

$$a_{KA} Q_A + a_{KT} Q_T = K, \qquad (5P.8)$$

$$a_{LA} Q_A + a_{LT} Q_T = L, \qquad (5P.9)$$

onde K, L são os suprimentos totais de capital e mão de obra.

As equações (5P.6) e (5P.7) de preço dos fatores implicam equações para a taxa de variação de preços dos fatores.

$$\hat{P}_A = \theta_{KA} \hat{r} + \theta_{LA} \hat{w}, \qquad (5P.10)$$

$$\hat{P}_{TC} = \theta_{KT} \hat{r} + \theta_{LT} \hat{w}, \qquad (5P.11)$$

onde θ_{KA} é a quota de capital, no custo de produção de A etc., $\theta_{KA} > \theta_{KT}$ e $\theta_{LA} < \theta_{LT}$, porque A é mais capital intensivo do que T.

As equações (5P.8) e (5P.9) de quantidade devem ser tratadas com mais cuidado. A unidade de insumos a_{KA} etc. pode mudar se os preços dos fatores mudarem. Entretanto, se os preços das mercadorias forem mantidos constantes, então os preços dos fatores não mudarão. Assim, para determinados preços de A e T, também é possível escrever equações *hat* em termos de suprimentos e saídas dos fatores:

$$\alpha_{KA} \hat{Q}_A + \alpha_{KT} \hat{Q}_T = \hat{K}, \qquad (5P.12)$$

$$\alpha_{LA} \hat{Q}_A + \alpha_{LT} \hat{Q}_T = \hat{L}, \qquad (5P.13)$$

onde α_{KA} é a quota de fornecimento de capital da economia que é usada na produção de A etc., $\alpha_{KA} > \alpha_{LA}$ e $\alpha_{KT} < \alpha_{LT}$, pela maior intensidade de capital na produção de A.

Preços de mercadorias e preços de fatores

As equações (5P.10) e (5P.11) de preços dos fatores podem ser solucionadas juntas aos preços dos fatores expressos como o resultado dos preços das mercadorias (essas soluções fazem uso do fato que $\theta_{LA} = 1 - \theta_{KA}$ e $\theta_{LT} = 1 - \theta_{KT}$):

$$\hat{r} = \left(\frac{1}{D}\right)[(1-\theta_{KT})\hat{P}_A - \theta_{LA}\hat{P}_T], \qquad (5P.14)$$

$$\hat{w} = \left(\frac{1}{D}\right)[(\theta_{KA}\hat{P}_T - \theta_{KT}\hat{P}_A], \qquad (5P.15)$$

onde $D = \theta_{KA} - \theta_{KT}$ (implicando que $D > 0$). Elas podem ser organizadas na forma

$$\hat{r} = \hat{P}_A + \left(\frac{\theta_{LA}}{D}\right)(\hat{P}_A - \hat{P}_T), \qquad (5P.14')$$

$$\hat{w} = \hat{P}_T + \left(\frac{\theta_{KT}}{D}\right)(\hat{P}_A - \hat{P}_T). \qquad (5P.15')$$

Suponha que o preço do A aumente em relação ao preço de T, então $\hat{P}_A > \hat{P}_T$. Então, temos que:

$$\hat{r} > \hat{P}_A > \hat{P}_T > \hat{w}. \qquad (5P.16)$$

Ou seja, o preço real do capital sobe em termos de ambas as mercadorias, enquanto o preço real da mão de obra cai em termos de ambas as mercadorias. Em particular, se o preço de A subisse, sem alteração no preço de T, a taxa salarial na verdade cairia.

Suprimentos e saídas de fatores

Enquanto os preços das mercadorias puderem ser tomados como dados, as equações (5P.12) e (5P.13) podem ser resolvidas, usando o fato que $a_{KT} = 1 - \alpha_{KA}$ e $\alpha_{LT} = 1 - \alpha_{LA}$, para expressar a mudança na produção de cada mercadoria como o resultado de mudanças nos suprimentos dos fatores:

$$\hat{Q}_A = \left(\frac{1}{\Delta}\right)[\alpha_{LT}\hat{K} - \alpha_{KT}\hat{L}], \qquad (5P.17)$$

$$\hat{Q}_T = \left(\frac{1}{\Delta}\right)[-\alpha_{LA}\hat{K} + \alpha_{KA}\hat{L}], \qquad (5P.18)$$

onde $\Delta = \alpha_{KA} - \alpha_{LA}$, $\Delta > 0$.

Essas equações podem ser reescritas como:

$$\hat{Q}_A = \hat{K} + \left(\frac{\alpha_{KT}}{\Delta}\right)(\hat{K} - \hat{L}), \qquad (5P.17')$$

$$\hat{Q}_A = \hat{L} - \left(\frac{\alpha_{LA}}{\Delta}\right)(\hat{K} - \hat{L}). \qquad (5P.18')$$

Suponha que P_A e P_T permaneçam constantes enquanto a oferta de capital se eleve em relação ao fornecimento de mão de obra $-\hat{K} > \hat{L}$. Então, é imediatamente aparente que

$$\hat{Q}_A > \hat{K} > \hat{L} > \hat{Q}_T. \qquad (5P.19)$$

Em particular, se K sobe com L permanecendo constante, a produção de A aumenta mais do que em proporção, enquanto a produção de T realmente cairá.

Pós-escrito do Capítulo 6

Economia mundial de comércio

Oferta, demanda e equilíbrio

Equilíbrio mundial

Embora para fins gráficos seja mais fácil expressar o equilíbrio mundial como uma igualdade entre a oferta relativa e a demanda relativa, para um tratamento matemático, é preferível usar uma formulação alternativa. Essa abordagem centra-se nas condições de igualdade entre oferta e demanda de qualquer dos dois bens, tecido ou alimentos. Não importa qual mercadoria é escolhida, porque o equilíbrio no mercado de tecido implica equilíbrio no de alimentos e vice-versa.

Para ver essa condição, consideremos que Q_T, Q_T^* seja a produção de tecido em Doméstica e Estrangeira, respectivamente; D_T, D_T^* a quantidade demandada em cada país; e variáveis correspondentes com um A subscrito o mercado de alimentos. Além disso, consideremos que p seja o preço de tecido em relação ao de alimentos.

Em todos os casos, as despesas mundiais serão iguais à renda mundial. A renda mundial é a soma dos rendimentos obtidos com as vendas de tecidos e as vendas de alimentos; as despesas mundiais são a soma das compras de tecidos e compras de alimentos. Assim, a igualdade de rendimentos e despesas pode ser escrita

$$p(Q_T + Q_T^*) + Q_A + Q_A^* =$$
$$p(D_T + D_T^*) + D_A + D_A^*. \qquad (6P.1)$$

Agora, vamos supor que o mercado mundial de tecidos esteja em equilíbrio; Isto é

$$Q_T + Q_T^* = D_T + D_T^*. \qquad (6P.2)$$

Então da Equação (6P.1) temos que

$$Q_A + Q_A^* = D_A + D_A^*. \qquad (6P.3)$$

Ou seja, o mercado de alimentos deve estar em equilíbrio também. Claramente, o inverso também é verdadeiro: se o mercado de alimentos estiver em equilíbrio, então também o mercado de tecido estará.

É, portanto, suficiente concentrar-se no mercado de tecidos para determinar o preço de equilíbrio relativo.

Produção e renda

Cada país tem uma fronteira de possibilidade de produção ao longo da qual pode alternar entre produzir tecido e produzir alimentos. A economia escolhe o ponto na fronteira que maximiza o valor de produção a determinado preço relativo de tecido. Esse valor pode ser escrito

$$V = pQ_T + Q_A. \qquad (6P.4)$$

Como nos casos de minimização de custos, descritos no pós-escrito anterior, o fato de que o mix de produção escolhido maximiza o valor implica que uma pequena mudança na produção ao longo da fronteira de possibilidade de produção, afastando-se do mix ideal, não tem efeito sobre o valor de produção:

$$pdQ_T + dQ_A = 0. \qquad (6P.5)$$

Uma mudança no preço relativo de tecido conduzirá a uma alteração do mix de produção e uma mudança no valor da produção. A alteração do valor de produção é

$$dV = Q_T dp + pdQ_T + dQ_A. \qquad (6P.6)$$

No entanto, como os dois últimos termos são, pela Equação (6P.5), iguais a zero, essa expressão pode ser reduzida a

$$dV = Q_T dp. \qquad (6P.6')$$

Da mesma forma, em Estrangeira,

$$dV^* = Q_T^* dp. \qquad (6P.7)$$

Renda, preços e utilidade

Cada país é tratado como se fosse um indivíduo. Os gostos do país podem ser representados por uma função de utilidade, dependendo do consumo de alimentos e de tecido:

$$U = U(D_T, D_A).\qquad(6P.8)$$

Suponha que um país tenha uma renda I em termos de alimentos. Sua despesa total deve ser igual a esses rendimentos, de modo que

$$pD_T + D_A = I.\qquad(6P.9)$$

Os consumidores vão maximizar a utilidade dada sua renda e os preços que eles enfrentam. Consideremos que MU_T, MU_A seja a utilidade marginal que os consumidores derivam de tecidos e alimentos; então, a mudança na utilidade que resulta de qualquer mudança no consumo é

$$dU = MU_T dD_T + MU_A dD_A.\qquad(6P.10)$$

Como os consumidores estão maximizando a utilidade de acordo com os preços e renda dados, pode não haver uma mudança acessível no consumo que os torne melhores. Essa condição implica que, na melhor situação possível,

$$\frac{MU_T}{MU_A} = p.\qquad(6P.11)$$

Agora considere o efeito sobre a utilidade da alteração de rendas e preços. Diferenciando a Equação (6P.9) temos

$$pdD_T + dD_A = dI - D_T dp.\qquad(6P.12)$$

Mas a partir das equações (6P.10) e (6P.11),

$$dU = MU_A \left[pdD_T + dD_A \right].\qquad(6P.13)$$

Assim,

$$dU = MU_A \left[dI - D_T dp \right].\qquad(6P.14)$$

É conveniente introduzir agora uma nova definição: a mudança na utilidade dividida pela utilidade marginal de alimentos, que é a mercadoria em que o rendimento é medido, pode ser definida como a mudança na *renda real* e indicada pelo símbolo dy:

$$dy = \frac{dU}{MU_A} = dI - D_T dp.\qquad(6P.15)$$

Para a economia, como um todo, a renda é igual ao valor de produção: $I = V$. Assim, o efeito de uma mudança do preço relativo do tecido sobre a renda real da economia é

$$dy = \left[Q_T - D_T \right] dp.\qquad(6P.16)$$

A quantidade $Q_T - D_T$ representa as exportações de tecidos da economia. Um aumento no preço relativo de tecidos, então, beneficiará uma economia que exporta tecidos; assim, é uma melhoria nos termos de comércio dessa economia. É instrutivo reafirmar essa ideia de uma forma ligeiramente diferente:

$$dy = \left[p(Q_T - D_T) \right]\left(\frac{dp}{p} \right).\qquad(6P.17)$$

O termo entre chaves é o valor das exportações; o termo entre parênteses é a variação percentual dos termos de comércio. Portanto, a expressão diz que o ganho de renda real de uma determinada porcentagem em termos de mudança de comércio é igual à variação percentual dos termos de comércio, multiplicada pelo valor inicial das exportações. Se um país inicialmente exportar US$ 100 bilhões e seus termos de comércio melhorarem em 10%, o ganho é equivalente a um ganho na renda nacional de US$ 10 bilhões.

Oferta, demanda e a estabilidade do equilíbrio

No mercado de tecidos, uma mudança no preço relativo induzirá alterações na oferta e na demanda.

Do lado da oferta, um aumento de p conduzirá Doméstica e Estrangeira a produzir mais tecido. Vamos denotar essa resposta de oferta em Doméstica e Estrangeira, respectivamente, de modo que

$$dQ_T = s\, dp,\qquad(6P.18)$$

$$dQ_T^* = s^*\, dp.\qquad(6P.19)$$

O lado da demanda é mais complexo. Uma mudança em p produzirá efeitos tanto na *renda* quanto de *substituição*. Esses efeitos são ilustrados na Figura 6P.1. Ela mostra uma economia que enfrenta inicialmente um preço relativo indicado pelo declive da linha VV^0.

Tendo em conta esse preço relativo, a economia produz no ponto Q^0 e consome no ponto D^0. Agora suponha que o preço relativo do tecido suba para o nível indicado pela inclinação de VV^2. Se não houvesse nenhum aumento na utilidade, o consumo passaria a D^1, que envolveria uma inequívoca diminuição do consumo de tecido. Há também, no entanto, uma mudança na renda real da economia. Nesse caso, como a economia inicialmente é uma exportadora líquida de tecido, a renda real aumenta. Essa alteração leva ao consumo em D^2, em vez de D^1, e esse efeito de renda tende a aumentar o consumo de tecido. Analisar o efeito da mudança em p na demanda requer levar em conta tanto o efeito de substi-

FIGURA 6P.1 Efeitos do consumo de uma mudança no preço

Uma mudança nos preços relativos produz efeitos de renda e de substituição.

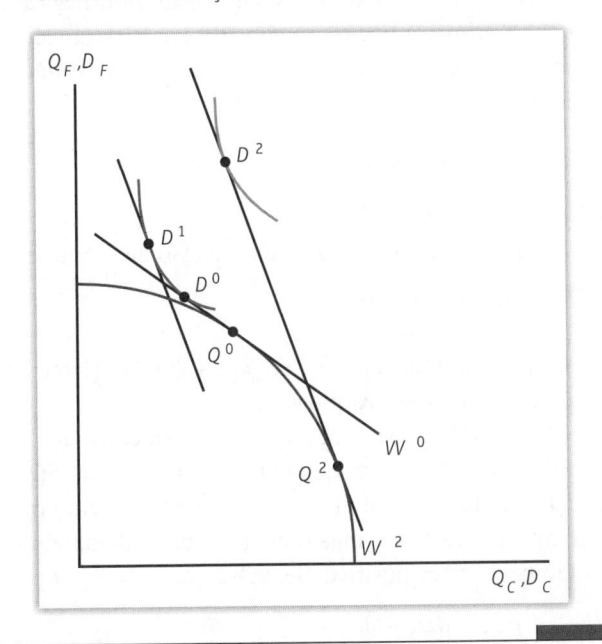

tuição, que é a mudança no consumo que ocorreria se a renda real fosse mantida constante, e o efeito de renda, a alteração adicional do consumo que é a consequência do fato de a renda real mudar.

Considere que o efeito de substituição é denotado por $-e\,dp$; ele será sempre negativo. Além disso, considere que o efeito de renda é denotado por $n\,dy$; enquanto o tecido for uma mercadoria normal para a qual a demanda aumenta com a renda real, ele será positivo se o país for um exportador líquido de tecido e será negativo se for um importador líquido.[1] Então, o efeito total de uma mudança de p na demanda de Doméstica para tecido será

$$dD_T = -e\,dp + n\,dy$$
$$= \left[-e + n(Q_T - D_T)\right]dp. \quad (6P.20)$$

O efeito sobre a demanda de Estrangeira da mesma forma é

$$dD_T^* = \left[-e^* + n^*(Q_T^* - D_T^*)\right]dp. \quad (6P.21)$$

---

[1] Se o alimento também for uma mercadoria normal, n deve ser menor que $1 > p$. Para ver esse efeito, observe que se I fosse subir até dI sem qualquer mudança em p, os gastos em tecido subiriam até $np\,dI$. A menos que $n < 1/p$, então, mais de 100% do aumento da renda seria gasto com tecidos.

Como $Q_T^* - D_T^*$ é negativo, o efeito de renda em Estrangeira é negativo.

O efeito de demanda e oferta agora pode ser reunido para obtermos o efeito total de uma mudança em p no mercado para tecidos. O excesso de oferta de tecidos é a diferença entre a produção e o consumo mundial desejado:

$$ES_T = Q_T + Q_T^* - D_T - D_T^*. \quad (6P.22)$$

O efeito de uma mudança em p sobre o excesso de oferta mundial é

$$dES_T = \left[s + s^* + e + e^* - n(Q_T - D_T)\right.$$
$$\left. - n^*(Q_T^* - D_T^*)\right]dp. \quad (6P.23)$$

No entanto, se o mercado estiver inicialmente em equilíbrio, as importações de Doméstica serão iguais às exportações de Estrangeira, de modo que $Q_T^* - D_T^* = -(Q_T - D_T)$; o efeito sobre p no excesso de oferta, portanto, pode ser escrito

$$dES_T = \left[s + s^* + e + e^* - n(Q_T - D_T)\right.$$
$$\left. - n^*(Q_T^* - D_T^*)\right]dp. \quad (6P.23')$$

Suponha que o preço relativo de tecido fosse inicialmente um pouco maior do que seu nível de equilíbrio. Se o resultado fosse um excesso de oferta de tecido, as forças de mercado empurrariam o preço relativo de tecido para baixo e, assim, levariam à restauração do equilíbrio. Por outro lado, se um preço relativo elevado demais de tecido levar a uma *demanda* em excesso para tecido, o preço subirá ainda mais, levando a economia a afastar-se do equilíbrio. Assim, o equilíbrio será *estável* apenas se um pequeno aumento no preço relativo de tecido levar a um excesso de oferta de tecido; ou seja, se

$$\frac{dES_T}{dp} > 0. \quad (6P.24)$$

A inspeção da Equação (6P.23') revela os fatores que determinam ou não se o equilíbrio é estável. Tanto os efeitos de oferta como os efeitos de substituição da demanda trabalham em direção à estabilidade. A única fonte de instabilidade encontra-se nos efeitos de renda. O efeito do lucro líquido é de sinal ambíguo: depende se $n > n^*$; ou seja, se em Doméstica há uma maior propensão marginal a consumir tecido quando sua renda real aumenta do que ocorre em Estrangeira. Se $n > n^*$, o efeito de renda trabalha contra a estabilidade, enquanto se $n < n^*$, ele reforça as outras razões para a estabilidade. Os efeitos de renda podem levar à instabilidade do equilíbrio, porque podem gerar uma curva de demanda relativa para o mundo que é inclinada para cima.

No que se segue, será assumido que a Equação (6P.24) se mantém, para que o equilíbrio da economia mundial seja, na verdade, estável.

Efeitos das mudanças na oferta e na demanda

O método de estática comparativa

Para avaliar os efeitos das mudanças na economia mundial, é aplicado um método conhecido como *estática comparativa*. Em cada um dos casos considerados no texto, a economia mundial é submetida a algumas mudanças que levarão a uma alteração no preço relativo mundial de tecido. O primeiro passo no método de estática comparativa é calcular o efeito da mudança da economia mundial sobre o excesso de oferta de tecido *no p original*. Essa mudança é denotada por $dES|_p$. Então, a mudança no preço relativo necessária para restabelecer o equilíbrio é calculada por

$$dp = \frac{-dES|_p}{(dES/dp)}, \qquad (6P.25)$$

onde dES/dp reflete os efeitos de oferta, renda e substituição descritos anteriormente.

Os efeitos de uma determinada alteração no bem-estar nacional podem ser calculados em duas etapas. Em primeiro lugar, há todo o efeito direto que a mudança tem sobre a renda real, o que podemos denotar por $dy|_p$; depois, há o efeito indireto da variação resultante dos termos de comércio, que pode ser calculado pela Equação (6P.16). Assim, o efeito total sobre o bem-estar é

$$dy = dy|_p + (Q_T - D_T)dp. \qquad (6P.26)$$

Crescimento econômico

Considere o efeito do crescimento na economia em Doméstica. Como apontado no texto, pelo crescimento, queremos dizer um desvio para fora na fronteira de possibilidade de produção. Essa alteração vai levar a mudanças na oferta de tecido e alimentos no preço relativo inicial p; considere que dQ_T e dQ_A sejam essas mudanças na produção. Se o crescimento for fortemente enviesado, uma ou outra dessas mudanças poderá ser negativa, mas como as possibilidades de produção se expandiram, o valor de produção para o p inicial deve subir:

$$dV = p\, dQ_T + dQ_A = dy|_p > 0. \qquad (6P.27)$$

No p inicial, a oferta de tecido aumentará a quantidade dQ_T. A demanda por tecido também aumentará, em uma quantidade $ndy|_p$. O efeito líquido sobre o excesso de oferta mundial de tecido, portanto, será

$$dES|_p = dQ_T - n(p\, dQ_T + dQ_A). \qquad (6P.28)$$

Essa expressão pode ter sinal positivo ou negativo. Suponha primeiro que o crescimento tenda para tecido, de modo que, enquanto $dQ_T > 0$, $dQ_A \leq 0$. Então a demanda por tecido aumentará até

$$dD_T = n(p\, dQ_T + dQ_A) \leq np\, dQ_T > dQ_T.$$

(Veja a nota de rodapé 1.)

Assim, o efeito global sobre o excesso de oferta será

$$dES|_p = dQ_T - dD_T > 0.$$

Como resultado, $dp = -dES|_p/dES/dp) < 0$: termos de comércio de Doméstica pioram.

Por outro lado, suponha que o crescimento seja fortemente inclinado para alimentos, de modo que $dQ_T \leq 0$, $dQ_A > 0$. Então, o efeito sobre a oferta de tecido para o p inicial é negativo, mas o efeito sobre a demanda de tecido permanece positivo. Segue-se que

$$dES|_p = dQ_T - dD_T < 0,$$

de modo que $dp > 0$. Os termos de comércio de Doméstica melhoram.

O crescimento que é menos tendencioso pode mover p para qualquer um dos lados, dependendo da força da tendência em comparação com a forma como Doméstica divide sua renda na margem.

Passando a seguir para os efeitos de bem-estar, o efeito sobre Estrangeira depende somente dos termos de comércio. O efeito sobre Doméstica, no entanto, depende da combinação da mudança da renda inicial e a mudança subsequente nos termos de comércio, conforme mostrado na Equação (6P.26). Se o crescimento mudar os termos de comércio contra Doméstica, essa condição irá opor-se ao efeito favorável imediato de crescimento.

Mas o crescimento pode agravar os termos de comércio suficientemente para tornar o país em crescimento realmente pior? Para ver que isso pode ocorrer, considere primeiro o caso de um país que experimenta uma mudança tendenciosa em suas possibilidades de produção, que eleva Q_T e reduz Q_A, deixando o valor da sua produção inalterado nos preços relativos iniciais. (Essa mudança não deveria necessariamente ser considerada crescimento, porque viola o pressuposto da Equação (6P.27), mas é um ponto de referência útil.) Então, não haveria nenhuma mudança na demanda no p inicial, enquanto a oferta de tecido sobe; assim, p deve cair.

A mudança na renda real é $dy|_p - (Q_T - D_T)dp$; pela construção, no entanto, esse é um caso no qual $dy|_p = 0$, então dy é certamente negativo.

Agora, esse país não cresceu, no sentido usual, porque o valor da produção nos preços iniciais não subiu. Entretanto, permitindo que a produção de qualquer mercadoria suba um pouco mais, teríamos um caso em que a definição de crescimento é satisfeita. Contudo, se o crescimento extra for suficientemente pequeno, ele não compensará a perda de bem-estar advinda da queda em p. Portanto, um crescimento suficientemente tendencioso pode piorar um país em crescimento.

Uma transferência de renda

Agora descreveremos como uma transferência de renda (digamos, como ajuda externa) afeta os termos de comércio.[2] Suponha que Doméstica faça uma transferência de alguns dos seus rendimentos para Estrangeira. Considere que o montante da transferência, medido em termos de alimentos, seja da. Que efeito tem essa ajuda nos termos de comércio?

Em preços relativos inalterados, não há nenhum efeito sobre a oferta. O único efeito é sobre a demanda. A renda de Doméstica é reduzida até da, enquanto a de Estrangeira se eleva na mesma quantidade. Esse ajuste leva a um declínio em D_T até $-n\,da$, enquanto D_T^* sobe até n^*da. Assim,

$$dES|_p = (n - n^*)da \qquad (6P.29)$$

e a mudança nos termos de comércio é

$$dp = -da\frac{(n - n^*)}{(dES/dp)}. \qquad (6P.30)$$

Os termos de comércio de Doméstica vão piorar se $n > n^*$, que é amplamente considerado como o caso normal. Eles, no entanto, melhorarão se $n^* > n$.

O efeito sobre o rendimento real de Doméstica combina um efeito negativo direto da transferência e um efeito indireto nos termos de comércio que pode seguir em uma das direções. É possível que o efeito favorável dos termos de comércio compense a perda de renda? Nesse modelo, não.

Para ver o motivo, observe que

$$dy = dy|_n + (Q_T - D_T)dp$$
$$= -da + (Q_T - D_T)dp$$

$$= -da\left\{1 + \frac{(n - n^*)(Q_T - D_T)}{s + s^* + e + e^* - (n - n^*)(Q_T - D_T)}\right\}$$

$$= -da\frac{(s + s^* + e + e^*)}{\left[s + s^* + e + e^* - (n - n^*)(Q_T - D_T)\right]} < 0. \qquad (6P.31)$$

Álgebra semelhante revelará correspondentemente que uma transferência não pode piorar aquele que a recebe.

Uma explicação intuitiva desse resultado é o seguinte. Suponha que p suba o suficiente para deixar Doméstica tão bem quanto ficaria se não fosse feita nenhuma transferência e para não deixar Estrangeira melhor como resultado da transferência. Então não haveria nenhum efeito de renda na demanda da economia mundial. Mas o aumento no preço produziria tanto um aumento da produção de tecido quanto a substituição da demanda de tecido, levando a um excesso de oferta que reduziria o preço. Esse resultado demonstra que um p suficientemente elevado para reverter os efeitos de bem-estar diretos de uma transferência está acima do equilíbrio p.

Uma tarifa

Suponha que Doméstica coloque uma tarifa de importação impondo uma taxa igual à fração t do preço. Então, por um preço relativo mundial determinado de tecido p, os consumidores e os produtores de Doméstica terão de enfrentar um preço relativo interno $\bar{p} = p > (1 + t)$. Se a tarifa for suficientemente pequena, o preço relativo interno será aproximadamente igual a

$$\bar{p} = p - p. \qquad (6P.32)$$

Além de afetar p, uma tarifa elevará as receitas, que serão supostamente redistribuídas para o resto da economia.

Em termos de comércio iniciais, uma tarifa influenciará o excesso de oferta de tecido de duas maneiras. Primeiro, a queda no preço relativo de tecido em Doméstica vai diminuir a produção de tecido e induzir os consumidores a substituírem alimentos em direção a tecido. Segundo, a tarifa pode afetar o rendimento real de Doméstica, com efeitos de renda resultantes sobre a demanda. Contudo, se Doméstica começa sem tarifas e impõe uma pequena tarifa, o problema pode ser simplificado, porque a tarifa terá um efeito negligenciável sobre o rendimento real. Para ver essa relação, lembre-se que

$$dy = p\,dD_T + dD_A.$$

---
[2] No apêndice on-line do Capítulo 6, discutimos um importante exemplo histórico de uma transferência de grande rendimento e suas implicações para os termos de comércio dos países doador e receptor.

O valor da produção e o valor do consumo devem ser sempre iguais nos preços mundiais, para que

$$pdD_T + dD_A = pdQ_T + dQ_A$$

em termos de comércio iniciais. Mas como a economia estava maximizando o valor de produção antes de a tarifa ser imposta,

$$pdQ_T + dQ_A = 0.$$

Como não há nenhum efeito de renda, resta apenas o efeito de substituição. A queda no preço relativo interno $\bar{p}$ induz uma diminuição da produção e um aumento no consumo:

$$dQ_T = -sp\ dt, \tag{6P.33}$$

$$dD_T = ep\ dt, \tag{6P.34}$$

onde dt é o aumento da tarifa. Assim,

$$dES\mid_p = -(s+e)p\ dt < 0, \tag{6P.35}$$

implicando

$$dp = \frac{-dES\mid_p}{(dES/dp)}$$

$$= \frac{p\ dt(s+e)}{\left[s+s^*+e+e^* - (n-n^*)(Q_T - D_T)\right]} > 0. \tag{6P.36}$$

Essa expressão mostra que uma tarifa inequivocamente melhora os termos de comércio do país que a impõe.

Pós-escrito do Capítulo 8

O modelo de concorrência monopolística

Queremos considerar os efeitos de mudanças no tamanho do mercado em equilíbrio em uma indústria monopolista competitiva. Cada empresa tem a relação de custo total

$$C = F + cX, \tag{8P.1}$$

onde c é o custo marginal, F um custo fixo e X a produção da empresa. Isso implica uma curva de custo médio de fórmula

$$AC = C/X = F/X + c. \tag{8P.2}$$

Além disso, cada empresa enfrenta uma curva de demanda de fórmula

$$X = S\left[1/n - b\left(P - \overline{P}\right)\right], \tag{8P.3}$$

onde S é o total do setor de vendas (tomado como dado), n é o número de empresas, e $\overline{P}$ é o preço médio cobrado por outras empresas (que cada empresa entende como dado).

Cada empresa escolhe seu preço para maximizar os lucros. Os lucros de uma empresa típica são

$$\pi = PX - C = PS\left[1/n - b\left(P - \overline{P}\right)\right]$$
$$- F - cS\left[1/n - b\left(P - \overline{P}\right)\right]. \tag{8P.4}$$

Para maximizar os lucros, uma empresa define o derivativos $d\pi/dP = 0$. Isso implica

$$X - SbP + Sbc = 0. \tag{8P.5}$$

No entanto, desde que todas as empresas sejam simétricas em equilíbrio, $P = \overline{P}$ e $X = S > n$. Assim, a Equação (8P.5) implica

$$P = 1/bn + c, \tag{8P.6}$$

que é a relação derivada no texto.

Como $X = S > n$, o custo médio é uma função de S e n,

$$AC = Fn/S + c. \tag{8P.7}$$

Contudo, em equilíbrio de lucro zero, o preço cobrado por uma empresa típica deve também ser igual a seu custo médio. Então devemos ter

$$1/bn + c = Fn/S + c, \tag{8P.8}$$

que, por sua vez, implica

$$n = \sqrt{S/bF}. \tag{8P.9}$$

Isso mostra que um aumento no tamanho do mercado, S, conduzirá a um aumento no número de empresas, n, mas não em proporção direta — por exemplo, uma duplicação do tamanho do mercado aumentará o número de empresas em um fator de aproximadamente 1,4.

O preço cobrado pela empresa representativa é

$$P = 1/bn + c = c + \sqrt{F/Sb}, \tag{8P.10}$$

que mostra que um aumento no tamanho do mercado conduz a preços mais baixos.

Por fim, observe que as vendas por empresa, X, é igual a

$$X = S/n = \sqrt{SbF}. \tag{8P.11}$$

Isso mostra que a escala de cada empresa individual também aumenta com o tamanho do mercado.

Pós-escrito do Capítulo 20

Aversão ao risco e diversificação de portfólio internacional

Este pós-escrito desenvolve um modelo de diversificação do portfólio internacional por investidores aversos ao risco. O modelo mostra que os investidores geralmente se preocupam com o risco, bem como com o retorno de seus portfólios. Em particular, as pessoas podem conter ativos cujos retornos esperados sejam inferiores aos de outros ativos, se essa estratégia reduzir o grau de risco global da sua riqueza.

Um investidor representativo pode dividir sua riqueza real, R, entre um ativo de Doméstica e um ativo de Estrangeira. Dois possíveis estados de natureza podem ocorrer no futuro, e é impossível prever com antecedência qual ocorrerá. No estado 1, que ocorre com a probabilidade q, uma unidade de riqueza investida no ativo de Doméstica paga D_1 unidades de produção e uma unidade de riqueza investida no ativo de Estrangeira paga E_1 unidades de produção. No estado 2, que ocorre com probabilidade $1 - q$, os retornos de investimentos de unidade em Doméstica e os ativos em Estrangeira são D_2 e E_2, respectivamente.

Considere que α seja a parte da riqueza investida em ativos de Doméstica e $1 - \alpha$ seja a parcela investida nos ativos de Estrangeira. Então se ocorrer o estado 1, o investidor poderá consumir a média ponderada dos valores dos dois ativos,

$$C_1 = \left[\alpha D_1 + (1-\alpha) E_1\right] \times R. \tag{20P.1}$$

Da mesma forma, o consumo no estado 2 é

$$C_2 = \left[\alpha D_2 + (1-\alpha) E_2\right] \times R. \tag{20P.2}$$

Em qualquer um dos estados, o investidor deriva a utilidade $U(C)$ de um nível de consumo de C. Uma vez que o investidor não sabe antecipadamente qual estado ocorrerá, ele toma a decisão de portfólio para maximizar a utilidade média ou esperada de consumo futuro,

$$qU(C_1) + (1-q)U(C_2).$$

Uma derivação analítica do portfólio ideal

Depois que os níveis de consumo do estado 1 e do estado 2 dados pelas equações (20P.1) e (20P.2) são substituídos na função de utilidade esperada anteriormente, o problema de decisão do investidor pode ser expresso da seguinte forma: escolher a composição do portfólio α para maximizar a utilidade esperada,

$$qU\left\{\left[\alpha D_1 + (1-\alpha) E_1\right] \times R\right\} + (1-q)U\left\{\left[\alpha D_2 + (1-\alpha) E_2\right] \times R\right\}.$$

Esse problema é resolvido (como sempre) diferenciando-se essa utilidade esperada em relação a α e definindo o derivado resultante igual a 0.

Considere que $U'(C)$ seja a derivada da função de utilidade $U(C)$ em relação a C; isto é, $U'(C)$ é a *utilidade marginal* do consumo. Então, α maximiza a utilidade esperada se

$$\frac{D_1 - E_1}{D_2 - E_2} = -\frac{(1-q)U'\left\{\left[\alpha D_2 + (1-\alpha) E_2\right] \times R\right\}}{qU'\left\{\left[\alpha D_1 + (1-\alpha) E_1\right] \times R\right\}}. \tag{20P.3}$$

Essa equação pode ser resolvida para α, a composição do portfólio ideal.

Para um investidor averso ao risco, a utilidade marginal do consumo, $U'(C)$, cai conforme o consumo sobe. Diminuir a utilidade marginal explica por que alguém que é averso ao risco não aceitará uma aposta com um retorno esperado de zero: o consumo extra, tornado possível por uma vitória, rende menos utilidade do que a utilidade sacrificada se a aposta for perdida. Se a utilidade marginal do consumo não mudar conforme ocorrem as mudanças de consumo, podemos dizer que o investidor é *neutro para riscos* em vez de averso ao risco. Um investidor neutro para riscos está disposto a aceitar apostas com um retorno zero esperado.

Entretanto, se o investidor é neutro para riscos, de modo que $U'(C)$ seja constante para todos os C, a Equação (P20.3) torna-se

$$qD_1 + (1-q)D_2 = qE_1 + (1-q)E_2,$$

que afirma que as taxas de retorno esperadas sobre ativos de Doméstica e de Estrangeira são iguais.

Esse resultado é a base para a afirmação no Capítulo 14 de que todos os bens devem produzir o mesmo retorno esperado em equilíbrio quando considerações de risco (e liquidez) são ignoradas. Assim, a condição de paridade de juros do Capítulo 14 é válida em comportamento de risco neutro, mas não é, em geral, sob aversão ao risco.

Para essa análise fazer sentido, nenhum dos ativos pode gerar um retorno maior do que o outro em ambos os estados da natureza. Se um ativo dominar os outros dessa forma, o lado esquerdo da Equação (20P.3) seria positivo enquanto seu lado direito seria negativo (porque a utilidade marginal do consumo geralmente é considerada positiva). Assim, (20P.3) não teria nenhuma solução. Intuitivamente, ninguém iria querer manter um determinado ativo se estivesse disponível outro que *sempre* fosse melhor. Com efeito, se alguém deseja fazê-lo, outros investidores seriam capazes de fazer lucros de arbitragem sem risco pela emissão de ativos de baixo retorno e usando os lucros para comprar o ativo de alto retorno.

Para ser definitivo, portanto, assumimos que $D_1 > E_1$ e $D_2 < E_2$, para que o ativo de Doméstica seja melhor no estado 1 mas pior no estado 2. Essa suposição será usada agora para desenvolver uma análise diagramática que ajudará a ilustrar as implicações adicionais do modelo.

Uma derivação diagramática do portfólio ideal

A Figura 20P.1 mostra as curvas de indiferença para a função de utilidade esperada, descrita por $qU(C_1) + (1-q)U(C_2)$. Os pontos no diagrama devem ser pensados como planos de contingência mostrando o nível de consumo que ocorre em cada estado da natureza. As preferências representadas aplicam-se a esses planos de consumo contingente em vez de consumo de mercadorias diferentes em um único estado de natureza. No entanto, tal como acontece com as curvas de indiferença padrão, cada curva na figura representa um conjunto de planos de contingência para consumo, com os quais o investidor está igualmente satisfeito.

Para compensar o investidor por uma redução do consumo no estado 1 (C_1), o consumo no estado 2 (C_2) deve aumentar. As curvas de indiferença, portanto, inclinam-se para baixo. Entretanto, cada curva torna-se mais plana conforme C_1 cai e C_2 se eleva. Essa pro-

FIGURA 20P.1 Curvas de indiferença para os níveis de consumo incertos

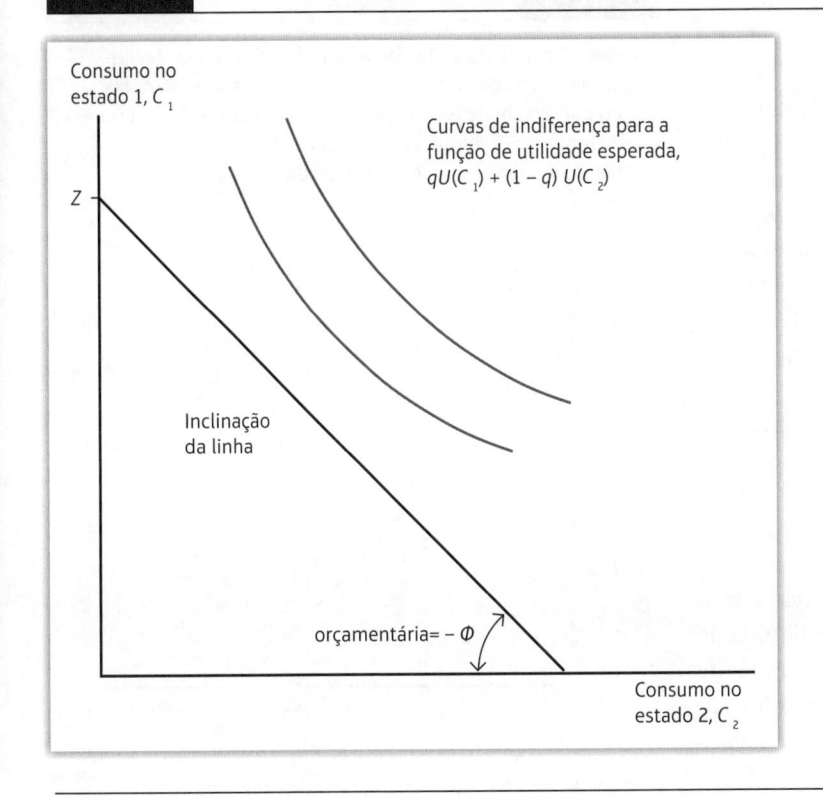

As curvas de indiferença são conjuntos de planos de consumo do contingente de estado com os quais o indivíduo é igualmente feliz. A linha orçamentária descreve o *trade-off* entre o consumo no estado 1 e no estado 2, que resulta de mudanças na carteira de ativos entre Doméstica e Estrangeira.

priedade das curvas reflete a propriedade de $U(C)$, que a utilidade marginal do consumo declina quando C sobe. Conforme C_1 cai, o investidor pode ser mantido na sua curva de indiferença original apenas por incrementos sucessivamente maiores em C_2: adições ao C_2 estão se tornando menos benéficas ao mesmo tempo em que as subtrações de C_1 são cada vez mais dolorosas.

As equações (20P.1) e (20P.2) implicam que, escolhendo a divisão do portfólio dado por α, o investidor também escolhe seus níveis de consumo nos dois estados da natureza. Assim, o problema de escolher um portfólio ideal é equivalente ao problema de escolher de forma otimizada os níveis de consumo contingentes C_1 e C_2. Por conseguinte, as curvas de indiferença na Figura 20P.1 podem ser usadas para determinar o portfólio ideal para o investidor. Tudo o que é necessário para concluir a análise é uma linha orçamentária mostrando o *trade-off* entre o consumo do estado 1 e o consumo do estado 2 que o mercado disponibiliza.

Este *trade-off* é dado pelas equações (20P.1) e (20P.2). Se a Equação (20P.2) é resolvida para α, o resultado é

$$\alpha = \frac{E_2 R - C_2}{E_2 R - D_2 R}.$$

Após a substituição dessa expressão para α em (20P.1), essa última equação torna-se

$$C_1 + \phi C_2 = Z, \qquad (20P.4)$$

onde $\Phi = (D_1 - E_1) > (E_2 - D_2)$ e $Z = R \times (D_1 E_2 - D_2 E_1) > (E_2 - D_2)$.

Observe que, porque $D_1 > E_1$ e $D_2 < E_2$, tanto Φ quanto Z são positivos. Assim, a Equação (20P.4) parece a linha orçamentária que surge na análise usual de escolha do consumidor, com Φ desempenhando o papel de um preço relativo e Z o papel do rendimento medido em termos de consumo do estado 1. Essa linha orçamentária é representada graficamente na Figura 20P.1 como uma linha reta com inclinação $-\Phi$ intersectando o eixo vertical em Z.

Para interpretar Φ como o *trade-off* de mercado entre o consumo do estado 2 e do estado 1 (isto é, como o preço do consumo no estado 2 em termos de consumo do estado 1), suponha que o investidor desloque uma unidade de sua riqueza de Doméstica para os ativos de Estrangeira. Uma vez que o ativo de Doméstica tem o maior retorno do capital no estado 1, a perda líquida de consumo no estado 1 é D_1 menos o retorno do capital de ativos de Estrangeira no estado 1, E_1. Da mesma forma, o ganho líquido em consumo no estado 2 é $E_2 - D_2$. Para obter o consumo adicional do estado 2 de $E_2 - D_2$, o investidor, portanto, deve sacrificar $D_1 - E_1$ no estado 1. O preço de uma única unidade de C_2 em termos de C_1 é, então, $D_1 - E_1$ dividido por $E_2 - D_2$, que é igual a Φ, o valor absoluto da inclinação da linha orçamentária (20P.4).

A Figura 20P.2 mostra como as escolhas de C_1 e C_2 — e, por implicação, a escolha da composição do portfólio α — são determinadas. Como de costume, o investidor escolhe os níveis de consumo dados pelo ponto 1, onde a linha orçamentária toca a curva mais alta de indiferença atingível, II_1. Tendo em conta as escolhas ideais de C_1 e C_2, α pode ser calculado usando as equações (20P.1) ou (20P.2). Conforme nos movemos para baixo e para a direita ao longo da restrição orçamentária, a composição do portfólio dos ativos, α, cai em Doméstica. (Por quê?)

Para alguns valores de C_1 e C_2, α pode ser negativo ou maior que 1. Essas possibilidades não levantam problemas conceituais. Um α negativo, por exemplo, significa que o investidor foi "curto" no ativo em Doméstica, ou seja, emitiu uma quantidade positiva das demandas de estado contingente, que prometem pagar a seus titulares D_1 unidades de produção no estado 1 e D_2 no estado 2. As receitas desse empréstimo são usadas para aumentar a composição do portfólio do ativo de Estrangeira, $1 - \alpha$, acima de 1.

FIGURA 20P.2 Maximizando a utilidade esperada

Para maximizar a utilidade esperada, o investidor faz as escolhas de consumo contingentes ao estado mostradas no ponto 1, onde a linha orçamentária é tangente à curva de indiferença atingível mais alta, II_1. A composição do portfólio ideal, α, pode ser calculada como $(E_2 R - C_2^1) \div (E_2 R - D_2 R)$.

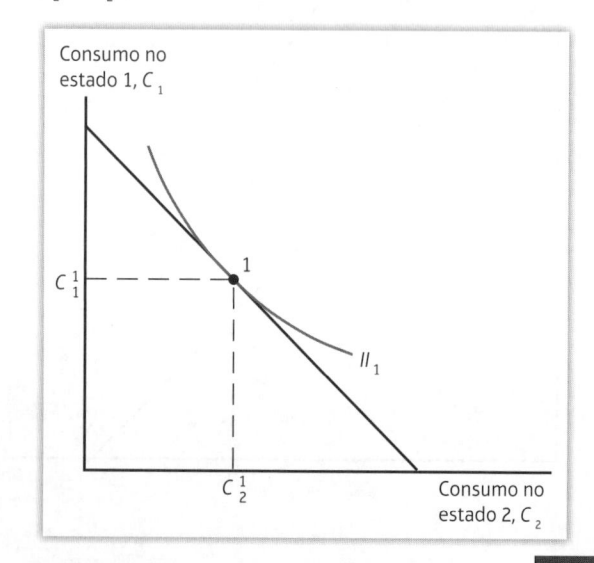

A Figura 20P.3 mostra os pontos na restrição orçamentária do investidor nos quais $\alpha = 1$ (de modo que $C_1 = D_1R$, $C_2 = D_2R$) e $\alpha = 0$ (de modo que $C_1 = E_1R$, $C_2 = E_2R$). A partir de $\alpha = 1$, o investidor pode mover para cima e para a esquerda ao longo da restrição, com poucos ativos em Estrangeira (assim tornando α maior do que 1 e $1 - \alpha$ negativo). O investidor pode se mover para baixo e à direita de $\alpha = 0$, indo com pouco ativos em Doméstica.

Os efeitos das variações das taxas de retorno

O diagrama que desenvolvemos pode ser usado para ilustrar o efeito de alterações nas taxas de retorno sob a aversão ao risco. Suponha, por exemplo, que o retorno do capital do estado 1 do ativo de Doméstica suba, enquanto todos os outros retornos do capital e a riqueza do investidor, R, permaneçam iguais. O aumento em D_1 eleva Φ, o preço relativo do consumo do estado 2, e, portanto, inclina a linha orçamentária mostrada na Figura 20P.3.

Contudo, precisamos de mais informações para descrever completamente como a posição da linha orçamentária na Figura 20P.3 muda quando D_1 aumenta. O raciocínio a seguir preenche essa lacuna. Considere a alocação de portfólio $\alpha = 0$ na Figura 20P.3, sob a qual toda riqueza é investida nos ativos de Estrangeira. Os níveis de consumo contingente resultantes da presente estratégia de investimento, $C_1 = E_1R$, $C_2 = E_2R$, não mudam em consequência de um aumento em D_1, porque o portfólio que estamos considerando não envolve o ativo de Doméstica. Desde que o par de consumo associado com $\alpha = 0$ não muda quando D_1 sobe, vemos que $C_1 = E_1R$, $C_2 = E_2R$ é um ponto sobre a nova restrição orçamentária: após um aumento de D_1, é ainda viável para o investidor pôr toda a sua riqueza nos ativos de Estrangeira. Segue-se que o efeito de um aumento em D_1 fará a restrição orçamentária na Figura 20P.3 girar no sentido horário em torno do ponto $\alpha = 0$.

O efeito sobre o investidor de um aumento em D_1 é mostrado na Figura 20P.4, que pressupõe que, inicialmente, $\alpha > 0$ (ou seja, o investidor inicialmente possui uma quantidade positiva do ativo de Doméstica).[1] Como de costume, tanto um efeito de "substituição" quanto de "renda" influenciaram a mudança de plano de consumo contingente do investidor do ponto 1 para o ponto 2. O efeito de substituição é uma tendência de demandar mais C_1, cujo preço relativo caiu, e menos C_2, cujo preço

FIGURA 20P.3 Carteiras não diversificadas

Quando $\alpha = 1$, o investidor detém toda a sua riqueza em ativos de Doméstica. Quando $\alpha = 0$, ele possui toda a sua riqueza nos ativos de Estrangeira. Move-se ao longo da restrição orçamentária para cima e à esquerda de $\alpha = 1$ correspondendo às vendas curtas do ativo de Estrangeira, que se elevam acima de 1. Move-se para baixo e à direita de $\alpha = 0$ correspondendo às vendas curtas do ativo em Doméstica, que empurram α abaixo de 0.

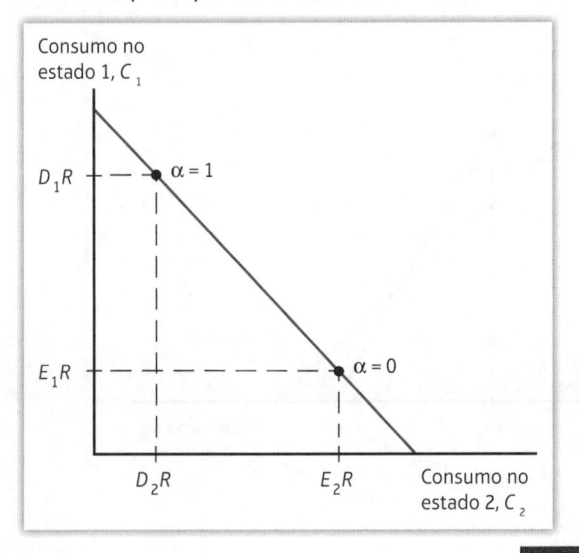

FIGURA 20P.4 Efeitos de um aumento no D_1 sobre o consumo

Um aumento em D_1 faz a linha orçamentária girar no sentido horário em torno de $\alpha = 0$, e o ideal do investidor desvia-se para o ponto 2. O consumo no estado 1 sempre aumenta; no caso mostrado, o consumo no estado 2 diminui.

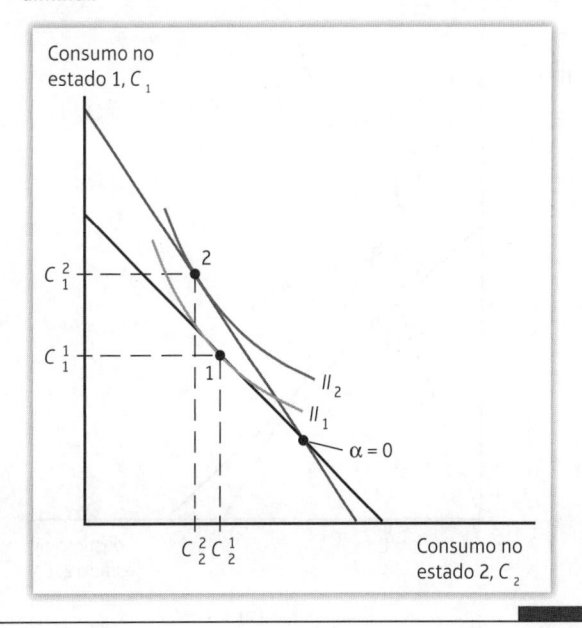

---

[1] O caso em que $\alpha < 0$ inicialmente é deixado como um exercício.

relativo aumentou. No entanto, o efeito de renda da elevação em D_1 empurra toda a linha orçamentária para fora e tende a aumentar o consumo em *ambos* os estados (contanto que $\alpha > 0$ inicialmente). Como o investidor será mais rico no estado 1, pode se dar ao luxo de direcionar parte de sua riqueza aos ativos de Estrangeira (que têm o maior retorno do capital no estado 2) e, assim, nivelar seu consumo nos dois estados. A aversão ao risco explica o desejo do investidor de evitar flutuações de grande consumo entre os estados. Como sugere a Figura 20P.4, C_1 definitivamente aumenta enquanto C_2 pode subir ou descer. (No caso ilustrado, o efeito de substituição é mais forte que o efeito de renda, e C_2 cai.)

Uma ambiguidade correspondente a essa ocorre sobre o efeito do aumento em D_1 na composição do portfólio, α. A Figura 20P.5 ilustra as duas possibilidades. A chave para entender a figura é observar que, se o investidor *não* muda α em resposta ao aumento de D_1, suas escolhas de consumo são dadas pelo ponto 1', que fica sobre a nova restrição orçamentária verticalmente acima do ponto de consumo inicial 1. Por que isso ocorre? A Equação (20P.2) implica que não muda se α não muda. O valor novo e mais alto do consumo no estado 1 correspondente à escolha original de portfólio é dado pelo ponto sobre a nova restrição orçamentária, diretamente acima de C_2^1. Em ambos os painéis da Figura 20P.5, a inclinação do raio OR, conectando a origem e o ponto 1', mostra a relação C_1/C_2 implicada pela composição inicial do portfólio após a elevação em D_1.

Entretanto, é claro agora que para desviar para um valor mais baixo de C_2, o investidor deve elevar α acima de seu valor inicial, ou seja, desviar o portfólio para o ativo de Doméstica. Para elevar C_2, ele deve diminuir α, ou seja, desviar em direção aos ativos de Estrangeira. A Figura 20P.5a mostra novamente o caso em que o efeito de substituição compensa o efeito de renda. Nesse caso, C_2 cai conforme o investidor desloca seu portfólio para o ativo de Doméstica, cuja taxa de retorno esperada aumentou em relação à dos ativos de Estrangeira. Esse caso corresponde ao que estudamos no texto, no qual a composição do portfólio de um ativo aumenta conforme sua taxa de retorno esperada relativa aumenta.

A Figura 20P.5b mostra o caso inverso, em que C_2 sobe e α cai, implicando um deslocamento do portfólio em direção aos ativos de Estrangeira. Podemos observar que

FIGURA 20P.5 Efeitos de um aumento no D_1 na composição do portfólio

Painel (a): se o investidor não é tão averso ao risco, ele desloca seu portfólio para o ativo em Doméstica, escolhendo uma proporção C_1/C_2 maior do que a indicada pela inclinação de OR. Painel (b): um investidor muito averso ao risco pode aumentar o consumo no estado 2 deslocando seu portfólio em direção aos ativos de Estrangeira.

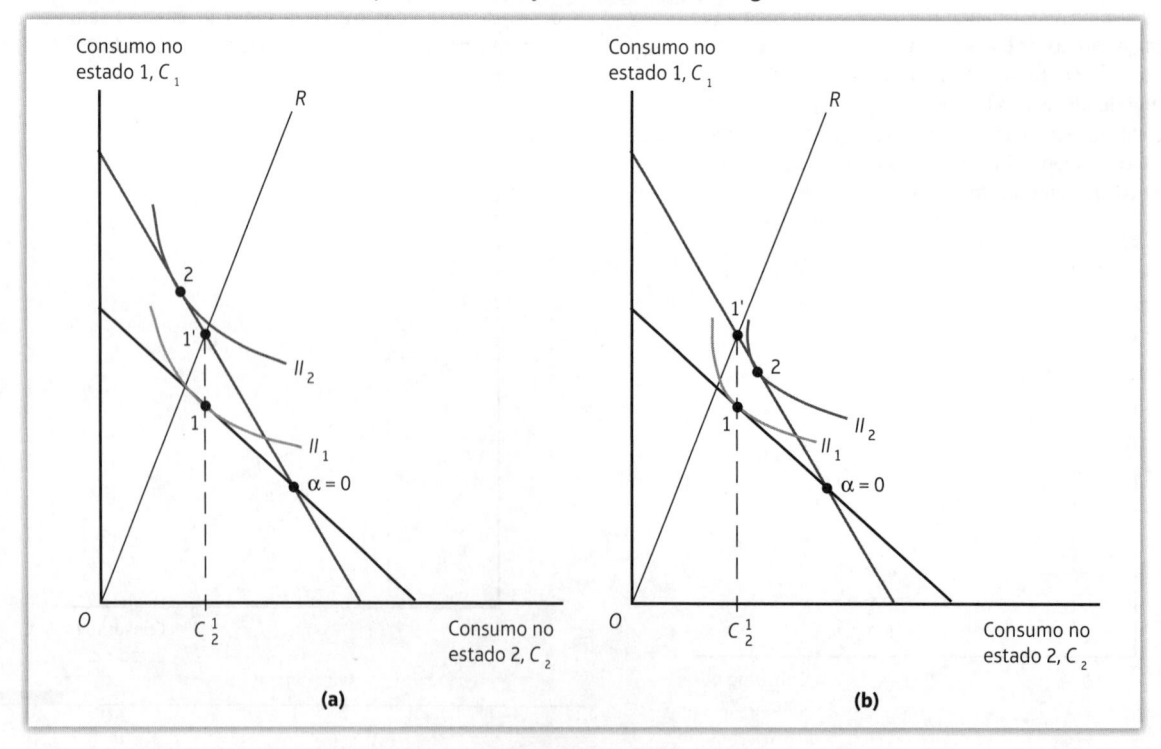

o fator dando origem a essa possibilidade é a curvatura mais acentuada das curvas de indiferença *II* na Figura 20P.5b. Essa curvatura é precisamente o que os economistas entendem pelo termo *aversão ao risco*. Um investidor que se torna mais averso ao risco considera os consumos nos diferentes estados da natureza como substitutos mais pobres e, portanto, requer um maior aumento no consumo do estado 1 para compensar a queda no consumo do estado 2 (e vice-versa). Observe que o caso paradoxal, mostrado na Figura 20P.5b, em que um aumento na taxa de retorno esperada de um ativo pode levar os investidores a demandarem *menos*, é improvável no mundo real. Por exemplo, um aumento na taxa de juros que uma moeda oferece, sendo as outras coisas iguais, eleva a taxa de retorno esperada sobre os depósitos dessa moeda em todos os estados da natureza, não apenas em um deles. O efeito de substituição de portfólio em favor da moeda, portanto, é muito mais forte.

Os resultados que encontramos são muito diferentes daqueles que ocorreriam se o investidor fosse neutro ao risco. Um investidor neutro ao risco passaria toda sua riqueza para o ativo com o maior retorno esperado, sem prestar atenção para o risco dessa movimentação.[2] Contudo, quanto maior o grau de aversão ao risco, maior a preocupação com o grau de risco da carteira global de ativos.

---

[2] De fato, um investidor neutro ao risco sempre gostaria de levar a posição mais curta possível no ativo de retorno baixo e, correspondentemente, a posição mais longa possível no ativo de retorno alto. É esse comportamento que dá origem à condição de paridade de juros.

Índice remisssivo

A

A Trap (Goldsmith), 32
Abel, Andrew B., 369n, 384n
Abordagem monetária à taxa de câmbio
    definição, 327
    PPC, 327
Abordagem monetária de preço flexível, 351-352
Abordagem monetária
    equação fundamental da, 327-328
    oferta de moeda e, 418
Absorção doméstica, 251n
Ação coletiva, 193, 195
Acemoglu, Daron, 553-554, 553n
Acharya, Viral V., 482n, 512t
Acordo da Rodada do Uruguai, 4
Acordo de Bretton Woods, 421, 435-439, 442. *Ver também* Taxas de câmbio; Taxas de câmbio fixas; Taxas de câmbio flutuantes
    declínio e queda do sistema, 441-442
    fim de, 442
        Fundo Monetário Internacional (FMI) e, 435-438
        política macroeconômica dos EUA e, 441
Acordo de comércio preferencial, 205-206
Acordo de comércio preferencial, 434
Acordo de livre comércio Canadá--EUA, 141
Acordo de livre comércio da América do Norte (NAFTA) e, 13-14
Acordo de livre comércio da América do Norte (NAFTA) e, 4
    offshoring e desemprego nos, 152-153
    proporção de empresas que relatam vendas por exportação, 144t
Acordo de livre comércio da América do Norte (NAFTA), 6, 14–15, 179, 249, 300, 307. *Veja também* Canadá, NAFTA; México
    desigualdade de salários, 78
Acordo de Plaza, 452

Acordo de recompra, 474
Acordo Geral sobre Tarifas Aduaneiras e Comércio (GATT), 6, 194, 199, 206n
    OMC e, 200-201
Acordo multifibras, 175, 196, 200
Acordo sobre os aspectos comerciais da propriedade intelectual (TRIPS), 201
Acordos de comércio, 13, 205-206
    definição, 13
África, inflação e crescimento da oferta de moeda em, 314-315
Agências governamentais, 471
Agenda AA, 505
Agricultura
    PAC e, 171-173, 171f
    proteção contra a concorrência das importações e, 195-196
    subsídios para, 199
Agrupamento do mercado de mão de obra, 115-117
Aizenman, Joshua, 410n
Ajustes de equilíbrio oficiais ou balança de pagamentos, 261
Alang, India, 240
Aldonas, Grant D., 57n
Alemanha, 86, 501
    spreads dos empréstimos nominais do governo, 513f
    importações de bananas e, 207-208
    Bundesbank, 406, 498, 499, 501
    teoria da credibilidade do SME e, 498-499
    Crise do euro e, 511, 514-516
    Tratado de Estabilidade Fiscal, 517
    reunificação da, 498-499
    Volkswagen e, 140
Alesina, Alberto, 379n
Alfaro, Laura, 551n
Alimentos
    comércio da União Europeia de, 187
    possibilidades de entrada na produção de, 71f
Alocação de mão de obra, preços e, 47-50

América Central, 207. *Veja também* América Latina
América do Sul, desvio de fluxos comerciais na, 267. *Ver também* América Latina
América Latina, 6.
 substituição das mercadorias importadas, 217
 reformas e afluxos de capital, 534-537
 Programas de televisão de língua espanhola para toda a, 125
 liberalização do comércio, 200
American International Group (AIG), 483
American Sugar Alliance, 174
Americanização, da cultura, 236
AMF. *Ver* Acordo multifibras
Análise de Brander-Spencer, 229-232
Análise de equilíbrio geral, 26
Análise de equilíbrio parcial, 26
Anderson, Kym, 204t
Antidumping, como protecionismo, 147-148
Apropriabilidade
 como justificativa para a proteção da indústria nascente, 216-217
 definição, 216
Arábia Saudita, 389
Arbitragem regulatória, 479
Arbitragem, 276
Áreas de moeda ideal, 508. *Ver também Modelo GG-LL*
 União bancária, 508
 definição, 508
 Europa, 509
 comércio intraeuropeu, 509-510
 teoria das zonas, 503-511
Áreas de moeda, a decisão de aderir, 508-510
Argentina
 crise da dívida e reformas em, 535-536
 Mercosul e, 209
Argumento da indústria nascente, 123, 215-216
Argumento da mão de obra pobre, 32
Argumento de falha de mercado interno contra o livro comércio, 189-190
Argumento político para o livre comércio, 186
Armadilha da liquidez e, 376-379, 377f

Armella, Pedro Aspe, 537n
Arndt, Sven W., 334n
Artus, Jacques R., 386n
 Ásia e Economias asiáticas
 comércio de câmbio a prazo sem entrega, negociação em, 279-280, 280f
 comércio e crescimento de, 221-223, 222f, 223f
 crescimento de, 221-223
 crise financeira em, 537-539, 540-542
 fraquezas econômicas em, 534-536
 Índia, 220
 política comercial em, 222-224
 quadro jurídico, 541
 termos de comércio em, 94-95
Aspectos comerciais da propriedade intelectual (TRIPS), 201
Assimetria, moeda de reserva padrão e, 406-407
Assistência social
 com economias externas, 113-114
 tarifas aduaneiras e, 202-203
Ataques terroristas de 11 de setembro, 2001, 360, 482
Ativos de risco, fluxo internacional de, 487
Ativos em moeda estrangeira demanda por, 278-285
Ativos internacionais, dívida *versus* equidade, 470
Ativos. *ver também* Retorno de ativos; Comércio internacional; Diversificação de portfólio
 ativos e passivos estrangeiros brutos de países industriais, 488t
 definição, 255
 derivados financeiros como, 259
 dos Estados Unidos, 255-258, 265f
 restrições no banco, 476
Atkeson, Andrew, 334n
Ato de Smoot-Hawley (1930), 434
Ato Único Europeu (1986), 187-188, 500, 510
Atum, proteção do, 186
Auerbach, Alan, 379
Aumento em Pt
 proprietários de terras e, 66f
 proprietários de capital e, 66f
Austrália, taxa de juros real em longo prazo para, 455f

Auto Pact norte-americano (1964), 139, 140
Autonomia de política monetária, 460
Autonomia, política monetária, 444-445
Aversão ao risco, 469

B

Baillie, Richard T., 405n
Balança de pagamentos, 5, 430
 contabilidade de renda nacional e, 245-268
 definição, 246
 erros líquidos e omissões, 259-260
 nos Estados Unidos, 262t, 414n
 oferta de moeda e, 392-393
Balanço de Banco Central, 389-393
Balanço do banco central, 389-393
Balassa, Bela, 38n, 38, 338n, 347
Baldwin, Richard, 509
Baldwin, Robert, 83t, 194
Bananas, preferências comerciais para, 207
Banco Central Europeu (BCE), 307, 482, 501
 eurossistema e, 502-503
 linhas de swap da Reserva Federal e, 483-485
 transações monetárias completas e, 518
Banco Mundial, 435n
 na liberalização do comércio, 204
 Mercosul e, 209
Banco Nacional da Suíça, 402
Bancos centrais
 balanço das crises de pagamentos e, 418-420
 definição, 260
 linhas de swap de dólar, 483-484, 484f
 oferta de moeda e, 389-393
 outras agências de governo e, 471
 padrão-ouro e, 405-406
 taxa de câmbio e, 392-395, 395f
 taxas de juros, inflação e, 318-319
Bancos comerciais, 471. *Ver também* Bancos e sistemas bancários
Bancos de investimento, 483
Bancos e sistemas bancários. *ver também* Bancos centrais; Bancos comerciais
 ativos de alguns bancos como relação à produção nacional, 512t
 fortalecimento, 546

fragilidade financeira e, 473-500
frequência de crises bancárias sistêmicas, 1970-2011, 477f
importância de, 543
problema de falência de banco, 486-487
regulamentação na Ásia, 541-542
salvaguardas contra falências, 479-481
Bangladesh, 86f, 86
colapso das fábricas de roupas, 39, 237-238
Bank for International Settlements (BIS), 480
Bank of America, 483
Bank of England, 407-408, 480n
Barreiras ao comércio
não comercializáveis e, 333-334
no México, 218
nos Estados Unidos, 11-12
remoção de, 187-188
Barreiras burocráticas, 178
Barreiras comerciais. *Ver* Barreiras ao comércio
Barreiras não tarifárias, 162
Basileia III, 481, 485-487
Baum, L. Frank, 433
Bay Bridge (São Francisco a Oakland), 177
BCE. *ver* Banco Central Europeu (BCE)
Bean, Charles R., 504n
Bear Stearns, 482
Beisebol, vantagem comparativa em, 28
Bélgica, 12
bem-estar nacional e, 213-214
efeitos de, 164, 164f
subsídios à exportação e, 104-105
custos indiretos de, 168-169
medição da proteção de, 166-167, 169-172
monopolista protegido por, 182f
ideal, 213f
na presença de monopólio, 183-186
preços e, 212-213, 212f
quotas em comparação com, 182-182, 183f
taxas nos países em desenvolvimento, 220f
retirada de, 195-196
no país pequeno, 165, 165f
termos de comércio e, 105f

argumento dos termos de comércio e, 188-189
Bem-estar nacional, tarifas aduaneiras e, 213-214
Benefício mútuo, 3
Benefício social marginal, 190
Benefícios, das tarifas aduaneiras, 166-171
Bens de baixa tecnologia, 78
Bens e serviços, negociação de, 3
Bens informativos, balanço norte--americano de comércio em, 228f
Bens não comerciáveis
definição, 472
custos de transporte, 36-37
Bens tangíveis, comércio em, 3
Bergsten, C. Fred, 61n
Bernanke, Ben S., 220n, 319n, 369n, 434n, 456n, 475n, 482n, 483n
Bhagwati, Jagdish, 43n, 101, 339, 545n, 545
Blanchard, Olivier Jean, 510n
Blinder, Alan, 17, 481n, 483n
Bloomfield, Arthur, 431n
Boeing, subvenção Airbus e, 230t
Bollywood, 125
Boom indiano, 223-224
Bordo, Michael, 442n
Borjas, George, 60n
Bosworth, Barry P., 536n
Botsuana, 315n
Bowen, Harry P., 83
Brander, James, 228
Brasil
crise da dívida e reformas em, 528-529
Decisão da OMC sobre política de comércio dos EUA e, 201
liberalização do comércio, em 220-221
Mercosul e, 209
real e, 5-6
Broda, Christian, 139
Brunner, Karl, 337n
Brunnermeier, Markus, 481n, 486n
Bryan, William Jennings, 432
Buchanan, Patrick, 21
Bundesbank, 6, 498, 501
Bureau of Labor Statistics dos Estados Unidos, 56
Burns, Ken, 28
Burstein, Ariel, 334n
Buscando por renda, 186
Bush, George W., 42n, 205, 366n

C

Cagan, Phillip, 314n
Calvo, Guillermo A., 516n, 545n
Câmbio futuro sem entrega, 279
Camboja, 86
Canadá
Acordo de livre comércio da América do Norte (NAFTA) e, 4, 13, 218
Auto Pact norte-americano (1964) e, 139-140
inflação em, 319-321
moeda conversível em, 436
províncias e estados dos EUA em negociação com a Colúmbia Britânica, 13, 14
taxa de juros real em longo prazo para, 455f
CAP. *Consulte* Política agrícola comum (PAC)
Capital do banco, 474
Capital
mobilidade de, 544-545
repartição dos mercados financeiros internacionais, 471-477
Características geográficas, 549n
Cardoso, Eliana A., 531n
Carry trade, 290-292
Carteira de investimento, 546
Carter, Jimmy, 449
Caso de eficiência para livre comércio, 185, 185f
Cassel, Gustav, 325
Catalisador da crise da dívida na zona do euro, 514-515
"doom loop", 515–517
Banco Central Europeu (BCE) e, 519
respostas políticas para, 517-518
preparação para, 511-512, 514-515
a inadimplência autorrealizável e, 515-517
Cecchetti, Stephen, 319n
Chenery, Hollis, 531n
Chile, crise da dívida e reformas em, 534-536
China e, 222-223
China, 6, 33f, 120-121. *Veja também* Yuan (China)
antidumping contra protecionismo, 147-148
custos de produção, 121f
desenvolvimento em, 538-539

economia em reequilíbrio em, 549f
emissões de dióxido de carbono por, 239, 240f
experiência em, 86
exportações da, 17, 86-87, 87n
fabricação de botão em, 119
Hong Kong e, 184
moeda indexada, 547-549
moeda subvalorizada, 547
padrão das exportações ao longo do tempo, 87f
painéis solares e, 176
restrições voluntárias das exportações, 176
superávit em, 5
taxa de retorno e, 278-279, 280f
taxas de salário em, 29
termos de comércio e, 103, 103f
Chinn, Menzie D., 411n, 492n
Chips. Veja Indústria de semicondutores
Chiquita Banana Company, 208
Choudhri, Ehsan U., 434n
Christiano, Lawrence, 379
Churchill, Winston, 433
Claessens, Stijn, 518n
Clarida, Richard, 320, 320n, 411n
Clinton, Bill, sobre as normas trabalhistas, 236
Colônias, antigas, 552n
Columbia Britânica, comércio com, 13, 13t, 14f
Comércio de câmbio a prazo sem entrega na Ásia, 279-281, 280f
Comércio em mercadorias de informação, 228f
Comércio internacional, 1, 7. *Ver também* Taxas de câmbio; Padrões de comércio; Modelo de fatores específicos
   custos de, e decisões de exportação, 144-146, 146f
   economias de escala e, 113-114
   efeito sobre a distribuição de renda, 4
   economias externas e, 118-123
   distribuição de renda e os ganhos do comércio, 4, 52-54
   comércio inter-regional e, 123-125
   intraindústria, 139t
   Norte-Sul, 77-78
   economia política do, 54-57
   serviços e, 155f
   três tipos de transações em, 468f
   economias de dois fatores e, 74-82
   desemprego e, 56-57, 56f
   volume, 4-5
Comércio inter-regional
   definição, 123
   geografia econômica e, 123-125
Comércio intertemporal, 106, 110, 251, 383, 423
   Demanda de consumo e, 383-384
   definição, 106
   padrão de consumo, 112f
   padrão, 111f
   extensão da, 488
Comércio intraindústria, 138, 508
   índices para as indústrias dos EUA, 139t
   Auto Pact norte-americano (1964), 140
   importância do, 138
Comércio mundial, 9-20. *Ver também* Comércio internacional
   mudanças no, 18-19
   composição do (2011), 16f
   modelo de gravidade do, 9-11
Comércio Norte-Sul e, 77-78
   preços e, 48-50
   produtividade refletida em, 33, 33f
   reais, 234t
   relativo, 33, 33f
   mudança tecnológica viesada pela qualificação e, 78-81, 79f
   comércio e, 234-236
Comércio Norte-Sul, 87
   prosperidade das nações desenvolvidas, 102
   disparidades salariais, 77
Comércio total dos EUA com os principais parceiros em 2012, 10f
   volume de, 4-5
   salários e, 257-258
Comércio. *Ver também* Barreiras ao comércio;
   possibilidades de consumo do comércio mundial expandidas, 29f
   distribuição de renda e, 76
   na União Europeia, 175-176, 496-501
   com economias externas, 117-118
   fator conteúdo de, 83t
   respostas concretas para, 139-144
   ganhos provenientes, 468-470
de mercadorias, 16-17
modelo da gravidade do, 11-12
crescimento nos países em desenvolvimento, 221f, 222f
impedimentos ao, 12
inter-regional, 123-126
intertemporal, 423-424
intraindústria, 508
moeda e, 7-8
concorrência monopolística e, 130-134
não comercialização e, 30-31
em um mundo de um fator, 24-30
preços e, 119f
salários relativos e, 52f
preços relativos 75-76, 75f
recursos e, 67-117
em serviços, 16-20
no modelo padrão, 94-96
importações de açúcar e, 172-175, 172f, 173f
oferta e demanda na indústria única, 162-164
Comissão de Comércio Internacional, 146
Comissão Europeia, 187-188, 498
   quotas de importação contra as "bananas dólar" e, 207
Comitê da Basileia, 480, 485, 486
Compras de governo
   definição, 249
   PNB e, 246
Comunicação, progresso de, 14-16
Comunidade Econômica Europeia (CEE), 139. *Ver* Mercado comum
Comunidade Europeia. *Ver* União Europeia (UE)
Concentração, das indústrias, 117-120
Concordata, 483
Concorrência entre duas empresas, 229t
Concorrência imperfeita e, 228-233
Concorrência imperfeita
   definição, 129
   política comercial estratégica e, 228-232
   teoria da, 129-134
Concorrência monopolística, 131-134
   pressupostos do modelo, 44
   definição, 131
   equilíbrio em um mercado monopolístico competitivo, 133f
   equilíbrio de mercado, 132
   comércio e, 134-139

Concorrência política, 192-193, 193f
Concorrência política, 193f
Concorrência
 eleitoral, 192-193, 193f
 imperfeita, 129-137, 228-232
 monopolística, 131-136
 proteção de, 195-196
Condição de Marshall-Lerner, 385
Condição de paridade de juros, 285-286
Conferência de Gênova, 433-434
Conglomerados, de empresas, 116-119
Congresso, Estados Unidos, voto na política de comércio por, 194
Conselho de Estabilidade Financeira (FSB), 486
Conselho de Supervisão da Estabilidade Financeira (FSOC), 486
Conselho monetário, 535
 taxa de câmbio fixas e, 413n
Consumo, 249
 definição, 249
 PNB e, 249
Conta corrente, 247n, 251-252, 373t
 ajuste do fluxo de comércio gradual e, 374-377
 balança externa e, 459-465
 déficit em, 251n, 424-425
 determinantes da, 354
 discrepância global em, 254, 254f
 endividamento externo e, 251-254
 nível ótimo de, 423-429
 Nova Zelândia e, 427f
 políticas macroeconômicas e, 373-374, 373f
 posição de riqueza externa líquida e, 252f
 poupança e, 252-253
 rendimento disponível e, 394
 superávit em, 424
 taxa de câmbio e, 354
 taxa de câmbio real e, 354
Conta de capital, 255, 258-259
Conta financeira, 255, 258-259
Contabilidade da renda nacional, 246
 balança das contas de pagamentos e, 255-265
 balança de pagamentos e, 245-268
 PNB e, 248
 para uma economia aberta, 249-255
Contabilidade do balanço de pagamentos, 246
Conta corrente, 252-253
 privada, 253

taxas para 24 países, 489f
Contágio, 544
 importância de, 544
Conteúdo de fatores do comércio, 82, 82-87, 83t
 ajuste empírico para, 84-85
 comércio faltante, 84
 testes de dados globais, 83-84
 testes em dados dos Estados Unidos, 83
Continental Illinois National Bank, falência do, 478
Contrato de futuros, 278
Controle de câmbio, 527
Controles de capital, 499
Convergência de salários, migração em massa e, 59
Convergência, em renda per capita, 523
Cooke, WP, 480n
Cooper, Richard N., 408n
Coordenação da política internacional. Ver Coordenação política
Coordenação política, 422
 falhas de, 465-466
 taxas de câmbio flutuantes, 459
Coreia do Sul, 5, 232, 269
 milagre econômico na, 537-538
 economia na, 538
 produtividade do trabalho na, 33-34
Coreia. Ver também Coreia do Sul
Corporações, 471-472. Ver também Empresas multinacionais
 câmbio estrangeiro e, 279
Correção monetária simétrica sob um padrão-ouro, 407-408
Cowan, Kevin, 536n
Crawling peg, 536n
Crédito interno, 402n
Crédito Swaps (CDS), 483
Crédito, mecanismo de preço-espécie--fluxo e, 430-431
Crescimento econômico
 efeitos internacionais de, 101-104
 na economia mundial, 523-526
Crescimento empobrecedor, 101
Crescimento enviesado pela exportação, 100
Crescimento enviesado pela importação, 101
Crescimento tendencioso, 99, 100f
 definição, 99
Crescimento, poluição e, 238-239

Crescimento. Ver Crescimento econômico
Criação de comércio, 208
Crise bancária dos EUA, 6
Crise da dívida
 Crise da zona do Euro, 511
 década de 1980, 534-535
 na América Latina, 534
 na Argentina, 535-536
 no Brasil, 535
 no Chile, 536
 no leste da Ásia, 537
 no México, 534, 536-537
Crise das empresas ponto com, 453-454
Crise de dívida da zona do euro e, 514-515
 preços internos, 450f
Crise de moeda autorrealizável, 516
Crise do balanço de pagamentos, 398-400, 437
 cronologia de, 418-420
 definição, 398
 fuga de capitais e, 398-400
Crise do balanço de pagamentos, cronologia de, 398-399, 399f
Crise financeira global, 456-457
 de 2007-2009, 481-483, 484f
 iniciativas reguladoras internacionais após a, 485-487
Crise financeira global, iniciativas reguladoras internacionais após a, 485-487
Crises financeiras. Ver também Países em desenvolvimento
Critérios de convergência de Maastricht e, 501-502
Critérios de convergência, PEC e, 501-502
Croushore, Dean, 369n, 384n
Crowe, Christopher, 503n
Cuaresma, Jesús Crespo, 510n
Cultura, globalização e, 236-237
Cumby, Robert E., 491n
Curto prazo
 definição, 305
 oferta de moeda e taxa de câmbio no, 305-306
 produção e a taxa de juros no, 353-380
 produção no, 357-358, 357f
 equilíbrio de mercado de produção em, 358-362
Curva ambiental de Kuznets e, 238
 no México, 239

desde 1985, 220-222
desigualdade de salários em, 67
Curva ambiental de Kuznets, 238, 239f
Curva ambiental de Kuznets, 238, 239f
Curva de aprendizado, 123, 123f
Curva de demanda de importação, 162, 162f
Curva de demanda relativa, 27
Curva de demanda, exportação, 162f
Curva de demanda; importação, 162f
Curva de oferta de exportação, 162, 163f
Curva de oferta em queda futura, 118
Curva de oferta relativa, 26
Curva de RD, 27
Curva de *RS*, deslocamento da, 99
Curva GG, 503-505, 504f
Curva J, 374-375, 374f
Curva LL e, 505-506
vencedores e perdedores de, 143f
Curvas de indiferença, 95
Custo de oportunidade, 22, 320
Custo marginal, 130, 131f
Custo médio de produção, 118
Custo médio, 130-131, 131f
definição, 130
Custos de assistência social, de proteção dos EUA, 194t
Custos de transporte, mercadorias não comercializáveis e, 36-37
Custos
das tarifas aduaneiras, 161-166
média, 130-131

D

Dados macroeconômicos para regiões industriais chave, 1963-2012, 449t
De Grauwe, Paul, 333n, 516n
De Gregorio, José, 536n
Decisões de produção
fator preços e, 72
preços das mercadorias e, 72
Déficit em conta corrente, 251, 453
Déficit excessivo
em conta-corrente, 424
Déficit orçamentário governamental, 254
Déficit. *Veja também* Conta corrente
governo, 254-255
mistério do déficit faltante, 254-255
no México, 536-537
Déficits em contas-correntes, porcentagem do PIB, 540t
milagre econômico em, 537-538

sucesso econômico em, 537-539
fraquezas econômicas em, 540-541
industrialização de substituição de importação em, 218-220
crise financeira, 7, 541-544
definição, 249
definição, 35
determinação de, 36f
no modelo multimercadoria, 35
especialização e, 34
Deflação
definição, 312
no entre-guerras (1918-1939), 433
pleno emprego e, 422
Delors, Jacques, 500
Demanda agregada por moeda, 301-302
aumento na renda real e, 302f
definição, 301
nível de preço e, 301
renda nacional real e, 301
taxa de juros e, 301, 302f
Demanda agregada
definição, 354
determinantes na economia aberta, 354-357
equação de, 356-357
renda real e, 302f, 356-357
saída e, 399f
taxa de câmbio real e, 356-357
Demanda de consumo
comércio intertemporal e, 383-384
determinantes da, 354-355
Demanda de dinheiro real, 397
Demanda derivada, 35
Demanda relativa
oferta relativa e, 98f
Demanda. *Veja também* Demanda agregada; Comércio intertemporal
equilíbrio do mercado cambial estrangeiro e, 393
melhor tarifa aduaneira e, 206
oferta de moeda e, 299-305
oferta e comércio de indústria única e, 162-164
para ativos em moeda estrangeira, 278-287
para reservas internacionais, 409-412
saída relativa, 334
taxa de câmbio real de longo prazo e, 341-342
Departamento de Análise Econômica (DAE) do Departamento de Comércio dos EUA, 255n, 261-262

Departamento de Comércio, 147, 148
moeda conversível em, 436
Departamento de Segurança Interna, 177
distribuição de renda em, 76
dimensão econômica e o comércio com os, 12f
embargo por Jefferson em, 30
exportações de entretenimento da, 125
estimativa da eficiência tecnológica (1983), 84t
exportações dos, 83
problema de equilíbrio externo de, 461
fator conteúdo das exportações e importações (1962), 83t
derivados financeiros em, 259
inflação estrangeira e, 443
Depósitos a prazo, 300n
Depreciação de capital, 248
Depreciação, 272
definição, 248
desvalorização e, 397n
mudanças na taxa de câmbio como, 283-284
Derivados financeiros, 259, 278
Derivados, financeiros, 259
Desalinhamentos, 459
Desemprego
comércio internacional e, 55-56, 56f
políticas monetárias e, 465f
Desequilíbrio fundamental, 436
Desequilíbrio, balança de pagamentos como medida de, 261
Desequilíbrios globais, 454f
ponto com de alta tecnologia e, 453-454
Desigualdade de renda
comércio Norte-Sul e, 77-78
mudança tecnológica enviesada pela habilidade e, 78-81, 79f
Desinflação, inflação e (1973-1982), 448-449
Desvalorização, 397
da moeda, efeito da, 397f
Desvio dos fluxos comerciais
definição, 209
na América do Sul, 209
Determinação da taxa de câmbio, 5-6
Dever antidumping, 146
Diamond, Jared, 550
Díaz-Alejandro, Carlos F., 536n

Diferença de renda, 524*t*, 524-526, 525*t*
  diminuição da, 524-526
Diferenciação do produto, 335
Diferenciais de juros onshore-offshore, 489
Dilema do prisioneiro, 198, 465
Dióxido de carbono
  emissões a nível mundial, de 239, 240*f*
  limites, 239
Disputa, OMC e, 202
Distância entre o rico e o pobre, 524-525. *Ver também* Riqueza das nações
Distribuição de renda, 42-74
Distribuição internacional de renda. *Ver* Distribuição de renda
Distritos industriais, Marshall na, 115
Diversificação de portfólio internacional, aversão, 568-573
Diversificação de portfólio. *Ver também* Diversificação de portfólio internacional
  definição, 469
  comércio internacional de ativos, 469-470
Diversificação. *Ver* Diversificação da carteira internacional; Diversificação de portfólio
Dívida
  agricultura, 432
  repúdio ao internacional, 434
Dolan, Matthew, 169*n*
Dólar (australiano), 290-292
Dólar (canadense), 318-320
Dólar (EUA). *Ver também* Taxa de câmbio dólar/euro
  yuan chinês e, 539*f*
  diferenciais de juros *onshore--offshore*, 489
  taxas de investimento para, 489*f*
  moedas e, 5
  índice de taxa de câmbio efetiva, 447*f*
  e euro, 286-287, 287*t*, 288*f*, 308-310, 308*f*, 309*f*, 352, 411*n*
  taxas de câmbio e, 286-287, 308-310, 308*f*, 309*f*, 352*f*
  investimentos estrangeiros de, 6
  taxa de juros e, 287-288, 288*f*
  oferta monetária, taxa de câmbio e, 307-308
  câmbio de libra à vista e futuro, 273

taxa e, 273*t*
taxa de retorno e depósitos em euro, 287*t*
ienes e, 280*f*, 332*f*
taxa de câmbio do iene e, 313*f*
Dólar australiano e, 290-292
  carry trade e, 290-292
  taxa de câmbio com o dólar, 280*f*, 332*f*
  taxas de juros sobre, 280*f*
Dólar australiano, iene japonês e, 290
Dólar e libra, 273*t*
Dolarização, 5452
Dominguez, Kathryn M., 405*n*
Dooley, Michael, 458*n*
Doomp loop, 515-517
Dornbusch, Rudiger, 334*n*, 376*n*, 531*n*, 536*n*
Downs, Anthony, 192*n*
Draghi, Mario, 518
Dumping, 146-147
  antidumping como protecionismo, 146-147
  definição, 146

E
Economia
  categorias de, 524, 524*t*
Economia aberta
  metas de política macroeconômica na, 422-428
  trilema monetário da, 428-429, 429*f*, 460, 480, 544
  contabilidade da renda nacional para, 246
Economia cinematográfica (entretenimento hollywoodiano), 115
Economia de fator único, 23-24
Economia dos Estados Unidos, imigração e, 60
Economia fechada, na Índia, 215
Economia global, empresas na, 153
Economia internacional, assunto de, 3-7
Economia mundial, transformação e crise na, 452-457
Economia política
  dos regimes de taxa de câmbio, 432-433
  do comércio, 54-57
  da política comercial, 184-213
Economias asiáticas de alto desempenho (EAADs), 540-541

Economias de alta renda, 524, 524*t*
Economias de dois fatores, 74-82
  efeitos do comércio internacional entre, 74-78
Economias de escala, 113
  empresas de entretenimento em Hollywood, 125
  aumentando retornos e, 118-119
  localização internacional da produção e, 113-127
  comércio internacional e, 118-123
  perdas com comércio e, 122*f*
  equilíbrio de mercado e, 117-118, 118*f*
  produção e preços e, 118-120
  padrões comerciais e, 120-121
  fornecedores especializados, 116
  teoria de, 116
  antes do comércio, 119*f*
Economias de escala
  comércio internacional e, 118-123
  estrutura de mercado e, 114-115
Economias de renda média superior, 524
Economias de renda superior-média, 524, 524*t*
Economias emergentes
  Influxo de capital para, 536
  salários e produtividade em, 33
Economias internas de escala, 115, 128
Economias recém-industrializadas (NIEs), 77
  exportações de bens manufaturados das, 77
  nações avançadas, 78
  desigualdade de renda e, 77-78
Ederington, Josh, 240*n*
Efeito de bem-estar
  das alterações nos termos de comércio, 96-97
  da tarifa aduaneira, 170*f*
Efeito de sinalização de intervenção cambial estrangeira, 405
Efeito de Stolper-Samuelson, 73*n*, 192
Efeito dominó, como contágio, 544
Efeito Fisher, 330, 344, 346-347
  definição, 329
  abordagem monetária de preço flexível e, 351-352
Efeitos da distribuição de renda sobre o comércio, 76
Égert, Balazs, 510*n*
Eichenbaum, Martin, 379

Eichengreen, Barry, 411n, 430n, 434n, 456n, 460n, 510n, 533
Elasticidades do comércio, condição de Marshall-Lerner e, 385-387
Eleitor mediano, 192
Eleitores, preferências políticas de, 192-193
Elliott, Kimberly Ann, 235
Embargo, no transporte, 30-31
Emissões. *Ver* Dióxido de carbono
Emprego, 18f. *Ver também* Desemprego
    relação de não produção-produção nos EUA, 80f
    habilidades e, 80f
Empresa monopolista, preços monopolísticos e decisões de produção, 130f
Empresários, livre comércio e, 185
Empresas multinacionais
    terceirização e, 128-158
Empresas, 128-159
    aumento de tamanho do mercado e, 135-136, 143-144
    terceirização e, 152-153
    proporção dos Estados Unidos, relatórios de vendas por exportação, 144
    respostas concretas para o comércio de, 139-144
Emprestador de última instância (LLR), 476, 477
Empréstimo, 528-539
Empréstimo oficial, 532
Empréstimos internacionais, 3, 106-108
    vantagem comparativa intertemporal, 108
    possibilidades de produção intertemporais, comercialização e, 106-107
    taxa de juros real e, 107-108
Engel, Charles, 337n, 491n, 510
Engerman, Stanley L., 552n
Entradas
    saída e, 114t
    produção, 540
    numa economia de dois fatores, 73-74
Equalização dos preços do fator, 81-82
Equilíbrio da balança de pagamentos, 430
Equilíbrio de curto prazo, para abrir, 365-366, 365f, 366f
Equilíbrio de longo prazo

definição, 310
taxas de câmbio nominais e reais em, 343-345
Equilíbrio de mercado
    economias externas e, 117-118
    concorrência monopolística, 131-134
Equilíbrio de mercado de ativos
    com taxa de câmbio fixa, 394f
    em curto prazo, 358-362
    taxa de câmbio real e, 357f
Equilíbrio de mercado de saída, em curto prazo, 362-365
Equilíbrio externo, 459
    sob o sistema de Bretton Woods, 439f, 441-444
    definição, 422
    taxa de câmbio e, 448
    manutenção, 439-440
    nível ideal de conta corrente, 423-428
    políticas para, 441f
    opções políticas para alcançar, 438-441
    problema dos Estados Unidos com, 441-444
Equilíbrio interno
    em Bretton Woods, 439f
    definição, 422
    pleno emprego, estabilidade do nível de preço e, 422-423
    sob o padrão-ouro, 431-432
    manutenção, 438-439
    opções políticas para alcançar, 438-441, 441f
Equilíbrio mundial, 163, 163f
Equilíbrio no mercado de câmbio estrangeiro, 285-288, 306f
    com taxa de câmbio fixa, 393
    sob substitutibilidade imperfeita de ativos, 403-404
Equilíbrio parcial, 118n
Equilíbrio. *Ver também* Equilíbrio de curto prazo
    no mercado automobilístico, 136f
    no mercado cambial estrangeiro, 273-278, 306f, 403
    taxas de juros, expectativas e, 287-288
    no mercado monetário, 302-304, 306f
    num mercado monopolístico competitivo, 133f

em todo o mundo, 163, 163f
Erros líquidos e omissões, 259
Espanha
Especialização, salários relativos e, 34-36
Espectro de abundância de qualificação, 86
Estados que negociam com a Colúmbia Britânica, 13, 14f
    indústria açucareira, 172-175, 173f
    taxa das tarifas aduaneiras de, 197f
    termos de comércio e, 103f
    comércio e, 9, 11f, 18
Estados Unidos, 86. *Ver também* Dólar (EUA); Acordo de livre comércio da América do Norte (NAFTA)
    padrões de poluição do ar nos, 202
    ativos dos, 254-255, 254f
    conta corrente nos (2012), 252t
    importações de bananas e, 207-208
    regulamentação de bancos nos, 475
Estagflação, 448
Estoque capital nacional, 252n
Estrutura de mercado, economias de escala e, 114-115
Estrutura econômica, similaridade da, 508
Euro, 7, 443n, 496. *Ver também* Taxa de câmbio dólar/euro; Zona do euro; Áreas de moeda ideal
    taxas de retorno do dólar e, 284t, 287t
    política econômica e, 501-503
    evolução da, 497-501
    taxa de câmbio e, 286-287, 287t
    taxa de câmbio fixa e, 503-505
    flutuação administrada e, 389n
    áreas de moeda ideal e, 496-522
    aumento na taxa de juros e, 289f
    franco suíço e, 402f
    oferta monetária dos Estados Unidos, taxa de câmbio, e, 307-308
Eurobank, 472
Eurodivisas, 472
Eurodólar, 472
Eurônimos, breve glossário de, 498t
Europa. *Ver também* União Econômica e Monetária (UEM); União Europeia (UE)
    União Econômica e Monetária (UEM) em, 496f
    economias de, 11f

crise financeira em (1992-1993), 452–454
problema com os imóveis, 6
iniciativas de integração do mercado em, 499-500
cooperação monetária em, 497-498
oferta monetária e a taxa de câmbio dólar/euro da, 308-310
como áreas de moeda ideal, 496–522
comércio dos EUA, com 11, 11f
Exame do banco, 476
Excedente comercial, 5-6
Excedente do consumidor, 166-168
   definição, 166
   derivada da curva de demanda, 167f
   geometria de, 167f
Excedente do produtor, 166
   geometria de, 167f
Expansão. *Ver* Expansão fiscal
Expansão fiscal
   com taxa de câmbio fixa, 396f
   permanente, 371-373, 372f
   temporário, 367f
Expansão monetária, sob taxas de câmbio fixas, 395f
Expansão tendenciosa das possibilidades de produção, 74
Expectativas de taxa de câmbio, 405
Exploração pelo comércio, 32
Exportação, subsídios à, 104-106
   definição, 170
   efeitos de, 105
   Política Agrícola Comum da Europa e, 170-171, 171f
   estrangeiros, 195
   teoria de, 170
Exportações líquidas, Nova Zelândia e, 427f
Exportações, 1, 1f, 15, 16f
   britânicas × americanas, 38
   declínio de 2009, 2
   países em desenvolvimento, 17, 17f
   de entretenimento, 125
   queda da demanda por, 446-448, 447f
   no México, 218
   padrão dos chineses ao longo do tempo, 87f
   padrões entre países desenvolvidos e em desenvolvimento, 85-87, 86f
   como porcentagem da renda nacional, 1f, 2f
   produtividade e, 39f

vendas, proporção de empresas americanas relatando, 144
custos do comércio e, 144-146, 146f
valores de, 15f
restrição voluntária das, 175
Externalidade negativa, poluição como, 240
Externalidades
   definição, 227
   importância de, 227
   tecnologia e 227

F

Fabricação de botões, 118
Fabricação
   nos países em desenvolvimento, 219t
   emprego, 229f
   proteção de, 216, 217, 225
Falência de banco, 486-487
Fallick, Bruce, 44
Fallows, James, 231-232
Fannie Mae, 483
Farhi, Emmanuel, 508n
Farm Bill (Sugar Reform Act of 2013), 174n
Fator abundância, 67
Fator abundante, 76
Fator conteúdo das exportações e importações dos EUA (1962), 83t
Fator escasso, 76
Fator especificidade. *Ver* Fatores específicos
Fator intensidade, 67
Fator móvel, 43
Fator movimentos, contratação de empréstimos internacionais e, 106-108
Fator substituição
   fronteira de possibilidade de produção com, 74
   fronteira de possibilidade de produção sem, 74
Fatores de produção. *Ver* Fatores específicos
Fatores específicos, 42
Federal Deposit Insurance Corporation (FDIC), 475, 534n
Federalismo fiscal, 508
Federalismo fiscal, 508
Feenstra, Robert, 81n
Feldstein, Martin, 488-489, 488n, 538, 538n
Filmes. *Ver* Bollywood

Financiamento bancário, 532
Financiamento de campanha, política comercial e, 194
Financiamento de dívida, 532
Financiamento de patrimônio, 532
Financiamento de títulos, 532
Fischer, Stanley, 376n, 545n, 549n
Fisher, Irving, 330n
Flandreau, Mac, 430n
Flood, Robert, 410n, 418n
Flutuação administrada e, 400-401
   substitutibilidade perfeita de ativo e, 401-403
Fluxo de comércio
   ajuste gradual e conta-corrente, 374-377
   distribuição de renda e, 52-54
Fluxo de dinheiro, 1, 430
Fluxos de capitais especulativos, 437
Fluxos de capital
   especulativo, 437
   global, 549-554
Fluxos de ouro esterilizados, 431
Fluxos financeiros
   formas alternativas de, 530-533
   para países em desenvolvimento, 529-530
Fluxos financeiros líquidos, 255
Fluxos financeiros privados, 436-437
Fluxos financeiros privados, 436-437
FMI. *Ver* Fundo Monetário Internacional (FMI)
Folkerts-Landau, David, 458n
Força de trabalho, mobilidade da, Europeia, 510-511
Força do trabalho. *Ver* Trabalho; Força de trabalho
   desigualdade salarial entre especializado/não especializado, 78-79, 79f
Ford, "Transit Connect", 169
Ford, Whitey, 28
Fornecedores especializados, 115
Fórum de Estabilidade Financeira, 486
Fracasso do mercado nacional, 189, 190f
França, 86
Franco suíço, 401
   taxa de câmbio e, 402f
Frankel, Jeffrey A., 338n, 517n
Frankfurt, negociação de câmbio estrangeiro em, 275
Freddie Mac, 483

Frieden, Jeffry, 433
Friedman, Milton, 314n
Frisch, Max, 61
Fronteira de possibilidade de produção intertemporal, 107, 107f
Fronteira de possibilidade de produção, 23, 23f, 25f, 44, 46f
　definição, 23
　com substituição dos fatores, 70f
　intertemporal, 107, 107f
　sem substituição dos fatores, 69f
Fronteiras, como efeito negativo sobre o comércio, 12
Fuga de capitais, 399f
　crises do balanço de pagamentos e, 398-400
　definição, 399
Função da produção, 68
Fundo de Estabilização do Câmbio, 260
Fundo Monetário Internacional (FMI), 389n, 435, 516
　Ásia, 691
　Sistema de Bretton Woods e, 435-438
　objetivos e estrutura de, 436
　papel e políticas do, na crise financeira, 547

G

Ganho de eficiência monetária, 520
Ganhos adicionais do livre comércio, 185n
Ganhos da negociação, 3-4
　restrição orçamentária e, 54f
　definição, 3
Garber, Peter M., 238n, 458n
Gases de efeito estufa, limite, 241
GATT, 6
Genberg, Hans, 333n
General Accounting Office, 55
Geografia
　econômica, 123-125
　fluxos de capital global, distribuição global de renda e, 549-554
Geografia econômica
　definição, 125
　comércio inter-regional e, 123-125
Gestão de taxa de câmbio, intervenção esterilizada em, 400-405
Ghosh, Atish, 531n
Giavazzi, Francesco, 379n, 499n
Gifford, Kathie Lee, 233

Globalização, 5
　movimento antiglobalização e, 202
　cultura e, 236
　ambiente e, 238-241
　questões ambientais e culturais, 236
　Keynes em, 15
　mão de obra de baixo salário e, 233-237
　soberania nacional e, 486-487
　sistema bancário sombra, 473
Goldberg, Linda S., 320n, 485n
Goldberg, Pinelopi Koujianou, 332n, 334n
Goldman Sachs, 483
Goldsmith, Sir James, 32
Gorodnichenko, Yuriy, 379
Gorton, Gary B., 481n
Gourinchas, Pierre-Olivier, 531n, 552
Governo
　como devedor na moeda nacional, 423n
　indústrias de alta tecnologia e, 227
　instituições da, 549-550
　papel das instituições da, 550
　salvaguardas contra a instabilidade financeira, 475-477
Grã-Bretanha. Ver Inglaterra (Grã--Bretanha)
Grande Depressão, 15, 198
　padrão-ouro e, 434-435
Grandes demais para falir, 477-479
Grécia
　crise de dívida da zona do euro e, 511, 514-515
Greenpeace, desmonte de navios em Alang
　indústria e, 240
Greenspan, Alan, 478
Grossman, Gene M., 154n, 195n, 238-239, 491n
Grove, Andy, 231
Grupo dos 20 (G20) nações, 459
Grupos de interesse especial, política comercial e, 194
Guerra comercial, 196, 196t

H

Haber, Stephen, 552n
Habilidades, desemprego e, 81f
Haiti, 86
Hall, Robert E., 379
Hansen, Lars Peter, 491n
Hanson, Gordon, 61n, 81n

Hausmann, Ricardo, 533
Heckscher, Eli, 61
Heller, H. Robert, 410n
Helpman, Elhanan, 195n
Herbert, Bob, 32n
Hiperinflação no Zimbábue, 314-315
Hipotecas nonprime, 456
Hipotecas subprime, 456, 515
Hipóteses de instituições, 552n
Hodrick, Robert J., 491n
Hollywood, indústria do entretenimento em, 115
Homogeneização das culturas, 236
Hong Kong
　economia em, 184-185, 221-222
　indústria de entretenimento no, 125
　exportações da, 221-222
Horioka, Charles, 488, 488n
Howard, John, 238
Howell, Kristy, 255n
Hsieh, Chang-Tai, 435n
Hume, 1
Hume, David, 1, 2, 430
Humpage, Owen F., 405n

I

Identidade de pagamentos, 257
　erros líquidos e omissões, 259
Identidade do rendimento nacional, 250
IED (investimento estrangeiro direto) vertical, 151, 156
IED Brownfield, 148
IED greenfield, 148
IED horizontal, 150-152
Iene (Japão), 274
Imigração em massa, 60n
Imigração
　comércio, 3
　convergência dos salários, 59
　migração em massa e, 60n
　economia dos EUA e, 60-61
Importações de arroz, tarifas aduaneiras sobre, 195
Importações de gasolina
　poluição e, 237
　disputa EUA-Venezuela sobre, 201
Importações, 1, 1f, 2f. Ver também Taxas de câmbio
　declínio das, em 2009, 2
　como porcentagem da renda nacional, 1f, 2f
　açucareira, 57, 172-175
Imposto do frango, 169

Impostos, sobre as importações em que o carbono é emitido, 241-242
Inadimplência autorrealizável do governo, 515-517
Inadimplência soberana, 512
Índia e, 205
   padrões de, 14-18
   terceirização de serviço, 17-18
   parceiros comerciais, 9-14
Índia Ocidental, bananas procedentes das, 207
Índia
   Bollywood em, 125
   boom econômico em, 222, 223-224
   industrialização de substituição de importação e, 217
   poluição em, 239-241
   liberalização do comércio em 220-221
Índice de corrupção, 528f, 528n
Índice de preços ao consumidor (IPC), 442n
Índices de taxa de câmbio do dólar nominal e real efetiva, 450f
Indonésia, 542
Indústria açucareira (Estados Unidos), 55, 57,
Indústria automobilística, 274
   Auto Pact norte-americano (1964) e, 139-140
   equilíbrio em, 137f
   restrições voluntárias das exportações e, 175-176
Indústria cinematográfica, exportações de entretenimento dos EUA e, 125
Indústria da informação, declínio da, 227-228
Indústria das comunicações, declínio da, 228-229
Indústria de semicondutores, 232
Indústria do desmonte de navios, 239-240
Indústria do vestuário, proteção de, 196, 196t
Indústria pseudonascente, 216
Industrialização de substituição de importação e, 215-220
Industrialização de substituição de importação, 215-218
   definição, 217
   argumento da indústria nascente e, 215-216

no México, 218
promover a fabricação através de proteção, 216-218, 219
resultados de favorecimento da fabricação e, 218-220
Industrialização orientada para a exportação, no leste da Ásia, 221-223
Indústrias de alta tecnologia, apoio do governo para, 227
Indústrias de mercadorias comercializáveis, 124-125, 125t
   quota de emprego, 18f
Indústrias de TIC, declínio de, 228
Indústrias
   concentrações de, 123-125
   proteção contra a concorrência das importações e, 195-196
   comercializáveis e não comercializáveis, 123-124, 124t
Inflação global. *Ver* Inflação
Inflação, 312-320
   na década de 1960, 442
   crises do balanço de pagamentos e, 418-420
   taxas de juros do banco central e, 318-320
   convergência para os seis membros originais do SME, 500f
   valorização da moeda e, 318-320
   definição, 312
   desinflação e (1973-1982), 448-450
   taxa de câmbio *pass-through*, 375-376
   dinâmica e taxa de câmbio, 312-320
   expectativas de, 315
   taxas de câmbio flutuantes e, 442
   pleno emprego e, 422-423
   alemã, 499
   importada, mecânica da, 443-444
   paridade de juros e PPC, e, 328-329
   na América Latina, 311
   no México, 536-537
   política monetária e, 465f
   no Zimbábue, 525f
Influxos de capital de patrimônio em relação a influxos de dívida, 546
Influxos de dívida, influxos de capital de patrimônio e, 546
Inglaterra (Grã-Bretanha), 108. *Ver também* União Europeia (UE)
   embargo contra, 30
   padrão-ouro em, 429, 434

preços internos, 450f
Instabilidade cambial e linhas de *swap* do banco central, 483-485, 484f
Instabilidade financeira, salvaguardas do governo contra a, 475-477
Instituições financeiras não bancárias, 275, 471
Instituições financeiras, reforma da "arquitetura" financeira do mundo e, 544-549
Instrumento de dívida, 470
Instrumentos de dívida, 470
Integração do mercado, iniciativas de, 499
Integração econômica
   taxa de câmbio fixa e, 503-505
Intel, 150
Internet, instantânea, 14
Intervenção cambial
   efeitos de, 392t
   oferta de moeda e, 391
Intervenção cambial esterilizada, 391
Intervenção cambial estrangeira oficial, 260
Intervencionismo japonês, 232
Investimento estrangeiro direto (IED), 148
   como forma alternativa de financiamento, 531
   decisões da empresa relativas, 151-156
   horizontal e vertical, 151-152
   influxos de 1970-2012, 149f
   terceirização e, 152-153
   externo para os 25 principais países, 150f
   padrões de, 148-150
Investimento estrangeiro. *Ver* Investimento estrangeiro direto; Investimento
Investimento internacional. *Ver* Investimento
Investimento, 249
Irlanda
   preços internos, 453f
   Comércio dos EUA com, 10
Irwin, Douglas, 30
Isard, Peter, 332n
Itália, Crise de dívida, 547

J

J.P. Morgan Chase, 482
Janssens, Marc, 333n

Japão, 8. *Ver também* Iene (Japão)
    automóveis, 175-176
    preços de automóveis, 191
    importação de arroz, 42
    tarifas aduaneiras, 194
    indústria de semicondutores, 232
    restrição voluntária das exportações e, 175-176
Jeanne, Olivier, 538n, 552
Jefferson, Thomas, 30
Jensen, J. Bradford, 124
Johnson, Lyndon B., 169
Johnson, Simon, 553, 554
Jones, Ronald W., 43
Justificativas de falha de mercado para a proteção da indústria nascente, 277-278

K

Kalemli-Ozcan, Sebnem, 551n
Kambourov, Gueorgui, 44
Kaminsky, Graciela L., 475n
Katz, Lawrence F., 510n
Kenen, Peter B., 508n
Kennedy, Craig, 485n
Kennedy, Paul, 21n
Keynes, John Maynard, 408n, 428n
    na globalização, 14
    sob o padrão-ouro, 429-433
Klein, Michael W., 320n
Klenow, Peter J., 315n
Kletzer, Lori G., 57n, 124n
Knetter, Michael M., 332n, 334n
Knight, Malcolm D., 386n
Kochin, Levis A., 434n
Koech, Janet, 315n
Kravis, Irving B., 339n
Krueger, Alan, 238, 239
Krugman, Paul R., 333n, 334n, 378n, 418n

L

Labán, Raúl, 536n
Laeven, Luc, 476n
Lane, Philip R., 488n
Lardy, Nicholas R., 549n
Lawrence, Robert z., 55n, 57n, 78n
Leamer, Edward E., 83
Lee, Jaewoo, 410n
Legislação Agrícola dos EUA, 57
    Lehman Brothers, 489
    colapso da, 489, 490
Lei Americana de Compras (1933), 177

Lei de conversibilidade de 1991 (Argentina), 535
Lei de Moore, 231
Lei de preço único, 325
    definição, 325
    paridade de poder de compra (PPC), 325-327
Lei de Recuperação e Reinvestimento de 2009 (ARRA), 177
Lei do Padrão-ouro (1900), 433
Lei Dodd-Frank, 486
Leis do milho (Inglaterra), 179
Leliaert, Hilde, 333n
Leste Asiático, 222, 537-538, 540-544
Levinson, Arik, 240n
Lewis, Karen, 491n
Lewis, Michael, 516n
Liberalização do comércio, 196-197, 200-202, 204
Lindert, Peter H., 531n
Linha Europeia de Estabilidade Financeira (EFSF), 515
Linhas de crédito, reforço, 546
Linhas de isocusto, 90
Linhas de isovalor, 94
Lipsey, Robert E., 339, 339n
Liquidez, 281
    definição, 281
    instabilidade cambial, 483
    no mercado de câmbio estrangeiro, 284-285
Livre comércio, 13, 22. *Ver também*
    Zona de livre comércio; Argumento da indústria nascente
    nos automóveis (EUA-Canadá), 140
    caso para, 184-187
    argumento da falha de mercado interno contra, 189-190, 190f
    eficiência e, 185
    caso de eficiência para, 185f
    ganhos adicionais, 185-186, 185t, 204t
    negociações internacionais e, 196-203
    falhas de mercado e, 190-192
    monopólio sob, 181-183, 181f
    argumentos de bem-estar nacional contra, 188-192
    argumento político para, 186-187
    termos do argumento de comércio contra, 188
Livre concorrência, desvios, 334
LLR. *Ver* Emprestador de última instância (LLR)

Lobby, 197
Lojas *duty-free* escandinavas, 341-342
Londres, comércio cambial estrangeiro, 275
Longo prazo
    definição, 305
    modelo geral de taxas de câmbio de, 339-345
    PPC no, 337
    flexibilidade de preço em, 312-315
    nível de preço e a taxa de câmbio no, 309-312
Lucas, Robert E. Jr., 550, 551n
Lula da Silva, Luiz Inácio, 536
Lustig, Nora, 537n

M

M1, 299
M2, 300n
M3, 300n
MacDougall, G.D.A., 38n
Macroeconomia, 245
    definição, 245
    dinheiro e o nível de preço, 246
    poupanças, 245
    desequilíbrios comerciais, 245
    desemprego, 245
Macroeconômicas internacionais.
    Ver Políticas macroeconômicas;
    Macroeconomia
Madoff, Bernard, 426n
Magee, Christopher, 194
Mais "transparência", 546
Malásia, 545
Manovskii, Iourii, 44
Mantega, Guido, 5
Mão de obra de baixo salário, globalização e, 233-238
Mão de obra
    alocação de, 48f
    demanda por, 315
    requisitos, unitária em Doméstica e Estrangeira, 34t
    produto marginal da, 45f
    migração de, 500
    no modelo de fatores específicos, 46f
    comércio em, 4–5
Marcação sobre o custo marginal, 134
Marion, Nancy, 410n
Maris, Roger, 28
Mark, Nelson C., 492n
Marrakesh, Marrocos, acordo de comércio com, 200

Marshall, Alfred, 115
Marston, Richard C., 491*n*
McGuire, Patrick, 485*n*
McKinley, William, 433
McKinnon, Ronald, 457, 457*n*
Meade, Ellen E., 503*n*
Mecanismo de fluxo de preço-espécie, 430-431
Mecanismo de supervisão única (SSM), 517
Mecanismo de Taxa de Câmbio (MTC), 389
Mecanismo único de resolução (SRM), 518
Meese, Richard A., 492, 492*n*
Meio ambiente
   globalização e, 233-241
   negociações comerciais e, 235-236
Meio de troca, moeda como um, 299
Melitz, Marc J., 141*n*
Meltzer, Allan H., 337*n*
Membros da zona do euro (2014), 496*f*
Mercado cambial estrangeiro, 273-278
   atores em, 273-275
   carry trade, 290-292
   características de, 275-276
   definição, 273
   eficiência de, 490-492
   futuros e opções, 278
   risco e liquidez em, 281
   taxas de câmbio futuras e *spot*, 276-277, 277*f*
Mercado comum, 139. *Ver também* União Europeia (UE)
Mercado de capitais internacional, 6-7. *Ver também* Mercado de capitais
   regulação bancária e, 479-481, 485-487
   definição, 467
   ganhos do comércio e, 468-470
   sistema bancário internacional e, 471-473
   riscos e, 7
   estrutura de, 471-472
Mercado de capitais, 6. *Veja também* Mercado de capitais internacional
   relações de, 1
   sistema bancário internacional e, 6-7
Mercado de hipotecas, crise financeira, 481
Mercado de saída
   efeitos da taxa de câmbio dólar/euro, 308*f*
   variabilidade, 507*f*
Mercado financeiro
   efeitos sobre, 456
   equilíbrio simultâneo no, 306*f*
   taxa de câmbio e, 307*f*
Mercado norte-americano de hipotecas de casas, 456
Mercadorias de alta tecnologia, 77, 79
Mercadorias
   nas exportações de países em desenvolvimento, 17, 17*f*
   comércio em, 15
   comércio como um substituto para o comércio de fatores, 83-85
   custos de transporte para, 36-37
Mercados de capitais imperfeitos, 216
Mercados de crédito, instabilidade, 456
Mercados emergentes, 480. *Ver também* Países em desenvolvimento
Mercados financeiros internacionais, alocação de capital e risco, 487-492
Mercosul, 209
Merrill Lynch, 483
Método de custo corrente, 261
Método de valor de mercado, 261
México
   GATT, 537
   industrialização de substituição de importação, 217
   NAFTA, 4, 218
   Acordo de livre comércio da América do Norte (NAFTA), 4, 218
   Organização para a Cooperação e Desenvolvimento Econômico, 202
Microeconomia, 345
Migração de capitais, na UE, 500
Milagre asiático, 215
Milagre econômico do Leste Asiático e, 537-538
   mundial, 15
   imigração e, 59-61
   teoria das economias externas, 115
Minier, Jenny, 240*n*
Mishkin, Frederic S., 300*n*, 391*n*, 481*n*
Miu, Jason, 485*n*
Mobilidade do capital, e trilema do regime de taxa de câmbio, 544-545
Mobilidade internacional da mão de obra, 57-59, 58*f*
Mobilidade. *Ver* Imigração
Modelo da gravidade do comércio, 9-12
   anomalias em, 11-12
   definição, 10
Modelo DD-AA, 384
Modelo de fatores específicos, 44-56
   pressupostos de, 44-45
   comércio internacional em, 51-53
   produto marginal e total, 65-66, 65*f*
   economia política do comércio em, 54-57
   preços, salários e alocação de mão de obra, 47-52
   possibilidades de produção, 44-47, 49*f*
   fronteira de possibilidade de produção, 46*f*
Modelo GG-LL, 506-508
Modelo GG-LL. *Veja também* Curva LL
Modelo multimercadoria, 35
   salário relativo no, 35
Modelo padrão de comércio, 93-108
   definição, 94
   determinação dos preços relativos, 97
   crescimento econômico e, 97, 99
   preço relativo de equilíbrio, 98*f*
   fronteira de possibilidade de produção e crescimento, 99
   empréstimos internacionais, 106-109
   efeitos internacionais de crescimento, 101, 103-104
   comércio intertemporal, 135-138
   produção, consumo e comércio em, 96*f*
   possibilidades de produção e oferta relativa, 94-95
   preços relativos e demanda, 94-97
   tarifas aduaneiras e subsídios à exportação, 105
   economia de negociação e, 99-102
   efeito de bem-estar das mudanças em termos de, 96-97
   oferta mundial relativa e os termos de comércio, 99, 101
Modelo ricardiano, 31, 36-38, 42-43
   definição, 23
   evidências empíricas em, 37-38
Modelos econômicos, 19, 33
Mody, Ashoka, 518*n*
Moeda "porto seguro", 401
Moeda conversível
   definição, 436
   no âmbito do FMI, 436-437

Moeda de reserva
  definição, 405
  mecânica de, 406-407
  no sistema monetário mundial, 406-407
Moeda única europeia, 497. *Ver* Euro
Moeda única, união econômica e, 295-296. *Ver também* Euro; Tratado de Maastricht; Ato Único Europeu (1986)
Moeda veículo, 276
Moeda. *Veja também* Euro; Taxas de câmbio; Padrão-ouro
  cotações cambiais para, 270t
  efeito da desvalorização, 397f
  indexada, na China, 547-548
  mercados e, 402-403
  preços de automóveis, taxas de câmbio e, 274
  reserva, 398-399
  Suíça e, 401-402
  taxas de câmbio futuras e, 276-277
Moeda. *Ver também* Oferta de moeda
  demanda agregada e, 412
  definição de, 354
  demanda agregada por, 301-302
  taxa de juros e a, 305-309
  taxas de juros e taxas de câmbio, 298-323
  como meio de troca, 299
  preços das moedas, 273
  como reserva de valor, 299
  como unidade de conta, 299
Moedas de reserva no sistema monenário padrão, 405-406
Monopólio puro, 129
Monopólio, 129, 181-183
Moody, 512
Morgan Stanley, 483
Morton, Peter J., 531n
Motivo de internalização, 152
Movimento antiglobalização, 5, 226, 233-238
Movimento da prata, 408
Movimento de capitais, internacional empréstimos e, 106-109
MTC 2 (mecanismo de taxa de câmbio revisada), 503
Mudança tecnológica enviesada pela habilidade, 79-82, 79f, 81f
Mudanças de residência, por região (1990), 510, 510t

multiplicador de gastos do governo e, 378-379
Multiplicador de gastos do governo, 378-379
Mundell, Robert A., 408n, 503n, 508n
Mussa, Michael, 337, 337n

N

Nação mais favorecida (NMF), 206
Nações avançadas. *Ver também* Países industriais
  crescimento de NIEs e, 77-79
  organizações de comércio internacional e, 186-187
Nações ricas. *Ver* Nações avançadas
Nações soberanas, 6, 237
NAFTA. *Ver* Acordo de livre comércio da América do Norte (NAFTA)
Não comercialização, perdas de, 30
Negociação de câmbio futuro sem entrega na Ásia, 279-280, 280f
Negociação de moeda offshore
  definição, 472
  sistema bancário offshore e, 472-473
Negociação interbancária, 275
Negociação. *Ver* Negociações internacionais; Negociações comerciais
Negociações comerciais, ambiente e, 235-236
Negociações internacionais e políticas de comércio, eliminação progressiva do MFA e, 196
Negociações internacionais
  vantagens da, 197-198
  benefícios e custos, 201-203
  definição, 196
  liberalização do comércio e, 200
  política de comércio, 196-203
  Rodada Uruguai, 200
Neutralidade de moeda de longo prazo, 310n
NIEs. *Ver* Economias recém-industrializadas (NIEs)
Níveis de preço
  padrões de consumo e, 334-337
  definição, 326
  evidências empíricas, 311
  são mais baixos nos países pobres, 338-339
  renda real e, 338f
Nível de preço de equilíbrio de longo prazo, 310

Nixon, Richard, 442n
NMF. *Ver* Nação mais favorecida (NMF)
Normas de trabalho e negociações comerciais, 235-236
North, Douglass C., 552
Nova York
  setor bancário de investimento em, 320
Nova Zelândia, 425-427
  empréstimos e, 534
  preços internos, 453f
  exportações líquidas da, conta corrente e, 427f
  posição de investimento, 427f
Nurkse, Ragnar, 551, 551n

O

O que foi aprendido desde 1973, 457-459
O'Connell, Paul J.G., 338n
O'Rourke, Kevin H., 456n
Obama, Barack, 42n, 369
Obstfeld, Maurice, 410n, 418n, 460n, 485n, 491n, 510n, 531n
Oferta de moeda, 381, 405–407. *Ver também* Moeda
  balança de pagamentos, 430
  fuga de capitais, 399
  Banco Central e a, 389-391
  definição, 299
  taxa de câmbio dólar/euro, 307-309, 307f, 308f, 309f
  evidências empíricas, 413
  taxa de câmbio no curto prazo, 305-309
  taxa de câmbio no longo prazo, 309-312
  intervenção cambial estrangeira, 260
  exportação de ouro, 407n
  taxas de crescimento, 344
  taxa de juros, 304
  ajuste de longo prazo para um aumento permanente na, 371f
  efeitos de longo prazo na taxa de câmbio de mudanças, 328
  mudanças permanentes, 320
  aumento permanente, 320
  níveis de preço e, 431
  aumento temporário da demanda de, 368f
  Trajetória no tempo das variáveis econômicas norte-americanas, 331

Oferta de títulos, equilíbrio do mercado de câmbio estrangeiro e, 417f
Oferta relativa, 26-27
   e demanda, oferta mundial, 26f
   crescimento e, 101f
   possibilidades de produção e, 106-107
   demanda relativa e, 97f
   preço relativo e, 95f
Oferta. *Ver também* Oferta relativa
   demanda e comércio em indústria única, 162-164
   demanda, taxa de câmbio real de longo prazo e, 339-340
   e equilíbrio no mercado de câmbio, 416
   melhor tarifa aduaneira e, 212
   produção relativa, 342
Offshoring de serviço, 154-155, 155f
Offshoring de serviço, 17
Offshoring e, 154-155
   taxas em países da UE selecionados, 511f
Offshoring, 154-155
Ohlin, Bertil, 67
Oligopólio, 131
Olivier, Jeanne, 552n
Olson, Mancur, 193
OMC e subsídios aos produtores de algodão, 203
OMC e, 237-238
OMC. *Ver* Organização Mundial do Comércio (OMC)
Opção cambial estrangeira, 278
Opção, 278
Opção, 278
Opções de entrada
   de preços de mercadorias, 73f
Opções, 278
OPEP. *Ver* Organização de países exportadores de petróleo (OPEP)
Organização de Comércio Internacional (OIC), 435n
Organização de países exportadores de petróleo (OPEP), 448
Organização Mundial do Comércio (OMC), 4, 6, 199, 208, 435n, 455
   movimento de antiglobalização e, 202
   definição, 199
   procedimento de resolução de disputa de, 202
   questões ambientais e, 236

Organização Mundial do Comércio e, 199
Organização para a Cooperação e Desenvolvimento Econômico, 149, 202, 379
Oriente Médio, 6
Orphanides, Athanasios, 442n
Osterberg, William P., 405n
Ostry, Jonathan D., 546n

P

Pacto de Estabilidade e Crescimento (PEC)
   definição, 501
Padrão Big Mac, 335-336, 336t
Padrão bimetálico, 408, 432
Padrão hambúrguer. *Ver* Padrão Big Mac
Padrão monetário, conflito sobre o, 432
Padrão-ouro internacional. *Veja* Padrão-ouro de câmbio
Padrão, 508, 510, 529-531
Padrão-ouro de câmbio, 409, 433. *Ver também* Acordo de Bretton Woods
   vantagens e desvantagens de, 408
   padrão bimetálico e, 408-409
   definição, 405
   era de, 421
   saldo externo sob, 430
   Grande Depressão e, 433-435
   no entre-guerras (1918-1939), 433-435
   política macroeconômica sob, 429-433
   mecânica de, 407
   origens do, 429-430
   "regras do jogo" do, 431
   correção monetária simétrica sob, 407
   adoção dos Estados Unidos de, 432-433
Padrões de ar limpo, 202
Padrões de comércio, 245
Pagamentos de rendimentos primários, 248n
The principles of political economy and taxation (Ricardo), 23n
Pagamentos de rendimentos secundários, 248n
Pagano, Marco, 499n
Países ACP, 208
Países Baixos, comércio dos Estados Unidos com, 10

Países em desenvolvimento
   crises financeiras asiáticas e, 537-539
   empréstimos e dívidas de, 528-539
   balanços de conta corrente de, 529t
   definição, 16, 214
   influxos financeiros para, 529-531
   taxa de câmbio fixas e, 388
   industrialização de substituição de importação em, 214-225
   reservas internacionais em, 538-539, 539f
   lições das crises em, 523-553
   Hemisfério Ocidental, 312f
   proteção de fabricação em, 219t
   características estruturais, 526-528
   taxas de tarifas aduaneiras em, 455f
   termos de comércio em, 94
   comércio e crescimento em, 221f, 222f
   liberalização do comércio em, 222
   política de comércio em, 214-224
Países exportadores de petróleo, 454t
Países industriais
   balanços de contas-correntes de, 529t
   ativos e passivos estrangeiros brutos de, 488t
   taxa de crescimento das reservas internacionais e, 410
   taxas de inflação em 1966-1972, 442t
Países pobres, níveis de preço, 338-339
Parada súbita, 424, 530, 539
Paradoxo de Leontief, 83, 85
Paradoxos do capital, 550-551
Paraguai, Mercosul e, 209
Paraísos de poluição, 240
Paridade de juros reais, 346
Paridade de juros
   condição de equilíbrio básico e, 285-286
   eficiência do mercado cambial estrangeiro e, 490-491
   inflação, PPC, e, 328-329
Paridade de poder de compra (PPC), 325-327
   definição, 324
   evidências empíricas sobre, 331-333
   Lei de preço único, 326, 331-333
   modelo de taxa de câmbio de longo prazo baseado, 327-331
   problema com, 333-339
Partidos políticos, 192, 210

Passivos
   ativos e passivos estrangeiros brutos dos países industriais selecionados, 488*t*
   dos Estados Unidos, 265, 265*f*
Pass-through
   definição, 375
   taxa de câmbio, 381
PEC. *Ver* Pacto de Estabilidade e Crescimento (PEC)
Pecado original, 533-534
Perda de distorção de consumo, 169-170
Perda de eficiência, 168
Perda de estabilidade econômica, 505
Perda por distorção de produção, 169
Perdas de não comercialização, 30-31
Peri, Giovanni, 510*n*
Período entreguerras (1918-1939), sistema monetário internacional durante, 421, 433-435
Perot, Ross, 32
Perspectiva macroprudencial, 486
PIB. *Ver* Produto interno bruto (PIB)
PIL. *Ver* Produto interno líquido (PIL)
Pisani-Ferry, Jean, 276*n*
Pleno emprego e, 422-423
   após um aumento da demanda de moeda, 368*f*
   manutenção, 367-369
   estabilidade do nível de preço e, 422-423
   demanda mundial por produtos nacionais e, 368*f*
PNB nos, 247*f*
   padrão-ouro e, 429-432
   preços internos, 450*f*
   importações de serviços de negócios, 155*f*
   desigualdade de renda nos, 78
   taxa de juros real em longo prazo para, 454*f*
   crise no mercado de hipotecas em, 456, 481
   rendimento nacional e equilíbrio de pagamentos, 250
   relações de emprego não produção- -produção, 80*f*
   PNB, 247
PNB. *Ver* Produto nacional bruto (PNB)
Pobreza, 555

Política agrícola comum (PAC), 170-172, 171*f*, 195, 498*n*
Política comercial ativista, 226-232
Política comercial estratégica, 226
Política de comércio, 161-162
   ativista, 226-232
   nas economias asiáticas, 219-220
   controvérsias na, 226-238, 483-484
   nos países em desenvolvimento, 214-222
   efeitos de, 170*f*, 177-178, 178*t*
   subsídios de exportação e , 170*f*
   quotas de importação e, 169-170, 172-173
   industrialização de substituição de importação e, 218-219
   distribuição de renda e, 192-194
   instrumentos de, 161-178
   negociações internacionais e, 196-203
   requisitos de conteúdo legal e, 176-177
   procura nacional e, 178
   contribuições de campanha política e, 178
   economia política da, 184-213
   barreiras burocráticas e, 178
   grupos de interesse especial e, 194
   análise da tarifa aduaneira básica e, 161-170
   custos e benefícios das tarifas aduaneiras, 167-170
   restrições voluntárias das exportações e, 175-176
Política fiscal, 396-397
   ajuste para mudanças em, 398
   definição, 366
   economia global e, 2
   alterações permanentes em, 369-373
   alterações temporárias no, 362-365, 367, 367*f*
Política monetária, 467, 505–506
Políticas *beggar-thy-neighbor* (políticas de empobrecimento do vizinho), 231, 434, 459
Políticas de estabilização, com taxa de câmbio fixa, 395-400
Políticas de mudança nas despesas, 440-441
Políticas macroeconômicas internacionais, coordenação de, 6
Políticas macroeconômicas conta-corrente, 373

   sob o padrão-ouro, 429-433
   numa economia aberta, 422-428
Políticas monetárias não convencionais, 378
Poluição, como externalidade negativa, 240
Pontos de ouro, 407*n*
   pontos fracos asiáticos, 540-541
Ponzi, Charles, 426*n*
Portes, Richard, 276*n*
Portugal, crise de dívida da zona do euro e, 517
Posen, Adam S., 276*n*
Posição de investimento internacional líquido (IIP), 252
   Nova Zelândia (1992-2012), 427*f*
Posição de investimento internacional líquido (IIP), 427*f*
Posição internacional dos Estados Unidos (2011 e 2012), 262*t*
Possibilidades de consumo, expansão pelo comércio, 29*f*
Possibilidades de entrada na produção de alimentos, 71*f*
Possibilidades de produção, 23
   produto marginal do trabalho, 45*f*
   função de produção para tecidos, 46*f*
   recursos e, 74*f*
   no modelo de fatores específicos, 46*f*
Potsdam, 205
Poupança governamental, 253
Poupança nacional, 323
Poupança privada, 253
Poupança
   nas economias asiáticas, 594
PPC absoluta, 326-327
PPC no, 337
   economia (esquemas DD e AA), 365
PPC relativa, 326
PPP. *Ver* Paridade de poder de compra (PPC)
Prasad, Eswar S., 546*n*
Prata, padrão bimetálico e, 408
Preço relativo de equilíbrio, 98*f*
Preços de mercado, 334
Preços de mercadorias
   preços dos fatores e, 72-73, 90-92
   opções de entrada e, 73*f*
Preços dos fatores
   definição, 71
   equalização de, 81-82

preços de bens e, 72-73, 72f, 90-92
opções de entrada e, 71f
Preços dos fatores e preços de mercadorias em, 71-72
mix de fatores em, 70-71
modelo de, 74-82
preços e produção em, 68-70, 70f
recursos e produção em, 73-74
Preços externos, 104
Preços externos, 272-273
Preços internos, 104
Preços internos, países selecionados 2000-2013, 453f
Preços no mercado nacional, 272-273
Preços relativos
convergência dos, 26-28
determinação do, 26
distribuição de renda e a, 50-51
efeitos das mudanças em, 79f
de equilíbrio com comércio e fluxos associativos de comércio, 98f
taxa de câmbio e, 345-346
padrão de comércio e, 94-96
oferta relativa e, 95f
no modelo de fatores específicos, 62
oferta e, 28-29
comércio e, 64f, 95f
Preços rígidos, lei de único preço e, 341-342
Preços, 344–345
efeitos da tarifa aduaneira, 164f
aumento de igualdade proporcional dos, 49f
alocação de mão de obra, 47-51
relativos, 50-51, 65-66
rigidez no curto prazo, 315
comércio e, 52f
economia de dois fatores, 68-74
Preferências comerciais, bananas, 201
Prêmio de risco, 403, 417f
equilíbrio do mercado de câmbio estrangeiro e, 403-404
Preocupações sobre a alta tecnologia, 227-228
estimativa da eficiência (Estados Unidos, 1983), 84t
externalidades e, 227-229
padrão de mudança do comércio mundial e, 14-16
Presentes de ativos estrangeiros, 251n
Princípios fundamentais para um sistema bancário eficaz, Supervisão (Comitê da Basileia), 480

Privatização, 532
Problema de confiança, 442
Procura nacional, 178
Produção
alterações hipotéticas, 22t
economia de dois fatores, 68-74
"desintegração vertical" de, 15
Produtividade da mão de obra, comparativa
vantagem e, 21-41
Produto interno bruto (PIB), 248-249
definição, 9, 248
modelo de gravidade do comércio, 9-11
importações e exportações como uma porcentagem do, 2
per capita, 214t
comércio mundial como parte de, 15
Produto interno líquido (PIL), 248
Produto marginal do trabalho, 44, 45f
Produto nacional bruto (PNB), 246
definição, 246
divisão de, 246-247
norte-americano, 247f
Produto nacional, renda nacional e, 247-248
Produtores, diferenças de desempenho entre, 141-143, 142f
Produtos agrícolas, no comércio mundial, 15
Produtos eletrônicos de consumo, 15
Produtos manufaturados
como porcentagem do comércio de mercadorias, 16t
elasticidades de preço estimadas para o comércio internacional em, 386t
Produtos minerais, 15
Produtos siderúrgicos, tarifas aduaneiras dos EUA sobre as importações, 194-195
Programa de assistência de ajuste de comércio dos Estados Unidos, 57
desigualdade de salários em, 67
Programas de televisão de língua espanhola, 125
Proporção de salário-aluguel, 71f
mudando, 90f
determinação, 91f
Protecionismo, 6. Ver também Barreiras ao comércio; tarifas aduaneiras

substituição de importação, 215-218
comércio mundial, 16
Protocolo das bananas, 207

Q

Qiaotou, cidade chinesa de, 121
Quatro zonas de desconforto econômico, balança interna e externa e, 439f
Questões ambientais e culturais, globalização e, 236-238
Quota das tarifas aduaneiras, 186
Quota de importação
sobre as bananas, 207-208
definição, 162
monopolista protegida por, 182f
na presença de monopólio, 181-183, 182f
teoria de, 172
Quotas
de importação, 162, 172, 181-183
comparando uma tarifa aduaneira e uma, 183

R

Rajan, Raghuram, 552n
RAM, memória, 117
Reagan, Ronald, 449
Reavaliação, 446
Rebelo, Sergio, 379
Receita marginal
definição, 129
determinando a, 159
monopólio e, 129
preço e, 129
Recursos humanos, comércio em, 19
Recursos
alocação e, 93f
produção e, 91
possibilidades de produção e, 74f
Reestruturação, organizada pelo governo, 476
Reforma monetária, 310
Reforma
monetária, 310
na América Latina, 534-537
sequência de, 543
Reformas nacionais, 486
Regime de taxa de câmbio
escolha de, 543
economia política da, 432-433

Regime europeu de importação de bananas e, 207
  soberania nacional e, 201, 237
Regiões industriais, dados macroeconômicos para, 449t
Regulação
  sistema bancário, 545
  bancários internacional, 479-487
  cooperação regulamentada internacional, 480-485
  requisitos de conteúdo legal, 176-177
Reinhart, Carmen M., 475n, 531n, 545n, 551n
Reino Unido. Ver Inglaterra (Grã-Bretanha)
Relação AA, 362-366, 364f, 395-396,
Relação DD, 358-362
  definição, 359
  derivando, 359, 360f
  fatores que mudam, 360-36262
  posição e demanda do governo de, 361f
Relações de capital-trabalho, 92f
Renda de contingenciamento, 173
Renda disponível, conta corrente e, 356
Renda nacional real, 301
Renda nacional, 246-249, 250
  exportações e importações como porcentagens da, dos EUA (2011), 1f, 2f
Renda per capita, 218
Renda real
  demanda agregada, 356
  níveis de, 304f
Renda
  ganhos sob cenários de Doha, 205t
  na economia mundial, 524-526
  distribuição de renda dentro dos países, 5
  global, 549-554
  comércio Norte-Sul e desigualdade de, 77-78
  preços relativos e, 50-51, 51f, 66f
  fatores específicos e, 47-64
  políticas de comércio e, 57-58, 192-193, 195
Rendimento nacional disponível, 248n
Rendimentos decrescentes, 44
Renminbi (moeda chinesa), 279, 539
Requisitos de capital, 476
Requisitos de conteúdo locais, 170

Requisitos de mão de obra unitária, 25, 34t
Requisitos de reserva, 475
Reserva de valor, moeda como, 299
Reservas internacionais oficiais, 260
Reservas internacionais
  demanda por, 409-412
  taxas de crescimento das, 411f
Reservas
  demanda por, 409-410
  nos países em desenvolvimento, 409-410, 410f
  transações de reserva oficial, 332-333
Reserve Bank do Zimbábue (RBZ), 315
Resgates, organizados pelo governo, 477
Restrição de orçamento intertemporal, 383, 425, 246
Restrição orçamentária, 53
  intertemporal, 383, 424, 426
  para uma economia comercial, 54f
Restrições de ativos, 476
Restrições de exportação
  definição, 162
  voluntária, 175
Restrições voluntárias das exportações (RVE), 175
Retorno de ativos, 278-281
  definição, 278-279
Retornos crescentes dinâmicos, 122-123
Retornos crescentes
  dinâmicos, 122-123
  economias externas e, 117-118
Retornos em excesso, 229
Retornos esperados
  taxa de câmbio e, 286-287, 287t
  de moeda, 300-301
Retornos
  crescentes dinâmicos, 122-123
  no mercado cambial estrangeiro, 293-294
Rey, Hélène, 276n
Ricardo, David, 2, 4, 18, 22, 23n, 325
Richardson, J. David, 334n
Rigidez de preços de curto prazo versus flexibilidade de preços de longo prazo, 312-315
Riqueza das Nações, A (Smith), 1, 524
Riqueza externa líquida
  norte-americana, 262, 267
  conta corrente norte-americana, 252f

Riqueza, na economia mundial, 524-526
Risco moral, 477, 478
  álgebra simples do, 478
  problema do "grande demais para falir", 477-479
Risco, 281
  no mercado cambial estrangeiro, 285
  nos mercados financeiros internacionais, 287-288
  demanda de moeda e, 301
Robinson, James, 553-554, 553n
Rockoff, Hugh, 433
Rodada de Doha, 199, 204-205, 486
Rodada do Uruguai
Rodada Kennedy, 199
Rodada Tóquio, 199
Rodadas de negociação, 198. Ver também Rodada de Doha
Rodriguez, Francisco, 220n
Rodrik, Dani, 220n, 545n, 545
Rogers, John, 510
Rogoff, Kenneth, 220n, 491n, 499n, 531n, 551n
Romalis, John, 85, 85n
Romer, Christina D., 432n, 435n
Romer, David, 319n
Rose, Andrew K., 338n, 509, 509n
Rossi-Hansberg, Esteban, 154n
Rússia, crise financeira na, 537
Ruth, Babe, vantagem comparativa e, 28
Rybczynski, T. M., 74n

S
Sachs, Jeffrey D., 78n
Saída
  depreciação da moeda com preços de produção fixa, 359f
  mercado de ativos, 362
  equilíbrio de, 363f
  taxa de câmbio no curto prazo, 353-387
  entrada e, 132
  comércio intemporal, 106
  taxa de juros, 304
  per capita, 528f
  economia de dois fatores, 68-74
Salários. Ver também Salários relativos
  distribuição de renda nos Estados Unidos, 76-81
  para trabalho de imigrantes, 59t

desigualdade de, e investimento estrangeiro, 78-79
maquiladoras e, 218, 234-235
Salários relativos, 35-36
Saldo da conta corrente
de exportadores de petróleo, países em desenvolvimento e países avançados, 529t
definição, 247
dos países da zona do Euro, 2005-2009, 514t
endividamento externo e, 251
Saldo da conta financeira, 255
Salop, Stephen, 132n
Samuelson, Paul, 21, 43, 43n, 73n, 102, 338
Saxenian, Annalee, 117n
Schnabl, Philipp, 482n
Schoenmaker, Dirk, 418n
SEBC. *Ver* Sistema Europeu de Bancos Centrais (SEBC)
Securitização, 481
Segunda Guerra Mundial, sistema monetário internacional depois, 431, 432
Segundo melhor, teoria de, 191
Seguro de depósito, 475
Senhoriagem, 526
Serviços, comércio de, 18
Setor de exportação, entretenimento como, 125
Shambaugh, Jay C., 410n, 485n
Shatz, Howard, 78n
Silgoner, Maria Antoinette, 510n
Simetria, 457-458
sob as taxas de câmbio flutuantes, 445-446
Sindicato Internacional dos Trabalhadores do Vestuário Feminino, 196
Singapura, 220
exportações 220-221
comércio cambial estrangeiro em, 275
Sistema bancário internacional
mercado internacional de capitais e, 471-473
regulação de, 479-481, 485-487
Sistema bancário offshore
definição, 472
moeda offshore, 472-473
diferenciais de juros onshore, 489
Sistema bancário sombra, 473

Sistema de limite e comércio, para gases de efeito estufa, 241
Sistema de Reserva Federal, 300, 300n, 307, 315, 330, 344
como LLR global para dólares norte-americanos, 483
linhas de swap, 483-485
Sistema Europeu de Bancos Centrais (SEBC), 498, 502-503
Sistema Monetário Europeu (SME), 498-499
teoria da credibilidade da, 499
definição, 499
Mecanismo de Taxa de Câmbio (MTC), 498n
Sistema monetário híbrido, 389
Sistema monetário internacional, 421-466
classificação dos, 428-429
visão histórica de, 428-429
moedas de reserva em, 405-406, 411
Sistemas monetários. *Ver* Sistema monetário internacional
Slaughter, Matthew J., 55n, 57n, 78n
SME. *Ver* Sistema monetário europeu (SME)
Smith, Adam, 1, 184, 524
Snake, euro e, 443n
Sobre-emprego, 444
Sokoloff, Kenneth D., 706n
Solnik, Bruno, 552n
Spangler, Inc., 174
Spencer, Barbara, 228
Srinivasan, T.N., 531n
Steffen, Sascha, 512t
Stiglitz, Joseph, 545n, 545
Stolper, Wolfgang, 73n
Subaru BRAT, 169
Suborno, 527
Subramanian, Arvind, 552n
Subsídios de crédito à exportação, 177
Subsídios
exportação, 195
pelos EUA aos produtores de algodão, 200
Substitutibilidade imperfeita de ativos e, 402-404, 416-418
Substitutibilidade imperfeita de ativos
definição, 402
oferta de títulos domésticos e o prêmio de risco de câmbio estrangeiro, 417f

equilíbrio no mercado de câmbio com, 416
intervenção esterilizada e, 403-404, 404f, 416-417
Superávit em conta corrente, 251
Superávits comerciais, balança de pagamentos e, 5-6
Supervalorização, 336
Sveikauskas, Leo, 83
Svensson, Lars E.O., 460n
linhas de swap, 483-485
Swaps cambiais estrangeiros, 277-278
Swaps, cambiais estrangeiros, 277
Swoboda, Alexander, 508n

T

Tailândia, 538, 541
Taiwan, 222
Tamanho do mercado, competição monopolística, comércio e, 134-139
Tanzi, Vito, 527n
Tarifa aduaneira *ad valorem*, 161
Tarifa aduaneira dos Estados Unidos, 197f
tarifas aduaneiras dos Estados Unidos sobre o metal importado, 203-204
preferências do eleitor, 192
efeitos de bem-estar, de 170f, 213f
Tarifa aduaneira específica, 164
Tarifa ótima
definição, 106
Tarifas aduaneiras dos EUA sobre o metal e, 203
restrições voluntárias e, 199
Tarifas aduaneiras. *Ver também* Livre comércio; Acordo de comércio preferencial
sobre as bananas, 208
análise da tarifa aduaneira básica, 161-166
"imposto do frango", 169
custo e benefícios de, 167-168, 167f
Tarifas de carbono, 241, 241-242
Tarifas de importação, 104. *Ver também* Tarifas aduaneiras
Tarr, David G., 175n
Taxa de câmbio de equilíbrio, 285-288
Taxa de câmbio dólar/euro, 286-287, 287t, 288f, 287f, 308-310, 308f, 309f, 352f

Taxa de câmbio fixas, 379, 395-398. *Ver também* Acordo de Bretton Woods; Taxas de câmbio; Taxas de câmbio flutuantes
   equilíbrio de mercado de ativos com uma, 394*f*
   crises do balanço de pagamentos e, 418-420
   análise diagramática, 394-395
   intervenção cambial estrangeira e, 405-406, 418-420
   equilíbrio do mercado monetário sob, 393
   curva GG e, 503-505
   importância de, 388-389
   curva LL e, 505-506, 507*f*
   expansão monetária sob, 395*f*
   equilíbrio do mercado monetário sob, 393
   como opção, 460
   políticas de estabilização com, 395-398
Taxa de câmbio futuras, 276-277
   definição, 276
Taxa de câmbio, superação, 317-318
Taxa de juros de equilíbrio
   com mutuários e empréstimos, 108*f*
   demanda e, 304
   determinação da, 303*f*
   oferta de moeda e, 304
Taxa de juros nominal, 346
Taxa de juros reais, 107
   divergentes da zona do euro, 514*f*
   em longo prazo, 455*f*
Taxa de juros
   demanda agregada por moeda, 302*f*
   fuga de capitais, a oferta de moeda e, 399*f*
   comparando onshore e offshore para o dólar, 490*f*
   taxa de câmbio atual e, 289-290
   definição, 281
   gestão da taxa de câmbio e, 318-320
   abordagem monetária de preço flexível e, 351-352
   taxas de juros, 281-282
   diferenças internacionais e a taxa de câmbio real, 345-346
   armadilha da liquidez e, 376-378
   política monetária e, 318-320
   moeda, taxas de câmbio e, 305-307
   oferta de moeda e, 304, 304*f*
   saída e, 304-305
   real, 107-108
   renda real e, 305*f*
   mercado de hipotecas dos EUA e, 456
Taxa de retorno
   definição, 289
   depósitos de euro, 287*t*
   real, 279
Taxa de valorização, 284
Taxa eficaz de proteção, 165
Taxa real de retorno esperada, 281
Taxas de câmbio como estabilizadores automáticos, 445
Taxas de câmbio de longo prazo
   modelo de, 327-331, 353
   taxa de câmbio real, 341-343, 343*f*
   Taxas de câmbio flutuantes administrativa, 388
   definição, 388
   flutuação administrada, 400-405
Taxas de câmbio flutuantes, 388, 418-420. *Consulte também* Taxas de câmbio fixas
   caso das, 444-448
   primeiros anos de (1973-1990), 448-451
   inflação e, 442
   interdependência macroeconômica sob, 451-452, 453-456
   transição para, 442
Taxas de câmbio futuras, 277-278, 277*f*
   definição, 277
Taxas de câmbio indexada, 409
   Ver também Moeda
   Crawling peg como, 389*n*
Taxas de câmbio nominais
   definição, 339
   no equilíbrio de longo prazo, 343-345
Taxas de câmbio, 5. *Ver também* Acordo de Bretton Woods; Taxa de câmbio dólar/euro; Taxas de câmbio fixo; Padrão-ouro
   ajuste para alterações em, 395-398
   retornos de ativos e, 278-279, 282-283
   taxas de câmbio, preços de automóveis e guerras cambiais, 274
   como estabilizadores automáticos, 445
   carry trade, 290-291
   fixação do banco central de, 392-395, 394*f*
   alterações em, 397-398
   mudança de expectativas e, 289-290
   relações AA e DD, 365-366
   definição, 296
   demanda, oferta e taxa futura, 339-340
   determinação, 6
   análise diagramática, 394-395
   dólar e libra, 273*t*
   taxa de câmbio dólar/iene, 313*f*
   retornos esperados e, 286-287, 287*t*
   equilíbrio externo e, 448
   fixa, 418-420
   abordagem monetária de preço flexível e, 351-352
   inflação e, 312-320
   mudanças na taxa de juros e, 289-290, 289*f*, 290*f*
   transações internacionais e, 270-273
   armadilha de liquidez e, 377-379
   modelo de longo prazo com base em PPC, 339-345
   no México, 532
   moeda, taxa de juros e, 305-307
   mercados financeiros e, 307*f*
   oferta de moeda no curto prazo e, 305-309
   nominal, 343-345
   índices de dólar efetivo nominal e real (1975-2010), 450*f*
   saída, equilíbrio de mercado de ativos e, 362-365, 363*f*
   saída, equilíbrio de mercado e, 364-365
   pass-through, inflação e, 375-376
   atrelada, 389, 434, 443*n*, 507*f*, 507*f*
   alterações permanentes de oferta de moeda e, 316-317, 369-373
   níveis de preço e, 309-312, 313*f*
   cotações da, 270*t*
   real, 343-345
   preços relativos e, 273, 273*t*
   franco suíço e euro, 402*f*
   taxas de juros reais em longo prazo, 455*f*
   dólar/iene, 332*f*
Taxas de câmbio, libra, 270*t*, 271*t*
Taxas de câmbio, preços de automóveis e guerras cambiais, 274
Taxas de câmbio; Taxas de câmbio flutuantes

economia global, 2
papel das, 297
matriz de pagamento, 466f
mudança permanente da, 375
alterações temporárias, 366-369
Taxas de inflação, nos países industrializados 1966-1972, 442t
Taxas de juros, expectativas e equilíbrio, 289-292
Taxas de salário
comparativa internacional, 82t
salários relativos, especialização e, 35-36
Taxas nas exportações de serviços, 16
Taxas salariais comparativas internacionais, 82t
Taxas *spot* (à vista) e taxas futuras, 276
Taylor, Alan M., 410n, 485
Taylor, Mark P., 404n
Tecidos
aumento nos preços dos, 49f, 95f
distribuição de rendimento no setor, 69f
função de produção para, 45f
oferta relativa de, 95f
preços relativos e, 48-50, 52f, 94f
produto marginal da mão de obra em, 45f
Tecnologia
Temin, Peter, 434n
Teoria da credibilidade do SME, 499-500
Teoria das proporções dos fatores, 67
Teoria de Balassa-Samuelson, 338, 342n
Teoria de Heckscher-Ohlin, 67, 86
definição, 75-76
evidências empíricas em, 82-83
teste de, 83-84, 87
Teoria do segundo melhor, 190-191
Terceirização de serviço, 17
Terceirização estrangeira, 152-153
Terceirização, 147-151
empresas multinacionais, 152
de serviços, 17
desigualdade de salários, 88
Terceiro mundo, 19. *Ver também* Países em desenvolvimento
subsídios agrícolas e, 205
Terminologia, eurônimos como, 498t
Termos de comércio
definição, 94
oferta relativa e, 94-96

efeitos da tarifa aduaneira sobre, 105f, 106-107
efeito de bem-estar das mudanças em, 123-124
Termos de ganho no comércio, 215
Termos do argumento de comércio para uma tarifa aduaneira, 242
Thatcher, Margaret, 512n
The East Asian Miracle, 540
Tigres, leste asiático, 222
Títulos lastreados em hipotecas, 483
Tobin, James, 408n
Tóquio, negociação de câmbio estrangeiro em, 275
Trabalho não qualificado, na produção das importações, 84-85
Transações de reserva oficial, 260-265
Transações emparelhadas, 256
Transações monetárias definitivas (OMT), 498
Transbordamentos de conhecimento, 117-118
Transferências de renda
internacional, 248
unilateral, 248
Transferências internacionais, 248
Transferências unilaterais, 248
Transparência Internacional, índice de corrupção por, 527n
Transporte, progresso dos, 14-16
Tratado de Estabilidade Fiscal, 517
Tratado de Maastricht, 501, 501n, 502, 503, 511 *Ver também* Euro; Zona do euro
critérios de convergência, 501-502
pacto de estabilidade e crescimento, 501-502
definição, 501
Tratado de Roma, 497, 500
Trefler, Daniel, 84, 141-142, 142n
Triffin, Robert, 442
Trilema financeiro, 480
Trilema monetário, 480, 544
Trilema
financeiro, 479-482t, 487
monetário, 428-429, 429f, 443, 445, 480, 584-585
TRIPS. *Ver* Aspectos comerciais da propriedade intelectual (TRIPS)

U

UEM. *Ver* União Econômica e Monetária (UEM)

União aduaneira
definição, 206
versus zona de livre comércio, 206
União bancária, 508
União Econômica e Monetária (UEM), 500-501
futuro da, 511, 518-519
União Europeia (UE), 139, 496
ganhos desde 1992, 187-188
Política Agrícola Comum em, 170-171, 171f, 498n
reforço do papel da Europa no sistema monetário mundial, 497
Mecanismo de Taxa de Câmbio (MTC) de, 389
taxa de câmbio e, 389
preferências comerciais para bananas e, 207
comércio dos EUA, 11f
como mercado unificado, 497
União monetária, *Ver* União Econômica e Monetária (UEM)
Unidade de conta, 299
moeda como, 299-300
Unidade isoquanta, 90
Unidade Monetária Europeia (ECU), 498n. *Veja também* Euro

V

Vale do Silício, 115-118, 120, 122
Valencia, Fabián, 476n
Vallée, Shahin, 518n
Valorização real, 340
nos países periféricos da zona do euro, 513f
Valorização
definição, 272
meta de inflação e, 318-320
reavaliação e, 264n
Van Wincoop, Eric, 509n
Vantagem absoluta
definição, 25
vantagem comparativa e, 31
Vantagem comparativa intertemporal, 108
Vantagem comparativa, 21
com muitos bens, 32-36
conceito de, 21-22
definição, 22
dependência comercial de, 31-33
equívocos sobre, 31-34
intertemporal, 106

Modelo ricardiano e, 23
preço relativo após comércio e, 26-30
produtividade do trabalho e, 21-41
vantagem absoluta e, 25
Vantagem estabelecida,
importância,121f
Vashaw, Kirk, 174
Venezuela, padrões de poluição e, 202
Viés de inflação, 369
Viés, inflação, 369-370
Vietnã, custos de produção no, 120-121, 121f
Vinculação, 199
Viner, Jacob, 338
Volatilidade, eficiência do mercado de câmbio estrangeiro e, 490-492
Volcker Paul A., 449-450
Volkswagen, 151
Volosovych, Vadym, 551n
Von Peter, Götz, 485n

W
Wachovia, 483
Waldman, Daniel, 320n
Wal-Mart, 233
Walters, Alan, 512n
Ward, Geoffrey C., 28
Washington Mutual Bank, 483
Weinstein, David, 139
Wells Fargo Bank, 483
Werning, Iván, 508n
Wessel, David, 483n
West, Nathaniel, 125
Westmoreland, Kyle L., 255n
Will, Martin, 204t
Wolfe, Tom, 117n
Wood, Adrian, 78n
Woodford, Michael, 319n
Wynne, Mark A., 315n

Y
Yuan (China), 548f
taxa de câmbio com o dólar, 548f
taxas de câmbio futuras e, 279-280, 280f
Yuskavage, Robert E., 255n

Z
Zimbábue
hiperinflação no, 314-315, 315n
inflação mensal no, 314f
Zona de livre comércio
versus união aduaneira, 206-207
definição, 206
Zona do euro, 496f
crise financeira global de 2007-2009, 511-512
taxas de juros reais divergentes da, 514f
política econômica e, 501-503
dívida pública bruta para o PIB na, 516f
valorização real nos países periféricos, 513f

Créditos

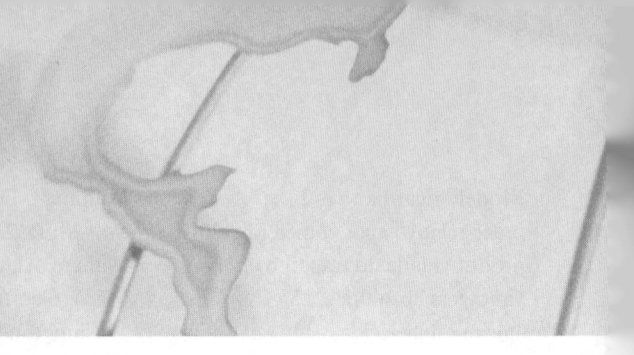

Capítulo 4

p. 59: Divisão de impressões e fotografias da Biblioteca do Congresso dos EUA [LC-D4-12683]

Capítulo 8

p. 140: Carlos Osorio/AP Images; p. 189: Si Wei/Color China Photo/AP Images; p. 197: © 2004 Drew Dernavich/The New Yorker Collection/www.cartoonbank.com

Capítulo 9

p. 169: cortesia de Subaru of America, Inc.; p. 219: JockelFinck/AP Images;
p. 174: Rachel Youdelman/Pearson Education; p. 226: Serviços de Informação de McClatchy-Tribune/Alamy

Capítulo 14

p. 270: Ahn Young-Joon/AP Images

Capítulo 16

p. 335: Imagebroker.net/SuperStock

Capítulo 19

p. 432: Pictorial Press Ltd./Alamy;
p. 435: Biblioteca e Museu Franklin D. Roosevelt; p. 572: AP Images

Capítulo 20

p. 482: Richard Drew/AP Images

Capítulo 21

p. 509: Domenico Stinellis/AP Images; p. 659: Dimitri Messinis/AP Images

Capítulo 22

p. 540: Peter Turnley/Corbis